D1806429

TOUT SIMENON

GEORGES SIMENON

ŒUVRE ROMANESQUE

1

FRANCE LOISIRS
123, boulevard de Grenelle, Paris

Édition du Club France Loisirs, Paris
avec l'autorisation des Presses de la Cité

© Georges Simenon, 1988
ISBN 2-7242-4681-0

SOMMAIRE

Note de l'éditeur

En 1945, Georges Simenon rencontre Sven Nielsen qui va devenir son éditeur et son ami. Entre 1945 et 1972 — année où le romancier prend la décision de cesser d'écrire — paraissent aux Presses de la Cité près de 120 titres — « Maigret » et « romans » confondus — qui constituent la majeure partie de l'œuvre romanesque de Georges Simenon.

Présentés ici dans l'ordre de leur publication, ces romans forment les quatorze premiers volumes de notre intégrale de l'œuvre de Georges Simenon. Celui en qui Gide voyait « le plus grand de tous, le plus vraiment romancier que nous ayons eu en littérature. »

LA FENÊTRE DES ROUET

PREMIÈRE PARTIE

1

La sonnerie triviale d'un réveille-matin éclata derrière la cloison, et Dominique sursauta, comme si c'était elle que cette sonnerie — mais n'allait-on donc pas l'arrêter ! — était chargée de réveiller, à trois heures de l'après-midi. Un sentiment de honte. Pourquoi ? Ce bruit vulgaire ne lui rappelait que des souvenirs pénibles, vilains, des maladies, des soins au milieu de la nuit ou au petit jour, mais elle ne dormait pas, elle ne s'était même pas assoupie. Pas une seconde sa main n'avait cessé de tirer l'aiguille ; elle était à vrai dire, l'instant d'avant, comme un cheval de cirque qu'on a oublié à l'exercice et qui a continué de tourner, qui tressaille et s'arrête net en entendant la voix d'un intrus.

Comment, à côté, derrière la porte brune, presque tout contre elle, peuvent-ils supporter ce vacarme insolent ? Il leur suffirait de tendre le bras, sans ouvrir les yeux, d'atteindre en tâtonnant l'appareil qui trépide sur un guéridon, et ils ne le font pas, ils ne bougent pas, ils sont nus, elle le sait, chair à chair, emmêlés, des luisances de sueur sur la peau, des cheveux qui collent aux tempes ; ils se complaisent dans cette chaleur, dans cette odeur de bête humaine ; on devine que quelqu'un bouge, s'étire, que des cils battent ; une voix endormie, celle de la femme, balbutie, sans doute en cherchant machinalement le corps de l'homme auprès du sien :

— Albert...

Les doigts de Dominique ne se sont pas arrêtés. Sa tête est penchée sur la robe qu'elle raccommode sous la manche, là où s'usent toutes ses robes, surtout l'été, parce qu'elle transpire.

Il y a deux heures qu'elle coud, à tout petits points, reconstituant une trame aussi fine que celle du tissu blanc à dessins mauves et, maintenant que le réveil des locataires l'a fait tressaillir, elle serait incapable de dire à quoi elle a pensé pendant ces deux heures. Il fait chaud. Jamais l'air n'a été si lourd. L'après-midi, le soleil frappe en plein de ce côté du faubourg Saint-Honoré. Dominique a fermé ses persiennes, mais elle n'a pas joint tout à fait les deux battants ; elle a laissé une fente verticale de quelques centimètres par laquelle elle découvre les maisons d'en face, et, des deux côtés de cette fente où coule du soleil en fusion, brillent les fentes horizontales, plus étroites, aménagées dans le bois.

Ce dessin lumineux, d'où sourd une chaleur brûlante, finit par se graver dans les yeux, dans la tête, et, si on regarde soudain ailleurs, on le projette en même temps que son regard, on le transporte sur la porte brune, sur le mur, sur le plancher.

Des autobus, de deux en deux minutes. On les sent déferler, énormes, au fond de la tranchée de la rue, et ils ont quelque chose de méchant dans leur brutalité, surtout ceux qui montent vers la place des Ternes et qui soudain, devant la maison, là où la pente s'accentue, changent bruyamment de vitesse. Dominique en a l'habitude, mais il en est comme des rais de soleil, elle les entend malgré elle, le bruit entre dans sa tête, y laisse une trace bourdonnante. Le réveil ne s'est-il pas tu à côté ? Pourtant elle croit l'entendre encore. C'est peut-être que l'air est si épais qu'il garde les empreintes des sons comme la boue garde la trace des pas.

Elle ne voit pas les rez-de-chaussée d'en face. Elle ne les découvre que quand elle se lève. Et cependant certaines images restent présentes, par exemple la devanture jaune citron de la crémerie ; le nom, en vert, au-dessus de la vitrine : *Aubedal* ; les fruits, les légumes ; les paniers, sur le trottoir, et de temps en temps, malgré tous les bruits de la ville, les coups de sifflet de l'agent du carrefour Haussmann, les klaxons des taxis, les cloches de Saint-Philippe-du-Roule, un tout petit bruit familier parvient jusqu'à elle, distinct des autres, le timbre grêle de cette crémerie.

Elle a chaud, bien qu'elle soit presque nue. Cela ne lui est jamais arrivé de faire ce qu'elle a fait ce jour-là. Elle a retiré sa robe pour la raccommoder, et elle n'en a pas mis d'autre. Elle est restée en chemise, elle en est troublée, elle en a un peu honte ; deux ou trois fois, elle a failli se lever pour passer un vêtement, surtout quand son regard tombe sur elle-même, quand elle sent trembler ses seins, qu'elle aperçoit, très blancs, très délicats, dans l'échancrure de la chemise. Une autre sensation est étrange, quasi sexuelle, celle des gouttes de sueur qui, à intervalles à peu près égaux, se frayent un passage à travers la peau. Cela paraît durer très longtemps. Une impatience la saisit, et enfin la goutte tiède qui a jailli sous une aisselle coule lentement le long de ses côtes.

— Pas maintenant, Albert...

Une voix d'enfant. Lina, dans la chambre d'à côté, n'a pas vingt-deux ans. C'est une grosse poupée un peu molle, aux cheveux roussâtres, avec des reflets roux un peu partout sur sa chair blanche ; sa voix est molle aussi, toute feutrée de bonheur animal, et Dominique rougit, casse son fil d'un geste brusque qu'ont toutes les couturières ; elle voudrait ne plus entendre ; elle sait, elle ne se trompe pas, un grincement annonce déjà le morceau du phonographe qu'ils jouent chaque fois qu'ils « font ça ».

Et eux n'ont pas fermé les persiennes. Ils se croient à l'abri des regards parce que le lit se trouve au fond de la chambre, là où le soleil n'arrive pas, parce que aussi, en ce mois d'août, la plupart des appartements d'en face sont vides ; mais Dominique, elle, n'ignore pas que la vieille Augustine, là-haut, dans une des mansardes, est à les regarder.

A trois heures de l'après-midi ! Ils dorment n'importe quand, ils vivent n'importe comment, et la première chose qu'ils font quand ils rentrent, c'est de se dévêtir ; ils n'ont pas honte d'être nus, ils en sont fiers, et c'est Dominique qui n'ose plus traverser le salon commun, le salon qu'elle ne leur a pas loué, mais qu'ils doivent traverser pour se rendre au petit endroit. Deux fois elle y a rencontré Albert tout nu, une serviette négligemment nouée autour des reins.

Ils jouent toujours le même morceau, un tango qu'ils ont dû entendre dans des circonstances mémorables, et il y a pis, un détail qui rend leur présence plus palpable, au point qu'on croit voir leurs gestes : quand le disque est fini, quand on n'entend plus que le grincement de l'aiguille, il y a comme une hésitation qui dure plus ou moins longtemps, un silence terrible, et c'est presque toujours la voix de Lina qui balbutie :

— Le disque...

Le phono est placé tout contre le lit ; à travers les chuchotements et les rires, on voit les mouvements que fait l'homme pour l'atteindre...

Il l'aime. Il l'aime comme une bête. Il passe sa vie à l'aimer, et il le ferait devant tout le monde ; tout à l'heure, quand ils sortiront, ils éprouveront encore le besoin, dans la rue, de se serrer l'un contre l'autre.

La robe est raccommodée. Elle fait encore plus pauvre ainsi, plus pauvre même d'avoir été si bien raccommodée, à si petits points. La trame du tissu est vide à force de lavages et de repassages. Cela fait combien maintenant ? Le mauve, c'est à cause du demi-deuil. Donc, un an après la mort de son père. Quatre étés qu'elle porte cette robe-là, qu'elle la lave le matin à six heures pour qu'elle soit sèche et repassée au moment de faire son marché.

Elle a levé la tête : la vieille Augustine est bien à son poste, accoudée à la fenêtre de sa mansarde, indignée, plongeant le regard dans la chambre d'à côté, et, maintenant que la voilà debout, Dominique est tentée un instant de faire deux pas, de se pencher, de regarder par la serrure. Cela lui est arrivé.

Trois heures dix. Elle va remettre sa robe. Puis elle ravaudera les bas qui sont dans le panier d'osier brun, un panier qui date de sa grand-mère, qui a toujours contenu des bas à ravauder, de sorte qu'on pourrait croire que ce sont toujours les mêmes, qu'on pourrait ravauder pendant la suite des siècles sans l'épuiser.

Un reflet dans la grande glace rectangulaire de la garde-robe, et soudain Dominique, dont les narines se pincent, laisse glisser une bretelle de sa chemise, puis l'autre, comme sans le faire exprès ; son regard ardent se fixe, dans le miroir, sur l'image si blanche de ses seins.

Si blanche ! Avant, elle n'avait jamais eu l'idée de comparer, elle n'avait jamais eu l'occasion non plus de regarder le corps nu d'une autre femme. A présent, elle a vu Lina qui est dorée, couverte d'un duvet invisible qui accroche la lumière. Mais Lina, à vingt-deux ans, a des formes indécises, des épaules rondes marquées chacune d'une fossette ; elle est d'une seule coulée, sans taille, la ceinture aussi épaisse que les hanches ; ses seins sont volumineux, mais, quand elle est couchée, ils semblent s'écraser sur elle de tout leur poids.

Avec une hésitation, comme si on pouvait la surprendre, Dominique a saisi dans ses mains ses petits seins bien droits, très pointus, qui sont restés les mêmes exactement que quand elle avait seize ans. Sa peau est plus fine que celle des plus fines oranges, avec, dans certains creux, des luisances d'ivoire, ailleurs les furtifs reflets bleus des veines. Dans trois mois, elle aura quarante ans, elle sera vieille ; déjà les gens doivent parler d'elle comme d'une vieille fille, et pourtant elle sait, elle, qu'elle a le corps d'une enfant, qu'elle n'a pas changé, qu'elle est jeune et neuve des pieds à la tête et jusqu'au fond du cœur.

L'espace d'une seconde, elle a étreint ses seins comme une chair étrangère ; elle a détourné son regard du visage qui lui est apparu, mince et blanc, plus mince que jadis, si bien que le nez paraît encore plus long, un peu de travers. Deux ou trois millimètres qui ont peut-être changé tout son caractère, qui l'ont rendue timide, susceptible et morose !

Ils ont remis le disque. Dans quelques instants, on entendra aller et venir, l'homme chantera, il chante presque toujours après, puis il ouvrira bruyamment le cabinet de toilette, sa voix parviendra plus loin. On entend tout. Dominique ne voulait pas louer à un couple. Albert Caille était seul quand il s'est présenté, un jeune homme maigre, aux yeux ardents, avec une telle sincérité sur le visage en même temps qu'une telle faim de vie qu'on ne pouvait rien lui refuser.

Il a triché. Il ne lui a pas avoué qu'il était fiancé, qu'il se marierait bientôt. Quand il le lui a annoncé, il a pris cet air suppliant dont il connaît les effets.

— Vous verrez... Ce sera exactement la même chose... Nous vivrons en garçons, ma femme et moi... Nous prendrons nos repas au restaurant...

Dominique, tout à coup, est gênée de sa nudité et elle remonte les bretelles ; sa tête disparaît un instant dans la robe ; elle tire celle-ci sur ses hanches, s'assure, avant de se rasseoir, que rien ne traîne dans la pièce, que tout est en ordre.

Un klaxon qu'elle reconnaît. Elle n'a pas besoin de se pencher pour voir. Elle sait que c'est la petite auto découverte de Mme Rouet. Elle a vu celle-ci partir après déjeuner, vers deux heures. Elle porte un tailleur blanc avec une écharpe d'organdi vert amande et un chapeau assorti, des souliers et un sac du même vert. Jamais Antoinette Rouet ne sortirait avec une toilette dont un détail choquerait.

Et pourquoi ? Pour qui ? Où est-elle allée, toute seule au volant de sa voiture, qui va maintenant rester pendant des heures au bord du trottoir ?

Trois heures et demie. Elle est en retard. Mme Rouet mère doit être furieuse. Dominique peut la voir. Il lui suffit de lever les yeux. De l'autre côté de la rue, ils n'ont pas le soleil de l'après-midi et ils ne ferment pas les persiennes ; aujourd'hui, à cause de la chaleur, toutes les fenêtres sont ouvertes, on voit tout, on a l'impression d'être avec les gens dans leur chambre, il suffirait de tendre la main pour les toucher.

Ils ne savent pas qu'il y a quelqu'un derrière les persiennes de Dominique. Au même étage que celle-ci, dans la grande chambre, Hubert Rouet dort, ou plus exactement il y a déjà quelques minutes qu'il s'agite, mal à l'aise, dans la moiteur des draps.

On l'a laissé seul, comme chaque après-midi. L'appartement est vaste. Il occupe tout l'étage. La chambre est la dernière à gauche. Elle est riche. Les parents de Rouet sont fort riches. On raconte qu'ils possèdent plus de cent millions, mais ils vivent comme des bourgeois ; il n'y a que la belle-fille, Antoinette, celle qui rentre en tailleur blanc au volant de son auto, à faire de la dépense.

Dominique sait tout. Jamais elle n'a entendu le son de leur voix, qui ne traverse pas le canal de la rue, mais elle les voit aller et venir du matin au soir, elle suit leurs gestes, le mouvement de leurs lèvres : c'est une longue histoire sans paroles dont elle connaît les moindres épisodes.

Quand Hubert Rouet s'est marié, son père et sa mère vivaient au même étage, le second, et, à cette époque-là, Dominique avait encore son père, il était couché, impotent, dans la chambre voisine, celle qu'elle a louée depuis. Déjà elle ne quittait presque jamais la maison. Son père avait une sonnette à portée de la main, et il s'emportait si sa fille n'accourait pas dès le premier tintement.

— Où étais-tu ? Qu'est-ce que tu faisais ? Je pourrais mourir, dans cette maison, sans que...

Albert Caille s'ébroue dans le cabinet de toilette. Heureusement qu'elle y a placé un vieux morceau de linoléum, car il y a longtemps que le plancher serait pourri. On l'entend qui s'agite, ruisselant d'eau.

La mère Rouet est assise devant sa fenêtre, juste au-dessus de la tête de son fils, car, au mariage de celui-ci, les parents Rouet leur ont cédé l'appartement et ont monté un étage. La maison leur appartient, et aussi une bonne partie de la rue.

Parfois la mère, qui a de mauvaises jambes, écoute. On la voit qui écoute, qui se demande si son fils n'appelle pas. Parfois aussi elle saisit un bouton de sonnerie, qui communique avec la cuisine de l'étage au-dessous. Dominique ne peut voir cette cuisine, qui donne sur le derrière de la maison, mais elle pourrait compter les secondes, elle est sûre de voir bientôt la bonne du jeune ménage entrer chez la vieille. Elle devine :

— Monsieur dort ? Madame n'est pas rentrée ? Allez voir si mon fils n'a besoin de rien...

Il y a un mois, un peu plus d'un mois même, que Hubert Rouet est couché. Cela doit être grave, car le docteur vient le voir chaque matin, quelques minutes après neuf heures, en commençant sa tournée. Son klaxon aussi, Dominique le reconnaît. Elle assiste en quelque sorte aux visites. Elle connaît le médecin, car c'est le docteur Libaud, qui habite boulevard Haussmann et qui a soigné son père. Leurs regards, une fois, se sont rencontrés, et le docteur Libaud a adressé un léger salut à Dominique par-dessus la rue.

Sans cette maladie, les Rouet seraient à Trouville, où ils possèdent une villa. Il n'y a presque personne à Paris. Les taxis sont rares. Beaucoup de magasins sont fermés, y compris la maroquinerie Sutton, tout à côté de la crémerie, où on vend des articles de voyage et où, tout le reste de l'année, il y a des malles en osier des deux côtés du seuil.

Est-ce que la vieille Mme Rouet a entendu l'auto de sa belle-fille ? Elle s'agite. Elle sonnera avant peu.

Et voilà que Dominique aussi devient fébrile. Tout à coup, Rouet s'est retourné sur son lit, la bouche ouverte comme s'il cherchait en vain à respirer.

— Sa crise...

C'est l'heure. Il en a deux au moins par jour, parfois trois ; une fois qu'il en a eu six, on lui a mis des vessies de glace sur la poitrine toute la journée et une bonne partie de la nuit.

Inconsciemment, Dominique esquisse le geste de saisir un objet, le flacon laiteux qui se trouve sur la table de nuit, dans la chambre du malade.

C'est cela qu'il attend. Ses yeux sont ouverts. Il n'a jamais été gras, ni bien portant. Un petit monsieur terne, sans coquetterie, que tout le monde a trouvé mal assorti à sa femme quand ils se sont mariés en grande pompe à Saint-Philippe-du-Roule. Ce qui le rend encore plus banal, c'est une moustache incolore coupée en brosse au ras de la lèvre.

Dominique jurerait qu'il la fixe, mais c'est impossible, à cause des volets presque joints ; elle peut le voir, mais il ne peut la voir ; il regarde dans le vide, il attend, il espère ; ses doigts se crispent dans le vide, on dirait qu'il va se soulever, oui, il se soulève, il essaie plutôt, n'y parvient pas et, tout à coup, porte ses deux mains à la poitrine, reste là, plié en deux, incapable d'un mouvement, le visage bouleversé par la peur de mourir.

Dominique pourrait presque crier quelque chose à Antoinette Rouet, qui doit être dans l'escalier, qui ouvre la porte de l'appartement, se débarrasse de son chapeau, de ses gants verts :

— Dépêchez-vous... La crise...

Et une voix tout près d'elle, ignoble à force d'être familière, prononce :

— Passe-moi mes bas...

Si bien qu'elle ne peut s'empêcher d'imaginer nue, gavée, au bord du lit, une Lina encore imprégnée d'une forte odeur d'homme.

Le ciel est d'ardoise ; une ligne coupe la rue en deux, de biais, mais, que ce soit du côté du soleil, c'est une même matière épaisse, visqueuse, qui emplit l'univers au point que les sons s'y enlisent et que le vacarme des autobus n'arrive à l'oreille que comme un lointain bourdonnement.

Une porte claque, celle du cabinet de toilette, où Albert Caille a fini ses ablutions, et on l'entend aller et venir avec allégresse en sifflotant le tango que jouait tout à l'heure le phonographe.

Antoinette est là. Dominique a tressailli parce qu'elle vient de la découvrir par hasard, en regardant non les fenêtres du malade, mais la fenêtre voisine, celle d'une sorte de boudoir où, depuis que son mari est couché, Antoinette Rouet s'est fait dresser un lit.

Elle se tient debout près de la porte qui fait communiquer les deux chambres. Elle a retiré son chapeau, ses gants. Dominique ne s'est pas trompée, mais pourquoi reste-t-elle immobile comme si elle attendait ?

On dirait que la mère, là-haut, est avertie par son instinct. Elle est inquiète, cela se sent. Peut-être va-t-elle faire un effort héroïque pour se lever, mais il y a des mois qu'elle ne marche pas sans aide. Elle est énorme. C'est une tour. Ses jambes sont épaisses et raides comme des colonnes. Il faut deux personnes, les rares fois où il lui arrive de sortir, pour la hisser dans une voiture, et elle semble toujours les menacer de sa canne à bout de caoutchouc. Maintenant qu'il n'y a plus rien à voir pour elle, la vieille Augustine a quitté sa fenêtre. Sûrement qu'elle est dans le long corridor presque obscur de son étage où donnent les portes de toutes les mansardes, à guetter le passage de quelqu'un à qui parler. Elle est capable de faire ainsi le guet pendant une heure entière, les mains croisées sur le ventre, comme une monstrueuse araignée, et jamais son visage blafard sous des cheveux d'un blanc de neige n'abandonne son expression de douceur infinie.

Pourquoi Antoinette Rouet ne bouge-t-elle pas ? De toute la force de son regard braqué sur le vide incandescent, son mari appelle au secours. Deux fois, trois fois sa bouche s'est refermée, ses mâchoires se sont serrées, mais il n'est pas parvenu à happer la gorgée d'air dont il a besoin.

Alors Dominique se fige. Il lui semble que rien au monde ne serait capable de lui arracher un geste, un son. Elle vient d'avoir la certitude du drame, d'un drame tellement inattendu, tellement palpable que c'est comme si elle-même, à cet instant, y participait.

Rouet est condamné à mourir ! Il va mourir ! Ces minutes, ces secondes pendant lesquelles les Caille à côté s'habillent joyeusement pour descendre en ville, pendant lesquelles un autobus change de vitesse pour atteindre le boulevard Haussmann, pendant lesquelles retentit le timbre de la crémerie — elle n'a pu s'habituer à ce nom comme une incongruité, — ces minutes, ces secondes sont les dernières d'un homme qu'elle a vu vivre sous ses yeux pendant des années.

Il ne lui a jamais été sympathique. Ou plutôt si. C'est très compliqué. Ce n'est pas beau. Elle lui en a d'abord voulu de se laisser dominer par sa femme, par cette Antoinette, qui a soudain bouleversé la maison par sa vitalité, par son exubérance vulgaire.

Antoinette pouvait tout se permettre. Il la suivait comme un mouton (il en a d'ailleurs un peu la tête). Heureusement que la vieille, là-haut, est intervenue !

Elle sonnait.

— Priez Madame de monter...

Et elle parlait, la vieille, elle parlait sur un autre ton que son mouton de fils ; du rose, du rouge coloraient les joues de la bru, qui, de retour chez elle, se soulageait d'un geste rageur.

— On te dresse, ma fille !

Alors le mouton n'a plus été tout à fait mouton aux yeux de Dominique. Oh ! il ne disait rien lui ! Il ne se fâchait jamais. Sortait-elle tout le jour, revenait-elle avec sa voiture pleine de paquets coûteux, arborait-elle des toilettes tapageuses, il ne protestait pas, mais Dominique avait compris qu'il lui suffisait, comme certains enfants qui ne se vengent jamais eux-mêmes, de monter chez sa mère. Et là, il racontait, d'une voix égale, en baissant la tête. Il devait mesurer ses termes. Peut-être feignait-il de la défendre ?

— Priez Madame de monter...

Maintenant, à l'instant même, Antoinette est en train de le tuer ! Dominique vit la scène. Elle y participe. Elle participe. Elle sait. Elle sait tout. Elle est à la fois sur le lit avec le moribond et elle est Antoinette...

... Antoinette qui, toute chaude encore de la vie du dehors, a poussé la porte de l'appartement, qui a senti tomber soudain sur ses épaules le froid de la maison, le silence, les odeurs familières — l'appartement des Rouet doit sentir le fade, avec des relents de médicaments...

La porte de la cuisine s'est entrouverte :

— Ah ! Madame est rentrée... J'allais justement voir si Monsieur...

Et la domestique a un regard pour le réveille-matin. Cela signifie qu'Antoinette est en retard, qu'il est l'heure de la crise, l'heure du médicament dont il faut compter les gouttes : quinze, Dominique le sait, elle les a comptées maintes fois.

Antoinette s'est débarrassée de son chapeau devant la glace qui lui a renvoyé l'image d'une jeune femme élégante, débordante de vie, et, au même instant, elle a entendu un léger bruit, l'autre, le mari triste recroquevillé dans son lit, les deux mains sur un cœur qui menace de s'arrêter...

La vieille, là-haut, cette implacable tour de belle-mère, a sonné.

— Je monte, Madame ?

Dominique voit surgir la bonne.

— Ma belle-fille est rentrée ?

— Elle vient de rentrer, Madame.

— Mon fils n'a pas eu sa crise ?

— Madame est auprès de lui.

Elle devrait ! Elle y était presque. Quelques mètres à parcourir. Et, peut-être à cause de cette image que lui a renvoyée le miroir et qui la suit comme son ombre, peut-être à cause de la question de la servante, de la sonnette de la belle-mère, voilà qu'elle s'arrête.

Des gouttes de sueur perlent au front de Dominique. Elle voudrait crier, mais elle en est incapable. Le voudrait-elle vraiment ? Elle vit une minute atroce, et pourtant elle ressent comme une joie malsaine, il lui semble confusément que cette chose qui se passe sous ses yeux la venge. De quoi ? Elle n'en sait rien. Elle ne réfléchit pas. Elle reste là, tendue, aussi tendue que l'autre qui a posé une main sur le montant de la porte et qui attend.

Si la domestique redescendait tout de suite, Antoinette Rouet serait bien obligée d'entrer dans la chambre, de faire les gestes de tous les jours, de compter les gouttes, de verser un demi-verre d'eau, de mélange, de soutenir la tête de l'homme aux moustaches incolores.

Mais Mme Rouet mère parle ! Le coussin, derrière son dos, est trop haut ou trop bas. On l'arrange. La domestique disparaît dans l'ombre de la pièce. Elle va descendre. Non, elle apporte à la vieille un journal illustré.

Rouet n'en finit pas de mourir et même voilà qu'il se dresse ; Dieu sait où il a puisé cette énergie ! Peut-être a-t-il entendu un léger bruit de l'autre côté de la porte, car il regarde vers celle-ci. Sa bouche s'ouvre ; Dominique jurerait que des larmes envahissent ses yeux ; il s'arc-boute et reste ainsi, immobile. Il est mort, il est impossible qu'il ne soit pas mort, et cependant il ne retombe pas tout de suite, mais dans un lent fléchissement des muscles.

Sa mère, juste au-dessus de lui, n'a rien deviné ; elle est occupée à montrer à la domestique une page de son magazine. Qui sait ? Une recette de cuisine peut-être ?

Les Caille traversent le salon. Ils vont comme à leur habitude, refermer la porte bruyamment. Un jour, ils la feront sortir de ses gonds. Toute la maison en frémit.

De l'autre côté de la rue, une Antoinette absolument calme redresse lentement la tête, secoue un peu ses cheveux bruns, s'avance d'un pas. A ce moment, Dominique aperçoit sous son bras un demi-cercle de sueur, elle sent davantage sa propre sueur, les vêtements leur collent à la peau à toutes deux.

On croirait que la femme n'a pas regardé le lit, qu'elle sait, qu'elle n'a pas besoin de confirmation. Par contre, elle aperçoit la fiole blanche sur la table de nuit, la saisit, regarde autour d'elle avec une subite inquiétude.

La cheminée, en face de lui, est de marbre couleur chocolat. Au milieu, il y a un bronze qui représente une femme couchée, appuyée sur un coude, et, des deux côtés du bronze, deux pots de plantes vertes à feuilles finement découpées, des plantes que Dominique n'a vues nulle part ailleurs.

On marche au-dessus de la tête d'Antoinette. La domestique va redescendre. Le médicament est débouché. Les gouttes sont lentes à tomber. Antoinette secoue le flacon, et le liquide tombe sur la terre verdâtre d'un des pots qui l'absorbe aussitôt.

C'est fini. Dominique voudrait bien s'asseoir, mais elle veut tout voir ; elle est stupéfaite par la simplicité de ce qui s'est passé, par le naturel avec lequel la femme, de l'autre côté de la rue, verse une dernière goutte de médicament dans le verre, une autre goutte d'eau, puis se dirige vers la porte.

On sent, on entend presque qu'elle appelle :

— Cécile !... Cécile !...

Personne. Elle marche. Elle disparaît. Quand elle revient, la servante l'accompagne. Elle a trouvé un mouchoir en chemin et elle le mordille, le passe sur ses yeux.

— Montez prévenir ma belle-mère...

Est-il possible que ses jambes ne tremblent pas comme celles de Dominique ? Pendant que Cécile se précipite dans l'escalier, elle se tient à distance du lit, elle ne regarde pas de ce côté ; son regard erre par la fenêtre, paraît s'accrocher un instant aux persiennes derrière lesquelles Dominique est à l'affût.

Leurs regards se sont-ils rencontrés ? C'est impossible à savoir. C'est une question qui angoissera souvent Dominique. La tête lui tourne. Elle voudrait ne plus rien voir, fermer hermétiquement les volets, mais elle ne peut pas ; elle pense soudain que, quelques minutes plus tôt, elle regardait ses seins nus dans la glace, et elle a honte, elle est prise de remords, il lui semble que cet acte, à ce moment, devient plus particulièrement honteux ; elle pense aussi, Dieu sait pourquoi, qu'Antoinette n'a même pas trente ans. Or, elle, qui en aura bientôt quarante, se sent souvent une petite fille !

Jamais elle n'a pu se persuader qu'elle est une grande personne, comme étaient son père et sa mère quand elle était petite. Et voilà que maintenant une femme beaucoup plus jeune qu'elle se comporte sous ses yeux avec une simplicité désarmante. Tandis qu'arrive la belle-mère, aidée et soutenue par

Cécile et une femme de chambre, Antoinette pleure, se mouche, explique, désigne le verre, affirme sans doute que la crise a été la plus forte, que la drogue n'a pas agi.

Le ciel, au-dessus de la maison, reste d'une menaçante couleur d'ardoise surchauffée ; des gens vont et viennent sur le trottoir comme des fourmis dans l'étroit sillon que la colonne a creusé dans la poussière ; des moteurs tournent, des autobus s'essoufflent ; des milliers, des dizaines de milliers de gens s'ébattent dans l'eau bleue des bords de mer ; des milliers de femmes brodent ou tricotent sous des tentes rayées de rouge et de jaune plantées dans le sable chaud.

En face, on téléphone. M. Rouet, le père, n'est pas là. Il n'est jamais là. On dirait qu'il a en horreur sa maison, où on ne le voit qu'au moment des repas. Il sort, il rentre avec la ponctualité d'un homme tenu d'arriver à l'heure à son bureau, et pourtant il y a des années qu'il a revendu son affaire.

Sûrement que le docteur Libaud n'est pas chez lui. Dominique le sait. Il lui est arrivé, pour son père, de téléphoner à la même heure.

Les femmes sont désorientées. On dirait qu'elles ont peur, devant cet homme qui est pourtant bien mort, et Dominique est à peine surprise de voir Cécile franchir le portail, entrer dans la crémerie, en ressortir avec M. Audebal, en tablier blanc, qui la suit dans la maison.

Dominique est à bout. La tête lui tourne. Il y a longtemps qu'elle a pris son maigre déjeuner, et pourtant son estomac est barbouillé, il lui semble qu'elle va rendre, elle hésite un instant à traverser le salon dans la crainte de rencontrer l'un des Caille à moitié nu et se souvient enfin qu'ils sont sortis.

2

Il était environ dix heures, la veille, quand Dominique était allée jeter la lettre à la boîte, très loin dans le quartier de Grenelle. Maintenant, il n'était pas tout à fait cinq heures du matin et elle était debout. Combien de temps avait-elle dormi ? A peine trois heures. Elle n'avait pas sommeil. Elle ne se sentait pas lasse. Il y avait des années qu'elle ne dormait presque pas : cela avait commencé quand elle soignait son père, qui la réveillait toutes les demi-heures.

Parfois, toute seule dans l'unique pièce qu'elle habitât réellement, elle remuait les lèvres, articulait presque des mots :

— Un jour, il faudra que je fasse comprendre à quelqu'un...

Non ! Elle l'écrirait. Pas dans une lettre, car elle n'écrivait plus à personne. Il y avait beaucoup de pensées qu'elle consignerait dans un cahier, et on serait fort étonné quand on trouverait celui-ci après sa mort. Entre autres choses, ceci : les êtres qui ne dorment pas, qui dorment à peine, sont des êtres à part, bien plus à part qu'on ne l'imagine, parce qu'ils vivent au moins deux fois chaque événement.

Deux fois ! En pensant à ce chiffre, elle eut son petit rire, rentré, de solitaire. C'est dix, cinquante, c'est cent fois peut-être qu'elle avait vécu cet événement-ci !

Et pourtant elle était sans fièvre. La vieille Augustine pouvait l'observer de sa mansarde si elle voulait, elle trouverait la Dominique de tous les jours, un mouchoir noué autour des cheveux, un peignoir d'un bleu déteint serré autour de sa taille maigre.

Cela ne tarderait pas. Dans dix minutes au plus, on verrait s'écarter les vitres de la fenêtre d'Augustine, qui n'avait rien à faire dès cinq heures du matin, mais qui ne dormait pas non plus.

Tous les volets étaient clos, la rue était vide ; le macadam, vu d'en haut, apparaissait si poli par le flot qui déferlait pendant le jour qu'il était luisant, avec des reflets violets. Dans l'échappée du carrefour, où s'amorçaient le boulevard Haussmann et l'avenue Friedland, on apercevait une partie de la masse d'un arbre, pas même la moitié de la verdure d'un arbre, et pourtant c'était vraiment majestueux, malgré la hauteur des maisons d'alentour : des branches vivantes, un monde de feuillage d'un vert sombre où, tout d'un coup, quelques secondes avant que le soleil parût dans le ciel, éclatait une vie insoupçonnée, sous forme d'un concert auquel semblaient participer des milliers d'oiseaux.

La fenêtre était large ouverte. Dominique ne l'ouvrait qu'après avoir fait son lit, car elle avait honte d'un lit ouvert, de la crudité des draps froissés, de l'oreiller avachi, même aux yeux du seul être qui eût pu l'entrevoir à cette heure, aux yeux de la vieille Augustine.

Le gaz était allumé dans l'étroite cuisine qui faisait suite à la chambre, et Dominique, machinalement, avec les mêmes gestes que tous les matins, rangeait et prenait les poussières.

C'était un peu, à cette heure-là, comme si son univers eût été prolongé. La rue entière y participait, le pan de ciel bleu clair au-dessus des toits d'en face, l'arbre du carrefour Haussmann ; la chambre en devenait plus vaste comme une pièce qui, à la campagne, donne de plain-pied sur un jardin. Encore une demi-heure et sonneraient les premières cloches de Saint-Philippe-du-Roule. Parfois une auto passait, et, quand elle s'arrêtait à deux cents mètres, Dominique savait que c'était devant le portail de l'hôpital Beaujon[1], un malade ou un moribond qu'on amenait, peut-être la victime d'un accident. Elle entendait aussi les trains, très loin, du côté des Batignolles.

Et son père, au-dessus du lit, son père en grande tenue de général, la regardait. Le portrait était fait de telle sorte que le regard la suivait dans tous les coins de la pièce. C'était une compagnie. Cela ne l'impressionnait ni ne l'attristait. Est-ce qu'elle n'avait pas aimé son père ?

Dès l'âge de quinze ans, elle n'avait vécu qu'avec lui, l'avait suivi dans toutes ses garnisons. Pendant ses années de maladie, dans cet appartement du faubourg Saint-Honoré, elle l'avait soigné jour et nuit, comme une

1. L'hôpital Beaujon a été transféré depuis à Clichy.

infirmière, comme une sœur de charité, et il n'y avait jamais eu d'intimité entre eux.

— Je suis la fille du général Salès...

Elle prononçait involontairement Salès d'une façon spéciale, comme un mot à part, un mot précieux, prestigieux. Les gens ne le connaissaient pas toujours, mais le titre de général suffisait, surtout vis-à-vis des fournisseurs.

Les hommes se doutent-ils que le commencement du jour est aussi mystérieux que le crépuscule, qu'il contient en suspens la même part d'éternité ? On ne rit pas aux éclats, d'un rire vulgaire, dans la fraîcheur toute neuve de l'aurore, pas plus qu'au moment où vous frôle la première haleine de la nuit. On est plus grave, avec cette imperceptible angoisse de l'être devant l'univers, parce que la rue n'est pas encore la rue banale et rassurante, mais un morceau du grand tout où se meut l'astre qui met des aigrettes aux angles vifs des toits.

Ils dorment, à côté. Quand elle s'approche de la porte brune où la clef est de son côté, elle peut percevoir leurs souffles confondus ; ils se gavent de sommeil, comme ils se sont gavés de vie toute la journée ; les bruits de la rue ne les réveilleront pas, en dépit de leur fenêtre grande ouverte ; le vacarme des autobus et des taxis s'intégrera naturellement dans leurs rêves, accentuera leur plaisir en leur donnant conscience de leur béatitude, et tard, très tard, à dix heures peut-être, de légers bruits, le mouvement d'un bras, le grincement d'un ressort, un soupir, préluderont à l'explosion quotidienne de leur vitalité.

C'est drôle qu'elle en soit arrivée à avoir besoin d'eux ! Et davantage encore depuis la chose, davantage depuis la lettre.

Il était passé sept heures quand elle est partie à la recherche d'un bureau de poste lointain, l'heure des terrasses pleines, des chapeaux de paille, des verres de bière sur les guéridons — il y avait même des hommes en bras de chemise, le col déboutonné, comme à la campagne.

Elle est allée à pied parce qu'il lui fallait entretenir sa fièvre par le mouvement ; elle marchait vite, d'une démarche un peu saccadée, et, plusieurs fois, il lui est arrivé de se heurter à des passants.

Elle se demande à présent comment elle a pu aller jusqu'au bout. Peut-être est-ce en grande partie à cause du mort ?

Voilà trois jours que les volets d'en face ne se sont pas ouverts, trois jours qu'elle vit en tête à tête avec cette sorte de visage masqué.

Elle sait, car elle est allée voir. Elle n'a pas pu y tenir. D'ailleurs, tout le monde avait le droit d'entrer et de sortir. Elle a attendu la dernière minute, la veille à quatre heures exactement, après le départ des hommes de chez Borniol, qui sont venus clouer le cercueil.

Elle avait revêtu son tailleur noir. La concierge, indifférente, lui a jeté un coup d'œil du fond de la loge, et elle a dû la reconnaître pour quelqu'un du quartier. Au second, la porte était contre, il y avait un plateau dans l'entrée éclairée à l'électricité, un monsieur en noir qu'elle ne connaissait pas qui classait les cartes de visite ramassées sur le plateau d'argent.

Est-ce qu'en vieillissant elle va devenir comme sa tante Elise ?

Elle a eu du plaisir à respirer l'odeur, un plaisir presque sensuel, et pourtant c'était une odeur de mort, celle des cierges, des· fleurs trop nombreuses dans des pièces closes, avec comme un relent fade de larmes.

Elle n'a pas vue Antoinette. On chuchotait, derrière la porte de gauche, celle du grand salon. La porte de la chambre était ouverte, et cette chambre, méconnaissable, était transformée en chapelle ardente ; cinq ou six personnes se faufilaient en silence autour du cercueil, serraient la main de Mme Rouet mère assise près d'un palmier en caisse.

Ces messieurs en cheviote noire et en linge trop blanc étaient sans doute des parents venus de province, sûrement des parents du côté des Rouet, comme cette jeune fille à peine sortie de pension qui s'occupait de la vieille dame.

Dominique s'est peut-être trompée. Non. Elle est sûre de ne pas s'être trompée, Mme Rouet mère avait dans son attitude, dans toute sa masse, quelque chose de dur, de menaçant. Ce n'était plus la même personne. Il était impossible de se moquer d'elle et de ses grosses jambes, de sa canne à bout de caoutchouc et de son air de tout régenter.

Elle ne s'était pas tassée sous l'action du chagrin. Au contraire. Elle était devenue encore plus grande, plus sculpturale, et sa douleur intérieure lui apportait une force de plus en accroissant sa haine.

Peut-être sa haine pour le monde entier, pour tout ce qui n'était pas son fils, y compris ces neveux, qui étaient là comme des garçons d'honneur dans une noce et qui avaient à ses yeux le tort de vivre. En tout cas, sa haine pour celle qu'on ne voyait pas, qui était quelque part derrière une porte et qui n'avait plus rien de commun avec la famille.

Dominique avait reçu le choc de ce regard de mère, et elle s'était troublée, comme si cette femme eût été capable de la deviner. Car Mme Rouet regardait tout le monde, froidement, durement, semblait dire :

« D'où vient encore celle-ci ? Et celui-là, que veut-il ? »

Cependant, massive, elle restait incrustée dans son fauteuil, sans égrener le chapelet qu'on lui avait mis à la main, sans remuer les lèvres.

C'est presque honteusement que Dominique avait quitté la chapelle ardente et, dans le vestibule, elle s'était heurtée à la première d'une grande maison de couture qui emportait un carton. On chuchotait derrière la porte ; c'était un essayage.

Dominique n'avait pas pu apercevoir Antoinette. Elle ne savait rien d'elle, sinon qu'elle avait passé les deux nuits dans l'appartement de ses beaux-parents ; elle avait entrevu le bas de sa robe au moment où elle fermait une fenêtre.

Par contre, sur la cheminée tendue de noir comme le reste de la pièce, elle avait entrevu les deux plantes vertes aux longues feuilles minces.

Sans cette vision qui avait duré un quart de seconde, qui sait si elle aurait écrit ? Chez elle, à peine déshabillée, elle avait cherché partout un traité de botanique ancien, orné de gravures sur cuivre, qu'elle avait vu jadis dans la bibliothèque du général.

Les Caille étaient absents. Elle les avait aperçus une fois, qui dînaient dans un bouillon tout au bout de la rue, non loin de la Madeleine, aussi joyeux au milieu de la foule que dans la solitude de leur chambre.

Kentia Belmoreana... Cocos Weddelliana...

Le livre sentait le vieux papier, les pages étaient jaunies, les caractères minuscules, et elle trouva enfin l'image qu'elle cherchait ; elle eut la certitude que les deux plantes étaient des *Phœnix Robelini.*

Alors elle prit une feuille de papier dans le tiroir et elle écrivit ces deux mots, une fois, cinq fois, dix fois, puis elle saisit une autre feuille, les écrivit à nouveau en caractères romains.

Le Phœnix Robelini de droite.

Rien d'autre. N'était-ce pas assez terrible ? Si terrible qu'elle sentait à nouveau la sueur lui gicler sous les bras et se perdre dans la toile de sa chemise.

Les caractères romains lui firent honte quand elle eut tracé l'adresse sur une enveloppe. C'était laid, presque ignoble. Cela sentait la lettre anonyme, et elle avait lu quelque part que toutes les écritures renversées se ressemblent.

Madame Antoinette Rouet
187 bis, rue du Faubourg-Saint-Honoré
Paris (VIIIe)

Maintenant, seule dans sa chambre, elle ne comprenait plus comment elle avait pu faire cela. Elle avait eu le temps de la réflexion. Elle avait couru au loin, franchi la Seine, traversé tout le quartier de l'Ecole Militaire. Il y avait dans les rues comme un air de vacances. Beaucoup de taxis transportaient vers la gare de Montparnasse des jouets de plage, des attirails de pêcheur ; elle vit passer un canoë sur le toit d'une voiture. Ceux qui restaient à Paris devaient penser :

« Puisque tout le monde s'en va, il est bien permis de se mettre à son aise... »

Dans la lumière orangée, c'était un étrange mélange de calme et d'effervescence, comme une trêve aux soucis sérieux, aux préoccupations quotidiennes, et Dominique marchait toujours, longeait des trottoirs inconnus, découvrait des rues provinciales, où des familles étaient assises sur le pas des portes et où les enfants demi-nus jouaient à même la chaussée ; elle s'arrêtait enfin, d'un arrêt net, définitif, devant un bureau de poste, et elle se débarrassait de sa lettre, restait là un moment encore, tremblante de ce qu'elle avait fait, mais comme soulagée.

C'était à croire que, ce soir-là, les Caille l'avaient fait exprès. Pendant sept ans, depuis la mort de son père, elle avait vécu seule dans cet appartement et jamais elle n'avait eu peur, jamais elle n'avait conçu qu'on pût avoir peur de la solitude ; elle avait repoussé l'offre d'une cousine veuve qui vivait à Hyères — c'était la veuve d'un officier de marine — et qui lui avait proposer de venir habiter avec elle.

Quand elle avait envoyé au journal l'annonce pour la chambre... Quelle honte de lire, imprimé :

Chambre meublée à louer pour personne seule dans bel appartement du faubourg Saint-Honoré. Petit prix.

Il lui semblait que désormais sa déchéance était publique, définitive. Pourtant, il le fallait. Il n'y avait plus que cette solution-là, le général Salès n'avait pas de fortune. Le seul bien de la famille était une part — un tiers — dans cette maison où le général s'était installé quand il avait pris sa retraite.

Est-ce que Dominique lui en voulait ? A peine. Elle pouvait regarder son portrait sans colère comme sans pitié. Pendant une longue partie de sa vie, il n'avait été pour elle qu'un homme velu, toujours botté, faisant sonner ses éperons, buvant sec et, quand il pénétrait dans la maison, s'annonçant par des éclats de voix.

En civil, il n'avait plus été qu'un vieillard grognon, sournois, qui semblait reprocher aux passants de ne pas savoir qu'ils côtoyaient un général.

Il s'était mis à jouer à la Bourse, puis, après avoir perdu tout ce qu'il possédait, il s'était couché, égoïstement ; il avait décidé d'être malade, laissant à Dominique le soin de s'occuper du reste.

Leur part dans la maison était vendue. Si Dominique occupait encore son appartement, c'est qu'un cousin, maintenant seul propriétaire de l'immeuble, lui en laissait la jouissance. Elle lui avait écrit, de son écriture pointue qui donnait aux mots un aspect cruel :

... Je sais tout ce que je vous dois déjà, mais, dans la situation où je me trouve, je suis forcée de vous demander l'autorisation de prendre un locataire qui...

C'était Caille qui était venu, parce qu'il n'était pas riche et que, pour le prix qu'elle réclamait, il n'aurait eu dans un hôtel meublé qu'une chambre exiguë et sans confort.

— Vous serez obligé de passer par le salon, mais vous ne m'y rencontrerez pas souvent. J'interdis formellement que vous receviez. Vous comprenez ce que je veux dire. Je ne veux pas non plus qu'on fasse de cuisine dans la chambre...

Elle lui avait laissé entendre qu'une bonne s'occuperait du ménage, mais dès le second jour il l'avait surprise à ce travail.

— Je n'ai encore trouvé personne ; j'espère que d'ici quelques jours...

Cela lui était parfaitement égal, à lui ! Elle n'avait rien osé lui dire, quand, derrière le volet de la cheminée, elle avait trouvé une boîte à camembert et une croûte de pain. Il était pauvre. Il lui arrivait de manger dans sa chambre, où elle chercha en vain un réchaud. Il ne cuisinait donc pas. Il partait de bonne heure en ce temps-là. Il rentrait tard. Il possédait deux chemises, une seule paire de souliers. Elle avait lu les lettres qu'il recevait de sa fiancée et qu'il ne se donnait pas la peine de cacher.

Toute une époque, pour elle, qu'elle n'aurait pu définir, mais qui laissait du regret, de la nostalgie.

— Jamais je ne supporterai une femme dans l'appartement... Un homme, passe encore... Mais une femme...

Elle avait accepté Lina, par crainte de devoir mettre à nouveau l'annonce, de voir un étranger chez elle.

— A une condition... Votre femme fera la chambre elle-même...

C'était elle, aujourd'hui, qui le regrettait. Elle n'avait plus de prétextes pour entrer dans la pièce à toute heure. Elle le faisait encore, mais furtivement, après avoir tiré le verrou de la porte du palier. Il n'avait toujours que deux chemises et dans la garde-robe pendait le smoking qu'il avait acheté d'occasion pour son mariage. Lina laissait à la traîne, en pleine lumière, les objets les plus intimes.

Le soir, elle avait pris l'habitude de ne pas se coucher avant que le couple fût rentré. Que pouvaient-ils faire si tard ? Bien après le théâtre et le cinéma, ils devaient errer dans les rues ou dans les petits bars encore ouverts, car ils n'avaient pas d'amis. Elle reconnaissait de très loin leur pas dans la rue. Chez eux, ils continuaient à parler à voix haute. Ils ne se pressaient pas. Ne se levaient-ils pas quand cela leur plaisait ?

Leur voix, derrière la porte, devenait à Dominique une compagnie nécessaire, si bien que, quand ils s'attardaient dehors plus que de coutume, elle n'était pas à son aise, et souvent il lui arrivait d'aller s'accouder à la fenêtre pour les guetter.

« Ils seraient capables de ne pas refermer la porte... »

C'était une excuse. Elle ne voulait pas s'occuper d'eux. N'empêche que, la veille, elle était restée jusqu'à deux heures du matin à la fenêtre, à voir les lumières s'éteindre les unes après les autres, à compter les passants, et toujours elle avait sous les yeux ces volets clos de chez Rouet, ce vaste appartement qu'elle savait vide autour d'un cercueil dans lequel l'homme à la moustache incolore était définitivement enfermé.

Elle en était arrivée à compter les heures qui la séparaient du moment où on l'emporterait enfin, où les persiennes s'ouvriraient, où les pièces recommenceraient à vivre.

Les Caille étaient rentrés. Ils parlaient ? Ils pouvaient parler ainsi du matin au soir ! Que trouvaient-ils encore à se dire ? Elle qui ne parlait jamais, à personne, qui tout au plus se surprenait parfois à un silencieux mouvement des lèvres !

La lettre arriverait ce matin, à huit heures et quart, portée par le petit facteur qui marchait de travers, comme entraîné par le poids de sa boîte. La concierge la placerait dans le casier des Rouet, avec les centaines de lettres de condoléances, car ils avaient envoyé un nombre considérable de faire-part.

Dominique en avait un. Elle l'avait volé. Les Rouet, qui ignoraient son existence, ne lui en avaient pas adressé. La veille, en passant devant la loge, Dominique était entrée pour s'assurer qu'il n'y avait pas de courrier pour elle. Elle ne recevait guère plus de deux lettres par mois, mais déjà elle avait son idée, elle avait vu tout de suite, dans le casier de Mme Ricolleau — la femme de l'ancien ministre — qui habitait au premier, une grande enveloppe bordée de noir.

Elle l'avait prise. Le faire-part était là, sur le tapis usé de la table.

Madame Hubert Rouet, née Antoinette Lepron,
Monsieur et Madame Germain Rouet-Babarit,

Monsieur et Madame Babarit-Basteau...

Il y en avait une longue colonne :

...ont la douleur de vous faire part de la mort de leur mari, fils, petits-fils, oncle, cousin, neveu, petit-cousin, survenue ce jour à la suite d'une longue maladie...

Les lèvres de Dominique s'étaient étirées comme sous l'effet d'un tic.

Et voilà que la rue commençait à s'animer, d'autres bruits se mêlaient au chant des oiseaux de l'arbre ; on n'entendait plus la fontaine qui coulait jour et nuit dans la cour du vieil hôtel voisin ; une camionnette s'arrêtait enfin au bord du trottoir, juste en face, et des ouvriers se mettaient au travail après avoir éveillé la concierge qui était de mauvaise humeur : c'étaient des tapissiers qui venaient tendre devant la porte des tentures surmontées d'un « R » argenté.

La vieille Augustine, qui ne pouvait rien voir de sa fenêtre, à cause de la corniche, parut bientôt sur le trottoir et se trouva ainsi dehors beaucoup trop tôt pour son marché, car on livrait seulement le lait chez Audebal, et la charcuterie Sionneau n'était pas encore ouverte.

Il en fut de cette journée-là comme des événements dont les enfants se réjouissent trop longtemps d'avance, au point d'en perdre le sommeil la dernière nuit, et qui semblent ne jamais devoir se produire.

Jusqu'à la dernière minute, le temps s'écoula avec une lenteur exaspérante, et il sembla à Dominique que les choses ne se passaient pas comme elles auraient dû se passer.

Par exemple, leurs tentures installées, les tapissiers allèrent boire un verre chez le marchand de vins, trois maisons plus bas, sortirent en s'essuyant la bouche et s'éloignèrent, laissant les choses en plan.

Quant aux gens de la maison, ils partirent pour leur travail à l'heure habituelle, comme si de rien n'était. Ils passèrent entre les tentures, et quelques-uns seulement se retournèrent pour juger de l'effet produit. Les poubelles prirent leur place au bord du trottoir ; les volets, à l'étage des parents Rouet, ne s'ouvrirent qu'à huit heures. Mais, comme ces fenêtres étaient plus hautes que celles de Dominique, celle-ci ne voyait les occupants qu'au moment où ils se trouvaient très près des vitres.

A neuf heures, deux taxis s'arrêtèrent à quelques minutes d'intervalle : des parents, de ceux que Dominique avait aperçus, la veille, dans la chapelle ardente. De quart d'heure en quart d'heure, des gamines ou des petits jeunes gens que cela n'impressionnait pas du tout livraient des fleurs. Beaucoup de fleurs, bien que la plupart des amis de la famille fussent en vacances ; ils avaient dû télégraphier au fleuriste.

L'étalage de chez Audebal avait pris sa place habituelle ; la pharmacie Bégaud était ouverte, encadrée de noir et d'argent, elle aussi, comme un local mortuaire.

Dominique, déjà prête, ses gants de fil noir posés sur la table, était la seule en avance, tandis que les Caille, qui avaient bougé un moment sur leur lit, s'étaient rendormis sans même savoir qu'il y avait un enterrement en face.

« Il y aura beaucoup de monde... »

Quelques voisins venaient furtivement déposer leur carte, ceux qui n'avaient pas le temps d'assister aux obsèques ou qui jugeaient leur présence superflue.

A dix heures moins le quart, Dominique vit descendre de taxi la première de la maison de couture. Elle apportait la robe !

La levée du corps avait lieu à dix heures et demie ! Antoinette, là-haut, devait attendre en combinaison...

Soudain, la rue se peupla, sans qu'on pût savoir comment : il y eut des groupes en stationnement sur les trottoirs, dix, quinze taxis arrivèrent à la queue leu leu, au point qu'on devait attendre le départ du précédent pour descendre de voiture à son tour.

Un corbillard automobile surgit enfin : toutes les silhouettes noires furent prises d'une certaine agitation et quand Dominique, qui jugeait que le moment était venu de descendre, arriva devant la maison, le cercueil apparaissait au fond du couloir ; on devinait des voiles dans le clair-obscur, des hommes nu-tête, que plaçait le maître des cérémonies.

Nul ne soupçonna la présence d'une mince silhouette de femme qui se faufilait, anxieuse, et qui eût tout donné pour rencontrer le regard de la veuve. Dominique se heurtait aux uns et aux autres, balbutiait « pardon », se hissait sur la pointe des pieds, mais elle ne vit rien que des vêtements noirs, un voile, une femme assez vulgaire, en grand deuil, qui soutenait sa fille, car la mère d'Antoinette était venue.

Par contre, Mme Rouet mère ne parut pas.

Son mari marchait derrière sa bru du même pas qu'il partait chaque matin, Dieu sait où, et, seul de la famille, il regardait les gens les uns après les autres, comme s'il en faisait le compte.

Ce qui avait été si long à préparer se passa trop vite. Dominique se trouva encadrée par d'autres femmes, fit partie d'un rang, gravit sans rien voir les marches de Saint-Philippe-du-Roule et alla prendre place dans la travée de gauche, fort loin d'Antoinette, qu'elle ne voyait que de dos.

Peut-être celle-ci n'avait-elle pas encore ouvert la lettre, perdue parmi tant de lettres de condoléances ? Inconsciemment, Dominique aspirait avec une sorte de volupté la rumeur des orgues, l'odeur de l'encens qui lui rappelait son enfance et les premières messes du matin pendant ses années de mysticisme.

Jeune fille, enfant, ne se levait-elle pas déjà avant les autres pour assister à la messe et ne connaissait-elle pas cette odeur des rues au petit jour ?

Si Antoinette se retournait... Tout à l'heure, quand le cortège regagnera le parvis, elle passera tout près de Dominique, elle la frôlera presque, et peut-être celle-ci découvrira-t-elle ses yeux à travers le voile ?

Il y a dans cette curiosité quelque chose d'enfantin, d'un peu honteux : ainsi, jadis, quand on avait parlé devant elle d'une jeune fille qui avait eu des rapports avec un homme, Dominique avait-elle cherché ensuite son regard, comme si elle allait y découvrir des stigmates extraordinaires.

Un jour, alors qu'ils étaient en garnison à Poitiers, l'ordonnance de son père avait été convaincu de vol. Et Dominique l'avait guetté de la même façon. Plus petite, elle avait tourné longtemps autour d'un lieutenant qui était monté en avion.

Tout ce qui était vie l'impressionnait. Lina aussi, sa locataire, et souvent elle passait des heures à lutter contre elle-même, à cause de cette porte qui les séparait, de cette serrure par laquelle elle pouvait regarder.

« Demain, je le ferai... »

Elle se défendait. Elle était écœurée. Elle avait d'avance la nausée de ce qu'elle verrait. Après, elle en était vraiment malade, comme si on eût violé l'intimité de sa propre chair, mais la tentation était irrésistible.

Antoinette Rouet, elle, avait eu assez faim de vie pour rester immobile dans l'embrasure d'une porte pendant que son mari mourait. Elle avait laissé couler les secondes une à une, sans bouger, sans un geste, la main sur le chambranle, consciente que chacune de ces secondes était pour l'homme dans le lit de qui elle avait dormi une seconde d'agonie.

Après, elle ne l'avait pas seulement regardé. Elle avait pensé au médicament. Son regard avait erré dans la pièce, s'était posé sur une des plantes vertes :

« Phœnix Robelini »

Et cette plante était restée là, dans la chambre mortuaire, elle y était encore, parmi les tentures que les tapissiers devaient être occupés à retirer. Elle la reverrait en rentrant. Oserait-elle la faire disparaître ?

Continuerait-elle à vivre dans la maison des Rouet ? Ceux-ci garderaient-ils avec eux, près d'eux, une bru qui ne leur était rien et que Mme Rouet mère détestait ?

A cette pensée, Dominique fut prise de panique. Sa main se crispa sur son prie-Dieu. Elle eut peur qu'on lui volât Antoinette, elle n'eut plus qu'une hâte, retourner faubourg Saint-Honoré, s'assurer que les persiennes étaient normalement ouvertes, que la vie continuerait dans l'appartement.

N'était-ce pas de mauvais augure de voir Antoinette près de sa mère, comme si déjà elle changeait à nouveau de famille ? Pourquoi ne se tenait-elle pas, la veille, dans la chapelle ardente ?

« Parce que Mme Rouet mère n'a pas voulu ! »

Dominique en était sûre. Elle ignorait ce qui s'était passé, ce qui se passerait, mais elle avait vu la vieille dame aussi massive et dure qu'une cariatide, et elle sentait qu'un nouveau sentiment avait pénétré en elle...

Des parents, dans les derniers rangs de la famille, des parents éloignés, se retournaient pour inspecter l'assistance, et la liturgie déroulait ses fastes monotones. Dominique suivait machinalement les allées et venues des officiants ; ses lèvres, parfois, accompagnaient leurs oraisons d'un murmure.

Elle défila à l'offrande. Le père Rouet, tout droit, regardait les fidèles passer un à un, mais Antoinette s'était agenouillée et gardait le visage entre ses mains.

Elle se comportait comme n'importe quelle veuve, un mouchoir bordé de noir roulé en boule à la main, et, quand elle passa enfin près de Dominique, celle-ci, qui ne vit que des yeux un peu plus brillants qu'à l'ordinaire, une peau plus mate, peut-être à cause de l'éclairage et du voile, fut déçue. Puis, tout de suite après, quelque chose la frappa, elle se demanda un instant quoi, ses narines frémirent, elle retrouva dans l'air alourdi par l'encens le léger parfum qu'Antoinette Rouet traînait dans son sillage.

S'était-elle vraiment parfumée ?

Quand elle atteignit le parvis, au milieu du crissement monotone des semelles sur les dalles, quand elle retrouva un triangle éblouissant de soleil, les premières voitures s'éloignaient pour faire place aux suivantes, et elle se glissa dans la foule, sortit en quelque sorte de l'enterrement, hâta le pas à mesure qu'elle approchait de chez elle, sur le trottoir ombragé du faubourg Saint-Honoré.

Les volets des Rouet étaient ouverts. Les Caille venaient seulement de se lever, et l'eau ruisselait dans le tub du cabinet de toilette ; le phonographe fonctionnait, une légère odeur de gaz et de café au lait persistait. Dominique, en ouvrant la fenêtre, accueillit avec soulagement le spectacle des chambres d'en face, d'où Cécile et une autre servante expulsaient à coups de torchon et de balai des colonnes de poussière lumineuse.

3

Ce fut la violence qui jaillit là où Dominique, impatiente, puis exaspérée, espérait voir de la peur ou peut-être un remords. Et cette violence fusait si librement, telle une force naturelle, que, pour un bon moment, Dominique cessa de comprendre.

C'était le cinquième jour après l'enterrement et il ne s'était encore rien passé. Le temps était le même, le soleil aussi ardent, avec cette différence que désormais, vers trois heures, chaque après-midi, le ciel se plombait, l'air devenait encore plus lourd, des effluves malsains oppressaient jusqu'au chien des Audebal couché en travers du trottoir ; on regardait machinalement en l'air avec espoir, l'espoir de voir crever enfin ce ciel pesant, mais, si parfois on croyait entendre au loin des roulements indistincts, l'orage n'éclatait pas, ou allait éclater loin de Paris.

Les nerfs tendus, Dominique, pendant ces cinq jours, ne fit qu'attendre et à la fin elle ne savait plus ce qui la soulagerait le plus, le déchaînement des éléments ou l'événement qu'elle guettait des heures durant, qu'elle était incapable de prévoir, qui ne pouvait pas ne pas se produire.

Il était inconcevable qu'en face Antoinette vécût ainsi comme en suspens, comme dans un hôtel de passage, comme dans une gare. Pour se raisonner, Dominique se répétait :

« Elle n'a pas lu le billet. Ou bien elle ne l'a pas compris. Elle ne connaît peut-être pas le nom de la plante verte... »

Elle dormait à nouveau dans le grand lit conjugal, celui qui avait été le lit de malade de son mari, celui dans lequel il était mort. Elle sortait peu.

Quand elle sortait, elle portait ses vêtements de deuil, mais, chez elle, elle n'avait pas renoncé aux tenues d'intérieur somptueuses, qu'elle affectionnait, aux lourdes soies richement garnies.

Elle se levait tard, prenait son petit déjeuner au lit, paresseusement. Elle échangeait quelques mots avec Cécile, et on sentait que cela n'allait pas entre les deux femmes. Cécile se montrait raide, sur la réserve. Antoinette la supportait avec une visible impatience.

Elle traînait dans l'appartement, rangeait des tiroirs, entassait des vêtements du mort, appelait la servante pour lui ordonner de les porter dans quelque lointain placard.

Elle lisait. Elle lisait beaucoup, ce qu'elle ne faisait jamais autrefois, et il était rare de la voir sans une cigarette au bout d'un long fume-cigarette d'ivoire. Que de temps elle pouvait passer, au bord d'un divan, à se polir les ongles, ou encore, devant un petit miroir, à s'épiler gravement les sourcils !

Pas un regard aux fenêtres d'en face. Elle ignorait Dominique, elle ignorait la rue, elle allait et venait, comme sans y attacher d'importance, dans cet univers provisoire.

C'est seulement le cinquième jour, vers neuf heures du matin, que se passa l'histoire des valises, que se passèrent plutôt les deux histoires de valise, car, par une curieuse coïncidence, une valise joua un rôle aussi dans l'appartement de Dominique.

Celle-ci, un peu plus tôt, était descendue pour faire son marché. Un léger incident s'était produit. Chez Audebal, trois ou quatre femmes formaient un groupe près du comptoir de marbre blanc. La crémière l'avait servie la première, non par une faveur, mais parce que certaines clientes avaient l'habitude de rester un moment à bavarder, tandis qu'on expédiait les pratiques sans importance.

— Qu'est-ce que c'est, ma petite dame ?

— Un demi-quart de roquefort.

La voix de Dominique était mate, coupante. Elle ne voulait pas mettre de honte à avouer sa pauvreté, et elle faisait exprès de regarder les commères droit dans les yeux.

Mme Audebal pesait. Les femmes se taisaient.

— Il y en a un peu plus... Un franc cinquante...

C'était trop. Elle ne pouvait s'acheter que pour un franc de fromage. Ses dépenses étaient minutieusement calculées et elle eut le courage de prononcer :

— Veuillez m'en peser juste un demi-quart.

Personne ne dit mot. Personne ne rit. Il y eut néanmoins dans la boutique si claire un frémissement joyeux et féroce autour de ce minuscule morceau de roquefort que la crémière s'appliquait à amputer d'une parcelle.

Quand elle passa sous la voûte de l'immeuble qu'elle habitait, Dominique fut surprise d'apercevoir Albert Caille qui était descendu en pyjama pour s'assurer qu'il n'y avait pas de courrier pour lui. Il paraissait étonné, déconfit, il insistait, furetait dans les casiers de tous les locataires.

Elle remonta, épluchat quelques légumes et, un peu plus tard, elle entendit un long chuchotement dans la chambre des Caille. Lina se leva, vaqua beaucoup plus vite que d'habitude à sa toilette. Le couple fut prêt en moins de dix minutes, et c'est alors qu'une première valise intervint. Dominique reconnut deux déclics métalliques, celui des fermetures d'une mallette de voyage.

Elle eut peur à la pensée que ses locataires allaient la quitter, et elle se tint près de la porte du salon, entrouvrit celle-ci, ne tarda pas à les voir sortir. Albert Caille avait sa valise à la main.

Elle n'osa pas les retenir, les interpeller. Elle se contenta de tirer le verrou derrière eux, entra dans leur chambre en désordre, puis, dans le cabinet de toilette, aperçut les brosses à dents, le rasoir sale, du linge qui pendait, le smoking dans le placard, puis, parce que la vieille Augustine, là-haut, était à sa fenêtre, elle se sentit gênée et rentra chez elle.

Pourquoi avaient-ils emporté la valise ? La veille, ils n'étaient pas sortis pour dîner comme d'habitude, et cependant elle ne les avait pas vus rentrer chargés de petits paquets, comme quand on veut manger un morceau chez soi.

Mme Rouet mère était à son poste, à sa tour, comme disait Dominique, c'est-à-dire assise près de la fenêtre située juste au-dessus de la chambre où son fils était mort. C'était une haute fenêtre qui partait du plancher, comme toutes les fenêtres de l'immeuble, de sorte qu'on la voyait en pied, de bas en haut, toujours dans le même fauteuil, sa canne à portée de la main ; de temps en temps elle sonnait, appelait une des servantes, donnait des ordres à une personne invisible, ou bien, tournée vers l'intérieur obscur de la pièce, surveillait quelque travail qu'elle venait de commander.

Il se passa plusieurs minutes sans que Dominique vît Antoinette, qui devait se trouver dans la salle de bains, puis soudain elle l'aperçut, en peignoir vert pâle, les cheveux un peu défaits, qui aidait Cécile à traîner jusqu'au milieu de la chambre une assez lourde malle.

Alors son cœur battit.

« Elle va partir... »

Voilà pourquoi Antoinette était restée si calme ! Elle attendait que les formalités fussent terminées. La veille, un monsieur sombre, qui devait être le notaire de la famille, était venu. M. Rouet n'était pas sorti comme d'habitude. Antoinette était montée chez ses beaux-parents, sans doute pour une sorte de conseil de famille, pour un règlement de la situation.

Maintenant, elle s'en allait, et l'impatience de Dominique devenait de l'exaspération, tournait à la rage. Mille pensées l'assaillaient, et cependant elle eût été incapable de dire pourquoi elle se refusait à admettre le départ d'Antoinette Rouet, pourquoi elle était décidée à s'y opposer par tous les moyens.

Elle pensa même à aller la trouver ! Mais non. Elle n'avait qu'à lui écrire.

« Je vous interdis de quitter la maison. Si vous le faites, je dis tout. »

Du linge, des vêtements s'empilaient dans la malle, et on allait chercher dans une autre pièce des valises et des cartons à chapeaux.

Antoinette était sans fièvre, Cécile plus raide, plus désapprobatrice que jamais, et, à certain moment, comme sa patronne rangeait des bijoux dans un coffret, la servante disparut.

Dominique devina, se réjouit d'avoir deviné. Elle n'eut qu'à lever la tête. Le temps de monter un étage, de frapper. Mme Rouet mère tournait la tête, prononçait : « Entrez ! »

Elle écoutait, fronçait les sourcils, se soulevait dans un fauteuil en prenant appui sur sa canne.

Dominique triomphait. Elle savait, désormais ! Et elle regardait Antoinette avec un sourire qui ressemblait à un ricanement.

« Ah ! tu penses que tu vas t'en aller ainsi !... »

Elle s'y attendait, et pourtant l'apparition fut si impressionnante qu'elle en reçut un choc. Elle vit Antoinette tourner vivement la tête. Elle vit en même temps, dans l'encadrement de la porte, Mme Rouet mère, qui était descendue et qui restait immobile, massive, appuyée sur sa canne. La vieille dame ne disait rien. Elle regardait. Son regard allait d'une malle à une valise, au lit défait, à la robe de chambre verte de sa bru, au coffret à bijoux.

Ce fut Antoinette qui se troubla et qui, se levant comme une écolière prise en faute, se mit à parler avec volubilité. Mais, dès les premières phrases, un mot tranchant la fit taire.

Qu'avait-elle voulu expliquer ? Qu'elle n'avait aucune raison de rester à Paris en plein mois d'août, par de pareilles chaleurs ? Que de tout temps la famille avait passé l'été à la campagne ou à la mer ? Que son deuil serait aussi bien un deuil ailleurs que dans un appartement morne et surchauffé ?

Mais ce qu'elle avait devant elle, ce contre quoi se heurtait sa faim d'espace et de mouvement, c'étaient une force froide, immuable, des siècles de tradition, une vérité contre laquelle les vérités de la vie n'avaient aucune prise.

A certain moment, le bout de sa canne se souleva. Il toucha le pan du peignoir de soie verte, et ce geste suffisait, c'était plus qu'une condamnation, c'était l'expression totale du mépris, un mépris que le visage de la vieille dame ne daignait pas exprimer, sa canne se chargeant de ce soin.

Mme Rouet mère disparut. Restée seule, Antoinette se regarda longuement dans le miroir, les poings aux tempes, puis soudain elle marcha vers la porte, appela :

— Cécile !... Cécile !...

La bonne émergea du fond invisible de l'appartement. Les paroles coulèrent, coulèrent, tandis que la domestique, impassible comme sa grande patronne, celle d'en haut, se tenait raide et évitait de baisser les yeux.

C'était une fille maigre, très brune, sans coquetterie, qui portait les cheveux tirés en arrière, où ils formaient un chignon dur. Elle avait le teint jaune, surtout au cou, la poitrine plate, et, pendant qu'elle écoutait sans impatience, elle gardait les deux mains sur le ventre ; ces deux mains croisées proclamaient sa confiance en soi en même temps que son mépris pour cette colère qui déferlait autour d'elle sans l'atteindre.

Dominique n'entendait pas les mots. Sans s'en rendre compte, elle s'approcha tellement de la fenêtre que, si Antoinette se fût tournée vers elle, elle eût compris qu'on l'observait depuis longtemps, et peut-être du même coup en eût-elle deviné davantage.

Ses cheveux bruns, qui étaient souples, abondants, voletaient autour de sa tête et leur masse soyeuse passait d'une épaule sur l'autre, son peignoir s'entrouvrait, ses bras à demi nus gesticulaient ; son regard, sans cesse, revenait à ces deux mains effrontément croisées sur un ventre.

A la fin, Antoinette n'y tint plus. Ce fut vraiment un jaillissement. Elle se précipita sur Cécile, sur ces mains qu'elle écarta brusquement et, comme la servante ne bronchait toujours pas, elle la saisit aux épaules, la secoua, lui fit heurter plusieurs fois le chambranle de la porte.

A cet instant, l'espace d'une seconde, la domestique regarda par la fenêtre, inconsciemment sans doute, peut-être parce qu'une bouffée d'air soulevait un pan du rideau ; son regard croisa celui de Dominique, et celle-ci fut sûre d'avoir surpris comme l'ombre d'un sourire.

D'un sourire tellement satisfait !

« Vous voyez ! Voilà ce que vaut cette femme qui s'est introduite dans notre maison, qui a prétendu vivre avec M. Hubert et qui maintenant... »

Ce sourire rentré ne s'adressait-il pas plutôt à Antoinette ?

« Frappez toujours. Démenez-vous ! Dépoitraillez-vous ! Ressemblez de plus en plus à ce que vous êtes dans le fond, à une poissarde des rues, comme votre mère, qui a vendu des coquillages aux Halles... On vous regarde !... Vous ne le savez pas, mais on vous regarde et on vous juge... »

Antoinette lâcha prise. Elle ne fit que trois ou quatre pas dans la chambre, parlant toujours avec passion. Quand elle se retourna, elle fut stupéfaite de retrouver la bonne à la même place, et elle se jeta à nouveau dessus, avec plus de force que la première fois, la poussa dans le boudoir voisin, la bouscula, la renversa presque, jusqu'à ce qu'elle eût enfin atteint la porte du palier.

Elle le jetait dehors. Peut-être tirait-elle le verrou. Et, quand elle réapparaissait, elle était presque calmée, cet éclat l'avait soulagée ; elle parlait encore, toute seule, allait et venait à travers l'appartement, cherchant une idée, car elle gardait un impérieux besoin d'agir.

Fût-ce la vue du lit encore défait, avec sur la couverture le plateau du petit déjeuner ?

Elle se dirigea vers l'appareil téléphonique, composa un numéro.

Dans la tour, Mme Rouet mère s'était tournée vers l'intérieur. Cécile était là, sans aucun doute. La vieille dame ne se levait plus. Elle écoutait. Elle parlait tranquillement.

Au téléphone, Antoinette insistait. Oui, il fallait que ce fût tout de suite. Dominique ne savait pas ce qu'elle avait décidé, mais elle comprenait que cela devait se réaliser *immédiatement.*

Il y avait des moments où Dominique oubliait de respirer tant cette vitalité la bouleversait. Elle avait été moins impressionnée par le crime, car c'était bel et bien un crime qui s'était commis sous ses yeux. Du moins avait-il eu lieu silencieusement, sans gestes. Il n'avait été que comme l'aboutissement d'une vie secrète étouffée, alors qu'à présent cette vie débordait, bouillonnante, envahissante, avec toute son effroyable crudité.

Elle ne savait plus où se mettre. Elle ne voulait pas s'asseoir. Elle ne voulait rien perdre de ce qui se passait, et cela lui faisait mal, lui donnait le vertige ; c'était aussi douloureux, en plus fort, que quand elle regardait par la serrure, que la première fois, par exemple, qu'elle avait vu l'acte de chair dans toute sa brutalité, que quand elle avait assisté à la poussée d'un membre d'homme luisant de force animale.

Ainsi, Antoinette c'était cela ? Tout l'être de Dominique se révoltait devant ce besoin de vie, splendide et vulgaire.

Elle voulait écrire, tout de suite. Les mots qui lui venaient avaient la même crudité que le spectacle auquel elle assistait.

« Vous avez tué votre mari. »

Oui, elle l'écrirait, elle allait l'écrire tout de suite, elle le fit, sans réfléchir, sans prendre soin, cette fois, de déguiser son écriture :

Elle ajouta instinctivement :

« Vous le savez bien ! »

Et ces mots trahissaient son tourment le plus intime, la vraie raison de son indignation. Elle aurait compris les remords. Elle aurait compris une angoisse qu'eussent lentement distillée les heures qui passaient. Elle aurait tout compris, tout admis, tout absous peut-être, sauf cette impassibilité, cette attente des cinq jours, puis ce départ allègre — car, si on ne l'avait pas arrêtée, elle partait, naturellement, gaiement ! — et enfin cette révolte, qui révélait son inconscience.

« Vous le savez bien ! »

Sans doute, mais Antoinette ne paraissait pas s'en rendre compte. Elle le savait peut-être, mais elle ne le sentait pas. Elle était veuve. Elle était délivrée enfin d'un mari terne et ennuyeux. Elle était riche.

Elle partait, pourquoi pas ?

Dominique faillit descendre tout de suite pour aller jeter sa lettre à la poste, mais une camionnette s'arrêtait en face, deux hommes en descendaient, chargés d'outils, deux ouvriers vêtus de toile bleue.

Antoinette les accueillait au seuil de l'appartement, où Cécile n'avait pas reparu.

Elle était calme. Ses gestes étaient nets. Elle avait décidé. Elle savait ce qu'elle voulait, et sa volonté serait réalisée sur-le-champ.

La première chose à faire était de démonter et d'éloigner ce vaste lit bourgeois : les tapissiers en retiraient le sommier, qu'ils allaient poser dans l'entrée, puis dévissaient les montants ; la chambre, du coup, paraissait nue, avec seulement un carré de fine poussière pour indiquer la place où Hubert Rouet était mort.

Antoinette continuait à donner des ordres, allant et venant sans souci du peignoir entrouvert, suivie des deux hommes qui obéissaient avec indifférence et qui transportaient dans la chambre le divan sur lequel elle avait dormi pendant la maladie de son mari.

Elle eut un coup d'œil aux rideaux sombres qu'on ne fermait presque jamais, faillit prononcer : « Enlevez ! »

Sans doute pensa-t-elle qu'on ne pouvait laisser les fenêtres nues et qu'il n'y avait pas d'autres rideaux disponibles.

Les deux pots, avec leurs plantes vertes, étaient toujours sur la cheminée, et un geste décida de leur sort. Dominique n'en put croire ses yeux quand elle vit Antoinette les laisser partir sans un regard, sans un tressaillement, sans une pensée à ce qui s'était passé.

Les Caille ne rentraient pas. Il était onze heures et la rue était presque déserte ; le pharmacien avait abaissé son vélum d'un jaune passé ; les volets clos de certains magasins faisaient penser à un matin de dimanche.

A onze heures et demie déjà, les tapissiers avaient terminé leur travail, changé des meubles de place, rangé ceux qui étaient de trop dans une pièce qui donnait sur la cour, dont, une seconde, Dominique entrevit la clarté glauque au fond d'une enfilade de portes.

Alors, demeurée seule et considérant le spectacle autour d'elle, Antoinette eut l'air de dire avec une certaine satisfaction : « Puisqu'ils veulent que je reste !... »

Elle s'organisait, vidait les malles, les valises, arrangeaient autrement armoires et tiroirs, allumant parfois une cigarette, haussant les épaules après un coup d'œil au plafond au-dessus duquel elle sentait la présence écrasante de sa belle-mère.

Se doutait-elle que les événements allaient se précipiter et faire de ce jour-là une journée décisive ? En tout cas, elle était à l'aise dans l'action, elle l'accueillait avec soulagement. Elle ne se donnait pas la peine de s'habiller, d'aller déjeuner dehors, et Dominique la vit sortir de la cuisine avec un morceau de viande froide sur un bout de pain.

M. Rouet père rentra chez lui. Dominique ne le vit que dans la rue. Sa femme disparut de la fenêtre, et il était facile de les imaginer tous les deux dans la pénombre de leur appartement, elle le mettait au courant, ils envisageaient les mesures à prendre.

Et, en effet, un peu plus tard, Antoinette tressaillait en entendant le timbre de la porte d'entrée. Au second coup, elle allait ouvrir. Son beau-père entrait, froid et calme, moins froid toutefois que sa femme, comme s'il fût venu pour adoucir les angles.

On avait dû lui recommander, là-haut : « Sois ferme ! Surtout, sois ferme ! Ne te laisse pas impressionner par ses larmes et par ses simagrées... »

Peut-être pour donner plus de solennité à sa visite dans cet appartement, qui était jadis presque commun aux deux ménages, il était venu en chapeau et, assis, le tenait en équilibre sur ses genoux, le changeait de place chaque fois qu'il croisait ou décroisait les jambes.

— Mon enfant, je suis venu...

C'est ainsi qu'il devait parler.

— ... après les moments pénibles que nous venons de vivre... il est évident... vous devez comprendre cela... il est évident qu'il faut... ne fût-ce que pour les gens...

C'était une nouvelle stupeur pour Dominique de voir une Antoinette parfaitement calme, presque souriante, une Antoinette qui disait oui à tout, avec plus d'ironie peut-être que de conviction.

Mais oui ! Elle se passerait de vacances, puisque ses beaux-parents y tenaient tant ! Elle s'était seulement permis de rendre l'appartement plus habitable pour une personne seule. Est-ce que c'était un crime ? N'avait-elle pas le droit d'arranger à son goût l'endroit où elle était condamnée à vivre ? Eh bien ! c'était tout. Peut-être, dans quelque temps, changerait-elle les tentures qui en avaient besoin et qui étaient par trop tristes pour une jeune femme. Elle n'avait rien dit jusqu'ici, puisque c'était le goût de son mari, ou plutôt de ses parents...

Allons ! M. Rouet lui-même était enchanté de la trouver si docile. Mais il y avait encore une exigence à présenter. Il hésitait, déplaçait deux ou trois fois son chapeau, coupait avec les dents le bout d'un cigare qu'il n'allumait pas.

— Vous savez que Cécile fait pour ainsi dire partie de la famille, qu'elle est chez nous depuis quinze ans...

Un homme ne s'aperçoit pas de ces choses-là, il est rarement capable de percevoir la haine chez une femme, parce que cela ne se passe pas comme chez lui. Rien qu'un redressement du buste, un sursaut à peine visible, une tension passagère des traits, puis un sourire condescendant.

Eh bien ! c'est entendu... Cécile peut revenir... Elle continuera à l'espionner, à monter dix fois par jour aux ordres chez sa belle-mère et à lui raconter tout ce qui se passe en dessous d'elle...

Et après ?... C'est tout ?...

Allons ! Allons ! Ne vous excusez pas ! C'est tout naturel ! Parfaitement, un léger malentendu... Tout le monde est nerveux par ce temps d'orage...

Elle reconduit son beau-père à la porte. Il lui serre la main, enchanté que l'entrevue se soit si bien passée, se précipite dans l'escalier, qu'il grimpe quatre à quatre, pour aller raconter à sa femme qu'il a eu gain de cause sur toute la ligne, qu'il s'est montré ferme, inébranlable !

Voilà déjà Cécile qui redescend, comme si de rien n'était, impeccable dans sa robe noire et sous son tablier blanc, la voix pointue, les traits pointus :

— Qu'est-ce que Madame désire que je lui serve ?

— Ah ! oui ? Elle a mangé. Merci. Elle n'a besoin de rien. Un coup de téléphone, seulement, parce que le vide, aujourd'hui, après ces allées et venues, est moins supportable, comme le courant d'air un jour de grand nettoyage.

Un coup de téléphone familier, affectueux, cela se voit à son visage, à son sourire. Elle parle à quelqu'un en qui elle a confiance, car ce sourire, par instants, est plein de menaces à l'égard d'une tierce personne.

— C'est entendu, viens...

En attendant, elle va s'étendre sur son divan, le regard au plafond, son long fume-cigarette aux lèvres.

Les Caille ne sont toujours pas rentrés.

La lettre de Dominique est sur la table, près du petit paquet dans lequel le roquefort est devenu mou et visqueux.

L'envoie-t-elle ? Ne l'envoie-t-elle pas ?

Ce n'est pas une marchande de coquillages. C'est exact que son père a été mareyeur à Dieppe, mais elle-même, la mère d'Antoinette, a épousé un employé du métro, de sorte qu'elle n'a jamais vécu derrière l'étal d'une poissonnerie et encore moins aux Halles.

Elle est grande, forte, elle doit avoir une voix plus grave que la moyenne des femmes. Elle a eu soin de rehausser son demi-deuil d'une bande blanche à la base du chapeau. Rien que sa façon de payer le taxi après avoir interrogé le compteur révèle une personne qui n'a pas besoin d'un homme pour la diriger dans la vie.

Elle n'est pas seule. Une jeune femme, qui ne doit pas avoir plus de vingt-deux ans, l'accompagne, et celle-ci n'est pas en deuil, elle n'assistait pas à l'enterrement ; il n'y a pas besoin de la regarder longtemps pour comprendre que c'est la sœur cadette d'Antoinette.

Elle porte un tailleur très chic, un chapeau signé d'une grande modiste. Elle est belle. C'est la première impression qu'elle fait. Beaucoup plus belle qu'Antoinette, avec quelque chose de plus réservé qui trouble Dominique, quelque chose, d'ailleurs, que Dominique ne comprend pas. Elle ne pourrait pas dire si c'est une jeune fille ou une femme. Ses grands yeux sont d'un bleu sombre fort calmes, son maintien plus réservé que celui de sa sœur. Sa lèvre supérieure est retroussée, ce qui contribue peut-être le plus à lui donner cet air de jeunesse et de candeur.

Pour elles, Antoinette n'a pas eu besoin de s'habiller, et elles s'embrassent ; d'un regard, Antoinette annonce :

« La vieille est là-haut ! »

Elle se laisse tomber dans une bergère, désigne le divan à sa sœur, qui se contente d'une chaise et qui garde son attitude de jeune fille en visite.

Peut-être son tailleur est-il trop net, trop correct, comme tout dans sa tenue, ce qui fait déjà penser à une femme ?

— Raconte...

C'est ce que doit dire la mère, qui examine les murs et le mobilier autour d'elle, et Antoinette hausse les épaules, d'un haussement d'épaules plus vulgaire lorsqu'elle est seule. Elle parle ; on sent que sa voix est plus vulgaire aussi, un peu traînarde, qu'elle doit employer des mots pas très comme il faut, surtout quand elle fait allusion à la vieille de la tour et que son regard se porte machinalement sur le plafond.

Pendant tout le temps qu'Antoinette a été mariée, jamais Dominique n'a vu cette sœur dans la maison, et elle compterait aisément les fois où elle a aperçu la mère. Elle comprend pourquoi. C'est facile à comprendre.

Depuis qu'elles sont là, l'appartement n'est déjà plus le même, il y traîne on ne sait quelle nonchalance, quel désordre ; la mère a posé son chapeau sur le lit ; tout à l'heure elle va peut-être s'y étendre, accablée par la chaleur, tandis que la sœur gardera seule des attitudes de visiteuse bien élevée.

Antoinette raconte toujours, mime l'arrivée de sa belle-mère, son apparition plutôt dans l'encadrement de la porte, les allées et venues de son espionne de Cécile ; elle mime les patelineries de son beau-père, sa fausse dignité ; elle en rit, du bout des dents, et son geste final conclut :

— Tant pis pour eux !

Cela n'a aucune importance, voilà ! Elle s'arrangera. Elle s'arrange. Elle a tout le temps. Elle n'en fera quand même finalement qu'à sa tête en dépit de tous les Rouet de la création.

Est-ce que, d'en haut, la Rouet mère a entendu des éclats de voix ? Toujours est-il qu'elle sonne, ne tarde pas à interroger Félicie venue aux ordres.

— Ce sont les parents de Madame, sa mère et sa sœur...

Non ! Pas ça ! La mère, passe encore, mais la sœur qui... la sœur que...

— Veuillez prier Madame de monter me parler.

Antoinette en est à peine surprise.

— Qu'est-ce que je vous disais ? Attendez-moi un instant...

Va-t-elle monter en peignoir, dans ce peignoir trop vert que la canne, tout à l'heure, a stigmatisé ? A quoi bon ?

Elle décroche une robe noire, la première venue, se plante devant le miroir. La voilà en chemise, devant sa mère et sa sœur ; elle arrange ses cheveux, y pique des épingles qu'elle tient entre les lèvres.

— Cela va comme ça ?

En route ! Elle monte. Si Dominique ne la voit pas, c'est comme si elle la suivait des yeux. Le profil perdu de Mme Rouet mère est éloquent. Pas de colère. Quelques paroles qui se détachent d'elle comme le givre d'une fenêtre.

— Je croyais qu'il était entendu, une fois pour toutes, que vous ne recevriez pas votre sœur ici...

La sœur, en bas, sait de quoi il retourne, car elle s'est déjà levée, s'arrange un peu, devant la glace, elle aussi, n'attend que l'arrivée d'Antoinette pour partir.

C'est fait.

— Et voilà ! Ça n'a pas raté ! Il ne me reste qu'à te mettre à la porte, ma pauvre fille. Ordre du dromadaire !

Elle éclate de rire, d'un rire qui, à travers la rue, fait mal à Dominique. Elle embrasse sa mère, la rappelle, se dirige vers un petit meuble, y prend quelques billets de banque.

— Tiens ! Emporte au moins ça...

Antoinette dort sur le divan, un pied pendant presque à terre, et sur son visage il n'y a trace d'aucune émotion, d'aucun souci. Les lèvres entrouvertes, elle dort, dans la chaleur de l'après-midi, avec toute la vie de la rue qui bourdonne autour d'elle.

Les Caille ne sont pas rentrés, et Dominique, une fois de plus, a visité leur chambre après avoir tiré le verrou de la porte d'entrée.

Elle sait maintenant qu'ils ne sont pas partis. Elle n'a pas retrouvé dans la garde-robe le manteau de Lina, un beau manteau d'hiver en drap beige, garni de martre, qu'elle a apporté de chez elle, un manteau tout neuf de riche bourgeoise de province.

Dominique est sortie et, jusqu'à la dernière minute, elle a évité de prendre une décision ; c'est furtivement qu'elle a jeté sa lettre dans une boîte de la rue Royale. Un car bourré d'étrangers l'a frôlée, et il lui a semblé que ces gens-là, qui passaient, éblouis par la ville inconnue, échappaient au courant ordinaire de la vie.

L'envie lui a pincé la poitrine. Elle n'a jamais été en marge du quotidien monotone et écœurant. Quelques années à peine, jadis, avant ses dix-huit ans, mais elle ne s'en rendait pas compte, elle n'était pas capable d'en jouir.

Ce matin encore, elle a dû exiger, de cette ronde Mme Audebal qu'elle déteste, que celle-ci enlevât un petit morceau du fromage déjà pesé, parce que la portion était grosse et trop chère. Tout est trop cher pour elle !

Les Caille sont allés revendre le manteau de Lina, ou ils l'ont porté au Mont-de-Piété, mais ils vivent comme s'ils n'avaient pas besoin de compter.

Ils vivent ! Justement elle les rencontre, bras dessus, bras dessous ; elle sent que la valise qui bat les flancs de l'homme est vide ; elle sent surtout, à ses lèvres gourmandes, à l'éclat de ses yeux, qu'il a de l'argent en poche, qu'il est riche, qu'il va vivre encore davantage, et Lina le suit sans se demander où il la conduit.

Elle aurait voulu passer inaperçue, mais Lina l'a vue, a pincé le bras de son compagnon en murmurant quelque chose. Quoi ?

— La propriétaire...

Car, pour eux, elle est la propriétaire ! A moins qu'elle n'ait dit :

— La vieille chipie !

Croit-elle qu'à quarante ans on se sente vieille ?

Et voilà Caille qui la salue d'un ample coup de chapeau, elle si sombre et si menue qui rase les murs, comme pour prendre moins de place dans la rue.

Et ces miliers de gens, qui vont et viennent, qui boivent, affalés béatement aux terrasses, qui s'interpellent, qui regardent les jambes des femmes, les robes trop minces collées aux croupes, toute cette odeur de corps humains, de vie humaine qui la prend à la gorge, lui monte à la tête...

Elle a tellement, tellement, ce jour-là, envie de pleurer !

4

Elle marchait vite, comme si elle était poursuivie, ou plutôt, à mesure qu'elle approchait de sa maison, sa démarche devenait plus précipitée, plus saccadée ; elle avait cette fébrilité des nageurs qui prennent soudain conscience de leur imprudence et qui nagent éperdument vers la plage où ils auront enfin pied.

C'était bien cela. Elle commençait déjà à reprendre pied dans le porche où l'acueillait la sonorité particulière à cet ancien hôtel transformé en maison de rapport ; ses semelles retrouvaient le grain rugueux des dalles jaunâtres, disjointes ; elle se voyait, minuscule, déformée, dans la boule de cuivre de l'escalier, et sa main glissait avec un contentement physique sur la rampe polie ; plus haut, invariablement sur la même marche, elle marquait un temps d'arrêt pour chercher sa clef dans son sac et, à ce moment-là, chaque fois, elle avait une petite angoisse, car elle ne trouvait pas la clef tout de suite et, avec une demi-sincérité, elle se demandait si elle ne l'avait pas perdue.

Elle était chez elle enfin. Pas encore chez elle dans le salon, mais dans la chambre seulement, la pièce unique où elle s'était confinée et que parfois elle eût voulue plus petite encore comme pour mieux l'imprégner d'elle.

Elle ferma sa porte à clef et s'arrêta, lasse, essoufflée, à l'endroit où elle s'arrêtait toujours, devant la glace, y cherchant pour l'accueillir sa propre image.

Elle avait pour elle-même, pour Dominique, pour elle que jadis on appelait Nique — mais qui l'eût à présent appelée ainsi, sinon elle-même ? — elle avait pour Nique une pitié immense, et cela lui faisait du bien de la regarder dans ce miroir qui avait suivi les Salès dans toutes les villes de garnison et qui l'avait vue enfant.

Non, elle n'était pas encore une vieille fille. Son visage ne se ridait pas. La peau restait fraîche, bien qu'elle vécût renfermée. Jamais elle n'avait eu beaucoup de couleurs, mais cette peau était d'une finesse rare, et Dominique se souvenait de la voix de sa mère qui disait, avec des inflexions si délicates :

— Nique a le grain de peau des Le Bret. Quant au port de tête, c'est celui de sa grand-mère de Chaillou.

C'était apaisant, en sortant de la cohue brutale de la rue où les gens étalaient sans pudeur leur vitalité, de retrouver, comme des dieux familiers, certains noms qui n'étaient pas que des noms, mais les repères vivants d'un monde dont elle faisait partie et qu'elle vénérait.

Les syllabes de ces noms-là avaient une couleur, un parfum, une signification mystique. Presque tous, dans la pièce où Dominique reprenait possession d'elle-même avec encore à la bouche le goût de la poussière anonyme de la rue, étaient représentés par un objet.

Ainsi, il n'y avait pas de réveille-matin ni d'horloge dans la chambre, mais une toute petite montre en or, à la tête du lit, et cette montre, au boîtier orné d'une fleur en perles et en poussière de rubis, c'était la montre de sa grand-mère de Chaillou ; elle évoquait, aux environs de Rennes, une vaste maison des champs que tout le monde appelait le château.

— L'année où on a dû vendre le château...

Servant d'écrin à la montre, une mule de soie rouge brodée de vert, de bleu, de jaune, et c'était Nique qui l'avait brodée, quand elle avait sept ou huit ans et qu'elle était en pension, à Nîmes, chez les Sœurs de l'Ascension.

Elle allumait le gaz, posait une serviette sur le bout de la table, en guise de nappe. On devait dîner dans la plupart des appartements de la rue, ceux du moins dont les habitants n'étaient pas en vacances, mais on ne voyait personne dans les pièces d'Antoinette Rouet.

Pour échapper à cette obsession d'Antoinette, à qui sa pensée revenait sans cesse, Dominique avait envie de jouer le jeu, de jouer à penser, comme elle disait autrefois et comme elle le disait encore, moitié consciemment, moitié inconsciemment.

Cela demandait une disposition d'esprit particulière. Il fallait se mettre en état de grâce. Le matin, par exemple, en vaquant au ménage, c'était impossible.

Impossible aussi de commencer à un moment déterminé. Cela tenait du rêve éveillé, et on ne rêve pas sur commande, on peut tout au plus se mettre progressivement dans un état favorable.

Le mot de *Chaillou* était un bon mot pour partir, un mot clef, mais il y en avait d'autres, par exemple *tante Clémentine*... Tante Clémentine, c'était le matin, vers onze heures, quand la fraîcheur faisait place au soleil plus lourd de midi et quand on commençait à percevoir l'odeur de sa propre peau...

Un villa, à La Seyne, près de Toulon... Le mari de tante Clémentine — c'était une Le Bret et elle avait épousé un Chabiron — était ingénieur à l'arsenal de Toulon... Dominique était en vacances chez elle pour un mois ; elle lisait, dans un jardin fleuri de mimosas ; elle entendait dans l'embrasement du soleil le halètement des machines des chantier navals ; elle n'avait qu'à se soulever pour apercevoir, à travers un écheveau de grues et de ponts roulants, un pan de mer d'un bleu intense ; et tout cela stagnait, formait un tout si compact que c'était un soulagement, à midi, d'entendre le cri déchirant des sirènes des usines auquel répondaient les sirènes des navires en rade et que suivait le piétinement des ouvriers et des ouvrières franchissant le passage à niveau.

Tante Clémentine n'était pas morte. Son mari était mort depuis longtemps. Elle vivait toujours dans sa villa, seule avec une vieille servante. Et Dominique, en esprit, mettait chaque objet à sa place, jusqu'au chat roux qui ne devait plus exister ; elle reconstituait chaque coin...

Soudain, parce qu'elle avait joué à ce jeu en veillant son père malade, elle tressaillit, croyant entendre le fameux soupir venant du lit ; elle était déroutée de ne pas voir celui-ci à sa place, le visage velu de l'ancien général, son regard qui exprimait toujours un reproche glacé.

— Eh bien ? Ma pipe ?

Il fumait au lit, ne se rasait plus, se débarbouillait à peine. On aurait dit qu'il le faisait exprès d'être sale, de devenir comme un objet répugnant, et il lui arrivait de prononcer avec une satisfaction diabolique :

— Je commence à puer ! Avoue que je pue ! Mais avoue-le donc, puisque c'est vrai ! Je pue, nom de Dieu !

Dans la chambre de son père, c'étaient maintenant les Caille qui rentraient. Elle n'avait plus besoin de jouer à penser, de chercher des sujets de rêverie. Il y avait Antoinette et les parents Rouet, en face ; il y avait, à côté d'elle, séparés d'elle par une simple porte, les jeunes gens qui s'en revenaient avec leur valise vide.

Que faisaient-il ? Quel était ce remue-ménage auquel elle n'était pas habituée ? Ce n'était pas leur heure. Ils avaient à peine eu le temps de dîner. Pourquoi n'allaient-ils pas au cinéma, ou au théâtre, ou dans quelque dancing dont elle les entendait le matin fredonner les rengaines ?

On remplissait un seau. Le robinet était large ouvert. Ils étaient capables de l'oublier et de laisser l'eau se répandre par terre. Elle avait toujours peur, avec eux, d'une catastrophe de ce genre, car ils n'avaient aucun respect pour les objets. Pour eux, un objet, n'importe lequel, cela se remplace. Cela coûte tant, et c'est tout. Elle qui se faisait du mauvais sang pour une tache sur une carpette ou sur un rideau ! Ils parlaient, mais ils faisaient trop de bruit en déplaçant des objets pour qu'elle pût saisir les paroles. Augustine était à sa fenêtre. Elle avait pris sa faction ; pour elle, c'était une vraie faction : à peine avait-elle soupé qu'elle s'accoudait de tout son poids à la fenêtre mansardée ; elle portait un corsage noir à tout petits dessins blancs ; l'ombre violette du soir faisait ressortir la blancheur de ses cheveux ; elle était là, placide, dominant la rue et les toits. Ce n'était que longtemps après que l'une ou l'autre fenêtre se garnissait de gens qui, leur journée finie, venaient prendre le frais.

Dominique avait joué le jeu avec la vieille Augustine aussi, les jours de mélancolie, quand le miroir lui avait renvoyé une image fatiguée, des yeux cernés, des lèvres sans couleur, quand elle se sentait vieille.

Comment la vieille Augustine avait-elle commencé ? Comment était-elle à quarante ans ? Que faisait-elle alors ?

L'histoire d'Augustine se terminait invariablement par son enterrement, que Dominique imaginait dans ses moindres détails.

— Qu'est-ce que c'est ?

Non. Elle n'avait pas prononcé ces paroles. C'était en elle que la question s'était formulée. On avait frappé à sa porte. Et elle regardait autour d'elle avec une angoisse, elle se demandait qui pouvait venir frapper chez elle ; sa surprise était telle qu'elle n'avait pas pensé aux Caille. Le temps de faire quelques pas et on frappait à nouveau ; elle tournait la clef sans bruit, pour ne pas avoir l'air de s'enfermer ; elle avait jeté un coup d'œil au miroir pour s'assurer qu'il n'y avait rien de négligé dans sa toilette.

Elle souriait d'un sourire crispé, car il faut un sourire quand on reçoit quelqu'un.

Encore un souvenir de sa mère qui avait, elle, un sourire d'une mélancolie infinie.

« Cela coûte si peu et cela rend la vie tellement plus agréable ! Si chacun faisait un petit effort ! »

C'était Albert Caille. Il paraissait gêné, s'efforçait de sourire, lui aussi.

— Je vous demande pardon de vous déranger...

Elle pensa :

« Il vient m'annoncer qu'ils quittent la maison... »

Et lui, malgré sa bonne éducation, enfonçait son regard dans les recoins mystérieux de cette pièce où elle vivait. Qu'est-ce qui l'étonnait ? Qu'elle se confinât dans une seule chambre alors qu'elle en avait d'autres à sa disposition ? Qu'il n'y eût là que des meubles et des objets disparates et vieillots ?

— Nous avons reçu une lettre de mes beaux-parents. Ils arrivent de Fontenay-le-Comte demain à onze heures du matin.

Elle n'en revient pas qu'il rougisse, lui toujours si à l'aise dans la vie. Elle remarque que ses traits prennent une expression enfantine, l'expression d'un enfant qui a envie de quelque chose, qui a peur qu'on le lui refuse, qui supplie d'une moue, d'un regard.

Il est si jeune ! Jamais elle ne l'a vu aussi jeune ! Il y a encore de la candeur en lui, derrière sa rouerie.

— Je ne sais comment vous expliquer... Si nous ne nous sommes pas encore installés en appartement, c'est que ma situation peut changer d'un jour à l'autre... Vous comprenez... Mes beaux-parents, sont habitués à la vie confortable de la province... C'est la première visite qu'ils nous font depuis notre mariage...

Elle n'a pas pensé à le prier d'entrer. Elle le fait, mais il reste près de la porte, elle devine que Lina attend, écoute.

— Je voudrais tant que leur impression ne fût pas trop mauvaise... Ils ne resteront qu'un jour ou deux, car mon beau-père ne peut pas abondonner longtemps ses affaires... Si, pendant ce temps-là, vous nous permettiez de disposer du salon comme s'il était à nous... Je suis prêt à vous régler un supplément de location...

Elle lui est reconnaissante d'avoir hésité avant de prononcer le brutal mot « payer » et de l'avoir remplacé par « régler ».

— Nous serons d'ailleurs dehors du matin au soir... Mes beaux-parents descendront à l'hôtel...

Il croit qu'elle hésite, cependant qu'elle pense :

« Est-ce qu'il me prend pour une vieille fille ? Me voit-il vieille ? Est-ce que, pour lui, je suis une femme, une femme comme... une femme à qui... »

Elle revoit le spectacle contemplé plusieurs fois par le trou de la serrure et elle est troublée ; elle a honte d'elle, pour rien au monde elle ne permettrait à un homme, quel qu'il soit... Mais de savoir qu'un homme, que Caille, par exemple, pourrait avoir cette idée...

— Ma femme désirerait aussi...

Il a dit « ma femme », et il s'agit de cette créature encore inachevée, aux formes indécises, de cette sorte de poupée bourrée de son, aux lèvres enfantines, qui rit de tout, pour tout, en montrant des dents pareilles à des dents de lait.

— Ma femme désirerait aussi, pour ces deux jours, changer quelques petits détails de la chambre... Ne craignez rien... Nous remettrons tout en place... Nous ferons fort attention...

A cause de ses pensées, Dominique n'ose plus le regarder. Il lui semble que Caille comprendrait...

Oserait-il, par exemple, s'approcher d'elle, avancer les mains comme il le faisait sûrement avec d'autres, car il a la curiosité innée de tout ce qui est chair de femme ?

Il sourit, son regard supplie, désarmant. Et elle s'entend dire :

— Qu'est-ce que vous voulez changer dans la chambre ?

— Si... si cela ne vous ennuyait pas trop, je démonterais la boiserie du lit... Oh ! j'ai l'habitude... En posant le sommier par terre, on obtiendrait un divan, et nous avons apporté une cretonne pour le couvrir... Vous comprenez ?

Comme en face ! N'est-ce pas extraordinaire ? Ce matin, Antoinette Rouet a fait exactement la même chose ? Ainsi, chez elle et chez le jeune couple, on retrouve un goût identique, et Dominique croit comprendre : ils ne conçoivent plus le lit comme un instrument de repos, ils en font quelque chose d'autre, de plus charnel, ils l'harmonisent avec d'autres fins, avec d'autres gestes.

— Vous permettez, dites ?

Elle se rend compte que son corsage est encore une fois mouillé sous les bras, et cette sensation d'humidité chaude lui fait picoter les yeux. Très vite, elle prononce...

— Oui... Faites...

Puis elle se ravise, ajoute quand même :

— Mais veillez à ne rien abîmer !

Ils vont rire d'elle, à cause de cette recommandation-là. Ils diront : « La vieille a peur pour ses quatre meubles et pour ses rideaux de l'ancien temps... »

— Je vous remercie vivement... Ma femme sera si heureuse...

Il se retire. Dans le salon, Dominique aperçoit les fleurs, toute une brassée de fleurs odorantes qu'on a placées sur le marbre d'une console en attendant de les répartir dans les vases.

Surtout n'en mettez pas dans le vase bleu, car il est fêlé, et l'eau se répandrait...

Il sourit. Il est content. Il a hâte d'être près de Lina.

— N'ayez pas peur...

Toute la soirée, ils vont mener une vie bruyante : on entendra remplir des seaux d'eau, laver, frotter, passer les meubles à la cire, et deux fois, en entrouvrant la porte du salon, Dominique apercevra Albert Caille, manches de chemise retroussées, occupé à faire le ménage.

Il faut qu'elle ferme hermétiquement la porte pour se sentir un peu chez elle. Elle s'accoude à la fenêtre, légèrement, négligemment, comme pour un instant, et non avec cette force statique de la vieille Augustine, qu'on sent décidée à rester des heures à sa place ; la rue est calme, presque vide ; un vieux monsieur très maigre, tout vêtu de noir, promène un petit chien et s'arrête sans impatience chaque fois que celui-ci s'arrête ; les Audebal se sont assis devant le seuil de leur boutique ; on sent qu'ils se sont remués toute la journée, qu'ils ont eu chaud, qu'ils n'ont que quelques instants de détente, car le mari sera aux Halles dès quatre heures du matin. Leur bonne, celle qui porte le lait et qui a toujours les cheveux dans la figure, est assise près d'eux, les bras ballants, le regard vide. Elle n'a peut-être que quinze ans et elle a de gros seins de femme, comme Lina, peut-être plus forts. Qui sait si déjà...

Sûrement ! Avec son patron ! Audebal est l'homme qui fait sur Dominique l'impression la plus désagréable. Il est si dru, si plein de sang chaud qu'on a l'impression de sentir celui-ci battre à grands coups dans les artères, et ses yeux ont une arrogance de bête bien portante.

Parfois, depuis le boulevard Haussmann, on entend des voix : c'est un groupe qui marche dans la rue et qui parle fort, comme pour l'univers entier, sans souci des gens accoudés à leur fenêtre ou qui prennent le frais à petit pas.

La lumière est cuivrée, les maisons ont des reflets de cuivre, une cheminée en brique a l'air de saigner, et les couleurs, du côté de l'ombre, ont une profondeur effrayante ; les objets les plus inanimés semblent vivre par eux-mêmes ; on dirait que, le jour fini, l'agitation apaisée, à l'heure où les hommes mettent une sourdine à leur existence, les choses commencent à respirer et à mener leur existence mystérieuse.

On vient de fermer les fenêtres de la chambre d'Antoinette. Dominique a entrevu la robe noire et le tablier blanc de Cécile. Une seconde, elle a aperçu l'intimité du lit dont on a déjà fait la couverture ; puis les rideaux sont tirés, ils laissent filtrer une vague lueur rose, celle de la lampe à abat-jour rose, qu'on a posée tout à l'heure sur un guéridon.

Est-ce qu'Antoinette, comme une prisonnière, va déjà se coucher ? Juste au-dessus de sa tête, Mme Rouet mère est à son poste, son mari près d'elle. Dominique ne voit de lui qu'une pantoufle vernie, des chaussettes chinées et le bas du pantalon, car il a un pied sur la barre d'appui de la fenêtre.

Ils causent sans fièvre, sans se presser. Tantôt c'est la vieille dame qui parle, et Dominique voit ses lèvres s'agiter ; tantôt elle se tait, tournée vers l'intérieur de la chambre, elle écoute ce que son mari lui dit.

Dominique a hâte que tout soit fini, que les gens disparaissent les uns après les autres, les Audebal d'abord, qui traînent les pieds de leurs chaises sur le trottoir et qui déclenchent un vacarme métallique en mettant les barres de fer à leurs volets, puis cette femme pâle dont elle ne sait rien, sur la gauche, au troisième étage de chez Sutton, les maroquiniers. Elle a un enfant. Dominique l'a rencontrée souvent avec un enfant de cinq ou six ans, fort bien tenu, sur lequel la maman éprouve sans cesse le besoin de se pencher, mais il doit être présentement malade, car voilà deux semaines au moins qu'on ne l'a pas vu dehors, et le docteur vient chaque matin.

Oui, que tout cela disparaisse ! Elle aimerait même mieux voir les volets hermétiquement clos comme en hiver, car il y a des gens qui, en cette saison, dorment les fenêtres ouvertes, si bien qu'on croit sentir le souffle des être endormis s'exhaler des maisons ; l'illusion est si forte, par moments, qu'il semble à Dominique que quelqu'un, dans son sommeil, vient de se retourner sur son lit moite.

Les oiseaux de l'arbre, du morceau d'arbre qu'elle peut entrevoir dans le haut de la rue, au carrefour où un agent se promène avec ennui ne sachant que faire de son bâton blanc, se sont mis à vivre avec la même exaltation que le matin, une exaltation qui va cesser soudain, quand s'éteindront les dernières lueurs rougeâtres et quand le ciel, devenu d'un vert glacé du côté opposé au couchant, prendra peu à peu le moelleux de la nuit.

Elle n'a pas sommeil. Elle a rarement sommeil. Le grand nettoyage des Caille l'irrite, bouleverse son univers ; elle tressaille à chaque bruit nouveau, s'inquiète, se demande aussi pourquoi Antoinette s'est couchée de si bonne heure, comment elle peut se coucher, dormir en paix après la journée qu'elle vient de vivre, dans la chambre où quelques jours plus tôt son mari, couvert d'une sueur mortelle, appelait désespérément à l'aide, de tout son être, sans plus de voix qu'un poisson qu'on a jeté sur l'herbe et qui happe goulûment l'air mortel.

Les heures, les demies sonnent à Saint-Philippe-du-Roule. Toute la lumière du jour s'est dissoute et des aigrettes paraissent aux angles des toits d'en face, les rayons d'une lune qu'on ne voit pas encore, qui va émerger de derrière ces toits, et cela rappelle à Dominique la grande. place de Nancy, quand elle était enfant et que les premières lampes à arc émettaient les mêmes rayons glacés, si aigus qu'ils vous transperçaient les pupilles.

Il n'y a que la grosse Augustine à rentrer. Elle rentre, ferme sa fenêtre. Elle va s'affaler sur son lit de tout son poids. Dans quelle tenue de nuit, mon Dieu ? On la voit enveloppée de choses informes, des camisoles, des pantalons, des jupons en pilou imprégnés de son odeur.

Dominique n'a pas éclairé. Sous la porte, un filet de lumière vient de chez les Caille, qui ont laissé leur fenêtre ouverte, car on distingue le rectangle plus clair projeté sur l'obscurité de la rue.

Il est une heure quand ils éteignent. La fenêtre rose s'est éteinte en face aussi, chez Antoinette. Les Rouet, à l'étage au-dessus, sont couchés.

Dominique est seule, elle regarde la lune, toute ronde, d'une plénitude inhumaine, qui vient enfin de s'élever de quelques centimètres au-dessus d'une cheminée. A cause du ciel trop clair, uni et lumineux comme une vitre dépolie, on distingue à peine les étoiles et des mots reviennent à la mémoire de Dominique :

...tué d'une balle au cœur, la nuit, en plein désert...

Il n'y a qu'un ciel comme celui-ci pour donner l'idée du désert. Une égale solitude sous les pieds, au-dessus de la tête, et cette lune nageant dans un univers sans limite.

...à la tête d'une colonne de vingt tirailleurs...

Elle se retourne. Sur le couvercle de la machine à coudre, elle peut deviner, malgré l'obscurité, la forme d'un livre de messe, dont la reliure est protégée par une enveloppe de drap noir. C'est le missel qui lui a été donné à sa première communion. Une des images, en fin parchemin enluminé, porte son nom avec ses initiales en lettres dorées.

Une autre image, dans ce missel, est une image de deuil.

Madame Geneviève Améraud, née Auger,
pieusement décédée dans sa...

Angoulême. Son père n'était alors que colonel. Ils habitaient une grosse maison carrée, d'un jaune très doux, avec un balcon en fer forgé, des rideaux vert amande aux fenêtres qui s'ouvraient sur un boulevard où il y avait une allée pour les cavaliers, et on entendait dès cinq heures du matin les trompettes de la caserne.

Mme Améraud était une veuve qui habitait la maison voisine. Elle était menue, marchait à tout petits pas, et on disait : « Douce comme Mme Améraud... »

Elle souriait à chacun, mais plus volontiers aux quinze ans, aux seize ans de Nique ; elle la faisait entrer dans le salon où elle passait des heures monotones, sans paraître deviner que, si la jeune fille était volontiers blottie chez elle, c'était pour son fils Jacques.

Pourtant on ne le voyait que pendant les vacances, car il était à Saint-Cyr. Il portait les cheveux en brosse. Il avait le visage grave. La voix aussi. C'était étonnant, cette voix de basse chez un garçon si jeune qu'il n'avait encore qu'un léger duvet aux lèvres. Mais c'était une gravité douce.

— Nique...

Pendant trois ans, exactement, elle l'avait aimé, toute seule, sans en rien dire à personne, elle l'avait aimé de toute son âme, elle n'avait vécu que dans sa pensée.

Est-ce qu'il le savait ? Est-ce que Mme Améraud connaissait les raisons de cette présence quotidienne d'un enfant dans sa maison ?

Un soir, le général avait été invité. On avait servi du vieux cognac, de la liqueur, des biscuits à la cannelle. Jacques portait l'uniforme de sous-lieutenant, et il devait partir le lendemain pour l'Afrique.

L'abat-jour était rose, comme dans la chambre d'Antoinette, la fenêtre ouverte sur le boulevard, où on voyait la lune se refléter sur les troncs clairs des platanes, qui en devenaient lumineux ; on avait entendu le couvre-feu sonner à la caserne.

Dominique était sortie la dernière. Mme Améraud s'était retirée discrètement ; le colonel Salès attendait, en allumant un cigare, au milieu du trottoir, et alors, dans un vertige, au moment où Jacques gardait un instant sa main dans la sienne, Dominique avait balbutié :

— Je vous attendrai toujours... toujours...

Un sanglot montait, elle retirait sa main, elle prenait, pour s'éloigner, le bras de son père.

C'était tout. Sauf une carte postale, la seule qu'elle eût reçue de lui, une vue d'un petit poste en terre desséchée, à l'orée du désert, un factionnaire en ombre chinoise, la lune, et à l'encre, près de cette lune blafarde, deux mots suivis d'un point d'exclamation :

La nôtre !

La même lune qui les avait éclairés le soir d'Angoulême et sous laquelle Jacques Améraud allait être *tué d'une balle au cœur* dans le désert.

Dominique avançait un peu la tête par la fenêtre pour tendre son front à la brise fraîche qui frôlait les maisons, mais elle recula en rougissant. De la fenêtre voisine, des sons parvenaient jusqu'à elle, un murmure qu'elle connaissait bien. Ainsi ils ne dormaient pas ! Leur chambre arrangée, les fleurs dressées dans les vases, la lumière éteinte, c'était ça, toujours ça qui les sollicitait, et le plus choquant peut-être c'était, étouffé mais d'autant plus éloquent, ce rire saccadé de femelle heureuse.

Dominique voulut se coucher. Elle se retira dans le fond de la chambre pour se dévêtir et, sans qu'il y eût de la lumière dans la pièce, son corps blanc se dessina dans l'ombre ; elle eut hâte de se couvrir, s'assura que la porte était close ; puis au moment de se glisser dans son lit, elle eut un dernier regard pour la fenêtre d'en face et aperçut Antoinette qui s'y était accoudée.

Sans doute n'avait-elle pas pu s'endormir. Elle avait rallumé la lampe rose. Celle-ci éclairait le désordre du divan transformé en lit pour la nuit, l'oreiller où la forme de la tête se dessinait en creux, les draps brodés, un livre ouvert, un bout de cigarette fumant dans une coupe.

Il y avait dans la chambre comme une voluptueuse atmosphère de mollesse, et Dominique se cachait derrière un battant de la fenêtre pour contempler Antoinette telle qu'elle se découpait dans la clarté lunaire. Ses cheveux bruns, dénoués, se déroulaient sur les épaules d'un blanc laiteux. Son corps, dans une chemise de nuit soyeuse et très ouvragée, avait une plénitude dont Dominique n'avait pas encore eu la révélation. Un mot lui vint aux lèvres, un mot tout simple, le mot *femme,* qu'elle croyait comprendre pour la première fois. Les bras appuyés à la barre de fer forgé, Antoinette se penchait en avant, si bien que sa poitrine s'écrasait un peu sur la blancheur des bras ; les seins remontaient légèrement ; on voyait un creux d'ombre dans l'échancrure de la chemise ; le menton était rond, comme posé, lui aussi, sur un bourrelet de chair douillette.

Tout à l'heure, quand les deux sœurs étaient face à face, Dominique avait jugé que la cadette était la plus belle. Maintenant, elle comprenait son erreur : c'était une créature épanouie qui se trouvait là devant elle, sortie dans la fraîcheur de la nuit, à la frontière de l'infini et d'une chambre éclairée de rose. Une créature comme en suspens, qui était faite pour quelque chose et, de toutes ses fibres, aspirait à ce quelque chose. Dominique en était sûre ; elle était bouleversée par le regard pathétique des yeux sombres fixés sur le ciel, elle sentait un soupir qui gonflait la poitrine et la gorge pour s'exhaler enfin des lèvres charnues avant que, dans une sorte de spasme impatient, les dents s'y incrustassent.

La certitude lui vint qu'elle s'était trompée, qu'elle s'était conduite comme une sotte, pas même comme une enfant, mais comme une sotte, comme une sotte vieille fille qu'elle était, et elle eut honte.

Honte de cette lettre dont le mystère naïf ressemblait aux mystères dont s'amusent les écoliers.

Le Phœnix Robelini de droite

Et devant la tranquillité d'Antoinette, durant les jours qui avaient suivi l'envoi de la lettre, elle s'était perdue en conjectures ; elle avait pensé qu'elle n'avait pas reçu le billet, que peut-être elle ne connaissait pas le nom de la plante verte !

Qu'importait à Antoinette !

Dominique, tout à l'heure, avait cru porter un coup décisif — oui, il y avait de la méchanceté dans son geste ! — ou plutôt non, un sourd instinct de justice — de l'envie peut-être ? — qu'importe — tout à l'heure, comme une vieille fille en effervescence, elle avait griffonné un autre billet ; elle avait pensé être cruelle, labourer la chair du bout de sa plume.

Vous savez bien que vous l'avez tué !

Était-ce cela qu'elle avait écrit ? Non !

Vous avez tué votre mari. Vous le savez bien.

Est-ce qu'elle le savait ? Cela avait si peu d'importance ! Rien n'avait d'importance que cette chair vivante qui fuyait le divan éclairé en rose et qui, dans son immobilité, sous la quiète apparence d'une femme à sa fenêtre, n'était qu'un irrésistible élan vers la vie nécessaire.

Dominique, debout, pieds nus, cachée comme une coupable derrière un battant de la fenêtre, rougissait d'elle, qui n'avait rien compris, qui n'avait vu de ce qui ce passait en face que les détails les plus apparents et les plus sordides, qui s'en était délectée, aujourd'hui encore, guettant les apparitions d'une belle-mère menaçante, les attitudes diplomatiques d'un beau-père ennuyé, l'abandon vulgaire d'Antoinette en présence d'êtres de sa race, les billets de banque qu'elle sortait furtivement d'un tiroir pour les passer à sa mère, et jusqu'à cette lumière tendre, cette chemise de nuit d'une soie trop riche, la cigarette qui se consumait dans le long fume-cigarette d'ivoire.

Attentive à la vie d'une autre, Dominique en oubliait de respirer pour son propre compte, son regard ardent fixé sur cette femme à sa fenêtre, sur ces yeux perdus dans le ciel ; elle y puisait une vie plus vibrante, une vie défendue ; elle sentait le sang battre dans ses veines, un vertige s'emparer d'elle, et soudain elle se jetait dans son lit, enfonçait son visage dans la mollesse de l'oreiller pour étouffer un cri d'impuissance qui déchirait sa poitrine.

Longtemps elle resta ainsi, roide, les dents serrées sur la toile que sa salive humectait, hantée par la sensation d'une présence.

« Elle est là... »

Dominique n'osait pas risquer un mouvement, n'osait pas se retourner, guettait le plus léger bruit qui mettrait fin à son supplice, lui apprendrait qu'elle était délivrée. Et ce fut longtemps plus tard, bien après que les Caille se furent endormis, chair à chair, le grincement prosaïque d'une espagnolette.

Elle put enfin soulever sa tête, se tourner à demi. Il n'y avait plus rien qu'une fenêtre close, la doublure terne des rideaux, un taxi qui passait, et alors seulement elle se laissa fondre dans le sommeil.

5

A quoi lui servirait d'appeler à l'aide ses fantômes familiers, qui ne seraient autour d'elle que comme des saints dont on doute, en qui on ne croit déjà plus, à qui pourtant on demande furtivement pardon ?

L'air est fluide, les objets sont à leur place, avec leur couleur, leur densité, leurs reflets, avec leur humilité rassurante, tous sont à portée de la main de Dominique, qui a voulu réduire son univers aux quatre murs d'une chambre, et, à cette heure-là, on pourrait dire que le monde visible au-delà du rectangle bleu pâle de la fenêtre, ce grand espace de fraîcheur matinale, où les moindres bruits font écho, lui appartient aussi, puisque la vieille Augustine n'est pas levée.

Dominique est pâle. Ses traits sont tirés. L'eau froide ni le savon n'ont pu effacer les traces des mauvaises heures passées dans le lit moite qui un peu plus tôt, à cinq heures du matin, quand les premiers pas ont résonné dans la rue, avait déjà repris, sous la stricte courte-pointe, son aspect inoffensif d'objet de parade.

Pendant des années, pendant sa vie entière, Dominique a fait son lit dès son réveil, se hâtant sans savoir pourquoi au juste, d'effacer autour d'elle ce qui pouvait rappeler la vie de la nuit. C'est ce matin seulement — elle s'est levée avec une douleur sourde dans la tête, une sensibilité exagérée des tempes —, c'est ce matin que cette manie l'a frappée ; son regard a cherché un autre objet rituel, le panier d'osier brun qui contient les bas à raccommoder et le gros œuf de bois verni.

Fugitivement, un air plus doux, presque sucré, l'a enveloppée, elle a senti la présence de sa mère ; avec un effort peut-être aurait-elle pu voir son visage allongé comme celui des Vierges des images pieuses, le sourire qui émanait d'elle sans être dessiné particulièrement par tel ou tel trait, sa main qui, dès qu'on sonnait à la porte, s'emparait du panier à bas pour le cacher dans une armoire.

« On ne montre pas aux gens ses bas percés. »

On ne leur montre pas non plus ces choses informes, d'une intimité trop évocatrice, que sont des bas roulés en boule ; jamais, pendant la journée, une porte entrouverte n'eût laissé entrevoir le pied d'un lit ou le marbre d'un lavabo livide comme une nudité.

Dominique avait beau fouiller ses souvenirs, elle n'y retrouvait pas celui de sa mère en négligé, ou en combinaison, ou seulement les cheveux non peignés.

Une phrase lui revenait et elle se rendait compte maintenant, à quarante ans, que cette phrase si simple en apparence avait étendu son influence sur toute son existence. Où avait-elle été prononcée ? Dominique avait une certaine peine à s'y retrouver dans les maisons jadis habitées, car partout elle avait vécu dans la même atmosphère ; les maisons des Salès se ressemblaient comme se ressemblent les hôtels d'une certaine classe : de grandes maisons claires — chose curieuse, partout, ou à peu près, il y avait un balcon —, des arbres proches, une place ou un boulevard, des quartiers habités par des médecins, des avocats, et l'écho proche des sonneries d'une caserne.

Un oncle était venu, qu'on ne voyait pas souvent. Quelques personnes étaient réunies dans le salon. Dominique avait peut-être quatorze ans. On ne l'avait pas encore envoyée se coucher. On parlait des chiens de leur instinct.

— C'est uniquement à l'odeur qu'ils distinguent les gens. Je connais une vieille dame aveugle qui, dès que quelqu'un passe, se met à renifler, et aussitôt après elle dit un nom, sans jamais se tromper...

Mme Salès a eu ce sourire contraint, cet imperceptible mouvement de la tête qui lui est machinal quand une chose la contrarie. A-t-elle déjà deviné que Dominique lui demanderait :

— C'est vrai, maman, que les gens ont une odeur ?

— Non, chérie. Oncle Charles ne sait pas ce qu'il dit. Il n'y a que les gens qui ne se lavent pas qui sentent...

A quoi lui servirait l'ombre douce et mélancolique de cette mère, alors que Dominique épie les fenêtres closes derrière lesquelles Antoinette Rouet se saoule de sommeil ?

Tous les fantômes de Dominique sont de la même race, et tous les mots qui remontent du fond de sa mémoire.

— Les Cottron sont allés faire une cure à La Bourboule...

On ne cite pas le nom de la maladie, on n'évoque pas la chair malade.

— La petite Mme Ralet vient d'avoir un enfant...

Le mot « accoucher » n'est pas énoncé pour préciser l'image ; tout se passe, toujours, dans un univers en demi-teintes, où les êtres n'apparaissent que lavés, peignés, souriants ou mélancoliques.

Il n'y a pas jusqu'aux noms propres qui ne soient comme des totems ; on ne les prononce pas comme des mots quelconques, comme les noms de gens de la rue ; ils ont leur noblesse à eux, il y a une dizaine, pas plus, qui ont accès dans ce vocabulaire, où se rejoignent la famille de Brest, la famille de Toulon, le lieutenant-colonel et l'ingénieur de la marine, les Babarit, qui se sont alliés aux Lepreau et qui sont ainsi entrés dans le cercle sacré par petit-cousinage avec Le Bret.

Ces gens, pourtant, Dominique y pense aujourd'hui, n'étaient pas riches. La plupart avaient un petit bien.

— Quand Aurélie héritera de sa tante de Chaillou...

Les Rouet, par exemple, avec leurs millions écrasants, n'auraient pas eu accès dans le cercle enchanté, rien de brutal ou de vulgaire n'y avait accès, rien de cru, rien qui sentît la vie quotidienne.

C'était si vrai que, dix jours plus tôt encore, Dominique regardait vivre les gens d'en face avec une curiosité méprisante. Elle s'occupait d'eux, parce que leurs fenêtres étaient, du matin au soir, sous ses yeux, comme elle s'occupait de la vieille Augustine, de la dame au petit garçon malade et même — Dieu sait si un abîme les séparait — des ignobles Audebal.

Mais ils ne lui étaient rien, ils étaient sans mystère. Des gens vulgaires qui avaient fait fortune dans les tréfileries — Rouet père avait fondé une des plus importantes tréfileries de cuivre — et qui vivaient comme ils étaient capables de vivre.

Qu'une Antoinette fût entrée dans la maison, c'était banal : un garçon de quarante ans, faible de constitution et de caractère, qui se laissait séduire par une dactylographe parce qu'elle était belle fille et qu'elle savait ce qu'elle voulait.

Voilà exactement sous quel angle simple et dur Dominique les avait observés pendant des années.

« *Elle* est encore sortie seule avec la voiture... *Elle* a une nouvelle toilette. *Son* nouveau chapeau est extravagant... »

Ou encore :

« *Il* n'ose rien lui dire... *Il* est impressionné par sa femme... *Il* se laisse conduire par le bout du nez... *Il* n'est pas heureux... »

Parfois elle les voyait, le soir, en tête à tête dans le boudoir, et on sentait qu'ils ne savaient que faire ni que dire. Hubert Rouet prenait un livre, Antoinette en prenait un de son côté, ne tardait pas à le rejeter ou à regarder par-dessus les pages.

— Qu'est-ce que tu as ?

— Rien.

— Qu'est-ce que tu voudrais faire ?

Ne comprenait-il pas qu'elle ne voulait, qu'elle ne pouvait rien faire *avec lui* ?

— Tu t'ennuies ?

— Non...

Alors, le plus souvent, elle rangeait ses robes, ses colifichets, ou s'accoudait à la fenêtre et regardait dehors, comme une prisonnière, en attendant l'heure d'aller dormir.

Oui, il y a dix jours encore, Dominique aurait conclu simplement, comme sa mère l'eût fait, avec le léger sourire de ceux qui sont au-dessus de ces tentations :

— On ne peut pas être heureux quand on ne se marie pas dans son monde.

Le monde des Rouet était sans intérêt. Celui d'où sortait Antoinette n'existait pour ainsi dire pas.

— *Mais non, ma chérie il n'y a pas que les gens qui ne se lavent pas qui ont une odeur.*

Et pourtant quand, vers neuf heures, Cécile vint ouvrir les rideaux et la fenêtre, quand elle eut posé le plateau du petit déjeuner sur le lit où Antoinette s'était adossée à l'oreiller, Dominique avait les narines palpitantes comme si, à travers la rue, il eût été possible de percevoir l'odeur de la jeune femme, qui s'étirait dans le soleil, gonflée de vie, les yeux et les lèvres gourmands, la chair reposée et tout alourdie encore de la volupté du sommeil.

Caille était parti de bonne heure pour la gare où il allait attendre ses beaux-parents et Lina faisait la dernière toilette de son logement, on l'entendait aller et venir en fredonnant de la chambre au salon, où persistait le parfum des bouquets.

Le facteur était passé à huit heures et quart. Antoinette allait recevoir la lettre, cette lettre dont Dominique n'attendait plus rien, dont elle avait honte, comme quelqu'un qui, dans sa rage aveugle, a frappé avec une arme inoffensive sans seulement égratigner.

Pour un peu, tant elle était écœurée d'elle-même, elle n'aurait pas assisté à la scène. Elle fut tentée de choisir ce moment-là pour aller faire son marché. Elle était vide. Elle pataugeait, ainsi que dans des rêves imprécis qu'on fait, sur le matin, après un mauvaise nuit, et sa chambre lui semblait lamentablement terne, sa vie plus falote que la petite flamme jaune qui semble toujours devoir s'éteindre devant le tabernacle ; le souvenir de Jacques Améraud virait au gris et elle en voulait à la vieille et douce Mme Améraud, comme si celle-ci l'eût encouragée dans son renoncement.

Combien de fois, depuis que sa mère était morte, n'avait-elle pas entendu des dames du clan, des Angibaud, des Vaillé, des Chaillou, lui dire avec une égale onction :

— Votre mère, mon enfant, était une sainte !

Elle n'avait pas essayé d'éclaircir ces paroles. Pas plus que, petite fille, elle n'avait le droit de chercher le sens du sixième commandement, de prononcer — autrement que comme une incantation : *Luxurieux point ne sera de corps ni de consentement.*

Que s'était-il passé, vers sa sixième ou sa septième année, qui avait transformé l'atmosphère de la maison ? Ses souvenirs étaient imprécis, mais vivaces. Avant cette époque, il y avait des rires, de vrais rires autour d'elle ; elle avait entendu souvent son père siffler dans le cabinet de toilette, on sortait ensemble, le dimanche.

Puis sa mère avait été malade, elle avait gardé la chambre de longues semaines ; son père, devenu grave et furtif, était toujours retenu dehors par son service ou enfermé dans son bureau.

Jamais elle n'avait entendu la moindre allusion à l'événement qui s'était produit.

— Votre mère est une sainte...

Et son père était un homme ! Ce trait lui vint soudain, d'une évidence aveuglante. Son père avait une odeur. Son père sentait le tabac, l'alcool, le soldat.

Son père, en somme, depuis qu'elle avait sept ans, n'avait plus fait partie de la famille. Ce n'était plus lui, c'était seulement le lieutenant-colonel Salès, plus tard le général, qui appartenait au clan. Pas l'homme. Pas le mari.

Quelle terrible faute avait-il commise pour être ainsi mis au ban, pour que sa femme ne fût plus qu'une ombre de femme, une ombre de plus en plus effacée, qui avait fini par s'éteindre tout à fait en pleine jeunesse ? Qu'avait-il fait pour qu'elle, Dominique, ne l'eût jamais aimé, n'eût jamais été tentée de l'aimer, ne se fût jamais demandé pourquoi elle ne l'aimait pas ?

Rencontrant son propre regard dans la glace, elle n'essaya pas d'en adoucir la dureté ; elle eut conscience qu'elle était en train de réclamer des comptes à des fantômes, à tout ce qui, ombres rassurantes, souvenirs clairs, parfums d'autrefois, objets pieux, l'avait accompagnée dans sa solitude comme une musique assourdie.

En face d'elle, Antoinette bâillait, passait ses doigts dans ses cheveux lourds, caressait sa poitrine, puis, tournée vers la porte, disait sans doute :

— Qu'est-ce que c'est, Cécile ?

Le courrier. Avant de le lire, elle s'assit au bord du lit, chercha ses mules du bout de ses pieds nus, et son impudeur tranquille ne choquait plus Dominique, qui comprenait, qui l'eût voulue plus belle, plus prestigieuse encore, entrant, suivie de servantes, dans un bain de marbre.

Mme Rouet mère était à sa tour ; elle non plus ne se montrait jamais en négligé, paraissait surgir de la nuit toute cuirassée, les traits déjà durs, l'œil froid et lucide.

Antoinette bâillait encore et buvait une gorgée de café au lait, déchirait une enveloppe, posait une facture sur le lit, près d'elle, puis une autre lettre dont elle ne lut que les premières lignes.

Ce fut alors le tour du message de Dominique. Elle ouvrit l'enveloppe sans la regarder, lut les quelques mots, sourcilla comme si elle ne comprenait pas, puis, naturellement, d'un geste sans fièvre, ramassa l'enveloppe qui était tombée, froissée, sur la descente de lit.

Vous avez tué votre mari.
Vous le savez bien.

Comme Dominique aurait voulu la lui reprendre ! Combien les mots qui voulaient être vengeurs, cruels, étaient naïfs, l'arme bêtement inoffensive ! Elle avait tué son mari ? Peut-être. Même pas. Elle ne l'avait pas empêché de mourir.

Vous le savez bien.

Non, Antoinette ne le savait pas, ne le sentait pas, et la preuve, c'est qu'elle relisait le billet en cherchant à comprendre, restait un moment rêveuse, sans un regard aux fenêtres d'en face. Elle réfléchissait.

Qui avait pu lui faire cette méchanceté ?

Pas un regard non plus pour la cheminée, là où la plante verte — dire que Dominique avait cherché son nom exact dans un ouvrage de botanique ! — là où la plante verte se trouvait encore la veille !

Par contre, elle leva la tête. Ce fut vers le plafond qu'elle se tourna, vers la tour où sa geôlière se tenait en faction.

La vieille ?

Pourquoi lui aurait-elle écrit ?

Antoinette haussait les épaules. Ce n'était pas cela. Allait-elle se fatiguer à chercher davantage, se faire du mauvais sang ?

Laissant tomber le papier près des autres, elle s'en vint à la fenêtre pour respirer l'air de la rue, s'emplir les yeux de taches de soleil et de silhouettes en mouvement. Sans doute y pensait-elle encore un peu.

Non ! Ce n'était pas sa belle-mère. Certes, celle-ci était persuadée qu'elle avait tué son fils, mais pas comme ça, c'était un sentiment plutôt qu'une certitude, qu'un soupçon, le sentiment naturel d'une belle-mère envers la veuve détestée de son enfant.

Chose curieuse, Dominique eut peur que le regard d'Antoinette vînt à se poser sur sa fenêtre, sur elle, sur sa maigre silhouette trottinant dans une chambre dont elle avait soudain honte : alors elle alla fermer sa fenêtre, en évitant de se montrer.

La rumeur commença dans l'escalier, un étage plus bas, des accents joyeux, une grosse voix d'homme, un rire de femme, puis Albert Caille, très animé, qui tâtonnait avant de trouver le trou de la serrure, un émerveillement exagéré dont la vulgarité évoqua soudain pour Dominique les noces débraillées qu'on voit sortir des guinguettes.

Lina se précipitait, criait :

— Maman !

Elle devait rester longtemps dans les bras de sa mère, car la grosse voix du papa grondait drôlement :

— Alors, moi, je ne compte plus ?

Dominique ne voyait rien et pourtant elle se représentait une scène colorée, des couleurs brutales, des choses grosses, solides, un monsieur bien rasé, bien habillé, sentant l'eau de Cologne, tout fier d'être lui, un important entrepreneur de province, enchanté de venir voir pour la première fois sa fille mariée à Paris.

Lina jouait le jeu.

— Qu'est-ce que c'est ?

— Devine...

— Je ne sais pas... Donne...

— Quand tu auras deviné...

— Un robe ?

— On n'apporte pas de Fontenay-le-Comte une robe à une jeune madame qui habite Paris...

— La boîte est trop grande pour un bijou... Donne, papa...

Elle s'impatientait, trépignait en riant, criait à sa mère :

— Je te défends de farfouiller dans mes tiroirs... Albert ! Empêche maman de tripoter nos affaires... Allons, papa, sois gentil... Ah ! je savais bien que tu te laisserais faire... Où sont les ciseaux ?... Albert, passe-moi les ciseaux... C'est... Qu'est-ce que c'est ?... Attends !... Un couvre-divan !... Viens voir, Albert !... Juste le rose que j'aime... Merci, papa... Merci, maman...

Pourquoi la mère se mettait-elle à parler bas ? Parce qu'on parlait de la propriétaire, sans doute. Où est-elle ? Que fait-elle ? Comment est-elle ? Se montre-t-elle gentille avec vous ?

Des chuchotements lui répondaient. Dominique aurait juré que le père avait retiré son veston, que les manches de sa chemise immaculée faisaient deux taches éblouissantes dans la chambre.

Ceux-là non plus n'étaient pas des gens du clan. Leur exubérance choquait Dominique dans ses fibres les plus intimes, les plus « Salès-Le Bret », mais elle retrouvait néanmoins certains points de contact, surtout dans le chuchotement de la maman qu'elle imaginait petite, un peu grasse, vêtue de soie noire, avec deux ou trois bijoux qu'elle ne portait qu'aux grandes occasions.

Rapidement, elle changea de toilette, passa sa meilleure robe, s'assura d'un regard que rien ne traînait autour d'elle, et un réflexe lui fit regarder la photographie de son père en grande tenue de général, avec ses décorations suspendues au cadre.

Un autre coup d'œil, par-delà la rue, à travers les vitres et la mousseline des rideaux, un regard vers Antoinette, pour lui demander pardon.

Les chuchotements n'étaient plus dans la chambre, mais dans le salon. On toussa. On frappa légèrement à la porte.

— Excusez-moi, mademoiselle... Je suis la maman de Lina...

Elle était petite, vêtue de soie noire comme Dominique l'avait pensé, plus sèche seulement, plus leste, une de ces femmes qui passent leur vie à monter et à descendre les escaliers d'une trop grande maison de province à la poursuite du désordre.

— Je vous dérange peut-être ?

— Pas du tout, je vous assure. Donnez-vous la peine d'entrer.

Les mots venaient d'eux-mêmes, de très loin, et l'attitude un peu réservée, le sourire exagéré, avec cependant cette teinte de mélancolie, d'indulgence aussi, qui est de mise quand il est question d'un jeune ménage.

— Je tenais à vous remercier de la gentillesse dont vous faites preuve vis-à-vis de ces enfants... Il faut que je vous demande s'ils ne vous dérangent pas trop... Je les connais, vous comprenez ! A leur âge, on ne pense pas souvent aux autres...

— Je vous assure que je n'ai pas à m'en plaindre...

La porte était restée ouverte. Le salon était vide, les fleurs figées à leur place, et Dominique aurait parié que Lina regardait son mari en refrénant son envie de pouffer...

— Maman est chez le dragon...

Peut-être avaient-ils discuté à voix basse avant de faire cette démarche ?

— Vas-y seule, maman... Je te jure qu'il est préférable que tu y ailles seule... Moi, je ne pourrais pas garder mon sérieux...

— Viens avec moi, Jules...

— Mais non voyons... Il vaut mieux que cela se passe entre femmes...

On l'avait regardée partir... Ils étaient tous les trois à écouter... Tout à l'heure, la mère leur raconterait que Dominique avait mis sa meilleure robe pour la recevoir...

— Asseyez-vous, je vous en prie...

— Je ne reste qu'un instant... Je ne voudrais pas vous déranger... Nous aurions préféré voir les enfants installés dès maintenant... C'était d'autant plus naturel que mon mari est fabricant de meubles... Ils ne l'ont pas voulu... Ils prétendent qu'ils préfèrent bien connaître Paris d'abord, choisir leur quartier... Mon gendre a sa situation à faire... Il réussit déjà fort bien pour son âge... Vous avez lu ses articles ?...

Dominique, qui n'ose pas dire oui, baisse la tête dans un geste affirmatif.

— Nous sommes heureux, mon mari et moi, qu'ils soient chez une personne comme vous... Pour rien au monde je n'aurais voulu les savoir à l'hôtel, ou dans une pension quelconque...

Un coup d'œil au portrait aux décorations.

— C'est monsieur votre père ?

Le même mouvement affirmatif de la tête, avec ce rien d'orgueilleuse humilité qui sied à la fille d'un général.

— J'espère que vous ne nous en voudrez pas si nous nous sommes permis, mon mari et moi, de vous apporter un petit souvenir, en gage de remerciement, mais si, de remerciement pour ce que vous faites pour les enfants...

Elle n'a pas osé se présenter avec le paquet à la main, elle va le chercher sur la table du salon : Dominique devine qu'il n'a pas été apporté pour elle. Ils en ont discuté à voix basse, dans la chambre.

— Il vaut mieux la lui donner... Je vous en enverrai une autre...

C'est une petite lampe de chevet en albâtre, qu'ils ont prise dans leur magasin, car ils font aussi la décoration.

— Une chose bien modeste...

Elle ne sait plus que dire. Elle a eu le temps de jeter deux ou trois coups d'œil autour d'elle. Elle a tout vu. Elle sourit à nouveau.

— Encore merci... Je ne vous retiendrai pas davantage... Nous ne sommes à Paris que jusqu'à demain soir et nous avons tout à visiter... Au revoir, mademoiselle... Si les enfants font trop de bruit, s'ils ne sont pas sages, n'hésitez pas à leur faire des remontrances... Ils sont si jeunes !

C'est tout. Elle est seule. Un silence, à côté, où la mère a rejoint la famille. Plus avertie que sa fille, elle a repéré la porte de communication ; elle a dû poser un doigt sur ses lèvres. Lina retient le rire qui voudrait fuser ; un temps, pendant lequel ils se font une voix normale, puis la mère parle haut exprès.

— Si nous profitions de ce qu'il ne fait pas encore trop chaud pour aller visiter le Zoo de Vincennes ?

Le charme est rompu. Ils parlent tous à la fois, s'apprêtent dans le brouhaha, le bruit gagne le salon, s'éloigne vers la porte à deux battants, faiblit dans l'escalier.

Dominique est seule, et machinalement, elle retire sa robe, allume le gaz, qui fait pouf ; la fenêtre est fermée, on ne peut pas la voir, et elle reste en combinaison, comme par défi.

Par défi contre qui ?

Contre eux — ils s'appellent Plissonneau — qui se sont harnachés pour venir voir leur fille à Paris ?

Encore un mariage qui n'a pas dû aller tout seul. Les Plissonneau sont plus qu'à leur aise. Albert Caille est le fils d'un agent de police. Il place de temps en temps un article ou un conte dans les journaux, mais est-ce une situation ? Rien que la façon dont Mme Plissonneau en a parlé...

Pourquoi reste-t-elle à moitié nue, sciemment, en se regardant chaque fois qu'elle passe devant l'armoire à glace ? Est-ce Antoinette qui ne s'occupe pas d'elle, qui ignore sans doute son existence, qu'elle veut défier ?

Sont-ce ses fantômes, qu'elle n'évoque plus qu'avec un regard amer, comme s'ils l'avaient indignement trompée ?

N'est-ce pas elle-même, plutôt, qu'elle défie, en laissant paraître dans le jour cru la peau pâle de ses jambes et de ses cuisses, ses épaules sans rondeurs, son cou, qu'encadrent deux salières ?

« Voilà comme tu es, Nique ! Voilà ce que tu es devenue ! »

Nique ! On l'a appelée Nique ! Ses tantes, ses cousines l'appellent encore ainsi dans leurs lettres. Car on s'écrit de temps en temps, au nouvel an, à l'occasion d'un mariage, d'une naissance ou d'un deuil. On se donne des nouvelles les uns des autres ; on emploie des prénoms qui n'évoquent que des enfants, bien qu'ils s'appliquent maintenant à des grandes personnes.

Henri a été nommé à Casablanca et sa femme se plaint du climat. Tu te souviens de la petite Camille, qui avait de si beaux cheveux. Elle vient d'avoir son troisième enfant. Pierre est inquiet, car elle n'a pas beaucoup de santé et elle ne veut pas se soigner. Il compte sur tante Clémentine pour lui faire comprendre que dans son état...

Nique ! Nique et son long nez de travers, dont elle a tant souffert !

Il y a longtemps qu'elle n'est plus Nique que dans ces lettres qui emplissent un tiroir à l'odeur fade.

Tiens ! Elle n'avait jamais remarqué sur ses cuisses — elle ne pense pas le mot cuisses, on dit jambes, depuis les talons jusqu'à la ceinture — elle n'avait jamais remarqué ces fines lignes bleues qui ressemblent aux rivières sur des cartes de géographie. Est-ce que tante Gérardine, la sœur de sa mère — elle a épousé un ingénieur au service des poudres et ils ont une villa à La Baule — est-ce que tante Gérardine ne se plaignait pas de ses varices ?

Elle va pleurer. Non, elle ne pleurera pas. Pourquoi pleurerait-elle ? C'est elle qui l'a voulu. Elle est restée fidèle à son serment, fidèle à Jacques Améraud.

Elle n'y croit plus. Est-ce vrai qu'elle n'y croit plus ? Ce n'est pas possible d'éplucher des pommes de terre et de gratter des carottes en combinaison. Il faut qu'elle s'habille.

Pas avant de s'être postée derrière le rideau de la fenêtre, pas avant d'avoir plongé le regard en face, où, dans la chambre en désordre, dans la chambre qui sent la femme, qui sent tous les désirs de femme, Antoinette s'est recouchée, non dans les draps, mais dessus.

La tête sur les coussins, elle lit un livre à couverture jaune, qu'elle tient à hauteur de ses yeux. Une jambe pend du lit jusque sur la carpette, et une main, machinalement caresse son flanc à travers la soie de la chemise.

— Qu'est-ce que c'est, Cécile ?

Cécile voudrait bien commencer à faire la chambre, comme dans toutes les maisons où on voit la literie s'aérer sur le rebord des fenêtres.

Qu'importe à Antoinette ?

— Fais...

Elle lit toujours. On secoue les tapis autour d'elle, on range, Cécile trotte menu, roide et méprisante ; elle ira le raconter au dragon de la tour. Est-ce une vie ?

Antoinette se contente de changer de place, de s'installer dans la bergère, quand il faut décidément faire le lit.

Dominique n'est pas encore descendue pour son marché. Elle a toujours mal à la tête. Elle passe sa robe raccommodée, met son chapeau, qui date de quatre ans, qui n'est d'aucune mode, qui sera bientôt un chapeau anonyme de vieille fille ; elle cherche son sac à provisions.

Il fait lourd. C'est peut-être aujourd'hui que l'orage éclatera enfin. Le soleil est voilé, le ciel plombé. La concierge lave le porche à grande eau. En passant devant un petit bar, quelques maisons plus bas, tenu par des Auvergnats à qui elle achète son bois, Dominique reçoit au visage une forte odeur de vin ; elle entend l'homme au visage noir qui parle avec son accent sonore ; elle aperçoit, dans une obscurité de cave où ne brille que l'étain du comptoir, des maçons en blouse qui bavardent, le verre à la main, comme si le temps avait suspendu son cours.

Jamais elle n'a plongé le regard dans cet endroit, devant lequel elle est passée si souvent, et l'image se grave dans sa mémoire, avec son odeur, l'épaisseur de l'air, l'ombre bleutée des recoins, la toile écrue des blouses des maçons, du violacé au fond des verres épais. Les moustaches de l'Auvergnat se confondent avec le charbon de son visage, où les yeux se dessinent en blanc, et sa voix sonore poursuit Dominique dans la chaleur de four de la rue aux grands pans de murs gris, aux fenêtres ouvertes, au bitume qui fond sous les fracassants autobus vert et blanc dont le receveur tire la sonnette.

Elle lit vaguement : *Place d'Iéna...*

Place d'Iéna ?... Elle fronce les sourcils, s'arrête un instant au milieu du trottoir. Un gamin qui court la bouscule. Place d'Iéna ?... L'autobus est loin... Elle serre son porte-monnaie dans sa main... Elle a rêvé, en pleine rue, elle s'éveille, passe de l'ombre au soleil, franchit le seuil de la charcuterie Sionneau, où elle va acheter une côtelette.

— Pas trop épaisse... Dans le filet...

Elle évite les glaces qui la cernent tout autour du magasin, et la vue d'un tas de hachis sur un plat livide où du sang rose a coulé lui donne un haut-le-cœur.

DEUXIÈME PARTIE

1

En bordure du rond-point des Champs-Elysées, au coin de la rue Montaigne, il y avait un confiseur, ou un chocolatier ; tout le rez-de-chaussée était extérieurement recouvert de marbre noir, uni, comme un tombeau ; trois vitrines se découpaient, sans encadrement, où, dans la peluche blanche, on ne voyait rien, que deux ou trois boîtes de bonbons ou de chocolats, les mêmes, mauve et argent.

Après, c'était fini, la rue Montaigne n'était plus qu'une sorte de canal luisant sous la pluie entre les murs noirs des maisons. Il n'y avait personne, il n'y avait rien, sinon, au premier plan, une charrette à bras, brancards en l'air, qui se reflétait dans le miroir mouillé de l'asphalte, et, très loin, à proximité du faubourg Saint-Honoré, l'arrière violacé d'un taxi en stationnement.

Là-dessus, l'eau tombait avec un bruissement continu, de grosses gouttes se détachaient des corniches ; des gouttières se dégorgeaient de distance en distance sur le trottoir et une haleine glacée s'exhalait des porches.

Pour Dominique, la rue Montaigne avait, aurait toujours une odeur de parapluie, de serge bleu marine mouillée ; elle se verrait éternellement à la même place, sur le trottoir de gauche, à cinquante mètres du rond-point, devant une étroite vitrine — la seule de la rue, avec la confiserie du coin — où s'entassaient des pelotes de laine à tricoter.

On se moquait d'elle, elle le savait, on ne s'en cachait pas. De temps en temps, elle levait son nez un peu trop long, un peu de travers, lançait un regard tranquille à ces fenêtres en demi-lune de l'entresol du 27.

Quatre heures avaient sonné un peu plus tôt. On était en novembre. Ce n'était pas encore la nuit. On ne pouvait pas non plus parler de crépuscule. La grisaille qui avait régné toute la journée devenait plus épaisse, le gris plus sombre ; le ciel, au-dessus de la rue, restait faiblement lumineux ; çà et là, dans les maisons, les lampes s'étaient allumées ; deux gros globes blancs brillaient dans l'entresol aux fenêtres de demi-lune, où elles étaient vingt, vingt-cinq, peut-être davantage, toutes filles de quinze à vingt ans, toutes en blouse grise, à travailler le carton, collant, pliant, se passant les boîtes l'une à l'autre le long de deux longues tables, se tournant parfois vers la rue et éclatant de rire en se montrant la silhouette de Dominique sous son parapluie.

C'était la quatrième, non, la cinquième fois qu'elle attendait de la sorte, et qui aurait pu croire que ce n'était pas pour son compte qu'elle attendait ? Ces filles, en la voyant stationner un quart d'heure, une demi-heure puis s'éloigner seule, devaient penser qu'il ne venait pas, qu'il ne venait, ne viendrait jamais, et cela les mettait en joie.

Pourquoi, aujourd'hui, au moment de franchir le rond-point, à l'instant de découvrir la perspective froide et mouillée de la rue Montaigne qui avait l'air de s'égoutter, Dominique avait-elle eu le pressentiment que c'était fini ? Maintenant, elle en était presque sûre. Antoinette l'avait-elle senti, elle aussi ? Pourquoi se raccrochait-elle à l'espoir, alors qu'il était déjà quatre heures vingt ?

Comme les dernières fois, c'était Dominique qui avait été prête la première. Elle ne craignait plus le ridicule. Elle était debout, chez elle, vêtue de son tailleur bleu marine, chapeautée, avec déjà ses gants, son parapluie sur une chaise à portée de la main. Depuis que les fenêtres étaient toujours fermées, il fallait plus d'attention, parfois de la divination, pour comprendre les allées et venues de la maison d'en face, mais Dominique en était arrivée à si bien la connaître !

Antoinette avait déjeuné là-haut, chez ses beaux-parents, comme elle le faisait depuis que la famille était rentrée de Trouville. Elle était gentille avec eux, vivait presque entièrement avec eux.

Tous les mercredis, tous les vendredis, il lui fallait inventer un prétexte. Qu'est-ce qu'elle avait dit ? Qu'elle allait chez sa mère, dans ce grand immeuble de la rue Caulaincourt dont les fenêtres donnaient à pic sur le cimetière ? Sans doute, car elle avait téléphoné, en tenant la main devant la bouche pour étouffer sa voix pour n'être pas entendue d'en haut. Elle avait profité d'un moment où Cécile était sortie.

— C'est toi, maman ? J'irai te dire bonjour cet après-midi... Enfin, tu me comprends... Oui... Mais oui, heureuse !... (Son sourire, pourtant, était un peu voilé.) Mais oui, maman, je fais très attention... Au revoir, maman... A un de ces jours, oui...

A table, chez les Rouet, elle avait dû se montrer gaie. Elle faisait tout ce qu'il fallait. Souvent elle passait des heures en tête à tête avec sa belle-mère, comme pour payer la liberté de ses mercredis et de ses vendredis.

A trois heures et demie, elle n'était pas encore descendue, et il n'y avait de prête que Dominique. Mme Rouet avait-elle essayé de la retenir ? Trois heures quarante... Trois heures quarante-cinq... Enfin elle surgissait, pressée, fébrile, s'habillait avec des mouvements rapides, saccadés, des regards anxieux à l'horloge, mettait son manteau de soie noire, ses renards argentés ; dans l'escalier, elle devait remonter quelques marches pour prendre son parapluie oublié.

Elle était dehors. Dominique la suivait, elle longeait le trottoir de l'avenue Victor-Emmanuel, sans s'arrêter, sans se retourner, le parapluie un peu penché à cause du courant d'air qui sévit toujours dans cette avenue. Elle retrouvait sa rue Montaigne. Est-ce que, pour elle ainsi que pour Dominique, la rue Montaigne avait cessé d'être une rue comme une autre ?

Pour Dominique, en tout cas, cette rue avait un visage, une âme, et cette âme, aujourd'hui, s'était tout de suite révélée froide, avec quelque chose de funèbre.

Bien vite, à vingt mètres à droite, d'un geste machinal, Antoinette avait tourné le bec-de-canne d'une porte voilée d'un rideau crème ; elle était entrée dans le bar au-dessus duquel, placée trop haut, pendait une enseigne où on lisait en lettres d'un blanc cru : *English Bar*.

Il n'était pas arrivé, sinon ils seraient sortis aussitôt. Dominique n'avait fait qu'entrevoir, tout près de la porte, le haut comptoir d'acajou, les gobelets en argent, les petits drapeaux dans des verres, les cheveux roux de la propriétaire.

Il n'y avait personne, à part Antoinette qui devait se repoudrer machinalement en confiant à la patronne complice :

— Il est encore en retard !

Le petit bar était toujours vide, si discret qu'on pouvait passer dix fois devant sans soupçonner son existence ; derrière le rideau épais, il n'y avait que trois tables sombres, où il semblait que des femmes comme Antoinette se relayassent pour attendre, car elles ne se trouvaient jamais ensemble.

Les minutes passaient ; les filles, dans l'atelier de cartonnage, sous les globes dépolis, épiaient toujours Dominique, qui attendait, et la plaignaient ironiquement.

Dominique était sans honte. Elle n'avait plus honte vis-à-vis d'elle-même et quand, à travers la vitrine encombrée de pelotes de laine, une vieille dame la regardait trop fixement elle se contentait de faire deux ou trois pas sous son parapluie, sans essayer de ne pas avoir l'air d'une femme qui attend.

Au début, tout de suite après Trouville, il était là le premier. La toute première fois, Antoinette n'avait pas eu besoin d'entrer. Il guettait, écartant de la main le rideau de la porte. Il était sorti, avait murmuré quelques mots en observant les deux bouts de la rue, puis avait marché devant, elle l'avait suivi à quelques pas ; ils rasaient le mur, tous les deux, et, un peu avant d'atteindre le faubourg Saint-Honoré, l'homme s'était retourné à demi avant de s'engouffrer dans le portail d'un hôtel.

Les montants de la porte à deux battants étaient blancs. Une plaque de marmorite annonçait : *Hôtel de Montmorency* — Tout confort. On voyait un tapis rouge dans le porche, des palmiers en caisses ; on recevait, en passant, des bouffées chaudes de chauffage central, l'odeur fade des hôtels d'habitués. Antoinette entrait à son tour. Un peu plus tard, un valet de chambre fermait les rideaux d'une fenêtre du premier étage, une faible lumière brillait derrière ces rideaux, et c'était désormais le silence ; il ne restait dans la rue que Dominique, qui s'éloignait, la gorge serrée, la peau moite.

Le moment était venu bientôt où Antoinette marchait la première, en sortant du petit bar. Elle marchait vite. Etait-ce par crainte d'être rencontrée ? Par honte ? Pour s'enfoncer plus tôt dans la chaleur de la chambre aux tentures d'un rouge sombre où elle avait déjà ses habitudes ?

Peut-être, aujourd'hui, faisait-elle ses confidences à la femme rousse de l'*English Bar,* car elle était de celles qui peuvent dire leurs angoisses à une autre femme, à une femme comme celle-là, sachant tout, comprenant tout, surtout dans ce domaine.

— J'aurais cru qu'il laisserait au moins un mot. Vous êtes sûre qu'il n'y a rien ? Il a été convenu qu'au cas où il serait retenu ailleurs il déposerait une lettre en passant... Peut-être a-t-il téléphoné, et Angèle a-t-elle pris la communication ?

Elle connaît déjà le nom de la bonne qui remplace parfois sa patronne au bar.

Sur l'étagère, il y a trois ou quatre lettres debout entre des verres ; les enveloppes ne portent que des prénoms : Mademoiselle Gisèle ; Monsieur Jean...

On entend la pluie qui tombe, et parfois le bruissement est un peu plus fort ; les gouttes, sur le bitume luisant, rebondissent plus haut ; il fait plus noir ; une loge de concierge s'éclaire, une autre lampe à un étage ; quelqu'un s'approche, mais pénètre dans une maison avant d'atteindre l'*English Bar.*

Il ne viendra pas, Dominique en est sûre. Elle pourrait s'en aller, mais elle a besoin de rester, sa main droite est crispée sur le manche de son parapluie ; elle est toute pâle dans la mauvaise lumière, et les filles de la cartonnerie doivent lui trouver piètre mine.

Peu importe. Elle n'a plus peur de ces regards qui émanent des maisons, ni des vies qu'on découvre en regardant par les portes ou par les fenêtres. Son attitude calme est un défi. Elle ne craint pas de passer pour une amoureuse, pour une amoureuse qu'on va délaisser, et même, sans le vouloir, elle en prend l'attitude mélancolique, en mime l'anxiété, tressaille quand quelqu'un tourne le coin de la rue.

Antoinette boit quelque chose avec une paille, regarde l'heure à la petite horloge posée sur l'étagère, compare avec celle de son bracelet-montre.

Quatre heures et demie. Quatre heures trente-cinq. Elle s'était promis d'attendre un quart d'heure, puis une demi-heure. Elle décide :

— Encore cinq minutes...

Elle se poudre à nouveau, étend du rouge sur ses lèvres.

— Si par hasard il venait, vous lui diriez...

Il semble que Dominique sente qu'elle va sortir, que des liens invisibles unissent les deux femmes. Elle abandonne son poste devant l'étalage de laines à tricoter, accorde un dernier regard aux fenêtres en demi-lune. Riez, mesdemoiselles, petites imbéciles que vous êtes : il n'est pas venu !

Et Dominique est tout près de la porte du bar quand celle-ci s'ouvre, quand Antoinette sort, si fébrile qu'elle est un moment sans parvenir à ouvrir son parapluie.

Leurs yeux se rencontrent. Une première fois, Antoinette n'a vu qu'une femme quelconque qui passait. Elle a regardé à nouveau, comme si quelque chose l'avait frappée. A-t-elle reconnu le visage entrevu parfois à une fenêtre ? Ou bien est-elle étonnée de voir sur un autre visage de femme comme le reflet du sien ? Les yeux cernés de Dominique semblent lui dire :

« Il n'est pas venu, je sais, je le prévoyais, il ne viendra plus. »

Cela n'a duré que quelques secondes. Est-ce que cela a duré de vraies secondes ? Au coin du rond-point, elle espère encore, marque un temps d'arrêt devant les boîtes mauve et argent de la confiserie ; un taxi passe, l'éclabousse, elle espère que la voiture va s'arrêter, mais elle continue son chemin, et Antoinette repart, quitte la rue déserte, où, tout au bout, s'ouvre le porche blanc d'un hôtel, avec un tapis rouge, des palmiers, une chaleur qui a déjà le goût des corps qu'on dénude derrière les rideaux clos.

Sa démarche est saccadée. Elle va appeler un taxi, se ravise, s'engage dans les Champs-Elysées. Elle s'arrête pour laisser passer une file de voitures. Un grand café. Un orchestre. Elle glisse entre les tables, gagne le sous-sol dans un murmure de conversations. Il y a des gâteaux, du chocolat, des théières en argent sur les guéridons, beaucoup de femmes ; certaines sont seules et attendent comme elle attendait tout à l'heure ; elle se laisse tomber dans un coin, sur une banquette de cuir vert, et, d'un geste machinal, rejette ses renards en arrière.

— Un thé... De quoi écrire...

Son regard retrouve Dominique, qui s'est assise non loin d'elle, comme incapable de rompre le charme qui les attache l'une à l'autre ; ses sourcils se froncent ; elle fait un effort de mémoire.

Pense-t-elle aux deux billets anonymes qu'elle a reçus jadis ? Non. Peut-être se demande-t-elle un instant si sa belle-mère la fait suivre ? Mais non ! Ce n'est pas possible. Elle hausse les épaules. Peu importe ! Elle est pâle. Elle ouvre son sac, décapuchonne un stylo en or. Elle va écrire. Les mots étaient prêts, et voilà qu'elle ne trouve plus rien, promène autour d'elle des yeux qui ne voient pas.

Soudain elle se lève et se dirige vers les cabines téléphoniques, réclame un jeton de téléphone, reste un moment dans le silence d'une des cabines où on l'aperçoit à travers le losange vitré.

Où a-t-elle appelé ? Chez lui ? Non ! Plutôt dans un bar où il fréquente, plus haut dans ces mêmes Champs-Elysées. Elle doit dire un prénom.

Il n'est pas là. Elle sort pour demander un autre jeton, lance à Dominique un coup d'œil où se lit quelque agacement.

Non ! Il n'est pas là non plus. Si bien que, laissant son thé refroidir, elle écrit. Elle déchire sa lettre, recommence. Elle a dû lui adresser d'abord des reproches. Maintenant, elle supplie, se fait trop humble, cela se lit sur son visage ; elle mime sa lettre, elle va pleurer, déchire encore. Ce qu'il faut... Un petit mot sec, indifférent... La plume devient plus pointue, les lettres plus hautes... Un petit mot qui...

Elle lève la tête parce qu'une silhouette masculine passe devant elle et qu'une seconde elle a eu le fol espoir que c'était lui. L'inconnu est grand, lui aussi, il porte le même pardessus très long, d'une coupe élégante, le même chapeau de feutre noir. Il y a, aux Champs-Elysées, quelques centaines d'hommes qui sont habillés pareillement, marchent de la même manière, ont les mêmes gestes, le même coiffeur ; mais ce n'est pas lui, son long visage pâle, ses lèvres minces au sourire si particulier.

Pourquoi Dominique l'a-t-elle, dans son esprit, appelé l'Italien ? Elle jurerait qu'il est italien. Non pas un Italien pétulant ou langoureux comme on se les représente. Un Italien aux dehors froids, aux gestes mesurés.

— Garçon !

C'est un pneumatique qu'elle a écrit en fin de compte. Elle le colle du bout de la langue.

Le garçon appelle à son tour :

— Chasseur !

Il fait clair, il fait chaud; l'air est bruissant de voix, de musique, des chocs de verres et de soucoupes ; tous les visages sont roses à cause de l'éclairage, et on n'imagine pas qu'il pleut dehors, que la rue Montaigne a de plus en plus l'air d'un canal, sans personne sur le long reflet d'eau, tandis que les lampes électriques s'allument de proche en proche sur les bords.

Antoinette n'a plus rien à faire. Elle ne peut pas rentrer déjà. Elle regarde autour d'elle, croit reconnaître une jeune femme en brun qui tient un petit chien sur les genoux ; elle commence de sourire, la femme l'observe sans comprendre, et Antoinette s'aperçoit qu'elle s'est trompée, qu'il n'y a qu'une vague ressemblance ; elle reprend contenance en buvant une gorgée de thé, qu'elle a oublié de sucrer.

Sent-elle toujours la présence de Dominique, ses yeux fixés sur elle, si ardents qu'elle devrait en percevoir le fluide ? Elle est longtemps sans se tourner de son côté, puis, après un coup d'œil furtif, son regard revient, interrogateur.

Elle est trop désemparée pour être fière.

« Pourquoi, semble-t-elle demander, pourquoi êtes-vous ici ? Pourquoi est-ce vous qui paraissez souffrir ? »

Et Dominique frémit des pieds à la tête ; elle vit cette heure amère avec autant d'intensité, sinon plus, qu'Antoinette ; elle apprécie l'ironie de cette musique, de cette foule, alors que ce qui était prévu, c'était l'intimité chaude de la chambre du premier, dont la banalité elle-même est une séduction de plus.

Antoinette a vécu à Trouville. Un beau jour, Dominique a découvert qu'on bouclait des malles aux deux étages à la fois. Tout le monde est parti le soir, avec Cécile et la domestique des parents Rouet ; on a fermé les volets. Pendant des semaines, Dominique n'a eu devant les yeux que ces volets clos.

Elle n'avait même plus, près d'elle, les échos de la vie des Caille, car ils étaient partis, eux aussi, passer quelques semaines dans une petite villa que les Plissonneau avaient louée à Fouras.

Les Caille lui ont envoyé une carte postale terne, mal imprimée, représentant quelques pavillons pauvres derrière une dune, et ils ont tracé une croix sur un de ces pavillons.

Elle ne connaît pas la propriété des Rouet ; elle n'a vu Trouville qu'une fois, pendant quelques heures, quand elle était jeune et qu'on portait encore des maillots de bain rayés. Elle ne peut pas l'imaginer. Elle sait seulement qu'ils sont en deuil, qu'ils ne peuvent donc se mêler à la joie des vacances.

Pendant un mois, Dominique a gravité à vide dans sa solitude, prise parfois d'une telle angoisse qu'elle avait besoin de se frotter à la foule, à n'importe quelle foule, celle de la rue, des grands boulevards, des cinémas. Elle n'a jamais autant marché de sa vie, à en avoir mal au cœur, dans le soleil, devant les terrasses, dans des rues calmes comme des rues de province, où elle enfonçait son regard dans les fenêtres, trous d'ombre des maisons.

Là-bas, Dieu sait comment, Antoinette faisait la connaissance de l'Italien. On l'avait emmenée hostile, inerte, comme un otage. Elle suivait ses beaux-parents à contrecœur, n'osant pas les heurter de front, pensant au jour où elle serait libre.

Et voilà qu'au retour on aurait pu croire qu'elle était leur fille. Dès la rentrée, à cause de l'habitude de Trouville, où ils vivaient en famille, elle prenait ses repas en haut ; on faisait en quelque sorte ménage commun, et, quand ce n'était pas Antoinette qui montait l'après-midi, c'était Mme Rouet qui descendait, sans que sa canne eût l'air de menacer.

Il n'avait pas fallu trois jours à Dominique pour comprendre. A onze heures, chaque matin, elle avait aperçu un homme qui passait et repassait plusieurs fois. Et, derrière la fenêtre, le doigt d'Antoinette faisait :

— Non... Pas aujourd'hui... Pas encore...

Il fallait d'abord organiser la vie de Paris, il fallait prévenir sa mère. La première sortie avait été pour la rue Caulaincourt. Une Antoinette exubérante, épanouie, qui devait lancer son chapeau dans la salle à manger, se laisser tomber dans un fauteuil :

— Ecoute, maman... Il y a du nouveau... Il faut que je te raconte... Si tu savais...

Rue Caulaincourt, on parle librement, on s'ébroue, on se tient n'importe comment, on donne le champ libre à ses humeurs. On est chez soi ; les filles et leur mère sont de la même race.

— Si tu savais quel homme c'est !... Alors, tu comprends, je file doux, je fais la cour à la vieille, je passe des après-midi à coudre auprès d'elle... Il me faut au moins deux après-midi de libres par semaines... Je serai censée venir te voir...

Elle a couru les magasins, acheté de nouvelles toilettes qu'elle a choisies assez sobres, à cause de la vieille.

Un jour enfin le doigt, derrière la fenêtre, a dit :
— Oui...
Puis il a précisé :
— Quatre... quatre heures...

Antoinette a chanté. Elle est restée une heure enfermée dans la salle de bains. Elle a dû se montrer trop gaie à table, à moins que, pour mieux les tromper, elle n'ait simulé l'abattement.

Elle vit. Elle va vivre. Elle a commencé à vivre. Son âme, sa chair sont satisfaites. Elle va le voir, être seule avec lui, nue contre lui. Elle va vivre l'unique vie qui vaille d'être vécue.

Elle en trébuche sur le bord du trottoir, néglige de regarder derrière elle. Au coin de la rue Montaigne, elle cherche ; elle ne connaît pas encore le petit bar dont on lui a donné l'adresse ; une main soulève le rideau, la porte s'ouvre, un homme marche, elle le suit, disparaît derrière lui, happée par le porche tiède de l'hôtel.

Les jours, depuis, ont raccourci. Les premières fois, du soleil traînait encore par les rues.

Maintenant, dans les maisons, les lampes sont allumées et quand, la semaine précédente, Antoinette est sortie de l'*Hôtel de Montmorency,* quelques instants avant son compagnon, et qu'elle a hélé un taxi, au coin de la rue, pour franchir les quelques centaines de mètres qui la séparent de chez elle, il faisait tout à fait nuit.

C'est fini. Il ne viendra plus. Dominique a la certitude qu'il ne reviendra plus. La dernière fois, ils sont demeurés tous les deux un quart d'heure dans le petit bar. Pourquoi ? Sinon parce qu'il lui expliquait qu'il ne pouvait pas rester avec elle ce jour-là, qu'une affaire réclamait sa présence ailleurs et qu'elle devait supplier :
— Rien que quelques minutes...

Ils sont assis dans le coin près de la fenêtre. Le bar est si exigu qu'il faut parler bas. Pour ne pas les gêner, la propriétaire descend par l'escalier en colimaçon qui s'amorce derrière le comptoir et conduit à la cave transformée en cuisine. Ils chuchotent, se tiennent la main. L'homme est ennuyé.
— Rien que quelques minutes !...

Elle a conscience qu'elle le perd, elle se refuse à le croire. Il se lève.
— Vendredi ?
— Impossible vendredi... Je dois partir en voyage...
— Mercredi ?

On est ce mercredi-là, et il n'est pas venu. Tout à l'heure, dans un bar du haut des Champs-Elysées, le barman lui remettra un pneu à son nom, il sera avec des amis, il laissera tomber :
— Je sais ce que c'est...

Peut-être fourrera-t-il la lettre dans sa poche sans la lire ?
— Garçon !

Les mains moites, elle fouille dans son sac pour y chercher de la monnaie, et son regard, encore une fois, tombe sur Dominique, qui la fixe.

Qu'importe à Dominique ? Est-ce que les filles de la cartonnerie ne se moquaient pas d'elle ? Elle ne feint même pas de s'intéresser à autre chose.

Elle est comme le petit frère et la petite sœur qu'elle appelait aussi « les petits pauvres », quand elle avait six ans. C'était à Orange. Tous les jours, à la même heure, sa bonne la conduisait sur le mail, avec ses jouets. On s'installait sur un banc, et invariablement les deux petits pauvres venaient se planter à deux ou trois mètres, le frère et la sœur, haillonneux, le visage barbouillé, des croûtes dans les cheveux et au coin des lèvres.

Sans honte aucune, ils restaient là, à la regarder jouer toute seule. Ils ne bougeaient pas. La bonne leur criait :

— Allez jouer plus loin !

Ils ne faisaient que reculer d'un pas et s'immobilisaient à nouveau.

— Ne vous approchez pas d'eux, Nique... Vous attraperiez des bêtes...

Ils entendaient. Cela devait leur être indifférent, car ils ne bronchaient pas, et la bonne finissait par joindre le geste à la parole, se levait, agitait les bras, faisait comme pour chasser des moineaux :

— Brrou...

Peu importait qu'Antoinette haussât les épaules en passant devant elle. Elle lui envoyait quand même son message. Ce n'était qu'un regard. Tant pis si on ne le comprenait pas. Ce regard-là disait :

« Vous voyez, je sais tout, depuis le commencement... Je n'ai pas compris au début, et j'ai été bêtement méchante, j'ai écrit les deux billets pour vous faire peur et vous empêcher de jouir de votre crime... Je ne vous connaissais pas encore... Je ne savais pas que vous ne pouviez pas agir autrement... C'était la vie qui vous poussait, vous aviez besoin de vivre... Vous avez tout fait pour cela... Vous auriez fait davantage encore... Vous avez suivi à Trouville le dragon de la tour... Vous avez contemplé de loin les gens qui s'amusaient, qui avaient l'air de vivre. Et, pour vivre, vous aussi, vous avez eu le courage d'aller prendre vos repas là-haut, de sourire à Mme Rouet mère, de coudre en face d'elle, d'écouter ses interminables souvenirs sur sa larve de fils...

» Les minutes du petit bar, les heures de l'*Hôtel de Montmorency* suffisaient à payer tout cela. Vous les prolongiez. Vous prolongiez le contact d'une peau sur votre peau, et le soir, seule dans votre lit, vous cherchiez encore à travers votre odeur un peu de l'odeur de l'homme...

» Il n'est pas venu... Il ne viendra plus...

» Je sais. Je comprends.

» Pendant des semaines, vos fenêtres ont été fermées, et le brun des volets prolongeait sinistrement le brun du mur ; il n'y avait plus rien de vivant en face de moi, rien non plus dans l'appartement ; j'étais seule, je mettais mon chapeau sans me regarder dans la glace, je descendais dans la rue comme les pauvres qui n'ont à eux que ce que le passant laisse traîner de lui en s'éloignant.

» Je suis là !

» Il n'est pas venu. Tout est fini. *Qu'est-ce que nous allons faire ?* »

Par instants, il semblait à Dominique qu'Antoinette allait s'approcher d'elle, lui parler. Elles sortiraient ensemble du vaste café grouillant, s'enfonceraient côte à côte dans le calme mouillé du soir.

— Tant d'efforts, tant d'énergie, tant de volonté farouche pour aboutir à...

Fallait-il tout recommencer, en chercher un autre, d'autres jours sans doute que le mercredi et le vendredi, un petit bar différent et pareil, un hôtel dans lequel on s'engouffre l'un derrière l'autre ?

C'était une question maintenant qu'exprimaient les yeux de Dominique, parce qu'Antoinette savait mieux qu'elle :

— Est-ce cela ?

Etait-ce à cela qu'elle rêvait certaine nuit qu'elle ne pouvait pas dormir et qu'accoudée à sa fenêtre, en chemise de soie, les épaules blanches de lune, elle contemplait le ciel ? Etait-ce à cela qu'elle pensait quand, une main sur le chambranle de la porte, elle attendait que son mari fût mort pour entrer dans la chambre et verser le médicament sur le terreau du *Phœnix Robelini* ?

Antoinette souffrait. Elle souffrait tellement qu'elle aurait été capable, là, devant tout le monde, de se traîner aux pieds de l'homme s'il était entré.

Et pourtant Dominique l'enviait. Elle prenait pour elle, elle volait furtivement, au passage, une part de tout cela, le bon et le mauvais ; la vue du petit bar lui donnait un choc au cœur, sa peau s'humectait quand elle passait devant la façade crémeuse de l'*Hôtel de Montmorency*. Qu'est-ce qu'elles allaient faire, à présent ? Car Dominique ne pouvait pas imaginer qu'il n'y eût plus rien. La vie ne pouvait pas s'arrêter.

Elles prirent, l'une derrière l'autre, la première rue à droite, franchirent comme un fossé le rectangle lumineux d'un cinéma ; les vitrines étaient brillamment éclairées ; les autobus, parce que la rue était étroite, passaient au ras des trottoirs ; des silhouettes se croisaient, se frôlaient. Antoinette se retourna, impatiente, mais, derrière elle, dans les hachures de pluie, il n'y avait qu'une petite personne insignifiante sous un parapluie, une silhouette banale, une femme ni jeune ni vieille, ni laide ni jolie, pas très bien portante, trop pâle, le nez un peu long, sévèrement de travers, Dominique, qui marchait à pas pressés le long des étalages, comme n'importe quelle femme qui va n'importe où, en remuant les lèvres, dans la solitude de la foule.

2

— Cécile ! savez-vous si Mme Antoinette est rentrée ?

— Il y a près d'une heure, Madame.

— Qu'est-ce qu'elle fait ?

— Elle s'est couchée sur son lit tout habillée, avec ses souliers crottés.

— Sans doute s'est-elle endormie. Allez lui dire de monter. Monsieur va rentrer.

La nuit tombe de bonne heure, les fenêtre sont closes, empêchant tout contact entre l'air mouillé et froid du dehors et les petits cubes d'air chauffés des alvéoles où les gens sont confits. Est-ce à cause de la lumière jaunâtre, épaisse, de l'écran des vitres et des rideaux, de la pluie qui met sur toute agitation un manteau de silence, les êtres, dans les maisons, paraissent étrangement immobiles et, même quand ils remuent leurs membres, s'étirent au ralenti, leur muette pantomime se dévide dans un monde de cauchemar où des choses semblent en place pour l'éternité, un coin de buffet, un reflet de faïence ébréchée, l'angle d'une porte entrebâillée, la perspective glauque d'une glace.

Il n'y a plus de feu chez Dominique rien que l'odeur du gaz, celle qui persiste le plus longtemps, pour l'accueillir, lui donner la sensation du chez elle. Elle est réellement pauvre. Ce n'est pas par jeu qu'elle compte ses dépenses par centimes. S'il y a jeu, si elle en arrive peut-être à s'y complaire comme les bigots qui se mortifient, c'est venu après, c'est une défense instinctive, inconsciente : transformer une froide nécessité en un vice pour l'humaniser. Il ne brûle jamais qu'une bûche à la fois dans l'âtre carré, une petite bûche qu'elle fait durer le plus longtemps possible, car elle est devenue experte en cette matière. Dix fois, vingt fois, elle en change l'inclinaison, ne laisse noircir qu'un côté, puis l'autre, règle presque, comme dans une lampe à pétrole, la flamme qui lèche le bois et, avant de sortir, ne manque jamais de l'éteindre. Il n'y a qu'une mince vague de chaleur, et une porte qui s'ouvre et se referme suffit à la déplacer ou à la dissiper.

Un papier a crissé sur le plancher quand elle est entrée, elle a ramassé une lettre.

Mademoiselle,

Je suis confus de vous faire encore faux bond, du moins en partie. Je me suis présenté deux fois aujourd'hui au journal où l'on me doit de l'argent, et le caissier était absent. On m'a formellement promis son retour pour demain. Sinon, si ces gens se moquent décidément de moi, je prendrai d'autres dispositions.

Je vous demande de ne pas croire à de la mauvaise volonté de ma part. Pour témoigner de mon bon vouloir, je joins un acompte que vous jugerez sans doute ridicule.

Je vous écris ce mot, car nous devons dîner chez des amis, à l'autre bout de Paris, et nous rentrerons très tard, peut-être ne rentrerons-nous pas de la nuit. Ne vous inquiétez donc pas à notre sujet.

Croyez, mademoiselle, à mes sentiments respectueux et dévoués.

Albert Caille.

On est le 20. Les Caille n'ont pas encore payé leur loyer. La valise a, une fois de plus, quitté la maison, et ce n'était pas pour rapporter le manteau d'hiver de Lina, qui sort toujours en tailleur, mais pour emporter du linge de son trousseau. Ils sont allés le vendre à des Juifs de la rue des Blancs-Manteaux.

Ils doivent de l'argent chez Audebal et dans d'autres magasins du quartier, surtout chez le charcutier, car ils ne vont plus guère au restaurant ; ils se cachent pour apporter un peu de nourriture dans leur chambre, où il n'y a toujours pas de réchaud.

Quand ils sont seuls, ils n'en souffrent pas. Mais Albert Caille évite de rencontrer Dominique ; par deux fois il lui a envoyé Lina pour demander un délai.

Dominique est plus pauvre qu'eux, car elle le sera toujours. Ce soir, elle ne dînera pas, car le thé qu'elle a bu dans le café des Champs-Elysées — elle n'a pas pu résister au désir d'un gâteau qui se trouvait sur la table — représente plus de la valeur d'un de ses repas habituels. Elle se contentera d'un peu de café réchauffé.

Les Caille sont allés rue du Mont-Cenis tout en haut de la Butte, où ils ont maintenant des amis. Ils se réunissent à dix ou douze, dans un atelier, au fond d'une cour ; des femmes, faisant bourse commune, vont acheter de la charcuterie ; les hommes s'arrangent pour apporter du vin ou de l'alcool ; dans une demi-obscurité voulue, on se vautre sur un divan défoncé, on s'étend par terre sur des coussins ou sur une carpette, on fume, on boit, on discute pendant que la pluie tombe à une cadence désespérément lente sur Paris.

M. Rouet descend de taxi, paie le chauffeur, donne vingt-cinq centimes de pourboire. Malgré la pluie, il a fait presque tout le chemin à pied sous son parapluie, à pas égaux ; ce n'est qu'au bas du faubourg Saint-Honoré qu'il a hélé une voiture.

Un seul battant de la porte de l'immeuble est ouvert. La lumière est jaune dans le vestibule ; les boiseries sombres garnissent les murs jusqu'à hauteur d'homme ; un tapis sombre, strié de barres de cuivre, couvre l'escalier. L'ascenseur est encore resté au cinquième : les locataires du cinquième omettent toujours de le renvoyer ; il faudra qu'il le leur fasse remarquer une fois pour toutes par la concierge, car il est le propriétaire de l'immeuble. Il attend, s'installe dans la cage étroite, pousse sur le troisième bouton.

La sonnerie résonne au loin dans l'appartement. Cécile ouvre la porte, prend le chapeau, le parapluie mouillé, aide à retirer le pardessus noir, et, quelques instants plus tard, ils sont trois assis à la table de la lourde salle à manger, sous l'éclairage immuable de la lampe.

Le décor, autour d'eux, paraît éternel ; les meubles, les objets donnent l'impression d'exister depuis toujours et de poursuivre leur vie pesante sans souci des trois personnages qui manient leur cuiller ou leur fourchette, et de Cécile, en noir et blanc, qui glisse sans bruit sur ses chaussons.

Alors, tandis qu'on sert le second plat et qu'on n'entend que des soupirs, Antoinette a une absence. Au moment où elle lève la tête, où elle aperçoit à sa gauche et à sa droite les deux visages de vieillards, ses yeux expriment une stupeur effrayée ; on dirait qu'elle voit pour la première fois le monde qui l'entoure ; elle ressemble à quelqu'un qui s'éveille dans une maison inconnue. Ces deux êtres, qui lui sont pourtant familiers et qui l'encadrent comme des geôliers, elle ne les connaît pas, ils ne lui sont rien, aucun lien ne les rattache à elle ; elle n'a aucune raison d'être là, à respirer le même air que ces deux poitrines usées et à partager leur menaçant silence.

De temps en temps, Mme Rouet la regarde, et ses regards ne sont jamais indifférents, ses moindres paroles ont un sens.

— Vous êtes malade ?

— Je ne me sens pas très bien. Je suis allée chez ma mère. J'ai voulu monter la rue Caulaincourt à pied. Il y avait des courants d'air. Peut-être ai-je pris froid ?

Mme Rouet doit savoir qu'elle a pleuré, que ses paupières sont encore brûlantes et endolories.

— Vous êtes allée au cimetière ?

Elle ne comprend pas tout de suite. Au ci...

— Non... Pas aujourd'hui... C'est en arrivant chez ma mère que je me suis sentie lasse et que j'ai été prise de frissons.

Ses yeux s'embuent, elle pourrait pleurer, elle pleurerait, là, à table, si elle ne faisait un effort, et pourtant, à ce moment, elle pleurerait sans raison, car elle ne pense pas à celui qui n'est pas venu, elle est malheureuse dans le vague, pour rien et pour tout.

— Vous prendrez un grog et deux cachets d'aspirine avant de vous coucher.

Si l'on examinait les murs de l'appartement, on y lirait toute l'histoire de la famille Rouet. On trouverait, entre autres, une photographie de Mme Rouet jeune fille, en tenue de tennis, une raquette à la main et, chose curieuse, elle était mince, vraiment jeune fille.

Plus loin, dans un cadre noir, c'était le diplôme d'ingénieur de M. Rouet et, pour lui faire pendant, l'usine de son beau-père, quand il y était entré, à vingt-quatre ans.

Il portait les cheveux en brosse, des vêtements corrects, sans coquetterie, comme il en porterait toute sa vie, les vêtements d'un homme qui travaille, pour qui toutes les heures sont consacrées au travail.

Un autre homme avait-il jamais travaillé autant que lui ?

Une photographie de la noce. L'ingénieur, à vingt-huit ans, avait épousé la fille de ses patrons. Tout le monde était grave, pénétré d'un calme bonheur, d'une dignité que rien ne pouvait atteindre, comme dans une histoire édifiante. Les ouvriers avaient envoyé une délégation. On leur avait servi un banquet dans un des hangars de l'usine.

Ce n'était encore qu'une petite usine. La grande, celle que Rouet, voici quelques années, a revendue cent millions, c'est lui qui l'avait créée, qui l'avait portée à bout de bras, jour par jour, minute par minute, et pourtant, pour lui-même comme pour elle, sa femme n'était-elle pas toujours restée la fille du patron ?

— Tu as quitté le bureau, cet après-midi, Germain ?

C'est un homme de soixante-six ans qu'elle a devant elle. Il est resté aussi grand, aussi large, aussi droit qu'autrefois. Ses cheveux, qui ont blanchi, sont toujours aussi drus. Il a tressailli. Il hésite avant de répondre. Il sait que tous les mots de sa femme ont un sens.

— J'ai eu tant de travail que je ne me souviens plus... Attends... A un moment donné, Bronstein... Non... Je ne pense pas que j'aie quitté le bureau... Pourquoi me demandes-tu cela ?...

— Parce que j'ai téléphoné à cinq heures et que tu n'y étais pas.

— Tu as raison... A cinq heures, j'ai reconduit un client, M. Michel, jusqu'au coin de la rue... Je voulais lui dire quelques mots en dehors de Bronstein...

Elle le croit ou elle ne le croit pas. Il est plus probable qu'elle ne le croit pas. Tout à l'heure, elle le laissera se coucher le premier, fouillera son portefeuille, comptera les billets.

Il ne montre aucune humeur et continue à manger, calme, serein. Il y a si longtemps que cela dure ! Il ne s'est jamais révolté, il ne se révoltera jamais. Son corps est comme une écorce dans laquelle les gens pensent qu'il n'y a rien, parce qu'il s'est habitué à tout garder à l'intérieur. D'ailleurs, à l'intérieur, il n'y a aucune révolte, cela peut à peine s'appeler de l'amertume. Il a beaucoup, beaucoup travaillé. Il a tant travaillé que cette masse de travail, cette montagne de labeur humain qu'il a derrière lui l'écrase, lui fait peur comme l'édredon qui, dans un cauchemar, menace d'emplir toute la chambre.

Il a eu un fils. C'était probablement, c'était sûrement l'enfant de sa chair, mais il n'a jamais rien senti de commun entre eux ; il l'a vaguement regardé grandir sans pouvoir s'intéresser à cet être amorphe et mal portant ; il l'a mis dans un bureau, puis dans un autre, puis, lorsqu'il a revendu son affaire, parce que le médecin lui ordonnait le repos, il l'a placé, comme un objet, avec un titre convenable, dans une affaire où il avait des intérêts, une affaire de coffres-forts.

Trois êtres mangent et respirent. La lumière sculpte différemment les trois visages ; Cécile guette méchamment de la porte le moment de changer les assiettes, et l'on pourrait croire qu'elle les hait pareillement tous les trois.

Dans un bar des Champs-Elysées, il y a sans doute un homme grand, impeccablement vêtu, au teint pâle, à la lèvre ironique et tendre qui boit des cocktails en parcourant les journaux de course et qui se souvient à peine de la rue Montaigne.

Des jeunes gens, des jeunes femmes, qui ont toute la vie devant eux, boivent et s'excitent dans la demi-obscurité de l'atelier de la rue du Mont-Cenis, et Dominique attire machinalement vers elle, près de la bûche dont la toute petite flamme lui tient compagnie, la corbeille à bas, enfile sa laine, penche la tête, introduit l'œuf de bois verni dans un bas gris dont le pied est déjà si reprisé qu'elle ne reprise plus que des reprises. Elle n'a pas faim. Elle s'est habituée à n'avoir pas faim. On assure que l'estomac s'accoutume, devient tout petit ; elle doit avoir un estomac minuscule, un rien lui suffit.

Le silence monte de la rue noire et luisante, suinte des maisons, des fenêtres aux rideaux tirés derrière lesquelles vivent des gens ; le silence coule des murs, et la pluie aussi est silence, son bruissement monotone est une forme de silence, car il rend le vide plus sensible.

Il pleuvait comme cela, d'une pluie plus longue et plus drue, avec de soudains courants d'air qui s'efforçaient de retourner les parapluies, quand un soir, elle est passée, par hasard, rue Coquillière, près des Halles, où elle était allée acheter des boutons pour assortir à une vieille robe qu'elle avait fait teindre. A l'angle des porches béants s'alignaient des plaques d'émail et de cuivre, beaucoup de noms, des professions, des commerces auxquels on ne pense jamais, partout des escaliers sombres et branlants, des éventaires à l'abri des portes cochères un grouillement noir, qui sentait l'huile des frites qu'une marchande préparait en plein vent.

D'un de ces porches, Dominique a vu sortir M. Rouet. Jamais elle n'avait soupçonné que c'était dans un tel endroit qu'il se rendait chaque jour, de son pas digne et mesuré, comme un employé qui va à son bureau. Comment s'y prenait-il pour traverser les rues visqueuses sans tacher ses souliers toujours impeccables ? C'était sa coquetterie. Parfois il baissait la tête pour s'assurer qu'aucune tache de boue n'étoilait le noir luisant du chevreau.

Société Prima
Articles de Paris

Escalier B — Entresol — Fond du couloir à gauche.

Sur la blême plaque d'émail, une main noire montrait le chemin.

A l'entresol, dans des pièces grises au plancher râpeux, où l'on frôlait le plafond de la tête, où le papier des murs moisissait par place, il y avait des marchandises dans tous les coins, des caisses, des ballots, des boîtes en carton, des peignes bleus et verts, des poudriers en galalithe, des choses luisantes, nickelées, vernies, vulgaires, mal faites, comme on en vend dans les bazars et sur les foires ; une femme de cinquante ans, en blouse noire, rangeait du matin au soir et recevait les clients ; une porte était toujours fermée, à laquelle on ne frappait qu'avec crainte, et, derrière cette porte, assis, devant un bureau jaune, un énorme coffre-fort dans le dos, se tenait M. Bronstein, le crâne nu, luisant, avec une seule mèche de cheveux noirs qui semblait dessinée à l'encre de Chine.

A gauche du bureau, un seul fauteuil, fatigué, mais confortable, derrière le fauteuil une fontaine pour se laver les mains, un morceau de savon et une serviette à bordure rouge, qui sentait la caserne.

C'était ici, dans ce fauteuil que M. Rouet venait s'installer chaque jour après avoir traversé sans un regard les pièces encombrées de pacotille.

— Personne ?

Car, s'il y avait un client avec M. Bronstein, il passait dans un cabinet de débarras où il attendait, debout, comme on attend derrière une porte ou derrière un paravent dans les maisons de rendez-vous où les clients ne se rencontrent jamais.

La Société Prima était son affaire ; il y avait placé ses millions, que Bronstein faisait fructifier. L'article de Paris était une façade, l'activité de la maison résidait tout entière dans ce gros coffre indécent, bourré de traites, de reconnaissances de dettes, d'étranges contrats.

C'est ici, en face du Juif polonais, que venaient échouer les petits commerçants en difficulté, les artisans, les industriels gênés. Ils entraient avec un sourire contraint, décidés à bluffer, à mentir, et, quelques minutes plus tard, ils avaient vomi toute la sale vérité, ils n'étaient plus rien que des hommes aux abois, qu'on eût fait s'agenouiller devant le coffre-fort savamment entrouvert.

Quand il ne pleuvait pas, il arrivait à M. Rouet, par hygiène, de franchir, de son pas régulier, la distance qui sépare la rue Coquillière du faubourg

Saint-Honoré, frôlant une vie turbulente, et certaines qui le voyaient passer toujours à la même heure admiraient en lui un vieillard alerte.

Dominique, sans le vouloir, l'avait suivi ailleurs, en de plus troubles pérégrinations. Elle l'avait vu, embusqué sous son parapluie, se faufiler, le dos rond, dans les ruelles qui avoisinent les Halles. Elle l'avait vu marcher d'un autre pas, irrégulier, saccadé se précipiter vers une silhouette lointaine sous un bec de gaz, ralentir, faire demi-tour pour s'éloigner à nouveau et elle n'avait pas compris tout de suite le sens de cette chasse ; elle était angoissée par les perspectives chaotiques des rues, par ces porches glacés et noirs, par ces escaliers qui débouchaient à même la chaussée, par les globes dépolis qui surmontaient des portes d'hôtels effarants et par les ombres immobiles ou fuyantes, par les vitrines de petits bars où des êtres attendaient, Dieu sait quoi, dans une immobilité de personnage de cire.

L'homme de la tréfilerie, l'homme du faubourg Saint-Honoré, de la table dressée dans la salle à manger immuable, allait toujours, poussé par une force implacable ; son pas redevenait un pas de vieillard, ses genoux devaient trembler ; il frôlait des filles qui sortaient de l'ombre pour se raccrocher à lui, leurs visages comme aimantés se rapprochaient un instant dans la lumière incertaine, et il repartait, lourd et anxieux, rongeant sa fièvre, avec des alternances d'espoir et de découragement.

Dominique savait. Au coin d'une ruelle, elle l'avait vu s'arrêter près d'une fillette maigre, sans chapeau, avec sur les épaules un méchant manteau vert dont elle n'avait pas passé les manches. Celle-ci allait, plus furtive que les autres, sans doute parce qu'elle n'avait pas l'âge, sur ses longues jambes grêles ; elle avait levé la tête en secouant ses cheveux mouillés, comme pour mieux se prêter à l'examen de l'homme, et il l'avait suivie à quelques pas de distance, comme Antoinette, rue Montaigne, suivait l'Italien ; il s'était enfoncé, derrière elle, dans une de ces ouvertures sans porte au bout de laquelle ses pieds avaient buté sur les marches d'un escalier ; une lumière avait brillé. Dominique s'était enfuie, prise de peur, et elle avait tourné longtemps, avec l'angoisse de ne pas échapper à ce labyrinthe inquiétant.

Ils mangeaient l'entremets, tous les trois, sous la lampe. Chacun pensait pour son compte, suivait le fil simple ou compliqué de ses pensées ; il n'y avait que Mme Rouet qui regardât les autres comme si, seule, elle eût porté le poids de leur vie et de la vie de la maison.

Au mur, devant elle, pendait un portrait de son fils, à cinq ou six ans, coiffé d'un chapeau de paille, les deux mains sur un cerceau. Etait-elle seule à ne pas avoir compris, dès cette époque, que ce n'était pas un garçon comme les autres, mais un échantillon raté, un être flou, inconsistant ? Et sur cette autre photographie où, jeune homme, il essayait de regarder devant lui en prenant un air brave, n'était-il pas évident qu'il ne fournirait jamais une vie comme tout le monde et que rien ne l'arracherait à son incurable mélancolie ?

De lui, dans la maison, il ne restait qu'Antoinette, l'étrangère avec qui on n'avait aucun point de contact et qui, son mari mort, était assise à leur table au lieu de continuer dans quelque rue Caulaincourt, avec sa mère, la vie qui était la sienne.

Cela, du dehors, se résumait à des rideaux derrière lesquels palpitait un peu de lumière et, dans la salle à manger, au foyer des Rouet, toute la vie tenait dans les yeux froids de la vieille femme, qui, terriblement lucides, se posaient sur les visages, sans passion, sans amour, que ce fût le visage faussement serein de son mari, ou celui de sa bru, où le sang coulait à fleur de peau.

Elle savait. C'était elle qui avait dicté le contrat de mariage. C'était elle encore, dès les premières années qui avait créé la vie de la maison, qui l'avait conduite, endiguée ; c'était elle toujours qui avait empêché son fils d'avoir une existence à lui, qui l'avait voulu enfant toute sa vie, jusque dans son travail, où il n'était qu'un employé de l'usine.

C'était elle, puisqu'elle ne pouvait l'empêcher de se marier, qui avait accroché le second foyer au sien, et c'était à cause d'elle que le ménage n'avait rien en propre et ne vivait que du traitement mensuel d'Hubert et des sommes qu'elle lui donnait.

Un froid sourire flottait sur ses lèvres, tandis que son regard frôlait les épaules d'Antoinette, cette chair jeune et ardente, où frémissaient les frissons de l'évasion.

Antoinette ne possédait rien, sinon ses meubles. Il lui faudrait attendre, pour disposer d'argent en propre, la mort de ses beaux-parents, et alors elle n'aurait que l'usufruit de la fortune qui, à sa mort, enfin retournerait à de lointains Rouet, ou plutôt à des Lepron.

C'était très bien ainsi. C'était pour cela qu'elle restait dans la maison, qu'elle était allée à Trouville, pour cela encore, par peur de la pauvreté, qu'elle montait prendre ses repas en famille et que, des heures durant, elle tenait compagnie à sa belle-mère.

— Vous n'avez presque rien mangé.

— Je n'ai pas faim. Je vous demande pardon.

Antoinette appréhendait de ne pas aller jusqu'au bout du dîner sans laisser éclater sa nervosité. Elle aurait voulu crier, mordre, hurler sa peine, appeler l'homme qui n'était pas venu, comme tragiquement, les bêtes des bois appellent le mâle.

— On dirait que vous avez pleuré.

Et Cécile, à la porte, se régalait de chaque nouveau coup.

— Nous avons parlé de choses tristes, avec ma mère.

— D'Hubert, n'est-ce pas ?

Antoinette était si loin que, sans le vouloir, elle levait des yeux étonnés.

Hubert ? Elle s'en souvenait si peu ! C'est à peine si elle était capable, en fermant les yeux, de reconstituer son visage. Il était mort, définitivement. Il ne restait rien de lui, qu'une image confuse, une impression de tristesse ou plutôt de vie morne qui se traînait, menaçant de durer toujours.

— Un jour qu'il ne pleuvra pas, nous irons sur sa tombe ensemble. N'est-ce pas, Antoinette ?

— Oui, maman.

Elle n'était pas sûre d'avoir parlé. Sa voix était passée dans l'air comme la voix d'une autre. Elle avait besoin de se lever, de se détendre.

— Je vous demande pardon...

Elle les voyait tous les deux assis face à face, elle s'efforçait de se persuader que c'était elle, Antoinette, qui était là ; elle répétait :

— Je vous demande pardon...

Elle fuyait. Elle avait une envie folle de sortir dans la nuit humide, de courir aux Champs-Elysées, d'entrer dans tous les bars pour le chercher, lui clamer que ce n'était pas possible, qu'il ne pouvait l'abandonner, qu'elle avait besoin de lui, qu'elle ferait n'importe quoi, qu'elle ne prendrait presque pas de place, à peine celle d'une servante, pourvu qu'il...

— Cécile ! Descendez avec Mme Antoinette. Je pense qu'elle n'est pas dans son assiette.

Alors M. Rouet prononçait en cherchant un cure-dent dans sa poche :

— Qu'est-ce qu'elle a ?

— Tu ne peux pas comprendre.

La vérité, c'est qu'elle ne savait pas encore, mais elle saurait, elle en était sûre, elle ne vivait que pour savoir tout ce qui se passait autour d'elle, dans le cercle qu'elle dominait.

— La solitude ne lui vaut rien. C'est curieux qu'elle n'ait pas une seule amie.

Comme c'étaient bien là des paroles d'homme ! Des mots ! Les Rouet avaient-ils des amis ? Ils ne voyaient même pas les parents plus ou moins proches qu'ils avaient semés en route et qui leur écrivaient humblement au nouvel an parce qu'ils étaient riches.

Pour quoi faire, des amies ? Est-ce que Mme Rouet laisserait des étrangers, des étrangères, violer sa maison ?

Il avait bien fallu en admettre une, Antoinette justement, parce que son fils la voulait coûte que coûte, parce qu'il était capable, faible comme il l'était, d'en faire une maladie.

— Tu l'auras, ta femme !

Il l'avait eue. Il avait su ce que c'était. Il s'était vite fatigué de la suivre partout où elle courait, poussée par son besoin de s'agiter et de tournoyer autour des lumières.

— Avoue que tu n'es pas heureux.

— Mais si, maman !

Alors, pourquoi s'était-il mis à collectionner des timbres-poste, puis à apprendre l'espagnol, tout seul, des soirées durant ?

Maintenant, Antoinette filait doux. Mme Rouet l'avait dressée.

— Dites à Mme Antoinette de monter.

Elle montait.

— Antoinette, passez-moi le fil bleu. Pas celui-là. Le bleu marine. Enfilez-moi donc mon aiguille.

Elle palpitait, frémissait d'impatience, mais elle obéissait, elle restait là, des heures durant, à l'ombre de sa belle-mère.

— Ah ! tu as pleuré ! Ah ! tu n'avais pas faim...

Si seulement elle avait pu marcher comme tout le monde ! N'était-ce pas paradoxal d'avoir un cerveau aussi vivant, un esprit aussi agile et aussi lucide, une volonté aussi farouche et de traîner avec peine des jambes qui devenaient peu à peu d'inertes colonnes de pierre ?

Elle luttait. Quand elle était seule, quand personne ne pouvait la surprendre, elle se levait sans aide, au prix d'efforts douloureux, s'obligeait à marcher autour de la chambre, abandonnant sa canne exprès, comptant les pas ; elle y arriverait quand même, elle aurait raison de ces maudites jambes, mais nul n'avait besoin de le savoir.

Ce n'est pas rue Caulaincourt qu'Antoinette était allée se gaver de pensées tristes. Les lèvres de Mme Rouet s'avançaient en une moue dédaigneuse. Elle connaissait ces gens-là, cette sorte de gens qui n'ont que des désirs triviaux et qui ne pensent à rien d'autre qu'à les satisfaire.

Telle était la mère d'Antoinette. Sûrement que sa fille lui passait de l'argent en cachette, et chaque billet se transformait en une joie immédiate, une langouste, un dîner au restaurant, le cinéma, des voisines invitées à manger des gâteaux chez elle ou quelque horrible robe qu'elle s'achetait après avoir couru toute une journée les grands magasins.

— Ma fille qui a épousé le fils Rouet... Les tréfileries Rouet, vous savez... Des gens qui ont cent millions à eux et qui vivent comme des petits bourgeois... Quand elle s'est mariée, ils n'avaient pas de voiture !... C'est elle qui...

Elle était presque aussi fière de son autre fille, Colette, entretenue par un brasseur du Nord. Elle allait la voir dans son appartement de Passy, se cachant dans la cuisine quand le quinquagénaire arrivait à l'improviste, et peut-être écoutait-elle ; elle était capable d'entendre sans honte les bruits de la chambre et de la salle de bains.

— Passez-moi mes lunettes, Félicie. Cécile n'est pas encore remontée ?

Une voix, du vestibule.

— Me voici, madame.

— Qu'est-ce qu'elle fait ?

— D'abord, elle ne voulait pas que je prépare la couverture, elle me disait de m'en aller, elle m'a crié : « Laisse-moi, je t'en supplie ! Tu ne vois donc pas que... »

Et la voix immuable de Mme Rouet :

— Que quoi ?

— Que rien. Elle n'a pas achevé. Elle s'est enfermée dans le cabinet de toilette. J'ai fait le lit. Quand je suis partie, elle pleurait, on l'entendait à dix mètres à travers la porte.

— Passez-moi mes lunettes.

A minuit, la mère d'Antoinette sortait d'un cinéma de la place Blanche avec une voisine de palier à qui elle avait offert sa place. Il y avait encore la tentation des brasseries illuminées, d'un petit bonheur supplémentaire.

— Si on se payait une liqueur chez Graff ?

Immobile dans son lit, M. Rouet attendait le sommeil, n'attendait rien d'autre, car il avait accepté depuis longtemps les limites de sa vie.

Dominique ravaudait des bas gris ; tous les bas de la corbeille étaient gris ; elle n'en portait pas d'autres, ce sont les moins salissants ; elle était persuadée que ce sont les plus solides et qu'ils s'harmonisent avec n'importe quelle robe.

De temps en temps, elle levait la tête, distinguait des perles blanches sur les vitres, un peu de rose diffus derrière les fenêtres d'en face, plus rien que le noir à l'étage au-dessus, et elle se penchait à nouveau, étendait le bras pour tourner légèrement la bûche afin d'entretenir la flamme jaune.

Elle se coucha la dernière de la rue. Les Caille n'étaient pas rentrés. Elle les attendit un peu dans le silence, s'endormit, se leva avant le jour, vit les vitres pâlir, et le couple ne revint qu'à sept heures du matin, après avoir traîné aux Halles parmi les légumes mouillés et les clochards abrités sous les porches.

Ils avaient tous les deux les traits tirés, Albert Caille surtout, parce qu'il avait trop bu. Par crainte de rencontrer leur logeuse, ils tournèrent la clef sans bruit et traversèrent le salon sur la pointe des pieds.

La voix lasse de Lina questionna :

— Qu'est-ce qu'on fait ?

— Nous allons d'abord dormir.

Ils ne firent pas l'amour en se couchant, mais seulement vers midi, dans un demi-sommeil, et ils se rendormirent ; il était deux heures quand on entendit des bruits d'eau dans le cabinet de toilette.

Antoinette, sortie dès dix heures du matin, n'avait pas encore reparu faubourg Saint-Honoré, mais elle avait dû téléphoner vers midi, Mme Rouet s'était dirigée vers l'appareil, et on n'avait mis que deux couverts pour le déjeuner.

Maintenant, M. Rouet, ponctuel, sortait de la maison et se dirigeait vers la rue Coquillière.

3

Du train, tandis qu'il quittait la gare et soufflait sa vapeur entre les tranches de maisons en équilibre, on pouvait encore voir, car la nuit n'était pas tout à fait venue, des croûtes de neige sur le noir des talus, dans les recoins.

L'autre fois, en août, c'était Antoinette qui était partie, laissant Dominique toute seule à Paris pendant de longues semaines. Aujourd'hui, c'était Dominique qui était dans le train, qui restait encore un moment debout dans le couloir, à regarder dehors avec un petit rire mélancolique, puis qui pénétrait dans son compartiment de troisième classe.

Elle venait seulement de recevoir le télégramme :

Tante Clémentine décédée. Stop. Obsèques mercredi. François.

Elle ne comprenait pas, car on était le mardi. La mort devait remonter au dimanche, puisque l'enterrement a généralement lieu trois jours après le décès. A moins d'une maladie particulièrement contagieuse ? Mais tante Clémentine n'était pas morte d'une maladie contagieuse. Elle devait avoir... voyons... soixante-quatre et sept... soixante et onze ans... Il ne faisait pas chaud. Même à Toulon, il ne fait pas chaud en janvier, et il n'est pas besoin de presser la mise en terre.

Quel François ? Le père, François de Chaillou, qui aurait dû être à Rennes, ou n'était-ce pas plutôt son fils, qui s'était engagé dans la marine ? Son fils, sans doute. Cela se comprenait mieux. Tante Clémentine vivait seule, avec une domestique plus âgée qu'elle, dans sa villa de La Seyne-sur-Mer, près du passage à niveau, là où Dominique avait passé des vacances. Si elle avait été longtemps malade, quelqu'un de la famille serait venu près d'elle et aurait écrit à Dominique. Cela avait dû être rapide. On avait averti François, celui qui était le plus près. C'était François qui avait envoyé les télégrammes, et il avait dû oublier sa cousine. Oui, voilà comment les choses s'étaient passées. On l'oubliait toujours. Elle comptait si peu !

Antoinette ne s'apercevrait peut-être pas de son départ ! Elle verrait des volets fermés pendant trois ou quatre jours, sans se demander ce qui était arrivé à sa voisine. Les Caille resteraient seuls dans l'appartement. Pourvu qu'ils n'en profitent pas pour recevoir leurs amis de la rue du Mont-Cenis, passer toute la nuit à boire avec eux et à se vautrer dans le salon.

Le compartiment était bondé. Dominique avait un coin, contre la vitre. Il y avait près d'elle un marin en permission et un autre en face ; ils échangèrent sans conviction des allusions à leur séjour à Paris, des clins d'œil, puis des mots, de temps en temps, sur des camarades qu'ils allaient retrouver ; on les sentait sans arrière-pensée l'un vis-à-vis de l'autre, comme des frères ; ils avaient sommeil et ne tardèrent pas à s'assoupir, le béret sur les yeux ; celui qui était à côté de Dominique la heurtait parfois, pesait sur elle de tout son poids dans les virages.

Longtemps elle pensa, en regardant le marin qui lui faisait face, puis en regardant une femme qui allaitait un bébé et dont le gros sein blanc l'écœurait ; un employé des chemins de fer lisait un roman bon marché ; le bruit du train pénétrait peu à peu dans sa tête, son rythme se superposait au rythme de sa respiration et aux battements de son cœur ; elle s'abandonnait ; un courant d'air glacé venu de la vitre frôlait sa nuque ; ses pieds étaient posés sur la plaque de métal qui chauffait en dégageant de la vapeur ; elle ferma les yeux, les rouvrit ; quelqu'un tourna le bouton élecrique, et il n'y eut plus qu'une faible lueur bleue ; il faisait chaud, le courant d'air coulait toujours comme un filet d'eau froide ; les paupières de Dominique picotaient ; le train s'arrêtait, des gens s'agitaient dans l'obscurité d'une gare, des lumières glissaient, et on roulait à nouveau ; on devait être loin, passé Dijon, quand elle comprit que quelqu'un courait, oui, que quelqu'un poursuivait le train dans le halo pâle de la lune.

Elle ne fut pas étonnée. Elle dit simplement :

— Tiens ! Mademoiselle Augustine...

Et elle eut un sourire doux et triste, comme en échangent les gens qui connaissent leurs malheurs. Elle comprenait tout à coup. Il y avait bien huit jours qu'elle n'avait vu Mlle Augustine à sa fenêtre, mais deux ou trois fois elle avait entrevu la concierge dans la mansarde.

La vieille demoiselle était morte, comme tante Clémentine. Elle était tout heureuse d'être morte et elle courait après le train, atteignait enfin le compartiment de Dominique, s'asseyait près de celle-ci, un peu essoufflée, souriante, ravie, avec pourtant un rien de gêne, car ce n'était pas une personne à s'imposer.

C'était curieux de la voir ainsi, laiteuse, quasi lumineuse, si séduisante, si belle — car elle était belle, et pourtant on la reconnaissait !

Elle balbutiait avec une délicieuse pudeur :

— J'ai failli vous rater. Je suis allée chez vous aussi vite que j'ai pu. La chose était encore chaude sur mon lit. Je m'étais toujours promis de vous réserver ma première visite, mais vous veniez de partir et je me suis précipitée à la gare de Lyon...

Ses seins, qui devaient ressembler jadis à des méduses, se soulevaient.

— Je suis si contente ! Seulement, vous comprenez, je n'ai pas encore l'habitude. La concierge est là-haut à faire sa toilette, elle ne se tient pas de joie de laver et de tripoter une morte...

Dominique imaginait fort bien la concierge, une maigre femme qui s'en allait de la poitrine et qui faisait la toilette des morts dans tout le quartier.

— Elle est allée frapper aux portes en criant : « Elle est morte ! Mlle Augustine est morte ! »

» Et moi, je suis partie sur la pointe des pieds... J'ai attendu si longtemps ! Je croyais que cela n'arriverait jamais ! A la fin, j'étouffais, j'avais chaud, dans ce gros corps. Avez-vous remarqué que je transpirais beaucoup et que ma transpiration sentait fort ? Je vous regardais de loin. Je savais que vous me regardiez aussi. Vous me disiez : « Tiens ! La vieille Augustine est à la fenêtre... »

» Et j'avais une telle envie de voler vers vous, et tout vous dire !... Mais vous n'auriez pas compris... Maintenant, c'est fini... Je suis tranquille... Je vais vous accompagner un bout de chemin...

Alors Dominique sentait une main idéalement tiède et vivante qui serrait la sienne ; elle était aussi émue qu'au premier contact de la main d'un amant ; elle avait un peu honte ; elle manquait d'habitude, elle aussi, détournait la tête en rougissant.

— Avouez, balbutiait Mlle Augustine, que j'étais une affreuse vieille fille.

Dominique voulait dire non, par politesse, mais elle comprenait qu'il était impossible, désormais, de lui mentir.

— Si ! Si !... J'en ai souffert, allez !... J'ai été si contente quand j'ai attrapé enfin ma pneumonie !... On m'a mis des ventouses et j'étais obligée de me laisser faire... Il y avait des moments où je croyais qu'ils allaient me garder, mais j'ai profité d'une heure où ils m'avaient laissée seule...

» Je vous aime tant !...

Dominique n'était pas choquée, cet amour n'était pas ridicule, elle avait l'impression que c'était tout naturel, que c'était cela qu'elle attendait depuis toujours.

Elle était seulement gênée pour les deux marins. Elle voulait en parler à Mlle Augustine, qui ne les avait peut-être pas vus. Mais sa volonté s'engourdissait, une lassitude surnaturelle s'emparait d'elle, elle avait chaud au plus profond de sa chair, de ses veines, de ses os, et un bras l'enlaçait, des lèvres s'approchaient des siennes ; elle fermait les yeux, haletait, une sensation unique la raidissait toute, elle avait peur, elle sombrait, elle...

Dominique ne sut jamais si elle avait réellement gémi. Dans la demi-obscurité bleuâtre du compartiment, elle ne vit, fixés sur elle, que les yeux ouverts du marin qui lui faisait face. Il venait peut-être de s'éveiller ? Ou bien y avait-il longtemps qu'il nageait ainsi entre la veille et le sommeil ?

Elle était encore troublée. Elle avait honte. Quelque chose avait failli se produire en elle qui s'était arrêté net, quelque chose qu'elle pressentait, qui lui faisait peur, à quoi elle n'osait pas donner un nom.

Elle ne dormit plus de la nuit. Dès les pâles lueurs de l'aube, alors qu'on venait de dépasser Montélimar, elle se tint dans le couloir, le visage immobile contre une vitre, et elle vit défiler les premiers oliviers, les toits roses, presque plats, les maisons blanches.

Il y avait du soleil à la gare Saint-Charles où elle alla boire une tasse de café et manger un croissant à la buvette, tout en surveillant son train.

Plus loin, elle entrevit la mer très bleue, avec une infinité de crêtes blanches, car le mistral soufflait, le ciel était pur ; on voyait, sur la route, les gens tenir leur chapeau.

A Toulon, elle prit le tram et, malgré sa honte, elle n'était pas encore parvenue à dissiper tout à fait l'extraordinaire sensation qui laissait des traces au plus secret d'elle-même.

Cela lui était arrivé une seule fois, jadis, quand elle avait seize ou dix-sept ans, mais alors cette sensation s'était épanouie comme une fusée dans le bleu profond du ciel et l'avait laissée hébétée, vide de substance.

Tiens ! Dans un taxi découvert, elle reconnaissait son cousin Bernard avec une jeune fille qu'elle n'avait jamais vue. Elle leur adressait des signes. Bernard se retournait trop tard, le tramway était déjà loin derrière.

— Ma pauvre Nique ! Ce que tu dois être fatiguée ! Monte un instant pour te rafraîchir.

L'enterrement avait lieu dans une heure. La maison était pleine d'oncles, de tantes, de cousins. Tous l'embrassaient.

— Tu es toujours la même ! disaient-ils. A quelle heure as-tu reçu le télégramme de François ? Figure-toi qu'il n'avait pas ton adresse, si bien que tu es arrivée trop tard pour *la* voir une dernière fois. On ne pouvait pas attendre plus longtemps, tu comprends...

Et, tout bas :

— Elle commençait à sentir... Ses jambes avaient enflé, les derniers temps... Mais non... Elle n'était pas changée... Si Dominique avait pu la voir... Elle paraissait dormir... Est-ce qu'elle se souvenait ?... Le petit Cottron, un jour, avait dit naïvement que tante Clémentine avait un goût de fruit confit... Eh bien ! elle était restée ainsi jusqu'à la fin... Mais...

— Va te débarbouiller... On t'apprendra ça tout à l'heure... Tu seras bien surprise, va !... Tu as vu le pauvre oncle François ?... Il a voulu venir quand même... Hélas ! nous craignons fort que ce ne soit son tour un jour ou l'autre et que nous nous retrouvions bientôt tous à Rennes...

Il y eut beaucoup de monde à l'enterrement, beaucoup d'uniformes...

Les voiles des femmes volaient, on avait franchi le passage à niveau que Dominique avait à peine reconnu ; il lui semblait que tout cela était plus petit, la villa aussi, et si banal !

Plusieurs fois, pendant l'office des morts, elle pensa à Antoinette qu'elle revoyait à d'autres obsèques, à Saint-Philippe-du-Roule ; puis, au sortir du cimetière, elle se retrouva mêlée à toute la famille ; ses oncles, ses tantes étaient devenus des vieillards.

— Tu n'a pas changé, toi !

Eux avaient changé. Et les cousins, les cousines, qui étaient maintenant des personnes mûres, qui étaient mariés et avaient des enfants.

On lui montrait un gamin de treize ans, qui lui avait dit :

— Bonjour, tante.

— C'est le fils de Jean...

Ce qu'elle retrouvait avec le plus d'étonnement, c'est le vocabulaire d'autrefois, ces mots qui n'avaient un sens que dans la famille, dans le clan. Parfois elle devait faire un effort pour comprendre.

On avait dressé deux grandes tables dans la salle à manger et dans le salon de la villa. On avait mis tous les enfants à la même table. Il y avait à côté d'elle un polytechnicien en uniforme, qui avait une voix basse et qui l'appelait sans cesse petite tante.

— Le prof de math est un chic type...

— Moi, je fais latin-langues...

Les mêmes mots-totems, prononcés par des êtres qu'elle avait connus bébés, ou dont elle ne connaissait l'existence que par les lettres de nouvel an.

« Berthe Babarit, qui a épousé l'année dernière un ingénieur des Ponts et Chaussées et qui vit à Angoulême, vient d'avoir un enfant... »

Elle les regardait. Elle avait l'impression qu'ils la regardaient aussi à la dérobée, et elle en était gênée. Elle aurait voulu être comme eux, se sentir à nouveau du clan. Ils étaient sans inquiétude, se retrouvaient comme s'ils ne s'étaient jamais quittés. Certains, qui vivaient dans la même ville, se rencontraient souvent, faisaient allusion à des amis communs, à des détails de carrière, à des vacances passées ensemble au bord de la mer.

— Vous ne vous sentez pas trop seule à Paris, Nique ? Je me suis toujours demandé pourquoi vous restiez dans cette ville, alors que...

— Je ne m'ennuie pas.

Nique n'a pas changé ! Nique n'a pas changé ! On le lui répète comme si, seule de la famille, elle avait toujours eu le même âge, quarante ans, comme si elle avait toujours été vieille fille.

Oui, ils avaient prévu qu'elle ne se marierait pas, et ils trouvaient cela naturel ; personne ne faisait allusion à la possibilité d'une autre vie.

— Je me demande comment tante Clémentine a pu agir ainsi... Si du moins elle avait eu l'excuse de la nécessité !... Mais elle touchait une pension... Elle avait tout ce qu'il lui fallait...

— Elle qui était si affectueuse et qui aimait tant les enfants !...

Une tante trancha :

— On n'aime réellement les enfants que quand on en a soi-même. Le reste, croyez-moi, ce sont des simagrées.

La vraie victime de tante Clémentine, c'était Dominique, qui ne disait rien, s'efforçait de garder ce sourire un peu dolent qu'elle tenait de la famille, qu'elle avait toujours vu à sa mère et à ses tantes.

Il n'existait qu'une personne dont elle eût des chances d'hériter un jour, c'était tante Clémentine, la seule qui n'eût pas d'enfants, et voilà qu'on apprenait que tante Clémentine, sans en rien dire à personne, avait placé son bien en viager.

Il ne restait à se partager que des objets personnels, une petite boîte de bijoux anciens, des bibelots, car les meubles allaient par testament à la vieille domestique, Emma, qu'on avait voulu faire asseoir à table, mais qui avait tenu à rester seule dans la cuisine.

— Qu'est-ce que tu aimerais avoir comme souvenir, Nique ? Je disais à l'oncle François que le camée te ferait plaisir. C'est un peu démodé, mais il est fort beau. Tante Clémentine l'a porté jusqu'à la fin.

On commença le partage vers quatre heures.

Les enfants avaient été envoyés dans le jardin. Certains groupes reprenaient le train le même jour.

On débattit la question des deux alliances, car tante Clémentine, qui était veuve, portait deux alliances, qu'on lui avait retirées ; certains disaient qu'on avait eu tort.

— Si l'on donne les boucles d'oreilles à Céline et la montre à Jean...

Les hommes parlaient métier, ceux qui appartenaient à l'armée ou à l'administration discutaient des avantages des postes coloniaux.

— ... Nous avons heureusement un très bon lycée. Il faudrait que ma nomination n'arrive que dans trois ans, quand les enfants auront passé leur bachot, car c'est toujours mauvais de changer de maîtres...

— Nique ? Est-ce que, franchement, le camée ?...

Et elle murmurait machinalement, parce que c'était ce qu'elle devait dire :

— C'est trop !

— Mais non ! Tiens ! Prends aussi cette photographie où tu es dans le jardin avec tante Clémentine et son mari...

A cause d'un hangar qu'on avait bâti en face, on ne voyait plus qu'un tout petit morceau de mer.

— Pourquoi ne viendrais-tu pas passer quelques jours chez nous, à Saint-Malo ? Cela te changerait les idées...

S'apercevaient-ils qu'elle avait besoin de se changer les idées ? Non ! C'étaient les mots qu'on prononçait à chaque rencontre, on s'invitait, puis on n'en parlait plus jamais.

— Quand repars-tu ?

— Demain.

— Tu a retenu une chambre à l'hôtel ? Ici, tu comprends... Nous pourrions dîner tous ensemble, ce soir, au restaurant... François ! Où pourrions-nous dîner pour pas trop cher ?

On s'embrassa encore. Parfois Dominique croyait que le contact allait se produire, qu'elle ferait à nouveau partie du clan. Son malaise tournait à l'angoisse. Tous ces visages tournaient autour d'elle, se brouillaient, se dessinaient soudain avec une netteté stupéfiante, et elle se disait : « C'est Untel ! »

Elle était trop éreintée pour reprendre le train de nuit, et elle trouva difficilement une chambre, dans un tout petit hôtel où régnait une odeur indéfinissable, hostile, qui l'empêcha presque toute la nuit de dormir.

Elle repartit par le train du jour, s'en alla furtivement avec le camée dans son sac à main. Un soleil oblique entrait dans le compartiment où, pendant de longues heures, ce fut un va-et-vient bruyant de voyageurs qui ne montaient que pour un petit parcours ; puis, aux environs de Lyon, le ciel blanchit, vira au gris, on aperçut les premiers flocons de neige au-dessus de Chalon-sur-Saône. Dominique mangea des sandwiches achetés à la gare et vécut, jusqu'à Paris, comme·dans un tunnel, les yeux mi-clos, les traits tirés, burinés par la fatigue, par l'impression de vide, comme d'inutilité, qu'elle emportait de Toulon.

Quand elle arriva faubourg Saint-Honoré, elle fut dépitée de ne trouver personne. Les Caille étaient sortis. Peut-être ne rentreraient-ils que tard dans la nuit ? La chambre était froide, sans odeur ; elle alluma une bûche avant de retirer son manteau, tint une allumette au-dessus du réchaud à gaz.

A la fenêtre de la vieille Augustine, les volets étaient fermés. Donc, elle était bien morte, car jamais elle ne fermait ses volets.

Aucune lumière dans l'appartement d'Antoinette. Il était dix heures du soir. Fallait-il croire qu'elle était déjà couchée ? Non ! Dominique sentait un vide derrière les fenêtres aux rideaux tirés.

A l'étage au-dessus seulement filtrait un peu de clarté jaune, qui passa de la salle à manger à la chambre et, vers onze heures, s'éteignit tout à fait. Antoinette n'était pas non plus chez ses beaux-parents.

Dominique fit son lit, rangea avec soin son bagage, contempla le camée avant de l'enfermer dans le tiroir aux souvenirs, et elle ne cessait de guetter la rue, maussade, irritée qu'Antoinette eût profité de son absence pour commencer une nouvelle vie.

On était en janvier. Pendant plus d'un mois, il ne s'était rien passé. Une fois, deux fois par semaine, Antoinette était allée rendre visite à sa mère, rue Caulaincourt. Un jour, vers cinq heures, les deux femmes étaient sorties ensemble pour aller au cinéma, puis elles avaient retrouvé Colette dans un café des grands boulevards.

Pendant deux semaines encore, Antoinette avait franchi furtivement la porte du petit bar de la rue Montaigne. Elle n'y attendait plus, elle savait bien que c'était inutile, ne faisait qu'entrer et sortir.

— Rien pour moi ?

— Rien, madame.

Elle avait maigri, pâli, elle passait à nouveau des heures à lire, étendue sur son lit, fumant des cigarettes.

Plusieurs fois, son regard avait rencontré celui de Dominique, et ce n'était plus le coup d'œil qu'on accorde à un passant, les yeux insistaient. Antoinette savait que Dominique savait, il y avait une interrogation dans ses prunelles écarquillées : « Pourquoi ? »

Elle ne pouvait pas comprendre. Pourtant ce n'était pas de la curiosité qu'elle devinait chez cette inconnue attachée à ses pas.

Certaines fois, on aurait pu croire qu'une sorte d'affection, de confiance allait naître.

— Vous qui savez tout...

Mais elles ne se connaissaient pas. Elles passaient. Chacune allait son chemin, emportant ses pensées.

Antoinette n'était pas malade, elle n'était pas couchée, et l'idée ne venait pas à Dominique qu'elle pût être allée tout simplement au cinéma.

Non ! Il était l'heure de la sortie des cinémas. On entendait des gens rentrer chez eux, des taxis filaient à toute vitesse, les derniers autobus déferlaient dans les rues, des flocons de neige tombaient lentement et, là où ils se posaient sur la pierre froide, il n'y avait plus rien quelques secondes après, pas même une tache de mouillé.

Dix fois, Dominique contempla les volets clos de la mansarde d'Augustine et, chaque fois, elle fut envahie par la honte ; elle ne comprenait pas comment elle avait pu faire un tel rêve, et cependant elle savait que ce n'était pas un effet du hasard, elle ne voulait pas y penser et elle était tentée d'en déchiffrer le sens profond.

Est-ce qu'elle était une autre Augustine ? Elle revoyait la villa de Toulon. Ceux qu'elle avait connus, oncles et tantes, étaient devenus des vieillards ou des morts. Ceux qu'elle avait vus enfants étaient des parents à leur tour, les jeunes filles étaient des mères ; les écoliers turbulents étaient des ingénieurs ou des magistrats, les bébés parlaient de maths et de latin-grec, de profs et de bachot, l'appelaient tante Dominique.

— Tu n'as pas changé, Nique !

Ils disaient cela sincèrement. Parce que sa vie n'avait pas changé. Parce qu'elle n'était rien devenue.

La vieille Augustine était morte. Demain, après-demain, on l'enterrerait, comme on avait enterré Clémentine.

Alors, dans la rue, il n'y aurait plus de vieille fille, ou plutôt ce serait le tour de Dominique.

Elle se débattait. Elle alla se regarder dans la glace. Ce n'était pas vrai qu'elle fût vieille ! Ce n'était pas vrai que tout fût déjà fini pour elle. Sa chair n'était pas desséchée. Sa peau était restée blanche et douce. C'est à peine si, sous ses paupières, on discernait un tout petit trait assez profond, mais elle avait toujours eu les yeux cernés ; c'était une question de tempérament, de santé : jeune fille, on lui ordonnait des fortifiants et on lui avait fait des piqûres.

Quant à son corps, qu'elle était seule à connaître, c'était un corps de jeune fille, sans flétrissure.

Pourquoi Antoinette ne revenait-elle pas ? Le dernier autobus était passé, l'heure était passée du dernier métro.

Il y avait de la perfidie à profiter de l'absence de Dominique pour commencer une vie nouvelle, d'autant plus que cette absence était involontaire, que Dominique n'était partie qu'à contrecœur, en s'excusant d'un regard aux fenêtres d'en face.

Les Caille rentraient. Ils avaient vu de la lumière sous la porte. Ils chuchotaient, se demandant s'ils devaient aller la saluer et lui annoncer que tout s'était bien passé en son absence, qu'on était seulement venu pour le gaz et qu'ils n'avaient pas payé parce que...

La voix de Lina :

— Elle est peut-être déshabillée.

Puis un silence. Ils souriaient à l'idée de leur logeuse déshabillée. Pourquoi ? De quel droit souriaient-ils ? Que savaient-ils d'elle ?

Ils allaient, venaient, faisaient du bruit, s'imaginaient qu'il n'y avait qu'eux au monde, eux et leur joie de vivre, leur inconscience, les plaisirs qu'ils se donnaient sans marchander ni s'inquiéter du lendemain.

Ils avaient payé leur loyer. Mais savaient-ils s'ils pourraient le payer à la fin du mois ?

— Pas ce soir, Albert... Tu sais bien qu'on ne peut pas...

Une femme qui disait cela à un homme !...

Un taxi... Non, il s'arrêtait plus bas dans la rue. Il était une heure dix... La portière claquait... On n'entendait pas encore le pas... Blottie dans l'angle de la fenêtre, Dominique parvenait à entrevoir la voiture, le chauffeur placide qui attendait, une femme debout, penchée sur la portière, un autre visage contre le sien.

Ils s'embrassaient. Le taxi remontait vers le boulevard Haussmann. Antoinette marchait vite, cherchant la clef dans son sac, gagnait le milieu de la rue et levait la tête pour s'assurer qu'il n'y avait plus de lumière chez ses beaux-parents ; on la sentait à nouveau vivre ; une atmosphère de joie amoureuse l'enveloppait comme le manteau de fourrure dans la chaleur duquel elle se blottissait ; elle se glissait dans le corridor, hésitait devant l'ascenseur, gravissait l'escalier sur la pointe des pieds.

Chez elle, elle n'alluma que la lampe de chevet à reflets roses. Sans doute laissait-elle tomber ses vêtements à ses pieds, simplement, et se faufilait-elle dans les draps ; quelques instants plus tard, la lumière s'éteignait déjà, et il n'y avait plus âme qui vive dans le quartier. Dominique était aussi seule que la vieille Augustine, qui n'avait personne pour veiller son corps immobile.

La même fièvre, les mêmes gestes, les mêmes roueries, la même gaieté jaillissante et, vis-à-vis de Mme Rouet, la même docilité.

Antoinette, à nouveau gentille avec sa belle-mère, montait sans avoir été appelée, se livrait à de menus travaux, allait au-devant des désirs des deux vieux.

Seule, l'heure avait changé. Et les jours. Annonçait-elle encore qu'elle se rendait chez sa mère ?

A quatre heures et demie, elle sortait, marchait en contenant son impatience jusqu'à Saint-Philippe-du-Roule et se précipitait dans le premier taxi.

— Place Blanche !

C'était une autre qualité de mystère. Le taxi ne roulait pas assez vite à travers les rues encombrées, et une main gantée ouvrait la portière alors qu'il n'était pas encore arrêté.

Le hall d'un vaste dancing, des dorures vulgaires, des glaces, des tentures rouges, un guichet.

Entrée : cinq francs.

Une salle immense, des tables à l'infini, des projecteurs contrastant avec l'éclairage tamisé et, dans cette lumière irréelle, cent, deux cents couples qui évoluaient lentement, tandis que, dehors, à cinquante mètres, la vie de la ville déferlait avec ses autos, ses autobus, des gens qui portaient des paquets, qui couraient, Dieu sait où, à la poursuite d'eux-mêmes.

Une Antoinette transfigurée, son manteau de vison flottant derrière elle, une Antoinette qui entrait dans ce monde nouveau comme dans une apothéose et marchait droit vers un angle de la salle, sa main qui se tendait, déjà dégantée, une autre main qui la saisissait, un homme qui se levait à moitié, rien qu'à moitié, car elle était déjà à côté de lui, et déjà aussi il lui caressait le genou sous la soie noire.

— C'est moi.

Un orchestre succédait à un autre orchestre, les projecteurs passaient du jaune au violet ; les couples, un instant hésitants, se reformaient, évoluaient à une nouvelle cadence, cependant que d'autres couples émergeaient de l'obscurité des recoins.

Ainsi, à cinq heures de l'après-midi, chaque jour, il y avait là trois cents, cinq cents femmes peut-être, qui s'étaient échappées du réel et qui dansaient ; il y avait d'autant d'hommes, presque tous jeunes, qui les attendaient nonchalamment, les guettaient, allaient et venaient, glissants et silencieux, en fumant leur cigarette.

Antoinette ravivait le rouge de ses lèvres, le rose un peu ocré de ses joues. Un regard questionnait :

— Nous dansons ?

Et l'homme passait son bras sous la fourrure, dans la tiédeur du corps, sa main se posait sur la chair que la soie de la robe rendait plus lisse et comme plus souple, plus chair encore, plus féminine ; elle souriait, lèvres entrouvertes ; ils se perdaient parmi les autres couples sans rien voir qu'eux-mêmes à travers leurs cils mi-clos.

L'homme murmurait comme une incantation :

— Viens...

Et Antoinette devait répondre :

— Encore une...

Encore une danse... Pour retarder le plaisir... Pour rendre le désir plus lancinant... Peut-être pour ressentir, là, au milieu des autres hommes et femmes, ce que Dominique avait ressenti dans le train...

— Viens...

— Attends encore un peu...

Et, sur leur visage, on lisait qu'ils avaient commencé l'acte d'amour.

— Viens...

Il l'entraînait. Elle ne résistait plus.

— Mon sac...

Elle allait l'oublier. Elle se laissait conduire, franchissait les lourdes portières de velours rouge, passait devant la cage vitrée de la caisse.

Entrée : 5 francs.

Les autos et les autobus, les lumières et la foule, une sorte de rivière à traverser, à frôler, l'angle d'une rue à tourner dans un envol et, tout de suite après une charcuterie, un seuil à franchir, une plaque de marbre noir avec des mots dorés, un corridor étroit qui sentait la lessive.

Ce jour-là, sur le seuil, Antoinette marqua un temps d'arrêt, ses prunelles se dilatèrent l'espace d'une seconde ; elle avait reconnu une silhouette noire, un visage pâle tourné vers elle, des yeux qui la dévoraient, et alors ses lèvres se retroussèrent dans un sourire triomphant, dédaigneux, de femme qui se laisse emporter par les bras impérieux du mâle.

Le couple avait sombré.

Il ne restait plus que l'amorce d'un corridor, des passants devant l'étalage d'une charcuterie, l'image effacée de l'homme qui suivait Antoinette dans l'escalier, un mulâtre aux yeux insolents.

4

Cela arriva le 12 février et on peut dire qu'Antoinette l'avait cherché, depuis plusieurs jours déjà, Dominique le voyait ; ce n'était plus seulement de l'imprudence, mais du défi : soulevée par sa passion, emportée par un tourbillon, elle courait consciemment à la catastrophe.

Or cela ne vint pas de la concierge, ni par conséquent de M. Rouet, comme Dominique l'avait prévu. L'avant-veille, elle avait surpris la concierge qui, après une hésitation, arrêtait le propriétaire au passage. C'était, à n'en pas douter, pour lui apprendre qu'un homme pénétrait chaque soir dans l'immeuble et n'en sortait que le matin de très bonne heure. La concierge savait chez qui allait cet homme. Elle était même payée pour se taire, car Antoinette avait commis cette bêtise-là aussi de s'arrêter devant la loge et de prendre un assez gros billet dans son sac.

— Pour votre discrétion, madame Chochoi !

Il est vrai que, pour obtenir la discrétion des gens, il faut d'abord en montrer soi-même et ne pas leur laisser croire qu'on roule de gaieté de cœur vers l'abîme. Or c'était l'impression qui se dégageait d'Antoinette. Son sourire à lui seul, luisant de joie, ruisselant d'un bonheur équivoque, était une provocation ; son rire ressemblait aux cris que devaient lui arracher les étreintes, et ses dents pointues cherchaient toujours de la chair à mordre ; sous n'importe quelle robe on la sentait nue, la chair dardée.

La concierge avait craint pour sa place, et, après avoir consulté son mari, qui était gardien de nuit dans une chocolaterie, elle avait mis M. Rouet au courant.

Celui-ci, à l'étonnement de Dominique, n'avait rien répété à sa femme, de sorte que le nouveau billet anonyme, le troisième, était tombé à faux comme les précédents.

Prenez garde !

Sincèrement, naïvement, elle voulait mettre Antoinette en garde, lui faire comprendre qu'un danger la menaçait et, dès le reçu du message, Antoinette avait fait exprès d'ouvrir la fenêtre malgré la saison, de relire ostensiblement le billet, de le rouler en boule et de le jeter dans la cheminée.

Que pensait-elle de Dominique ? Elle l'avait reconnue. Elle savait à présent que la locataire d'en face était la silhouette furtive de la rue Montaigne et du dancing, que ces yeux, braqués sur elle du matin au soir, étaient les yeux dramatiques qu'elle avait nargués au moment d'entrer dans le petit hôtel de la rue Lepic, à côté de la charcuterie.

Une maniaque ! Elle sentait bien que ce n'était pas tout à fait cela, mais elle avait autre chose à faire qu'essayer de percer ce mystère.

Le 11 février au soir, le mulâtre était dans son coin de porte cochère, comme les jours précédents, à fumer des cigarettes en attendant que la lumière s'éteignît aux fenêtres du troisième. Les Rouet se couchaient presque toujours à la même heure. Il n'y avait plus alors que quelques minutes à attendre.

Or cette attente-là était de trop, et Antoinette, en tenue de nuit, éprouvait le besoin d'écarter le rideau de sa chambre, de rester là, derrière la vitre, à contempler de loin son amant !

Enfin il avait sonné, la porte s'était ouverte, il était monté. Il y avait dans sa démarche une souplesse choquante, une assurance narquoise, qui déplaisait à Dominique.

Cette nuit-là, les Caille lui firent de la peine sans le savoir. Après dîner, ils étaient rentrés en compagnie d'une amie qui était venue deux ou trois fois les voir, mais dans la journée. Ils avaient dû rapporter du champagne, car on avait entendu sauter les bouchons. Ils étaient très gais. Le phonographe avait marché sans répit.

C'était choquant, attristant, d'entendre la voix de Lina devenant plus stridente à mesure qu'elle s'enivrait, et plus tard elle ne faisait que rire, d'un rire qui n'en finissait pas.

Pas une seule fois Dominique ne regarda par la serrure. Elle n'en sentait pas moins l'excitation équivoque qui régnait, elle entendait la voix suppliante d'Albert Caille répéter :

— Mais si !... Vous restez... Il est tard... On vous fera une petite place...

Soudain il avait éteint la lumière, et elle les avait entendus aller et venir, chuchoter, se rencontrer dans le noir ; il y avait encore eu des rires, de molles protestations.

— Vous n'avez pas assez de place ?

Ils étaient couchés tous les trois. Ils bougeaient. Lina, la première, s'était tue, après que l'inévitable se fut produit, et alors, longtemps encore,

Dominique avait compris que les autres ne dormaient pas, et elle était restée attentive à cette vie secrète, comme étouffée dans la moiteur du lit.

Pourquoi était-ce une déception ? Elle avait fini par s'endormir. Un léger soleil l'avait accueillie de bon matin ; les moineaux du carrefour Haussmann pépiaient dans leur arbre. A huit heures, Cécile était descendue, comme chaque jour, et avait ouvert les rideaux du second étage, sauf ceux de la chambre, car elle n'y pénétrait qu'au coup de sonnette d'Antoinette.

Alors Dominique avait vu en même temps que la servante. Sur un guéridon du boudoir qui précédait la chambre, il y avait un chapeau d'homme, un chapeau de feutre gris, et un par-dessus.

L'amant, ce matin-là, ce qui devait fatalement arriver un jour ou l'autre, ne s'était pas éveillé.

Ses petits yeux brillants de joie, Cécile se précipitait vers l'étage supérieur, où Mme Rouet mère n'était pas encore à son poste dans la tour.

— Il y a un homme dans la chambre de Madame !

Pendant quelques instants, Dominique, immobile, vécut tout un drame : elle avait du temps devant elle, elle se précipitait dans la rue, entrait chez le bougnat où il y avait le téléphone.

— Allô ! C'est une amie qui vous parle... Peu importe... D'ailleurs, vous savez bien qui... Oui... La servante a vu le chapeau et le pardessus... Elle est montée prévenir Mme Rouet... Dans un moment, celle-ci va descendre...

Tout cela, elle l'imagina, mais elle ne bougea pas.

Mme Rouet et son mari, là-haut, étaient à table. Discutaient-ils pour savoir qui des deux descendrait ?

Ce fut elle. Le mari resta dans l'appartement. On ne le vit pas, ce matin-là, quitter la maison pour gagner, de son pas monotone, la rue Coquillière.

— Il vaut mieux que tu restes... Au cas...

Et Dominique vit Mme Rouet, appuyée sur sa canne, pénétrer dans le boudoir, toucher d'un doigt dédaigneux le chapeau et le pardessus, s'asseoir dans le fauteuil que lui avançait Cécile.

Les deux autres dormaient-ils toujours ou avaient-ils entendu ?

Jamais Mme Rouet n'avait été aussi immobile ni aussi menaçante. Son calme était colossal. On aurait dit qu'elle vivait enfin, sans en laisser perdre la moindre miette, l'heure à laquelle elle s'était préparée pendant des années.

Elle avait attendu, sûre que cette heure viendrait. Depuis des mois, chaque jour, à chaque repas, chaque fois qu'Antoinette montait chez elle, son regard se fixait sur elle comme pour s'assurer que le moment n'était plus éloigné.

A huit heures et demie, à neuf heures moins le quart, rien n'avait bougé. A neuf heures moins dix, seulement, le rideau de la chambre remua légèrement, puis fut tiré tout à fait, et Dominique put voir Antoinette, qui avait compris qu'elle était prise au piège.

Elle n'avait pas osé sonner sa domestique. Elle n'osait pas non plus ouvrir la porte du boudoir. Elle se pencha sur la serrure, mais celle-ci ne lui permettait pas de voir le fauteuil où sa belle-mère était en faction.

L'homme était assis au bord du lit, peut-être anxieux aussi, mais narquois quand même. Et elle lui lançait nerveusement :

— Habille-toi donc !... Qu'est-ce que tu attends ?...

Il s'habilla en fumant sa première cigarette.

— Reste là... Ne bouge pas... Ou plutôt non... Passe dans la salle de bains... Tiens-toi tranquille...

Alors, en peignoir, les larges manches flottantes, les pieds dans des mules de satin bleu, Antoinette, après avoir respiré profondément, ouvrit enfin la porte.

Elles étaient face à face. La vieille Mme Rouet ne bronchait pas, ne regardait pas sa bru, fixait le chapeau et le pardessus posés sur le guéridon.

Sans se donner le temps de réfléchir, sans transition, Antoinette attaqua violemment ; elle fut déchaînée à la seconde même, et ce déchaînement atteignit aussitôt à son paroxysme.

— Qu'est-ce que vous faites ici ?... Répondez !... Vous oubliez que je suis chez moi... Car je suis encore chez moi, quoi que vous pensiez... Je vous ordonne de sortir, entendez-vous ?... Je suis chez moi, *chez moi*, et j'ai le droit d'y faire ce qu'il me plaît...

Devant elle, un marbre, une statue appuyée à une canne à bout de caoutchouc, un regard glacé.

Antoinette, incapable de tenir en place, marchait, laissant flotter autour d'elle les pans de son peignoir, se retenant de casser quelque objet ou de se précipiter sur son ennemie.

— Je vous ordonne de sortir... Vous n'entendez pas ?... J'en ai assez !... Oui, j'en ai assez de vous, de vos simagrées, de votre famille, de votre maison... J'en ai assez de...

L'homme avait laissé la porte de la salle de bains ouverte, et Dominique le voyait qui écoutait, en fumant toujours.

Pas un instant les lèvres de Mme Rouet ne remuèrent. Elle n'avait rien à dire. C'était inutile. Seuls les coins de sa bouche s'abaissaient en signe de mépris plus profond, de dégoût indicible, à mesure qu'Antoinette, dans son acharnement, devenait plus odieuse.

Etait-il besoin d'entendre les mots ? Les gestes en disaient assez, les attitudes, les cheveux qui voletaient en tous sens, la poitrine qui se soulevait.

— Qu'est-ce que vous attendez ?... De savoir si j'ai un amant !... Eh bien ! oui, j'en ai un... Un homme !... Un vrai, et non un triste avorton comme votre fils... Vous voulez le voir ?... C'est cela que vous attendez ?... Pierre !... Pierre !...

L'homme ne bougeait pas.

— Viens donc, que ma belle-mère puisse te contempler !... Vous êtes contente, à présent ?... Oh ! je sais ce que vous allez dire... Vous êtes propriétaire de la maison... De quoi n'êtes-vous pas propriétaire ?... Je m'en irai, c'est entendu. Mais pas avant de m'être soulagée... J'ai un amant, oui... Mais vous et votre famille, votre terrible famille, vous êtes...

Dominique était pâle. Un instant, dans ses allées et venues véhémentes, le regard d'Antoinette se fixa sur elle, et elle marqua un temps d'arrêt, parut satisfaite d'être vue à cet instant, ricana, cria de plus belle, tandis que son amant s'approchait de la porte, et que Mme Rouet ne bougeait toujours pas, attendant que tout fût fini, que la maison fût enfin vidée.

Une demi-heure durant, Antoinette ne cessa de s'agiter, s'habillant, entrant dans sa chambre et en sortant, s'adressant tantôt à l'homme et tantôt à sa belle-mère.

— Je m'en vais, mais...

Elle fut prête enfin. Elle avait revêtu son manteau de vison, dont la richesse s'harmonisait mal avec ce qu'il y avait de volontairement ordurier dans son attitude.

Elle gagna la porte, cria une nouvelle injure, prit le bras de son compagnon, mais revint sur ses pas pour lancer à Cécile, qu'elle avait oubliée et qui se tenait à l'entrée de l'office, une phrase ignoble.

La rue était calme, la lumière douce. En baissant les yeux, Dominique vit le couple sortir de la maison, guetter un taxi ; c'était Antoinette qui commandait et qui entraînait son compagnon.

Quant à Mme Rouet, tournée vers Cécile, elle prononçait :

— Fermez la porte... Non... Allez d'abord chercher monsieur...

Il descendit. Deux phrases, pas plus, le mirent au courant. Mme Rouet se levait avec peine de son fauteuil, et alors, près d'une heure durant, tandis que Cécile faisait le guet dans l'escalier, elle inspectait les meubles, les tiroirs, s'emparait des objets qui avaient appartenu à son fils : on voyait dans ses mains un chronomètre et sa chaîne, des photographies, des boutons de manchettes, de menues choses sans valeur et même un stylo en argent.

Elle passait le butin à son mari.

— Elle reviendra. Telle que je la connais, elle est allée chez sa mère. Sa mère pensera tout de suite aux questions pratiques. Avant peu, elles reviendront tout chercher.

C'était exact. Place Blanche, le taxi s'arrêtait, l'amant en descendait dans la fraîcheur rassurante d'un décor familier et se dirigeait paisiblement vers une brasserie.

— Je te téléphonerai...

Le taxi gravissait la rue Caulaincourt. La mère d'Antoinette, un foulard autour de ses cheveux grisonnants, faisait sa chambre, dans un nuage de fine poussière lumineuse.

— Ça y est !

Désolation. Inquiétude.

— Pourquoi as-tu fait ça ?

— Ah ! non, maman, pas de sermons, je t'en prie ! J'en avais assez ! J'en avais par-dessus la tête...

— Tu n'a pas téléphoné à ta sœur ? Il faudrait peut-être lui demander conseil...

Car la jeune Colette, à la lèvre candidement retroussée, au sourire ingénu et coupant, était la femme d'affaires de la famille...

— Allô !... Oui... Comment dis-tu ?... Tu crois ?... Oui, ils en sont capables... Tu en connais un ?... Attends, je note... Un crayon, maman, s'il te plaît... Papin... pin... oui... huissier... rue... comment ? Ça va, j'y suis... Merci... Je ne sais pas encore à quelle heure... Non, pas chez maman... D'abord, il n'y a pas de place... Ensuite... Compris, oui !... C'est cela... Au point où j'en suis...

On riait aux éclats, chez les Caille, parce que Lina avait la gueule de bois et se croyait malade, geignait, se fâchait.

— Vous vous moquez de moi... Je sais bien que vous vous moquez de moi... J'ai eu trop chaud toute la nuit... Vous n'avez pas arrêté de gigoter tous les deux...

En face, Cécile avait ouvert toutes les fenêtres de l'appartement, comme si celui-ci eût été déjà vacant.

A onze heures, un taxi s'arrêta. Antoinette en descendit en compagnie de sa mère et d'un homme tristement vêtu qui regarda la maison de haut en bas, comme pour en dresser l'inventaire. Derrière eux venait une voiture de déménagement d'un jaune agressif.

Il ne fut pas question de déjeuner. Pendant trois heures, ce fut le branle-bas dans les pièces qui ne semblaient plus en former qu'une ; on démontait les meubles, l'huissier notait tout ce qui franchissait le seuil, et Antoinette semblait ressentir une joie secrète à voir le mobilier s'en aller par morceaux, les tentures disparaître des fenêtres et des portes, les tapis arrachés laisser voir la grisaille du parquet.

Fureteuse, elle s'assurait qu'il ne restait rien. C'est elle qui avait pensé au vin des déménageurs et qui était descendue à la cave. C'est elle qui s'aperçut que certains objets manquaient, et elle appela l'huissier, dicta, désignant le plafond, accusant sa belle-mère.

Toute une vie qu'on piétinait, qu'on saccageait, qu'on anéantissait en une matinée, à grands coups allègres, avec une joie sadique.

Elle y apportait un tel acharnement que sa mère, qui ne savait où se mettre, en était effrayée et que Dominique, à sa fenêtre, avait le cœur serré.

Dominique ne mangea pas. Elle n'avait pas faim, ni le courage de descendre pour faire son marché.

Les Caille étaient partis. A cause d'un rayon de soleil qui faisait croire au printemps, Lina avait revêtu un tailleur clair et arborait un petit chapeau rouge. Albert, tout heureux, tout fier, marchait entre elle et la nouvelle amie qui avait passé la nuit dans leur lit.

La chambre de Mlle Augustine, là-haut, n'était pas encore louée. Ce n'était qu'une chambre de domestique, en trop dans la maison. Il fallait trouver une autre vieille fille pour l'habiter, et on ne s'était pas donné la peine de suspendre l'écriteau, la concierge s'était contentée d'avertir les commerçants du quartier.

Une seconde tapissière, au bord du trottoir, avait succédé à la première. Mme Rouet, dans sa tour, entendait le vacarme qu'on faisait au-dessous d'elle et, quand tout serait enfin vide, quand il n'y aurait plus rien, plus un meuble, plus un tapis, plus un rideau, plus un être surtout, elle descendrait pour contempler victorieusement le champ de bataille.

A deux heures, Colette descendit de taxi, vint embrasser sa sœur et sa mère, mais ne s'attarda pas, ne s'étonna pas ; elle désigna seulement un lampadaire en métal chromé, et Antoinette haussa les épaules.

— Prends-le, si tu veux !

Elle le fit descendre dans son taxi et partit avec le lampadaire.

Est-ce Antoinette qui donna l'ordre ? Les déménageurs les prirent-ils avec le reste, dans la pièce de derrière, où ils étaient rangés ? Toujours est-il que Dominique vit passer sur le trottoir un homme en blouse qui portait les deux pots de plantes vertes, et ceux-ci disparurent dans la voiture capitonnée.

Il y eut une erreur. On avait emporté, avec d'autres vêtements en vrac, un manteau vert sombre, et Cécile descendit le chercher, car il lui appartenait ; d'une des fenêtres du troisième, elle l'avait vu aux bras d'un des hommes, à moins qu'elle n'eût monté la garde dans le vestibule.

A cinq heures, c'était fini. Antoinette avait téléphoné plusieurs fois. Elle avait bu un verre de vin, d'une des bouteilles des déménageurs, dans un de leurs verres, après l'avoir rincé.

Il n'y eut dans l'appartement, quand tout le monde fut parti, que ces bouteilles, dont une à moitié pleine, et les verres sales, posés à même le plancher.

Antoinette avait oublié sa voisine de la fenêtre d'en face. Pas un regard en guise d'adieu. En bas, seulement, sur le trottoir, elle s'en souvint, leva la tête, et il y eut sur ses lèvres un sourire moqueur.

« Adieu, ma vieille ! Moi, je me tire... »

L'huissier était parti avec ses papiers. Venu en taxi, il s'en allait par l'autobus, qu'il attendit longtemps, au coin du boulevard Haussmann, près de l'arbre aux oiseaux.

— Tu n'as pas faim ? demandait, dans la voiture, la mère d'Antoinette.

Elle avait toujours faim, elle, elle aimait tout ce qui se mange, surtout la langouste, le foie gras, les choses chères et les gâteaux.

N'était-ce pas le moment ou jamais ?

— Non, maman... Moi, il faut que je...

Elle ne reconduisit pas sa mère chez elle. Elle la quitta place Clichy, lui glissa un billet dans la main en guise de consolation.

— T'en fais pas... Mais oui, j'irai te voir demain... Pas le matin, non... Tu ne comprend donc rien ?... Chez Graff, chauffeur...

Elle condescendait à agiter la main à la portière. Chez Graff, elle apercevait tout de suite l'homme qui l'attendait devant un porto.

— Maintenant, allons dîner... Tu es content ? Ouf, je ne sens plus mes jambes... Quelle journée, bon Dieu !... Qu'est-ce que tu as ?... Tu es fâché ?... Maman voulait que je m'installe chez elle, en attendant de trouver un petit appartement... J'ai fait tout mettre au garde-meuble... Un porto, garçon !... On a porté ma valise à ton hôtel...

Ils dînèrent dans un restaurant italien du boulevard Rochechouart. Le calme soudain, le silence qui les entouraient laissaient Antoinette insatisfaite, et plusieurs fois il y eut de l'anxiété, peut-être un pressentiment, dans les regards furtifs qu'elle lançait à son amant.

— Écoute, ce soir, je voudrais, pour fêter ma liberté...

Ils la fêtèrent dans tous les endroits où l'on danse et, à mesure qu'elle buvait du champagne, Antoinette devenait plus fébrile, sa voix plus criarde ; elle avait besoin de se détendre ; quand elle restait un moment immobile, ses nerfs lui faisaient mal, une folle angoisse s'emparait d'elle ; elle riait, dansait, parlait fort ; elle avait besoin d'être le centre de l'attention générale, causant exprès du scandale, et, à quatre heures du matin, ils restaient les derniers dans une petite boîte de la rue Fontaine ; elle pleurait sur l'épaule du mulâtre, comme une petite fille, geignait, s'attendrissait sur lui et sur elle.

— Tu comprends, au moins ?... Dis-moi que tu me comprends... Il n'y a plus que nous deux, vois-tu, maintenant... Il n'y a plus rien d'autre... Dis-moi qu'il n'y a plus que nous deux et embrasse-moi fort, serre-moi...

— Le garçon nous regarde.

Elle voulait à toute force boire une autre bouteille, qu'elle renversa, et on lui jeta son vison sur les épaules ; elle buta sur le bord du trottoir, l'homme la soutint d'un bras passé autour de sa taille, et soudain, près d'un bec de gaz, elle se pencha en avant, vomit ; des larmes qui n'étaient pas des pleurs jaillissaient de ses yeux, elle essayait de rire encore et répétait :

— Ce n'est rien va... Ce n'est rien...

Puis, se raccrochant à son amant, qui se détournait :

— Je ne te dégoûte pas, dis ?... Jure-moi que je ne te dégoûte pas, que je ne te dégoûterai jamais. Parce que maintenant, tu comprends...

Il lui fit monter marche par marche l'escalier de l'*Hôtel Beauséjour,* rue Notre-Dame-de-Lorette, où il louait à la semaine une chambre avec salle de bains.

Rue du Faubourg-Saint-Honoré, les fenêtres restèrent toute la nuit ouvertes sur le vide, et la première sensation de Dominique en s'éveillant, le matin, fut la sensation de ce vide en face duquel elle allait vivre désormais.

Alors elle retrouva un souvenir oublié, un souvenir du temps où elle était petite fille, du temps de sa mère et de son père le général, quand on déménageait pour changer de garnison. On déménageait souvent, et chaque fois, en voyant la maison qui se vidait, elle était prise de panique, elle se tenait le plus près possible du seuil, par crainte qu'on l'oublie.

Antoinette ne l'avait pas oubliée, puisqu'elle avait regardé en l'air au moment de partir.

Elle était partie et elle l'avait laissée, exprès.

Dominique alluma le gaz, machinalement, pour réchauffer son café, et elle pensa à la vieille Mlle Augustine, qui était partie, elle aussi, qui avait couru après le train pour venir le lui dire, encore haletante du bonheur de sa délivrance.

5

La journée commença comme une autre, sans que rien laissât prévoir qu'elle serait exceptionnelle. Au contraire ! Il y eut dans l'air, au début, comme dans la personne de Dominique, une légèreté, une mollesse prometteuse de convalescence.

On était le 3 mars. Elle ne le sut pas tout de suite, parce qu'elle oublia d'arracher la feuille du calendrier. Ce n'était pas encore le printemps, mais déjà, le matin, quand ailleurs les volets étaient encore clos, elle ouvrait sa fenêtre toute grande, guettait les chants d'oiseaux, le bruit de la fontaine dans la cour du vieil hôtel voisin ; l'air frais, un peu humide, avait un goût qui rappelait le marché plein de légumes dans une petite ville et faisait désirer les fruits.

Elle pensa vraiment à des fruits ce matin-là, à des prunes exactement. C'était un souvenir d'enfant, dans une ville qu'elle avait habitée, elle ne savait plus laquelle, un marché qu'elle avait traversé avec son père en grande tenue. Elle était endimanchée, en robe blanche toute raide d'amidon. Le général la traînait par la main. Elle voyait briller son sabre dans le soleil. Des deux côtés, de véritables murailles de prunes défilaient ; l'air sentait la prune à tel point que cette odeur la poursuivait dans la vaste église où elle assistait à un *Te Deum*. Les portes de l'église étaient restées ouvertes. Il y avait beaucoup de drapeaux. Des hommes en civil portaient des brassards.

C'était curieux. A tout moment maintenant, elle était saisie de la sorte par un souvenir d'enfance et elle s'y complaisait. Il lui arrivait même, comme ce matin-là, de penser de la même façon que quand elle était petite fille. Ainsi le soleil se levait chaque jour un peu plus tôt ; chaque soir on allumait les lampes un peu plus tard. Alors Dominique se dit, comme si c'était une certitude : « Quand on pourra dîner le soir sans lumière, je serai sauvée ! »

C'était, jadis, sa conception de l'année. Il y avait les mois, longs et sombres comme un tunnel, pendant lesquels on se mettait à table sous la lampe allumée, et les mois qui permettaient de se promener au jardin après le repas du soir.

Sa mère, qui croyait que chaque hiver était son dernier hiver, ne comptait pas tout à fait de la même façon ; pour elle, c'était le mois de mai qui constituait l'importante étape.

« Nous serons bientôt en mai, et tout ira mieux ! »

Ainsi ce matin-là, comme les autres, vivait-elle moitié dans la réalité présente, moitié avec des images d'autrefois. Elle voyait l'appartement vide d'en face, qui n'avait pas encore été loué, un peu de rose sur les façades, un pot de géranium oublié sur la fenêtre de Mlle Augustine ; elle entendait les premiers bruits de la rue et sentait l'odeur du café qui passait, mais, en même temps, elle croyait percevoir des sonneries de clairon, le vacarme que son père faisait, le matin, en se levant, la résonance de ses éperons dans le corridor, la porte qu'il n'avait jamais pu s'habituer à refermer doucement. Un quart d'heure avant le départ du général, on entendait devant cette porte le piétinement des sabots de son cheval, qu'une ordonnance tenait par la bride.

Cela la rendait mélancolique, parce que tous les souvenirs qui lui revenaient de la sorte étaient des souvenirs très anciens, tous, sans exception, d'avant ses dix-sept ans, comme si les premières années seules eussent compté, comme si le reste n'avait plus été qu'une longue suite de jours sans saveur dont il ne restait rien.

Etait-ce cela, la vie ? Un peu d'enfance inconsciente, une brève adolescence, puis le vide, un enchevêtrement de soucis, de tracas, de menus soins et déjà, à quarante ans, le sentiment de la vieillesse, d'une pente à descendre sans joie ?

Les Caille allaient la quitter. Ils partiraient le 15 mars. Ce n'était pas Albert Caillé qui le lui avait annoncé. Il savait que cela lui ferait de la peine, et il n'osait pas faire de la peine, c'était chez lui une lâcheté ; il avait envoyé Lina ; ils avaient chuchoté, comme toujours dans ces circonstances-là ; il l'avait poussée vers la porte, et Lina, en entrant, avait plus que jamais l'air d'une rose poupée de son, ou d'une écolière qui a oublié son compliment.

— Il faut que je vous dise, mademoiselle Salès... Maintenant que mon mari collabore régulièrement à un journal, il aura besoin d'un bureau, peut-être d'une dactylographe... Nous avons cherché un appartement... Nous en avons trouvé un quai Voltaire, avec les fenêtres qui donnent sur la Seine, et nous nous y installerons le 15 mars... Nous garderons toujours un excellent souvenir de notre passage chez vous et de toutes vos gentillesses...

Ils se levaient plus tôt, couraient la ville, aménageaient, fiévreux, radieux, ne rentraient plus que pour dormir comme dans une chambre d'hôtel ; parfois même, ils ne rentraient pas, ils devaient s'étendre sur une paillasse dans leur nouveau logement.

Dominique allait et venait, faisait les mêmes gestes les uns après les autres, comme on dévide un écheveau, et c'était en somme le meilleur moment de sa journée, parce qu'il y avait un rythme établi depuis longtemps qui la portait.

Elle regarda l'heure à la petite montre accrochée au-dessus de la mule de soie. La montre en or de sa mère, ornée de minuscules brillants, lui fit penser au calendrier dont elle arracha la feuille de la veille, et elle découvrit un gros 3 très noir.

C'était l'anniversaire de la mort de sa mère. Cette année-là encore, comme les précédentes, elle avait parlé du mois de mai comme du havre qu'elle espérait atteindre, mais des suffocations l'avaient prises vers la fin d'une journée humide.

Dominique pensait maintenant à sa mère sans chagrin. Elle la revoyait assez bien, mais pas dans les détails ; elle revoyait surtout une silhouette fragile, un long visage toujours un peu penché, un être comme en veilleuse, et elle n'était pas émue, elle l'évoquait froidement, peut-être avec un peu de rancune. Car, ce qu'elle était, c'était à sa mère qu'elle le devait. Cette sorte d'impuissance à vivre — car elle se rendait compte qu'elle était impuissante devant la vie —, c'était sa mère qui la lui avait inculquée en même temps qu'une résignation élégante, qu'un effacement distingué, que tous ces menus gestes qui ne servaient qu'à bercer la solitude.

Elle vit M. Rouet qui s'en allait, regardait le ciel qui était clair, lumineux, mais où elle sentait comme une fausse promesse.

Ce n'était pas du beau temps pour toute la journée. Le soleil était d'un jaune pâle, le bleu n'était pas franc, le blanc des nuages avait des reflets de pluie.

Vers midi, elle en avait l'intuition, le ciel se couvrirait tout à fait, et alors, bien avant l'heure du dîner, tomberait sur la ville ce crépuscule angoissant qui charrie dans les rues comme une poussière de mystère.

Nerveuse, inquiète, Dieu sait pourquoi, elle éprouva le besoin de faire le grand nettoyage, et elle vécut une bonne partie de la journée en tête à tête avec des seaux d'eau, des brosses et des torchons. A trois heures, elle achevait de cirer les meubles.

Elle savait déjà ce qui allait arriver, tout au moins ce qui allait arriver presque immédiatement.

Quand elle n'aurait plus rien à faire, quand, d'un geste rituel, elle poserait sur la table la corbeille aux bas, quand la lumière commencerait à se plomber, une angoisse, qu'elle avait appris à connaître, s'emparerait d'elle.

N'était-ce pas de la même façon que cela se passait pour M. Rouet, dans son étrange bureau de la rue Coquillière ? Et l'appel était plus impérieux les jours de pluie, quand le soir tombait plus vite et que des luisances équivoques donnaient un autre visage à la rue.

Lui aussi, alors, devait résister, croiser et décroiser les jambes, dominer le frémissement de ses doigts. Lui aussi se levait avec honte et disait d'une voix qui n'était pas tout à fait la sienne :

— Il faut que je passe à la banque, Bronstein... Si ma femme téléphonait...

Il se glissait dans l'escalier ; il allait, pris de vertige, vers les rues les plus étroites, les plus sales, celles où les coins d'ombre ont une odeur de vice, et il se frottait aux murs humides.

Elle se versa une tasse de café, beurra une tartine, comme si cela allait la retenir. Elle était à peine assise à nouveau, elle allait introduire l'œuf de bois verni dans un bas, quand l'appel devint irrésistible, et elle s'habilla en évitant de se voir dans le miroir.

Dans l'escalier, elle se demanda si elle avait fermé sa porte à clef. De tout temps, au moindre doute, elle serait remontée. Pourquoi, ce jour-là, ne le fit-elle pas ?

Elle attendit l'autobus, resta debout sur la plate-forme, entre de dures silhouettes d'hommes qui sentaient le tabac, mais *cela* ne commençait pas encore, *cela* ne commençait que beaucoup plus loin, suivant des règles invariables.

Elle descendit place Clichy. Il ne pleuvait pas, et cependant il y avait un voile autour des becs de gaz, un halo devant les vitrines éclairées ; tout de suite, elle entra dans une nouvelle vie, où les vastes enseignes lumineuses étaient des points de repère.

Dix fois, davantage peut-être, elle était venue de la sorte, menue, les nerfs tendus, et chaque fois sa démarche était la même, elle marchait vite, sans savoir où elle allait ; à chaque instant, elle avait envie de s'arrêter, par honte ; elle feignait de ne rien voir autour d'elle, et pourtant elle happait comme une voleuse la vie qui coulait à ses côtés.

Dix fois, elle avait fui sa chambre, à cette heure si calme que le calme lui pesait comme une angoisse, deux ou trois fois elle était allée, du même pas, dans le quartier des Halles, dans ces ruelles où elle avait suivi M. Rouet, mais le plus souvent c'était ici qu'elle venait rôder avec des regards avides de mendiante.

Furtive, consciente de sa déchéance, elle se frottait à la foule qu'elle reniflait. Déjà des rites s'étaient établis, à son insu : elle traversait toujours la place au même endroit, tournait à tel coin de rue, reconnaissait l'odeur de certains petits bars, de certaines boutiques, ralentissait le pas à certains carrefours dont l'haleine était plus forte que celle des autres.

Elle se sentait si misérable qu'elle aurait été capable de pleurnicher en marchant. Elle était seule, plus seule que n'importe qui. Qu'arriverait-il si elle venait à tomber au bord du trottoir ? Un passant buterait sur son corps, quelques personnes s'arrêteraient, on la porterait dans une pharmacie et un agent tirerait un calepin de sa poche.

— Qui est-ce ?

Personne ne saurait.

Est-ce qu'aujourd'hui encore elle apercevrait Antoinette ? Elle avait fini par la retrouver. C'était pour la retrouver que, les premières fois, elle était venue errer dans le quartier.

Mais pourquoi son regard plongeait-il dans toutes ces bouches tièdes que sont les couloirs d'hôtel ? Près de certaines portes, des femmes attendaient. Dominique aurait voulu ne pas les regarder, mais c'était plus fort qu'elle. Certaines étaient lasses, à bout de patience ; d'autres la regardaient dans les yeux, placides, avec l'air de dire : « Qu'est-ce qu'elle me veut, celle-là ? »

Et il semblait à Dominique qu'elle reconnaissait à leur pas, à quelque chose de furtif, de gêné, les hommes que le désir poussait vers un de ces corridors. Ils la frôlaient aussi. Plusieurs fois, dans l'obscurité, entre deux vitrines ou entre deux réverbères, on s'était penché sur elle pour découvrir son visage, et elle ne s'était pas indignée, elle avait frémi, puis elle avait marché un bon moment sans rien voir, comme si elle eût les yeux fermés.

Elle était seule. Antoinette se moquait d'elle. C'était arrivé une fois. Cela allait peut-être arriver aujourd'hui encore.

Certains soirs, Dominique l'apercevait, solitaire, dans une brasserie de la place Blanche, tressaillant chaque fois que la porte s'ouvrait ou que retentissait la sonnerie du téléphone.

Il ne venait pas. Il la laissait attendre, des heures durant. Elle achetait un journal du soir, ouvrait son sac pour y prendre sa boîte à poudre, son bâton de rouge. Ses yeux avaient changé. S'ils étaient encore habités par la même fièvre, il y avait de l'inquiétude dans celle-ci, peut-être de la lassitude.

Mais aujourd'hui il était là. Ils étaient quatre autour d'un guéridon, deux hommes et deux femmes. Exactement comme le soir où Antoinette avait poussé le coude de son amant en lui désignant la vitre d'un mouvement du menton,

— Regarde !

Elle invitait ses compagnons à regarder Dominique qui avait le visage presque collé à la glace et qui s'était effacée dans le noir de la rue.

Pourquoi Antoinette avait-elle à présent ces éclats de rire vulgaires, frémissants de défi ? Et cette anxiété, cette terreur plutôt, quand elle regardait l'homme qui jouait nonchalamment avec elle ?

Avait-il déjà menacé de la quitter ? Poursuivait-il d'autres femmes ?

L'avait-il laissée seule des nuits entières dans leur chambre de l'*Hôtel Beauséjour* ?

Tout cela, Dominique le devinait, le sentait, et un besoin la poussait à en prendre part. Antoinette ne s'était-elle pas mise à genoux devant lui, ne s'était-elle pas, dépoitraillée, demi-nue, traînée à ses pieds, ne l'avait-elle pas sauvagement menacé de le tuer ?

Sûr de lui, dédaigneux, ironique, il régnait sur elle. Cela éclatait dans tous ses gestes, dans ses regards, davantage encore quand il consultait sa montre — une nouvelle montre-bracelet qu'elle lui avait offerte — et qu'il se levait, posait avec soin sur ses cheveux crépus un feutre gris.

— A tout à l'heure, où tu sais...

— Tu ne viendra pas trop tard ?

Il frôlait les doigts de son copain, les deux hommes échangeaient un clin d'œil, il tapotait l'épaule de l'amie et un pathétique regard le suivait jusqu'à la porte, puis Antoinette éprouvait le besoin, pour cacher son trouble, de se refaire une beauté.

Cela ne durerait pas toujours. Pas même des années. Quelques mois encore ?

Elle ne le tuerait peut-être pas.

Et alors, femelle pantelante, elle hurlerait sa douleur et sa haine, elle le poursuivrait, déchaînée, se heurtant, au seuil des cafés et des dancings, à des garçons ou à des portiers avertis.

Est-ce qu'elle vit Dominique, ce soir-là ? Le camarade proposait une belote, pour lui faire prendre patience après le départ de l'amant, il réclamait au garçon un tapis et des cartes, repoussait sur le marbre du guéridon les verres pleins d'un apéritif verdâtre.

Dominique marchait à nouveau, frôlait les murs de son épaule, repoussait le souvenir qui lui revenait des deux rangées de prunes dans les paniers, d'une cathédrale aux portes grandes ouvertes d'où jaillissait un *Te Deum*.

L'appartement était vide, absolument vide, faubourg Saint-Honoré, l'unique bûche était éteinte depuis longtemps ; il n'y aurait rien, que l'air refroidi, pour l'accueillir à son retour.

Même les femmes qu'elle voyait debout, à la porte des hôtels, devaient être moins seules, même ces hommes qui hésitaient avant de les accoster.

Tout vivait autour d'elle, et il n'y avait rien que son cœur à battre à vide, comme un réveille-matin oublié dans une malle.

Encore quelques semaines... Il y aurait du soleil à pareille heure... La nuit ne viendrait que plus tard, après dîner, des nuits apaisantes...

Où était-elle ? Un peu plus tôt, elle avait reconnu les fenêtres de l'*Hôtel Beauséjour* et maintenant elle descendait une rue en pente, très sombre, où les autobus et les voitures ne passaient pas ; elle regardait un cordonnier dans son échoppe, frôlait une ombre qu'elle n'avait pas vue ; la tête lui tournait, elle avait peur, sa peur grandissait soudain si fort qu'elle avait envie de crier ; quelqu'un s'était approché d'elle, quelqu'un qu'elle ne distinguait pas marchait à sa hauteur, la touchait, une main, une main d'homme, saisissait son bras ; on lui parlait, elle ne comprenait pas les mots, tout son sang se retirait et elle était sans défense, sans réaction ; elle savait, elle avait une conscience nette de ce qui lui arrivait, et le plus extraordinaire, c'est qu'elle acceptait d'avance.

Est-ce que, de tout temps, elle avait prévu qu'un jour elle marcherait ainsi dans l'obscurité d'une rue, au même pas qu'un inconnu ? Avait-elle vécu cela en rêve ? Etait-ce seulement de l'avoir vu, d'avoir suivi Antoinette, d'avoir écarquillé les yeux au moment où deux silhouettes, d'un même mouvement, s'enfoncent dans la lueur trouble d'un corridor ?

Elle était sans étonnement. Elle subissait. Elle n'osait pas regarder l'homme, et elle remarquait une forte odeur de cigare refroidi.

Déjà, elle avait franchi un seuil. Il y avait, à droite, un œil-de-bœuf vitré et, derrière, un personnage en bras de chemise, une cafetière bleue sur un réchaud à gaz.

Qu'est-ce qu'il avait dit ? Il avait passé un bras velu, tendu une clef qu'elle n'avait pas prise, et pourtant elle était maintenant dans l'escalier, elle montait, elle ne devait plus respirer, son cœur ne battait plus, elle montait toujours ; il y avait un tapis sous ses pieds, une lampe en veilleuse ; elle percevait un souffle chaud dans son dos, une main, la main, la touchait à nouveau, montait le long de sa jambe, atteignait la peau nue au-dessus du bas.

Alors, haletante, comme elle atteignait l'étage, elle se retourna, vit d'abord un chapeau melon, un banal visage d'homme entre deux âges. Il souriait. Il portait une moustache roussâtre. Puis son sourire s'effaçait, et elle avait conscience qu'il était aussi étonné qu'elle ; elle se raidissait, elle était obligée de le repousser des deux bras pour se frayer un passage dans l'escalier qu'il obstruait de sa masse ; elle courait, croyait courir à une vitesse folle ; il lui semblait que la rue était très loin, que jamais elle ne retrouverait les trottoirs, les boutiques éclairées et les gros autobus rassurants.

Lorsqu'elle s'arrêta, elle se trouvait dans la cour de la gare Saint-Lazare, à l'heure la plus grouillante, quand tous les employés et ouvriers de Paris se précipitent en courant vers les trains de banlieue.

Machinalement, elle regardait encore derrière elle, mais on ne l'avait pas poursuivie ; elle était seule, bien seule, prise de vertige au milieu des gens pressés qui la bousculaient.

Alors, à mi-voix, elle balbutia : « C'est fini. »

Elle n'avait pas encore pu dire ce qui était fini. Vide de substance, elle se remettait en marche, sa bouche avait un goût de cigare refroidi, elle portait sur elle l'odeur de cet escalier d'hôtel, de ce couloir où elle avait entrevu dans la pénombre le tablier blanc d'une servante indifférente.

C'était cela !

« Ma pauvre Nique ! »

Elle était lucide, terriblement lucide.

Mais oui, c'était fini. A quoi bon ? Elle n'avait même plus besoin de hâter le pas. C'était fini, bien fini ! Et comme cela avait été peu de chose ! On imagine que la vie... « Second trimestre »... Encore un mot de son enfance... On parlait du second trimestre comme une étape interminable... Le trimestre avant les vacances de Pâques...

Pendant tout un temps, c'est trop long, les jours n'en finissent pas, les semaines sont une éternité avec le soleil du dimanche tout au bout, puis, soudain, plus rien, des mois, des années, des heures, des jours mélangés, un fatras, rien qui surnage.

« Allons ! C'est fini... »

Elle pouvait s'attendrir sur elle-même. C'était fini. C'était fini, ma pauvre Nique !

Tu n'as pas fait cela, tu ne le feras pas et tu ne deviendras pas non plus une pauvre fille comme Mlle Augustine...

Dommage qu'Antoinette ne t'ait même pas regardée aujourd'hui.

Les trottoirs familiers, la maison où elle est entrée tant et tant de fois, la boutique des Audebal, le magasin Sutton où l'on vend des malles en osier pour les gens qui partent en voyage.

Un peu plus haut dans la rue, il y a une fleuriste, et Dominique dépasse sa maison. La pluie a commencé à tomber, les gouttes font de longues traînées obliques sur la vitrine.

— Donnez-moi des...

Elle aurait voulu des marguerites. Le mot vient de lui monter naturellement aux lèvres, mais elle a beau regarder autour d'elle elle ne voit pas de marguerites comme celles qu'elle arrangeait dans un vase en pensant à Jacques Améraud.

— Des quoi, madame ?

Pas madame, mademoiselle...

... Jacques Améraud... La vieille Mme Améraud qui...

— Des roses... Beaucoup de roses...

Pourvu qu'elle ait assez d'argent sur elle. Elle paie. C'est la dernière fois qu'elle compte des billets, des pièces.

Pourvu que les Caille ne soient pas rentrés. Elle ne leur en veut pas, mais ils lui ont fait de la peine. Ils ne sont pas responsables. Ils vont leur chemin. Ils croient qu'ils vont quelque part.

Est-ce pour avoir l'occasion de parler encore à un être humain qu'elle entrouvre la porte de la loge.

— Rien pour moi, madame Benoît ?

— Mais non, mademoiselle.

Elle n'a pas pensé aux roses que la concierge regarde avec étonnement, et elle s'excuse d'un sourire très doux.

Elle est douce, c'est son caractère que sa mère lui a fait. Elle ne fait pas de bruit dans l'escalier. On lui a appris à monter sans bruit, à ne pas déranger les gens, à s'effacer.

S'effacer ! Comme ce mot lui revient de loin ! C'est bien cela ! Elle s'est effacée ! Elle va s'effacer encore...

Avant de fermer les rideaux, elle observe une dernière fois les fenêtres d'en face, lève un peu la tête, voit Mme Rouet mère dans sa tour.

... La tour prend garde...

Ses yeux se mouillent, elle tourne le commutateur et, debout devant la glace, elle se regarde.

Elle n'était pourtant pas encore une vieille fille.

Elle dégrafe sa robe. La glace disparaît, parce qu'elle a ouvert l'armoire.

Elle possède encore une longue chemise de nuit ornée de point de Valenciennes, une chemise de nuit à laquelle elle a travaillé pendant des mois, dans le temps.

« Pour quand tu te marieras... »

Il lui reste un flacon d'eau de Cologne ambrée dans un tiroir.

Dominique a un pauvre petit sourire. Elle se presse un peu, parce qu'elle sent naître en elle comme des révoltes ; elle commence à se demander si personne n'est responsable de...

Le tube... Où est le tube !... Elle l'a acheté trois ans plus tôt, alors que des migraines la tenaient éveillée toute la nuit... Elle n'en a pris qu'une fois...

Tiens ! Elle a justement fait ce matin le grand nettoyage. La chambre sent le propre. Les meubles luisent. Elle compte les comprimés qu'elle laisse tomber dans un verre d'eau... Huit... Neuf... Dix... Onze...

Est-ce que cela suffira ?...

Si pourtant elle voulait... si...

Non ! Plus maintenant qu'elle sait...

« Mon Dieu, je vous en supplie, faites que... »

Elle a bu. Elle se couche. Sa poitrine se serre un peu, à cause de l'amertume du médicament. Elle a répandu l'eau de Cologne sur le lit et, une fois étendue, elle arrange les roses autour d'elle.

D'une de ses petites camarades, qui était morte et qu'on avait ainsi entourée de fleurs, les mères disaient en pleurant :

« On dirait un ange ! »

Est-ce que la drogue agit déjà ? Elle ne remue pas, n'éprouve aucune envie de remuer, elle qui a toujours eu horreur de rester couchée. Elle entend tous les bruits de la rue, guette le vacarme des autobus, leur grincement, quand ils changent de vitesse au bas de la pente ; elle voudrait entendre encore une fois la sonnerie de chez Audebal.

Voilà qu'elle a oublié quelque chose ! Elle a oublié le principal, et il est trop tard !

Antoinette ne saura pas.

Elle aurait tant voulu...Qu'est-ce qu'elle aurait voulu ?... A quoi pense-t-elle ?... Elle est malade... Non, c'est seulement sa langue qui devient plus épaisse, qui enfle dans sa bouche, mais cela ne fait rien, cela ne fait pas mal...

« Cela ne fait pas mal, ma chérie... »

Qui est-ce qui disait cela ?... Sa mère... Oui, c'était sa mère, quand elle s'était fait un bobo et qu'on lui mettait de la teinture d'iode...

Non, cela ne faisait pas mal... Est-ce que Jacques Améraud a eu mal ?...

Où est-elle allée ?... Elle est allée chercher quelque chose, quelque part, très loin... Oui, c'est déjà très loin... Est-ce qu'elle a trouvé ?...

Elle ne sait plus... C'est sot qu'elle ne sache plus... Toute la famille sera bien attrapée... A Toulon, la dernière fois, elle ne les aimait pas... Qu'est-ce qu'ils lui ont encore fait ?... Elle a oublié... C'est peut-être parce qu'ils sont partis et qu'ils l'ont laissée toute seule... Ils ne semblaient pas la voir... La preuve qu'ils ne la voyaient pas, c'est qu'ils disaient :

— Tu n'as pas changé, Nique !

Qui est-ce qui l'appelle Nique ? Elle est toute seule. Elle a toujours été toute seule !

Peut-être que, si on lui donnait seize gouttes du médicament qui est sur la table de nuit... Pourquoi Antoinette reste-t-elle derrière la porte au lieu de venir verser les gouttes ?...

Tu es une petite sotte, Nique !... Tu te rappelles qu'on t'a toujours traitée de petite sotte... Tu te faisais des idées et tu oubliais le principal... Tu a déjà oublié que tu n'avais pas averti Antoinette... Elle est là-haut, dans le café... Elle joue à la belote...

Tu n'as même pas pensé que les roses allaient sentir mauvais. Les fleurs sentent toujours mauvais dans une chambre où il y a un mort...

Quand les Caille rentreront... Ils ne sauront pas... Ils croiront que la maison est comme toujours... Peut-être remarqueront-ils seulement qu'on n'entend pas ton habituel trottinement de souris, mais cela leur est égal, ils se déshabilleront, ils se coucheront, ils se colleront l'un contre l'autre et on entendra des soupirs...

Personne ne les entendra... Le matin, peut-être...

Albert Caille aura peur. Ils chuchoteront. Il dira à Lina :

— Vas-y, toi !...

Il la poussera...

C'est un mauvais tour à leur jouer, alors qu'ils n'en ont plus que pour douze jours à habiter la maison. Ils ne savent même pas à qui il faut télégraphier.

Ils vont tous être obligés de prendre le train, à Rennes, à Toulon, à Angoulême ; heureusement qu'ils ont encore des vêtements de deuil !

— Elle qui, la dernière fois que nous l'avons vue, à l'enterrement de tante Clémentine, avait l'air si...

— Moi, je lui ai trouvé un petit air malheureux...

Pourquoi ? Ce n'est pas vrai. Elle n'a pas été malheureuse.

Elle a tenu sa promesse, voilà tout. Maintenant, il faut qu'elle se dépêche de prévenir Antoinette.

C'est facile... Dans quelques minutes, dans quelques secondes, ce sera fini, et alors elle fera comme Mlle Augustine, elle courra là-bas, près d'Antoinette, elle lui criera, frémissante de joie :

« Voilà !... Je suis venue... C'était vous que je voulais voir la première, vous comprenez ?... Je ne pouvais rien vous dire, avant... Je vous regardais de loin et vous ne compreniez pas... Maintenant que c'est fini... »

Elle rougit. Est-ce qu'elle est encore capable de rougir ? Elle est confuse. Un frisson la saisit toute...

Oui... encore quelques secondes, quatre, trois, deux... encore rien... Tout de suite, elle va serrer Antoinette dans ses bras, se pencher sur son visage, sur ses lèvres si vivantes, si vivantes...

Si vi...

— T'en fais donc pas pour Pierre, mon petit. Du moment qu'il t'a dit qu'il viendrait, il viendra...

Elle s'efforce de sourire. Il est minuit. On la laisse seule dans un coin de la brasserie et, en se voyant dans la glace, elle se fait à elle-même l'effet d'une femme qui attend n'importe qui.

M. Rouet se lève de son fauteuil et commence à se déshabiller, tandis que sa femme range encore, en s'appuyant sur sa canne.

Elle a téléphoné rue Coquillière, et il n'était pas là. Elle attend qu'il soit endormi pour compter les billets dans son portefeuille. Comme s'il ne le savait pas et ne prenait pas ses précautions !

Il a emprunté cent francs à Bronstein.

Il a tant travaillé, toute sa vie, pour gagner son argent !

Il n'a pas eu de chance, tout à l'heure. Quand la gamine s'est déshabillée, sur un édredon rouge, il a vu de petits boutons le long des cuisses maigres et il a eu peur.

Il n'y a plus que le réveille-matin à battre dans la chambre de Dominique ; quand les Caille rentrent enfin, ils ne s'en aperçoivent pas, se déshabillent, se couchent, mais ils sont trop fatigués d'avoir tapissé toute la journée leur futur logement.

Elle dit seulement d'une voix déjà endormie :

— Pas ce soir...

— Pas ce soir...

Il n'insiste pas. Des minutes passent.

— Pour les mille francs de denier à Dieu, je crois que si on demandait à Ralet...

Lina dort.

La pluie tombe sans bruit, tout fin.

Le 7 juillet 1942.

LA FUITE
DE MONSIEUR MONDE

Il était cinq heures de l'après-midi, à peine un peu plus — une légère flexion de la grande aiguille vers la droite —, quand, le 16 janvier, Mme Monde fit irruption, en même temps qu'un courant d'air glacé, dans la salle commune du commissariat de police.

Elle avait dû sauter d'un taxi, peut-être d'une voiture de maître, traverser comme une ombre le trottoir de la rue La Rochefoucauld, buter sans doute dans l'escalier mal éclairé, et elle avait poussé la porte avec une telle autorité qu'après coup les gens regardaient avec étonnement le panneau gris sale, muni d'un système pour la fermeture automatique, se rabattre avec une lenteur qui, par contraste, paraissait ridicule — à tel point que, par habitude, une femme du peuple en châle et sans chapeau, qui attendait depuis plus d'une heure sans s'asseoir, poussa un des gosses accrochés à ses jupes en murmurant :

— Va fermer la porte.

Jusqu'à cette arrivée, on était entre soi. D'un côté de la balustrade, les scribes, en uniforme d'agent de police ou en veston, écrivaient ou se chauffaient les mains au poêle ; de l'autre côté, des gens étaient assis sur un banc le long du mur, d'autres debout ; quand quelqu'un sortait avec un papier tout frais à la main, on avançait d'une place, le premier scribe levait la tête, tous acceptaient la mauvaise odeur, le mauvais éclairage des deux lampes à abat-jour vert, la monotonie de l'attente ou de l'encre à reflets violets dont il fallait recouvrir les formulaires ; et sans doute que, si une catastrophe imprévisible avait isolé pour un certain temps le commissariat du monde entier, ceux qui s'y trouvaient réunis auraient fini par vivre ensemble comme une tribu.

Sans bousculer personne, la femme s'était portée au premier rang, vêtue de noir, le visage poudré, très blanc, le nez un peu violacé sous la poudre. Sans voir qui que ce fût, elle fouillait dans son sac à main de ses doigts gantés de noir, secs comme de l'ébène, précis comme un bec d'oiseau de proie, et tout le monde attendait, tout le monde la regardait, elle tendait par-dessus la balustrade une carte de visite.

— Voulez-vous, je vous prie, m'annoncer au commissaire ?

On eut tout le temps de la détailler, et pourtant chacun ne garda qu'une impression d'ensemble.

— Une sorte de veuve, dit l'employé au commissaire de police qui, dans son bureau plein de fumée de cigares, bavardait en voisin avec le secrétaire général du Théâtre de Paris.

— Dans un instant.

Et l'autre vint répéter, avant de se rasseoir et de saisir des pièces d'identité qu'on lui tendait :

— Dans un instant.

Elle resta debout. Sans doute ses deux pieds finement chaussés, aux talons démesurément hauts, étaient-ils posés sur le plancher sale ; on n'en avait pas moins l'impression qu'elle était perchée sur une patte, comme un héron. Elle ne voyait personne. Son regard, fixé sur n'importe quoi, peut-être sur les cendres qui avaient dégringolé du poêle, tombait de haut, glacé, et ses lèvres frémissaient comme celles des vieilles qui prient à l'église.

Une porte s'ouvrit. Le commissaire parut.

— Madame ?...

Il referma la porte derrière elle, désigna une chaise recouverte de drap vert, fit lentement le tour de son bureau Empire, la carte de visite à la main, et s'assit.

— Madame Monde ? articula-t-il, interrogateur.

— Madame Monde, oui. J'habite le 27 *bis*, rue Ballu.

Et elle fixa avec hostilité le cigare mal éteint que le commissaire avait écrasé dans le cendrier.

— Si vous voulez me dire en quoi je puis vous être utile ?

— Je suis venue vous signaler que mon mari a disparu.

— Très bien... Pardon...

Il attira vers lui un bloc-notes, saisit un porte-mine en argent.

— Votre mari, dites-vous ?...

— Mon mari a disparu depuis trois jours.

— Depuis trois jours... Il aurait donc disparu le 13 janvier.

— C'est le 13, en effet, que je l'ai vu pour la dernière fois.

Elle portait un manteau d'astrakan noir qui exhalait un léger parfum de violette et elle tripotait entre ses doigts gantés un fin mouchoir imbibé du même parfum.

« Une espèce de veuve », avait annoncé le secrétaire.

Elle ne l'était donc pas, ou tout au moins elle ne l'était certainement pas encore le 13 janvier, puisqu'à cette date elle avait encore un mari. Pourquoi le commissaire pensa-t-il qu'elle était digne de l'être ?

— Excusez-moi si je ne connais pas M. Monde, mais voilà quelques mois seulement que j'ai été nommé dans le quartier.

Il attendait, prêt à prendre des notes.

— Mon mari est Norbert Monde. Vous avez sans doute entendu parler de la maison Monde, commission et exportation, dont les bureaux et les dépôts sont situés rue Montorgueil ?

Il acquiesça, plutôt par politesse que par conviction.

— Mon mari est né dans cet hôtel particulier de la rue Ballu qu'il a toujours habité et que nous habitons encore.

Il s'inclina une fois de plus.

— Il était âgé de quarante-huit ans... J'y pense tout à coup : il avait ses quarante-huit ans le jour même où il a disparu...

— Le 13 janvier... Et vous n'avez pas la moindre idée...

Sans doute la raideur de la visiteuse et son air pincé signifiaient-ils qu'elle n'avait aucune idée.

— Je suppose que vous désirez que nous entreprenions des recherches ?

Sa moue méprisante pouvait vouloir dire que c'était évident ou, au contraire, que cela lui était égal.

— Nous disons donc... Le 13 janvier... Je vous demande pardon de vous poser cette question... Votre mari avait-il des raisons d'attenter à ses jours ?

— Aucune raison.

— Sa situation financière ?

— La maison Monde, qui a été fondée par son grand-père, Antonin Monde, en 1843, est une des plus solides de Paris.

— Votre mari ne spéculait pas ? Il n'était pas joueur ?

Il y avait sur la cheminée, derrière le commissaire, une pendule en marbre noir arrêtée depuis toujours sur minuit cinq. Pourquoi pensait-on à minuit cinq et non à midi cinq ? Toujours est-il qu'on pensait invariablement à minuit cinq en la regardant. A côté, il y avait un bruyant réveille-matin qui, lui, marquait l'heure exacte. Il se trouvait juste dans le champ du regard de Mme Monde, et cependant celle-ci, de temps en temps, se tordait le cou, qu'elle avait long et maigre, pour regarder l'heure à une montre minuscule qu'elle portait comme un médaillon à son corsage.

— Si nous écartons les soucis d'argent... Sans doute, madame, votre mari n'avait-il pas de chagrins intimes ?... Je m'excuse d'insister...

— Mon mari n'avait pas de maîtresse, si c'est ce que vous voulez dire.

Il n'osa pas lui demander si, de son côté, elle n'avait pas d'amant. C'était trop invraisemblable.

— Sa santé ?...

— Il n'a jamais été malade de sa vie.

— Bien... Parfait... Bien... Voulez-vous me donner l'emploi du temps de votre mari dans la journée du 13 janvier ?

— Il s'est levé à sept heures comme d'habitude. Il s'est toujours couché et levé tôt.

— Pardon. Vous partagez la même chambre ?

Un oui sec, méchant.

— Il s'est levé à sept heures et il est passé dans sa salle de bains où malgré... peu importe... où il a fumé sa première cigarette. Ensuite il est descendu...

— Vous étiez au lit ?

Le même oui en forme de caillou.

— Il vous a parlé ?

— Il m'a dit au revoir comme chaque matin.

— Avez-vous pensé à ce moment-là que c'était son anniversaire ?

— Non.

— Il est descendu, dites-vous...

— Et il a pris son petit déjeuner dans son bureau. C'est une pièce dans laquelle il ne travaille jamais, mais à laquelle il tient. La grande baie est garnie de vitraux. Les meubles sont plus ou moins gothiques.

Elle ne devait aimer ni les vitraux, ni le gothique, ou alors elle avait rêvé d'une autre destination pour cette pièce qu'on s'obstinait à conserver comme bureau.

— Vous avez de nombreux domestiques ?

— Un ménage de concierges, dont la femme fait les gros ouvrages. Le mari est maître d'hôtel. Nous avons aussi une cuisinière et une femme de chambre. Je ne parle pas de Joseph, le chauffeur, qui est marié et qui ne couche pas dans la maison. Je me lève d'habitude à neuf heures, après avoir donné à Rosalie les ordres pour la journée... Rosalie est ma femme de chambre... Elle était déjà à mon service avant mon mariage... Je veux dire avant mon second mariage...

— Car M. Monde était votre second mari ?

— J'avais épousé en premières noces Lucien Grandpré, qui est mort voilà quatorze ans dans un accident d'automobiles... Chaque année, il courait, pour son plaisir, les vingt-quatre heures du Mans...

Dans la pièce commune, les gens, sur le banc onctueux, avançaient de temps en temps d'une place, d'autres se glissaient humblement dehors, en entrouvrant à peine la porte.

— Bref, ce matin-là, tout s'est passé comme d'habitude ?

— Comme d'habitude. J'ai entendu la voiture qui démarrait vers huit heures et demie pour conduire mon mari rue Montorgueil. Il tenait à dépouiller le courrier lui-même et c'est pourquoi il se rendait de si bonne heure à son bureau. Son fils est parti un quart d'heure après lui.

— Car votre mari avait un fils d'un premier lit ?

— Nous avons chacun le nôtre. Il a aussi une fille, qui est mariée. Le ménage a vécu un certain temps avec nous, mais habite actuellement quai de Passy.

— Bien... Fort bien... Votre mari s'est-il réellement rendu à son bureau ?

— Oui.

— Est-il rentré pour déjeuner ?

— Il déjeunait presque toujours dans un restaurant des Halles, non loin de ses affaires.

— Quand avez-vous commencé à vous inquiéter ?

— Le soir, vers huit heures.

— En somme, depuis le matin du 13 janvier, vous ne l'avez pas revu ?

— Je lui ai téléphoné un peu après trois heures pour lui demander de m'envoyer Joseph avec l'auto, car j'avais des courses à faire.

— Il vous a répondu au téléphone d'une façon normale ?

— Normale.

— Il ne vous a pas annoncé qu'il rentrerait plus tard que d'habitude, et il n'a pas fait allusion à l'éventualité d'un voyage ?

— Non.

— Simplement, le soir, à huit heures, il n'est pas rentré dîner ? C'est bien cela ?

— C'est cela.

— Et, depuis, il ne vous a pas donné signe de vie. Je suppose qu'on ne l'a pas revu davantage à son bureau ?

— Non.

— A quelle heure a-t-il quitté la rue Montorgueil ?

— Vers six heures. Il ne me le disait pas, mais je savais qu'il avait l'habitude, au lieu de rentrer directement, de s'arrêter au *Cintra* de la rue Montmartre pour prendre le porto.

— Y est-il allé ce soir-là ?

Dignement :

— Je l'ignore.

— Puis-je vous demander, madame, pourquoi c'est aujourd'hui seulement, c'est-à-dire après trois jours, que vous vous êtes décidée à nous signaler la disparition de M. Monde ?

— J'espérais toujours qu'il reviendrait.

— Etait-il coutumier de fugues de ce genre ?

— Cela ne lui est jamais arrivé.

— Il ne lui arrivait pas non plus d'être appelé subitement en province pour ses affaires ?

— Jamais.

— Et pourtant, pendant trois jours, vous l'avez attendu ?

Sans répondre, elle le fixa de ses petits yeux noirs.

— Je suppose que vous avez alerté sa fille qui, m'avez-vous dit, est mariée et habite le quai de Passy ?

— C'est elle qui s'est présentée tout à l'heure à la maison, où elle s'est comportée de telle façon que j'ai été forcée de la mettre à la porte.

— Vous ne vous entendez pas avec votre belle-fille ?

— Nous ne nous voyons pas. Depuis deux ans en tout cas.

— Mais votre mari continuait à la voir ?

— C'est-à-dire qu'elle le relançait à son bureau quand elle avait besoin d'argent.

— Si je comprends bien, votre belle-fille a eu besoin d'argent récemment et s'est rendue rue Montorgueil pour en demander à son père. Je suppose qu'il lui en donnait ?

— Oui.

— Là, on lui a appris que M. Monde n'avait pas reparu.

— Probablement.

— Elle est accourue rue Ballu.

— Où elle prétendait pénétrer dans le bureau et fouiller les meubles.

— Soupçonnez-vous ce qu'elle voulait y chercher ?

Silence.

— En somme, à supposer que M. Monde soit mort, ce qui me paraît improbable...

— Pourquoi ?

— ... improbable, la question se poserait de savoir s'il a laissé un testament. Sous quel régime votre mariage a-t-il eu lieu ?

— Sous le régime de la séparation des biens. Je possède une fortune personnelle, un immeuble avenue de Villiers...

— Que pense votre beau-fils de la disparition de son père ?

— Il n'en pense rien.

— Il est toujours rue Ballu ?

— Oui.

— Votre mari, avant son départ, a-t-il pris des dispositions quelconques ? Pour ses affaires, par exemple. Je suppose que celles-ci nécessitent un fonds de roulement...

— Le caissier, M. Lorisse, a la signature...

— A-t-il trouvé en banque les fonds habituels ?

— Non. Justement, non. Le 13 janvier, un peu avant six heures, mon mari s'est présenté à la banque.

— Celle-ci devait être fermée ?

— Pour le gros public, oui. Pas pour lui. Les employés travaillent tard. Il entrait par la petite porte. Il a retiré trois cent mille francs qu'il avait en compte courant.

— De sorte que, le lendemain, le caissier s'est trouvé embarrassé ?

— Non, pas le lendemain. Il n'a pas eu d'opération importante à effectuer ce jour-là. Hier, seulement, il a voulu disposer d'une certaine somme pour des payements et il a appris le retrait des fonds.

— Si je comprends bien, votre mari, en disparaissant, n'a laissé d'argent ni pour ses affaires, ni pour vous et pour ses enfants ?

— Ce n'est pas tout à fait exact. La plus grosse partie de sa fortune, représentée par des titres et autres valeurs, se trouve dans son coffre en banque. Or il n'a rien retiré de ce coffre ces temps derniers, il n'y est même pas descendu, le directeur me l'a confirmé. Quant à la clef, elle se trouvait comme d'habitude à la maison, dans un petit tiroir de son bureau.

— Vous avez une procuration ?

— Oui.

— Dans ce cas..., dit-il avec une désinvolture involontaire.

— Je me suis présentée à la banque. J'avais promis au caissier de lui remettre des fonds. On m'a refusé l'accès des coffres sous prétexte que je ne puis certifier que mon conjoint est vivant, selon la formule consacrée.

Le commissaire soupira et faillit prendre un cigare dans son étui. Il avait compris. C'était fini.

— Vous désirez donc que nous fassions des recherches ?

Elle se contenta une fois de plus de le regarder, se leva, se tordit le cou pour voir l'heure.

L'instant d'après, elle traversait la salle commune où la femme au châle, penchée à gauche par le poids du bébé qu'elle portait sur le bras, expliquait humblement que, depuis cinq jours qu'on avait arrêté son mari au cours d'une bagarre, elle se trouvait sans ressources.

Lorsqu'elle eut traversé le trottoir que la lanterne du poste de police souillait de rouge et que Joseph, le chauffeur, tint un instant la portière en suspens avant de la refermer, Mme Monde lui donna l'adresse de son avoué qu'elle avait quitté une heure plus tôt et qui l'attendait à nouveau.

Tout ce qu'elle avait dit au commissaire était vrai, mais il arrive que rien ne soit plus faux que la vérité.

M. Monde s'était éveillé à sept heures du matin et il s'était glissé sans bruit, sans laisser pénétrer d'air frais dans les couvertures, hors du lit où sa femme était immobile. Il agissait toujours ainsi. Il feignait chaque matin de supposer qu'elle dormait. Il évitait d'allumer la lampe de chevet et contournait le vaste lit dans l'obscurité à peine rayée de fines stries qui s'infiltraient par les fentes des volets. Pieds nus, ses pantoufles à la main. Et pourtant il était sûr, s'il jetait un coup d'œil à l'oreiller, de voir les petites prunelles noires de sa femme.

Dans la salle de bains, seulement, il respirait un grand coup et ouvrait tout grands les robinets de la baignoire, en même temps qu'il branchait sur la prise de courant son rasoir électrique.

Il était gros. Plus exactement, c'était ce que l'on appelle un homme corpulent. Ses cheveux clairsemés étaient blonds et, le matin, dressés en toupet, ils donnaient à son visage rose un aspect enfantin.

Ses yeux mêmes, des yeux bleus, pendant tout le temps qu'il se regardait dans la glace pour se raser, avaient une expression d'étonnement qui rappelait l'enfance. On aurait dit que chaque matin, au sortir du sommeil pendant lequel on n'a plus d'âge, M. Monde s'étonnait de retrouver dans son miroir un homme d'un certain âge, aux paupières déjà flétries, avec, sous un nez proéminent, une petite moustache en brosse d'un blond roux.

Pour tendre la peau sous le rasoir, il faisait des grimaces. Invariablement, il oubliait la baignoire qui se remplissait, et il se précipitait vers les robinets au moment où le trop-plein faisait un bruit révélateur qui, à travers la porte, parvenait à Mme Monde.

Quand il avait fini de se raser, il se regardait encore un petit peu avec une complaisance mêlée d'amertume, il regrettait de n'être plus le gros garçon assez candide de jadis, il ne se faisait pas à l'idée d'être déjà un homme engagé sur la pente descendante de la vie.

Ce matin-là, dans la salle de bains, il s'était souvenu qu'il avait juste quarante-huit ans. Rien d'autre. Il avait quarante-huit ans. Bientôt cinquante. Il se sentit fatigué. Dans l'eau chaude, il étira ses muscles pour les débarrasser de la fatigue accumulée pendant tant d'années.

Il était déjà presque habillé quand la sonnerie d'un réveil, au-dessus de sa tête, l'avertit que son fils Alain allait se lever à son tour.

Il acheva de se vêtir. Il était méticuleux dans sa toilette. Il aimait les vêtements sans un faux pli, sans une tache, le linge à la fois souple et glacé et il lui arrivait, dans la rue ou au bureau, de contempler avec satisfaction l'éclat de ses chaussures.

Il avait quarante-huit ans. Est-ce que sa femme y penserait ? Son fils ? Sa fille ? Personne, sans doute. Peut-être M. Lorisse, son vieux caissier, qui était déjà le caissier de son père, et qui lui dirait avec componction :

— Mes souhaits, monsieur Norbert.

Il fallait traverser la chambre. Il se pencha sur le front de sa femme qu'il effleura de ses lèvres.

— Tu n'as pas besoin de la voiture ?

— Pas ce matin. Si j'en ai besoin après midi, je téléphonerai au bureau.

C'était une drôle de maison que la sienne ; une maison qui, pour lui, était unique au monde. Son grand-père l'avait achetée alors qu'elle avait déjà eu de nombreux possesseurs. Et chacun y avait apporté des transformations, de sorte qu'aucun plan n'y était plus lisible. Des portes avaient été rebouchées, d'autres percées à différents endroits. De deux pièces on en avait fait une, un plancher avait été exhaussé, un corridor aménagé, avec des tournants imprévus, des marches plus imprévues encore sur lesquelles butaient les étrangers, sur lesquelles Mme Monde butait encore.

Même les jours de grand soleil, il y régnait une pénombre douce comme la poussière du temps, parfumée, eût-on dit, d'un parfum un peu fade, mais savoureux pour celui qui l'avait connu depuis toujours.

Sur les murs, on retrouvait les canalisations du gaz, et il y avait encore des becs papillons dans l'escalier de service, de même qu'au grenier sommeillaient des ribambelles de lampes à pétrole de toutes les époques.

Certaines pièces étaient devenues le domaine de Mme Monde.

Des meubles étrangers, sans physionomie, s'étaient mélangés aux vieux meubles de la maison, les avaient parfois fait reculer jusqu'aux chambres de débarras, mais le bureau était resté intact, tel que Norbert Monde l'avait toujours connu, avec ses vitraux rouges, jaunes et bleus qui s'éclairaient les uns après les autres, selon la course du soleil et éveillaient dans les coins de petites flammes vivantes et colorées.

Ce n'était pas Rosalie qui montait à M. Monde son petit déjeuner, mais la cuisinière. Cela, à cause d'un emploi du temps précis, que Mme Monde avait décrété et qui fixait à chacun sa place dans la maison aux diverses heures de la journée. Tant mieux, d'ailleurs, car M. Monde n'aimait pas Rosalie qui, contrairement à l'image qu'évoquait son nom, était une fille sèche et mal portante dont la méchanceté s'exerçait sur tout le monde en dehors de sa maîtresse.

Ce jour-là, 13 janvier, il lut ses journaux en trempant des croissants dans son café. Il entendit Joseph qui ouvrait la porte cochère pour sortir la voiture. Il attendit un petit peu, en regardant le plafond, comme s'il espérait que son fils serait prêt à partir en même temps que lui, mais cela n'arrivait pour ainsi dire jamais.

Quand il sortit, il gelait, et un pâle soleil d'hiver se levait sur Paris.

A ce moment-là, M. Monde était encore innocent de toute idée de fuite.

— Bonjour, Joseph.

— Bonjour, monsieur.

A vrai dire, cela commença comme une grippe. Dans l'auto, il eut un frisson. Il était très sensible aux rhumes de cerveau. Certains hivers, il en traînait pendant des semaines et vivait les poches bourrées de mouchoirs humides, ce qui l'humiliait. En outre, ce matin-là, il était courbaturé, peut-être d'avoir dormi dans une mauvaise position ou d'avoir mal digéré son dîner de la veille ?

« Je vais avoir la grippe ! » pensa-t-il.

Puis, au moment précis où on traversait les Grands Boulevards, au lieu de regarder l'heure à l'horloge pneumatique comme il le faisait d'habitude, machinalement, il leva les yeux, aperçut les pots roses des cheminées se détachant sur un ciel bleu pâle où flottait un tout petit nuage blanc.

Cela lui rappela la mer. L'harmonie en rose et bleu lui fit monter à la tête comme une bouffée de Méditerranée, et il envia les gens qui, à cette époque de l'année, vivaient dans le Midi en pantalon de flanelle blanche. L'odeur des Halles venait à sa rencontre. L'auto s'arrêtait devant un porche au-dessus duquel on lisait en lettres jaunes : « Norbert Monde, commission-exportation, maison fondée en 1843. »

Au bout du porche s'étalait une ancienne cour qu'on avait couverte d'un toit de verre, ce qui la faisait ressembler à un hall de gare. De vrais quais surélevés l'entouraient, où l'on chargeait sur les camions des caisses et des ballots. Des magasiniers en blouse bleue poussaient devant eux des chariots, saluaient au passage :

— Bonjour, monsieur Norbert.

Et les bureaux s'alignaient d'un côté, toujours comme dans une gare, avec des portes vitrées et un numéro au-dessus de chacune d'elles.

— Bonjour, monsieur Lorisse.

— Bonjour, monsieur Norbert.

Allait-il lui souhaiter son anniversaire ? Non. Il n'y avait pas pensé. Et pourtant la page du calendrier était déjà arrachée. M. Lorisse, qui avait soixante-dix ans, triait les lettres sans les ouvrir et les rangeait par petits tas devant son patron.

La verrière, au-dessus de la cour, était jaune ce matin-là. Elle ne laissait jamais percer le soleil, à cause de la couche de poussière qui la recouvrait, mais pendant les belles journées elle était jaune, presque jaune clair, quitte, au mois d'avril, par exemple quand un nuage cachait brusquement le soleil, à devenir si sombre qu'on devait allumer les lampes.

Cette question de soleil eut une grande importance ce jour-là. Et aussi une histoire compliquée avec un client de Smyrne, d'une mauvaise foi flagrante, avec qui on était en litige depuis plus de six mois et qui trouvait toujours le moyen de se dérober à ses obligations, si bien que, encore qu'il fût dans son tort, on finirait, par lassitude, par lui donner raison.

— L'expédition pour la « Maison Bleue » de Bordeaux est faite ?

— Le wagon partira tout à l'heure.

Vers neuf heures vingt, alors que tous les employés étaient à leur poste, M. Monde vit passer Alain, qui alla prendre place dans le bureau du service étranger. Alain, qui était pourtant son fils, ne vint pas lui dire bonjour. C'était tous les matins la même chose. Et pourtant, tous les matins, M. Monde en souffrait. Tous les matins, il avait envie de lui dire : « Tu pourrais, en arrivant, passer par mon bureau. »

Il n'osait pas. Par une sorte de pudeur. Il avait honte de sa sensibilité. Sans compter que son fils interpréterait mal son intervention, croirait à une sorte de contrôle de ses heures d'arrivée, car il était invariablement en retard. Dieu sait pourquoi d'ailleurs ! A cinq minutes près, il pouvait prendre l'auto avec son père.

Etait-ce par esprit d'indépendance qu'il venait seul au bureau, en autobus ou en métro ? Pourtant, quand, un an plus tôt, devant son incapacité flagrante à passer son bachot, on lui avait demandé ce qu'il désirait faire, c'était lui qui avait répondu :

— Travailler au bureau.

Ce ne serait que vers dix ou onze heures que M. Monde, comme sans le faire exprès, pénétrerait dans le local du service étranger, poserait négligemment la main sur l'épaule d'Alain et murmurerait :

— Bonjour, fils.

— Bonjour, père.

Alain était délicat comme une fille. Il avait de grands cils recourbés de fille, qui battaient comme des ailes de papillon. Il portait toujours des cravates de teintes pastel, et son père n'aimait pas les pochettes de dentelle qui ornaient son veston.

Ce n'était pas la grippe. M. Monde, ce jour-là, n'était bien nulle part. A onze heures, sa fille lui téléphona. Il avait justement deux clients importants dans son bureau.

— Vous permettez ?

Et elle, au bout du fil :

— C'est toi ?... Je suis en ville... Est-ce que je peux passer à ton bureau ? Tout de suite, oui.

Il ne pouvait pas la recevoir tout de suite. Il en avait encore pour une bonne heure avec ses clients.

— Non, cet après-midi, je ne peux pas... Je passerai demain matin... Cela pourra attendre...

De l'argent, évidemment ! Une fois de plus. Son mari était architecte. Ils avaient deux enfants. Ils étaient toujours à court d'argent. On se demandait ce qu'ils en faisaient.

— Demain matin, entendu.

Tiens ! Elle n'avait pas pensé à l'anniversaire, elle non plus.

Il alla déjeuner tout seul dans un restaurant où il avait son couvert mis et où les garçons l'appelaient M. Norbert. Il y avait du soleil sur la nappe et dans la carafe.

Il se vit dans la glace pendant que la demoiselle du vestiaire lui passait son gros pardessus et il se trouva vieilli. La glace ne devait pas être bonne, car il s'y voyait toujours le nez de travers.

— A demain, monsieur Norbert.

A demain... Pourquoi ce mot lui resta-t-il accroché à la mémoire ? L'année précédente, juste à la même époque, il s'était senti fatigué, sans goût, mal à l'aise dans ses vêtements, exactement comme cette fois-ci. Il en avait parlé à son ami Boucard, qui était médecin et qu'il rencontrait souvent au *Cintra*.

— Tu es sûr que tu ne pisses pas tes phosphates ?

Il avait pris un verre dans la cuisine, sans rien dire, en s'en cachant, un verre à moutarde, il s'en souvenait. Le matin, il avait uriné dedans et il avait vu danser dans le liquide doré comme une fine poussière blanche.

— Tu devrais prendre des vacances, te distraire. En attendant, avale ça matin et soir...

Boucard lui avait griffonné une ordonnance. Depuis M. Monde n'avait plus osé pisser dans le verre, qu'il avait d'ailleurs jeté à la rue, en ayant soin de le casser pour que personne n'ait l'intention de s'en servir. Il savait bien que ce n'était pas cela.

A trois heures, ce jour-là, sans goût pour travailler, il était debout dans la cour vitrée, sur un des quais. Il regardait vaguement les allées et venues des magasiniers et des chauffeurs. Il entendait un bruit de voix dans un camion bâché. Pourquoi prêta-t-il l'oreille ? Un homme disait :

— C'est le fils du patron qui est toujours derrière lui à lui faire des propositions... Hier, il lui a apporté des fleurs.

M. Monde eut l'impression de devenir tout blanc, de se figer des pieds à la tête, et pourtant ce n'était pas à vrai dire une découverte, il y a quelque temps qu'il soupçonnait la vérité. Il s'agissait de son fils et d'un aide-magasinier de seize ans qu'on avait embauché depuis trois semaines.

Ainsi, c'était vrai.

Il rentra dans son bureau.

— Mme Monde vous demande à l'appareil. Pour la voiture, qu'il fallait lui envoyer.

— Dites à Joseph...

Or, dès ce moment, il ne pensa plus. Il n'y eut pas de débat intérieur. On pourrait affirmer qu'il n'y eut pas de décision à prendre, qu'il n'y eut pas de décision du tout.

Tout au plus son visage devint-il inexpressif. M. Lorisse, qui travaillait en face de lui, l'observa plusieurs fois à la dérobée et lui trouva meilleure mine que le matin.

— Savez-vous, monsieur Lorisse, que j'ai quarante-huit ans aujourd'hui !

— Mon Dieu ! Je m'excuse, monsieur, de l'avoir oublié. Cette affaire de Smyrne me trotte tellement par la tête...

— Ce n'est rien, monsieur Lorisse, ce n'est rien !

Il y avait dans sa voix, M. Lorisse devait s'en souvenir par la suite, une légèreté inaccoutumée. Il lui arriva de confier plus tard au chef magasinier, qui était presque aussi ancien que lui dans la maison :

— C'est drôle. Il avait l'air comme dégagé de ses soucis.

A six heures, il se rendit à la banque et pénétra dans le bureau du directeur de l'agence, qui le reçut comme d'habitude avec empressement.

— Voudriez-vous voir ce que j'ai de disponible à mon compte courant ?

Il y avait trois cent quarante et quelques mille francs au crédit. M. Monde signa un chèque de trois cent mille, qu'on lui régla en billets de cinq mille. Il les répartit dans les diverses poches.

— J'aurais pu vous les faire porter..., remarqua le sous-directeur.

Il comprit par la suite, ou plutôt crut comprendre, car, en réalité, à ce moment-là encore, M. Monde était sur le point de laisser l'argent, de n'emporter que quelques billets de mille francs. C'est ce dont personne ne se douta jamais.

Il pensa aux titres du coffre. Il y en avait pour plus d'un million.

« Avec cela, pensa-t-il, ils ne seront pas embarrassés. »

Car il savait que la clef était dans son bureau, que sa femme savait où elle se trouvait et qu'elle avait une procuration en règle.

Sa première idée avait été de partir sans argent. C'était à ses yeux une lâcheté d'en emporter. Cela gâchait tout. En sortant de la banque, il en rougissait, il faillit même retourner sur ses pas.

Puis il ne voulut plus y penser. Il se mit à marcher dans les rues. Il lui arrivait de se regarder dans les vitrines. Près du boulevard Sébastopol, il aperçut un salon de coiffure de troisième ordre et il y entra, prit la file derrière quelques clients et, quand vint son tour de s'asseoir dans le fauteuil articulé, il ordonna de lui raser les moustaches.

2

Il faisait de gros yeux, avançait les lèvres en une moue enfantine, s'efforçant, dans la glace, de ne pas regarder les autres, mais de s'absorber dans sa propre image. Il lui semblait qu'il était très différent de ceux qui étaient là, qu'il les trahissait en quelque sorte en venant se mêler à eux. Pour un peu, il leur en eût demandé pardon.

Le garçon coiffeur, pourtant, le traitait avec indifférence. Au moment où M. Monde s'était renversé dans le fauteuil, il s'était contenté d'adresser un clin d'œil à ses collègues, un clin d'œil si rapide, si machinal, non accompagné de sourire, ni d'ironie, qu'il avait plutôt l'air d'une sorte de signe maçonnique.

Etait-il si différent des autres, avec sa chair soignée, ses vêtements de drap fin, ses chaussures faites à son pied ? Il le croyait. Il avait hâte que la transformation fût accomplie.

En même temps, il souffrait parce que le garçon avait un emplâtre rose à la nuque, un emplâtre bombé qui devait cacher un vilain furoncle violacé. Il souffrait aussi de voir un index bruni par le tabac passer et repasser sous ses yeux, de respirer cette odeur écœurante de la nicotine et du savon à barbe réunis. Et pourtant cette petite souffrance-là lui faisait plaisir !

Il était encore trop nouveau. La transformation n'était pas achevée. Il ne voulait regarder ni à gauche ni à droite, dans le miroir couvert d'inscriptions à la craie, ces hommes en rang derrière lui, qui tous lisaient des journaux de sport et qui, de temps en temps, levaient vers les occupants des fauteuils un regard indifférent.

Le jour de sa première communion, à Stanislas, après qu'il eut regagné sa place avec précaution, les paupières baissées, il était resté longtemps immobile, le visage dans ses deux mains, à attendre la transformation qu'on lui avait promise.

Ce qui s'accomplissait cette fois était tellement plus essentiel ! Il aurait été incapable de l'expliquer, voire d'y penser d'une façon logique.

Quand il avait décidé tout à l'heure... Mais non, il n'avait rien décidé ! Il n'avait rien eu à décider. Ce qu'il vivait n'était même pas tout à fait nouveau. Il avait dû y rêver souvent, ou y avoir tant pensé qu'il avait l'impression de gestes déjà faits.

Il se regardait, la joue tendue par les doigts du garçon coiffeur, et il se disait : « Voilà ! Le sort en est jeté ! »

Sans étonnement. Il s'y attendait depuis longtemps, depuis toujours.

Seulement ses narines n'étaient pas accoutumées à ces parfums à bon marché qu'il respirait à forte dose, alors que jusque-là il n'avait fait que les renifler au passage de quelque ouvrier endimanché. Le doigt bruni par le tabac le choquait, et l'emplâtre, et la serviette douteuse qui entourait son cou.

C'était lui qui faisait tache, lui qui s'étonnait, par exemple, de voir dix personnes se plonger dans la lecture des mêmes journaux de sport ; c'était lui qui devait choquer, qu'on allait peut-être montrer du doigt ?

S'il n'avait pas encore ressenti la joie folle de la délivrance, c'est que la transformation commençait à peine. Il était trop nouveau, oui.

— Friction ?

Il entendit et pourtant il ne répondit pas tout de suite, puis il dit très vite :

— Pardon... Oui... Si vous voulez...

Une fois déjà il avait fait raser cette moustache en brosse qu'on venait de faire disparaître. Il y avait longtemps de cela, la seconde ou la troisième année de son deuxième mariage. Il était rentré tout joyeux rue Ballu, avec l'impression d'avoir rajeuni. Sa femme l'avait regardé de ses petits yeux noirs, déjà durs, et elle avait prononcé :

— Qu'est-ce qui vous a pris ? Vous êtes indécent.

Il n'était pas indécent, mais il n'était pas le même homme. Il y avait soudain dans son expression quelque chose de candide, à cause de la lèvre supérieure qui avançait, de toute la bouche qui, à chaque instant, semblait suppliante ou boudeuse.

Il paya, sortit gauchement, en demandant encore pardon parce qu'il frôlait les jambes croisées de ceux qui attendaient.

Toutes les initiations sont pénibles, et c'en était une. Il plongea dans la rue, se mit à marcher dans des quartiers qu'il connaissait à peine. L'impression le poursuivit que tout le monde le regardait et il se sentait coupable, par exemple, d'avoir fait raser sa moustache, comme un criminel qui a peur d'être reconnu, coupable aussi à cause des trois cent mille francs qui gonflaient ses poches.

A supposer que cet agent, au coin du boulevard, l'arrête et lui demande...

Il cherchait les rues les plus obscures, les plus mystérieuses, celles où les lumières ressemblaient quelque peu à ses lumières de jadis.

N'était-ce pas extraordinaire d'accomplir à quarante-huit ans, exactement à quarante-huit ans, ce qu'il avait failli une première fois accomplir à dix-huit, c'est-à-dire trente ans avant ? Et de se sentir presque le même homme, au point qu'il ne pensait ni à sa femme, ni à ses enfants, ni à tout ce qui s'était passé depuis ?

Il se souvenait exactement de cette première tentation. C'était un soir d'hiver aussi. Il habitait rue Ballu, puisqu'il n'avait jamais habité ailleurs, mais il occupait alors une chambre du second étage au-dessus du bureau de son père, la chambre qui était maintenant la chambre d'Alain. On s'éclairait encore au gaz.

Il devait être onze heures du soir. Il avait dîné en tête à tête avec sa mère. C'était une femme très douce, aux traits fins, à la peau mate, au sourire mélancolique. Ce soir-là, elle était plus pâle que d'habitude, avec des yeux rouges qui avaient pleuré, et autour d'eux, la vaste maison paraissait déserte. Les domestiques marchaient à pas feutrés et parlaient bas comme quand il y a un malheur dans la maison.

Son père n'était pas rentré. Cela lui arrivait souvent. Mais pourquoi, vers les cinq heures, avait-il fait chercher par le cocher sa valise et sa pelisse ?

Il avait toujours eu des maîtresses. Il en avait une, depuis quelque temps, une petite actrice dont on voyait l'image sur tous les murs de Paris, qui paraissait plus dangereuse que les autres.

C'était un homme toujours de bonne humeur, toujours tiré à quatre épingles, qu'un coiffeur venait voir chaque matin à l'hôtel, qui allait ensuite à son cercle faire des armes et qu'on rencontrait aux courses, l'après-midi, en chapeau gris et en jaquette.

Peut-être était-il parti pour toujours ?

Norbert aurait bien voulu consoler sa mère.

— Va te coucher, lui avait-elle dit avec un sourire un peu dolent. Ce ne sera rien.

Ce soir-là, il était resté longtemps le visage collé à la vitre de sa chambre. Il avait éteint le gaz. Il regardait dehors. Il tombait une petite pluie fine. La rue Ballu était déserte, et il ne voyait en tout que deux lumières : celle d'un bec de gaz, à cinquante mètres de la maison, et le rectangle rougeâtre d'un store, à une fenêtre, une sorte d'écran lumineux derrière lequel une ombre passait parfois.

Du côté de la rue de Clichy, on devinait la vie qui coulait, et Norbert Monde, son front brûlant sur la vitre, avait senti un frémissement s'emparer de lui. Derrière lui régnait un calme si profond, si absolu, qu'il lui faisait peur. Cet hôtel familier, ces pièces qu'il connaissait si bien, ces objets qu'il avait toujours vus, il les sentait vivre d'une vie menaçante et terriblement immobile. L'air lui-même devenait vivant, devenait une menace.

C'était un monde noir et fantomatique qui l'enserrait pour le retenir coûte que coûte, pour l'empêcher d'aller ailleurs, de connaître une autre vie.

Alors une femme passa. Il ne voyait qu'une silhouette noire, un parapluie. Elle marchait vite, troussant sa robe d'une main, sur le trottoir lustré d'eau, elle allait tourner le coin de la rue, elle le tournait, et l'envie lui prenait de courir, de s'arracher à la maison ; il lui semblait qu'il pouvait encore le faire, qu'un grand effort suffirait, qu'une fois dehors il serait sauvé.

Il s'élancerait, se jetterait tête baissée dans ce fleuve de vie qui coulait partout autour de la maison figée.

Il tressaillit parce que, sans bruit, dans le noir, la porte s'ouvrait. Il eut peur, peur à crier. Il ouvrit la bouche, mais une voix douce prononça tout bas :

— Tu dors ?

Ce jour-là, il avait encore le choix. Il avait raté l'heure du choix.

Et il la raterait une fois encore, plus tard, au temps de sa première femme.

C'était étrangement voluptueux et effrayant tout ensemble d'y penser, maintenant qu'il venait enfin d'accomplir ce qui était décidé depuis toujours.

Il avait trente-deux ans. Il était le même qu'à présent, aussi corpulent, peut-être davantage. Déjà, à l'école, des camarades l'appelaient Boule de Gomme ! Et pourtant il n'était pas mou.

C'était un dimanche. Une fois encore un dimanche d'hiver, mais, autant qu'il se souvenait, du début de l'hiver, quand l'hiver est plus noir de sentir encore l'automne plutôt que le printemps proche.

Pourquoi, cette fois-là, la maison de la rue Ballu était-elle vide ? Les domestiques étaient sortis. Parce que c'était dimanche, évidemment. Mais sa femme, Thérèse, qui avait l'air si fragile et si candide ? Celle-là... Enfin...

Les deux enfants étaient malades. Non. La fille seulement, qui avait alors cinq ans et qui avait la coqueluche. Quant à Alain, qui n'avait qu'un an, c'était l'époque où il vomissait tout ce qu'il buvait.

Leur mère était sortie quand même. Peu importe ce qu'elle avait inventé. A cette époque-là, on lui aurait donné le bon Dieu sans confession, et personne ne se doutait que...

Bref, il était tout seul. Il ne faisait pas encore noir. Il gelait. Pas uniquement la maison, mais Paris entier semblait vide, avec, de loin en loin, un roulement de voiture sur les pavés. La petite toussait. Parfois il lui faisait prendre une cuiller d'un sirop dont la bouteille était posée sur la cheminée, il pourrait encore en marquer la place exacte.

La veille, le matin même, une heure plus tôt, il adorait sa femme et ses enfants.

Le crépuscule envahissait de cendre la maison, et il oubliait d'allumer les lampes, il allait et venait, revenait toujours à la fenêtre tendue de guipure à ramages. Encore une sensation qu'il retrouvait avec une exactitude obsédante : le quadrillé de la guipure s'interposant entre son front et le froid de la vitre.

Soudain, en regardant l'homme au pardessus verdâtre qui, dans la rue, allumait l'unique bec de gaz se trouvant dans le champ de sa vue, il lui était venu un détachement de tout ; sa fille avait toussé, et il ne s'était pas retourné, le bébé, dans son berceau, vomissait peut-être : il regardait la silhouette de l'homme qui s'en allait et il se sentait comme tiré en avant, il avait une irrésistible envie de s'en aller, lui aussi, droit devant lui...

D'aller quelque part !

Il était même descendu dans son bureau, sans raison, peut-être avec l'idée de partir ? Il était resté longtemps immobile, comme hébété, à la même place, et il avait sursauté quand la cuisinière — celle-là qui l'avait vu naître et qui était morte depuis — s'était écriée, son chapeau encore sur la tête, les mains glacées dans ses mitaines :

— Vous êtes donc devenu sourd que vous n'entendez pas la petite qui crie à fendre l'âme ?

Or, maintenant, il était dans la rue. Il marchait. Il regardait avec presque de l'effroi les ombres qui le frôlaient et toutes ces rues obscures, bourrées de vie invisible, qui s'enchevêtraient à l'infini.

Il mangea quelque part, du côté de la Bastille — il se souvint d'avoir traversé en biais la place des Vosges, — dans un petit restaurant où il y avait des nappes en papier sur le marbre des tables.

— Demain !

Puis il alla se promener le long de la Seine. En cela aussi il accomplissait involontairement un rite fixé depuis longtemps.

Il avait encore des pudeurs, des maladresses. Il était vraiment trop neuf. Pour bien faire, pour aller jusqu'au bout, il aurait dû descendre un de ces escaliers de pierre conduisant tout près de l'eau. Chaque fois qu'il avait franchi la Seine le matin, il avait jeté un coup d'œil sous les ponts, et c'était encore pour retrouver un très vieux souvenir, du temps où il allait à Stanislas et où il lui arrivait de faire la route à pied en flânant : sous le Pont-Neuf, il avait aperçu deux vieux, deux hommes sans âge, hirsutes et gris comme des statues abandonnées ; ils étaient assis sur des tas de pierre, et l'un d'eux, pendant que l'autre mangeait un saucisson, s'entourait les pieds de bandes de cotonnade.

Il ne savait pas l'heure. Il ne s'en était pas inquiété une seule fois depuis qu'il avait quitté la banque. Les rues se vidaient. Les autobus devenaient plus rares. Puis il y eut des bandes de gens qui parlaient à voix très haute et qui devaient sortir des théâtres ou des cinémas.

Dans son idée, il aurait dû choisir un hôtel de dernier ordre, comme celui qu'il avait aperçu tout à l'heure dans une petite rue près de la place des Vosges. Il y répugnait encore. A cause de son costume et à cause des trois cent mille francs.

Près du boulevard Saint-Michel, il entra dans une maison modeste, mais décente. Cela sentait la cuisine. Un gardien de nuit en pantoufles fut longtemps à tripoter des clefs avant de lui en tendre une.

— Au quatrième... La deuxième porte... Essayez de ne pas faire de bruit...

Pour la première fois à quarante-huit ans — on aurait pu dire qu'il s'était offert cela pour son anniversaire que tout le monde avait oublié ! — il était un homme tout seul, mais il n'était pas encore un homme dans la rue.

Toujours sa crainte de choquer, de n'être pas à sa place. Car ce n'était pas de la timidité. Il n'était pas gêné pour lui-même, mais il avait peur de gêner autrui.

Il y avait bien dix minutes qu'il rôdait autour de la maison étroite qu'il n'avait pas eu trop de mal à trouver. Il y avait du soleil ; les boucheries, les crémeries regorgeaient de marchandises odorantes qui envahissaient le trottoir, et on avait peine à se frayer un passage dans la foule des ménagères et des marchandes qui s'agitaient sur le marché de la rue de Buci.

De temps en temps, d'un geste instinctif qui lui faisait honte, M. Monde tâtait ses poches pour s'assurer qu'on ne lui avait pas volé ses billets de banque. Au fait, comment allait-il faire quand il lui faudrait changer de vêtements devant quelqu'un ?

Le problème l'occupa un certain temps. Puis il trouva une solution, mais il lui fallait du papier et de la ficelle. Du papier, c'était facile. Il lui suffisait d'acheter des journaux au premier kiosque venu. N'était-ce pas drôle d'acheter toute une pelote de ficelle pour n'en user qu'un petit bout ?

Il le fit. Il marcha lentement, dans ce quartier où on ne vendait que des victuailles, avant de trouver une papeterie.

Et il ne pouvait pas faire cela en public. Il entra dans un bistrot, commanda un café, descendit à la toilette. Le réduit se trouvait dans la cave, près des bouteilles ; la porte ne fermait pas. Il n'y avait qu'un trou de ciment gris dans le sol et l'espace était si réduit que ses épaules touchaient les murs.

Il fit un paquet des billets de banque, le ficela solidement, jeta dans le trou le reste du papier et de la ficelle, et, quand il tira la chasse d'eau, celle-ci gicla avec force jusque sur ses souliers et éclaboussa son pantalon.

Il oublia de boire son verre de café. Il avait conscience d'avoir l'air d'un coupable et il se retourna pour s'assurer que le marchand de vin ne le suivait pas des yeux.

Il fallait entrer dans la maison étroite, à la façade peinte en bleu, avec de grosses lettres noires :

Location et vente d'habits.

— Savez-vous ce que Joseph fait des vêtements que vous lui donnez ?

C'était sa femme qui lui avait dit cela, un jour, sur un ton agressif.

— ...Il les revend dans une maison de la rue de Buci. Comme vous les lui donnez presque neufs...

Elle exagérait. Elle exagérait toujours. Elle souffrait de voir de l'argent dépensé.

— Je ne vois pas pourquoi, étant donné qu'il est payé, et bien payé, beaucoup trop bien pour ce qu'il vaut, nous lui donnerions encore ce profit...

Il entra. Un petit homme qui devait être Arménien le reçut sans étonnement, contre son attente. Et lui, bégayant :

— J'aurais voulu un complet... un complet très simple... pas voyant... Je ne sais pas si vous comprenez ce que je veux dire ?

— Quelque chose de bien quand même ?

S'il avait osé, il aurait dit :

— Un complet de tout le monde.

Il en pendait dans toute la maison, dans toutes les pièces, des complets de ville, des habits, surtout des habits, des vêtements d'équitation et même deux uniformes de sergent de ville.

— Un tissu assez sombre, n'est-ce pas ?... Pas trop neuf...

Il se troubla un peu plus tard, parce qu'il avait déposé son paquet dans la première pièce et que, maintenant, il était au second étage. Si on allait le lui voler ?

On lui montrait des costumes, mais presque tous étaient trop étroits, ou trop longs de manches et de jambes. Il se trouvait en caleçon au milieu de la pièce quand une femme entra, la femme du marchand, qui avait quelque chose à dire à son mari et qui ne fit pas attention à lui.

Pour qui allait-on le prendre ? Sûrement pour un homme qui se cache. Pour un voleur, pour un assassin, pour un banqueroutier ! Il souffrait.

C'était la transformation qui était pénible. Après, dans moins d'une heure, il serait libre.

— Voici un veston qui a l'air d'être fait pour vous. Malheureusement, je ne sais pas si j'ai le pantalon assorti. Non. Mais tenez... Ce pantalon gris...

Il se laissa faire, faute d'oser discuter. C'était un peu mieux que ce qu'il aurait voulu. Ainsi vêtu, il ressemblait à un bon employé, à un comptable soigneux.

— Peut-être voulez-vous aussi des chaussures et du linge ?

Il en acheta. On lui fournit aussi, toujours d'occasion, une petite valise en fibre d'un vilain brun.

— Vous le gardez sur vous ?

— Si cela ne vous ennuie pas, je voudrais même vous laisser mes vêtements...

Il vit l'Arménien regarder la marque du tailleur et il pensa qu'il avait eu tort de la laisser. Il ne craignait pas d'être poursuivi. L'idée ne lui en était pas venue. Et pourtant cela l'ennuyait de laisser cette trace derrière lui.

Quand il sortit, son paquet était toujours dans la première pièce. Le marchand le lui tendit. Ne devina-t-il pas, à la consistance, que c'étaient des billets de banque ?

Il était dix heures. L'heure... Mais non. Il ne voulait plus penser à ce qu'il faisait les autres jours à tel ou tel moment. Le veston le gênait un peu aux épaules. Le tissu du pardessus était beaucoup plus mince que le sien, et cela lui donnait une impression de légèreté.

Pourquoi, sans hésiter, alla-t-il attendre, au coin du boulevard Saint-Michel, un autobus conduisant à la gare de Lyon ? Il n'y avait pas réfléchi. Il ne s'était pas dit qu'il ferait ceci ou cela.

Une fois encore, il suivait un programme tracé d'avance, mais qui n'avait pas été tracé par lui. La veille non plus il n'avait pas eu de décision à prendre. Tout cela venait de beaucoup plus loin, de toujours.

Il tâtait ses poches, sur la plate-forme de l'autobus. Il se penchait pour se voir dans la vitre. Il n'était pas étonné. Mais il attendait toujours, comme après sa première communion, il attendait quelque chose à quoi il aspirait et qui ne venait pas encore.

C'était drôle de suivre la foule dans le hall de la gare, de n'avoir à la main qu'une mallette comme il en voyait à la plupart des voyageurs, de prendre la file devant un guichet, puis, à son tour, de prononcer docilement :

— Marseille.

On ne lui demanda pas quelle classe. On lui remit un billet de troisième, dont il observa curieusement la couleur mauve.

Il suivait toujours la foule. En somme, il n'y a qu'à se laisser porter. On le poussait, on le bousculait, il recevait des coups de valise dans les jambes, une voiture d'enfant le heurtait dans les reins, le haut-parleur hurlait des ordres, des trains sifflaient, et il grimpa comme les autres dans un compartiment de troisième classe, où il y avait déjà trois soldats qui mangeaient.

Ce qui l'embarrassait le plus, c'était son paquet, qu'il n'avait pas pensé à ranger dans la valise. Il est vrai que celle-ci était déjà pleine, mais il l'ouvrit, tassa ce qu'il y avait dedans, en sorte qu'il se trouva soulagé.

Est-ce que la vie commençait enfin ? Il ne savait pas. Il avait peur de s'interroger. Tout comme l'emplâtre du garçon coiffeur et son index bruni, l'odeur du compartiment le gênait, et, quand le train roula, il alla s'installer dans le couloir.

Une vision magnifique, magnifique et sordide, ce fut celle des hautes tranches de maisons noircies au pied desquelles le train frayait sa route, avec des centaines, des milliers de fenêtres fermées ou ouvertes, du linge qui pendait, des antennes de télé, un entassement prodigieux, en largeur et en hauteur, de vies grouillantes dont le train se détacha brusquement, après qu'on eut aperçu dans une rue qui ressemblait déjà à une grand-route le dernier autobus vert et blanc.

Après, M. Monde ne pensa plus. Le rythme du train s'empara de lui. Ce fut comme une musique régulière sur laquelle s'inscrivaient, en guise de paroles, de bribes de phrases, des souvenirs, des images qui passaient sous ses yeux, une bicoque toute seule dans une campagne, avec une grosse femme qui faisait la lessive, un chef de gare agitant son drapeau rouge dans une gare-jouet, des gens qui défilaient sans cesse derrière lui pour se rendre aux cabinets, un enfant qui hurlait dans le compartiment voisin et un des militaires qui dormait dans son coin, la bouche ouverte dans un rayon de soleil.

Il ne savait pas où il allait, ni ce qu'il ferait. Il était parti. Il n'y avait plus rien derrière lui. Il n'y avait encore rien devant lui. Il était dans l'espace.

Il eut faim. Tout le monde mangeait. Dans une gare, il acheta des sandwiches desséchés et une bouteille de bière.

A Lyon, il faisait déjà nuit. Il faillit descendre, sans savoir pourquoi, tenté de se plonger déjà dans le noir piqueté de lumières, mais le train repartit qu'il n'avait pas encore eu le temps de se décider.

Il y avait des tas de choses en lui qu'il mettrait au point, plus tard, quand il serait habitué, quand le train s'arrêterait, quand il arriverait enfin quelque part.

Il n'avait pas peur. Il ne regrettait rien. Dans la plupart des compartiments, on avait éteint les lumières. Les gens s'appuyaient, pour dormir, les uns aux autres, mélangeaient leurs odeurs et leur haleine.

Il n'osait pas encore. Et, malgré sa lassitude, il restait debout dans le couloir où passaient des courants d'air. Il ne voulait pas regarder vers le wagon voisin où on apercevait des tapis rouges.

Avignon... Il regarda avec stupeur la grosse horloge qui ne marquait que neuf heures... De temps en temps, il jetait un coup d'œil dans son compartiment où il avait laissé sa mallette dans le filet, parmi d'autres bagages curieusement ficelés...

Saint-Charles...

Il descendit à pied, tout doucement, vers le port. Les grandes brasseries de la Canebière étaient encore ouvertes. Il les regardait avec une certaine stupeur, il regardait surtout curieusement les hommes attablés dans la lumière, derrière les vitres, comme s'il eût été étonné de voir la vie continuer.

Ces gens-là étaient à leur table habituelle, comme tous les autres soirs. Ils n'avaient pas pris le train. Ils venaient de jouer aux cartes ou au billard, ou de parler politique, et ils appelaient le garçon, ou encore c'était le garçon qui les connaissait par leur nom et qui venait leur annoncer qu'on allait fermer.

Il y en avait déjà qui sortaient, qui s'attardaient au bord du trottoir pour finir la conversation commencée, se serraient la main, s'en allaient chacun de son côté, chacun vers sa maison, vers sa femme, vers son lit.

Des volets de fer dégringolaient devant des devantures. On fermait aussi des petits bars dans le quartier du Vieux Port.

Il vit l'eau, tout près de lui, des petits bateaux serrés les uns contre les autres et légèrement soulevés par la respiration de la mer. Des reflets s'étiraient, quelqu'un ramait, oui, quelqu'un qui n'était pas seul, car on percevait des chuchotements. Peut-être des amoureux ou des contrebandiers ?

Il releva le col de son pardessus, de ce pardessus qui ne lui était pas encore familier, dont il ne reconnaissait pas le contact. Il leva la tête vers le ciel où il y avait des étoiles. Une femme le frôla, lui dit quelque chose, et il s'éloigna rapidement, prit une petite rue à droite, aperçut la porte éclairée d'un hôtel.

Dès le vestibule, il faisait chaud. Il y avait un comptoir d'acajou, un monsieur correct, vêtu de noir, qui lui demanda :

— Vous êtes seul ?

On lui tendit un bloc de fiches, et, après une seconde d'hésitation, il écrivit un nom quelconque, le premier qui lui vint à l'esprit.

— Il nous reste une chambre qui donne sur le Vieux Port.

L'employé lui prit sa mallette des mains, et M. Monde eut honte. Est-ce que l'homme n'était pas surpris de la pauvreté de son bagage ?

— C'est au second... A cette heure, l'ascenseur ne fonctionne pas... Si vous voulez venir par ici...

La chambre était confortable. Une cloison vitrée la séparait d'un cabinet de toilette. Au-dessus de la cheminée, il y avait un grand miroir, et M. Monde s'y regarda longuement, sérieusement, hocha la tête, commença un soupir qu'il retint et retira son veston aux manches un peu étroites, sa cravate, sa chemise.

Puis il inspecta cette chambre où il était seul et regretta un tout petit peu, sans trop oser se l'avouer, de n'avoir pas écouté la femme qui lui avait parlé tout à l'heure au bord de l'eau.

Enfin il se coucha et releva la couverture jusqu'à son nez.

3

Les larmes jaillissaient de ses paupières closes, qu'elles gonflaient au passage. Ce n'étaient pas des larmes ordinaires. Elles jaillissaient sans fin, tièdes et idéalement fluides, d'une source profonde, se pressaient à la grille des cils et roulaient enfin, libérées, le long des joues, non en gouttes isolées, mais en ruisseaux zigzagants, comme on en voit sur les vitres les jours de grandes pluies ; et la tache de mouillé, près du menton, s'élargissait toujours sur l'oreiller.

C'était la preuve que M. Monde ne dormait pas, ne rêvait pas, puisqu'il pensait à un oreiller et non à du sable. Et pourtant, dans sa pensée, ce n'était pas dans une chambre d'hôtel, d'hôtel dont il ne savait même pas le nom, qu'il était étendu. Il était lucide, mais pas de la lucidité de tous les jours, pas de celle qu'on avoue, de celle, au contraire, dont on rougit le lendemain, peut-être parce qu'elle donne aux choses qu'on veut croire banales la grandeur que leur accordent les poètes et les religions.

Ce qui ruisselait de son être par ses deux yeux, c'était toute la fatigue accumulée pendant quarante-huit années, et, si ces larmes étaient douces, c'est que maintenant l'épreuve était finie.

Il avait abandonné. Il ne luttait plus. Il était accouru de loin — le train n'existait pas, mais seulement un immense mouvement de fuite, — il était accouru vers la mer qui, vaste et bleue, plus vivante que quiconque, âme de la terre, âme du monde, respirait paisiblement près de lui. Car, en dépit de l'oreiller dont la réalité était sans importance, il s'était, en bout de course, étendu près de la mer, il était tombé près d'elle, épuisé et déjà apaisé, il était couché de tout son long sur du sable tiède et doré, et il n'y avait plus rien d'autre dans l'univers que la mer et le sable, et que lui qui parlait.

Il parlait sans ouvrir la bouche, car il n'en était pas besoin. Il disait son infinie courbature qui n'était pas celle du voyage dans un wagon, mais celle de son long voyage d'homme.

Il n'avait plus d'âge. Il pouvait laisser ses lèvres se gonfler comme celles d'un enfant.

— J'ai accompli, toujours, aussi loin que remonte ma conscience, un si grand effort...

Ici, il n'était pas tenu de préciser, comme quand il se plaignait de quoi que ce fût à sa femme.

Est-ce que, quand il était tout petit, on ne chuchotait pas, parmi les domestiques, qu'il ne marcherait jamais parce qu'il était trop gros ? Longtemps il avait eu les jambes arquées.

A l'école, il regardait fixement, douloureusement, les lettres au tableau noir, et le maître lui disait :

— Vous rêvez encore !

Sans doute était-ce vrai, puisqu'il finissait, malgré sa volonté, par s'assoupir ?

— C'est inutile de le pousser à faire des études...

Il se revoyait dans un coin de la cour, à Stanislas, immobile pendant que les élèves couraient, délaissé à son banc par les professeurs qui le dédaignaient.

Et pourtant, patiemment, farouchement, il avait passé son bachot.

Mon Dieu ! qu'il était las, maintenant ! Et pourquoi était-ce ses épaules à lui, qui n'avait fait de mal à personne, qu'on avait choisies pour les charger des poids les plus lourds ?

Jamais son père, par exemple, n'avait eu le moindre effort à accomplir. Il jonglait avec la vie, avec l'argent, avec les femmes, il vivait pour son seul plaisir et toujours il s'était levé, le matin, d'humeur allègre, toujours son fils l'avait vu passer en sifflotant, l'œil allumé par le plaisir qu'il sortait de prendre ou par celui qu'il se promettait.

Il avait mangé de la sorte la dot de sa femme, et sa femme ne lui en avait pas voulu. Il avait presque ruiné la maison héritée de son père et de son grand-père, et c'était son fils qui année après année, avait dû œuvrer pour la remonter.

Malgré cela, quand cet homme avait enfin été abattu par la maladie, il avait retrouvé tous les siens autour de lui et le dévouement d'une femme qui ne lui avait jamais adressé un reproche et qui avait usé sa vie à l'attendre.

Tout cela était gigantesque, hors de proportion avec les mots, à l'échelle de la mer, du sable et du soleil. M. Monde devenait de la taille d'une cariatide enfin délivrée de son fardeau. Il ne se plaignait pas. Il ne récriminait pas. Il n'en voulait à personne. Seulement, pour la première fois, maintenant que c'était fini, il laissait couler sa fatigue sur les vitres et il sentait son corps plus chaud et apaisé.

« Pourquoi as-tu été si dure avec moi ? » avait-il envie de murmurer doucement à l'oreille de la mer.

Il avait tant voulu bien faire ! Il s'était marié pour avoir un foyer, des enfants, il ne voulait pas être un arbre stérile, mais un arbre qui porte des fruits, et un matin sa femme était partie ; il s'était retrouvé avec un bébé dans un lit, une fillette dans un autre, sans comprendre, sans savoir, il s'était heurté la tête à tous les murs, et ceux qu'il questionnait souriaient de son innocence, il avait découvert enfin dans des tiroirs oubliés des dessins ignobles, des photographies obscènes, des choses innommables qui lui révélaient quel être avait été cette femme qu'il avait crue candide.

Dans son for intérieur, il ne lui en avait pas voulu, il l'avait plainte de ce démon qu'elle portait en elle. Et, pour que les enfants ne restent pas seuls, il s'était remarié.

Tout son corps s'étirait, soulagé, et les petites vagues brillantes venaient lécher le sable à son côté ; bientôt peut-être l'une d'elles l'atteindrait-elle pour une caresse ?

Il avait porté son fardeau aussi longtemps qu'il en avait eu la force. Combien c'était laid ! Sa femme, sa fille, son fils... Et l'argent !... Son argent ou leur argent, il ne savait plus, il ne voulait plus le savoir... A quoi bon, puisque c'était fini et qu'enfin ?...

On marchait. Des pas pénétraient brutalement en lui, un plancher qui résonnait méchamment, une porte s'ouvrait, claquait, un silence angoissant ; il sentait qu'il y avait deux personnes face à face, deux personnes qui se mesuraient du regard et qui étaient toutes les deux à l'extrême seuil de la tragédie.

— Non !

Il se passa la main sur le visage, et son visage était sec ; il la passa sur l'oreiller sans rencontrer la tache humide sous son menton. Ses paupières picotaient, mais c'était de fatigue, peut-être aussi à cause des escarbilles du train, et c'était au train encore qu'il devait les courbatures de son corps.

Qui avait dit non ? Dressé sur son séant, les yeux ouverts, il découvrait une mince raie lumineuse sous une porte, la porte de la chambre voisine de la sienne, dans un hôtel de Marseille dont il avait oublié le nom.

L'homme qui avait dit non allait et venait à grands pas de l'autre côté de la cloison. On avait entendu le déclic d'une valise qu'on ouvre.

— Jean !

— J'ai dit : non !

— Jean ! Je t'en supplie !... Ecoute... Laisse-moi au moins m'expliquer...

— Non !

Ils venaient du dehors, de la nuit. Les gestes de l'homme étaient nets et décidés. Sans doute saisissait-il dans l'armoire ses effets épars pour les fourrer dans la valise... Sans doute la femme se raccrochait-elle à lui, car on perçut un bruit mou, suivi d'un gémissement. Il l'avait repoussée, et elle était allée choir Dieu sait où.

— Jean, de grâce...

Elle devait être hagarde. Pour elle non plus, les petites considérations de la vie quotidienne et du respect humain n'existaient plus.

— Je vais t'expliquer... Je te jure...

— Garce !

— Oui, je suis une garce... Tu as raison... Mais...

— Tu veux réveiller tout l'hôtel, oui ?

— Cela m'est égal... Même si cent personnes étaient ici, cela ne m'empêcherait pas de me traîner à tes pieds, de te demander pardon, de te supplier...

— Ta gueule...

— Jean !...

— Ta gueule ! Tu entends ?

— Je ne l'ai pas fait exprès, je t'assure...

— Non ! C'est moi qui l'ai fait exprès...

— J'avais besoin de prendre l'air...

— Tu avais besoin d'un homme, tout simplement...

— Ce n'est pas vrai, Jean... Depuis trois jours que je ne bougeais pas de cette chambre, que je te soignais comme...

— Tu vas peut-être dire comme une mère, espèce de putain ?

— Tu dormais... Je suis sortie pour un moment...

— Merde !

— Tu ne vas pas partir, n'est-ce pas ? Tu ne vas pas me laisser toute seule ?... J'aimerais encore mieux que tu me tues...

— Ce n'est pas l'envie qui m'en a manqué tout à l'heure...

— Eh bien ! tue-moi...

— Tu n'en vaux pas la peine... Recule... Lâche-moi... Tu as compris ?...

Il dut la repousser une fois encore, elle dut rouler par terre, il y eut un silence, puis la voix, dont le pathétique devenait déjà monotone, l'appel sempiternel qui avait presque l'air d'une parodie :

— Jeaaan !...

— Quand tu auras fini de bêler mon nom...

— Je ne pourrais plus vivre sans toi...

— Crève !

— Comment peux-tu parler ainsi ?... Comment peux-tu déjà avoir oublié...

— Oublié quoi ? Ce que tu as fait pour moi ou ce que j'ai fait pour toi ?... Hein ?... Réponds !... Ou plutôt, tais-toi... Où diable as-tu fourré mes chemises ?

Et, comme à l'entracte les tragédiens reprennent une voix normale, elle murmura simplement :

— J'en ai donné trois à laver... Les autres sont sur la planche de dessus, dans le placard de la salle de bains...

Puis, cherchant à nouveau le ton :

— Jean...

Il ne chercha pas à varier.

— Merde !

— Qu'est-ce que tu vas faire ?

— Cela ne te regarde pas.

— Je te jure que, depuis que je te connais, aucun homme ne m'a touchée...

— Sauf celui avec qui tu sortais du dancing au moment où je suis arrivé...

— Je lui avais demandé de me reconduire jusqu'ici... J'avais peur...

Il éclata de rire.

— C'est plus beau que tout.

— Ne ris pas, Jean... Si tu t'en vas, demain, tu t'en repentiras...

— Une menace ?

C'était lui qui était menaçant. Plus que menaçant, car il y eut un choc dur, peut-être un coup de poing, un silence encore, un gémissement :

— Tu n'as pas compris... C'est moi qui... Et puis, non, tiens !... J'aime encore mieux en finir tout de suite...

— Comme tu voudras.

Des pas. Une porte se refermait. Ce n'était pas la porte qui donnait sur le corridor, mais sans doute la porte de la salle de bains. De l'eau coulait dans un verre.

— Qu'est-ce que tu fais ?

Elle ne répondait pas. Il soufflait. Il devait s'efforcer de fermer une valise trop pleine. Puis il faisait le tour de la chambre pour s'assurer qu'il n'avait rien oublié.

— Adieu !... lança-t-il enfin avec une gaieté nerveuse.

Aussitôt la porte se rouvrit, une voix épouvantée lança :

— Jean !... Jean !... De grâce !...

— Zut...

— Une seconde, Jean. Tu ne peux pas me refuser ça maintenant... Ecoute...

Il marchait vers la porte.

— Ecoute... Je vais mourir...

Il marchait toujours. Elle se traînait par terre. On comprenait qu'elle se traînait par terre, sur le tapis douteux, rougeâtre, de leur chambre d'hôtel ;

on avait l'impression de la voir se raccrocher au pantalon de l'homme, et celui-ci la repoussait d'un coup de pied.

— Je jure... je jure... je jure...

Elle hoquetait, les syllabes n'arrivaient que brouillées à ses lèvres.

— ... que je me suis empoisonnée...

La porte s'ouvrit et claqua. Des pas longèrent le corridor et s'éloignèrent dans l'escalier. On perçut faiblement, d'en bas, l'écho d'une conversation entre le voyageur qui partait et l'employé en noir du bureau.

M. Monde était debout au milieu de sa chambre, dans l'obscurité. Il tâtonna le long des murs inconnus pour trouver le commutateur, fut surpris de se voir en chemise et pieds nus. Il s'approcha, pour écouter, de la porte de communication et il n'entendit rien, pas un sanglot, pas un souffle.

Alors, résigné, il ramassa son pantalon au pied du lit, un pantalon qu'il ne reconnaissait pas. Faute de pantoufles, il chaussa ses souliers, sans les lacer.

Il sortit sans bruit de sa chambre, hésita devant la porte voisine et frappa timidement. Aucune voix ne lui répondit. Sa main tourna le bouton, mais il n'osait pas encore pousser l'huis.

Enfin il entendit un bruit à peine perceptible, comme celui d'une personne qui étouffe et qui cherche à avaler un peu d'air.

Il entra. La chambre était pareille à la sienne, un peu plus grande. L'armoire à glace était large ouverte, la porte de la salle de bains aussi, et, par terre, une femme était assise, drôlement tassée sur elle-même, un peu à la façon d'un bonze chinois. Ses cheveux platinés lui tombaient sur le visage. Elle avait les yeux rouges, mais secs. Elle tenait les deux mains sur sa poitrine et elle regardait fixement devant elle.

Elle ne parut pas étonnée de le voir. Cependant elle le vit, le regarda s'approcher sans faire un mouvement, sans dire un mot.

— Qu'est-ce que vous avez fait ? questionna-t-il.

Il ne savait pas de quoi il avait l'air, avec son pantalon déboutonné, ses cheveux déjà rares en toupet sur la tête, comme quand il se levait le matin, et les souliers qui bâillaient.

Elle souffla :

— Fermez la porte.

Puis :

— Il est parti, n'est-ce pas ?

Et, après un silence :

— Comme je le connais, il ne reviendra plus... C'est tellement bête !

Elle hurla ces derniers mots avec sa frénésie de tout à l'heure, en levant les bras vers le ciel qu'elle accusait de la stupidité des hommes.

— C'est tellement bête !...

Et elle se releva, en s'aidant de ses mains, de sorte qu'à certain moment il la vit à quatre pattes sur le tapis. Elle portait une robe très courte, collante, en soie noire, d'où sortaient de longues jambes gainées de bas couleur chair. Le rouge de ses lèvres, le rimmel de ses paupières s'étaient un peu délayés, lui donnant l'air d'une poupée qui déteint.

— Qu'est-ce que vous faites ici ?

Elle tenait à peine sur ses pieds. Elle était lasse. Elle hésitait à s'étendre sur le lit dont la couverture était préparée, mais auparavant elle observait avec méfiance l'homme qui s'était introduit chez elle.

— J'ai entendu..., balbutia-t-il. J'ai peur... Vous savez...

Elle fit une moue, en proie qu'elle était à un haut-le-cœur. Et tout bas, pour elle-même, elle gémit :

— Il faudrait que je vomisse.

— Vous avez pris quelque chose, n'est-ce pas ?

— Du gardénal...

Elle allait et venait, attentive à ce qui se passait en elle, le front barré d'un pli soucieux.

— J'en avais toujours dans mon sac, à cause de lui, qui avait du mal à s'endormir... Mon Dieu !

Elle joignit les mains, faillit se les tordre à nouveau, piquer une nouvelle crise.

— Et je n'ai jamais été capable de vomir !... Peut-être que cela vaut mieux... Je croyais que quand il saurait que j'ai...

Elle avait peur. On voyait nettement la panique prendre possession d'elle. Et ses yeux affolés finirent par se fixer sur l'intrus, tandis qu'elle suppliait :

— Qu'est-ce qu'il faut que je fasse ?... Dites-moi ce qu'il faut que je fasse !

— Je vais appeler un docteur...

— Surtout pas ça... Vous ne savez pas... Ce serait pire que tout... Cela suffirait pour le faire arrêter, et il dirait encore que c'est moi...

Elle ne tenait plus en place, allait et venait sans fin dans l'espace restreint de la chambre.

— Qu'est-ce que vous ressentez ?

— Je ne sais pas... J'ai peur... Si je pouvais vomir...

Il ne savait pas non plus. L'idée de la quitter pour courir chez un pharmacien chercher un émétique ne lui venait pas ou, plutôt, cela lui paraissait trop compliqué.

— Combien avez-vous pris de comprimés ?

Elle se fâcha, furieuse de son inutilité, peut-être du ridicule de sa silhouette.

— Est-ce que je sais, moi ? Ce qui restait dans le tube... Six ou sept... J'ai froid...

Elle jeta son manteau sur ses épaules, regarda la porte, fut sans doute tentée d'aller chercher du secours ailleurs.

— Dire qu'il m'a laissée...

— Ecoutez... Je veux bien essayer... Cela m'est arrivé une fois, avec ma fille qui avait avalé une...

Ils étaient aussi incohérents l'un que l'autre, et, par surcroît, les voyageurs du troisième, qui croyaient sans doute que c'était la même scène qui continuait, frappaient le plafond pour réclamer le silence.

— Venez... Ouvrez la bouche... Laissez-moi faire...

— Vous me faites mal.

— Ce n'est rien... Attendez...

Il cherchait un objet pour lui chatouiller le fond de la gorge, et son innocence était telle qu'il faillit prendre son mouchoir. Elle en avait un à la main, tout petit, roulé en boule dure, qu'il déploya, roula en mèche.

— Ah !... Vous m'étouffez... Ah !

Il était obligé de lui tenir la tête d'une main ferme et il était étonné du peu de volume de son crâne.

— Ne vous raidissez pas... Ma fille aussi se raidissait... Là !... Encore un instant... Vous sentez ?

Des spasmes lui secouaient la poitrine, et soudain elle vomit, sans prendre garde qu'elle vomissait en partie sur cet homme qu'elle ne connaissait pas. Des larmes avaient envahi ses yeux et l'empêchaient de voir. Elle vomissait rougeâtre et il tenait aux épaules, l'encourageait comme on encourage un enfant :

— Là !... Là !... Vous voyez que cela va mieux... Continuez... Ne vous retenez pas... Au contraire. Laissez-vous aller.

Elle le regardait à travers l'eau trouble de ses yeux comme une bête à laquelle on a retiré un os de la gorge.

— Est-ce que vous vous sentez l'estomac vide ? Laissez-moi essayer encore une fois... C'est plus prudent...

Elle fit non de la tête. Elle mollissait. Il dut l'aider à aller s'étendre au bord du lit, les jambes pendantes, et maintenant elle poussait de petits gémissements réguliers.

— Si vous promettez de ne pas bouger, d'être bien sage, je vais descendre au bureau... Il doit bien y avoir un réchaud à gaz, ou un autre moyen de faire bouillir de l'eau... Il vous faut boire quelque chose de chaud pour vous laver l'estomac...

Elle fit signe qu'elle voulait bien, mais, avant de quitter la chambre, il pénétra dans la salle de bains, afin de s'assurer qu'il n'y avait plus de poison. Elle le suivait des yeux, inquiète, se demandant ce qu'il faisait. Elle s'étonna davantage encore quand il fouilla dans son sac à main qui contenait des billets chiffonnés, de la poudre et du rouge.

Mais non ! Il n'était pas un voleur. Il reposa le sac sur la table de nuit.

— Ne bougez pas... Je reviens tout de suite...

Et, dans l'escalier, où il s'efforçait de faire aussi peu de bruit que possible, il avait un sourire amer. Personne n'avait jamais fait cela pour lui ! Toute sa vie, aussi loin qu'il pouvait remonter dans sa mémoire, c'était lui qui avait dû aider les autres. C'est en vain qu'il avait maintes fois rêvé d'être malade pour voir se pencher sur lui quelqu'un qui, en souriant doucement, le déchargerait un moment du poids de son existence.

— Je vous demande pardon de vous déranger. — Il avait toujours été d'une politesse exagérée, tant il craignait de blesser. — Ma voisine ne se sent pas très bien. Auriez-vous l'obligeance de lui faire bouillir un peu d'eau ? Si vous aviez une tisane quelconque...

— Venez par ici.

C'était la nuit. L'hôtel dormait. On entendait pourtant, dans le noir de la ville, un lourd tombereau qui s'en allait quelque part, et parfois le charretier faisait claquer son fouet pour réveiller le cheval endormi.

— Vous les connaissiez ? questionna l'employé de l'hôtel, qui avait compris tout de suite qu'il s'agissait des gens du 28.

— Non.

— Attendez... Je cherche les allumettes.

Il y avait un percolateur dans un réduit encombré et grisâtre qui servait de caféterie, mais ce fut un tout petit réchaud à gaz que l'employé alluma avec ce calme un peu morne des gens qui vivent la nuit, toujours seuls, pendant que les autres dorment.

— J'ai été étonné de le voir partir... Depuis quelques jours, il était malade... Elle était avec lui dans la chambre toute la journée... Elle lui montait elle-même ses repas....

M. Monde se surprit à questionner :

— Il est jeune ?

— Peut-être vingt-deux ans ?... Il faudrait que je consulte sa fiche... Ce soir, ils sont sortis l'un derrière l'autre, elle la première... Quand ils sont rentrés une heure plus tard, j'ai compris qu'il y avait du vilain...

Il conclut par un mot cru.

— Il l'a plaquée, n'est-ce pas ?

L'eau chantait déjà. L'homme cherchait, dans des boîtes de fer, du tilleul qu'il trouva enfin.

— Si vous voulez, je vais lui monter...

— Je le ferai moi-même...

— Du sucre ?

— Peut-être... Oui... Je vous remercie...

C'était d'elle qu'il parlait, évidemment. Pourquoi lui disait-il cela ? Le soupçonnait-il de quelque arrière-pensée ?

— Si vous avez encore besoin de quelque chose, ne vous gênez pas. Je suis ici jusqu'à six heures du matin.

Et il s'accouda à nouveau au comptoir d'acajou, de dessous lequel il tira un livre ouvert dont il continua la lecture.

Quand M. Monde rentra dans la chambre, la théière à la main, la femme s'était endormie, ou elle faisait semblant de dormir. Il fut gêné, parce que la robe, relevée très haut, découvrait, au-dessus du bas, un peu de la cuisse. Il était sans désir, sans arrière-pensée.

— Mademoiselle...

Indifférente, elle entrouvrit les paupières.

— Il faut que vous buviez ceci... Et même, si vous en avez le courage, je vous conseille, par prudence, d'en rejeter une partie, afin de nettoyer l'estomac...

Il s'inquiétait de lui voir le regard trouble, lointain. Elle ne bougeait pas. Il lui souleva le torse, tint la tasse contre ses lèvres.

— Buvez...

— C'est chaud...

Les syllabes étaient molles, inarticulées, comme si la langue eût été trop épaisse.

— Buvez quand même...

Il la força, la fit vomir une fois de plus, mais cette fois elle fut longtemps secouée de hoquets douloureux et elle paraissait lui en vouloir de ce surcroît de souffrances.

— Comme ça, nous sommes tranquilles...

Sans doute parce qu'elle étouffait, elle passa une main par-dessus son épaule, la glissa entre la robe et la peau, détacha son soutien-gorge et, en un geste qu'il ne connaissait pas, mais qui le choqua, elle parvint à le retirer et le jeta par terre.

— Couchez-vous... Si vous voulez vous déshabiller, je sortirai un moment...

Elle ne lui en donna pas le temps et, l'air indifférent, elle retira sa robe par-dessus sa tête, la faisant glisser le long de son corps comme une peau superflue. Tourné vers le mur, il l'entrevoyait quand même dans une des portes de l'armoire à glace. Sous sa robe, elle n'avait rien, qu'un étroit cache-sexe rose et une ceinture plus étroite encore qui soutenait les bas. Quand elle se pencha pour retirer ceux-ci, ses petits seins pointus restèrent comme suspendus dans l'espace.

Elle enleva aussi le cache-sexe maintenu par un élastique qui laissa une trace rougeâtre sur la peau et, quand elle fut nue, le ventre à peine ombré à la naissance des cuisses, elle hésita, se dirigea sur la pointe des pieds jusqu'à la salle de bains où elle se comporta comme s'il n'y eût pas eu d'homme dans la chambre voisine.

Elle revint enveloppée d'un peignoir d'un bleu passé, et ses yeux étaient toujours flous, sa bouche dégoûtée.

— Je suis malade..., soupira-t-elle en s'étendant.

Puis, comme il la bordait :

— Je n'en peux plus...

Elle s'endormit tout de suite, roulée en boule, sa tête tout en bas de l'oreiller, de sorte qu'il ne voyait plus que ses cheveux décolorés. Quelques instants plus tard, déjà, elle ronflait, et M. Monde, sans bruit, gagnait sa chambre pour y prendre son veston et son pardessus, car il avait eu froid.

Il n'y avait pas longtemps qu'il était installé dans le fauteuil, près du lit, quand il remarqua que les fentes des persiennes devenaient lumineuses. Des bruits s'éveillaient, les uns dans l'hôtel même, les autres dehors. C'étaient surtout, dehors, des moteurs qui avaient de la peine à partir, des moteurs de bateau, il s'en rendait compte, car des rames clapotaient dans l'eau, les barques du Vieux Port s'entrechoquaient ; une usine sifflait ; des sirènes, au loin dans le port des paquebots et des cargos, mugissaient interminablement.

Il éteignit la lampe électrique qu'il avait laissée allumée, et les raies claires des persiennes se projetèrent sur les murs.

Il y avait du soleil. Il aurait bien voulu voir. Debout à la fenêtre, il s'efforçait de plonger le regard entre les lattes des volets, il ne distinguait que de minces tranches d'objets, un morceau du trolley d'un tram qui passait, par exemple ; quelques coquillages roses et violets sur une petite charrette.

La femme ne ronflait plus. Elle avait repoussé la couverture et elle avait maintenant les joues cramoisies, les lèvres gonflées, une expression douloureuse répandue sur tout le visage. La luisance de la peau contrariait l'effet des fards, si bien que ce n'était plus la même femme, c'était un visage plus humain, quelque chose de très jeune, de très pauvre, d'un peu vulgaire. Elle avait dû naître dans une bicoque de faubourg, traîner, bébé, mal mouchée et le derrière nu, sur un seuil de pierre, courir les rues en revenant de la communale.

Les uns après les autres, les voyageurs quittaient l'hôtel, les autos passaient dans la rue, tous les bars devaient être ouverts, tandis que, dans les brasseries encore désertes, les garçons étendaient la sciure sur le plancher gris et passaient les vitres au blanc d'Espagne.

Il avait le temps de faire sa toilette et de s'habiller. Il passa dans sa chambre après s'être assuré que sa compagne dormait toujours. Il ouvrit les persiennes, les fenêtres toutes grandes, malgré le froid piquant du matin, et il sentait la vie pénétrer à flots, il voyait l'eau bleue, des roches blanches au loin, un bateau à cheminée cerclée de rouge qui s'en allait vers le large en traçant un sillon merveilleusement blanc.

Il avait oublié la mer immense, et le sable, et le soleil, et les confidences qu'il leur avait chuchotées, et, s'il lui en restait comme un vague arrière-goût de larmes, il en avait honte.

Pourquoi lui avait-on donné une chambre sans baignoire, alors qu'il eût voulu faire ruisseler l'eau fraîche sur son corps et le purifier ? A cause de ses vêtements sans doute, tristes et mal coupés, qui maintenant le gênaient ?

Il n'avait pas apporté de rasoir, ni de savon, ni de brosse à dents. Il sonna. Un chasseur ne tarda pas à frapper à sa porte. Il hésitait à le charger de cette commission, à renier déjà le rêve si proche.

— Vous irez m'acheter...

Et, en attendant le retour du gamin en uniforme, qu'il entrevit courant à cloche-pied le long du trottoir, il regarda la mer qui n'était plus celle de la nuit, qui formait un port, que sillonnaient des bateaux à moteur et où des pêcheurs trempaient leurs filets.

Longtemps, dans l'éblouissement du matin, il fixa le pont transbordeur, dont la gigantesque carcasse de métal barrait l'horizon et où on devinait, de loin, des hommes minuscules.

4

M. Monde avait attendu, parce qu'il ne lui semblait pas possible de faire autrement. De temps en temps, il allait coller l'oreille à la porte de communication puis retournait se camper devant la fenêtre et, à cause du froid piquant, il avait mis son pardessus et il enfonçait ses mains dans ses poches.

Vers dix heures, il avait pensé que la vacarme de la ville et du port l'empêcherait d'entendre un appel de la chambre voisine et il avait refermé la fenêtre à regret. Son cœur était lourd à cet instant ; il avait eu un drôle de sourire en se regardant dans la glace, en pardessus, près d'un lit défait, dans une chambre d'hôtel où il ne savait que faire.

Tout à la fin, il était assis sur une chaise, comme dans une salle d'attente, près de la fameuse porte, et, comme dans une salle d'attente encore, il se livrait à des suppositions, à des menaces, il comptait jusqu'à cent, jusqu'à mille, jouait à pile ou face pour décider s'il resterait ou non, jusqu'à ce qu'enfin il sursautât, tel un homme qu'on réveille, car il avait dû s'assoupir. On marchait, à côté, non pas pieds nus, à pas mous, mais avec de hauts talons qui rendaient un son net.

Il se précipita, frappa.

— Entrez !

Elle était déjà tout habillée, un petit chapeau rouge sur la tête, son sac à la main, et elle allait sortir. Quelques instants de plus, et il la ratait. Elle avait fait sa toilette comme si rien ne se fût jamais passé, son maquillage était net, avec une étrange bouche peinte, plus petite que la véritable, de sorte que le rose pâle de la vraie bouche dépassait comme un vêtement de dessous.

C'était lui qui restait gêné dans l'encadrement de la porte, tandis qu'après lui avoir jeté un coup d'œil aigu — comme pour s'assurer que c'était bien là le monsieur de la nuit, dont elle ne se rappelait guère les traits — elle cherchait ses gants autour d'elle.

— Vous allez mieux ?

— J'ai faim, dit-elle.

Elle trouva enfin ses gants, qui étaient rouges comme son chapeau, sortit de la pièce et ne s'étonna pas qu'il la suivît dans l'escalier.

L'hôtel avait changé d'aspect. Au grand jour, le vestibule qui servait de hall paraissait plus luxueux. L'employé de la réception, derrière le comptoir d'acajou, portait jaquette, les murs étaient recouverts de boiseries en contreplaqué, et il y avait des plantes vertes dans les coins, un chasseur en vert aussi devant la porte.

— Taxi, messieurs-dames ?

Ce fut la femme qui dit non, tandis que M. Monde, sans savoir pourquoi, évitait le regard du chef de la réception, qui pourtant ne le connaissait pas. A vrai dire, M. Monde était gêné de ses vêtements étriqués. Il se sentait gauche. Peut-être regrettait-il ses moustaches ?

Sur le trottoir, il se plaça à gauche de sa compagne qui marchait à pas nets sans s'inquiéter de lui, mais sans s'étonner de sa présence. Tout de suite, elle tourna à gauche, puis ils se trouvèrent au coin de la Canebière et du Vieux Port, elle poussa une porte vitrée et se faufila en habituée entre les tables d'un restaurant.

M. Monde suivait. Il y avait là trois étages de vastes pièces vitrées où l'on mangeait, où des centaines de gens mangeaient, serrés les uns contre les autres, cependant qu'entre les tables, dans les couloirs, dans l'escalier, on voyait courir des garçons et des serveuses portant des bouillabaisses, des langoustes, des pyramides de raviers pleins de coquillages.

Le soleil pénétrait à flots par les baies vitrées. Celles-ci descendaient jusqu'au plancher, comme dans les grands magasins, comme des vitrines, si bien que du dehors on voyait les dîneurs en entier. Tous mangeaient. Tous se regardaient les uns les autres avec des yeux curieux ou vides de pensées. Parfois quelqu'un levait la main, s'impatientait, criait :

— Garçon !

Une forte odeur d'ail, de safran, de crustacés prenait à la gorge. La note dominante était la note rouge des langoustes qu'on voyait au bout du bras des garçons et sur presque toutes les tables, et encore, en carcasses minces et vides, sur les assiettes de ceux qui partaient.

La jeune femme avait trouvé deux places contre un mur. M. Monde lui faisait face. Tout de suite, il s'était demandé ce qu'elle regardait avec tant d'attention derrière son dos et, s'étant retourné, il avait constaté que c'était une glace où elle se voyait.

— Je suis pâle..., dit-elle. Garçon !...

— Voilà !

En courant, il leur mettait dans la main un menu immense, couvert du violet et du rouge de la pâte à polycopier. Et elle étudiait ce menu avec le plus grand sérieux.

— Garçon !

— Madame...

— Est-ce que les andouillettes sont bonnes ?

M. Monde leva la tête. Il devait faire, à cet instant, une découverte. S'il avait posé la même question, par exemple, il était persuadé que le garçon, n'importe quel garçon de la terre, lui aurait tout naturellement répondu oui, faisant ainsi son métier de garçon. Imagine-t-on un garçon disant à ses clients : « C'est mauvais ! N'en mangez pas ! »

C'est oui aussi que le garçon répondait à la jeune femme, mais pas un oui quelconque. On sentait qu'à elle il ne mentait pas, qu'il ne la considérait pas de la même façon que les centaines de clients qui débordaient des trois étages de l'immense usine à manger.

Avec elle, il était à la fois respectueux et familier. Il reconnaissait quelqu'un de sa race. Il la félicitait d'avoir réussi. Il ne voulait pas lui faire de tort. Pour cela, il était nécessaire de comprendre la situation et il se tournait vers M. Monde qu'il jaugeait.

— Si vous permettez que je vous conseille...

Il ne perdait pas le contact avec la femme. Est-ce qu'entre eux des signes imperceptibles ne suffisaient pas ? Il semblait lui demander : « Le grand jeu ? »

Et, comme elle restait indifférente, il se penchait sur la carte, désignait du doigt certains plats.

— Des coquillages, d'abord, évidemment... Ce ne serait pas la peine d'être descendu à Marseille pour ne pas manger de coquillages... est-ce que vous aimez les oursins ?

Il exagérait son accent.

— Après, une bonne bouillabaisse maison avec de la langouste.

— Vous me donnerez de la langouste toute seule ! intervint-elle. Sans mayonnaise. Je ferai ma sauce moi-même...

— Et une andouillette après...

— Vous avez des cornichons ?

— Et comme vin ?

Il y avait, du côté de la Chaussée-d'Antin, un restaurant qui n'était pas sans analogie avec celui-ci et où, du dehors, on apercevait à travers les vitres des quantités de gens qui mastiquaient leur nourriture. Or, Dieu sait pourquoi, il était arrivé à M. Monde de les envier. D'envier quoi, au juste, il n'en savait rien. Peut-être d'être foule, tous à peu près pareils aux autres, coude à coude, à l'aise dans une atmosphère d'un brillant facile, d'une vulgarité réconfortante.

Les clients, pour la plupart, devaient venir de province, ou c'étaient de petites bourses qui s'étaient dit : « On va se payer un bon dîner... »

A la table voisine de la leur, en plein soleil, trônait une femme d'un certain âge, énorme, rendue plus énorme encore par un manteau de fourrure, de gros brillants, vrais ou faux, aux oreilles, des brillants encore aux doigts, qui commandait à voix haute, buvait sec et riait aux éclats, en compagnie de deux jeunes gens qui n'avaient peut-être pas dépassé leur vingtième année.

— Vous ne nous suiviez pas ?

Il tressaillit. Sa compagne, dont il ne savait pas le nom, le regardait durement, le front buté, et il y avait tant de froide lucidité dans son regard qu'il rougit.

— Il vaut mieux que vous disiez la vérité. Vous êtes de la police ?

— Moi ? Je vous jure...

Elle voulait bien le croire. Elle devait s'y connaître en gens de police, mais elle insista néanmoins :

— Comment se fait-il que vous ayez été justement là cette nuit ?

Et lui, volubile, comme s'il eût été pris en faute :

— Je venais d'arriver de Paris... Je ne dormais pas... Je venais seulement de m'assoupir... J'ai entendu...

Il était trop honnête pour mentir.

— Tout ce que vous avez dit...

On couvrait leur table de hors-d'œuvre et de coquillages dont les raviers se chevauchaient et on leur servait du vin blanc dans un seau à champagne. M. Monde s'étonna. Sa tenue modeste n'avait pas découragé le garçon. Peut-être étaient-ce des gens à tenue modeste qui venaient faire la fête à cet endroit ?

— J'ai recommandé au chef de soigner votre andouillette! murmura le garçon en se penchant vers la jeune femme.

Et celle-ci, tout en mangeant à la cuiller les petits grains rose pâle d'un oursin :

— Vous êtes marié...

Elle fixait son alliance qu'il ne lui était pas venu à l'idée de retirer.

— C'est fini, dit-il.

— Vous avez quitté votre femme ?

— Hier...

Elle eut une moue dédaigneuse.

— Pour combien de temps ?

— Pour toujours.

— On dit ça...

— Je vous assure...

Et il rougit en s'apercevant qu'il avait l'air, faussement, de se vanter de sa liberté, comme s'il avait l'intention d'en profiter.

— Ce n'est pas ce que vous croyez... C'est plus compliqué...

— Oui... Je sais...

Qu'est-ce qu'elle savait ? Elle le regardait, puis elle se regardait dans le miroir, aussi durement, puis elle se tourna vers la femme aux brillants et aux deux jeunes gens :

— Vous auriez peut-être mieux fait de me laisser, soupira-t-elle. A cette heure-ci, ce serait fini.

Elle n'en décortiquait pas moins ses crevettes avec beaucoup de minutie, du bout de ses ongles laqués.

— Vous êtes du pays ? questionna-t-il.

Elle haussa les épaules. Une femme comme elle n'aurait pas posé une question aussi stupide.

— Je suis du Nord, de Lille. Et vous, vous êtes de Paris, n'est-ce pas ? Qu'est-ce que vous faites ?

Elle examinait le complet, la chemise, la cravate. Et comme, gêné, il tardait à répondre, elle fit d'une voix changée, presque menaçante :

— Vous n'êtes pas parti avec la caisse, au moins ?

Il n'avait pas réalisé le sens de l'apostrophe qu'elle avait le temps de poursuivre, comme prête à le laisser en plan :

— Parce que *ça*, j'en ai marre...

— Je ne suis pas employé.

— Qu'est-ce que vous êtes ?

— Je suis rentier.

Elle l'examina encore. Qu'est-ce qui, dans l'aspect de son compagnon, la rassura ?

— Bon...

— Un petit rentier...

Elle dut traduire ces deux mots par le mot avare, car elle eut un étrange coup d'œil à la table couverte de victuailles et à la bouteille de vin cher.

M. Monde avait le sang à la tête. Sans rien avoir bu — il venait seulement de tremper les lèvres dans son verre embué, — il était un peu saoul de toute cette lumière aveuglante dans laquelle s'agitaient trop de gens, saoul de tout le rouge des langoustes, des allées et venues vertigineuses des garçons et du vacarme des conversations, de ces confidences, peut-être, que les gens hurlaient pour couvrir le bruit des autres voix et le bruit des fourchettes et des assiettes.

— Je me demande où il peut être à cette heure-ci.

Et, comme, sans réfléchir, il avait la naïveté de demander qui, elle haussa les épaules, définitivement éclairée sur son compte.

— Il y perdra plus que moi...

C'est elle qui éprouvait le besoin d'en parler. Pas nécessairement à lui, à n'importe qui. On avait servi la langouste, et elle se confectionnait dans son assiette une vinaigrette dont elle dosait avec soin les ingrédients.

— La mayonnaise me tourne sur le cœur. Je ne vois pas pourquoi je ne vous dirais pas la vérité. Après ce qu'il a fait ! Je me suis traînée à ses pieds, ce que je n'ai jamais fait pour aucun homme, et j'ai reçu un coup de talon ici... Tenez... On voit encore la trace...

C'était vrai. De près, on devinait, sous le fard, une légère enflure de la lèvre supérieure, sur le côté gauche.

— Un type de rien du tout... Le fils d'une marchande de légumes qui, il y a quelques années encore, poussait sa charrette dans les rues... Si encore c'était moi qui étais allée le chercher !... Mais j'étais bien tranquille... Vous connaissez Lille ?

— J'y suis passé...

— Vous n'êtes pas allé à la *Boule Rouge* ?... C'est un petit cabaret en sous-sol, près du théâtre. Le patron a tenu une boîte place Pigalle... Fred... Il n'y vient que des habitués, des gens bien qui ne voudraient pas se montrer n'importe où... Surtout des industriels de Roubaix et de Tourcoing... Vous voyez le genre... Le soir, on danse, et il y a des numéros... J'y ai débuté comme danseuse, voilà trois ans...

Il aurait bien voulu connaître son âge, mais il n'osa pas le lui demander.

— Garçon !... Changez-moi mon verre, voulez-vous ? J'ai laissé tomber de la langouste dedans...

Elle ne perdait pas le fil de ses idées et elle se regardait toujours de temps en temps dans la glace, on aurait même dit qu'elle écoutait en outre la conversation de la femme aux brillants et de ses deux compagnons.

— Qu'est-ce que vous croyez que c'est ? questionna-t-elle soudain.

— Je ne sais pas. Ce ne sont sûrement pas ses fils...

Elle pouffa.

— Des gigolos, oui ! Et il n'y a pas longtemps qu'elle les a rencontrés. Peut-être même qu'il n'y a encore rien eu, car ils se regardent tous les deux férocement et ils ne savent pas qui gagnera la partie... Je parle d'elle.... Eh bien ! Je parie qu'elle tient une boutique d'alimentation, une poissonnerie, ou une charcuterie, dans un bon quartier, où les affaires marchent... Elle se paie quinze jours dans le Midi.

On apportait le bifteck de M. Monde.

— Un instant pour l'andouillette... Elle marche...

Et la jeune femme poursuivait :

— On m'appelle Julie, de mon vrai nom. Je dansais sous le nom de Daisy. Ces messieurs venaient aussi à l'apéritif, et c'était le moment le plus agréable, parce qu'il n'y avait pas de poules. On était comme entre copains. Vous me croirez si vous voulez, mais la plupart étaient sérieux avec moi. Ils venaient là pour se changer de leur bureau et de leur famille, vous comprenez ?...

» Il y en a un, le plus chic type de tous, un gros un peu comme vous, tenez, qui m'a fait la cour pendant au moins trois mois...

» Je savais bien où il voulait en venir, mais je n'étais pas pressée... Il était de Roubaix... Des gens connus, très riches... Il avait une peur bleue d'être vu en entrant ou en sortant du cabaret, et il envoyait toujours le chasseur s'assurer qu'il ne passait personne dans la rue...

» Il n'a plus voulu que je danse. Il m'a loué un joli appartement dans une rue calme où il n'y a que des maisons neuves... Et cela durerait encore s'il n'y avait pas eu Jean... Quand il venait me voir, il apportait des victuailles, tout ce qu'il avait trouvé de meilleur, des langoustes, tenez, grosses comme dix fois celle-ci, des ananas, les premières fraises dans de petites boîtes garnies de coton, du champagne... On faisait la dînette...

Et soudain, sur un autre ton :

— Qu'est-ce que je vous disais ?

Il ne comprenait pas. Elle lui désignait du coin de l'œil la table voisine et, se penchant, elle murmurait :

— En parlant de poisson avec le garçon, elle vient de lui dire que, si elle se permettait de le vendre ce prix-là... J'avais raison !... C'est une marchande de poisson ! Quant aux deux petits, il y a des chances pour qu'avant ce soir ils s'égratignent le visage comme deux chats...

» Où en étais-je ? C'est pour que vous sachiez que je ne dois rien à ce Jean... Au contraire !... De temps en temps, il m'arrivait de retourner à la *Boule Rouge*... En cliente... Parce que j'y avais de bons amis... Mais j'étais sérieuse. Si je le dis vous pouvez me croire...

» C'est là que j'ai rencontré Jean... Il était employé dans une quincaillerie, mais, au début, il essayait de crâner, de faire croire qu'il était de la haute... Tout ce qu'il gagnait passait à s'habiller et à se payer des cocktails... On ne peut même pas dire qu'il soit beau.

» N'empêche que je m'y suis laissé prendre, et ça a été pour mon malheur... Je ne sais pas comment je me suis mise à l'aimer... Au début, il parlait de se tuer si je n'acceptais pas ses propositions et il me faisait des scènes à tout propos...

» Il était tellement jaloux que je n'osais plus sortir... Il est même devenu jaloux de mon ami, et alors la vie n'a plus été possible...

» Tant pis ! Nous partirons, et je t'aurai à moi tout seul..., répétait-il.

» Mais moi, qui savais qu'il gagnait deux mille francs par mois et qu'il devait encore en remettre une partie à sa mère...

» Eh bien ! il l'a fait comme il l'a dit... Un soir, il est arrivé tout pâle... J'étais avec mon ami. Il m'a fait appeler par la logeuse qui habitait le rez-de-chaussée...

» — Mademoiselle Julie, qu'elle m'a dit, vous ne voulez pas descendre un petit instant ?...

» A son air, elle avait compris, elle aussi, que c'était grave... Il se tenait debout dans le corridor... Je le vois encore, près du portemanteau, éclairé par la lanterne à verres de couleur.

» — Il est là ? gronda-t-il entre ses dents.

» — Qu'est-ce que tu as ? Tu es fou ?...

» — Il faut que tu viennes tout de suite... Nous filons...

» — Hein ?

» — Emporte ce que tu pourras... Nous prenons le train de minuit dix...

» Et, tout bas — son haleine sentait l'alcool :

» — *J'ai emporté la caisse !...*

» Voilà comment ça s'est passé. Qu'est-ce que je pouvais faire ? Je lui ai dit de se promener sur le trottoir en m'attendant. Une fois en haut, j'ai raconté à mon ami qu'on venait de m'avertir que ma sœur attendait un bébé et qu'elle demandait que je vienne tout de suite...

» Il ne s'est douté de rien, le pauvre homme... Il faisait de gros yeux tout déçus, parce que, n'est-ce pas, ce soir-là, il n'avait encore rien eu...

» — Enfin ! J'essayerai de venir demain...

» — C'est ça... Viens demain...

» Il est parti... J'ai soulevé le store et j'ai vu Jean qui attendait sous le bec de gaz du coin... J'ai fourré mes affaires dans ma valise... Je n'avais que celle-là... J'ai dû laisser des robes encore toutes bonnes et trois paires de chaussures... Nous avons pris le train de nuit... Il avait très peur... Il voyait des policiers partout... A Paris, il ne s'est pas encore senti en sûreté, il n'a même pas voulu descendre à l'hôtel, par crainte qu'on ne lui demande sa carte d'identité, et nous avons pris tout de suite le train de Marseille...

» Qu'est-ce que vous vouliez que je lui dise ? Ce qui est fait est fait...

» Nous sommes arrivés ici la nuit... On a erré au moins une heure dans les rues avec nos bagages avant qu'il se décide à entrer dans un hôtel !...

Elle dévorait son andouillette tartinée de moutarde et croquait de temps en temps un cornichon acide.

— Il est tout de suite tombé malade... C'est moi qui le soignais. La nuit, il avait des cauchemars et il parlait tout haut, il voulait se lever, il fallait que je le retienne tellement il se débattait...

» Cela a duré une semaine... Et savez-vous combien il avait pris ? Vingt-cinq mille francs... C'est avec ça qu'il voulait prendre le bateau pour l'Amérique du Sud... Seulement, il n'y en avait pas dans le port... Tous ceux qui étaient annoncés partaient de Bordeaux...

» Hier au soir, j'étouffais, j'en avais assez, il me fallait de l'air, et je lui ai annoncé que je sortais pour une heure... J'aurais dû me douter que, jaloux comme il était, il me suivrait... Peut-être que je m'en doutais... Mais c'était plus fort que moi... Et, une fois dehors, je ne me suis même pas retournée... Deux rues plus loin qu'ici — je ne connais pas les noms des rues, — j'ai vu une lumière comme celle de la *Boule Rouge* et j'ai entendu de la musique... J'avais une telle envie de danser que rien n'aurait été capable de me retenir... Je suis entrée...

Elle se retourna brusquement comme si, à cet instant précis, elle eût senti derrière elle la présence de l'homme qu'elle évoquait, mais ce n'était qu'un couple si frais, si pommadé, si souriant qu'on reconnaissait du premier coup d'œil un voyage de noces.

— Je me demande où il peut bien être allé. Comme je le connais, il est capable de s'être rendu à la police... Sinon, s'il est encore à rôder à Marseille, je risque sans cesse un mauvais coup... Mais si !...

» J'ai dansé... Un homme très bien, qui est dans les oranges, m'a proposé de me raccompagner.

» Au moment où je sortais avec lui du dancing, j'ai vu Jean planté au bord du trottoir...

» Il ne m'a rien dit... Il s'est mis à marcher... Et moi, quittant l'autre que je reconnaîtrais à peine si je le revoyais, je me suis élancée derrière lui...

» — Jean !... que j'appelais... Ecoute !...

» Il est entré ici, les dents serrées... Il était blanc comme une serviette... Il a commencé à faire sa valise... Il m'a traitée de tous les noms...

» Et pourtant je vous jure que je l'aimais... Et même, je crois que si je le revoyais maintenant...

Des vides se creusaient autour des tables. La fumée des cigarettes commençait à envahir les salles en même temps que l'odeur des alcools et des liqueurs.

— Café, messieurs-dames ? Une petite liqueur.

Encore une image qui avait souvent frappé M. Monde, une image que l'on entrevoit dans les rues de Paris quand on plonge le regard à travers la vitre des restaurants : face à face, avec entre eux une table desservie, une nappe souillée, des tasses de café, des verres d'alcool ou de liqueur, un homme d'un certain âge, d'un certain embonpoint, le teint fleuri, l'œil heureux et un peu inquiet, et une jeune femme tenant son sac à main à hauteur de son visage pour refaire, devant le miroir, l'accent circonflexe de sa lèvre.

Il en avait rêvé. Il les avait enviés. Julie corrigeait son maquillage, fouillait son sac, appelait le garçon.

— Vous avez des cigarettes ?

Et ses lèvres coloraient aussitôt de rose charnel, d'un rose plus féminin que du sang de femme, le bout blafard d'une cigarette.

Elle avait tout dit. C'était fini. Vide, maintenant, elle regardait dans le miroir par-dessus l'épaule de son compagnon, et de petits plis sur son front révélaient le retour de ses soucis.

Il n'était plus question d'amour, mais de vie. Que pensait-elle au juste ? Deux fois, trois fois, son regard, par petites touches rapides, scrutait l'homme, le jaugeait, supputait son utilité possible.

Et lui, gêné, conscient de son imbécillité, balbutiait :

— Qu'est-ce que vous allez faire ?

Un sec haussement d'épaules.

Il avait tant envié ceux qui ne se font aucun souci du lendemain et qui ignorent les responsabilités dont certains hommes se chargent les épaules !

— Vous avez de l'argent ?

Fermant à demi les yeux à cause de la fumée qu'elle soufflait devant elle, elle saisit son sac et le lui tendit.

Il l'avait déjà ouvert au cours de la nuit. Il le retrouvait tel, avec les fards, un bout de crayon, quelques billets froissés, dont un de mille francs.

Elle le regardait dans les yeux, durement, puis un sourire méprisant, terriblement méprisant, se dessinait sur ses lèvres, cependant qu'elle disait :

— Ce n'est pas cela qui m'embarrasse, allez !

Il était tard. Ils étaient presque seuls, maintenant, dans les salles désertes où les garçons commençaient à mettre de l'ordre et où déjà, dans un coin, les serveuses dressaient des couverts pour le repas du soir.

— Garçon !

— Voilà, messieurs-dames...

Et les chiffres voltigèrent, happés par le crayon violet qui les alignait sur un bloc, une feuille se détachait de celui-ci et se posait sur la nappe en face de M. Monde.

Il avait beaucoup d'argent dans son portefeuille. Il y avait glissé autant de billets que celui-ci en pouvait contenir, et cela le gêna de l'ouvrir ; il le fit malgré lui, à la façon furtive d'un avare, il comprit que Julie s'en apercevait, qu'elle avait vu la liasse, qu'elle le regardait à nouveau d'un œil soupçonneux.

Ils se levèrent en même temps, passèrent au vestiaire et se retrouvèrent dehors, au soleil, à ne savoir que faire, à ne savoir ni rester ensemble ni se quitter.

Machinalement, ils marchèrent au bord du quai et se mêlèrent aux gens qui regardaient des gamins ou des vieux pêcher à la ligne.

Une heure encore et ce serait le moment où Mme Monde descendrait de voiture en face du commissariat de police de la rue La-Rochefoucauld. Il n'y pensait pas. Il ne pensait à rien. Il avait conscience de s'agiter au milieu d'un univers démesuré. Sa peau, à cause du soleil, avait l'odeur de printemps. Ses souliers se couvraient de fine poussière. Le parfum de sa compagne le poursuivait.

Ils avaient peut-être parcouru deux cents mètres et ils n'allaient nulle part quand elle s'arrêta.

— Je n'ai pas envie de marcher, décida-t-elle.

Alors ils revinrent sur leurs pas, revirent les trois étages vitrés du restaurant où ne s'agitaient plus que les silhouettes blanches et noires des garçons. Tout naturellement, ils remontèrent la Canebière et, devant une brasserie dont le velum rayé était baissé malgré la saison, M. Monde proposa :

— Voulez-vous vous asseoir ?

Ils se retrouvèrent contre la vitre, un guéridon de marbre entre eux, lui devant un verre de bière posé sur un disque de carton, elle devant un café qu'elle ne buvait pas.

Elle attendait. Elle dit :

— Je vous empêche d'aller à vos affaires.

— Je n'ai pas d'affaires.

— C'est vrai. Vous m'avez dit que vous étiez rentier. Où habitez-vous ?

— J'habitais Paris, mais je suis parti.

— Sans votre femme ?

— Oui.

— A cause d'une poule ?

— Non.

De l'incompréhension passa dans ses yeux et, une fois encore, de la méfiance.

— Pourquoi ?

— Je ne sais pas... Pour rien...

— Vous n'avez pas d'enfants ?

— Si...

— Et cela ne vous a rien fait de les laisser ?

— Ils sont grands... Ma fille est mariée...

On jouait au bridge non loin d'eux, des citoyens importants, conscients de leur importance, et deux tout jeunes gens — de l'âge d'Alain — jouaient au billard et se regardaient dans les glaces.

— Je ne veux plus coucher dans cet hôtel...

Il comprit qu'elle tenait à échapper à de mauvais souvenirs. Il ne répondit pas. Et il y eut entre eux un long silence. Ils étaient là, immobiles et lourds, dans une atmosphère qui s'assombrissait. Bientôt on allait allumer les lampes. La vitre, maintenant, toute proche d'eux, leur faisait passer sur la joue comme un halo glacé.

Julie scrutait des yeux la foule qui défilait sur le trottoir, peut-être parce qu'elle n'avait rien d'autre à faire ou par contenance, peut-être encore avec l'espoir — ou la crainte — de reconnaître Jean.

— Je ne crois pas que je resterai à Marseille, dit-elle encore.

— Où irez-vous ?

— Je ne sais pas... Plus loin... Peut-être Nice ?... Peut-être dans un petit coin, au bord de la mer, où il n'y aura personne... Les hommes me dégoûtent...

A chaque instant, ils pouvaient se lever tous les deux et se dire adieu, partir chacun de son côté et ne jamais se revoir. On aurait pu croire qu'ils ne savaient comment s'y prendre et que c'était pour cela qu'ils restaient.

M. Monde fut gêné de s'attarder si longtemps devant une consommation et il appela le garçon, commanda un autre demi. Elle retint le garçon à qui elle demanda :

— A quelle heure y a-t-il un train pour Nice ?

— Je vais vous apporter l'indicateur.

Elle le passa à M. Monde, qui trouva deux trains, un rapide qui partait de Marseille à sept heures ; un autre, à neuf heures du soir, qui s'arrêtait tout le long de la côte.

— Vous ne trouvez pas que c'est lugubre, ici ?

Le calme pesait aux épaules, la salle semblait vide, il y avait trop d'air immobile, entre les rares clients, et chaque bruit s'isolait, prenait une importance considérable, l'exclamation d'un joueur de cartes, le heurt des billes, le claquement sec de la boule aux torchons que le garçon ouvrait et refermait. Les lampes s'allumèrent, et ce fut déjà un soulagement, mais alors, dans le crépuscule, ce fut le spectacle gris ardoise de la rue qui devint pénible, un curieux cheminement d'hommes, de femmes, d'enfants, qui marchaient vite ou lentement, se frôlaient, se dépassaient, sans se connaître, allant chacun Dieu sait où et peut-être nulle part, tandis que d'obèses autobus emportaient de pleins chargements d'humanité entassée.

— Vous permettez ?

Le garçon, derrière eux, tirait, sur une barre de cuivre, un épais rideau de molleton rouge, effaçant ainsi, d'un seul geste, le monde extérieur.

M. Monde soupira en regardant son verre de bière. Il vit que les mains de sa compagne étaient crispées sur son sac. Et il lui fallut comme un grand voyage à travers le temps et l'espace pour aller chercher les mots tout simples, tout bêtes qu'il prononça enfin et qui se fondirent dans la banalité du décor :

— Nous pourrions prendre le train de neuf heures ?...

Elle ne dit rien, mais elle resta ; ses doigts, sur le sac en crocodile, se détendirent. Elle alluma une nouvelle cigarette, et ce fut plus tard, vers sept heures, alors que la brasserie était pleine de clients qui buvaient l'apéritif, qu'ils sortirent, graves et mornes comme un vrai couple.

5

De temps en temps, il fronçait les sourcils. Ses yeux clairs devenaient plus fixes. C'est tout ce que les gens pouvaient découvrir de son angoisse, et pourtant, à ces moments-là, il perdait pied, il aurait été capable, s'il n'avait gardé un certain respect humain vis-à-vis de lui-même, de tâter les cloisons vernies pour s'assurer de leur réalité.

Il était dans un train, une fois de plus, dans un train qui avait l'odeur particulière des trains de nuit. Quatre des compartiments du wagon de seconde classe étaient obscurs, rideaux tirés, et quand, tout à l'heure, cherchant de la place, il avait ouvert des portières au hasard, il avait dérangé des gens qui dormaient.

Il se tenait dans le couloir, adossé à la cloison qui portait un numéro sur une plaque d'émail. Il avait levé le store devant lui, et la vitre était noire, froide, visqueuse ; on voyait parfois des lumières dans les petites gares de la côte ; comme par hasard, son wagon s'arrêtait toujours devant les lanternes marquées « Hommes » et « Dames ».

Il fumait une cigarette. Il avait conscience de la fumer, de la tenir entre ses doigts, de souffler la fumée devant lui, et c'était cela qu'il y avait de déroutant, de vertigineux même : il avait conscience de tout, il lui arrivait sans cesse de se voir sans avoir besoin du truchement d'un miroir, il surprenait un de ses propres gestes, une de ses attitudes, et il avait la quasi-certitude de les reconnaître.

Or, il avait beau fouiller dans sa mémoire, il ne se retrouvait pas dans des situations semblables. Surtout sans moustaches ! En complet de confection usé par un autre !

Jusqu'à ce mouvement machinal... Il tournait la tête à moitié pour apercevoir, dans le coin du compartiment, Julie qui tantôt, les yeux clos, paraissait dormir et tantôt regardait fixement devant elle, comme aux prises avec un important problème.

Or, Julie elle-même faisait partie de ses souvenirs. Il n'avait aucun étonnement à la trouver là. Il la reconnaissait. Il se débattait, se refusait à croire à une existence précédente.

Et pourtant, maintes fois, il en était sûr — il s'était toujours promis de le noter dès ce matin, mais il ne l'avait pas fait — trois ou quatre fois au moins, en tout cas, il avait fait le même rêve, il s'était retrouvé dans une barque à fond plat, avec des avirons trop longs et lourds à manier, dans un paysage dont, même éveillé, même à distance, il revoit les détails, un paysage qu'il n'avait jamais contemplé dans sa vie d'homme, composé de lagunes verdâtres et de collines d'un bleu violacé comme on en trouve dans les tableaux des vieux maîtres italiens.

Chaque fois qu'il avait fait ce rêve-là, il avait reconnu l'endroit, il avait éprouvé la satisfaction qu'on ressent en arrivant dans un site familier.

Mais ce n'était pas possible pour le train, pour Julie. Il était de sang-froid. Il raisonnait. Il s'agissait d'une scène qu'il avait souvent vue avec d'autres acteurs, d'une scène, sans doute, qu'il avait si violemment désiré vivre en personne que maintenant...

Cette façon de se retourner vers le compartiment, cette satisfaction qui devait se lire sur son visage, quand il voyait sa compagne endormie...

Et ce geste interrogateur de la femme, ce mouvement de menton quand le train entra bruyamment dans une gare plus importante et que des nouveaux s'élancèrent à l'assaut du train ! Cela signifiait : « Où sommes-nous ? »

Comme la porte vitrée était fermée, il articulait en détachant les syllabes, afin qu'on pût lire le mot sur ses lèvres :

— Toulon...

Il répétait :

— Tou-lon... Tou-lon...

Elle ne comprenait pas, lui faisait signe d'entrer, lui montrait la place libre à côté d'elle, et il allait s'y asseoir, sa propre voix avait un nouveau son.

— Toulon...

Elle sortait une cigarette de son sac.

— Donne-moi du feu...

Elle le tutoyait pour la première fois, naturellement, parce que, pour elle aussi, sans doute, c'était un moment qu'elle avait déjà vécu.

— Merci... Je crois qu'il vaut mieux aller jusqu'à Nice...

Elle chuchotait. Dans le coin d'en face, un homme d'un certain âge, aux cheveux déjà blancs, était endormi, et sa femme, vieille aussi, veillait sur lui comme sur un enfant. Il devait être malade, car une fois déjà elle lui avait fait avaler une petite pilule verdâtre. Elle les regardait, Julie et M. Monde. Et M. Monde était honteux, parce qu'il se doutait de ce qu'elle pensait d'eux. Sûrement aussi qu'elle en voulait à Julie à cause de sa cigarette qui risquait d'incommoder le vieillard, mais elle n'osait pas le dire.

Le train repartait.

— Tu connais Nice ?

Cette fois le « tu » n'était pas si naturel. Julie avait eu le temps de le préméditer. Il aurait parié qu'elle l'employait à cause de la dame d'en face, parce que c'était plus logique ainsi, que cela correspondait à une situation connue.

— Un peu... Pas beaucoup...

Il y était allé plusieurs fois, trois hivers de suite, à vrai dire, avec sa première femme après la naissance de leur fille, parce que celle-ci, bébé, faisait chaque année une bronchite et qu'à cette époque-là les médecins recommandaient encore la Riviera. Ils descendaient dans un grand hôtel bourgeois de la Promenade des Anglais.

— Moi, je ne connais pas...

Ils se turent. Elle acheva sa cigarette, qu'elle eut de la peine à éteindre dans l'étroit cendrier de cuivre, puis elle croisa et décroisa ses jambes qui se dessinaient en clair dans l'ombre bleutée, chercha sa pose, s'enfonça dans le capiton et enfin appuya sa tête sur l'épaule de son compagnon.

Cela aussi, c'était un souvenir que... Mais non ! C'étaient des autres, dix fois, cent fois, qu'il avait vus dans cette posture. Il avait essayé d'imaginer leurs impressions et voilà que maintenant il était un des acteurs, c'était lui qu'un jeune homme, debout dans le couloir — il avait dû monter à Toulon — regardait en collant son visage à la vitre.

Cette procession, sur les quais de la gare, à travers les voies, cette bousculade lente et monotone vers la sortie, les billets qu'il cherchait dans toutes ses poches...

— Je vous assure que vous les avez mis dans la petite poche du gilet, à gauche...

Elle lui redisait vous. Des pisteurs lançaient à la volée des noms d'hôtels, mais elle ne les écoutait pas. C'était elle qui conduisait. Elle allait droit devant elle, se faufilait beaucoup plus vite que lui et, une fois la porte franchie :

— Il vaut mieux laisser nos bagages à la consigne.

Ils n'avaient chacun qu'une valise, mais celle de Julie était lourde, encombrante surtout.

Ainsi une fois hors de la gare, ils n'avaient plus l'air de voyageurs. Ils descendaient tout de suite vers le centre de la ville, par une belle nuit claire, il y avait encore des cafés ouverts. De loin, ils aperçurent les lumières du Casino de la Jetée et leurs multiples reflets sur l'eau de la baie.

Julie était sans admiration comme sans étonnement. Parce qu'il lui arrivait de tourner un de ses hauts talons, elle tenait le bras de l'homme, mais c'était elle qui conduisait. Elle allait de l'avant, sans rien dire, avec la tranquillité d'une fourmi que mène son instinct.

— C'est la fameuse Promenade des Anglais, hein ?

Des candélabres, à l'infini. La vaste étendue de la promenade, le long de la mer, avec ses petits pavés jaunes et ses bancs déserts, des files de voitures devant les casinos et les palaces.

Elle n'était pas éblouie. Elle allait toujours, jetait un coup d'œil dans toutes les rues transversales et enfin s'engageait dans l'une d'elles, s'approchait des rideaux, qui voilaient les baies d'une brasserie, afin de regarder par l'entrebâillement.

— On pourrait voir ici.

— C'est un café, objecta-t-il.

Mais elle lui désigna, après le café, dans le même immeuble, une porte surmontée du mot « Hôtel » en lettres blanches. Ils pénétrèrent dans la lumière, et elle se laissa tomber avec une certaine lassitude sur une banquette pourpre, son premier geste fut ensuite, parce qu'il y avait du monde, d'ouvrir son sac, d'élever le miroir à hauteur de son visage et d'écraser du rouge sur ses lèvres.

Elle demanda à M. Monde :

— Vous mangez ?

Ils n'avaient pas dîné à Marseille, parce qu'à l'heure où ils auraient pu le faire, avant le départ du train, ils n'avaient pas encore faim.

— Qu'est-ce que vous avez ?

— D'excellents raviolis... De la soupe à l'oignon pour commencer, si vous voulez... Ou bien un steak saignant...

Plusieurs tables étaient occupées par des gens qui soupaient, et on vint dresser des couverts devant eux. Malgré les lumières des globes électriques, il y avait une certaine lassitude dans l'air, comme une grisaille. Ceux qui étaient là parlaient peu, mangeant consciencieusement, comme on fait un vrai repas.

— Dans le coin à gauche, regardez..., lui souffla-t-elle.

— Qui est-ce ?

— Vous ne le reconnaissez pas ?... C'est Parsons... Un des trois frères Parsons, les acrobates au trapèze volant... C'est sa femme qui est avec lui... Elle ne devrait jamais porter un tailleur, car ça lui donne l'air d'un pot à tabac... Elle a remplacé, dans leur numéro, Lucien, celui des trois frères qui a eu un accident à Amsterdam...

Des gens quelconques. L'homme, qui pouvait avoir trente-cinq ans, avait plutôt l'air d'un ouvrier bien habillé.

— Ils doivent être en représentation ici... Tenez !... Trois tables plus loin...

Elle s'animait, toute son apathie disparaissait, pour souligner ses phrases, elle posait sans cesse la main sur le poignet de son compagnon, afin de le forcer à l'admiration.

— Jeanine Dor !... La chanteuse...

Celle-ci était noire comme un corbeau, ses cheveux huileux lui tombaient des deux côtés du visage ; sur son teint blafard se dessinaient des yeux immenses au cerne profond, une bouche saignante. Seule à table, tragique et dédaigneuse, le manteau rejeté derrière elle, elle mangeait des spaghetti.

— Elle doit avoir plus de cinquante ans... N'empêche qu'elle est encore la seule à tenir une salle en haleine pendant plus d'une heure, rien qu'avec ses chansons... Il faudra que j'aille lui demander un autographe...

Elle se leva soudain et se dirigea vers le patron qui se tenait près de la caisse. M. Monde ignorait ce qu'elle voulait faire. On les servait. Il attendait. Il la voyait parler avec assurance, puis le patron tournait la tête vers lui, semblait approuver, elle revenait.

— Donnez-moi le reçu de la consigne.

Elle alla le porter et revint.

— Il leur reste une chambre à deux lits... A moins que cela ne vous ennuie ?... D'abord, ils n'auraient peut-être pas eu deux chambres libres... Et puis, cela n'aurait pas semblé naturel !... Tenez !... Les quatre filles, à droite de la porte... Ce sont des danseuses...

Elle mangeait avec'la même application qu'à Marseille, mais ne perdait rien de ce qui se passait autour d'eux.

— Le patron m'a dit que ce n'est pas encore l'heure... Il n'y a que les music-halls qui ont fini, mais les numéros des casinos et des boîtes de nuit ne commencent à rentrer qu'après trois heures... Je me demande...

Il ne comprit pas tout de suite. Le front de la jeune femme s'était barré d'un pli volontaire. Elle devait penser à un engagement.

— On mange bien et ce n'est pas cher. Il paraît que les chambres sont propres.

Ils buvaient leur café, quand un chasseur vint leur annoncer que leurs bagages étaient arrivés et déjà montés dans la chambre. Julie, malgré les fatigues de la nuit précédente, ne paraissait plus avoir sommeil. Elle regardait Jeanine Dor qui, par une petite porte, se dirigeait vers l'escalier de l'hôtel.

— Ils couchent tous ici... Dans une heure, il en arrivera d'autres...

Mais une heure, c'était quand même trop long, trop vide. Elle fuma encore une cigarette, se leva en bâillant.

— Montons...

Ce ne fut que le troisième jour qu'ils firent l'amour. Trois journées incohérentes. Leur chambre, qui donnait sur une cour étroite, n'était meublée que de vieilles choses ternes, avec, par terre, un tapis grisâtre qui montrait la trame, un fauteuil recouvert de tapisserie, un papier peint plus brun que jaune et, dans un coin, un paravent qui cachait la toilette et le bidet.

Le premier soir, Julie s'était déshabillée derrière le paravent, d'où elle était revenue en pyjama à rayures bleues. Mais, pendant la nuit déjà, elle avait retiré le pantalon qui la gênait.

Il dormit mal, dans le lit voisin, qu'une table de nuit et la largeur d'une carpette séparaient de l'autre. Il ne digérait pas son souper. Plusieurs fois, entendant du bruit dans la brasserie, il faillit descendre pour demander du bicarbonate de soude.

Il se leva dès huit heures, s'habilla sans bruit, sans éveiller sa compagne qui avait rejeté les couvertures, car le radiateur était brûlant, la chambre surchauffée et sans air. C'était peut-être cela qui l'avait oppressé pendant la nuit.

Il descendit en laissant sa valise bien en évidence, pour éviter que Julie crût qu'il était parti pour toujours. La salle de café était vide. Il n'y avait personne pour le servir et il alla prendre son petit déjeuner dans un bar plein d'ouvriers et d'employés, puis il marcha le long de la mer sans penser à cette autre mer au bord de laquelle il avait rêvé de s'étendre en pleurant.

Peut-être avait-il besoin de s'habituer ? Le ciel était d'un bleu très clair, enfantin, la mer aussi, pareille à une mer sur une aquarelle d'écolier, des mouettes se poursuivaient, blanches dans le soleil, et des arroseuses dessinaient des bandes mouillées sur le macadam.

Quand il rentra, vers onze heures, il éprouva le besoin de frapper.

— Entrez...

Elle ne pouvait pas savoir que c'était lui. Elle ne portait que son cache-sexe et son soutien-gorge. Elle avait branché un fer électrique à la douille de la lampe et elle repassait sa robe de soie noire.

Elle lui demanda :

— Vous avez bien dormi ?

Le plateau de son petit déjeuner était sur la table de nuit.

— Je serai prête dans une demi-heure... Quelle heure est-il ?... Onze heures ?... Si vous voulez m'attendre en bas...

Il attendit en lisant un journal de Nice. Il prit l'habitude de l'attendre. Ils déjeunèrent encore en tête à tête. Puis ils sortirent et ils avaient à peine atteint la Promenade des Anglais, à hauteur du Casino de la Jetée, qu'elle le priait à nouveau d'attendre et qu'elle disparaissait dans le Casino.

Elle l'entraîna ensuite dans une rue du centre de la ville.

— Attendez-moi...

Sur une plaque d'émail, il y avait un nom grec, suivi du mot « imprésario ».

Elle revint furieuse.

— Un cochon ! dit-elle sans s'expliquer davantage. Si vous aimez mieux aller vous promener de votre côté...

— Où allez-vous ?

— J'ai encore deux adresses...

Et, farouche, les lèvres serrées, elle arpentait les rues de la ville qu'elle ne connaissait pas, interrogeait les sergents de ville, grimpait des étages, sortait des bouts de papier, avec toujours de nouvelles adresses, de son sac.

— Je sais où il faudra aller prendre l'apéritif...

C'était au *Cintra,* le bar élégant. Elle se refit une beauté avant d'entrer. Elle crânait. Elle se demandait même s'il saurait se comporter dans un endroit de cette sorte et ce fut elle qui commanda d'autorité, en se hissant sur un haut tabouret et en se croisant les jambes :

— Deux « roses », barman...

Elle croqua des olives, ostensiblement. Elle examinait les hommes, les femmes, dans les yeux. Elle enrageait de ne connaître personne, d'être une nouvelle à qui on accordait un regard un peu surpris, à cause de sa petite robe de quatre sous et de son manteau sans luxe.

— Allons dîner...

Elle avait une adresse pour dîner aussi. Puis, avec une certaine gêne, elle commença :

— Cela vous ennuie de rentrer seul ?... Oh ! ce n'est pas pour ce que vous pensez... Après ce que j'ai vécu, je vous prie de croire que j'en ai assez des hommes et qu'on ne m'y reprendra plus... Mais je ne veux pas vous être à charge... Vous avez votre vie, n'est-ce pas ?... Vous avez été bien gentil... Je suis sûre que, dans les coulisses, je rencontrerai des gens que je connais... A Lille, je voyais toutes les artistes en tournée...

Il n'alla pas se coucher, mais il se promena, tout seul, dans les rues. Puis, à certain moment, parce qu'il était las de marcher, il entra dans un cinéma. Encore une image qu'il connaissait, qui sortait du vieux fond mystérieux de sa mémoire : l'homme tout seul, d'un certain âge, qu'une ouvreuse pilote de sa lampe électrique dans le noir d'une salle où un film est commencé, où des voix résonnent, où des hommes plus grands que nature gesticulent sur l'écran.

Quand il entra au *Gerly's* — c'était le nom de son hôtel et de la brasserie, — il aperçut, dans la salle, Julie attablée avec le groupe d'acrobates. Elle le vit passer. Il comprit qu'elle parlait de lui. Il monta, et elle vint le rejoindre un quart d'heure plus tard et cette fois, elle fit sa toilette de nuit devant lui.

— Il m'a promis de parler pour moi... C'est un chic type... Son père, qui était italien, faisait le métier de maçon et il a débuté comme lui dans la vie...

Encore un jour, puis un autre, et M. Monde s'habituait déjà, il en arrivait à ne plus penser. Après le déjeuner, ce jour-là, Julie décida :

— Je vais dormir une heure... Je suis rentrée tard la nuit dernière... Vous ne faites pas la sieste ?

Il avait sommeil aussi, vraiment. Ils montèrent l'un derrière l'autre, et c'est en montant de la sorte qu'il revit un couple, des couples, des centaines de couples gravir ainsi des marches d'escalier. Et alors un peu de chaleur affleura à sa peau.

La chambre n'était pas faite. Les deux lits, ouverts, laissaient voir le blanc livide des draps, et il y avait des traces de rouge à lèvres sur l'oreiller de Julie.

— Vous ne vous déshabillez pas ?

D'habitude, quand il lui arrivait de faire la sieste — et, à Paris, au cours de son ancienne vie, cela lui arrivait de temps en temps, — il s'étendait tout habillé, un journal glissé sous ses chaussures. Il enleva son veston, puis son gilet. De ce geste serpentin qu'il commençait à connaître, Julie faisait glisser sa robe le long de son corps et la passait par-dessus sa tête.

Elle ne s'étonna pas trop quand il s'approcha d'elle en faisant de gros yeux gênés. Elle s'y attendait, évidemment.

— Ferme les rideaux...

Et, en se couchant, elle lui laissa une place près d'elle. Elle pensa à autre chose. Chaque fois qu'il la regardait, il voyait à son front un pli qu'il connaissait bien.

Au fond, elle n'était pas fâchée. C'était plus naturel ainsi. Mais de nouveaux problèmes se posaient, et, du coup, elle n'avait plus envie de dormir. La tête appuyée sur une main, un coude sur l'oreiller, elle le regardait avec un intérêt nouveau, comme si, désormais, elle eût acquis le droit de lui réclamer des comptes.

— En somme, qu'est-ce que tu fais ?

Et, comme il ne comprenait pas le sens précis de cette question :

— Tu m'as dit, le premier jour, que tu étais rentier... Un rentier, cela ne se balade pas comme ça, tout seul... Ou alors il me semble que cela vit autrement... Qu'est-ce que tu faisais avant ?

— Avant quoi ?

— Avant de t'en aller ?

Ainsi elle cheminait irrésistiblement vers la vérité comme, à peine débarquée à Nice, en pleine nuit, elle avait cheminé vers le *Gerly's* où elle était à sa place.

— Tu as une femme... Tu m'as dit aussi que tu avais des enfants... Comment es-tu parti ?

— Comme ça !

— Tu t'es disputé avec ta femme ?

— Non...

— Elle est jeune ?

— Elle a à peu près mon âge...

— Je comprends...

— Qu'est-ce que vous comprenez ?

— Tu as voulu faire la noce, quoi !... Et quand tu auras mangé l'argent ou que tu seras fatigué...

— Non... Ce n'est pas cela...

— Qu'est-ce qu'il y a eu, alors ?

Et lui, honteux, honteux surtout de tout déflorer par des mots aussi bêtes, balbutiés sur ce lit défait, devant des seins qu'on ne lui cachait plus et qui ne lui faisaient plus envie :

— J'en ai eu assez.

— Comme tu voudras ! soupira-t-elle.

Elle en profita pour aller faire ses ablutions qu'elle n'avait pas faites, par paresse, tout de suite après l'amour. De derrière l'écran du paravent, elle continuait :

— Tu es quand même un drôle de type...

Il se rhabillait. Il n'avait plus envie de dormir. Il n'était pas malheureux. Cette grisaille écœurante faisait partie de ce à quoi il avait aspiré.

— Ça t'amuse, questionna-t-elle encore, en réapparaissant nue, une serviette à la main, de rester à Nice ?

— Je ne sais pas...

— Tu n'en as pas encore assez de moi aussi ?... Tu sais, il faut le dire franchement. Je me demande toujours comment cela se fait que nous soyons ensemble... Ce n'est pas mon genre... Parsons m'a promis de s'occuper de moi... Il est bien avec le directeur artistique du *Pingouin*. Je ne serai pas longtemps en peine...

Pourquoi parlait-elle de le quitter ? Il n'en avait pas le désir. Il essaya de le lui dire.

— Je suis très bien ainsi...

Elle le regarda, qui essayait de passer ses bretelles par-dessus les épaules, et elle éclata de rire, le premier rire qu'il eût entendu d'elle.

— Tu es un comique ! Enfin... Quand tu auras envie de t'en aller, tu le diras... Si je peux te donner un conseil, c'est de t'acheter un autre costume... Tu n'es pas avare, par hasard ?

— Non...

— Alors tu ferais mieux de t'habiller convenablement... Si tu y tiens, j'irai avec toi... Elle n'avait donc aucun goût, ta femme ?

Elle s'était recouchée. Elle allumait une cigarette, dont elle lançait la fumée vers le plafond.

— Surtout, si c'est une question d'argent, n'aie pas peur de le dire...

— J'ai de l'argent...

Le paquet de billets enveloppés de journaux était toujours dans la valise. Il jeta machinalement un coup d'œil vers celle-ci. Depuis qu'ils étaient au *Gerly's*, il ne la fermait pas à clef, par crainte de vexer sa compagne. Sous prétexte d'y prendre quelque chose, il s'assura que le paquet s'y trouvait toujours.

— Tu sors ?... Tu veux venir me chercher vers cinq heures ?

On put le voir, cet après-midi-là, assis sur un banc de la Promenade, tête basse, les yeux mi-clos dans le soleil, avec, devant lui, le bleu de la mer et l'étincellement des mouettes qui traversaient parfois son horizon.

Il ne bougea pas. Des enfants jouaient autour de lui, et parfois un cerceau venait achever sa course entre ses jambes, ou un ballon le heurter. On aurait pu croire qu'il dormait. Son visage s'était comme épaissi, les lignes en étaient plus molles, les lèvres restaient entrouvertes. Plusieurs fois, il tressaillit, croyant entendre la voix de M. Lorisse, son caissier. Pas un instant il ne pensa à sa femme, ni à ses enfants, mais c'était le vieil employé pointilleux qui surgissait dans son rêve.

Il ne s'inquiéta pas de l'heure, et ce fut Julie qui vint le rejoindre et qui lui dit :

— Je pensais bien que je te retrouverais affalé sur un banc.

Pourquoi ? Cette question le tracassa un bon moment.

— On va t'acheter un costume pendant que les magasins sont encore ouverts... Tu vois ! C'est à toi que je pense et pas à moi...

— Il faut que j'aille chercher l'argent à l'hôtel...

— Tu laisses ton argent dans la chambre ? Tu as tort... Surtout s'il y en a beaucoup...

Elle l'attendit en bas. Il prit une liasse de dix mille francs pour ne pas retirer l'épingle. Une bonne nettoyait le corridor, mais elle ne pouvait pas le voir, car il avait refermé la porte. Les paroles de Julie l'inquiétaient. Il monta une chaise et poussa le paquet au-dessus de l'armoire.

Elle le conduisit dans une maison anglaise où l'on vendait des vêtements de confection, mais élégants. Ce fut elle qui choisit pour lui un pantalon de flanelle grise et un veston croisé en tissu bleu marine.

— Avec une casquette, on te prendrait pour un propriétaire de yacht...

Elle voulut aussi qu'il s'achetât des souliers d'été en cuir marron et blanc.

— Cela te change... Quelquefois, je me demande...

Elle n'en disait pas davantage, se contentait de le regarder à la dérobée.

Elle avait déjà dû aller seule au *Cintra*, car, quand ils y entrèrent, le barman lui fit un signe imperceptible, et un jeune homme lui adressa un clin d'œil.

— Tu n'as pas l'air gai...

Ils burent. Ils mangèrent. Ils allèrent au Casino, où Julie resta près de deux heures à la boule et où, après avoir gagné deux ou trois mille francs, elle perdit tout ce qu'il lui restait dans son sac.

Dépitée, elle donna le signal.

— Rentrons !

Ils avaient déjà l'habitude de marcher l'un à côté de l'autre. Quand elle était lasse, elle accrochait sa main à son bras. Ils ralentissaient machinalement quelques mètres avant leur hôtel comme des gens qui rentrent chez eux.

Elle n'eut pas envie de passer par la brasserie.

Ils refermaient leur porte. Elle mettait le verrou, car c'était toujours elle qui prenait cette précaution.

— Où caches-tu ton argent ?

Il lui désigna la garde-robe.

— A ta place, je me méfierais...

Il monta sur la même chaise que l'après-midi, passa la main au-dessus du meuble, mais ne rencontra qu'une épaisse couche de poussière.

— Eh bien ?... Qu'est-ce que tu as ?

Il restait là, stupéfait. Elle s'impatientait.

— Tu es changé en statue ?

— Le paquet a disparu.

— L'argent ?

Méfiante par nature, elle ne le croyait pas.

— Laisse voir...

Elle n'était pas assez grande, même montée sur la chaise. Elle débarrassa la table de tout ce qui l'encombrait, se hissa dessus.

— Combien est-ce qu'il y avait ?

— A peu près trois cent mille francs... Un peu moins...

— Qu'est-ce que tu dis ?

C'était lui qui avait honte de l'énormité du chiffre.

— Trois cent mille...

— Il faut prévenir le patron tout de suite et appeler la police... Attends...

Il la retint.

— Non... Ce n'est pas possible...

— Pourquoi ?... Tu es dingo ?...

— Il ne faut pas... Je t'expliquerai... Et, d'ailleurs, ce n'est rien... Je m'arrangerai autrement... Je ferai venir d'autre argent...

— Tu es riche ?

Maintenant, elle était presque hargneuse. On eût dit qu'elle lui en voulait de l'avoir trompée et elle se coucha sans un mot, se tourna du côté opposé au sien, ne répondit que par un grognement à son bonsoir.

6

C'était à la fois amer et doux, comme ces douleurs qu'on entretient, qu'on entoure de soins subtils par crainte de les voir disparaître. M. Monde était sans colère, sans révolte, sans regret. Vers sa quatorzième ou quinzième année, alors qu'il était à Stanislas, il avait vécu, à la suite d'un Carême, une période de mysticisme aigu. Ses jours et une partie de ses nuits se passaient en exercices spirituels à la recherche de la perfection, et il avait conservé par hasard une photographie de cette époque, dans un groupe, car il aurait dédaigné alors de faire reproduire son image. Il était amaigri, un peu dolent, avec un sourire d'une douceur qui, par la suite, quand la réaction s'était produite, lui avait paru exaspérante.

Une autre fois, beaucoup plus tard, après son second mariage, sa femme lui avait laissé entendre qu'elle était choquée par l'haleine d'un homme qui fume. Il avait supprimé non seulement le tabac, mais jusqu'au moindre alcool et jusqu'au vin. Il puisait dans cette macération une satisfaction farouche. Cette fois-là encore, il avait maigri, au point qu'après trois semaines il devait aller chez son tailleur pour faire rectifier ses habits.

Peu importait, à présent, que ses vêtements fussent plus ou moins bien ajustés ; mais, en deux mois, il venait de maigrir bien davantage. Il s'en trouvait plus ingambe. Et, bien que son teint, de rose qu'il était, fût devenu gris, il regardait avec une certaine complaisance, quand il en avait l'occasion, son visage où se lisait non seulement la sérénité, mais une joie secrète, une délectation quasi morbide.

Le plus pénible était de lutter contre le sommeil. Il avait toujours été gros mangeur. Maintenant, par exemple, à quatre heures du matin, il était obligé de recourir à de petits trucs pour ne pas s'assoupir.

C'était l'heure, d'ailleurs, où, au *Monico*, on sentait tomber, en poussière, la lassitude générale. Pour la seconde fois, M. René, qui s'intitulait directeur artistique, était entré dans l'office, impeccable dans son smoking, le plastron immaculé, les dents agressivement éclatantes.

M. Monde le voyait arriver à travers la salle, car tout près de lui, à hauteur de son œil, il y avait un minuscule judas rond qui lui permettait la surveillance, non pas tant des clients que du personnel.

M. René ne pouvait s'empêcher, quand il marchait, de sourire à droite et à gauche, comme un souverain qui distribue des grâces. Il s'avançait ainsi dans la lumière chaude du dancing, s'approchait de la porte à deux battants, couverte de velours rouge d'un côté, sale et vulgaire de l'autre, et, au moment précis où il la poussait d'une main familière, son sourire disparaissait, on ne voyait plus ses dents magnifiques de Martiniquais aux cheveux presque lisses, mais aux ongles bleutés de quart de sang.

— Quelle heure, Désiré ?

Car on ne met pas l'heure sous les yeux du public dans un endroit où tout l'art consiste à la faire oublier.

Désiré, c'était M. Monde qui avait choisi lui-même ce prénom. Désiré Clouet. Cela datait de Marseille, quand il était assis avec Julie dans une brasserie de la Canebière et que sa compagne lui avait demandé son nom. Pris au dépourvu, il avait été incapable d'inventer. De l'autre côté de la rue, au-dessus d'une échoppe, il avait lu en lettres jaunes : « Désiré Clouet, cordonnier. »

Maintenant, il était Désiré pour certains, M. Désiré pour le petit personnel. L'office était une pièce toute en longueur, l'ancienne cuisine d'un appartement particulier. Les murs peints à l'huile étaient d'un vert qui avait tourné au jaune et, par endroits, au jus de tabac. Une porte, au fond, donnait sur l'escalier de service. Comme cela permettait de sortir de l'établissement par une autre rue que celle où donnait l'entrée principale, il arrivait à des clients de traverser le domicile de M. Désiré.

Ceux-là, c'étaient surtout les clients des jeux, que le désordre et la saleté n'affectaient pas. Il leur importait peu de voir que les cuisines du *Monico* consistaient en un méchant fourneau à gaz dont le tuyau de caoutchouc rouge sautait toujours et sur lequel on se contentait de réchauffer les plats que le chasseur allait chercher dans un bistrot voisin. Il n'y avait pas de plonge. Assiettes et couverts étaient empilés, gluants, dans une corbeille. Les verres seuls, marqués du chiffre « M », rangés dans un placard, étaient lavés à la maison. Par terre, sous la table, les bouteilles de champagne attendaient, et, sur cette table, enfin, traînaient des boîtes ouvertes de foie gras, du jambon, des morceaux de viande froide.

Désiré avait sa place dans le coin, contre le mur du dancing, sur une sorte d'estrade où se dressait un pupitre. Il répondait :

— Quatre heures, monsieur René.

— Ça se tire !

C'est à peine s'il restait, en dehors des entraîneuses, une demi-douzaine de vrais clients dans la salle, et ils ne dansaient plus, le jazz se reposait de longs moments entre deux airs, et M. René était obligé de le rappeler à l'ordre, de loin, d'un mouvement à peine perceptible de la main.

M. René mangeait. Presque chaque fois qu'il venait à l'office, il mangeait quelque chose, une truffe qu'il extrayait du foie gras avec ses doigts, un morceau de jambon, une cuillerée de caviar, il se versait un fond de bouteille, c'était le repas sérieux, il se confectionnait un solide sandwich qu'il mangeait lentement, les manchettes troussées, une cuisse sur un coin de table qu'il avait essuyé.

Il y avait de longs moments, ainsi, où Désiré n'avait rien à faire. On lui avait donné le titre d'économe. Il avait la garde de tout ce qui se trouvait dans l'office : boissons, mangeaille, cigarettes, accessoires de cotillons ; il devait veiller à ce que rien ne sorte de cette pièce sans faire l'objet d'une fiche exacte, puis, par son œil-de-bœuf, s'assurer que c'était bien cette fiche-là et non une autre qui était remise au client, car les garçons ont tous les trucs ; certaine nuit, il avait fallu en déshabiller un pour retrouver l'argent qu'il niait avoir encaissé.

Julie était là, dans la salle aux teintes orangées. Ses clients étaient partis. Elle s'était installée à une table en compagnie de Charlotte, une grosse blonde ; elles échangeaient des phrases paresseuses, feignaient de boire, se levaient pour danser ensemble, chaque fois que M. René, en passant près d'elles, faisait claquer ses doigts.

C'était Julie qui avait introduit Désiré au *Monico*. Le premier soir, quand il s'était aperçu que son argent avait disparu, il avait voulu s'en aller. N'importe où. Cela lui était égal. C'était elle qui s'indignait de le voir si naturellement résigné, incapable qu'elle était de comprendre qu'on pût se sentir presque soulagé par un tel événement.

C'était pourtant ainsi. Cela devait arriver. C'était par erreur, à Paris, par maladresse, par timidité, pourrait-on dire, qu'il s'était muni d'une forte somme d'argent. Ce faisant, il n'avait pas suivi la règle, une règle qui n'était écrite nulle part, mais qui n'en existait pas moins. Quand il avait décidé de partir, il n'avait été ni surpris ni ému, parce qu'il savait que cela devait arriver. Au contraire, lorsqu'il était allé à la banque pour retirer les trois cent mille francs, il s'était senti gêné, coupable.

Les deux autres fois qu'il avait rêvé de s'évader, avait-il pensé à l'argent ? Non. Il fallait se trouver sans rien, dans la rue.

A présent, c'était enfin arrivé.

— Attends un moment. J'ai deux mots à dire au patron.

Julie était descendue. Quand elle était revenue, quelques minutes plus tard, elle avait annoncé :

— J'avais raison... Où serais-tu allé ?... Il y a une petite chambre libre, là-haut... C'est une chambre de bonne, mais Fred a l'habitude de la louer au mois et il n'en demande pas cher... Moi, je garde encore cette chambre-ci un jour ou deux et, si je ne trouve rien, je grimperai à mon tour au sixième... Je suis sûr que je trouverai !

Elle avait trouvé, pour elle d'abord, cette place d'entraîneuse au *Monico*, puis quelques jours plus tard, pour lui, le poste qu'il occupait depuis bientôt deux mois.

En principe, ils n'avaient plus rien de commun. Rarement, quand Julie était seule, ils repartaient ensemble vers leur hôtel, dans le petit matin. Elle lui racontait des histoires de René, ou du grand patron, M. Dodevin, des histoires de ses copines et des clients ; il écoutait avec patience, hochait la tête, souriait comme aux anges. Au point qu'elle s'impatientait.

— Quel homme es-tu donc ?

— Pourquoi ?

— Je ne sais pas... Tu es toujours content...

On pourrait te mettre à n'importe quelle sauce... D'abord, tu n'as pas porté plainte, et, pourtant, tu n'as pas peur de la police... Je m'en suis bien aperçue, va !... Tu dis bonjour quand tu la rencontres dans l'escalier, à cette chipie qui t'a volé ton argent...

Elle était persuadée — et il partageait volontiers son opinion — que c'était la bonne de leur étage, une fille laide, aux cheveux gras, aux gros seins mous, qui avait pris le paquet de billets sur l'armoire. C'était bien le personnage à épier les clients dans leur chambre, toujours à rôder dans les couloirs, un torchon ou un balai à la main pour se donner une contenance.

Julie avait appris qu'elle avait pour amant un musicien du Casino qui se montrait dur et méprisant avec elle.

— Je parie tout ce que tu veux que c'est lui qui a l'argent. Il est trop malin pour s'en servir dès maintenant. Il attend que la saison soit finie...

C'était possible. Et après ?

Cela représentait encore une forme de ses rêves. Peut-être même n'était-ce que pour cela qu'il était parti ? Il se le demandait souvent. Jeune homme, quand il passait dans l'obscurité près d'un certain genre de femmes, surtout dans les rues sordides, il était traversé d'un grand frisson. Il le faisait exprès de les frôler, mais il ne se retournait pas, fuyant à grands pas, au contraire, dès qu'elles adressaient la parole.

Il lui arrivait de quitter son bureau de la rue Montorgueil pour aller rôder un quart d'heure, surtout en hiver, par une petite pluie sale de préférence, dans les ruelles des environs des Halles, où certaines lumières ont comme une odeur de mystère crapuleux.

Chaque fois qu'il avait pris le train, seul ou avec sa femme, oui, chaque fois, il pouvait le dire, il lui était arrivé, dans son wagon de première classe, d'envier les gens chargés de ballots miteux qui s'en vont on ne sait où, indifférents à ce qui les attend ailleurs.

Il avait un gardien de nuit, rue Montorgueil. C'était un ancien professeur de lycée qui avait perdu sa situation à la suite d'aventures avec des gamines. Il était mal vêtu, hirsute. Il arrivait le soir, pour prendre son service, avec un litre de vin dans sa poche, s'installait dans un petit cagibi où il faisait réchauffer son souper sur une lampe à alcool.

Le matin, certaines fois que M. Monde, à cause d'un travail urgent, arrivait de très bonne heure, il l'avait surpris rangeant ses affaires, calme, indifférent, effectuant une dernière ronde machinale pour assurer que tout était en ordre et se glissant enfin dans la rue qu'un soleil tout neuf éclairait.

Où allait-il ? On n'avait jamais su où il habitait, dans quel coin il allait s'étendre comme une bête pendant la journée.

Lui aussi, M. Monde l'avait envié.

Et, maintenant, M. Désiré commençait à lui ressembler.

— Qu'est-ce que tu veux, petit ?

Le chasseur venait d'entrer précipitamment dans le réduit et c'était, bien entendu, à M. René toujours occupé à manger, qu'il s'adressait.

— Le patron est là-haut ?

— Pourquoi ?

— Il y a un flic qui monte, un flic que je ne connais pas et qui veut lui parler...

Instantanément, la cuisse de M. René se détacha de la table, le sandwich disparut, il s'essuya les doigts, épousseta ses revers, si vite que tout cela parut être fait d'un seul geste, et il s'élança à travers la piste, se contenant assez pour ne pas courir, capable encore de sourire aux clients.

Juste comme il arrivait à la grande porte qui donnait sur l'escalier de marbre, celle-ci s'ouvrait, un homme entrait, qui n'avait pas voulu laisser son pardessus au vestiaire et auprès de qui le chef de piste s'empressait.

Désiré les suivait des yeux. Julie et sa copine, de leur place, avaient déjà compris. Par le petit œil-de-bœuf, on voyait M. René qui invitait l'inspecteur à s'asseoir à une table assez éloignée de la piste, mais le policier restait debout, hochait la tête, prononçait quelques mots, et M. René disparaissait par une autre porte, celle qui conduisait à la salle de jeu. D'autres policiers y avaient librement accès, ceux qui étaient bien avec la maison, mais, comme on n'était jamais tout à fait en règle, il valait mieux ne pas y laisser pénétrer un nouveau.

C'était un homme grand et fort, de trente-cinq ans, qui attendait en regardant vaguement le décor banal du dancing. Puis M. René reparut en compagnie du grand patron, M. Dodevin, qui était un ancien notaire et qui en avait gardé la dignité extérieure.

Encore une fois, l'homme fut invité à s'asseoir et à prendre une bouteille de champagne, dans le cagibi de Désiré.

— Entrez donc par ici..., disait M. Dodevin. Nous serons plus à l'aise pour causer... René !...

— Oui, monsieur...

Et René, qui avait compris, cherchait une bonne bouteille de champagne parmi celles qui restaient, allait dans le placard essuyer deux verres.

— Comme vous le voyez, nous sommes logés à l'étroit...

Et M. Dodevin, qui était toujours d'une belle pâleur uniforme de marbre, passa un instant dans la salle pour aller y prendre deux chaises recouvertes de velours rouge.

— Asseyez-vous... Vous êtes de la brigade de Nice ?... Non ?... Il me semblait bien ne vous avoir jamais rencontré...

Désiré ne les regardait pas. Professionnellement, il surveillait la salle où tout le monde attendait avec impatience le départ des derniers clients qui s'obstinaient à rester et qui empêchaient ainsi vingt personnes d'aller se coucher.

De loin, bien qu'elle ne pût voir le visage de Désiré, Julie, qui le savait là, lui adressait un signe qui voulait dire : « Qu'est-ce que c'est ?... Grave ?... »

Il ne pouvait pas lui répondre. Cela n'avait pas d'importance. Julie avait besoin, de temps en temps, de prendre ainsi contact avec lui, de faire une grimace, par exemple, quand elle était affligée d'un mauvais danseur ou d'un partenaire ridicule.

Il entendit qu'on parlait à mi-voix de l'Impératrice et il tendit l'oreille.

— Vraiment ! Elle est morte ! murmurait l'ancien notaire, en prenant une voix de circonstance. Une femme si extraordinaire. Et vous dites qu'elle est morte après être sortie d'ici ? C'est évidemment une fatalité, mais je ne vois pas en quoi... .

La veille encore, l'Impératrice était là, à cinq mètres à peine d'un Désiré invisible qui, lui, pouvait l'examiner à loisir.

Qui est-ce qui l'avait appelée l'Impératrice ? C'était difficile à savoir. Sans doute portait-elle depuis longtemps ce surnom sur la Riviera. Dix jours plus tôt environ, Flip, le chasseur, s'était précipité comme il venait de le faire pour le policier et avait annoncé ensuite à M. René :

— Chic ! Voilà l'Impératrice...

On l'avait vue entrer, énorme, obèse, jaune de graisse, un manteau de fourrure ouvert sur un poitrail ruisselant de pierreries. Dans ses paupières bouffies, ses prunelles étaient si indifférentes qu'elles semblaient comme mortes.

Elle soufflait d'avoir monté l'escalier, car le *Monico* se trouvait au premier étage. Elle s'arrêtait, comme une reine attendant que le protocole voulût bien s'occuper d'elle. René courait au-devant d'elle, tout sourire, se dépensait en courbettes, désignait une table, puis une autre, la conduisait enfin vers une banquette, tandis que l'amie de l'Impératrice, qui portait un petit chien pékinois, suivait avec la modestie d'une dame de compagnie.

Désiré, ce soir-là, n'avait pas bronché. Peut-être son sourire était-il devenu un peu plus amer ?

La compagne de l'Impératrice, c'était sa première femme, Thérèse, qu'il n'avait pas revue depuis dix-huit ans. Elle avait eu beau changer, il la reconnaissait et il n'y avait en lui aucune haine, aucune rancune, seulement comme un poids supplémentaire qui lui tombait sur les épaules et qui s'ajoutait au poids déjà si lourd dont il n'essayait même plus de se défaire.

Thérèse, maintenant, devait avoir un peu plus de quarante ans, à peine plus, car, quand il l'avait épousée, elle avait dix-huit ans. Elle paraissait plus que son âge. Ses traits s'étaient figés. Elle restait rose, mais son visage devait être couvert d'une couche de fards qui lui donnait cette immobilité déroutante.

Quand elle souriait, cependant, et il lui arriva plusieurs fois de sourire, c'était presque le sourire de jadis que l'on retrouvait, un sourire timide, délicieusement enfantin, naïf, ce sourire qui, pendant des années, avait si bien trompé M. Monde sur le compte de sa femme.

Elle était modeste, effacée, tenait volontiers la tête un peu penchée et disait d'une voix idéalement douce :

— Comme tu voudras...

Ou encore :

— Tu sais bien que j'aime tout ce que tu aimes...

Un mouvement brusque l'eût brisée, et pourtant c'était elle qui collectionnait, dans son secrétaire, des photographies obscènes que des hommes, sur les grands boulevards, fourrent dans les mains des étrangers ; c'était elle qui les annotait, les copiait d'un crayon méticuleux, en exagérant la taille des sexes ; c'était elle encore, son mari en avait acquis la quasi-certitude — bien qu'il eût préféré ne pas pousser plus loin son enquête, — c'était elle qui avait relancé leur chauffeur d'alors jusque dans sa mansarde et qui, quand il la conduisait en ville, le faisait arrêter devant la porte de garnis douteux.

Après, elle retrouvait son pur sourire pour se pencher sur le berceau de ses enfants !

Ses paupières s'étaient fanées, mais ce n'était pas sans charme ; elles faisaient penser à certains pétales de fleurs qui se plissent à l'infini et deviennent d'une transparence céleste.

L'inspecteur acceptait maintenant le champagne qu'on lui offrait, le cigare de La Havane que Désiré s'empressait d'inscrire au registre des sorties, car il en avait la responsabilité, et tout à l'heure la règle voulait qu'il fît signer un bon au grand patron en personne.

Elles habitaient toutes les deux le *Plazza*... expliquait le policier. Un superbe appartement donnant sur la Promenade... On ne peut pas se figurer le désordre et la saleté qui y régnaient... Elles interdisaient au personnel de l'hôtel de faire le service chez elles. Elles avaient une domestique tchécoslovaque, ou quelque chose d'approchant, qui allait prendre le plateau à la porte et qui les servait, au lit le plus souvent, car elles étaient souvent couchées trente heures d'affilée...

— Quand je suis arrivé avec mon collègue, il y avait des bas troués dans tous les coins, du linge pas propre, pêle-mêle avec des bijoux, des fourrures, de l'argent traînant sur les meubles...

— De quoi est-elle morte ? s'enquit M. Dodevin.

Et, comme M. René restait debout derrière eux, il lui fit signe de sortir. L'inspecteur tirait une boîte de métal de sa poche, en extrayait une seringue démontée qu'il tenait devant son interlocuteur, en regardant celui-ci en plein visage.

L'ancien notaire ne sourcilla pas.

— Ça, jamais..., dit-il simplement en secouant la tête.

— Ah !

— Je peux vous jurer, sur la tête de ma fille, qu'il n'est jamais entré de morphine ici et qu'il n'en est jamais sorti... Vous connaissez le métier aussi bien que moi... Je ne prétends pas que je sois toujours rigoureusement en règle, car c'est impossible... Vos collègues des jeux, qui viennent souvent me voir, presque en amis, vous diront cependant que je suis régulier... Je surveille mon personnel d'aussi près que possible... J'ai un employé tout exprès...

Il désigna Désiré.

— J'ai un employé tout exprès pour s'assurer que tout se passe correctement dans la salle... Dites-moi, monsieur Désiré, avez-vous jamais vu de la morphine dans la maison ?

— Non, monsieur.

— Est-ce que vous observez les garçons, le chasseur et les marchandes de fleurs, quand ils s'approchent des clients ?

— Oui, monsieur.

— Voyez-vous, monsieur l'inspecteur, vous m'auriez parlé de cocaïne que je n'aurais peut-être pas été aussi catégorique. Je suis beau joueur. Je ne cherche pas à faire croire ce qui n'est pas. Avec des femmes comme nous sommes forcés d'en avoir, il est fatal qu'un jour ou l'autre il s'en glisse une, sur le nombre, qui s'adonne à la neige. Ça fait vite tache d'huile. Il est bien rare que je ne m'en aperçoive pas au bout de quelques jours. C'est arrivé il y a deux mois, et j'ai aussitôt fait place nette...

L'inspecteur le croyait peut-être. Peut-être pas. Il observait le décor autour de lui avec impassibilité, examinait Désiré comme par désœuvrement.

Celui-ci eut un peu peur. Six jours après son départ de Paris, exactement, le lendemain du vol de son argent, sa photographie avait paru dans les journaux, non pas en première page, comme celle des criminels, mais en troisième, entre deux réclames, de sorte que cela semblait faire partie de la publicité. Le cliché était mauvais.

Bonne récompense
à qui donnera renseignements sur la personne ci-dessus
qui, selon toutes probabilités, a été frappée d'amnésie.

On ajoutait le signalement des vêtements qu'il portait le jour de sa disparition et enfin l'adresse d'un avoué de Paris, l'avoué personnel de Mme Monde, celui-là qui s'occupait d'un procès qui durait depuis dix ans au sujet d'une maison dont elle avait hérité avec des cousins.

Personne ne l'avait reconnu. Il n'avait pas pensé un instant que, si on le recherchait de la sorte, c'est que la clef du coffre était inutile, que sa présence, ou tout au moins sa signature, était nécessaire.

— Elle avait de la fortune ?

On parlait de l'Impératrice.

— Il lui en restait assez... Il y a quelques années encore, cela se chiffrait par dizaines de millions... En réalité, c'est une Américaine, une Juive américaine, la fille d'un magnat de la confection... Elle s'est mariée quatre ou cinq fois... Elle a vécu un peu partout... Elle a été, entre autres, la femme d'un prince russe, et c'est à cause de cela qu'on l'appelait l'Impératrice...

— Et l'autre ?

Désiré détourna la tête et regarda dans la salle, craignant toujours l'œil attentif de l'inspecteur.

— Une Française, d'assez bonne famille... Divorcée... Elle a fait de tout, elle aussi... Elle était manœuvre quand l'Impératrice l'a rencontrée...

— Vous l'avez arrêtée ?

— A quoi bon ?... Il y a aussi des histoires d'hommes... Le personnel de l'hôtel n'est pas bavard... Elles faisaient monter des individus chez elles, certains soirs... On ne sait pas au juste... Des gens qu'elles ramassaient n'importe où... On était surpris de les rencontrer dans l'escalier du palace... On préférait ne pas les voir, vous comprenez ?

L'ancien notaire comprenait parfaitement.

— Hier matin, vers dix heures, la domestique tchécoslovaque est descendue pour demander le numéro de téléphone d'un médecin. Quand celui-ci est arrivé, l'Impératrice était déjà morte, et l'autre, encore sous le coup de la drogue, ne paraissait se rendre compte de rien...

— A votre santé !

— A la vôtre...

— J'ai été bien obligé de venir chez vous... Nous cherchons à savoir d'où venait la morphine... C'est le deuxième cas, cet hiver...

— Je vous ai dit...

— Mais oui... Mais oui...

— Encore un cigare ?... Prenez-en donc quelques-uns... Ils ne sont pas trop mauvais...

L'inspecteur se laissa faire et glissa les cigares dans la poche extérieure de son veston, ramassa son chapeau.

— Vous pouvez partir par ici...

La porte de l'escalier de service grinça. Le patron tourna le commutateur et attendit, pour refermer la lumière, que le policier fût arrivé en bas. Il revint alors sur ses pas, rangea les cigares dans la boîte.

— Cinq, Désiré.

— C'est inscrit, monsieur.

Et Désiré lui tendit un crayon pour qu'il signât la fiche dans le carnet à souches.

— Voilà comment les histoires vous tombent sur le dos !

Il alla rejoindre M. René dans la salle. Tous deux discutèrent à mi-voix, près de la sortie.

Julie, les yeux au ciel, les jambes croisées, agitait son pied gauche, faisant entendre à Désiré qu'elle en avait marre. Un garçon entra en coup de vent, saisit deux bouteilles à champagne vides dans un panier sous la table.

— Je profite de ce que le moins saoul est à la toilette...

Les clients n'y virent que du feu. Seules, les entraîneuses s'apercevaient du manège. Les deux bouteilles allèrent rejoindre les bouteilles consommées par les clients, et, tranquillement, Désiré traça deux petites croix sur son livre.

Il se demandait ce que son ancienne femme allait devenir. Ses parents, quand elle était jeune fille, l'appelaient Bébé, à cause de son air angélique. L'Impératrice n'avait pas dû lui laisser d'argent. Les femmes de cette sorte ne pensent jamais à rédiger un testament.

Il ne lui en voulait plus du tout. Il ne lui pardonnait pas non plus. Ce n'était pas nécessaire.

— L'addition du 9 ! vint crier un maître d'hôtel par l'entrebâillement de la porte va-et-vient.

Les gens du 9 partis, ce serait fini. La demoiselle du vestiaire attendait derrière eux, avec leurs effets. Elle était toute jeune, toute fraîche, vêtue de noir luisant, un ruban rouge sombre dans ses cheveux. Une poupée. Un jouet. Elle était fiancée à un garçon charcutier, mais M. René l'obligeait à coucher avec lui. Désiré soupçonnait le grand patron d'en faire autant, mais elle était si secrète qu'on ne pouvait jamais savoir la vérité.

Il y eut un bruit de chaises remuées, des allées et venues bruyantes, les garçons, en desservant, buvaient les fonds des bouteilles et mangeaient tous quelque chose.

— Un verre pour moi, monsieur René !

Celui-ci en servit un à Julie qui avait soif.

— Ce que j'ai pu souffrir toute la soirée ! J'ai mis des souliers neufs et je tenais plus sur mes pieds...

Elle retira les petites chaussures dorées et chaussa ses souliers de ville posés près du réchaud à gaz.

Désiré finissait sa caisse, on entendait les joueurs traverser le dancing pour gagner la sortie. C'étaient des hommes sérieux, rien que des hommes, des commerçants de Nice pour la plupart, qui, comme tels, n'avaient pas le droit de pénétrer dans les salles de jeu des casinos. Ils se serreraient la main au moment de se séparer, comme les employés d'un même bureau qui se quittent.

— Tu viens, Désiré ?

Charlotte habitait le même hôtel qu'eux. Le jour était levé, la ville déserte. Sur la mer, on voyait les barques de pêche blanches, avec des listons verts et rouges.

— C'est vrai que l'Impératrice est morte ?

Désiré marchait entre elles deux. A un coin de rue, ils s'arrêtèrent machinalement devant un petit bar qui venait d'ouvrir ses portes. Le percolateur, qu'astiquait le patron en tablier bleu, sentait bon.

— Trois cafés...

Leurs yeux papillotaient un peu. Ils avaient toujours comme un arrière-goût spécial dans la bouche. Et les deux femmes, qui avaient gardé leur robe de soirée sous des manteaux de ville, traînaient avec elles une odeur de boîte de nuit. C'était une courbature spéciale que la leur, dans la tête plutôt que dans les membres.

Ils se mirent en route. La porte du *Gerly's* restait toute la nuit entrouverte. Les volets de la brasserie n'étaient pas encore levés.

Ils montèrent lentement. Julie habitait le second étage. Charlotte avait sa chambre au quatrième, et Désiré couchait toujours dans la mansarde.

On s'arrêtait sur le palier pour se dire bonsoir. Julie, sans aucune gêne, sans respect humain vis-à-vis de son amie, levait les yeux vers l'homme.

— Tu entres ?

Cela leur arrivait de temps en temps. Il dit non. Il n'en avait pas envie. Il continua de monter.

— C'est une bonne fille, dit Charlotte. Elle est épatante !

Il approuva.

— Bonsoir...

— Bonsoir...

Il montait encore, lentement. Une fois dans sa vie, chez lui, rue Ballu, il lui était arrivé de monter de la sorte vers sa chambre, un soir qu'il était sorti seul et que sa femme, la seconde, l'attendait. Or, involontairement, sans y penser, obéissant à une sorte de besoin, il s'était arrêté, s'était assis sur une marche, fatigué, tout simplement, sans penser, puis, à cause d'un craquement, peut-être d'une souris dans la cloison, il s'était redressé en rougissant et il avait poursuivi son ascension.

Il monta jusqu'au bout, ouvrit la porte avec sa clef, la referma et commença à se dévêtir en regardant les centaines de toits rouges qui s'étageaient dans le soleil du matin.

7

Les barreaux du lit de fer étaient noirs, de la même forme que les dossiers des chaises des Champs-Elysées ou du Bois de Boulogne. Désiré couchait sous le plafond en pente. La lucarne restait ouverte. Des oiseaux se chamaillaient sur la corniche, des camionnettes, venues de loin, cheminaient bruyamment dans le fond des rues et convergeaient vers le marché aux fleurs ; les bruits arrivaient si nets à travers le peu d'épaisseur de l'air qu'on s'attendait à recevoir des bouffées des mimosas et des œillets entassés.

Presque tout de suite, Désiré sombrait ; il coulait d'abord à pic, entraîné par un tourbillon, mais ce n'était pas désagréable, il n'avait pas peur, il savait qu'il ne toucherait pas le fond ; comme un ludion dans sa bouteille, il remontait, pas jusqu'à la surface non plus, il redescendait et remontait encore, et, presque toujours, c'était pendant des heures la même chose, des allées et venues lentes ou brutales entre le vide glauque du fond et cette surface invisible au-dessus de laquelle le monde continuait à vivre.

La lumière était celle qu'on observe dans les calanques de la Méditerranée, celle du soleil, dont il avait toujours conscience, mais diluée, diffuse, parfois décomposée comme à travers un prisme, tout d'un coup violette, par exemple, ou verte, du même vert idéal que le fameux et insaisissable rayon vert.

Les bruits l'atteignaient, comme ils doivent atteindre les poissons dans l'eau, des bruits qu'on n'entend pas avec ses oreilles, mais avec tout son être, qu'on absorbe, qu'on digère et dont il arrive que le sens soit complètement changé.

L'hôtel restait longtemps silencieux, car tous ceux qui l'habitaient étaient des gens de la nuit, mais il y avait, en face, une bête méchante, une auto qu'on sortait d'un garage, toujours à la même heure, qu'on lavait, au bord du trottoir, sous un jet crépitant, et dont ensuite on mettait le moteur en marche. On s'y reprenait à plusieurs fois. C'était angoissant. Il attendait, tendu, que la voix enrouée devînt normale, et alors, pendant des minutes — il n'avait jamais su combien — c'était un bourdonnement qui sentait l'essence, qu'on devinait bleuté. Qu'est-ce que le chauffeur pouvait faire ? Il était en casquette, en manches de chemise — des manches d'un blanc éblouissant — à astiquer tranquillement les nickels pendant que la bête s'échauffait.

Il y avait un tramway qui, toujours à la même place, dans une courbe, sans doute, s'emballait et semblait heurter le bord du trottoir...

En descendant plus profond, les sons devenaient différents, les images perdaient leur netteté, se dédoublaient même ; il existait, par exemple, un jet d'eau (peut-être au moment où une femme se lavait dans la mansarde voisine, vers onze heures) dans le jardin du Vésinet où les parents de M. Monde avaient une propriété et où, enfant, il dormait, les fenêtres ouvertes, pendant les vacances. Il voyait nettement le jet d'eau, la pierre humide et noire, mais il y avait quelque chose qu'il ne retrouvait pas, l'odeur de l'air, il cherchait à quoi l'air de là-bas, l'air des vacances, ressemblait ? Peut-être au chèvrefeuille ?...

Il montait, léger comme une bulle, s'arrêtait au moment de crever la surface invisible ; il savait néanmoins que le soleil coupait en deux sa fenêtre à tabatière, que le pied du lit allait être atteint, qu'il pouvait replonger encore, que le jeu n'était pas fini...

Ce matin-là, comme les autres, il avait les yeux qui picotaient, la peau râpeuse et sensible des gens qui ne dorment pas la nuit, les lèvres surtout, de cette sensibilité voluptueuse de plaie qui se cicatrise. Il s'était couché, s'était laissé happer par le tourbillon, sans résistance, il était descendu, mais, aussitôt, il était remonté, il avait émergé à la surface, il avait regardé — donc ses yeux étaient ouverts — le mur blanchi à la chaux sur lequel se dessinait en noir son pardessus pendu à des boules de bois jaune.

Pourquoi se laissait-il déranger par cette histoire d'Impératrice ? Il fermait les yeux, plongeait, y mettait du sien, mais son élan manquait de force, il ne trouvait pas la fluidité merveilleusement élastique de son sommeil du matin, il émergeait encore et, inconsciemment, il fixait son pardessus, pensait à cette Impératrice qu'il revoyait, les yeux et le cheveu noirs ; il cherchait une ressemblance ; cela le tracassait, il y en avait une, il le savait, c'était dans les yeux ; il faisait un violent effort et, contre toute apparence, contre toute vraisemblance, il découvrait que l'Impératrice ressemblait à sa seconde femme, à celle qu'il avait fuie. L'une était sèche comme un parapluie et l'autre énorme et flasque, mais cela n'avait pas d'importance. C'était dans les yeux. Cette fixité. Ce mépris inconscient, immense, superbe, cette ignorance peut-être de tout ce qui n'était pas elle, de tout ce qui ne se rapportait pas à elle.

Il se retournait lourdement sur son lit dur qui sentait la sueur. Il s'était réhabitué à l'odeur de sa sueur, comme quand il était enfant. Pendant trop d'années, pendant la plus grande partie de sa vie, il avait oublié l'odeur de la sueur, l'odeur du soleil, toutes les odeurs de la vie que les gens ne reniflent plus parce qu'ils vont à leurs affaires, et il se demandait si ce n'était pas à cause de cela...

Il touchait à une vérité, à une découverte, il se trouvait déjà entre deux eaux, mais il était à nouveau ramené à la surface et il pensait :

— Je n'irai pas.

A quoi bon ? Pour quoi faire ?

Il se souvenait de *son* air douloureux, de *son* « oh ! » enfantin quand il l'avait prise pour la première fois, maladroitement, parce qu'il avait honte. Et chaque fois, depuis, chaque fois qu'il avait fait l'amour avec elle, en essayant pourtant d'être aussi léger que possible, il savait bien qu'elle avait le même regard, il évitait de voir son visage, il arrivait, à cause de cela, qu'au lieu d'être un plaisir l'accouplement devînt une peine.

Il se retrouva assis sur son séant. Il dit non, voulut se recoucher et, quelques minutes plus tard, il sortait du lit ses jambes nues, cherchait ses chaussettes flasques sur le plancher.

Il fut tout surpris de voir qu'il était déjà dix heures. Le panorama de toits roses n'avait pas, à cause de cela, le même aspect que les autres jours. Il commença à se raser. Puis, comme il laissait tomber un soulier, on frappa à la cloison ; son voisin, qui était croupier au casino et qui avait de fortes moustaches bleutées, le rappelait à l'ordre.

Il descendit. Dans le corridor du rez-de-chaussée, il rencontra la bonne qui lui avait volé son argent et qui le regardait, depuis, comme si elle lui en voulait. Il lui dit bonjour, en exagérant son amabilité, ne reçut qu'un salut sec, tandis qu'elle poussait un torchon mouillé sur les dalles.

Il marcha jusqu'au *Plazza*, mais avant d'y entrer, se sentant la bouche pâteuse, il alla boire un café dans un bar. Le palace était d'un blanc crémeux, avec des quantités de fenêtres entourées d'ornements, comme un gâteau. Il se demandait si le portier le laisserait passer. Il est vrai que c'était l'heure où venaient surtout des fournisseurs et des gens de service. Le hall était vaste et frais. Il s'approcha du bureau du concierge.

— Je suis du *Monico*, se hâta-t-il de dire, comme l'autre, qui avait un écouteur téléphonique à l'oreille, le détaillait des yeux.

— Allô !... Oui... Ils arrivent par la route ?... Vers deux heures ?...
Bien... Merci...

Et, à Désiré :

— Qu'est-ce que c'est ?

— Le patron voudrait savoir ce que la dame qui était avec l'Impératrice
est devenue.

Mensonge enfantin, ridicule, inutile.

— Mme Thérèse ?

Tiens ! Elle n'avait pas changé de prénom ! Elle était devenue Mme
Thérèse, comme il était devenu M. Désiré. Mais lui, c'était un prénom qu'il
avait chipé à une devanture.

— Elle est toujours ici ?

— Non... Je ne sais même pas où vous la trouverez... Ils n'ont pas été
chics avec elle...

— Qui ?

— Pas la police !... La police a compris que c'était quelqu'un qui gagnait
sa vie... Pauvre femme ! Elle paraissait si douce... Vous avez dû la voir, au
Monico... Je sais que l'inspecteur de Paris y est allé cette nuit... Rien, bien
entendu ?

— Rien...

— Si j'avais été ici, je vous aurais téléphoné pour vous avertir à tout
hasard... Quand j'ai su ça, j'ai engueulé mon collègue de nuit qui n'a pas
pensé à le faire... On ne sait jamais...

— Je vous remercie... Je le dirai au patron... Quant à Mme Thérèse ?...

— Ils l'ont questionnée pendant trois heures au moins... Puis ils lui ont
fait monter à manger, car elle était épuisée... Je ne sais pas ce que
l'inspecteur avait décidé à son sujet... Il avait prévenu la famille... Je parle
de la famille de l'Impératrice, car elle a un frère qui est dans les automobiles
à Paris... Il représente, pour toute la France, une marque américaine...

Le concierge saluait une mince Anglaise en tailleur qui passait à pas nets
derrière Désiré.

— Une lettre pour vous, miss...

Il la regardait s'éloigner. La porte, en tournant, faisait glisser un pan de
soleil sur le mur.

— Bref, le frère a été averti... Il a aussitôt donné des instructions par
téléphone à un avoué d'ici... Moins d'une heure plus tard, des gens de loi
se présentaient, qui exigeaient que des scellés fussent posés sur tout... Le
chef d'étage, qui est entré plusieurs fois dans l'appartement pour leur servir
à boire, m'a dit que c'était un drôle de spectacle... Ils avaient une peur
bleue que la moindre chose disparaisse... On ramassait le plus petit objet :
des bas, des mouchoirs, une pantoufle dépareillée, on enfermait tout cela
dans les armoires et on y apposait les scellés...

» Il paraît que ces gens-là ont obligé la police à fouiller Mme Thérèse et
que, s'ils l'avaient pu, ils auraient mis les scellés sur elle aussi...

» C'est à cause des bijoux, vous comprenez !... On prétend qu'ils sont
vrais... J'aurais juré, tellement il y en avait, que c'étaient des bouchons de
carafe... Quel malheur si Mme Thérèse en avait emporté un petit !

» Tenez !.... Le coup de téléphone, quand vous êtes arrivé... C'est pour m'annoncer que le frère arrive tout à l'heure en auto avec un *solicitor*... Ils sont en route, à rouler à tombeau ouvert...

» Allô !... Non... Elle n'est pas ici... Comment ?... Si, elle a toujours son appartement, mais elle n'est pas encore rentrée...

Parce qu'il considérait Désiré comme quelqu'un du métier, il expliqua, sans dire de qui il s'agissait :

— Encore un numéro, celle-là ! Elle ne rentre jamais avant onze heures du matin et elle reste couchée jusqu'à dix heures du soir... Vous vouliez savoir ce que Mme Thérèse est devenue ?... Je l'ignore... Quand ils ont eu fini leurs formalités, ils l'ont mise dehors, il n'y a pas d'autre mot, sans rien lui laisser emporter, pas même ses objets personnels qui sont sous scellés avec le reste... Elle avait juste son petit sac à la main... Elle avait pleuré... Je la vois encore sur le trottoir. On comprenait qu'elle ne savait pas où aller, qu'elle était comme une bête perdue... A la fin, elle s'est dirigée vers la place Masséna... Si vous n'avez pas envie de rencontrer l'inspecteur, vous feriez mieux de ne pas vous attarder, car il doit venir à onze heures... Je ne sais pas où ils ont emmené le corps... On l'a sorti cette nuit par le service... Il paraît qu'il doit être expédié en Amérique...

Désiré, lui aussi, resta un instant dehors comme une bête perdue et, ainsi que sa première femme l'avait fait, il se dirigea vers la place Masséna. Il inspectait machinalement les terrasses des cafés où on ne voyait encore, sous les velums, que peu de monde, mais il n'avait guère l'espoir d'y rencontrer Thérèse.

Elle avait dû se réfugier dans un meublé à bon marché, dans un de ces hôtels misérables des vieux quartiers, où du linge pend d'un côté à l'autre des rues et où les petites filles au derrière nu sont assises sur les seuils.

Il traversa le marché aux fleurs, où l'on balayait déjà des brassées de tiges et de boutons, de pétales fanés qui prenaient une odeur de Toussaint.

Quelle chance avait-il de la retrouver ? Il ne l'espérait pas. Il ne savait pas s'il le désirait. Pourtant on rencontre les gens qu'on ne s'attend pas à voir, puisqu'il frôla, sur un trottoir étroit, l'inspecteur qui marchait vite, sans doute pour être à onze heures au *Plazza*, et qui se retourna, cherchant à se souvenir, puis poursuivit sa route. S'était-il mis en quête de Thérèse, lui aussi ? Sans doute que non. Il devait savoir où elle était.

Il marcha encore. Puis, à midi, il se retrouva place Masséna et il s'assit à la terrasse d'un grand café où la plupart des guéridons étaient entourés de gens qui prenaient l'apéritif. On criait les journaux étrangers. Des cars, pleins de voyageurs en toilettes claires, s'arrêtaient, repartaient, avec des rangs de têtes tournées toutes du même côté, exprimant toutes la même curiosité satisfaite et béate.

Ce fut alors, brusquement, que, dans la foule, il aperçut Thérèse. Il faillit la laisser repartir, tant il était surpris. Elle s'était arrêtée au bord du trottoir, attendant que l'agent eût stoppé le flot de voitures. Il lui fallait payer sa consommation. Le garçon s'attardait à l'intérieur. M. Désiré frappait la vitre avec une pièce de monnaie. L'angoisse s'emparait de lui, et pourtant il était incapable de partir sans payer.

L'agent abaissait son bâton. Le garçon arrivait, un plateau chargé à la main, et le déchargeait aux tables voisines, en calmant son client pressé d'un :

— On vient...

Les piétons étaient éclusés. La queue s'effilait, il n'y avait plus qu'un gros retardataire qui courait, l'agent levait son bâton.

— Vous n'avez pas de monnaie ?...

— Ce n'est rien...

Trop tard. Il dut attendre. Il essayait de la voir dans l'ombre des marronniers du boulevard ; une fois, il entrevit sa silhouette vêtue de gris clair.

Quand il put passer enfin, il s'élança, bouscula des passants, se retenant de courir, et enfin, à cinquante mètres de lui, il la revit qui marchait lentement, comme quelqu'un qui ne va nulle part et qui feint de regarder les étalages.

Il ralentit le pas. Il n'avait rien prémédité. Il ne savait pas ce qu'il voulait faire. Il marchait de plus en plus lentement ; dix mètres, cinq mètres seulement les séparaient, et elle ne se doutait de rien, elle était lasse, peut-être cherchait-elle un restaurant ; le plus grotesque, c'est que ce fut devant une vitrine de pipes qu'elle s'arrêta en dernier lieu et qu'il se trouva porté jusqu'à sa hauteur, si bien que, faute d'avoir le courage de continuer sa route en détournant la tête, il appela machinalement :

— Thérèse ?

Elle tressaillit, se retourna, fronça les sourcils. C'était une expression qui était tellement à elle, et rien qu'à elle, que les années s'effaçaient, qu'il la retrouvait tout entière, telle qu'il l'avait connue : une petite bête fragile, sans défense, que la peur fige au moindre bruit, qui se sait incapable de fuir et qui, immobile, rentre un peu le cou, regarde avec une douceur étonnée fondre sur elle la méchanceté du monde.

C'était à tel point « ça » qu'il en eut la gorge serrée, qu'un instant il y eut un voile devant ses yeux, qu'il la vit moins nettement. La mise au point se refit à nouveau, au moment précis où Thérèse, qui avait cherché fébrilement dans sa mémoire, découvrait enfin la vérité et laissait paraître sa stupeur.

Elle ne pouvait pas encore croire que ce ne fût pas un nouveau piège et elle paraissait prête à fuir, elle balbutiait :

— Toi...

Qu'est-ce qu'il lui disait ? Il ne savait pas. Ils étaient dans la rue. Le soleil découpait les feuilles des platanes en ombres chinoises frémissantes sur le macadam. Des gens marchaient vite. Des autos glissaient à deux mètres d'eux. Il voyait toutes les pipes de la devanture, il parlait :

— Je savais déjà que tu étais à Nice... N'aie pas peur... Je suis au courant...

L'étonnement agrandissait les yeux mauves. Car ils étaient mauves. M. Monde se demandait si c'était déjà leur couleur autrefois. Il est vrai qu'il y avait du fard sur les paupières, un fard qui laissait de minuscules paillettes brillantes. Sous le menton, la peau était striée de rides très fines.

Qu'est-ce qu'elle pensait en le revoyant ? Écoutait-elle ce qu'il disait ?

— Je vais t'expliquer... Nous devrions auparavant nous asseoir quelque part... Je parie que tu n'as pas déjeuné...

— Non...

Elle ne parlait pas du déjeuner. Elle disait faiblement non pour elle-même, en secouant la tête. Peut-être croyait-elle que ce n'était pas possible ? Peut-être protestait-elle contre la réalité de cette rencontre ?

— Viens...

Elle le suivait. Il marchait trop vite. Il devait l'attendre. Il en avait toujours été ainsi quand ils marchaient ensemble. Il avait l'air de la traîner en remorque, et, quand elle n'en pouvait plus, elle demandait grâce, ou bien elle s'arrêtait sans rien dire, en reprenant son souffle, et il comprenait.

— Pardon...

Seulement, un peu plus tard, il recommençait sans le savoir.

Il y avait, à un coin de rue, un petit restaurant avec quelques tables dehors ; une de ces tables, près d'une plante verte en pot, était libre.

— Asseyons-nous ici...

Et il pensait :

« Heureusement qu'il y a la rue, les passants, le garçon qui vient demander ce qu'on mange et retourner les verres sur la nappe. Heureusement qu'il y a toujours quelque chose d'étranger à nous, qu'on ne reste jamais face à face... »

— Donnez-nous le menu, n'importe quoi...

— Vous mangerez des coquillages ?

— Si vous voulez...

— Il y a de la brandade...

Tiens ! il se souvint qu'elle n'aimait pas la morue et il dit non. Elle le regardait, toujours étonnée, et elle commençait seulement à le voir tel qu'il était. Leur situation n'était pas la même. Il avait eu le temps, lui, de l'observer pendant des heures, par le judas du *Monico*. Ce qui devait le plus la surprendre, c'était son costume, car, depuis qu'il était devenu M. Désiré, il avait adopté à nouveau le complet de confection acheté à Paris.

— Qu'est-ce que tu fais ?

— Je t'expliquerai... Cela n'a pas d'importance...

— Tu habites Nice ?

— Oui... Depuis quelque temps...

C'était trop long à dire, sans intérêt. Il regrettait déjà un peu de s'être montré à elle. Ce n'était pas ce qu'il avait projeté. Il voulait seulement savoir où elle habitait, afin de lui envoyer un peu d'argent. Il en gagnait. Il lui en restait de ce qu'il avait en poche au moment du vol.

Elle était encore plus mal à l'aise que lui. Elle avait failli lui dire vous. Le tu était venu quand même, et c'était un peu comme s'ils se fussent trouvés nus en face l'un de l'autre.

— Voilà, messieurs-dames... Et comme vin ?

Une bouffée d'un autre restaurant, de ces trois étages de mangeaille à

Marseille, à cause du rose des crevettes, du gris jaune des palourdes, du vin qu'on leur apportait et qui avait le même parfum.

Quel cheminement depuis Paris ! Il touchait la table pour prendre contact avec la réalité. Et Thérèse balbutiait, de sa bouche que le fard vieillissait :

— Tu as beaucoup souffert ?

— Non... Je ne sais pas... Je ne comprenais pas...

Elle s'étonnait davantage, et ses yeux de petite fille toute vieillie, de petite fille aux joues qui s'écaillaient, ses yeux s'agrandissaient dans une interrogation candide.

Comprenait-il maintenant ? C'est cela sans doute qu'elle voulait dire ? Ce n'était pas possible. Et pourtant, c'était un autre homme. Il s'était terni, lui aussi. Ses joues avaient cette mauvaise consistance des gros qui ont soudain maigri. Il y avait du vide, à la place du ventre, dans son gilet.

— Mange, dit-il.

Savait-il qu'elle avait faim, que depuis la veille, elle était dehors, sans un sou ? Cela ne se voyait pas. Son manteau léger n'était pas fripé. Elle avait dû entrer quelque part, sans doute au Casino, où on la connaissait, et peut-être le barman lui avait-il offert quelque chose ?

Elle mangeait. Elle s'efforçait de manger lentement, du bout des lèvres.

Et voilà qu'elle disait :

— Si tu savais comme cela me fait mal de te revoir ainsi !

C'était elle qui le plaignait, qui le trouvait misérable. Son front se plissait à nouveau tout menu.

— Comment cela est-il arrivé ?

Il oubliait de répondre tant il la regardait intensément. Pudique, elle ajoutait — elle avait presque peur d'être entendue :

— Est-ce à cause de moi ?

— Mais non... Ce n'est rien, je t'assure... Je suis heureux...

— Je croyais que tu t'étais remarié...

— Oui...

— Ta femme ?...

— C'est moi qui suis parti. Cela n'a pas d'importance...

Et le garçon posait devant eux un plat de tripes bien grasses, au fort parfum. Elle n'y voyait aucun contraste, parce qu'elle avait faim, mais M. Monde avait de la peine à avaler une bouchée.

— Il vient de m'arriver un malheur..., murmura-t-elle comme pour excuser sa fringale.

— Je sais.

— Comment sais-tu ?

Et, soudain illuminée :

— Tu es de la police ?

Il ne rit pas, ne sourit pas de cette méprise. Il est vrai qu'avec son complet terne il avait assez bien l'air d'un modeste auxiliaire de la police.

— Non... Je suis quand même au courant de toute l'histoire... Depuis ce matin, je te cherchais.

— Moi ?

— Je suis passé au *Plazza*.

Elle frissonna.

— Ils ont été si méchants..., avoua-t-elle.

— Oui.

— On m'a traitée comme une voleuse...

— Je sais...

— On m'a pris tout ce que j'avais dans mon sac et on m'a juste laissé un billet de vingt francs...

— Où as-tu dormi ?

— Nulle part...

Il avait eu tort de parler de cela, car elle ne pouvait plus manger, maintenant, tant sa gorge se serrait.

— Bois !

— Je me demande encore ce que tu fais ici...

— Je travaille... J'étais fatigué d'être là-bas...

— Pauvre Norbert.

Il se glaça soudain. Elle n'aurait pas dû dire cela, de cette voix bêtement attendrie. Il la fixait durement. Il lui en voulait. Ils étaient à peine ensemble d'un quart d'heure, d'une demi-heure au plus, qu'elle ramenait tout au niveau de ses idées de femme.

— Mange ! commanda-t-il.

Oh ! il comprenait bien sa pensée. Elle se replaçait, malgré elle, au centre du monde. Si elle prenait cet air de coupable, c'est qu'elle était persuadée qu'elle était la cause de tout.

Et, au fond, tout au fond d'elle-même, sous ses expressions navrées, elle devait jouir de son triomphe.

C'était elle, n'est-ce pas, qui l'avait fait souffrir en partant ! Et il avait eu beau se remarier, reconstituer un foyer, il n'avait jamais plus retrouvé le bonheur !

Il aurait voulu la faire taire. Il aurait voulu s'en aller, maintenant, en lui laissant de quoi manger, de quoi se débrouiller.

— Elle était méchante ?

Ce fut lui qui répondit méchamment :

— Non !

— Comme tu dis ça.

Et le silence pesa entre eux, tandis qu'elle continuait à manger sans goût, sans appétit.

— Garçon ! appela-t-il.

— Monsieur...

— Vous me servirez du café.

— Pas de dessert ?

— Pour Madame, mais pas pour moi.

C'était comme si elle eût sali quelque chose. Elle le sentit si bien qu'elle balbutia :

— Je te demande pardon...

— De quoi ?

— J'ai encore dit une bêtise, n'est-ce pas ?... Tu me reprochais toujours de dire des bêtises...

— Cela n'a pas d'importance...

— Si tu savais le coup que cela m'a donné tout à l'heure !... De te voir comme ça !... Moi, c'est ma faute... Et puis il y a longtemps que j'y suis habituée... Ce n'est pas la première fois que je me retrouve où j'en suis... Mais toi !

— Ne parle plus de moi...

— Pardon...

— Je suppose que la police t'oblige à rester à Nice ?

— Comment le sais-tu ?... Jusqu'à ce que leur enquête soit terminée, oui... Et je ne sais quelles formalités...

Il prit son portefeuille dans sa poche, et ce geste le fit rougir. Tant pis ! Il le fallait. Il s'assura que le garçon, campé devant la porte du restaurant, ne les regardait pas.

— Il faut que tu trouves à te loger...

— Norbert...

— Prends...

Elle avait des larmes plein les cils, des larmes qui ne coulaient pas, qui n'arrivaient qu'à fleur de peau, sans trouver le chemin de la délivrance.

— Tu me fais mal...

— Mais non... Attention... On nous observe...

Elle renifla deux ou trois fois et, dans un geste qu'il commençait à connaître, elle éleva son sac à main ouvert jusqu'à hauteur de son visage, afin de se repoudrer.

— Tu vas déjà me quitter ?

Il ne répondit pas.

— C'est vrai que tu as sans doute ton travail... Je n'ose même pas te demander ce que tu fais...

— Peu importe... Garçon !

— Monsieur...

— L'addition...

— Tu es pressé ?

Il l'était. Il avait les nerfs à fleur de peau. Il se sentait aussi capable de s'emporter que de s'attendrir. Il avait besoin de se retrouver seul et surtout de ne plus l'avoir, elle, avec ses yeux candides, son cou plissé, devant les yeux.

— Cherche une chambre tout de suite et repose-toi.

— Oui.

— A quelle heure dois-tu te présenter à la police ?

— Pas avant demain... Ils attendent la famille...

— Je sais...

Il se levait. Il comptait qu'elle resterait encore assise un moment à la terrasse où elle n'avait pas fini de boire son café. Cela lui donnerait le temps de s'éloigner. C'était facile. Mais elle se levait aussi, attendait, debout près de lui.

— De quel côté vas-tu ?...

— Par là...

Du côté de la place Masséna. Du côté de son hôtel. Il ne voulait pas, il ignorait pourquoi, qu'elle sût où il logeait.

Elle marchait à nouveau à sa remorque. Il allait vite. Elle finit par comprendre qu'elle ne devait pas insister et elle ralentit le pas, comme un coureur qui abandonne, mais elle eut le temps de lui souffler :

— Va !... Je te laisse aller... Je te demande pardon...

Par maladresse, parce qu'il ne savait comment s'y prendre, il ne lui dit pas au revoir. Les tempes lui battaient, tandis qu'il s'éloignait dans le soleil. Il avait conscience de se conduire cruellement.

— Je te demande pardon...

Cette fois, il en était sûr, elle ne faisait pas allusion au passé, ni à tout ce qu'il aurait pu lui reprocher. C'était de l'immédiat qu'elle parlait, de leur entrevue ratée, de son impuissance, à elle, à se comporter comme il l'aurait voulu.

Il attendit d'être très loin pour se retourner. Elle n'avait fait que quelques pas et s'était arrêtée, par contenance, devant une maroquinerie.

Les gens qui passaient ne savaient pas. Ce n'était qu'une femme comme les autres. Et lui n'était qu'un homme pressé comme on en voit se rendre à leur travail.

Il atteignit le *Gerly's*, aperçut Julie qui déjeunait en compagnie de Charlotte, près de la baie ouverte. Il ne pouvait pas entrer à l'hôtel sans être vu et il passa par la brasserie.

— Tu es déjà sorti ? questionna-t-elle sans s'interrompre de manger.

Le pli vertical se dessina au milieu de son front.

— Il se passe quelque chose ?

Il se contenta de grommeler :

— Je vais dormir...

— A ce soir ?

— Oui...

Dans l'escalier gris, seulement, il comprit le sens de cet : *A ce soir* ?

Il en fut troublé. Pourquoi avait-elle demandé ça ? Est-ce que tout était déjà remis en question ?

Il trouva la bonne en train de faire sa chambre et la mit dehors, presque grossièrement, contre son habitude. Il se coucha, ferma furieusement les yeux, mais rien n'était à sa place, ni l'ombre, ni la lumière, ni les bruits, ni même les moineaux piailleurs, et tout son être s'impatientait dans des limbes grisâtres.

8

Leur opium, à eux, c'était le jeu. Par son judas, Désiré les voyait arriver les uns après les autres. Les croupiers d'abord, noirs et lustrés desservants du culte, qui passaient raides comme des employés, sans un coup d'œil à la « salle » et qui se dirigeaient droit vers l'« usine ». Ceux-là ne laissaient pas leur pardessus ou leur chapeau au vestiaire. Ils avaient leur armoire dans le saint des saints, leur savon et leur serviette, souvent aussi des manchettes propres.

Puis c'étaient les clients, des hommes importants dans la cité, pour la plupart. Quand ils poussaient la porte de la salle où l'on dansait, ils étaient déjà débarrassés de leur vestiaire, si bien qu'ils paraissaient déjà chez eux. Les garçons, au lieu de se précipiter pour les conduire à une table, les saluaient familièrement. Presque tous, l'air dégagé, allaient et venaient comme des gens qui ne savent pas encore ce qu'ils vont faire. Ils allaient serrer la main de M. René, échangeaient quelques mots avec lui, se lustraient les cheveux d'une main négligente.

M. Monde savait maintenant qu'ils bouillaient intérieurement. Il les connaissait tous. Le premier arrivé, ce soir-là, était un gros importateur d'oranges, un homme qui, disait-on, avait crié les journaux dans les rues ou ciré les souliers sur les ramblas de Barcelone et qui, à trente-cinq ans, jonglait avec les millions. Il était beau et soigné comme une femme. Toutes les entraîneuses de la maison le regardaient avec désir ou avec envie. Il leur souriait, les dents belles et brillantes. Parfois, entre deux parties, il venait faire un tour dans la salle, commandait pour elles deux ou trois bouteilles de champagne, signe qu'il avait gagné, mais on ne lui connaissait pas de maîtresse.

Il y avait aussi le maire d'une ville voisine, qui, craignant d'être vu, passait en coup de vent. C'était un maigre, un torturé. A la table de jeu, il avait des tics et il était superstitieux.

Une seule femme, mais qu'on traitait, qu'on considérait respectueusement comme un homme, une femme de cinquante ans, qui avait monté une importante affaire de nouveautés, et qui ne laissait pas passer un soir sans venir s'attabler devant le tapis vert.

Beaucoup, presque tous, ressemblaient au M. Monde de naguère. Le corps soigné, la peau rose, rasés de près, ils étaient vêtus de drap fin, de souliers qui gantaient le pied, et ils avaient atteint l'âge où l'on prend de l'importance, souvent même celui où le poids des responsabilités l'emporte dans la balance. Ils avaient des bureaux, des employés, des ouvriers ; avocats ou médecins, ils possédaient une clientèle riche et étendue. Tous avaient aussi un foyer, une femme, des enfants. Et tous, irrésistiblement, le soir, à certaine heure quasi mystique, se levaient de leur fauteuil, comme touchés par un charme. Rien ne pouvait les retenir.

Vraisemblablement, certains mentaient-ils, inventaient-ils, pour chaque soir, un nouvel alibi, une nouvelle obligation professionnelle ou mondaine.

D'autres n'évitaient pas la scène, les reproches, le mépris, la colère d'une femme qui ne pouvait pas les comprendre, et ils arrivaient le front plissé, la démarche de travers, honteux d'être là, honteux d'eux-mêmes.

Aucun d'eux ne savait que, derrière un petit judas rond, un homme comme eux les observait.

Restaient les naïfs, les simples, les fanfarons, les étrangers que des rabatteurs amenaient comme au bout d'un fil, qu'on faisait boire à une table avant de les pousser tout doucement vers « l'usine » pour une partie plus ou moins truquée.

Et enfin ceux qui ne jouaient pas, que le jeu ne tentait pas, qui prenaient au sérieux la grande salle pleine de femmes et qui, pendant des heures, y exaspéraient leur concupiscence.

M. Monde les voyait, cent fois dans la soirée, se pencher sur leur compagne d'occasion, Julie, Charlotte ou une autre, et il savait les mots qu'ils prononçaient. Le mot plutôt.

— Partons...

Et elles leur répondaient, sans jamais se lasser, avec toujours la même innocence :

— Tout à l'heure... Le directeur ne me laisserait pas sortir... Il est sévère... Nous avons un contrat...

Il fallait boire. Les bouteilles de champagne se succédaient, les fleurs, les boîtes de chocolat, les fruits. Tout cela était truqué. Et quand l'heure arrivait enfin, quand le petit jour était proche, quand, parfois, le soleil était levé, l'homme, tout à fait ivre, était poussé dehors ; rarement la femme l'accompagnait à son hôtel, où, d'avoir trop bu, il était incapable de s'assouvir.

M. Monde, ce soir-là, pensait à eux, à eux et à lui, en notant au vol les bouteilles qui sortaient de l'office. Il pensait aussi à Thérèse. Il avait mal dormi l'après-midi. Il était allé ensuite jusqu'au restaurant où ils avaient déjeuné ensemble. Comme ils ne s'étaient pas donné rendez-vous, c'était le seul endroit où il eût des chances de la retrouver. Il lui semblait qu'elle y viendrait, tiendrait le même raisonnement que lui. Il avait questionné le garçon, mais celui-ci ne se souvenait déjà plus d'elle.

— Une personne avec un chapeau blanc, n'est-ce pas ?

Ce n'était pas cela. Cela n'avait pas d'importance. D'ailleurs, avait-il vraiment le désir de la revoir ?

Il se sentait fatigué. Il se sentait vieux.

M. René, à son habitude, appuyé à un coin de table, mangeait quelque chose. Le chasseur poussait la porte va-et-vient. Il n'annonçait rien, se contentait d'un mouvement de la tête pour appeler le chef de piste.

Celui-ci, redressé, impeccable, s'élançait dans la salle. Le chasseur l'entraînait vers la grande entrée. Et là, au moment où il l'atteignait, la porte s'ouvrait ; c'était Thérèse que M. Monde voyait surgir. Une Thérèse que, désormais, on ne tenait plus à laisser pénétrer au *Monico*. C'était visible. M. René, sans en avoir l'air, lui barrait le passage. Elle lui parlait. Elle était humble. Il faisait non de la tête. Qu'est-ce qu'elle pouvait bien lui demander ?

M. René avançait peu .à peu pour lui faire franchir la porte en sens inverse, mais elle déjouait la manœuvre. Les femmes, qui avaient compris qu'il se passait quelque chose et qui, elles, avaient peut-être deviné, regardaient toutes de ce côté avec curiosité.

Thérèse suppliait encore ; puis elle changeait de ton, menaçait, elle voulait passer, s'adresser à quelqu'un d'autre.

Cette fois, M. René au sang nègre lui posait une main sur l'épaule. Elle le repoussait, et Désiré collait son visage au judas.

Qu'est-ce qu'elle pouvait lui crier avec tant de véhémence ? Et pourquoi, d'eux-mêmes, les garçons se rapprochaient-ils stratégiquement pour prêter main-forte à leur chef ? Comment avaient-ils pu deviner ce qui allait se passer ?

Soudain, en effet, alors que les deux mains de M. René la poussaient avec lenteur, elle se redressait, elle criait, le corps tendu, le visage méconnaissable, hurlant sans doute de grossières injures ou des menaces.

Sans que Désiré pût savoir comment cela s'était fait, il la voyait par terre, se tordant littéralement dans une crise de nerfs frénétique, et eux, les maîtres d'hôtel en noir et les garçons en tablier blanc, se penchaient sans s'émouvoir, la soulevaient, la portaient dehors, tandis que la musique continuait, imperturbable.

M. Monde regarda Julie et la trouva indifférente. Un garçon, qu'il n'avait pas entendu entrer dans l'office, soupira philosophiquement :

— Vaut mieux qu'elle aille piquer sa crise sur le trottoir. Elle est sûre de finir sa nuit au poste...

— Quelle crise ?

— C'est la morphine qui lui manque...

Alors il se laissa glisser de sa haute chaise, abandonna son espèce de pupitre et se dirigea vers l'escalier de service aux murs sordides. A mi-chemin, il se mit à courir, car il avait un détour à faire pour atteindre l'entrée principale. De loin, dans l'obscurité, il vit deux ou trois des gens du *Monico* qui, du seuil, regardaient une silhouette qui s'éloignait, qui s'arrêtait, qui se retournait pour leur tendre le poing et leur crier encore des injures.

Il prit le bras de son ancienne femme. Celle-ci sursauta, ne le reconnut pas d'abord, voulut se débattre. Puis elle vit son visage et éclata d'un rire répugnant.

— Qu'est-ce que tu veux, toi ?... Tu m'as suivie, hein ?... Tu es encore plus voyou que les autres !...

— Tais-toi, Thérèse...

Il apercevait des silhouettes au coin de la rue. Ils allaient croiser des passants. C'étaient peut-être des sergents de ville.

— C'est vrai ! Je n'ai qu'à me taire... Tu m'as payé à déjeuner !... Je te dois de la reconnaissance !... Et tu m'as donné de l'argent... Hein ! Dis-le donc, que tu m'as donné de l'argent... Mais tu as eu soin de me laisser en plan dans la rue... Le reste, tu t'en fous...

Il ne lui lâchait pas le bras et il était étonné d'y sentir tant de vigueur. Elle se débattait toujours, lui échappait, se mettait à courir, et il la rattrapait, elle se retournait vers lui, lui crachait au visage.

— Laisse-moi, te dis-je !... J'en trouverai... Il faut que j'en trouve... Ou alors...

— Thérèse...

— Crapule !

— Thérèse...

Elle avait le visage convulsé, les yeux fous. Il la vit s'abattre sur le trottoir, à ses pieds, essayer de labourer le pavé de ses ongles.

— Ecoute, Thérèse, je sais ce que tu veux... Viens...

Elle n'entendait pas. Les gens qui avaient tourné le coin passaient près d'eux, s'arrêtaient un instant. Une femme murmurait :

— C'est honteux...

Une autre, plus âgée, disait aux deux hommes qui les accompagnaient :

— Venez...

Ils s'en allaient à regret.

— Relève-toi... Suis-moi... Je te promets...

— Tu en as ?

— Je n'en ai pas, mais j'en trouverai...

— Tu mens !

— Je te jure...

Elle ricanait, les nerfs malades. Elle le regardait, les yeux agrandis, partagée entre la méfiance et l'espoir.

— Qu'est-ce que tu me donneras ?

— De la morphine...

— Qui est-ce qui te l'a dit ?...

Elle se relevait. Elle avait inconsciemment des gestes de petite fille, s'aidant de ses mains. Elle vacillait. Elle pleurait.

— Où veux-tu me conduire ?...

— Chez moi.

— Où ça, chez toi ?... Tu es sûr que tu ne vas pas me conduire à l'hôpital ?... On me l'a déjà fait une fois... Je serais capable...

— Mais non... Viens...

— C'est loin ?... Allons ensemble chercher de la morphine...

— Non... Quand tu seras plus calme... Je te donne ma parole d'honneur de t'en apporter...

C'était grotesque, tragique et laid : la scène perdait de son intensité, la crise se calmait, ils faisaient quelques pas le long des maisons, comme des passants ordinaires, puis Thérèse s'arrêtait de nouveau, telle une personne ivre, oubliait ce qu'il venait de lui dire, se raccrochait à lui. Une fois, il faillit tomber, entraîné par son poids.

— Viens...

Ils gagnaient du terrain. Et, à la fin, les mots qu'ils prononçaient l'un comme l'autre étaient incohérents.

— Je suis allée partout... Je suis allée chez le médecin qui *lui* en fournissait...

— Mais oui... Viens...

— Elle, à cause de son argent, on lui en donnait autant qu'elle voulait...

— Mais oui... Mais oui...

Deux fois, il faillit la laisser en plan, s'éloigner à grands pas. Le chemin lui paraissait interminable. Enfin ils aperçurent les lumières du *Gerly's*, et ce fut une nouvelle comédie pour la faire entrer.

— Je veux t'attendre dans le café...

— Non... Monte dans ma chambre...

Il y arriva, à force de patience. Jamais il n'avait imaginé que la vie pût être aussi plate. Il montait derrière elle, la poussait. Elle était chez lui enfin, reprise par ses soupçons. Il comprenait qu'elle allait tenter de fuir et alors, rapidement, il sortit et referma la porte à clef derrière lui.

L'oreille à la cloison, il lui parlait à mi-voix :

— Reste tranquille... Ne fais pas de bruit... Avant un quart d'heure, je serai ici et je t'en apporterai...

Etait-elle trop lasse ? Il l'entendit qui s'abattait sur le lit, où elle poussait des gémissements de bête.

Alors il descendit. Dans la brasserie, il alla droit au patron à qui il s'adressa à voix basse. Mais le patron secouait la tête. Non. Il n'en avait pas. Ce n'était pas le genre de la maison. C'était dangereux. Il fallait être très prudent.

— Où alors ?

Il ne savait pas non plus. Pour la cocaïne et l'héroïne, c'était plus facile. On lui avait bien parlé d'un médecin, mais il ignorait son nom et son adresse...

Il était décidé à frapper à toutes les portes. Peu importe ce qu'on penserait de lui. Au *Monico,* il y avait presque tous les soirs un docteur qui jouait gros jeu et qui, souvent, repartait l'œil morne, le visage blanc. Est-ce que celui-là ne comprendrait pas ?

Le plus difficile, pour lui qui n'était qu'un employé de la maison, c'était de pénétrer dans « l'usine », de s'approcher du tapis vert.

Tant pis. Il allait partir. Le patron de la brasserie levait la tête.

— Ecoutez !

Malgré les six étages qui les séparaient de la mansarde, on entendait du bruit. C'était dans l'escalier. Les deux hommes s'y engagèrent. A mesure qu'ils montaient, ils entendaient mieux les coups frappés contre une porte, les hurlements, les voix d'une bonne et d'un locataire qui était chez lui par hasard et qui questionnait la forcenée.

— Vous n'auriez pas dû l'amener ici, soupira le patron.

Qu'est-ce que M. Monde pouvait faire ? Il ne savait plus.

— Appelez un médecin, voulez-vous ?... N'importe lequel... Il n'est pas possible que cela continue...

— Vous le voulez ?...

Il fit oui de la tête, écarta la bonne et le locataire, mit la clef dans la serrure. On voulait entrer avec lui, mais il lui répugnait que la scène eût des témoins et il se glissa dans la mansarde dont il referma la porte derrière lui.

Le quart d'heure qu'il passa alors, en tête à tête avec celle qui avait jadis des yeux si candides et à qui il avait fait deux enfants, il ne le raconta jamais, peut-être parvint-il à ne plus y penser.

Le locataire, un musicien de jazz qui gardait la chambre depuis quelques jours parce qu'il avait une pleurésie, était allé se recoucher. Seule, la bonne n'avait pas quitté le palier. Ce fut avec soulagement qu'elle entendit le pas du médecin dans l'escalier.

Quand on ouvrit la porte, Thérèse était étendue en travers sur le lit, les jambes pendantes. A demi couché sur elle, Désiré la maintenait de tout son poids et, d'une main où le sang coulait, lui tenait la bouche fermée.

L'homme était tellement hébété qu'un instant il ne comprit pas ce que le docteur venait faire et qu'il resta dans son étrange position.

Puis il se leva, se passa la main sur les yeux et vacilla. Par crainte de s'évanouir, il alla se coller contre le mur dont la chaux blanchit tout un côté de son costume.

On lui avait proposé de l'emmener à l'hôpital, mais il avait refusé. Les autres ne comprenaient pas pourquoi. Une piqûre l'avait calmée. Elle avait les yeux grands ouverts, mais elle était si calme, les prunelles si vides, qu'elle paraisssait dormir.

Sur le palier, il avait eu une conversation à voix basse avec le médecin.

Et maintenant ils n'étaient plus que tous les deux. Il s'était assis sur une chaise. Parfois il sentait comme de grands coups frappés dans sa tête et d'autres fois c'était un vertige, une sorte de vide qui l'aspirait, l'empêchait de penser. Il lui arrivait de prononcer machinalement, comme si, de parler, lui faisait du bien à lui :

— Dors...

Il avait éteint la lampe électrique, mais des rayons de lune ruisselaient de la lucarne ouverte, et c'est dans cette lumière froide qu'il la voyait, transfigurée : il s'efforçait de ne pas la regarder, parce qu'elle avait l'air d'une morte, avec le même pincement des narines que les morts, avec aussi leur immatérialité.

Une fois qu'il jetait un coup d'œil vers le lit, il avait été transpercé d'un frisson, parce que ce n'était pas elle qu'il avait cru voir, mais son fils, Alain, qui avait presque les mêmes traits, qui avait en tout cas ces prunelles trop pâles, ce teint de stéarine.

Des gens rentraient dans l'hôtel. Les pas s'arrêtaient presque toujours aux étages inférieurs. Il comptait machinalement les paliers. Quatre... Cinq... Cette fois, on montait jusqu'au sixième. Une femme. On frappait à la porte.

Il comprit que c'était Julie.

— Entre...

Elle fut saisie par l'obscurité, par l'étrangeté de ces deux êtres, la femme couchée, les yeux ouverts, l'homme assis sur une chaise, la tête entre les mains. Elle commença à voix basse :

— Est-ce que ?...

Elle n'osait pas achever.

— ... Est-ce qu'elle est morte ?

Il hochait la tête, se levait avec peine. Il allait falloir donner des explications. Mon Dieu ! que tout cela était compliqué !

Il l'attirait vers la porte, vers le palier.

— Qui est-ce ?... Tu la connaissais ?... On m'a dit, au *Monico*... Le patron est furieux...

Cela ne retint pas son attention.

— Tu la connaissais, hein ?

Il fit oui de la tête. Et elle en devinait aussitôt davantage.

— Ta femme ?

— Ma première femme...

Elle n'était pas étonnée. Au contraire. On aurait dit qu'elle avait toujours soupçonné une histoire dans ce genre-là.

— Qu'est-ce que tu vas faire ?

— Je ne sais pas...

— Demain, ce sera à recommencer... Nous, on les connaît...

— Oui...

— Qui est-ce qui t'en a donné ?

— Le médecin...

— Quand ce sera son heure, elle remettra ça...

— Je sais... Il m'en a laissé une ampoule...

C'était extraordinaire. Les mots, les phrases, les faits eux-mêmes, les réalités, en somme, n'avaient plus pour lui aucune importance. Il était lucide et s'en apercevait, il savait qu'il répondait convenablement à toutes les questions, qu'il se conduisait comme un homme normal.

En même temps, il était très loin, très haut plutôt ; il voyait Julie, en robe du soir, sur le palier qu'éclairait une ampoule poussiéreuse, il se voyait lui-même, les cheveux à rebrousse-poil, le col de sa chemise ouvert.

— Tu saignes...

— Ce n'est rien...

— C'est elle, hein ?

Mais oui ! Mais oui ! Tout cela n'avait pas d'intérêt. Il venait de faire en quelques heures, peut-être en quelques minutes, il ne savait même pas exactement quand, un bond tellement prodigieux qu'il regardait avec une lucidité froide l'homme et la femme chuchotant sur un palier d'hôtel à l'heure où le jour n'allait pas tarder à naître.

Il ne s'était certes pas désincarné. Il était toujours M. Monde, ou Désiré, plutôt Désiré... Non ! Peu importe... Il était un homme qui avait traîné longtemps sa condition d'homme sans en avoir conscience, comme d'autres traînent une maladie qu'ils ignorent. Il avait été un homme parmi les hommes et il s'était agité comme eux, poussant dans la cohue, tantôt mollement, tantôt avec acharnement, sans savoir où il allait.

Or voilà que, dans les rayons lunaires, il voyait soudain la vie autrement, comme à l'aide de prodigieux rayons X.

Tout ce qui comptait auparavant, toute l'enveloppe, la pulpe, la chair, n'existait plus, ni les faux-semblants, ni presque rien et ce qu'il y avait à la place...

Mais voilà ! Ce n'était pas la peine d'en parler, ni à Julie, ni à personne. Ce n'était d'ailleurs pas possible. *Ce n'était pas transmissible.*

— Tu n'as besoin de rien ? lui demandait-elle. Tu ne veux pas que je te fasse monter du café ?

Non... Oui... Cela lui était égal. Plutôt non, pour être plus vite tranquille.

— Tu viendras me donner des nouvelles ?

Il promit. Elle ne le crut qu'à moitié. Peut-être s'attendait-elle, quand elle s'éveillerait au milieu de la journée, à apprendre qu'il était parti avec la femme étendue sur le lit de fer ?

— Allons ! Bon courage !

Elle s'éloignait à regret. Elle aurait voulu, elle aussi, lui transmettre un message, lui dire... Quoi au juste ? Qu'elle avait compris dès le début que ce n'était pas pour toujours. Qu'elle n'était qu'une pauvre fille, mais qu'elle devinait les choses, que...

Il la vit, au tournant de l'escalier, qui levait encore la tête vers lui. Il rentra dans la chambre, referma la porte, fut saisi d'entendre une voix qui questionnait, encore pâteuse.

— Qui est-ce ?

— Une fille que je connais...

— C'est ta...

— Non... Une camarade...

Thérèse reprit sa contemplation du plafond en pente. Il se rassit sur sa chaise. De temps en temps, il essuyait de son mouchoir le sang qui coulait de sa lèvre qu'elle avait mordue profondément.

— Il t'en a laissé d'autre ? demanda-t-elle encore sans bouger, parlant avec l'absence d'accent d'une somnambule.

— Oui.

— Combien ?

— Une...

— Donne-la-moi, maintenant...

— Pas encore...

Elle se résignait comme une petite fille. Et, telle quelle, elle était à la fois beaucoup plus enfant encore, et plus vieille, que quand il l'avait vue en ville pendant la journée. Lui aussi, quand il restait un quart d'heure devant son miroir pour se raser, se faisait souvent l'effet d'un enfant vieilli. Est-ce qu'un homme est jamais autre chose ? On parle des années comme si elles existaient. Puis on s'aperçoit qu'entre le moment où on allait encore à l'école, qu'entre le moment, même, où une mère vous bordait dans votre lit et celui où on vit...

La lune brillait encore faiblement dans le ciel que celui-ci passait déjà du bleu sombre au bleu léger du matin et que les murs, dans la chambre, devenaient d'un blanc moins livide et moins inhumain.

— Tu ne dors pas ? questionna-t-elle encore.

— Pas maintenant.

— Je voudrais tant dormir !

Ses pauvres paupières fatiguées battaient, on sentait son envie de pleurer ; elle était beaucoup plus maigre qu'autrefois, c'était une vieille femme qui n'avait presque plus de corps.

— Ecoute, Norbert...

Il se leva et alla se passer de l'eau sur le visage, faisant du bruit exprès pour l'empêcher de parler. Cela valait mieux ainsi.

— Tu ne m'écoutes pas ?

— A quoi bon ?

— Tu m'en veux beaucoup ?

— Non... Essaie de dormir...

— Si tu me donnais la seconde ampoule...

— Non... Pas avant neuf heures...

— Quelle heure est-il ?

Il chercha sa montre qu'il avait déposée quelque part et qu'il fut un certain temps à trouver.

— Cinq heures et demie...

— Bien...

Elle attendait, résignée. Il ne savait que faire, ni où se mettre. Il écoutait, pour se distraire, les bruits familiers de l'hôtel, dont il connaissait presque tous les locataires. Il savait qui rentrait, reconnaissait des voix qui ne lui parvenaient que comme de faibles rumeurs.

— Il vaudrait mieux me laisser mourir...

Le médecin l'avait prévenu. Tout à l'heure déjà, quand il était là, elle leur avait joué cette comédie, mais à chaud, alors, au plus fort de la crise, elle s'était jetée sur des ciseaux qui traînaient et elle avait essayé de se taillader le poignet.

Maintenant, cela la reprenait, à froid, et il n'en était pas ému. Elle insistait :

— Pourquoi ne me laisses-tu pas mourir ?

— Dors !

— Tu sais bien que je ne peux pas dormir comme ça.

Tant pis ! Il allait en soupirant s'accouder à la lucarne où il retrouvait ses toits rouges et les bruits du marché aux fleurs qui commençaient. C'était l'heure où son gardien de nuit, rue Montorgueil, réchauffait, dans son cagibi, son café du matin. Le café était dans une petite cafetière d'émail bleu. L'homme le buvait dans un bol paysan à grosses fleurs. Les Halles battaient leur plein.

Et pendant des années, un peu plus tard, dans un lit de deux personnes, rue Ballu, il s'était réveillé lui-même, toujours à la même heure, s'était glissé hors du lit où une femme maigre et dure restait étendue après son départ.

Tandis qu'il faisait sa toilette avec un soin méticuleux, comme il faisait toutes choses, un réveil se déclenchait au-dessus de sa tête, et un grand garçon qui était son fils s'étirait dans son lit, bâillait, se levait, la bouche pâteuse et les cheveux hirsutes.

Est-ce que sa fille, maintenant qu'il n'y était plus, s'était raccommodée avec sa belle-mère ? Sans doute que non. Et, quand elle avait besoin d'argent, elle ne savait plus à qui s'adresser. C'était drôle. Elle avait deux enfants. Elle devait les aimer comme toutes les mères — ou peut-être tout cela n'existe-t-il pas réellement ? — et pourtant elle vivait sans se préoccuper d'eux, passant une partie de ses nuits dehors avec son mari.

C'était la première fois depuis sa fuite qu'il pensait à eux d'une façon aussi précise. On pourrait même dire qu'il n'y avait pas pensé du tout.

Il ne s'attendrissait pas... Il était froid. Il les voyait les uns et les autres tels qu'ils étaient. Il les voyait beaucoup mieux qu'avant, quand il les rencontrait presque chaque jour.

Il ne s'indignait plus.

— A quoi penses-tu ?

— A rien...

— J'ai soif...

— Tu veux que j'aille te chercher du café ?

— Si tu veux bien...

Il descendit, en pantoufles, la chemise toujours entrouverte sur sa poitrine. La brasserie était fermée. Il dut sortir. Il entrevit au bout de la rue un morceau de mer. Il se dirigea vers un petit bar.

— Vous me donnerez un petit pot de café et une tasse. Je vous les rapporterai tout à l'heure...

— C'est pour le *Gerly's* ?

On était habitué. Les gens du *Gerly's* avaient toujours quelque chose à aller chercher dans le voisinage aux heures les plus inattendues.

Sur le comptoir, il y avait des croissants chauds dans une corbeille, et il en mangea un, but un café en regardant mollement dehors, emporta enfin, pour Thérèse, le petit pot, une tasse, deux morceaux de sucre dans sa poche et des croissants.

Des gens du matin le rencontraient et se retournaient sur lui qu'ils sentaient bien être un homme de la nuit. Un tramway passait.

Il remonta dans sa mansarde et devina que Thérèse s'était levée, peut-être venait-elle de se recoucher précipitamment en entendant son pas dans l'escalier ?

Elle n'était plus tout à fait la même. Elle paraissait plus fraîche, parce qu'elle avait étendu une couche de poudre sur son visage, avivé le rose-bonbon de ses joues, dessiné à nouveau ses lèvres minces. Elle était assise sur le lit, un oreiller derrière le dos.

Elle lui souriait d'un sourire pâle, reconnaissant, et il avait déjà compris. Il posa le café et les croissants sur la chaise, à sa portée.

— Tu es bon..., disait-elle.

Il n'était pas bon. Elle le suivait des yeux. Ils pensaient tous les deux à la même chose. Elle avait peur. Il ouvrait le tiroir de la table de nuit et, comme il s'y attendait, il ne retrouvait pas l'ampoule. La seringue était là, montée, encore mouillée.

Avec une moue suppliante, elle balbutiait :

— Il ne faut pas m'en vouloir...

Il ne lui en voulait pas. Il ne lui en voulait même pas. Et, quelques instants plus tard, cependant qu'elle buvait son café, il découvrait l'ampoule vide qui brillait sur le toit en pente, un peu en dessous de la lucarne.

9

Le départ de Nice se fit aussi simplement que celui de Paris. Il n'y eut pas de débat, pour ainsi dire pas de décision à prendre.

Vers dix heures, M. Monde ferma sa porte sans bruit et descendit quatre étages pour frapper doucement à la porte de Julie. Il dut frapper plusieurs fois. Une voix endormie demanda, maussade :

— Qu'est-ce que c'est ?

— C'est moi.

Il l'entendit qui, pieds nus, venait lui ouvrir. Puis, sans même le regarder, les paupières à demi collées, elle se précipita vers la chaleur de son lit. Déjà presque endormie, elle questionna, avec un effort, qui était visible sur son visage, pour se maintenir à la surface :

— Qu'est-ce que tu veux ?

— J'aurais aimé que tu restes là-haut un moment. Je dois sortir...

Et Julie, avec le sommeil, souffla gentiment :

— Attends une minute...

C'était la dernière fois, il le savait, qu'il pénétrait dans son intimité aux odeurs vulgaires et fortes. Le lit était chaud. Comme d'habitude, le linge gisait en tas sur la carpette.

— Passe-moi un verre d'eau...

Dans le verre à dents, cela lui était égal. Elle se souleva, questionna comme en rêve :

— Ça ne va pas ?

— Si. Elle dort. Je pense cependant qu'il vaut mieux ne pas la laisser seule.

— Comme tu voudras. Il faut que je m'habille ?

— Peu importe.

Elle ne mit pas ses bas, ni sa culotte, aucun linge. Elle se contenta de passer une petite robe de lainage sur sa peau, de glisser ses pieds nus dans ses souliers à hauts talons. Par contre, elle se pencha sur le miroir pour poudrer son visage luisant, étendre un peu de rouge. Un coup de peigne.

— Il n'y a rien à lui dire si elle se réveille ?

— Que je vais rentrer.

Elle monta l'escalier, docile et paresseuse, tandis qu'il descendait et pénétrait dans la brasserie. Il n'avait pas mis, ce matin-là, son complet grisâtre d'homme de la nuit, mais le costume plus élégant, pantalon de flanelle et veston bleu croisé, que Julie lui avait fait acheter le premier jour.

Il demanda la communication téléphonique avec Paris et rentra pour attendre dans la brasserie où le patron faisait ses comptes.

— Vous partez ?

Cela lui paraissait évident, comme à Julie.

La conversation téléphonique fut longue. Le docteur Boucard, à l'autre bout du fil, se répandait en exclamations interminables. M. Monde, qui le savait étourdi, répétait plusieurs fois chacune de ses recommandations.

Puis il se dirigea vers le magasin où il avait acheté le costume qu'il portait. Il en trouva un autre, plus correct, plus M. Monde, qu'on lui promit de rectifier pour l'après-midi.

Quand il rentra à l'hôtel, il retrouva les deux femmes fraternellement assises sur le même lit. Elles se turent à son entrée. Chose curieuse, le regard de Julie était devenu plus respectueux, comme plus soumis.

— Je dois m'habiller ? questionna Thérèse presque enjouée.

Et elle ajouta avec une moue :

— Tu ne veux pas qu'on déjeune tous les trois ?

Cela ne tirait pas à conséquence maintenant. Il accepta toutes leurs fantaisies, y compris le choix d'un restaurant assez luxueux, le menu qui faisait un peu trop banquet. De temps en temps, il lisait une inquiétude dans les yeux de Thérèse, dont les traits se crispaient. Elle finit par questionner, frémissante :

— Tu en auras ?

Il en avait dans sa poche et, au café, il lui passa une ampoule ; elle savait fort bien ce qu'il y avait dans sa main fermée, elle prit son sac et se précipita vers les lavabos.

Julie la suivit des yeux et prononça avec conviction :

— Elle a de la chance.

— Ah !

— Si tu savais comme elle est heureuse ! Ce qu'elle a pu me dire de toi, ce matin...

Il ne sourit pas, ne sourcilla pas. A l'hôtel *Gerly's*, un mandat télégraphique de Boucard l'attendait. Laissant encore les deux femmes ensemble, il retourna chez le tailleur, alla à la gare retenir ses places. Le train partait à huit heures. Julie, à la gare, hésitait entre le rire et les larmes.

— C'est drôle, l'effet que ça me fait, disait-elle. Tu penseras de temps en temps à moi ?

M. Monde et Thérèse montèrent en voiture, dînèrent au wagon-restaurant, puis se dirigèrent vers leur compartiment de wagon-lit.

— Tu m'en donneras encore une ce soir, dis ?

Il alla dans le couloir pour ne pas voir le geste qu'il prévoyait, le petit geste sec, quasi professionnel, pour piquer l'aiguille dans la cuisse. Il se méfiait encore d'elle et il lui donna le lit du haut. Lui-même ne dormit qu'à peine, avec de fréquents réveils brusques.

Il était très calme, très lucide. Il avait pensé à tout. Il avait même averti, avant de partir, l'inspecteur de police qu'il emmenait Thérèse à Paris.

A la gare, un autre matin, une autre ville les attendait, et le docteur Boucard agitait le bras au bout du quai.

M. Monde et Thérèse marchaient le long du train, bousculés par les voyageurs. Elle n'osait pas s'accrocher à son bras. Elle fut surprise de voir que quelqu'un était venu les accueillir.

— Tu permets un instant ?

Il la surveillait du coin de l'œil, échangeait quelques phrases avec son ami, qui ne parvenait pas à cacher son étonnement.

— Viens, Thérèse. Je te présente un de mes bons camarades, le docteur Boucard.

Elle se méfia.

— Sortons d'abord de la foule...

Et, dehors, il se dirigea vers un taxi, l'y fit monter. Le docteur monta à son tour.

— A tout à l'heure. Tu peux avoir confiance en lui. Il ne te conduit pas où tu penses.

Le taxi s'éloignait déjà, tandis que Thérèse était sur le point de crier à la trahison et de se débattre.

— Ne craignez rien, disait Boucard, embarrassé. Norbert m'a téléphoné de vous louer un appartement confortable. J'ai eu la chance de trouver cela tout de suite, à Passy. Vous serez chez vous. Vous serez libre. Je crois que *rien* ne vous manquera...

Les traits pointus de Thérèse exprimaient une surprise où il y avait une sorte de rage.

— Il vous avait promis autre chose ?

— Non.

— Qu'est-ce qu'il vous avait dit ?

— Rien... Je ne sais pas...

Elle se mordait les lèvres, s'en voulait d'avoir été si bête. Tout à l'heure encore, dans le train, au moment où on commençait à sentir l'odeur de Paris, elle avait touché le bras de Monde, elle avait été sur le point de fondre en larmes, peut-être de se jeter à ses genoux pour le remercier. Ils étaient debout dans le couloir, et seule l'arrivée d'un voyageur l'avait empêchée de le faire.

— Je ne suis qu'une idiote ! articula-t-elle sur un ton de mépris.

Car elle avait cru que c'était pour elle qu'il était revenu !

A dix heures, M. Monde, avant de passer rue Ballu, descendait de taxi aux Halles et franchissait à pied le court espace qui le séparait des magasins de la rue Montorgueil. Il faisait gris, ce matin-là. Peut-être avait-il fait gris à Paris pendant tout son séjour dans le Midi ? Les choses, en l'absence de soleil, n'en étaient que plus nettes, plus nues. On en voyait crûment les contours.

Un camion sortait du porche, et il s'effaça pour le laisser passer. Il pénétra dans la cour vitrée, tourna à gauche, pénétra dans le bureau qu'il partageait avec M. Lorisse. Celui-ci, d'émotion, se mit à trembler, répétant des kyrielles de :

— M. Norbert !... M. Norbert !...

Il en bégayait, puis se montrait soudain gêné, présentait un personnage auquel M. Monde n'avait pas fait attention et qui occupait sa propre place.

— M. Dubourdieu... Un administrateur que la banque nous a...

— Je comprends.

— Si vous saviez dans quelle situation...

Il écoutait. Il regardait. Tout cela, y compris Lorisse, y compris l'administrateur aussi noir qu'un homme des pompes funèbres, avait l'air d'une photographie trop posée. M. Lorisse fut très surpris de le voir, en pleine conversation, sortir de la pièce, le laissant sur une phrase inachevée, et se diriger vers les autres bureaux...

Dans le dernier de la rangée, il aperçut son fils à travers la porte vitrée. Son fils, qui levait la tête, le vit aussi, ouvrit la bouche, se dressa d'une détente.

Le temps d'ouvrir la porte, et M. Monde le voyait pâlir, osciller, défaillir.

Il arriva près de lui au moment où on l'étendait sur le plancher poussiéreux et où on lui frappait dans les mains.

Plus tard, à l'heure du déjeuner, deux employés présents à la scène en parlaient avec un magasinier, et l'un d'eux affirmait avec une pointe d'indignation :

— Il n'a pas bronché. Ses yeux sont restés secs. Il le regardait de haut en bas, en attendant qu'il revienne à lui. On aurait dit qu'il en avait de l'humeur, qu'il était mécontent. Quand le gamin a ouvert les yeux et que, tout tremblant, il s'est relevé, le patron s'est contenté de l'embrasser au front en disant : « Bonjour, fils ! » Un homme que, depuis plus de trois mois, tout le monde croyait mort !

Pourtant, ce fut avec son fils, avec lui seul, que M. Monde déjeuna dans son restaurant habituel des Halles. Il n'avait pas téléphoné rue Ballu. Il avait interdit à M. Lorisse de le faire.

— Tu as vraiment cru que je ne reviendrais jamais ?... Et ta sœur ?

— Je la vois de temps en temps en cachette. Cela va très mal. Ils ont des dettes jusqu'au cou et ils sont en procès avec maman.

Sans cesse, le regard d'Alain se dérobait, mais M. Monde avait l'impression qu'avec le temps il parviendrait à apprivoiser son garçon. Sans le vouloir, à certain moment, il fixa la pochette entourée de dentelle, et le jeune homme, qui s'en aperçut, rougit. Quelques instants plus tard, il sortit pour aller à la toilette, et, quand il revint, la pochette avait disparu.

— Je ne suis pas bien au courant, mais je crois que toutes les difficultés sont venues à cause du coffre...

— Ta mère avait pourtant la clef...

— Il paraît que ce n'est pas suffisant...

Il déblayait sans perdre de temps. A trois heures, il était chez le directeur de sa banque. Et, à cinq heures seulement, il descendait de taxi en face du petit hôtel de la rue Ballu. La concierge crut nécessaire de s'exclamer. Lui rentrait simplement chez lui, pas même comme un homme qui revient de voyage, car il n'avait pas de bagages, il sonnait, il entrait comme, pendant des années et des années, il l'avait fait chaque jour.

— Madame est là-haut ?

— Elle vient justement de sortir avec la voiture. J'ai entendu qu'elle donnait à Joseph l'adresse de son avoué.

Rien n'avait changé. Il rencontra dans l'escalier la femme de chambre — celle qui appartenait à sa femme — qui tressaillit et faillit laisser tomber le plateau qu'elle portait.

— Dites-moi, Rosalie...

— Oui, monsieur...

— Je désire que vous ne téléphoniez pas à Madame...

— Mais, monsieur...

— Je dis que je désire que vous ne téléphoniez pas à Madame. C'est tout !

— Monsieur a fait bon voyage ?

— Excellent.

— C'est Madame qui va...

Il n'en écouta pas davantage et monta dans sa chambre où, avec une satisfaction visible, il endossa ses propres vêtements. Puis il descendit dans son bureau, dans le vieux bureau aux vitraux multicolores, qui avait été celui de son père et celui de son grand-père.

Il n'y avait rien de changé en apparence, et pourtant il fronça les sourcils. Il chercha ce qui le choquait. C'était le cendrier qui ne se trouvait plus sur son bureau, ni les deux pipes qu'il ne fumait que chez lui, que dans cette pièce. A la place, il voyait des lunettes, celles de sa femme, et, sur le sous-main, un dossier d'affaires qu'il ne connaissait pas.

Il sonna, remit ces objets à Rosalie.

— Vous monterez ceci chez Madame.

— Bien, monsieur.

— Vous ne savez pas où sont mes pipes ?

— Je crois qu'on les a rangées dans l'armoire du bas.

— Merci !

Il essayait la pièce comme on essaie un nouveau complet, ou plutôt comme on s'essaie soi-même dans un complet qu'on n'a plus mis depuis longtemps. Pas une seule fois il ne se regarda dans la glace. Par contre, il alla coller son visage à la vitre, à sa place habituelle, retrouva le spectacle du même morceau de trottoir, des mêmes fenêtres d'en face. A une de ces fenêtres, au troisième étage, une petite vieille qui ne quittait plus sa chambre depuis des années le regardait fixement à travers les rideaux.

Il venait d'allumer une pipe dont la fumée mettait un peu de moelleux et comme un peu d'intimité dans la pièce, quand il reconnut le bruit de sa propre voiture qui s'arrêtait devant le portail, le grincement de la portière qu'ouvrait Joseph.

Juste à ce moment, la sonnerie du téléphone retentit, et il décrocha le récepteur.

— Allô ! Oui, c'est moi... Comment ? Cela s'est à peu près bien passé ?... Pauvre femme !... Je m'en doutais...

Des pas dans l'escalier. La porte s'ouvrait. Il voyait sa femme, debout dans l'encadrement. Il écoutait toujours la voix de Boucard.

— Mais oui, elle s'habituera... Non... Je n'irai pas... Comment ?... A quoi bon ! Du moment qu'elle a ce qu'il lui faut...

Mme Monde ne bougeait pas. Il la regardait tranquillement, voyait ses petits yeux noirs qui devenaient moins durs, qui, pour la première fois peut-être, exprimaient un certain désarroi.

— C'est cela... Demain... A demain, Paul... Merci... Mais si... Merci...

Il raccrocha tranquillement. Sa femme s'avança. Elle avait la gorge si sèche que sa voix s'étrangla.

— Vous êtes revenu..., dit-elle.

— Vous voyez...

— Si vous saviez ce que j'ai souffert...

Elle se demandait si elle devait se jeter dans ses bras. Elle reniflait. Simplement, il frôla son front de ses lèvres, lui serra une seconde les deux poignets dans un geste affectueux.

Elle avait déjà tout vu, il le savait, les pipes, le cendrier, l'absence des lunettes et du dossier. Elle crut devoir prononcer :

— Vous n'avez pas changé.

Il répondit avec ce calme qu'il avait ramené avec lui et qui laissait entrevoir comme un vide vertigineux :

— Si.

C'était tout. Il était détendu. Il était dans la vie, aussi souple, aussi fluide que la vie.

Sans ironie, il prononçait encore :

— J'ai su que vous aviez eu des ennuis avec cette histoire de coffre. Je vous en demande bien pardon. Je n'ai pas pensé un seul instant à cette formule que j'ai signée tant de fois : *Je certifie que mon conjoint...*

— Taisez-vous ! supplia-t-elle.

— Pourquoi ? Je suis vivant, vous le voyez. Sans doute faudra-t-il aller en faire la déclaration au commissariat de police, où vous avez dû signaler ma disparition...

C'était lui qui en parlait, sans aucune gêne, sans pudeur. Il est vrai qu'il n'en dit pas davantage, qu'il ne donna aucune explication.

Chaque semaine, ou presque, Julie lui écrivait, sur du papier à en-tête du *Gerly's* ou du *Monico*. Elle lui parlait de M. René, de Charlotte, de tous ceux qu'il connaissait. Il lui répondait.

Boucard, lui, lui parlait presque chaque soir, au *Cintra*, de Thérèse qui aurait tant voulu le voir.

— Tu devrais y aller, ne fût-ce qu'une fois.

— A quoi bon ?

— Figure-toi qu'elle avait cru que c'était pour elle que tu...

M. Monde le regarda tranquillement dans les yeux.

— Et alors ?

— Cela a été une grande déception...

— Ah !

Boucard n'insista pas, peut-être parce qu'il était impressionné comme les autres par cet homme qui n'avait plus de fantômes, plus d'ombre, et qui vous regardait dans les yeux avec une froide sérénité.

Saint-Mesmin, le 1er avril 1944.

TROIS CHAMBRES À MANHATTAN

1

Il s'était relevé brusquement, excédé, à trois heures du matin, s'était rhabillé, avait failli sortir sans cravate, en pantoufles, le col du pardessus relevé, comme certaines gens qui promènent leur chien le soir ou le matin de bonne heure. Puis, une fois dans la cour de cette maison qu'il ne parvenait pas, après deux mois, à considérer comme une vraie maison, il s'était aperçu, en levant machinalement la tête, qu'il avait oublié d'éteindre sa lumière, mais il n'avait pas eu le courage de remonter.

Où en étaient-ils, là-haut, chez J.K.C. ? Est-ce que Winnie vomissait déjà ? C'était probable. En gémissant, sourdement d'abord, ensuite de plus en plus fort, pour finir par une interminable crise de sanglots.

Son pas résonnait dans les rues à peu près vides de Greenwich Village et il pensait toujours à ces deux-là qui l'avaient une fois de plus empêché de dormir. Il ne les avait jamais vus. Ces lettres même, J.K.C., il ignorait ce qu'elles représentaient. Il les avait seulement lues, peintes en vert, sur la porte de son voisin.

Il savait aussi, pour être passé un matin dans le corridor quand la porte était entrouverte, que le plancher était noir, d'un noir luisant comme une laque, probablement un vernis, ce qui l'avait d'autant plus choqué que les meubles étaient rouges.

Il savait bien des choses, mais par fragments, sans pouvoir les relier entre elles. Que J.K.C. était peintre. Que Winnie habitait Boston.

Quel était son métier ? Pourquoi venait-elle invariablement à New-York le vendredi soir et non un autre jour de la semaine, ou pour le week-end, par exemple ? Il y a des professions où l'on a son congé tel ou tel jour. Elle arrivait en taxi, de la gare évidemment, un peu avant huit heures du soir. Toujours à la même heure, à quelques minutes près, ce qui indiquait qu'elle descendait du train.

A ce moment-là, elle avait sa voix aiguë, car elle avait deux voix. On l'entendait aller et venir en parlant avec volubilité comme une personne en visite.

Le couple dînait dans l'atelier. Régulièrement, un traiteur italien du quartier apportait le repas un quart d'heure avant l'arrivée de la jeune femme.

J.K.C. parlait à peine, d'une voix sourde. Malgré le peu d'épaisseur des cloisons, on ne pouvait jamais saisir ce qu'il disait, sauf quelques bribes, les autres soirs, quand il téléphonait à Boston.

Et pourquoi ne téléphonait-il jamais avant minuit, parfois bien après une heure du matin ?

— Allô !... Longue distance ?

Et Combe savait qu'il en avait pour un bon moment. S'il reconnaissait au passage le mot Boston, il n'avait jamais pu distinguer le nom du bureau. Puis venait le prénom de Winnie, le nom de famille qui commençait par un P, un O et un L, mais dont il ignorait la fin.

Enfin le long murmure, en sourdine.

C'était exaspérant. Moins cependant que les vendredis. Qu'est-ce qu'ils buvaient en dînant ? Ils devaient boire sec, en tout cas, Winnie surtout, car sa voix devenait bientôt plus basse et plus cuivrée.

Comment pouvait-elle se déchaîner de la sorte en si peu de temps ? Jamais il n'avait imaginé une telle violence dans la passion, une telle bestialité sans contrainte.

Et lui, ce J.K.C. au visage inconnu, gardait son calme et le contrôle de lui-même, parlait toujours d'une voix égale et comme condescendante.

Après chaque nouveau déchaînement, elle buvait à nouveau, elle réclamait à boire, on devinait l'atelier en désordre, avec souvent des verres brisés sur le fameux plancher noir.

Cette fois-ci, il était sorti sans attendre le revirement inévitable, les allées et venues précipitées dans la salle de bains, les hoquets, les vomissements, les larmes, et enfin cette plainte qui n'en finissait pas, de bête malade ou de femme hystérique.

Pourquoi continuait-il d'y penser et pourquoi était-il parti ? Il se promettait, un matin, d'être dans le couloir ou dans l'escalier quand elle sortirait. Car, après de pareilles nuits, elle avait le courage, régulièrement, de se lever à sept heures. Elle n'avait pas besoin de la sonnerie du réveil. Elle ne dérangeait même pas son compagnon, car on ne les entendait pas parler.

Quelques bruits dans la salle de bains, sans doute un baiser sur le front de l'homme endormi, et elle ouvrait la porte, se glissait dehors où elle devait marcher à pas secs dans les rues à la recherche d'un taxi pour la conduire à la gare.

Comment était-elle alors ? Retrouvait-on sur son visage, dans la lassitude des épaules, dans le rauque de la voix, des traces de sa nuit ?

C'était cette femme-là qu'il aurait voulu voir. Pas celle du soir, qui débarquait du train pleine d'assurance et qui entrait dans l'atelier comme chez de quelconques amis.

Celle du matin, celle qui s'en allait toute seule dans le petit jour tandis que l'homme, tranquillement égoïste, dormait encore, le front moite effleuré d'un baiser.

Il était arrivé à un carrefour qu'il reconnaissait vaguement. Une boîte de nuit fermait ses portes. Les derniers clients, sur le trottoir, attendaient en vain des taxis. Deux hommes, qui avaient beaucoup bu, juste au coin de la rue, ne parvenaient pas à se séparer, se serraient la main, s'éloignaient un moment l'un de l'autre et se rejoignaient aussitôt pour d'ultimes confidences ou pour de nouvelles protestations d'amitié.

Il avait l'air, lui aussi, de quelqu'un qui sort d'un cabaret et non de quelqu'un qui sort de son lit.

Mais il n'avait rien bu. Il était à froid. Il n'avait pas passé sa soirée dans une chaude atmosphère de musique, mais dans le désert de sa chambre.

Une station de *subway*, toute noire, métallique, au milieu du carrefour. Un taxi jaune qui s'arrêtait enfin au bord du trottoir et que dix clients assaillaient en grappe. Le taxi, non sans peine, repartait à vide. Sans doute, les gens n'allaient-ils pas de son côté ?

Deux larges avenues à peu près vides, avec, le long des trottoirs, comme des guirlandes de boules lumineuses.

Au coin, de longues vitrines à la lumière violente, agressive, d'une vulgarité criarde, une sorte de longue cage vitrée plutôt, où l'on voyait des humains faire des taches sombres et où il pénétra pour ne plus être seul.

Des tabourets fixés au sol, tout le long d'un comptoir interminable fait d'une froide matière plastique. Deux matelots ivres, debout, oscillaient, et l'un d'eux lui serra gravement la main en lui disant quelque chose qu'il ne comprit pas.

Il ne le fit pas exprès de s'asseoir à côté d'une femme et il ne s'en rendit compte que quand le nègre en veste blanche s'arrêta devant lui en attendant sa commande.

Cela sentait la foire, la lassitude populaire, les nuits où l'on traîne sans pouvoir se décider à se coucher et cela sentait New-York aussi par son laisser-aller brutal et tranquille.

Il commanda n'importe quoi, des saucisses chaudes. Puis il regarda sa voisine et elle le regarda. On venait de lui servir des œufs frits au lard mais, sans y toucher, elle allumait une cigarette, lentement, posément, après avoir imprimé la courbe rouge de ses lèvres sur le papier.

— Vous êtes français ?

C'est en français qu'elle lui avait posé la question, en un français qu'il crut d'abord sans accent.

— Comment l'avez-vous deviné ?

— Je ne sais pas. Dès que vous êtes entré, avant même que vous ne parliez, j'ai pensé que vous étiez français.

Elle ajouta, avec une pointe de nostalgie dans le sourire :

— Parisien ?

— Parisien de Paris...

— Quel quartier ?

Vit-elle qu'un léger nuage passait devant ses yeux ?

— J'avais une villa à Saint-Cloud... Vous connaissez ?

Elle récita, comme sur les bateaux parisiens :

— Pont de Sèvres, Saint-Cloud, Point-du-Jour...

Puis d'une voix un peu plus basse :

— J'ai habité Paris pendant six ans... Vous connaissez l'église d'Auteuil ?... J'avais mon appartement tout à côté, rue Mirabeau, à deux pas de la piscine Molitor...

Combien étaient-ils de clients dans la boutique à saucisses ? Une dizaine à peine, séparés les uns des autres par des tabourets vides, par un autre vide indéfinissable et plus difficile à franchir, un vide qui émanait peut-être de chacun ?

Il n'y avait, pour les relier entre eux, que les deux nègres en veste sale qui se retournaient de temps en temps vers une sorte de trappe où ils prenaient une assiette remplie de quelque chose de chaud qu'ils faisaient glisser ensuite le long du comptoir vers l'un ou l'autre des consommateurs.

Pourquoi tout cela donnait-il une impression de grisaille, en dépit des lumières aveuglantes ? C'était comme si les lampes aux rayons trop aigus qui blessaient les yeux eussent été incapables de dissiper toute la nuit que ces hommes, émergés du noir du dehors, apportaient avec eux.

— Vous ne mangez pas ? demanda-t-il parce qu'il y avait un silence.

— J'ai tout le temps.

Elle fumait comme fument les Américaines, avec les mêmes gestes, la même moue des lèvres que l'on retrouve sur la couverture des magazines et dans les films. Elle avait les mêmes poses qu'elles, la même façon de rejeter son manteau de fourrure sur les épaules, de découvrir sa robe de soie noire et de croiser ses longues jambes gainées de clair.

Il n'avait pas besoin de se tourner vers elle pour la détailler. Il y avait un miroir tout le long de la boutique à saucisses et ils s'y voyaient tous les deux l'un à côté de l'autre. L'image était dure et l'on eût juré que les traits étaient un peu de travers.

— Vous ne mangez pas non plus ! remarqua-t-elle. Il y a longtemps que vous êtes à New-York ?

— Six mois environ.

Pourquoi crut-il nécessaire de se présenter ? Un petit mouvement d'orgueil, certainement, qu'il regretta aussitôt.

— François Combe, prononça-t-il sans assez de désinvolture.

Elle dut entendre. Elle ne broncha pas. Pourtant, elle avait vécu en France.

— A quelle époque étiez-vous à Paris ?

— Attendez... La dernière fois, c'était il y a trois ans... J'y suis passée à nouveau en quittant la Suisse, mais je m'y suis à peine arrêtée...

Elle enchaîna aussitôt :

— Vous connaissez la Suisse ?

Puis, sans attendre sa réponse :

— J'ai passé deux hivers dans un sanatorium, à Leysin.

Chose curieuse, ce furent ces petits mots-là qui le firent la regarder pour la première fois comme une femme. Elle continuait avec une gaieté de surface qui l'émut :

— Ce n'est pas si terrible qu'on l'imagine... En tout cas, pour ceux qui en sortent... On m'a affirmé que j'étais définitivement guérie...

Elle écrasait lentement sa cigarette dans un cendrier et il regarda une fois encore la trace comme saignante que ses lèvres y avaient imprimée. Pourquoi, l'espace d'une seconde, pensa-t-il à cette Winnie qu'il n'avait jamais vue ?

Peut-être à cause de la voix, il s'en avisa tout à coup. Cette femme dont il ne connaissait ni le nom ni le prénom avait une des voix de Winnie, sa voix d'en bas, sa voix des moments tragiques, sa voix de plainte animale.

C'était un peu sourd et cela faisait penser à une blessure mal cicatrisée, à une douleur dont on ne souffre plus consciemment, mais qu'on garde, adoucie et familière, au fond de soi.

Elle commandait quelque chose au nègre et Combe fronça le sourcil, car elle mettait dans l'intonation, dans l'expression de son visage, la même séduction fluide qu'elle avait eue en lui adressant la parole.

— Vos œufs vont être froids, dit-il avec humeur.

Qu'est-ce qu'il espérait ? Pourquoi avait-il envie d'être hors de cette salle où un miroir sale leur renvoyait leurs deux images ?

Avait-il l'espoir qu'ils s'en iraient ensemble comme ça, sans se connaître ?

Elle commença à manger ses œufs, lentement, avec des gestes exaspérants. Elle s'interrompait pour verser du poivre dans le jus de tomate qu'elle venait de commander.

Cela ressemblait à un film au ralenti. Un des marins, dans un coin, était malade, comme Winnie devait l'être à présent. Son compagnon l'aidait avec une fraternité touchante et le nègre les regardait, suprêmement indifférent.

Ils restèrent là une heure durant et il ne savait toujours rien d'elle, il s'irritait qu'elle trouvât sans cesse une nouvelle occasion de s'attarder.

Dans son esprit à lui, c'était comme s'il eût été convenu de tout temps qu'ils s'en iraient ensemble et, par conséquent, comme si, par son obstination inexplicable, elle l'eût frustré d'un peu du temps qui leur était dévolu.

Plusieurs petits problèmes le préoccupèrent pendant ce temps-là. L'accent, entre autres. Car, si elle parlait un français parfait, il n'y décelait pas moins un léger accent qu'il n'arrivait pas à définir.

Ce fut quand il lui demanda si elle était américaine et qu'elle lui répondit qu'elle était née à Vienne qu'il comprit.

— Ici, on m'appelle Kay, mais, quand j'étais petite, on m'appelait Kathleen. Vous connaissez Vienne ?

— Je connais.

— Ah !

Elle le regarda un peu à la façon dont il la regardait. En somme, elle ne savait rien de lui et il ne savait rien d'elle. Il était passé quatre heures du matin. De temps en temps, quelqu'un entrait, venant Dieu sait d'où, et se hissait sur un des tabourets avec un soupir de lassitude.

Elle mangeait toujours. Elle avait commandé un affreux gâteau couvert d'une crème livide et en cueillait de minuscules morceaux du bout de sa cuiller. Au moment où il espérait qu'elle avait fini, elle rappelait le nègre pour lui réclamer un café et, comme on le lui servait brûlant, il fallait attendre encore.

— Donnez-moi une cigarette, voulez-vous ? Je n'en ai plus.

Il savait qu'elle la fumerait jusqu'au bout avant de sortir, que peut-être elle en demanderait une autre et il était surpris lui-même de son impatience sans objet.

Est-ce que, une fois dehors, elle ne lui tendrait pas tout simplement la main en lui disant bonsoir ?

Dehors, ils y furent enfin, et il n'y avait plus personne au carrefour, rien qu'un homme qui dormait, debout, adossé à l'entrée du *subway*. Elle ne proposa pas de prendre un taxi. Elle marcha, suivit naturellement un trottoir, comme si ce trottoir devait la conduire quelque part.

Et, alors qu'ils avaient parcouru une centaine de mètres, après qu'elle eut buté une fois ou deux, à cause de ses talons trop hauts, elle accrocha sa main au bras de son compagnon, comme s'ils eussent, de tout temps, marché ainsi dans les rues de New-York, à cinq heures du matin.

Il devait se souvenir des moindres détails de cette nuit-là qui, alors qu'il la vivait, lui donnait une telle sensation d'incohérence qu'elle en paraissait irréelle.

La 5e Avenue, interminable, qu'il ne reconnut soudain, après en avoir franchi une dizaine de blocs, qu'à une petite église...

— Je me demande si elle n'est pas ouverte ? dit Kay en s'arrêtant.

Puis, avec une nostalgie inattendue :

— Je voudrais tant qu'elle soit ouverte !

Elle l'obligea à s'assurer que toutes les portes étaient fermées.

— Tant pis... soupira-t-elle en s'accrochant de nouveau à son bras.

Puis, un peu plus loin :

— J'ai un soulier qui me fait mal.

— Voulez-vous que nous prenions un taxi ?

— Non, marchons.

Il ne connaissait pas son adresse, n'osait pas la lui demander. C'était une sensation étrange de marcher ainsi dans la ville immense, sans avoir la moindre idée de l'endroit où ils allaient, de leur avenir le plus immédiat.

Il vit leur image dans une vitrine. A cause de sa fatigue, peut-être, elle se penchait un peu sur lui et il pensa qu'ils ressemblaient ainsi aux amants qui, la veille encore, lui donnaient le dégoût de sa solitude.

Il lui était arrivé, surtout les dernières semaines, de serrer les dents au passage d'un couple qui sentait le couple, d'un couple dont émanait comme une odeur d'intimité amoureuse.

Et voilà que, pour ceux qui les voyaient passer, ils formaient un couple, eux aussi. Drôle de couple !

— Cela ne vous ferait pas plaisir de boire un whisky ?

— Je croyais que c'était interdit à cette heure.

Mais, déjà, elle était partie sur sa nouvelle idée ; elle l'entraînait dans une rue transversale.

— Attendez... Non, ce n'est pas ici... C'est dans la suivante...

Elle devait, fébrile, se tromper deux fois de maison, faire ouvrir la porte verrouillée d'un petit bar d'où filtrait de la lumière et où un laveur les regarda avec des yeux ahuris. Elle n'abandonnait pas la partie, questionnait le laveur et enfin, après un quart d'heure d'allées et venues, ils se trouvèrent dans une pièce en sous-sol, où trois hommes buvaient lugubrement à un comptoir. Elle connaissait l'endroit. Elle appela le barman Jimmy, mais, peu après, elle se souvint que c'était Teddy et elle expliqua longuement son erreur au barman indifférent. Elle lui parla aussi des gens avec qui elle était venue une fois et l'autre la regardait toujours d'un œil vague.

Elle mit presque une demi-heure à boire un scotch et elle en voulut un second, alluma ensuite une cigarette, toujours la dernière.

— Dès que celle-ci est finie, promettait-elle, nous partons...

Elle devenait plus volubile. Dehors, sa main serra davantage le bras de Combe et elle faillit tomber en montant sur un trottoir.

Elle parla de sa fille. Elle avait une fille quelque part en Europe, mais il ne put pas savoir où, ni pourquoi elle en était séparée.

Ils atteignaient les environs de la 52e Rue et, au fond de chaque rue transversale, il apercevaient maintenant les lumières de Broadway, avec de la foule noire qui coulait sur les trottoirs.

Il était presque six heures. Ils avaient beaucoup marché. Ils se sentaient aussi las l'un que l'autre et ce fut Combe qui risqua tout à coup :

— Où habitez-vous ?

Elle s'arrêta net, le regarda avec des yeux où il crut d'abord lire du courroux. Il se trompait, il s'en aperçut aussitôt. C'était du trouble, peut-être une véritable détresse qui envahissait ces yeux-là dont il ne connaissait pas encore la couleur.

Elle fit quelques pas toute seule, quelques pas précipités, comme pour le fuir. Puis elle s'arrêta, l'attendit.

— Depuis ce matin, dit-elle en le regardant bien en face, les traits durcis, je n'habite nulle part.

Pourquoi fut-il ému au point d'avoir envie de pleurer ? Ils étaient là, debout près d'une devanture, les jambes si lasses qu'ils en vacillaient, avec cette âcreté du petit matin dans la gorge, ce vide un peu douloureux dans le crâne.

Les deux whiskies leur avaient-ils mis les nerfs à fleur de peau ?

C'était ridicule. Ils avaient tous les deux de l'eau entre les paupières et ils paraissaient s'épier. Et l'homme, d'un geste bêtement sentimental, saisissait les deux poignets de sa compagne.

— Venez.. disait-il.

Il ajoutait, après une légère hésitation :

— Venez, Kay.

C'était la première fois qu'il prononçait son nom.

Elle questionnait, déjà docile :

— Où allons-nous ?

Il n'en savait rien. Il ne pouvait pas la conduire chez lui, dans cette baraque qu'il détestait, dans cette chambre dont le ménage n'était pas fait depuis plus de huit jours et dont le lit était en désordre.

Ils marchèrent à nouveau et, maintenant qu'elle lui avait avoué qu'elle n'avait même pas de domicile, il avait peur de la perdre.

Elle parlait. Elle expliquait une histoire compliquée, pleine de noms ou plutôt de prénoms qui n'évoquaient rien pour lui et qu'elle prononçait comme si le monde entier devait les connaître.

— Je partageais l'appartement de Jessie... Je voudrais tant que vous connaissiez Jessie !... C'est la femme la plus séduisante que j'aie jamais rencontrée... Son mari, Ronald, a obtenu, il y a trois ans, une situation importante à Panama... Jessie a essayé de vivre là-bas avec lui, mais elle n'a pas pu, à cause de sa santé... Elle est revenue à New-York, d'accord avec Ronald, et nous avons pris un appartement ensemble... C'était dans Greenwich Village, non loin de l'endroit où vous m'avez rencontrée...

Il l'écoutait et, en même temps, il essayait de résoudre le problème de l'hôtel. Ils marchaient toujours et ils étaient tellement imprégnés de fatigue qu'ils ne la sentaient plus.

— Jessie a eu un amant, Enrico, un Chilien, qui est marié et qui a deux enfants... Il était sur le point de divorcer pour elle... Vous comprenez ?

Sans doute. Mais il suivait mollement le fil de l'histoire.

— Ronald a dû être averti par quelqu'un, je crois que je sais par qui... Ce matin, je venais de sortir quand il est arrivé à l'improviste... Il y avait encore les pyjamas et la robe de chambre d'Enrico dans la penderie... La scène a dû être terrible... Ronald est le type qui reste calme dans les circonstances les plus difficiles, mais je n'ose pas imaginer ses colères... Quand je suis rentrée, à deux heures de l'après-midi, la porte était fermée... Un voisin m'a entendue frapper... Jessie, avant de partir, était parvenue à lui laisser une lettre pour moi... Je l'ai dans mon sac...

Elle voulait ouvrir ce sac, prendre la lettre, la lui montrer. Mais ils venaient de traverser la 6ᵉ Avenue et Combe s'était arrêté sous l'enseigne lumineuse d'un hôtel. L'enseigne était violette, d'un vilain violet, au néon.

Lotus Hotel.

Il poussait Kay dans le vestibule et, plus que jamais, il avait l'air de craindre quelque chose. Il parlait à mi-voix à l'employé de nuit penché sur son comptoir et on finissait par lui remettre une clef avec une plaque de cuivre.

Le même employé manœuvrait pour eux un ascenseur minuscule qui sentait les toilettes. Kay pinçait le bras de son compagnon, lui disait à voix basse :

— Essaie d'obtenir du whisky. Je parie qu'il en a...

Ce n'est que plus tard qu'il s'aperçut qu'elle l'avait tutoyé.

C'était l'heure, à peu près, à laquelle Winnie se levait sans bruit, sortait du lit moite de J.K.C. et se glissait dans la salle de bains.

La chambre, au *Lotus,* avait le même aspect poussiéreux que le jour qui commençait à filtrer entre les rideaux.

Kay s'était assise dans un fauteuil, sa fourrure rejetée en arrière, et, d'un mouvement machinal, elle avait fait sauter ses chaussures de daim noir, aux talons trop hauts, qui gisaient maintenant sur le tapis.

Elle tenait son verre à la main et buvait à petites gorgées, le regard un peu fixe. Son sac était ouvert sur ses genoux. Il y avait une longue échelle, comme une cicatrice, à l'un de ses bas.

— Verse-moi encore un verre, veux-tu. Je te jure que c'est le dernier.

La tête lui tournait, c'était visible. Elle but ce verre-là plus vite que les autres et resta un bon moment comme enfermée en elle-même, comme loin, très loin de la chambre, de l'homme qui attendait sans savoir encore ce qu'il attendait au juste.

Enfin, elle se leva et on voyait ses orteils à travers le rose fondant des bas. Elle commença par détourner la tête l'espace d'une seconde, puis, simplement, si simplement que ce geste eut l'air d'avoir été décidé depuis toujours, elle fit deux pas vers son compagnon, écarta les bras pour le prendre aux épaules, se hissa sur la pointe des pieds et colla sa bouche à sa bouche.

Les préposés au nettoyage venaient, dans les couloirs, de brancher les aspirateurs électriques et l'employé de nuit, en bas, se préparait à rentrer chez lui.

2

Le plus déroutant, c'est qu'il avait failli se réjouir de ne pas la retrouver à côté de lui, alors qu'une heure, que quelques minutes seulement plus tard, pareil sentiment lui paraissait déjà invraisemblable, sinon monstrueux. Cela n'avait d'ailleurs pas été une pensée consciente de sorte qu'il pouvait nier presque honnêtement, fût-ce vis-à-vis de lui-même, cette première trahison.

Quand il s'était réveillé, la chambre était dans l'obscurité, traversée par deux larges faisceaux rougeâtres que les enseignes lumineuses de la rue enfonçaient comme des coins par les fentes des rideaux.

Il avait tendu la main et sa main n'avait rencontré que le drap déjà refroidi.

S'était-il vraiment réjoui, avait-il pensé, consciemment pensé, que c'était beaucoup plus simple, plus facile ainsi ?

Non, sans doute, puisqu'en découvrant de la lumière sous la porte de la salle de bains il avait ressenti un léger choc dans la poitrine.

Comment, ensuite, les choses s'étaient passées, il en gardait à peine le souvenir, tant cela avait été facile, naturel.

Il s'était levé, il se le rappelait, parce qu'il avait envie de fumer. Elle devait avoir entendu son pas sur le tapis. Elle avait ouvert la porte, alors qu'elle était encore sous la douche.

— Tu sais l'heure qu'il est ? avait-elle demandé gaiement.

Et lui, qui avait honte de sa nudité et qui cherchait son caleçon :

— Je ne sais pas, non.

— Sept heures et demie, mon vieux Frank.

Or ce nom-là, qu'on ne lui avait jamais donné avant cette nuit, le faisait tout à coup plus léger, d'une légèreté qui allait lui rester pendant des heures et rendre tout si aisé qu'il avait la merveilleuse impression de jongler avec la vie.

Qu'est-ce qui s'était passé encore ? Cela n'avait pas d'importance. Rien n'avait désormais d'importance.

Il disait par exemple :

— Je me demande comment je vais me raser...

Et elle, à peine ironique, plus tendre qu'ironique :

— Tu n'as qu'à téléphoner au chasseur d'aller t'acheter un rasoir et de la crème à raser. Tu veux que je téléphone ?

Cela l'amusait. Elle se réveillait sans rides, alors que lui restait maladroit, dans une réalité si nouvelle qu'il n'était pas trop sûr de sa réalité.

Il se souvenait, à présent, de certaines intonations, quand elle constatait, par exemple, avec une pointe de satisfaction :

— Tu n'es pas gras...

Il répondait, le plus sérieusement du monde :

— J'ai toujours pratiqué les sports.

Il avait failli gonfler ses pectoraux, faire jaillir ses biceps.

C'était étrange, cette chambre dans laquelle on s'était couché avec la nuit et dans laquelle on se réveillait avec la nuit. Il avait presque peur de la quitter, comme s'il craignait d'y laisser une partie de lui-même qu'il risquait de ne plus jamais retrouver.

Chose plus curieuse encore, ils ne pensaient ni l'un ni l'autre à s'embrasser. Ils s'habillaient tous les deux, sans honte. Elle prononçait sur un ton réfléchi :

— Il faudra que je m'achète des bas.

Elle passait son doigt mouillé de salive sur l'échelle qu'il avait remarquée la veille.

De son côté, il lui demandait avec une certaine gaucherie :

— Tu veux bien me prêter ton peigne ?

La rue, déserte quand ils étaient arrivés, se révélait bruyante, grouillante, pleine de bars, de restaurants, de boutiques qui laissaient rarement entre elles un vide obscur.

C'était encore plus savoureux, cette solitude équivoque, cette détente qu'ils avaient l'impression de voler à la foule de Broadway.

— Tu n'as rien oublié ?

Ils attendaient l'ascenseur ; c'était une jeune fille en uniforme, indifférente et maussade, et non plus le bonhomme de la nuit, qui le conduisait. A une heure près, on l'eût sans doute retrouvé à son poste et il aurait compris, lui.

En bas, Combe alla déposer sa clef au bureau, tandis que Kay, très calme, très nette, l'attendait à quelques pas, comme on attend un mari ou un amant de toujours.

— Vous gardez la chambre ?

Il dit oui à tout hasard, bas et vite, non seulement à cause d'elle, mais davantage encore par une sorte de superstition, pour ne pas effaroucher le sort en ayant l'air de présager déjà de l'avenir.

Qu'en savait-il ? Rien. Ils ne savaient toujours rien l'un de l'autre, moins encore que la veille peut-être. Et, pourtant, jamais deux êtres, deux corps humains ne s'étaient abîmés l'un dans l'autre plus sauvagement, avec une sorte de fureur désespérée.

Comment, à quel moment avaient-ils sombré dans le sommeil ? Il ne s'en souvenait pas. Il s'était réveillé une fois, alors qu'il faisait grand jour. Il l'avait trouvée le visage encore douloureux, le corps comme écartelé, un pied et une main pendant du lit jusqu'à terre, et il l'avait recouchée sans qu'elle ouvrît les yeux.

Maintenant, ils étaient dehors, ils tournaient le dos à l'enseigne violette du *Lotus* et Kay lui tenait le bras, comme durant l'interminable marche de la nuit.

Pourquoi lui en voulut-il de lui avoir déjà tenu le bras la veille, d'avoir, trop tôt, lui semblait-il à présent, et avec trop de naturel, accroché sa main au bras de l'inconnu qu'il était ?

Elle dit comiquement :

— Nous pourrions peut-être manger ?

Comiquement parce que tout leur paraissait comique, parce qu'ils allaient, entrechoqués par la foule, avec une légèreté de balles de ping-pong.

— Dîner ? demanda-t-il.

Et elle éclata de rire.

— Si nous commencions par le petit déjeuner ?

Il ne savait plus qui il était, quel âge il avait. Il ne reconnaissait pas cette ville qu'il avait arpentée, amer ou crispé, pendant plus de six mois, et dont la puissante incohérence l'émerveillait soudain.

Cette fois-ci, c'était elle qui le conduisait comme si c'eût été chose toute naturelle et il questionna, docile :

— Où allons-nous ?

— Manger quelque chose à la cafétéria du « Rockefeller Center ».

Ils atteignaient déjà le building central. Kay se dirigeait avec aisance dans les vastes couloirs de marbre gris et, pour la première fois, il fut jaloux. C'était ridicule.

Pourtant, c'est d'une voix anxieuse d'adolescent qu'il questionna :

— Tu y viens souvent ?

— Quelquefois. Quand je suis dans le quartier.

— Avec qui ?

— Imbécile.

A croire qu'ils avaient par miracle, en une nuit, en moins d'une nuit, parcouru le cycle que les amants mettent des semaines ou des mois à connaître.

Il se surprit à épier le garçon qui prenait leur commande pour s'assurer qu'il ne la connaissait pas, qu'elle n'était pas venue maintes fois avec d'autres, qu'il ne lui adresserait pas un petit signe de reconnaissance.

Cependant, il ne l'aimait pas. Il était sûr de ne pas l'aimer. Déjà il se hérissait en la voyant prendre une cigarette dans son sac, avec des gestes conventionnels, la porter à ses lèvres dont le rouge colorait aussitôt le papier, chercher son briquet.

Elle finirait sa cigarette, il le savait, servie ou non servie. Elle en allumerait une autre, d'autres sans doute avant de se décider à avaler la dernière goutte de café au lait au fond de sa tasse. Elle fumerait une cigarette encore avant de sortir, avant d'écraser le bâton de rouge sur ses lèvres en les avançant légèrement, avec une gravité exaspérante, vers le miroir de son sac à main.

Il restait néanmoins. Il ne pouvait même pas penser qu'il y avait autre chose à faire que rester. Il attendait, résigné à cela, résigné peut-être déjà à bien d'autres choses et il se vit, dans la glace, un sourire à la fois crispé et enfantin, un sourire qui lui rappelait son temps de collège, quand il se demandait tragiquement si une aventure qui s'ébauchait irait ou non jusqu'au bout.

Il avait quarante-huit ans.

Il ne le lui avait pas encore dit. Ils n'avaient pas parlé de leur âge. Est-ce qu'il lui avouerait la vérité ? Dirait-il quarante ? Quarante-deux ?

Qui sait, d'ailleurs, s'ils se connaîtraient encore dans une heure, dans une demi-heure ?

N'était-ce pas pour cela qu'ils s'attardaient, qu'ils avaient usé le temps à s'attarder depuis qu'ils se connaissaient, parce que rien ne leur permettait d'entrevoir un avenir possible ?

La rue, une fois encore, la rue où, en définitive, ils se sentaient le mieux chez eux. C'était si vrai que leur humeur y changeait, qu'ils retrouvaient automatiquement cette légèreté miraculeuse qu'ils avaient connue par accident.

Des gens faisaient la queue devant les cinémas. Quelques-unes des portes matelassées que gardaient des hommes en uniforme devaient s'ouvrir sur des dancings.

Ils n'entraient nulle part. Ils n'y pensaient pas. Ils traçaient leur sillon zigzaguant dans la foule jusqu'au moment où Kay tourna vers lui un visage sur lequel il reconnut tout de suite certaine qualité de sourire.

Au fait, n'était-ce pas ce sourire-là qui était la cause de tout ?

Il avait envie de lui dire, comme à une enfant, avant qu'elle parlât :

— Oui...

Car il savait. Et elle comprit qu'il savait. La preuve, c'est qu'elle promit :

— Un seul, veux-tu ?

Ils ne se donnèrent pas la peine de chercher et, au premier coin de rue, ils poussèrent la porte d'un petit bar. Celui-ci était si intime, si feutré, si volontairement complice aux amoureux qu'il leur parut avoir été mis exprès sur leur route et que Kay se tourna vers son compagnon pour lui dire d'un regard :

— Tu vois ?

Puis, tendant la main, elle murmura :

— Donne-moi cinq *cents*.

Il ne comprenait pas, tendait la pièce de nickel. Il la voyait s'approcher, au coin du comptoir, d'une énorme machine aux formes arrondies qui contenait un phonographe automatique avec sa portion de disques.

Elle était grave comme il ne l'avait pas encore vue. Le front plissé, elle lisait les titres des disques à côté des touches de métal et, enfin, elle dut trouver ce qu'elle cherchait, elle fit jouer un déclic, revint se hisser sur son tabouret.

— Deux scotches.

Elle attendait, un sourire vague aux lèvres, les premières notes, et il connut à ce moment le second pincement de la jalousie. Avec qui, où avait-elle entendu ce morceau qu'elle avait cherché avec tant de sérieux ?

Stupidement, il épia le barman indifférent.

— Ecoute... Ne fais pas cette tête-là, chéri...

Et de la machine cernée de lumière orangée sourdait, très douce, quasi confidentielle, une de ces mélodies qui, pendant six mois ou un an, chuchotées par une voix tendrement insinuante, servent à bercer des milliers d'amours.

Elle lui avait saisi le bras. Elle le serrait. Elle lui souriait et, pour la première fois, dans ce sourire, elle découvrait des dents blanches, trop blanches, d'une blancheur un peu frêle.

Est-ce qu'il voulut vraiment parler ? Elle fit :

— Chut !...

Et, un peu plus tard, elle lui demandait :

— Donne-moi encore un *nickel,* veux-tu ?

Pour rejouer le même disque qu'il allaient, ce soir-là, en buvant des whiskies et sans pour ainsi dire se parler, faire tourner sept ou huit fois.

— Cela ne t'ennuie pas ?

Mais non. Rien ne l'ennuyait, et pourtant il se passait un phénomène assez curieux. Il voulait rester avec elle. Il lui semblait qu'il n'était bien qu'auprès d'elle. Il avait une peur lancinante du moment où il faudrait se séparer. En même temps, ici comme à la *cafetaria,* comme la nuit dans la boutique à saucisses ou dans le bar où ils avaient fini par échouer, il était en proie à une impatience quasi physique.

La musique finissait par le pénétrer, lui aussi, d'une sorte de tendresse à fleur de peau et il n'en avait pas moins envie que ce fût fini, il se promettait malgré lui :

— Après ce disque-ci, nous partons.

Il en voulait à Kay d'être capable de marquer de pauses leur course sans raison et sans but.

Elle questionna :

— Qu'est-ce que tu voudrais faire ?

Il ne savait pas. Il n'avait plus la notion de l'heure, ni de la vie quotidienne. Il n'avait aucune envie de s'y replonger, mais il n'en était pas moins en proie à un malaise vague qui l'empêchait de s'abondonner à la minute présente.

— Cela t'ennuierait que nous allions faire un tour à Greenwich Village ?

Qu'importait ? Il était à la fois très heureux et très malheureux. Dehors, elle eut une hésitation qu'il comprit. C'était étonnant comme ils percevaient tous les deux les moindres nuances de leurs attitudes.

Elle se demandait s'ils allaient prendre un taxi. Il n'avait pas été question d'argent entre eux. Elle ignorait s'il était riche et elle s'était un peu effarée, tout à l'heure, du montant des whiskies.

Il leva le bras. Une voiture jaune s'arrêta au bord du trottoir et ils se trouvèrent, comme des milliers de couples à la même heure, dans l'ombre douce de l'auto, avec des lumières multicolores qui dansaient des deux côtés du dos du chauffeur.

Il s'aperçut qu'elle retirait son gant. C'était pour glisser tout simplement sa main nue dans la sienne et ils restèrent ainsi sans bouger, sans parler tout le temps que dura le trajet jusqu'à Washington Square. Ce n'était plus

le New-York bruyant et anonyme qu'ils venaient de quitter mais, dans la
ville même, un quartier qui ressemblait à une petite ville telle qu'on ne peut
trouver dans n'importe quel pays du monde.

Les trottoirs étaient déserts, les boutiques rares. Un couple sortait d'une
rue transversale et c'était l'homme qui poussait avec gaucherie une voiture
d'enfant.

— Je suis contente que tu aies accepté de venir. J'ai été si heureuse ici !

Il eut peur. Il se demanda si elle allait se raconter. Le moment viendrait
fatalement où elle lui parlerait d'elle et où il lui faudrait parler de lui.

Mais non. Elle se taisait. Elle avait une façon plus tendre de s'appuyer à
son bras et elle eut un geste qu'il ne lui connaissait pas encore, qu'en réalité
il ne connaissait pas du tout et qui était pourtant si simple : tout en
marchant, elle passa vivement sa joue contre sa joue à lui, avec juste un
temps d'arrêt à peine perceptible.

— Tournons à gauche, veux-tu ?

Il était à cinq minutes de marche de chez lui, de sa chambre où il se
rappelait soudain qu'il avait laissé la lumière allumée.

Il eut un rire intérieur qu'elle devina : ils ne pouvaient déjà plus rien se
cacher.

— Pourquoi ris-tu ?

Il faillit le lui dire, puis il réfléchit qu'elle voudrait sans doute monter
chez lui.

— Pour rien. Je ne sais plus à quoi je pensais.

Elle s'arrêtait au bord du trottoir, dans une rue où il n'y avait que des
maisons hautes de trois ou quatre étages.

— Regarde... dit-elle.

Elle fixait une de ces maisons, à la façade blanche, où l'on voyait quatre
ou cinq fenêtres éclairées.

— C'est ici que j'habitais avec Jessie.

Plus loin, en sous-sol, aussitôt après la boutique d'un blanchisseur chinois,
on apercevait un petit restaurant italien aux vitres tendues de rideaux à
carreaux rouges et blancs.

— C'est là que nous allions souvent dîner toutes les deux.

Elle comptait les fenêtres, ajoutait :

— Au troisième étage, la deuxième et la troisième fenêtre en commençant
par la droite... C'est tout petit, tu sais... Il y a juste une chambre, un
living-room et une salle de bains...

C'était à croire qu'il s'y attendait, qu'il attendait à avoir mal.

Car il avait mal, tout à coup, un mal qu'il s'en voulait de ressentir, et il
l'interrogea, presque hargneux :

— Comment faisiez-vous quand Enrico venait voir ton amie ?

— Je couchais sur le divan du living-room.

— Toujours ?

— Que veux-tu dire ?

Il savait qu'il y avait quelque chose. La voix de Kay avait hésité en
prononçant ces derniers mots. Elle répondait à une question par une
question, avouant ainsi son embarras.

Et lui, furieux, se souvenant de la cloison qui le séparait de Winnie et de son J.K.C. :

— Tu sais fort bien à quoi je pense...

— Marchons...

Tous les deux, seuls, dans le désert du quartier. Avec l'impression qu'ils n'avaient plus rien à se dire.

— Tu veux qu'on entre ici ?

Un petit bar, encore, un petit bar qu'elle devait connaître, puisque c'était dans sa propre rue. Tant pis ! Il dit oui et ils le regrettèrent aussitôt, car ce n'était plus l'intimité complice du bar de tout à l'heure, la salle était trop vaste, pisseuse, le comptoir sale, les verres douteux.

— Deux scotches.

Puis :

— Donne-moi quand même un *nickel*.

Ici aussi il y avait l'énorme machine à disques, mais c'est en vain qu'elle chercha leur morceau. Elle fit jouer n'importe quoi pendant qu'un homme plus qu'à moitié ivre s'efforçait de lier la conversation avec eux.

Ils burent leur whisky tiède et pâle.

— Partons...

Et, dans la rue à nouveau :

— Tu sais, je n'ai jamais couché avec Ric.

Il faillit ricaner, parce que maintenant elle ne disait plus Enrico mais Ric. Qu'est-ce que cela pouvait lui faire, après tout ? Est-ce qu'elle n'avait pas couché avec d'autres ?

— Il a essayé, une fois, et encore je n'en suis pas sûre.

Pourquoi ne comprenait-elle pas qu'elle ferait mieux de se taire ? Est-ce qu'elle le faisait exprès ? Il avait envie de retirer son bras auquel elle s'accrochait toujours, de marcher seul, les mains dans les poches, d'allumer une cigarette ou plutôt une pipe, ce qui ne lui était pas arrivé en sa compagnie.

— J'aime mieux que tu saches, parce que tu te fais sûrement des idées. Ric est un Sud-Américain, tu comprends ? Une nuit... C'était il y a deux mois, tiens, au mois d'août... Il faisait très chaud... Est-ce que tu as vécu à New-York pendant les chaleurs ?... L'appartement était comme une étuve...

Ils étaient revenus à Washington Square qu'ils contournaient à pas lents et il y avait toujours un monde entre eux deux. Pourquoi continuait-elle de parler alors que, de son côté, il feignait de ne pas entendre ?

Pourquoi surtout créait-elle des images dont il sentait qu'il ne pourrait plus se débarrasser ? Il avait envie de lui ordonner durement :

— Tais-toi !

Est-ce que les femmes sont sans pudeur aucune ?

— Il n'avait gardé que son pantalon sur le corps... Il faut te dire qu'il est admirablement fait...

— Et toi ?

— Quoi, moi ?

— Qu'est-ce que tu avais sur le corps ?

— Sans doute un peignoir... Je ne me rappelle plus... Oui, Jessie et moi devions être en peignoir...

— Tu étais nue sous ton peignoir.

— Probablement.

Elle n'avait toujours pas l'air de comprendre. Elle gardait à un tel point sa présence d'esprit qu'elle s'arrêta au milieu du square, se retourna :

— J'oubliais de te montrer la maison de Mme Roosevelt... Tu la connais ?... C'est celle du coin... Souvent, quand il était à la Maison-Blanche, le président s'échappait pour venir passer quelques jours ou quelques heures ici, à l'insu de tous, même de ses policiers privés...

Elle renchaînait :

— Ce soir-là...

Et il aurait voulu lui broyer le poignet pour la faire taire.

— Ce soir-là, je me souviens que j'ai voulu passer dans la salle de bains pour prendre une douche... Ric, qui était nerveux, je ne sais pas pourquoi, ou plutôt je m'en doute, maintenant que j'y repense, s'est mis à dire que nous étions tous les trois des idiots, que nous ferions mieux de nous déshabiller et d'aller prendre notre douche tous ensemble... Tu comprends ?

— Et vous avez pris la douche ? laissa-t-il tomber, méprisant.

— Je suis allée la prendre seule et j'ai fermé la porte. Depuis ce jour-là, j'ai évité de sortir avec lui sans Jessie.

— Parce qu'il vous arrivait de sortir tous les deux ?

— Pourquoi pas ?

Et, avec toutes les apparences de la candeur :

— A quoi penses-tu ?

— A rien. A tout.

— Tu es jaloux de Ric ?

— Non.

— Ecoute. Est-ce que tu connais le Bar n° 1 ?

Il était las, tout à coup. Un moment, il en eut tellement assez de traîner ainsi dans les rues avec elle qu'il fut sur le point de la quitter sous le premier prétexte venu. Qu'est-ce qu'ils faisaient ensemble, rivés l'un à l'autre comme des gens qui s'aiment depuis toujours et qui sont destinés à s'aimer à jamais ?

Un Enrico... Un Ric... Cette douche à trois... Et elle devait avoir menti, il le sentait, il en était sûr... Elle n'était pas capable de résister à une proposition aussi saugrenue...

Elle mentait, candidement, non pour le tromper, mais par besoin de mentir, comme elle avait besoin d'appuyer son regard sur tous les hommes qui passaient, de sourire pour obtenir l'hommage d'un barman, d'un serveur de *cafeteria* ou d'un chauffeur de taxi.

— *Tu as vu comme il m'a regardée ?*

Au sujet de qui lui avait-elle dit cela tout à l'heure ? Du chauffeur qui les avait amenés à Greenwich Village et qui ne l'avait probablement pas remarquée, qui ne pensait doute qu'à son pourboire.

Il entra pourtant, derrière elle, dans une salle faiblement éclairée, en rose tendre, où quelqu'un jouait négligemment du piano, laissait errer de longs doigts blêmes sur le clavier, égrenant des notes qui finissaient par créer une atmosphère lourde de nostalgie.

Elle s'était arrêtée auparavant pour lui dire :

— Dépose ton pardessus au vestiaire.

Comme s'il ne le savait pas ! C'était elle qui le conduisait. Et elle traversait la salle derrière le maître d'hôtel, radieuse, un sourire excité aux lèvres.

Elle devait se croire belle et il ne la trouvait pas belle. Ce qu'il aimait justement, c'était une certaine meurtrissure qu'il découvrait sur son visage, ces fines rides en pelure d'oignon des paupières qui prenaient parfois des reflets violacés, et même, à d'autres moments, cette lassitude qui faisait retomber les coins de la bouche.

— Deux scotches.

Elle avait besoin de parler au maître d'hôtel, d'essayer sur lui ce qu'elle imaginait sa séduction ; elle lui demandait le plus gravement du monde des renseignements inutiles, quels numéros du programme étaient déjà passés, ce qu'était devenu tel artiste qu'elle avait vu dans la même boîte des mois auparavant.

Elle allumait une cigarette, bien entendu, rejetait légèrement sa fourrure de ses épaules et, la tête un peu en arrière, elle soupirait d'aise.

— Tu n'es pas content ?

Il répliqua avec humeur :

— Pourquoi ne serais-je pas content ?

— Je ne sais pas. Mais je sens qu'à cet instant tu me détestes.

Fallait-il qu'elle fût sûre d'elle pour formuler aussi simplement, aussi crûment la vérité ! Sûre de quoi ? Car, enfin, qu'est-ce qui le retenait auprès d'elle ? Qu'est-ce qui l'empêchait de rentrer chez lui ?

Il ne la trouvait pas séduisante. Elle n'était pas belle. Elle n'était même pas jeune. Et sans doute avait-elle reçu la patine de multiples aventures.

Etait-ce cette patine, justement, qui l'attirait vers elle ou qui l'émouvait ?

— Tu permets un instant ?

Elle allait, désinvolte, se pencher sur le pianiste. Et son sourire, une fois de plus, était automatiquement celui d'une femme qui veut séduire, qui souffrirait de voir le mendiant à qui elle donne deux sous dans la rue lui refuser un regard d'admiration.

Elle revenait vers lui, ravie, les yeux pétillants d'ironie, et elle avait un peu raison, car c'était pour lui, ou pour eux, que, cette fois, elle avait fait du charme.

Les doigts qui couraient sur les touches changeaient de cadence et c'était le morceau du petit bar qui vibrait maintenant dans la lumière rose et qu'elle écoutait les lèvres entrouvertes, tandis que la fumée de sa cigarette montait droit devant son visage, comme un encens.

La mélodie terminée, elle eut un petit mouvement nerveux puis, déjà debout, elle ramassa son étui, son briquet, ses gants, commanda :

— Paie !... Allons !...

Elle revint sur ses pas, comme il fouillait ses poches, pour lui dire :

— Tu donnes toujours trop de pourboire. Ici, quarante *cents* suffisent.

Plus que tout le reste, c'était une prise de possession, une prise de possession tranquille, sans discussion. Et il ne discuta pas. Devant le vestiaire, elle prononça de même :

— Donne vingt-cinq *cents*.

Et enfin, dehors :

— Ce n'est pas la peine de prendre un taxi.

Pour aller où ? Etait-elle si sûre qu'ils allaient rester ensemble ? Elle ne savait même pas qu'il avait conservé leur chambre du *Lotus*, mais il était persuadé qu'elle en avait la conviction.

— Tu veux que nous prenions le *subway* ?

Elle lui demandait quand même son avis et il répondait :

— Pas tout de suite. Je préférerais marcher un peu.

Ils étaient, comme la veille, tout au bout de la 5e Avenue, et déjà il éprouvait le besoin de répéter les mêmes gestes. Il avait envie de marcher avec elle, de tourner aux mêmes coins de rue, qui sait, peut-être de s'arrêter dans cette étrange cave où ils avaient bu un dernier whisky ?

Il savait qu'elle était lasse, qu'elle marchait difficilement avec ses hauts talons. Mais cela ne lui déplaisait pas de se venger en la faisant souffrir un peu. En outre, il se demandait si elle protesterait. C'était une sorte d'expérience.

— Comme tu voudras.

Etait-ce maintenant qu'ils allaient parler ? Il en avait peur et il l'espérait tout ensemble. Il n'avait pas tant hâte de connaître davantage la vie de Kay que de raconter la sienne et surtout de dire qui il était, car il souffrait inconsciemment d'être pris pour un homme quelconque, voire d'être aimé comme un homme quelconque.

La veille, elle n'avait pas bronché quand il avait prononcé son nom. Peut-être ne l'avait-elle pas bien entendu ? Ou alors, elle n'avait pas pensé à faire un rapprochement entre l'homme qu'elle rencontrait à Manhattan à trois heures du matin et celui dont elle avait vu le nom en grosses lettres sur les murs de Paris.

Elle questionnait, comme ils passaient devant un restaurant hongrois :

— Tu connais Budapest ?

Elle n'attendait pas la réponse. Il disait oui et il voyait bien que cela lui était égal. Il espérait confusément que c'était l'occasion de parler enfin de lui, mais c'est sur elle-même qu'elle enchaînait.

— Quelle admirable ville ! Je crois que c'est celle du monde où j'ai été le plus heureuse. J'avais seize ans.

Il fronçait les sourcils parce qu'elle lui parlait de ses seize ans et parce qu'il appréhendait qu'un nouvel Enrico vînt se dresser entre eux.

— Je vivais seule avec ma mère. Il faudra que je te montre un portrait de maman. C'était la plus belle femme que j'aie jamais vue.

Il se demanda un instant si elle ne parlait pas de la sorte pour l'empêcher, lui, de parler. Quelle idée pouvait-elle se faire de lui ? Une idée fausse, fatalement. Et, pourtant, elle restait accrochée à son bras sans la moindre velléité de défense.

— Ma mère était une grande pianiste. Tu as sûrement entendu son nom, car elle a joué dans toutes les capitales : Miller... Edna Miller... C'est d'ailleurs le nom que je porte depuis que je suis divorcée et que je portais jeune fille, car elle n'a jamais voulu se marier, à cause de son art. Cela t'étonne ?

— Moi ? ... Non...

Il avait envie de lui répondre que cela l'étonnait d'autant moins qu'il était lui-même un grand artiste. Mais il s'était marié, lui, et c'était à cause de cela que...

Il ferma les yeux un moment. Puis il les rouvrit et il se vit, comme un autre aurait pu le voir, mais avec plus de lucidité, debout sur un trottoir de la 5e Avenue, avec, à son bras, une femme qu'il ne connaissait pas et avec qui il allait Dieu sait où.

Elle se méprit.

— Je t'ennuie ?

— Au contraire.

— Cela t'intéresse de connaître mes histoires de jeune fille ?

Allait-il lui demander de se taire ou, au contraire, de continuer ? Il ne savait plus. Ce qu'il savait, c'est qu'il ressentait, quand elle parlait, une douleur sourde, une sorte d'angoisse au côté gauche de la poitrine.

Pourquoi ? Il l'ignorait. Est-ce qu'il aurait voulu que sa vie ne commençât que de la veille ? Peut-être. Cela n'avait pas d'importance. Plus rien n'avait d'importance, puisqu'il venait de décider, soudain, de ne plus résister.

Il écoutait. Il marchait. Il regardait les globes lumineux des lampadaires qui formaient une longue perspective, jusqu'à l'infini, les taxis qui glissaient sans bruit et dans lesquels c'étaient presque toujours des couples qu'on apercevait.

Est-ce qu'il n'avait pas connu la lancinante envie de faire partie d'un couple, lui aussi ? D'avoir une femme suspendue à son bras comme Kay se suspendait au sien ?

— Entrons une minute, veux-tu ?

Ce n'était pas dans un bar qu'elle le faisait entrer, mais dans une pharmacie, et elle lui sourit. Et il comprit son sourire. Il comprit qu'elle venait de penser, comme lui, que cela marquait une nouvelle étape dans leur intimité, car elle voulait acheter les quelques objets de toilette indispensables.

Elle le laissait payer et il en fut heureux, comme il fut heureux d'entendre le vendeur prononcer le mot madame.

— Maintenant, décida-t-elle, nous pouvons rentrer.

Il ne put s'empêcher d'ironiser, et il le regretta aussitôt :

— Sans boire un dernier whisky ?

— Sans whisky, répondit-elle le plus sérieusement du monde. Ce soir, je suis un petit peu la jeune fille de seize ans. Cela ne t'ennuie pas trop ?

L'employé de nuit les reconnut. Comment le fait de retrouver la vulgaire lumière mauve du *Lotus*, ces quelques lettres au-dessus d'une porte, pouvait-il constituer un plaisir ? Et un plaisir encore d'être accueillis comme de vieux clients par un bonhomme miteux et résigné ? De retrouver l'atmosphère banale d'une chambre d'hôtel, d'apercevoir, sur un lit, les deux oreillers préparés ?

— Enlève ton pardessus et assieds-toi, veux-tu ?

Il obéit, subtilement ému, et peut-être était-elle un peu émue, elle aussi. Il ne savait plus. Il y avait des moments où il la détestait et des moments, comme celui-ci, où il avait envie de poser sa tête sur son épaule de femme et de sangloter.

Il était las, mais détendu. Il attendait, un sourire très léger aux lèvres, et, ce sourire encore, elle l'intercepta, elle dut le comprendre, car elle vint l'embrasser, pour la première fois de la journée, non plus avec la gourmandise charnelle de la veille, non plus avec une ardeur qui semblait procéder du désespoir, mais très doucement, en avançant avec lenteur ses lèvres vers les siennes, en hésitant un instant à établir le contact et en appuyant alors avec tendresse.

Il ferma les yeux et, quand il les rouvrit, il s'aperçut qu'elle avait fermé les siens et il lui fut reconnaissant.

— Laisse-moi, maintenant. Ne bouge pas.

Elle alla éteindre le lustre électrique, ne laissant qu'une toute petite lampe à abat-jour de soie allumée sur un guéridon. Puis elle alla chercher dans le placard la bouteille de whisky entamée la veille.

Elle éprouva le besoin d'expliquer :

— Ce n'est pas la même chose.

Il l'avait déjà compris. Elle remplit deux verres, sans fièvre, en dosant minutieusement l'alcool et l'eau avec un sérieux de maîtresse de maison. Elle en posa un à portée de la main de son compagnon et elle lui donna en passant une très légère caresse sur le front.

— Tu es bien ?

Elle-même, laissant tomber ses chaussures d'un mouvement déjà familier, se blottissait au creux du fauteuil, dans une pose de petite fille.

Puis elle soupirait, d'une voix qu'il ne lui connaissait pas encore :

— Je suis bien !

Un mètre à peine les séparait, mais ils savaient bien l'un et l'autre qu'ils ne franchiraient pas maintenant cet espace. Ils se regardaient, les yeux mi-clos, aussi heureux l'un que l'autre de trouver dans d'autres yeux une lumière très douce et comme apaisante.

Allait-elle lui parler tout de suite ?

Elle entrouvrait les lèvres, mais c'était pour chanter, pour murmurer à peine la chanson de tout à l'heure qui était devenue leur chanson.

Et cette rengaine populaire se transformait à un point tel que l'homme en avait les larmes aux yeux, la poitrine envahie de chaleur.

Elle le savait. Elle savait tout. Elle le tenait au bout de son chant, au bout de sa voix aux intonations graves, un peu cassées et elle prolongeait savamment leur plaisir d'être deux et de s'être retranchés du reste du monde.

Quand, enfin, elle se tut, il y eut un silence pendant lequel surgirent les bruits de la rue.

Ils les écoutèrent, étonnés. Puis elle répéta, beaucoup plus doucement que la première fois, comme si elle avait peur d'effaroucher le destin :

— Tu es bien ?

Entendit-il les mots qu'elle prononça ensuite ou ne vibrèrent-ils qu'au-dedans de lui-même ?

— Moi, je ne me suis jamais sentie aussi bien de ma vie.

3

C'était une drôle de sensation. Elle parlait. Il était ému. Mais, pas un instant, il ne cessait d'être lucide. Il se disait :

« Elle ment ! »

Il avait la certitude qu'elle mentait. Peut-être n'inventait-elle pas de toutes pièces, ce dont il la jugeait cependant capable. Elle mentait à tout le moins par déformation, par exagération ou par omission.

Deux fois, trois fois, elle s'était versé à boire. Il n'y prenait plus garde. Il savait, à présent, que c'était son heure, que c'était le whisky qui la soutenait et il l'imaginait d'autres nuits, avec d'autres hommes, buvant pour entretenir son excitation et parlant, parlant sans fin, de son émouvante voix rauque.

Qui sait si elle ne leur racontait pas exactement la même chose à tous, avec une sincérité identique ?

Le plus surprenant, c'est que cela lui était égal, qu'en tout cas il ne lui en voulait pas.

Elle lui parlait de son mari, un Hongrois, le comte Larski, qu'elle disait avoir épousé alors qu'elle avait dix-neuf ans. Et déjà il y avait un mensonge, ou un demi-mensonge, car elle prétendait qu'il l'avait eue vierge, elle s'étendait sur la brutalité de l'homme cette nuit-là, oubliant qu'elle avait parlé, un peu plus tôt, d'une aventure qu'elle avait eue à dix-sept ans.

Il en souffrait, non pas des mensonges, mais des histoires en elles-mêmes, des images, surtout qu'elles évoquaient. S'il lui en voulait de quelque chose, c'était de se salir à ses yeux, avec une impudeur qui frisait le défi.

Etait-ce l'alcool qui la poussait à parler de la sorte ? Il y avait des moments où il jugeait froidement :

« C'est la femme de trois heures du matin, celle qui ne peut pas se décider à se coucher, qui a besoin d'entretenir coûte que coûte son excitation, de boire, de fumer, de parler, pour tomber enfin, à bout de nerfs, dans les bras de l'homme. »

Et il ne s'en allait pas ! Il n'avait aucune velléité de la quitter. A mesure que sa lucidité grandissait, il se rendait davantage compte que Kay lui était indispensable et il était résigné.

C'était le mot exact. Il était résigné. Il n'aurait pas pu dire à quel moment sa décision avait été prise, mais il était décidé à ne plus lutter, quoi qu'il pût apprendre désormais.

Pourquoi ne se taisait-elle pas ? C'eût été si simple ! Il l'aurait entourée de ses bras. Il aurait murmuré :

— Peu importe tout cela, puisqu'on recommence.

Recommencer une vie à zéro. Deux vies. Deux vies à zéro.

De temps en temps, elle s'interrompait :

— Tu ne m'écoutes pas.

— Mais si.

— Tu m'écoutes, mais, en même temps, tu penses à autre chose.

Il pensait à lui, à elle, à tout. Il était lui-même, et spectateur de lui-même. Il l'aimait et il la regardait en juge implacable.

Elle disait, par exemple :

— Nous avons vécu deux ans à Berlin, où mon mari était attaché à l'ambassade de Hongrie. C'est là, à Swansee plus exactement, au bord du lac, que ma fille est née. Elle s'appelle Michèle. Tu aimes le prénom de Michèle ?

Elle n'attendait pas sa réponse.

— Pauvre Michèle ! Elle vit maintenant chez une de ses tantes, une sœur de Larski qui ne s'est jamais mariée et qui habite seule un immense château, à une centaine de kilomètres de Buda...

Il n'aimait pas le vaste château romantique et pourtant c'était peut-être vrai, comme c'était peut-être faux. Il se demandait :

« A combien d'hommes a-t-elle raconté cette histoire ? »

Et il se renfrognait. Elle s'en apercevait.

— Cela t'ennuie que je te raconte ma vie ?

— Mais non.

C'était sans doute nécessaire, comme la dernière cigarette dont il attendait la fin avec des frémissements d'impatience au bout des doigts. Il était heureux, mais on eût dit qu'il n'était heureux que dans l'avenir, qu'il avait hâte d'en finir une fois pour toutes avec le passé, voire avec le présent.

— Il a été nommé premier secrétaire à Paris et nous avons dû nous installer à l'ambassade, car l'ambassadeur était veuf et il fallait une femme pour les réceptions...

A quel moment mentait-elle ? Quand elle lui avait parlé une première fois de Paris, dans la boutique aux saucisses, elle lui avait dit qu'elle avait habité en face de l'église d'Auteuil, rue Mirabeau. Or jamais l'ambassade de Hongrie n'avait été installée rue Mirabeau.

Elle poursuivait :

— Jean était un homme de premier ordre, un des hommes les plus intelligents que j'aie rencontrés...

Et il était jaloux. Et il lui en voulait d'employer un prénom de plus.

— C'est un grand seigneur de chez lui, vois-tu. Tu ne connais pas la Hongrie...

— Si.

Elle balayait l'objection en faisant tomber avec impatience la cendre de sa cigarette.

— Tu ne peux pas la connaître. Tu es trop français pour ça. Moi, qui suis pourtant viennoise et qui ai du sang hongrois par ma grand-mère, je n'ai pas pu m'y faire. Quand je dis un grand seigneur, je ne parle pas d'un grand seigneur du Moyen Age. Je l'ai vu cravacher ses domestiques. Un jour que le chauffeur avait failli nous faire capoter dans la Forêt Noire, il l'a étendu par terre d'un coup de poing, puis il l'a frappé du talon au visage en me disant avec calme : « Je regrette de n'avoir pas de revolver sur moi. Ce rustre aurait pu vous tuer. »

Et Combe n'avait toujours pas le courage de prononcer :

— Tais-toi, veux-tu ?

Il lui semblait que ce bavardage les diminuait tous les deux, qu'elle se diminuait en parlant et qu'il se diminuait en l'écoutant.

— J'étais enceinte, à ce moment-là, ce qui explique en partie sa fureur et sa brutalité. Il était d'une jalousie telle qu'un mois avant l'accouchement encore, alors qu'aucun homme n'aurait pensé à me faire la cour, il me surveillait du matin au soir. Je n'avais pas le droit de sortir seule. Il m'enfermait à clef dans mon appartement. Il faisait mieux : il me prenait toutes mes chaussures et toutes mes robes qu'il serrait dans une pièce dont il avait la clef sur lui.

Comment ne comprenait-elle pas qu'elle avait tort, qu'elle avait davantage tort encore d'expliquer :

— Nous avons vécu trois ans à Paris...

Hier, elle avait dit six. Avec qui avait-elle vécu les trois autres années ?

— L'ambassadeur, qui est mort l'an dernier, était un de nos plus grands hommes d'Etat, un vieillard de quatre-vingts ans. Il s'était pris pour moi d'une affection paternelle, car il était veuf depuis trente ans et il n'avait pas d'enfants.

Il pensait :

« Tu mens ! »

Parce que c'était impossible. Du moins avec elle. L'ambassadeur eût-il eu quatre-vingt-dix ans, en eût-il eu davantage encore, elle n'eût connu aucun répit avant de l'avoir forcé à lui rendre hommage.

— Souvent, le soir, il me priait de lui faire la lecture. C'était une de ses dernières joies.

Alors il se retenait de lui crier crûment, vulgairement :

— Et ses mains ?

Car c'était pour lui une certitude et il en souffrait.

« Dépêche-toi, pensait-il. Vide ton sac, qu'il ne soit plus jamais question de ces saletés. »

— A cause de cela, mon mari a prétendu que ma santé ne me permettait pas de vivre à Paris et m'a installée dans une villa de Nogent. Son humeur était de plus en plus sombre, sa jalousie toujours plus féroce. A la fin, j'ai manqué de courage et je suis partie.

Toute seule ? Allons donc ! Si elle était partie de la sorte, de son plein gré, comment croire qu'elle eût abandonné sa fille ? Si c'était elle qui avait demandé le divorce, est-ce qu'elle en serait où elle en était ?

Il serrait les poings, furieux, avec l'envie de la battre, de les venger tous les deux, lui et le mari qu'il détestait cependant.

— C'est à ce moment-là que tu es allée en Suisse ? questionna-t-il en parvenant presque à voiler son ironie.

Elle comprit quand même. Il eut l'impression qu'elle comprenait, car elle répliqua assez méchamment, sans entrer dans les détails :

— Pas tout de suite. J'ai d'abord vécu pendant un an sur la Côte d'Azur et en Italie.

Elle ne précisait pas avec qui et elle ne prétendait pas non plus qu'elle y avait vécu seule.

Il la haïssait. Il aurait voulu lui tordre les poignets, la forcer à tomber à genoux à ses pieds pour lui demander pardon en gémissant de douleur.

N'était-ce pas d'une ironie insigne, de la part de cette femme recroquevillée dans son fauteuil, de lui lancer avec une monstrueuse candeur :

— Tu vois ! Je te raconte toute ma vie.

Et le reste, tout ce qu'elle n'avait pas dit, tout ce qu'il ne voulait pas savoir ? Se doutait-elle que, de ses confidences, ce qui lui restait dans la gorge au point de lui causer une douleur physique, c'est qu'elle s'était fait tripoter par le vieil ambassadeur ?

Il s'était levé machinalement. Il avait prononcé :

— Viens dormir.

Et, comme il s'y attendait, elle avait murmuré :

— Tu permets que je finisse ma cigarette ?

Il la lui avait arrachée des mains et l'avait écrasée sous sa semelle, à même le tapis.

— Viens te coucher.

Il savait qu'elle avait souri en détournant la tête. Il savait qu'elle triomphait. A croire qu'elle était capable de raconter de pareilles histoires rien que pour le mettre dans l'état où elle le voyait enfin !

« Je ne la toucherai pas ce soir, se promettait-il. Ainsi, peut-être qu'elle comprendra ! »

Qu'elle comprendrait quoi ? C'était absurde. Mais tout n'était-il pas désormais absurde, incohérent ? Que faisaient-ils là, tous les deux, dans une chambre du *Lotus,* au-dessus d'une enseigne violette destinée à racoler les couples de passage ?

Il la regardait se déshabiller et il restait froid. Mais oui, il était capable de rester froid devant elle. Elle n'était pas belle, ni irrésistible comme elle se l'imaginait. Son corps, lui aussi, portait déjà la patine de la vie.

Et voilà que, d'y penser, il se sentait soulevé d'une puissante colère, d'un besoin de tout effacer, de tout absorber, de tout rendre sien. Furieusement, avec une méchanceté qui rendait ses prunelles fixes et effrayantes, il la serrait dans ses bras, la ployait, s'enfonçait en elle comme s'il eût voulu en finir une fois pour toutes avec sa hantise.

Elle le regardait, hébétée, et, quand vint l'apaisement du spasme, elle pleura, non comme pleurait Winnie, derrière la cloison, mais comme une enfant, et c'est en enfant qu'elle balbutiait :

— Tu m'as fait mal.

Telle une enfant encore, elle s'endormit, presque sans transition. Et, cette nuit-là, il ne subsistait pas, comme la veille, une expression douloureuse sur son visage. L'étreinte, cette fois-ci, l'avait apaisée. Elle dormait, la lèvre un peu gonflée, les deux bras mollement étendus sur la couverture, ses cheveux formant une masse roussâtre et fripée sur la blancheur crue de l'oreiller.

Il ne dormit pas, ne chercha pas à dormir. D'ailleurs, l'aube n'était pas loin et, quand elle mit son froid reflet sur la vitre, il se glissa derrière le rideau pour se rafraîchir le front au contact du verre.

Il n'y avait personne dans la rue, où les poubelles apportaient une note d'intimité vulgaire. Un homme, en face, au même étage, se rasait devant un miroir accroché à sa fenêtre et un instant leurs regards se croisèrent.

Qu'est-ce qu'ils se dirent ? Ils étaient à peu près du même âge. L'homme d'en face avait le front dégarni, le sourcil épais et soucieux. Y avait-il quelqu'un derrière lui dans la chambre, une femme étendue dans un lit et encore enfoncée dans le sommeil ?

Si l'homme se levait de si bonne heure, c'est qu'il partait pour son travail. Quel travail pouvait-il faire ? Quel était le sillon qu'il suivait dans la vie ?

Combe, lui, ne suivait plus aucun sillon. Depuis des mois déjà. Mais du moins, avant-hier encore, s'obstinait-il à marcher dans une direction déterminée.

Ce matin, dans le petit jour frisquet d'octobre, il était un homme qui a coupé tous les fils, un homme qui, aux approches de la cinquantaine, n'est plus rattaché à rien, ni à une famille, ni à une profession, ni à un pays, ni même, en définitive, à un domicile : à rien qu'à une inconnue endormie dans une chambre d'hôtel plus ou moins louche.

Dans la maison d'en face brûlait une lampe électrique et cela le fit penser à la sienne qui était toujours allumée. C'était peut-être une excuse, ou un prétexte.

Ne lui faudrait-il pas, à un moment ou à un autre, rentrer chez lui ? Kay dormirait toute la journée, il commençait à la connaître. Il lui laisserait un mot sur la table de nuit pour lui annoncer son retour.

Là-bas, à Greenwich Village, il mettrait de l'ordre dans sa chambre. Il trouverait peut-être le moyen de la faire nettoyer ?

Tandis qu'il s'habillait sans bruit dans la salle de bains dont il avait fermé la porte, son esprit s'excitait déjà. Non seulement il ferait nettoyer la chambre à fond, mais il irait acheter des fleurs. Il achèterait aussi, pour pas cher, une cretonne imprimée, de couleurs vives, pour cacher la couverture grise du lit. Puis il irait commander un repas froid chez le traiteur italien, celui qui servait les dîners hebdomadaires de J.K.C. et de Winnie.

Il fallait encore qu'il téléphonât au poste de radio, car il avait une émission en perspective pour le lendemain. Il aurait dû téléphoner la veille.

Il était net, soudain, de sang-froid malgré sa fatigue. Il se réjouissait à la perspective de marcher seul, d'entendre résonner son pas dans la rue tout en respirant l'air vif du matin.

Kay dormait. Il la regarda qui gonflait toujours la lèvre inférieure et il sourit, d'un sourire un peu condescendant. Elle avait pris une place dans sa vie, soit. A quoi bon vouloir, dès maintenant, mesurer l'importance de cette place ?

S'il n'avait craint de la réveiller, il lui eût posé un baiser indulgent et tendre sur le front.

Je reviens tout de suite, traça-t-il sur une page de son carnet qu'il arracha et posa sur l'étui à cigarettes.

Et cela le fit sourire aussi, car, de la sorte, il était sûr qu'elle trouverait le billet.

Dans le corridor, déjà, il bourra sa pipe, poussa, avant de l'allumer, le bouton d'appel de l'ascenseur.

Tiens ! Ce n'était déjà plus l'employé de nuit, mais une des demoiselles en uniforme. Il passa devant le bureau sans s'arrêter, se campa sur le trottoir et respira l'air à pleins poumons.

Il faillit soupirer :

— Enfin !

Et Dieu sait s'il ne se demanda pas s'il reviendrait jamais ?

Il fit quelques pas, s'arrêta, marcha encore un peu.

Il se sentait anxieux soudain comme un homme qui a conscience d'avoir oublié quelque chose d'important et qui ne se rappelle pas quoi.

Il s'arrêta une fois de plus, juste au coin de Broadway qui le glaça avec ses lumières éteintes et ses trottoirs inutilement larges.

Que ferait-il si, à son retour, il trouvait la chambre vide ?

Cette idée venait à peine de pénétrer en lui et déjà elle lui faisait tellement mal, elle le mettait dans un tel désarroi, dans un tel état de panique qu'il se retourna brusquement pour s'assurer que personne ne sortait de l'hôtel.

Sur le seuil du *Lotus,* quelques instants plus tard, il vidait sa pipe encore brûlante en la frappant contre son talon.

— Huitième, s'il vous plaît, lançait-il à la demoiselle de l'ascenseur qui venait de le descendre.

Et il ne fut rasséréné que quand il constata que Kay dormait toujours, que rien n'était changé dans leur chambre.

Il ignora si elle l'avait vu sortir, si elle l'avait vu rentrer. Ce fut pour lui une minute d'une émotion si profonde et si subtile qu'il n'osa pas lui en parler. Elle paraissait dormir pendant qu'il se déshabillait, et encore tandis qu'il se glissait dans les draps.

C'était encore comme dans le sommeil qu'elle chercha son corps pour s'y blottir.

Elle n'ouvrit pas les yeux. Les paupières battirent à peine, sans découvrir les prunelles, et elles lui firent penser aux battements d'ailes d'un oiseau trop lourd pour s'envoler.

Lourde aussi, lointaine, la voix qui disait sans reproche, sans tristesse, sans une ombre de mélancolie :

— Tu as essayé de t'en aller, n'est-ce pas ?

Il faillit parler et il aurait tout gâché. Heureusement que c'est elle qui continua de la même voix, plus faible encore :

— Mais tu n'as pas pu !

Elle dormait à nouveau. Peut-être n'avait-elle pas cessé de dormir et n'était-ce qu'au fond de ses rêves qu'elle avait eu conscience du drame qui s'était joué ?

Elle n'y fit pas allusion, plus tard, beaucoup plus tard, quand ils se réveillèrent tous les deux.

C'était leur meilleure heure. Ils y pensaient déjà comme s'ils eussent vécu des matins et des matins semblables. Il était impossible de croire que c'était la seconde fois seulement qu'ils se réveillaient de la sorte, côte à côte dans un lit, dans une telle intimité de la chair qu'ils avaient l'impression d'être amants depuis toujours.

Jusqu'à cette chambre du *Lotus* qui leur était familière, qu'ils se surprenaient à aimer.

— Je passe la première dans la salle de bains ?

Puis, avec une prescience étonnante :

— Pourquoi ne fumes-tu pas ta pipe ? Tu peux, tu sais ! En Hongrie, il y a beaucoup de femmes qui fument la pipe.

Ils étaient comme vierges, le matin. La gaieté, dans leurs yeux, était plus pure, quasi enfantine. Ils avaient un peu l'impression de jouer à la vie.

— Quand je pense qu'à cause de Ronald je ne retrouverai sans doute jamais mes affaires ! J'ai là-bas deux pleines malles de vêtements et de linge et je ne peux même pas changer de bas.

Elle s'en amusait. C'était merveilleux de se trouver aussi léger au réveil, de se trouver au seuil d'une journée que ne marquait à l'avance aucune contrainte, qu'on pourrait meubler de tout ce que l'on voudrait.

Il y avait du soleil, ce jour-là, un soleil très gai, très pétillant. Ils s'installèrent, pour déjeuner, devant un de ces comptoirs qui faisaient déjà partie de leurs habitudes.

— Cela t'ennuierait que nous allions nous promener dans Central Park ?

Il ne voulait pas être jaloux alors que leur journée commençait à peine, et, pourtant, il ne pouvait s'empêcher, chaque fois qu'elle proposait quelque chose, qu'elle parlait d'un endroit quelconque, de se demander :

« Avec qui ? »

Avec qui était-elle allée se promener au Central Park et quels souvenirs essayait-elle d'y retrouver ?

Elle était jeune, ce matin-là. Et, peut-être parce qu'elle se sentait jeune, elle risqua gravement, alors qu'ils marchaient côte à côte :

— Sais-tu que je suis déjà très vieille ? J'ai trente-deux ans, bientôt trente-trois.

Il calcula que sa fille devait donc avoir une douzaine d'années et il observa avec plus d'attention que d'habitude les fillettes qui jouaient dans le parc.

— J'en ai quarante-huit, avoua-t-il. Pas tout à fait. Dans un mois.

— Un homme cela n'a pas d'âge.

N'était-ce pas le moment où il allait pouvoir parler de lui ? Il l'espérait et le craignait tout ensemble.

Que se passerait-il alors, qu'adviendrait-il d'eux quand ils se décideraient enfin à regarder les réalités en face ?

Jusqu'ici, ils étaient en dehors de la vie, mais un moment viendrait où il faudrait y rentrer bon gré mal gré.

Devina-t-elle ce qu'il pensait ? Sa main nue, ainsi que c'était déjà arrivé une fois, dans le taxi, chercha sa main et la pressa avec une douce insistance, comme pour lui dire :

— Pas encore.

Il avait décidé de la conduire chez lui et il n'osait pas. Tout à l'heure, en quittant le *Lotus,* il avait réglé sa note et elle s'en était aperçue, mais elle n'avait rien dit.

Cela pouvait signifier tant de choses ! Y compris, par exemple, que c'était leur dernière promenade, la dernière, en tout cas, en dehors du réel.

Etait-ce pour cela, pour mettre un souvenir lumineux dans leur mémoire, qu'elle avait tenu à se promener à son bras dans Central Park où un soleil tiède les enveloppait des dernières bouffées de l'automne ?

Elle se mit à fredonner, gravement, et c'était leur chanson, la ritournelle du petit bar. Cela leur donna à tous deux la même pensée car, quand le soir commença à tomber, l'air à fraîchir, quand une ombre plus dense les attendit au tournant des allées ils se regardèrent comme pour un accord muet et ils se dirigèrent vers la 6e Avenue.

Ils ne prenaient pas de taxi. Ils marchaient. On aurait dit que c'était leur sort, qu'ils ne pouvaient ou n'osaient pas s'arrêter. La plupart des heures, depuis qu'ils se connaissaient — et il leur semblait qu'il y avait bien longtemps — ils les avaient passées à marcher ainsi le long des trottoirs et à se frotter à une foule qu'ils ne voyaient pas.

Le moment approchait pourtant où ils seraient forcés de s'arrêter et ils étaient tacitement complices pour le reculer toujours davantage.

— Ecoute...

Elle avait comme ça des mouvements de joie naïve. C'était quand il lui semblait que le destin était avec eux. Or, au moment où ils pénétraient dans le petit bar, le phonographe jouait un disque, leur disque, et un matelot, les deux coudes sur le comptoir, le menton dans les mains, fixait farouchement le vide devant lui.

Kay pressa le bras de son compagnon, regarda avec compassion l'homme qui avait choisi le même air qu'eux pour bercer sa nostalgie.

— Donne-moi un *nickel,* murmura-t-elle.

Et elle remit le disque, deux fois, trois fois. Le marin se retourna et lui sourit tristement. Puis il avala son verre d'un trait et sortit en titubant, raclant au passage le chambranle de la porte.

— Pauvre type !

Il ne fut presque pas jaloux, un petit peu quand même. Il aurait voulu parler, il en ressentait toujours davantage le besoin, et il n'osait pas.

Ne le faisait-elle pas exprès de ne pas l'aider ?

Elle buvait à nouveau, mais il ne lui en voulait pas et il buvait machinalement avec elle. Il était très triste et très heureux, d'une sensibilité si aiguë que ses yeux s'humectaient à une phrase de la chanson, à un aspect de leur bar noyé de lumière sourde.

Que firent-ils ce soir-là ? Ils marchèrent. Ils se mêlèrent longtemps à la foule de Broadway et entrèrent dans d'autres bars, sans jamais y retrouver l'atmosphère de leur coin familier.

Ils entraient, commandaient à boire. Kay, invariablement, allumait une cigarette. Elle lui touchait le coude, balbutiait :

— Regarde.

Et c'était un couple qu'elle lui désignait, un couple triste, abîmé dans ses réflexions, ou une femme toute seule qui s'enivrait.

On aurait dit qu'elle était à l'affût du désespoir des autres, qu'elle s'y frottait comme pour user celui qui allait peut-être la pénétrer.

— Marchons.

Ce mot-là les faisait se regarder en souriant. Ils l'avaient prononcé si et si souvent, eux qui n'avaient en réalité que deux jours et deux nuits d'amour derrière eux !

— Tu ne trouves pas que c'est drôle ?

Il n'avait pas besoin de lui demander ce qui était drôle. Ils pensaient à la même chose, à eux deux qui ne se connaissaient pas et qui s'étaient rejoints par miracle à travers la grande ville, et qui, maintenant, se raccrochaient l'un à l'autre avec une ardeur désespérée, comme s'ils sentaient déjà le froid de la solitude les envahir.

« Tout à l'heure... plus tard.... » pensait Combe.

Dans la 24e Rue, il y avait une boutique de Chinois où l'on vendait des tortues minuscules, des bébés-tortues, comme l'annonçait un écriteau.

— Achète-m'en une veux-tu ?

On la mit dans une petite boîte de carton et elle l'emporta précieusement, en s'efforçant de rire, mais elle pensait sans doute que c'était le seul gage de l'amour qu'ils venaient de vivre.

— Ecoute, Kay...

Elle lui mit un doigt sur les lèvres.

— Il faut pourtant que je te dise...

— Chut ! Allons manger quelque chose...

Ils traînaient et, cette fois-ci, ils traînaient exprès dans la ville, parce que c'était au plein de la foule qu'ils se sentaient le mieux chez eux.

Elle mangeait comme le premier soir, avec une lenteur exaspérante qui ne l'exaspérait plus.

— Il y a encore tant de choses que j'aurais voulu te raconter ! Je sais bien, vois-tu, ce que tu penses. Et tu te trompes tellement, mon Frank !

Il était peut-être deux heures du matin, peut-être davantage, et ils marchaient toujours, et ils refaisaient en sens inverse cette longue route de la 5e Avenue qu'ils avaient déjà parcourue deux fois.

— Où me conduis-tu ?

Elle se ravisa aussitôt :

— Non, tais-toi !

Il ne savait pas encore ce qu'il allait faire, ce qu'il espérait. Il regardait droit devant lui, farouche, et elle marchait à son côté en respectant pour la première fois son silence.

A la longue, cette marche silencieuse dans la nuit prenait les allures solennelles d'une marche nuptiale et ils s'en rendaient si bien compte tous les deux qu'ils se serreraient davantage l'un contre l'autre, non plus comme des amants, mais comme deux êtres qui auraient erré longtemps dans la solitude et qui auraient obtenu enfin la grâce inespérée d'un contact humain.

Ils n'étaient presque plus un homme et une femme. Ils étaient deux êtres, deux êtres qui avaient besoin l'un de l'autre.

Ils retrouvaient, les jambes lasses, la paisible perspective de Washington Square. Combe savait que sa compagne s'étonnait, qu'elle se demandait s'il n'allait pas la reconduire à leur point de départ, à la boutique à saucisses où ils s'étaient rencontrés, ou encore devant cette maison de Jessie qu'elle lui avait désignée la veille.

Il souriait avec une pointe d'amertume. Il avait peur, très peur, de ce qu'il allait faire.

Ils ne s'étaient pas encore dit qu'ils s'aimaient. Peut-être avaient-ils, l'un comme l'autre, la superstition de ce mot-là ? ou la pudeur ?

Combe reconnaissait sa rue, apercevait là-bas la porte qu'il avait franchie, deux soirs plus tôt, quand il avait fui, à bout de nerfs, les échos des amours de ses voisins.

Il était plus grave, aujourd'hui. Il marchait plus droit, avec la conscience d'accomplir un acte important.

Parfois l'envie lui prenait de s'arrêter, de faire demi-tour, de se replonger avec Kay dans l'irréel de leur vie vagabonde.

Il revoyait, comme un havre, le trottoir en face du *Lotus,* les lettres violettes de l'enseigne, l'employé miteux derrière son comptoir. C'était si facile !

— Viens ! dit-il enfin en s'arrêtant devant un seuil.

Elle ne se méprit pas. Elle savait que la minute était aussi définitive que si un suisse chamarré eût ouvert devant eux la porte à deux battants de l'église.

Elle pénétra dans la petite cour, bravement, en promenant autour d'elle un regard paisible et sans étonnement.

— C'est amusant, s'efforça-t-elle de prononcer de son ton le plus léger. Nous étions voisins et nous avons mis si longtemps à nous rencontrer.

Ils entrèrent dans le vestibule. Il y avait un certain nombre de boîtes aux lettres rangées les unes à côté des autres, avec un bouton électrique sous chacune, et un nom sur la plupart.

Celui de Combe n'y figurait pas et il comprit qu'elle l'avait remarqué.

— Viens. Il n'y a pas d'ascenseur.

— Il n'y a que quatre étages, rétorqua-t-elle, ce qui prouvait qu'elle avait examiné la maison.

Ils montèrent l'un derrière l'autre. Elle marchait devant. Sur le troisième palier, elle s'effaça pour le laisser passer.

La première porte à gauche était celle de J.K.C. Ensuite c'était la sienne. Mais, avant de l'atteindre, il éprouva le besoin de s'arrêter, de regarder un long moment sa compagne, puis de la prendre dans ses bras et de baiser lentement, profondément, ses lèvres.

— Viens.

Le corridor, mal éclairé, sentait déjà le pauvre. La porte était d'un vilain brun et il y avait des traces de doigts sales sur les murs. Il tira sa clef de sa poche, au ralenti. Il dit, en s'efforçant de rire :

— Quand je suis sorti la dernière fois, j'ai oublié d'éteindre la lumière. Je m'en suis aperçu dans la rue et je n'ai pas eu le courage de remonter.

Il poussa la porte. Elle s'ouvrit sur une antichambre minuscule, tout encombrée de malles et de vêtements.

— Entre.

Il n'osait pas la regarder. Ses doigts tremblaient.

Il ne lui disait plus rien, il l'attirait à l'intérieur, il la poussait, il ne savait plus au juste ce qu'il faisait, mais il l'introduisait chez lui, il l'invitait enfin, honteux, anxieux, à entrer dans sa vie.

Le calme de la chambre, où la lampe allumée les accueillait, avait quelque chose de fantomatique. Il avait cru que c'était sordide et voilà que c'était tragique, tragique de solitude, d'abandon.

Ce lit défait, avec encore la forme d'une tête en creux, dans l'oreiller ; ces draps fripés qui sentaient l'insomnie ; ce pyjama, ces pantoufles, ces vêtements vides et mous sur les chaises...

Et, sur la table, à côté d'un livre ouvert, ces restes d'un repas froid, d'un triste repas d'homme seul !

Il se rendit compte, soudain, de ce à quoi il avait échappé pour un moment et il resta debout près de la porte, figé, tête basse, sans oser faire un mouvement.

Il ne voulait pas la regarder, mais il la voyait, il savait qu'elle mesurait, elle aussi, l'intensité de sa solitude.

Il avait cru qu'elle serait étonnée, dépitée.

Etonnée, elle l'était peut-être un peu, très peu, de découvrir que sa solitude à lui était encore plus absolue, plus irrémédiable que la sienne.

Ce qu'elle vit en premier lieu, ce furent deux photographies, deux photographies d'enfants, un petit garçon et une petite fille.

Elle murmura :

— Toi aussi.

Tout cela était très lent, désespérément lent. Les secondes comptaient, les dixièmes de seconde, les moindres fractions d'un temps où se jouait tant de passé et tant d'avenir.

Combe avait détourné le regard du visage de ses enfants. Il ne voyait plus rien que des taches troubles qui se troublaient toujours davantage, et il avait honte de lui, il avait envie de demander pardon, sans savoir à qui ni pourquoi.

Alors, lentement, Kay écrasa sa cigarette dans un cendrier. Elle retira son manteau de fourrure, son chapeau, passa derrière son compagnon pour refermer la porte qu'il avait laissée ouverte.

Puis, touchant d'un doigt léger le col de son vêtement, elle dit simplement :

— Enlève ton pardessus, chéri.

C'était elle qui le lui retirait, chez lui, et qui trouvait tout de suite sa place au portemanteau.

Elle revenait vers lui, plus familière, plus humaine. Elle souriait d'un sourire où il y avait comme une joie secrète, à peine avouable. Et elle ajoutait, en nouant enfin ses bras autour des épaules de l'homme :

— Je le savais, vois-tu.

4

Ils dormirent cette nuit-là comme dans une salle d'attente de gare ou comme dans une auto en panne au bord de la route. Ils dormirent dans les bras l'un de l'autre et, pour la première fois, ne firent pas l'amour.

— Pas ce soir, avait-elle murmuré sur un ton de prière.

Il avait compris, ou cru comprendre. Ils étaient un peu meurtris et ils avaient en eux cette sorte de vertige qui persiste après un long voyage.

Etaient-ils vraiment arrivés quelque part ? Ils s'étaient couchés tout de suite, sans mettre de l'ordre dans la chambre. Et, de même qu'après une traversée on garde pendant les premières nuits la sensation du tangage et du roulis, de même ils pouvaient croire par instants qu'ils marchaient toujours, qu'ils marchaient sans fin dans la grande ville.

Ce fut la première fois qu'ils se levèrent à la même heure que la plupart des gens. Quand Combe s'éveilla, il vit Kay qui ouvrait la porte du logement. Peut-être était-ce le bruit de la serrure qui venait de l'arracher au sommeil et son premier mouvement fut un mouvement d'inquiétude.

Mais non. Il la voyait de dos, les cheveux en masse confuse et soyeuse, enveloppée dans une de ses robes de chambre qui traînait jusqu'à terre.

— Qu'est-ce que tu cherches ?

Elle ne sursauta pas. Elle se retourna naturellement vers le lit et, le mieux, c'est qu'elle ne s'efforça même pas de sourire.

— Le lait. On ne livre pas de lait tous les matins ?

— Je ne bois jamais de lait.

— Ah !

Avant de s'approcher de lui, elle pénétrait dans la cuisinette où de l'eau chantait sur le réchaud électrique.

— Tu bois du café, ou du thé ?

Pourquoi était-il ému d'entendre une voix déjà familière résonner dans cette pièce où il n'avait jamais vu entrer personne ? Un instant auparavant, il lui en voulait un peu de n'être pas venue l'embrasser, mais, à présent, il comprenait, c'était beaucoup mieux ainsi, elle allait et venait, ouvrait des placards, lui apportait une robe de chambre de soie bleu marine.

— Tu veux celle-ci ?

Et elle avait les pieds dans des mules d'homme avec lesquelles elle était forcée de traîner la semelle.

— Qu'est-ce que tu manges, le matin ?

Il répondait, paisible, détendu :

— Cela dépend. D'habitude, quand j'ai faim, je descends au *drugstore*.

— J'ai trouvé du thé et du café dans une boîte en fer. A tout hasard, comme tu es français, j'ai préparé du café.

— Je vais descendre acheter du pain et du beurre, annonça-t-il.

Il se sentait très jeune. Il avait envie de sortir, mais ce n'était pas comme la veille, quand il avait quitté le *Lotus* sans parvenir à s'en éloigner de plus de cent mètres.

Maintenant, elle était chez lui. Et lui qui était assez méticuleux, peut-être un peu trop, sur le chapitre de la toilette, faillit sortir non rasé, les pieds dans des pantoufles, comme on le voit faire par certaines gens le matin, à Montmartre ou à Montparnasse, ou dans les quartiers populaires.

Ce matin d'automne avait un goût de printemps et il se surprit à fredonner sous la douche, tandis que Kay arrangeait le lit et accompagnait machinalement sa chanson.

C'était comme si on eût enfin déchargé ses épaules d'un énorme poids d'années dont il ne s'était jamais aperçu, mais sous lequel il avait courbé l'échine sans le savoir.

— Tu ne m'embrasses pas ?

Avant de le laisser partir, elle lui tendait le bout des lèvres. Sur le palier, il marquait un temps d'arrêt, faisait demi-tour, ouvrait la porte.

— Kay !

Elle était toujours à la même place et regardait encore de son côté.

— Quoi ?

— Je suis heureux.

— Moi aussi. Va...

Il ne fallait pas s'appesantir. C'était trop nouveau. La rue aussi était nouvelle ou plutôt, s'il la reconnaissait en gros, il en découvrait des aspects inconnus.

Le *drugstore,* par exemple, où il avait si souvent pris son petit déjeuner solitaire en lisant un journal. Il le regardait à présent avec une joyeuse ironie teintée de pitié.

Il s'arrêtait, attendri, pour contempler un orgue de Barbarie arrêté au bord du trottoir et il eût juré que c'était le premier qu'il voyait à New York, le premier qu'il voyait depuis son enfance.

Chez l'Italien aussi, c'était nouveau d'acheter, non plus pour un, mais pour deux. Il commandait des tas de petites choses dont il n'avait jamais eu envie et dont il voulait voir regorger le frigidaire.

Il emporta sur ses bras le pain, le beurre, le lait et les œufs et fit livrer le reste. Au moment de sortir, il se ravisa.

— Vous mettrez une bouteille de lait à ma porte chaque matin.

D'en bas, il vit Kay derrière les vitres et elle remua un peu la main pour lui faire signe. Elle vint à sa rencontre au haut de l'escalier, le débarrassa de ses paquets.

— Zut ! J'ai oublié quelque chose.

— Quoi ?

— Les fleurs. Déjà hier matin, j'avais l'intention de venir mettre des fleurs dans la chambre.

— Tu crois que ce n'est pas mieux ainsi ?

— Pourquoi ?

— Parce que...

Elle cherchait ses mots, grave et souriante tout ensemble, avec ce rien de pudeur qu'ils avaient tous les deux ce matin-là.

— ... parce que cela fait moins nouveau, tu comprends ? Cela fait comme si cela durait depuis plus longtemps.

Elle enchaînait, pour ne pas s'attendrir :

— Tu sais ce que je regardais par la fenêtre ? Juste en face, il y a un vieux tailleur juif. Tu ne l'as jamais remarqué ?

Il avait vaguement aperçu un vieux bonhomme assis à la turque sur une grande table et occupé à coudre à longueur de journées. Il avait une longue barbe sale, des doigts brunis par la crasse ou par le frottement des étoffes.

— Lorsque je vivais à Vienne avec ma mère... Je t'ai dit que ma mère était une grande pianiste et qu'elle était célèbre ?... C'est exact... Mais, avant cela, elle a eu des débuts difficiles... Quand j'étais petite, nous étions très pauvres et nous vivions dans une seule chambre... Oh ! moins belle que celle-ci, car il n'y avait ni cuisine, ni frigidaire, ni salle de bains... Il n'y avait même pas d'eau et nous devions, comme tous les locataires, aller nous laver à un robinet au bout du corridor... L'hiver, si tu savais comme c'était froid !...

» Qu'est-ce que je disais ?... Ah ! oui... Quand j'avais la grippe et que je n'allais pas à l'école, je passais des journées entières à la fenêtre et, juste en face, il y avait un vieux tailleur juif qui ressemblait tellement à celui-ci, que tout à l'heure, j'ai cru un instant que c'était le même...

Il dit légèrement :

— C'est peut-être lui ?

— Idiot ! Il aurait au moins cent ans... Tu ne trouves pas que c'est une curieuse coïncidence ?... Cela m'a mise de bonne humeur pour le restant de la journée...

— Tu avais besoin de ça ?

— Non... Mais je me sens une âme de petite fille... J'ai même envie de me moquer de toi... J'étais très moqueuse, tu sais, quand j'étais jeune... jeune...

— Qu'est-ce que j'ai fait de ridicule ?

— Tu permets que je te pose une question ?

— J'écoute.

— Comment se fait-il qu'il y ait au moins huit robes de chambre dans ta penderie ? Je ne devrais peut-être pas te demander ça ? Mais c'est tellement extraordinaire, un homme qui...

— ... qui possède tant de robes de chambre et qui habite ici, n'est-ce pas ? C'est pourtant bien simple. Je suis acteur.

Pourquoi prononçait-il ces mots pudiquement, en évitant de la regarder ? Ils avaient, ce jour-là, des délicatesses infinies, assis tous les deux devant la table non desservie, avec pour horizon cette fenêtre derrière laquelle cousait le vieux tailleur à barbe de rabbin.

C'était la première fois qu'ils se passaient du support de la foule, la première fois, pouvait-on dire, qu'ils se trouvaient vraiment face à face, rien qu'eux deux, sans ressentir le besoin d'un disque ou d'un verre de whisky pour entretenir leur surexcitation.

Elle n'avait pas mis de rouge à lèvres et cela lui faisait un visage nouveau, beaucoup plus doux, avec quelque chose de timide, de craintif. Le changement était si frappant que la cigarette n'était plus en harmonie avec cette Kay-là.

— Cela te déçoit ?

— Que tu sois acteur ? Pourquoi cela me décevrait-il ?

Mais elle était un peu triste. Et, le plus grave, c'est qu'il comprenait pourquoi, c'est qu'ils comprenaient tous les deux, sans qu'il y eût besoin de mots entre eux.

S'il était acteur, si, à son âge, il habitait cette chambre de Greenwich Village si...

— C'est beaucoup plus compliqué que tu ne le penses, soupira-t-il.

— Je ne pense rien, mon chéri.

— A Paris, j'étais très connu, je pourrais prétendre que j'étais célèbre.

— Il faut que je t'avoue que je ne me souviens pas du nom que tu m'as dit. Tu ne l'as prononcé qu'une fois, le premier soir, tu te rappelles ? J'étais distraite et je n'ai pas osé te le faire répéter.

— François Combe. Je jouais au théâtre de la Madeleine, à la Michodière, au Gymnase. J'ai fait des tournées dans toute l'Europe et en Amérique du Sud. J'ai été aussi la vedette d'un certain nombre de films. Il y a huit mois encore, on m'offrait un contrat important...

Elle s'efforçait de ne lui manifester aucune pitié qui lui eût fait mal.

— Ce n'est pas ce que tu crois, se hâta-t-il de poursuivre. Je peux retourner là-bas quand je voudrai et y reprendre ma place...

Elle lui versa une nouvelle tasse de café, si naturellement qu'il la regarda, surpris car cette intimité qui se manifestait à leur insu dans leurs moindres gestes avait un caractère presque miraculeux.

— C'est tout simple et c'est bête. Je peux bien te le dire. A Paris, tout le monde est au courant et on en a fait des échos dans les petits journaux. Ma femme était actrice, elle aussi, une grande actrice. Marie Clairois...

— Je connais son nom.

Elle regretta ces mots, mais il était trop tard. N'avait-il pas déjà noté qu'elle connaissait le nom de théâtre de sa femme, mais qu'elle ignorait le sien ?

— Elle n'est pas beaucoup plus jeune que moi, poursuivait-il. Elle a dépassé la quarantaine. Il y a dix-sept ans que nous sommes mariés. Mon fils va avoir bientôt seize ans.

Il parlait d'un ton détaché. D'un air tout naturel aussi, il regarda une des deux photographies qui ornaient le mur. Puis il se leva et arpenta la chambre pour achever :

— L'hiver dernier, brusquement, elle m'a annoncé qu'elle me quittait pour vivre avec un jeune acteur à peine sorti du Conservatoire et engagé au Théâtre-Français... Il a vingt et un ans... C'était le soir, dans notre maison de Saint-Cloud... Une maison que j'ai fait bâtir, car j'ai toujours aimé les maisons... J'ai des goûts assez bourgeois, tu sais...

» Je venais de rentrer du théâtre... Elle est arrivée après moi... Elle m'a rejoint dans ma bibliothèque et, pendant qu'elle m'annonçait sa décision, posément, avec beaucoup de douceur, je dirai même avec beaucoup d'affection, sinon de tendresse, j'étais loin de me douter que l'autre attendait déjà à la porte dans le taxi qui devait les emmener.

» Je vous avoue...

Il se reprit :

— Je t'avoue que j'étais tellement stupéfait, tellement abasourdi que je lui ai demandé de réfléchir. Je me rends compte, maintenant, du ridicule de ma réplique. Je lui ai dit :

» — *Va dormir, mon petit. Nous parlerons de celu demain, quand tu te seras reposée.*

» Alors, elle m'a avoué :

» — *Mais c'est tout de suite, François, que je m'en vais. Tu ne comprends donc pas ?*

» Comprendre quoi ? Que c'était si urgent qu'elle ne pouvait pas attendre au lendemain ?

» Je ne l'ai pas compris, en effet. Mais je crois qu'à présent je comprendrais. Je me suis emporté. J'ai dû dire des énormités.

» Et elle me répétait, sans rien perdre de son calme et de sa douceur un peu maternelle :

» — *Comme c'est dommage, François, que tu ne comprennes pas !*

Le silence flotta autour d'eux, si ténu, d'une qualité si fine, qu'il n'avait rien d'angoissant ni de gênant. Combe alluma sa pipe du même geste qu'il avait en scène dans certains rôles.

— Je ne sais pas si tu l'as vue à la scène ou à l'écran. Actuellement encore, elle joue les jeunes filles et elle peut le faire sans ridicule. Elle a un visage très doux, très tendre, un peu mélancolique, de grands yeux qui vous fixent avec candeur, comme ceux d'un chevreuil, tiens, qui regarde avec stupeur et reproche l'homme qui vient de le blesser méchamment. Ce sont ses rôles, et elle était comme ça dans la vie, elle était comme ça cette nuit-là.

» Tous les journaux en ont parlé, les uns à mots couverts, les autres cyniquement. Le gosse a quitté la Comédie-Française pour débuter sur les boulevards dans la même pièce qu'elle. La Comédie lui a intenté un procès en rupture de contrat...

— Et tes enfants ?

— Le garçon est en Angleterre, à Eton. Il y a déjà deux ans qu'il y est et j'ai voulu que rien ne fût changé. Ma fille, elle, vit chez ma mère, à la campagne, près de Poitiers. J'aurais pu rester. Je suis resté près de deux mois.

— Tu l'aimais ?

Il la regarda comme sans comprendre. C'était la première fois, tout à coup, que les mots n'avaient plus pour eux le même sens.

— On m'offrait la vedette d'un film important où elle avait un rôle et où je savais qu'elle finirait par faire tourner son amant. Dans notre métier, nous sommes destinés à nous rencontrer sans cesse, n'est-ce pas ?

» Un exemple. Comme nous habitions Saint-Cloud et que nous rentrions le soir en voiture, il nous arrivait souvent de nous retrouver au *Fouquet's*, avenue des Champs-Elysées...

— Je connais.

— Ainsi que la plupart des acteurs, je n'ai jamais dîné avant de jouer, mais je soupais assez copieusement. J'avais mon coin au *Fouquet's*. On savait d'avance ce qu'il fallait me servir. Eh bien ! je ne dirai pas le lendemain, mais quelques jours après son départ, ma femme y était, et n'y était pas seule. Et elle vint me tendre la main avec tant de simplicité, de naturel, que nous avions l'air, tous les deux, ou plutôt tous les trois, de jouer une scène de comédie...

» — *Bonsoir, François.*

» Et l'autre, qui me tendait la main, lui aussi, un peu nerveusement, et qui balbutiait :

» — *Bonsoir, monsieur Combe.*

» Ils s'attendaient, je m'en rendais compte, à ce que je les fasse asseoir à ma table. J'étais servi. Je me revois encore. Il y avait cinquante personnes, dont deux ou trois journalistes, à nous regarder.

» C'est ce soir-là que j'ai annoncé, sans réfléchir à la portée des mots que je prononçais :

» — Je crois que je vais quitter Paris prochainement.

» — Où vas-tu ?

» On m'offre un contrat à Hollywood. Maintenant que rien ne me retient ici...

» Cynisme ? Inconscience ? Non. Je crois qu'elle n'a jamais été cynique. Elle a cru ce que je lui disais. Elle n'ignorait pas qu'il y a quatre ans j'ai en effet reçu une offre de Hollywood et je ne l'ai refusée qu'à cause d'elle, d'une part, qui n'était pas comprise dans l'engagement, des enfants, d'autre part, encore trop jeunes pour que je veuille m'en séparer.

» Elle m'a dit :

» — *Je suis bien contente pour toi, François. J'ai toujours été sûre que tout s'arrangerait.*

» Eh bien ! je les avais laissés debout jusque-là, et je les ai alors priés de s'asseoir, je me demande encore pourquoi.

» — *Qu'est-ce que vous prenez ?*

» — *Tu sais bien que je ne soupe pas. Un jus de fruit.*

» — *Et vous ?*

» L'idiot se croyait obligé de commander la même chose, n'osait pas demander un alcool quelconque dont il aurait eu grand besoin pour se donner de l'aplomb.

» — *Deux jus de fruit, maître d'hôtel.*

» Et je continuais de dîner, avec eux deux devant moi !

» — *Tu as des nouvelles de Pierrot ?* me demandait ma femme en tirant sa boîte à poudre de son sac.

» Pierrot, c'est le petit nom que nous donnons à mon fils.

» — *J'en ai reçu il y a trois jours. Il est toujours très heureux là-bas.*

» — *Tant mieux.*

» Et vois-tu Kay...

Pourquoi, à ce moment-là, et à ce moment-là précisément, lui demanda-t-elle :

— Tu ne veux pas m'appeler Catherine ?

Il lui prit le bout des doigts en passant et les serra.

— Vois-tu, Catherine, pendant tout le temps que dura mon souper, ma femme avait de petits regards pour l'autre, pour le jeune idiot à qui elle semblait dire :

» — *C'est si simple, tu vois ! N'aie donc pas peur.*

— Tu l'aimes encore, n'est-ce pas ?

Il fit deux fois le tour de la pièce, le front soucieux. Deux fois il regarda fixement le vieux tailleur juif dans la chambre d'en face et enfin il vint se camper devant elle, prit un temps, comme au théâtre pour une réplique capitale, mis son visage, ses yeux bien dans la lumière avant d'articuler :

— Non !

Il ne voulait pas d'émotion. Il n'était pas ému. Il ne fallait surtout pas que Kay se méprît et il se mettait aussitôt à parler très vite, d'une voix un peu coupante.

— Je suis parti et je suis venu aux Etats-Unis. Un ami, qui est un de nos plus grands metteurs en scène, m'avait dit :

» — Tu as toujours ta place à Hollywood. Un homme comme toi n'a pas besoin d'attendre qu'on vienne lui proposer un contrat. Va là-bas. Vois Untel et Untel de ma part...

» Je l'ai fait. On m'a fort bien reçu, fort poliment.

» Tu comprends, maintenant ?

» Fort poliment, mais sans me proposer le moindre travail.

» — Si nous nous décidons à réaliser tel film où il y a quelque chose pour vous, nous vous ferons signe.

» Ou encore :

» — Dans quelques mois, lorsque nous établirons le programme de notre prochaine production...

» C'est tout, Kay, et tu vois comme c'est bête...

— Je t'avais demandé de m'appeler Catherine.

— Pardonne-moi. Je m'y habituerai. A Hollywood, il y a quelques artistes français que je connais intimement. Ils ont été très chics. Tous voulaient m'aider. Et je tombais sans cesse comme un poids mort dans leur vie bousculée.

» Je n'ai pas voulu les gêner davantage. J'ai préféré venir à New York. D'ailleurs, les contrats se décrochent aussi bien ici qu'en Californie.

» J'ai d'abord habité un grand hôtel dans Park Avenue.

» Puis un hôtel plus modeste.

» Et enfin j'ai trouvé cette chambre.

» Et j'étais tout seul, voilà ! J'étais tout seul, c'est toute l'histoire.

» Tu sais maintenant pourquoi j'ai tant de robes de chambre, tant de complets et tant de chaussures.

Il tenait son front collé à la vitre. Sa voix, à la fin, avait vibré. Il savait bien qu'elle viendrait doucement, sans faire de bruit.

Son épaule attendait le contact de sa main et il ne bougea pas, il continuait à regarder le tailleur juif d'en face qui fumait une énorme pipe en porcelaine.

Une voix chuchotait à son oreille :

— Tu es encore très malheureux ?

Il secoua négativement la tête, mais il ne voulait pas, il ne pouvait pas se retourner encore.

— Tu es sûr que tu ne l'aimes plus ?

Alors, il s'emporta. Il se retourna tout d'une pièce, de la colère dans les yeux.

— Mais, imbécile, tu n'as donc rien compris ?

Il fallait qu'elle comprît, pourtant. C'était trop important. C'était capital. Et, si elle ne comprenait pas, qui serait capable de comprendre ?

Toujours cette manie de tout ramener au plus facile, de tout ramener à une femme.

Il marchait fiévreusement. Il lui en voulait tellement qu'il se refusait à la regarder.

— Tu ne comprends pas que ce n'est pas cela qui compte, mais que c'est moi... Moi !... Moi !...

Il hurlait presque le mot « moi ».

— Moi tout seul, si tu veux, si tu préfères. Moi qui me suis retrouvé tout nu ! Moi qui ai vécu seul, ici, oui, ici, pendant six mois.

» Si tu ne comprends pas ça, tu... tu...

Il faillit lui crier :

— Tu n'es pas digne d'être ici toi-même !

Mais il s'arrêta à temps. Et il se tut, furieux, ou plutôt renfrogné, comme un gamin qui vient de piquer une colère stupide.

Il se demandait ce que Kay pouvait penser, qu'elle était l'expression de son visage, et il s'obstinait à ne pas la regarder, il fixait n'importe quoi, une tache sur le mur, enfonçait ses mains dans ses poches.

Pourquoi ne l'aidait-elle pas ? N'était-ce pas le moment, pour elle, de faire les premiers pas ? Est-ce qu'elle ramenait vraiment tout à une sentimentalité bête, est-ce qu'elle s'imaginait que son drame était un vulgaire drame de cocu ?

Il lui en voulait. Il la détestait. Oui, il était prêt à la détester. Il penchait un peu la tête. Déjà, quand il était petit, sa mère disait que, quand il devenait sournois, il penchait la tête sur son épaule gauche.

Il risqua un œil, littéralement. Et alors il la vit qui pleurait et qui souriait tout ensemble. Il lut sur son visage, où on distinguait le sillon de deux larmes, tant d'attendrissement joyeux qu'il ne sut plus où se mettre, ni quelle contenance prendre.

— Viens ici, François.

Elle était trop intelligente pour ne pas se rendre compte de ce qu'il y avait de périlleux à l'appeler ainsi en ce moment. Est-ce qu'elle était donc si sûre d'elle ?

— Viens ici.

Elle lui parlait comme on parle à un enfant têtu, obstiné.

— Viens.

Et il finissait par obéir, comme à contrecœur.

Elle aurait dû être ridicule, avec sa robe de chambre qui traînait à terre et ses grandes pantoufles masculines, son visage sans fards, ses cheveux encore brouillés par la nuit.

Elle ne l'était pas, puisqu'il allait vers elle en s'efforçant de conserver un air grognon.

— Viens.

Elle lui prenait la tête. Elle le forçait à la poser sur son épaule, à mettre sa joue contre sa joue. Elle ne l'embrassait pas. Elle le maintenait ainsi, presque de force, comme pour le pénétrer peu à peu de sa chaleur, de sa présence.

Il gardait un œil ouvert. Il conservait un fond de rancune qu'il s'obstinait à ne pas laisser fondre.

Alors, tout bas, si bas qu'il n'eût pas distingué les syllabes si les lèvres qui les prononçaient n'eussent été tout contre son oreille, elle prononça :

— Tu n'étais pas si seul que moi.

Est-ce qu'elle sentait qu'il se raidissait encore un peu ? Elle avait confiance en elle, pourtant, ou confiance dans leur solitude qui les empêchait désormais de se passer l'un de l'autre.

— Il faut que je te dise quelque chose, moi aussi.

Ce n'était plus qu'un chuchotement, et, ce qu'il y avait de plus étrange, un chuchotement en plein jour, dans une chambre claire, sans accompagnement de musique en sourdine, sans rien de ce qui aide à sortir de soi-même. Un chuchotement en face d'une fenêtre dans laquelle s'encadrait un vieux tailleur juif et crasseux.

— Je sais bien que je vais te faire mal, parce que tu es jaloux. Et j'aime que tu sois jaloux. Il faut que je te le dise quand même. Quand tu m'as rencontrée...

Elle ne précisa pas « avant-hier » et il lui en fut reconnaissant, car il ne voulait plus savoir qu'ils se connaissaient depuis si peu de temps. Elle dit :

— Quand tu m'as rencontrée...

Et elle poursuivit plus bas encore, de sorte que c'est dans sa poitrine qu'il entendit vibrer la confidence :

— ... J'étais si seule, si irrémédiablement seule, j'étais si bas, avec une telle conscience que je ne remonterais jamais la pente, que j'avais décidé de suivre le premier homme venu, n'importe qui...

» Je t'aime, François !

Elle ne le dit qu'une fois. Elle n'aurait pas pu le répéter, d'ailleurs, car ils étaient si serrés l'un contre l'autre qu'ils n'auraient pas pu parler. Et, en dedans d'eux-mêmes, tout était serré pareillement, leur gorge, leur poitrine, peut-être même que leur cœur s'était arrêté de battre ?

Qu'auraient-ils pu se dire après ça ? Qu'auraient-ils pu faire ? Rien, pas même l'amour, car cela aurait sans doute tout gâché.

L'homme n'osait pas relâcher l'étreinte, par crainte, justement, du vide qui devait suivre fatalement un tel paroxysme, et c'est elle qui se dégagea, tout simplement, en souriant. Elle dit :

— Regarde en face.

Et elle ajouta :

— Il nous a vus.

Un rayon de soleil, juste à point, venait lécher leur vitre, entrait de biais, allait se jouer, en une lentille lumineuse et tremblante, sur un des murs de la chambre, à quelques centimètres de la photographie d'un des enfants.

— Maintenant, François, il va falloir que tu sortes.

Il y avait du soleil dans la rue, du soleil dans la ville, et elle sentait bien, elle, qu'il avait besoin de reprendre pied dans la réalité. C'était indispensable, pour lui, pour eux.

— Tu vas t'habiller autrement. Si ! C'est moi qui choisirai ton complet.

Il aurait voulu lui dire tant de choses, à la suite de l'aveu qu'elle venait de faire ! Pourquoi ne le lui permettait-elle pas ? Elle allait et venait, comme chez elle, comme dans son ménage. Elle était capable de fredonner. Et c'était leur chanson, qu'elle disait comme elle ne l'avait jamais dite, d'une voix si grave, si profonde et si légère à la fois que ce n'était plus une banale ritournelle, mais que cela devenait, pour un instant, comme la quintessence de tout ce qu'ils venaient de vivre.

Elle fouillait dans le placard aux vêtements. Elle monologuait :

— Non, monsieur. Pas de gris aujourd'hui. Pas de beige non plus. Et d'ailleurs, le beige ne vous va pas, quoi que vous en pensiez. Vous n'êtes ni assez brun, ni assez blond pour supporter le beige.

Et soudain, riant :

— Au fait, quelle est la couleur de tes cheveux ? Figure-toi que je ne les ai jamais regardés. Tes yeux, je les connais. Ils changent de couleur selon tes pensées et, tout à l'heure, quand tu t'es approché de moi avec un air de victime résignée, ou plutôt pas tout à fait résignée, ils étaient d'un vilain gris sombre, comme une mer houleuse qui rend tous les passagers malades. Je me suis demandé si tu serais capable de parcourir le tout petit espace qu'il te restait à franchir ou si je serais obligée d'aller te chercher.

» Allons, François ! Obéissez, monsieur. Tenez ! En bleu marine. Je suis sûre que tu es magnifique en bleu marine.

Il avait envie de rester et, en même temps, il n'avait pas le courage de lui résister.

Pourquoi pensa-t-il une fois de plus :

« Elle n'est même pas belle. »

Et il s'en voulait de ne pas lui avoir dit que, lui aussi, il l'aimait.

Peut-être parce qu'il n'en était pas sûr ? Il avait besoin d'elle. Il avait une peur atroce de la perdre et de retrouver sa solitude. Ce qu'elle lui avait confessé, tout à l'heure...

Il lui en gardait une reconnaissance immense et pourtant il lui en voulait. Il pensait :

« Cela pouvait être moi ou un autre. »

Alors, condescendant et attendri, il s'abandonnait, se laissait habiller comme un gosse.

Il savait qu'elle ne voulait plus que des paroles sérieuses, aux résonances profondes, fussent prononcées entre eux ce matin-là. Il savait que maintenant elle jouait un rôle, son rôle de femme, un rôle qu'il est bien difficile de tenir quand on n'aime pas.

— Je parie, monsieur le Français, que vous avez l'habitude, avec ce complet, de porter une cravate papillon. Et, pour que ce soit plus français encore, je vais vous en choisir une bleue à petits pois blancs.

Comment ne pas sourire alors qu'elle ne se trompait pas ? Il s'en voulait un peu de se laisser faire. Il avait peur d'être ridicule.

— Un mouchoir blanc dans la poche extérieure, n'est-ce pas ? Un peu froissé, pour ne pas faire mannequin d'étalage. Voulez-vous me dire où sont les mouchoirs ?

C'était idiot. C'était bête. Ils riaient, ils jouaient la comédie, tous les deux, et ils avaient les larmes aux yeux, et ils s'efforçaient de le cacher l'un à l'autre par peur de s'attendrir.

— Je suis bien sûre que tu as des gens à voir. Mais si ! Ne mens pas. Je tiens à ce que tu ailles les voir.

— La radio... commença-t-il.

— Eh bien ! tu vas aller à la radio. Tu rentreras quand tu voudras et tu me retrouveras ici.

Elle sentait qu'il avait peur. Elle le sentait si bien qu'elle ne se contentait pas des mots pour lui faire cette promesse, mais qu'elle lui serrait le bras à deux mains.

— Allons, François, *hinaus* !

Elle employait un mot de la première langue qu'elle eut parlée.

— Filez, monsieur, et ne vous attendez pas à trouver en rentrant un déjeuner extraordinaire.

Ils pensèrent tous les deux au *Fouquet's*, en même temps, mais chacun cacha soigneusement sa pensée.

— Mets un pardessus. Celui-ci... Un chapeau noir. Mais si...

Elle le poussait vers la porte. Elle n'avait pas encore eu le temps de faire sa toilette.

Elle avait hâte d'être seule, il en avait conscience, et il se demandait s'il lui en voulait ou s'il lui en était reconnaissant.

— Je te donne deux heures, mettons trois, lui lançait-elle au moment de refermer la porte.

Mais elle était obligée de la rouvrir et il vit bien qu'elle était un tout petit peu pâle, et gênée.

— François !

Il remontait les quelques marches.

— Excuse-moi de te demander ça. Peux-tu me donner quelques dollars pour acheter le déjeuner ?

Il n'y avait pas pensé. Il rougit. C'était si inattendu... Dans le couloir, près de la rampe d'escalier, juste en face de la porte où les lettres J.K.C. étaient peintes en vert...

Il avait la sensation de n'avoir jamais été aussi gauche de sa vie. Il cherchait son portefeuille, il cherchait des billets, il ne voulait pas avoir l'air de les compter, cela lui était égal, et il rougissait davantage, il lui tendait quelques billets de un, de deux ou de cinq dollars, il ne voulait pas le savoir.

— Je te demande pardon.

Il savait. Bien sûr. Et cela lui serrait la gorge. Il aurait voulu rentrer dans la chambre avec elle et donner libre cours à son émotion. Il n'osait pas, justement parce qu'il y avait cette question d'argent entre eux.

— Tu permets que je m'achète une paire de bas ?

Alors il comprit ou crut comprendre qu'elle le faisait exprès, qu'elle voulait lui rendre sa confiance en lui, lui rendre son rôle d'homme.

— Je m'excuse de n'y avoir pas pensé.

— Tu sais, j'arriverai peut-être à ravoir mes valises...

Elle souriait toujours. Il était indispensable que tout cela fût dit avec le sourire, et, avec ce sourire si particulier qu'ils avaient conquis ce matin-là.

— Je ne ferai pas de folies, va !

Il la regarda. Elle était toujours sans coquetterie, sans fards, sans souci de la silhouette que lui donnait cette robe de chambre d'homme et ces pantoufles qu'elle devait rattraper à chaque instant du bout du pied.

Il se tenait deux marches plus bas qu'elle.

Il les remonta.

Et ce fut là, dans le corridor, devant des portes anonymes, dans une sorte de *no man's land,* leur vrai baiser de la journée, leur premier vrai baiser d'amour peut-être ; et ils avaient l'un comme l'autre conscience qu'il devait contenir tant de choses qu'ils le prolongeaient longuement, doucement, tendrement, qu'ils ne voulaient plus le voir finir et qu'il fallut le claquement d'une porte pour séparer leurs lèvres.

Alors, elle dit simplement :

— Va.

Et il descendit, se sentant un autre homme.

5

Par Laugier, un auteur dramatique français qui habitait New-York depuis deux ans, il avait obtenu quelques émissions à la radio. Il avait tenu aussi un rôle de Français, dans une comédie jouée à Broadway, mais la pièce, essayée d'abord à Boston, n'avait tenu l'affiche que trois semaines.

Ce matin, il était sans amertume. Il avait marché jusqu'à Washington Square, où il avait pris l'autobus qui parcourt la 5e Avenue de bout en bout. Par goût, pour jouir du spectacle de la rue, il était monté sur l'impériale et il continuait, au début tout au moins, à se sentir allègre.

L'avenue était claire, les pierres des buildings d'un gris doré, donnant parfois l'illusion de la transparence, et le ciel, là-haut, d'un bleu pur, avec quelques petits nuages floconneux comme on en voit autour des saints sur les images pieuses.

Le poste de radio était dans la 66e Rue et, quand il descendit de l'autobus, il se croyait encore heureux, tout au plus ressentait-il un malaise vague, à peine une inquiétude, un manque d'équilibre, plutôt ou peut-être ce que l'on appelle un pressentiment ?

Mais un pressentiment de quoi ?

La pensée lui vint que, quand il rentrerait chez lui, Kay pourrait ne plus y être. Il haussa les épaules. Il se vit hausser les épaules, car, comme il était de quelques minutes en avance pour la visite qu'il voulait faire, il s'était arrêté devant la vitrine d'un marchand de tableaux.

Pourquoi alors s'assombrissait-il à mesure qu'il s'éloignait de Greenwich Village ? Il pénétra dans le building, dans un des ascenseurs, attendit le douzième étage et parcourut des couloirs qu'il connaissait. Il y avait, au bout, une vaste salle très claire avec des dizaines d'employés hommes et femmes et, dans un box, les cheveux roux, le visage mangé de petite vérole, le directeur des émissions dramatiques.

Il s'appelait Hourvitch. Cela le frappa, parce qu'il se souvint qu'il était hongrois et que désormais tout ce qui se rattachait de près ou de loin à Kay le frappait.

— J'attendais hier votre coup de téléphone, mais cela ne fait rien. Asseyez-vous. Vous passez mercredi. A propos, j'attends votre ami Laugier dans quelques instants. Il devrait déjà être ici. Il est probable que nous diffuserons prochainement sa dernière pièce.

C'était Kay qui lui avait choisi son complet, qui l'avait en quelque sorte habillé et qui avait noué sa cravate, tout à l'heure, voyons, il y avait une demi-heure à peine ; il avait cru vivre avec elle une de ces minutes inoubliables qui lient deux êtres à jamais, et voilà que cela lui paraissait déjà lointain, à peine réel.

Pendant que son interlocuteur répondait au téléphone, il laissait errer son regard dans la vaste pièce blanche, et son regard ne parvenait qu'à accrocher une horloge cernée de noir. Il cherchait à reconstituer dans sa mémoire le visage de Kay et il n'y parvenait pas.

C'était à elle qu'il en voulait. Il arrivait à peu près à la voir comme elle était dehors, dans la rue, à la revoir telle qu'elle était le premier soir, avec son petit chapeau noir penché sur le front, du rouge à lèvres sur sa cigarette, sa fourrure rejetée sur ses épaules, mais il s'irritait — non, il s'inquiétait — de ne pas la retrouver autrement.

C'était visible, sans doute, son impatience, sa nervosité, car le Hongrois lui demanda, l'écouteur à l'oreille :

— Vous êtes pressé ? Vous n'attendez pas Laugier ?

Mais si. Il attendait. Seulement un déclic s'était produit, toute sa sérénité s'était dissipée, il n'aurait pas pu dire au juste quand, et sa confiance, et sa joie de vivre si nouvelle qu'il n'aurait pas osé, de son plein gré, la traîner dans les rues.

Et maintenant il avait un regard de mauvaise conscience pour ainsi dire, avec un détachement affecté, alors que l'homme, devant lui, lâchait enfin le téléphone :

— Vous qui êtes hongrois, vous devez connaître le comte Larski ?

— L'ambassadeur ?

— Je suppose. Oui, il est sans doute ambassadeur, à présent.

— Si c'est celui auquel je pense, c'est un homme de tout premier ordre. Il est actuellement ambassadeur au Mexique. Il a été longtemps premier secrétaire à Paris où je l'ai connu. Car vous savez, sans doute, que j'ai travaillé pendant huit ans chez Gaumont ? Sa femme, si je me souviens bien, est partie avec un gigolo...

Il s'y attendait. Il était honteux. Car c'étaient ces mots-là qu'il avait cherchés, qu'il avait provoqués, et il avait soudain envie de trancher :

— Cela suffit.

L'autre continuait :

— J'ignore ce qu'elle est devenue. Je l'ai rencontrée une fois à Cannes, alors que j'y tournais un film comme assistant. Il me semble, depuis, l'avoir aperçue à New-York...

Il sourit pour ajouter :

— Vous savez, on finit par retrouver tout le monde à New-York. En haut ou en bas ! Je crois qu'elle était plutôt en bas... Au sujet de votre émission, je voulais vous dire...

Est-ce que Combe écoutait encore ? Il regrettait d'être venu, d'avoir trop parlé. Il avait le sentiment d'avoir sali quelque chose et pourtant, à ce moment précis, c'était encore à elle qu'il en voulait.

De quoi, il n'en savait rien, peut-être, au fond, tout au fond, de ne pas lui avoir menti intégralement.

Avait-il vraiment cru qu'elle avait été la femme d'un premier secrétaire d'ambassade ? Il ne savait plus. Il était furieux. Il se disait, amer :

« Tout à l'heure, quand je rentrerai, elle sera partie. Est-ce qu'elle n'en a pas l'habitude ? »

Et l'idée du vide qui l'accueillerait lui était tellement intolérable qu'elle lui donnait une angoisse physique, une douleur nettement localisée dans la poitrine, comme une maladie. Il avait envie de sauter dans un taxi, tout de suite, de se faire conduire à Greenwich Village.

L'instant d'après, presque en même temps, il pensait, ironique :

« Mais non ! Elle sera là. N'a-t-elle pas confessé que, la nuit où nous nous sommes rencontrés, c'était moi ou un autre, n'importe qui ? »

Une voix joviale qui lançait :

— Comment vas-tu, petit père ?

Et il souriait instantanément. Il devait avoir l'air idiot, avec son sourire automatique, car Laugier, qui venait d'arriver et qui lui serrait la main, s'inquiétait :

— Ça ne biche pas ?

— Mais si. Pourquoi ?

Il ne se compliquait pas l'existence, lui, ou, s'il se la compliquait, c'était à sa manière. Il ne disait jamais son âge, mais il devait avoir cinquante-cinq ans pour le moins. Il ne s'était pas marié. Il vivait entouré de jolies femmes, de vingt à vingt-cinq ans pour la plupart, on les voyait changer autour de lui, il avait l'air d'en jouer comme un jongleur avec ses billes blanches et jamais l'une d'elles ne lui restait dans la main, jamais elles ne paraissaient laisser de traces, apporter la moindre complication dans sa vie de célibataire.

Il poussait la complaisance jusqu'à vous dire au téléphone, quand il vous invitait à dîner :

— Tu es seul ? Comme j'aurai une charmante amie avec moi, je lui demanderai d'amener une de ses petites camarades.

Est-ce que Kay était toujours dans la chambre ? Si seulement il avait pu, rien qu'un instant, reconstituer son visage... Il s'obstinait et n'arrivait à rien. Il devenait superstitieux, se disait :

« C'est qu'elle n'est plus là. »

Puis, à cause de la présence de Laugier et de son cynisme bon enfant, il la répudiait, il pensait :

« Mais si, elle y est ! Et plutôt deux fois qu'une ! Et, pour ce soir, elle aura trouvé une nouvelle comédie à me jouer. »

Elle mentait, c'était certain. Elle lui avait menti plusieurs fois. Elle l'avait d'ailleurs avoué. Pourquoi ne continuerait-elle pas de mentir ? Et à quel moment pouvait-il être sûr qu'elle disait la vérité ? Il doutait de tout, même de l'histoire du tailleur juif et du robinet au bout du couloir, à Vienne, qui avait servi à l'attendrir.

— Tu es pâlot, mon petit vieux. Viens manger un *hamburger* avec moi. Mais si ! Je t'emmène. J'en ai juste pour trois minutes avec Hourvitch.

Pourquoi, pendant que les deux hommes discutaient de leurs affaires, pensait-il à sa femme en même temps qu'à Kay ?

A cause du mot du Hongrois sans doute :

— *Elle est partie avec un gigolo.*

Et on devait dire la même chose de sa femme. Cela lui était égal. Il avait été sincère, le matin, en affirmant qu'il ne l'aimait plus. Ce n'était même pas à cause d'elle, en définitive, qu'il avait souffert ou qu'il avait été si désemparé. C'était beaucoup plus compliqué.

Kay, elle-même, ne comprendrait pas. Pourquoi comprendrait-elle ? Sur quel piédestal ridicule l'avait-il placée parce qu'il l'avait rencontrée, une nuit où la solitude lui était intolérable et où de son côté elle cherchait, sinon un homme, tout au moins un lit ?

Car c'était un lit, à tout prendre, qu'elle cherchait cette nuit-là !

— Ça y est, mon petit père ?

Il se leva précipitamment, avec un sourire contraint, docile.

— Tu devrais penser à lui. Hourvitch, mon joli, pour le rôle du sénateur.

Un rôle secondaire, sans doute. Laugier n'en était pas moins bien gentil. A Paris, la situation aurait été renversée. Sept ans plus tôt, par exemple, au *Fouquet's*, justement, c'était Laugier, ivre mort, qui insistait à trois heures du matin :

— Tu comprends, mon mignon... Un rôle en or... Trois cents représentations assurées, sans compter la province et l'étranger... Seulement, il faut que ce soit toi qui joues le dur, sinon tout est par terre, il n'y a plus de pièce... Laisse-toi faire !... Je t'ai raconté le truc... Lis le manuscrit... Débrouille-toi... Si c'est toi qui le portes au directeur de la Madeleine et qui dis que tu veux le jouer, c'est dans le sac... Je te téléphone demain à six heures du soir... N'est-ce pas, madame, qu'il doit jouer ma pièce ?

Car sa femme était avec lui ce soir-là. C'était à elle que Laugier avait glissé le manuscrit avec un sourire complice, et, le lendemain, il lui avait envoyé une somptueuse boîte de chocolats.

— Tu descends ?

Il descendait. Il attendait l'ascenseur, s'y glissait derrière son ami et gardait son air absent.

— Vois-tu, mon coco, New-York, c'est ça... Un jour, tu es...

Il avait envie de le supplier :

— Tais-toi, veux-tu ? Tais-toi, de grâce !

Car il connaissait la litanie. On la lui avait déjà servie. New York, c'était fini, il n'y pensait plus, ou plus exactement il y penserait plus tard.

Ce qui comptait, c'est qu'il y avait une femme, chez lui, dans sa chambre, une femme dont il ne savait à peu près rien, dont il doutait, une femme qu'il regardait avec les yeux les plus froids, les plus lucides, les plus cruels qu'il ait jamais eus pour quiconque, une femme qu'il lui arrivait de mépriser et dont il avait conscience de ne plus pouvoir se passer.

— Hourvitch est un chic type. Un peu métèque, comme il se doit. Il n'a pas oublié qu'il a commencé par balayer les studios de Billancourt et il a quelques petits comptes à régler. A part ça, un bon copain, surtout si on n'a pas besoin de lui.

Combe faillit s'arrêter net et serrer la main de son camarade en lui disant simplement :

— Au revoir.

On parle parfois de corps sans âme. Sans doute lui était-il arrivé de prononcer ces mots-là comme tout le monde. Aujourd'hui, à cet instant, au coin de la 66e Rue et de Madison Avenue, il était vraiment un corps que rien n'animait, dont la pensée, la vie étaient ailleurs.

— Tu as le tort de te frapper, vois-tu. Dans un mois, dans six semaines, tu seras le premier à rire de la tête que tu fais aujourd'hui. Courage, vieux frère, ne fût-ce que pour les petits crabes qui seraient trop contents de te voir flancher. Ainsi moi, après ma deuxième pièce, à la Porte-Saint-Martin...

Pourquoi l'avait-elle laissé partir ? Elle qui devinait tout, elle aurait dû comprendre que ce n'était pas encore le moment. A moins qu'elle ait eu besoin elle-même de sa liberté ?

Est-ce que seulement son histoire de Jessie était vraie ? Cette malle enfermée dans un appartement dont la clef voguait maintenant vers le canal de Panama...

— Qu'est-ce que tu bois ?

Laugier l'avait poussé dans un bar assez pareil à leur petit bar, et il y avait près du comptoir le même phono automatique.

— Un *manhattan*.

Il tripotait, dans sa poche, une pièce de nickel. Il se regardait dans la glace, entre les verres de l'étagère, et il se trouvait une tête si ridicule qu'il éprouva le besoin de s'adresser un sourire sarcastique.

— Qu'est-ce que tu fais après le *lunch* ?

— Il faut que je rentre.

— Que tu rentres où ? Je t'aurais emmené à une répétition.

Et ce mot-là évoquait pour Combe les répétitions qu'il avait eues à New-York, dans une salle de spectacle minuscule, à un vingtième ou vingt-cinquième étage de Broadway. La salle n'était louée que pour le temps strictement nécessaire, une heure ou deux, il ne savait plus. On était encore en plein travail que des gens d'une autre troupe arrivaient et se collaient entre les portants en attendant leur tour.

On aurait dit que chacun ne connaissait que ses répliques, son personnage, ignorait le reste de la pièce ou s'en désintéressait. Et se désintéressait surtout des autres acteurs. On ne se disait ni bonjour ni au revoir.

Est-ce que seulement ceux avec qui il avait joué connaissaient son nom ? Le régisseur lui faisait signe. Il effectuait son entrée, prononçait ses répliques et la seule marque d'intérêt humain qu'il eût jamais obtenue, c'était le rire des figurantes, à cause de son accent.

Il avait peur, soudain, une peur affreuse de retrouver cette solitude qu'il avait connue là, entre deux portants de toile peinte, plus épaisse que partout ailleurs, même que dans sa chambre, même que quand, derrière la cloison sonore, Winnie X... et J.K.C. se livraient à leurs ébats du vendredi.

Il se rendit à peine compte qu'il marchait vers le phonographe mécanique, qu'il cherchait un titre, poussait une touche de nickel et glissait une pièce de cinq *cents* dans la fente.

Le morceau était à peine commencé que Laugier, qui faisait signe au barman de remplir les verres, expliquait :

— Tu sais combien cette chanson-là a rapporté, rien qu'aux Etats-Unis ? Cent mille dollars, mon petit vieux, en droits d'auteurs, musique et paroles comprises, bien entendu. Et elle est en train de faire le tour du monde. A cette heure-ci, il y a au moins deux mille mécaniques comme celle que tu viens de déclencher qui la jouent, sans parler des orchestres, de la radio, des restaurants. Je me dis parfois que j'aurais mieux fait d'écrire des chansons que des pièces de théâtre. *Cheerio !...* Si on allait bouffer ?

— Cela ne t'ennuie pas que je te quitte ?

C'était dit si gravement que Laugier le regarda, non seulement avec surprise, mais, malgré son ironie habituelle, avec un certain respect.

— Alors, vraiment, ça ne va pas?

— Excuse-moi...

— Mais oui vieux... Dis donc...

Non. Ce n'était plus possible. Il avait les nerfs à bout. La rue elle-même, avec son vacarme qu'il n'entendait pas d'ordinaire, son agitation bête, l'exaspérait. Il resta un bon moment debout à l'arrêt des autobus puis, quand un taxi s'arrêta à proximité, il se mit à courir pour le rejoindre, s'y engouffra et jeta son adresse.

Il ne savait pas ce qu'il craignait le plus, de retrouver Kay ou de ne pas la retrouver. Il était furieux contre lui, furieux contre elle, sans savoir de quoi il lui en voulait. Il était humilié, terriblement humilié.

Les avenues défilaient. Il ne les regardait pas, ne les connaissait pas. Il se disait :

« Elle en a profité pour filer, la garce ! »

Presque en même temps :

« Moi ou un autre... N'importe qui... Ou le gigolo de Cannes... »

C'était sa rue qu'il guettait par la portière comme s'il se fût attendu à trouver changé l'aspect de sa maison. Il était pâle et il en avait conscience. Ses mains étaient froides, son front moite.

Elle n'était pas à la fenêtre. Il n'y vit pas, comme le matin, quand le soleil était si léger, le jour encore si neuf, sa main qui glissait doucement contre la vitre pour lui envoyer un message affectueux.

Il gravit l'escalier quatre à quatre, ne s'arrêta qu'à l'avant-dernier étage, et il était si furieux qu'il avait honte et pitié de sa propre fureur et que, pour un peu, il eût trouvé la force d'en rire.

C'était là, contre la rampe un peu visqueuse, que, le matin, il y avait deux heures à peine...

Ce n'était pas possible d'attendre davantage. Il avait besoin de savoir si elle était partie. Il se heurtait à la porte, glissait la clef de travers dans la serrure, et il ferraillait encore gauchement quand la porte s'ouvrit de l'intérieur.

Kay était là et Kay souriait.

— Viens... prononça-t-il sans la regarder en face.

— Qu'est-ce que tu as ?

— Je n'ai rien. Viens.

Elle portait sa robe de soie noire. Elle n'aurait pas pu en porter une autre, évidemment. Cependant, elle avait dû s'acheter un petit col blanc, en broderie, qu'il ne lui connaissait pas et qui, sans raison, l'exaspéra.

— Viens.

— Le *lunch* est prêt, tu sais.

Il le voyait bien. Il voyait parfaitement la chambre mise en ordre pour la première fois depuis si longtemps. Il devinait même le vieux tailleur juif derrière sa fenêtre, mais il ne lui plaisait pas d'y faire attention.

A rien ! Ni à Kay, qui était aussi déroutée, encore plus, que Laugier n'avait été tout à l'heure et dans les yeux de qui il retrouvait la même soumission respectueuse que doivent inspirer tous les paroxysmes.

Il était à bout, est-ce qu'on le comprenait, oui ou non ? Si on ne le comprenait pas, on n'avait qu'à le dire tout de suite et il irait crever tout seul dans son coin.

Voilà !

Mais qu'on ne le fasse pas attendre, qu'on ne lui pose pas de questions. Il en avait assez. De quoi ? Des questions ! De celles qu'il se posait, en tout cas, et qui le rendaient malade, oui, malade de nervosité.

— Alors ?

— Je viens, François. J'avais pensé...

Rien du tout ! Elle avait pensé à lui préparer un bon petit déjeuner, il le savait, il le voyait, il n'était pas aveugle. Et après ? Etait-ce comme cela qu'il l'avait aimée, avec cet air béat de jeune mariée ? Est-ce qu'ils avaient déjà été capables de s'arrêter tous les deux ?

Lui pas, en tout cas.

— Je crois que le réchaud...

Tant pis pour le réchaud qui brûlerait jusqu'à ce qu'on ait le temps de penser à lui. Est-ce que la lampe n'avait pas brûlé, elle aussi, pendant deux fois vingt-quatre heures ? Est-ce qu'il s'en était préoccupé ?

— Viens.

De quoi avait-il donc peur ? D'elle ? De lui ? Du sort ? Il avait besoin, c'était la seule chose certaine, de se replonger dans la foule avec elle, de marcher, de s'arrêter dans des petits bars, de se frotter à des inconnus, à qui on ne demandait pas pardon quand on les bousculait ou qu'on leur marchait sur les pieds, besoin peut-être de se mettre les nerfs en boule en voyant Kay marquer consciencieusement de l'empreinte ronde de ses lèvres sa soi-disant dernière cigarette.

Fallait-il croire qu'elle avait compris ?

Ils étaient sur le trottoir, tous les deux. C'était lui qui ne savait plus ou aller et elle n'avait pas la curiosité de lui poser une question.

Alors, sourdement, comme s'il acceptait une fois pour toutes la fatalité, il répéta, au moment où elle lui prenait le bras :

— Viens.

Ce furent des heures éreintantes. On aurait dit qu'il s'obstinait, avec une sorte de sadisme, à la faire passer par tous les endroits qu'ils avaient connus ensemble.

A la cafétéria du *Rockefeller Center,* par exemple, où il commandait exactement le même menu que la première fois, il l'épiait longuement, férocement, et il questionnait à brûle-pourpoint :

— Avec qui es-tu déjà venue ici ?

— Que veux-tu dire ?

— Ne pose pas de questions. Réponds. Quand une femme répond à une question par une autre question, c'est qu'elle va mentir.

— Je ne comprends pas, François.

-— Tu es venue ici souvent, tu me l'as dit. Avoue qu'il serait extraordinaire que tu y sois toujours venue seule.

— Il m'est arrivé d'y venir avec Jessie.

— Et encore ?

— Je ne sais plus.

— Avec quel homme ?

— Peut-être, oui, il y a longtemps, avec un ami de Jessie...

— Un ami de Jessie qui était ton amant.

— Mais...

— Avoue.

— C'est-à-dire... Oui, je crois... Une fois, dans un taxi...

Et il voyait l'intérieur du taxi, le dos du chauffeur, les taches laiteuses des visages dans l'ombre. Il avait aux lèvres le goût de ces baisers-là, qu'on vole en quelque sorte en frôlant la foule.

Il grondait :

— Garce !

— Cela avait si peu d'importance, Frank...

Pourquoi l'avait-elle appelé Frank, tout à coup ?

Lui ou un autre, n'est-ce pas ?... Un de plus ou un de moins...

Comment ne se révoltait-elle pas ? Il lui en voulait de sa passivité, de son humilité. Il l'entraînait dehors. Il l'entraînait toujours, ailleurs, plus loin, comme si une force obscure le tirait en avant.

— Et dans cette rue-ci, tu es déjà passée avec un homme ?

— Non. Je ne sais plus...

— New-York est si grand, n'est-ce pas ? Cependant, tu y as vécu des années. Tu ne me feras pas croire que tu n'as pas fréquenté d'autres petits bars comme le nôtre, avec d'autres hommes, que tu n'as pas mis indéfiniment d'autres disques, qui étaient à ce moment-là *votre* disque...

— Je n'ai jamais aimé, Frank.

— Tu mens.

— Crois ce que tu veux. Je n'ai jamais aimé. Pas comme je t'aime...

— Et vous alliez au cinéma ! Je suis sûr qu'il t'est arrivé d'aller au cinéma avec un homme, de faire vos cochonneries dans l'obscurité. Avoue !

— Je ne sais plus.

— Tu vois ! C'était dans Broadway ? Montre-moi le cinéma.

— Peut-être au *Capitol,* une fois...

Ils en étaient à moins de cent mètres et voyaient les lettres rouges et jaunes de l'enseigne s'allumer et s'éteindre.

— Un petit officier de marine. Un Français.

— Vous avez été amants longtemps ?

— Un week-end. Son bateau était à Boston. Il était venu à New-York pour le week-end avec un ami...

— Et tu les as pris tous les deux !

— Quand l'ami a compris, il nous a quittés.

— Je parie que vous vous êtes rencontrés dans la rue.

— C'est vrai. Je reconnaissais leur uniforme. Je les entendais parler français. Ils ne savaient pas que je comprenais et je me suis laissée aller à sourire. Ils m'ont adressé la parole...

— A quel hôtel t'a-t-il emmené ? Où avez-vous couché ? Réponds.

Elle se taisait.

— Réponds !

— Pourquoi tiens-tu tant à savoir ? Tu te fais mal pour rien, je t'assure. Cela avait si peu d'importance, vois-tu !

— Quel hôtel ?

Alors elle, fataliste, résignée :

— Au *Lotus.*

Il éclata de rire et lui lâcha le bras.

— Ça alors, c'est le plus beau de tout ! Avoue qu'il y a de ces fatalités...

Ainsi, quand, le premier soir, le premier matin plutôt, car il faisait presque jour, je t'ai conduite jusqu'au...

— François !

— Oui. Tu as raison. Je suis bête, n'est-ce pas ? Comme tu dis si bien, cela n'a aucune importance.

Puis, après quelques pas :

— Je parie qu'il était marié, ton officier, qu'il t'a parlé de sa femme.

— Et il m'a montré la photo de ses gosses.

Le regard fixe, il revoyait les photographies de ses deux enfants au mur de sa chambre et il l'entraînait toujours. Ils avaient atteint leur petit bar. Il l'y poussa brutalement.

— Tu es sûre, absolument sûre, que tu n'es pas venue ici avec un autre ? Il vaudrait mieux que tu l'avoues tout de suite, vois-tu.

— Je n'y suis entrée qu'avec toi.

— C'est bien possible, après tout, qu'une fois tu dises la vérité.

Elle ne lui en voulait pas. Elle s'efforçait même de rester naturelle, tendait la main pour recevoir un *nickel* et allait, docile, comme on accomplit un rite, mettre leur disque dans la boîte à musique.

— Deux scotches.

Il en but trois ou quatre. Et il la voyait traînant la nuit dans les bars avec d'autres hommes que lui, quémandant un dernier verre, allumant une dernière cigarette, toujours la dernière, il la voyait attendant l'homme sur le trottoir, la démarche un peu maladroite à cause de ses hauts talons, de ses pieds qui lui faisaient un peu mal, s'accrochant à un bras...

— Tu ne veux pas que nous rentrions ?

— Non.

Il n'écoutait pas la musique. Il avait l'air de regarder en dedans de lui et il paya brusquement, répéta comme il le faisait depuis des heures :

— Viens.

— Où allons-nous ?

— Chercher d'autres souvenirs. Autant dire qu'on pourrait aller n'importe où, n'est-ce pas ?

La vue d'un dancing le faisait questionner :

— Tu danses ?

Elle se méprit. Elle dit :

— Tu as envie de danser ?

— Je te demande si tu danses.

— Mais oui, François.

— Où allais-tu, les nuits où tu avais envie de danser ? Montre-moi... Tu ne comprends pas que je veux savoir ? Et tiens... S'il nous arrive de rencontrer un homme... Tu comprends ?... Un homme avec qui tu as couché... Cela arrivera bien un jour ou l'autre... Cela nous est peut-être déjà arrivé... je veux que tu me fasses l'honneur de me dire : « Celui-ci... »

Il se tourna à moitié vers elle, sans le vouloir, remarqua qu'elle avait le sang à la tête, les yeux brillants, mais il n'en avait pas pitié, il souffrait trop pour avoir pitié d'elle.

— Dis ! Est-ce que nous en avons déjà rencontré ?

— Mais non.

Elle pleurait. Elle pleurait sans pleurer, comme il arrive aux enfants de pleurer dans la rue alors que leur mère les traîne par la main à travers la foule.

— Taxi !

Et, en l'y faisant entrer :

— Cela te rappellera des souvenirs. Qui était-ce, l'homme du taxi ? Pour autant qu'il n'y en ait eu qu'un. Car c'est la mode à New York, n'est-ce pas, l'amour dans les taxis ? Qui était-ce ?

— Un ami de Jessie, je te l'ai déjà dit. Ou plutôt un ami de son mari, de Ronald, que vous avions rencontré par hasard.

— Où ?

Il avait le cruel besoin de tout fixer par des images.

— Dans un petit restaurant français de la 42e Rue.

— Et il vous a offert le champagne ! Et Jessie, discrètement, s'est retirée, comme l'ami de ton marin ! Ce que les gens peuvent être discrets ! Ils comprennent tout de suite. Descendons.

C'était la première fois qu'ils revoyaient le carrefour, la boutique à saucisses où ils s'étaient rencontrés.

— Qu'est-ce que tu veux faire ?

— Rien. Un pèlerinage, tu vois ! Et ici ?

— Que veux-tu dire ?

— Tu as fort bien compris. Ce n'était sûrement pas la première fois que tu venais manger, la nuit, dans cet endroit. C'est tout près de chez toi, de chez ta Jessie. Comme je commence à vous connaître toutes les deux, cela m'étonnerait que vous n'ayez noué conversation avec personne. Car tu as un de ces chics pour engager la conversation avec les hommes ! N'est-ce pas, Kay ?

Il la regardait en face, si pâle, les traits si tirés, les yeux si fixes, qu'elle n'avait pas le courage de protester. Il lui serrait le bras cruellement, de ses doigts durs comme des pinces.

— Viens.

La nuit tombée. Ils passaient devant la maison de Jessie et Kay s'arrêtait surprise, en apercevant de la lumière à la fenêtre.

— Regarde, François.

— Eh bien ! quoi ? Ton amie est rentrée ? A moins que ce soit votre Enrico ! Tu voudrais bien monter, n'est-ce pas ? Dis-le ! Tu veux monter ? Dis...

Sa voix menaçait :

— Qu'est-ce que tu attends ? Tu as peur que je monte avec toi, que je découvre toutes les petites saletés qu'il doit y avoir là-haut ?

Alors ce fut elle, la voix lourde, comme gonflée de sanglots, qui prononça en l'entraînant :

— Viens.

Ils marchèrent encore. Ils allèrent une fois de plus le long de la 5e Avenue, tête basse, en silence, sans rien voir que tout ce qu'il y avait de trouble ou d'amer en eux.

— Je vais te poser une question, Kay.

Il paraissait plus calme, plus maître de lui. Elle murmura résignée, avec peut-être un rien d'espoir :

— J'écoute.

— Promets-moi de répondre sincèrement.

— Mais oui.

— Promets.

— Je le jure.

— Dis-moi combien tu as eu d'hommes dans ta vie.

— Que veux-tu dire ?

Déjà agressif, il martelait :

— Tu ne comprends pas ?

— Cela dépend ce que tu appelles être dans la vie d'une femme.

— Combien d'hommes ont couché avec toi ?

Et sardonique :

— Cent ? Cent cinquante ? Davantage ?

— Bien moins.

— C'est-à-dire ?

— Je ne sais pas, moi. Attends...

Elle s'appliquait vraiment à chercher dans sa mémoire. On voyait remuer ses lèvres, peut-être pour se murmurer des chiffres, ou des noms.

— Dix-sept. Non, dix-huit...

— Tu es sûre de n'en avoir pas oublié ?

— Je crois. Oui, c'est bien tout...

— Y compris ton mari ?

— Pardon. Je n'avais pas compté mon mari. Cela fait dix-neuf, mon chéri. Mais si tu savais comme cela a peu d'importance...

— Viens.

Ils faisaient demi-tour. Ils étaient éreintés, le corps et la tête vides. Ils ne disaient plus rien, ne cherchaient pas ce qu'ils pourraient se dire.

Washington Square... Les rues provinciales et désertes de Greenwich Village... La boutique en contrebas du Chinois qui repassait du linge dans une lumière crue... Les rideaux à petits carreaux du restaurant italien...

— Monte !

Il marchait derrière elle, si calme, si froid en apparence qu'elle avait des frissons dans la nuque. Il ouvrit sa porte.

Et il avait presque l'air d'un justicier.

— Tu peux te coucher.

— Et toi ?

Lui ? Au fait, lui, qu'est-ce qu'il allait faire ? Il se glissa derrière le rideau et colla son front à la vitre. Il l'entendait aller et venir dans la pièce. Il reconnut le bruit du sommier lorsque quelqu'un se couche, mais il resta encore longtemps enveloppé de sa dure solitude.

Enfin il se campa devant elle, la regarda intensément, sans qu'un trait de son visage bougeât.

Il murmura du bout des lèvres :

— Toi...

Puis il répéta, en montant d'un ton chaque fois, pour en arriver à hurler désespérément :

— Toi !... Toi !... Toi !...

Son poing était resté en suspens dans l'espace, et sans doute, un instant, eût-il pu encore redevenir maître de lui.

— Toi !...

La voix devenait rauque, le poing s'abattait, frappait le visage de tout son poids, une fois, deux fois, trois fois...

Jusqu'au moment où, comme vidé de toute substance, l'homme s'effondra enfin sur elle en sanglotant et en demandant pardon.

Et elle soupirait, d'une voix qui venait de très loin, tandis que le salé de leurs larmes se mélangeait sur leurs lèvres :

— Mon pauvre chéri...

6

Ils s'étaient levés très tôt, sans le savoir, tellement persuadés qu'ils avaient dormi une éternité, que ni l'un ni l'autre ne pensa à regarder l'heure.

Ce fut Kay, en ouvrant les rideaux, qui s'écria :

— Viens voir, François.

Pour la première fois depuis qu'il habitait cette chambre, il vit le petit tailleur juif autrement qu'assis à la turque sur sa grande table. Il était installé comme tout le monde sur une chaise, une vieille chaise à fond de paille qu'il avait dû apporter jadis des confins de sa Pologne ou de son Ukraine. Accoudé à sa table, il trempait d'épaisses tartines dans un bol de faïence à fleurs et regardait paisiblement devant lui.

Au-dessus de sa tête, l'ampoule électrique brûlait encore, qu'il amenait, le soir, au bout de son fil souple, tout près de son travail, à l'aide d'un fil de fer.

Il mangeait lentement, solennellement, et il n'avait devant les yeux qu'un mur auquel étaient pendus des ciseaux et des patrons en gros papier gris.

Kay dit :

— C'est mon ami. Il faudra que je trouve le moyen de lui faire plaisir.

Parce qu'ils se sentaient heureux.

— Sais-tu qu'il est à peine sept heures du matin ?

Et pourtant ils ne ressentaient aucune fatigue, rien qu'un immense et profond bien-être qui les obligeait, de temps en temps, à sourire, sous les prétextes les plus futiles.

Comme il la regardait s'habiller, tout en versant de l'eau bouillante sur le café, il réfléchit à voix haute :

— Il y avait sûrement quelqu'un, hier au soir, chez ton amie, puisque nous avons vu de la lumière.

— Cela m'étonnerait que Jessie ait pu revenir.

— Tu serais heureuse de retrouver tes affaires, n'est-ce pas ?

Elle n'osait pas encore accepter ce qu'elle sentait être de la générosité.

— Ecoute, poursuivit-il. Je vais te conduire là-bas. Tu monteras pendant que je t'attendrai.

— Tu crois ?

Il savait bien à quoi elle pensait, qu'elle risquait de rencontrer Enrico, ou Ronald, comme elle appelait familièrement le mari de son amie.

— Nous irons.

Et ils y allèrent, de si bonne heure que le spectacle de la rue leur semblait plein de saveur inconnue. Sans doute avaient-ils déjà parcouru les rues l'un et l'autre de grand matin, mais ils ne l'avaient pas encore fait ensemble. Eux qui avaient tant traîné, la nuit, le long des trottoirs et dans les bars, ils avaient l'impression de se laver l'âme dans la fraîcheur matinale, dans le débraillé allègre d'une ville qui fait sa toilette.

— Tu vois. Il y a une fenêtre ouverte. Monte. Je reste ici.

— Je préférerais que tu viennes avec moi, François. Accepte, veux-tu ?

Ils s'engagèrent dans l'escalier qui était propre, sans luxe, très classe moyenne. Il y avait des paillassons devant certaines portes et une bonne, au second étage, astiquait le bouton de cuivre en faisant trembler de gros seins gélatineux.

Il n'ignorait pas que Kay avait un petit peu peur, que c'était une expérience qu'ils tentaient. Comme tout lui paraissait simple, pourtant, à lui, et comme la maison était sage, banale, sans mystère !

Elle sonna et ses lèvres frémissaient tandis qu'elle le regardait et que, pour se rassurer, elle lui serrait furtivement le poignet.

Aucun bruit ne répondait à son coup de sonnette qui avait résonné dans le vide.

— Quelle heure est-il ?

— Neuf heures.

— Tu permets ?

Elle sonna à la porte voisine et un homme d'une soixantaine d'années, en robe de chambre ouatinée, les cheveux ébouriffés autour d'un crâne rose, vint ouvrir, un livre à la main. Il dut pencher la tête pour la regarder par-dessus ses lunettes.

— Tiens ! C'est vous, ma petite demoiselle. Je pensais bien que vous passeriez par ici un jour ou l'autre. M. Enrico est-il parvenu à vous joindre ? Il est venu hier dans la soirée. Il m'a demandé si vous m'aviez laissé votre nouvelle adresse. J'ai cru comprendre qu'il y a dans l'appartement certains objets qu'il voudrait vous remettre.

— Je vous remercie, monsieur Bruce. Excusez-moi de vous avoir dérangé. J'avais besoin de m'assurer que c'était bien lui qui était venu.

— Pas de nouvelles de votre amie ?

Comme tout cela était banal, familier !

— Je ne sais pas comment il se fait que ce soit Enrico qui ait la clef, disait-elle, une fois dans la rue avec Combe. Ou, plutôt, je devine. Au début, vois-tu, quand son mari a eu cette situation à Panama, et qu'elle s'est aperçue que le climat ne lui convenait pas, Jessie s'est installée dans le Bronx. Elle travaillait à ce moment-là comme téléphoniste dans un building de Madison Avenue. Lorsqu'elle a rencontré Enrico et qu'elle s'est décidée — car, quoi que tu puisses penser, cela a duré cinq mois avant qu'il y eût quelque chose entre eux — c'est lui qui a insisté pour qu'elle acceptât de venir vivre ici. Il devait simplement payer le loyer, tu comprends ? Je ne sais pas au juste comment ils se sont arrangés, mais je me demande maintenant s'il n'a pas loué l'appartement à son nom.

— Pourquoi ne lui téléphones-tu pas ?

— A qui ?

— A Enrico, mon petit. Puisqu'il a la clef et que tes affaires sont dans l'appartement, c'est tout naturel, n'est-ce pas ?

Il voulait que ce fût naturel. Ce l'était, ce matin-là.

— Tu le veux vraiment ?

Il lui pressa la main.

— Je t'en prie.

C'est lui qui l'emmena, bras dessus, bras dessous, dans le plus proche *drugstore*. Là, seulement, elle réfléchit que l'amant de Jessie n'était jamais à son bureau avant dix heures et ils attendirent paisiblement, si paisiblement qu'on aurait pu les prendre pour de déjà vieux mariés.

Deux fois, elle revint bredouille de la cabine. La troisième fois, il la vit, à travers la vitre, qui parlait, qui reprenait contact pour la première fois avec son passé, au bout d'un fil, mais elle ne cessait pas de le regarder, de lui sourire, à lui, d'un sourire timide qui remerciait et demandait pardon tout ensemble.

— Il va venir. Tu n'es pas fâché ? Je n'ai pas pu faire autrement. Il m'a dit qu'il sautait dans un taxi et qu'il serait ici dans dix minutes. Il n'a pas pu me donner beaucoup d'explications, parce qu'il y avait quelqu'un dans son bureau. Je sais seulement qu'il a reçu la clef par porteur, dans une enveloppe sur laquelle il y avait le nom de Ronald.

Il se demandait si elle lui prendrait le bras en attendant le Sud-Américain sur le trottoir et elle le fit sans ostentation. Un taxi ne tarda pas à s'arrêter. Elle regarda une dernière fois son compagnon dans les yeux, comme pour une promesse, elle lui montra des yeux très clairs, elle tenait à ce qu'il les vît clairs, et la moue suppliante de ses lèvres lui demandait en même temps d'avoir du courage ou de l'indulgence.

Il n'avait besoin ni de l'un ni de l'autre. Il se sentait soudain si dégagé qu'il éprouvait une certaine peine à garder son sérieux.

Cet Enrico, ce Ric dont il s'était fait un monde, c'était un petit bonhomme tout à fait quelconque. Pas laid, peut-être. Mais si banal et de si peu d'envergure ! Il se croyait obligé, étant donné les circonstances, de se précipiter vers Kay d'une façon un peu théâtrale et de lui serrer les deux mains avec effusion.

— Ce qui nous arrive, ma pauvre Kay !

Fort simplement, elle présenta :

— Un ami, François Combe. Tu peux parler devant lui. Je lui ai tout raconté.

Il y eut bien le « tu »...

— Montons tout de suite, car j'ai un rendez-vous important dans un quart d'heure à mon bureau. Je garde le taxi.

Il marchait devant. Il était vraiment petit, tiré à quatre épingles. Il laissait derrière lui un léger sillon parfumé et on reconnaissait les traces du fer à friser dans ses cheveux bruns et gominés.

Il cherchait la clef dans sa poche, où il y avait un trousseau d'autres clefs. Combe nota le détail avec plaisir, car il avait horreur des hommes qui se promènent avec un trousseau de clefs ! Celle de l'appartement était à part, dans une poche du gilet, où Enrico ne la dénicha qu'après un bon moment de recherches pendant lesquelles ses pieds tendus de cuir trop mince battaient fiévreusement le plancher.

— J'ai été tellement *catastrophé* quand je suis venu et que je n'ai trouvé personne ! J'ai pensé à aller sonner chez ce vieux gentleman sympathique qui m'a remis un mot qu'on lui avait laissé pour moi.

— A moi aussi.

— Je sais. Il m'a dit. Je ne savais pas où te trouver.

Il jeta machinalement un petit coup d'œil à Combe qui souriait. Peut-être attendait-il de Kay une explication quelconque, mais elle ne lui en donna pas et se contenta d'un sourire heureux.

— Ensuite, hier, j'ai reçu la clef, sans un mot. Je suis venu dans la soirée.

Mon Dieu ! Que tout cela était simple ! Et prosaïque ! La fenêtre ouverte provoquait un courant d'air et il fallut refermer vivement la porte après s'être faufilés à l'intérieur. L'appartement était tout petit, tout bête, un appartement comme il devait y en avoir des milliers à New-York, avec le même cosy-corner dans le salon, les mêmes tables basses, les mêmes guéridons et les mêmes cendriers près des fauteuils, à portée de la main, le même tourne-disque et la même bibliothèque minuscule dans un angle, près de la fenêtre.

C'était là que Kay et Jessie...

Combe souriait sans en avoir conscience, d'un sourire qui lui sortait en quelque sorte de la peau. Il y avait peut-être une trace de malice dans son regard, mais à peine, et il se demanda, à certain moment, comme s'il s'en rendait compte, si Kay n'était pas vexée. Quelle idée s'était-il donc faite de l'existence qu'elle avait menée, de ces hommes qu'il souffrait d'entendre sempiternellement désigner par leur prénom ?

Il en avait un devant lui et il notait qu'à dix heures du matin il portait une perle sur une cravate de couleur !

Kay, après avoir refermé la fenêtre, pénétrait dans la chambre.

— Tu veux me donner un coup de main, François ?

Ça, il le savait, c'était une gentillesse. Gentillesse de le tutoyer, de lui faire jouer un rôle en somme assez intime.

Elle ouvrait une malle usagée, plongeait dans la penderie.

— Mais Jessie n'a pas emporté ses affaires, s'étonna-t-elle.

Et Enrico, qui allumait une cigarette :

— Je t'expliquerai. J'ai reçu une lettre d'elle ce matin, qu'elle a écrite à bord du *Santa-Clara*, de la *Grace Line*.

— Elle est déjà en mer ?

— Il a exigé qu'elle prît le premier bateau avec lui. Cela ne s'est pas du tout passé comme je l'avais craint un moment. Quand il est arrivé, il était déjà au courant de tous les détails. Je te ferai lire la lettre qu'elle est parvenue à faire poster par un steward. Car il ne la quitte pas d'une semelle. Il est donc arrivé ici. Il lui a dit simplement :

» — *Tu es seule ?*

» — *Tu vois bien.*

» — *Tu ne l'attends pas d'un moment à l'autre ?*

Et Enrico poursuivit, en tenant sa cigarette de la même façon un peu précieuse que les Américaines :

— Tu connais Jessie. Elle ne me le dit pas dans sa lettre, mais elle a dû protester, s'indigner, jouer toute une comédie.

Le regard de Combe croisa celui de Kay et tous deux sourirent.

— Il paraît que Ronald était très froid.

Tiens ! Il l'appelait Ronald aussi...

— Je me demande s'il n'a pas fait le voyage exprès, dès qu'il a été mis au courant par je ne sais qui. Il a marché vers la penderie, alors que Jessie jurait ses grands dieux, et il a jeté sur le lit ma robe de chambre et mon pyjama.

Ils y étaient encore. Une robe de chambre presque neuve, à ramages, et un pyjama de soie crème marqué d'initiales en rouge sombre.

— Tranquillement, pendant qu'elle sanglotait, c'est lui qui a fait un tri de ses affaires. Il ne lui a permis d'emporter que ce qu'elle possédait déjà il y a trois ans, quand elle est revenue de Panama. Tu connais Jessie...

C'était la seconde fois qu'il répétait cette petite phrase-là. Pourquoi Combe, lui aussi, avait-il maintenant l'impression de connaître Jessie ? Non seulement Jessie, mais Kay, qui lui devenait soudain tellement compréhensible qu'il se moquait de lui-même.

— Tu connais Jessie. Elle ne pouvait pas se résigner à abandonner certaines robes, certains petits objets, et elle disait :

» — *Je te jure, Ronald, que ça, c'est moi qui l'ai acheté avec mon argent.*

Est-ce que Enrico aurait malgré tout un certain sens de l'humour ?

— Je me demande comment elle parvient à me raconter tout cela dans sa lettre. Elle me dit qu'il ne la lâche pas un seul instant, qu'il est sans cesse sur ses talons, qu'il surveille toutes ses allées et venues, épiant jusqu'à ses regards, et elle est arrivée à m'écrire six pages, certaines au crayon, où elle me parle un peu de tout. Il y a quelques mots pour toi aussi. Elle te dit de garder ce qu'elle n'a pas pu emporter et de t'en servir si tu en as besoin.

— Merci, Enrico, mais ce n'est pas possible.

— L'appartement est payé jusqu'à la fin du mois. Je ne sais pas encore ce que je ferai de ce que j'ai ici car, naturellement, il m'est difficile de l'emporter chez moi. Si tu veux que je te laisse la clef... Il faut, d'ailleurs, que je te la laisse, car je suis obligé de m'en aller. J'ai vraiment des rendez-vous de toute première importance ce matin. Je suppose que maintenant qu'ils sont en mer Ronald va la laisser un peu tranquille.

— Pauvre Jessie !

Se sentait-il coupable ? Il disait :

— Je me demande ce que j'aurais pu faire. Je n'étais au courant de rien. Justement, ce soir-là, ma femme donnait un grand dîner, et je n'ai pas pu téléphoner. Au revoir, Kay ! Tu n'auras qu'à me renvoyer la clef au bureau.

Il ne savait pas encore très bien sur quel pied danser avec cet homme qu'il ne connaissait pas et il lui serrait la main avec une chaleur exagérée, éprouvait le besoin d'affirmer, comme si c'eût été une garantie qu'il donnait de la sorte :

— C'est la meilleure amie de Jessie.

— Qu'est-ce que tu as, François ?

— Rien, mon chéri.

C'était sans doute la première fois qu'il l'appelait ainsi sans ironie.

Peut-être, d'avoir découvert un Enrico si petit, la trouvait-il un peu plus petite, elle aussi, mais il n'en était pas désillusionné, au contraire, et il se sentait pour elle une indulgence quasi infinie.

L'autre était parti et il ne restait dans l'appartement qu'un vague relent de son parfum, sa robe de chambre et son pyjama sur le lit, une paire de mules dans le placard ouvert.

— Tu comprends, maintenant ? murmurait Kay.

— Mais oui, mon petit, je comprends.

C'était vrai. Il avait bien fait de venir, il la voyait enfin, elle et son entourage, et tous ces hommes, ces Enrico, ces Ronald, ces marins, ces amis qu'elle tutoyait indifféremment, il les voyait à leur taille.

Il ne l'en aimait pas moins. Il l'aimait plus tendrement, au contraire. Mais c'était moins tendu, moins âpre, moins amer. Il n'avait presque plus peur d'elle ni de l'avenir. Peut-être n'en avait-il plus peur du tout et allait-il s'abandonner sans contrainte ?

— Assieds-toi, lui demanda-t-elle. Tu prends tant de place dans la pièce.

Est-ce que, pour elle aussi, cette chambre qu'elle avait partagée avec Jessie, n'était pas devenue plus petite ? Elle était claire et gaie. Les murs étaient blancs, d'un blanc doux, les deux lits jumeaux recouverts d'une cretonne qui imitait la toile de Jouy et les rideaux, de la même cretonne, laissaient filtrer le soleil.

Il s'assit docilement sur le lit, près de la robe de chambre à ramages.

— J'ai eu raison, n'est-ce pas, de ne rien vouloir emporter de ce qui appartient à Jessie ? Tiens ! Aimes-tu cette robe ?

Une robe du soir, assez simple, qui lui parut jolie et qu'elle tint déployée devant elle avec le geste d'une vendeuse de grand magasin.

— Tu l'as portée souvent ?

Mais non, il ne fallait pas qu'elle s'y trompât ! Ce n'était pas de la jalousie, cette fois-ci. Il disait cela très gentiment, parce qu'il lui était reconnaissant de lui laisser voir avec tant de naïveté sa coquetterie.

— Deux fois seulement, et, ces deux fois-là, je te jure que personne ne m'a touchée, pas même pour m'embrasser.

— Je te crois.

— C'est vrai ?

— Je te crois.

— Voici les souliers qui vont avec. L'or est un peu trop vif, trop voyant à mon goût — tu comprends, il aurait fallu du vieil or, — mais je n'ai rien trouvé d'autre dans mes prix. Cela t'ennuie que je te montre tout ça ?

— Mais non.

— Sûr ?

— Au contraire. Viens m'embrasser.

Elle hésita, non pour elle, il le comprit, mais par une sorte de respect pour lui. Elle ne fit que se pencher, qu'effleurer ses lèvres de ses lèvres.

— Sais-tu que c'est sur mon lit que tu es assis ?

— Et Enrico ?

— Il ne passait pas la nuit ici deux fois par mois, quelquefois c'était plus rare encore. Il était obligé chaque fois, pour sa femme, d'inventer un voyage d'affaires. Et c'était compliqué, car elle voulait connaître le nom de l'hôtel où il descendait et elle n'hésitait pas à l'appeler en pleine nuit au téléphone.

— Elle ne savait rien ?

— Je pense que si, mais elle faisait semblant de ne pas savoir, elle se défendait à sa manière. Je suis persuadée qu'elle ne l'a jamais aimé, ou qu'elle ne l'aimait plus, ce qui ne l'empêchait pas d'être jalouse. Seulement, si elle l'avait brusqué, il aurait été capable de demander le divorce pour épouser Jessie.

Ce petit bonhomme à la cravate piquée d'une perle ? Que c'était bon de pouvoir entendre tout ça, maintenant, et de donner automatiquement aux mots, comme aux choses, leurs justes proportions.

— Il venait souvent le soir. Tous les deux ou trois jours. Il était obligé de repartir vers onze heures et, ces soirs-là, la plupart du temps, j'allais au cinéma afin de les laisser seuls. Tu veux que je te montre le cinéma, tout près d'ici, où il m'est arrivé d'aller voir trois fois le même film faute de courage pour prendre le *subway* ?

— Tu n'as pas envie de passer ta robe ?

— Comment le sais-tu ?

Elle la tenait toujours à la main. D'un mouvement preste, qu'elle n'avait jamais eu devant lui, elle se débarrassait de sa robe noire de tous les jours et il avait l'impression de la voir pour la première fois dans son intimité. N'était-ce pas vraiment la première fois qu'il la contemplait en déshabillé ?

Il y avait mieux : il se rendait compte qu'il n'avait pas encore été curieux de son corps. Leurs chairs s'étaient sauvagement meurtries, ils avaient roulé tous les deux, cette nuit encore, dans des abîmes, et pourtant il n'aurait pas pu dire comment elle était faite.

— Il faut que je change de combinaison aussi ?

— De tout, chérie.

— Va pousser le verrou.

C'était presque un jeu, un jeu extrêmement savoureux. C'était la troisième chambre où ils étaient ensemble et, dans chacune, il découvrait non seulement une Kay différente, mais de nouvelles raisons pour l'aimer, une nouvelle façon de l'aimer.

Il reprit place au bord du lit et il la regardait, nue, le corps très blanc, à peine doré par le soleil qui traversait les rideaux, fouillant dans des tiroirs pleins de linge.

— Je me demande comment je vais faire pour ce qui est au blanchissage. Ils vont le rapporter ici et il n'y aura personne. Il faudrait peut-être que nous y passions. Cela ne t'ennuie pas ?

Elle n'avait pas dit « que j'y passe » mais « que nous y passions » comme si, désormais, ils ne devaient plus se quitter un seul instant.

— Jessie avait du beaucoup plus joli linge que moi. Regarde celui-ci.

Elle froissait la soie dans sa main, la lui mettait sous les yeux, le forçait à tâter.

— Elle est mieux faite que moi, aussi. Tu veux que je mette ce linge-ci ? Il n'est pas trop rose à ton goût ? J'ai encore une parure noire, tiens. J'avais toujours eu envie d'une parure noire et j'ai fini par me l'acheter. Je n'ai jamais osé la porter. Il me semble que cela fait tellement poule...

Un coup de peigne. Sa main trouvait tout naturellement le peigne, sans qu'elle ait besoin de chercher. Ce miroir, il était à la place exacte où il devait être. Elle tenait une épingle entre ses dents.

— Tu veux m'agrafer derrière ?

C'était la première fois. C'était inouï le nombre de choses qu'ils faisaient ce matin-là pour la première fois, y compris, pour lui, de l'embrasser délicatement dans le cou, sans gourmandise, de respirer les petits cheveux de la nuque, puis d'aller sagement se rasseoir au pied du lit.

— Elle est jolie ?

— Très jolie.

— Je l'ai achetée dans la 52e Rue. C'était très cher, tu sais. Tout au moins pour moi.

Elle l'enveloppa d'un regard mendiant :

— Tu veux qu'une fois nous sortions tous les deux ? Je mettrai cette robe et tu t'habilleras...

Sans transition, au moment où il s'y attendait le moins, ou peut-être elle s'y attendait le moins elle-même, de grosses larmes lui gonflèrent les paupières, alors que le sourire n'avait pas eu le temps de s'effacer de son visage.

Elle détourna la tête, elle dit :

— Tu ne m'as jamais demandé ce que je faisais.

Elle était toujours en robe du soir, avec ses pieds nus dans ses petits souliers dorés.

— Et moi, je n'osais pas t'en parler, parce que cela m'humiliait. J'ai préféré, bêtement, te laisser penser des tas de choses. Il y avait même des moments où je le faisais exprès.

— Exprès de quoi ?

— Tu le sais bien ! Quand j'ai connu Jessie, je travaillais dans le même building qu'elle. C'est comme ça que nous nous sommes rencontrées. Nous mangions dans le même *drugstore,* je te le montrerai aussi, à un coin de

Madison Avenue. On m'avait prise pour des traductions, parce que je parle plusieurs langues.

» Seulement, il y a quelque chose que tu ne sais pas, quelque chose de très ridicule. Je t'ai un tout petit peu parlé de ma vie avec ma mère. Quand elle a commencé à être connue comme virtuose et que nous nous sommes mises à voyager, car elle ne voulait pas se séparer de moi, j'ai à peu près cessé d'aller à l'école.

» Je suivais des cours par-ci par-là, au hasard des tournées, mais je t'avoue que je n'apprenais presque rien.

» Surtout, ne ris pas de moi. Il y a une chose que je n'ai jamais apprise : c'est l'orthographe, et Larski me répétait souvent, d'une voix froide qui m'humilie encore, que j'écrivais comme une bonniche.

» Tu comprends, maintenant ? Dégrafe ma robe, oui ?

Ce fut elle qui vint se pencher près de lui et lui offrit son dos, tout blanc, laiteux, un peu maigre, dans l'entrebâillement noir de la robe.

Comme il la caressait, elle pria :

— Non, pas tout de suite, veux-tu ? J'aimerais tant te parler encore un peu !

Elle restait en culotte, en soutien-gorge, allait chercher son étui à cigarettes et son briquet, s'asseyait sur le lit de Jessie, les jambes croisées sous elle, un cendrier à portée de la main.

— On m'a fait passer à un autre service, celui des circulaires. C'était tout au fond des bureaux, une pièce sans air, où l'on ne voyait jamais le jour et où nous étions trois à envoyer des circulaires du matin au soir. Les deux autres étaient des petites brutes. Il n'y avait pas moyen d'échanger deux mots avec elles. Elles me détestaient. Nous portions des blouses de coton écru, à cause de la colle qui est salissante. Je tenais à ce que ma blouse soit toujours propre. Mais je t'ennuie. C'est ridicule, n'est-ce pas ?

— Au contraire.

— Tu dis ça... Tant pis !... Chaque matin, je trouvais ma blouse avec de nouvelles taches de colle. Elles en mettaient même à l'intérieur pour que je salisse ma robe. Une fois, je me suis battue avec une des deux, une petite Irlandaise trapue à la face de Kalmouk. Elle était plus forte que moi. Elle s'est arrangée pour me déchirer une paire de bas toute neuve.

Il disait avec un attendrissement très profond et très léger tout ensemble :

— Ma pauvre Kay.

— Tu crois peut-être que je voulais jouer Mme la secrétaire d'ambassade ? Ce n'est pas vrai, je te jure. Si Jessie était ici, elle pourrait te dire...

— Mais je te crois, mon chéri.

— J'avoue que je n'ai pas eu le courage de rester. A cause des deux filles, tu comprends ? Je pensais que je trouverais facilement un *job*. Je suis restée trois semaines sans rien faire et c'est alors que Jessie m'a proposé de coucher chez elle, parce que je ne pouvais plus payer ma chambre. Elle habitait le Bronx, je te l'ai dit. Une espèce de grande caserne triste, avec des escaliers en fer le long de la façade de briques noires. La maison sentait le chou du bas en haut, je ne sais pas pourquoi. Pendant des mois, nous avons vécu avec un arrière-goût de chou au fond de la gorge.

» J'avais fini par trouver une place dans un cinéma de Broadway. Tu te souviens ? Quand tu me parlais hier de cinéma...

Ses yeux s'humectaient à nouveau.

— Je plaçais les gens. Cela n'a l'air de rien, n'est-ce pas ? Je sais bien que je ne suis pas particulièrement forte, puisque j'ai dû passer près de deux ans en sana. Mais les autres étaient comme moi. Le soir, nous avions les reins comme vidés. D'autres fois, de nous faufiler sans fin dans la foule, pendant des heures et des heures, avec cette musique agaçante, ces voix démesurément grossies, qui ont l'air de sortir des murs, c'était dans la tête que le vertige nous prenait.

» Plus de vingt fois, j'en ai vu qui s'évanouissaient. Il valait mieux que cela n'arrivât pas dans la salle, car on était renvoyée immédiatement.

» Cela fait mauvais effet, tu comprends ?

» Je t'ennuie ?

— Non. Viens ici.

Elle se rapprocha, mais ils restaient chacun sur un des lits jumeaux. Il lui caressait doucement la chair, s'étonnait de lui trouver la peau si douce. Il découvrait, entre la culotte et le soutien-gorge, des lignes qu'il ne connaissait pas, des ombres qui l'attendrissaient.

— J'ai été très malade. Une fois, il y a quatre mois, je suis restée sept semaines à l'hôpital et il n'y avait que Jessie à venir me voir. On prétendait m'envoyer à nouveau en sana. Je n'ai pas voulu. Jessie m'a suppliée de rester quelque temps sans travailler. Quand tu m'as rencontrée, il y avait une semaine à peu près que je cherchais un nouveau *job*...

Elle sourit bravement.

— J'en trouverai un !

Et, sans transition :

— Tu ne veux pas boire quelque chose ? Il doit y avoir une bouteille de whisky dans l'armoire. A moins que Ronald l'ait bue, ce qui m'étonnerait de lui.

Elle revenait en effet de la pièce voisine avec une bouteille où il restait un fond d'alcool. Puis elle alla au frigidaire. Il ne la voyait pas. Il l'entendait s'exclamer :

— Qu'est-ce qu'il y a ?

— Tu vas rire. Ronald a même pensé à débrancher le frigidaire ! Tu comprends ? Car ce n'est pas Enrico qui, hier, aura eu cette idée-là. C'est du Ronald tout pur. Tu as entendu ce que Jessie a écrit. Il ne s'est pas emporté. Il n'a rien dit. C'est lui qui a trié ses affaires. Et remarque qu'il ne les a pas laissées traîner un peu partout, comme un autre l'aurait fait dans un moment pareil. Lorsque nous sommes arrivés, tout était en ordre, mes robes à leur place. Tout, sauf une robe de chambre et le pyjama d'Enrico. Tu ne trouves pas ça drôle, toi ?

Non. Il ne trouvait rien. Il était heureux. D'une sorte toute nouvelle de bonheur. Si, la veille, ou même le matin, on lui avait dit qu'il s'attarderait paresseusement, voluptueusement dans cette chambre, il ne l'aurait pas cru. Il restait étendu dans un rayon trouble de soleil, sur ce lit qui avait été celui de Kay, les mains nouées derrière la tête, et il s'imprégnait tout doucement de l'atmosphère, il notait des détails, à petits coups, comme un peintre qui travaille à un tableau léché.

Il en faisait autant avec Kay, dont il complétait sans fièvre, sans hâte, le personnage.

Il faudrait, tout à l'heure, quand il aurait le courage de se lever, qu'il aille jeter un coup d'œil dans la cuisinette, et même dans ce frigidaire dont on venait de lui parler, car il était curieux des petites choses qui pouvaient y traîner.

Il y avait des portraits sur les meubles, des portraits qui, sans doute, appartenaient à Jessie, entre autres une vieille dame fort digne qui devait être sa mère.

Il questionnerait Kay sur tout cela. Elle pouvait parler sans crainte de le lasser.

— Bois.

Et elle but, après lui, dans le même verre.

— Tu vois, François, que ce n'est pas bien reluisant et que tu avais tort...

Tort de quoi ? La phrase était vague. Et pourtant il la comprenait.

— Vois-tu, maintenant que je t'ai connu...

Très bas, si bas qu'il dut deviner les mots :

— Recule un tout petit peu, veux-tu ?

Et elle se glissa contre lui. Elle était presque nue et il était tout vêtu, mais elle n'y prenait pas garde et leur étreinte n'en était pas moins intime.

Les lèvres presque dans son oreille, elle chuchotait encore :

— Tu sais, ici, il n'y a jamais rien eu. Je le jure.

Il était sans passion, sans désir physique. Il lui aurait fallu remonter loin dans le temps, peut-être jusqu'à son enfance, pour retrouver une sensation aussi douce et aussi pure que celle qui le baignait.

Il la caressait et ce n'était pas de la chair qu'il caressait, c'était elle tout entière, c'était une Kay qu'il avait l'impression d'absorber peu à peu en même temps qu'il s'absorbait en elle.

Ils restèrent longtemps ainsi, immobiles, sans rien dire, et tout le temps que leurs êtres furent mélangés ils gardèrent les yeux mi-clos, chacun voyait, tout près des siennes, les prunelles de l'autre et y lisait un inoubliable ravissement.

Pour la première fois aussi, il ne s'inquiéta pas des suites possibles de leur acte et il vit que les prunelles s'agrandissaient, que les lèvres s'entrouvraient, il sentit un léger souffle contre sa bouche et il entendit une voix qui disait :

— Merci.

Leurs corps pouvaient se dénouer. Ils n'avaient pas à craindre, cette fois, les rancœurs qui suivent la passion. Ils pouvaient rester l'un devant l'autre, sans pudeur, sans arrière-pensée.

Une merveilleuse lassitude les faisait aller et venir comme au ralenti dans tout ce doré que le soleil semblait créer exprès pour eux.

— Où vas-tu, François ?

— Voir dans le frigidaire.

— Tu as faim ?

— Non.

Est-ce qu'il n'y avait pas une demi-heure, et davantage, qu'il se promettait d'aller jeter un coup d'œil dans la cuisinette ? Elle était nette, ripolinée de frais. Dans le frigidaire, il restait un morceau de viande froide, des pamplemousses, des citrons, quelques tomates trop mûres et du beurre dans un papier sulfuré.

Il mangea la viande froide, comme ça, avec les doigts, et il avait l'air d'un gamin qui croque une pomme chipée dans un pré.

Il mangeait toujours en rejoignant Kay dans la salle de bains, et Kay remarquait :

— Tu vois bien que tu avais faim.

Mais il s'obstinait, têtu, sans cesser de sourire ni de mastiquer :

— Non.

Puis il éclata de rire parce qu'elle ne comprenait pas.

7

C'était le surlendemain. Il était allé à la radio pour son émission, un rôle de Français encore, assez ridicule. Hourvitch, ce jour-là, ne lui avait pas serré la main. Il s'était montré très metteur en scène, très grand patron, les manches de chemise retroussées, ses cheveux roux au vent, sa secrétaire courant derrière lui avec un bloc de sténo à la main.

— Qu'est-ce que vous voulez que je vous dise, mon vieux ! Ayez au moins le téléphone. Donnez votre numéro à mes services. Il est inconcevable qu'il existe encore à New-York des gens sans téléphone.

Ce n'était rien. Il était resté calme, serein. Il avait quitté Kay pour la première fois depuis... au fait, depuis combien de jours ? Sept ? Huit ? Les chiffres étaient ridicules, saugrenus, car cela faisait de toute façon une éternité.

Il avait insisté pour l'emmener avec lui, quitte à la laisser attendre dans l'antichambre.

— Non, mon chéri, tu peux aller, *maintenant*.

Il se souvenait si bien du *maintenant* qui les avait fait rire tous les deux et qui, pour eux, signifiait tant de choses !

Cependant, il la trahissait déjà, il avait, en tout cas, conscience de la trahir. De la 66e Rue, il aurait dû prendre l'autobus au coin de la 6e Avenue, et au lieu de cela, il se mettait à descendre celle-ci à pied dans le soir qui tombait. Il avait promis :

— Je serai rentré à six heures.

— Cela n'a pas d'importance, François. Rentre quand tu voudras.

Pourquoi s'était-il obstiné à répéter, alors qu'on ne lui demandait rien, au contraire :

— A six heures au plus tard.

Alors qu'à six heures, à quelques minutes près, il pénétrait au bar du

Ritz ! Il savait d'avance ce qu'il venait y chercher et il n'en était pas fier. Tous les soirs, à cette heure-ci, Laugier s'y trouvait, avec quelques Français, la plupart du temps, établis à New-York ou de passage, ou avec des internationaux.

C'était un peu l'atmosphère du *Fouquet's* et, quand il était arrivé aux Etats-Unis, quand on ne savait pas encore qu'il avait l'intention d'y rester et surtout d'y gagner sa vie, les journalistes étaient venus l'y photographier.

Aurait-il pu dire au juste ce qu'il voulait ce jour-là ? C'était peut-être, en définitive, un besoin de trahir, de donner libre cours à un tas de choses mauvaises qui fermentaient en lui, de se venger de Kay.

Mais se venger de quoi ? Des jours et des nuits qu'ils avaient passés ensemble dans une solitude qu'il voulait toujours plus absolue et plus farouche, jusqu'à faire le marché avec elle les derniers matins, jusqu'à mettre la table, jusqu'à lui faire couler l'eau de son bain, jusqu'à... Il avait tout fait, tout cherché, volontairement, de ce qui peut créer une intimité absolue entre deux êtres, annihiler jusqu'aux plus élémentaires pudeurs qui subsistent entre gens du même sexe et jusque dans la promiscuité de la caserne.

Il l'avait voulu farouchement, rageusement. Pourquoi, alors qu'elle l'attendait, alors que c'était lui qui avait exigé qu'elle l'attendît, pénétrait-il au *Ritz* au lieu de sauter dans un taxi ou dans un autobus ?

— Hello ! Salut, mon petit père.

Ce n'était pourtant pas cette familiarité facile et qu'il avait toujours eue en horreur qu'il venait chercher. Etait-il ici pour s'assurer que le fil n'était pas trop tendu, qu'il gardait encore une certaine liberté de mouvement, ou pour se faire croire qu'il restait malgré tout François Combe ?

Ils étaient quatre, peut-être six ou huit autour des deux guéridons. A cause de cette familiarité à fleur de peau, justement, on ne savait plus quels étaient les amis de toujours et les gens qu'on rencontrait pour la première fois, pas plus qu'on ne savait qui payait les tournées, ni comment les clients retrouvaient leur chapeau, au départ, parmi les chapeaux en équilibre les uns sur les autres au portemanteau.

— Je te présente...

Une femme, une Américaine, jolie, une cigarette marquée de rouge, des attitudes de première page de magazine.

Il entendait répéter de temps en temps, lors des présentations :

— Un de nos plus sympathiques acteurs français que vous connaissez certainement, François Combe...

Et il y avait un Français à tête de rat, un industriel ou un financier marron — il ne savait pas pourquoi il ne l'aimait pas — qui le dévorait des yeux.

— J'ai eu le plaisir de rencontrer votre femme il y a six semaines à peine. Attendez. C'était à un gala du *Lido* et j'ai d'ailleurs, dans ma poche...

Un journal français qui venait d'arriver à New-York. Il y avait des mois que Combe n'achetait plus de journaux français. La photographie de sa femme s'étalait en première page.

Marie Clairois, la gracieuse et émouvante vedette de...

Il n'était pas nerveux. C'était Laugier qui se trompait en lançant vers lui des coups d'œil apaisants. Pas nerveux du tout. La preuve, c'est que, quand les gens furent enfin partis, après un certain nombre d'apéritifs, quand il se trouva seul en tête à tête avec son ami, ce fut de Kay, et d'elle seule, qu'il parla.

— Je voudrais que tu me rendes un service, que tu me trouves un job pour une jeune fille que je connais.

— Quel âge, la jeune fille ?

— Je ne sais pas au juste. Entre trente et trente-trois ans.

— A cet âge-là, mon petit vieux, à New-York, cela ne s'appelle plus une jeune fille.

— Ce qui signifie ?

— Qu'elle a joué sa chance. Je te demande pardon de te dire ça crûment, parce que je crois deviner. Jolie ?

— Cela dépend du point de vue auquel on se place.

— On dit toujours ça. Elle a débuté comme *showgirl*, il y a quatorze ou quinze ans, n'est-ce pas ? Elle a décroché la timbale et elle l'a laissée tomber...

Il se renfrogna, silencieux, et Laugier en eut peut-être pitié, mais il ne pouvait pas voir le monde autrement qu'avec les yeux de Laugier.

— Qu'est-ce qu'elle sait faire, ta pucelle ?

— Rien.

— Te fâche pas, petit. Ce que je t'en dis, c'est pour toi autant que pour elle. Ici, vois-tu, on n'a pas le temps de jouer à cache-cache. Je te demande sérieusement ce qu'elle sait faire.

— Et je te réponds sérieusement : rien.

— Est-elle capable de devenir secrétaire, téléphoniste, mannequin, je ne sais pas, moi ?

Combe avait eu tort. C'était sa faute. Il payait déjà le prix de sa petite trahison.

— Ecoute, mon petit père... Barman ! La même chose...

— Pas pour moi.

— Ta gueule ! J'ai à te parler, simplement, entre quatre yeux. Tu comprends ? Si tu crois que je ne t'ai pas repéré tout à l'heure, quand tu es entré avec ta tête d'enterrement ! Et la dernière fois qu'on s'est vus, en sortant de chez Hourvitch... Ta rengaine... Tu ne vas pas t'imaginer que je n'ai pas pigé, dis ?... Alors ?... La souris a dans les trente à trente-trois piges, ce qui signifie trente-cinq en bon français... Et tu veux que je te donne un bon conseil, que tu t'empresseras de ne pas suivre... Le conseil le voilà, tout cru :

» Laisse tomber, vieux frère !

» Et, puisque c'est comme si je n'avais rien dit, j'ajoute : Où en êtes-vous tous les deux ?

Il répondit, stupide, furieux contre lui-même, furieux de se sentir petit en face d'un Laugier qu'il avait conscience de dépasser de cent coudées :

— Nulle part.

— Alors, pourquoi te tracasses-tu ? Pas de frère, pas de mari, pas d'amant de cœur pour te faire chanter ? Pas d'enlèvement, de constat, je ne sais pas, moi, aucune de ces machines avec lesquelles, en Amérique, on parvient à embêter un homme ? J'espère que tu n'as pas eu la fâcheuse idée de l'emmener coucher à l'hôtel, dans un Etat voisin, ce qui pourrait devenir un crime fédéral et te coûter cher...

Quelle lâcheté l'empêchait de se lever et de s'en aller ? Les quelques manhattans qu'il venait de boire ? Mais alors, si leur amour était à la merci de quatre ou cinq cocktails...

— Tu ne veux pas parler sérieusement ?

— Mais c'est que je parle sérieusement, mon petit vieux. Ou plutôt je plaisante, mais c'est quand je plaisante que je suis le plus sérieux. Ta souris de trente-trois ans qui n'a pas de métier, pas de *job*, pas de compte en banque, elle est foutue, tu comprends ? Je n'ai même pas besoin de te conduire au *Waldorf* pour t'en faire la démonstration. Nous sommes dans le bar des hommes. Mais passe à côté, franchis la porte, traverse le couloir et tu trouveras cinquante filles, toutes plus belles les unes que les autres, entre dix-huit et vingt ans, quelques-unes vierges par surcroît, qui sont dans le même cas que ta rombière. Et tout à l'heure, pourtant, il y en aura quarante-huit qui iront coucher, Dieu sait où, avec mille dollars de frusques et de bijoux sur le corps, après avoir avalé un sandwich au *ketchup* dans une cafétéria. Est-ce que tu es venu ici pour travailler, oui ou non ?

— Je n'en sais rien.

— Alors, si tu n'en sais rien, retourne en France et signe tout de suite le premier contrat qu'on t'offrira à la Porte-Saint-Martin ou à la Renaissance. Je sais que tu n'en feras qu'à ta tête et que tu m'en voudras, que tu m'en veux déjà, mais tu n'es pas le premier copain que je vois arriver et à qui je vois faire ensuite le plongeon.

» Tu es décidé à tenir ferme la barre ? Alors, bon !

» Tu préfères jouer *Roméo et Juliette* ?

» Dans ce cas, *good night*, mon vieux. Barman !

— Non. C'est moi qui...

— Je t'ai assez engueulé pour avoir le droit de payer les consommations. Qu'est-ce qu'elle t'a raconté, la petite ? Une divorcée, bien entendu. A cet âge-là, ici, elles sont toutes divorcées au moins une fois.

Pourquoi, précisément, Kay était-elle divorcée ?

— Elle a roulé sa bosse un peu partout, hein ? Elle cherche à jeter l'ancre.

— Tu te trompes, je t'assure.

Il sacrifiait tout respect humain, car il ne se sentait pas la force de trahir Kay davantage.

— Tu sais nager ?

— Un peu.

— Bon. Un peu. Autrement dit, de quoi t'en tirer si tu tombais dans une eau tranquille et pas trop froide. Mais si tu devais en sortir en même temps un énergumène qui se débat et qui se raccroche à toi de toutes ses forces ? Allons ! Réponds...

Il fit signe de remplir les verres.

— Eh bien ! mon vieux, elle se débattra, crois ce que je te dis. Et vous coulerez à pic tous les deux. Avant-hier, quand tu m'as quitté, je n'ai pas voulu t'en parler, parce que tu avais une tête à te brouiller avec les gens pour un oui ou pour un non. Aujourd'hui, tu es déjà plus raisonnable.

Combe en fut contrit et se mordit les lèvres.

— Quand je t'ai vu aller mettre religieusement ton sou dans la fente à musique, vois-tu !... Et attendre le déclenchement du disque, avec un regard pâmé de midinette en mal de jeune premier... Non, mon vieux, pas toi, pas nous qui vivons de ce business-là et qui savons comment c'est fait ! Ou alors, laisse-moi te le répéter une dernière fois, comme à un vieux copain qu'on aime bien : tu es foutu, François.

On venait de lui rendre sa monnaie. Il la ramassa, vida son verre, calcula le pourboire et se leva.

— De quel côté vas-tu ?

— Je rentre chez moi.

— Et c'est chez toi, au diable, où tu n'as même pas le téléphone, que tu espères que les producteurs iront te chercher ?

Ils sortaient l'un derrière l'autre, restaient debout sur le trottoir de Madison Avenue, tandis que le portier attendait un signe pour leur ouvrir la portière d'un taxi.

— Vois-tu, mon petit frère, chez nous, on ne joue sa chance qu'une fois. Ici, on la joue deux fois, trois fois. Mais il ne faut pas trop tirer sur la ficelle. Je te montrerai des poules qui ont débuté comme *showgirls* ou comme dactylos à seize ans, qui roulaient en Rolls à dix-huit, qui grimpaient à nouveau sur les planches, dans la figuration, à vingt-deux, et qui recommençaient à zéro. J'en connais qui ont fait le coup deux fois, trois fois, qui ont repris le *business* après avoir eu leur hôtel dans Park Avenue et leur yacht en Floride, et qui ont réussi à se faire épouser à nouveau.

» Est-ce qu'elle a seulement des bijoux ?

Il ne daigna pas répondre. Qu'est-ce qu'il aurait répondu ?

— Si tu veux croire ma petite expérience, c'est une place d'ouvreuse dans un cinéma qu'il faut chercher. Et encore ! Avec des protections ! Tu m'en veux beaucoup ? Tant pis. Tant mieux. On en veut toujours pendant un moment au toubib qui vient de vous tailler dans la viande. Tu vaux mieux que cela, vieille branche, et quand tu t'en rendras compte, tu seras déjà guéri. *Bye bye...*

Combe devait avoir trop bu. Il ne s'en était pas aperçu, à cause du rythme accéléré des tournées, du vacarme qui régnait dans le bar, de l'attente anxieuse de son tête-à-tête avec Laugier, dans laquelle il était resté si longtemps.

Il revoyait la photographie de sa femme, en première page du journal parisien, ses cheveux flous, sa tête un peu trop grosse pour ses épaules.

C'était cela, prétendaient les cinéastes, qui lui donnait l'air tellement jeune fille, et aussi qu'elle n'avait jamais eu de hanches.

Ne pouvait-il pas croire que Laugier avait le don de seconde vue ou qu'il était au courant ?

— *Ouvreuse dans un cinéma,* avait-il dit. *Et encore !*

Et encore, en effet, puisqu'elle n'avait pas assez de santé pour ce métier-là !

— *On joue sa chance deux fois, trois fois...*

Alors, soudain, tandis qu'il marchait tout seul dans la lumière qui tombait obliquement des vitrines sur le trottoir, il eut comme une révélation.

Kay avait joué, Kay jouait avec lui sa dernière chance ! Il était survenu à la minute ultime. Un quart d'heure de retard, simplement un peu d'inattention quand il avait pénétré dans le bar à saucisses — le fait de choisir un autre tabouret, par exemple, — et peut-être qu'un des matelots ivres, n'importe qui...

Il la chérit, tout à coup, par réaction contre sa lâcheté. Il avait besoin d'aller vite la rassurer, lui affirmer que tous les Laugier de la terre, avec leur expérience facile et hautaine, ne prévaudraient pas contre leur tendresse.

Il était à moitié ivre, il s'en rendit mieux compte en heurtant un passant et en lui adressant un coup de chapeau ridicule en guise d'excuses.

Mais il était sincère. Les autres, les Laugier, cet homme à tête de rat, avec qui il avait bu les premiers apéritifs et qui était parti triomphalement avec la jeune Américaine, tous ces gens-là, tous ceux du *Ritz,* tous ceux du *Fouquet's,* c'étaient des peigne-culs...

Ce mot-là, qu'il venait de retrouver au fond de sa mémoire, lui causait un plaisir extrême, au point de le répéter à voix haute en marchant.

— Ce sont des peigne-culs...

Il s'acharnait sur eux.

— Des peigne-culs et rien d'autre. Je leur montrerai...

Il leur montrerait quoi ? Il n'en savait rien. Cela n'avait pas d'importance. Il leur montrerait...

Et il n'aurait plus besoin ni des Laugier, ni des Hourvitch — qui ne lui avait pas serré la main et qui avait à peine paru le reconnaître — ni de personne...

— Des peigne-culs !

Sa femme aussi, qui n'avait pas à jouer sa chance deux ou trois fois, qui l'avait jouée une seule, qui ne s'était même pas contentée de ce qu'elle avait décroché, mais qui se servait de lui, à présent, pour faire la carrière d'un gigolo !

Car c'était la vérité. Quand il l'avait fait monter, elle, sur les planches, elle n'existait pas, elle en était encore à jouer les soubrettes, à ouvrir la porte d'un air gauche et à balbutier en tremblant :

— Madame la Comtesse est servie...

Elle était devenue Marie Clairois. Jusqu'au nom qui était de lui, qu'il avait créé de toutes pièces ! En réalité, elle s'appelait Thérèse Bourcicault, et son père vendait des souliers dans une petite ville du Jura, sur la place du marché. Il se souvenait du soir où il lui avait expliqué, à la *Crémaillère,* avenue de Clichy, devant une nappe à petits carreaux et un homard à l'américaine :

— Marie, vois-tu, c'est tellement français... Non seulement français, mais universel... A cause de sa banalité, parce que personne, sauf les bonnes, n'ose plus s'appeler Marie, cela devient original... Marie...

Elle lui demandait de répéter le prénom.

— Marie...

— Et maintenant, Clairois... Il y a *clair*... Il y a *clairon*, en un peu atténué... Il y a...

Tonnerre de Dieu ! A quoi allait-il penser ? Il s'en foutait de la Clairois et de son gigolo, qui allait se faire un nom uniquement parce qu'il l'avait cocufié, lui, Combe !

Et l'autre, l'idiot satisfait et condescendant qui lui parlait de la « souris », de ses trente-deux ou trente-trois ans, des bijoux qu'elle ne possédait pas et d'une bonne petite place d'ouvreuse !

Si elle avait des protections !

Une autre fois, à quinze jours de là, avant Kay, Laugier lui avait demandé avec cette suffisance d'un monsieur qui se prendrait pour Dieu le Père :

— Combien de temps peux-tu tenir, mon petit gars ?

— Cela dépend de ce que tu veux dire.

— Avec des complets passés au *pressing* chaque jour et du linge impeccable, et assez d'argent en poche pour offrir l'apéritif et pour prendre des taxis...

— Cinq mois, six mois peut-être. Lorsque mon fils est né, j'ai contracté une assurance dont on ne devrait lui verser le capital qu'à dix-huit ans, mais je peux demander, en y perdant un peu...

Laugier s'en foutait, de son fils.

— Cinq à six mois, bon ! Loge où tu veux, dans un taudis s'il le faut, mais aie au moins un numéro de téléphone.

N'est-ce pas ce que Hourvitch lui avait répété aujourd'hui ? Est-ce qu'il allait se laisser troubler par cette coïncidence ? Il aurait pu, il aurait dû attendre un autobus. A cette heure, il n'en avait pas pour longtemps. Et quelques minutes de plus ou de moins ne changeraient guère à l'inquiétude de Kay.

De Kay...

Quelle différence entre la résonance de ce mot-là, maintenant, et la résonance du même mot deux heures, trois heures plus tôt encore, le matin, à midi, quand ils faisaient la dînette face à face, et qu'ils s'amusaient de la tête du petit tailleur juif à qui Kay avait tenu à faire porter, sans dire de la part de qui, un magnifique homard.

Ils étaient tellement heureux ! Le mot Kay prononcé n'importe comment, lui donnait tant d'apaisement !

Il avait lancé son adresse à un chauffeur. Il lui semblait que le ciel était noir, menaçant, au-dessus des rues. Il s'enfonçait, maussade, dans les coussins. Il en voulait à Laugier, à la tête de rat, au monde entier, il n'était pas sûr de ne pas en vouloir à Kay et, soudain, au moment où le taxi s'arrêtait, alors qu'il n'avait pas eu le temps de se composer un visage, de s'habituer à son approche, d'être à nouveau l'homme de leur amour, c'était elle qu'il trouvait, hagarde, au bord du trottoir, et qui haletait.

— Enfin, François !... Viens vite... Michèle...

Puis, sans transition, tant elle était bouleversée, elle se mettait à parler en allemand.

L'atmosphère de la chambre était lourde et, chaque fois qu'il remontait de la rue, Combe avait l'impression qu'il faisait plus sombre, bien que les lampes fussent les mêmes que d'habitude.

Il descendit et remonta trois fois. La troisième fois, il était près de minuit et son pardessus dégoulinait d'eau, il avait le visage froid et détrempé, car la pluie s'était mise tout à coup à tomber avec violence.

C'était encore le téléphone, ce fameux téléphone, dont il avait tant été question ce jour-là, qui continuait à le poursuivre. Kay, elle-même, avait dit avec humeur, mais aujourd'hui elle n'était pas responsable de ses nerfs :

— Comment se fait-il que tu n'aies pas le téléphone ?

Enrico s'était dérangé en personne, vers la fin de l'après-midi, pour apporter le télégramme. Encore une coïncidence, car il était arrivé à peu près au moment où Combe entrait au bar du *Ritz* avec un sentiment de culpabilité. S'il était rentré tout de suite, comme il l'avait tant promis...

Il n'était pas jaloux du Sud-Américain, cette fois. Et pourtant Kay avait pleuré devant lui, peut-être sur son épaule, et sans doute lui avait-il prodigué des consolations ?

Une autre coïncidence encore. La veille, comme ils faisaient des courses dans le quartier, Kay avait dit soudain :

— Il serait peut-être bon que je donne ma nouvelle adresse à la poste. Ce n'est pas que je reçoive beaucoup de courrier, tu sais...

Car elle essayait toujours de lui éviter le moindre pincement de jalousie. Elle avait ajouté :

— J'aurais dû la donner aussi à Enrico. Si des lettres arrivaient à l'adresse de Jessie...

— Pourquoi ne lui téléphones-tu pas ?

Ils ne se doutaient pas, à ce moment-là, que cela aurait une certaine importance. Ils étaient entrés dans un *drugstore*, comme ils l'avaient déjà fait tous les deux. Il l'avait vue qui parlait, il lui avait vu remuer les lèvres sans entendre ses paroles.

Il n'avait pas été jaloux.

Et Enrico, ce jour-là, était venu pour reprendre ses affaires dans la chambre de Jessie. Il avait trouvé du courrier pour celle-ci et pour Kay. Il y avait aussi un télégramme pour Kay, qui avait déjà vingt-quatre heures de retard.

Comme cela venait de Mexico, il s'était dérangé. Elle était seule dans la chambre, à préparer le dîner. Elle portait un peignoir, le peignoir bleu pâle qui faisait nouvelle mariée.

Michèle gravement malade Mexico. — Stop — Pouvez au besoin toucher argent nécessaire voyage banque du commerce et industrie.

LARSKI.

Il ne lui disait pas de venir. Il la laissait libre de la conduite à tenir.

Prévoyant qu'elle n'aurait peut-être pas d'argent, il faisait le nécessaire, froidement, correctement.

— Je ne savais même pas qu'il avait fait venir Michèle en Amérique. Sa dernière lettre, il y a quatre mois...

— La dernière lettre de qui ?

— De ma fille. Elle ne m'écrit pas souvent, tu sais ! Je soupçonne qu'on le lui défend et qu'elle m'écrit en cachette, bien qu'elle ne me l'avoue pas. Sa dernière lettre venait de Hongrie et elle ne me parlait pas de voyage. Qu'est-ce qu'elle peut avoir ? Elle avait les poumons solides, elle. Nous l'avons fait examiner, toute petite, déjà, par les plus grands professeurs. Si c'était un accident, François ?

Pourquoi avait-il bu tous ces apéritifs ? Tout à l'heure, quand il l'avait consolée, il avait eu honte de son haleine, car il était sûr qu'elle avait remarqué qu'il avait bu. Il était lourd. Il était triste.

C'était plutôt quelque chose de pesant qui lui était tombé sur les épaules, avant qu'il rentre, déjà, et qu'il ne parvenait pas à secouer.

— Mange, mon pauvre François. Tu iras téléphoner après.

Mais non. Il n'avait pas faim. Il descendait, il entrait chez l'Italien pour téléphoner.

— Tu n'y arriveras pas, tu verras. Il n'y a pas de service aérien de nuit avec le Mexique. Enrico s'en est déjà occupé.

S'il était rentré à temps, le Sud-Américain n'aurait pas eu à s'occuper de ce qui ne le regardait pas.

— Il y a deux avions demain matin, à une heure d'intervalle, mais toutes les places sont louées. Il paraît qu'on les retient trois semaines d'avance.

Il téléphonait, néanmoins, comme si, pour lui, le miracle allait se produire. Il remontait les mains vides.

— Le premier train est à sept heures trente-deux du matin.

— Je le prendrai.

— Je vais essayer de te retenir une place de *Pullman*.

Et il allait téléphoner à nouveau. Tout était gris. Tout était lourd. Leurs allées et venues avait un caractère grave et comme fantomatique.

On le renvoyait de bureau en bureau. Il n'avait pas l'habitude des compagnies de chemin de fer américaines.

La pluie, à présent, une pluie drue, qui crépitait sur les trottoirs, mettait des rigoles d'eau limpide dans le rebord de son chapeau, de sorte qu'en baissant la tête il arrosait le plancher.

C'était ridicule, mais ces petits détails l'affectaient.

— Il est trop tard pour retenir les places. L'employé conseille d'être à la gare une demi-heure avant le départ du train. Il y a toujours des gens qui ont loué d'avance et qui, au dernier moment, ont un empêchement.

— Tu te donnes du mal, François.

Il la regarda attentivement, sans savoir pourquoi, et l'idée l'effleura que ce n'était peut-être pas la pensée de sa fille qui donnait à Kay cet accablement morne. N'était-ce pas plutôt à eux qu'elle pensait, à eux qui allaient, dans quelques heures, se séparer ?

Il y avait dans ce télégramme, dans ce vilain bout de papier jaunâtre, comme une fatalité méchante. C'était la suite des discours de Laugier, des pensées que Combe avait roulées ce soir dans sa tête.

A croire qu'il n'y avait vraiment pas d'autre issue, que le Destin se chargeait de remettre les choses en ordre.

Le plus troublant, c'est qu'il en arrivait presque à accepter son verdict et à se résigner.

C'était même ce qui l'abattait le plus, cette veulerie qu'il sentait tout à coup en lui, ce manque absolu de réaction.

Elle faisait sa valise. Elle disait :

— Je ne sais pas comment je m'y prendrai pour l'argent. Quand Enrico est venu, les banques étaient déjà fermées. Je peux attendre un autre train. Il doit y en avoir un dans la journée.

— Le soir seulement.

— Enrico voulait... Ne te fâche pas ! Tu sais, en ce moment-ci, tout a si peu d'importance ! Il m'a dit que si j'avais besoin de n'importe quelle somme je n'avais qu'à téléphoner chez lui, fût-ce au cours de la nuit. Je ne savais pas si tu...

— Est-ce que tu auras assez avec quatre cents dollars ?

— Mais oui, François. Seulement...

Ils n'avaient jamais parlé d'argent ensemble.

— Je t'assure que je peux le faire sans en être gêné.

— Je pourrais peut-être te laisser un papier, je ne sais pas, moi, pour que tu passes demain à la banque et que tu touches à ma place...

— Il sera temps quand tu reviendras.

Ils ne se regardaient pas. Ils n'osaient pas. Ils prononçaient ces mots-là, mais ils étaient incapables d'y croire tout à fait.

— Il faut que tu dormes un peu, Kay.

— Je n'en ai pas le courage.

Une de ces phrases bêtes, qu'on prononce dans de pareils moments.

— Mets-toi au lit.

— Tu crois que cela vaut la peine ? Il est presque deux heures du matin. Il faut partir d'ici à six heures, car nous ne trouverons sans doute pas de taxi.

Elle faillit dire, du moins le pensa-t-il :

« S'il y avait eu le téléphone... »

— Si bien que je dois me lever à cinq heures, tu comprends ? Tu veux bien que je boive quelque chose ?

Elle s'étendit tout habillée. Il se promena encore un peu dans la chambre et finit par venir se coucher à côté d'elle. Ils ne se parlaient pas. Ils ne fermaient pas les yeux. Chacun regardait fixement le plafond.

Il n'avait jamais été aussi triste, aussi sombrement désespéré de sa vie, et c'était un désespoir sans phrases, sans objet précis, un accablement contre lequel il n'y avait rien à faire.

Il chuchota :

— Tu reviendras ?

Au lieu de répondre, elle chercha sa main sur le drap et la serra longuement.

— Je voudrais tellement mourir à sa place !

— Il n'est pas question de mourir. Tais-toi.

Il se demandait si elle pleurait. Il lui passa la main sur les yeux et ils étaient secs.

— Tu vas rester tout seul, François. Vois-tu, c'est encore pour toi que cela me fait le plus mal. Demain, quand tu reviendras de la gare...

Une pensée soudaine l'effraya et elle redressa le torse, regarda son compagnon avec des prunelles écarquillées :

— Car tu viendras me conduire à la gare, n'est-ce pas ? Il faut que tu viennes ! Pardon de te demander ça, mais je crois que, toute seule, je ne pourrais pas. Il faut que je parte, il faut que tu me fasses partir, même si...

Elle se cacha la tête dans l'oreiller et ils ne bougeaient plus ni l'un ni l'autre, chacun restait enfermé dans ses pensées, chacun faisait déjà l'apprentissage de sa nouvelle solitude.

Elle dormit un peu. De son côté, il s'assoupit, mais pour un temps très court, et il se leva le premier pour faire chauffer du café.

Le ciel était encore plus sombre à cinq heures du matin qu'à minuit. Les lampes paraissaient éclairer à peine, et on entendait toujours le crépitement d'une pluie qui ne finirait pas de la journée.

— Il est temps de te lever, Kay.

— Oui...

Il ne l'embrassait pas. Ils ne s'étaient pas embrassés de la nuit, peut-être à cause de Michèle, peut-être parce qu'ils avaient peur de s'attendrir.

— Habille-toi chaudement.

— Je n'ai que ma fourrure.

— Mets au moins une robe de laine.

Et ils trouvaient le moyen de dire des banalités comme :

— Tu sais, dans les trains, il fait généralement très chaud.

Elle buvait son café, mais ne parvenait pas à manger. Il l'aidait à refermer sa valise trop pleine et elle regardait autour d'elle.

— Tu veux bien que je laisse le reste ici ?

— Il est l'heure de partir. Viens.

Il n'y avait que deux fenêtres éclairées dans toute la rue : des gens qui prenaient le train aussi, ou des malades ?

— Reste un instant sur le seuil, que j'aille voir au coin si je ne trouve pas de taxi.

— Nous allons perdre du temps.

— Si je n'en trouve pas tout de suite, nous prendrons le *subway*. Tu restes là, n'est-ce pas ?

C'était idiot. Où serait-elle allée ? Et, le col du pardessus relevé, rasant les maisons, penchant le torse, il courait jusqu'au coin de la rue. Il l'atteignait à peine qu'une voix criait derrière lui :

— François !... François !...

C'était Kay qui gesticulait au milieu du trottoir. Un taxi venait de s'arrêter à deux maisons de chez eux, ramenant un couple qui avait passé la nuit dehors.

La relève, en somme. Les uns rentraient, les autres s'en allaient. Kay tenait la portière, parlementait avec le chauffeur pendant que Combe allait chercher la valise sur le seuil.

— A la gare Centrale.

Les banquettes étaient gluantes d'humidité, tout était mouillé autour d'eux et l'air était froid, méchamment. Elle se serra contre lui. Ils continuèrent à se taire. Il n'y avait personne dans les rues. Il se fit même qu'ils ne rencontrèrent pas une seule voiture avant d'atteindre la gare.

— Ne descends pas, François. Rentre à la maison..

Elle avait appuyé sur ce mot, intentionnellement, pour lui donner du courage.

— Il y a encore une heure d'attente.

— Cela ne fait rien. J'irai au bar prendre quelque chose de chaud. J'essayerai de manger un peu.

Comme elle essayait de sourire ! Le taxi était arrêté et ils ne se décidaient pas à en descendre, à traverser le rideau de pluie qui les séparait de la salle d'attente.

— Reste, François...

Ce n'était pas lâcheté de sa part. Il ne se sentait vraiment pas la force de descendre, de la suivre dans les dédales de la gare, de guetter les soubresauts de l'aiguille de l'horloge monumentale, de vivre leur séparation minute par minute, seconde par seconde, de suivre la foule, au moment où on ouvrirait les grilles, et de voir le train.

Elle se penchait sur lui et il y avait de la pluie sur sa fourrure. Ses lèvres, pourtant, étaient brûlantes. Ils restèrent un moment rivés l'un à l'autre, avec le dos du chauffeur devant eux, et alors il vit de la lumière dans ses prunelles, il l'entendit qui balbutiait comme dans un rêve ou dans le délire :

— Maintenant, je n'ai plus l'impression que c'est un départ, vois-tu... mais une arrivée.

Elle s'arrachait à lui. Elle avait ouvert la portière, fait signe à un nègre qui s'emparait de sa valise. Il reverrait toujours ces trois pas rapides, ce temps d'hésitation, ces hachures de pluie, ce crépitement sur le trottoir.

Elle se retournait, souriante, le visage barbouillé de pâleur. Elle tenait son sac d'une main. Elle n'avait plus qu'un pas à faire pour être happée par la vaste porte vitrée.

Alors, elle agitait l'autre main, sans la lever très haut, sans l'écarter d'elle, un tout petit peu seulement, en remuant plutôt les doigts.

Il la vit encore, à demi effacée par la vitre. Puis elle marcha à pas plus rapides et plus nets sur les talons du nègre, et le chauffeur se retourna enfin pour demander où il fallait le conduire.

Il dut donner son adresse. Il lui arriva même, machinalement, de bourrer sa pipe, parce qu'il avait la bouche pâteuse.

Elle avait dit :

— ... *une arrivée...*

Et il y sentait confusément une promesse.

Mais il n'avait pas encore compris.

8

Ma chère Kay,

Tu auras été mise au courant par Enrico de ce qui m'est arrivé. Comme tu le sais, donc, Ronald a été très chic, très gentleman ; il est resté tout le temps tel que tu le connais et il n'a même pas piqué une de ces rages froides dont il a la spécialité et dont je me demande ce que cela aurait donné dans l'état où j'étais...

Combe n'avait pas fait le plongeon, comme il l'avait cru. C'était un enlisement mollasse de tous les jours, de toutes les heures.

Pendant les premières journées, du moins, avait-il eu à s'agiter avec un semblant de raison. Au cours de l'interminable nuit — qui lui paraissait maintenant si courte — il avait supplié :

— Tu me téléphoneras ?

— Ici ?

Il avait juré qu'il aurait le téléphone séance tenante. Il avait couru dans ce but, dès le premier matin, avec la peur d'être en retard et de manquer un appel.

— Tu me téléphoneras ?

— Mais oui, mon chéri. Si je peux.

— Tu pourras toujours, si tu le veux.

— Je te téléphonerai.

Les formalités étaient terminées. Elles étaient en réalité fort simples, si simples qu'il était presque vexé d'obtenir si facilement gain de cause alors qu'il avait pensé avoir des mondes à remuer.

La ville était grise et sale. Il pleuvait. Il tombait maintenant de la neige fondue et on apercevait à peine, tant la rue était sombre, le petit tailleur juif dans l'alvéole de sa chambre.

On avait installé le téléphone dès le second jour et il n'osait pas sortir de chez lui, bien que Kay fût à peine arrivée à Mexico.

— Je ferai un appel aux renseignements de New-York, lui avait-elle expliqué. On me donnera ton numéro.

Et il avait déjà appelé cinq ou six fois les renseignements pour s'assurer qu'on y était au courant de son récent branchement.

C'était curieux. Kay s'était diluée dans la pluie. Il la voyait vraiment comme à travers une vitre sur laquelle la pluie dégouline, un peu floue, déformée, mais il ne s'en raccrochait que davantage à son image qu'il s'efforçait désespérément de reconstituer.

Des lettres étaient arrivées, retransmises de chez Jessie. Elle lui avait dit :

— Ouvre-les. Il n'y a aucun secret, tu sais.

Il avait pourtant hésité à les ouvrir. Il en avait laissé s'entasser quatre ou cinq. Il ne s'y était décidé que quand il en avait trouvé une marquée du pavillon bleu et orange de *Grace Line*, une lettre de Jessie, envoyée par avion des Bahamas.

... au point où j'en étais si...

Il les connaissait par cœur, à présent.

... si je n'avais pas voulu éviter le drame coûte que coûte...

C'était si loin ! C'étaient des choses qu'il voyait tout à coup par le gros bout de la lorgnette et qui lui apparaissaient comme des scènes d'un monde incohérent.

Je sais bien que Ric, mis au pied du mur, n'aurait pas hésité à quitter sa femme...

Il se répétait :

— Mis au pied du mur !...

... mais j'ai préféré partir. Ce sera pénible. Ce sera sans doute long. C'est un dur moment à passer. Ce que nous avons pu être heureuses toutes les deux, ma pauvre Kay, dans notre petit appartement !

Je me demande si cela reviendra jamais. Je n'ose pas l'espérer. Ronald me déroute et me glace, et cependant je n'ai pas un seul reproche à lui adresser. Lui, qui avait parfois des colères si brutales, se montre d'un calme qui m'effraie. Il ne me quitte pas. On dirait qu'il veut lire dans mes pensées.

Et il se montre très doux, très prévenant avec moi. Plus qu'avant. Plus que pendant notre lune de miel. Tu te souviens de l'histoire de l'ananas que je t'ai racontée et qui t'a fait rire ? Eh bien ! cela n'arriverait plus maintenant.

Aux yeux de tout le monde, à bord, nous passons pour des jeunes mariés, et c'est parfois assez amusant. Hier, on a changé les vêtements de laine pour les vêtements de toile, parce qu'on arrivait dans la zone des tropiques. Il fait déjà chaud. C'était drôle, le matin, de voir tout le monde en blanc, y compris les officiers du bord, dont un petit jeune, à un seul galon, qui ne se lasse pas de me lancer des regards langoureux.

Surtout, n'en parle pas à mon pauvre Ric, qui serait capable d'en faire une maladie.

J'ignore, ma pauvre Kay, comment les choses se sont passées là-bas. Pour toi, cela a dû être épouvantable. Je me mets à ta place. J'imagine ton désarroi et je me demande comment tu as fait...

C'était une sensation étrange. Il y avait des moments où il se sentait comme dégagé, le cerveau clair, sans un nuage, des moments où il voyait le monde sans ombres, avec une netteté, une crudité de tons si cruelles qu'au bout d'un certain temps cela en devenait physiquement douloureux.

Ma chère Kay.

Cette lettre-ci portait un timbre de France et venait de Toulon. Est-ce que Kay ne lui avait pas permis de les ouvrir toutes ?

Voilà près de cinq mois que je n'ai pas reçu de tes nouvelles. Cela ne m'étonne pas trop de ta part...

Il prenait un temps car chaque mot, pour lui, avait sa pleine valeur.

Nous sommes bien rentrés en France où m'attendait une surprise qui, au début, m'a été assez désagréable. Mon sous-marin et quelques autres ont

été versés de l'escadre de l'Atlantique dans l'escadre de la Méditerranée.
Autrement dit, mon port d'attache devient Toulon au lieu de notre bon
vieux Brest.

Pour moi, cela n'aurait pas été trop grave. Mais pour ma femme, qui
venait de louer une nouvelle villa et d'y faire tous les aménagements, cela a
été une telle désillusion qu'elle en est tombée malade...

Celui-là avait couché avec Kay, Combe le savait. Il savait où, dans quelles
circonstances. Il savait tout, les moindres détails, qu'il avait pour ainsi dire
mendiés. Et cela lui faisait mal, et cela lui faisait du bien tout ensemble.

Nous avons fini par nous installer à La Seyne. C'est une sorte de banlieue
pas très plaisante, mais j'ai le tramway à ma porte, et il y a un parc juste
en face de chez nous pour les enfants...

Car il avait des enfants, lui aussi.

Le Bouffi se porte toujours aussi bien ; il continue à engraisser et il me
prie de t'adresser ses amitiés.

Le Bouffi !

Fernand n'est plus avec nous, car il a été nommé au ministère, à Paris.
C'est ce qu'il lui fallait, à lui, qui avait déjà tout de l'homme du monde. Il
fera très bien dans les salons de la rue Royale, surtout les soirs de grande
réception.

Quant à ton ami Riri, le moins que je puisse dire c'est que nous ne nous
parlons plus, sauf pour les besoins du service, depuis que nous avons quitté
les côtes de la trop merveilleuse Amérique.

Je ne sais pas s'il est jaloux de moi ou si je suis jaloux de lui. Il ne doit
pas le savoir davantage.

C'est à toi, ma petite Kay, de nous départager et de...

Il enfonçait ses ongles dans la toile des draps. Et cependant il était calme !
Il était encore calme. C'étaient les premiers jours. Si calme qu'il lui arrivait
de prendre le vide qui l'entourait pour le vide définitif et qu'alors il pensait
froidement :

« C'est fini. »

Il était libre, à nouveau, libre d'aller à six heures du soir prendre autant
d'apéritifs qu'il en voudrait avec Laugier et de bavarder avec celui-ci.

Libre de lui dire, si l'autre lui parlait de la « souris » :

— Quelle *souris* ?

Et il lui arrivait, oui, c'était incontestable, d'en éprouver un certain
soulagement. Laugier avait raison. Cela ne pouvait que tourner mal. En
tout cas, cela ne pouvait pas tourner rond.

Il avait envie, par moments, de le revoir, Laugier. Il lui arriva d'aller
jusqu'à l'entrée du *Ritz,* mais il resta dehors parce que, chaque fois, il fut
pris de remords.

Il y avait d'autres lettres arrivées pour Kay, des factures surtout, entre
autres une facture de teinturier et une d'une modiste qui lui avait arrangé
un chapeau. Autant qu'il pouvait comprendre, il s'agissait du chapeau
qu'elle portait la nuit qu'ils s'étaient rencontrés, qu'il revoyait, penché sur
le front, et qui prenait soudain à ses yeux la valeur d'un souvenir.

Soixante-huit *cents !*

Pas pour le chapeau. Pour la transformation. Pour un ruban qu'on avait dû ajouter ou retrancher, pour une petite chose bête et féminine.

Soixante-huit *cents*...

Il se souvenait du chiffre. Il se souvenait aussi que la modiste habitait dans la 260e Rue. Alors, il imaginait malgré lui le chemin à parcourir, comme si Kay avait dû le faire à pied, comme si elle l'avait fait la nuit, à la façon de leurs randonnées.

Ce qu'ils avaient pu marcher, tous les deux !

Le téléphone était posé et il n'y avait pas un seul appel, il ne pouvait pas y en avoir, puisque personne ne savait qu'il était relié.

Sauf Kay. Kay qui lui avait promis :

— Je te téléphonerai dès que je pourrai.

Et Kay ne l'appelait pas. Et il n'osait pas sortir de chez lui. Et il s'hypnotisait, des heures durant, sur la vie du petit tailleur juif. Il savait, maintenant, à quel moment celui-ci mangeait, à quelle heure il prenait ou quittait sa pose hiératique sur sa table de travail. Il faisait, en face d'une autre solitude, l'expérience de sa solitude.

Et il avait presque honte du homard qu'ils avaient envoyé alors qu'ils étaient deux. Car il se mettait maintenant à la place de l'autre.

Ma petite Kay...

Tout le monde l'appelait Kay. Cela le mettait en rage. Pourquoi lui avait-elle recommandé d'ouvrir toutes les lettres qui arriveraient à son nom ?

Celle-ci était en anglais, raide, correcte.

J'ai bien reçu votre lettre du 14 août. J'ai été content d'apprendre que vous êtes à la campagne. J'espère que l'air du Connecticut vous fait du bien. De mon côté, mes affaires m'ont empêché de quitter New-York aussi longtemps que je l'aurais désiré.

Cependant...

Cependant quoi ? Il avait couché avec elle, lui aussi. Ils avaient tous couché avec elle ! Est-ce qu'il se débarrasserait jamais de ce cauchemar-là ?

... ma femme serait ravie que vous...

Salaud de salaud ! Eh puis, non ! c'était lui qui avait tort. Il n'avait même plus tort. C'était fini. Il n'avait qu'à tirer un trait.

« Point final, tirez un trait. »

A la ligne et un grand trait, un trait définitif qui l'empêcherait de souffrir davantage, de souffrir jusqu'à la fin de ses jours.

Voilà ce qu'il pensait, en définitive. Qu'il souffrirait jusqu'à la fin de ses jours à cause d'elle.

Et il y était résigné.

Bêtement.

Qu'est-ce qu'un imbécile comme Laugier aurait dit devant une pareille confidence ?

C'était tout simple, pourtant, d'un simplicité... d'une simplicité pour laquelle il ne trouvait pas de mots.

C'était comme ça. Kay n'était pas là et il avait besoin de Kay. Il avait cru au grand drame, un jour, parce que sa femme, à quarante ans, voulait vivre un nouvel amour et se sentir jeune à nouveau. Est-ce qu'il avait été assez enfant ? Est-ce que cela avait la moindre importance ?

Il savait bien que non, à présent que ce qui comptait, que la seule chose au monde qui comptât, c'était Kay, Kay et son passé, Kay et...

... et un coup de téléphone, tout simplement. Qu'il reçoive un coup de téléphone. Il attendait à longueur de journée, à longueur de nuit. Il mettait le réveil sur une heure du matin, puis sur deux heures, sur trois heures, pour être sûr de ne pas être trop endormi et d'entendre la sonnerie d'appel.

A la même minute, il se disait :

« C'est très bien. Tout est très bien. C'est fini. Cela ne pouvait pas se terminer autrement. »

Parce qu'il avait aux lèvres comme un goût de catastrophe.

Cela ne pouvait pas se terminer autrement ! Il redeviendrait François Combe. On l'accueillerait, au *Ritz*, comme un malade qui a subi une opération grave.

— Alors, fini ?

— Fini.

— Cela n'a pas fait trop mal ? Pas trop endolori ?

Et personne n'était là pour lui voir mordre son oreiller, le soir, en suppliant humblement :

— Kay... Ma petite Kay... Téléphone, de grâce !...

Les rues étaient vides. New-York était vide. Même leur petit bar était vide et, un jour qu'il voulut jouer leur disque, il ne fut pas capable de l'écouter parce qu'un ivrogne qu'on avait en vain essayé de mettre à la porte, un marin nordique. norvégien ou danois, l'avait pris par le cou et lui faisait des confidences incompréhensibles.

Est-ce que ce n'était pas mieux ainsi ? Elle était partie, pour toujours. Elle savait bien, ils savaient bien, tous les deux, que c'était pour toujours.

— *Ce n'est pas un départ, François... C'est une arrivée...*

Qu'est-ce qu'elle avait voulu dire ? Pourquoi une arrivée ? Une arrivée où ?

Mademoiselle,

Je me permets de vous rappeler votre facture du...

Trois dollars et quelques *cents* pour une blouse, une blouse qu'il se souvenait maintenant avoir décrochée dans l'armoire de Jessie et avoir emballée dans la malle.

Kay, c'était tout ça. Et Kay, c'était une menace pour sa tranquillité, pour son avenir, et Kay c'était Kay dont il ne pouvait plus se passer.

Il la reniait dix fois par jour et dix fois il lui demandait pardon, pour la renier à nouveau quelques minutes plus tard. Et il évitait, comme s'il y eût senti un danger, tout contact avec les hommes. Il n'était pas allé une seule fois à la radio. Il n'avait revu ni Hourvitch ni Laugier. Il en arrivait à leur en vouloir.

Le septième jour, enfin, ou plutôt la septième nuit, alors qu'il dormait profondément, la sonnerie du téléphone éclata dans la chambre.

Sa montre était là, à côté de l'appareil. Tout avait été prévu. Il était deux heures du matin.

— Allô !

Il entendit les opératrices de longue distance se renvoyer leurs indicatifs et leurs messages conventionnels. Une voix insistante répétait stupidement :

— Allô... mister Combe... Allô, mister Combe ?... C... O... M... B... E... Allô... mister Combe ?...

Et, derrière cette voix, déjà, il y avait la voix de Kay qu'on ne lui donnait pas encore le droit d'écouter.

— Mais oui... Combe... Oui...

— Mister François Combe ?...

— Mais oui... Mais oui...

Elle était là, à l'autre bout de la nuit. Elle demandait doucement :

— C'est toi ?

Et il ne trouvait rien d'autre à répondre que :

— C'est toi ?

Il lui avait dit une fois, tout au début — et cela l'avait fort amusé — qu'elle avait deux voix, une voix quelconque, banale, la voix de n'importe quelle femme, puis une voix grave, un peu trouble, qu'il avait aimée dès le premier jour.

Il ne l'avait pas encore entendue au téléphone et voilà que c'était sa voix d'en bas qu'il découvrait, plus grave encore qu'au naturel, plus chaude, avec quelque chose de traînant, de tendrement persuasif.

Il avait envie de lui crier :

— Tu sais, Kay... C'est fini... Je ne lutterai plus...

Il avait compris. Il ne la renierait plus jamais. Il était impatient de lui annoncer cette grande nouvelle qu'il ne connaissait pas lui-même quelques instants auparavant.

— Je n'ai pas pu t'appeler plus tôt, disait-elle. Je t'expliquerai tout cela plus tard. Il n'y a aucune mauvaise nouvelle, au contraire. Les choses se sont fort bien passées. Seulement, il m'était très difficile de te téléphoner. Maintenant, encore. J'essayerai cependant de le faire chaque nuit...

— Je ne peux pas t'appeler ? Tu n'es pas à l'hôtel ?

Pourquoi y avait-il un silence ? Le devinait-elle déjà déçu ?

— Non, François. Il a fallu que je m'installe à l'ambassade. N'aie pas peur. Ne pense surtout pas qu'il y ait quoi que ce soit de changé. Quand je suis arrivée, on venait d'opérer Michèle, à chaud. Il paraît que c'était très grave. Elle avait fait une pleurésie et, là-dessus, tout à coup, une péritonite s'était déclarée. Tu m'entends ?

— Mais oui. Qui est à côté de toi ?

— Une femme de chambre. Une brave Mexicaine qui couche au même étage que moi et qui, entendant du bruit, est venue voir si je n'avais besoin de rien.

Il l'entendit dire quelques mots en espagnol à la domestique.

— Tu es toujours là ? J'en finis avec ma fille. On avait appelé les meilleurs chirurgiens. L'opération a bien réussi. Mais, pendant quelques jours, il y avait toujours les suites à craindre. C'est tout, mon chou...

Elle ne l'avait jamais appelé « mon chou », et ce mot lui fit un effet déprimant.

— Je pense à toi, tu sais, à toi tout seul dans ta chambre. Tu es très malheureux ?

— Je ne sais pas. Oui... non...

— Tu as une drôle de voix.

— Tu crois ? C'est parce que tu ne m'as jamais entendu au téléphone. Quand reviens-tu ?

— Je ne sais pas encore. Je resterai le moins longtemps possible, je te le promets. Peut-être trois ou quatre jours...

— C'est long.

— Comment dis-tu ?

— Je dis que c'est long.

Elle rit. Il fut persuadé qu'elle riait à l'autre bout du fil.

— Figure-toi que je suis pieds nus, en robe de chambre, parce que le téléphone est placé près de la cheminée. Il fait presque froid. Et toi ? Tu es dans ton lit ?

Il ne savait que répondre. Il ne savait plus que dire. Il s'était trop préparé à cette joie-là, il s'était trop réjoui d'avance et maintenant il ne la reconnaissait pas.

— Tu es resté sage, François ?

Il dit oui.

Et alors il l'entendit, à l'autre bout du fil, qui fredonnait très bas, très doucement, la chanson qu'ils étaient allés entendre si souvent, leur chanson.

Il sentit que quelque chose montait dans sa poitrine, comme une vague chaude qui le submergeait par l'intérieur, qui l'empêchait de bouger, de respirer, d'ouvrir la bouche.

Elle finissait le refrain et, après un silence — il se demanda si elle pleurait, si elle était incapable de parler tout de suite, elle aussi — elle murmura :

— Bonne nuit, mon François. Endors-toi. Je te téléphonerai la nuit prochaine. Bonne nuit.

Il entendit un bruit léger qui devait être celui du baiser qu'elle lui envoyait à travers l'espace. Il dut balbutier quelque chose. Les opératrices reprenaient possession de la ligne et il ne comprenait pas qu'on le priait de raccrocher, qu'on finissait par l'engueuler.

— Bonne nuit...

Simplement. Et le lit était vide.

— Bonne nuit, *mon* François...

Et il ne lui avait pas dit ce qu'il avait à lui dire, il ne lui avait pas crié le message si important, la nouvelle capitale qu'il avait à lui apprendre.

C'était maintenant seulement que les mots, les phrases lui venaient aux lèvres.

— *Tu sais, Kay...*

— *Oui, mon chou...*

— *Le mot de la gare... la dernière phrase que tu as dite...*

— *Oui, mon chou...*

— *Que ce n'était pas un départ, mais une arrivée...*

Elle souriait, elle devait sourire. Et il voyait si bien ce sourire-là qu'il en était comme halluciné, qu'il parlait à voix haute, tout seul, dans le vide de sa chambre.

— *J'ai compris, enfin... J'y ai mis le temps, n'est-ce pas ?... Mais il ne faut pas m'en vouloir...*

— *Non, mon chou...*

— *Parce que les hommes, vois-tu, sont moins subtils que vous autres... Et aussi parce qu'ils ont plus d'orgueil...*

— *Oui, mon chou... Cela ne fait rien...*

D'une voix si grave, si douce...

— *Tu es arrivée avant moi, mais, maintenant, je t'ai rejointe... Nous sommes arrivés tous les deux, dis... Et c'est merveilleux, n'est-ce pas ?...*

— *C'est merveilleux, mon chou...*

— *Ne pleure pas... Il ne faut pas pleurer... Je ne pleure pas non plus... Mais je n'ai pas encore l'habitude, tu comprends ?*

— *Je comprends...*

— *Maintenant, c'est fini... Cela a été long, le chemin a été parfois difficile... Mais je suis arrivé... Et je sais... Je t'aime Kay... Tu entends, dis ?... Je t'aime... Je t'aime... Je t'aime...*

Et il enfonça son visage ruisselant dans l'oreiller, le corps secoué de sanglots rauques, tandis que Kay lui souriait toujours, tandis qu'il entendait sa voix d'en bas qui murmurait à son oreille :

— *Oui, mon chou...*

9

Il y avait une lettre pour lui au courrier du matin et, n'eût-elle pas porté le timbre du Mexique, il avait la conviction qu'il eût reconnu qu'elle était de Kay. Il n'avait jamais vu son écriture. Mais c'était tellement elle ! Au point qu'il en était attendri parce que cette Kay-là, à la fois enfantine, craintive et terriblement imprudente, il était sûr d'être le seul à la connaître.

Sans doute était-il ridicule, mais, dans les courbes de certaines lettres, il croyait reconnaître des courbes de son corps ; il y avait des jambages très fins, comme certaines de ces rides imperceptibles qui la marquaient. Et des audaces soudaines, imprévues. Et beaucoup de faiblesse ; un graphologue aurait peut-être décelé sa maladie, car il avait la conviction, presque la certitude, qu'elle était encore malade, qu'elle n'avait jamais été tout à fait guérie, qu'elle resterait toujours comme blessée.

Et ces repliements presque candides quand elle butait sur un mot difficile, sur une syllabe de l'orthographe de laquelle elle n'était pas sûre.

Elle ne lui avait pas parlé de cette lettre au cours de leur conversation téléphonique de la nuit, probablement parce qu'elle n'en avait pas eu le temps, qu'elle avait trop à dire, qu'elle n'y avait plus pensé.

La grisaille était devenue douceur, et la pluie qui tombait toujours faisait un accompagnement en sourdine à ses pensées.

Mon grand chéri,

Comme tu dois être seul et malheureux ! Voilà déjà trois jours que je suis arrivée ici et je n'ai pas encore trouvé le temps de t'écrire ni le moyen de te téléphoner. Mais je n'ai pas cessé de penser à mon pauvre François, qui se fait du mauvais sang à New-York.

Car je suis sûre que tu es tout perdu, tout esseulé, et je me demande encore ce que j'ai bien pu faire, ce que tu peux trouver en moi pour que ma présence te soit aussi nécessaire.

Si tu savais la pauvre tête que tu avais, dans le taxi, à la gare Centrale ! Il m'a fallu tout mon courage pour ne pas faire demi-tour et venir te retrouver. Puis-je t'avouer que cela m'a rendue heureuse ?

Je ne devrais peut-être pas te parler de ça mais, depuis New-York, je n'ai cessé de penser à toi, même dans la chambre de ma fille.

Je te téléphonerai cette nuit ou la nuit prochaine, cela dépendra de la santé de Michèle, car, jusqu'ici, j'ai passé toutes les nuits à la clinique où on m'a dressé un petit lit dans la chambre voisine de la sienne. Je t'avoue que je n'ai pas osé demander la communication avec New-York. Ou bien il faudrait que je te parle de ma chambre — et la porte de ma fille reste toujours ouverte — ou bien je devrais aller téléphoner du bureau où il y a en permanence une sorte de dragon à lunettes qui ne m'aime pas.

Si tout va bien, c'est ma dernière nuit à la clinique.

Mais il faut que je t'explique, afin que tu ne te fasses pas des idées, car, comme je te connais, tu dois te mettre l'esprit à la torture.

Et d'abord, que je te confesse tout de suite que je t'ai presque trompé. Rassure-toi, mon pauvre chéri. Tu vas voir dans quel sens j'emploie ce mot-là. Quand je t'ai quitté, à la gare, et que j'ai eu mon billet, je me suis sentie tout à coup si perdue que je me suis précipitée au restaurant. J'avais une si grosse envie de pleurer, mon François ! Je te voyais toujours à travers les vitres du taxi, les traits tirés, le regard tragique.

Au comptoir, à côté de moi, il y avait un homme. Je ne serais pas capable de le reconnaître, ni de préciser s'il était jeune ou vieux. Toujours est-il que je lui ai dit :

— Parlez-moi, voulez-vous ? J'ai encore vingt minutes à attendre. Dites-moi n'importe quoi, que je ne fonde pas en larmes devant tout le monde...

J'ai dû passer pour une sotte, une fois de plus. J'ai vraiment agi comme une sotte, je m'en suis rendu compte après. Il fallait que je parle, que je dise ce que j'avais sur le cœur, et je ne sais plus ce que, pendant un grand quart d'heure, j'ai raconté à cet inconnu.

J'ai parlé de toi, de nous. Je lui ai dit que je partais et que tu restais, tu comprends ?

Puis j'ai pensé que j'avais encore le temps de te téléphoner. Ce n'est qu'une fois dans la cabine que je me suis souvenue que tu n'avais pas encore le téléphone.

J'ai fini par me trouver installée dans le train, je me demande comment, et j'ai dormi toute la journée, François, je n'ai même pas eu le courage de me lever pour me rendre au wagon-restaurant et je n'ai mangé qu'une orange.

Est-ce que cela t'ennuie que je te raconte tout ça ? Ma fille dort. La garde vient de sortir, car c'est la même garde pour les deux malades et l'autre a besoin qu'on lui fasse toutes les heures des applications de glace sur le ventre.

Je suis dans mon petit lit, comme au sana, dans une chambre ripolinée, avec juste une petite lumière pour éclairer mon papier, que je tiens sur mes genoux repliés.

Je pense à toi, à nous. Je me demande encore comment c'est possible. Je me le suis demandé pendant tout le voyage. J'ai tellement l'impression, vois-tu, de ne pas le mériter ! Et j'ai si peur de te faire encore mal. Tu sais ce que je veux dire, mon François, mais je suis persuadée, maintenant, qu'un jour tu sauras que j'aime pour la première fois. Est-ce que tu commences déjà à le sentir ? C'est pour toi que je le voudrais, pour que tu ne souffres plus.

Il ne faut plus que je parle de ces choses-là parce que je serais capable d'appeler New-York au téléphone malgré la présence de Michèle.

J'ai été gênée de trouver devant moi presque une jeune fille. Elle me ressemble. Elle me ressemble beaucoup plus que quand elle était petite et que tout le monde prétendait qu'elle était le portrait de son père. Elle s'en est aperçue aussi et elle me regarde — excuse-moi d'écrire ça avec un tout petit peu de fierté — elle me regarde, dis-je, avec une sorte d'admiration.

Quand je suis arrivée à la gare, après deux jours de voyage, il était passé onze heures du soir. A tout hasard, j'avais envoyé un télégramme de la frontière et j'ai aperçu la voiture à cocarde de l'ambassade.

Cela m'a fait un drôle d'effet de traverser ainsi, toute seule dans une limousine, une ville illuminée où les gens avaient l'air de commencer à vivre. Le chauffeur m'avait annoncé :

— Que Madame se rassure. Les médecins considèrent Mademoiselle comme hors de danger. On l'a opérée hier dans les meilleures conditions.

J'étais contente que L... ne soit pas venu à la gare. Il n'était pas à l'ambassade non plus, où j'ai été reçue par une sorte de gouvernante très hongroise et très grande-dame-qui-a-eu-des-malheurs. C'est elle qui m'a conduite dans l'appartement qui m'était réservé.

— Si vous désirez aller à la clinique cette nuit, une des voitures restera à votre disposition.

Je ne sais pas si tu comprends mon état d'esprit, mon chou, avec ma pauvre valise, toute seule dans cet immense palais.

— La femme de chambre va vous préparer un bain. Sans doute, après, mangerez-vous quelque chose ?

Je ne sais plus si j'ai mangé. C'est dans ma chambre qu'on m'a apporté une table toute servie, comme dans un hôtel, avec une bouteille de vin de Tokay et je te confesse, quitte à te faire rire ou à te fâcher, que je l'ai bue tout entière.

La clinique est un peu en dehors de la ville, sur une hauteur... Tout s'est passé fort cérémonieusement. L... était au salon, avec un des deux chirurgiens qui venait justement d'examiner Michèle. Il s'est incliné devant moi. Pour me présenter, il a dit :

— La mère de ma fille.

Il était en habit, ce qui n'avait rien d'extraordinaire en soi, car il avait dû se montrer à une réception officielle, mais ce qui lui donnait un air encore plus glacé que d'habitude.

Le médecin expliquait qu'à son avis tout danger était écarté, mais qu'il demandait encore trois ou quatre jours pour se prononcer définitivement. Quand il est parti, seulement, et que nous sommes restés en tête à tête, dans cette sorte de parloir qui m'a rappelé le couvent, L..., tout à fait calme, à son aise, m'a mise au courant.

— Vous ne m'en voudrez pas si je vous ai avertie un peu tardivement, mais j'ai eu une certaine peine à me procurer votre dernière adresse.

Et tu sais, toi, mon chou, que ce n'était pas la dernière, puisque nous étions chez nous !

Excuse-moi de te répéter ces deux mots-là, mais j'ai besoin de les écrire, de les prononcer à mi-voix, pour bien me persuader que c'est vrai. J'ai été malheureuse, toi aussi, et je devrais être auprès de toi, je sens si bien que c'est ma vraie place !

L'intervention avait été décidée brusquement, au beau milieu de la nuit. J'essaie de tout te raconter, mais mes idées s'embrouillent un peu. Pense que je ne sais pas encore depuis quand Michèle est au Mexique. Nous n'avons guère pu nous parler toutes les deux, et, d'ailleurs, elle est tellement intimidée devant moi qu'elle ne trouve rien à dire. Si je parle, la garde vient me faire signe que je dois me taire. C'est même écrit sur les murs !

Qu'est-ce que je te raconte, François ? J'ai oublié depuis combien de jours exactement je suis ici. Je dors dans la chambre de la garde, mais celle-ci y vient rarement, je crois que je te l'ai déjà dit, parce qu'elle a beaucoup de soins à donner à l'autre malade qui, paraît-il, est aussi une jeune fille.

Souvent, Michèle parle à mi-voix en dormant. Elle parle presque toujours en hongrois et elle prononce des noms de gens que je ne connais pas.

Le matin, j'assiste à sa toilette. Elle a un petit corps qui me rappelle le mien quand j'avais son âge et cela me fait venir les larmes aux yeux. Elle a la même pudeur que j'avais alors. Pour une partie des soins, il faut absolument que je sorte. Elle ne veut même pas que je reste le dos tourné.

J'ignore ce qu'elle pense, ce qu'on lui a raconté de moi. Elle m'observe avec curiosité, avec étonnement. Quand son père arrive, elle nous regarde tous les deux sans rien dire.

Et moi, François, c'est peut-être vilain de l'écrire, je pense tout le temps à toi, même quand, avant-hier, vers dix heures du soir, Michèle a eu une syncope qui a fait peur à tout le monde, et qu'on a téléphoné à l'Opéra pour avertir son père.

Est-ce que je suis une sans-cœur, un monstre ?

L... aussi me regarde avec surprise. Et je me demande, vois-tu, si, depuis que je te connais, depuis que je t'aime, il n'y a pas en moi quelque chose de nouveau qui frappe même les indifférents.

Jusqu'à la douairière qui sert de gouvernante à l'ambassade ! Si tu voyais les yeux qu'elle me fait...

Car, le matin, la voiture vient me chercher et me reconduit à l'ambassade. Je monte tout de suite dans mon appartement. J'y prends mes repas. Je n'ai pas encore vu la salle à manger et, si j'ai aperçu l'enfilade de salons, c'est qu'on était en train de faire le nettoyage une fois que je suis passée, et que toutes les portes étaient ouvertes.

Nos conversations, ou plutôt notre conversation avec L... — car, en réalité, il n'y en a eu qu'une qui mérite ce nom — a eu lieu dans son bureau. Il m'avait téléphoné dans ma chambre pour me demander s'il pouvait me rencontrer à onze heures.

Il m'a examinée, comme les autres, avec étonnement. Il y a ajouté un peu de pitié, peut-être à cause de ma robe, de mes mains sans bijoux, de mon visage, que je n'avais pas pris la peine de maquiller. Mais il y avait autre chose aussi dans son regard. Ce que je t'ai dit et que je ne peux pas expliquer. Comme si les gens devinaient confusément l'amour, et comme si ça les mettait mal à l'aise.

Il m'a demandé :

— Vous êtes heureuse ?

Et je lui ai répondu « Oui » si simplement, en le fixant dans les yeux, que c'est lui qui a baissé les paupières.

— Je profite, si je puis dire, de l'occasion qui nous réunit accidentellement, pour vous annoncer mon prochain mariage.

— Je vous croyais déjà remarié.

— Je l'ai été. Cela n'a été qu'une erreur.

Un geste sec de sa main. Ne sois pas jaloux, François, si je te dis qu'il a de fort belles mains.

— Je me remarie vraiment, je recommence ma vie, et c'est pourquoi j'ai fait venir Michèle ici, car elle aura sa place dans mon nouveau foyer.

Il croyait que j'allais pleurer, pâlir, je ne sais pas, moi. Et, pendant tout ce temps-là, je te le jure, je te supplie de me croire, je pensais à toi. J'aurais tant voulu lui annoncer :

— Moi, j'aime !

Mais il le savait déjà. Il le sentait. Il n'est pas possible que les gens ne le sachent pas.

— C'est pourquoi, Catherine...

Excuse-moi encore, je ne veux pas te faire de mal mais il est nécessaire que je te raconte tout.

— C'est pourquoi vous ne m'en voudrez pas de ne pas vous mêler plus intimement à la vie de la maison et de ne pas souhaiter que votre séjour se prolonge trop longtemps. J'ai tenu à accomplir mon devoir.

— Je vous remercie.

— Il y a d'autres questions que j'aurais aimé régler depuis longtemps, et, si je ne l'ai pas fait, c'est qu'il m'était impossible de découvrir votre adresse.

Je t'en parlerai, François. Je n'ai d'ailleurs pas pris de décision formelle. Mais dis-toi bien que tout ce que j'ai fait, je l'ai fait pour toi, avec toi, avec conscience d'être toujours « avec » toi.

Maintenant, tu connais à peu près ma vie ici. Ne crois surtout pas que j'en sois humiliée. Je suis une étrangère dans la maison, où je ne vois personne en dehors de la gouvernante et des domestiques. Ils sont polis, distants. Il n'y a qu'une petite femme de chambre de Budapest, qui s'appelle Nouchi, et qui m'a dit un matin, alors qu'elle me surprenait sortant du bain :

— Madame a exactement la même peau que Mlle Michèle.

Toi aussi, mon chéri, tu m'as avoué, un soir, que tu aimais ma peau. Celle de ma fille est bien plus douce, bien plus blanche. Et sa chair à elle...

Voilà que je redeviens triste. Je ne voulais pas être triste ce soir pour t'écrire. Mais j'aurais tant désiré t'apporter quelque chose qui en vaille la peine !

Je ne t'apporte rien. Au contraire. Tu sais à quoi je pense, à quoi tu penses tout le temps, malgré toi, et voilà encore que cela me fait peur et que je me demande si je dois rentrer à New-York.

Si j'étais une héroïne, comme celles dont on parle, je ne le ferais sans doute pas. Je partirais, comme on dit, sans laisser d'adresse, et peut-être que tu serais vite consolé.

Je ne suis pas une héroïne, mon François. Tu vois ! Je ne suis même pas une mère. A côté du lit de ma fille, c'est à mon amant que je pense, c'est à mon amant que j'écris, et je suis fière de tracer ce mot-là pour la première fois de ma vie.

Mon amant...

Comme dans notre chanson, est-ce que tu t'en souviens encore ? Est-ce que tu es allé l'entendre ? Je souhaite que non, tant j'imagine ta pauvre tête en l'écoutant, et j'ai peur que tu boives.

Il ne faut pas. Je me demande à quoi tu peux user tes journées, tes longues journées d'attente. Tu dois passer des heures et des heures dans notre chambre et tu connais, sans doute, maintenant, les moindres faits et gestes de notre petit tailleur qui me manque, lui aussi.

Je ne veux plus y penser, sinon, au risque d'un scandale, je te téléphone. Pourvu que tu aies obtenu d'être branché tout de suite !

Je ne sais pas encore si c'est la nuit prochaine ou la nuit suivante que Michèle sera assez bien pour que j'aille dormir à l'ambassade, où j'ai le téléphone dans ma chambre.

J'ai déjà dit à L..., d'un ton négligent :

— Cela ne vous ennuiera pas s'il m'arrive de téléphoner à New-York ?

J'ai vu ses mâchoires se serrer. Ne va pas penser des choses extraordinaires, chéri. C'est un tic chez lui. C'est à peu près le seul signe d'émotion qu'on puisse découvrir sur son visage.

Et je crois qu'il aurait été si content de me sentir seule dans la vie et même de me voir à la dérive !

Pas pour en profiter, va ! C'est bien fini. Mais à cause de son orgueil, qui est immense.

Il m'a répondu froidement, avec une inclination du buste qui est une autre de ses manies et qui fait très diplomate :

— Quand vous le désirerez.

Il a compris. Et j'avais envie, moi, mon chéri, de lui lancer ton nom à la tête, de crier :

— François...

Si cela devait encore durer longtemps, je serais obligée d'en parler à quelqu'un, à n'importe qui, comme je l'ai fait à la gare. Tu ne m'en veux pas de cette sotte histoire de la gare, au moins ? Tu comprends bien que c'était à cause de toi, que je ne pouvais pas te porter plus longtemps toute seule ?

L'air que tu avais quand tu m'as dit :

— Tu ne peux pas te passer de faire du charme, fût-ce au garçon de la cafétéria ou au chauffeur du taxi... Tu as tellement besoin de l'hommage des hommes que tu sollicites celui du mendiant à qui tu donnes dix sous...

Eh ! je vais t'avouer autre chose... Non... Tu me jugerais mal... Et pourtant, tant pis !... Si je te disais que j'ai failli parler de toi à ma fille, que j'en ai parlé, vaguement, oh ! très vaguement — n'aie pas peur — comme d'un grand ami, de quelqu'un en qui je pourrais toujours avoir confiance...

Il est quatre heures du matin, déjà. Je ne m'en étais pas aperçue. Je n'ai plus de papier. J'ai déjà écrit dans toutes les marges, tu t'en rends compte, et je me demande comment tu vas t'y retrouver.

Je voudrais tant que tu ne sois pas triste, que tu ne te sentes pas seul, que tu aies confiance, toi aussi. Je donnerais tout pour que tu ne souffres plus à cause de moi.

La nuit prochaine ou la nuit d'après, je te téléphonerai, je t'entendrai, tu seras chez nous.

Je suis brisée.

Bonsoir, François.

Et il eut vraiment l'impression, ce jour-là, qu'il portait en lui un bonheur si grave que nul ne pouvait l'approcher sans s'en apercevoir.

C'était si simple ! Si simple !

Et si simplement beau !

Des angoisses subsistaient, comme des points douloureux au cours d'une convalescence, mais, ce qui l'emportait, c'était une immense sérénité.

Elle reviendrait et la vie recommencerait.

Rien d'autre.

Il n'y avait qu'à penser :

« Elle reviendra, elle va revenir et la vie commencera. »

Il n'avait pas envie de rire, de sourire, de s'ébattre, mais il était heureux avec calme et dignité, et il ne voulait pas s'abandonner à ses petites inquiétudes.

Des inquiétudes ridicules, n'est-ce pas ?

« *Cette lettre date de trois jours... Qui sait, depuis trois jours...* »

Et, comme il avait essayé d'imaginer — si faussement — l'appartement qu'elle avait partagé avec Jessie avant de le connaître, il imaginait cette vaste maison de l'ambassade, à Mexico, ce Larski, qu'il n'avait jamais vu, dans son bureau, avec Kay en face de lui.

Quelle était cette proposition qu'il lui avait faite, qu'elle avait acceptée sans accepter, dont elle remettait à plus tard le soin de lui parler ?

Est-ce qu'elle lui téléphonerait cette nuit encore ? A quelle heure ?

Car elle ne savait rien. Il avait été stupidement muet au téléphone. Elle n'était pas au courant de son évolution à lui. Au fond, elle ignorait toujours qu'il l'aimait.

Elle ne pouvait pas le savoir, puisqu'il ne l'avait découvert que quelques heures plus tôt !

Alors ? Qu'allait-il se passer ? Ils ne seraient peut-être plus au même diapason ? C'était tout de suite qu'il avait envie de lui apprendre la nouvelle et de lui donner des détails.

Puisque sa fille était hors de danger, elle n'avait qu'à revenir. Que faisait-elle à s'attarder là-bas, au milieu d'influences fatalement hostiles ?

Cette idée de disparaître sans laisser de traces, parce qu'elle le faisait et qu'elle le ferait encore souffrir !

Non ! Non ! Il devait lui expliquer...

, Tout ça était changé. Il fallait qu'elle sût. Elle était capable, autrement, de faire une bêtise.

Il était heureux, baigné de bonheur, de bonheur pour demain, pour dans quelques jours, mais qui se traduisait dans l'immédiat par une angoisse, parce que, ce bonheur-là, il ne le tenait pas encore et qu'il avait une peur atroce de le manquer.

Un accident d'avion, simplement. Il la supplierait de ne pas prendre l'avion pour revenir... Mais alors l'attente durerait quarante-huit heures de plus... Est-ce qu'il y a beaucoup plus d'accidents d'avions que d'accidents de chemin de fer ?

Il lui en parlerait, en tout cas. Il pouvait sortir, puisqu'elle lui avait annoncé qu'elle ne lui téléphonerait que la nuit.

Laugier avait été idiot. Le mot était trop faible. Il avait été perfide. Car son discours de l'autre soir n'était autre chose qu'une perfidie. Parce qu'il avait senti, lui aussi, ce dont Kay parlait, ce reflet de l'amour qui fait enrager les gens qui ne le possèdent pas.

— *On pourrait, à la rigueur, en faire une ouvreuse de cinéma...*

Ce n'étaient pas les mots exacts, mais c'était ce qu'il avait dit de Kay !

Il ne but pas de la journée. Il ne voulut pas boire. Il tenait à rester calme, à savourer son calme, sa quiétude, car c'était de la quiétude malgré tout.

A six heures du soir, seulement, il décida — et il savait d'avance que cela arriverait — d'aller voir Laugier, au *Ritz*, non pas tant pour le défier que pour lui montrer sa sérénité.

Peut-être que si Laugier l'avait taquiné, comme il s'y attendait, ou s'il s'était montré un tant soit peu agressif, les choses se seraient passées autrement.

Ils étaient encore toute une tablée, au bar, et il y avait avec eux la jeune Américaine de la fois précédente.

— Comment ça va, vieux ?

Un coup d'œil, simplement. Un coup d'œil satisfait, une poignée de main un tout petit peu plus cordiale que d'habitude, comme pour dire :

— Tu vois ! Ça y est ! J'avais raison...

L'imbécile se figurait que c'était fini, peut-être qu'il avait déjà lancé Kay par-dessus bord ?

On n'en parlait plus. On ne s'en occupait plus. La question était liquidée. Il était redevenu un homme comme un autre.

Ils s'imaginaient ça vraiment ?

Eh bien ! lui, il ne voulait pas être un homme comme un autre, et il éprouva le besoin de les regarder avec pitié. Kay lui manquait, soudain, à un point qu'il n'aurait jamais pu prévoir, au point de lui donner un vertige physique.

Ce n'était pas possible qu'on ne s'en aperçût pas. Ou alors, il serait vraiment comme les autres, ces gens qui l'entouraient et pour qui il n'avait que mépris ?

Il faisait les gestes de tous les jours, il acceptait un *manhattan*, deux *manhattans*, répondait à l'Américaine, qui imprimait du rouge sur ses cigarettes et qui le questionnait sur les pièces qu'il avait créées en France.

Il avait une furieuse envie, un besoin douloureux, de la présence de Kay et pourtant il se comportait comme un homme normal et il se surprit à faire la roue, à parler avec plus d'animation qu'il n'aurait dû de ses succès de théâtre.

La tête de rat n'était pas là. Il y avait d'autres personnes qu'il ne connaissait pas et qui prétendaient avoir vu ses films.

Il aurait voulu parler de Kay. Il avait sa lettre en poche et, à certains moments, il aurait été capable de la lire à n'importe qui, à cette Américaine, par exemple, qu'il n'avait pas regardée la fois précédente.

« Ils ne savent pas, se répétait-il. Ils ne peuvent pas savoir. »

Il buvait machinalement les verres qu'on lui servait. Il pensait :

« Encore trois jours, quatre au plus. Cette nuit, déjà, elle me parlera au téléphone, elle me chantera notre chanson. »

Il aimait Kay, c'était indiscutable. Il ne l'avait jamais aimée autant que ce soir-là. Et même, c'est ce soir-là qu'il allait découvrir une nouvelle forme de leur amour, qu'il allait peut-être en découvrir les racines.

Mais c'était encore confus et cela resterait toujours confus, comme un mauvais rêve.

Le sourire satisfait de Laugier, par exemple, avec une petite paillette d'ironie sur la prunelle. Pourquoi Laugier se moquait-il soudain de lui ? Parce qu'il parlait à la jeune Américaine ?

Eh bien ! il lui parlait de Kay. Il n'aurait déjà plus pu dire comment il y était arrivé, comment il était parvenu à mettre leur entretien sur ce chapitre.

Ah ! oui, elle lui avait demandé :

— Vous êtes marié, n'est-ce pas ? Est-ce que votre femme est avec vous à New-York ?

Et il avait parlé de Kay. Il avait dit qu'il était venu seul à New-York, et que c'était la solitude qui lui avait fait comprendre la valeur inestimable d'un contact humain.

C'était le mot qu'il avait employé et qui, à cet instant, lui paraissait si lourd de sens, dans la chaleur du *Ritz*, dans le brouhaha de la foule, devant son verre, qu'il vidait sans cesse, que c'était comme une révélation.

Il était seul, avec sa chair triste. Et il avait rencontré Kay. Et ils avaient plongé tout de suite aussi loin dans l'intimité de leurs êtres que la nature humaine le permet.

Parce qu'ils avaient faim d'humain.

— Vous ne comprenez pas, n'est-ce pas ? Vous ne pouvez pas comprendre.

Et ce sourire de Laugier qui, au guéridon voisin, bavardait avec un imprésario !

Combe était sincère, passionné. Il était plein de Kay. Il débordait d'elle. Il se souvenait de la première fois qu'ils s'étaient jetés l'un sur l'autre, sans rien savoir l'un de l'autre, sinon qu'ils avaient faim d'un contact humain.

Il répétait le mot, s'efforçait d'en donner l'équivalent en anglais, et l'Américaine le regardait avec des yeux qui devenaient rêveurs.

— Dans trois jours, peut-être plus tôt, si elle prend l'avion, elle sera ici.

— Comme elle doit être heureuse !

Il voulait parler d'elle. Le temps passait trop vite. Déjà le bar se vidait et Laugier se levait, tendait la main.

— Je vous laisse, mes enfants. Dis donc, François, tu seras gentil de reconduire June ?

Combe devinait confusément comme un complot autour de lui, mais il ne voulait pas se rendre à l'évidence.

Est-ce que Kay ne lui avait pas donné tout ce qu'une femme peut donner ?

Voilà deux êtres qui gravitent, chacun de son côté, sur la surface du globe, qui sont comme perdus dans les milliers de rues, pareilles les unes aux autres, d'une ville comme New-York.

Et le Destin fait qu'ils se rencontrent. Et, quelques heures plus tard, ils sont si farouchement soudés l'un à l'autre que l'idée de la séparation leur est intolérable.

N'est-ce pas merveilleux ?

C'est ce merveilleux-là qu'il aurait voulu faire comprendre à June qui le regardait avec des yeux où il croyait lire la nostalgie des mondes qu'il lui ouvrait.

— De quel côté allez-vous ?

— Je ne sais pas. Je ne suis pas pressée.

Alors, il la conduisit à son petit bar. Il avait besoin d'y aller et il ne se sentait pas le courage, ce soir-là, d'y aller seul.

Elle portait une fourrure, elle aussi, et elle aussi, d'un geste tout naturel, accrocha la main à son bras.

Il lui sembla que c'était un peu Kay qui était là. Est-ce que ce n'était pas de Kay, et de Kay seule, qu'ils parlaient ?

— Elle est très jolie ?

— Non.

— Alors ?

— Elle est émouvante, elle est belle. Il faudrait que vous la voyiez. C'est *la* femme, vous comprenez ? Non, vous ne comprenez pas. La femme déjà un peu blasée et qui, pourtant, est restée une enfant. Entrez ici. Vous allez entendre...

Il cherchait fébrilement des *nickels* dans sa poche et il déclenchait le disque, regardait June avec l'espoir qu'elle allait tout de suite partager *leur* émotion.

— Deux *manhattans*, barman.

Il sentait qu'il avait tort de boire encore, mais il était trop tard pour s'arrêter. La chanson le troublait au point que des larmes lui montaient aux yeux et que l'Américaine, alors qu'il ne s'y attendait pas, lui caressa doucement la main d'un geste apaisant.

— Il ne faut pas pleurer, puisqu'elle va revenir.

Alors, il serra les poings.

— Mais vous ne comprenez donc pas que je ne peux plus attendre, que trois jours, que deux jours, c'est une éternité ?

— Chut ! On vous écoute.

— Je vous demande pardon.

Il était trop tendu. Il ne voulait pas se détendre. Il remettait le disque, une fois, deux fois, trois fois, et chaque fois, il commandait d'autres cocktails.

— La nuit, il nous arrivait de marcher pendant des heures le long de la 5e Avenue.

Il fut tenté de marcher de la sorte avec June, pour lui montrer, pour bien lui faire partager ses angoisses et sa fièvre.

— J'aimerais bien connaître Kay, disait-elle, rêveuse.

— Vous la connaîtrez. Je vous la ferai connaître.

Il était sincère, sans arrière-pensée.

— Il y a maintenant, à New-York, des tas d'endroits où je ne puis plus passer seul.

— Je comprends.

Elle lui reprenait la main. Elle paraissait émue, elle aussi.

— Partons, proposa-t-elle.

Pour aller où ? Il n'avait pas envie de se coucher, de retrouver la solitude de sa chambre. Il n'avait pas conscience de l'heure.

— Tenez ! Je vais vous conduire dans un cabaret que je connais, où nous sommes allés, Kay et moi.

Et, dans le taxi, elle se serrait contre lui, et elle avait mis sa main nue dans la sienne.

Alors, il lui sembla... Non, c'était impossible à expliquer. Il lui sembla que Kay, ce n'était pas seulement Kay, que c'était tout l'humain du monde, que c'était tout l'amour du monde.

June ne comprenait pas. Elle avait sa tête contre son épaule et il respirait un parfum inconnu.

— Jurez-moi que vous me la ferez connaître.

— Mais oui.

Ils entrèrent au bar n° I, où le pianiste laissait toujours errer sur le clavier du piano des doigts indolents. Elle marchait, comme Kay, devant lui, avec cet orgueil instinctif d'une femme qu'un homme suit. Elle s'asseyait, comme elle, en repoussant son manteau, ouvrait son sac pour y prendre une cigarette, cherchait son briquet.

Est-ce qu'elle allait, elle aussi, parler au maître d'hôtel ?

Il y avait, à cette heure, des traces de fatigue sous ses yeux, comme Kay, et on sentait la chair des joues un peu molles sous le fard.

— Donnez-moi du feu, voulez-vous ? Je n'ai plus d'essence dans mon briquet.

Elle lui souffla en riant la fumée au visage et, un peu plus tard, en se penchant, elle frôlait son cou de ses lèvres.

— Parlez-moi encore de Kay.

Mais ce fut elle qui s'impatienta et qui prononça en se levant :

— Partons !

Pour aller où, une fois encore ? Peut-être que maintenant, ils le devinaient l'un et l'autre. Ils étaient à Greenwich Village, à deux pas de Washington Square. Elle lui serrait le bras, elle se laissait aller contre lui en marchant, il sentait sa hanche contre la sienne à chaque pas.

Et c'était Kay. Malgré tout, c'était Kay qu'il cherchait, c'était le contact de Kay, et même la voix de Kay qu'il croyait entendre quand elle parlait bas, d'une voix qui commençait à être trouble.

Ils s'arrêtèrent en bas devant la porte. Combe resta un moment immobile, il eut l'impression de fermer les yeux l'espace d'une seconde, puis, d'un geste à la fois doux et résigné, où il y avait comme de la pitié pour elle et pour lui, encore plus que pour Kay, il la poussa devant lui.

Elle montait, quelques marches en avant. Elle avait, elle aussi, une échelle à son bas.

— Plus haut ?

C'est vrai qu'elle ne savait pas ! Elle s'arrêtait sur l'avant-dernier palier et elle évitait de le regarder.

Il ouvrit sa porte, tendit la main vers le commutateur.

— Non. Ne faites pas de lumière, voulez-vous ?

Il en venait un tout petit peu de la rue, de cette lumière blafarde et trop précise qui émane des réverbères et qui sent la nuit des villes.

Il eut contre lui la fourrure, une robe de soie, la chaleur d'un corps, et, enfin, deux lèvres humides qui cherchaient à se mouler aussi exactement que possible aux siennes.

Il pensa :

— Kay...

Puis ils chavirèrent.

Ils restaient maintenant sans parler, immobiles, corps contre corps. Aucun des deux ne dormait et chacun le savait. Combe avait les yeux ouverts et il voyait, tout près de lui, le modelé blafard d'une joue, celui d'un nez où la sueur mettait des luisances.

Ils sentaient bien qu'ils n'avaient plus qu'à se taire et qu'à attendre, et soudain un vacarme les enveloppa, la sonnerie du téléphone se fit entendre, si violente, qu'ils sursautèrent sans se rendre compte immédiatement de ce qui arrivait.

Il se passa cette chose grotesque que Combe, dans son affolement, ne trouva pas tout de suite l'appareil dont il ne s'était servi qu'une fois, et que ce fut June qui, pour l'aider, alluma la lampe de chevet.

— Allô... Oui...

Il ne reconnaissait pas sa propre voix. Il était nu, stupide, debout au milieu de la chambre, avec l'appareil à la main.

— François Combe, oui...

Il la vit qui se levait, qui murmurait :

— Tu veux que je sorte ?

A quoi bon ? Pour aller où ? Est-ce qu'elle n'entendrait pas aussi bien de la salle de bains ?

Et elle se recouchait, sur le côté. Ses cheveux étaient répandus sur l'oreiller presque de la même couleur que les cheveux de Kay, à la même place.

— Allô...

Il s'étranglait.

— C'est toi, François ?

— Mais oui, mon chéri.

— Qu'est-ce que tu as ?

— Pourquoi ?

— Je ne sais pas. Tu as une drôle de voix.

— J'ai été réveillé en sursaut.

Il avait honte de mentir, non seulement de mentir à Kay, mais de mentir à Kay devant l'autre qui le regardait.

Pourquoi, puisqu'elle avait proposé de sortir, n'avait-elle pas au moins la délicatesse de se tourner de l'autre côté ? Elle le regardait, d'un œil, et il ne pouvait pas détacher son regard de cet œil.

— Tu sais, chéri, j'ai une bonne nouvelle à t'annoncer. Je pars demain, ou plutôt ce matin, par l'avion. Je serai à New-York le soir. Allô...

— Oui.

— Tu ne dis rien ? Qu'est-ce qu'il y a, François ? Tu me caches quelque chose. Tu es sorti avec Laugier, n'est-ce pas ?

— Oui.

— Je parie que tu as bu.

— Oui.

— Je me doutais bien que c'était ça, mon pauvre chéri. Pourquoi ne le disais-tu pas ? Demain, dis ! Ce soir...

— Oui.

— C'est par l'ambassade qu'on a pu m'obtenir une place dans l'avion. Je ne sais pas exactement à quelle heure il arrive à New-York, mais tu pourras te renseigner. Je pars par la *Pan-American*. Ne te trompe pas, car il y a deux compagnies qui font le trajet et les appareils n'arrivent pas à la même heure.

— Oui.

Et lui qui avait tant de choses à lui dire ! Lui qui avait la grande nouvelle à lui crier et qui était là, comme hypnotisé par un œil !

— Tu as reçu ma lettre ?

— Ce matin.

— Il n'y avait pas trop de fautes ? Tu as eu le courage de la lire jusqu'au bout ? Je crois que je ne vais pas me coucher. Ce n'est pas que j'en aie pour longtemps à faire mes bagages. Tu sais, cet après-midi, j'ai pu sortir une heure et je t'ai acheté une surprise. Mais je sens bien que tu as sommeil. Tu as vraiment beaucoup bu ?

— Je crois.

— Laugier a été très désagréable ?

— Je ne sais plus, mon chéri. Je pensais à toi, tout le temps.

Il n'en pouvait plus. Il avait hâte de raccrocher.

— A ce soir, François.

— A ce soir.

Il aurait dû faire un effort. Il essayait, de toute son énergie, et il n'y parvenait pas.

Il faillit lui avouer tout à coup :

— Ecoute, Kay, il y a quelqu'un dans la chambre. Tu comprends, maintenant, pourquoi je...

Il le lui dirait quand elle reviendrait. Il ne fallait pas que ce fût une trahison, qu'il se glissât quoi que ce fût de vilain entre eux.

— Dors vite.

— Bonsoir, Kay.

Et il alla lentement poser l'appareil sur le guéridon. Il resta là, immobile au milieu de la chambre, les bras ballants, à regarder par terre.

— Elle a deviné ?

— Je ne sais pas.

— Tu lui diras ?

Il redressa la tête, la regarda en face et prononça avec calme :

— Oui.

Elle resta encore un moment sur le dos, le buste dressé, puis elle arrangea un peu ses cheveux, sortit l'une après l'autre ses jambes du lit et commença à mettre ses bas.

Il ne l'arrêtait pas. Il ne l'empêchait pas de partir. Il s'habillait, lui aussi. Elle dit, sans rancune :

— Je m'en irai bien seule. Vous n'avez pas besoin de me reconduire.

— Mais si.

— Cela vaut mieux pas. Elle pourrait téléphoner à nouveau.

— Tu crois ?

— Si elle a deviné quelque chose, elle retéléphonera.

— Je te demande pardon.

— De quoi ?

— De rien. De te laisser aller comme ça.

— C'est ma faute.

Elle lui sourit. Et, quand elle fut prête, quand elle eut allumé une cigarette, elle s'approcha de lui, lui donna un baiser très léger, très fraternel sur le front. Ses doigts cherchaient ses doigts, les pressaient tandis qu'elle murmurait tout bas :

— Bonne chance !

Après quoi, il s'assit dans un fauteuil, à demi vêtu et il attendit tout le reste de la nuit.

Mais Kay ne téléphona pas et le premier signe de la journée qui commençait fut la lampe qui s'allumait dans la chambre du petit tailleur juif.

Est-ce que Combe se trompait ? Est-ce qu'il en serait toujours ainsi ? Est-ce qu'il découvrirait indéfiniment de nouvelles profondeurs d'amour à atteindre ?

Pas un trait de son visage ne bougeait. Il était très las, courbaturé dans sa chair et dans son cerveau. Il n'avait pas l'impression de penser.

Mais il avait la conviction — comme une certitude diffuse dans tout son être — que c'était de cette nuit seulement qu'il aimait vraiment, totalement, Kay, de cette nuit, en tout cas, qu'il en avait la révélation.

C'est pourquoi il avait honte, quand le jour vint frôler les vitres et faire pâlir la lampe de chevet, de ce qui était arrivé.

10

Elle ne dut pas comprendre. Elle ne pouvait pas comprendre. Il était impossible de savoir par exemple, que, depuis une heure qu'il attendait à l'aéroport de La Guardia, il se demandait, sans aucun romantisme, simplement parce qu'il connaissait l'état de ses nerfs, s'il supporterait le choc.

Tout ce qu'il avait fait ce jour-là, tout ce qu'il était à présent était fatalement si nouveau pour elle qu'il serait obligé, pour ainsi dire, de la réapprivoiser. Et la question, l'angoissante question était de savoir si elle serait encore au diapason, si elle accepterait, si elle serait capable de le suivre aussi loin.

Voilà pourquoi il n'avait rien fait, depuis le matin, de ce qu'il s'était promis, depuis plusieurs jours, de faire lors de son retour. Il ne s'était même pas donné la peine, il n'avait pas daigné changer l'oreiller sur lequel June avait posé sa tête, il ne s'était pas assuré non plus qu'elle n'y avait pas laissé de traces de rouges à lèvres.

A quoi bon ? Il était si loin de tout cela ! C'était tellement dépassé !

Il n'était pas non plus allé commander un petit dîner chez le traiteur italien, et il ne savait pas ce qu'il y avait à manger ou à boire dans le frigidaire.

Ce qu'il avait fait de cette journée-là ? Elle aurait été bien en peine de le deviner. Il pleuvait toujours, en plus fin, en plus sourd, et il avait tiré un fauteuil devant la fenêtre dont il avait ouvert les rideaux, il s'y était assis.

C'était un jour de lumière crue, impitoyable, avec un ciel sans lumière apparente, qui faisait pourtant mal à regarder.

C'était ce qu'il fallait. La couleur des briques des maisons d'en face, détrempées par huit jours de pluie, était affreuse, les rideaux et les fenêtres d'une banalité navrante.

Est-ce qu'il les regardait ? Il fut étonné, plus tard, de constater qu'il n'avait pas un seul instant prêté attention à leur petit tailleur fétiche.

Il était très fatigué. L'idée lui était venue de se coucher pendant quelques heures, mais il était resté là, le col ouvert, les jambes étendues, à fumer des pipes dont il secouait la cendre sur le plancher.

Et, tout à coup, vers midi, alors qu'il était demeuré à peu près immobile jusque-là, il avait marché vers son téléphone et il avait demandé, pour la première fois, une communication à longue distance, un numéro de Hollywood.

— Allô ! C'est vous, Ulstein ?

Ce n'était pas un ami. Des amis, il en avait là-bas, des metteurs en scène, des artistes français mais il dédaignait aujourd'hui de s'adresser à eux.

— Ici, Combe. Oui, François Combe. Comment ? Non, je parle de New York... Je le sais, mon vieux, que, si vous aviez eu quelque chose à me proposer, vous m'auriez écrit ou câblé... Ce n'est pas pour cela que je vous appelle... Allô !... Ne coupez pas, mademoiselle...

Un affreux type, qu'il avait connu à Paris, non pas au *Fouquet's* mais arpentant le trottoir autour du *Fouquet's,* pour faire croire qu'il en sortait.

— Vous vous souvenez de notre dernière conversation, là-bas ? Vous m'avez dit que, si j'acceptais des rôles moyens, mettons, pour parler nettement, des petits rôles, il ne vous serait pas difficile de m'assurer la matérielle... Comment ?

Il eut un sourire amer, car il voyait le moment où l'autre allait se gonfler.

— Soyez précis, Ulstein... Je ne vous parle pas de ma carrière... Combien par semaine ?... Oui, en acceptant n'importe quoi... Mais, sacrebleu, ça ne vous regarde pas ! ça ne regarde que moi... Répondez à ma question et fichez-vous du reste...

Le lit défait et, de l'autre côté, le rectangle gris de la fenêtre. Du blanc cru et du gris froid. Et lui parlait d'une voix coupante.

— Combien ? Six cents dollars ?... Les bonnes semaines ?... Bon ! Cinq cents... Vous êtes sûr de ce que vous dites ?... Vous êtes prêts à signer un contrat, de six mois par exemple, à ce tarif ?... Non, je ne peux pas répondre tout de suite... Demain, probablement... Non plus... C'est moi qui vous rappellerai...

Elle ne savait pas ça, Kay. Elle s'attendait peut-être à trouver l'appartement rempli de fleurs ; elle ignorait qu'il y avait pensé, que cette idée lui avait fait hausser les épaules avec dédain.

N'avait-il pas raison de craindre qu'elle ne fût pas au diapason ?

Il était trop vite. Il avait conscience d'avoir parcouru, en si peu peu de temps, un chemin considérable, vertigineux, que les hommes mettent souvent plusieurs années à parcourir, quand ils n'y usent pas toute leur vie, pour ceux qui arrivent au bout !

Des cloches sonnaient quand il était sorti de chez lui ; il devait être descendu dans la rue, avec son imperméable beige, et il s'était mis à marcher les mains dans les poches.

Ce dont Kay ne se doutait pas, non plus, c'est qu'il était maintenant huit heures du soir et qu'il marchait depuis midi, sauf le quart d'heure qu'il avait passé à manger un *hot dog* à un comptoir. Il n'avait pas choisi la cafétéria. Cela n'avait pas d'importance.

Il avait traversé Greenwich Village en direction des docks, du pont de Brooklyn, et c'était la première fois qu'il avait traversé à pied cet immense pont de fer.

Il faisait froid. Il pleuvait à peine. Le ciel était bas, avec des nuages d'un gris épais. L'East River avait des vagues rageuses et des crêtes blanches, des remorqueurs sifflaient comme en colère, d'ignobles bateaux bruns, à fond plat, qui transportaient comme des tramways, leur cargaison de passagers, suivaient une route invariable.

L'aurait-elle cru s'il lui avait dit qu'il était venu à pied jusqu'à l'aéroport ? En s'arrêtant à peine deux ou trois fois dans des bars populaires, les épaules de son *trench-coat* mouillées, les mains toujours dans les poches, le chapeau détrempé, comme un homme de l'aventure.

Il n'avait pas touché à un phono automatique. Il n'en avait plus besoin.

Et tout ce qu'il voyait autour de lui, ce pèlerinage dans un monde de grisaille, où des hommes noirs s'agitaient dans le rayon des lampes électriques, ces magasins, ces cinémas avec leurs guirlandes de lumières, ces boutiques à saucisses ou à pâtisseries écœurantes, ces boîtes à sous, à musique, à lancer des billes dans des petits trous, tout ce qu'une grande ville a pu inventer pour tromper la solitude des hommes, tout cela, il pouvait le regarder enfin, désormais, sans écœurement ni panique.

Elle serait là. Elle allait être là.

Une seule angoisse encore, l'ultime, qu'il traînait avec lui de bloc de maisons en bloc de maisons, ces cubes de briques le long desquels courent des escaliers en fer, pour les cas d'incendie, et dont on se demande, non pas tant comment les gens ont le courage d'y vivre, ce qui est encore assez facile, mais le courage d'y mourir.

Et des tramways passaient, pleins de visages livides et secrets. Et des enfants, de petits bonshommes tout noirs dans le gris, rentraient de l'école en s'efforçant, eux aussi, d'atteindre à la gaieté.

Et tout ce qu'on voyait dans les vitrines était triste. Et les mannequins de bois ou de cire avaient des poses hallucinantes, tendaient leurs mains trop roses et des gestes d'inadmissible acceptation.

Kay ne savait rien de tout cela. Elle ne savait rien. Ni qu'il avait arpenté pendant une heure et demie exactement le hall de l'aéroport, parmi d'autres gens, qui attendaient comme lui, les uns crispés, anxieux, d'autres gais ou indifférents, ou contents d'eux, en se demandant s'il tiendrait bon à la dernière minute.

C'était à cette minute-là, à l'instant où il la reverrait, qu'il pensait. Se demandait-il si elle serait pareille à elle-même, si elle ressemblerait encore à la Kay qu'il aimait ?

C'était plus subtil, plus profond. Il s'était promis, tout de suite, dès la première seconde, de la regarder dans les yeux, simplement, longuement, de lui déclarer :

— C'est fini, Kay.

Elle ne comprendrait pas, il le savait. C'était presque un jeu de mots. C'était fini de marcher, de se poursuivre, de se pourchasser. Fini de courir l'un après l'autre, d'accepter ou de refuser.

C'était fini. Il l'avait décidé ainsi, et voilà pourquoi sa journée avait été aussi grave et aussi profondément angoissante.

Parce qu'il existait malgré tout l'éventualité qu'elle ne puisse pas le suivre, qu'elle ne soit pas encore à son niveau. Et lui n'avait plus le temps d'attendre.

C'était fini. Ce mot-là, pour lui, résumait tout. Il avait l'impression d'avoir accompli le cycle complet, d'avoir bouclé la boucle, d'en être arrivé là où le Destin voulait le conduire, là où, en somme, le Destin l'avait pris.

... Dans leur boutique à saucisses, alors qu'ils ne savaient encore rien ni l'un ni l'autre et que, pourtant, tout était déjà décidé à leur insu...

Au lieu de chercher, de tâtonner en aveugle, de se raidir, de se révolter, il disait à présent, avec une humilité tranquille et sans honte :

— J'accepte.

Il acceptait tout. Tout leur amour et ce qui pourrait en découler. Kay telle qu'elle était, telle qu'elle avait été et telle qu'elle serait.

Est-ce que vraiment elle aurait pu comprendre cela quand elle le voyait attendre, parmi tant d'autres, derrière la barrière grise d'un aéroport ?

Elle se précipitait vers lui, frémissante. Elle lui tendait les lèvres et elle ignorait, à ce moment-là, que ce n'était pas de ses lèvres qu'il avait envie.

Elle s'exclamait :

— Enfin, François !

Puis, aussitôt, parce qu'elle était femme :

— Tu es tout mouillé.

Elle se demandait pourquoi il la regardait si fixement, avec un air de somnambule, pourquoi il l'emmenait à travers la foule en écartant celle-ci avec des gestes presque rageurs.

Elle faillit questionner :

— Tu n'es pas content que je sois là ?

Et elle pensait à sa valise.

— Il faut que nous passions aux bagages, François.

— Je les ferai livrer à la maison.

— Il y a dedans des choses dont je peux avoir besoin.

Il laissa tomber :

— Tant pis.

Il se contenta de donner leur adresse à un guichet.

— C'était facile, avec un taxi. Moi qui t'avais apporté un souvenir.

— Viens.

— Mais oui, François.

Il y avait comme de la crainte et comme de la soumission dans ses yeux.

— Quelque part, n'importe où, vers Washington Square, lançait-il au chauffeur.

— Mais...

Il ne s'inquiétait pas de savoir si elle avait mangé, si elle était fatiguée. Il n'avait pas non plus remarqué qu'elle portait une robe neuve sous son manteau.

Elle nouait sa main à sa main, et il restait indifférent, raidi plutôt, ce qui la frappa.

— François.

— Quoi ?

— Tu ne m'as pas encore vraiment embrassée.

Parce qu'il ne pouvait pas l'embrasser ici, l'embrasser maintenant, parce que cela n'aurait aucun sens. Il le fit, pourtant, et elle sentit que c'était par condescendance. Elle eut peur.

— Ecoute, François...

— Oui.

— Cette nuit...

Il attendait. Il savait ce qu'elle allait dire.

— J'ai failli te téléphoner une seconde fois. Pardonne-moi si je me trompe. Mais j'ai eu tout le temps l'impression qu'il y avait quelqu'un dans la chambre...

Ils ne se voyaient pas. Cela lui rappelait l'autre taxi, celui de la veille.

— Réponds. Je ne t'en voudrai pas. Quoique... Dans *notre* chambre...

Il laissa tomber, presque sèchement :

— Il y avait quelqu'un.

— Je le savais. C'est pourquoi je n'ai pas osé téléphoner à nouveau. François...

Non ! Il ne voulait pas de scène. Il était tellement au-delà de tout cela ! Et de cette main qui se crispait sur la sienne, de ces reniflements, de ces larmes qu'il sentait sourdre.

Il s'impatientait. Il avait hâte d'être arrivé. En somme, c'était un peu comme dans un rêve, cette longue route qu'on doit parcourir, au bout de laquelle on croit sans cesse être sur le point d'arriver, et où il reste toujours une dernière côte à gravir.

En aurait-il le courage ?

Elle devait se taire. Il aurait fallu quelqu'un pour lui dire de se taire. Lui ne le pouvait pas. Elle arrivait, elle croyait que cela suffisait, et lui, pendant qu'elle n'était pas là, avait accompli une longue étape.

Elle balbutiait :

— Tu as fait ça, François ?

— Oui.

Méchamment. Il le lui disait méchamment, parce qu'il lui en voulait de ne pas être capable d'attendre, d'attendre le moment merveilleux qu'il lui avait préparé.

— Je n'aurais pas cru que j'étais encore capable d'être jalouse. Je sais bien que je n'en ai pas le droit...

Il avait aperçu des lumières vives, celles de la boutique à saucisses dans laquelle ils s'étaient rencontrés, et il commandait au chauffeur de s'arrêter.

N'était-ce pas une réception inattendue pour un pareil retour ? Il savait qu'elle était déçue, de plus en plus près des larmes, mais il aurait été incapable d'agir autrement, et il lui répétait :

— Viens.

Elle le suivait, docile, inquiète, tourmentée par le mystère nouveau qu'il représentait pour elle. Il ajoutait, alors :

— Nous allons manger un morceau et nous rentrerons chez nous.

Il avait presque la mine d'un aventurier, au moment où il pénétrait dans la lumière, avec son *trench-coat* mouillé aux épaules, son chapeau trempé de pluie et sa pipe que, pour la première fois, il avait allumée alors qu'ils étaient seuls dans la voiture.

Ce fut lui qui lui commanda des œufs au bacon, sans lui demander son avis, lui encore qui, sans attendre de lui voir tirer son étui de son sac, réclama des cigarettes de sa marque habituelle et lui en tendit une.

Commençait-elle à deviner qu'il ne pouvait encore rien dire ?

— Ce qui m'étonne, François, c'est que ce soit justement cette nuit, que j'étais si heureuse de t'annoncer mon arrivée...

Elle pouvait croire qu'il la regardait froidement, que jamais il ne l'avait regardée aussi froidement, même le premier jour, la première nuit, plutôt, quand ils s'étaient rencontrés à cet endroit.

— Pourquoi as-tu fait ça ?

— Je ne sais pas. A cause de toi.

— Que veux-tu dire ?

— Rien. C'est trop compliqué.

Et il restait sombre, presque distant. Elle éprouvait le besoin de parler, d'agiter les lèvres :

— Il faut que je te dise tout de suite — à moins que cela t'ennuie — ce que Larski a fait. Remarque que je n'ai encore rien accepté. J'ai voulu t'en parler d'abord...

Il savait d'avance. Quelqu'un qui les aurait observés l'aurait pris, ce soir-là, pour l'homme le plus indifférent de la terre. Tout cela avait si peu d'importance en regard de sa décision, à lui, en regard de la grande vérité humaine dont il avait enfin la révélation !

Elle fouillait dans son sac. C'était une faute de goût. Elle le faisait fébrilement et il ne lui en voulait pas.

— Regarde.

Un chèque, un chèque au porteur de cinq mille dollars.

— Je voudrais que tu comprennes exactement...

Mais oui. Il comprenait.

— Ce n'est pas dans l'esprit que tu crois qu'il a fait ça. D'ailleurs, en réalité, j'y avais droit de par les clauses du divorce. C'est moi qui n'ai jamais voulu soulever la question d'argent, pas plus que je n'ai exigé d'avoir ma fille tant de semaines par an.

— Mange.

— Cela t'ennuie que je t'en parle ?

Et il répondit sincèrement :
— Non.
Est-ce qu'il l'avait prévu ? Presque. Il était trop loin. Il était forcé de l'attendre, comme celui qui est arrivé au haut de la côte avant les autres.
— Du sel, garçon.
Elle allait recommencer. Du sel. Du poivre. Puis de la sauce anglaise. Puis du feu pour sa cigarette. Puis... Cela ne l'impatientait plus. Il ne souriait pas. Il restait grave, comme à l'aéroport, et c'était cela qui la déroutait.
— Si tu le connaissais et surtout si tu connaissais sa famille, tu ne t'étonnerais pas.
Parce qu'il s'étonnait ? De quoi ?
— Ce sont des gens qui possèdent depuis des siècles des terres grandes comme un département français. Il y a eu des époques où elles donnaient des revenus considérables. Je ne sais pas maintenant mais ils sont encore colossalement riches. Ils ont gardé certaines habitudes. Je me souviens, par exemple, d'un bonhomme, un fou, un excentrique ou un malin, je serais en peine de le dire, qui vivait depuis dix ans dans un de leurs châteaux sous prétexte de dresser le catalogue de la bibliothèque. Il lisait toute la journée. Il écrivait de temps en temps quelques mots sur un bout de papier qu'il jetait dans une boîte. Et cette boîte, après dix ans, a pris feu. Je suis sûre que c'est lui qui y a mis le feu.
» Dans le même château, il y avait au moins trois nourrices, trois vieilles femmes, j'ignore les nourrices de qui, car Larski est enfant unique, et qui vivaient largement, sans rien faire, dans les dépendances.
» Je pourrais t'en raconter longtemps comme ça.
» Qu'est-ce que tu as ?
— Rien.
Il venait tout simplement de la voir dans la glace, comme la première nuit, un peu de travers, un peu déformée. Et ce fut la dernière épreuve, sa dernière hésitation.
— Tu crois que je dois accepter ?
— Nous verrons ça.
— Moi, c'était pour toi... Je veux dire... Ne te vexe pas... pour que je ne sois pas tout à fait à ta charge, tu comprends ?
— Mais oui, chérie.
Il avait presque envie de rire. C'était un peu grotesque. Elle retardait tellement, avec son pauvre amour, sur le sien, à lui, qu'elle ne mesurait pas encore et qu'il allait lui offrir !
Et elle avait si peur ! Elle était si décontenancée ! Elle mangeait à nouveau avec une lenteur calculée, par peur de l'inconnu qui l'attendait, puis elle allumait son inévitable cigarette.
— Ma pauvre Kay.
— Quoi ? Pourquoi dis-tu pauvre ?
— Parce que je t'ai fait mal, un tout petit peu, en passant. Mais je crois que c'était nécessaire. Je m'empresse d'ajouter que je ne l'ai pas fait exprès,

mais simplement parce que je suis un homme, et que cela arrivera peut-être encore.

— Dans notre chambre ?

— Non.

Et elle lui lançait un regard reconnaissant. Elle se méprenait. Parce qu'elle ne savait pas encore que cette chambre-là, c'était déjà presque le passé.

— Viens.

Elle se laissait conduire, accordait son pas au sien. June aussi, la veille, avait si bien adapté son pas à celui de l'homme que leurs hanches n'en faisaient qu'une quand ils marchaient.

— Tu sais, tu m'as fait très mal. Je ne t'en veux pas, mais...

Il l'embrassa, juste sous un lampadaire, et ce fut la première fois qu'il l'embrassait par charité, parce que le moment n'était pas encore venu.

— Tu ne veux pas que nous allions prendre un *drink* à notre petit bar ?

— Non.

— Et ici, tout près au bar n°1 ?

— Non.

— Bon.

Elle le suivait, obéissante, pas très rassurée peut-être, et ils approchaient de leur maison.

— Je n'aurais jamais cru que tu l'aurais amenée ici.

— Il le fallait.

Il avait hâte d'en finir. Il la poussait, presque comme il avait poussé l'autre la veille, mais lui seul savait qu'aucune comparaison n'était possible, il voyait la fourrure flotter devant lui, dans l'escalier, les jambes claires qui s'immobilisaient sur le palier.

Alors, enfin, il ouvrit la porte, tourna le commutateur, et il n'y avait rien pour accueillir Kay, il n'y avait que la chambre vide, presque froide, en désordre. Il savait qu'elle avait envie de pleurer. Peut-être souhaitait-il la voir pleurer de dépit ? Il retirait son *trench-coat,* son chapeau, ses gants. Il lui enlevait son manteau et son chapeau.

Et, au moment où elle avançait déjà la lèvre inférieure dans une moue, il lui disait :

— Vois-tu, Kay, j'ai pris une grande décision.

Elle avait encore peur. Elle le regardait avec des yeux affolés de petite fille et il lui prit envie de rire. N'était-ce pas un drôle d'état d'esprit pour prononcer les paroles qu'il allait prononcer ?

— Je sais maintenant que je t'aime. Peu importe ce qui arrivera, si je serai heureux ou malheureux, mais, d'avance, j'accepte. Voilà ce que je voulais te dire, Kay. Voilà ce que je m'étais promis de te crier au téléphone, non seulement la première nuit, mais cette nuit encore, en dépit de tout. Je t'aime, quoi qu'il advienne, quoi que j'aie à subir, quoi que je...

Et c'était son tour d'être dérouté parce qu'au lieu de se jeter dans ses bras, comme il l'avait prévu, elle restait toute blanche, toute froide, au milieu de la chambre.

N'avait-il pas eu raison de craindre qu'elle ne fût pas au diapason ?

Il appela, comme si elle eût été très loin :

— Kay !...

Elle ne le regardait pas. Elle restait absente.

— Kay !...

Elle ne venait pas non plus vers lui. Son premier mouvement n'était pas de venir vers lui. Elle lui tournait le dos, au contraire. Elle pénétrait précipitamment dans la salle de bains et elle refermait la porte derrière elle.

— Kay...

Et lui restait là, désemparé, au milieu de la chambre qu'il avait voulue en désordre, avec son amour au bout de ses mains vides.

11

Il était immobile, silencieux, au fond de son fauteuil, les yeux fixés sur la porte derrière laquelle on n'entendait aucun bruit. A mesure que le temps passait, il s'apaisait, son impatience se dissolvait dans une sorte de confiance douce et insinuante qui commençait à le baigner.

Longtemps, très longtemps après, sans qu'on eût entendu le moindre craquement annonciateur, la porte s'ouvrit ; il vit d'abord tourner le bouton, puis le battant s'écarta et ce fut Kay.

Il la regardait et elle le regardait. Il y avait quelque chose de changé en elle, et il était incapable de deviner quoi. Son visage, la masse de ses cheveux n'étaient pas les mêmes. Elle n'avait aucun fard et sa peau était fraîche ; elle avait voyagé toute la journée et ses traits étaient détendus.

Elle lui souriait en s'avançant vers lui, d'un sourire encore un peu timide et comme maladroit, et il avait l'impression presque sacrilège d'assister à la naissance du bonheur.

Debout, devant son fauteuil, elle lui tendait les deux mains, pour qu'il se levât parce qu'il y avait dans cette minute-là une solennité qui exigeait qu'ils fussent debout tous les deux.

Ils ne s'étreignaient pas, mais ils se tenaient l'un contre l'autre, joue à joue, et ils se taisaient longuement, et le silence était comme tremblant autour d'eux, et c'était elle qui osait enfin le rompre pour balbutier dans un souffle :

— Tu es venu.

Alors, il eut honte, parce qu'il pressentit la vérité.

— Je ne croyais pas que tu viendrais, François, et je n'osais même pas le souhaiter, il m'arrivait de souhaiter le contraire. Tu te souviens de la gare, de notre taxi, de la pluie, du mot que je t'ai dit alors et que je pensais que tu ne comprendrais jamais ?

» Ce n'était pas un départ... C'était une arrivée...

» Pour moi...

» Et maintenant...

Il la sentit fondre dans ses bras et il était aussi faible, aussi maladroit qu'elle, devant la chose merveilleuse qui leur arrivait.

Il voulait, parce qu'il craignait de la voir faiblir, la conduire vers le lit, mais elle protestait faiblement :

— Non...

Ce n'était pas leur place, cette nuit-là. Ils furent deux, au fond du grand fauteuil râpé, et chacun entendait battre le pouls de l'autre et sentait contre lui le souffle de l'autre.

— Ne parle pas, François. Demain...

Car demain l'aube se lèverait et il serait temps d'entrer dans la vie, tous les deux, pour toujours.

Demain ils ne seraient plus seuls, ils ne seraient plus jamais seuls, et quand elle eut soudain un frisson, quand il sentit, presque en même temps, comme une vieille angoisse oubliée au fond de sa gorge, ils comprirent tous les deux qu'ils venaient, au même instant, sans le vouloir, de jeter un dernier regard sur leur ancienne solitude.

Et tous les deux se demandaient comment ils avaient pu la vivre.

— Demain... répétait-elle.

Il n'y aurait plus de chambre à Manhattan. Il n'en était plus besoin. Ils pouvaient aller n'importe où désormais, et plus besoin n'était non plus d'un disque dans un petit bar.

Pourquoi souriait-elle, avec une tendre moquerie, au moment où la lampe s'allumait, au bout de son fil, chez le petit tailleur d'en face ?

Il lui pressait la main pour la questionner, car les mots non plus n'étaient plus nécessaires.

Elle disait, en caressant son front :

— Tu croyais m'avoir dépassée, n'est-ce pas ? Tu te croyais très loin en avant et c'est toi, mon pauvre chéri, qui étais en arrière.

Demain serait un nouveau jour et ce jour-là allait commencer à se lever, on entendait déjà dans le lointain les premiers bruits d'une ville qui se réveille.

Pourquoi se seraient-ils pressés ? Ce jour-là était à eux, et tous les autres qui suivraient, et la ville, celle-là ou une autre, n'était plus capable de leur faire peur.

Dans quelques heures, cette chambre n'existerait plus. Il y aurait des bagages au milieu de la pièce et le fauteuil dans lequel ils étaient blottis reprendrait son visage revêche de fauteuil de meublé pauvre.

Ils pouvaient regarder en arrière. Même la trace de la tête de June, dans l'oreiller, n'avait plus rien d'effrayant.

C'était Kay qui déciderait. Ils iraient en France tous les deux si elle en avait le désir et, avec elle à son côté, il reprendrait tranquillement sa place. Ou bien ils iraient à Hollywood et il recommencerait à zéro.

Cela lui était égal. Est-ce qu'ils ne recommençaient pas à zéro tous les deux ?

— Je comprends, maintenant, avouait-elle, que tu n'aies pas pu m'attendre.

Il voulait l'étreindre. Il écartait les bras pour la saisir et elle glissait, toute fluide, le long de lui. Dans le jour naissant, il la voyait à genoux sur le tapis et c'était sur ses mains qu'elle posait ses lèvres avec ferveur en balbutiant :

— Merci.

Ils pouvaient se lever, écarter les rideaux sur la crudité du jour, regarder autour d'eux la nudité pauvre de la chambre.

Un nouveau jour commençait et calmement, sans crainte et sans défi, avec seulement quelques gaucheries, parce qu'ils étaient encore trop nouveaux, ils se mettaient à vivre.

Comment se trouvèrent-ils l'un devant l'autre, à un mètre l'un de l'autre, souriant tous les deux, au milieu de la pièce ?

Il dit, comme si c'eût été le seul mot capable de traduire tout le bonheur qui l'habitait :

— Bonjour, Kay.

Et elle répondit, avec un tremblement des lèvres :

— Bonjour, François.

Enfin, après un long silence :

— Adieu, petit tailleur...

Et ils fermèrent les portes à clef en s'en allant.

26 janvier 1946.

AU BOUT DU ROULEAU

1

— Tu ne crois pas que tu bois un peu trop ?

Etait-ce « trop » qu'elle avait dit ? Peut-être que non. Peut-être qu'elle s'était contentée de dire « beaucoup », parce que c'était une femme qui avait appris comment on parle aux hommes, à certains hommes en tout cas, et justement aux hommes dans le genre de Viau. Elle ne le disait pas sèchement, sur un ton de reproche, ou de mépris, comme les épouses qui ne savent pas s'y prendre. Elle ne le disait pas non plus avec des lèvres pâles qui frémissent, comme d'autres épouses ou maîtresses qui ont peur d'être battues.

C'était remarquable comme elle trouvait le ton juste, tout naturellement. Et comme elle savait se taire quand il le fallait. Et encore comme elle évitait de poser des questions sans, pour cela, prendre un air de discrétion affecté.

D'ailleurs, il n'était pas ivre. Il était seulement saoul de fatigue et d'exaspération. Il avait besoin de s'écraser sur le matelas, n'importe comment, de s'étendre sur le ventre, comme une bête à bout de course, et de ronfler, de suer toute sa lassitude.

Après, on verrait. Il ne fallait pas penser. Il faisait chaud, terriblement chaud. Il n'avait pas mis son pyjama. Il s'était contenté de retirer son complet et sa chemise qui gisaient en tas au pied du lit, et il était en caleçon, le torse nu, avec de l'humidité chaude dans les poils de la poitrine.

Les yeux fermés, il se rendait encore compte des choses qui l'entouraient, de la chambre d'hôtel tendue d'un papier à rayures roses, des deux lits jumeaux en cuivre, avec une table de nuit et une carpette entre les deux. Sylvie avait fermé les persiennes, qui coupaient le soleil en minces tranches, et la fenêtre était restée ouverte, laissant passer des bouffées tantôt fraîches ou tantôt brûlantes, il était difficile de savoir pourquoi.

La chambre donnait sur la cour. Il devait y avoir une écurie ; ou bien des paysans des environs, venus à Chantournais pour leurs affaires, avaient laissé leur carriole dans cette cour, sans dételer. En tout cas, on entendait des bruits de sabots, parfois le grincement d'un essieu. Une auto fut longue à se mettre en route et démarra enfin.

La gare aussi était toute chaude de soleil, et le ciment du quai avait l'air de fumer de chaleur. En descendant du train, il avait regardé de tous les côtés. Un gendarme était planté devant la porte du sous-chef. Est-ce qu'il avait tressailli en apercevant le gendarme, et est-ce que, à ce moment précis, Sylvie l'avait regardé ?

Voilà ce qu'il était difficile de savoir avec elle. Elle acceptait tout. Même quand il mentait d'une façon flagrante, elle faisait semblant de ne pas s'en apercevoir. A moins que ce fût de la bêtise ?

Jamais, non, il n'avait rencontré une femme capable de se taire comme elle. Est-ce qu'elle dormait ? Elle avait retiré sa robe en la passant par-dessus sa tête. Elle ne portait pas de combinaison. Rien qu'un cache-sexe et un soutien-gorge en jersey rose. Elle était couchée dans le lit voisin, et il ne voulait pas ouvrir les yeux pour voir si elle dormait, si elle était tournée de son côté ou du côté de la fenêtre. Cela n'avait pas d'importance.

A Bordeaux, il lui avait annoncé :

— Nous resterons sans doute un jour ou deux à La Rochelle. Tu connais La Rochelle ?

— Je crois que j'y suis passée...

Sans donner de détails. Elle ne demandait rien, mais elle ne donnait pas non plus de renseignements sur elle-même.

Or, à La Rochelle, en plein midi, alors qu'ils n'avaient pas déjeuné et qu'ils avaient en bouche le fade goût du train qui les poursuivait depuis trois jours, il avait été saisi de panique. Sans raison, avant même de sortir de la gare. Il avait soif, comme toujours. Il l'avait entraînée au buffet. Il avait commandé un pernod, puis un autre, accoudé au comptoir de la buvette, où il faisait frais.

Il avait eu l'impression qu'on l'observait. Il n'aurait pas pu dire qui. C'était ce qu'il y avait d'intolérable. N'avoir jamais eu, pendant tant d'années, d'ennui vraiment sérieux, et puis bêtement...

Est-ce que les deux hommes qui se penchaient par-dessus leur guéridon de marbre pour se parler à mi-voix n'appartenaient pas à la police ? Il aurait juré que c'étaient tout simplement des marchands de bestiaux. Il était capable, en général, de reconnaître les gens. Or il ne parvenait pas à se rassurer.

— La même chose..., avait-il commandé.

C'est alors qu'elle avait prononcé, ou quelque chose d'approchant :

— Tu ne crois pas que tu bois un peu trop ?

Et il s'était demandé si c'était visible, s'il ressemblait à un homme traqué. Il l'avait regardée durement et il avait haussé les épaules sans répondre.

— Où va cette micheline ? avait-il questionné en désignant un train électrique qui attendait sur la première voie.

— A Niort, par...

— Vous avez des sandwiches ?

Elle n'avait pas protesté. Elle ne s'était pas étonnée. Il avait acheté deux sandwiches.

— Va au guichet chercher deux billets pour Chantournais.

Et il lui avait remis l'argent. Il en avait profité pour boire un verre de plus. Pourquoi, alors qu'elle ne protestait jamais ? A quoi bon se cacher d'elle ? Est-ce parce qu'il était habitué à voir les femmes le harceler quand il lui arrivait de trop boire ?

Or celle-ci savait qu'il était méchant quand il était ivre. C'était arrivé à Angoulême où, pendant une heure, il avait dévidé des insanités en arpentant leur chambre d'hôtel.

Sans qu'elle se décourageât. Sans qu'elle bronchât.

N'empêche qu'elle ne lui était rien, qu'il ne la connaissait pas, que c'était un pur hasard s'ils étaient ensemble.

Il ronflait. Il ronflait sans dormir tout à fait, puisqu'il se rendait compte qu'il ronflait. Il régnait dans l'hôtel une drôle d'odeur qui pénétrait dans les chambres : une odeur de cuisine et de peinture fraîche, avec autre chose d'indéfinissable qui rappelait la campagne, bien qu'on fût en plein centre de la ville, au beau milieu de la rue Gambetta.

Est-ce que le patron l'avait vraiment observé avec insistance, ou est-ce qu'il se faisait des idées ? Il ne pensait plus. Il ne voulait plus penser. Le vin blanc trop sucré lui tournait un peu sur l'estomac... Car il avait commandé du vin blanc en arrivant dans la chambre.

En somme, cela s'était passé comme ceci : la gare d'abord, toute chaude, lourde d'un soleil qui vous entrait dans la tête, avec des paysannes en noir qui sortaient de la micheline et qui portaient des paniers ou des paquets. Il y avait des carrioles, des taxis qui attendaient, mais, à cause du gendarme, ils avaient filé tous les deux le long du trottoir de la rue Gambetta.

Une immense rue droite et vide, dont il avait gardé un souvenir d'enfance quand ses parents l'avaient amené, alors qu'il avait huit ou dix ans, chez une grand-tante dont il ne se rappelait même pas le nom, pour un enterrement. Elle habitait, très près de la ville, un endroit appelé *Le Chêne-Vieux* : c'est tout ce qu'il lui restait dans la mémoire. Peut-être la grand-tante avait-elle des enfants ? C'était sans importance, car ceux-ci seraient incapables de le reconnaître.

Ils marchaient, lui portant la valise, Sylvie son sac de voyage, et il y avait des chiens assoupis sur les seuils, des maçons, quelque part, qui somnolaient pendant la pause.

Il avait soif. Sur un panneau, ils avaient lu *Hôtel de l'Étoile* en belles lettres d'or, des lettres bien dégagées, celles-là qui servent sur les bâtiments officiels pour les mots « République française ». La façade était d'un jaune crémeux tout frais, tout laqué encore. Le portail venait d'être repeint en faux chêne, et il y avait des échelles de peintre dans le porche.

L'heure du déjeuner était passée. La salle à manger était déserte, avec une grande table d'hôte au milieu, la nappe tachée de vin, d'autres petites tables qui n'avaient pas servi et où les serviettes étaient encore fichées en éventail dans les verres.

— Quelqu'un ?

Il avait besoin de boire, puis de s'étendre. C'était une idée fixe. D'ailleurs, c'est toujours ainsi qu'il s'y était pris quand il se trouvait dans une situation difficile. Il ne sert à rien de s'agiter. Il faut se coucher, s'enfoncer en soi-même, sombrer, comme il disait déjà quand il était petit.

Quelqu'un ? Il y avait quelqu'un près d'eux, qu'on n'avait pas entendu venir. Un homme assez gros, le visage large et rouge, aux yeux globuleux et humides, qui portait la tenue blanche des chefs cuisiniers.

Les cheveux qui lui restaient, d'un gris argenté, étaient lissés avec soin. C'était drôle : il y avait dans toute sa personne quelque chose d'à la fois veule et distingué, qui faisait penser à certains vieux Anglais ivres qu'on rencontre dans les bars.

L'homme les regardait sans mot dire.

— Vous avez une chambre ?

— Je pense que oui.

Il s'était penché sur un registre dont il avait tourné deux pages. Puis il avait choisi une clef au tableau repeint à neuf.

— Vous voulez monter tout de suite ?

Il les avait précédés dans l'escalier, où ils étaient passés à côté d'un peintre en train de tracer des rayures de faux marbre sur le poli du mur couleur d'ivoire.

— Le 17...

Il avait entrouvert la porte et il était redescendu. Pas tout de suite. Viau se trompait peut-être. Il lui avait semblé que, la porte une fois refermée, et cependant que Sylvie retirait son chapeau, puis ses chaussures qui lui faisaient mal, le patron restait un bon moment immobile sur le palier. Pourquoi ? Pour écouter ce qu'ils disaient ?

— N'enlève pas tes souliers.

— Ah !... Pourquoi ?

— Tu vas descendre chercher une bouteille de vin...

Elle avait trouvé un bouton électrique.

— On pourrait sonner...

— Ce n'est pas la peine...

Parce qu'il ne tenait pas à revoir tout de suite l'homme aux yeux globuleux. Elle dit encore, car elle était lasse :

— Tu aurais pu boire en bas...

Et il ne voulait pas lui répondre que cela lui aurait été difficile, pour la bonne raison qu'il n'avait plus d'argent. Pas de quoi payer une bouteille de vin, voilà ! Or, s'il avait bu dans la salle du café, si par hasard il avait été servi par un garçon, il aurait peut-être dû payer tout de suite.

— Quel vin veux-tu ?

— Je m'en f... !

Encore un détail : il avait l'impression qu'elle était restée longtemps avant de revenir avec la bouteille et deux verres. Elle n'avait bu qu'une gorgée, pour sa part, et il avait bu le reste, afin de s'assommer. Il éprouvait vraiment le besoin de dormir un grand coup. Il suait. Cela donnait au lit une odeur spéciale, qu'il reniflait avec une sorte de volupté.

Les sabots des chevaux... les poules... Car il y avait des poules dans la cour, en pleine ville... Il dégringolait, perdait conscience, devenait incapable de faire la part du rêve et du réel...

A ce moment-là, plutôt que de bouger, d'ouvrir les yeux, de s'arracher à sa torpeur, il se serait résigné à n'importe quoi. C'était fini... Il renonçait.

Mais il ne devenait pas bête pour autant. Est-ce que c'était dans la réalité ou dans son rêve qu'il tendait l'oreille et qu'il entendait des bruits ?

Il y avait quelqu'un sur le palier. Il aurait juré qu'à travers la porte il voyait la large silhouette du patron en blanc, avec sa face rouge et ses gros yeux. Tous les patrons de cafés et d'hôtels sont de mèche avec la police, on sait cela. Le métier l'exige. Ils y sont bien obligés, s'ils ne veulent pas être sans cesse tracassés au sujet de règlements impossibles à observer.

Seulement, il y avait autre chose : il y avait Sylvie, qui s'appuyait sur un coude pour l'observer, lui, et pour s'assurer qu'il dormait.

Une nuit déjà, celle de Bordeaux, il s'était réveillé avec la sensation qu'on le regardait fixement, et il l'avait vue, couchée près de lui (on leur avait donné un grand lit de deux personnes), qui avait son visage à quelques centimètres du sien.

— Qu'est-ce que tu fais ? avait-il balbutié.

Est-ce qu'il ne s'était pas trahi ? N'avait-il pas laissé voir qu'il avait peur ?

— Je ne fais rien... Je te regardais dormir... Tu as l'air tout jeune, quand tu dors...

Il lui avait répondu quelque chose de méchant, pour se venger de sa peur. Sans compter qu'il ne tenait pas à paraître jeune.

Les raies de soleil lui entraient dans la tête, et il aurait parié qu'une ombre passait dans ces raies lumineuses et se dirigeait, dans un glissement silencieux, vers la porte.

Elle ne pouvait pas le trahir, puisqu'elle ne le connaissait pas. Il n'était pas de ces hommes à qui il suffit d'avoir bu quelques verres et de se trouver en tête à tête avec une femme pour se fondre en confidences pleurnichardes. Tout au plus aurait-il pu se vanter. Cela lui était arrivé, mais pour des questions moins importantes. Et, alors, il n'avait pas trente ans. Il les avait maintenant depuis huit jours.

Il fit un rêve confus, où son père lui disait qu'il avait tort. Son père était aussi grand que lui, toujours calme, avec une certaine lourdeur paysanne, dont, à lui aussi, il restait quelque chose. Il hochait la tête. Il ne faisait pas attention à Sylvie. Il ne se fâchait pas. Ils devaient aller tous ensemble à un enterrement, ils étaient en noir ; cela devait être justement l'enterrement du *Chêne-Vieux*, mais cela se passait à présent, et son père, avant de partir, lui affirmait qu'il avait tort.

Tort de quoi ?

Il finit par ouvrir les yeux. Il vit Sylvie, debout devant la toilette, qui se brossait les cheveux. Elle avait passé sa robe et ses bas, mais pas ses chaussures, pour ne pas faire de bruit. Il la regardait dans la glace piquée de crottes de mouches et il lui voyait le visage un peu de travers.

Leurs yeux se rencontrèrent.

— Tu as bien dormi ? demanda-t-elle.

— Quelle heure est-il ?

— Six heures...

— Tu es sortie ?

— Moi ?... Pourquoi serais-je sortie ?

Il n'aimait pas cette manie qu'ont les femmes de répondre à une question par une autre question.

— Tu n'as pas quitté la chambre ?

— Seulement pour aller au petit endroit...

— Donne-moi un verre d'eau...

Il en but trois, coup sur coup.

— Il y a une salle de bains à l'étage ? questionna-t-il, maussade.

— J'en ai aperçu une en passant dans le couloir...

Il y alla et se lava à l'eau froide. Quand il rentra dans la chambre, elle était prête à sortir.

— Où vas-tu ?

— Je croyais que tu...

— Tu restes ici.

— Comme tu voudras... Il faudra pourtant bien que je descende pour dîner...

— Quand je te le dirai, si cela ne te fait rien...

Et il avait son visage dur, obstiné. Il fut pourtant un peu hésitant pour rajouter :

— Il te reste un peu d'argent ?

— Pas beaucoup...

— Demain matin, j'irai toucher un chèque à la banque... En attendant...

Elle fouillait dans son sac, d'où elle tira un billet de cent francs et de la menue monnaie.

— C'est tout ce qui me reste...

Comme elle les lui remettait, il remarqua à son doigt une bague qui valait peut-être cinq cents francs, hésita, se dit qu'il serait encore temps plus tard.

Il avait encore une chemise propre et il s'habilla avec soin. Son complet était fort bien coupé. Brossé, il ne se ressentait presque pas d'un voyage de cinq jours.

— Tu rentreras tard ?

— Je n'en sais rien...

Et, surtout, qu'elle n'insistât pas, car il ne permettait pas aux femmes de poser des questions.

— Tu ne veux pas me monter un journal, un roman, quelque chose à lire, n'importe quoi ? Il me semble que j'ai aperçu un marchand de journaux juste à côté de l'hôtel.

Il ne l'embrassa pas avant de sortir. Il ne l'embrassait jamais. Il n'était pas question d'amour entre eux. C'était très curieux. Cela s'était passé comme cela se passe avec certains chiens : un chien qu'on ne connaît pas se met à vous suivre dans la rue, et le voilà qui vous adopte, sans raison apparente, qui ne vous quitte plus, qui vous considère une fois pour toutes pour son maître naturel.

Il ne l'avait pas rencontrée dans la rue, mais presque : à Toulouse, dans une boîte de nuit... Si l'on peut appeler cela une boîte de nuit : une pièce étroite et étouffante, en sous-sol, avec beaucoup de velours rouge, des petites tables, un barman derrière un comptoir d'acajou et des lumières tamisées, deux ou trois musiciens sur une estrade minuscule. Deux ou trois femmes aussi, ce que l'on appelle des entraîneuses, qui faisaient chacune un petit numéro plus ou moins maladroit, puis qui venaient s'asseoir avec les clients.

C'était il y a cinq jours, et ils avaient déjà l'impression d'être ensemble depuis toujours, sans pourtant rien savoir l'un de l'autre.

Quand il était entré dans la boîte, il était riche : il avait près de deux cents billets de mille francs répartis dans ses poches, et il n'avait pas encore lu les journaux.

Il l'avait repérée tout de suite, assise sur un des hauts tabourets du bar, devant un verre de pippermint et bavardant avec le barman en veste blanche. Elle l'avait vu entrer, elle aussi, et elle avait froncé les sourcils, comme quand on croit reconnaître quelqu'un. Mais ils ne se connaissaient pas ; ils ne s'étaient jamais rencontrés. Quand elle fronçait les sourcils, c'était son nez, plus exactement, qui se fronçait d'une façon enfantine, et il avait toujours aimé les nez qui se froncent.

Elle savait bien qu'il allait s'asseoir à côté d'elle. Il le savait aussi. Mais il prenait son temps, regardait à toutes les tables. Quand il s'approchait, c'était pour la détailler des pieds à la tête, tandis qu'elle lui souriait, et enfin il lui tendait la main en laissant tomber :

— Bonsoir...

Et elle, tout naturellement :

— Bonsoir...

C'était tout. Ils avaient bu un verre, deux verres. Ils avaient dansé ensemble. Il ne dansait pas particulièrement bien. Il n'avait rien d'un gigolo. Il était grand, musclé, avec une ossature qui rappelait l'ossature paysanne de son père, et il prenait tout de suite, tranquillement, comme son dû, possession d'une femme.

Il ne lui faisait pas la cour. Il ne faisait jamais la cour aux femmes. Il ne lui demandait pas de sortir avec lui, car il avait l'habitude des boîtes de ce genre, et il savait que les entraîneuses n'ont pas le droit de quitter l'établissement avant la fermeture.

Il demandait simplement :

— A quelle heure boucle-t-on ?

— Vers deux heures... Parfois trois heures, s'il y a du monde... Plus tard le samedi...

Elle savait qu'elle le suivrait, alors qu'elle ne suivait pas fatalement les clients, que cela lui arrivait même rarement, et seulement quand elle était tout à fait fauchée ou qu'elle avait le béguin.

— Tu es de passage ?

— Oui...

Elle ne lui demandait pas de lui offrir le champagne, comme c'était son rôle, mais il le proposait, parce qu'il connaissait le truc.

Il n'avait pas encore peur, ce soir-là. Il avait confiance en son étoile. Il avait encore dans la peau, dans tous ses nerfs, la fièvre de l'action.

Il se revoyait avec elle sur le trottoir. Elle questionnait :

— Où va-t-on ?

Et lui, tranquillement :

— Chez toi...

— C'est que je partage ma chambre avec mon amie...

— Cela m'est égal.

Ils avaient attendu l'amie.

Tout cela était déjà terriblement loin, dans un autre monde. Car, le matin, quand il était descendu pour prendre l'air, il avait acheté un journal et il avait lu qu'on possédait les numéros des billets.

Il avait déjà décidé qu'il l'emmenait. Cela s'était conclu la nuit, dans un long chuchotement, à cause de l'amie qui dormait dans le lit voisin. Et, quand il était remonté, elle était prête, avec son sac déjà bouclé.

— Viens...

Ils avaient pris leur petit déjeuner dans une grande brasserie du centre de la ville, mais, là, il n'avait pas osé changer un des billets et il avait payé avec du bon argent. Il s'était débarrassé des billets dangereux dans les lavabos, et il avait été obligé de tirer un nombre incalculable de fois la chasse d'eau. Il en avait cependant gardé deux.

— Où allons-nous ?

Un regard, un seul, celui qui avait fait comprendre à Sylvie qu'une femme ne pose pas de questions. Ne savait-elle pas déjà, depuis la veille, que c'était un homme qu'on n'embête pas, et n'est-ce pas justement pour ça qu'elle l'avait suivi ?

— Laisse ton sac ici... Nous viendrons le prendre tout à l'heure...

Ils étaient montés en tramway. Dans un faubourg, il lui avait remis un billet de mille francs.

— Va m'acheter des cigarettes...

Il avait choisi un petit bureau de tabac où l'on ne devait pas encore avoir épluché le journal du matin. Quant à Sylvie, qu'importe ce qu'elle pouvait penser ?

— Quelles cigarettes ?

— Celles que tu voudras...

Et il l'avait attendue au coin de la rue. Il avait recommencé dans un autre quartier. Cela marchait si bien qu'il regrettait de ne pas avoir gardé plus de billets.

Deux mille francs ! Angoulême, où ils avaient couché dans un hôtel d'un blanc livide et où toute la nuit ils avaient été assaillis par les moustiques, poursuivis jusqu'au fond du lit par l'odeur des cabinets.

C'était bien la première fois qu'il ne se donnait pas la peine de raconter une histoire. Il ne lui avait rien dit. Il aurait pu inventer n'importe quoi, mais cela lui semblait superflu. Elle le suivait, voilà tout.

Et pourtant elle connaissait la vie, cela se sentait à son regard, qui allait davantage au fond des choses qu'il ne voulait en avoir l'air.

A Angoulême, il avait bu. Il savait qu'il avait tort de boire. Il savait toujours quand il avait tort, mais c'était plus fort que lui. Au contraire, de savoir qu'il avait tort le poussait davantage à agir dans le mauvais sens.

Et la peur avait commencé.

Il descendit l'escalier de l'*Hôtel de l'Etoile,* où l'ouvrier peintre avait rangé dans un coin ses pots de peinture et ses brosses. Le patron était sur le seuil, avec son air de commodore. Pourquoi de commodore ? Viau n'aurait pas pu le dire. C'est un mot qui lui vint naturellement à l'esprit et qui resta associé à l'image du patron d'hôtel aux yeux globuleux.

— A quelle heure peut-on dîner ?

— Maintenant si vous voulez...

Une drôle de voix, lente et basse.

— Il est possible de dîner tard ?

— Jusqu'à neuf heures environ...

Il pénétra dans la boutique du marchand de journaux et acheta quelques magazines de cinéma et deux romans populaires qu'il monta à Sylvie. Celle-ci, qui avait retiré ses bas et sa robe, s'était étendue sur le lit et attendait.

— Si je revenais trop tard, fais-toi monter quelque chose à manger...

Il s'était déjà trouvé dans des situations difficiles, peut-être plus difficiles que celle-ci, car, cette fois, il lui restait un billet de cent francs en poche, et l'histoire de Béziers ne lui faisait pas peur, celle de Montpellier non plus. Personne ne l'avait vu. Il était impossible que la police possédât son signalement.

Est-ce qu'il allait mollir ? Était-ce le fait d'avoir échoué à Chantournais, à moins de cent kilomètres de la maison de son père ?

Peut-être que Sylvie avait raison et qu'il avait trop bu pendant les derniers jours. Mais cela aussi était nécessaire. Il y a des périodes où il faut boire.

Il était las. Il ne se sentait pas son mordant habituel. Boire à nouveau d'abord. Voilà ce qu'il fallait faire, et il arpenta la rue Gambetta, qui était plus fraîche et où il y avait maintenant une certaine animation. Non loin de l'hôtel, il vit un café de l'autre côté de la rue, le *Café du Centre*. Il y entra, dans une pénombre qui sentait la bière et les apéritifs, commanda à boire et regarda avec mépris les quelques habitués qui jouaient à la belote, des commerçants du quartier. Il les voyait comme dans une glace déformante et, de très haut, notait leurs tics, la verrue de l'un, l'œil bigle du second, l'air béat d'un troisième, qui venait de réussir à mettre les autres *capot*.

— La même chose, garçon !

Au troisième verre, il récupérait son orgueil et sa confiance en soi. Est-ce qu'il était un homme, oui ou non ? Est-ce qu'il ressemblait à ces larves minables qui se retrouvaient tous les soirs à la même heure pour jouer aux cartes ?

Il sortit, la tête haute, et, près d'un pont que la rue enjambait, il vit un autre café, plus cossu, plus bourgeois : le *Café des Tilleuls*.

Faire de l'argent ! Il fallait faire de l'argent, coûte que coûte ! Est-ce qu'il n'en était plus capable ?

Il poussa la porte et alla s'asseoir à proximité d'une table où quatre hommes jouaient au poker.

— Pernod...

Ses yeux devenaient plus aigus. Il commençait à se sentir en forme. Il voyait de loin, de haut, tel une sorte de démiurge, ces quatre imbéciles qui maniaient les cartes, et il notait leurs fautes avec satisfaction.

Il y avait un cinquième personnage, un vieillard aux cheveux en brosse, qui suivait la partie et que les autres appelaient le commandant. Le commandant, qui voyait deux jeux, se tournait parfois vers lui et lui adressait un clin d'œil.

Un tas d'idiots ! C'est comme cela qu'il faut regarder les hommes si l'on veut en tirer quelque chose. Car, si l'on commence à se croire aussi bête qu'eux...

— Garçon !...

Il était comme chez lui. Dans combien de cafés pareils s'était-il trouvé à la même heure, près de personnages identiques ? Les banquettes étaient en molesquine, les tables en marbre blanc. Le garçon, de temps en temps, venait jeter un coup d'œil à la partie, et tout le monde l'interpellait par son prénom :

— Raphaël !...

Un léger courant d'air rafraîchissait l'atmosphère qui, ici, sentait davantage la bière. Les clients étaient les notables de l'endroit. Leurs vêtements étaient de bonne qualité. Leurs gestes étaient pleins d'assurance. Ils se connaissaient tous. Ils se saluaient, obéissaient à des rites sacro-saints, et, sans doute, la partie finie, se reconduisaient-ils les uns les autres jusqu'à tel angle de rue avant de se souhaiter le bonsoir et de réintégrer la vie familiale.

Il y en avait un qui ne jouait pas trop mal, et parfois il lançait un coup d'œil à Viau, soulignant d'un sourire un bluff particulièrement réussi.

— Raphaël... La même chose !...

Tant pis ! Il dépassait la mesure. Encore une fois, il le savait, et, encore une fois, il était incapable de se défendre contre lui-même.

Un des joueurs se levait.

— Il faut que je passe au collège avant le dîner...

Sans doute un professeur ? Et le type qui jouait assez bien de se tourner vers Viau.

— Cela vous dit quelque chose ?

— Quel tarif ?

— Celui que vous voudrez...

Il était pâle, avec une fine moustache brune dans un visage de travers.

Viau changea de place, saisit les cartes. Il avait tort, de plus en plus, mais il était trop tard. Il les voyait autour de lui comme à travers une glace. Il voyait surtout le sourire agaçant du commandant, qui regardait maintenant les cartes de tous les joueurs et qui se campait derrière eux avec un air de jubilation intense.

— Il faut que je vous prévienne que je viens d'arriver et que je n'ai pas pu passer à la banque, qui était fermée... Je suppose qu'il existe à Chantournais une succursale de la Société Générale ?...

— Bien entendu...

— En cas de perte, je vous demanderai d'attendre jusqu'à demain matin, que je puisse y retirer des fonds...

— D'accord...

Et il se voyait rentrant à l'hôtel avec de l'argent plein les poches, annonçant à Sylvie, plongée dans un de ses romans :

— On s'en va...

A Paris de préférence... Dans une grande ville où il n'aurait plus du tout peur.

Pourquoi, après quelques minutes, ne s'occupa-t-il plus que d'un des joueurs, celui au visage de travers, qui était justement assis en face de lui ?

Les deux autres ne comptaient plus. C'était une lutte entre eux seulement, et le type était fort. Il le regardait toujours avec son drôle de sourire, qui finissait par exaspérer Viau.

— On peut augmenter la relance ?

— Si vous voulez...

Il avait la manie, maintenant, d'appeler sans cesse Raphaël et de commander de nouveaux verres.

Il perdait. Il ne voulait pas perdre. C'était impossible ! Il n'avait pour ainsi dire jamais perdu au poker et, à bord du *Mariette-Pacha*, il avait pourtant joué contre des professionnels, des Arméniens, qu'il avait fini par rouler.

— *Full* aux rois...

— *Full* aux as...

L'atmosphère s'épaississait. Des gens passaient comme dans un décor, dans la rue, de l'autre côté de la vitre, qui prenait des tons bleutés. On alluma les globes électriques, qui firent contraste avec la lumière du jour et mirent des reflets équivoques sur les cartes.

Les clients de l'apéritif étaient partis. Ceux du pousse-café, la plupart avec leur femme, les avaient remplacés.

Il y avait plusieurs personnes debout derrière les joueurs, et Viau s'obstinait de plus belle.

— Je vous demande pardon, fit un de ses partenaires en se levant, mais il est neuf heures et demie, et nous n'avons pas dîné...

Un regard tout pétri d'ironie était fixé sur Viau : celui de l'homme au visage de travers, devant qui les jetons s'accumulaient.

— Nous allons compter...

— Je vous en prie...

Sans doute en parlerait-on encore dans dix ans au *Café des Tilleuls* ? L'étranger avait perdu huit mille francs !

— Comme je vous l'ai annoncé, je vous verrai demain...

— A l'heure qu'il vous plaira... Ici, si vous voulez, pour l'apéritif...

Un pigeon ! Il s'était laissé plumer comme un pigeon ! Il avait le sang à la tête. Il était furieux. Il essayait en vain de crâner, et, ce qui le faisait le plus enrager, c'est qu'il avait la sensation que son partenaire n'était pas dupe.

« Va donc à la Société Générale, mon petit ! semblait-il dire. Va toucher ton chèque ! Tu sais bien que tu n'as pas de compte en banque, que tu ne possèdes pas un sou, que tu es à la côte... A demain, ici pour l'apéritif... Je t'ai eu, hein ?... » Il heurta une table en sortant, tira la porte dans le mauvais sens, et Raphaël vint à la rescousse. Il était saoul par surcroît, bêtement, salement saoul. Et il serra les poings à l'idée que Sylvie allait s'en apercevoir.

2

Il ne la vit pas tout de suite. Il eut le temps de subir d'abord le choc avec cette chose molle et tiède, écœurante, qu'était la rue à cette heure-là, la rue Gambetta, qu'il ne connaissait encore qu'écrasée par le soleil, presque vide, avec de rares passants posés comme des jouets dans la perspective des trottoirs.

Il était debout sur un perron de quatre marches, avec les imbéciles du *Café des Tilleuls,* qui devaient rire dans son dos — il aurait juré qu'il les entendait éclater de rire au moment où la porte se refermait — et, devant lui, des gens, des familles, attablés à la terrasse qu'éclairaient trois globes en verre dépoli.

« Des larves... »

Il prononçait le mot dans sa tête. Des hommes qui avaient travaillé dans un bureau toute la journée, qui avaient dîné, qui prenaient le frais avant de se coucher... Des femmes qui avaient fait leur ménage et qui s'étaient savonnées, poudrées, coiffées, rhabillées des pieds à la tête pour leur petit tour de ville vespéral.

Des larves encore à la terrasse du *Café du Centre*, juste en face, de l'autre côté de la rue, mais des larves de seconde classe, car il semblait y avoir une différence hiérarchique entre les deux cafés.

Et, tout au bout de la ligne droite qui séparait les deux rangs de maisons et qui se feutrait d'une pénombre bleutée comme une fumée, la gare, jaune et blanche, plantée elle aussi comme un jouet, une gare vide, sans trains avant le lendemain, portes cadenassées.

Il y avait des gens, parfois des grappes de gens sur les seuils. Certains avaient apporté leur chaise, et toutes les fenêtres étaient ouvertes : la ville prenait le frais, cependant que lui, Viau, les regardait du haut de son perron, les regardait tous, autant qu'ils étaient, de son plus mauvais regard.

« Il faudra que j'en tue un... »

Ce n'était pas une menace. Ce n'était pas une décision. Comme « ... Des larves !... », c'étaient des syllabes qui se formaient dans son esprit à certains moments, quand il en avait trop sur le cœur, trop de boisson et trop de rancune, et qu'il se complaisait à se répéter.

Des jeunes filles qui se tenaient par le bras passaient en riant, défiant les garçons et les hommes de leurs lèvres entrouvertes, et les robes blanches étaient comme de craie dans le crépuscule. Toute une famille, à une table de la terrasse, le contemplait en silence, et le chef du troupeau, le mâle, le géniteur, qui sortait sa progéniture avec un air béat et protecteur, fumait un gros cigare dont il n'avait pas enlevé la bague.

Viau faillit lui tirer la langue en passant, ou lui donner un coup de pied dans les tibias.

Il allait traverser la rue. Il voulait boire encore, entrer au *Café du Centre* et narguer ceux de là-bas, puisqu'il n'y avait plus que cela à faire. Peut-être finirait-il par les injurier ou par se battre... Cela le soulagerait de se battre.

Il ne faisait plus jour. Il ne faisait pas encore nuit. Des gens sortaient d'une pâtisserie en suçant des cornets de crème glacée.

Il passait devant la vitrine d'une modiste. Deux jeunes filles le regardaient, et voilà que, juste à ce moment, Sylvie sortait en quelque sorte du mur et se mettait à marcher à côté de lui.

— Qu'est-ce que tu fais ici ?

Elle ne répondit pas. Il savait bien qu'elle ne répondrait pas, qu'elle était trop intelligente pour cela, et cela l'exaspérait.

— Il me semble que je t'avais dit de ne pas sortir de l'hôtel...

— J'avais trop chaud...

— Tu mens !

Il était encore plus intelligent qu'elle. Son esprit travaillait vite. Il se revoyait à la table du *Café des Tilleuls,* avec tous ces idiots qui le regardaient perdre au poker.

— Qui est-ce qui t'a prévenue ?

— Prévenue de quoi ?

— Tu le sais bien... Parle...

— Viens dîner, veux-tu ?... On était sur le point de fermer la salle à manger, mais j'ai obtenu du patron qu'on t'attende...

Il n'avait pas faim. Quand il avait bu, il n'avait jamais faim. Et il lui en voulait maintenant de l'empêcher d'aller continuer à boire, comme il en avait l'envie.

— Réponds... Qui t'a prévenue ?...

— Je suis sortie un moment pour prendre l'air... Je t'ai vu à travers la vitre... J'ai compris que cela allait mal...

— Que quoi allait mal ?

Elle s'était enferrée. Tout cela ne tenait pas debout. Il faudrait bien, à présent, qu'elle crache la vérité. Ils marchaient, comme les autres, le long du trottoir. Ils avaient l'air de prendre le frais comme les autres, et personne ne soupçonnait que lui, lui tout seul parmi ces marionnettes béates, était en train de vivre un drame poignant.

Il fixait farouchement la gare au bout de la perspective de la rue, avec une fenêtre éclairée au premier étage, comme à une maison ordinaire : la chambre ou la salle à manger du chef de gare, qui n'était plus à cette heure qu'un père de famille quelconque. Et cette gare ne lui était d'aucun secours. Ni ce soir, ni demain.

Car il n'avait même plus de quoi prendre un train. Il était enfermé dans cette ville, qui n'était qu'une longue rue dont il pouvait voir les deux bouts de l'endroit où il se trouvait.

Pendant cinq jours, il avait couru en zigzag, en regardant sans cesse derrière lui pour s'assurer qu'on ne le poursuivait pas, et il avait fini par venir se faire prendre comme dans une trappe dans cette rue bête.

— Qui est-ce qui t'a prévenue ?

Elle était quand même parvenue à l'amener en face de l'*Hôtel de l'Etoile,* où le patron aux yeux globuleux prenait, lui aussi, le frais sur le seuil, sa serviette blanche à la main.

— Entre tout au moins manger un morceau...

Pourquoi pas ? Il sortirait après. Il se débarrasserait d'elle. Il avait besoin d'être seul pour prendre une décision. Et celle-ci était la décision capitale.

Le lendemain, il rembourserait de ses huit mille francs ce type au visage de travers qui l'avait possédé au poker. Ce n'était pas une question d'honnêteté. C'était presque une vengeance. Le type était persuadé qu'il ne pourrait pas payer, que son histoire de banque était une blague, qu'il aurait disparu le lendemain matin. On l'avait pris pour un petit aventurier, pour un bluffeur. On s'était moqué de lui. On s'en moquait encore, à cette heure, autour des tables du *Café des Tilleuls,* et cela le mettait en rage.

— Qui est-ce qui est allé te prévenir ?

— Pourquoi veux-tu absolument qu'on m'ait prévenue ?

— Tu vois !

— Qu'est-ce que je vois ?

Ils s'étaient assis à une des petites tables de la salle à manger, et une bonne, en noir et blanc, leur apportait la soupière. La plupart des lampes étaient éteintes. On n'en avait laissé qu'une au-dessus de leur tête.

— Si on ne t'avait pas avertie, tu ne serais pas sortie... Et tu ne te serais pas collée contre le mur, près du café, à la façon de toutes les imbéciles qui espionnent leur mari...

On les avait vus. On avait assisté à la scène. On avait compris. Est-ce qu'il n'y a rien de plus bête qu'un homme qui se fait ainsi happer par sa compagne et qui se met à la suivre en gesticulant ? Tout le monde devine les mots qu'il dit, ses protestations, sa colère. Et il avait fait comme les autres. Il se dégoûtait.

— Mange...

Il avala d'abord un grand verre de vin rouge.

— Eh bien ! j'étais descendue...

— Pourquoi ?

— Pour manger quelque chose... Parce que j'avais faim... Je n'avais pas l'intention de sortir...

— Continue...

— Quand je suis arrivée dans le vestibule, il y avait quelqu'un qui parlait à M. Maurice...

— Qui est-ce, M. Maurice ?

— Le patron...

— Comment le sais-tu ?

— Parce que j'ai entendu qu'on l'appelait ainsi... Et parce que la bonne, qui est venue faire la chambre, m'a dit son nom...

Elle mentait. Il la fixait durement, méchamment.

— Quelqu'un lui racontait qu'il y avait une fameuse partie de poker au *Café des Tilleuls* et qu'un étranger...

— ... était en train de perdre... Eh bien ! ma fille, tout cela est faux, comprends-tu ?

Elle haussa les épaules et continua de manger.

— Je vais te dire, moi, ce qui s'est passé. Quelqu'un, je ne sais pas qui, est venu... Mais pas dans le vestibule, car tu ne serais pas descendue toute seule... Quand tu es couchée sur ton lit et que tu lis, ce n'est pas la faim qui te délogerait... On est monté pour t'avertir que je perdais comme un idiot...

— Comme il te plaira...

Elle n'avouerait pas, mais il n'en avait pas moins la certitude que c'était la vérité.

— Tu as perdu beaucoup ?

— Qu'est-ce que cela peut te faire ? Tu as de l'argent à me donner ?

Il n'aurait pas dû dire cela, car ces mots, automatiquement, réveillèrent un de ses fantômes. Il en avait quelques-uns comme cela, des fantômes familiers, qui lui revenaient à l'improviste, à cause d'un mot, d'une image, d'une odeur.

Et celui-là était le plus méchant.

De l'argent à lui donner ? Eh bien ! cela lui était arrivé d'en recevoir d'une femme. Et pas d'une façon accidentelle. C'était à Nice, peu de temps après qu'il eut été forcé de quitter Lyon précipitamment. Il était à la côte, comme maintenant. En buvant un café-crème dans un petit bar, il avait fait la connaissance d'une femme aux chairs molles, au sourire humide et attendri, qui avait tout de suite eu le béguin.

C'était une professionnelle, et Viau, par dépit, peut-être par défi, avait décidé de vivre comme tant d'autres.

Il l'avait fait pendant quinze jours. Il lui arrivait de la battre par jeu, pour se mettre dans la peau du personnage. Il exagérait ses allures louches. Puis il avait voulu fréquenter les bars des mauvais garçons.

Il en voyait, sur un coin de zinc, qui jouaient au *poker-dice*. Et, comme il venait de le faire au *Café des Tilleuls* avec des bourgeois, il s'était mis en tête de se mêler à la partie.

Ici, à Chantournais, on s'était contenté de lui gagner huit mille francs et de se moquer de lui.

Là-bas, cela avait été plus grave. Il les revoyait, l'examinant des pieds à la tête, sans un mot... Puis l'un d'eux, un petit maigre et brun de poil, crachant par terre un long jet de salive et remontant son pantalon d'un geste familier.

Viau était costaud. Même parmi les types de l'infanterie coloniale, il avait rarement rencontré plus fort que lui. Il s'était avancé, menaçant, les poings prêts à frapper, et alors le petit brun avait parlé, avec un fort accent méridional qui soulignait encore le mépris de ses paroles.

— Un bon conseil, petit !... Faut pas venir faire le matamore ici... Nous autres, on n'aime pas les *demi-sel*... Encore un mot, tant qu'on a l'occasion de causer... Les parages ne sont pas sains pour les gars comme toi... Quant à Léa, laisse tomber... Tu entends ?... On te dit simplement de laisser tomber... Et nous, on est des hommes...

Il avait cogné. Il s'était retrouvé sur le trottoir, le visage tuméfié, un bras tordu. Et, le soir, Léa n'était pas rentrée.

— Ne bois plus, veux-tu ?

Il avait presque fini la bouteille de vin et il avait à peine touché au dîner.

— Je boirai si cela me plaît...

Il en était au plus mauvais, à cet instant où, par révolte, il était capable de n'importe quoi.

Même le calme de Sylvie qui l'exaspérait ! Et cette odeur de peinture qui régnait dans l'hôtel ! Et le sourire de la bonne qui les servait !

— Tu vas me faire le plaisir de monter te coucher...

— Tu sors ? questionna-t-elle.

Il se leva sans répondre, au moment où on apportait les gâteaux secs du dessert.

Elle se levait en même temps que lui.

— Tu ne prétends pas me suivre ?

Elle le suivait.

— Écoute... Je te préviens que...

Que quoi ? M. Maurice, avec son faux air de commodore, s'effaçait pour les laisser passer. Il sembla à Viau qu'il échangeait un regard d'intelligence avec Sylvie.

— Tu lui as parlé ?

— Seulement pour lui demander où avait lieu cette partie de poker...

On lui mentait, et il avait horreur qu'on lui mente. On le tenait en laisse ou, plutôt, on le suivait pour l'empêcher de faire des bêtises, et il avait cela bien plus en horreur encore.

— Tant pis pour toi... J'aime mieux te dire que cela ne changera rien...

Elle ne lui prit pas le bras, dans la rue. Elle ne lui prenait jamais le bras, comme toutes ces femmes qui éprouvent le besoin de s'accrocher d'un mouvement possessif au bras de l'homme. Elle marchait à côté de lui, simplement, si exactement du même pas qu'il ne l'entendait point et qu'elle était toujours à sa hauteur.

Il traversa la rue en souriant d'un sourire sarcastique et pénétra au *Café du Centre.*

La salle était mal éclairée, les murs peints en un vilain brun, l'atmosphère si grisâtre que les têtes semblaient émerger d'un brouillard. On le connaissait déjà. On était au courant de la partie d'en face, car les joueurs de cartes levaient la tête pour le regarder curieusement.

Il commanda un verre d'alcool, sans se préoccuper de Sylvie qui s'était assise sur la banquette à côté de lui et qui, ayant ouvert son sac, se poudrait le nez. Il calcula combien de verres il pourrait encore boire avec l'argent qu'il lui restait. Une dizaine. Après quoi, ce serait fini, irrémédiablement.

Même en vendant les bagues de Sylvie, il y en aurait à peine pour deux jours. Et il fallait, coûte que coûte, rembourser le type à moustaches maigres le lendemain à midi.

— Tu comprends, non ?

— Qu'est-ce que je dois comprendre ?

— Que j'ai autre chose à faire que de te traîner derrière moi dans les rues...

Pas de réponses toujours. Si bien qu'il lui arriva de la regarder avec un respect involontaire. Il ouvrit la bouche pour lui dire :

— Je me demande d'où tu sors...

Sans doute de la campagne comme lui. Toutes les femmes qui font la vie, comme disent les braves gens, sortent de la campagne, ou des faubourgs de quelque grande ville, mais elle n'avait pas le type des faubourgs.

Encore un verre, puis un autre. Des jeunes gens, qui n'avaient qu'un duvet au-dessus des lèvres, jouaient au billard en prenant des airs importants et l'observaient avec envie, parce qu'il était en compagnie d'une femme, qu'ils formaient un couple, qu'on sentait qu'ils couchaient ensemble.

« Imbéciles ! »

Huit mille francs... Et, dans deux heures, tout le monde dormirait dans la ville... Il n'y avait pas de boîte de nuit, comme à Montpellier...

Il paya et laissa un gros pourboire, sortit en balançant des poings menaçants, tandis que Sylvie était toujours sur ses talons.

Il y avait déjà moins de monde dans les rues. On voyait surtout des couples qui tournaient tous près du pont afin de longer la berge plus sombre de la rivière.

— Tu te crois intelligente, n'est-ce pas ?

— Je crois simplement que nous ferions mieux d'aller nous coucher. Mais il en sera comme tu voudras...

— Même si je te demande de me ficher la paix ?

— Non.

— Pourquoi ?

— Pour rien...

— Tu sais où j'en suis ?

— Je sais que tu as besoin de te reposer...

— Parce que j'ai trop bu, n'est-il pas vrai ?... Tu ne vois que cela, comme toutes les femmes... Mais tu ne te demandes pas pourquoi je bois...

Il parlait sèchement, nerveusement, comme il aurait mordu. Il était méchant. Il avait besoin de faire mal.

— Tu vois bien cette rue bête, la plus bête sans doute qu'il soit possible d'imaginer, avec la gare à un bout et le marché de l'autre ?... Figure-toi que je suis prisonnier dans cette rue... Figure-toi que je n'ai plus un sou pour m'en aller, ni même pour te rembourser ce que tu m'as prêté tout à l'heure... Tu commences à piger ?... Et figure-toi, puisque tu tiens à tout savoir, que, d'un moment à l'autre, les gendarmes peuvent venir me mettre la main sur l'épaule et me demander plus ou moins poliment de les suivre...

» Tu ne t'es pas demandé pourquoi, les jours derniers, nous allions de ville en ville, en changeant sans cesse de direction ?... Tu ne t'es pas demandé pourquoi, à La Rochelle, j'ai soudain décidé de prendre la micheline ?...

» C'est parce que je me suis cru poursuivi et que je le suis peut-être...

— Je le savais...

— Qu'est-ce que tu savais ?

— Ce que tu viens de dire...

— Et quoi encore ?

— Rien d'autre...

— Tu savais aussi pour quel motif ?

— Cela m'est égal...

— Tu n'as pas lu dans les journaux l'histoire de Montpellier ?... Je vais te raconter... Après quoi, tu me ficheras la paix... Et après quoi, tout seul, j'essayerai de m'en tirer... Car je m'en suis toujours tiré, vois-tu !... Parce que je suis un homme et que je les emmerde tous... Tu comprends ça aussi, imbécile ?...

Il ne pouvait pas voir son visage, parce qu'ils suivaient le même chemin que les amoureux et qu'ils longeaient la rivière, sous les arbres dont le feuillage bruissait au-dessus de leur tête et qui faisait une ombre épaisse. On entendait l'eau couler avec un bruit de ruisseau. Il y avait des grenouilles, quelque part, et une grande maison, sur l'autre rive, avec deux fenêtres éclairées au premier étage.

— Si je savais y trouver assez d'argent..., gronda-t-il en fixant ces deux lumières...

Pourquoi pas, au point où il en était ? Il n'avait pas de revolver. Il n'en avait pas besoin. Est-ce qu'il n'était pas un homme ? Avec ses mains, simplement, s'il le fallait. Il en étranglerait un, deux... Est-ce que cela ne devait pas arriver un jour ou l'autre ?

Et tant pis si les gens ne comprenaient pas. Car personne ne comprendrait. Personne n'avait jamais compris. Même cette Sylvie, qui se croyait plus fine que les autres et qui continuait à marcher à ses côtés, sans seulement avoir peur de lui.

— Je suis arrivé à Montpellier à minuit dix... Tu entends ?... Tu connais Montpellier ?...

— Oui...

— C'est vrai qu'il y a là-bas une boîte comme celle où je t'ai rencontrée à Toulouse... En somme, tu as dû traîner tes fesses et tes nichons dans toutes les boîtes de province...

Un besoin aussi de l'humilier.

— Comment je suis arrivé à Montpellier ? Cela ne te regarde pas... Ou, plutôt, je peux bien te le dire... Qu'est-ce que cela peut me faire, ce que tu penses de moi ?... Tu connais Béziers aussi, naturellement... Peut-être que tu as couché avec mon ex-futur beau-père... Un gros, ce qu'on appelle un bon gros, avec une barbe comme le président Fallières ou comme le roi Léopold, une belle barbe blanche, soyeuse, bien peignée, dês joues roses et des petits yeux de goret... Bourragas, qu'on l'appelle... C'est un des plus gros viticulteurs du coin... Tu vois ça ?...

— Non...

— Une magnifique maison, sur le mail... De vastes pièces fraîches, qui sentent bon l'encaustique, les confitures et le cigare... Et une demoiselle bien élevée, pieuse, bonne ménagère, musicienne et tout... Et une autre fille, mariée à une espèce de notaire...

» Eh bien ! j'ai failli faire partie de la famille...

» Je ne leur avais pas dit que mon père est un paysan de Saint-Jean-la-Foi, tu comprends ?...

— Le mien est un paysan aussi, l'interrompit-elle. Du Berry...

— Je m'en f... ! Je ne leur avais pas dit non plus que j'avais besoin de gagner ma vie, car on se méfie toujours des gens qui sont obligés de gagner leur croûte... Peu importe ce que je leur ai raconté : Que mon paternel était un Suisse de Neuchâtel... Qu'il m'avait envoyé dans le Midi pour me perfectionner en viticulture... Je m'y connais un peu, car mon père a une vigne...

» Le papa Bourragas a marché... On m'a installé dans la maison... Je travaillais comme volontaire... Autrement dit, je ne gagnais rien...

» Et je me suis mis à coucher avec la demoiselle !... Odette !... Tu ne peux pas te figurer comme c'est facile de coucher avec une demoiselle bien élevée... A condition d'y mettre le sentiment qu'il faut...

» Je suis sûr que le papa Bourragas s'en doutait... Seulement, il me croyait riche, et il entrevoyait déjà un beau mariage.

» Un peu plus tôt... Un peu plus tard...

» J'aurais dû me méfier quand, ce soir-là, la maman a décidé d'aller passer la nuit chez sa fille mariée, sous prétexte que celle-ci n'était pas bien portante...

» Les cochons m'avaient tendu un piège...

» A onze heures, je suis entré dans la chambre d'Odette, comme les autres soirs... C'était presque conjugal... Le père était supposé être couché... Il n'y avait pas un bruit dans la maison...

» N'empêche qu'un quart d'heure plus tard on frappa à la porte... Une voix, qui n'était pas celle du vieux Bourragas, fait sèchement :

» — Veuillez sortir...

» Ils étaient deux, tout droits, tout raides sur le palier : le père et le gendre, l'espèce de notaire du nom de Nolusse, qui me regardaient comme si j'étais devenu soudain un objet répugnant...

» Ils me montraient l'escalier, descendaient derrière moi... La porte du salon était ouverte, et il y traînait encore de la fumée de cigare.

» — Je suppose que vous avez compris, *monsieur Viau ?*

» Ils m'appelaient par mon vrai nom et non par celui que je leur avais donné, celui du type de Neuchâtel.

» — Nous nous sommes renseignés sur votre compte, comme vous le voyez, et nous espérons que vous ne nous obligerez pas à faire appel à la police !

» C'était le notaire qui parlait, tandis que le beau-père se caressait la barbe.

» — Vous pouvez emporter vos effets... Il y a un train dans une demi-heure, et si, demain, vous aviez le malheur de traîner encore dans la ville, ce n'est plus avec nous que vous auriez à vous expliquer...

» Voilà ce qui s'est passé à Béziers... Je suis parti, avec ma valise... J'ai pris le train, parce que je ne pouvais rien faire d'autre... Je te dégoûte ?... Dis !... Je te dégoûte ?...

— Pourquoi ? dit-elle simplement.

— Attends !.... Cela viendra... Une heure plus tard, je débarquais sur le quai de la gare de Montpellier, et j'avais soif... Il était minuit passé. Le buffet était fermé... Les bistrots, autour de la gare, étaient fermés... Je me suis dit : « Bon, je me saoulerai la gueule à l'hôtel... »

» Et je me suis mis à chercher un... Au lieu de ça, j'ai aperçu une lumière violette au-dessus d'une porte, une enseigne qui annonçait : *Cabaret des Fleurs.*

» C'était un truc moche, dans le genre de la boîte où je t'ai pêchée... Encore un peu plus moche. Mais il y avait un bar, et je m'y suis installé, avec toujours ma petite valise... C'est crevant que ma valise ait passé à travers tout ça... Heureusement, car je n'aurais même plus une brosse à dents, ni une chemise de rechange...

» J'ai bu quelques *drinks,* pas beaucoup... De temps en temps, je voyais des types du genre confortable, du genre gros bourgeois, sortir d'une pièce dont la porte était masquée par un rideau...

» Je demande au barman :

» — Qu'est-ce qu'il y a là derrière ?

» Et il hésite à me répondre... Il m'observe... Il comprend que je ne suis pas de la police... J'ai l'air de tout ce qu'on voudra, sauf d'un type de la police...

» — Des messieurs qui font une petite partie, entre amis..., me dit-il enfin.

» Un tripot, quoi !... Je n'avais que quelques centaines de francs en poche, des billets que j'avais chipés dans la caisse de Bourragas... Tant pis si cela te défrise un peu plus... Si j'avais le temps, je te raconterais des histoires de là-bas, et tu verras que le Bourragas à la belle barbe est encore plus dégoûtant que moi... Et moi, au moins, je prends mes responsabilités, je joue ma chance...

» Juste au moment où je me décide à aller risquer quelques sous, un type soulève le rideau de velours et s'approche en remettant un gros portefeuille dans sa poche.

» — Une vieille fine, Jean..., lance-t-il au barman.

» Il la boit d'un trait. Pour payer, il ressort son portefeuille gonflé comme un matelas, et il est tout content qu'on s'aperçoive qu'il est bourré de billets à en crever...

» Je suis sorti avant lui... Je suis allé l'attendre à cent mètres... Je jouais en quelque sorte à pile ou face... Il pouvait fort bien s'en aller en voiture, faire appeler un taxi... Il pouvait aussi tourner à gauche au lieu de tourner à droite...

» Il a tourné à droite, et je lui suis entré dedans, tête première... Avec les gros, c'est le plus radical... Un bon coup de tête dans l'estomac...

» Il est tombé, tout flasque, l'œil étonné, sans avoir eu le temps de me voir... Trois quarts d'heure plus tard, je sautais, toujours avec ma valise, dans le rapide Marseille-Bordeaux, et je descendais à Toulouse...

» Seulement, le lendemain, l'animal donnait à la police le numéro des billets... Ce qui prouve que c'est un maniaque, un de ces types qui ont toujours un crayon à la main et qui se méfient...

» Tu es contente ?... Tu sais ce que tu voulais savoir ?...

— Cela m'est égal..., dit-elle.

— Qu'est-ce qui ne t'est pas égal ?

— J'ai sommeil, et je voudrais que nous allions nous coucher...

— Et que demain mon type d'ici, celui qui a la gueule de travers, vienne me réclamer mes huit mille francs, que je ne pourrai pas lui donner... Et qu'il alerte toute la ville... Et que la police me demande des comptes, n'est-ce pas, espèce de dinde ?... Tu vas rentrer te coucher toute seule... Peut-être qu'on se reverra... Si je rentre cette nuit, c'est que j'aurai trouvé le *fric...* Si tu ne me revois pas...

— Tu es bête...

— C'est moi qui... ?

Ils n'étaient pas loin d'un réverbère, et il eut la curiosité de la regarder. Elle avait son visage paisible, toujours un peu pâle.

— Quand tu auras fait ce que tu as dans la tête, tu seras bien avancé...

— Qu'est-ce que j'ai dans la tête ?

— Tu le sais bien... maintenant que tu est moins saoul...

— Parce que j'ai été saoul ?

— Peu importe... Marchons... Il te faut de l'argent...

— Tu en aurais, par hasard ?

— Tu sais bien que non...

— Et je sais aussi que, même si tu en avais, je n'en voudrais pas...

— Ce n'est pas la question. Il te faut de l'argent... Je sais où il y en a...

Il fut mal à l'aise un moment, sans comprendre au juste pourquoi. Il y avait quelque chose qui ne tournait pas rond, quelque chose qui sonnait faux, mais il ne voulut pas s'y arrêter.

— Je t'écoute, ironisa-t-il. Je suppose qu'il n'y a qu'à se baisser pour le ramasser ?...

— La bonne de l'hôtel m'a parlé, cet après-midi, tout en faisant la chambre... Le hasard veut qu'elle soit du Berry comme moi...

— Et alors...

— La patronne est une vieille chipie, la veuve Roy, comme tout le monde l'appelle... Il paraît qu'elle est riche à en crever et qu'elle est propriétaire de je ne sais combien de maisons, de presque toute une rue...

— Tu voudrais que...

— Attends !... M. Maurice est son amant... Si étrange que cela puisse paraître, elle tient à lui comme à la prunelle de ses yeux... Et il lui mène la vie dure... Elle est avare... Tu commences à comprendre ?

— Non...

— Elle le tient par l'argent... Et lui passe son temps à lui en chiper le plus possible... Comme la veuve Roy est parfois bouclée une semaine et plus dans sa chambre par son lumbago, il gratte sur tout : sur les notes, sur les consommations, sur les fournisseurs... Il fait son petit magot pour le jour où elle se décidera à le mettre à la porte...

— Je t'écoute...

— Il doit déjà en avoir un bon paquet de côté. Cela se sait dans la maison, et les domestiques s'en moquent... Cela se sait même en ville... Il est arrivé à la veuve Roy d'appeler la police et de porter plainte, parce que M. Maurice l'avait battue... On l'a vue avec un œil au beurre noir... Certains matins, elle veut le faire arrêter, puis, quelques heures plus tard, elle retire sa plainte en le traitant quand même de voleur...

— Je ne vois pas ce que...

— Attends !... M. Maurice couche dans sa chambre à elle... Mais, par respect des convenances, il a une chambre personnelle au second étage, au bout du corridor... Est-ce que tu commences à comprendre ?... C'est dans cette chambre, sûrement, qu'il cache son magot... Et, si ce magot disparaissait, il n'oserait pas porter plainte... Viens, maintenant... J'ai trop mal aux pieds pour continuer de marcher...

Ils repassèrent devant la maison qui était de l'autre côté de la rivière et où il n'y avait qu'une lumière, sous le toit, dans une chambre de bonne. La fièvre de Viau était tombée, et pourtant il eut un regard de regret à ce rectangle lumineux.

— Je me demande si je ne ferais pas mieux...

Il n'avait pas assez bu... Ou bien son ivresse s'était trop vite dissipée. Il la regardait, car il aurait préféré en finir une fois pour toutes.

Est-ce que c'était d'un homme de suivre ainsi une Sylvie qui se mettait soudain à prendre la direction des opérations ?

Les deux cafés étaient fermés dans la rue Gambetta. De la lumière filtrait encore sous le volet mécanique de l'un d'eux, où l'on devait empiler les chaises sur les tables et répandre de la sciure de bois sur le plancher.

— Si cela ne réussit pas, il sera encore temps...

Une ville qui dormait par une belle nuit de juin, toutes fenêtres ouvertes, et eux deux qui marchaient dans les rues vides, une ville avec de l'argent dans chaque maison, et eux deux qui en cherchaient, qui devaient en trouver envers et contre tous pour le lendemain...

— Et s'il porte plainte malgré tout ?

— Est-ce que la police te connaît ?

— Non... En tout cas, pas sous le nom de Viau...

— Alors il n'y a qu'à rester tranquillement à l'hôtel...

Il se trouvait lâche. Il ne voulait pas être lâche. Toute sa vie, cette notion de lâcheté l'avait poursuivi. Est-ce qu'il était un homme, oui ou non ?

— Tu te crois très forte, n'est-ce pas ?

— Non. Je veux seulement t'empêcher de faire une bêtise, et c'est tout ce qu'il y a de plus facile...

Ils approchaient de l'hôtel. Leurs pas résonnaient sur les pavés. La lune était suspendue juste au-dessus de la gare, dont elle éclairait le toit de tuiles rouges.

C'était peut-être un piège, comme avec Bourragas et son gendre le notaire. Il flairait un piège. Il n'y allait pas de bon cœur.

Il ne savait rien de cette fille qui se taisait si bien, qu'il avait ramassée dans une boîte de nuit un soir qu'il se croyait riche et qu'il avait besoin de ne pas être seul.

La porte de l'*Hôtel de l'Etoile* était fermée. Ce fut Sylvie qui poussa le bouton de sonnerie. Ils durent attendre longtemps que le gardien de nuit vînt leur ouvrir.

Et ils montèrent l'escalier l'un derrière l'autre. Quand ils eurent tourné le commutateur de la chambre et qu'ils se trouvèrent en pleine lumière, près des deux lits jumeaux séparés par la table de nuit, Viau la regarda dans les yeux et martela :

— Tu sais ce que j'ai envie de faire ?

Elle ne broncha pas.

— De te casser la gueule !

— Si tu veux.

Elle savait qu'il en était capable, et elle n'avait pas peur. Elle ajouta, sans même un frémissement des lèvres :

— Mais tu ferais mieux d'aller chercher l'argent... Je parierais qu'il est caché dans le matelas ou au-dessus de l'armoire...

3

Il était en train de se raser, en caleçon, pieds nus, debout devant le miroir sans cadre qui surmontait la toilette en porcelaine blême, et le miroir lui renvoyait le regard dur, brouillé d'un reste d'anxiété, de ses yeux gris bleu.

Est-ce qu'il avait dormi quatre heures ? Même pas. Trois heures et demie au plus. Et pourtant il était d'aplomb. Il se retrouvait le même que la veille au soir, le même que la nuit, avec les mêmes pensées, et ce n'était pas sans le surprendre, car il est rare de conserver dans la lumière du matin les larmes, les colères ou les nostalgies de l'insomnie.

Sylvie dormait encore ou faisait semblant de dormir. Il était persuadé qu'elle faisait semblant de dormir, et cela lui était égal. Cela lui était égal aussi ce qu'elle pensait de lui.

Il était debout, grand et rose, avec une peau claire et colorée de roux, bien qu'il fût plutôt blond, des lignes qui avaient une tendance à s'empâter et cet air agressif qui s'harmonisait si bien, quelques années plus tôt, avec son uniforme de l'infanterie coloniale.

C'était, comme par ironie, un train qui l'avait réveillé, le premier train du matin sans doute, car, quand il avait regardé sa montre, il n'était pas encore six heures. Et ces longs coups de sifflet dans le soleil pâle évoquaient l'image du convoi articulé s'étirant de petite gare en petite gare, avec son panache de fumée blanche, à travers l'étendue amande de la campagne.

Il ne s'était pas rendormi. Il avait froncé les sourcils à d'autres bruits : des carrioles qui passaient sans répit, des hennissements de chevaux, des caquets de poules, d'oies, de canards, toute une rumeur de ferme que le marché hebdomadaire apportait de la campagne en même temps que ses odeurs.

Il avait même l'impression de sentir l'odeur du café dans les bistrots qui entourent le marché, et il avait soif du petit vin blanc sapide que l'on boit d'un trait pour « tuer le ver ».

Il s'était levé. Il avait regardé Sylvie dont les cheveux étaient répandus sur l'oreiller du lit voisin et dont la lèvre inférieure était gonflée, meurtrie. Il n'en avait ressenti aucun remords.

Il lui en voulait encore. Il était capable de retrouver dans leurs moindres détails ses impressions de la nuit. Une impression dominait les autres : celle qu'il était en train de s'amoindrir.

Il n'aurait pas pu dire exactement pourquoi. Il se revoyait debout avec elle dans leur chambre, et l'ampoule électrique trop faible, comme dans tous les hôtels, pendait au-dessus de leur tête et se reflétait dans le miroir. Il n'y avait personne dans la chambre voisine, et pourtant Sylvie éprouvait le besoin de chuchoter.

— Je vais aller écouter à la porte de Mme Roy... C'est la dernière porte à gauche dans le couloir, au même étage que nous...

Il la laissait faire, indifférent, et elle retirait ses chaussures, disparaissant dans l'obscurité du corridor. Il attendait, assis au pied de son lit, fumant une cigarette, et la porte ne tardait pas à s'ouvrir.

— Elle parle... Donc, il est chez elle... Il vaut peut-être mieux attendre qu'ils s'endorment ?

— Il dort toujours dans la chambre de la patronne ?

— Il paraît... Il ne monte chez lui qu'au petit matin, vers cinq heures, car c'est lui qui se lève le premier pour allumer les feux...

Elle éteignait la lumière, entrouvrait la porte, pour le cas où M. Maurice, par hasard, aurait l'idée de remonter dans sa chambre cette nuit-là. Et ils fumaient tous les deux, dans l'obscurité, ne voyant l'un de l'autre que le petit bout rouge des cigarettes.

Viau en avait eu vite assez, et il était allé écouter à son tour. La veuve parlait, en effet. On ne distinguait pas les paroles, mais c'était régulier et monotone comme si, de l'autre côté de l'huis, quelqu'un avait récité un chapelet. De temps en temps, une autre voix, une voix d'homme, murmurait quelques mots, puis aussitôt le récitatif reprenait avec une monotonie exaspérante.

— Où vas-tu ? questionna Sylvie, comme il se dirigeait vers l'escalier.

— Là-haut...

Tout habillé. Avec ses chaussures !...

— Viens un instant.

C'était pour lui dire :

— Il vaudrait mieux que ce soit moi qui y aille... Une femme fait moins de bruit. Comme je commence à te connaître, tu es capable de renverser quelque chose...

Et, comme il ne cédait pas :

— Retire au moins tes souliers... Déshabille-toi... Si l'on te surprend en pyjama, tu pourras toujours prendre un air endormi et prétendre que tu t'es trompé de porte en cherchant le petit endroit...

Il accepta seulement de retirer ses souliers. C'était curieux : il n'obéissait qu'à contrecœur. Il ne craignait pas un piège à proprement parler. Et cependant il avait comme un pressentiment, un poids sur les épaules.

Ce qui le choquait le plus, en somme, c'est que c'était trop facile, l'absence de risques.

— Je vais faire le guet... S'il montait, je laisserais tomber un verre...

Non. Il était sûr que rien ne se passerait, et c'était bien ce qui l'écœurait dans cette aventure.

Il montait dans l'obscurité. Sylvie lui avait remis une lampe électrique de poche qu'elle avait dans son sac de voyage.

— J'en avais besoin à Toulouse, tu comprends, parce que, pour rentrer chez moi, la nuit, je devais traverser des rues mal éclairées...

Il ne s'en servit pas. Dans la chambre de M. Maurice, qu'il trouva sans peine et qu'il reconnut à un uniforme de cuisinier pendu au portemanteau, il tourna tranquillement le commutateur électrique.

Comme pour mettre au moins une chance contre lui !

Il était morne. La chambre était une chambre de bonne, avec un étroit lit de fer et des meubles en bois blanc. Il monta sur une chaise pour regarder au-dessus de l'armoire, mais il n'y avait rien d'autre que de la poussière et une bouteille à cognac vide.

Est-ce que M. Maurice devait se cacher pour boire ? C'était possible. Et cette pensée rendait Viau encore plus saumâtre. Il souleva le matelas, le tâta, acquit la certitude qu'il n'y avait aucun trésor de caché dedans.

Il prenait son temps. Il s'assit même au bord du lit pour regarder autour de lui, et cela l'aurait soulagé de voir quelqu'un surgir et de pouvoir frapper.

— De la merde !... grommela-t-il.

Il y avait un chromo au mur en face de lui, une ignoble reproduction de *l'Angélus* de Millet, et il n'eut pas une hésitation, il savait : il se leva, décrocha le cadre de bois noir qu'il retourna. Le carton, derrière, était tombé, à peine maintenu par deux petites pointes qu'il put enlever avec les doigts. Et, sous le carton, il y avait quelques billets de banque, dix exactement, il les compta, dix billets de mille francs tout froissés.

Il haussa les épaules. Est-ce qu'on avait noté les numéros de ceux-ci aussi ?

Il remit le cadre en place, s'engagea dans le couloir, dut revenir sur ses pas pour éteindre la lumière qu'il avait oubliée et se heurta à Sylvie, qui l'attendait au pied de l'escalier.

Elle refermait la porte de leur chambre derrière lui.

— Tu as trouvé ?

Et simplement, l'air méprisant, il posait les billets sur la commode et commençait à se déshabiller.

— Cela te permet quand même de payer ta dette de jeu, et cela nous tire de l'embarras pour quelques jours...

Il ne répondit pas. Elle eut le bon goût de ne pas lui demander s'il comptait en profiter pour partir.

— Bonsoir, Marcel...

— Bonsoir...

Il se laissa embrasser, et c'était un baiser machinal de vieux mariés qu'elle lui posait quelque part sur la figure, du côté de la tempe.

— Essaie de bien dormir.

Mais il ne s'était pas endormi. Elle non plus. Elle le faisait exprès de se tenir éveillée pour écouter sa respiration. Ils ne disaient pas un mot. Ils ne se voyaient pas. Chacun savait que l'autre avait les yeux ouverts, et cela avait duré longtemps. Jusqu'à ce que Sylvie succombe enfin, alors qu'il était encore loin du compte.

Il lui en voulait, et il s'en voulait d'avoir cédé. C'était très compliqué. Il regrettait quelque chose, il regrettait surtout d'être encore là, alors que, si elle l'avait laissé faire, il était persuadé qu'il se serait passé quelque chose de définitif. Il y avait plusieurs jours qu'il le sentait, qu'il allait devant lui comme pris de vertige, avec l'idée de la culbute, presque le besoin de cette culbute.

Cette maison avec ses deux lumières, de l'autre côté de la rivière, l'avait fasciné. Il l'avait presque reconnue. Est-ce qu'il n'avait jamais rêvé d'une maison pareille, dans la nuit, et d'un homme qui entrait à pas de loup ?

Il aurait tué quelqu'un, probablement.

Une bonne fois, pour qu'il n'en soit plus question, pour qu'il ne soit plus jamais question de rien.

Au moins, il aurait pris un risque, le plus gros, celui de sa tête. Comme, à Montpellier, il avait pris un risque.

Sylvie ne comprenait pas cela. Cela avait l'air tiré par les cheveux. Il n'avait pas honte du coup de Montpellier. Il avait mis des chances contre lui. Il avait joué à égalité. D'abord, l'homme aurait pu partir en voiture, en taxi, tourner de l'autre côté de la rue. Il aurait pu l'apercevoir dans l'obscurité et donner l'alarme. Rien ne prouvait qu'il n'était pas armé, comme cela arrive aux gens qui ont l'habitude de transporter beaucoup d'argent.

Enfin, Viau aurait pu mal calculer son coup, ne pas atteindre l'autre au bon endroit. On aurait pu les voir de loin. Il risquait une poursuite dans les rues obscures. Il risquait aussi d'être cueilli dès son arrivée à la gare par les gendarmes.

Ici, à Chantournais, il avait volé. Et il lui semblait que c'était la première fois de sa vie. Volé salement, petitement : il s'était introduit dans une chambre où il n'y avait personne, pendant que le pauvre bougre aux yeux globuleux était retenu auprès de sa vieille maîtresse.

Il se dégoûtait. Il ne comprenait pas ce qui s'était passé. Jamais il ne lui était arrivé de subir ainsi la volonté de quelqu'un, et ce quelqu'un était une femme qu'il connaissait à peine et qu'il n'aimait même pas.

Il la revoyait, le guettant, le happant au passage dans la rue Gambetta quand il était sorti du *Café des Tilleuls*. Comment avait-il pu la suivre ?

Elle ne s'était pas laissé impressionner par tout ce qu'il lui avait raconté. A croire que, pour elle, c'étaient des enfantillages. Est-ce qu'elle avait compris ? Sûrement non. Elle avait dû le prendre pour une crapule quelconque, et ce n'était pas vrai.

S'il avait voulu faire cette nuit-là ce qu'il avait voulu, s'il avait tué quelqu'un, si son père était venu le voir à la prison, il aurait bien trouvé les accents pour lui faire comprendre, à lui, la vérité. Et d'autres auraient peut-être compris.

Il aurait payé, soit. Il n'avait pas peur. Et il aurait été soulagé une bonne fois, au lieu de se retrouver dans cette chambre d'hôtel qui sentait la peinture et le linoléum, avec les bruits du marché qui lui parvenaient par la fenêtre ouverte.

Voilà ce qu'il avait pensé avant de s'endormir ; avec plus de flou ; avec aussi plus de subtilités qu'il ne retrouvait pas tout à fait dans la lumière du matin.

Sa rancœur, par exemple... Elle n'était plus aussi forte... Elle n'avait pas le même goût de désespoir irrémédiable... La preuve, c'est qu'il pensait au verre de vin blanc qu'il n'allait pas tarder à boire... Quand on est au fond du désespoir, est-ce qu'on pense à la saveur d'un verre de vin blanc ?

Sa haine pour Sylvie aussi...

Maintenant, ce n'était plus la haine. Il la regardait de haut, avec seulement de la rancune, mais il n'aurait plus été capable de s'approcher d'elle et de lui envoyer froidement son poing dans la figure.

Or, c'est ce qu'il avait fait, vers deux heures du matin. Il y avait eu un moment où il était tellement submergé par l'amertume qu'il s'était levé. Il s'était penché sur le lit voisin, d'où montait un souffle régulier, et il avait frappé un bon coup.

Elle avait dû ouvrir les yeux... Il ne les avait pas vus dans le noir. Elle avait dit d'une voix de petite fille :

— Qu'est-ce que tu fais ?

Puis elle avait reniflé, et, sans autre commentaire, elle avait pleuré un certain temps, doucement, comme on pleure quand on a mal, comme pleurent les enfants, et elle avait fini par se rendormir.

Il avait atteint sa lèvre, il le voyait maintenant, car elle était encore tuméfiée.

Elle ne dormait pas. Il avait fait assez de bruit pour la réveiller. Sans doute, en le voyant s'habiller de si bonne heure, se demandait-elle s'il n'allait pas s'en aller tout seul ?

Deux trains avaient déjà quitté la gare, il les avait entendus. Cela lui était égal. Il n'avait plus envie de partir. Il n'avait envie de rien, à vrai dire, sinon de monter au marché et de boire un verre de vin blanc au comptoir d'un petit bar.

Les dix mille francs étaient toujours sur la commode. Il les prit et les glissa dans sa poche. Puis il sortit de la chambre sans se retourner et s'engagea dans la cage de l'escalier qui sentait la peinture fraîche et où le peintre en blouse blanche mélangeait des couleurs dans ses pots.

M. Maurice, toujours en tenue de cuisinier, se tenait debout sur le seuil. Il devait y passer sa vie. Il faisait penser à ces silhouettes en bois découpé qui représentent un chef de cuisine et qui vous tendent un menu au seuil des hôtelleries.

Il se retourna vers son client, commença par s'effacer pour le laisser passer, puis il se ravisa et dit d'une voix un peu étouffée qui venait de la gorge :

— Vous ne prenez pas votre café ? Il est prêt...

Pourquoi Viau comprit-il tout de suite que l'homme était malade, qu'il devait avoir une infirmité à la gorge, une maladie qui lui donnait cette voix sans timbre, un peu sourde, et qui l'empêchait de fumer ? Car, cela lui revint aussi, il n'avait pas encore vu M. Maurice avec une pipe ou une cigarette.

— Je vous sers tout de suite...

La salle à manger était vide, et la table d'hôte déjà dressée. M. Maurice passa dans une pièce de derrière, où il y avait un percolateur. Il n'avait pas seulement la gorge malade, mais traînait de mauvais pieds dans ses pantoufles de feutre. La veille aussi, il marchait dans une sorte de glissement, avec effort.

Est-ce qu'il savait déjà ? Sans doute que non. Il ne devait pas s'amuser à décrocher chaque jour *l'Angélus* de Millet. Cet air morne, c'était son air habituel. Et le mot morne n'était pas juste.

— Merci...

— Vous prenez du lait ?

C'était drôle. Il avait l'air de faire de timides avances. Ce que Viau avait pris la veille pour de la morgue ou pour de l'indifférence, c'était plutôt une sorte de timidité. Et timidité n'était pas davantage exact... Ni réserve.

Il restait debout près de la porte, attendant sans doute, espérant peut-être qu'on lui adresserait la parole, comme quelqu'un qui aurait besoin d'un contact humain et qui ne saurait comment s'y prendre.

Viau en ressentait de la gêne, de la curiosité aussi. Il se demandait quelle avait pu être la vie de cet homme qui partageait maintenant le lit d'une vieille hôtelière et qui se battait avec elle. Il lui semblait qu'entre eux il y avait certains points communs.

C'était surtout dans le regard. Un regard comme transparent : le regard de quelqu'un qui sait des choses intransmissibles, de quelqu'un qui voudrait en vain se faire comprendre. Certains vieux chiens ont ce regard-là. Et Viau se surprit à dire, peut-être par charité, peut-être pour dissiper sa gêne, en tout cas pour établir un contact, si banal fût-il :

— C'est jour de marché ?

— Tous les vendredis... Le mardi aussi, mais le mardi c'est le petit marché...

— Cela vous donne du travail...

— Pas tant à nous... Les paysans vont plutôt à l'*Agneau d'Or*, où il y a de grandes écuries...

Puis il se taisait gauchement et recommençait à ruminer. Quel besoin eut Viau d'annoncer en sortant, alors que l'autre reprenait sa faction sur le seuil :

— Nous resterons sans doute quelques jours...

C'était son intention. Il ne savait pas pourquoi. C'était probablement de la lassitude. La veille, il était angoissé de se sentir prisonnier dans cette ville, entre la gare haut perchée et la place du Marché. Ce matin, il n'avait plus envie d'en partir : il s'y serait raccroché s'il l'avait fallu.

Est-ce que Sylvie s'était levée ? Est-ce qu'elle était en train de s'habiller et la rencontrerait-il tout à l'heure en ville ?

Avec elle aussi il avait été dur, méchant, et il ne parvenait pas encore à y penser sans rancune.

Elle aurait été bien étonnée, sans doute, s'il lui avait dit à quoi il pensait. C'était peut-être l'odeur du marché, le brouhaha qui lui rappelait tant de marchés de son enfance, à Saint-Jean-la-Foi, les charrettes, les chevaux, les sacs de pommes de terre, les légumes humides de rosée et les volailles entassées dans leurs cageots.

Il aurait voulu aller chez lui, pas pour longtemps, simplement s'asseoir dans la cuisine aux poutres noircies, devant l'âtre où il y avait toujours de l'eau à bouillir sur un trépied, s'accouder à la grosse table qui avait servi à plusieurs générations et voir son père retirer sa casquette, gratter son crâne qui commençait à devenir chauve, laisser ses sabots sur le seuil et poser deux verres entre eux.

— Alors, fiston ?

Il y était allé plusieurs fois, pas tous les ans, mais presque. Il était obligé de mentir, de raconter qu'il faisait ceci ou cela, qu'il avait une situation, mais il se demandait maintenant si son père avait jamais été dupe. Il se souvenait de son regard lourd, de ses lèvres serrées autour du tuyau de sa pipe, du soupir qu'il poussait en se levant, avec l'air de déplier son grand corps noueux.

— Eh bien ! tant mieux, fiston... A la prochaine fois... Si je suis encore là...

Il y avait plus de vingt ans qu'il était veuf, et c'était lui qui avait soigné son fils, c'était lui qui faisait son ménage, tranquillement, avec ses mouvements paisibles et harmonieux·que Viau n'avait jamais vus qu'à lui. On aurait dit qu'il ne déplaçait pas d'air. Qu'il attelât sa jument ou qu'il préparât son repas, qu'il fût au pressoir ou dans sa vigne, sa vie gardait le même rythme, et on le retrouvait pareil, à la soirée, l'été sur le seuil de sa maison, l'hiver au coin de l'âtre où il pouvait rester des heures immobile, à tirer de petites bouffées d'une pipe qui ne semblait jamais s'éteindre.

— Un coup de blanc...

Des paysannes, aux tables des bistrots, mangeaient d'épaisses tartines de rillettes ou de jambon, et une grosse odeur d'étable se dégageait de leurs jupes. Un boucher de campagne transportait un demi-porc sur son épaule et le laissait tomber lourdement sur son étal de plein air.

Les feuilles des platanes, en frémissant à la brise, mettaient sur les gens et les choses un fourmillement d'ombre et de lumière, et toutes les voix se mariaient en une rumeur qui était comme une musique : les odeurs se fondaient les unes aux autres. Viau avait envie de s'asseoir et de ne plus bouger, de fermer les yeux et de se laisser imprégner par cette vie dans laquelle il lui était impossible de se fondre.

Il aperçut son gagnant de la veille, qui passait en compagnie de deux gros fermiers et qui prenait un air important. Viau avait entendu prononcer son nom, au café. Il s'appelait M. Mangre.

— Qu'est-ce qu'il fait ? demanda-t-il au patron qui lui versait un second verre de vin.

— Qui ça ?... Ah ! oui... C'est un malin, celui-là.

— Qu'est-ce qu'il fait ?

— Marchand de vins... Si j'avais autant d'argent qu'il en a gagné en faisant deux fois faillite... Ce n'est pas vous qu'il a possédé hier au poker ?...

L'histoire avait déjà fait le tour de la ville, et les gens reconnaissaient l'étranger.

— Il vous aura autant de fois que vous voudrez. Il paraît que vous avez perdu gros, dans les vingt mille ?...

Il se demanda encore une fois si Sylvie était levée. Il la cherchait des yeux dans la foule. Il se sentait terriblement seul, et il pensa à nouveau aller dire bonjour à son père. Puis il s'engagea dans une rue calme, coupée longitudinalement en deux par le soleil, et qu'il crut reconnaître. Les maisons étaient blanches, et, du côté du soleil, leurs volets étaient fermés, des portes étaient ouvertes, on voyait dans la pénombre des femmes qui s'affairaient à leur ménage avant dé se rendre au marché.

Quelque part, la rue s'élargissait, devenait presque campagne, avec des jardinets en bordure, un ruisseau à gauche, un gros arbre, une maison basse, très longue, où il avait pénétré autrefois, le jour de l'enterrement de sa grand-tante Demoulin. Elle s'appelait Demoulin ! Le nom lui revenait soudain. Et l'odeur des fleurs dans la chambre mortuaire, du jambon dans la cuisine, des vêtements de deuil de toute une foule qui piétinait dans les pièces, des femmes venues de loin en carriole ou en autobus et qui montaient dans les chambres pour s'arranger un peu avant la cérémonie et faire leurs petits besoins.

Il y avait maintenant un gros garçon blond et sale assis sur le seuil, et c'était peut-être un descendant de la vieille femme qu'il avait enterrée, un vague parent de lui ?

Est-ce que tout cela était vraiment arrivé à cause d'une fille, d'une fille comme Sylvie, qui chantait dans un cabaret genre montmartrois ?

Il savait bien que ce n'était pas vrai. S'il avait quitté la Faculté de Poitiers, à dix-neuf ans, au beau milieu de sa seconde année de droit, c'est qu'il ne s'y sentait pas à son aise. Comme, depuis, il ne s'était senti à l'aise nulle part.

A l'école de son village, on l'appelait le petit Viau, et cela le mettait en fureur. A Poitiers, on l'appelait le grand Viau, et cela l'humiliait ; tout l'humiliait, y compris que son père fût un paysan.

Et cela l'humiliait encore, quand il était arrivé à Paris, de travailler dans un bureau mal éclairé de la rue de Paradis, chez un marchand en gros de faïences et verreries.

Trois ans de faïences, de chambre meublée et de restaurants à prix fixe, les jours où il se payait le restaurant.

Le temps d'amasser assez d'amertume pour prendre un billet de troisième classe pour Marseille et s'embarquer comme laveur de vaisselle à bord du *Mariette-Pacha.*

Le temps d'enrager, de prendre l'habitude d'enrager, d'avoir mal à en crier devant une maison confortable et gaie, devant un couple bien habillé, devant les gens prospères, devant une auto au long capot luisant, devant...

« Des larves !... »

Il retrouva la place du Marché et les vins blancs, et il cherchait toujours Sylvie des yeux, Sylvie qui s'était permis de lui dicter sa conduite et de faire de lui un sale petit voleur.

S'il n'avait pas eu besoin des dix mille francs, il serait peut-être allé les remettre derrière *l'Angélus* de Millet. Ou encore il les aurait rendus au pauvre type de commodore.

« Vous comprenez, vous, pas vrai ? Ce sont pas des trucs pour moi ni pour vous... Elle n'a pas pigé... »

Un bon coup de tête dans le ventre d'un gros type au portefeuille trop gonflé, oui... Et encore !... C'était la première fois...

Il mentait, d'ailleurs. Il se mentait à lui-même. Il n'aurait pas été capable de rendre les billets. Ce dont il était capable, c'était de les dépenser d'un seul coup, de payer à boire à tout le monde, de jeter l'argent à la gueule des consommateurs en leur criant, saoul de champagne ou n'importe quoi :

— Voilà comment je suis, moi !... Et vous autres, vous êtes des larves, de vulgaires larves...

Parce qu'il valait mieux qu'eux et qu'il en avait conscience. Comme il valait mieux que son type de la veille, au visage de travers, qu'il allait retrouver au *Café des Tilleuls* pour lui donner ses huit mille francs.

Qui est-ce qui lui avait dit un jour :

— Toi, tu enrages dans ta peau...

Cela remontait à bien loin. C'était à l'école de Saint-Jean. Un gros garçon placide, le fils de l'instituteur. Viau piquait une colère, battait sans doute un camarade, méchamment, pour passer sa colère, et l'autre lui avait dit avec calme :

— Toi, t'enrages dans ta peau...

Eh bien ! toute sa vie, il avait enragé dans sa peau.

Le *Café du Centre* était plein, et, là encore, il y avait de quoi le faire enrager. Assis sur les banquettes, c'étaient des gens bien habillés, des bourgeois, des avocats, des avoués, des marchands d'engrais, des assureurs, tous ceux, en somme, qui s'engraissent du travail des paysans.

Des paysans qui venaient, comme aux ordres, leur donner leur bel argent !

Et eux prenaient un air condescendant, daignaient parfois leur désigner une chaise et leur dire :

— Un petit coup de blanc, père Machin ?...

Ils étaient sûrs d'eux, sûrs de leur bon droit. Ils étaient des notables et, à force de se faire respecter par les autres, ils finissaient par se respecter eux-mêmes.

Qu'est-ce que c'était, pour eux, cet étranger venu on ne savait d'où et qui s'était fait refaire de huit mille francs ? On le regardait d'un air goguenard. Bien fait pour lui ! On échangeait de table à table de petits coups d'œil, et Viau se sentait de plus en plus las.

— Pernod...

Tant pis pour Sylvie ! Au fait, il ne l'avait pas encore vue. Sans doute était-elle restée couchée ? Elle s'était endormie, ou bien elle était en train de lire son roman populaire.

Il eut envie de savoir et il se dirigea vers l'hôtel. Il n'était que onze heures. Il fut dépité de ne pas voir M. Maurice sur le seuil, comme si celui-ci eût manqué à un rendez-vous tacite.

Il frôla le peintre dans l'escalier et eut l'impression que le peintre savait aussi et rigolait en dedans.

Elle était en train de se laver. Il entendit des bruits d'eau à travers la porte. Elle avait tiré le verrou. Elle dit :

— C'est toi ?...

Elle était nue dans le soleil et elle continua sa toilette, sans pudeur, sans étonnement. Elle savait qu'il n'était pas parti. On aurait dit qu'elle savait tout, qu'elle le connaissait une fois pour toutes, « comme si elle l'avait fait », selon le mot d'une des tantes de Viau, une brave femme qui était morte d'un cancer au sein.

— Tu n'oublies pas ton rendez-vous ?

— Non.

— Tu veux que j'y aille avec toi ?

— Non...

— Comme il te plaira... Tu permets que je sorte ?... Tu veux me donner cent francs pour que j'achète un peu de linge ?

Ce qu'elle avait fait ce matin-là ? Elle avait lavé des dessous, dans la cuvette de la chambre, et elle les avait mis à sécher sur le rebord de la fenêtre. Les femmes sont toutes comme ça.

— Où est-ce que je te retrouve ?

Elle n'avait pas honte de sa lèvre enflée. Elle n'y faisait pas allusion.

— En bas, probablement...

Le plateau sur lequel on lui avait monté son petit déjeuner était sur le lit. Elle avait bu le café au lait jusqu'à la dernière goutte, mangé la dernière miette de pain.

— A tout à l'heure...

— Cela ne t'ennuie pas que j'aille prendre l'air, ni que j'achète une chemise et une culotte ?... Ce ne sera pas cher...

— Je m'en fous...

D'elle et du reste. Elle aurait été mieux inspirée en lui laissant faire, cette nuit, ce qu'il avait envie de faire. Il y avait longtemps que cela couvait. Il avait pu traîner comme ça pendant des années sans trop s'en rendre compte. Mais, le jour de ses trente ans, il avait été pris d'un cafard noir.

C'était comme une cloche qui sonnait. Trente ans ! Et il en était où ?

Il était fatigué, voilà, écœuré. Il était temps d'en finir. Et c'est peut-être pour cela qu'il avait fait le coup de Montpellier.

Dire qu'il avait failli épouser Mlle Bourragas ! Est-ce qu'il se serait enfoncé béatement dans une bonne petite vie provinciale ?

Il l'avait espéré. Il en avait honte, à présent. Il reniait ces aspirations bourgeoises, et plus il les reniait, plus il enrageait dans sa peau.

Tiens ! Le commodore avait repris sa fonction de panneau-réclame en forme de cuisinier. Son teint était plus brique que le matin, ses yeux globuleux plus humides.

Si son mal de gorge l'empêchait de fumer, il ne l'empêchait sans doute pas de boire. Et, tout à l'heure, il serait encore plus rouge. Les jours de marché devaient lui donner plus d'occasions que les autres jours.

Il restait digne, impassible. Qu'est-ce qu'il pensait de lui-même ? Est-ce qu'il se méprisait aussi quand il n'avait pas bu ? Etait-ce pour ne pas trop se mépriser qu'il était obligé de boire ?

Et pourquoi adressait-il un clin d'œil à Viau ? C'était peut-être un tic, après tout ? Pourtant Viau avait bien l'impression que le commodore lui avait adressé comme un signe d'intelligence.

Il avait envie de lui parler. Il était humilié devant lui. Il s'en voulait de lui avoir chipé ses dix mille francs. En même temps, il se sentait mal à l'aise, continuait à avoir l'impression d'un piège.

Il y avait, dans toute cette histoire, dans le calme de Sylvie, dans la façon dont les événements s'étaient enchaînés, quelque chose de pas naturel.

En Afrique, à la Coloniale, il disait volontiers :

— On ne joue pas avec mes...

Car on faisait grand cas, là-bas, entre sous-officiers, des attributs du mâle. On en était un ou on n'en était pas. On en avait deux ou on n'en avait pas.

— *Tu n'es pas un homme...*

— *Montre que tu es un homme...*

Et on aurait égorgé le type qui vous aurait dit que vous n'en aviez pas...

Tiens ! Il passait devant un portail blanc qui portait les mots « Société Générale ». En face, à la terrasse du *Café du Centre,* des gens le regardaient.

Il entra dans le hall de la banque, pour les bluffer. Est-ce qu'il n'avait pas annoncé qu'il avait un chèque à toucher ? Il resta un bon moment, ressortit en affectant de remettre son portefeuille dans sa poche et, quelques instants plus tard, il pénétrait au *Café des Tilleuls.*

Le Mangre était là, la gueule toujours de travers, la petite moustache tombant, à discuter avec ses paysans.

— Ce n'est pas exprès pour moi que vous venez, j'espère ?... Vous permettez un instant ?...

Il terminait son affaire, achevait de posséder les deux rustres, tandis que Viau s'installait à la table près de la fenêtre.

— Vous m'excusez... des gens que je ne pouvais pas renvoyer... Qu'est-ce que vous prenez ?... Au sujet de ce qui s'est passé hier au soir...

Viau tirait les billets de sa poche.

— Je vous apporte l'argent...

Et il voyait bien que l'autre était désarçonné, qu'il ne s'y attendait pas.

— Garçon !... Une bonne bouteille...

Mangre l'observait avec une sorte de respect, et son visage exprimait en même temps une certaine gêne.

Est-ce qu'il allait refuser de le toucher ?

— Ce n'est pas la peine d'en parler aux autres... Si nous faisions part à deux ?... Hein ?... Qu'est-ce que vous en diriez ?... Cela n'a rien de vexant.

— Je ne comprends pas...

— J'ai gagné, c'est évident... Mais vous ne saviez pas...

— Qu'est-ce que je ne savais pas ?

— Enfin, vous pouviez croire... Vous étiez... Vous veniez d'arriver et vous aviez bu plusieurs verres...

On aurait dit qu'il attendait quelque chose, peut-être un clin d'œil qui aurait fait d'eux des compères.

— Enfin... Je ne voudrais pas que vous soyez embarrassé... J'ai tout le temps...

Les billets restaient sur la table. Aucun des deux n'y touchait. Raphaël, le garçon, leur servait une bouteille de vin d'Anjou tout embuée de fraîcheur.

— Je ne sais pas si vous comptez rester dans le pays, mais...

— J'ai perdu, n'est-ce pas ?... J'ai perdu et je paie...

Il poussait les billets vers son interlocuteur.

— A votre santé, prononça-t-il, involontairement méprisant.

Parce que lui, si Sylvie l'avait laissé faire...

Il aurait tant aimé que ce soit fini, une fois pour toutes ! Et voilà qu'il était à nouveau dans la vie, à boire du vin blanc dans un café, avec des gens qui venaient s'asseoir à leur table et qui commençaient une interminable conversation sans queue ni tête.

4

Elle était assise le dos au mur, tout au fond de la salle à manger, où l'on avait fermé les volets et où régnait un clair-obscur savoureux, presque palpable à force d'épaisseur, couleur de confiture à l'abricot, à cause de la poussière de soleil qui faisait chanter doucement les boiseries fraîchement repeintes en clair — cela devait imiter le pitchpin, — le plafond jaune et jusqu'au parquet ciré où s'étalaient comme des flaques juteuses.

Elle l'avait vu pénétrer dans la zone du vestibule découpée par la porte ouverte, en plein soleil, et elle l'avait trouvé beau, elle avait fait de petits yeux, car elle sentait qu'il y avait quelque chose de changé en lui depuis le matin, et elle ne pouvait s'empêcher d'esquisser un sourire qui ressemblait à un sourire de femme amoureuse et attendrie.

Il était vraiment grand, mais, ce qu'il y avait de plus frappant, quand il était dans ses bons moments, c'était l'aisance de ses mouvements, une certaine désinvolture d'animal bien portant, sûr de lui, une façon un tantinet arrogante de regarder gens et choses. Maintenant, par exemple, après s'être débarrassé de son chapeau, il s'encadrait dans la porte et promenait son regard dans la salle à manger cherchant sa compagne, fronçant les sourcils à cause du passage brusque de la lumière trop vive à la pénombre.

Il était tard, presque deux heures : il ne restait que deux voyageurs de commerce à la table d'hôte tachée de vin, un jeune et un homme d'un certain âge, séparés par trois chaises inoccupées, par trois couverts qui avaient servi. Il y avait deux autres personnes arrivées en auto, un mari et sa femme, à une des petites tables.

Marcel Viau, les épaules larges, les bras ballants, s'arrêtait pour les regarder, posément, puis il apercevait enfin Sylvie dans le coin le plus éloigné, et elle n'avait pas le temps d'effacer son sourire. Il dut en comprendre la signification exacte, car il rougit légèrement. C'était inattendu de le voir rougir. Il n'était pas ivre, ni tendu, ni hargneux, ni crispé.

Il s'arrêta une seconde fois devant elle, à l'observer avec attention, cherchant ce qu'elle avait de changé, elle aussi. Il y avait près d'une demi-heure qu'elle était dans la salle à manger, mais elle n'avait fait que grignoter les hors-d'œuvre en l'attendant. Elle jouait avec un morceau de mie de pain. Elle se détachait en clair dans l'ombre lumineuse, et il remarquait qu'elle portait un vêtement qu'il ne lui connaissait pas ; un petit tailleur en shantung, en tout cas en un tissu soyeux, jaunâtre, qui lui donnait une silhouette très nette, très comme-il-faut.

Elle ne lui posait aucune question, et il l'épiait encore.

— Tu as changé ta coiffure ?

Cela l'avait déjà frappé depuis qu'ils avaient quitté Toulouse. En voyage, elle n'était pas du tout la petite entraîneuse de boîte de nuit. Il y avait d'ailleurs eu une progression. Il semblait que, chaque jour, les fards trop vifs, et en quelque sorte professionnels, se fussent atténués. Aujourd'hui, la laque d'un rouge sang avait disparu des ongles, et il n'y avait plus du tout de rimmel sur les cils, plus d'ombre bleuâtre sur les paupières.

— J'ai légèrement relevé mes cheveux sur les côtés. Tu aimes ?

Il haussa les épaules. Il détestait faire des compliments. Et il lui en voulait encore un peu. Il lui gardait surtout rancune de ce qu'il ne la comprenait pas. Il pensait à ce tailleur. Elle ne l'avait pas avec elle en partant, car il l'aurait vu, dans sa petite valise.

Elle n'était donc pas restée couchée ce matin. Elle avait couru la ville comme lui, et il ne l'avait pas rencontrée.

— Tu t'es acheté ce costume ?

— Je ne pouvais pas me promener dans une ville comme celle-ci, sous le soleil, en robe de soie noire...

— Tu avais de l'argent ?

Il ne lui avait laissé que cent francs. Est-ce qu'elle allait prétendre que son tailleur ne coûtait pas davantage ? Il retrouvait sa méfiance.

— J'ai vendu ma bague.

Et elle montrait ses mains nues.

— Le bijoutier m'en a donné cinq cent cinquante francs...

Il croquait des radis, des olives, mangeait les ronds de tomates et l'inévitable sardine. Il cherchait des yeux la silhouette de M. Maurice et ne l'apercevait pas dans le vestibule. Il ne l'avait pas vu en rentrant. Est-ce que cela le contrariait aussi ?

— J'ai regagné trois mille cinq cents francs... annonça-t-il enfin sur un ton négligent du bout des lèvres.

Et elle comprit mieux son humeur. Non seulement il avait regagné une partie de son argent à M. Mangre, mais il avait, par le fait, effacé son humiliation.

Chose curieuse, c'était M. Mangre qui avait proposé presque timidement :

— On fait une petite partie ?

Viau n'avait pour ainsi dire pas bu. Il avait à peine touché au vin d'Anjou. Le *Café des Tilleuls* était dans la pénombre, une pénombre pourpre, à cause du rouge grenat des banquettes, avec des fuseaux de soleil qui se glissaient entre les stores et traversaient l'espace, comme, dans les tableaux des primitifs, on en voit qui viennent éclairer le visage des saints.

Le commandant se tenait derrière lui, hochant la tête. Il lui avait même adressé un signe discret pour lui conseiller de ne pas jouer, mais Viau se sentait en pleine forme.

Il avait parlé de lui. Il ne savait plus comment il avait mis la conversation sur ce terrain, mais il était parvenu à leur dire qu'il avait été commissaire de bord sur le *Mariette-Pacha* et qu'il avait vécu en Nouvelle-Zélande.

C'était vrai. S'il n'avait pas été commissaire de bord, il n'était pas non plus resté plongeur, car le commissaire de bord l'avait remarqué et, comme il avait besoin d'un employé, il l'avait fait venir au bureau.

— Il a dû être furieux, dit Sylvie en faisant allusion au marchand de vins...

— Non...

M. Mangre n'avait pas joué pour perdre, sans doute. Il avait fait son possible pour gagner. Cependant, malgré son visage de travers et ses maigres moustaches antipathiques, Viau était forcé d'admettre qu'il s'était montré beau joueur.

— Tu sais, poursuivit Sylvie, c'est une crapule. Il a déjà fait deux fois faillite... Il s'est livré à des tas de tripotages, et tout le monde est contre lui dans le pays... On le déteste. On en a peur, car il est très malin... Mais on l'aura un jour ou l'autre...

— Comment sais-tu cela ?

Encore une chose qui le déroutait chez elle, qui le chiffonnait. Elle était capable de ne pas lui poser une seule question. Le matin, par exemple, elle ne lui avait pas demandé ce qu'il comptait faire. Au cours de leur randonnée forcenée, elle l'avait suivi sans se permettre un mot de trop. C'était vraiment la femme telle qu'il la comprenait, telle qu'il n'en avait jamais rencontré.

Mais il lui semblait qu'insensiblement elle prenait une autre place. Cette histoire des dix mille francs dans la chambre de M. Maurice, d'abord. Elle n'était pas sortie la veille. Il ne l'avait vue parler à personne, et cependant elle était mieux renseignée que lui.

Maintenant encore, elle en savait autant et davantage sur le marchand de vins.

— Comment sais-tu cela ? répéta-t-il.

— Par la femme de chambre...

Il n'avait même pas vu cette femme de chambre, il ne savait pas comment elle était.

— Il ne vend pas seulement du vin, mais il s'occupe d'opérations sur les terrains, de location d'immeubles, de tout ce qui peut lui rapporter. Il a une femme qui est au lit, malade, depuis trois ans. Il paraît qu'il en a une peur bleue, qu'il se met à trembler au moment de rentrer chez lui. On lui serre encore la main, parce qu'il est d'une bonne famille des environs ! Tout le monde ne l'en déteste pas moins, et, de l'avis général, il finira un jour ou l'autre en prison.

C'était une curieuse coïncidence. On venait, quelques minutes plus tôt, de lui parler du même M. Mangre. C'était le commandant, ce grand bonhomme mou et digne, un peu gâteux, qui suivait toutes les parties de cartes du *Café des Tilleuls* en hochant la tête.

Au moment où Viau était sorti, où il mettait les pieds sur le trottoir, la porte s'était ouverte derrière lui. Le commandant le suivait, le rattrapait, courait en quelque sorte après lui pour lui chuchoter, sous prétexte d'un pas de conduite :

— Il faut vous méfier de cet homme...

— Il triche ?

— Je n'ai pas dit cela... S'il trichait à proprement parler, je m'en serais aperçu... Mais ce n'est pas quelqu'un pour vous... Ici, toute la ville le connaît et le méprise... D'ailleurs, il ne fera pas long feu, car il a commis de grosses imprudences, et, un jour ou l'autre, il sera arrêté...

Or, quelques instants plus tôt, ce même commandant avait serré la main du marchand de vins en lui disant :

— A ce soir...

Et M. Torsat, le professeur du lycée, M. Lunel, l'entrepreneur, qui avaient joué avec eux, avaient agi de même.

— Ce que je vous en dis, c'est pour vous mettre en garde, car il vous a déjà coûté cher, n'est-ce pas ? Je ne voudrais pas que vous emportiez une trop mauvaise impression de notre ville...

Si bien que, pendant le court chemin qu'il avait parcouru seul, Viau avait envisagé d'une façon nouvelle la personnalité de Mangre.

Si ce n'était pas de la sympathie qu'il éprouvait pour lui, c'était tout au moins une curiosité dénuée de préjugé défavorable.

Il était laid. Il avait le visage, les allures d'un homme malhonnête. Son teint était bilieux. Rien ne prévenait en sa faveur. Au surplus, Sylvie venait de le lui apprendre, il avait une femme malade, une femme dont il avait peur.

Et tous étaient contre lui ; la ville entière le vomissait, il ne pouvait pas l'ignorer.

Il n'en restait pas moins cyniquement crapule. Et il ne se cachait pas. Il n'évitait pas ces hommes qui complotaient sa perte derrière son dos. Il venait au café, leur serrait la main, leur imposait sa poignée de main un peu moite. Il s'asseyait à leur table, et pas un n'osait refuser de faire la partie avec lui.

— C'est un type...

Comme le commodore, qu'il cherchait machinalement des yeux et dont l'absence, Dieu sait pourquoi, le décevait.

Lui ne s'était jamais incrusté comme eux dans l'atmosphère hostile d'une petite ville. Il avait besoin d'être porté par l'admiration d'autrui. Il avait besoin qu'on crût en lui.

C'était pour cela qu'il avait rougi en surprenant le sourire de Sylvie. Car elle avait compris. Il venait de les posséder, pour parler vulgairement. Il venait de se sentir à nouveau lui-même, et cela suffisait pour le transformer.

Il avait parlé, et on l'avait écouté. Parlé de lui, bien entendu, de ce qu'il avait vu, de ce qu'il avait fait, et il était devenu à leurs yeux une sorte de personnage.

Ce n'était plus l'étranger qui s'attend à ce que tout cède devant lui et qui se fait refaire de huit mille francs. Si on ne croyait pas tout ce qu'il avait dit, on était intrigué, on commençait à s'intéresser à lui, voire à le respecter, surtout depuis qu'il avait regagné trois mille cinq cents francs au marchand de vins.

Sylvie aurait pu lui demander ce qu'il comptait faire à présent, et il lui était reconnaissant d'éviter ce sujet. Parce que, logiquement, ils auraient dû partir. Ils n'avaient aucune raison de s'attarder dans cette ville où le hasard les avait fait échouer et qui, la veille au soir, lui donnait l'impression d'une prison.

Ils avaient assez d'argent pour aller ailleurs et pour tenir le coup quelque temps.

Or il n'avait plus aucune envie de partir. De même s'attardait-il dans cette salle à manger sirupeuse où ils restaient les derniers parmi les tables desservies.

L'histoire de la bague et du costume le préoccupait encore. Il avait l'intuition qu'il y avait un mensonge là-dessous, et un moment il pensa aller s'assurer là-haut, en fouillant les affaires de Sylvie, que la bague ne s'y trouvait plus.

C'était comme cette femme de chambre si bien renseignée et qu'il n'avait même pas rencontrée dans l'escalier...

Tiens ! M. Maurice était dans le vestibule. Il leur tournait le dos et regardait dehors. Sans avoir besoin de voir son visage, on sentait que celui-ci était bouffi et rouge. Et pourtant il y avait une étrange dignité, une distinction surprenante dans ce dos arrondi, dans cette silhouette un peu flasque.

— Tu n'es pas trop fatigué ? questionnait Sylvie.

Il ne s'apercevait pas qu'il avait à peine dormi la nuit et il n'avait aucune envie de monter faire la sieste. Il n'avait bu que deux verres de vin en mangeant.

— Nous allons nous promener..., décida-t-il.

Est-ce que ce n'était pas une sorte de miracle ? Est-ce qu'elle en avait conscience ? C'était la première fois qu'il émettait le vœu de se promener avec elle. Jusque-là, quand ils n'étaient pas dans le train — et gardant presque toujours un silence hargneux, — ils restaient vautrés tous les deux dans leur chambre d'hôtel, ou bien Viau sortait seul pour aller acheter des cigarettes et pour boire dans quelque bistrot. Or, ce matin-là, justement, comme si elle avait pu prévoir le programme de leur après-midi, elle avait eu l'inspiration de s'acheter un costume d'été.

Si bien que, dehors, ils avaient l'air d'un vrai couple. Peut-être des gens les prenaient-ils pour des nouveaux mariés ?

— Tu vas jouer, ce soir ?

Elle avait deviné, il s'y attendait. Elle ne disait pas cela comme un reproche, ni comme une mise en garde, à la façon du commandant. Elle avait simplement compris. Elle le connaissait. Du moment qu'il avait fait un poker à midi et qu'il avait gagné, du moment qu'il avait trouvé un auditoire attentif et quasi respectueux, l'apéritif du soir, au *Café des Tilleuls,* avec une nouvelle partie de poker, devenait inéluctable.

— Je lui reprendrai mes huit mille francs, n'aie pas peur... Si j'ai perdu hier, c'est par ma faute...

Parce qu'il était crispé. Parce qu'il avait la sensation qu'il perdrait. Parce qu'il se sentait inférieur à eux.

Maintenant, il était fort. Et cela lui faisait du bien de marcher avec elle le long des trottoirs. Il lui semblait que la ville était toute petite, qu'il voyait les rues, les passants par le gros bout de la lunette, qu'il était une sorte de géant dans une cité lilliputienne.

Il s'arrêtait devant les étalages, avec l'envie d'acheter quelque chose, n'importe quoi, pour dépenser un peu de son argent, et il finit par entrer dans une chemiserie, choisit la cravate la plus chère.

— Vous n'avez pas mieux ?

— Ici, cela ne se vendrait pas, s'excusait le marchand.

Cette réponse aussi lui faisait plaisir. Il acheta la cravate et la mit immédiatement, fourrant la vieille dans sa poche. Il voulait acheter un objet pour Sylvie aussi. Il y avait le magasin de modes, à côté, et, à cause du tailleur crème, il lui fit essayer des chapeaux de paille claire, se décida pour un chapeau très jeune, presque naïf, à large bord, avec une garniture de bleuets.

— Vois-tu, Sylvie...

Il avait envie de parler, de parler de lui, comme toujours. Il ne savait pas par quel bout commencer. Il avait des timidités, des pudeurs, comme tout à l'heure, quand il était entré dans la salle à manger et qu'un sourire à peine dessiné avait suffi à le faire rougir. Il aurait pu dire : « Je ne suis pas si mauvais que ça... » Mais ce n'était pas exactement sa pensée. Ils étaient tout baignés de soleil, et leur peau avait une bonne odeur d'été. Quand on passait de la lumière dans l'ombre, on sentait à la nuque une délicieuse fraîcheur.

Le marché était fini, et les paysans traînaient dans la ville : il y avait un peu partout des chevaux attelés à des carrioles, et qu'on avait attachés à des anneaux scellés dans les murs.

Une récréation, dans une école qu'on ne voyait pas, mais dont on devinait la cour derrière un mur, éclatait comme un immense cri de joie, et il y avait d'autres bruits lointains ; la ville, à moitié engourdie, avait un goût spécial qu'il ne pouvait pas s'empêcher de savourer.

— C'est dans une petite ville comme celle-ci que mon père aurait voulu me voir avocat... ou notaire... Il aurait préféré notaire, parce que cela a quelque chose d'encore plus respectable...

La voix ne grinçait pas. Est-ce qu'il aurait été capable d'être notaire à Chantournais, à La Rochelle, à Saintes ou ailleurs ? Marié, avec des enfants, et la partie de cartes tous les soirs dans un café parfumé à l'anis et à la bière, avec un garçon vous appelant respectueusement par votre nom ?

Ils avaient dépassé la place du Marché et ils laissaient une église sur leur gauche, avec une petite porte ouverte et toute noire, comme l'entrée d'une grotte dans le grand portail.

Il eut l'impression, comme Sylvie entrouvrait les lèvres, qu'elle avait envie d'y entrer. Pas par religion, probablement. Pas pour prier. Sans doute pour retrouver une certaine atmosphère, des souvenirs d'enfance, l'ombre fraîche, les piliers blêmes et, quelque part, des bougies qui brûlaient devant une sainte ou un saint en plâtre.

Si elle le lui avait demandé, il serait entré aussi. Peut-être, machinalement, aurait-il trempé le bout des doigts dans le bénitier, comme il le faisait quand il était petit.

« Vois-tu, Sylvie... »

Ces mots-là, il ne les disait pas, mais il les prononçait mentalement chaque fois qu'il avait envie de parler, sans rien trouver à dire d'autre.

Il n'avait pas envie de se plaindre, de maudire le sort. Il était lucide. Il s'arrêtait au coin d'une rue large et propre, où il n'y avait pas une tache d'ombre et où les maisons blanches, tous volets clos, avaient vraiment l'air d'aspirer le soleil.

— Il y a des gens derrière les murs..., murmura-t-il.

Au même moment, comme ils frôlaient les persiennes closes derrière lesquelles la fenêtre devait être ouverte, ils entendirent un vagissement de bébé, le murmure d'une chanson de femme. C'était le seul bruit dans la rue. Sylvie le regarda. Cette fois, il parvint à ne pas rougir.

Sur la plupart des portes, il y avait des plaques de cuivre. Médecin, avocat, avoué... De grandes maisons spacieuses, avec des pièces bien aérées, où il ne devait pas traîner une poussière...

On voyait un intérieur, en face, celui d'une cuisine. Non pas une cuisine de petites gens où la femme s'affaire du matin au soir et où les enfants gigotent par terre, mais une vaste cuisine de maison riche, de maison bourgeoise, comme on dit, avec de belles casseroles en cuivre suspendues par ordre de taille le long des murs. On apercevait un tableau avec de petits disques blancs pour indiquer que les maîtres avaient sonné dans telle ou telle chambre.

— Vois-tu...

A quoi bon ? Qu'est-ce qu'il aurait pu lui expliquer ? L'air était lourd. Tout le quartier était comme écrasé par le soleil, par la paix.

Voilà le mot qu'il cherchait : « Par la paix, par la monotonie. » Il y avait un parc, au bout de la rue, une maison de jardinier avec deux enfants qui jouaient devant et, au-delà des arbres, les tourelles d'un château.

Son père, avant sa naissance à lui, avait travaillé dans un château comme jardinier. Quand il en parlait, quand il était obligé d'en parler, Marcel Viau disait : « Comme régisseur. » Et, à cause de cela, il enviait et détestait tous les châtelains.

Sylvie dit :

— C'est aussi calme que sur un tableau de musée...

Aussi figé, oui. Aussi éternel. Et la seconde rue dans laquelle ils pénétraient était bordée des mêmes maisons lourdes et hermétiques, où l'on se demandait s'il y avait vraiment des êtres humains qui remuaient.

Il cherchait toujours quelque chose à lui dire, car il éprouvait le besoin de parler. C'était pour parler qu'il avait désiré cette promenade, et il ne trouvait pas les mots.

— Qu'est-ce que tu voudrais que je fasse ?

Il le dit sans préambule, et elle comprit. Elle comprit d'autant mieux qu'ils venaient de tourner le coin de la rue et que le décor, soudain, avait changé. Ils débouchaient dans une ruelle en pente raide, non pavée, avec de grosses pierres qui sortaient du sol, des maisons basses qui sentaient le pauvre, des portes ouvertes sur des pièces blanchies à la chaux, avec des agrandissements photographiques, au-dessus des lits tendus de courtepointes, de portraits de vieilles femmes à bonnet, aux épaules voûtées, des photographies de noces déjà estompées, de militaires en uniformes démodés, des meubles trop astiqués, des meubles auxquels on tenait, avec des napperons et des bibelots gagnés à la foire.

Ni ceci ni cela, évidemment...

Ils avaient l'impression d'être plus grands que les maisons, et la ville s'étendait en dessous d'eux, avec la coulée de mercure de sa rivière et son fouillis de toits gris et rouges, ses îlots de verdure, ses trois clochers, les lignes blanches d'un terrain de football.

— J'aurais sans doute mieux fait de rester dans l'armée... J'ai eu un moment l'intention de rengager. J'ai terminé mes trois ans comme sergent-chef... J'aurais fini par être nommé lieutenant à l'ancienneté... Tu comprends ?

Et il disait cela presque sans amertume. Il lui en voulait toujours un tout petit peu de ce qu'elle avait fait la veille au soir, de ce qu'elle l'avait empêché d'en finir une bonne fois. Et, au bas de la pente, après avoir traversé d'autres petites rues, ils atteignaient le quai, ils voyaient, en plein jour, la maison aux deux lumières où le destin de Viau aurait peut-être pris fin.

C'était une maison grise, avec un toit gris, un perron de plusieurs marches, un jardin fermé par une grille et un jet d'eau au milieu d'une pelouse bien soignée. Dans la cour, une bonne jetait du grain à quelques poules, et il y avait un chien couché au soleil, les pattes raidies.

— Tu comprends ? répétait-il.

Qu'il ne pouvait rien faire. Que cela ne servait à rien. Qu'il n'y avait pas de place pour lui, qu'il n'avait pas été prévu dans la répartition.

Voilà, en somme, ce qu'il aurait voulu lui expliquer.

Qu'ils étaient maintenant trois dans la ville à ne pas coller avec le reste. M. Maurice, le premier, qui venait Dieu sait d'où, qui n'était pas à sa place, qui s'était incrusté dans la chair de Chantournais comme un corps étranger et qui semblait s'en excuser par son attitude.

« Je serais curieux de savoir quelle vie il a menée. »

Une vie brillante, sans doute, à certains moments, car il lui en restait quelque chose ; Viau le sentait confusément. Et il était devenu, sur le tard, l'amant d'une vieille hôtelière à tempérament, qui lui menait la vie dure et qu'il battait de temps en temps.

Puis M. Mangre, qui était du pays, que les autres ne pouvaient pas rejeter comme ils l'auraient voulu, qu'ils considéraient comme le fruit pourri et contre qui ils se liguaient.

Parce qu'il ne respectait pas leurs règles du jeu.

Enfin, il y avait lui.

Il pouvait s'en aller. Il avait maintenant de l'argent en poche. De l'argent que Sylvie lui avait fait voler. Car il ne l'aurait pas volé tout seul. Pas comme cela.

Non, elle ne pouvait pas comprendre, parce que, si elle avait compris, elle ne l'aurait pas envoyé dans la chambre du commodore.

Le plus extraordinaire, c'est qu'elle, qu'il avait ramassée dans une boîte de nuit, le corps professionnellement moulé dans la soie collante, les tétons provocants, les lèvres saignantes, les jambes racées, elle se promenait maintenant dans les rues de la petite ville avec une allure dégagée, sans faire tache dans le décor.

Elle avait l'air d'une touriste. Elle aurait pu avoir l'air, au prix d'un tout petit effort, d'une des jeunes filles, d'une des femmes sorties de ces grosses maisons bourgeoises qu'ils venaient d'apercevoir. Ou d'une gamine des petites maisons basses qui a fait un beau mariage. L'une ou l'autre. Elle pouvait avoir l'air, en somme, de ce qu'elle voulait.

Et elle avait proposé avec sérénité d'aller à sa place chercher l'argent, voler l'argent, dans la chambre de M. Maurice.

Il l'enviait. Il la détestait un peu par moments.

« Vois-tu... »

Et elle savait bien qu'il avait envie de parler encore. Elle savait bien qu'il n'y parvenait pas et qu'elle ne pouvait pas l'aider.

A croire qu'elle attendait depuis le premier jour, depuis qu'ils étaient partis ensemble de Toulouse.

Est-ce que les femmes sont plus intelligentes que les hommes ? Ou bien est-ce qu'elles devinent ?

— Tu me vois employé dans une banque ou dans une maison de commerce ?

Il lâchait enfin cela d'un ton agressif, et elle répondait simplement :

— Sûrement pas...

— Tu me vois voyageur de commerce ?

Une légère hésitation, cette fois, une hésitation qui l'humilia, car elle devait penser à son bagou, à la facilité qu'il avait de faire avaler ce qu'il voulait aux gens.

— Non plus...

Il ajouta, cruel :

— J'ai essayé d'être maquereau, et je n'ai pas pu...

— Je comprends ça...

— Je pourrais peut-être travailler comme manœuvre dans une usine...

Elle ne lui avait rien demandé. C'était lui qui éprouvait le besoin de s'infliger ainsi ses quatre vérités.

— J'ai horreur de rester huit heures par jour à la même place et de me salir les mains...

Il ricana :

— Je pourrais me faire bistrot... J'aurais vite fait de boire mon fonds... Alors...

Et soudain violent :

— D'ailleurs, je les emmerde... Tu comprends ça ?... Je les emmerde !...

Il pensait aux grosses maisons d'en haut, au bébé vagissant, à la maman ou à la nurse qui chantait pour l'endormir, à la cuisinière dans sa cuisine aux cuivres impeccables.

— J'aime encore mieux une crapule comme Mangre ou un vieux ramolli comme le commodore... Le commandant, par exemple, me dégoûte... Si tu l'avais vu courir après moi pour me mettre en garde contre l'homme à qui il venait de serrer la main !...

Qu'est-ce qu'il voulait lui expliquer, au juste ? Au fond, il voulait simplement lui dire qu'il ne s'en allait pas, qu'il n'avait pas le courage de partir, qu'il restait là, Dieu sait pourquoi.

Car il ne savait pas pourquoi il avait envie de rester. Une sorte de paresse, de torpeur. L'envie, peut-être, de faire comme *eux*, d'aller midi et soir boire son apéritif et faire sa partie au *Café des Tilleuls* où peut-être déjà, ce soir, Raphaël l'accueillerait par un :

— Bonsoir, monsieur Viau... Ces messieurs vous attendent...

Et lui, ce n'était pas par habitude, par lâcheté. Il avait prouvé qu'il était un homme.

— En Nouvelle-Zélande...

— Tu es allé en Nouvelle-Zélande ?... Comment est-ce ?

— Je n'en sais rien... On m'avait expulsé d'Australie, quand j'ai débarqué du *Mariette-Pacha*, parce que j'étais sans argent et que je n'avais pas droit à un contrat de travail. Là-bas, ils se défendent... Ils partagent le gâteau entre eux, tu comprends, et ils n'entendent pas qu'on vienne en ramasser les miettes... Alors j'ai pris un bateau pour la Nouvelle-Zélande. Ici, c'était l'été ; là-bas, aux antipodes, c'était l'hiver, et il pleuvait, une pluie froide, une pluie glacée qui n'a pour ainsi dire pas cessé de tomber pendant cinq mois...

» A Wellington, que c'était. Le dimanche, il n'y a personne dans les rues, et tout est fermé : les cafés, les restaurants, les cinémas... Chacun reste chez soi, parce que c'est le jour du Seigneur ; et on n'a pas le droit de faire de la musique, sinon pour chanter des hymnes, ni de jouer aux cartes, à moins d'être un mécréant...

» J'étais le seul Français...

» Sais-tu ce que j'ai fait, à Wellington ? Ils me regardaient de travers, eux aussi, parce que j'avais débarqué sans un sou... Ils se figuraient que je ne tiendrais pas le coup... Partout où je me présentais, il n'y avait pas de travail pour moi...

» Rien qu'un *job*, comme ils disent, à la gare maritime. Ils ont de petites machines électriques, des sortes de tracteurs, comme dans les gares, pour emmener les bagages et les colis sur des petits wagons... On en tire comme ça une dizaine derrière soi, et cela forme quelque chose qui ressemble à une chenille... Sous la pluie...

» J'en ai conduit un pendant quatre mois... Je n'avais pas de quoi me payer des vêtements de travail... J'étais habillé à peu près comme je le suis ici, avec veston, faux col, cravate, chapeau mou... Et il pleuvait si fort que je tenais mon parapluie tout en conduisant d'une main...

» Les passagers des bateaux éclataient de rire en m'apercevant... Des Français qui ont débarqué un jour, des touristes qui faisaient le tour du monde, ont eu honte de moi, et l'homme est venu m'adresser une sorte de discours patriotique pour m'expliquer qu'on ne devait pas faire prendre les

Français pour des nègres à l'étranger et que j'agirais plus dignement en changeant de métier... Il a été jusqu'à m'offrir un peu d'argent : de quoi dîner deux fois, si je me souviens bien...

» Je voudrais les y voir...

Il se tournait vers la haute ville, allumait une cigarette.

Ce n'était pas du tout cela qu'il s'était promis de dire, mais il n'avait rien trouvé d'autre. Tant pis si elle ne comprenait pas.

— Tu vas rentrer à l'hôtel et m'attendre...

Elle risqua timidement :

— Je ne peux pas t'accompagner au *Café des Tilleuls* ?

— J'aime mieux pas...

Puis soupçonneux :

— Tu es sûre que tu as vendu ta bague ?

— Puisque je te l'ai dit.

— Eh bien ! dans ce cas, je vais aller la racheter... Où niche ton bijoutier ?

— Rue Gambetta... Il n'y a que celui-là... A mi-chemin de la gare, à droite...

Elle ne bronchait pas. Ils franchissaient le Pont-Neuf et atteignaient la rue Gambetta. Il n'avait pas du tout l'intention d'en parcourir la moitié pour aller chercher une bague dont il se moquait. Il avait voulu l'éprouver.

— Si tu mens, tu mens bien...

Au lieu de nier, elle sourit.

— Après tout, cela m'est égal. Peut-être la femme de chambre va-t-elle encore te donner des tuyaux ?... N'est-ce pas ?... Elle est précieuse, cette femme de chambre...

Il était cinq heures moins quelques minutes. C'était à cinq heures, à la sortie du lycée, à cause du professeur, qu'ils avaient décidé de commencer la partie.

— Va te reposer...

Il était un peu déçu par cette promenade dont il s'était promis davantage. En somme, il n'avait rien dit de ce qu'il aurait aimé dire. Et, ce qui le vexait le plus, c'est que Sylvie avait quand même compris.

— Je suis sûre que tu ne boiras pas, n'est-ce pas ?

Ces mots-là, il pouvait les accepter, parce que, dans son esprit, il ne s'agissait que du jeu. Il s'était promis, lui aussi, de ne pas boire ; juste assez pour se sentir d'attaque, pour avoir une certaine acuité de perception.

— A ce soir...

Il la rappela.

— Tu me feras tout au moins le plaisir de ne pas venir m'attendre dans la rue...

Elle sourit une fois de plus.

— Promis !... Bonne...

Elle avait failli dire « Bonne chance ». Elle se ravisa.

— Merde !...

Pour lui porter chance. Pour leur porter bonheur. Car il était de plus en plus évident, bien qu'il n'en ait jamais été question, qu'elle acceptait sa bonne et sa mauvaise chance.

Il gravit les quatre marches. Il n'y avait personne à la terrasse qu'inondait le soleil et dont les pierres semblaient fumer dans la chaleur.

M. Mangre était déjà à une table, tout seul, à tripoter les cartes.

— Je suis content que vous soyez venu..., dit-il. Ces messieurs ne vont pas tarder... Qu'est-ce que vous prenez ?

— Un quart Vichy...

Ils se regardèrent. Le marchand de vins avait compris. Il y a des gens qui sont destinés à se comprendre. Comme lui et Sylvie, par exemple, bien que cela le fît quelquefois enrager.

Le commandant arrivait, un peu essoufflé, tel un spectateur qui a payé cher sa place et qui tient à ne pas manquer le début du spectacle. Il cherchait le regard de Viau pour lui dire :

— Je vous ai prévenu... Allez-y si vous y tenez... Mais faites attention... Et essayez de l'avoir...

— Le même tarif que tout à l'heure ? questionna Viau lorsque le professeur et M. Lunel, qui s'étaient retrouvés devant la porte, entrèrent ensemble.

Le patron quitta sa caisse pour venir assister au spectacle, lui aussi ; et Raphaël se précipita pour tirer un rideau parce qu'un rayon de soleil qui tombait en diagonale sur la table mettait des reflets sur les cartes.

Un jeu neuf, qu'on avait probablement acheté tout exprès.

5

C'est à sept heures moins cinq exactement que M. Torsat, le professeur, abandonna la partie en disant qu'il dînait chez des amis et qu'il avait promis à sa femme de passer la prendre à sept heures précises. A ce mot, Viau leva la tête et regarda l'heure à l'horloge encastrée dans la boiserie.

C'est alors qu'il se rendit compte du changement, qu'il comprit qu'on ne jouait plus, qu'on ne riait plus, que personne ne riait plus, qu'un élément nouveau avait peu à peu envahi l'atmosphère, cependant qu'il était trop préoccupé pour s'en apercevoir. Et maintenant c'était cet élément-là qui dominait tout.

Fallait-il parler de méchanceté ? De haine ? Il y avait plutôt sur les visages comme un avant-goût de curée, l'attente d'une satisfaction brutale.

Ils avaient commencé à jouer à cinq heures et quelques minutes. Mangre était assis sur la banquette de molesquine rouge, la tête un peu plus basse que le miroir qui faisait tout le tour du café et dans lequel Viau voyait monter la fumée de sa cigarette, dans lequel aussi, bien que tournant le dos à la salle, il apercevait les gens qui entraient et sortaient, puis, à la suite, ceux qui venaient se camper derrière lui.

A côté de Mangre, c'était M. Torsat, très maigre, déjà décati, qui ne jouait que les coups pas chers. A côté de Viau, sur une chaise comme celui-ci, les jambes croisées, le corps un peu renversé en arrière, M. Lunel, l'entrepreneur.

Et juste derrière Viau, le commandant, à califourchon sur une chaise, les bras confortablement croisés sur le dossier, comme s'il avait été certain d'avance que le spectacle en vaudrait la peine. Ce détail frappa Marcel Viau par la suite. Le commandant était vraiment accouru comme au théâtre, à la façon des gens qui s'installent minutieusement bien avant le lever du rideau, et il avait même, comme certaines femmes en soirée, la manie de sucer de petits bonbons qui sentaient la violette. Sans doute avait-il mauvaise haleine ?

Viau gagna tout de suite. Dès les premiers coups, il sentit qu'il continuerait à gagner, et il eut tout naturellement cette humeur allègre du joueur en veine, avec, comme cela arrive presque toujours, quelque chose d'un peu condescendant, d'un peu ironique, d'agressivement ironique à l'égard de Mangre.

Car il n'y avait que celui-ci qui comptait. Les autres le savaient bien. Ils n'étaient là que pour la figuration, et c'était entre Mangre et Viau que la partie se jouait. Dès que la relance devenait trop forte, Torsat et Lunel s'arrêtaient timidement, les laissant en tête à tête.

Tout de suite aussi, le marchand de vins eut la mauvaise chance contre lui. A midi déjà, il avait eu des coups malheureux, mais cette fois, ce n'était plus la même chose, et il réagit différemment. A midi, il avait l'air presque content de perdre. C'était une petite compensation à ses gains insolents de la veille.

Ce soir, au contraire, il regardait son jeu avec une hésitation, avec une sorte de crainte, en homme qui sent que le sort va s'acharner contre lui. Il restait calme. Il resta longtemps calme, avec seulement un frémissement des doigts qui maniaient les cartes et, parfois, un geste qui devait se répéter de plus en plus souvent, celui de tirer sur un bout de ses moustaches, de l'effiler, de l'abaisser vers le coin de la bouche, toujours le même bout, le bout gauche, de sorte que sa figure paraissait encore plus de travers que d'habitude.

A ce moment-là, encore une fois, et jusqu'à sept heures moins cinq, Viau s'en aperçut à peine. Il était porté par l'euphorie du joueur en veine. Il risquait tous les coups et les gagnait presque tous. Il acceptait toutes les relances, avec défi, un sourire léger aux lèvres, un sourire où il y avait une outrecuidante confiance en soi.

Cela lui faisait plaisir de sentir derrière lui le commandant s'effacer d'abord, puis se réjouir, puis admirer avec tant d'ardeur qu'il en poussait de petits gloussements, de voir ensuite les clients s'approcher de leur table qu'ils entourèrent bientôt d'un cercle passionné.

La veille, c'était lui, en somme, qui jouait le rôle de Mangre. C'était lui le perdant. C'étaient ses réactions qu'on guettait et dont on se réjouissait, parce qu'il était l'étranger et qu'il avait eu l'air de les sous-estimer.

Cela commença par des rires, entre autres quand, alors qu'il y avait près de mille francs sur la table, Mangre abattit quatre rois, avec un soupir de soulagement, qui se transforma en une expression de consternation lorsque Viau posa tranquillement un carré d'as sur le tapis.

Le patron du café était là aussi, et Raphaël accourait entre deux clients à servir ; et il devait être venu des gens du dehors, car il y avait autour de la table des visages que Viau n'avait pas encore vus.

La partie devenait toujours plus serrée, les mises plus grosses, et, quand Torsat se retira, ils furent plusieurs à penser que l'histoire de son dîner en ville n'était inventée que pour masquer sa fuite, parce qu'il commençait à avoir peur.

Il y eut un moment de flottement, comme toujours quand un des partenaires se retire, quand une partie reste en suspens, et c'est alors que Viau leva la tête, regarda l'horloge, puis les spectateurs, et qu'il lut de la cruauté sur les visages.

Est-ce que les gens étaient ainsi, la veille, à son égard ? Il ne s'en était pas aperçu. Il est vrai que, la veille, il avait bu, qu'il vivait, tout en jouant, une sorte de drame solitaire dans lequel le monde extérieur n'existait que comme de la figuration.

Il regarda Mangre aussi et lui vit un visage jaune, un regard fuyant, et surtout, ce qui était bien plus révélateur, quelques gouttes de sueur au front.

A ce moment-là, le marchand de vins avait perdu environ sept mille francs, dont Viau avait gagné la plus grosse partie.

Il y eut de la déception sur les visages lors du départ de Torsat, parce qu'on pensait que le jeu allait finir. Mais quelqu'un s'approcha de la table, un type énorme, qui avait dû venir en ville à motocyclette, car, malgré la chaleur, il portait une veste de cuir et des bottes.

— Si vous permettez que je prenne place...

Viau apprit par la suite que c'était un gros minotier des environs, un nommé Pascaud, qui était riche d'une dizaine de millions. Il posa ostensiblement sur la table un portefeuille usé, mais gonflé à bloc, et questionna :

— Relance libre ?

Mangre hésita et, sans avoir besoin de regarder les spectateurs, sentit que son prestige l'obligeait à accepter.

— Relance libre, répéta-t-il. Si tout le monde est d'accord.

L'entrepreneur, du coup, balbutia quelque chose où il était question d'un rendez-vous et se leva. Il fut remplacé par un garçon tout jeune, de vingt-quatre ou vingt-cinq ans, tiré à quatre épingles, le fils d'un fabricant d'écrémeuses.

Du coup, la galerie frémit d'aise et d'impatience tout ensemble, cependant que Mangre évitait toujours de regarder les visages autour de lui.

Car c'était contre lui et rien que contre lui que la partie se jouait désormais. Était-ce parce qu'il l'avait senti avant Viau qu'il avait commencé à flancher ?

Peut-être aussi pour une raison plus subtile ? C'était arrivé à Viau dans d'autres circonstances. Certains jours, on ne joue pas pour le jeu, pour les mises, mais, en quelque sorte, pour s'assurer de sa chance. Et, si les cartes sont obstinément contraires, on perd peu à peu confiance en soi ; on y voit davantage qu'un présage, une preuve qu'on a soudain le mauvais sort contre soi et que tout ratera lamentablement.

Viau n'avait pas pitié. Il était trop porté par sa chance, trop enfiévré par celle-ci pour se préoccuper longtemps des réactions des ses partenaires.

Par la suite, cependant, il allait à chaque instant observer le visage de plus en plus anxieux du marchand de vins, qui commençait à commettre des fautes.

Le commandant, derrière lui, ne l'incitait plus à la prudence. Au contraire ! Il l'aurait excité s'il en avait été besoin. Et tous, autour d'eux, auraient fait de même, tant ils étaient heureux de voir Mangre s'enfoncer.

Il y avait dans l'air une joie sadique. On sentait du soulagement chez ces gens qui n'avaient jamais rien osé dire à leur concitoyen et qui, tout à l'heure encore, lui serraient la main.

Viau devenait une sorte de héros. On le chargeait de la vengeance commune, et il en était un peu écœuré.

A huit heures, il y eut quelques vides dans les rangs. Certains devaient rentrer chez eux à la campagne. Certains n'osaient pas affronter la mauvaise humeur de leur femme. Mais il en venait d'autres qui avaient dîné et qui s'installaient à leur place, qu'on mettait au courant du début de la partie, comme on raconte le premier acte d'une pièce.

Une fois, à bord du *Mariette-Pacha*, en quatrième classe, parmi les hommes de toutes races, les pouilleux, les émigrants entassés sur la plage arrière, Viau avait assisté à une scène du même genre, en plus violent, en moins hypocrite. Il y avait à bord un jeune Arménien sale et maladif, vicieux, gourmand, voleur, que tout le monde supportait parce qu'il était le seul à connaître tous les dialectes orientaux parlés à bord et qu'on avait sans cesse besoin de lui comme interprète. Il en profitait pour commettre de menus larcins, qu'on lui pardonnait presque. On l'appelait comme un chien. On ne se gênait pas de l'injurier et pour lui donner des coups de pied au derrière. Mais on le supportait.

Qu'est-ce qu'il avait fait ce soir-là ? Rien de plus grave, sans doute, que les autres jours. Peut-être renversé, exprès, la gamelle de pois chiches d'un des passagers, ou craché dans la soupe, ou chipé un paquet de cigarettes ? Toujours est-il que quelqu'un s'était mis à courir après lui en gesticulant. Un autre, puis d'autres encore s'y étaient mis, et les derniers poursuivants ne savaient même pas de quoi il s'agissait.

On voyait le petit Arménien aller et venir en zigzag sur le pont ; on voyait sa peur se transformer en terreur, ses beaux yeux noirs — il n'avait que les yeux de beaux, de splendides — implorer en vain une aide quelconque.

A la fin, ils étaient quinze au moins après lui et, quand un vieux qui n'était au courant de rien lui avait donné méchamment un croc-en-jambe, quand l'adolescent s'était écroulé sur le pont, une véritable grappe humaine s'était abattue sauvagement sur lui.

Des matelots avaient dû intervenir quelques minutes plus tard, et encore avait-il fallu les ordres d'un officier, car ils avaient commencé à assister au lynchage en riant. L'Arménien était si mal en point qu'il avait fini la traversée à l'infirmerie du bord.

Ici, au *Café des Tilleuls*, les bons bourgeois de Chantournais, les notables, les commerçants qui s'en venaient, les uns après les autres, de leur boutique dont ils avaient fermé les volets, étaient moins visiblement féroces, moins brutaux, en apparence, mais ils n'en entouraient pas moins Mangre d'une atmosphère de haine satisfaite, qui allait s'épaississant. Et ils auraient volontiers truqué les jeux, adressé des prières à Dieu sait quel saint pour que le marchand de vins continuât de s'enliser.

Il s'enlisait d'ailleurs de lui-même. Il y a un moment où il est trop tard pour reprendre son sang-froid.

Est-ce que, la veille, Viau donnait le même spectacle ?

— Vingt-deux mille..., annonçait-on, comme aux courses.

Mangre avait déjà perdu vingt-deux mille francs. Il venait de signer un chèque de dix mille francs que le patron du café lui avait changé.

Le professeur du lycée et l'entrepreneur avaient eu tort de se retirer de la partie, car, maintenant, le minotier et le jeune homme profitaient de la veine de Viau ; ils gagnaient tous les trois, il n'y avait que Mangre à perdre.

Peut-être fut-il tenté d'abandonner ? Mais c'était impossible. On le tenait comme prisonnier. On guettait ses réactions, les moindres frémissements de ses mains, de ses lèvres, l'étirement de la moustache gauche qu'il lui arrivait parfois de mordiller.

— Vingt-huit mille...

Est-ce qu'il signerait un autre chèque, une fois les dix derniers mille francs perdus ?

Viau, qui avait plus de seize mille francs devant lui, touchait à peine à son verre. Personne ne pensait à boire. Ils ne savaient rien de ce qui se passait dans la rue et, quand on alluma les lampes, il ne s'en aperçut même pas ; les gens de la terrasse étaient obligés de frapper longtemps contre la vitre pour arracher Raphaël à la contemplation de la partie.

Le bruit devait déjà se répandre en ville ; l'étranger était en train de posséder Mangre ; Mangre perdait tout ce qu'il voulait ; Mangre était jaune de rage...

De rage ?

Viau était persuadé, lui, que l'homme commençait à avoir peur. Est-ce que ce n'était pas sa chance qui vacillait, son étoile qui l'abandonnait ?

Il devait être superstitieux, comme Viau lui-même, sensible à certaines atmosphères ; et celle qui l'entourait était bien faite pour le déprimer profondément.

— Trente mille !

Un chiffre record pour le *Café des Tilleuls*, pour Chantournais ! Le minotier avait allumé un cigare dont, peut-être inconsciemment, il soufflait la fumée vers le visage du perdant.

— Vous me donnerez à nouveau dix mille francs ?

Il leva les yeux. Il voulait quand même les regarder, leur tenir tête une fois encore, et un sourire d'une terrible amertume se dessina sur ses lèvres. Il rectifia :

— Plutôt vingt mille, si vous les avez en caisse...

Et la galerie frémissait d'impatience. Voir fondre ces vingt mille francs encore, puis peut-être d'autres...

On entendit un peu plus tard une sonnerie de téléphone. Le patron du café ne se dérangea pas, ni Raphaël. Ce fut la patronne, dont le corset remontait les gros seins sous le menton, qui décrocha, puis s'approcha de la table.

— Monsieur Mangre...

Dix personnes au moins l'auraient volontiers fait taire.

— ... Votre femme vous demande à l'appareil...

Il hésita, les regarda une fois encore. Il était pâle. Il venait, quelques instants plus tôt, de s'essuyer le front de son mouchoir.

— Vous permettez ?

Il dut se frayer un passage et frôler des épaules qui ne s'effaçaient pas devant lui.

Il s'approcha du comptoir pour prendre l'écouteur.

— Je vous donne la communication dans la cabine.

Dommage ! Cela aurait été plus drôle d'assister à la conversation. On le voyait à travers le rectangle vitré, de dos, penché vers l'appareil.

— C'est la première fois de sa vie qu'il prend une pareille raclée..., dit quelqu'un à mi-voix.

Et le minotier, avec un gros rire :

— Il y en a une autre qui l'attend demain ! Et de taille, celle-là...

Puis, sur un ton de confidence, bien qu'il y eût quinze ou vingt personnes à l'entendre :

— Demain, à la première heure, il recevra la visite de l'inspecteur principal de la régie qui est venu tout exprès de Poitiers... J'ai rencontré l'inspecteur tout à l'heure... C'est un ami... Il a déjeuné avec moi... Ou je me trompe fort, ou, cette fois-ci, il va être vissé...

Et sa grosse main fit mine de tourner plusieurs tours de vis, lentement, voluptueusement.

La porte de la cabine s'ouvrait. On épiait le marchand de vins qui s'approchait de la table en s'efforçant de faire bonne contenance.

— Messieurs, je m'excuse... Ma femme n'est pas bien... Elle me téléphone pour me demander de venir avec un médecin.

Un rire fusa. Un seul. Mais enfin il y eut un rire, et Mangre fit un mouvement vif de la tête ; on put croire qu'il allait se fâcher, et on espéra sans doute que ce serait drôle.

— Je suis obligé de vous dire bonsoir... Quand vous le désirerez, je serai à votre disposition.

Il ramassait ses derniers billets qu'il rangeait lentement dans son portefeuille.

— Raphaël !

Et le minotier, avec rondeur :

— Je vous en prie, mon vieux ! Laissez-nous ça... Nous pouvons bien payer les consommations...

Plusieurs rires, cette fois. Il saisissait son chapeau, hésitait à tendre la main à tous ceux qu'il connaissait, à tous ses amis, haussait imperceptiblement les épaules et se dirigeait vers la porte en répétant :

— Bonsoir...

La porte était à peine refermée qu'une rumeur pareille à une rumeur de récréation éclatait. Tout le monde parlait à la fois et se congratulait.

On l'avait eu ! Quelqu'un l'avait eu, lui qui avait passé sa vie à avoir les autres ! Il s'en allait comme un chien battu, la queue entre les jambes. Et, le lendemain...

— Vous êtes sûr que l'inspecteur...

Battement de paupières.

— Ne vous inquiétez pas... Avant un mois, foi de Pascaud, il sera sur la paille...

Il n'y avait plus que Sylvie, comme cliente, dans la salle à manger où, de même que la veille, une seule lampe était restée allumée. Les volets n'étaient pas encore fermés, et les fenêtres se dessinaient en gris sombre non seulement à cause du crépuscule, mais à cause du ciel qui s'était couvert à la fin de l'après-midi et qui avait viré insensiblement au violet.

Pendant qu'il parcourait le chemin qui le séparait de l'hôtel, Viau avait senti sur sa nuque des courants d'air imprévus, qui soulageaient soudain la poussière sur les pavés gris des trottoirs. Il y aurait peut-être un orage ?

Debout près de la table de Sylvie, M. Maurice se tenait très droit, son éternelle serviette à la main, tournant le dos à la porte. Sylvie fut la première à apercevoir son compagnon, et il sembla à celui-ci que ses lèvres remuaient, qu'elle disait quelque chose à voix basse, très vite.

Mais M. Maurice ne se retourna pas tout de suite.

— Je ne croyais pas que tu rentrerais si tôt. J'avais faim et je me suis fait servir à dîner. D'ailleurs, tu arrives trop tard, car il n'y a plus rien à manger...

Il sembla à Viau qu'ils étaient embarrassés tous les deux. M. Maurice n'osait pas s'en aller et les regardait l'un après l'autre sans trop savoir que dire.

— Je pourrais toujours vous servir de la soupe et des sandwiches, murmura-t-il.

— Si vous voulez...

— Pâté ?... Jambon ?

— Cela m'est égal.

Et Sylvie, quand il se fut éloigné :

— Alors, il paraît que tu l'as eu... Combien ?...

Il lui en voulut de ce dernier mot. Il était content d'avoir gagné, content surtout d'avoir eu la veine, de s'être senti le vent en poupe, car, pour lui aussi, c'était comme un signe. Il n'était pas fâché non plus de savoir les billets dans sa poche, vingt-deux ou vingt-trois mille, il n'avait pas compté, sans tenir compte des coupures. Ils venaient de boire trois bouteilles de champagne. C'était le minotier qui avait offert la première.

— A la santé de notre ami Mangre qui est en train de se faire agonir par sa femme !

Viau n'avait pas voulu être en reste, mais il devenait plus froid, plus distant à mesure que le gros homme se réjouissait davantage et multipliait les plaisanteries sur le perdant. Le jeune homme bien habillé avait suivi.

On les guettait de toutes les tables, avec une admiration mêlée d'envie.

— Je me demande, avait fini par grommeler le minotier, si je ne vais pas payer une tournée générale, tellement je suis content de l'avoir possédé...

Il n'avait pourtant gagné que quelques milliers de francs qui, pour lui, n'avaient aucune importance.

Viau s'était levé. Il savait qu'il les décevait, qu'on lui en voulait déjà de ne pas partager leur allégresse haineuse.

— On m'attend à l'hôtel, pardonnez-moi...

— Demain ?...

— Je ne sais pas. Peut-être...

Il se sentait un peu triste. C'est sans doute pour cela qu'il attacha une importance exagérée au fait de trouver, dans la salle à manger, Sylvie en tête à tête avec M. Maurice.

Et, chose curieuse, cela ressemblait à un pincement de jalousie. Depuis le matin, il avait envie de bavarder avec le commodore ; plusieurs fois il l'avait cherché des yeux.

— Qu'est-ce qu'il te racontait ?

— Il me donnait des nouvelles de la partie... Toute la ville est au courant... C'est un agent de police qui est venu lui dire où vous en étiez... Il a ajouté que vous étiez imprudents, que cela aurait pu coûter cher au patron du *Café des Tilleuls,* car les jeux de hasard sont interdits dans les endroits publics, et vous auriez dû, tout au moins pour la forme, vous servir de jetons... Mais il paraît que le commissaire de police était parmi les spectateurs... Un petit brun, aux épaules carrées... Il déteste Mangre.

— Il ne t'a rien dit d'autre ?

— Il y a autre chose ?

— Rien... J'ai faim...

Le commodore lui apporta lui-même sa soupe, car les serveuses devaient avoir fini leur journée. Puis il revint avec une assiette de sandwiches, hésita un instant à rester debout près de leur table et finit par aller se camper discrètement dans le vestibule, sur le seuil, à sa place habituelle. D'où il était, Viau continuait à voir son dos impassible.

— C'est lui qui t'a adressé la parole ?

— Je ne sais plus... Attends...

Elle mentait, il ne savait pas pourquoi.

— Je crois que c'est moi qui l'ai appelé pour lui dire que tu rentrerais sans doute tard et qu'on te garde à manger...

— Alors que tu ne savais pas encore qu'il y avait une grosse partie, n'est-ce pas ?

— Je m'en doutais...

— Quand j'aurai fini de dîner, je désirerais que tu montes...

— Et toi ?... Que veux-tu faire ?... Retourner là-bas ?

— Non...

Elle fut sur le point de le questionner, mais elle comprit qu'il valait mieux pas ; elle était assez intelligente pour cela, et elle laissa tomber avec un rien de regret dans la voix :

— Bon... Tu rentreras tard ?

— Je ne sais pas...

Elle n'avait pas peur. Elle savait qu'il n'y avait rien à craindre de lui ce soir-là. Elle avait le bon goût aussi de ne pas lui demander, comme il s'y attendait un peu, s'il comptait replacer les dix mille francs derrière *l'Angélus* de Millet.

Lui-même ne savait pas encore. Il en avait eu l'idée, quand il avait ramassé les billets de banque sur la table du café. Puis il avait hésité.

— Maintenant, tu peux monter...

— A tout à l'heure... Bonsoir...

En passant dans le vestibule, elle dit encore, dans le dos du patron :

— Bonne nuit, monsieur Maurice...

Il ne se retourna qu'à moitié et murmura, de sa voix mal timbrée qui gargouillait dans la gorge :

— Bonne nuit...

Viau avalait les dernières bouchées, un coup de vin, s'essuyait la bouche et gagnait à son tour le vestibule, restait debout à côté du commodore.

Il aurait juré que celui-ci avait tressailli, qu'il était à la fois gêné et anxieux. Pour aller au fond de sa pensée, il aurait dû avouer que M. Maurice, à ce moment-là, avait une réaction quasi féminine, une anxiété de femme à l'approche d'un homme qu'elle sent rôder autour d'elle et dont elle désire le contact.

Il y eut un court silence. La nuit n'était pas encore complète, et il y avait un gros nuage sombre au-dessus de la gare. Une moto passait, emmenant vers sa minoterie un Pascaud qui avait continué à boire du champagne.

— De l'orage, n'est-ce pas ? murmura Viau.

Et l'autre, sans le regarder :

— Peut-être...

Un nouveau silence. Le commodore se reprochait sans doute son mutisme.

— Il va éclater, comme toujours, au-dessus de la forêt des Loges.

— Vous avez eu une grosse journée ?

— C'est la même chose tous les vendredis...

C'est alors qu'ils se regardèrent, et il y avait une gêne égale sur les deux visages. Il n'y a pas que les femmes à avoir de ces pudeurs. Les enfants aussi, qui ne se connaissent pas, qui se rencontrent souvent au coin de la rue et qui ont envie de s'adresser la parole, qui hésitent longtemps, échafaudant de curieux travaux d'approche, et se décident enfin, en rougissant.

— Vous connaissez Mangre ?

Si Viau avait éloigné Sylvie, c'est qu'il n'aurait voulu pour rien au monde qu'elle s'aperçoive que le commodore l'impressionnait. Ni qu'il avait été jaloux, tout à l'heure, en le surprenant en conversation presque familière avec elle.

Ce n'était pas comme un enfant vis-à-vis d'un autre enfant qu'il réagissait. C'était plutôt un écolier qui tourne autour d'un nouvel instituteur et qui brûle de faire sa connaissance, de lui prouver qu'il n'est pas si insignifiant qu'il peut le paraître, de gagner sa sympathie.

— Je le connais comme tout le monde...

Quelle vie exactement cet homme en pantoufles, aux jambes enflées, aux gros yeux, à la nuque apoplectique, avait-il vécue ? Viau l'imaginait davantage en veston bleu marine et en pantalon blanc, sur le pont d'un yacht, avec la casquette ornée d'un écusson aux armes du Yacht-Club de France. Il l'imaginait aussi dans une salle de jeu de Cannes ou de Deauville, ou dans une auto au long capot.

Ces yeux-là qui ne se permettaient plus de pétiller, devaient avoir beaucoup vu.

Et ce n'était pas de la résignation qu'ils exprimaient, ni de l'amertume, ni rien de ce qu'on aurait pu s'attendre à trouver chez l'amant de Mme Roy, mais une indifférence quasi inhumaine, trop humaine peut-être pour le gamin que Viau se sentait redevenir devant lui.

La nuit précédente, il lui avait volé ses économies, et M. Maurice n'en savait encore rien.

Etait-ce si sûr ? Il le savait peut-être. Il était capable de le savoir et de n'en laisser rien voir, de ne ressentir aucun dépit, parce qu'il avait subi d'autres déceptions.

Des bouffées d'air frais, dans la rue, alternaient avec des bouffées d'air chaud. Une lampe s'allumait à un premier étage, où le quincaillier d'en face devait être occupé à se coucher.

— Est-ce que sa situation est vraiment mauvaise ?

Il s'agissait encore de Mangre, que Viau avait choisi comme une sorte de terrain neutre.

Le commodore répliquait de sa voix sans timbre, sa serviette blanche toujours à la main :

— Ils finiront fatalement par l'avoir... Il y a longtemps qu'il danse sur la corde raide... Il est malin... Seulement, toute la ville, même une petite ville, surtout une petite ville, finit nécessairement par avoir raison du plus malin...

— Il paraît que, demain à la première heure, il recevra la visite de l'inspecteur principal de la régie...

— Cela se sait déjà ?

Il le savait donc, lui aussi.

— C'est Pascaud, le minotier...

— Je le connais...

— ... qui l'a annoncé tout à l'heure au *Café des Tilleuls...*

— Si cela commence avec la régie et le fisc...

— Vous croyez qu'il ne sera pas de taille à se défendre ?

Et Viau, qui répétait si volontiers, dans ses moments d'orgueil, surtout quand il avait bu quelques verres : *Je ne suis pas un enfant de chœur...,* est-ce qu'il ne faisait pas exactement figure d'enfant de chœur à côté de cet homme dont il ne connaissait rien ? Il lui parlait timidement, avec une déférence instinctive. Il avait peur d'une rebuffade, d'un sourire, voire d'un silence.

— Il se défendra jusqu'au bout... Il est même presque sûr qu'il attaquera...

— Qu'il attaquera qui ?

— Qu'il en mettra d'autres dedans... C'est pour cela qu'ils ont toujours eu peur de lui.

Le commodore ne commentait pas. Il constatait, de sa voix neutre, sans expression sur son visage, sinon une indifférence tellement complète qu'il faisait penser à Dieu le Père.

C'est comme cela que Viau aurait voulu être, qu'il rêvait d'être un jour, indifférent à tout, au-dessus de tout, surtout au-dessus des petites vanités ; ne pas rougir d'être l'amant d'une vieille hôtelière à moitié impotente et conserver sa dignité jusqu'au bout, pas pour les autres, mais pour soi.

Est-ce qu'il n'existait pas entre eux trois, entre le commodore, lui-même et l'homme qu'on était en train d'exécuter, qu'on essayait du moins d'exécuter, une certaine solidarité ?

Il la sentait entre Mangre et lui, depuis sept heures moins cinq, depuis qu'il avait levé la tête et qu'il avait reniflé la haine autour d'eux.

Il aurait voulu la sentir entre le commodore et lui, entre le commodore et le marchand de vins.

— Ses livres ne doivent pas être en règle, évidemment ?

Fils de vigneron, il savait combien il est difficile d'être en règle avec la régie, et que celle-ci, si elle y met du sien, peut toujours vous trouver un défaut et vous accabler d'amendes ruineuses. Il connaissait aussi les tripotages auxquels peut se livrer un marchand de vins et d'alcools sans scrupules.

— Il a dû prendre ses précautions, mais il n'est pas impossible qu'on l'ait quand même. Surtout si on arrive dans ses chais à l'improviste et si, en même temps, on se saisit de sa comptabilité.

— Il n'y aura personne pour l'avertir ?

Lentement, le commodore tourna vers lui son visage coloré aux yeux étrangement clairs.

— Ils ne le feront pas, en tout cas ! dit-il d'abord.

L'ombre s'épaississait. On ne distinguait plus aussi exactement les traits des visages. Est-ce que celui de M. Maurice exprima vraiment de la gêne, voire de la honte ?

Toujours est-il qu'il sembla s'excuser en disant plus vite, mais de la même voix neutre :

— Et tout le monde ne le peut pas...

— Vous savez où il habite ?

— Derrière l'église en face du musée... Il y a, au rez-de-chaussée, un ancien magasin dont les volets sont toujours fermés et qui lui sert à remiser je ne sais quoi... Son appartement est au premier. Ils n'ont pas de bonne, seulement une femme de ménage, car Mme Mangre n'a jamais pu garder une bonne... C'est lui qui fait la cuisine quand il rentre. Quant à ses chais, ils sont à l'autre bout de la ville, sur la route de Nantes, tout en haut, plus loin que le lycée... Il se sert aussi d'un garage en planches qu'il possède près du champ de foire... La régie doit le savoir... C'est là qu'elle ira...

Viau n'aurait pas cru qu'il pouvait prononcer autant de phrases bout à bout.

Et l'homme continuait :

— Je suis persuadé que sa femme n'est pas si malade qu'elle le dit, qu'elle pourrait se lever, qu'elle le fait exprès, que c'est devenu chez elle une sorte de vice...

Cela ne ressemblait-il pas à une incitation ? Le commodore, maintenant, se taisait, cependant que de grosses gouttes de pluie commençaient à tomber en silence et faisaient en s'écrasant des taches noires, rondes et régulières, sur la grisaille des pavés.

Viau n'avait pas encore pris de décision. Il respirait l'odeur particulière des pluies d'été qui semblait raviver toutes les odeurs du marché du matin, avec, dominante, l'odeur du crottin. Puis, d'un seul coup, ce fut une véritable cataracte qui tomba du ciel, accompagnée de roulements de tonnerre, comme le patron l'avait annoncé, du côté de la forêt des Loges.

Ils durent reculer dans le vestibule, car la pluie crépitait sur les souliers, et alors le commodore murmura avec indifférence :

— Si vous sortez, je pourrai vous prêter un parapluie.

6

Il tourna à droite dans une très vieille rue aux maisons de guingois, affaissées tantôt d'un côté, tantôt de l'autre, et certaines étaient tellement penchées en avant que, comme à de vieilles gens, on leur avait mis des béquilles. Le trottoir était trop étroit pour y marcher avec un parapluie sans racler les façades, et l'eau dévalait en cascades sur les pierres inégales, au milieu de la chaussée. Viau reconnut le musée à ce que sa façade était minutieusement sculptée. La maison d'en face, bien que la ruelle fût étroite, surplombait le trottoir, le rez-de-chaussée en retrait, avec trois gros piliers pour supporter les étages. C'était, sous la voûte ainsi formée, le seul endroit sec. Un volet de fer, qu'on avait rajouté récemment, bouchait ce qui avait dû être une vitrine, et on ne l'avait pas encore peint ; on l'avait laissé enduit de sa couche de minium.

Viau chercha un bon moment la sonnette, finit, en tâtant la porte, par découvrir un bouton électrique presque enfoui dans la moulure. Il le pressa, n'entendit rien, supposa que la sonnerie retentissait trop loin de lui, à l'étage. Son parapluie mouillé qu'il venait de refermer, l'humiliait. Jamais il n'avait consenti à s'embarrasser d'un parapluie. Il n'avait pas osé refuser celui-ci à M. Maurice. Il n'avait pas voulu non plus arriver détrempé chez M. Mangre.

Il eut un enfantillage. Il le posa contre la façade près du soupirail, se disant que par une nuit pareille, il ne passerait personne et qu'au surplus un passant avait toutes les chances de ne pas le voir.

Il n'entendait toujours aucun bruit à l'intérieur. Il sonna à nouveau. Puis il traversa la rue et vit de la lumière derrière les persiennes du premier étage.

Etait-ce la sonnerie qui était détraquée ? Ou bien Mme Mangre allait-elle plus mal ?

Il frappa, d'abord timidement, avec les doigts repliés, puis avec la main fermée, enfin avec le pied. Il tendit l'oreille. Il y avait des pas dans l'escalier, puis dans le corridor. Une voix qu'il reconnut questionnait :

— Marcel Viau..., répondit-il.

Est-ce que Mangre se souvenait de son nom ? L'avait-on seulement prononcé devant lui ? On retirait la chaîne, on tournait une grosse clef. Il n'y avait pas de lumière dans le vestibule, mais seulement sur le palier du premier étage qu'on ne voyait pas, de sorte que les deux hommes étaient comme des ombres et qu'ils devaient se pencher l'un vers l'autre pour s'entrevoir.

— J'ai besoin de vous dire quelques mots... prononça Viau qui fut soudain embarrassé, car, à l'instant même, il se demandait ce que le marchand de vins allait penser de sa visite.

Sans doute, fatalement même, que celle-ci avait un rapport avec la partie de cartes. Et pourquoi le gagnant serait-il venu voir le vaincu ? Par pitié, pour lui rendre son argent ? C'était ridicule.

Il y avait une explication possible. Si Viau avait triché, par exemple, il aurait pu avoir des remords et se décider à cette démarche insolite.

Cela l'humiliait. Cela l'humiliait d'être ainsi à la merci de ce que les gens pouvaient penser de lui. Est-ce que M. Maurice, lui, se préoccupait de l'opinion d'autrui ? Il était lui-même, tranquillement, indifférent à l'opinion des autres, alors que Viau en était encore, même dans la rue, dans une ville inconnue, à prendre une attitude parce qu'un passant inconnu le regardait.

M. Mangre restait un bon moment immobile, surpris vraisemblablement. On distinguait mal son visage. Seule sa chemise, car il avait retiré son veston, faisait une tache plus claire dans la pénombre. Une porte était ouverte, à gauche, celle de l'ancienne boutique, qui exhalait une fraîcheur humide de cave.

— Montez..., dit-il enfin.

Et il fit passer Viau devant lui. Sur le palier, il le précéda, poussa une porte, et ils se trouvèrent dans une salle à manger si quelconque, si semblable à celles qu'on vend en série dans les grands magasins, que Viau en resta un instant dérouté. Au-dessus de la table en chêne, aux pieds sculptés, d'un Henri II de série, pendait un lustre en faux albâtre, aux veinures rougeâtres, avec six bougies électriques autour.

La porte de la cuisine était ouverte. Sous le robinet, Viau aperçut de la vaisselle sale, et il fut persuadé que son hôte était en train de la laver quand il avait sonné.

— Asseyez-vous... Je n'ai pas répondu tout de suite, parce que j'ai cru que c'étaient des gamins... Cela arrive que des gamins sonnent pour s'amuser... Je ne savais pas qu'il pleuvait si fort...

Une autre porte entrouverte : celle d'une chambre dans laquelle, sans doute, Mme Mangre était couchée et tendait l'oreille à leur conversation.

— Tout à l'heure, quand vous êtes parti, j'ai entendu dire certaines choses que j'ai cru devoir venir vous répéter... Je m'excuse de vous déranger à cette heure-ci...

Mangre restait debout, comme hésitant. Peut-être avait-il envie d'aller fermer la porte de la chambre à coucher et n'osait-il pas ? Viau était embarrassé, se demandant s'il devait parler alors que la femme du marchand de vins pouvait entendre.

Est-ce que celui-ci n'avait pas peur qu'il fasse allusion à la partie de poker et aux sommes qu'il avait perdues ?

— Il paraît que l'inspecteur principal de la régie est arrivé de Poitiers et qu'il est à Chantournais...

Mangre le regarda en face, les sourcils froncés.

— A ce que Pascaud prétend, il a l'intention de vous rendre visite demain à la première heure... Ce serait même exprès pour vous qu'il se serait déplacé... Vous comprenez ?... J'ai pensé qu'il était bon de vous avertir...

— Je vous en remercie...

Peut-être par contenance, il marchait vers le buffet, du même style que la table et les chaises, l'ouvrait, y prenait une petite carafe et des verres minuscules au bord doré.

Cela aussi surprenait Viau. C'était la même carafe, les mêmes verres que l'on retrouve chez les petites gens, de ces objets qu'on reçoit généralement en cadeau de noces.

Mangre, aux yeux de tout Chantournais, était une canaille. C'était le réprouvé, le voleur. On l'accusait d'avoir escroqué des centaines de milliers de francs, de s'être livré à tous les tripotages imaginables, et on espérait le voir finir en prison.

C'était cet homme-là qui, le soir, en manches de chemise, préparait le dîner de sa femme, le lui servait au lit, puis, tout seul dans la cuisine mal éclairée, lavait la vaisselle. C'était lui qui habitait cette vieille maison, un appartement qui ne devait pas comporter plus de quatre pièces, avec une salle à manger de petit employé.

Il versait, dans les verres à bord doré, un alcool à peine coloré qui sentait le calvados.

— Pascaud est bien placé pour savoir..., murmura-t-il comme pour lui-même.

Il restait calme, choquait le bord de son verre contre celui de Viau.

— Vous êtes bien aimable d'être venu m'avertir. Cela ne sert à rien, mais c'est gentil de votre part. Je présume que tout le monde est déjà au courant ?

— Le minotier en a parlé au café...

Il tirailla, comme pendant la partie de poker, le côté gauche de sa moustache et esquissa un sourire plein d'amertume.

— Je suppose qu'ils espèrent m'avoir cette fois-ci, n'est-ce pas ?

Il ne cessait d'observer Viau, dont il avait l'air de pénétrer toutes les pensées. Il y avait chez lui un certain étonnement de voir que son adversaire de tout à l'heure ne se mettait pas avec les autres contre lui. Néanmoins, il se tenait encore sur la défensive. Il ne faisait pas partie des gens qui éprouvent le besoin de se confier.

Il se contenta d'affirmer :

— Ils ne m'ont pas encore...

Il s'assit, se releva presque aussitôt. La présence de sa femme, couchée, de l'autre côté de la porte entrouverte, devait le gêner.

— S'ils m'avaient, il y en aurait quelques-uns qui trinqueraient en même temps que moi... Et pas des moindres... Des gens qui s'imaginent que leur situation les met à l'abri et qui n'en sauteraient pas moins...

Qui est-ce qui avait déjà parlé de cela tout à l'heure ? C'était M. Maurice. Il avait dit, ou à peu près :

— S'il saute, il en entraînera quelques-uns avec lui...

Il connaissait bien son homme ! Et cela gênait Viau de voir à Mangre ce sourire méchant, agressif, ce retroussis félin des lèvres.

A vrai dire, il ne comprenait pas. Il ne comprenait rien, ni cet intérieur trop modeste, d'une banalité désespérante, d'une médiocrité qui aurait écœuré Viau lui-même, ni cette vaisselle lavée après une partie de poker, ni ces craintes devant une femme malade, ni enfin cette cruauté froide et consciente, cette hargne comme gratuite.

S'il avait vécu à Chantournais ou dans une petite ville du même genre, il aurait détesté les gens, lui aussi, les Pascaud et les autres : tous ces bourgeois solennels et trop sûrs d'eux. Il en avait attaqué un en pleine rue, à Montpellier. D'un coup de tête dans l'estomac. Et il lui avait volé son portefeuille.

Mais il n'avait pas, en y pensant, ce frémissement cruel des lèvres, ni ce regard dur et glacé.

Qu'est-ce que Mangre faisait de l'argent qu'il gagnait avec ses tripotages ?

Il le disait lui-même, à l'instant, sans qu'on le lui demande, peut-être pour se prouver qu'il n'avait rien à craindre.

— Ils peuvent toujours venir... Que me prendront-ils ?

Un regard autour de lui, à l'ameublement de série, aux bibelots sans valeur.

— C'est tout ce que je possède à mon nom, et ils seront bien avancés... Le reste est au nom de ma femme... Je ne me donne pas la peine de le cacher. Ils n'ont aucun recours contre elle. S'ils m'obligent à m'en aller, il me reste quatre bonnes fermes qui me rapporteront de quoi vivre...

Besoin de sécurité ? C'était peut-être cela. Viau n'en savait rien. Il ne connaissait pas encore ce genre d'hommes et il était déçu, mal à l'aise. Tout à l'heure, au *Café des Tilleuls,* il était prêt à prendre sa défense et maintenant encore il aurait été capable de le faire, parce que les autres le dégoûtaient.

Mais, au fond, Mangre le dégoûtait aussi, dans un autre sens. Il en avait un peu pitié. Il l'imaginait pendant des années et des années, luttant contre toute la ville, subissant la réprobation plus ou moins muette, avalant toutes les couleuvres, risquant jour après jour la catastrophe, et cela sans autre contrepartie que d'amasser de l'argent au nom de sa femme, d'acheter des fermes pour se mettre à l'abri du besoin.

Est-ce qu'il avait connu la misère, jadis ? Est-ce qu'il en avait gardé un souvenir tellement affreux qu'il jugeait tout préférable au risque de la connaître à nouveau un jour ?

— Sans doute, disait le marchand de vins, n'allez-vous pas rester longtemps à Chantournais ?

Et il y avait une méchanceté sous-entendue. Cela signifiait :

« Maintenant que vous avez raflé mon argent, il est évident que vous allez filer ailleurs à la recherche de nouvelles poires... »

Comme si Viau avait été un professionnel !

Il était méchant. Il était haineux. Gratuitement. Qui sait ? Ce n'était peut-être pas pour l'argent qu'il travaillait, qu'il volait, mais par haine, par une sorte de sadisme.

Les gens savaient qu'il était une crapule. Il ne tentait pas de le cacher, de se défendre. Au contraire ! Il aurait été capable de s'en vanter !

Viau se demandait même s'il ne soignait pas à plaisir ses allures de traître de cinéma.

Seulement, quand il les rencontrait dans la rue, il allait au-devant d'eux la main tendue. Il les forçait à lui serrer la main. Il devait se dire à part lui, avec jubilation :

« Tu me considères comme un malhonnête homme... Tu dis pis que pendre de moi derrière mon dos... Tu me donnerais un croc-en-jambe si tu le pouvais... Tu encourages tes fils à venir tirer ma sonnette et à déposer des excréments sur mon seuil... Seulement, comme tu es lâche, tu es bien obligé de me serrer la main devant tout le monde et de m'appeler cher ami... »

Et chaque jour il pénétrait au *Café des Tilleuls*, où personne n'osait lui refuser de faire la partie avec lui.

Il détestait Viau aussi. Non seulement parce qu'il avait gagné, mais parce qu'il était jeune, parce qu'il était fort, parce qu'on l'avait rencontré avec une jolie fille, parce qu'il n'était pas comme lui prisonnier dans la petite ville et parce que, le soir, il n'avait pas à faire la vaisselle et à soigner une femme acariâtre.

Viau venait d'ailleurs... Il ne faisait que passer... Il s'en irait ensuite, de l'argent dans les poches, et il pourrait en faire ce qu'il voudrait...

Tout cela, Marcel le sentait confusément, et il en était comme accablé.

— Vous avez quel âge ?... Trente ans ?...

Qu'est-ce que cela signifiait ? Ce sourire où il y avait comme une menace, sinon :

« Vous verrez plus tard... A trente ans, tout est facile... Vous vous croyez malin... Vous jonglez avec la vie et avec les gens... Mais attendez !... Un jour viendra où vous regretterez de ne pas posséder quatre fermes de bonne terre pour vous mettre à l'abri de la vengeance de vos semblables... »

Un lâche, en somme. Et Viau détestait les lâches. Il avait envie de s'en aller. Il n'osait pas se lever tout de suite, et Mangre arpentait la salle à manger, s'arrêtait de temps en temps pour lui lancer un regard oblique.

— Un avis vaut un avis, n'est-ce pas ?... Vous ferez ce que vous voudrez du mien... Hier, ils étaient contre vous parce que vous étiez l'étranger, et qu'ils détestent encore plus tout ce qui n'est pas de chez eux qu'ils ne se détestent entre eux... Aujourd'hui, ils vous ont applaudi, parce que vous les aidiez sans le vouloir à me flanquer par terre...

» Ils n'enragent pas moins dans leur peau à l'idée de l'argent que vous avez gagné en quelques minutes... Que vous *leur* avez gagné !... Car, dans leur esprit, c'est un peu à eux que vous l'avez pris...

» Est-ce que vous êtes capable de comprendre cela ?

Il parlait sans hâte, d'une voix coupante.

— Demain, ils se demanderont qui vous êtes en réalité, d'où vous venez... Hier, il y a eu des commentaires à ce sujet... On vous a vu descendre de la gare et on sait que vous n'aviez pour ainsi dire pas de bagages... On sait aussi que vous êtes avec une femme et que vous n'êtes pas marié... Vous n'êtes pas voyageur de commerce : vous ne leur avez proposé aucune marchandise. Qu'est-ce que vous viendriez faire à Chantournais, où vous n'avez ni ami ni famille ?...

» Voilà ce qu'ils ont commencé à dire. Et, comme le commissaire de police se trouvait à la table voisine, l'un deux, l'entrepreneur, Lunel pour ne pas le nommer, celui qui a l'air tout rond et dont la poignée de main est si cordiale, lui a lancé :

» — C'est peut-être un client pour vous, commissaire !

» Ils y repenseront, ne craignez rien. Un petit mot comme ça n'est jamais perdu pour tout le monde...

Il regardait son interlocuteur dans les yeux, durement, perfidement.

— C'est pourquoi je vous dis : plus tôt vous partirez et mieux cela vaudra. Il y a des endroits où il est préférable de ne pas s'attarder. Tenez, vous êtes venu ici ce soir... Il pleut à torrents, il n'y a pas un chat dehors ; la maison d'en face est un musée et n'est pas habitée... N'empêche que demain, je le parie, tout le monde sera au courant de votre visite...

Il ne posait pas de questions. Il parlait tout seul, et son discours était un acte d'accusation. Cela signifiait :

« Je suis peut-être une crapule, mais je suis une crapule intelligente, une crapule qui a pignon sur rue, qui possède quatre fermes bien à l'abri. En outre, je suis du pays, j'ai un pedigree, je joue aux cartes avec tous les gros bonnets, et, si j'ai fait des saloperies, j'ai eu soin d'y mêler quelques personnes bien en place, qui remueront ciel et terre pour éviter le scandale...

» Tandis que vous, avec vos trente ans et votre jolie maîtresse, vous n'êtes qu'une crapule de passage, un apprenti crapule, sans répondants, sans surface...

» Ils le découvriront tôt ou tard...

» Ce jour-là, ce n'est pas moi, c'est vous qu'ils boucleront sans vergogne... »

Cela le soulageait. On avait l'impression qu'il aurait voulu voir la peur monter dans l'âme de Viau. Il l'épiait, s'impatientait de le voir rester calme, à peine un tout petit peu embarrassé.

C'était la surprise. Viau s'était attendu à tout, sauf à cette agression de la part de l'homme dont il avait eu pitié, pour lequel, tout à l'heure, il s'était senti une certaine sympathie, qu'il avait eu envie d'aider.

— Demain, à neuf heures, ils se mettront à fouiller mes chais et mes livres... Ce n'est pas la première fois que la fantaisie leur en prend... Eh bien ! si vous vous obstinez à rester à Chantournais malgré le conseil que je vous ai donné, je vous parie que demain soir je serai au *Café des Tilleuls,* probablement en compagnie du fameux inspecteur principal, qui m'appellera « cher ami », à moins qu'il ne se soit déjà rembarqué en m'adressant ses excuses...

» Pardonnez-moi... il me semble que l'on m'appelle...

Il y avait eu comme une plainte assourdie dans la chambre à coucher, et Mangre s'y précipita en homme qui n'a pas l'habitude de faire attendre sa femme. Viau se leva, n'osa pas quitter la pièce. Il entendit des chuchotements, puis le marchand de vins traversa la salle à manger, pénétra dans la cuisine, en revint avec un verre d'eau.

— Un instant. C'est l'heure de sa potion...

Encore deux ou trois minutes, encore des chuchotements.

— Voilà... Excusez-moi si je ne vous ai même pas remercié... Vous avez été fort aimable, mais je ne voulais pas vous laisser l'impression que j'avais peur, ni que je cours un danger quelconque... Je vous souhaite bonne chance. Quand vous aurez dix ans de plus, quinze ans de plus...

Il n'acheva pas sa pensée. Viau, debout, cherchait son chapeau, qu'il retrouva sur une chaise.

— Encore un petit verre ?

— Je vous remercie...

— J'ai déjà remarqué que vous avez le courage de ne pas boire quand vous voulez. C'est très bien, c'est indispensable... J'avoue que je ne m'y attendais pas et que c'est en partie ce qui m'a dérouté ce soir...

Derrière tous les mots, une méchanceté était embusquée, un sous-entendu, une allusion.

En somme, en quelques minutes, poliment, il venait de déshabiller Viau, qui ne s'était dérangé que pour lui rendre service : il n'avait pas élevé la voix, il n'avait employé aucune parole malsonnante, rien dit de déplaisant en soi.

N'empêche que Viau n'était plus maintenant qu'un petit aventurier de passage qui avait encore beaucoup à apprendre, ivrogne par surcroît, à peine capable de ne pas boire dans certaines occasions.

— Attention à la première marche... Elle est plus basse que les autres...

Il descendit derrière son visiteur, retira à nouveau la chaîne, tourna la clef dans la serrure.

— A demain soir donc, si vous restez parmi nous...

Il pleuvait toujours. La rue n'était qu'un trou mouillé, une tranchée étroite et noire, où passait un air glacé. Mangre restait dans l'entrebâillement de la porte, à écouter les pas de son hôte qui s'éloignait, et Viau n'osait pas se pencher pour ramasser le parapluie qu'il avait laissé contre le volet de la boutique.

C'était absurde. C'était une faiblesse, et il s'en voulait, il en était humilié. Il avait honte du parapluie, de l'avoir laissé là. Mangre avait raison : il était encore jeune ; il avait peur des gens, peur d'un sourire, d'une pensée qu'il devinait chez un passant.

Et il relevait le col de son veston pour se précipiter dans l'averse qui lui détrempait tout de suite les épaules. C'était d'autant plus idiot qu'il n'avait avec lui que ce complet-là...

Il atteignait le coin de la rue quand il entendit la porte se refermer, et il eut un moment l'intention de revenir sur ses pas pour reprendre le parapluie, qui ne lui appartenait pas. Mais ne serait-ce pas encore plus pitoyable si Mangre le surprenait alors, ouvrait à nouveau la porte ?

Il descendit la rue Gambetta. Ils n'étaient peut-être que deux dans les rues à cette heure-là, car il entendait des pas au loin et, à certain moment, il aperçut une silhouette qui franchissait la flaque de lumière d'un bec de gaz.

Il en reçut comme une bouffée de Poitiers, quand il faisait son droit. Il parcourait, la nuit, les mêmes rues, avec les mêmes pavés, la même pluie, les mêmes réverbères de distance en distance, avec les volets clos, les enseignes des boutiques qui grinçaient dans le vent, des pas lointains et, par-ci par-là, une lumière mystérieuse, une fenêtre, des stores qui prenaient un ton mordoré et derrière lesquels on voyait parfois une silhouette passer en ombre chinoise.

Il fut surpris de trouver la porte de l'hôtel entrouverte, car, la veille, il avait dû sonner pour réveiller le gardien de nuit. C'était sans doute à son intention qu'on avait laissé entrebâillé le lourd battant peint en faux pitchpin. Dans le vestibule aux fauteuils d'osier, au carrelage de couleur, il y avait une lumière qui venait en biais de la salle à manger.

Le calme, après le crépitement de la pluie et le vacarme du vent, paraissait plus sirupeux, irréel. Il vous tombait littéralement sur les épaules, et Viau tressaillit en entendant quelqu'un bouger. Il fit un pas vers la salle à manger et découvrit M. Maurice qui se tournait paisiblement vers lui.

Il portait sa tenue habituelle de cuisinier, mais, ce qui changeait sa physionomie, c'étaient de grosses lunettes d'écaille qu'il avait mises pour lire le journal. Il tenait celui-ci déployé à la main, un peu au-dessus d'une table encore recouverte de sa nappe blanche. Devant lui, il y avait une bouteille et un verre.

Il dut remarquer tout de suite que son locataire était détrempé et qu'il avait oublié le parapluie, mais il n'y fit pas allusion.

— Venez prendre quelque chose pour vous réchauffer..., dit-il simplement en se levant et en allant chercher un verre derrière une porte.

Il marchait en traînant ses pantoufles sur le linoléum. Quand il revint, il conseilla :

— Vous devriez retirer votre veston... Vous êtes ruisselant...

— Je m'excuse d'avoir oublié votre...

L'autre l'interrompit d'un geste mou. Est-ce qu'un parapluie avait une importance quelconque ?

Il expliquait, en remplissant les deux verres à liqueur :

— Le vendredi, c'est bien rare que le gardien de nuit soit en état de venir prendre son poste... Le matin, il va au marché donner un coup de main aux uns et aux autres, décharger les charrettes, vider et plumer les poulets... On lui paie à boire et, de coup de blanc en coup de blanc, il est invariablement ivre mort à la fin de la journée... A votre santé !...

C'était la seconde fois que Viau l'entendait faire un si long discours d'une haleine. Toujours de sa voix neutre, étouffée. Il avait l'air de parler tout bas, comme s'il craignait d'être entendu.

Il ne devait pas avoir envie d'aller se coucher dans la chambre de la patronne, car il restait là, réchauffant son verre dans la main, avec le désir évident de se rasseoir. Il n'osait pas inviter Viau à le faire. Il n'osait pas non plus le regarder en face. Il manquait une certaine quantité d'alcool dans la bouteille. Était-ce lui qui avait déjà bu ?

Ses yeux, derrière les lunettes qu'il oubliait de retirer, paraissaient encore plus gros et plus troubles. En même temps, les cercles noirs donnaient à son visage une dignité accentuée, au point qu'on en oubliait l'uniforme de cuisinier et les pantoufles.

— Je l'ai vu..., prononça Viau, qui n'avait pas encore acquis l'habitude — ou la force — du silence.

Et il s'assit, toujours pour faire plaisir, parce qu'il avait l'impression qu'on désirait le voir assis.

— Il ne paraît pas avoir très peur... ajouta-t-il comme l'autre le regardait d'un air à peine interrogateur.

Et ce fut une drôle de soirée qui commença, une drôle de nuit plutôt, car minuit venait de sonner, et les deux hommes restèrent près de trois heures à leur place, jusqu'à ce que la bouteille de cognac fût entièrement vidée.

Ils n'étaient ivres ni l'un ni l'autre. Ils n'entendaient aucun bruit, sinon le crépitement monotone de la pluie, parfois un roulement de tonnerre, très loin, car l'orage avait fini par s'éloigner dans la direction de Niort.

Deux ou trois fois aussi, il y avait eu des pas mous juste au-dessus de leur tête. A ces moments-là, M. Maurice écoutait. Les pas étaient suivis d'un bruit de chasse d'eau. Il attendait un instant, comme en suspens. Un grincement de sommier.

La troisième fois seulement, il murmura, comme pour s'excuser :

— C'est la vieille...

Tout le reste de l'hôtel dormait. Sylvie devait dormir, elle aussi. Eux n'avaient pas sommeil, et, le plus étrange, c'est qu'ils ne parlaient presque pas.

Du moins n'avaient-ils pas de conversation suivie. Ils ne se connaissaient pas assez. Ils avaient envie de se connaître. Ils étaient deux hommes, l'un de trente ans à peine, l'autre qui devait en avoir soixante ou soixante-cinq, et il persistait entre eux, même après quelques verres de cognac, des pudeurs d'adolescents.

— Il est fort... Parce qu'il fera n'importe quoi pour s'en tirer...

Ce qui plaisait à Viau, c'est que le commodore, tout pétri d'expérience humaine, lui parlait à demi-mot, comme à un égal, à quelqu'un capable de comprendre.

Est-ce que la petite phrase ne voulait pas dire : « Il emploierait, lui, des moyens qui nous répugneraient... » Ce qui sous-entendait aussi qu'ils étaient en marge tous les deux. Seulement, ils ne l'étaient pas à la manière d'un Mangre.

C'était peut-être la caractéristique principale de leur tête-à-tête. Ils ne se disaient rien d'eux-mêmes. Ils n'échangeaient pas de confidences. Ils n'en provoquaient pas de la part du partenaire.

Au contraire. Ils paraissaient éviter avec soin d'effleurer ce sujet.

Néanmoins, ils faisaient comme s'ils savaient tout l'un de l'autre. Et peut-être qu'en réalité ils savaient.

Viau, en tout cas, avait l'impression que personne ne l'avait jamais aussi bien connu que cet homme qu'il avait vu la veille pour la première fois et dont il avait volé les économies pendant la nuit.

Les dix billets de mille francs, il les remettrait à leur place, derrière *L'Angélus* de Millet, c'était décidé. Cela n'avait donc plus d'importance. D'ailleurs, ce n'était pas lui qui avait fait cela. C'était Sylvie.

Mangre aussi avait deviné bien des choses, mais pas de la même façon. Comment dire ? Viau ne faisait encore que le sentir confusément : Mangre était un homme d'ici, un homme comme les autres du *Café des Tilleuls*, qui avait mal tourné, qui avait tourné à l'aigre.

Bien sûr qu'il reniflait tout de suite l'aventurier. Et il le regardait avec envie, lui annonçait des catastrophes.

Foutez le camp..., avait-il dit en substance.

Qui sait ? Il serait peut-être le premier à dénoncer Viau au commissaire de police s'il apprenait vraiment quelque chose.

Avec le commodore, c'était différent. Ils venaient d'ailleurs, tous les deux. Ils n'éprouvaient pas le besoin de parler de leurs affaires, d'en apprendre davantage sur le compte l'un de l'autre.

Sylvie elle-même sans doute aurait été étonnée si elle les avait surpris, face à face, séparés par une nappe blanche, par une bouteille et deux verres, dans la salle à manger où ne brûlait qu'une seule lampe et où de grandes étendues restaient dans la pénombre.

Ils étaient de longs moments sans parler. Puis ils buvaient une gorgée. Viau allumait une cigarette ou secouait sa cendre par terre.

— Le meilleur cognac que j'aie bu, c'était à bord du *Mariette-Pacha*, disait-il en regardant dans le vague.

— Vous avez navigué sur le *Mariette-Pacha* ?

— Comme plongeur d'abord... Puis comme assistant du commissaire du bord. C'est lui qui est venu me chercher à la plonge. Pendant la traversée de la mer Rouge, il y avait eu trois malades parmi les employés...

— Je connais...

— Vous l'avez traversée ?

— Et à bord du *Mariette-Pacha*, comme passager...

Cela leur faisait plaisir à tous les deux de trouver un point de contact.

— ... Avec les passagers dormant sur le pont à cause de la chaleur...

— ... Et les couples qui se rejoignent derrière les embarcations...

— A l'escale de Colombo...

— Bien entendu, le bar m'était interdit... Mais je m'étais lié d'amitié avec l'un des barmen, qui me passait de temps en temps un fond de bouteille...

Et Viau souriait, tout heureux. Il avait besoin d'être approuvé. Il lui semblait tout à coup que son idéal dans la vie était de devenir quelqu'un comme M. Maurice, qui traînait pourtant ses pantoufles dans un hôtel de sous-préfecture.

C'était son indifférence qu'il enviait, et son air de tout savoir, de tout comprendre, de garder immuablement sa dignité. Car il était digne. Couchant sous un pont, à Paris, on sentait qu'il serait resté digne, qu'il se serait sans doute rasé chaque matin devant un bout de miroir posé en équilibre sur une pierre du quai.

Digne et placide, et pourtant plein de pudeurs inattendues.

Il ne racontait pas son passé. Il ne se vantait pas d'avoir été ceci ou cela. Il ne disait pas qu'il avait été passager de première classe à bord du *Mariette-Pacha*, ce qui était plus que probable.

Il y avait de l'affection dans ses gros yeux, et une certaine curiosité anxieuse.

Viau pensait parfois à son père en le regardant. Son père était un peu comme cela avec lui.

Depuis qu'il était un homme, depuis qu'ils avaient la même taille, presque les mêmes épaules tous les deux, il y avait, dans leurs rapports, cette sorte de respect de part et d'autre.

Viau restait des mois, parfois plus d'un an, sans mettre les pieds à Saint-Jean-la-Foi. Il arrivait toujours sans crier gare. Il était rare que, pendant ses absences, il se donne la peine d'envoyer une lettre ou une carte postale.

Il poussait la porte de la maison et disait :

— C'est moi...

Et son père se levait. Ils étaient de niveau. Ils s'embrassaient sur les joues, trois fois, invariablement : c'était un rite familial. Puis son père questionnait, comme s'ils s'étaient quittés la veille :

— Ça va ?...

Il évitait de le regarder avec curiosité des pieds à la tête.

— Tu as faim ?

Ils commençaient toujours par manger la cuisine du vieux, avec d'épaisses tranches du jambon qui pendait à une poutre.

On parlait de la vigne, des bêtes. Marcel posait des questions sur les voisins, les voisines, sur ceux qui étaient morts, sur les jeunes qui s'étaient mariés, sur des petites filles qu'il avait connues les nattes sur le dos et qui venaient d'avoir un bébé.

Jamais son père ne lui avait demandé : « Tu es ici pour longtemps ? » Et Marcel lui en était reconnaissant. Ils étaient entre égaux, apparemment, et c'était peut-être à cause de cela qu'il gardait un véritable culte à son père.

Au point que, vers les deux heures, alors que la bouteille était déjà presque vide, il éprouvait le besoin d'en parler à M. Maurice.

— Au fond, je suis un peu d'ici. J'y ai de la famille du côté du Chêne-Vieux. Mon père habite à moins de cent kilomètres de Chantournais... Il a une vigne... C'est un homme modeste, qui se contente de ce qu'il a...

Ce qui lui valut la première confidence du commodore.

— Moi, je suis né dans un train, entre Paris et Marseille... Ma mère faisait partie d'une troupe d'opérette... Elle avait une jolie voix...

Il ne parla pas de son père. Il ne dit rien de plus sur ce sujet.

— J'irai peut-être le voir un de ces jours... Je ne sais pas encore ce que je vais faire...

Il avait envie d'ajouter : « Je me trouve bien ici, et je n'ai pas le courage d'aller plus loin... »

C'était une révélation pour lui-même. Il ressentait le besoin, soudain, de se reposer, de rester quelque part un long moment. Il ne voulait pas non plus quitter tout de suite cet homme à qui l'attachaient des liens quasi mystérieux.

Comment Sylvie pouvait-elle avoir eu l'idée de ce vol dans la chambre ?

Il n'était pas ivre. Ils n'étaient ivres ni l'un ni l'autre. Ils avaient vidé une bouteille de cognac, mais ils étaient des hommes. Tout au plus se sentaient-ils un peu lourds, et leurs pensées prenaient-elles un tour à la fois plus flou et plus subtil que dans leur état normal.

Il y a des choses qu'on sent alors, qu'on a l'impression de comprendre merveilleusement, même si on ne trouve pas de termes pour les exprimer. On s'entend à demi-mot. On est sensible à un regard, à un tressaillement des traits.

— C'est une bonne fille...

Pourquoi parlait-il maintenant de Sylvie ?

— Ce qu'il y a de plus drôle, c'est que je la connais depuis une semaine à peine et que j'ai l'impression de vivre depuis toujours avec elle... Seulement...

Pourquoi ne pas le dire ? Est-ce que M. Maurice n'était pas de taille à comprendre ? Lui avouer la sale histoire du vol derrière *l'Angélus* de Millet. Poser les billets sur la table. Expliquer : « Je ne vous connaissais pas. Je vous avais à peine entrevu. J'étais au bout de mon rouleau. Peut-être que, si elle n'avait pas eu cette idée, si elle ne m'avait pas presque forcé à la réaliser, j'aurais fait pis, cette nuit-là... J'aurais pu tuer quelqu'un... J'en avais envie, pour en finir... Est-ce que vous ne comprenez pas ça, vous ?... »

Mais il se retint et n'en parla pas. Pendant une heure au moins, il garda cet aveu sur l'estomac. La bouteille était vide, et, sans doute, M. Maurice n'osait-il pas aller en chercher une autre. Il n'était pas le maître, après tout. Il devait rendre des comptes.

De temps en temps, il regardait le plafond, étonné, semblait-il, qu'on les laissât si longtemps en paix.

Et, en effet, peu après que l'horloge eut sonné trois heures, quelques secondes après que la chasse d'eau se fut fait entendre une fois de plus dans la chambre au-dessus d'eux, il y eut des coups frappés sur le plancher du premier étage, avec une canne ou un objet de ce genre.

— Pardonnez-moi. Je crois qu'on m'appelle, dit M. Maurice.

Il sourit d'un sourire où il n'y avait même pas d'amertume, à cause du « je crois... » tout pétri d'ironie, qu'il savait que son interlocuteur appréciait.

— Si vous voulez passer devant, je vais éteindre.

Ils étaient comme des complices, marchant instinctivement sur la pointe des pieds. On entendit le déclic du commutateur. La salle à manger disparut, et ils montaient l'escalier l'un derrière l'autre, à la lueur jaunâtre de la veilleuse. Ils s'arrêtaient sur le palier. Le commodore disait :

— Bonne nuit...

Et ils n'osaient pas se tendre la main.

7

Il s'était réveillé une première fois à six heures du matin, alors qu'un gros soleil rouge et comme humide de l'orage de la nuit se levait dans un ciel encore un peu trouble. On avait oublié de fermer les persiennes, et la chambre était toute claire. Une cheminée fumait sur un toit. Sylvie dormait, couchée en chien de fusil, et sa montre-bracelet, sur la table de nuit, battait comme un cœur minuscule.

Il s'était levé pour aller boire de l'eau du robinet dans le verre à dents. Il avait un peu mal à la tête. Il avait entendu des voix, deux chambres plus loin, chez la propriétaire de l'hôtel où M. Maurice était déjà en train de s'habiller, tandis qu'en bas, dans la cuisine ou dans la cave, on remuait du charbon à la pelle.

Il s'était endormi. Beaucoup plus tard, sans doute le bruit familier de la brosse dans le verre à dents, justement, lui parvint au fond d'un sommeil peuplé d'images confuses.

Alors il entrouvrit les paupières et vit le dos nu et rose de Sylvie devant la toilette, son visage reflété par le miroir dans lequel elle se regardait gravement, occupée qu'elle était à s'épiler les sourcils avec une petite pince.

Il ne le fit pas exprès de rester immobile, de ne pas ouvrir les yeux davantage. Il flottait encore entre le sommeil et la veille, et son corps surtout restait engourdi.

Il faillit l'appeler pourtant, troublé par un vague désir. S'il ne le fit pas, c'est qu'il réfléchissait en la contemplant à travers ses cils mi-clos. Il pensait que c'était curieux, qu'il n'avait probablement jamais possédé de femme aussi bien faite qu'elle, au corps aussi élancé, aussi racé, aussi juste de proportions, à la peau aussi douce et aussi régulière, et que, pourtant, du point de vue physique, elle le laissait à peu près froid.

Elle lui donnait, sans le vouloir, à l'instant précis, la solution de ce petit problème. Ce qui l'avait frappé tout de suite, en ouvrant les yeux, c'était l'expression de son visage. Elle ne se savait pas observée. Elle le croyait endormi. Il continuait machinalement à respirer au rythme du sommeil. Alors, seule devant la glace, elle avait une physionomie qu'il ne lui connaissait pas.

Ce n'était plus la petite danseuse docile qu'il avait emmenée au hasard d'une nuit de Toulouse et qui l'avait suivi sans protester. Ce n'était plus la compagne du train qui lui lançait de temps en temps un coup d'œil anxieux pour s'assurer qu'elle pouvait dire ou faire ceci ou cela, celle qui a le respect instinctif de l'homme et qui s'efforce de ne pas le contrarier.

Déjà dans la salle à manger, vêtue de son nouveau tailleur clair, il lui avait trouvé une personnalité plus accusée, elle était plus nette, plus sûre d'elle et comme plus indépendante. Un peu, en somme, comme si c'était volontairement qu'elle avait accepté le second rôle. Comme si elle avait toujours été prête à se reprendre pour redevenir elle-même.

Maintenant qu'il la voyait toute seule, c'était elle-même qu'il découvrait. Son regard, dans la glace, était calme et réfléchi. Parfois ses lèvres remuaient, comme si elle balbutiait quelques bribes de son discours intérieur.

Et, malgré sa nudité, malgré la pose banale, devant la toilette de porcelaine, malgré ses pieds nus sur le linoléum et les pinces à épiler qu'elle maniait, il était impressionné.

Il lui semblait que c'était une égale qu'il avait depuis quelques jours à ses côtés, sans le savoir, que, peut-être même, elle était plus intelligente que lui. Est-ce qu'elle n'avait fait, pendant les dernières années, que danser dans les cabarets de province ? il en doutait. Il était intrigué par son passé. Elle n'avait jamais rien dit d'elle, sinon qu'elle était du Berry et qu'elle était née à la campagne. Il est vrai qu'il ne lui en avait pas demandé davantage, que c'était lui qui avait décrété qu'elle n'était qu'une petite danseuse sans importance.

Or il n'avait jamais connu l'amour physique qu'avec des filles vulgaires, à la chair drue de préférence, qu'il pouvait traiter avec une brutalité dédaigneuse de mâle.

Il aurait bien voulu savoir l'heure. Il n'avait pas le courage de tendre le bras pour saisir la petite montre sur la table de nuit. Et, à présent, il ne voulait plus avouer à Sylvie qu'il était éveillé.

On ne peut pas dire non plus qu'il feignît exprès de dormir. Elle devait être préoccupée, tout à sa vie intérieure, à ses réflexions qui lui mettaient parfois deux fines rides au milieu du front et qui lui fronçaient la base du nez, car elle ne regarda presque jamais de son côté, et, comme il s'assoupissait de temps en temps, le hasard fit que leurs regards ne se rencontrèrent pas.

Elle s'habilla avec soin, ouvrit son sac, s'assura qu'il lui restait un peu d'argent. Toute prête, déjà en tailleur, elle se troussa pour mieux tirer ses bas de soie, et il faillit une seconde fois la retenir, l'appeler près de lui, parce qu'il remarquait qu'elle avait des jambes magnifiques.

Cette fois-ci, ce fut timidité : il n'osa pas. Il ferma les yeux et sentit qu'elle se penchait sur lui pour l'observer. Comme il était en sueur, elle alla ouvrir la fenêtre et sortit enfin de la chambre sur la pointe des pieds.

Il était tard dans la matinée ; il pouvait s'en rendre compte par les bruits du dehors, surtout depuis que la fenêtre était ouverte. Il cherchait à retrouver ce sommeil voluptueux des matins qui suivent les nuits où l'on a trop bu, quand le corps est ultra-sensible, mais, maintenant, il était tracassé par la sensation de la solitude.

Il avait peur, par exemple, qu'elle ne revînt pas. Cela ne rimait à rien. Elle était déjà sortie sans lui, dans des circonstances presque semblables.

Elle n'avait presque pas d'argent, et son sac de voyage était resté dans la chambre.

Il se sentait paresseux. Il n'avait pas envie de bouger, et il en ressentait comme un sentiment de culpabilité. Est-ce qu'il n'avait pas tort de ne pas profiter de ce qu'il avait gagné la veille pour quitter la ville ?

Déjà, la nuit, en rentrant, il aurait dû aller remettre les billets de banque dans la chambre de M. Maurice. Il se l'était promis. C'était une chose décidée avec lui-même. S'il ne l'avait pas fait, c'était par négligence et parce qu'il avait trop sommeil, car il aurait fallu attendre que le commodore fût endormi.

Il s'en chargerait la nuit prochaine, c'était entendu. D'ailleurs, il resterait sans doute plus longtemps à Chantournais.

Cela le tracassait. Pourquoi n'avait-il aucune envie de s'en aller ? Il était mal à l'aise. Cela ressemblait à un pressentiment, et il avait toujours cru aux pressentiments ; et il avait toujours senti d'avance quand il avait tort de faire ceci ou cela. Toujours aussi, il était allé tête baissée à la catastrophe, par une sorte de défi.

Quelle catastrophe pouvait lui arriver ici ? Il n'en savait rien. Le souvenir de sa conversation avec Mangre lui était pénible, et ce que celui-ci avait dit des gens du *Café des Tilleuls*, de leur attitude à son égard lorsqu'il n'était pas présent.

C'était vrai, évidemment, qu'ils ne l'aimaient pas. Ils n'avaient aucune raison de l'aimer. Ils ne l'admiraient pas non plus. Avait-il donc éternellement besoin d'être aimé et admiré ?

Etait-ce exact que l'entrepreneur avait dit au commissaire de police... Qu'avait-il dit au juste ? Ah ! oui... Que c'était peut-être un client pour lui...

Cela l'affectait comme une méchanceté gratuite, comme une trahison, et son demi-sommeil, au lieu d'atténuer ses impressions, les rendait plus aiguës.

S'il en avait eu le courage, il se serait levé tout de suite. Il se serait habillé en hâte. Il aurait sans doute encore rejoint Sylvie, qui devait être en train de prendre son petit déjeuner dans la salle à manger. Il lui aurait dit : « Partons... »

Pour n'importe où. Il avait assez d'argent en poche pour aller où ils voudraient.

Et Sylvie l'aurait suivi. C'était une chose qu'il comprenait moins bien, depuis qu'il avait découvert en elle une personnalité à peu près égale à la sienne : pourquoi le suivait-elle docilement, alors qu'elle ne pouvait pas ne pas avoir compris qu'il ne la menait nulle part ?

Elle ne l'aimait pas. C'était impossible qu'elle eût été tout à coup saisie par l'amour. D'ailleurs, il n'avait rien fait pour cela. Il ne s'était même pas montré sous son meilleur jour, il ne s'en était pas donné la peine, au contraire.

Elle n'était pas passionnée. Elle acceptait gentiment ses rares étreintes, sans plus. Celles-ci avaient été d'autant plus rares qu'il était préoccupé par autre chose.

Il n'avait pas d'argent, elle le savait.

Et pourtant ils vivaient tous les deux comme s'ils ne devaient jamais se quitter.

Si elle allait ne pas revenir ?

La femme de chambre chantait dans la pièce voisine où elle faisait le ménage, cette fameuse femme de chambre qui était si bien renseignée et qu'il n'avait jamais vue. Peut-être qu'elle entrerait chez lui, le croyant déjà sorti ? Il attendait. Il entendit des heurts de seaux et de brosses dans le corridor, mais elle se dirigea vers une chambre du fond, sans doute vers celle de la patronne, et il se rendormit.

Quand il se réveilla, en sursaut cette fois, des cloches commençaient à sonner, et il compta les douze coups de midi. Il se leva d'un bond, avec toujours cette impression d'avoir commis une faute. Il se dirigea vers la toilette pour se raser, sentit que son mal de tête s'était accru, qu'il avait le corps vague, et il se souvint qu'il y avait de l'aspirine dans les affaires de Sylvie.

Etait-ce dans son sac à main ou dans sa valise, il n'en savait rien, et il se dirigea vers la valise qu'il ouvrit. Il était en caleçon, dans la chambre déjà chauffée par le soleil. D'en bas venaient des bruits d'assiettes et de couverts. Il ne trouvait pas, sous le linge sale roulé en boule et tout soyeux, le petit tube qu'il cherchait. Par contre, en glissant la main dans une pochette latérale, il rencontra un objet rond, qu'il retira, et il fronça les sourcils en reconnaissant la bague de sa compagne.

Son visage devint dur. Il oublia son mal de tête et commença sa toilette en ruminant sa colère.

Il était presque prêt, il ne lui restait que ses souliers, sa cravate et son veston à mettre quand il entendit dans l'escalier le pas vif de Sylvie. Quelques instants plus tard, elle ouvrait la porte avec précaution, le croyant encore endormi, s'exclamait :

— Tu es levé ?

— Où es-tu allée ?

— En ville... J'avais quelques courses à faire...

— Une autre bague à vendre ?

— Que veux-tu dire ?

Elle avait dû deviner, car elle cherchait machinalement la bague sur la commode, accrochait son sac de voyage du regard, se préparait sans doute à mentir.

Il sortit le bijou de la poche de son pantalon.

— Je croyais que tu l'avais vendue...

— Tu ne comprends pas pourquoi je t'ai dit cela ?

— Non.

— Ce n'était pas le moment, dans l'état où tu étais...

— Pardon. Pas si vite... Dans quel état étais-je, s'il vous plaît ?

— Tu étais exaspéré, tu le sais bien...

Elle avait un avantage sur lui. Elle venait du dehors. Elle avait eu le temps de se débarrasser complètement des moiteurs de la nuit. Elle était nette, en pleine possession d'elle-même.

Quant à lui, il marchait sur ses chaussettes, et il lui semblait que ce simple détail le handicapait.

— Et tu avais besoin d'acheter tout de suite une robe, n'est-ce pas ?... C'était plus urgent que tout ?

— Je ne pouvais pas me promener toute la journée en robe de soie noire, en cette saison, surtout dans une petite ville, sans attirer l'attention...

Il se campa devant elle, prêt à la gifler si elle ne lui faisait pas une réponse satisfaisante.

— Et où as-tu pris l'argent, veux-tu me le dire ?

— La marchande m'a fait crédit... Je lui ai promis que je passerais la payer aujourd'hui... J'irai tout à l'heure...

— Non...

— Que veux-tu dire ?

— Que nous y allons ensemble tout de suite... C'est moi qui la payerai...

— Ecoute, Marcel...

— Tu vas encore mentir...

— Je vais te dire la vérité... Je n'ai pas acheté mon ensemble à crédit, parce qu'on n'aurait sans doute pas eu confiance en moi...

— Alors ?

— L'argent, je l'ai demandé à l'hôtel... Ils ont l'habitude... Ils avaient la garantie de nos bagages. J'ai emprunté cinq cents francs...

— A qui ?

— A la caisse... A M. Maurice...

— Je les lui rendrai moi-même...

— Si tu veux...

C'était possible. C'était plausible, il continuait à se sentir inquiet. Sylvie, elle, avait repris son aplomb et disait :

— Tu ferais mieux de ne pas te préoccuper de cette bêtise... Il se passe des choses plus sérieuses...

Et, comme il se retournait avec trop d'inquiétude :

— Rien de grave, rassure-toi... Du moins, pas encore. Il faut que je te mette au courant quand même. Quand je suis descendue, vers dix heures...

Il était donc dix heures quand il l'avait si longtemps observée.

— ... la patronne était en bas. Elle ne m'avait jamais vue, et je ne l'avais jamais vue, puisque, les jours précédents, elle vivait enfermée dans sa chambre... Sa crise doit être passée... Elle marche avec une canne. C'est une femme énorme, à moustaches et aux yeux qui brillent comme je n'ai jamais vu d'yeux briller... J'étais encore dans l'escalier qu'elle m'avait repérée, et j'ai compris tout de suite qu'elle me déteste...

» Attends... Tu verras pourquoi je te donne tous ces détails...

Elle alluma une cigarette, et sa main trahissait une certaine nervosité, en dépit de son calme voulu.

— Elle était à la caisse, avec le livre des voyageurs ouvert devant elle et un porte-plume à la main... M. Maurice était debout près de la caisse... Il avait l'air contrarié, penaud... Il y avait un troisième personnage avec eux, la pipe aux dents, le chapeau sur la tête... Je pense que M. Maurice m'a adressé un petit signe, comme pour me dire de ne pas m'arrêter... Je n'étais pas sûre... J'avais très faim... Je me suis approchée... J'ai demandé :

» — Est-ce qu'il y a moyen d'avoir mon petit déjeuner ?

» La femme m'a regardée méchamment et a répliqué :

» — Nous n'avons pas l'habitude de servir les petits déjeuners à cette heure-ci...

» — Du café tout au moins..., ai-je insisté.

» M. Maurice a eu un mouvement pour aller m'en chercher dans la cuisine... Il n'avait pas fait deux pas qu'elle tranchait, catégorique :

» — Il n'y a plus de café !

» L'homme à la pipe m'observait. On avait dû lui dire, alors que j'étais dans l'escalier : « C'est elle... »

Elle s'interrompit, questionna :

— Qu'est-ce que tu as ?

Parce que Viau avait pâli. Il sentait venir la catastrophe. Est-ce qu'il n'en avait pas eu l'intuition ce matin ?

— Je n'ai rien. Continue...

— Ce n'est pas aussi grave que tu le crois...

— Va toujours...

Elle ne savait pas, elle, ce que Mangre lui avait dit la veille. Elle n'était pas au courant de l'histoire de l'entrepreneur et du commissaire de police.

— Tu sais comment sont les femmes entre elles... Puisqu'elle était si désagréable, j'ai voulu la faire enrager à mon tour... La caisse est dans le vestibule... Entre les deux portes, il y a un fauteuil d'osier. Je suis allée m'y asseoir à trois mètres d'eux, et j'ai commencé à me poudrer tranquillement...

» J'ai cru qu'elle allait quitter sa boîte pour marcher vers moi et me jeter à la porte, ou pour me donner un coup de canne.

» Elle regardait férocement M. Maurice avec l'air de lui dire : « Tu ne peux pas faire quelque chose ? »

» Ils se taisaient tous les trois, embarrassés, ce qui prouvait qu'ils étaient en train de parler de nous à mon arrivée...

— Comment était l'homme à la pipe ?

— Un petit brun, costaud, large d'épaules, les manches gonflées par les biceps, une sorte de Corse...

— C'est le commissaire de police...

— Je sais. Tu l'as déjà rencontré ?

— Peu importe... Va !...

— Ils sont restés quelque temps sans rien dire... Le commissaire, par contenance, a fini par prendre le registre des voyageurs et par le parcourir des yeux... Puis il a murmuré :

» — Enfin... Nous verrons cela tout à l'heure... Envoyez-le-moi, à tout hasard...

— Moi ?

— Attends... Ne t'affole pas...

— Je ne m'affole pas...

— Il est parti après avoir serré la main de M. Maurice...

— Tu es sûre qu'il lui a serré la main ?

— La police et les hôteliers font toujours bon ménage, tu le sais bien. Tout au moins en apparence... Cela ne veut rien dire ; surtout, ne va pas te mettre des idées en tête. La patronne restait toujours à sa place... M. Maurice n'osait pas s'éloigner. Devant elle, il se fait tout petit, si l'on peut dire... Je suis allée faire les cent pas dans la rue : je savais qu'il trouverait le moyen de me parler...

— Tu en étais si certaine que cela ?

Et un soupçon prenait corps. Est-ce qu'il n'avait pas cru surprendre déjà des signes d'intelligence entre eux ? Elle lui avait emprunté de l'argent. Il les avait vus en grande conversation. C'était elle qui avait eu l'idée du vol des dix mille francs. Il y avait en outre tous les renseignements qu'elle prétendait tenir de la femme de chambre fantôme...

Il avait horreur de ne pas comprendre. Toute sa vie, il avait été hanté par l'idée que les gens se moquaient de lui.

Elle haussait les épaules.

— Je ne sais pas ce que tu vas penser...Tu n'imagines pas, je suppose, que je couche avec lui ?

Qui sait ? Il avait peut-être eu cette idée ?

— J'ai attendu un bon quart d'heure. A la fin, il est venu se camper devant la porte comme il en a l'habitude, sa serviette à la main. Il m'a fait nettement signe d'aller jusqu'au coin de la première rue et, quand j'y suis arrivée, il marchait lentement sur le trottoir, comme s'il prenait le frais. Il m'a dit...

Viau la regardait fixement. Il savait bien ce qu'il attendait.

— Il m'a dit que le commissaire était passé, comme cela lui arrive de temps en temps... Il habite quelques maisons plus loin... C'est un inspecteur, d'habitude, qui relève le registre des voyageurs, mais le commissaire vient parfois en personne, en voisin, comme en ami. Il pose quelques questions...

— Comment M. Maurice t'a-t-il dit cela ?

— Je ne sais plus les mots qu'il a employés... Peu importe...

Or, justement, cela importait ; pour tout le reste, Sylvie avait répété les phrases prononcées comme mot pour mot. Maintenant qu'il s'agissait de M. Maurice, elle résumait. Parce qu'elle n'aurait pas pu lui répéter ses paroles. Parce qu'il y avait quelque chose entre eux. Parce qu'ils se connaissaient avant Chantournais, il en avait la quasi-certitude. Et tout devenait clair. Y compris cette sorte de curiosité de M. Maurice à son égard. Y compris cette bienveillance protectrice qui l'avait touché et qu'il avait mise sur le compte de Dieu sait quelles affinités.

— Va toujours... Peu importe si tu mens...

— Je ne mens pas.

Assis au bord du lit, il laçait ses chaussures, distant, l'air de se désolidariser d'avec elle, de reprendre sa solitude hautaine.

— Parle, sacrebleu !

— Je ne fais que ça. C'est toi qui m'interromps tout le temps... Eh bien ! tout à l'heure, le commissaire, qui s'appelle Colombani, a posé quelques questions sur toi, sur nous...

— J'étais averti...

— Ah !... Tu n'aurais pas pu me le dire tout de suite ?...

— Qu'est-ce que ton M. Maurice t'a raconté d'autre ?

— Rien... Il lui a montré le registre. Le commissaire a vu que nous étions régulièrement inscrits. Il a demandé si nous avions l'air de nous installer pour longtemps. Il a demandé encore si M. Maurice avait examiné tes papiers...

» — J'ai vu sa carte d'identité..., a-t-il répondu.

» — Je voudrais y jeter un coup d'œil, moi aussi... Il ne va pas descendre ?

» — Je ne sais pas... Il lui arrive de se lever tard... Il ne s'est pas couché de bonne heure...

» — Envoyez-le-moi donc à mon bureau quand il descendra... Dites-lui que c'est une simple formalité...

— C'est tout ?

— Il a posé d'autres questions sur moi : si nous paraissions être ensemble depuis longtemps, si je n'avais pas parlé de Toulouse, si j'étais le genre grue, si nous nous disputions, si nous avions beaucoup de bagages...

— Et M. Maurice a répondu à tout cela ?

— Il a affirmé que nos allures étaient toutes naturelles et que nous donnions l'impression d'un vieux couple...

— Il te l'a dit ?

— Oui... Qu'est-ce que tu as ?

— Rien...

— Tu rumines une arrière-pensée.

— Si j'en ai une, cela ne te regarde pas ; car je ne tiens pas à mettre M. Maurice et, indirectement, le commissaire de police au courant...

— Tu es sot...

— Peut-être...

— Je veux te poser une question au sujet de Montpellier... Remarque que c'est toi qui m'en as parlé le premier et que je ne t'ai rien demandé... Est-ce que tu es sûr que le type n'a pas eu le temps de te voir suffisamment pour te reconnaître ?

— Sûr et certain...

Il bluffait. Il n'en était déjà plus si sûr que ça.

— Tu es sûr aussi que tu es sorti de la boîte avant lui ?

— Je ne suis pas fou...

— Parce que, si tu étais sorti tout de suite après...

Il ironisa :

— Tu me prends pour un enfant de chœur, n'est-ce pas ? On aurait tout de suite établi un rapprochement entre mon départ et le sien. C'est cela que tu veux dire ? Eh bien ! non, je suis sorti très naturellement avant lui... Et personne ne m'a vu faire le guet dehors : il n'est pas passé un chat dans la rue. Il n'y avait personne aux fenêtres...

— Et à la gare ?

Cela le rendit furieux. Quel besoin avait-elle de prononcer justement les mots capables de l'inquiéter ? Depuis une semaine, il passait son temps à se rassurer, à se répéter qu'il avait pensé à tout, qu'il n'avait laissé aucune trace derrière lui.

— Je t'ai déjà dit que je ne suis pas un enfant de chœur...

— Tu as pris un billet ?

Evidemment, en pleine nuit, les gares sont vides, et un voyageur ne passe pas inaperçu. Quel besoin avait-elle de l'obliger à revivre tout cela, dont il aurait voulu ne plus se souvenir, et de mettre le doigt sur les points faibles ?

Il avait hésité, en effet. Il s'était demandé s'il valait mieux prendre un billet au guichet ou monter sans billet. C'était facile, car il y avait à gauche de la gare un portillon qui n'était pas fermé et qui donnait accès aux quais.

C'est la solution qu'il avait choisie. Et, comme le train était bondé, il était resté debout dans le couloir, avec des gens assoupis sur leurs valises.

Si le contrôleur était passé, il aurait prétendu qu'il n'avait pas eu le temps de prendre son billet. Il aurait payé sa place, mais il n'avait pas vu le contrôleur. A Toulouse, il était parvenu à sortir de la gare par le buffet. Donc...

— C'est de ces billets-là que tu m'as fait changer, n'est-ce pas ?

Il haussa les épaules. Est-ce que ce n'était pas évident ? Tant pis si elle lui en voulait, si elle l'accusait de l'avoir mise dans le bain.

— Il faut que nous réfléchissions avant que tu ailles au commissariat. D'ailleurs, il est trop tard pour que tu t'y rendes ce matin. Il sera bien temps à deux heures...

— En somme, c'est toi qui réfléchis...

Elle lui répondit, pour la première fois, du tac au tac. Pour la première fois, elle se conduisait ouvertement en égale.

— Ce n'est peut-être pas superflu...

— Autrement dit, je suis trop bête...

— Ecoute, Marcel, tu as fini, oui ou non ? Cela ne sera sans doute rien. Je suis persuadée qu'ils sont seulement intrigués, à cause des parties de poker et de tout l'argent que tu as gagné... Mais, avec ces gens-là, il vaut mieux prévoir...

Elle avait raison, et c'est bien parce qu'elle avait raison qu'il enrageait, qu'il faisait sa mauvaise tête.

— Il peut fort bien te poser des questions embarrassantes... Reste assis...

Elle s'assit elle-même sur l'autre lit, en face de lui, écrasa sa cigarette dans le cendrier, en alluma une autre.

— Il est fort possible que les deux billets aient été retrouvés à Toulouse... Tu en as échangé d'autres ?

— Non...

— C'est déjà ça !

— Merci...

Elle n'y prit pas garde.

— Si ce sont les commerçants eux-mêmes qui les ont portés à la banque ou à la police, ils auront fourni mon signalement. Un signalement de femme est toujours vague... Tu me demandais pourquoi j'avais hâte de m'acheter un ensemble ?... C'est après ce que tu m'avais raconté... On aura parlé d'une jeune femme en robe de soie noire, tu comprends ?

Cela l'humilia de n'y avoir pas pensé.

— Tu n'as même pas remarqué que j'ai changé ma coiffure... Tu saisis, maintenant ?

— Je saisis... Ensuite ?

— Etant donné que les billets ont été changés à Toulouse le lendemain du coup de Montpellier, on aura fatalement pensé au train... Cela ne fait rien, puisque le contrôleur ne t'a pas vu. Il est peu probable qu'on retrouve justement les voyageurs de ton wagon et qu'on les questionne.

» Seulement...

Il commençait à deviner, et la peur le pénétrait brutalement. Il la regardait avec plus de dureté encore. Il la rendait presque responsable de ce qui pourrait arriver.

Pourquoi, ce matin, n'avait-il pas suivi son instinct et n'était-il pas parti, sans elle au besoin, sans elle de préférence ?

— Si on a les billets, on cherchera une femme. Et ce n'est pas à la cathédrale qu'on ira la chercher. On pensera tout de suite aux endroits de nuit. Au *Caveau*, tout le monde sait que je suis partie. Comme ils ignorent pourquoi, ils n'ont pas de raisons pour le cacher ; au surplus, le patron doit être furieux que je l'aie quitté sans l'avertir...

» Suppose, maintenant, qu'on questionne ma copine, Léa ; elle n'est pas méchante, elle n'est pas capable de me jouer un sale tour exprès, mais elle est bête. C'est une bonne fille bête. Elle t'a vu : nous avons couché tous les trois dans la même chambre...

» Elle peut, sans s'en rendre compte, les mettre sur la piste, leur dire que tu es comme ceci et comme ça leur donner un détail précieux...

» Voilà pourquoi il faut que nous réfléchissions...

Il fumait à petites bouffées nerveuses et, à cet instant, il la détestait, à cause de son calme, de cette lucidité qui ne l'abandonnait pas.

Qu'est-ce qu'elle risquait, au fait ? Elle pouvait toujours prétendre qu'elle n'était au courant de rien, puisqu'elle ne le connaissait que depuis Toulouse.

Or, s'il était pris, ce serait à cause d'elle, à cause de cette idée stupide qu'il avait eue de s'encombrer d'une femme. Parce qu'il avait besoin de quelqu'un à dominer, de quelqu'un pour l'admirer et pour accomplir ses quatre volontés...

On suit plus facilement la piste d'un couple que celle d'un homme seul.

— Ce qu'il faudrait savoir, dit-il en s'efforçant de feindre l'indifférence, c'est si on a retrouvé les deux billets de mille.

— Tu comprends bien qu'ils ne nous le diront pas et qu'ils ne le publieront pas dans les journaux. Mais il y a quelque chose qui me rassure... A supposer qu'ils aient retrouvé notre trace...

Elle avait dit « notre » et il lui en fut reconnaissant. Puis, tout de suite après, il lui en voulut, parce qu'elle prenait, d'autorité, une place trop importante. La première place, à l'entendre ; à croire que c'était elle qui avait tout fait, qui était le mâle, qui était la partie pensante et agissante du couple.

— A supposer qu'ils aient retrouvé notre trace, ce ne serait sans doute pas le commissaire de police qui serait venu se renseigner, mais un inspecteur de la brigade mobile... Tu comprends ? Ils n'auraient pas risqué de te mettre la puce à l'oreille avec cette histoire de vérification d'identité.

Ainsi, elle était au courant des rouages de la machine policière. Elle parlait de la brigade mobile comme quelqu'un qui s'y connaît. Et elle connaissait M. Maurice avant leur arrivée...

Il fut jaloux, bêtement. Il ne savait pas si c'était une jalousie d'amant ou une jalousie de mâle, s'il était jaloux de ce qu'elle avait pu faire avec un M. Maurice ou avec d'autres, ou simplement de sa supériorité.

A Nice, on l'avait traité de *demi-sel,* autrement dit d'amateur. Or voilà que devant elle aussi il faisait un peu figure d'amateur. Elle réfléchissait à sa place. Elle calculait le pour et le contre. Tout à l'heure, elle allait peut-être lui dicter les réponses à faire au commissaire ?

Elle poursuivait, imperturbable :

— Il y a la question des hôtels...

— A Angoulême, ils ont oublié de nous inscrire. Nous sommes arrivés tard, tu t'en souviens...

— Mais à Bordeaux ?

Il s'était inscrit sous son vrai nom. Mais c'était dans un petit hôtel de troisième ordre, où on n'irait peut-être pas rechercher leur trace.

— Si le commissaire te demande d'où nous venons...

Les gens de Chantournais les avaient vus descendre du train de La Rochelle. Il était donc impossible d'effacer cette ville de leur itinéraire. Ils pouvaient y être arrivés par le train de Paris. Par le train de nuit, par exemple, puisqu'ils n'avaient pas couché à La Rochelle. Seulement, il y avait une voie plus directe pour se rendre de Paris à Chantournais, par Niort.

— Je pouvais ne pas le savoir, ou avoir dépassé Niort à mon insu, alors que je dormais...

— Et à Paris ?

Il eut un véritable tremblement intérieur. Ce n'était plus Sylvie qui était devant lui, mais le commissaire de police en personne. On le traquait. Elle était impitoyable.

— Nous devons chercher, tu comprends, mettre les choses au point, être bien d'accord tous les deux pour que je ne me coupe pas si on m'interroge de mon côté...

— Et si nous partions ?...

Stupidité, il s'en rendait compte aussitôt.

— C'est alors que nous serions salement repérés. Viens déjeuner... N'y pense plus... Je suis persuadée qu'il n'y a pas de danger, qu'ils sont simplement curieux, à Chantournais, de savoir qui tu es. Ce n'est jamais bon de gagner trop d'argent à des bourgeois dans une petite ville. Ils font bonne figure au premier moment... Ils rigolent... Puis, après...

Elle parlait comme Mangre, et il la détestait de plus belle. Il persifla :

— Ils vont peut-être m'interroger aussi sur l'histoire de la bague ?

— Imbécile !... Mets ta cravate et viens...

Il dut passer devant Mme Roy, qui trônait à la caisse pour la première fois depuis deux semaines que sa crise l'avait prise, et il sentit qu'elle posait sur sa nuque un regard haineux.

Elle les détestait tous les deux. Peut-être à cause de Sylvie ? Peut-être parce qu'elle était jalouse et qu'on lui avait appris, dans son lit, qu'il y avait une jolie femme à l'hôtel et que son amant tournait autour ?

Ils avaient déjà leur table, leurs habitudes, et ils s'assirent l'un devant l'autre, séparés par la nappe où tranchaient le rose des radis, le rouge des ronds de tomates, le vert des olives et l'argent des sardines à l'huile.

Il tendit la main vers la bouteille de vin. Son regard rencontra celui de Sylvie, et sa main n'alla pas plus loin, il baissa la tête sur son assiette en soupirant.

8

Le plus petit, qui avait une cinquantaine d'années et un visage de brave homme plus habitué à recevoir des rebuffades qu'à en faire subir, était juché sur une haute chaise, devant un registre ouvert sur un pupitre en pente. Il était fascinant à regarder. Tous les deux, d'ailleurs, lui et l'agent en uniforme, au teint coloré, étaient fascinants à regarder.

L'agent en uniforme parlait comme certaines gens qui n'ont pas besoin qu'on les encourage, ni même qu'on les écoute.

— ... J'ai eu beau lui dire qu'avec l'orage qui était dans l'air le gardon ne mordrait pas au chènevis, il s'est obstiné... Tu le connais... Il suffit qu'on lui dise quelque chose... Parce qu'il a pris une brème longue comme la main, il s'est figuré...

Et, tout en parlant, il passait des crins dans sa bouche, d'un mouvement rapide, pour les humecter. Puis, tenant un hameçon minuscule entre un gros pouce et un gros index qu'il élevait devant l'écran de la fenêtre, il réussissait, sans ralentir ni précipiter son débit, à nouer le crin à la palette afin de constituer des bas de ligne dont il avait déjà rangé une bonne douzaine devant lui.

— Quand j'ai pris ma carpe de trois livres et que je lui ai demandé de tenir l'épuisette, parce que le talus était glissant, il m'a répondu...

C'était si monotone que, même avec un effort, on ne pouvait rester longtemps attentif au sens des mots ; on entendait seulement des syllabes qui se dévidaient comme un écheveau.

Le plus petit, sur sa haute chaise, trempait sa plume dans l'encre avec une régularité d'automate. Le registre était beaucoup trop grand pour lui. Cela avait l'air d'un registre factice, pour enseigne de papetier, ou pour étalage ; il devait comporter des milliers de pages, car il avait au moins dix centimètres d'épaisseur.

Quelle récente circulaire ministérielle avait imposé au petit homme le travail auquel il se livrait à un rythme de métronome ?

En tout cas, il avait commencé à zéro, aux toutes premières pages. Dans la première colonne, il y avait des noms écrits en ronde. Pourquoi choisissait-il certains noms plutôt que d'autres ? Toujours est-il qu'il en visait un, sans hésitation, posait sa règle à plat et le soulignait d'un trait d'encre. Après quoi il essuyait sa règle avec un petit chiffon, trempait sa plume dans l'encre et recommençait un peu plus bas. Il soulignait trois noms, parfois cinq par page. Il en était arrivé à la lettre J. Peut-être soulignait-il le nom des gens qui étaient morts ?

A la fin, Viau, qui suivait son manège, intrigué, remarqua que, s'il faisait son choix avec tant de désinvolture et de sûreté, c'est qu'il y avait des croix au crayon en marge.

Est-ce que le petit écoutait l'autre ? De temps en temps, il hochait la tête — toujours au moment où il essuyait la règle — et murmurait avec conviction :

— Evidemment...

Les fenêtres du commissariat s'ouvraient sur le parc municipal, où des merles se poursuivaient à travers la pelouse. Plus loin, des enfants jouaient sous l'œil des mamans assises sur des bancs peints en vert.

Et tout cela semblait d'une futilité inouïe. Un homme d'âge, ce que l'on appelle en pleine force de l'âge, qui avait sans doute une femme et des enfants, qui avait peut-être eu des passions, qui avait eu des années et des années, plus de trente ans, pour acquérir l'expérience de la vie, et qui passait des heures, le bout de la langue entre les lèvres, à tracer des traits dans un registre avec la préoccupation de ne pas se tromper de ligne et de ne pas faire de taches.

L'autre, grand et fort comme un garçon boucher, capable de n'importe quel effort musculaire, capable d'étrangler un homme d'une seule main, suçait des crins pour les amollir et les fixer à ses hameçons, afin d'aller le lendemain pêcher à la ligne...

Et lui, Viau, était entré là, la poitrine serrée, une buée au front, parce que c'était peut-être son destin qui se jouait. Le petit l'avait regardé, puis l'autre. C'était le petit qui avait questionné :

— Qu'est-ce que c'est ?

Tout ennuyé, visiblement, d'avoir peut-être à interrompre son travail, à enrayer sa mécanique si bien réglée, pour remplir des formules ou apposer des cachets sur Dieu sait quels papiers.

— Je voudrais voir le commissaire...

Un coup d'œil à l'horloge qui marquait deux heures et quart.

— Si vous voulez vous asseoir un moment...

Il y avait un banc noir, sans dossier, le long du mur, sous les affiches officielles, dont beaucoup, jaunies, piquées des mouches, devaient être périmées. Viau ne s'était pas assis. Il avait allumé une cigarette. Le monologue au sujet des brèmes, des gardons, des perches et des carpes avait continué.

Après un quart d'heure, exactement, Viau avait questionné :

— Le commissaire ne peut pas encore me recevoir ?

Car aucun des deux hommes ne s'était donné la peine de passer dans le bureau voisin pour l'avertir. Est-ce qu'il était occupé ? On n'entendait aucun bruit dans cette pièce.

— Il n'est pas arrivé...

Et, après un nouveau coup d'œil à l'horloge administrative, une de ces horloges qu'on avait dû envoyer en série, comme les circulaires, dans tous les commissariats de France, il avait ajouté :

— Il ne va plus tarder, maintenant.... C'est à peu près son heure...

Sylvie l'avait quitté à la porte du commissariat, comme on conduit un enfant jusqu'au seuil de son école. Ce n'était pas exprès, d'ailleurs, pour lui donner du courage. Elle devait vraiment aller s'acheter des bas dans un magasin qu'on lui avait désigné, quelques maisons plus loin. N'empêche qu'il en avait été humilié. Il lui en voulait. Elle lui avait dit :

— Sois calme... Ne t'irrite pas, surtout, s'il se montre désagréable...

Ce qui l'avait irrité, tandis qu'ils venaient de l'*Hôtel de l'Etoile* au commissariat, c'était sa rencontre avec Mangre. Il y avait, dans une rue, près du pont, un petit restaurant qui passait pour le meilleur de la ville et même de la région, un de ces bistrots où la patronne fait la cuisine et où on sert des plats succulents sur une nappe en papier, dans de la grosse vaisselle en faïence.

Mangre en sortait justement, en compagnie d'un homme qui avait bien mangé, bien bu, et dont le visage respirait la satisfaction. C'était l'inspecteur de la régie, à n'en pas douter. Le marchand de vins l'avait eu. Tous les deux parlaient avec une animation cordiale, en faisant des gestes, et, de temps en temps, l'un ou l'autre posait familièrement la main sur l'épaule de son compère.

Mangre était si bien pris par son discours qu'il avait vu Viau et Sylvie, mais comme on voit de vagues passants dans la foule, sans les reconnaître.

Il avait donc eu raison la veille en ce qui concernait l'inspecteur. Il avait eu raison aussi en ce qui concernait Viau, puisque le commissaire de police était venu se renseigner à l'hôtel.

N'y avait-il pas de quoi être humilié ?

Jusqu'à cette atmosphère paisible et bon enfant qui régnait dans le commissariat et qui le faisait enrager. Il en voulait à ce petit homme déjà vieux de s'appliquer, comme si sa vie en dépendait, à un travail tout au plus digne d'un gamin de seize ans. Il en voulait à l'autre de ne penser qu'à ses engins de pêche. Il s'en voulait d'être arrivé trop tôt et au commissaire d'être probablement à se faire payer à déjeuner, lui aussi, dans quelque restaurant.

Il s'en voulait surtout d'avoir peur, et c'était plus fort que lui.

Pas tellement la peur de ce qui pourrait arriver. Sylvie ne le croirait peut-être pas, mais il n'avait pas peur d'aller en prison.

Peur d'attendre, par exemple... Il avait eu peur, en entrant, d'être le vague client qu'on laisse attendre sans raison et dont on dit enfin avec lassitude :

— Qu'il entre...

Peur de l'attitude dédaigneuse que le commissaire prendrait avec lui, des paroles blessantes...

Et Sylvie avait accru cette peur en ne le quittant qu'à la porte, comme s'il avait besoin d'encouragement, comme s'il n'était pas assez grand pour se défendre tout seul.

En outre, l'atmosphère du commissariat lui rappelait un autre commissariat de police et une des histoires les plus humiliantes de sa vie. Si bêtement humiliante que, de loin, elle paraissait invraisemblable.

Il avait été, pendant près de dix mois, reporter dans un journal de Montluçon, *Le Nouvelliste*, où il faisait un peu toutes les besognes et où il signait ses articles sur la vie locale : « Jean de Morsang ».

Il était une sorte de personnage. Il passait le plus clair de son temps dans les cafés. Il connaissait tout le monde.

Toute sa vie, en somme, il avait eu besoin de l'atmosphère des cafés, parce qu'on s'y sent plus fort que dans la solitude. Surtout dans les cafés d'habitués, où le patron vient vous accueillir, où le garçon vous connaît, où, après quelques apéritifs, on parle avec plus d'assurance et où on trouve toujours un auditoire attentif.

A cette époque-là, il allait chaque jour au commissariat de police. C'était une tâche professionnelle. Il allait, comme on dit dans le métier, chercher les chiens écrasés, c'est-à-dire prendre note des accidents de la circulation de la journée, des vols domestiques, des vols de lapins, des coups et blessures.

Le brigadier était un gros ivrogne avec qui il buvait souvent le coup. Quand ils avaient bien bu tous les deux, ils se tutoyaient. Le commissaire, au contraire, était un petit pète-sec aux cheveux blancs en brosse, qui s'était fait la tête de Poincaré et qui en imitait la rigidité. Quand la porte de son bureau s'ouvrait, le silence se faisait instantanément, et tous les visages se penchaient sur les pupitres.

Il y avait Lourtie... Lourtie était un bon garçon de vingt-cinq ans, une sorte de poupon rose taillé en hercule, le fils du plus important brasseur du pays, qui conduisait une voiture américaine, avec laquelle il accrochait les autres autos, et qui courait les filles.

Lui aussi était un ami. Un journaliste est l'ami de tout le monde. Il rend de menus services, a souvent de bons tuyaux, et on lui paie volontiers à boire.

Or Lourtie, une nuit qu'il était ivre dans une maison close et que la police était intervenue pour l'empêcher de tout casser ou de tordre le cou à une femme, s'était mis à frapper les agents et à les traiter de tous les noms.

Le lendemain, il était tout penaud, car il avait très peur de son père.

— Si seulement le commissaire pouvait comprendre le raffut que ça va faire !... Surtout qu'on vient justement de diminuer la paie des ouvriers, à cause de la crise... On va encore dire que je...

Cela se passait toujours au café, comme de juste. Et Viau éprouvait toujours le besoin de se faire valoir.

— Vous voulez que j'arrange ça ?

— Si vous y parvenez, mon vieux, vous me rendrez un sacré service. Vous pourrez me demander ce qu'il vous plaira...

C'est de ce petit mot-là que le malheur avait découlé. Viau avait des dettes un peu partout. Il devait de l'argent dans les cafés, dans les restaurants, il en avait emprunté à sa logeuse et à la caisse du journal, parce qu'il voulait vivre sur un pied d'égalité avec les gens qu'il fréquentait et dont certains étaient fort riches.

— Eh bien ? avait questionné Lourtie, le lendemain.

— Je crois que cela va s'arranger... Si je pouvais seulement remettre une enveloppe au commissaire, une enveloppe qui contiendrait, par exemple, cinq mille francs...

En vérité, il était presque sûr de réussir. Pas avec le commissaire, à qui il osait à peine adresser la parole. Simplement en offrant quelques tournées au brigadier.

Il aurait pu lui demander l'argent pour lui. Lourtie le lui aurait donné. C'était encore un besoin chez lui de toujours compliquer les choses, de trop parler, de trop expliquer.

— Il joue à l'homme intègre, poursuivait-il, l'air entendu. Je n'en connais pas moins un certain nombre d'histoires sur son compte...

Il les avait inventées. A mesure. Au gré de son imagination. Parce que la tête du commissaire ne lui revenait pas. Parce qu'il ne lui serrait jamais la main quand il le rencontrait au commissariat, alors que des gens comme le maire ou le préfet le traitaient avec familiarité.

Honnêtement, il avait parlé au brigadier, et il avait été surpris d'apprendre que l'affaire n'était pas simple du tout, qu'elle irait sans doute loin, d'autant plus loin que le commissaire ne pouvait pas sentir le jeune Lourtie, ni le père. Il y avait de la politique là-dedans, par-dessus le marché.

— Et mon affaire ?

— Ça va... Ça va...

— C'est arrangé ?

— Pas encore tout à fait... Dans quelques jours... Je me demande...

Pourquoi ne pas réclamer cinq autres mille francs ? Il l'avait fait, toujours pour le commissaire.

Le plus fort, c'est qu'il savait fort bien qu'une catastrophe était quasi inévitable. C'était une sorte de vertige qui le prenait dans ces moments-là.

Et la catastrophe s'était produite. Un matin, son patron l'avait fait venir dans son bureau du *Nouvelliste*, et Viau était devenu pâle et moite en y voyant le commissaire installé en face du directeur.

— Fermez la porte, voulez-vous ?

Il s'était passé ce qui devait fatalement se passer. Une convocation à comparaître devant le juge d'instruction était arrivée chez les Lourtie. Le père avait ouvert le courrier.

— Mais l'affaire est arrangée... s'était écrié le fils.

— Qu'est-ce qui est arrangé ?

L'autre avait parlé des dix mille francs versés en deux fois au commissaire pour étouffer le scandale. Le père avait mis son chapeau et s'était précipité au commissariat.

Le commissaire, à son tour, s'était précipité au journal.

— Je ne sais pas, jeune homme, si vous vous rendez compte de la gravité de...

C'était un cauchemar auquel il ne voulait plus penser. Il en serait encore les poings de rage. Et il entendait toujours le discours de l'agent aux hameçons, il guettait le mouvement des aiguilles sur le cadran blafard de l'horloge.

Il avait pleuré, cette fois-là, parce qu'il n'y avait rien d'autre à faire. Il avait demandé pardon. Il avait promis...

— J'espère que vous comprenez que votre place...

N'était plus au *Nouvelliste*, ni à Montluçon, évidemment...

— Tenez, disait l'homme au registre. Je crois que c'est lui...

Il reconnaissait le pas du commissaire, qu'on ne voyait pas encore, sur le gravier du jardin municipal. C'était aussi bête que ça. De petites vies. De petites gens. Et c'étaient eux qui avaient le pouvoir de le transpercer d'inquiétude.

Le commissaire entrait, le chapeau en arrière, à cause de la chaleur qui faisait ruisseler son front. Il ne s'occupait pas de Viau, qu'il paraissait ne pas voir. Il allait machinalement feuilleter des rapports qui étaient arrivés pendant son absence.

— On a porté les procès-verbaux chez le procureur ?

— C'est fait, répondait l'agent, qui continuait à attacher ses hameçons.

— Ça va, Maréchal ?

Maréchal, c'était le petit qui tirait des traits dans le registre. Ils étaient contents d'eux tous les trois. C'était demain dimanche. On savourait d'avance le bienheureux relâchement des fins de semaine. Le commissaire se penchait et disait tout bas, après un coup d'œil au visiteur qui attendait, quelque chose comme :

— Qu'est-ce que c'est ?

— Je ne sais pas... Il a dit que c'était personnel...

Alors il se tournait vers Viau, le chapeau toujours sur la tête.

— Vous voulez entrer dans mon bureau ?

Il le regardait d'un air interrogateur. Son haleine sentait le marc qu'il avait dû boire après son déjeuner. Il traversait la pièce pour baisser à moitié le store, à cause du soleil, désignait une chaise recouverte de drap vert, s'asseyait à sa place, tripotait un porte-plume.

— Vous avez demandé à me parler ?

— On m'a annoncé tout à l'heure à l'hôtel que vous m'aviez prié de passer vous voir.

L'autre paraissait chercher dans sa mémoire. Au fond, Viau avait eu tort de venir, puisqu'on ne se souvenait déjà plus de lui. Le commissaire devait penser à ce qu'il ferait le soir ou le lendemain. Il était jeune. Il avait des lèvres sensuelles, si sensuelles, avec un rien de cruauté, que son sourire en était gênant.

— C'est vous qui êtes descendu à l'*Etoile* ?... Remarquez que je ne vous ai pas convoqué. M. Maurice a dû mal faire la commission, et j'espère que vous ne vous êtes pas dérangé exprès...

On a toujours tort de vouloir imaginer d'avance comment les choses se passeront. C'était tout simple, déroutant à force de simplicité.

— J'ai jeté un coup d'œil au registre des voyageurs, comme je le fais parfois en passant... Votre nom m'a frappé, parce qu'il a été justement question d'un Viau ces jours-ci... Un Maurice ou un Marcel Viau, je ne sais plus... Attendez...

Il se levait, marchait vers la cheminée de marbre noir, cherchait un papier dans une pile et revenait à sa place en le tenant à la main, avec l'air de ne pas se douter que son interlocuteur avait la respiration coupée.

La feuille devait comporter un signalement, et une photographie anthropométrique y était épinglée.

— Maurice-Maximilien-Joseph Viau, quarante-cinq ans...

Il leva la tête et remarqua :

— Ce n'est donc pas vous...

Il expliquait, familier :

— Il s'est échappé la semaine dernière du pénitencier de l'île de Ré... J'ai vu votre nom sur le registre ; comme vous n'avez pas rempli complètement la fiche... Oh ! il y a peu de voyageurs qui se donnent la peine de remplir leur fiche en entier... Bref, j'ai dit à M. Maurice, qui est un ami, que, si vous aviez un moment et si vous passiez par ici, je serais heureux de jeter un coup d'œil sur votre carte d'identité...

Viau l'avait à la main. C'était encore sa carte d'identité de Montluçon.

Malgré ce qu'il venait de dire, le commissaire la prit, en faisant mine de s'excuser, de ne pas y attacher d'importance.

— Tiens ! Vous êtes journaliste...

Il rendait la carte, comme pour bien montrer qu'il n'avait aucun soupçon. Il offrait des cigarettes.

— Est-il indiscret de vous demander si vous faites un reportage dans notre région ?... il n'y a rien de très intéressant, n'est-ce pas ?... Vous comptez rester un certain temps ?

— Peut-être quelques jours...

— Eh bien ! monsieur Viau, je m'excuse de vous avoir dérangé... J'espère que vous ne m'avez pas attendu trop longtemps... Le samedi, surtout, j'arrive rarement de bonne heure...

Il était debout. Il lui tendait la main.

— Un petit conseil, entre nous. Remarquez que ce n'est pas à vous seul qu'il s'adresse ; je l'ai dit à ces messieurs aussi ; quand vous jouez gros jeu dans un café, prenez au moins la précaution de vous servir de jetons... Cela revient au même et c'est plus discret.

— Pardonnez-moi, mais...

— Je vous en prie. Vous savez comme moi ce qu'il en est des règlements. Ici, nous ne sommes pas trop à cheval, mais si le maire était passé par là, je n'aurais pas manqué de recevoir un savon.

Il le reconduisait à la porte, lui serrait une seconde fois la main, comme pour faire passer sa petite remontrance.

Le jardin public, dehors, était brûlant sous le soleil ; un enfant poursuivait une grosse boule rouge ; des poissons ouvraient la gueule toute grande à la surface, sous un petit pont qui enjambait une rivière artificielle à fond de ciment.

Sylvie était là, sur un banc, à lire un livre posé sur ses genoux. Elle devait le guetter par-dessus les pages, car elle lui adressa un signe de la main, et il alla s'asseoir à côté d'elle, maussade.

— Cela n'a pas marché ?

— Fort bien, au contraire...

— Qu'est-ce que tu as ?

— Je ne t'avais pas dit de venir m'attendre...

— A vrai dire, je ne t'attendais pas... J'ai failli entrer au café pour m'asseoir et me mettre à l'ombre, mais il n'y a personne à cette heure-ci, et je ne sais pas de quoi j'aurais eu l'air toute seule sur la banquette... Raconte...

— Il n'y a rien à raconter, il n'y a rien eu...

— Qu'est-ce qu'il t'a dit ?

Il était de mauvaise humeur. Il se sentait anxieux, à cause de cette histoire de Montluçon qui lui était revenue à la mémoire et qui, de fil en aiguille, lui avait rappelé des tas de souvenirs désagréables. Presque tous ses souvenirs étaient désagréables, humiliants.

Il aurait voulu retrouver son assurance, son alacrité de la veille. Il en était perpétuellement ainsi avec lui. Il avait un jour de bon, quelques jours au plus. Il se sentait fort. Il allait de l'avant. Pour un peu, il aurait eu foi en l'avenir, il se serait cru un homme comme les autres. Mieux que les autres même. Un homme tout court.

Puis il se produisait un incident, un rien. Parfois une pensée suffisait, provoquée par n'importe quoi, par un spectacle de la rue, par un mot entendu, par un sourire.

C'était fini de sa confiance en lui. Il avait l'impression que tout le monde le regardait avec ironie ou avec mépris. Ou encore qu'on le prenait pour un pauvre type.

Est-ce que Sylvie, depuis la veille, depuis ce matin en tout cas, ne le regardait pas comme un pauvre type ?

On aurait dit qu'elle l'avait en quelque sorte pris en main, qu'elle avait décidé de le diriger, de le tirer d'affaire malgré lui.

Comme s'il avait besoin de quelqu'un ! Comme s'il n'aurait pas pu faire comme les autres, comme le bonhomme au registre, comme l'agent aux bas de ligne et aux hameçons, comme le commissaire, comme n'importe qui, avoir une vie bête, faire un métier bête...

Il l'avait prouvé. Il était plus malin qu'eux, aussi instruit qu'eux. Et il n'avait pas peur. De rien.

C'est ce que Sylvie ne pouvait pas comprendre. Elle croyait qu'il avait peur, qu'il était sur le point de perdre son sang-froid, alors qu'il n'avait jamais eu autant de sang-froid ni de lucidité de sa vie.

Il savait ce qu'il valait. A quoi bon comploter à son sujet avec ce M. Maurice, qu'elle parviendrait à lui faire détester si elle continuait ?

Car ils complotaient. Ils se connaissaient probablement. S'ils ne se connaissaient pas auparavant, ils avaient fait connaissance, et elle avait dû lui en dire beaucoup plus long qu'elle ne voulait bien le prétendre.

Il se taisait, renfrogné, en regardant des enfants passer des taches d'ombre aux taches de soleil, en entendant la voix des mamans ou des bonnes qui appelaient à intervalles quasi réguliers :

— Jean, viens ici...

— Martine, ne t'approche pas de l'eau !...

— Georges-Henri, laisse ta petite sœur tranquille...

Et il les enviait tous, les enfants et les parents, et tous ceux qui vivaient dans ces maisons dont il apercevait les toits, avec une fumée frémissante qui s'échappait des cheminées et qui déformait les rayons du soleil.

— Qu'est-ce qu'il t'a dit ?

— Qu'il recherchait un autre Viau, un Maurice Viau qui s'est échappé la semaine dernière de l'île de Ré...

— C'est peut-être une histoire...

— Non.

— Pourquoi dis-tu non ?

— Parce que j'ai vu la fiche avec photographie anthropométrique...

Elle n'était pas encore convaincue.

— Il a pu se servir de ça pour...

— Tu vas me ficher la paix, à la fin ?

Est-ce qu'elle avait juré de l'inquiéter coûte que coûte ? Était-ce elle qui risquait la prison ? Était-ce elle qui avait besoin de toute sa maîtrise de soi ?

Non ? Alors, qu'elle se taise. Qu'elle continue à lire son stupide roman. Car elle ne lisait que des romans stupides dans des livraisons à bon marché.

— Tu as trouvé des bas ? ironisa-t-il.

— Tu sais bien que cela n'a pas d'importance.

— Tout à l'heure, j'ai cru comprendre que cela en avait beaucoup, que c'était urgent de trouver des bas de telle qualité, de telle couleur, qu'il fallait remuer toute la ville au besoin...

— Tu es ridicule...

— Je commence à le penser aussi...

La veille, à la même heure, ils marchaient dans les rues de Chantournais, et il avait envie de lui prendre le bras, de lui parler en tout abandon, de lui faire comprendre...

A quoi bon ? Il était tout seul, et ce n'était pas une petite entraîneuse de boîte de nuit qui y changerait quoi que ce fût.

Qu'est-ce qu'il pouvait faire maintenant ? Voilà la question qu'il aurait voulu lui poser. Oui, qu'elle réponde à ça. Il existe au monde des millions de gens qui font telle ou telle chose, qui occupent telle ou telle place.

Ils s'embêtent peut-être. Il y a peut-être des moments où ils voudraient être ailleurs, faire autre chose, n'importe quoi. Mais ils n'en ont pas moins une place bien à eux, un univers qui leur appartient jusqu'à un certain point, une maison, une rue où chacun les connaît, une église où ils vont le dimanche matin, des enfants qui reviennent de l'école, des camarades qui les attendent pour jouer aux boules, à la belote ou pour aller à la pêche et, par surcroît, quelques centaines de gens qui suivront leur enterrement.

Et lui ? Qu'elle réponde à cette question-là, simplement, puisqu'elle se croyait si intelligente !

Même un Mangre avait sa place. On la lui disputait peut-être un peu. On le vomissait. On essayait de le pousser tout doucement par-dessus bord. Il n'avait qu'à se raccrocher. C'est ce qu'il faisait. d'ailleurs. Et les autres se taisaient. Y compris l'inspecteur-chef de la régie, qui avait accepté son invitation à déjeuner et qui avait trinqué avec lui.

Et, tout à l'heure, quand il pénétrerait au *Café des Tilleuls,* Mangre, tout salaud qu'il était, n'en trouverait pas un pour refuser de lui serrer la main, parce que tout le monde l'avait vu arpenter la rue Gambetta en causant familièrement avec celui-là justement qui devait le flanquer par terre.

A supposer qu'on ne sache jamais que c'était lui qui avait fait le coup de Montpellier ?... Et il commençait à en douter. A cause d'elle précisément. Elle s'y était prise de telle sorte, avec toute sa raison froide, qu'elle était presque arrivée à lui donner la frousse.

A supposer... bon ! Il avait quelques milliers de francs en poche, vingt-six mille exactement, sur lesquels il s'était promis d'en rendre dix à M. Maurice....

C'était naïf, entre parenthèses. Le commodore n'avait pas besoin de cet argent-là... Cela procédait d'une idée fausse, d'un point d'honneur mal placé. M. Maurice était casé une fois pour toutes... Il s'était résigné... Il avait choisi...

Tandis que lui, Marcel Viau, avait trente ans et était déjà, au milieu de ses semblables, comme un objet dépareillé.

Qu'elle lui dise, oui... Quoi faire ?... Entrer comme employé dans une banque ?... Et ce serait elle, sans doute, sortie d'une boîte de nuit, qui tiendrait sa maison, laverait les planchers et peut-être lui ferait des enfants par surcroît ?... Hein ?... Et elle serait jalouse, qui sait ? Elle lui ferait des scènes quand il rentrerait en retard du bureau... Elle sentirait son haleine pour s'assurer qu'il n'était pas allé prendre l'apéritif...

Est-ce que c'était cela ?

Alors quoi ? Prendre le train pour n'importe où, tous les deux, et recommencer ?... L'hôtel ; les lits jumeaux ; l'argent qui fond ; la bague qu'on vend... ou qu'on fait semblant de vendre.

Elle s'engagerait dans un cabaret... Il essayerait de posséder quelque imbécile aux cartes... Ou bien, la nuit, elle le pousserait, en chaussettes, dans une chambre inoccupée.

Que ne l'avait-elle laissé faire ce qu'il avait eu envie de faire ! Ce serait fini, à présent. Il s'expliquerait.

Et il en avait long à leur dire ! Tranquillement, à la barre, d'une voix mordante.

A tous, aux juges en rouge, au procureur en noir et aux jurés ternes, tout imbus de leur importance parce qu'on les avait arrachés pour quelques jours à leur quincaillerie, à leur bureau ou à leur atelier de réparation d'automobiles...

Ah ! ils prétendaient le juger...

Il leur dirait...

Rien du tout ! Il ne leur dirait rien, parce qu'ils étaient incapables d'apprécier, tout comme Sylvie qui se croyait plus forte que lui et qui prétendait lui donner des leçons.

Il se tairait, méprisant.

« Je l'ai tué parce que j'avais besoin d'en tuer un... »

On le prendrait pour un fou, et il savait qu'il n'était pas fou.

En tuer un... ou en tuer une.

Celui ou celle qui se serait présenté dans la maison aux deux lumières, de l'autre côté de la rivière...

— Tu comptes jouer, ce soir ?

Non, il ne comptait pas jouer, mais cela ne la regardait pas. Il ne se donnait pas la peine de lui répondre, pour lui apprendre à vivre.

— J'ai beaucoup réfléchi depuis midi...

— Sans blague !

— Tu peux te moquer. Si tu as vraiment vu la photo anthropométrique sur la fiche, c'est que l'histoire du bagnard est vraie. Et, dans ce cas, il n'y a probablement rien à craindre...

— Je te remercie. Comme tu peux t'en rendre compte, je tremblais de tous mes membres...

— Tu es méchant.

— Et toi, tu es bête.

— Merci.

— Il n'y a pas de quoi.

Voilà où ils en étaient. Par sa faute à lui, il s'en rendait compte. Le plus extraordinaire, c'est que, plus il sentait qu'il avait tort, moins il était capable de résister au besoin de s'enfoncer.

Ils étaient deux, en somme, par hasard soit, mais enfin ils étaient deux, et elle avait lié son sort au sien. Au lieu de s'aider, de se mettre d'accord, ils trouvaient le moyen, sur un banc, dans le square le plus paisible du monde, paisible à vous mettre les nerfs en pelote, parmi les enfants, les mamans et les bonniches, ils trouvaient le moyen de se disputer et de se lancer des regards haineux.

Tout au moins de la part de Viau.

Jusqu'au souvenir de son corps nu qui devenait un motif d'humeur contre elle. Il le revoyait comme il l'avait vu le matin, de son lit, le dos, blanc rosé. C'était presque une découverte qu'il avait faite. Elle était longue et effilée comme un animal de race, avec une peau sans défaut. Et lui n'aimait que les chairs plébéiennes, les femmes vulgaires qu'on bouscule et qu'on injurie, qu'on fait rire à coups de grosses plaisanteries, les femmes qui n'ont pas d'importance, qu'on prend et qu'on flanque dehors, qui sont toujours prêtes à revenir, parce qu'elles ont le respect congénital du mâle.

Il avait besoin de se sentir un mâle, de se sentir le plus fort, le plus intelligent.

Il n'avait que faire de Sylvie, ou de son M. Maurice, pour se tirer d'affaire. Il en était capable tout seul. Il n'avait qu'à prendre le premier train ou le premier autobus. Il arriverait n'importe où. Il ferait comme il avait toujours fait. Il n'avait qu'à parler, au café ou ailleurs. Il était tellement plus fort qu'eux qu'on ne croyait. Que ce soit chez un Bourragas, à Béziers, ou au *Nouvelliste,* à Montluçon, il les impressionnait. Les gens avaient tout de suite confiance en lui. Ils sentaient une force.

Il se caserait une fois de plus quelque part pendant trois mois ou pendant six, le temps que ça le reprenne, un vertige qui venait peut-être de l'ennui, ou du dégoût, le besoin de faire quelque chose de répréhensible à leurs yeux, de tout remettre en question, de tout casser.

Puis de repartir.

S'il restait, s'il n'avait aucune envie de quitter Chantournais, s'il était prêt à s'y incruster envers et contre tous, c'est qu'il en avait assez.

Il sauterait une bonne fois ? C'était possible. Mais on ne l'avait pas encore. Il avait plus de défense qu'on ne pensait. Il en avait plus qu'un immonde M. Mangre, qui l'écœurait et réussissait à se maintenir depuis des années.

Il restait parce qu'il avait trente ans et qu'il en avait marre, parce qu'il avait un père qui vivait tout seul, dignement, dans la maison où il était né — un père qui ne se serait jamais permis de lui adresser un reproche ou de lui donner un conseil, — et parce qu'il ne se sentait pas le goût de finir comme un M. Maurice.

Il le lui dit crûment :

— Ton M. Maurice, vois-tu, c'est un lâche...

Il prononçait ces mots définitifs en se levant du banc où ils étaient assis tous les deux, du banc peint en vert, devant les poissons rouges de la rivière artificielle, devant un gamin qui jouait au cerceau et une petite fille qui mangeait un petit pain au chocolat.

Il ajouta :

— Viens...

Et elle referma son livre ouvert sur ses genoux pour le suivre vers la grille du parc municipal, qui portait les armes de la ville en fer forgé rehaussé d'or.

Ils passèrent sous les fenêtres du commissariat ; le petit maigre tirait toujours des lignes dans le registre ; l'espèce de garçon boucher en uniforme d'agent de police, la tunique déboutonnée, avait enfin fini de sucer ses crins et regardait dehors en sifflotant.

9

Il s'était encore une fois saoulé, salement, méchamment, peut-être parce qu'elle était avec lui, pour la punir ou pour le défier.

Peut-être aussi parce qu'ils étaient déjà installés à quatre autour d'une table, de « leur » table, quand, à cinq heures, il avait pénétré avec Sylvie au *Café des Tilleuls.*

Il n'aurait pas joué, c'était convenu. Sylvie n'avait pas eu besoin d'insister pour ça. Peut-être se méfiait-elle un peu de lui malgré tout ?

— Tu ne crois pas qu'il vaut mieux que je me montre avec toi, afin que tu n'aies pas l'air de me cacher ?

Les joueurs ne l'avaient pas attendu. Mangre était là, pour qui il s'était dérangé la nuit précédente sous la pluie battante, au risque de se faire mal voir des Chantournaisiens. Mangre avait repris sa place comme s'il ne s'était jamais rien passé. Et que s'était-il passé, en somme ? Rien du tout. Il avait perdu au poker. On s'était un peu trop excité autour de lui. Un inspecteur était venu... et ils avaient déjeuné ensemble, au vu de tout Chantournais ! Probablement l'avait-il reconduit à la gare pour le train de quatre heures dix.

M. Torsat était à son poste, et M. Lunel, l'entrepreneur, et un quatrième dont Viau ne connaissait pas le nom, qu'il n'avait fait qu'entrevoir le premier jour aussi. Comme avant son arrivée, ils faisaient un bridge, cependant que le commandant, à califourchon, les coudes sur le dossier de sa chaise, avait l'air de présider la partie.

Il faut rendre cette justice à Mangre qu'il n'avait pas triomphé d'une façon indécente. Comme Viau et sa compagne passaient devant leur table, il s'était contenté d'un petit bonjour de la main, puis, tout de suite, il avait baissé le nez sur ses cartes.

— Un porto, avait commandé Sylvie.

Et Viau, sans hésiter :

— Un pernod...

Il savait qu'il ne supportait pas le pernod. Moins de dix minutes plus tard, il en commandait un second. Il était taciturne. Il faisait sa mauvaise tête. Il avait décidé de la punir en ne lui adressant pas la parole. De la punir de quoi ? Il n'aurait pas pu le dire au juste, mais il éprouvait le besoin de se venger d'elle.

Pourtant, elle avait beaucoup d'allure dans son tailleur clair, et, au fond, il n'était pas fâché de se montrer en sa compagnie.

— La même chose, Raphaël.

Il y avait plus de monde que d'habitude, parce que c'était samedi ; des gens qu'on ne voyait pas les autres jours, certains avec leur femme. Le commissaire de police entra en compagnie d'une jeune fille de dix-sept ans à peine, si court vêtue qu'on lui voyait les cuisses quand elle s'asseyait. Elle se tenait mal, riait bruyamment, l'œil humide, tout excitée d'être avec un homme important. A chaque instant, elle lui touchait le bras, ou bien se laissait aller contre lui comme pour affirmer qu'il y avait déjà ou qu'il allait y avoir quelque chose entre eux.

Colombani aussi était excité. Où allaient-ils se rendre pour coucher ensemble ? A l'hôtel ? Est-ce que le commissaire de police oserait emmener une gamine à l'hôtel ? Chez lui ? Il était peut-être marié. Dans les bois, ou, là-bas, tout au bout du chemin qui longe la rivière ?

En tout cas le commissaire ne fit pas attention à lui. Personne, en définitive, ne fit attention à lui ; on le laissa boire dans son coin, à côté de Sylvie qui se résignait à son silence.

Il but cinq pernods et cela lui donna sa plus mauvaise sorte d'ivresse, son ivresse silencieuse, immobile, avec les pupilles qui se rétrécissaient, les poings qui se serraient, et, quand il se leva pour sortir, son attitude était arrogante, il bousculait les chaises sans s'excuser, cherchant la bagarre.

Sylvie l'avait fait dîner. Il se souvenait vaguement de la salle à manger et du dos de M. Maurice dans l'encadrement de la porte, de Mme Roy à la caisse, mais il n'aurait pas pu dire ce qu'il avait mangé. Il avait bu du vin, puis, après son repas, un ou deux verres d'alcool, il se le rappelait, parce qu'il en avait renversé sur son veston.

Enfin, dans la chambre, avant de se coucher, il avait sorti son portefeuille de sa poche, compté deux ou trois fois dix billets, et il les avait tendus à Sylvie d'un geste un peu trop théâtral.

— Va les remettre derrière l'*Angélus*, toi ! Va donc, puisque c'est toi qui as eu cette idée mirobolante... Ou, plutôt, va tranquillement les rendre à « ton » M. Maurice....

Il devait être tard. Il n'y avait que la lampe veilleuse dans l'escalier, il s'en souvenait, sous une porte. Ils avaient entendu la patronne monter avec sa canne.

— Va, te dis-je...

Il la poussait dehors et, pour éviter un esclandre, elle s'était engagée dans l'escalier du second étage, tandis qu'il restait sur le seuil à écouter.

L'absence de Sylvie avait été longue. De cela, il avait la certitude, tout ivre qu'il était. Avait-il vraiment entendu des chuchotements ? Il l'avait prétendu quand elle était revenue.

— A qui parlais-tu ?

— Je n'ai parlé à personne...

— Tu mens... Il était chez lui, n'est-ce pas ?... Tu lui as parlé...

Elle avait haussé les épaules sans insister, elle s'était déshabillée et s'était couchée sans s'occuper de lui davantage.

Voilà pour le samedi. C'était stupide, mais cela ne valait pas la peine d'y penser. Maintenant, il était debout à huit heures et demie du matin et il n'avait presque pas la gueule de bois, Sylvie dormait toujours, une jambe nue hors des couvertures, et, au-delà de la fenêtre ouverte, régnait le silence dominical.

Rien qu'à la qualité de l'air, à son immobilité, à sa résonance de cristal lorsque les cloches sonnaient, il aurait pu dire que c'était dimanche.

Alors qu'il était tout habillé, elle bougea, dans son lit, et questionna paisiblement :

— Tu sors ?

Il dit oui et s'en alla, sans explications. Il but son café que lui servit une bonne et ne vit pas M. Maurice ce matin-là. Peut-être que le dimanche, l'amant de Mme Roy faisait la grasse matinée ?

Pour Viau, c'était un mauvais jour. Il se sentit plus seul, dans la rue presque vide, où les maisons étaient plus blanches sous un ciel bleu plus pâle, comme lavé à neuf. Les volets des magasins étaient fermés. Le garçon du *Café du Centre* arrangeait sa terrasse, sous le vélum rayé de jaune et de rouge.

En face du *Café des Tilleuls*, il y avait un remue-ménage. Une trentaine d'hommes en maillots de couleur, avec des culottes courtes qui laissaient voir leurs jambes velues et musclées, de gros numéros sur le dos, s'affairaient autour de leur bicyclette.

C'était, dans le petit matin, alors que les gens n'étaient pas encore levés ou qu'ils traînaient chez eux, le départ d'une course. Une grosse auto luisante était rangée au bord du trottoir : celle de Pascaud, le minotier, et c'était lui en personne qui, l'air important, un revolver d'enfant à la main, donnait le départ aux coureurs.

Cela avait quelque chose de futile, de candide. L'homme riche s'était levé de bonne heure, mais il n'avait pas pris la peine de faire sa toilette. Sous son veston, il portait une chemise de flanelle sans cravate.

Les coureurs grimpaient vers la place du Marché et bientôt il serait dans la campagne encore humide. Puis le soleil deviendrait chaud, et ils sueraient le long des routes, la gorge sèche et brûlante, sous l'œil des paysans qui s'arrêteraient pour les regarder passer. M. Pascaud, lui, mettait sa voiture en marche et rentrait dans sa propriété, à trois kilomètres de la ville, où il allait peut-être se recoucher.

— Voilà comment on les possède ! grommela Viau.

Et il avait pitié des petits gars qu'on envoyait transpirer sur les chemins poussiéreux... parce qu'il fallait bien les occuper.

Il but un vin blanc, tout seul, dans la salle fraîche du *Café des Tilleuls* où l'on venait de servir le café aux cyclistes et où Raphaël remettait de l'ordre.

Des gens commençaient à passer pour se rendre à la messe. Il y avait eu une autre messe, tôt matin, à sept heures, pour les vieilles femmes, pour les bonnes, pour ceux qui communient, pour les ménagères qui n'ont pas de dimanche, qui ont leurs enfants à débarbouiller, ce jour-là comme les autres, et toute la famille à nourrir.

Est-ce que son costume avait vraiment une odeur ? Il était sur le pont du Loup, à un moment donné. Il regardait de haut en bas un homme en équilibre sur une pierre, au bord de la rivière, dans les roseaux, occupé à pêcher les chevesnes à la sauterelle. Il pensait à l'agent de police, qui devait être, lui aussi, à pêcher quelque part, sans doute depuis quatre heures du matin, car les vrais pêcheurs profitent du moment où la rivière est encore noyée sous le brouillard, et leurs doigts gourds se serrent sur une canne toute laquée de rosée.

Une bouffée lui vint, une odeur : celle de la serge, de la serge bleu marine. Est-ce que la serge bleu marine a une odeur particulière ? Son costume de première communion avait cette odeur-là. Et c'est à ce dimanche-là qu'il pensa un bon moment ; il revit la place de Saint-Jean-la-Foi, les petites filles en robes de mariées, trébuchant dans leur voile, les garçons tous pareillement vêtus, un large brassard de soie blanche autour du bras gauche.

Il faillit aller à la messe, par désœuvrement, pour retrouver des souvenirs. Trois grosses demoiselles bien lavées, roses comme des bonbons, avec de bons derrières rebondis dans leur jupe trop tendue et révélant la trace du corset sur les hanches, sortaient d'un magasin de confection, dont le volet, devant la porte, avait été moitié levé pour leur livrer passage.

C'étaient des personnes importantes, cela se sentait. Elles le savaient. Il leva les yeux sur l'enseigne, au-dessus du magasin. Les demoiselles Ledentu. Elles marchaient sur un rang, en se dandinant comme des oies. Elles sentaient bon. Elles avaient mis du parfum, parce que c'était dimanche. Elles avaient leur sourire, leur rire du dimanche.

Elles traversaient toute l'allée centrale de l'église pour gagner leur banc, le banc des Ledentu. Des têtes se pencheraient pour chuchoter :

— Les demoiselles Ledentu...

Est-ce qu'il n'aurait pas pu, lui aussi, épouser une demoiselle Ledentu ?

Une rumeur d'orgues lui parvint, l'odeur de l'encens, des cierges.

Il revit les vieilles, chez eux, dans son village, à la sortie de la grand-messe, les vieilles tout en noir, les souliers bien cirés, beaucoup avec encore le bonnet blanc sur la tête, marchant menu et se dirigeant tout de suite vers leur maison ou vers leur ferme, tandis que les hommes se groupaient, entouraient le garde champêtre, tambour en bandoulière, qui montait sur la grosse pierre pour tonitruer les avis hebdomadaires.

— Avis...

Il prononçait :

— Avisse... Les producteurs de céréales panifiables sont priés d'adresser à la mairie un relevé de...

Puis tout cela qui se disloquait : les groupes qui s'attardaient au seuil des cafés, ceux qui entraient ; les bancs, devant les tables couvertes de toile cirée brune, et les chopines de blanc qu'on apportait sans attendre les commandes, une rumeur de voix, l'odeur et le crépitement du fricot dans la cuisine où allaient s'asseoir les habitués.

L'envie lui prit tout à coup d'y aller. Il lui sembla que c'était peut-être la dernière occasion de voir son père, et un autre détail lui revenait à la mémoire, le mouvement de son père pour franchir la porte, la seconde.

Longtemps, quand il était petit, ce mouvement machinal l'avait sidéré. Il y avait deux portes à leur cuisine. La porte de derrière, celle qui donnait sur la cour aux poules, comme on disait, et qui, l'été, restait toujours ouverte parce que la cuisine était sombre, était plus basse que l'autre. Etait-elle vraiment basse ? N'était-elle qu'un souvenir d'enfant ?

Toujours est-il que, pour en franchir le seuil, son père avait l'habitude de se courber d'un geste presque aussi rituel que celui du curé devant l'autel. Pendant des années, le gamin s'était dit :

« Quand je serai grand, il faudra que je me baisse, moi aussi, pour passer la petite porte... »

C'était arrivé. Il était devenu aussi grand que son père, plus grand même, de deux centimètres. Ils s'étaient mesurés tous les deux, dos contre dos, épaules contre épaules, un jour qu'ils étaient de bonne humeur. Ils étaient montés dans la chambre, où il y avait un miroir qui déformait les images. Le père avait laissé ses sabots en bas, comme d'habitude. Marcel avait retiré ses souliers.

— Les épaules sont à la même hauteur, mais tu es un peu plus grand de la tête, parce que tu as le cou plus long.

A côté du miroir, il y avait un agrandissement photographique de sa mère. Est-ce que réellement les photographies des personnes mortes s'effacent peu à peu, se voilent comme de mélancolie ? Il le croyait, à cette époque-là. Il y pensait chaque fois qu'il regardait le portrait de sa mère dans un cadre ovale, noir et doré.

Il y avait cent kilomètres à peine de Chantournais. Il ne pensait pas à prendre le train, ce qui aurait été trop compliqué, car il aurait fallu aller par Niort, attendre une correspondance, et il ne serait quand même pas arrivé à Saint-Jean, mais seulement à une dizaine de kilomètres.

Il avait vu, la veille, le mot « taxi » au-dessus d'une fenêtre. Il chercha la maison, la retrouva, relut le mot. Mais il y avait d'autres mots après : « Transports funéraires », et il n'osa pas sonner. Cela lui semblait de mauvais augure.

Il ne s'était encore jamais senti aussi seul de sa vie. Il errait toujours dans la ville rose et blanche, où le soleil tombait d'aplomb dans les rues, où les enfants eux-mêmes, parce que c'était dimanche, n'osaient pas jouer ni faire du bruit.

Il se souvenait des pauvres types de coureurs, avec leur bonne volonté, leur acharnement, leur gros numéro dans le dos, et de ce Pascaud qui leur donnait le départ.

Il fallait être l'un ou l'autre. Ou bien suer sur la grand-route, avec l'espoir de gagner une coupe, une médaille et de recevoir un bouquet des mains d'une demoiselle rougissante, comme on le voit chaque semaine au cinéma, ou bien remonter dans sa voiture et rentrer chez soi, comme le riche minotier, qui se fichait pas mal du sport cycliste, mais qui était président de toutes les sociétés.

Lui, Viau, n'était ni l'un ni l'autre. Il n'était rien. Il était dépareillé. Voilà ce que Sylvie aurait dû comprendre.

Il entra dans deux petits bistrots qu'il ne connaissait pas encore et but du vin blanc sur le zinc, parce que c'était frais, parce que cela sentait bon, parce que, même dans les cafés, cela sentait le dimanche.

Puis les gens sortirent de la grand-messe, et il y eut des groupes en marche tout le long de la rue, certains qui se pressaient, d'autres qui traînaient pour montrer les robes ou les costumes, ou les souliers neufs qui craquaient, certains encore qui entraient dans les pâtisseries et en sortaient en tenant précieusement par la ficelle rose des paquets d'un blanc crémeux qui sentaient le sucré.

Des enfants, sur le trottoir, suçaient gravement des cornets de crème glacée.

Et tout cela était terriblement calme. Tout cela durait depuis des siècles, depuis des générations et des générations. Et il y aurait d'autres dimanches ! Et le banc des Ledentu serait toujours le banc des Ledentu, avec d'autres demoiselles, les filles ou les nièces de celles-ci, dandinant leur gros derrière parce qu'elles étrennaient des robes neuves.

Il rencontra Sylvie qui se promenait comme les autres et qui, avec son tailleur clair et léger, avait presque l'air de faire partie de la ville.

— Qu'est-ce que tu fais ? questionna-t-elle.

— Rien...

Qu'est-ce qu'il aurait fait ? Ils s'assirent à une terrasse, dans des fauteuils d'osier. Ils prirent l'apéritif, comme tout le monde, un apéritif qui n'avait ni le même goût ni la même odeur que les autres jours, puis ils rentrèrent à l'hôtel où il n'y eut qu'eux dans la salle à manger, parce que, le dimanche, les voyageurs de commerce, eux aussi, sont en famille.

C'était peut-être son dernier dimanche. Il le pensa deux ou trois fois ce jour-là. Il avait pitié de lui, du petit garçon qu'il avait été... Car il avait été un petit garçon comme les autres.

Pourquoi n'avait-il pas continué à être comme les autres ? Qu'est-ce qui l'en empêchait ?

Qu'est-ce qu'il pouvait faire, à présent ? Qu'on le lui dise. Il était plein de bonne volonté. Qu'on lui dise de faire ceci ou cela, et il essayerait.

Mais Sylvie elle-même en était incapable. Dieu sait ce qu'elle complotait avec son M. Maurice. En tout cas, ils avaient dû parler plusieurs fois de lui, tirer des plans.

Pour le sauver, sans doute ? Cela le faisait rire, d'un rire amer, insultant. Le sauver de quoi ? Oui, de quoi ?

— Qu'est-ce qu'on va faire ?

Il comprit mal. Il donnait à ces mots un sens général, mais elle les ramena à leurs justes et banales proportions.

— J'ai vu qu'il y avait deux cinémas...

Ils allèrent au cinéma. Pourquoi pas ? Qu'est-ce qu'ils auraient fait d'autre ? C'était plein de monde. La salle était fraîche. Le héros du grand film était un gaillard costaud et souple, qui renversait les gens d'un coup de poing et bondissait sans effort apparent par-dessus les tables.

Alors, quand les lumières se rallumèrent et que la foule se mit à suivre les rangs de fauteuils articulés pour gagner la sortie, on vit les hommes bomber le torse, gonfler les biceps, et quelques jeunes, plus farauds que les autres, se payèrent le luxe de sauter par-dessus les banquettes.

On se saluait, chacun suivant son rang, piétinant derrière un dos. M. Torsat était là, avec une Mme Torsat que Viau ne connaissait pas encore et un jeune Torsat, d'une vingtaine d'années, qui ressemblait terriblement à son père et qui, dans la rue, marcha sagement devant ses parents au bras de sa fiancée. C'était la fille du pâtissier.

— Et ils auront des enfants, railla Viau à voix haute.

Sylvie le regarda, et son regard était triste. Elle était morne, elle aussi, peut-être parce c'était dimanche, peut-être à cause de lui. Les gens, au sortir du cinéma, s'asseyaient aux terrasses des cafés, ou bien allaient se promener lentement le long de la rivière en s'arrêtant derrière chaque pêcheur.

Tout cela était d'une angoissante immobilité. Quand Viau était petit, quand il allait à l'école de son village, l'instituteur, pour leur donner une idée de l'éternité, leur décrivait une boule d'acier qui serait aussi grande que l'école, aussi grande que l'église, que la place en face de la mairie.

— Imaginez qu'un petit oiseau vienne se poser tous les ans pendant un instant sur cette boule... Vous avez tous remarqué que le seuil de l'église est usé... Elle date du XIIIe siècle. Il a fallu sept cents ans pour que les pas des fidèles usent la pierre de quelques millimètres. Or le petit oiseau ne vient se poser sur la boule d'acier que quelques secondes chaque année. Eh bien ! mes petits amis, quand la boule sera entièrement usée, usée par les pattes légères du moineau, ce ne sera pas encore fini de l'éternité...

Cela l'avait toujours impressionné, mais ce dimanche-ci n'était-il pas encore plus éternel ? Au point de lui mettre une sensation de panique dans la poitrine.

Il n'avait pas envie de boire. C'était trop facile. Il s'était promis de ne pas boire ce jour-là, et il ne fut pas tenté par les terrasses ; ils marchaient côte à côte, ils remontaient la rue Gambetta jusqu'à un terrain de sports qu'il ne connaissait pas encore et où des centaines de gens suivaient une partie de football.

Sylvie l'accompagnait en silence. Il sentait qu'elle n'osait pas parler, qu'elle était impressionnée. Peut-être savait-elle que tout ce qu'elle pourrait dire risquait de déclencher une crise ?

Elle se montrait très douce, trop douce, prévenante, comme avec un malade. S'il faisait demi-tour, elle l'imitait sans protester, sans essayer de savoir où ils allaient.

De temps en temps, quand elle ne se croyait pas observée, elle lui lançait à la dérobée un petit coup d'œil anxieux.

Et il était de plus en plus tendu. Il fallait qu'il éclate à un moment donné.

— Qu'est-ce que tu as à me regarder comme ça ?

— Je n'ai rien, Marcel...

— J'ai du noir sur le nez ? plaisanta-t-il grossièrement.

Elle eut le courage de sourire comme à un trait d'esprit, ce qui ne fit que l'irriter davantage.

— Il y a des moments où j'ai l'impression que tu me suis au bout d'une laisse... Ou, plutôt, je finis par me demander si ce n'est pas toi qui me tiens en laisse...

— Tu sais bien que non... Tu veux que je rentre ?

Il haussa les épaules. Il n'avait pas envie d'être seul non plus. Il n'avait envie de rien. Il était comme submergé par un sentiment d'inutilité. D'inutilité de tout.

Et cela le fit ricaner de voir la foule se porter vers le *Café des Tilleuls,* où la grosse auto du minotier stationnait à nouveau et où on avait tendu une banderole avec le mot « arrivée » en travers de la rue.

On attendait la course, les pauvres types qui pédalaient, courbés sur le guidon, depuis le matin, et qui s'étaient contentés, en route, de boire le liquide tiède dont on avait rempli leurs bidons d'aluminium.

Une voiture arriva d'abord, avec des commissaires de la course qui prenaient des airs importants et qui arboraient des brassards. Puis deux vélos qui dévalaient la pente et qui donnaient l'impression de s'engluer soudain dans la foule, avec des gaillards à la peau noircie de crasse, où le blanc des yeux paraissait lumineux comme dans le visage des nègres.

Ils haletaient. On leur remettait des fleurs ; l'inévitable jeune fille, peut-être une des demoiselles Ledentu, en tout cas quelqu'un de la bonne société, la fille d'un des membres du comité.

Puis un peloton de types fourbus.

Ils voyaient ça de loin, Sylvie et lui.

— J'ai bien failli aller à Saint-Jean-la-Foi..., dit-il.

— Ah !... Pourquoi ne l'as-tu pas fait ?

Il n'osa pas lui avouer que c'était à cause des transports funéraires. Il avait des idées macabres, ce jour-là. L'impression le poursuivait que c'était la fin. Il n'entrevoyait aucune issue.

Et pourtant il avait envie de vivre. Il avait même envie de cette vie-là, qui se déroulait sous ses yeux. Il ne l'aurait jamais admis, mais le sentiment qui l'animait, tandis qu'il regardait la foule dominicale, c'était l'envie.

Il aurait aimé être comme les autres, jouir comme les autres de la détente d'un dimanche d'été.

Ils longeaient maintenant le quai où tant de gens, tant de familles prenaient le frais, et Viau était sensible au frémissement du feuillage. Il faisait chaud et frais tout ensemble. C'était un peu comme un sorbet. Un petit poisson frétillait au bout d'une ligne.

Souvent, il avait eu le désir de pêcher à la ligne.

C'était ridicule. Est-ce que, toute sa vie durant, il n'avait pas été ridicule ?

Tout à l'heure, en passant devant l'*Hôtel de l'Etoile,* ils avaient vu M. Maurice, pareil à lui-même, debout sur le trottoir, comme une enseigne.

Celui-là ne changerait pas, ne changerait plus. Comment avait-il fait pour s'insérer si profondément dans la vie de tous les jours ?

Ils avaient déjà beaucoup marché, et Sylvie, qui avait de hauts talons, butait parfois dans le gravier du quai sans oser se plaindre. Il s'en apercevait. Il lui arrivait d'en avoir un peu pitié.

Pourquoi pitié ? Il n'y aurait rien de changé pour elle. Elle trouverait d'autres boîtes de nuit pareilles à celle de Toulouse, d'autres hommes auxquels elle s'accrocherait aussi naturellement.

Est-ce que la vraie vocation des femmes n'est pas d'être veuves ? Il se souvenait des veuves de son village et il pensait tout à coup que c'étaient elles qui donnaient le mieux l'impression de plénitude, de destinée parfaitement accomplie.

Son père, par exemple, qui était veuf depuis si longtemps, était un peu, malgré tout, comme un objet dépareillé, lui aussi, il était presque ridicule quand, chaque dimanche, il se rendait tout seul au cimetière. Il était trop grand, trop fort, trop durement bâti pour s'agenouiller sur une tombe. Comme à l'Elévation, il se contentait de se pencher un peu.

Tandis que les veuves, sur d'autres tombes, paraissaient parfaitement heureuses dans leur agenouillement.

Il aurait bien voulu le revoir. Il y avait des choses qu'ils ne s'étaient jamais dites, tous les deux. Ils ne s'étaient pour ainsi dire jamais parlé.

Comment prendrait-il la chose, s'il apprenait que son fils était arrêté ? Il essayait de l'imaginer. Tous ceux du village viendraient lui apporter la nouvelle, car il ne lisait guère les journaux. Il mettrait ses lunettes...

Pour vol... Surtout pour vol !

Un assassinat, c'est moins grave. Il n'aurait pas pu l'expliquer, mais il savait bien ce qu'il faisait quand il avait entrevu la possiblité d'aller tuer quelqu'un dans la maison aux deux lumières.

Pour vol ?... Avec Bourragas et son gendre qui viendraient sans doute l'accabler... Et d'autres, le commissaire de police de Montluçon, d'autres encore...

— Tu as l'air fatigué.

Il la regarda de très haut et haussa les épaules. Il était encore temps de partir. Il devait y avoir des trains, pour n'importe où. Il avait de l'argent. Personne ne l'empêchait de s'en aller.

Il gardait la sensation nette que c'était sa seule planche de salut. Prendre un train. Arriver dans une autre ville, dans un autre hôtel, changer d'air, voir un autre spectacle que celui de cette rue qu'il connaissait déjà trop.

Il ne le ferait pas. Il ne faisait jamais ce que son intuition lui dictait. C'était une sorte de vice.

Il restait. Il resterait jusqu'au bout, il l'avait compris dès le moment où il était arrivé.

Si seulement il avait continué, comme la veille, à se révolter ! Mais peut-être à cause de l'atmosphère dominicale, sa révolte s'était muée en amertume, et il était si irrémédiablement découragé qu'il y avait des moments où il se sentait flotter dans l'espace.

Qu'est-ce que Sylvie, qu'il connaissait à peine, faisait à son côté, avec ses airs attentifs d'infirmière ?

Elle n'avait qu'à poursuivre son chemin, elle.

— M. Maurice t'a parlé, ce matin ? questionna-t-il à brûle-pourpoint.

Parce qu'en pensant à son successeur il se mettait à penser à ceux qui l'avaient précédé.

— Pourquoi me demandes-tu ça ?

— Il t'a parlé, n'est-ce pas ? Qu'est-ce qu'il t'a dit ?

— Ecoute, Marcel...

Il n'aimait pas les phrases qui commencent ainsi. Il pensa qu'elle allait encore lui mentir et il se raidit.

— Il faut que je te confesse quelque chose...

— Quelque chose que je devine depuis longtemps.

— Je n'en sais rien... Ce que je sais, c'est que tu as tort de te méfier de lui...

— Parce que tu te figures que je m'en méfie ?

— Depuis hier, en tout cas, je sens que tu es jaloux...

— Si je devais être jaloux de tous tes anciens amants...

Il s'en voulait d'être aussi gratuitement méchant, mais c'était plus fort que lui. Tant pis pour elle ! Est-ce qu'il la retenait ? Est-ce qu'elle n'était pas libre de s'en aller ?

— Il a fait et il fera encore tout ce qu'il pourra pour nous aider... Ce n'est pas l'homme que tu crois...

— Quel homme est-ce donc ?

— Je l'ai connu, c'est vrai...

— Et il a couché avec toi...

— Tu es bête...

— Il ne l'a pas fait ?

— Ce n'est pas ce que tu crois... J'avais dix-huit ans et...

— ... Et tu étais encore sage...

— Non... Cela m'est arrivé plus tôt que ça... J'étais figurante dans les films... Enfin j'allais tous les jours faire la queue devant les studios de Nice avec l'espoir d'un cachet...

— A quelle époque ?

Elle cita une date. A deux ans près, ils auraient pu se rencontrer à Nice.

— M. Maurice ne s'appelait pas M. Maurice... Je te dirai son nom tout à l'heure, un nom que tu connais certainement.

Il grinça :

— Sans blague !

— Il était producteur... C'était un personnage important, qui avait son appartement au *Negresco*. Les artistes, les auteurs, les metteurs en scène couraient après lui... Il m'a remarquée et...

— ... Tu es devenue sa maîtresse..., laissa-t-il tomber avec une feinte indifférence. Après ?...

— Tu le fais exprès ?

— Quoi ?

— De tout déformer. Tu comprends fort bien, mais tu feins de ne pas comprendre... Il a toujours été très chic avec moi. C'était à peu près le moment où ses difficultés commençaient.

— Pace que le pauvre homme a eu des difficultés ?

— Tu veux que je continue ?

— Si cela te fait plaisir...

— Avant, il avait déjà connu des hauts et des bas. En réalité, je crois qu'il a toujours dansé sur la corde raide.

— Un escroc, quoi !

— Si tu y tiens... Il été acteur, imprésario, il a organisé des tournées théâtrales en Algérie et en Amérique du Sud, il a même été secrétaire d'un maharadjah.

— Le *Mariette-Pacha*...

— Qu'est-ce que tu dis ?

— Rien... Un souvenir... Il a voyagé sur le *Mariette-Pacha,* et nous aurions pu nous rencontrer, nous aussi...

— Tu sais comment cela se passe dans le cinéma ?

— Pas personnellement, mais j'en ai entendu parler...

Il se montrait toujours froidement agressif.

— On usait ses journées à chercher des commandites, de l'argent frais, comme il disait, et les matins à aller retirer à la banque les chèques pour lesquels, la veille, il n'y avait pas de provision... N'empêche qu'on lui courait après...

— Et lui courait après l'argent...

— Tais-toi, Marcel... Tu n'as pas le droit...

— J'oubliais...

— Surtout qu'il a payé. Et cher... Il y a eu une histoire de signature imitée qui a déclenché tout le reste. Cela a fait un gros scandale, il y a cinq ans... On l'a arrêté...

— Tu étais avec lui quand c'est arrivé ?

— Oui... Je l'ai vu partir... Il était plus jeune qu'à présent. Il portait encore beau. Il avait lutté jusqu'au bout, mais il savait bien que c'était fini. Tout le monde s'est acharné sur lui. On a parlé, à son propos, d'épuration du cinéma français, comme s'il avait été le seul. Il a eu deux ans. Il a fait deux ans de prison à Fresnes...

» Quand je l'ai aperçu ici, je ne savais pas ce qu'il était devenu. Est-ce que tu comprends, maintenant ?

— Est-ce que je comprends quoi ?

— Pourquoi il a essayé de t'aider, pourquoi il essaie encore ?

— Dis donc...

Il la regardait durement.

— Les dix mille francs...

Ainsi, il avait pressenti la vérité dès le début.

— Avoue que c'était une comédie... Avoue !...

En plein quai, devant les familles en promenade, il lui avait saisi le poignet, qu'il tordait méchamment.

— Avoue !...

— Tu me fais mal. Je vais t'expliquer. C'est vrai. Je ne savais plus que faire ; je sentais que tu étais décidé à tout, que tu ferais n'importe quoi pour payer les huit mille francs à ton sale M. Mangre...

— Et il a accepté de cracher dix mille francs...

— Au point où il en est, tu sais !... Il n'espère plus rien. Il ne demande qu'à rester tranquille dans son coin. Tu l'as vu. Ce n'est plus le même homme... C'est si vrai que je me suis demandé en le voyant si c'était bien lui...

Ils marchèrent en silence.

— Pourquoi m'as-tu raconté ça ?

— Je ne sais pas... Je me suis dit, tout à coup, que cela te ferait sans doute du bien...

— De savoir que je ne suis plus le seul ?

— Ne me questionne plus... J'ai cru bien faire... Contrairement à ce que tu peux imaginer, il a de la sympathie pour toi... Il me l'a encore dit ce matin...

— Il t'a dit aussi comment je devrais m'y prendre pour m'en tirer ?... Non ?...

Elle baissa la tête.

— Avoue qu'il n'en sait pas plus que moi... Avoue qu'il pense, lui aussi, que je suis fichu... Mais si... Allons ! Un peu de sincérité, mon petit...

C'était la première fois qu'il l'appelait « mon petit ». Il pensa que M. Maurice, jadis, devait l'appeler ainsi.

— Vois-tu, vous aurez beau faire tous les deux, ton ancien amant et toi...

Il avait besoin d'être encore un peu agressif, pour ne pas s'attendrir sur lui-même, et il détourna le visage, feignit de suivre les faits et gestes d'un pêcheur afin de cacher à Sylvie qu'il avait les yeux humides.

C'était trop bête. A quoi bon lui raconter, à lui, et ce dimanche-là par-dessus le marché, qu'un autre était allé deux ans en prison et que, ce qui en était ressorti, c'était ce bonhomme flasque aux yeux globuleux qui servait d'enseigne à un hôtel de sous-préfecture ?

— Tu dois garder ton sang-froid, Marcel...

Ils étaient près d'une grande place qui avait dû servir de champ de manœuvres et que des casernes bordaient au loin. La rivière coulait à leurs pieds. Un gamin lançait des pierres pour faire des ricochets.

— Il n'y a rien de perdu, tu comprends ?... Tu es jeune... Tu as trente ans, alors que lui...

Il se redressa de toute sa taille. Il se sentait soudain aussi grand que son père, avec le même corps dur et puissant. Il y avait un bout de temps qu'il tenait son chapeau à la main, à cause de la chaleur, et le soleil qui déclinait jouait dans ses cheveux dorés.

Il bomba le torse, respira profondément. Il la regarda de haut, de très haut, et dit avec force :

— Merde !

Après quoi il ajouta, détendu :

— Tu comprends ?

Cela n'avait d'ailleurs aucune importance qu'elle comprît ou qu'elle ne comprît pas.

10

C'était voluptueux et doux comme une dent malade que l'on taquine du bout de la langue. On ne réussit pas du premier coup, il faut tâtonner un certain temps pour trouver le point de douleur exquise, et, au début, quand la lumière s'était éteinte, il avait commencé trop brutalement.

« Je la tue, se disait-il, les yeux clos, la respiration régulière, comme s'il dormait. Je la tue, et je descends, tranquillement. Je les regarde et je leur dis... »

Il se souvenait soudain que, quand il était petit et qu'il n'allait pas encore à l'école, alors qu'il traînait toute la journée autour de la maison, avec une prédilection pour la cour aux poules, il jouait déjà à ce jeu-là, ou à un jeu semblable. Il parlait tout seul, à mi-voix, en dodelinant de la tête :

— J'attrape le gros coq, je lui tords le cou, je le plume et je le mange...

Il y avait une faute dans son histoire. Il réfléchissait et reprenait patiemment :

— J'attrape le gros coq...

Et, pour qu'il n'y ait pas d'erreur, il précisait :

— Tintin...

Parce que leur plus gros coq s'appelait Tintin.

— ... Je le plume, *je le cuis* et je le mange...

Et, quand sa mère, qui vivait encore à cette époque, lui demandait ce qu'il faisait, il répondait le plus sérieusement du monde :

— Je me raconte des histoires.

A tant d'années de distance, cela se passait de la même manière. Il avait conscience de l'endroit où il se trouvait. Il n'avait pas bu. Il n'était pas engourdi par le sommeil. Il était, au contraire, d'une lucidité totale. Il ouvrait souvent les yeux, et la chambre, encore que dans l'ombre, lui apparaissait dans tous ses détails. Il y avait de la lune dehors, c'était la pleine lune, probablement, et il en entrait par les fentes des rideaux. Le rayon argenté était étroit et n'éclairait qu'un morceau du mur, mais cela suffisait pour dessiner, dans les autres coins de la pièce, les contours des objets. Rien que les contours. Les arêtes vives, plutôt, de sorte que les choses prenaient l'aspect des formes géométriques qu'il y avait à l'école sur une étagère.

Même Sylvie, qui lui tournait le dos, couchée dans le lit voisin où le blanc du drap avait des plis de statue antique, et dont le corps se dessinait, comme sculpté pour l'éternité.

Elle ne dormait pas. Elle faisait semblant de dormir, elle aussi. Elle respirait avec application ; parfois elle oubliait, et ce n'était qu'un peu plus tard qu'elle reprenait le rythme.

Est-ce qu'elle avait peur ? Elle était trop intelligente pour ne pas savoir quel danger elle courait. Ni qu'il était capable de faire ce qu'il disait en dedans de lui-même.

« Je la tue... »

Avec quoi la tuait-il ? Il ne possédait pas d'arme. Il n'y avait pas d'objet vraiment lourd dans la chambre, d'« objet contondant », ironisa-t-il, raillant le style des comptes rendus de journaux. Mais il avait ses mains.

Il ne ressentait aucune pitié à l'idée de se lever, jambes nues à l'air, pieds nus, de se pencher tranquillement sur elle et de lui tordre le cou comme à Tintin.

C'était théorique. Cela ne voulait pas dire qu'il ne le faisait pas, qu'il ne le ferait pas. Le penser comme il le pensait ou le faire, cela revenait exactement au même. Ce qui était théorique, c'était le geste. Comment s'expliquer, avec ces mots qui n'ont pas le même sens pour tout le monde ? Ce qu'ils lui avaient déjà donné de mal dans la vie !

C'était théorique en ce sens que Sylvie n'avait pas d'importance par elle-même, qu'elle n'était pas telle fille rencontrée à tel endroit, avec telle mentalité, tel passé, tel genre de pensées ou d'affections.

Cette Sylvie-là n'existait pas pour lui à ce moment, et il ne se demandait pas si elle souffrirait ou non, ou si c'était dommage de la faire mourir à son âge.

Ce qui comptait, c'était le geste. Parce qu'il avait décidé, à un moment quelconque de la journée, il n'aurait déjà plus pu dire lequel, que c'était fini, une fois pour toutes.

Et, pour que ce soit fini, il fallait faire quelque chose.

Tuer Sylvie ? C'était le plus simple, puisqu'elle était là, à sa portée. Mais les imbéciles ne se figureraient-ils pas que c'était un drame passionnel ? Il avait toujours été trop imbu de sa supériorité de mâle, il avait donné aux femmes une place trop secondaire dans sa vie pour admettre qu'on dise qu'il avait tué par amour ou par jalousie.

Pourquoi pas M. Maurice ? Et cela avait l'avantage d'être déjà plus difficile, parce qu'il était gros, qu'il avait en particulier un cou énorme. Et puis il fallait aller le chercher dans la chambre de la vieille Mme Roy, qui se mettrait à crier. Il lui flanquerait un oreiller sur la tête — à Mme Roy, évidemment, — et elle aurait tellement peur qu'elle serait incapable d'ouvrir la bouche.

Avec M. Maurice, au moins, c'était vraiment le crime de théoricien. Ils pourraient toujours courir pour expliquer son geste. C'était le geste gratuit. Avec, en plus, quelque chose d'un peu ignoble à leurs yeux, parce qu'on soulignerait que le commodore n'avait montré que de la bienveillance à son égard.

Tandis que tuer Mme Roy n'aurait aucun sens. Il ne l'aimait pas. Il avait de la répulsion pour elle. Elle lui avait manifesté son antipathie.

Bon. Il mettrait son pantalon avant de s'engager dans le corridor...

Et voilà qu'il effaçait tout, comme un tableau noir.

— Pauvre Marcel...

Il était sans fièvre. Il ressentait seulement cette fatigue générale qu'il connaissait quand, gamin, il avait passé des heures dans les prés, à pêcher des écrevisses avec son père dans le ruisseau. Son sang était comme plus chaud dans ses veines, et il éprouvait une excitation pas désagréable à fleur de peau.

Une pensée, soudain, lui faisait peur. Est-ce qu'il arriverait assez tôt ? A supposer que la police aille plus vite que lui...

Il avait essayé de se prouver que le danger n'existait pas, et Sylvie l'y avait aidé. Il n'était pas possible qu'on le repère jusqu'ici, à la suite de l'histoire de Montpellier. Mais si on y parvenait malgré tout ? Si le commissaire Colombani — qui aimait les petites jeunes filles — lui avait joué la comédie, si on le considérait déjà comme suspect ?

Dans ce cas, il serait trop tard. On donnerait une autre explication à son geste. On prétendrait qu'il avait agi par peur de la prison et du reste, ou encore par honte ou par remords.

Et il savait bien, lui, que ce n'était pas vrai. Il ne fallait tout de même pas qu'on lui enlevât la seule chose qui lui restait.

C'était fini parce que c'était fini. Parce qu'il l'avait décidé. Et pas un jour qu'il avait bu. Pas dans l'énervement.

Au contraire. Il n'avait jamais été aussi calme de sa vie que durant cette journée dominicale. Aussi calme que quand le petit Marcel allait et venait dans la cour aux poules en se racontant des histoires. Il avait pesé le pour et le contre. Le plus curieux, c'est que le commodore et Sylvie avaient dû en faire autant de leur côté. Or ils n'avaient rien trouvé. Pas plus que lui. Sinon, Sylvie le lui aurait dit avant de le laisser se coucher et s'enfoncer dans sa solitude.

Il n'y avait pas d'issue, parce qu'il n'avait pas le courage de continuer.

Faire quoi ? Pourquoi ? Cela recommencerait toujours, après un temps plus ou moins long. Il y avait assez longtemps que cela durait et qu'il en était écœuré.

Alors, il valait mieux que ce soit fini. Et pourquoi ne pas finir proprement ? Pourquoi les défier une dernière fois ? Pourquoi faire le malin ?

Il s'attendrissait un peu. Sur lui-même. Il pensait à son père. Dommage qu'il n'ait pas pu aller le voir une dernière fois. Entre hommes. Franchissant tous les deux, en baissant la tête, la petite porte de la cuisine.

Il connaissait la place du soleil dans cette pièce à toutes les heures de la journée.

Il aurait bien aimé vivre, pourtant, vivre n'importe comment. Garçon de café, par exemple, comme Raphaël. C'est un rêve qu'il avait fait scuvent. Ranger la terrasse, le matin, après avoir descendu à la manivelle le vélum à rayures rouges. Allumer le percolateur. Passer les miroirs au blanc d'Espagne. Pourquoi cela lui semblait-il si agréable de laver les miroirs au blanc d'Espagne ? Et de passer le torchon, d'un geste de prestidigitateur, sur le marbre des tables ?

Et d'être aimable avec les clients, tout en n'en pensant pas moins d'eux...

Cela ne durerait pas. Voilà le malheur. Quoi qu'il fasse, cela ne durerait pas, et il recommencerait parce qu'il serait repris par ses fantômes. Cela débuterait sourdement, par de petites humiliations, par des regards en dessous, puis, un beau jour...

A quoi bon penser à tout cela, puisque c'était fini ? Surtout qu'il fallait aller vite, éviter à tout prix que la police soit sur la piste avant que tout soit terminé et qu'on puisse donner une fausse signification à son geste.

Puisqu'il avait le droit de quitter Chantournais, ils s'en iraient, le lendemain, Sylvie et lui. Pas trop tôt, car il avait envie de faire une dernière fois la grasse matinée, de rester au lit pendant qu'elle s'habillerait, de voir son dos nu alors qu'elle vaquerait à sa toilette.

Ils pourraient prendre le train de onze heures et demie, un petit train qui mettait deux heures à franchir trente kilomètres, parce qu'il s'arrêtait dans les moindres villages et parfois à la croisée des routes. Il l'avait pris une fois, et il avait eu le temps, aux arrêts, d'aller boire un coup de vin blanc à l'auberge d'en face. Le chef de train y allait aussi.

Pourvu qu'il y ait du soleil, qu'il fasse chaud. Il avait envie de sentir la sueur sur sa peau et le frais du vin blanc du pays dans sa gorge. Tout cela, il le vivait. De temps en temps, il revenait en arrière pour ajouter un détail, une touche de couleur, une sensation savoureuse.

Personne ne se doutait de rien. Sylvie, elle, ne descendait pas dans les petites gares, mais le regardait par la portière, avec la peur qu'il ne revienne pas au coup de sifflet...

— Tu vois bien que j'étais avec le chef de train... Il n'y avait pas de danger...

Est-ce qu'on n'a pas le droit de s'amuser avec des riens quand on vit sa dernière journée ?

A Niort, il était un peu engourdi par les petits vins blancs successifs.

Engourdi, mais pas ivre. Il ne fallait surtout pas qu'il soit ivre, parce que cela aussi fausserait le sens des choses.

Il connaissait un bon restaurant, près de la poste. On descendait quelques marches et on avait l'impression d'entrer dans une cave.

Qu'est-ce qu'il mangerait ? Il choisirait. Il avait le temps. Il y aurait de la gaieté dans son regard, une sorte de gaieté à part, que Sylvie ne pourrait pas comprendre, qui l'inquiéterait un peu. Pas trop. Pour qu'elle ne se doute de rien et qu'elle ne devienne pas embêtante. Au contraire, il était nécessaire qu'elle se dise :

— Le voilà raisonnable... Il est sauvé...

Et n'était-ce pas la vérité, qu'il était sauvé ? Ils attendraient le train de nuit. Le rapide Bordeaux-Paris. Juste à l'heure du wagon-restaurant. Il avait toujours aimé dîner au wagon-restaurant. Et, dans le rapide de Bordeaux, il y avait des gens importants, qui faisaient régulièrement la navette avec Paris, des armateurs, de hauts fonctionnaires, des importateurs, des avocats, parfois un ministre.

Un compartiment de première classe... Des magazines qu'il aurait achetés à la gare... Sylvie assise bien sagement devant lui, car elle ne détestait pas jouer les femmes du monde... De temps en temps, elle tirait sur sa jupe...

Lui regardait l'heure à sa montre... Il était le seul à savoir... Encore trois heures... encore deux... Leur voisin de compartiment avait troqué ses souliers contre des pantoufles et retiré cravate et veston.

— Pourquoi n'enlèves-tu pas ton veston, Marcel ?... Tu as chaud...

Parce qu'il ne le pouvait pas. On ne fait pas ces choses-là en manches de chemise. Elle comprendrait plus tard. Elle penchait la tête de côté, et sa tête était balancée par les cahots du train. Elle entrouvrait les lèvres. Elle s'endormait. A intervalles irréguliers, elle soulevait les paupières et s'assurait qu'il était toujours là.

— Où vas-tu ?

Pourtant il n'avait pas fait de bruit. Il était debout, à passer par-dessus ses jambes.

— Je reviens tout de suite...

Entre Tours et Blois. Il avait décidé que ce serait entre Tours et Blois. La ligne de chemin de fer suivait la Loire. Le train roulait très vite. La route n'était qu'à cent mètres, et on croisait parfois les phares des autos.

Il se dirigeait vers le fond du couloir en titubant un peu, comme on le fait toujours dans les trains, en se cognant aux parois d'acajou.

Une porte à ouvrir, la mauvaise porte, pas celle des lavabos, mais l'autre, qui laissait s'engouffrer un courant d'air. Le vacarme soudain des roues et des essieux...

Est-ce que Sylvie devinait que c'était fini ? Elle oubliait de feindre le sommeil. Elle se retournait d'un seul bloc dans son lit en poussant un profond soupir.

Il voyait, sur le blanc de l'oreiller, la masse sculpturale des cheveux cernés de lune. Elle questionna dans un souffle :

— Tu dors ?

Et il répondit simplement, sans ironie aucune :

— Presque...

C'était presque terminé, en effet. Un tout petit effort, et il allait pouvoir dormir. Il dormait...

A certain moment, beaucoup plus tard, il la vit debout devant lui, penchée sur son visage, et il se dressa en sursaut.

— Qu'est-ce que tu fais ?

— Rien... Dors... Il m'avait semblé que tu gémissais...

11

Même cela, qui semblait pourtant bien n'appartenir qu'à lui, on devait le lui voler. Et jusqu'au soleil qui n'était pas là, le matin, pour l'accueillir. Il tombait une pluie fine et tiède qui luisait sur les toits et qui avait eu le temps, depuis le petit jour, de mettre des gouttelettes transparentes sur les vitres.

Il ne savait pas quelle heure il était. Il avait dû dormir, vers le matin, d'un sommeil lourd et accablé. Ce qui le réveillait, c'était la sensation de quelque chose d'anormal. Il aurait juré qu'il sentait un manque dans la chambre et, en ouvrant les yeux, il constata que le lit de Sylvie était vide.

Il la chercha du côté de la toilette, et elle n'y était pas. Il tendit l'oreille. Et c'était dans toute la maison, maintenant, qu'il croyait flairer quelque chose d'équivoque. Il lui semblait que les bruits, les allées et venues n'étaient pas les mêmes que les autres matins. Sa montre, sur la table de nuit, était arrêtée.

Il ne voulait pas se lever. Il attendait, l'oreille en alerte. Le sac de voyage de Sylvie était toujours là, et son chapeau, et la veste claire de son nouveau tailleur. D'ailleurs, il savait bien qu'elle ne serait pas partie.

Elle n'était pas dans la salle de bain non plus, car elle s'y serait rendue en peignoir et en pantoufles. Or ses souliers n'étaient plus sur la carpette.

Il s'était produit du nouveau. Il ne savait pas encore quoi, mais cela ne pouvait être que du mauvais. Au lieu de s'impatienter, de se précipiter sur ses vêtements, puis de courir dehors, il restait immobile dans son lit et se durcissait.

Il redevenait méchant, tout doucement. Il n'était plus question du petit Marcel ni des belles histoires qu'il se racontait. Il avait la conviction qu'on était en train de lui voler sa mort, et il serrait les mâchoires, les poings, il se sentait envahi par une rage froide et menaçante.

Qu'est-ce qu'elle faisait en bas ? Avec M. Maurice, sans doute, son ancien amant. Que complotaient-ils à vouloir agir tous les deux à sa place, comme s'il était un bébé ?

Il alluma une cigarette qui avait mauvais goût. Il faillit sonner pour que la femme de chambre lui monte son café, mais il pensa qu'il valait mieux attendre.

Et des pas, enfin, ceux de Sylvie, se firent entendre dans l'escalier, dans le corridor. La porte s'ouvrit. Elle était tout habillée, mais elle était à peine coiffée et elle n'avait pas pris le temps de se maquiller, ce qui lui faisait un visage comme barbouillé.

— Tu es réveillé..., dit-elle avec un regard inquiet qu'elle ne savait où poser.

Elle évitait ses yeux. Elle était incapable de cacher son désarroi, elle retardait le moment d'annoncer la mauvaise nouvelle, fermait la porte, ramassait une chaussette sur la carpette et la posait au pied du lit.

— Tu dormais si fort que tu n'as pas entendu quand on est venu frapper à la porte...

— Quelle heure est-il ?

— Huit heures et demie...

Pour bien lui prouver qu'il était calme, il s'assit dans son lit, s'adossa à l'oreiller, remonta sa montre et mit les aiguilles à l'heure sans poser une seule question.

— C'était Maurice... Je veux dire M. Maurice...

— Tu n'as pas besoin de dire monsieur, va !

Elle ne tenait pas en place, malgré un violent effort sur elle-même.

— Ecoute, Marcel...

Et il prononça, satisfait du son de sa voix, qui était tout à fait normal :

— Ils sont en bas ?

— Mais non... Attends... Il y a un train qui arrive de Poitiers à six heures et demie du matin... Aujourd'hui, Maurice était à la gare avec sa camionnette, parce qu'il attendait une livraison...

Tiens ! Elle profitait de la permission sans seulement s'en rendre compte. Et lui imaginait la gare, la pluie, les rails, le train qui haletait encore.

— Il a reconnu un des voyageurs, un inspecteur de la brigade mobile, un nommé Laterne ou Lanterne... Un jeune... Le commissaire de police l'attendait sur le quai, et tous les deux sont allés boire un verre à l'hôtel qui est tout en bas de la rue Gambetta et dont l'estaminet est le seul ouvert à cette heure-là...

— Je comprends, dit-il. Ensuite ?

— Le temps de charger ses colis et de remettre la camionnette en marche, et les deux hommes étaient déjà sur le trottoir. Maurice espérait arriver à temps pour te prévenir...

— Me prévenir de quoi ?

— Tu ne comprends pas ?... Ils sont entrés ici... Ils ont demandé une chambre pour l'inspecteur... Maurice l'a mis à l'étage au-dessus, le plus loin de nous possible, tu devines pourquoi... Mais les deux hommes n'en finissaient pas, en bas : ils ont pris leur petit déjeuner dans la salle ; ils parlaient de quelqu'un qu'on attend à deux heures de l'après-midi... Or, à deux heures, c'est le train de Bordeaux... le train que prendrait un voyageur venant de Montpellier... Ils ont appelé Maurice ; ils lui ont demandé :

» — Ils sont toujours là-haut ?

» — Il a dit oui, évidemment.

» — Calmes ?

» — Tout ce qu'il y a de plus calme.

» Tu comprends qu'il n'a pas dit le contraire. Et les deux flics se regardaient. Puis ils parlaient bas. Ils se passaient des documents que l'inspecteur de Poitiers avait dans sa serviette.

» — Vous saurez être discret, vous, n'est-ce pas ? recommandait-on à Maurice.

» Remarque qu'il est très bien avec eux. Ils savent qu'il a fait de la prison. C'est justement à cause de ça qu'ils sont copains. C'est difficile à expliquer, mais cela arrive souvent. Ils ont plus confiance en lui qu'en un honnête homme quelconque. C'est un peu comme s'ils étaient du même bord...

» Ils l'ont questionné sur ce que tu faisais toute la journée ; si tu recevais des lettres ; si tu envoyais des télégrammes ; si tu avais l'air inquiet...

» Ils ont même demandé si nous paraissions très amoureux...

Il laissa tomber, toujours assis dans son lit, une nouvelle cigarette aux lèvres :

— C'est fini !

— Le commissaire Colombani est reparti. L'inspecteur est monté dans sa chambre, en recommandant de le réveiller à neuf heures...

Un coup d'œil à la montre.

— Maurice en a profité pour venir frapper à la porte, très doucement, car il se méfie malgré tout. Je me suis habillée à la diable. Je n'ai pas pris le temps de me laver. Il faut dire que j'ai passé une mauvaise nuit. Tu as ronflé presque tout le temps.

— Je croyais que j'avais gémi...

— D'abord... Puis tu as ronflé... Il m'a mise au courant... Ecoute...

Elle n'aimait pas cette façon trop détachée qu'il avait de la regarder, comme s'il s'intéressait à peine à ce qu'elle disait, comme si cela concernait un autre que lui.

— ... Il y a des chances pour que la gare soit surveillée. Je me doutais que le Colombani avait une idée de derrière la tête. Ce n'est pas pour rien qu'il t'a fait venir au commissariat et qu'il a été si aimable. Hier, toute la journée, le télégraphe a dû fonctionner. Ils ont fait des recoupements. Ils attendent quelqu'un qui doit venir ici pour t'identifier... Je me trompe peut-être, mais je parierais que c'est le barman du tripot de Montpellier : l'histoire de ta valise m'a toujours chiffonnée ; un type avec une valise, dans une boîte de nuit, cela se remarque, tu sais...

— Et après ? Que dit Maurice ?

— Ne te moque pas... Il y a deux moyens... D'abord, la camionnette, qu'il a laissée exprès dans la cour et dont il a fait le plein d'essence... S'ils ont pensé à surveiller la gare, ils savent que tu n'as pas de voiture, et ils n'ont pas eu le temps d'alerter les gendarmeries pour établir un barrage sur les routes.

— Maurice *dixit*..., ironisa-t-il.

— Comment ?

— Rien... Continue... Je saute dans la camionnette et je file...

— Tu gagnes une ville où passe un express, n'importe où... Ou bien tu te diriges vers Nantes, où il n'est pas trop difficile de se cacher dans les bas quartiers...

— Et après ?

— Attends... C'est la première solution, et Maurice ne l'aime pas beaucoup... Parce que, dans deux heures, ils seront sur la piste... Et alors c'est une question de minutes... Une panne, un gendarme qui fait du zèle, qui a la curiosité de te demander tes papiers, et tu es fichu...

— Je suis fichu... Bon...

— Tais-toi, veux-tu ?... Je ne t'ai jamais vu comme ça...

— Moi non plus. Ne t'énerve pas, voyons !... Est-ce que je m'énerve, moi ?... Et pourtant cela me regarde un petit peu, tu l'avoueras...

— Les minutes passent...

— Et notre pauvre Maurice doit être anxieux au bas de l'escalier.

— Il y a un autre moyen, le meilleur, seulement il faut faire vite... Si tu commençais à t'habiller pendant que je te parle...

Il ne bougea pas.

— J'attends ce que tu as à me proposer.

— Il a, depuis qu'il habite Chantournais, une petite chambre dans une maison de la rue des Loges. C'est une maison ancienne, avec une boutique d'articles de pêche au rez-de-chaussée, tenue par une vieille femme à moitié sourde... On n'a pas besoin de traverser la boutique... On entre par une sorte d'impasse où il n'y a jamais personne. L'escalier ne conduit qu'à la chambre... Il l'a gardée, parce qu'il avait besoin d'un coin à lui...

— Pour les jours où la veuve Roy est par trop tyrannique...

— Je t'en supplie, Marcel !... Tu as le temps d'y aller... Même si l'hôtel est surveillé, on te fera passer par derrière, où il y a d'anciennes écuries qui donnent sur la rue des Loges... La police n'y aura pas pensé... Personne ne connaît cette chambre... On te cherchera partout, sauf là... Tu en seras quitte pour y rester quelques jours ou pour y attendre simplement la nuit... Après, tu t'en vas... Tu es assez débrouillard pour leur glisser entre les doigts... Tu as de l'argent... On t'en donnera d'autre au besoin... Si tu atteins Nantes, ou Bordeaux, ou même La Rochelle, tu es sauvé, car tu trouveras toujours un bateau...

— Et après ?

Elle comprit tout à coup. Sans doute qu'elle y avait pensé, elle aussi ? Elle laissa retomber les bras.

— Tu aimes mieux te faire prendre ?

Il haussa les épaules.

— Il y a des tas de choses que tu peux faire, tu le sais bien...

— Y compris l'imbécile...

Elle feignit de ne pas avoir entendu.

— Si tu le désires le moins du monde, si tu penses que je peux t'être utile en quoi que ce soit, j'irai te retrouver...

— Je te remercie du fond du cœur...

— Tu acceptes ?

Elle avait eu un mouvement d'espoir, parce qu'il se levait, jambes nues, et se dirigeait calmement vers la toilette.

— Va donc en bas chercher les dernières nouvelles.

— Si tu acceptes, il faut le dire, parce que Maurice ira vite là-bas porter de la nourriture et de quoi boire pendant quelques jours...

— Qu'il ne s'en donne pas la peine...

Il se savonnait les joues pour se raser.

— Nous avons pensé à cela aussi... Au fond, c'est même son idée à lui... Je lui ai raconté l'histoire telle que tu me l'as dite... Si tu ne t'es pas trompé, tu ne risques pas grand-chose... Parce qu'ils ne parviendront pas à réunir assez de preuves... Tu m'écoutes ?

— Religieusement...

— Le témoignage d'un barman, surtout d'un barman de tripot plus ou moins louche, ne suffira pas... A plus forte raison si tu as un alibi... Maurice a un ami à Limoges, quelqu'un qui, pour des raisons que je ne connais pas, ne peut rien lui refuser... Si tu es d'accord, il va tout de suite lui envoyer quelqu'un de sûr, car il se méfie de la poste et du télégraphe. Son ami, qui est commerçant, dans les cuirs, je crois, quelque chose comme une tannerie, dans les environs immédiats de Limoges, affirmera que tu es passé chez lui la nuit de Montpellier...

» Il existe une ligne de chemin de fer directe de Limoges à Toulouse. Si on a repéré ton passage dans cette ville à cause de moi, tu pourras toujours prétendre que tu venais de Limoges... Il suffit de nous mettre d'accord...

» Ils nageront... Tu n'as pas de casier judiciaire...

— Merci...

— Ecoute-moi, Marcel...

— Va aux nouvelles, veux-tu ? Il y a peut-être du nouveau depuis tout à l'heure. Ces gens-là vont vite en besogne quand il ne s'agit pas d'un gros bonnet...

Il avait fini de se raser. Il marcha vers le lit pour y prendre son pantalon. Ce fut une faute. Quand il se retourna, il ne se douta de rien. Elle était debout près de la porte. Elle lui disait :

— Tu as tort, Marcel... Je ne sais ce que tu as dans la tête, mais...

— Va vite...

Et ce fut lui qui la poussa dehors. Il referma la porte, donna un tour de clef, revint vers la toilette, très calme, très froid, un peu pâle, et alors il comprit...

Elle avait eu le temps de saisir le rasoir et de l'emporter. C'était la seule chose sur laquelle il avait compté pendant qu'elle parlait et qu'il ne l'écoutait que d'une oreille distraite. Il avait fallu changer toute l'histoire de la nuit, en inventer une autre.

Celle-ci était moins belle. Mais elle gardait encore une certaine allure. Il ne pouvait même pas se jeter par la fenêtre, car il n'y avait pas assez de hauteur pour se casser la tête ou les reins.

Il s'habilla. Et il tendait à nouveau l'oreille aux bruits de la maison. Pourquoi Sylvie ne revenait-elle pas ? Il lui semblait qu'il y avait un bourdonnement, en bas, comme en auraient fait plusieurs voix d'hommes. Il entrouvrit la porte et eut l'impression de reconnaître l'accent du commissaire.

Puis quelqu'un montait, gagnait le second étage, frappait à une porte.

— Il est neuf heures, monsieur...

C'était Maurice, M. Maurice, qui redescendait sans oser s'arrêter au premier.

Viau se brossa les cheveux avec soin, se lava les dents, se cura les ongles à l'aide d'une petite lime de poche qu'il avait toujours sur lui. Ce n'était malheureusement pas une arme suffisante.

Cela se passait comme au théâtre, quand on s'affaire sur le plateau à planter les décors, à mettre les figurants en place, à régler les lumières, à accorder l'orchestre, tandis que le premier rôle est encore tout seul dans sa loge.

N'était-il pas le premier rôle ?

Il aurait payé cher pour une tasse de café. Là encore, on le frustrait. Il aurait été frustré toute sa vie, toujours d'une façon mesquine. Même les condamnés à mort ont droit au verre de rhum rituel.

Il avait la gorge sèche et ne pouvait pas s'empêcher de fumer.

— Ecoute, Marcel...

Elle arrivait, affolée.

— Ils sont en bas... L'inspecteur est descendu... Je ne sais pas ce qu'ils ont dans la tête, mais ils s'imaginent que tu ne vas pas te rendre...

— Tu crois ?

— Ils hésitent... Ils prennent leurs précautions... Il y a deux agents en uniforme dans la rue et un autre dans la cour... Ils m'ont questionnée... Pas sur Montpellier... Pas sur tes affaires... Ils m'ont surtout demandé avec insistance :

» — Comment est-il ?... Qu'est-ce qu'il compte faire ?...

» Ils se figurent que tu es armé... Je crois qu'ils ont peur de toi... On a dû leur donner de faux renseignements...

— Tu crois ?...

— Je leur ai affirmé qu'ils se trompaient, que j'allais te parler, que tu allais descendre et t'expliquer avec eux...

— Parbleu !

— C'est ce que tu vas faire, n'est-ce pas ?... Ils m'ont donné dix minutes...

— Après quoi ?

— Ils montent...

— Où as-tu mis mon rasoir ?

— Je l'ai laissé en bas. Ne fais pas de bêtises, Marcel... Je ne t'ai jamais parlé comme ça... Pour l'amour de Dieu, pour ton père, pour moi, ne fais pas de bêtises.

Et lui, roide et glacé, condescendant pourtant, avec le geste dont on écarte les faibles avant le coup dur :

— Va...

— Aller où ?

— Il n'y a plus que quatre minutes...

— Qu'est-ce que tu vas faire ?

— Rien... Dis-leur de monter...

Il lui sourit d'un sourire si enfantin qu'il la désarma. Pour la première fois, il parvenait à la tromper, et c'était malgré tout une petite satisfaction. Elle insistait :

— Tu seras sage ?

— Comme une image.

Elle avait envie de l'embrasser, il le savait. Il ne voulait pas d'attendrissement.

— Va...

Un instant, comme elle sortait, il ferma les yeux. Il n'avait jamais eu peur des coups, de la douleur physique. Mais, depuis qu'il avait assisté à l'arrestation d'un homme, un nervi de Marseille, par quatre policiers, il y avait une image qui lui figeait le sang dans les veines.

L'instant où, soudain, les poignets sont encerclés dans les menottes et où le policier, par habitude, tire un bon coup, donne une secousse...

A ce moment-là, c'est fini. On a beau être grand et fort. On a beau dépasser de la tête et de tout son courage l'individu qui prend possession de vous, on est à sa merci, on est comme une bête dans une cage, comme un chien hargneux à qui on a passé le collier de force aux pointes acérées.

Ils peuvent désormais s'en donner à cœur joie, se venger de la peur qu'ils ont eue, vous frapper ou vous cracher au visage, vous donner des coups de pied dans les jambes ou des coups de genou dans les parties.

Les menottes sont là. On n'est plus rien. Ils peuvent même, comme c'était arrivé à Marseille, permettre à la foule d'exhaler sur vous sa mauvaise humeur en recommandant :

— Frappez, mais pas trop fort, pour ne pas l'abîmer...

Il s'était bien juré que cela ne lui arriverait jamais. Et c'était Sylvie, qui avait presque l'air de l'aimer, en fin de compte, qui venait de lui enlever son seul véritable moyen de leur échapper.

Ils chuchotaient, en bas. Ils se concertaient. Pourvu qu'ils soient armés ! Pourvu qu'il y en ait au moins un pour tirer !

Il ne lui restait plus que cet espoir-là, et il attendait, il les entendait monter, à pas de loup. Combien étaient-ils ? Qui marchait en tête ? Celui-là devait se retourner peureusement vers les autres et leur adresser ses ultimes recommandations.

Il se tenait derrière la porte. Il avait toujours la sensation de la pluie dehors, dont il percevait le murmure. Est-ce que les voisins s'étaient attroupés ? C'était probable. Sur le trottoir d'en face, à bonne distance, pour voir sans courir aucun risque. On devait rappeler les enfants :

— Viens ici... Tu vas recevoir un mauvais coup...

Et la patronne, la veuve Roy, est-ce qu'elle était derrière sa caisse ? Et M. Maurice ?

Ils étaient là, séparés de lui par la porte de bois mince. Il les entendit respirer. On frappait, discrètement, comme si on avait peur de réveiller ses mauvais instincts.

Il se donnait le malin plaisir de ne pas répondre. Cela devait les troubler. Peut-être s'interrogeaient-ils du regard ? Ils imaginaient sans doute qu'il s'était barricadé, alors qu'il n'avait même pas donné un tour de clef.

On frappait à nouveau. Le bouton tournait. La porte bougeait. Un bras, un morceau de veston noir, une main claire, une silhouette.

Et ce fut, brusquement la bagarre. Il avait bondi. Il frappait de toutes ses forces, dans le tas, il mordait, se servait de ses pieds, de ses dents, de sa tête.

Il avait conscience que quelqu'un brandissait un noir revolver et n'osait pas s'en servir dans la mêlée.

Il avait roulé par terre, mais il n'y était pas seul, ils y étaient trois pour le moins, membres emmêlés à se déchirer les vêtements et les chairs, à frapper aussi fort qu'ils pouvaient. Il y avait du sang. Du sang de qui ? Cela n'avait pas d'importance. Et un coup de sifflet leur déchirait les oreilles, sans doute un appel à la rescousse ?

Il gardait son sang-froid. C'était le moins qu'il pouvait faire, au point où il en était. Il frappait avec précision. Deux fois, il atteignit la même joue, au coin de l'œil, bien qu'une main lui eût agrippé la lèvre supérieure et la déchirât lentement, progressivement. Cela lui était égal. C'était mieux ainsi.

Cela s'agitait, en bas. Cela faisait du bruit dans la rue. Il devait y avoir un gros attroupement. On téléphonait. On entendait une voix anxieuse qui disait :

— Allô ?... Allô !... La mairie ?... Mais puisque je vous dis de me passer la mairie.

Pourquoi pas les pompiers ?

Il n'en avait pas pour longtemps, et il profitait des minutes qui lui étaient encore allouées. Il y avait maintenant un genou sur sa poitrine, et on lui martelait le visage, il voyait un peu rouge, à cause du sang, tandis qu'un imbécile s'obstinait à le tirer par un pied et finissait par tomber sur le derrière, avec sa chaussure dans la main.

— Au nom de la loi, Marcel Viau...

Il alla, bravement, jusqu'au bout de ses forces. Ce n'était pas lui qui avait choisi. On lui avait tout gâché, jusqu'au bout. Il se demandait si son père serait si humilié que ça.

Il y eut un lâche pour le frapper au front, de sang-froid, tandis qu'il était aux prises avec les autres, à l'aide d'un objet dur, peut-être la crosse d'un revolver.

Et il eut un éblouissement. Tout son visage se crispa. Il crut qu'il allait s'évanouir.

C'est ainsi, alors qu'il était couché, mais qu'il tenait encore la tête de l'un d'eux entre ses genoux serrés, qu'on lui passa les menottes.

— Lève-toi...

Il en fut soulagé, malgré tout. La preuve, c'est qu'il sourit, d'un sourire que personne, sauf lui, ne pouvait apprécier. Est-ce que Sylvie et M. Maurice avaient assez bien arrangé les choses ? A leur idée ! Voilà l'erreur... A leur idée. Comme si ce qui était bon pour un M. Maurice, ou pour une bête puante comme M. Mangre, était aussi bon pour lui, Viau !

Il leur avait montré...

Il restait étendu un moment et se donnait le temps de respirer. Il ne ressentait aucune douleur, mais il avait conscience que son visage était déformé et qu'il avait du sang partout.

— Debout !

Mais oui ! Il allait obéir ! Il obéissait ! Il n'y avait plus de honte, maintenant, à obéir, puisqu'il était enchaîné comme un animal.

Il y eut un idiot, un irrémédiable idiot, le commissaire ou l'inspecteur de Poitiers, il ne put le savoir au juste, parce qu'il y avait du flou dans sa tête, pour prononcer avec une satisfaction béate :

— Je m'en étais douté...

De quoi, hein ? Qu'il le dise, puisqu'il se croyait si malin. De quoi s'était-il douté ?

Pauvre crétin, qui ne savait pas que tout aurait été tellement plus simple si on l'avait laissé faire, lui, Marcel Viau !

Ils étaient bien avancés, à cette heure. Il y en avait deux qui se lavaient le visage dans la cuvette. Quant à lui, on le laissait maculé de sang et de poussière, parce que cela faisait plus spectaculaire pour les gens qui attendaient dehors.

S'ils avaient pu, ils auraient convoqué le cinéma.

— Emmenez-le, vous autres... Avez-vous fouillé ses poches ?...

Ça, c'était la voix du petit commissaire corse qui aimait les gamines court vêtues. Viau avait dû lui gâcher son dimanche avec tous les télégrammes qu'il avait sans doute été obligé d'échanger. Mais il se croyait très fin. Il espérait de l'avancement.

— En route !...

Ils avaient eu si peur, en bas, qu'ils osaient seulement montrer le nez à la porte de la salle à manger. Le vestibule était vide. Il chercha Sylvie des yeux. Elle pleurait, dans un coin, à côté d'un agent en uniforme qui la surveillait de près, le même qui, le samedi après-midi, attachait des hameçons à des bas de ligne après les avoir mouillés de salive.

Un vrai temps pour le cinéma, gris à souhait, avec des reflets glauques. Seulement, au cinéma, il faut faire de la pluie artificielle avec des lances de pompier, parce que la vraie pluie ne donne rien.

Les vrais types qui se font arrêter ne donnent rien non plus. Il faut en remettre.

Arrestation d'un dangereux malfaiteur qui...

Il se vit, dans la porte vitrée, avec une manche de veston presque entièrement arrachée, sa cravate roulée comme une ficelle et son visage tuméfié qu'il ne reconnaissait pas.

Il avait vraiment une sale gueule, une gueule d'assassin. Il redressait la tête, tandis que son cornac donnait de petits coups sur les menottes et que les autres suivaient, tout fiers de leur exploit.

Ils auraient pu l'emmener en voiture, mais c'était beaucoup plus sensationnel de parcourir à pied, le long des trottoirs, les trois cents mètres qui les séparaient du commissariat. Avec les commerçants sur les seuils, les gamins derrière, tout un troupeau qui leur faisait escorte.

Il traversa la pièce où le vieil employé, qui tirait toujours des traits dans son registre, lui lança un regard étonné.

Le seul regard étonné qu'il recueillît depuis le matin. Bref d'ailleurs. Car l'homme se remettait déjà à faire glisser sa plume le long de la règle maculée de violet.

— Je suppose que vous avouez ?

Ils n'étaient plus que trois. Le commissaire n'avait rien pris. Il n'était pas entré dans la bagarre. Il était aussi correct que le samedi. L'inspecteur avait un bleu près de la tempe.

Viau se tut. Il se tut pendant des heures. Tout le temps qu'ils voulurent. Ils étaient les maîtres. Ils racontaient ce qui leur plaisait, usaient de tous les petits trucs naïfs qui leur passaient par la tête et qu'ils avaient peut-être appris dans des romans policiers.

Ils ne lui donnaient ni à boire ni à manger.

Le barman de Montpellier vint, endimanché, l'air aussi peu barman que possible pour la circonstance, maquillé en quelque sorte en honnête homme, avec l'approbation de la police, qui, parce qu'elle avait besoin de lui, oubliait d'où il sortait.

— C'est lui !

Il y avait les menottes. C'était rassurant.

— Je jurerais que c'est lui...

Viau ne le démentit pas, ne démentit rien, parce que c'était le seul moyen d'avoir à manger.

A cinq heures seulement, après avoir en vain tenté de lui faire signer des aveux, on le poussa dans une petite pièce, une espèce de porcherie au sol cimenté où il y avait un trou puant à fleur de terre pour faire ses besoins.

On lui apporta une gamelle de soupe avec une cuiller. On le laissa seul dans l'obscurité.

— Ça lui fera les pieds !... grommela l'agent qui referma le verrou dehors. Tout à l'heure ou demain, il sera doux comme du satin.

Pas comme du satin. Comme un mort. Parce qu'il avait aiguisé sa cuiller sur le ciment et qu'elle lui avait tenu lieu de rasoir.

Peut-être qu'il avait enfin trouvé sa place quelque part ? Peut-être que, pour la punition de ses péchés, il était condamné à la chercher pendant l'éternité ?

En tout cas, pour les gens d'en bas, il était mort, et il n'y eut que Sylvie et M. Maurice, avec un homme qu'ils ne connaissaient pas, mais qu'ils devinaient être le père, à son enterrement.

Et une silhouette qui suivait de loin, sur le trottoir, et qui ressemblait à M. Mangre.

Juin 1946.

LA PIPE DE MAIGRET

Nouvelle parue dans le volume qui porte son titre
en même temps que *Maigret se fâche*

La maison des objets qui bougent

Il était sept heures et demie. Dans le bureau du chef, avec un soupir d'aise et de fatigue à la fois, un soupir de gros homme à la fin d'une chaude journée de juillet, Maigret avait machinalement tiré sa montre de son gousset. Puis il avait tendu la main, ramassé ses dossiers sur le bureau d'acajou. La porte matelassée s'était refermée derrière lui et il avait traversé l'antichambre. Personne sur les fauteuils rouges. Le vieux garçon de bureau était dans sa cage vitrée. Le couloir de la Police Judiciaire était vide, une longue perspective à la fois grise et ensoleillée.

Des gestes de tous les jours. Il rentrait dans son bureau. Une odeur de tabac qui persistait toujours, malgré la fenêtre large ouverte sur le quai des Orfèvres. Il déposait ses dossiers sur un coin du bureau, frappait le fourneau de sa pipe encore chaude sur le rebord de la fenêtre, revenait s'asseoir, et sa main, machinalement, cherchait une autre pipe là où elle aurait dû être, à sa droite.

Elle ne s'y trouvait pas. Il y avait bien trois pipes, dont une en écume, près du cendrier, mais la bonne, celle qu'il cherchait, celle à laquelle il revenait le plus volontiers, qu'il emportait toujours avec lui, une grosse pipe en bruyère, légèrement courbe, que sa femme lui avait offerte dix ans plus tôt lors d'un anniversaire, celle qu'il appelait sa bonne vieille pipe, enfin, n'était pas là.

Il tâta ses poches, surpris, y enfonça les mains. Il regarda sur la cheminée de marbre noir. A vrai dire, il ne pensait pas. Il n'y a rien d'extraordinaire à ne pas retrouver sur-le-champ une de ses pipes. Il fit deux ou trois fois le tour du bureau, ouvrit le placard où il y avait une fontaine d'émail pour se laver les mains.

Il cherchait comme tous les hommes, assez stupidement, puisqu'il n'avait pas ouvert ce placard de tout l'après-midi et que, quelques instants après six heures, quand le juge Coméliau lui avait téléphoné, il avait précisément cette pipe-là à la bouche.

Alors il sonna le garçon de bureau.

— Dites-moi, Emile, personne n'est entré ici pendant que j'étais chez le chef ?

— Personne, monsieur le commissaire.

Il fouillait à nouveau ses poches, celles de son veston, celles de son pantalon. Il avait l'air d'un gros homme contrarié et, de tourner ainsi en rond, cela lui donnait chaud.

Il entra dans le bureau des inspecteurs, où il n'y avait personne. Cela lui arrivait d'y laisser une de ses pipes. C'était curieux et agréable de trouver aussi vides, dans une atmosphère comme de vacances, les locaux du quai des Orfèvres. Pas de pipe. Il frappa chez le chef. Celui-ci venait de sortir. Il entra, mais il savait d'avance que sa pipe n'était pas là, qu'il en fumait une autre quand il était venu vers six heures et demie bavarder des affaires en cours et aussi de son prochain départ pour la campagne.

Huit heures moins vingt. Il avait promis d'être rentré à huit heures boulevard Richard-Lenoir, où sa belle-sœur et son mari étaient invités. Qu'avait-il promis aussi de rapporter ? Des fruits. C'était cela. Sa femme lui avait recommandé d'acheter des pêches.

Mais, chemin faisant, dans l'atmosphère lourde du soir, il continuait à penser à sa pipe. Cela le tracassait, un peu à son insu, comme nous tracasse un incident minime mais inexplicable.

Il acheta les pêches, rentra chez lui, embrassa sa belle-sœur qui avait encore grossi. Il servit les apéritifs. Or, à ce moment-là, c'était la bonne pipe qu'il aurait dû avoir à la bouche.

— Beaucoup de travail ?

— Non. C'est calme.

Il y a des périodes comme ça. Deux de ses collègues étaient en vacances. Le troisième avait téléphoné le matin pour annoncer que de la famille venait de lui arriver de province et qu'il prenait deux jours de congé.

— Tu as l'air préoccupé, Maigret, remarqua sa femme pendant le dîner.

Et il n'osa pas avouer que c'était sa pipe qui le tarabustait. Il n'en faisait pas un drame, certes. Cela ne l'empêchait pas moins d'être en train.

A deux heures. Oui, il s'était assis à son bureau à deux heures et quelques minutes. Lucas était venu lui parler d'une affaire de carambouillage, puis de l'inspecteur Janvier, qui attendait un nouvel enfant.

Ensuite, paisiblement, ayant retiré son veston et desserré un peu sa cravate, il avait rédigé un rapport sur un suicide qu'on avait pris un instant pour un crime. Il fumait sa grosse pipe.

Ensuite Gégène. Un petit maquereau de Montmartre qui avait donné un coup de couteau à sa gagneuse. Qui l' «avait un peu piquée », comme il disait. Mais Gégène ne s'était pas approché du bureau. En outre, il avait les menottes.

On servait les liqueurs. Les deux femmes parlaient cuisine. Le beau-frère écoutait vaguement en fumant un cigare, et les bruits du boulevard Richard-Lenoir montaient jusqu'à la fenêtre ouverte.

Il n'avait même pas quitté son bureau, cet après-midi-là, pour aller boire un demi à la Brasserie Dauphine.

Voyons, il y avait eu la femme... Comment s'appelait-elle encore ? Roy ou Leroy. Elle n'avait pas de rendez-vous. Emile était venu annoncer :

— Une dame et son fils.

— De quoi s'agit-il ?

— Elle ne veut pas le dire. Elle insiste pour parler au chef.

— Faites-la entrer.

Un pur hasard qu'il y eût du battement dans son emploi du temps, car autrement il ne l'aurait pas reçue. Il avait attaché si peu d'importance à cette visite qu'il avait peine, maintenant, à se souvenir des détails.

Sa belle-sœur et son beau-frère s'en allaient. Sa femme lui faisait remarquer, en remettant de l'ordre dans l'appartement :

— Tu n'as pas été loquace, ce soir. Il y a quelque chose qui ne va pas.

Non. Tout allait fort bien, au contraire, sauf la pipe. La nuit commençait à tomber et Maigret, en manche de chemise, s'accouda à la fenêtre, comme des milliers de gens, à la même heure, prenaient le frais en fumant leur pipe ou leur cigarette à des fenêtres de Paris.

La femme — c'était plutôt Mme Leroy — s'était assise juste en face du commissaire. Avec cette allure un peu raide des gens qui se sont promis d'être dignes. Une femme dans les quarante-cinq ans, de celles qui, sur le retour, commencent à se dessécher. Maigret, pour sa part, préférait celles que les années empâtent.

— Je suis venue vous voir, monsieur le directeur...

— Le directeur est absent. Je suis le commissaire Maigret.

Tiens ! Un détail qui lui revenait. La femme n'avait pas bronché. Elle ne devait pas lire les journaux et, sans doute, n'avait-elle pas entendu parler de lui ? Elle avait paru plutôt vexée de n'être pas mise en présence du directeur de la Police judiciaire en personne et elle avait eu un petit geste de la main comme pour dire :

« Tant pis ! Il faudra bien que je m'en arrange. »

Le jeune homme, au contraire, à qui Maigret n'avait pas encore fait attention, avait eu une sorte de haut-le-corps, et son regard s'était porté vivement, avidement, sur le commissaire.

— Tu ne te couches pas, Maigret ? questionnait Mme Maigret, qui venait de faire la couverture et qui commençait à se dévêtir.

— Tout à l'heure.

Maintenant, qu'est-ce que cette femme lui avait raconté au juste ? Elle avait tant parlé ! Avec volubilité, avec insistance, à la façon des gens qui donnent une importance considérable à leurs moindre paroles et qui craignent toujours qu'on ne les prenne pas au sérieux. Une manie de femmes, d'ailleurs, surtout de femmes qui approchent de la cinquantaine.

— Nous habitons, mon fils et moi...

Elle n'avait pas tellement tort, au fond, car Maigret ne lui prêtait qu'une oreille distraite.

Elle était veuve, bon ! Elle avait dit qu'elle était veuve depuis quelques années, cinq ou dix, il l'avait oublié. Assez longtemps puisqu'elle se plaignait d'avoir eu du mal à élever son fils.

— J'ai tout fait pour lui, monsieur le commissaire.

Comment accorder son attention à des phrases que répètent toutes les femmes du même âge et dans la même situation, avec une fierté identique, et une pareille moue douloureuse ? Il y avait d'ailleurs eu un incident au sujet de ce veuvage. Lequel ? Ah ! oui...

Elle avait dit :

— Mon mari était officier de carrière.

Et son fils avait rectifié :

— Adjudant, maman. Dans l'Intendance, à Vincennes.

— Pardon... Quand je dis officier, je sais ce que je dis. S'il n'était pas mort, s'il ne s'était tué au travail pour des chefs qui ne le valaient pas et qui lui laissaient toute la besogne, il serait officier à l'heure qu'il est... Donc...

Maigret n'oubliait pas sa pipe. Il serrait la question, au contraire. La preuve, c'est que ce mot Vincennes était rattaché à la pipe. Il la fumait, il en était sûr, au moment où il avait été prononcé. Or, après, il n'avait plus été question de Vincennes.

— Pardon. Où habitez-vous ?

Il avait oublié le nom du quai, mais c'était tout de suite après le quai de Bercy, à Charenton. Il retrouvait dans sa mémoire l'image d'un quai très large, avec des dépôts, des péniches en déchargement.

— Une petite maison à un étage, entre un café qui fait l'angle et un grand immeuble de rapport.

Le jeune homme était assis au coin du bureau, son chapeau de paille sur les genoux, car il avait un chapeau de paille.

— Mon fils ne voulait pas que je vienne vous trouver, monsieur le directeur. Pardon, monsieur le commissaire. Mais je lui ai dit :

» — Si tu n'as rien à te reprocher, il n'y a pas de raison pour que...

De quelle couleur était sa robe ? Dans les noirs, avec du mauve. Une de ces robes que portent les femmes mûres qui visent la distinction. Un chapeau assez compliqué, probablement transformé maintes fois. Des gants en fil sombre. Elle s'écoutait parler. Elle commençait ses phrases par des :

— Figurez-vous que...

Ou encore :

— Tout le monde vous dira...

Maigret, qui, pour la recevoir, avait passé son veston, avait chaud et somnolait. Une corvée. Il regrettait de ne pas l'avoir envoyée tout de suite au bureau des inspecteurs.

— Voilà plusieurs fois déjà que, quand je rentre chez moi je constate que quelqu'un y est venu en mon absence.

— Pardon. Vous vivez seule avec votre fils ?

— Oui. Et j'ai d'abord pensé que c'était lui. Mais c'était pendant ses heures de travail.

Maigret regarda le jeune homme qui paraissait contrarié. Encore un type qu'il connaissait bien. Dix-sept ans sans doute. Maigre et long. Des boutons dans la figure, des cheveux tirant sur le roux et des taches de rousseur autour du nez.

Sournois ? Peut-être. Sa mère devait le déclarer un peu plus tard, car il y a des gens qui aiment dire du mal des leurs. Timide en tout cas. Renfermé. Il fixait le tapis, ou n'importe quel objet dans le bureau et, quand il croyait qu'on ne le regardait pas, il jetait vite à Maigret un coup d'œil aigu.

Il n'était pas content d'être là, c'était évident. Il n'était pas d'accord avec sa mère sur l'utilité de cette démarche. Peut-être avait-il un peu honte d'elle, de sa prétention, de son bavardage ?

— Que fait votre fils ?

— Garçon coiffeur.

Et le jeune homme de déclarer avec amertume :

— Parce que j'ai un oncle qui a un salon de coiffure à Niort, ma mère s'est mis en tête de...

— Il n'y a pas de honte à être coiffeur. C'est pour vous dire, monsieur le commissaire, qu'il ne peut pas quitter le salon où il travaille, près de la République. D'ailleurs, je m'en suis assurée.

— Pardon. Vous avez soupçonné votre fils de rentrer chez vous en votre absence et vous l'avez surveillé ?

— Oui, monsieur le commissaire. Je ne soupçonne personne en particulier, mais je sais que les hommes sont capables de tout.

— Qu'est-ce que votre fils serait allé faire chez vous à votre insu ?

— Je ne sais pas.

Puis, après un silence :

— Peut-être amener des femmes ! Il y a trois mois, j'ai bien trouvé une lettre de gamine dans sa poche. Si son père...

— Comment avez-vous la certitude qu'on est entré chez vous ?

— D'abord, cela se sent tout de suite. Rien qu'en ouvrant la porte, je pourrais dire...

Pas très scientifique, mais assez vrai, assez humain, en somme. Maigret avait déjà eu de ces impressions-là.

— Ensuite ?

— Ensuite, de menus détails. Par exemple, la porte de l'armoire à glace, que je ne ferme jamais à clef, et que je retrouvais fermée d'un tour de clef.

— Votre armoire à glace contient des objets précieux ?

— Nos vêtements et notre linge, plus quelques souvenirs de famille, mais rien n'a disparu, si c'est cela que vous voulez dire. Dans la cave aussi une caisse qui avait changé de place.

— Et qui contenait ?...

— Des bocaux vides.

— En somme, rien n'a disparu de chez vous ?

— Je ne crois pas.

— Depuis combien de temps avez-vous l'impression qu'on visite votre domicile ?

— Ce n'est pas une impression. C'est une certitude. Environ trois mois.

— Combien de fois, à votre avis, est-on venu ?

— Peut-être dix en tout. Après la première fois, on est resté longtemps, peut-être trois semaines sans venir. Ou, alors, je ne l'ai pas remarqué. Puis deux fois coup sur coup. Puis encore trois semaines ou plus. Depuis quelques jours, les visites se suivent et, avant-hier, quand il y a eu le terrible orage, j'ai trouvé des traces de pas et du mouillé.

— Vous ne savez pas si ce sont des traces d'homme ou de femme ?

— Plutôt d'homme, mais je ne suis pas sûre..

Elle avait bien dit d'autres choses. Elle avait tant parlé, sans avoir besoin d'y être poussée ! Le lundi précédent, par exemple, elle avait emmené exprès son fils au cinéma, parce que les coiffeurs ne travaillent pas le lundi. Comme cela, il était bien surveillé. Il ne l'avait pas quittée de l'après-midi. Ils étaient rentrés ensemble.

— Or, on était venu.

— Et pourtant votre fils ne voulait pas que vous en parliez à la police ?

— Justement, monsieur le commissaire. C'est ça que je ne comprends pas. Il a vu les traces comme moi.

— Vous avez vu les traces, jeune homme ?

Il préférait ne pas répondre, prendre un air buté. Cela signifiait-il que sa mère exagérait, qu'elle n'était pas dans son bon sens ?

— Savez-vous par quelle voie le ou les visiteurs pénétrèrent dans la maison ?

— Je suppose que c'est par la porte. Je ne laisse jamais les fenêtres ouvertes. Pour entrer par la cour, le mur est trop haut et il faudrait traverser les cours des maisons voisines.

— Vous n'avez pas vu de traces sur la serrure ?

— Pas une égratignure. J'ai même regardé avec la loupe de feu mon mari.

— Et personne n'a la clef de votre maison ?

— Personne. Il y aurait bien ma fille (léger mouvement du jeune homme), mais elle habite Orléans avec son mari et ses deux enfants.

— Vous vous entendez bien avec elle ?

— Je lui ai toujours dit qu'elle avait tort d'épouser un propre à rien. A part ça, comme nous ne nous voyons pas...

— Vous êtes souvent absente de chez vous ? Vous m'avez dit que vous étiez veuve. La pension que vous touchez de l'armée est vraisemblablement insuffisante.

Elle prit un air à la fois digne et modeste.

— Je travaille. Enfin ! Au début, je veux dire après la mort de mon mari, j'ai pris des pensionnaires, deux. Mais les hommes sont trop sales. Si vous aviez vu l'état dans lequel ils laissaient leur chambre !

A ce moment-là, Maigret ne se rendait pas compte qu'il écoutait et pourtant, à présent, il retrouvait non seulement les mots, mais les intonations.

— Depuis un an, je suis dame de compagnie chez Mme Lallemant. Une personne très bien. La mère d'un médecin. Elle vit seule, près de l'écluse de Charenton, juste en face, et tous les après-midi je... C'est plutôt une amie, comprenez-vous ?

A la vérité, Maigret n'y avait attaché aucune importance. Une maniaque ? Peut-être. Cela ne l'intéressait pas. C'était le type même de la visite qui vous fait perdre une demi-heure. Le chef, justement, était entré dans le bureau, ou plutôt en avait poussé la porte, comme il le faisait souvent. Il avait jeté un coup d'œil sur les visiteurs, s'était rendu compte, lui aussi, rien qu'à leur allure, que c'était du banal.

— Vous pouvez venir un instant, Maigret ?

Ils étaient restés un moment debout tous les deux, dans le bureau voisin, à discuter d'un mandat d'arrêt qui venait d'arriver télégraphiquement de Dijon.

— Torrence s'en chargera, avait dit Maigret.

Il n'avait pas sa bonne pipe, mais une autre. Sa bonne pipe, il avait dû, logiquement, la déposer sur le bureau au moment où, un peu plus tôt, le juge Coméliau lui avait téléphoné. Mais, alors, il n'y pensait pas encore.

Il rentrait, restait debout devant la fenêtre, les mains derrière le dos.

— En somme, madame, on ne vous a rien volé ?

— Je le suppose.

— Je veux dire que vous ne portez pas plainte pour vol ?

— Je ne le peux pas, étant donné que...

— Vous avez simplement l'impression qu'en votre absence quelqu'un, ces derniers mois, ces derniers jours surtout, a pris l'habitude de pénétrer chez vous ?

— Et même une fois la nuit.

— Vous avez vu quelqu'un ?

— J'ai entendu.

— Qu'est-ce que vous avez entendu ?

— Une tasse est tombée, dans la cuisine, et s'est brisée. Je suis descendue aussitôt.

— Vous étiez armée ?

— Non. Je n'ai pas peur.

— Et il n'y avait personne ?

— Il n'y avait plus personne. Les morceaux de la tasse étaient par terre.

— Et vous n'avez pas de chat ?

— Non. Ni chat, ni chien. Les bêtes font trop de saletés.

— Un chat n'aurait pas pu s'introduire chez vous ?

Et le jeune homme, sur sa chaise, paraissait de plus en plus au supplice.

— Tu abuses de la patience du commissaire Maigret, maman.

— Bref, madame, vous ne savez pas qui s'introduit chez vous et vous n'avez aucune idée de ce qu'on pourrait y chercher ?

— Aucune. Nous avons toujours été d'honnêtes gens, et...

— Si je puis vous donner un conseil, c'est de faire changer votre serrure. On verra bien si les mystérieuses visites continuent.

— La police ne fera rien ?

Il les poussait vers la porte. C'était bientôt l'heure où le chef l'attendait dans son bureau.

— A tout hasard, je vous enverrai demain un de mes hommes. Mais, à moins de surveiller la maison du matin au soir et du soir au matin, je ne vois pas bien...

— Quand viendra-t-il ?

— Vous m'avez dit que vous étiez chez vous le matin.

— Sauf pendant que je fais mon marché.

— Voulez-vous dix heures ?... Demain à dix heures. Au revoir, madame. Au revoir, jeune homme.

Un coup de timbre. Lucas entra.

— C'est toi ?... Tu iras demain dix heures à cette adresse. Tu verras de quoi il s'agit.

Sans conviction aucune. La préfecture de police partage avec les rédactions de journaux le privilège d'attirer tous les fous et tous les maniaques.

Or, maintenant, à sa fenêtre où la fraîcheur de la nuit commençait à le pénétrer, Maigret grognait :

— Sacré gamin !

Car c'était lui, sans aucun doute, qui avait chipé la pipe sur le bureau.

— Tu ne te couches pas ?

Il se coucha. Il était maussade, grognon. Le lit était déjà chaud et moite. Il grogna encore avant de s'endormir. Et, le matin, il s'éveilla sans entrain, comme quand on s'est endormi sur une impression désagréable. Ce n'était pas un pressentiment et pourtant il sentait bien — sa femme le sentait aussi, mais n'osait rien dire — qu'il commençait la journée du mauvais pied. En plus, le ciel était orageux, l'air déjà lourd.

Il gagna le Quai des Orfèvres à pied, par les quais, et deux fois il lui arriva de chercher machinalement sa bonne pipe dans sa poche. Il gravit en soufflant l'escalier poussiéreux. Emile l'accueillit par :

— Il y a quelqu'un pour vous, monsieur le commissaire.

Il alla jeter un coup d'œil à la salle d'attente vitrée et aperçut Mme Leroy qui se tenait assise sur l'extrême bord d'une chaise recouverte de velours vert, comme prête à bondir. Elle l'aperçut, se précipita effectivement vers lui, crispée, furieuse, angoissée, en proie à mille sentiments différents et, lui saisissant les revers du veston, elle cria :

— Qu'est-ce que je vous avais dit ? Ils sont venus cette nuit. Mon fils a disparu. Vous me croyez, maintenant ? Oh ! j'ai bien senti que vous me preniez pour une folle. Je ne suis pas si bête. Et tenez, tenez...

Elle fouillait fébrilement dans son sac, en tirait un mouchoir à bordure bleue qu'elle brandissait triomphalement.

— Ça... Oui, ça, est-ce une preuve ? Nous n'avons pas de mouchoir avec du bleu dans la maison. N'empêche que je l'ai trouvé au pied de la table de la cuisine. Et ce n'est pas tout.

Maigret regarda d'un œil morne le long couloir où régnait l'animation matinale et où on se retournait sur eux.

— Venez avec moi, madame, soupira-t-il.

La tuile, évidemment. Il l'avait sentie venir. Il poussa la porte de son bureau, accrocha son chapeau à la place habituelle.

— Asseyez-vous. Je vous écoute. Vous dites que votre fils ?...

— Je dis que mon fils a disparu cette nuit et qu'à l'heure qu'il est Dieu sait ce qu'il est devenu.

2

Les pantoufles de Joseph

Il était difficile de savoir ce qu'elle pensait exactement du sort de son fils. Tout à l'heure, à la P.J., au cours de la crise de larmes qui avait éclaté avec la soudaineté d'un orage d'été, elle gémissait :

— Voyez-vous, je suis sûre qu'ils me l'ont tué. Et vous, pendant ce temps-là, vous n'avez rien fait. Si vous croyez que je ne sais pas ce que vous avez pensé ! Vous m'avez prise pour une folle. Mais si ! Et, maintenant, il est sans doute mort. Et moi, je vais rester toute seule, sans soutien.

Or, à présent, dans le taxi qui roulait sous la voûte de verdure du quai de Bercy, pareil à un mail de province, ses traits étaient redevenus nets, son regard aigu, et elle disait :

— C'est un faible, voyez-vous, monsieur le commissaire. Il ne pourra jamais résister aux femmes. Comme son père, qui m'a tant fait souffrir !

Maigret était assis à côté d'elle sur la banquette du taxi. Lucas avait pris place à côté du chauffeur.

Tiens ! après la limite de Paris, sur le territoire de Charenton, le quai continuait à s'appeler quai de Bercy. Mais il n'y avait plus d'arbres. Des cheminées d'usines, de l'autre côté de la Seine. Ici, des entrepôts, des pavillons bâtis jadis quand c'était encore presque la campagne et coincés maintenant entre des maisons de rapport. A un coin de rue, un café-restaurant d'un rouge agressif, avec des lettres jaunes, quelques tables de fer et deux lauriers étiques dans des tonneaux.

Mme Roy — non, Leroy — s'agita, frappa la vitre.

— C'est ici. Je vous demande de ne pas prendre garde au désordre. Inutile de vous dire que je n'ai pas pensé à faire le ménage.

Elle chercha une clef dans son sac. La porte était d'un brun sombre, les murs extérieurs d'un gris de fumée. Maigret avait eu le temps de s'assurer qu'il n'y avait pas de traces d'effraction.

— Entrez, je vous prie. Je pense que vous allez vouloir visiter toutes les pièces. Tenez ! les morceaux de la tasse sont encore où je les ai trouvés.

Elle ne mentait pas quand elle disait que c'était propre. Il n'y avait de poussière nulle part. On sentait l'ordre. Mais, mon Dieu, que c'était triste ! Plus que triste, lugubre ! Un corridor trop étroit, avec le bas peint en brun et le haut en jaune foncé. Des portes brunes. Des papiers collés depuis vingt ans au moins et si passés qu'ils n'avaient plus de couleur.

La femme parlait toujours. Peut-être parlait-elle quand elle était toute seule aussi, faute de pouvoir supporter le silence.

— Ce qui m'étonne le plus, c'est que je n'ai rien entendu. J'ai le sommeil si léger que je m'éveille plusieurs fois par nuit. Or, la nuit dernière, j'ai dormi comme un plomb. Je me demande...

Il la regarda.

— Vous vous demandez si on ne vous a pas donné une drogue pour vous faire dormir ?

— Ce n'est pas possible. Il n'aurait pas fait cela ? Pourquoi ? Dites-moi pourquoi il l'aurait fait ?

Allait-elle redevenir agressive ? Tantôt elle semblait accuser son fils et tantôt elle le présentait comme une victime, tandis que Maigret, lourd et lent, donnait, même quand il allait à travers la petite maison, une sensation d'immobilité. Il était là, comme une éponge, à s'imprégner lentement de tout ce qui suintait autour de lui.

Et la femme s'attachait à ses pas, suivait chacun de ses gestes, de ses regards, méfiante, cherchant à deviner ce qu'il pensait.

Lucas, lui aussi, épiait les réflexes du patron, dérouté par cette enquête qui avait quelque chose de pas sérieux, sinon de loufoque.

— La salle à manger est à droite, de l'autre côté du corridor. Mais, quand nous étions seuls, et nous étions toujours seuls, nous mangions dans la cuisine.

Elle aurait été bien étonnée, peut-être indignée, si elle avait soupçonné que ce que Maigret cherchait machinalement autour de lui, c'était sa pipe. Il s'engageait dans l'escalier plus étroit encore que le corridor, à la rampe fragile, aux marches qui craquaient. Elle le suivait. Elle expliquait, car c'était un besoin chez elle d'expliquer :

— Joseph occupait la chambre de gauche... Mon Dieu ! Voilà que je viens de dire occupait, comme si...

— Vous n'avez touché à rien ?

— A rien, je le jure. Comme vous voyez, le lit est défait. Mais je parie qu'il n'y a pas dormi. Mon fils remue beaucoup en dormant. Le matin, je retrouve toujours les draps roulés, souvent les couvertures par terre. Il lui arrive de rêver tout haut et même de crier dans son sommeil.

En face du lit, une garde-robe dont le commissaire entrouvrit la porte.

— Tous ses vêtements sont ici ?

— Justement non. S'ils y étaient, j'aurais trouvé son costume et sa chemise sur une chaise, car il n'avait pas d'ordre.

On aurait pu supposer que le jeune homme, entendant du bruit pendant la nuit, était descendu dans la cuisine, et là avait été attaqué par le ou les mystérieux visiteurs.

— Vous l'avez vu dans son lit, hier au soir ?

— Je venais toujours l'embrasser quand il était couché. Hier au soir, je suis venue comme tous les autres jours. Il était déshabillé. Ses vêtements étaient sur la chaise. Quant à la clef...

Une idée la frappait. Elle expliquait :

— Je restais toujours la dernière en bas et je fermais la porte à clef. Je gardais cette clef dans ma chambre, sous mon oreiller, pour éviter...

— Votre mari découchait souvent ?

Et elle, digne et douloureuse :

— Il l'a fait une fois, après trois ans de mariage.

— Et, dès ce moment, vous avez pris l'habitude de glisser la clef sous votre oreiller ?

Elle ne répondit pas et Maigret fut certain que le père avait été surveillé aussi sévèrement que le fils.

— Donc, ce matin, vous avez retrouvé la clef à sa place ?

— Oui, monsieur le commissaire. Je n'y ai pas pensé tout de suite, mais cela me revient. C'est donc qu'il ne voulait pas s'en aller, n'est-ce pas ?

— Un instant. Votre fils s'est couché. Puis il s'est relevé et rhabillé.

— Tenez ! Voici sa cravate par terre. Il n'a pas mis sa cravate.

— Et ses souliers ?

Elle se tourna vivement vers un coin de la pièce où il y avait deux chaussures usées à certaine distance l'une de l'autre.

— Non plus. Il est parti en pantoufles.

Maigret cherchait toujours sa pipe, sans la trouver. Il ne savait pas au juste ce qu'il cherchait d'ailleurs. Il fouillait au petit bonheur cette chambre pauvre et morne où le jeune homme avait vécu. Un costume dans l'armoire, un costume bleu, son « beau costume », qu'il ne devait mettre que le dimanche, et une paire de souliers vernis. Quelques chemises, presque toutes usées et réparées au col et aux poignets. Un paquet de cigarettes entamé.

— Au fait, votre fils ne fumait-il pas la pipe ?

— A son âge, je ne le lui aurais pas permis. Il y a quinze jours, il est revenu à la maison avec une petite pipe, qu'il avait dû acheter dans un bazar, car c'était de la camelote. Je la lui ai arrachée de la bouche et je l'ai jetée dans le feu. Son père, à quarante-cinq ans, ne fumait pas la pipe.

Maigret soupira, gagna la chambre de Mme Leroy, qui répéta :

— Mon lit n'est pas fait. Excusez le désordre.

C'était écœurant de banalité mesquine.

— En haut, il y a des mansardes où nous couchions les premiers mois de mon veuvage, quand j'ai pris des locataires. Dites-moi, puisqu'il n'a mis ni ses souliers, ni sa cravate, est-ce que vous croyez... ?

Et Maigret, excédé :

— Je n'en sais rien, madame !

Depuis deux heures, Lucas, consciencieusement, fouillait la maison dans ses moindres recoins, suivi de Mme Leroy, qu'on entendait parfois dire :

— Tenez, une fois, ce tiroir a été ouvert. On a même retourné la pile de linge qui se trouve sur la planche du dessus.

Dehors régnait un lourd soleil aux rayons épais comme du miel, mais dans la maison c'était la pénombre, la grisaille perpétuelle. Maigret faisait de plus en plus l'éponge, sans avoir le courage de suivre ses compagnons dans leurs allées et venues.

Avant de quitter le Quai des Orfèvres, il avait chargé un inspecteur de téléphoner à Orléans pour s'assurer que la fille mariée n'était pas venue à Paris les derniers temps. Ce n'était pas une piste.

Fallait-il croire que Joseph s'était fait faire une clef à l'insu de sa mère ? Mais alors, s'il comptait partir cette nuit-là, pourquoi n'avait-il pas mis sa cravate, ni surtout ses chaussures ?

Maigret savait maintenant à quoi ressemblaient les fameuses pantoufles. Par économie, Mme Leroy les confectionnait elle-même, avec de vieux morceaux de tissu, et elle taillait les semelles dans un bout de feutre.

Tout était pauvre, d'une pauvreté d'autant plus pénible, d'autant plus étouffante, qu'elle ne voulait pas s'avouer.

Les anciens locataires ? Mme Leroy lui en avait parlé. Le premier qui s'était présenté, quand elle avait mis un écriteau à la fenêtre, était un vieux célibataire, employé chez Soustelle, la maison de vins en gros dont il avait aperçu le pavillon en passant quai de Bercy.

— Un homme convenable, bien élevé, monsieur le commissaire. Ou plutôt peut-on appeler un homme bien élevé quelqu'un qui secoue sa pipe partout ? Et puis il avait la manie de se relever la nuit, de descendre pour se chauffer de la tisane. Une nuit, je me suis relevée et je l'ai rencontré en chemise de nuit et en caleçon dans l'escalier. C'était pourtant quelqu'un d'instruit.

La seconde chambre avait d'abord été occupée par un maçon, un contremaître, disait-elle, mais son fils aurait sans doute corrigé ce titre prétentieux. Le maçon lui faisait la cour et voulait absolument l'épouser.

— Il me parlait toujours de ses économies, d'une maison qu'il possédait près de Montluçon et où il voulait m'emmener quand nous serions mariés. Remarquez que je n'ai pas un mot, pas un geste à lui reprocher. Quand il rentrait, je lui disais :

» — Lavez-vous les mains, monsieur Germain.

» Et il allait se les laver au robinet. C'est lui qui, le dimanche, a cimenté la cour, et j'ai dû insister pour payer le ciment.

Puis le maçon était parti, peut-être découragé, et avait été remplacé par un M. Bleustein.

— Un étranger. Il parlait très bien le français, mais avec un léger accent. Il était voyageur de commerce et il ne venait coucher qu'une fois ou deux par semaine.

— Est-ce que vos locataires avaient une clef ?

— Non, monsieur le commissaire, parce que à ce moment-là j'étais toujours à la maison. Quand je devais sortir, je la glissais dans une fente de la façade, derrière la gouttière, et ils savaient bien où la trouver. Une semaine, M. Bleustein n'est pas revenu. Je n'ai rien retrouvé dans sa chambre qu'un peigne cassé, un vieux briquet et du linge tout déchiré.

— Il ne vous avait pas avertie ?

— Non. Et pourtant lui aussi était un homme bien élevé.

Il y avait quelques livres sur la machine à coudre, qui se trouvait dans un coin de la salle à manger. Maigret les feuilleta négligemment. C'étaient des romans en édition bon marché, surtout des romans d'aventures. Par-ci, par-là, dans la marge d'une page, on retrouvait deux lettres entrelacées, tantôt au crayon, tantôt à l'encre : J et M, l'M presque toujours plus grand, plus artistiquement moulé que le J.

— Vous connaissez quelqu'un dont le nom commence par M, madame Leroy ? cria-t-il dans la cage d'escalier.

— Un M ?... Non, je ne vois pas. Attendez... Il y avait bien la belle-sœur de mon mari qui s'appelait Marcelle, mais elle est morte en couches à Issoudun.

Il était midi quand Lucas et Maigret se retrouvèrent dehors.

— On va boire quelque chose, patron ?

Et ils s'attablèrent dans le petit bistro rouge qui faisait le coin. Ils étaient aussi mornes l'un que l'autre. Lucas était plutôt de mauvaise humeur.

— Quelle boutique ! soupira-t-il. A propos, j'ai découvert ce bout de papier. Et devinez où ? Dans le paquet de cigarettes du gosse. Il devait avoir une peur bleue de sa mère, celui-là. Au point de cacher ses lettres d'amour dans ses paquets de cigarettes !

C'était une lettre d'amour, en effet :

Mon cher Joseph,

Tu m'as fait de la peine, hier, en disant que je te méprisais et que je n'accepterais jamais d'épouser un homme comme toi. Tu sais bien que je ne suis pas ainsi et que je t'aime autant que tu m'aimes. J'ai confiance que tu seras un jour quelqu'un. Mais, de grâce, ne m'attends plus aussi près du magasin. On t'a remarqué, et Mme Rose, qui en fait autant, mais qui est une chipie, s'est déjà permis des réflexions. Attends-moi dorénavant près du métro. Pas demain, car ma mère doit venir me chercher pour aller au dentiste. Et surtout ne te mets plus d'idées en tête. Je t'embrasse comme je t'aime.

Mathilde.

— Et voilà ! dit Maigret en fourrant le papier dans son portefeuille.

— Voilà quoi ?

Le J et l'M. La vie ! Cela commence comme ça et cela finit dans une petite maison qui sent le renfermé et la résignation.

— Quand je pense que cet animal-là m'a chipé ma pipe !

— Vous croyez maintenant qu'on l'a enlevé, vous ?

Lucas n'y croyait pas, cela se sentait. Ni à toutes les histoires de la mère Leroy. Il en avait déjà assez de cette affaire et il ne comprenait rien à l'attitude du patron qui semblait ruminer gravement Dieu sait quelles idées.

— S'il ne m'avait pas chipé ma pipe... commença Maigret.

— Eh bien ! Qu'est-ce que ça prouve ?

— Tu ne peux pas comprendre. Je serais plus tranquille. Garçon ! qu'est-ce que je vous dois ?

Ils attendirent l'autobus, l'un près de l'autre, à regarder le quai à peu près désert où les grues, pendant le casse-croûte, restaient les bras en l'air et où les péniches semblaient dormir.

Dans l'autobus, Lucas remarqua :

— Vous ne rentrez pas chez vous ?

— J'ai envie de passer au quai.

Et soudain, avec un drôle de rire bref autour du tuyau de sa pipe :

— Pauvre type !... Je pense à l'adjudant qui a peut-être trompé sa femme une fois dans sa vie et qui, pendant le restant de ses jours, a été bouclé chaque nuit dans sa propre maison !

Puis, après un moment de lourde rêverie :

— Tu as remarqué, Lucas, dans les cimetières, qu'il y a beaucoup plus de tombes de veuves que de veufs ? « Ci-gît Untel, décédé en 1901. » Puis, en dessous, d'une gravure plus fraîche : « Ci-gît Une telle, veuve Untel, décédée en 1930. » Elle l'a retrouvé, bien sûr, mais vingt-neuf ans après !

Lucas n'essaya pas de comprendre et changea d'autobus pour aller déjeuner avec sa femme.

Pendant qu'aux Sommiers on s'occupait de tous les Bleustein qui pouvaient avoir eu maille à partir avec la Justice, Maigret s'occupait des affaires courantes et Lucas passait une bonne partie de son après-midi dans le quartier de la République.

L'orage n'éclatait pas. La chaleur était de plus en plus lourde, avec un ciel plombé qui virait au violet comme un vilain furoncle. Dix fois au moins, Maigret avait tendu la main sans le vouloir vers sa bonne pipe absente, et chaque fois il avait grommelé :

— Sacré gamin !

Deux fois il brancha son appareil sur le standard :

— Pas encore de nouvelles de Lucas ?

Ce n'était pourtant pas si compliqué de questionner les collègues de Joseph Leroy, au salon de coiffure, et par eux, sans doute, d'arriver à cette Mathilde qui lui écrivait de tendres billets.

D'abord, Joseph avait volé la pipe de Maigret.

Ensuite, ce même Joseph, bien que tout habillé, était en pantoufles — si l'on peut appeler ça des pantoufles — la nuit précédente.

Maigret interrompit soudain la lecture d'un procès-verbal, demanda les Sommiers au bout du fil, questionna avec une impatience qui ne lui était pas habituelle :

— Eh bien ! ces Bleustein ?

— On y travaille, monsieur le commissaire. Il y en a toute une tapée, des vrais et des faux. On contrôle les dates, les domiciles. En tout cas, je n'en trouve aucun qui ait été inscrit à un moment quelconque au quai de Bercy. Dès que j'aurai quelque chose, je vous préviendrai.

Lucas, enfin, un Lucas suant qui avait eu le temps d'avaler un demi à la Brasserie Dauphine avant de monter.

— On y est, patron. Pas sans mal, je vous assure. J'aurais cru que ça irait tout seul. Ah ! bien oui. Notre Joseph est un drôle de pistolet qui ne faisait pas volontiers ses confidences. Imaginez un salon de coiffure tout en longueur. *Palace-Coiffure,* que ça s'appelle, avec quinze ou vingt fauteuils articulés sur un rang, devant les glaces, et autant de commis... C'est la bousculade du matin au soir là dedans. Ça entre, ça sort, et je te taille, et je te savonne, et je te lotionne !

» — Joseph ? que me dit le patron, un petit gros poivre et sel. Quel Joseph, d'abord ? Ah ! oui, le Joseph à boutons. Eh bien ! qu'est-ce qu'il a fait, Joseph ?

» Je lui demande la permission de questionner ses employés et me voilà de fauteuil en fauteuil, avec des gens qui échangent des sourires et des clins d'œil.

» — Joseph ? Non, je ne l'ai jamais accompagné. Il s'en allait toujours tout seul. S'il avait une poule ? C'est possible... Quoique, avec sa gueule...

» Et ça rigole.

» — Des confidences ? Autant en demander à un cheval de bois. Monsieur avait honte de son métier de coiffeur et il ne se serait pas abaissé à fréquenter des merlans.

» Vous voyez le ton, patron. Fallait en outre que j'attende qu'on ait fini un client. Le patron commençait à me trouver encombrant.

» Enfin, j'arrive à la caisse. Une caissière d'une trentaine d'années, rondelette, l'air très doux, très sentimental.

» — Joseph a fait des bêtises ? qu'elle me demande d'abord.

» — Mais non, mademoiselle. Au contraire. Il avait une liaison dans le quartier, n'est-ce pas ?

Maigret grogne :

— Abrège, tu veux ?

— D'autant plus qu'il est temps d'y aller, si vous tenez à voir la petite. Bref, c'est par la caissière que Joseph recevait les billets quand sa Mathilde ne pouvait être au rendez-vous. Celui que j'ai déniché dans le paquet de cigarettes doit dater d'avant-hier. C'était un gamin qui entrait vivement dans le salon de coiffure et qui remettait le billet à la caisse en murmurant :

» — Pour M. Joseph.

» La caissière, par bonheur, a vu le gamin en question pénétrer plusieurs fois dans une maroquinerie du boulevard Bonne-Nouvelle.

» Voilà comment, de fil en aiguille, j'ai fini par dénicher Mathilde.

— Tu ne lui as rien dit, au moins ?

— Elle ne sait même pas que je m'occupe d'elle. J'ai simplement demandé à son patron s'il avait une employée nommée Mathilde. Il me l'a désignée à son comptoir. Il voulait l'appeler. Je lui ai demandé de ne rien dire. Si vous voulez... Il est cinq heures et demie. Dans une demi-heure, le magasin ferme.

— Excusez-moi, mademoiselle...

— Non, monsieur.

— Un mot seulement...

— Veuillez passer votre chemin.

Une petite bonne femme, assez jolie, d'ailleurs, qui s'imaginait que Maigret... Tant pis !

— Police.

— Comment ? Et c'est à moi que... ?

— Je voudrais vous dire deux mots, oui. Au sujet de votre amoureux.

— Joseph ?... Qu'est-ce qu'il a fait ?

— Je l'ignore, mademoiselle. Mais j'aimerais savoir où il se trouve en ce moment.

A cet instant précis, il pensa :

« Zut ! La gaffe... »

Il l'avait faite, comme un débutant. Il s'en rendait compte en la voyant regarder autour d'elle avec inquiétude. Quel besoin avait-il éprouvé de lui parler au lieu de la suivre ? Est-ce qu'elle n'avait pas rendez-vous avec lui près du métro ? Est-ce qu'elle ne s'attendait pas à l'y trouver ? Pourquoi ralentissait-elle le pas au lieu de continuer son chemin ?

— Je suppose qu'il est à son travail, comme d'habitude ?

— Non, mademoiselle. Et sans doute le savez-vous aussi bien et même mieux que moi.

— Qu'est-ce que vous voulez dire ?

C'était l'heure de la cohue sur les Grands Boulevards. De véritables processions se dirigeaient vers les entrées de métro dans lesquelles la foule s'enfournait.

— Restons un moment ici, voulez-vous ? disait-il en l'obligeant à demeurer à proximité de la station.

Et elle s'énervait, c'était visible. Elle tournait la tête en tous sens. Elle avait la fraîcheur de ses dix-huit ans, un petit visage rond, un aplomb de petite Parisienne.

— Qui est-ce qui vous a parlé de moi ?

— Peu importe. Qu'est-ce que vous savez de Joseph ?

— Qu'est-ce que vous lui voulez, que je sache ?

Le commissaire aussi épiait la foule, en se disant que, si Joseph l'apercevait avec Mathilde, il s'empresserait sans doute de disparaître.

— Est-ce que votre amoureux vous a jamais parlé d'un prochain changement dans sa situation ? Allons ! Vous allez mentir, je le sens.

— Pourquoi mentirais-je ?

Elle s'était mordu la lèvre.

— Vous voyez bien ! Vous questionnez pour avoir le temps de trouver un mensonge.

Elle frappa le trottoir de son talon.

— Et d'abord qui me prouve que vous êtes vraiment de la police ?

Il lui montra sa carte.

— Avouez que Joseph souffrait de sa médiocrité.

— Et après ?

— Il en souffait terriblement, exagérément.

— Il n'avait peut-être pas envie de rester garçon coiffeur. Est-ce un crime ?

— Vous savez bien que ce n'est pas ce que je veux dire. Il avait horreur de la maison qu'il habitait, de la vie qu'il menait. Il avait même honte de sa mère, n'est-ce pas ?

— Il ne me l'a jamais dit.

— Mais vous le sentiez. Alors, ces derniers temps, il a dû vous parler d'un changement d'existence.

— Non.

— Depuis combien de temps vous connaissez-vous ?

— Un peu plus de six mois. C'était en hiver. Il est entré dans le magasin pour acheter un portefeuille. J'ai compris qu'il les trouvait trop chers, mais il n'a pas osé me le dire et il en a acheté un. Le soir, je l'ai aperçu sur le trottoir. Il m'a suivie plusieurs jours avant d'oser me parler.

— Où alliez-vous ensemble ?

— La plupart du temps, on ne se voyait que quelques minutes dehors. Parfois, il m'accompagnait en métro jusqu'à la station Championnet, où j'habite. Il nous est arrivé d'aller ensemble au cinéma le dimanche, mais c'était difficile, à cause de mes parents.

— Vous n'êtes jamais allée chez lui en l'absence de sa mère ?

— Jamais, je le jure. Une fois, il a voulu me montrer sa maison, de loin, pour m'expliquer.

— Qu'il était très malheureux... Vous voyez ?

— Il a fait quelque chose de mal ?

— Mais non, petite demoiselle. Il a simplement disparu. Et je compte un peu sur vous, pas beaucoup, je l'avoue, pour le retrouver. Inutile de vous demander s'il avait une chambre en ville.

— On voit bien que vous ne le connaissez pas. D'ailleurs, il n'avait pas assez d'argent. Il remettait tout ce qu'il gagnait à sa mère. Elle lui laissait à peine assez pour acheter quelques cigarettes.

Elle rougit.

— Quand nous allions au cinéma, nous payions chacun notre place et une fois que...

— Continuez...

— Mon Dieu, pourquoi pas... Il n'y a pas de mal à cela... Une fois, il y a un mois, que nous sommes allés ensemble à la campagne, il n'avait pas assez pour payer le déjeuner.

— De quel côté êtes-vous allés ?

— Sur la Marne. Nous sommes descendus du train à Chelles et nous nous sommes promenés entre la Marne et le canal.

— Je vous remercie, mademoiselle.

Etait-elle soulagée de n'avoir pas aperçu Joseph dans la foule ? Dépitée ? Les deux, sans doute.

— Pourquoi est-ce la police qui le recherche ?

— Parce que sa mère nous l'a demandé. Ne vous inquiétez pas, mademoiselle. Et croyez-moi : si vous aviez de ses nouvelles avant nous, avertissez-nous immédiatement.

Quand il se retourna, il la vit qui, hésitante, descendait les marches du métro.

Une fiche l'attendait, sur son bureau du Quai des Orfèvres.

Un nommé Bleustein Stéphane, âgé de trente-sept ans, a été tué le 15 février 1919, dans son appartement de l'hôtel Negresco, à Nice, où il était descendu quelques jours auparavant. Bleustein recevait d'assez fréquentes visites souvent tard dans la nuit. Le crime a été commis à l'aide d'un revolver calibre 6 mm 35 qui n'a pas été retrouvé.

L'enquête menée à l'époque n'a pas permis de découvrir le coupable. Les bagages de la victime ont été fouillés de fond en comble par l'assassin et, le matin, la chambre était dans un désordre indescriptible.

Quant à Bleustein lui-même, sa personnalité est restée assez mystérieuse et c'est en vain qu'on a fait des recherches pour savoir d'où il venait. Lors de son arrivée à Nice, il débarquait du rapide de Paris.

La brigade mobile de Nice possède sans doute de plus amples renseignements.

La date de l'assassinat correspondait avec celle de la disparition du Bleustein du quai de Bercy, et Maigret, cherchant une fois de plus sa pipe absente et ne la trouvant pas, grogna avec humeur :

— Sacré petit idiot !

3

Recherches dans l'intérêt des familles

Il y a des ritournelles qui, en chemin de fer, par exemple, s'insinuent si bien en vous et sont si parfaitement adaptées au rythme de la marche qu'il est impossible de s'en défaire. C'était dans un vieux taxi grinçant que celle-ci poursuivit Maigret et le rythme était marqué par le martèlement, sur le toit mou, d'une grosse pluie d'orage :

Re-cher-ches-dans-l'in-té-rêt-des-fa-mil-les. Recher-ches-dans-l'in...

Car, enfin, il n'avait aucune raison d'être ici, à foncer dans l'obscurité de la route avec une jeune fille blême et tendue à côté de lui et le docile petit Lucas sur le strapontin. Quand un personnage comme Mme Leroy vient vous déranger, on ne la laisse même pas achever ses lamentations.

— On ne vous a rien volé, madame ? Vous ne portez pas plainte ? Dans ce cas, je regrette.

Et si même son fils a disparu :

— Vous dites qu'il est parti ? Si nous devions rechercher toutes les personnes qui s'en vont de chez elles, la police entière ne ferait plus que cela, et encore les effectifs seraient-ils insuffisants !

« Recherches dans l'intérêt des familles. » C'est ainsi que cela s'appelle. Cela ne se fait qu'aux frais de ceux qui réclament ces recherches. Quant aux résultats...

Toujours de braves gens, d'ailleurs, qu'ils soient vieux ou jeunes, hommes ou femmes, de bonnes têtes, des yeux doux, et un peu ahuris, des voix insistantes et humbles :

« — Je vous jure, monsieur le commissaire, que ma femme — et je la connais mieux que personne — n'est pas partie de son plein gré. »

Ou sa fille, « sa fille si innocente, si tendre, si... »

Et il y en a comme ça des centaines tous les jours. « Recherches dans l'intérêt des familles. » Est-ce la peine de leur dire qu'il vaut mieux pour eux qu'on ne retrouve pas leur femme ou leur fille, ou leur mari, parce que ce serait une désillusion ? *Recherches dans...*

Et Maigret s'était encore une fois laissé embarquer ! L'auto avait quitté Paris, roulait sur la grand-route, en dehors du ressort de la P.J. Il n'avait rien à faire là. On ne lui rembourserait même pas ses frais.

Tout cela à cause d'une pipe. L'orage avait éclaté au moment où il descendait de taxi en face de la maison du quai de Bercy. Quand il avait sonné, Mme Leroy était en train de manger, toute seule dans la cuisine, du pain, du beurre et un hareng saur. Malgré ses inquiétudes, elle avait essayé de cacher le hareng !

— Reconnaissez-vous cet homme, madame ?

Et elle, sans hésiter, mais avec surprise :

— C'est mon ancien locataire, M. Bleustein. C'est drôle... Sur la photo, il est habillé comme un...

Comme un homme du monde, oui, tandis qu'à Charenton il avait l'air d'un assez pauvre type. Dire qu'il avait fallu aller chercher la photographie dans la collection d'un grand journal parce que, Dieu sait pourquoi, on ne la retrouvait pas dans les archives.

— Qu'est-ce que cela signifie, monsieur le commissaire ? Où est cet homme ? Qu'est-ce qu'il a fait ?

— Il est mort. Dites-moi. Je vois — il jetait un coup d'œil circulaire dans la pièce où armoires et tiroirs avaient été vidés — que vous avez eu la même idée que moi...

Elle rougit. Déjà elle se mettait sur la défensive. Mais le commissaire, ce soir, n'était pas patient.

— Vous avez fait l'inventaire de tout ce qu'il y a dans la maison. Ne niez pas. Vous aviez besoin de savoir si votre fils n'a rien emporté, n'est-ce pas ? Résultat ?

— Rien, je vous jure. Il ne manque rien. Qu'est-ce que vous pensez ? Où allez-vous ?

Car il s'en allait comme un homme pressé, remontait dans son taxi. Encore du temps perdu et stupidement. Tout à l'heure, il avait la jeune fille en face de lui, boulevard Bonne-Nouvelle. Or il n'avait pas pensé à lui demander son adresse exacte. Et maintenant il avait besoin d'elle. Heureusement que le maroquinier habitait dans l'immeuble.

Taxi à nouveau. De grosses gouttes crépitaient sur le macadam. Les passants couraient. L'auto faisait des embardées.

— Rue Championnet. Au 67...

Il faisait irruption dans une petite pièce où quatre personnes : le père, la mère, la fille et un garçon de douze ans mangeaient la soupe autour d'une table ronde. Mathilde se dressait, épouvantée, la bouche ouverte pour un cri.

— Excusez-moi, messieurs-dames. J'ai besoin de votre fille pour reconnaître un client qu'elle a vu au magasin. Voulez-vous, mademoiselle, avoir l'obligeance de me suivre ?

Recherches dans l'intérêt des familles ! Ah ! c'est autre chose que de se trouver devant un brave cadavre qui vous donne tout de suite des indications, ou de courir après un meurtrier dont il n'est pas difficile de deviner les réflexes possibles.

Tandis qu'avec des amateurs ! Et ça pleure ! Et ça tremble ! Et il faut prendre garde au papa ou à la maman.

— Où allons-nous ?

— A Chelles.

— Vous croyez qu'il y est ?

— Je n'en sais absolument rien, mademoiselle. Chauffeur... Passez d'abord au Quai des Orfèvres.

Et là, il avait embarqué Lucas qui l'attendait.

Recherches dans l'intérêt des familles. Il était assis dans le fond de la voiture avec Mathilde, qui avait tendance à se laisser glisser contre lui. De grosses gouttes d'eau perçaient le toit délabré et lui tombaient sur le genou gauche. En face de lui, il voyait le bout incandescent de la cigarette de Lucas.

— Vous vous souvenez bien de Chelles, mademoiselle ?

— Oh ! oui.

Parbleu ! est-ce que ce n'était pas son plus beau souvenir d'amour ? La seule fois qu'ils s'étaient échappés de Paris, qu'ils avaient couru ensemble parmi les hautes herbes, le long de la rivière !

— Vous croyez que, malgré l'obscurité, vous pourrez nous conduire ?

— Je crois. A condition que nous partions de la gare. Parce que nous y sommes allés par le train.

— Vous m'avez dit que vous aviez déjeuné dans une auberge ?

— Une auberge délabrée, oui, tellement sale, tellement sinistre, que nous avions presque peur. Nous avons pris un chemin qui longeait la Marne. A certain moment, le chemin n'a plus été qu'un sentier. Attendez... Il y a, sur la gauche, un four à chaux abandonné. Puis, peut-être à cinq cents mètres, une maisonnette à un seul étage. Nous avons été tout surpris de la trouver là.

» ... Nous sommes entrés. Un comptoir de zinc, à droite... des murs passés à la chaux, avec quelques chromos et seulement deux tables de fer et quelques chaises... Le type...

— Vous parlez du patron ?

— Oui. Un petit brun qui avait plutôt l'air d'autre chose. Je ne sais pas comment vous dire. On se fait des idées. Nous avons demandé si on pouvait manger et il nous a servi du pâté, du saucisson, puis du lapin qu'il avait fait réchauffer. C'était très bon. Le patron a bavardé avec nous, nous a parlé des pêcheurs à la ligne qui forment sa clientèle. D'ailleurs, il y avait tout un tas de cannes à pêche dans un coin. Quand on ne sait pas, on se fait des idées.

— C'est ici ? questionna Maigret à travers la vitre, car le chauffeur s'était arrêté.

Une petite gare. Quelques lumières dans le noir.

— A droite, dit la jeune fille. Puis encore la seconde à droite. C'est là que nous avons demandé notre chemin. Mais pourquoi pensez-vous que Joseph est venu par ici ?

Pour rien ! Ou plutôt à cause de la pipe, mais ça, il n'osait pas le dire.

Recherches dans l'intérêt des familles ! De quoi faire bien rire de lui. Et pourtant...

— Tout droit maintenant, chauffeur, intervenait Mathilde. Jusqu'à ce que vous trouviez la rivière. Il y a un pont, mais, au lieu de le passer, vous tournerez à gauche. Attention, la route n'est pas large.

— Avouez, mon petit, que votre Joseph, ces derniers temps, vous a parlé d'un changement possible et même probable dans sa situation.

Plus tard, peut-être deviendrait-elle aussi coriace que la mère Leroy. Est-ce que la mère Leroy n'avait pas été une jeune fille, elle aussi, et tendre, et sans doute jolie ?

— Il avait de l'ambition.

— Je ne parle pas de l'avenir. Je parle de tout de suite.

— Il voulait être autre chose que coiffeur.

— Et il s'attendait à avoir de l'argent, n'est-ce pas ?

Elle était à la torture. Elle avait une telle peur de trahir son Joseph !

La voiture, au ralenti, suivait un mauvais chemin le long de la Marne, et on voyait, à gauche, quelques pavillons miteux, de rares villas plus prétentieuses. Une lumière, par-ci par-là, ou un chien qui aboyait. Puis, soudain, à un kilomètre du pont environ, les ornières s'approfondissaient, le taxi s'arrêtait, le chauffeur annonçait :

— Je ne peux pas aller plus loin.

Il pleuvait de plus belle. Quand ils sortirent de l'auto, l'averse les inonda et tout était mouillé, visqueux, le sol qui glissait sous leurs pieds, les buissons qui les caressaient au passage. Un peu plus loin, il leur fallut marcher à la file indienne, tandis que le chauffeur s'asseyait en grommelant dans sa voiture et se préparait sans doute à faire un somme.

— C'est drôle. Je croyais que c'était plus près. Vous ne voyez pas encore de maison ?

La Marne coulait tout près d'eux. Leurs pieds faisaient éclater des flaques d'eau. Maigret marchait devant, écartait les branches. Mathilde le serrait de près et Lucas fermait la marche avec l'indifférence d'un chien de Terre-Neuve.

La jeune fille commençait à avoir peur.

— J'ai pourtant reconnu le pont et le four à chaux. Ce n'est pas possible que nous nous soyons trompés.

— Il y a de bonnes raisons, grogna Maigret, pour que le temps vous semble plus long aujourd'hui que quand vous êtes venue avec Joseph... Tenez... On voit une lumière, à gauche.

— C'est sûrement là.

— Chut ! Tâchez de ne pas faire de bruit.

— Vous croyez que... ?

Et lui, soudain tranchant :

— Je ne crois rien du tout. Je ne crois jamais rien, mademoiselle.

Il les laissa arriver à sa hauteur, parla bas à Lucas.

— Tu vas attendre ici avec la petite. Ne bougez que si j'appelle. Penchez-vous, Mathilde. D'ici, on aperçoit la façade. La reconnaissez-vous ?

— Oui. Je jurerais.

Déjà le large dos de Maigret formait écran entre elle et la petite lumière.

Et elle se trouva seule, les vêtements trempés, en pleine nuit, sous la pluie, au bord de l'eau, avec un petit homme qu'elle ne connaissait pas et qui fumait tranquillement cigarette sur cigarette.

4

Le rendez-vous des pêcheurs

Mathilde n'avait pas exagéré en affirmant que l'endroit était inquiétant, sinon sinistre. Une sorte de tonnelle délabrée flanquait la maisonnette aux vitres grises dont les volets étaient fermés. La porte était ouverte, car l'orage commençait seulement à rafraîchir l'air.

Une lumière jaunâtre éclairait un plancher sale. Maigret jaillit brusquement de l'obscurité, s'encadra, plus grand que nature, dans la porte et, la pipe aux lèvres, toucha le bord de son chapeau en murmurant :

— Bonsoir, messieurs.

Il y avait là deux hommes qui bavardaient à une table de fer sur laquelle on voyait une bouteille de marc et deux verres épais. L'un d'eux, un petit brun en manches de chemise, dressa tranquillement la tête, montra un regard un peu étonné, se leva en remontant son pantalon sur ses hanches et murmura :

— Bonsoir...

L'autre tournait le dos, mais ce n'était évidemment pas Joseph Leroy. Sa carrure était imposante. Il portait un complet gris très clair. Chose curieuse, malgré ce qu'il y avait d'un peu intempestif dans cette irruption tardive, il ne bougeait pas : on eût même dit qu'il s'efforçait de ne pas tressaillir. Une horloge réclame, en faïence, accrochée au mur, marquait minuit dix, mais il devait être plus tard. Etait-il naturel que l'homme n'eût même pas la curiosité de se retourner pour voir qui entrait ?

Maigret restait debout à proximité du comptoir, tandis que l'eau dégoulinait de ses vêtements et faisait des taches sombres sur le plancher gris.

— Vous aurez une chambre pour moi, patron ?

Et l'autre, pour gagner du temps, prenait place derrière son comptoir où il n'y avait que trois ou quatre bouteilles douteuses sur l'étagère, questionnait à son tour :

— Je vous sers quelque chose ?

— Si vous y tenez. Je vous ai demandé si vous aviez une chambre.

— Malheureusement non. Vous êtes venu à pied ?

Au tour de Maigret de ne pas répondre et de dire :

— Un marc.

— Il me semblait avoir entendu un moteur d'auto.

— C'est bien possible. Vous avez une chambre ou non ?

Toujours ce dos à quelques mètres de lui, un dos si immobile qu'on l'aurait cru taillé dans la pierre. Il n'y avait pas l'électricité. La pièce n'était éclairée que par une méchante lampe à pétrole.

Si l'homme ne s'était pas retourné... S'il conservait une immobilité si rigoureuse et si pénible...

Maigret se sentait inquiet. Il venait de calculer rapidement qu'étant donné la dimension du café et de la cuisine, qu'on apercevait derrière, il devait y avoir au moins trois chambres à l'étage. Il aurait juré, à voir le patron, à l'aspect miteux des lieux, à une certaine qualité de désordre, d'abandon, qu'il n'y avait pas de femme dans la maison.

Or on venait de marcher au-dessus de sa tête, à pas furtifs. Cela devait avoir une certaine importance, puisque le patron levait machinalement la tête et paraissait contrarié.

— Vous avez beaucoup de locataires en ce moment ?

— Personne. A part...

Il désignait l'homme, ou plutôt le dos immuable, et, soudain, Maigret eut l'intuition d'un danger sérieux, il comprit qu'il fallait agir très vite, sans un faux mouvement. Il eut le temps de voir la main de l'homme, sur la table, se rapprocher de la lampe et il fit un bond en avant.

Il arriva trop tard. La lampe s'était écrasée sur le sol avec un bruit de verre brisé, tandis qu'une odeur de pétrole envahissait la pièce.

— Je me doutais bien que je te connaissais, salaud.

Il était parvenu à saisir l'homme par son veston. Il tentait d'avoir une meilleure prise, mais l'autre frappait pour se dégager. Ils étaient dans l'obscurité totale. A peine si le rectangle de la porte se dessinait dans une vague lueur de nuit. Que faisait le patron ? Allait-il venir à la rescousse de son client ?

Maigret frappa à son tour. Puis il sentit qu'on lui mordait la main et alors il se jeta de tout son poids sur son adversaire et tous deux roulèrent sur le plancher, parmi les débris de verre.

— Lucas ! cria Maigret de toutes ses forces. Lucas...

L'homme était armé, Maigret sentait la forme dure d'un revolver dans la poche du veston et il s'efforçait d'empêcher une main de se glisser dans cette poche.

Non, le patron ne bougeait pas. On ne l'entendait pas. Il devait rester immobile, peut-être indifférent, derrière son comptoir.

— Lucas !...

— J'arrive, patron.

Lucas courait, dehors, dans les flaques d'eau, dans les ornières, et répétait :

— Je vous dis de rester là. Vous entendez ? Je vous défends de me suivre.

A Mathilde, sans doute, qui devait être blême de frayeur.

— Si tu as encore le malheur de mordre, sale bête, je t'écrase la gueule. Compris ?

Et le coude de Maigret empêchait le revolver de sortir de la poche. L'homme était aussi vigoureux que lui. Dans l'obscurité, tout seul, le commissaire n'en aurait peut-être pas eu raison. Ils avaient heurté la table, qui s'était renversée sur eux.

— Ici Lucas. Ta lampe électrique.

— Voilà, patron.

Et soudain un faisceau de lumière blême éclairait les deux hommes aux membres emmêlés.

— Sacrebleu ! Nicolas ! Comme on se retrouve, hein !

— Si vous croyez que je ne vous avais pas reconnu, moi, rien qu'à votre voix.

— Un coup de main, Lucas. L'animal est dangereux. Tape un bon coup dessus pour le calmer. Tape. N'aie pas peur. C'est un dur...

Et Lucas frappa aussi fort qu'il put, avec sa petite matraque de caoutchouc, sur le crâne de l'homme.

— Tes menottes. Passe. Si je m'attendais à retrouver cette sale bête ici. Là, ça y est. Tu peux te relever, Nicolas. Pas la peine de faire croire que t'es évanoui. Tu as la tête plus solide que ça. Patron !

Il dut appeler une seconde fois, et ce fut assez étrange d'entendre la voix paisible du tenancier qui s'élevait de l'obscurité, du côté du zinc :

— Messieurs...

— Il n'y a pas une autre lampe, ou une bougie dans la maison ?

— Je vais vous chercher une bougie. Si vous voulez bien éclairer la cuisine.

Maigret étanchait de son mouchoir son poignet que l'autre avait vigoureusement mordu. On entendait sangloter près de la porte. Mathilde sans doute, qui ne savait pas ce qui se passait et qui croyait peut-être que c'était avec Joseph que le commissaire...

— Entrez, mon petit. N'ayez pas peur. Je crois que c'est bientôt fini. Toi, Nicolas, assieds-toi ici et, si tu as le malheur de bouger...

Il posa son revolver et celui de son adversaire sur une table à portée de sa main. Le patron revenait avec une bougie, aussi calme que si rien ne s'était passé.

— Maintenant, lui dit Maigret, va me chercher le jeune homme.

Un temps d'hésitation. Est-ce qu'il allait nier ?

— Je te dis d'aller me chercher le jeune homme, compris ?

Et, tandis qu'il faisait quelques pas vers la porte :

— Est-ce qu'il a une pipe, au moins ?

Entre deux sanglots, la jeune fille questionnait :

— Vous êtes sûr qu'il est ici et qu'il ne lui est rien arrivé ?

Maigret ne répondait pas, tendait l'oreille. Le patron, là-haut, frappait à une porte. Il parlait à mi-voix, avec insistance. On reconnaissait des bribes de phrases :

— Ce sont des messieurs de Paris et une demoiselle. Vous pouvez ouvrir. Je vous jure que...

Et Mathilde, éplorée :

— S'il l'avaient tué...

Maigret haussa les épaules et se dirigea à son tour vers l'escalier.

— Attention au colis, Lucas. Tu as reconnu notre vieil ami Nicolas, n'est-ce pas ? Moi qui le croyais toujours à Fresnes !

Il montait l'escalier lentement, écartait le patron penché sur la porte.

— C'est moi, Joseph. Le commissaire Maigret. Vous pouvez ouvrir, jeune homme.

Et, au patron :

— Qu'est-ce que vous attendez pour descendre, vous ? Allez servir quelque chose à la jeune fille, un grog, n'importe quoi de remontant. Eh bien ! Joseph !

Une clef tourna enfin dans la serrure. Maigret poussa la porte.

— Il n'y a pas de lumière ?

— Attendez. Je vais allumer. Il reste un petit bout de bougie.

Les mains de Joseph tremblaient, son visage, quand la flamme de la bougie l'éclaira, révélait la terreur.

— Il est toujours en bas ? haleta-t-il.

Et des mots en désordre, des idées qui se bousculaient :

— Comment avez-vous pu me trouver ? Qu'est-ce qu'ils vous ont dit ? Qui est la demoiselle ?

Une chambre de campagne, un lit très haut, défait, une commode qui avait dû être précédemment tirée devant la porte comme pour un siège en règle.

— Où les avez-vous mis ? questionna Maigret de l'air le plus naturel du monde.

Joseph le regarda, stupéfait, comprit que le commissaire savait tout. Il n'aurait pas regardé autrement Dieu le Père faisant irruption dans la chambre.

Avec des gestes fébriles, il fouilla dans la poche-revolver de son pantalon, en tira un tout petit paquet fait de papier journal.

Il avait les cheveux en désordre, les vêtements fripés. Le commissaire regarda machinalement ses pieds, qui n'étaient chaussés que de pantoufles informes.

— Ma pipe...

Cette fois, le gamin eut envie de pleurer et ses lèvres se gonflèrent en une moue enfantine. Maigret se demanda même s'il n'allait pas se jeter à genoux et demander pardon.

— Du calme, jeune homme, lui conseilla-t-il. Il y a du monde en bas.

Et il prit en souriant la pipe que l'autre lui tendait en tremblant de plus belle.

— Chut ! Mathilde est dans l'escalier. Elle n'a pas la patience d'attendre que nous descendions. Donnez-vous un coup de peigne.

Il souleva un broc pour verser de l'eau dans la cuvette, mais le broc était vide.

— Pas d'eau ? s'étonna le commissaire.

— Je l'ai bue.

Mais oui ! Evidemment ! Comment n'y avait-il pas pensé ? Ce visage pâle, des traits tirés, ses yeux comme délavés.

— Vous avez faim ?

Et, sans se retourner, à Mathilde dont il sentait la présence dans l'obscurité du palier :

— Entrez, mon petit... Pas trop d'effusions, si vous voulez m'en croire. Il vous aime bien, c'est entendu, mais, avant tout, je pense qu'il a besoin de manger.

5

L'extravagante fuite de Joseph

C'était bon, maintenant, d'entendre la pluie pianoter sur le feuillage alentour et surtout de recevoir par la porte grande ouverte l'haleine humide et fraîche de la nuit.

Malgré son appétit, Joseph avait eu de la peine à manger le sandwich au pâté que le patron lui avait préparé, tant il avait la gorge serrée, et on voyait encore de temps en temps sa pomme d'Adam monter et descendre.

Quant à Maigret, il en était à son deuxième ou troisième verre de marc et il fumait maintenant sa bonne pipe enfin retrouvée.

— Voyez-vous, jeune homme, ceci dit sans vous encourager aux menus larcins, si vous n'aviez pas chipé ma pipe, je crois bien qu'on aurait retrouvé votre corps un jour ou l'autre dans les roseaux de la Marne. La pipe de Maigret, hein !

Et, ma foi, Maigret disait ces mots avec une certaine satisfaction, en homme chez qui l'orgueil est assez agréablement chatouillé. On lui avait chipé sa pipe, comme d'autres chipent le crayon d'un grand écrivain, un pinceau d'un peintre illustre, un mouchoir ou quelque menu objet d'une vedette favorite.

Cela, le commissaire l'avait compris dès le premier jour. *Recherche dans l'intérêt des familles...* Une affaire dont il n'aurait même pas dû s'occuper.

Oui, mais voilà, un jeune homme qui souffrait du sentiment de sa médiocrité lui avait chipé sa pipe. Et ce jeune homme-là, la nuit suivante, avait disparu. Ce jeune homme, toujours, avait essayé de dissuader sa mère de s'adresser à la police.

Parce qu'il tenait à faire l'enquête lui-même, parbleu ! Parce qu'il s'en sentait capable ! Parce que, la pipe de Maigret aux dents, il se croyait...

— Quand avez-vous compris que c'étaient des diamants que le mystérieux visiteur venait chercher dans votre maison ?

Joseph faillit mentir, par gloriole, puis il se ravisa après avoir jeté un coup d'œil à Mathilde.

— Je ne savais pas que c'étaient des diamants. C'était fatalement quelque chose de petit, car on fouillait dans les moindres recoins, on ouvrait même des boîtes minuscules qui contenaient de la pharmacie.

— Dis donc, Nicolas ! Hé! Nicolas !

Celui-ci, tassé sur une chaise, dans un coin, ses poings réunis par les menottes sur les genoux, regardait farouchement devant lui.

— Quand tu as tué Bleustein, à Nice...

Il ne broncha pas. Pas un trait de son visage osseux ne bougea.

— Tu entends que je te parle, oui, ou plutôt que je te cause, comme tu dirais élégamment. Quand tu as descendu Bleustein, au *Negresco*, tu n'as pas compris qu'il te roulait ? Tu ne veux pas te mettre à table ? Bon ! Ça viendra. Qu'est-ce qu'il t'a dit, Bleustein ? Que les diamants étaient dans la maison du quai de Bercy. Entendu ! Mais tu aurais dû te douter que ces petits machins-là, c'est facile à cacher. Peut-être qu'il t'avait désigné une fausse cachette ? Ou que tu t'es cru plus malin que tu ne l'es ? Mais non ! Ne parle pas tant. Je ne te demande pas d'où provenaient les diamants. Nous saurons ça demain, après que les experts les auront examinés.

» Pas de chance que, juste à ce moment-là, tu te sois fait emballer pour une vieille affaire. De quoi s'agissait-il encore ? Un cambriolage boulevard Saint-Martin, si je ne me trompe ? Au fait ! Encore une bijouterie. Quand on se spécialise, n'est-ce pas ?... Tu as tiré trois ans. Et voilà trois mois, une fois à l'air libre, tu es venu rôder autour de la maison. Tu avais la clef que Bleustein s'était fabriquée !... Tu dis ?... Bien ! Comme tu voudras.

Le jeune homme et la jeune fille le regardaient avec étonnement. Ils ne pouvaient pas comprendre l'enjouement subit de Maigret, parce qu'ils ne savaient pas quelles inquiétudes il avait ressenties pendant les dernières heures.

— Vois-tu, Joseph. Tiens ! voilà que je te tutoie, maintenant. Tout cela, c'était du facile. Un inconnu qui s'introduit dans une maison trois ans après que cette maison ne prend plus de locataires... J'ai tout de suite pensé à quelqu'un qui sortait de prison. Une maladie n'aurait pas duré trois ans. J'aurais dû examiner tout de suite les listes de levées d'écrou et je serais tombé sur notre ami Nicolas... Tu as du feu, Lucas ? Mes allumettes sont détrempées.

» Et maintenant, Joseph, raconte-nous ce qui s'est passé pendant la fameuse nuit.

— J'étais décidé à trouver. Je pensais que c'était quelque chose de très précieux, que cela représentait une fortune...

— Et, comme ta maman m'avait mis sur l'affaire, tu as voulu trouver coûte que coûte cette nuit-là ?

Il baissa la tête.

— Et, pour ne pas être dérangé, tu as versé Dieu sait quoi dans la tisane de ta maman.

Il ne nia pas. Sa pomme d'Adam montait et descendait à un rythme accéléré.

— Je voulais tant vivre autrement ! balbutia-t-il à voix si basse qu'on l'entendit à peine.

— Tu es descendu, en pantoufles. Pourquoi étais-tu si sûr de trouver cette nuit-là ?

— Parce que j'avais déjà fouillé toute la maison, sauf la salle à manger.

J'avais divisé les pièces en secteurs. J'étais certain que ce ne pouvait être que dans la salle à manger.

Une nuance d'orgueil perçait à travers son humilité et son abattement quand il déclara :

— J'ai trouvé !

— Où ?

— Vous avez peut-être remarqué que, dans la salle à manger, il y a une ancienne suspension à gaz, avec des bobèches et des fausses bougies en porcelaine. Je ne sais pas comment l'idée m'est venue de démonter les bougies. Il y avait dedans des petits papiers roulés et, dans les papiers, des objets durs.

— Un instant ! En descendant de ta chambre, qu'est-ce que tu comptais faire en cas de réussite ?

— Je ne sais pas.

— Tu ne comptais pas partir ?

— Non, je le jure.

— Mais peut-être cacher le magot ailleurs ?

— Oui.

— Dans la maison ?

— Non. Parce que je m'attendais à ce que vous veniez la fouiller à votre tour et que j'étais sûr que vous trouveriez. Je les aurais cachés au salon de coiffure. Puis, plus tard...

Nicolas ricana. Le patron, accoudé à son comptoir, ne bougeait pas et sa chemise faisait une tache blanche dans la pénombre.

— Quand tu as découvert le truc des bobèches...

— J'étais en train de remettre la dernière en place lorsque j'ai senti qu'il y avait quelqu'un près de moi. J'ai d'abord cru que c'était maman. J'ai éteint ma lampe électrique, car je m'éclairais avec une lampe de poche. Il y avait un homme qui se rapprochait toujours, et alors je me suis précipité vers la porte et j'ai bondi dans la rue. J'avais très peur. J'ai couru. La porte s'est refermée brutalement. J'étais en pantoufles, sans chapeau, sans cravate. Je courais toujours et j'entendais des pas derrière moi.

— Pas aussi rapide à la course que ce jeune lévrier, Nicolas ! persifla Maigret.

— Vers la Bastille, il y avait une ronde d'agents. J'ai marché non loin d'eux, sûr que l'homme n'oserait pas m'attaquer à ce moment. Je suis arrivé ainsi près de la gare de l'Est, et c'est ce qui m'a donné l'idée...

— L'idée de Chelles, oui ! Un tendre souvenir ! Ensuite ?

— Je suis resté dans la salle d'attente jusqu'à cinq heures du matin. Il y avait du monde. Or, tant qu'il y avait du monde autour de moi...

— J'ai compris.

— Seulement, je ne savais pas qui me poursuivait. Je regardais les gens les uns après les autres. Quand on a ouvert le guichet, je me suis faufilé entre deux femmes. J'ai demandé mon billet à voix basse. Plusieurs trains partaient à peu près en même temps. Je montais tantôt dans un, tantôt dans l'autre, en passant à contre-voie.

— Dis donc, Nicolas, il me semble que ce gamin-là t'a donné encore plus de mal qu'à moi !

— Tant qu'il ne savait pas pour où était mon billet, n'est-ce pas ? A Chelles, j'ai attendu que le train soit déjà en marche pour descendre.

— Pas mal ! Pas mal !

— Je me suis précipité hors de la gare. Il n'y avait personne dans les rues. Je me suis mis à nouveau à courir. Je n'entendais personne derrière moi. Je suis arrivé ici. J'ai tout de suite demandé une chambre, parce que je n'en pouvais plus et que j'avais hâte de me débarrasser de...

Il en tremblait encore en parlant.

— Ma mère ne me laisse jamais beaucoup d'argent de poche. Dans la chambre, je me suis aperçu que je n'avais plus que quinze francs et quelques jetons. Je voulais repartir, être à la maison avant que maman...

— Et Nicolas est arrivé.

— Je l'ai vu par la fenêtre, qui descendait de taxi à cinq cents mètres d'ici. J'ai compris tout de suite qu'il avait été jusqu'à Lagny, qu'il y avait pris une voiture, qu'à Chelles il avait retrouvé ma trace. Alors, je me suis enfermé à clef. Puis, quand j'ai entendu des pas dans l'escalier, j'ai tiré la commode devant la porte. J'étais sûr qu'il me tuerait.

— Sans hésiter, grogna Maigret. Seulement, voilà, il ne voulait pas se brûler devant le patron. N'est-ce pas, Nicolas ? Alors il s'est installé ici, pensant bien que tu sortirais de ta chambre à un moment donné... Ne fût-ce que pour manger.

— Je n'ai rien mangé. J'avais peur aussi qu'il prenne une échelle et qu'il entre la nuit par la fenêtre. C'est pourquoi j'ai tenu les volets fermés. Je n'osais pas dormir.

On entendait des pas dehors. C'était le chauffeur qui, l'orage passé, commençait à s'inquiéter de ses clients.

Alors Maigret frappa sa pipe à petits coups sur son talon, la bourra, la caressa avec complaisance.

— Si tu avais eu le malheur de la casser... grogna-t-il.

Puis, sans transition :

— Allons, mes enfants, en route ! Au fait, Joseph, qu'est-ce que tu vas raconter à ta mère ?

— Je ne sais pas. Ce sera terrible.

— Mais non, mais non ! Tu es descendu dans la salle à manger pour jouer au détective. Tu as vu un homme qui sortait. Tu l'as suivi, tout fier de faire le policier.

Pour la première fois, Nicolas ouvrit la bouche. Ce fut pour laisser tomber avec mépris :

— Si vous croyez que je vais entrer dans la combine !

Et Maigret, imperturbable :

— Nous verrons ça tout à l'heure, n'est-ce pas, Nicolas ? En tête à tête dans mon bureau... Dites donc, chauffeur, je crois qu'on va être plutôt serrés dans votre bagnole ! On y va ?

Un peu plus tard, il soufflait à l'oreille de Joseph, blotti dans un coin de la banquette avec Mathilde :

— Je te donnerai une autre pipe, va ! Et encore plus grosse, si tu veux.

— Seulement, répliquait le gamin, ce ne sera pas la vôtre !

Juin 1945.

MAIGRET SE FÂCHE

A paru dans le volume intitulé
La Pipe de Maigret

1

La vieille dame dans le jardin

Mme Maigret, qui écossait des petits pois dans une ombre chaude où le bleu de son tablier et le vert des cosses mettaient des taches somptueuses, Mme Maigret, dont les mains n'étaient jamais inactives, fût-ce à deux heures de l'après-midi par la plus chaude journée d'un mois d'août accablant, Mme Maigret, qui surveillait son mari comme un poupon, s'inquiéta :

— Je parie que tu vas déjà te lever...

Pourtant le fauteuil transatlantique dans lequel Maigret était étendu n'avait pas craqué. L'ancien commissaire de la P.J. n'avait pas poussé le plus léger soupir.

Sans doute, avec l'habitude qu'elle avait de lui, avait-elle vu passer un frémissement imperceptible sur son visage laqué de sueur. Car c'était vrai qu'il était sur le point de se lever. Mais, par une sorte de respect humain, il s'obligea à rester étendu.

C'était le deuxième été qu'ils passaient dans leur maison de Meung-sur-Loire depuis qu'il avait pris sa retraite. Il n'y avait pas un quart d'heure qu'avec satisfaction il s'était étendu dans le confortable fauteuil hamac et sa pipe fumait doucement. L'air, autour de lui, était d'une fraîcheur d'autant plus appréciable qu'à deux mètres à peine, passé la frontière d'ombre et de soleil, c'était la fournaise bruissante de mouches.

A un rythme régulier, les petits pois tombaient dans la bassine émaillée. Mme Maigret, les genoux écartés, en avait plein son tablier, et il y en avait deux grands paniers, cueillis du matin, pour la conserve.

Ce que Maigret appréciait le plus dans sa maison, c'était cet endroit où ils se trouvaient, un endroit qui n'avait pas de nom, une sorte de cour entre la cuisine et le jardin, mais une cour en partie couverte, qu'on avait meublée peu à peu, au point d'y installer un fourneau, un buffet, et d'y prendre la plupart des repas. Cela tenait un peu du patio espagnol et il y avait par terre des carreaux rouges qui donnaient à l'ombre une qualité toute spéciale.

Maigret tint bon cinq minutes, peut-être un peu plus, regardant à travers ses paupières mi-closes le potager qui semblait fumer sous un soleil écrasant. Puis, rejetant tout respect humain, il se leva.

— Qu'est-ce que tu vas encore faire ?

Il avait facilement l'air, comme ça, dans l'intimité conjugale, d'un enfant boudeur qu'on a pris en faute.

— Je suis sûr que les aubergines sont encore couvertes de doryphores, grommela-t-il. Et cela, à cause de *tes* salades...

Il y avait un mois que durait cette petite guerre des salades. Comme il y avait de la place libre entre les pieds d'aubergine, Mme Maigret, un soir, y avait repiqué des salades.

— C'est toujours autant de place de gagnée, avait-elle remarqué.

Au moment même, il n'avait pas protesté, parce qu'il n'avait pas pensé que les doryphores sont encore plus gourmands de feuilles d'aubergine que de pommes de terre. A cause des salades, il était impossible, à présent, de les traiter à la bouillie d'arsenic.

Et Maigret, dix fois par jour, comme il le faisait en ce moment, coiffé de son immense chapeau de paille, allait se pencher sur les feuilles d'un vert pâle qu'il retournait délicatement pour y cueillir les petite bêtes rayées. Il les gardait dans sa main gauche jusqu'à ce que celle-ci fût pleine et il venait, l'air grognon, les jeter dans le feu avec un regard de défi à sa femme.

— Si tu n'avais pas repiqué de salades...

La vérité, c'est que, depuis qu'il était à la retraite, elle ne l'avait pas vu rester une heure entière dans son fameux fauteuil qu'il avait triomphalement rapporté du Bazar de l'Hôtel-de-Ville en jurant d'y faire des siestes mémorables.

Il était là, en plein soleil, les pieds nus dans des sabots de bois, un pantalon en toile bleue qui glissait le long de ses hanches et lui faisait comme un arrière-train d'éléphant, une chemise de paysan, à petits dessins compliqués, ouverte sur son torse velu.

Il entendit le bruit du heurtoir qui se répercutait dans les pièces vides et ombreuses de la maison comme une cloche dans un couvent. Quelqu'un frappait à la grande porte, et Mme Maigret, comme toujours quand il y avait une visite imprévue, commençait par s'affoler. Elle le regardait de loin comme pour lui demander conseil.

Puis elle soulevait son tablier, qui formait une grosse poche, se demandait où déverser ses petits pois, dénouait enfin les cordons du tablier, car jamais elle ne serait allée ouvrir en négligé.

Le heurtoir retombait à nouveau, deux fois, trois fois, impérieux, rageur, eût-on dit. Il sembla à Maigret qu'à travers le frémissement de l'air il percevait le léger ronronnement d'un moteur d'auto. Il continuait à se pencher sur les aubergines, cependant que sa femme arrangeait ses cheveux gris devant un bout de miroir.

Elle avait à peine eu le temps de disparaître dans l'ombre de la maison qu'une petite porte s'ouvrait dans le mur du jardin, la petite porte verte, donnant sur la ruelle, par laquelle n'entraient que les familiers. Une vieille dame en deuil se dressait dans l'encadrement, si raide, si sévère, si cocasse en même temps, qu'il devait longtemps se souvenir de cette vision.

Elle ne restait qu'un instant immobile, après quoi, d'un pas décidé, alerte, qui ne s'harmonisait pas avec son grand âge, elle marchait droit à Maigret.

— Dites-moi, domestique... Ce n'est pas la peine de prétendre que votre maître n'est pas ici... Je me suis déjà renseignée.

Elle était grande et maigre, avec un visage tout plissé où la sueur avait délayé une épaisse couche de poudre. Ce qu'il y avait de plus frappant, c'étaient deux yeux d'un noir intense, d'une vie extraordinaire.

— Allez tout de suite lui dire que Bernadette Amorelle a fait cent kilomètres pour lui parler...

Certes, elle n'avait pas eu la patience d'attendre devant la porte fermée. On ne la lui faisait pas, à elle ! Comme elle le disait, elle s'était renseignée chez les voisins et ne s'était pas laissé impressionner par les volets clos de la maison.

Est-ce qu'on lui avait indiqué la petite porte du jardin ? Ce n'était pas nécessaire. Elle était de taille à la trouver toute seule. Et maintenant elle marchait vers le cour ombragée où Mme Maigret venait de reparaître.

— Voulez-vous aller dire au commissaire Maigret...

Mme Maigret ne comprenait pas. Son mari suivait à pas lourds, une petite lueur amusée dans le regard. C'était lui qui disait :

— Si vous voulez vous donner la peine d'entrer...

— Il fait la sieste, je parie. Est-ce qu'il est toujours aussi gros ?

— Vous le connaissez bien ?

— Qu'est-ce que cela peut vous faire ? Allez lui annoncer Bernadette Amorelle et ne vous occupez pas du reste...

Elle se ravisa, fouilla dans son sac à main d'un ancien modèle, un réticule en velours noir, à fermoir d'argent, comme on en vendait vers 1900.

— Tenez... dit-elle en tendant une petite coupure.

— Excusez-moi de ne pouvoir accepter, madame Amorelle, mais je suis l'ex-commissaire Maigret...

Alors elle eut un mot magnifique, qui devait rester une tradition dans la maison. Le regardant des sabots aux cheveux en désordre — car il avait retiré son vaste chapeau de paille — elle laissa tomber :

— Si vous voulez...

Pauvre Mme Maigret ! Elle avait beau adresser des signes à son mari, il ne s'en apercevait pas. Ses gestes, qui se voulaient discrets, signifiaient :

« Conduis-la donc dans le salon... Est-ce qu'on reçoit les gens dans une cour qui sert de cuisine et de tout ?... »

Mais Mme Amorelle s'était installée dans un petit fauteuil de rotin et s'y trouvait fort bien. Ce fut elle qui, remarquant l'agitation de Mme Maigret, lui lança avec impatience :

— Mais laissez donc le commissaire tranquille...

Pour un peu, elle eût prié Mme Maigret de s'en aller, et c'est d'ailleurs ce que fit celle-ci, car elle n'osait pas continuer son travail en présence de la visiteuse et elle ne savait où se mettre.

— Vous connaissez mon nom, n'est-ce pas, commissaire ?

— Amorelle des carrières de sable et des remorqueurs ?

— Amorelle et Campois, oui...

Il avait fait une enquête, jadis, dans la Haute Seine, et il avait vu passer à longueur de journée des trains de bateaux portant le triangle vert de la maison Amorelle et Campois. Dans l'île Saint-Louis, il lui arrivait souvent, quand il appartenait encore au Quai, d'apercevoir les bureaux Amorelle et Campois, à la fois propriétaires de carrières et armateurs.

— Je n'ai pas de temps à perdre et il faut que vous me compreniez.

Tout à l'heure, j'ai profité de ce que mon gendre et ma fille étaient chez les Malik pour dire à François de mettre la vieille Renault en marche... Ils ne se doutent de rien... Ils ne rentreront sans doute pas avant la soirée... Vous comprenez ?

— Non... Oui...

A la rigueur, il comprenait que la vieille femme était partie en fraude, à l'insu de sa famille.

— Je vous jure que, s'ils savaient que je suis ici...

— Pardon ! Où étiez-vous ?

— A Orsenne, évidemment...

Comme une reine de France aurait dit :

« A Versailles ! »

Est-ce que tout le monde ne savait pas, ne devait pas savoir que Bernadette Amorelle, d'Amorelle et Campois, habitait Orsenne, un hameau au bord de la Seine entre Corbeil et la forêt de Fontainebleau ?

— Ce n'est pas la peine de me regarder comme si vous me croyiez folle. Ils essayeront sans doute de vous le faire croire. Je vous jure que ce n'est pas vrai.

— Pardon, madame, puis-je me permettre de vous demander votre âge ?

— Je permets, jeune homme. J'aurai quatre-vingt-deux ans le 7 septembre... Mais toutes mes dents sont à moi, si c'est cela que vous regardez... Et il est probable que j'en enterrerai encore quelques-uns... Je serais bien heureuse, en particulier, d'enterrer mon gendre...

— Vous ne voulez pas boire quelque chose ?

— Un verre d'eau fraîche, si vous en avez...

Il la servit lui-même.

— A quelle heure avez-vous quitté Orsenne ?

— A onze heures et demie... Dès qu'ils ont été partis... J'avais prévenu François... François, c'est l'aide-jardinier, un bon petit garçon... C'est moi qui ai aidé sa mère à l'accoucher... Personne ne soupçonne à la maison qu'il sait conduire une automobile... Une nuit que je ne dormais pas — car il faut vous dire, commissaire, que je ne dors jamais — j'ai découvert qu'il s'essayait au clair de lune sur la vieille Renault... Cela vous intéresse ?

— Vivement...

— Il ne vous en faut pas beaucoup... La vieille Renault, qui n'était même pas au garage, mais dans les écuries, est une limousine qui date du temps de feu mon mari... Comme il est mort il y a vingt ans, calculez... Eh bien ! ce gamin, je ne sais pas comment, est parvenu à la faire marcher et, la nuit, il s'amusait à faire des tours sur la route...

— C'est lui qui vous a amenée ?

— Il m'attend dehors...

— Vous n'avez pas déjeuné ?

— Je mange quand j'ai le temps... Je déteste les gens qui éprouvent toujours le besoin de manger...

Et, malgré elle, elle eut un coup d'œil réprobateur à l'abdomen rebondi du commissaire.

— Voyez comme vous suez. Cela ne me regarde pas... Mon mari, lui

aussi, a voulu n'en faire qu'à sa tête et voilà belle lurette qu'il n'est plus
là... Il y a deux ans que vous êtes à la retraite, n'est-ce pas ?

— Bientôt deux ans, oui.

— Donc, vous vous embêtez... Donc, vous allez accepter ce que je vous
propose... Il y a un train à cinq heures qui part d'Orléans, où je pourrai
vous déposer en passant. Naturellement, ce serait plus facile de vous
emmener en auto jusqu'à Orsenne, mais vous ne passeriez pas inaperçu et
tout serait raté.

— Pardon, madame, mais...

— Je sais bien que vous allez faire des histoires. Or, moi, j'ai absolument
besoin que vous veniez passer quelques jours à Orsenne. Cinquante mille si
vous réussissez. Et, si vous ne trouvez rien, mettons dix mille, plus vos
frais...

Elle ouvrait son sac, maniait des billets tout préparés.

— Il y a une auberge. Vous ne risquez pas de vous tromper, car il n'en
existe qu'une. Cela s'appelle *L'Ange*. Vous y serez fort mal, car la pauvre
Jeanne est à moitié toquée. Encore une que j'ai connue toute petite. Peut-
être qu'elle ne voudra pas vous recevoir, mais vous saurez vous y prendre,
je n'en doute pas. Du moment que vous lui parlerez maladies, elle sera
contente. Elle est persuadée qu'elle les a toutes.

Mme Maigret apportait un plateau avec du café, et la vieille dame,
indifférente à cette attention, la rabrouait :

— Qu'est-ce que c'est que ça ? Qui est-ce qui vous a commandé de nous
servir le café ? Emportez...

Elle la prenait pour la bonne, comme elle avait pris Maigret pour le
jardinier.

— Je pourrais vous raconter des tas d'histoires, mais je connais votre
réputation et je sais que vous êtes assez intelligent pour tout découvrir par
vous-même. Ne vous laissez pas impressionner par mon gendre, c'est tout
ce que je vous recommande. Il a emberlificoté tout le monde. Il est poli.
Jamais on n'a vu quelqu'un d'aussi poli. Il en devient écœurant. Mais le
jour où on lui coupera la tête...

— Pardon, madame...

— Pas tant de pardons, commissaire. J'avais une petite-fille, une seule,
la fille de ce Malik de malheur. Car mon gendre s'appelle Malik. Cela aussi
vous devez le savoir. Charles Malik... Ma petite-fille, Monita, aurait eu ses
dix-huit ans la semaine prochaine...

— Vous voulez dire qu'elle est morte ?

— Il y a sept jours exactement. Nous l'avons enterrée avant-hier. On l'a
retrouvée, noyée, sur le barrage d'aval... Et, quand Bernadette Amorelle
vous dit que ce n'est pas un accident, vous pouvez le croire. Monita nageait
comme un poisson. On essayera de vous faire croire qu'elle était imprudente,
qu'elle allait se baigner toute seule à six heures du matin et quelquefois la
nuit. Elle ne se serait pas noyée pour cela. Et, s'ils insinuent qu'elle a peut-
être voulu se suicider, vous leur répondrez qu'ils en ont menti.

On venait soudain, sans transition, de passer de la comédie au drame,
mais ce qu'il y avait d'étrange, c'est que le ton restait celui de la comédie.

La vieille dame ne pleurait pas. Il n'y avait pas la moindre humidité à ses yeux d'un noir étonnant. Tout son être sec et nerveux continuait à être animé de la même vitalité qui, malgré tout, avait quelque chose d'assez comique.

Elle allait droit son chemin, poursuivait son idée sans souci des formes habituelles. Elle regardait Maigret sans avoir l'air de douter un seul instant qu'il lui fût tout acquis, simplement parce qu'elle le voulait ainsi.

Elle était partie en cachette, dans une auto invraisemblable, avec un gamin qui savait à peine conduire. Elle avait traversé ainsi toute la Beauce, sans déjeuner, à l'heure la plus chaude. Maintenant, elle regardait l'heure à une montre qu'elle portait, à l'ancienne mode, au bout d'une chaîne en sautoir.

— Si vous avez des questions à me poser, faites-le vite, déclara-t-elle, déjà prête à se lever.

— Vous n'aimez pas votre gendre, à ce que je comprends.

— Je le hais.

— Votre fille le hait-elle aussi ? Est-elle malheureuse avec lui ?

— Je n'en sais rien et cela m'est égal.

— Vous ne vous entendez pas avec votre fille ?

— J'aime mieux l'ignorer. Elle n'a aucun caractère, aucun sang dans les veines.

— Vous dites que, voilà sept jours, donc mardi de la semaine dernière, votre petite fille s'est noyée dans la Seine.

— Jamais de la vie. Vous feriez bien de prêter plus d'attention à ce que je vous raconte. On a retrouvé Monita, morte, dans la Seine, au-dessus du barrage d'aval.

— Cependant elle ne portait pas de blessure et le médecin a délivré le permis d'inhumer ?

Elle se contenta de le regarder d'un air de souverain mépris, avec peut-être une ombre de pitié.

— Vous êtes la seule, à ce que je comprends, à soupçonner que cette mort pourrait ne pas être naturelle.

Cette fois, elle se leva.

— Ecoutez, commissaire. Vous avez la réputation d'être le policier le plus intelligent de France. Tout au moins celui qui a obtenu les plus grands succès. Habillez-vous. Bouclez votre valise. Dans une demi-heure, je vous dépose à la gare des Aubrais. Ce soir à sept heures, vous serez à l'*Auberge de l'Ange*. Il vaut mieux que nous n'ayons pas l'air de nous connaître. Chaque jour, vers midi, François ira boire l'apéritif à *L'Ange*. D'habitude, il ne boit pas, mais je lui en donnerai l'ordre. Afin que nous puissions communiquer sans que cela leur mette la puce à l'oreille.

Elle fit quelques pas vers le jardin, décidée sans doute à s'y promener en dépit de la chaleur, en l'attendant.

— Dépêchez-vous.

Puis, se retournant :

— Vous aurez peut-être l'obligeance de faire servir quelque chose à boire à François. Il doit être dans l'auto. Du vin coupé d'eau. Pas de vin pur, car il faut qu'il me ramène à la maison, et il n'a pas l'habitude.

Mme Maigret, qui avait dû tout entendre, se tenait derrière la porte du vestibule.

— Qu'est-ce que tu fais, Maigret ? questionna-t-elle, le voyant se diriger vers l'escalier à boule de cuivre.

Il faisait frais dans la maison, où régnait une bonne odeur d'encaustique, de foin coupé, de fruits qui mûrissent et de cuisine mijotée. Cette odeur-là, qui était celle de son enfance, de la maison de ses parents, Maigret avait mis cinquante ans à la retrouver.

— Tu ne vas pas suivre cette vieille folle ?

Il avait laissé ses sabots sur le seuil. Il marchait pieds nus sur les carreaux froids, puis sur les marches de chêne ciré de l'escalier.

— Sers à boire au chauffeur et monte m'aider à faire ma valise.

Il y avait une petite flamme dans ses yeux, une petite flamme qu'il reconnut quand, dans le cabinet de toilette, il se débarbouilla à l'eau fraîche et se regarda dans la glace.

— Je ne te comprends plus ! soupira sa femme. Toi qui, tout à l'heure encore, ne pouvais rester en repos à cause de quelques doryphores.

Le train. Il avait chaud. Il fumait dans son coin. L'herbe des talus était jaune, les petites gares fleuries défilaient, un homme, dans la fumée de soleil, agitait ridiculement son petit drapeau rouge et soufflait dans un sifflet, comme les enfants.

Les tempes de Maigret étaient devenues grises. Il était un peu plus calme, un peu plus lourd qu'autrefois, mais il n'avait pas l'impression d'avoir vieilli depuis qu'il avait quitté la P.J.

C'était par vanité plutôt ou par une sorte de pudeur que, depuis deux ans, il refusait systématiquement de s'occuper de toutes les affaires qu'on venait lui proposer, surtout des banques, des compagnies d'assurances, des bijoutiers qui lui soumettaient des cas embarrassants.

On aurait dit, quai des Orfèvres :

« Le pauvre Maigret repique au truc, il en a déjà assez de son jardin et de la pêche à la ligne. »

Or, voilà qu'il se laissait embobiner par une vieille femme surgie dans l'encadrement de la petite porte verte.

Il la revoyait, raide et digne, dans l'antique limousine que conduisait avec une périlleuse désinvolture un François en tenue de jardinier qui n'avait pas pris le temps de changer ses sabots contre des souliers.

Il l'entendait lui dire, après avoir vu Mme Maigret agiter la main sur le seuil au moment de leur départ :

— C'est votre femme, n'est-ce pas ? J'ai dû la vexer en la prenant pour la servante... Je vous avais bien pris pour le jardinier.

Et l'auto était repartie pour sa course plus qu'aventureuse, après l'avoir déposé en face de la gare des Aubrais, où François, se trompant dans ses vitesses, avait failli écrabouiller en marche arrière toute une grappe de vélos.

C'étaient les vacances. On voyait des Parisiens partout dans la campagne et dans les bois, des autos rapides sur les routes, des canoës sur les rivières et des pêcheurs en chapeau de paille au pied de chaque saule.

Orsenne n'était pas une gare, mais une halte où quelques rares trains daignaient s'arrêter. A travers les arbres des parcs, on apercevait les toits de quelques grosses villas et, au-delà, la Seine, large et majestueuse à cet endroit.

Maigret aurait eu bien de la peine à dire pourquoi il avait optempéré aux ordres de Bernadette Amorelle. Peut-être à cause des doryphores ?

Soudain, lui aussi, comme les gens qu'il avait coudoyés dans le train, qu'il rencontrait en descendant le raidillon, qu'il voyait partout depuis qu'il avait quitté Meung, lui aussi se sentait en vacances.

Un autre air que celui de son jardin l'enveloppait, il marchait, allègre, dans un décor nouveau, il trouvait, en bas du chemin en pente, la Seine que longeait une route large pour livrer passage aux voitures.

Des écriteaux, avec des flèches, annonçaient depuis la gare : *Auberge de l'Ange,* et il suivait les flèches, pénétrait dans un jardin aux tonnelles délabrées, poussait enfin la porte vitrée d'une véranda où l'air, à cause du soleil enfermé entre les parois des vitres, était étouffant.

— Quelqu'un ! appela-t-il.

Il n'y avait qu'un chat, sur un coussin, par terre, des cannes à pêche dans un coin.

— Quelqu'un !...

Il descendit une marche et se trouva dans la salle où le balancier de cuivre d'une vieille horloge oscillait paresseusement avec un déclic à chaque fin de course.

— Il n'y a personne dans cette baraque ! grommela-t-il.

Au même moment on remua, tout près de lui. Il tressaillit et aperçut dans la pénombre un être qui bougeait, entortillé de couvertures. C'était une femme, la Jeanne sans doute, dont Mme Amorelle avait parlé. Ses cheveux noirs et gras lui pendaient des deux côtés de la figure et elle avait le cou entouré d'une épaisse compresse blanche.

— C'est fermé ! dit-elle d'une voix de mal de gorge.

— Je sais, madame. On m'a appris que vous étiez souffrante...

Aïe ! ce mot « souffrance », ridiculement faible, n'était-il pas une injure ?

— Vous voulez dire que je suis presque morte ? Personne ne veut le croire... On me tracasse.

Elle achevait pourtant de rejeter la couverture qui enveloppait ses jambes et elle se levait, les chevilles épaisses au-dessus des pantoufles de feutre.

— Qui est-ce qui vous a envoyé ici ?

— Figurez-vous que j'y suis venu jadis, il y a plus de vingt ans, et que c'est une sorte de pèlerinage que...

— Alors, vous avez connu Marius ?

— Parbleu !

— Pauvre Marius... Vous savez qu'il est mort ?

— On me l'a dit. Je ne voulais pas le croire.

— Pourquoi ?... Il n'a jamais eu de santé, lui non plus... Voilà trois ans qu'il est mort et que je me traîne... Vous comptiez couchez ici ?

Elle avait aperçu la valise qu'il avait posée sur le seuil.

— Je comptais y passer quelques jours, oui. A condition de ne vous donner aucun dérangement. Dans votre état...

— Vous venez de loin ?

— Des environs d'Orléans.

— Vous n'êtes pas en auto ?

— Non. Je suis arrivé par le train.

— Et vous n'avez plus de train pour repartir aujourd'hui. Mon Dieu ! Mon Dieu ! Raymonde !... Raymonde !... Je parie qu'elle est encore à courir. Enfin ! Je vais voir avec elle... Si elle veut bien... Parce qu'elle a un drôle de caractère. C'est la servante, mais elle profite de ce que je suis malade pour n'en faire qu'à sa tête et on dirait que c'est elle qui commande. Tiens ! qu'est-ce qu'il vient faire par ici, celui-là ?

Elle regardait par la vitre un homme dont on entendait le pas sur le gravier. Maigret le regardait aussi et commençait à froncer les sourcils, car le nouveau venu lui rappelait vaguement quelqu'un.

Il était en tenue de tennis ou de campagne, pantalon de flanelle blanche, veston et souliers blancs, et, ce qui frappa l'ancien commissaire, ce fut un brassard de crêpe qu'il portait au bras.

Il entra, en habitué.

— Bonjour, Jeanne...

— Qu'est-ce que vous voulez, monsieur Malik ?

— Je suis venu te demander si...

Il s'interrompit, regardant Maigret en face, souriant soudain, et il lança :

— Jules !... Par exemple !... Qu'est-ce que tu fais ici, toi ?

— Pardon...

D'abord, depuis des années et des années, personne ne l'appelait Jules, à tel titre qu'il en avait presque oublié son prénom. Sa femme elle-même avait la manie, qui finissait par le faire sourire, de l'appeler Maigret.

— Tu ne te souviens pas ?

— Non...

Et pourtant ce visage coloré, aux traits bien dessinés, au nez proéminent, aux yeux clairs, trop clairs, ne lui était pas inconnu. Le nom de Malik non plus, qui déjà, quand Mme Amorelle l'avait prononcé, avait réveillé quelque chose de confus dans sa mémoire.

— Ernest...

— Comment, Ernest ?

Est-ce que Bernadette Amorelle n'avait pas parlé d'un Charles Malik ?

— Le lycée de Moulins.

Maigret avait bien fréquenté le lycée de Moulins pendant trois ans, à l'époque où son père était régisseur dans un château de la région. Cependant...

Chose curieuse, si sa mémoire était infidèle, il était pourtant sûr que c'était un souvenir plutôt déplaisant que lui rappelait ce visage soigné, cet homme plein d'assurance. Au surplus, il n'aimait pas être tutoyé. Il avait toujours eu la familiarité en horreur.

— Le Percepteur...

— J'y suis, oui... Je ne vous aurais pas reconnu.

— Qu'est-ce que tu fais ici ?

— Moi ? Je...

L'autre éclatait de rire.

— Nous en parlerons tout à l'heure... Je savais bien que le commissaire Maigret n'était autre que mon vieil ami Jules. Tu te souviens du professeur d'anglais ?... Inutile de faire préparer une chambre, Jeanne. Mon ami couchera à la villa...

— Non ! prononça Maigret d'un air grognon.

— Hein ? Tu dis ?

— Je dis que je coucherai ici... C'est déjà convenu avec Jeanne.

— Tu y tiens ?

— J'y tiens.

— A cause de la vieille ?

— Quelle vieille ?

Un sourire malicieux flottait sur les lèvres minces d'Ernest Malik, et ce sourire-là, c'était encore le sourire du gamin d'autrefois.

On l'appelait le Percepteur parce que son père était percepteur des contributions à Moulins. Il était très maigre, avec un visage en lame de couteau et les yeux clairs, d'un gris pas engageant.

— Ne te trouble pas, Jules. Tu comprendras cela tout à l'heure... Dis donc, Jeanne, n'aie pas peur de répondre franchement. Est-ce que ma belle-mère est folle, oui ou non ?

Et Jeanne, glissant sans bruit sur ses pantoufles, de murmurer sans enthousiasme :

— J'aime autant ne pas me mêler de vos affaires de famille.

Elle regardait déjà Maigret avec moins de sympathie, sinon avec méfiance.

— Alors, est-ce que vous restez ou est-ce que vous allez avec lui ?

— Je reste.

Malik regardait toujours son ancien condisciple d'un air narquois, comme si tout cela faisait partie d'une bonne farce dont Maigret eût été la victime.

— Tu vas bien t'amuser, je t'assure... Je ne connais rien de plus gai que l'*Auberge de l'Ange*. Tu as vu l'ange, tu as marché !

Se souvint-il brusquement de son deuil ? Toujours est-il qu'il prit un air plus grave pour ajouter :

— Si tout cela n'était pas triste, on en rirait bien tous les deux... Monte au moins jusqu'à la maison. Mais si ! C'est nécessaire... Je t'expliquerai... Le temps de prendre l'apéritif et tu auras compris.

Maigret hésitait encore. Il était là, immobile, énorme en comparaison de son compagnon qui était aussi grand que lui, mais d'une rare sveltesse.

— Je viens, prononça-t-il enfin comme à regret.

— Tu accepteras sans doute de dîner avec nous ? Je ne dis pas que la maison soit très gaie actuellement, après la mort de ma nièce, mais...

Au moment de partir, Maigret aperçut Jeanne qui, d'un coin sombre, les regardait partir. Et il eut l'impression qu'il y avait de la haine dans le regard qu'elle laissait peser sur l'élégante silhouette d'Ernest Malik.

2

Le second fils du percepteur

Tandis que les deux hommes marchaient le long de la rivière, ils devaient donner l'impression que l'un tenait l'autre en laisse et que celui-ci, grognon et balourd comme un gros chien à poils longs, se laissait traîner.

Et le fait est que Maigret était mal à l'aise. Déjà, à l'école, il n'avait aucune sympathie pour le Percepteur. En outre, il avait horreur de ces gens surgis de votre passé qui vous tapent amicalement sur l'épaule et se permettent de vous tutoyer.

Enfin Ernest Malik représentait un type humain qui l'avait toujours fait se hérisser.

Il marchait avec désinvolture, lui, à l'aise dans son complet de flanelle blanche admirablement coupé, le corps soigné, le poil lustré, la peau sèche malgré la chaleur. Déjà il jouait le grand seigneur qui fait visiter ses domaines à un croquant.

Il y avait — il y avait toujours eu — dans ses yeux clairs, une petite étincelle d'ironie, même quand il était gamin, un éclat furtif qui proclamait :

« Je t'ai eu et je t'aurai encore... Je suis tellement plus intelligent que toi !... »

La Seine, qui dessinait une courbe molle, s'étalait très large, à leur gauche, bordée de roseaux. A droite, des murs bas, les uns très vieux, les autres presque neufs, séparaient la route des villas.

Il y en avait peu : quatre ou cinq, autant que le commissaire put en juger. Elles étaient cossues, blotties dans de grands parcs bien entretenus dont on apercevait les allées en passant devant les grilles.

— La villa de ma belle-mère, que tu as eu le plaisir de voir aujourd'hui, annonça Malik comme ils atteignaient un large portail aux pilastres surmontés de lions de pierre. Le vieil Amorelle l'a rachetée, voilà une quarantaine d'années, à un baron de la finance du second Empire.

On distinguait, dans l'ombre des arbres, une vaste construction qui n'était pas particulièrement belle, mais qui faisait solide et riche. De minuscules jets tournants arrosaient les pelouses, cependant qu'un vieux jardinier, qui semblait échappé d'un catalogue de marchand de graines, ratissait les allées.

— Qu'est-ce que tu penses de Bernadette Amorelle ? questionna Malik en se retournant vers son ancien condisciple et en lui plantant dans les yeux son regard pétillant de malice.

Maigret s'épongeait et l'autre avait l'air de dire :

« Pauvre vieux ! Tu n'as pas changé, toi ! Tu es toujours bien le fils pataud d'un intendant de château ! De la grosse chair paysanne. De la naïveté et peut-être du bon sens ! »

Et à voix haute :

— Marchons... J'habite un peu plus loin, après le tournant. Tu te souviens de mon frère ?... C'est vrai que tu ne l'as pas connu au lycée, car il a trois ans de moins que nous. Mon frère Charles a épousé une des filles Amorelle à peu près dans le même temps que j'épousais l'autre... C'est lui qui habite cette villa, l'été, avec sa femme et notre belle-maman. C'est sa fille qui est morte la semaine dernière...

Cent mètres encore et ils découvraient, à gauche, un ponton tout blanc, luxueux comme les pontons des grands clubs, au bord de la Seine.

— Ici commence mon domaine... J'ai quelques petits bateaux, car il faut bien s'amuser un peu dans ce trou perdu... Tu fais de la voile ?

Quelle ironie dans sa voix en demandant au gros Maigret s'il faisait de la voile dans un de ces frêles esquifs qu'on voyait entre des bouées !

— Par ici...

Une grille aux flèches dorées. Une allée dont le sable clair brillait. Le parc était en pente douce et bientôt on découvrait une construction moderne beaucoup plus vaste que la maison des Amorelle. Des tennis à gauche, d'un rouge sombre dans le soleil. Une piscine à droite.

Et Malik, de plus en plus désinvolte, comme une jolie femme qui joue négligemment avec un bijou valant des millions, semblait dire :

« Regarde de tous tes yeux, gros balourd. Tu es ici chez Malik. Mais oui, chez le petit Malik que vous nommiez dédaigneusement le Percepteur parce que son papa passait ses journées derrière un grillage dans un bureau obscur. »

De grands chiens danois venaient lui lécher les mains et il acceptait cet humble hommage comme sans s'en apercevoir.

— Si tu veux, nous allons prendre l'apéritif sur la terrasse en attendant la cloche du dîner... Mes fils doivent être sur la Seine à faire du bateau...

Derrière la villa, un chauffeur en bras de chemise lavait au jet une puissante voiture américaine aux nickels éblouissants.

Ils gravissaient les marches, s'installaient sous un parasol rouge, dans des fauteuils de rotin larges comme des fauteuils clubs. Un maître d'hôtel en veste blanche s'empressait, et Maigret avait davantage l'impression de se trouver dans un palace de ville d'eaux que dans une maison particulière.

— *Rose ?... Martini ?... Manhattan ?...* Qu'est-ce tu préfères, Jules ? Si j'en crois ta légende, que je connais comme tout le monde par les journaux, tu préfères un grand demi sur le zinc ?... Malheureusement, je n'ai pas encore installé de zinc ici... Cela viendra peut-être... Ce serait assez rigolo. Deux *Martini*, Jean ! Ne te gêne pas pour fumer ta pipe. Qu'est-ce que nous disions ? Ah ! oui... Mon frère et ma belle-sœur sont, bien entendu, assez sonnés par cette histoire... Ils n'avaient que cette fille-là, tu comprends ? Ma belle-sœur n'a jamais joui de beaucoup de santé...

Est-ce que Maigret écoutait ? Si oui, il n'en avait pas conscience. Et cependant les mots prononcés se gravaient automatiquement dans sa mémoire.

Enfoncé dans son fauteuil, les yeux mi-clos, une pipe tiède entre ses lèvres boudeuses, il regardait vaguement le paysage, qui était très beau. Le soleil commençait à décliner et à se colorer de rouge. De la terrasse où ils se trouvaient, on découvrait toute la boucle de la Seine, bordée en face d'eux par des collines boisées où tranchait, d'un blanc cru, la saignée d'une carrière.

Quelques voiles blanches évoluaient sur l'eau sombre et soyeuse du fleuve, quelques canoës vernis glissaient lentement, une barque à moteur bourdonnait, et, quand elle disparaissait au loin, l'air vibrait encore au rythme de son moteur.

Le valet de chambre avait posé devant eux des verres de cristal qui se couvraient d'une fine buée.

— Ce matin, je les avais invités tous les deux à passer la journée à la maison. Inutile d'inviter ma belle-mère. C'est une femme qui a horreur de la famille et à qui il arrive de rester des semaines sans sortir de sa chambre...

Son sourire proclamait :

« Tu ne peux comprendre, pauvre gros Maigret. Tu es habitué, toi, aux petites gens qui mènent une petite vie banale et qui ne peuvent se permettre la moindre originalité. »

Et c'était vrai que Maigret était mal à l'aise dans ce milieu. Le décor lui-même, trop harmonieux, aux lignes trop calmes, le hérissait. Il en arrivait — et ce n'était pas la jalousie, car il n'était pas mesquin à ce point-là — à détester ce tennis si net, ce chauffeur trop bien nourri, qu'il avait entrevu astiquant l'auto somptueuse. Le ponton, avec ses plongeoirs, ses petits bateaux amarrés alentour, la piscine, les arbres taillés, les allées au sable uni et comme sans une tache faisaient partie d'un univers où il ne pénétrait qu'à regret et où il se sentait terriblement lourd.

— Je te raconte tout ceci pour t'expliquer mon arrivée, tout à l'heure, chez cette bonne Jeanne. Quand je te dis cette bonne Jeanne, c'est une façon de parler, car c'est bien le plus perfide animal de la terre. Du temps de son mari, de son Marius, elle le trompait avec acharnement et, depuis qu'il est mort, elle gémit du matin au soir sur sa mémoire.

» Donc mon frère et ma belle-sœur étaient ici. Au moment de se mettre à table, ma belle-sœur s'aperçoit qu'elle a oublié ses pilules. Elle a la manie de se droguer. Ses nerfs, dit-elle. Je me propose pour aller les chercher. Au lieu de passer par la route, je traverse les jardins, car les deux propriétés sont voisines.

» Un hasard que je regarde par terre. En passant devant les anciennes écuries, je remarque des traces de roues. J'ouvre la porte et je m'étonne de ne pas voir à sa place la vieille limousine de mon défunt beau-père...

» Voilà, mon vieux, comme je suis arrivé jusqu'à toi. J'ai interrogé le jardinier, qui m'a avoué que son aide était parti une heure plus tôt avec la voiture et qu'il avait emmené Bernadette.

» Quand ils sont rentrés, j'ai fait appeler le gamin et je l'ai questionné. J'ai su qu'il était allé à Meung-sur-Loire et qu'il avait déposé un gros homme avec une valise à la gare des Aubrais. Je m'excuse, mon vieux. C'est lui qui a dit un gros homme.

» J'ai tout de suite pensé que ma charmante belle-mère avait été se confier à quelque policier privé, car elle a la folie de la persécution et elle est persuadée que la mort de sa petite-fille cache Dieu sait quel mystère.

» J'avoue que je n'ai pas pensé à toi... Je savais qu'il y avait un Maigret dans la police, mais je n'étais pas sûr que c'était le Jules du lycée.

» Qu'est-ce que tu en dis ?

Et Maigret de laisser tomber :

— Rien.

Il ne disait rien. Il pensait à sa maison si différente, à son jardin, aux aubergines, aux petits pois qui tombaient dans la bassine émaillée, et il se demandait pourquoi il avait suivi sans discuter cette vieille dame autoritaire qui l'avait littéralement enlevé.

Il pensait au train bourdonnant de chaleur, à son ancien bureau du Quai des Orfèvres, à toutes les crapules qu'il avait interrogées, à tant de petits bars, d'hôtels malpropres, d'endroits invraisemblables où ses enquêtes l'avaient conduit.

Il pensait à tout cela et il en était d'autant plus furieux, plus vexé d'être là, dans un milieu hostile, sous l'œil sardonique du Percepteur.

— Tout à l'heure, si cela t'amuse, je te ferai visiter la maison. J'en ai fait les plans moi-même avec l'architecte. Evidemment, nous ne l'habitons pas toute l'année, mais seulement l'été. J'ai un appartement à Paris, avenue Hoche. J'ai aussi acheté une villa à trois kilomètres de Deauville, et nous y sommes allés en juillet. En août, le public, à la mer, est impossible. Maintenant, si le cœur t'en dit, je t'invite volontiers à passer quelques jours avec nous. Tu joues au tennis ? Tu montes à cheval ?...

Pourquoi ne lui demandait-il pas aussi s'il jouait au golf et s'il faisait du ski nautique ?

— Remarque que, si tu attaches la moindre importance à ce que ma belle-mère t'a raconté, je ne t'empêche nullement de faire ta petite enquête. Je me mets à ton entière disposition, et si tu as besoin d'une voiture et d'un chauffeur... Tiens ! voici ma femme.

Elle apparaissait sur le perron, venant de la maison, vêtue de blanc, elle aussi.

— Je te présente Maigret, un vieil ami de lycée... Ma femme...

Elle tendait une main blanche et molle au bout d'un bras blanc, et tout était blanc chez elle, son visage, ses cheveux d'un blond trop clair.

— Asseyez-vous, monsieur, je vous en prie...

Qu'y avait-il, chez elle, qui donnait une impression de malaise ? Peut-être qu'on la sentait comme absente ? Sa voix était neutre, si impersonnelle qu'on pouvait se demander si c'était elle qui avait parlé. Elle s'asseyait dans un grand fauteuil et on soupçonnait qu'elle aurait pu tout aussi bien être ailleurs. Pourtant, elle adressait un léger signe à son mari. Celui-ci ne comprenait pas. Du regard, elle désignait l'unique étage de la villa. Elle précisait :

— C'est Georges-Henry...

Alors, fronçant les sourcils, Malik se levait, disait à Maigret :

— Tu permets un instant ?

Ils restaient là, immobiles et silencieux, la femme et le commissaire, puis soudain il y avait, à l'étage supérieur, comme le début d'un vacarme. Une porte était poussée brusquement. Des pas rapides. Une des fenêtres se fermait. Des voix étouffées. Les échos d'une dispute, sans doute, en tout cas d'une discussion assez âpre.

Tout ce que Mme Malik trouvait à dire, c'était :

— Vous n'étiez jamais venu à Orsenne ?

— Non, madame.

— C'est assez joli pour qui aime la campagne. C'est surtout reposant, n'est-ce pas ?

Et le mot reposant prenait dans sa bouche une valeur toute particulière. Elle était si molle, si lasse peut-être, ou dotée de si peu de vivacité, son corps s'abandonnait avec tant d'inertie dans le fauteuil de rotin qu'elle était le repos personnifié, le repos perpétuel.

Pourtant, elle tendait l'oreille aux bruits de l'étage qui allaient en s'apaisant et, quand on n'entendit plus rien, elle prononça encore :

— Il paraît que vous dînez avec nous ?

Si bien élevée qu'elle fût, elle ne parvenait pas à exprimer une joie simplement polie. Elle constatait. Elle constatait à regret. Malik revenait, et, au moment où Maigret le regardait, il accrochait à nouveau sur ses traits son sourire étroit.

— Tu m'excuses ?... Il y a toujours à s'occuper des domestiques.

On attendait la cloche du dîner avec une certaine gêne. Malik, en présence de sa femme, semblait moins désinvolte.

— Jean-Claude n'est pas rentré ?

— Je crois que je l'aperçois sur le ponton.

Un jeune homme en short venait en effet de débarquer d'un léger voilier qu'il amarrait et, son chandail sur le bras, il se dirigeait lentement vers la maison. A cet instant, la cloche sonnait et on passait dans la salle à manger, où on devait bientôt retrouver, lavé, peigné et vêtu de flanelle grise, Jean-Claude, le fils aîné d'Ernest Malik.

— Si j'avais su plus tôt que tu viendrais, j'aurais invité mon frère et ma belle-sœur, afin que tu fasses la connaissance de toute la famille. Demain, si tu veux, je les inviterai, ainsi que nos voisins, qui ne sont pas très nombreux. C'est chez nous le lieu de réunion... Il y a presque toujours du monde... On entre, on sort, on fait comme chez soi.

La salle à manger était vaste et riche. La table était de marbre veiné de rose et les couverts posés sur de minuscules napperons individuels.

— En somme, si j'en crois ce que les journaux ont raconté de toi, tu n'as pas mal réussi dans la police ? Drôle de métier. Je me suis souvent demandé pourquoi on devenait policier, à quel moment et comment on se sentait la vocation. Car, enfin...

Sa femme était plus absente que jamais. Maigret observait Jean-Claude, qui, de son côté, dès qu'il ne se croyait pas regardé, examinait le commissaire attentivement.

Froid comme le marbre de la table, le jeune homme. A dix-neuf ou vingt ans, il avait déjà l'assurance de son père. Celui-là ne devait pas se laisser facilement troubler et, pourtant, il y avait comme de la gêne dans l'air.

On ne parlait pas de Monita, qui était morte la semaine précédente. Peut-être préférait-on n'en pas parler en présence du maître d'hôtel.

— Vois-tu, Maigret, disait Malik, vous avez tous été aveugles, autant que vous étiez, au lycée, et vous ne vous doutiez pas de ce que vous disiez en m'appelant le Percepteur. Nous étions quelques-uns, souviens-toi, qui n'étions pas riches, tenus plus ou moins à l'écart des fils de hobereaux et de gros bourgeois. Il y en avait qui en souffraient, d'autres, comme toi, que cela laissait indifférents.

» Moi, on m'appelait le Percepteur avec mépris, et pourtant c'est ce qui a fait ma force...

» Si tu savais tout ce qui passe pas les mains d'un percepteur ! J'ai connu les sales dessous des familles les plus solides en apparence... J'ai connu les tripotages de ceux qui s'enrichissaient. J'ai vu ceux qui montaient et ceux qui descendaient, même ceux qui dégringolaient, et je me suis mis à étudier le mécanisme de tout cela...

» La mécanique sociale, si tu veux. Pourquoi on monte et pourquoi on descend.

Il parlait avec un orgueil méprisant, dans la salle à manger de grand luxe, aux fenêtres de laquelle le décor lui-même était encore comme une affirmation de sa réussite.

— Moi, j'ai monté...

Les mets étaient sans doute de choix, mais l'ancien commissaire n'avait aucun goût pour ces petits plats compliqués aux sauces invariablement constellées d'éclats de truffes ou de queues d'écrevisses. Le maître d'hôtel, à chaque instant, se penchait pour remplir un des verres rangés devant lui.

Le ciel devenait vert d'un côté, d'un vert froid et comme éternel, rouge de l'autre, avec des traînées violacées et quelques nuages d'un blanc ingénu. Des canoës s'attardaient sur la Seine, où parfois un poisson, en sautant, dessinait une série de cercles lents.

Malik devait avoir l'oreille fine, aussi fine que Maigret, qui entendit, lui aussi. Et pourtant, c'était à peine perceptible, le silence du soir seul permettait au moindre bruit de prendre une suffisante ampleur.

Un grattement d'abord, comme à une fenêtre du premier étage, du côté où, tout à l'heure, avant le dîner, il y avait eu des éclats de voix. Puis un bruit mou dans le parc.

Malik et son fils s'étaient regardés. Mme Malik n'avait pas bronché et avait continué à porter sa fourchette à sa bouche.

En un éclair, Malik eut posé sa serviette sur la table et, l'instant d'après, il avait bondi dehors, souple et silencieux sur ses semelles de crêpe.

Pas plus que la maîtresse de maison, le domestique n'avait paru s'étonner de cet incident. Mais Jean-Claude, lui, avait rougi légèrement. Et maintenant il cherchait quelque chose à dire, il ouvrait la bouche, balbutiait quelques mots.

— Mon père est encore agile pour son âge, n'est-ce pas ?

Avec, justement, le même sourire que son père. Autrement dit :

« Il se passe quelque chose, évidemment, mais cela ne vous regarde pas. Contentez-vous de manger et ne vous occupez pas du reste. »

— Il me bat régulièrement au tennis, où pourtant je ne suis pas trop mauvais. C'est un homme étonnant...

Pourquoi Maigret répéta-t-il, en regardant son assiette :

— Etonnant...

Quelqu'un était enfermé là-haut, dans une chambre, c'était clair. Ce quelqu'un ne devait pas être content d'être claustré de la sorte, puisque, avant le dîner, Malik avait été obligé de monter pour le morigéner.

Ce même quelqu'un avait essayé de profiter du repas qui réunissait toute la famille dans la salle à manger pour s'enfuir. Il avait sauté dans la terre molle, plantée d'hortensias, qui entourait la maison.

C'était ce bruit de chute dans la plate-bande que Malik avait entendu en même temps que le commissaire.

Or il avait bondi dehors. Cela devait être grave, suffisamment grave pour lui faire prendre une attitude pour le moins étrange.

— Votre frère joue au tennis aussi ? questionna Maigret en levant la tête et en regardant le jeune homme en face.

— Pourquoi demandez-vous ça ? Non, mon frère n'est pas sportif.

— Il a quel âge ?

— Seize ans... Il vient d'être recalé à son bachot, et mon père est furieux.

— C'est pour cela qu'il l'a enfermé dans sa chambre ?

— Probablement... Ça ne va pas toujours très fort entre Georges-Henry et mon père.

— Par contre, vous devez vous entendre fort bien avec votre père, n'est-ce pas ?

— Assez bien.

Maigret regarda par hasard la main de la maîtresse de maison et il s'aperçut avec étonnement qu'elle était tellement crispée sur son couteau que les articulations en devenaient bleuâtres.

Ils attendaient tous les trois, tandis que le maître d'hôtel changeait une fois de plus les assiettes. L'air était plus calme que jamais, au point qu'on entendait le moindre frémissement des feuilles dans les arbres.

Quand il avait pris pied dans le jardin, Georges-Henry s'était mis à courir. Dans quelle direction ? Pas vers la Seine, car on l'aurait vu. Derrière, au fond du parc, passait la ligne de chemin de fer. A droite, c'était le parc de la maison Amorelle.

Le père devait courir derrière son fils. Et Maigret ne put s'empêcher de sourire en pensant à la rage qui animait certainement Malik, contraint à cette poursuite sans gloire.

Ils eurent le temps de manger le fromage, puis le dessert. C'était l'instant où ils auraient dû se lever et passer au salon ou sur la terrasse, où il faisait encore jour. En regardant sa montre, le commissaire constata qu'il y avait douze minutes que le maître de maison s'était élancé dehors.

Mme Malik ne se levait pas. Son fils essayait de la rappeler discrètement à son devoir quand on entendit enfin des pas dans le hall voisin.

C'était le Percepteur, avec son sourire, un sourire un peu crispé malgré tout, et la première chose que Maigret remarqua fut qu'il avait changé de pantalon. Celui-ci était en flanelle blanche aussi, mais il sortait évidemment de l'armoire, le pli encore intact.

Est-ce que, dans sa course, Malik s'était accroché aux ronces ? Ou bien avait pataugé dans quelque ruisseau?

Il n'avait pas eu le temps d'aller loin. Sa réapparition n'en constituait pas moins un record, car il n'était pas essoufflé, ses cheveux gris fer étaient lissés avec soin, rien dans sa tenue ne trahissait le désordre.

— J'ai un chenapan de...

Le fils était digne du père, car il l'interrompit le plus naturellement du monde :

— Encore Georges-Henry, je parie ? Je disais justement au commissaire qu'il a séché son bac et que tu l'avais enfermé dans sa chambre pour le forcer à étudier.

Malik ne broncha pas, ne marqua aucune satisfaction, aucune admiration pour ce repêchage en voltige. Et pourtant c'était du beau jeu. Ils venaient de se renvoyer la balle avec autant de précision qu'au tennis.

— Merci, Jean, disait Malik au maître d'hôtel qui voulait le servir. Si Madame le désire, nous passerons sur la terrasse.

Puis à sa femme :

— A moins que tu te sentes lasse ?... Dans ce cas, mon ami Maigret ne t'en voudra pas de te retirer. Tu permets, Jules ?... Ces derniers jours ont été durs pour elle. Elle avait beaucoup d'affection pour sa nièce.

Qu'est-ce qui grinçait ? Les mots étaient quelconques, l'intonation banale. Et pourtant Maigret avait l'impression de découvrir, de flairer plutôt sous chaque phrase des choses troubles ou menaçantes.

Toute droite maintenant dans sa robe blanche, Mme Malik les regardait, et Maigret, sans savoir au juste pourquoi, n'aurait pas été étonné de la voir s'effondrer sur les dalles de marbre noir et blanc.

— Si vous le permettez, balbutia-t-elle.

Elle tendit encore une fois la main, qu'il effleura et qu'il trouva froide. Les trois hommes franchirent la porte-fenêtre et se trouvèrent sur la terrasse.

— Les cigares et la fine, Jean, commanda le maître de maison.

Et s'adressant à brûle-pourpoint à Maigret :

— Tu es marié ?

— Oui.

— Des enfants ?

— Je n'ai pas cette chance.

Un retroussis de lèvres qui n'échappa pas à Jean-Claude, mais qui ne le choqua pas.

— Assieds-toi, prends un cigare !

On en avait apporté plusieurs boîtes, des havanes et des manilles, plusieurs flacons d'alcool aussi, aux formes diverses.

— Le petit, vois-tu, ressemble à sa grand-mère. Il n'est pas Malik pour deux sous.

Une des difficultés de la conversation, un des soucis de Maigret, c'était qu'il ne pouvait se résoudre à tutoyer son ancien condisciple.

— Vous l'avez rattrapé ? questionna-t-il en hésitant.

Et l'autre s'y méprit. C'était fatal. Une lueur de satisfaction passa dans ses yeux. Il croyait, évidemment, que l'ex-commissaire était impressionné par son faste et n'osait pas se permettre un ton plus familier.

— Tu peux me dire tu, laissa-t-il tomber avec condescendance en faisant craquer un cigare entre ses doigts longs et soignés. Quand on a usé ses fonds de culotte ensemble sur les bancs du lycée... Non, je ne l'ai pas rattrapé et je n'en avais pas l'intention...

Il mentait. Il suffisait de l'avoir vu bondir hors de la pièce.

— Seulement, je désirais savoir où il allait... C'est un grand nerveux, impressionnable comme une fille.

» Tout à l'heure, quand je me suis absenté un instant, c'était chez lui que je montais pour lui faire des remontrances. J'ai été assez dur avec lui et j'ai toujours peur...

Lut-il dans les yeux de Maigret que celui-ci, par analogie, pensait à Monita, qui s'était noyée et qui était nerveuse, elle aussi ? Sans doute, car il se hâta d'ajouter :

— Oh ! ce n'est pas ce que tu penses. Il s'aime trop pour ça ! Mais il lui arrive de faire des fugues. Une fois, il est resté huit jours absent et on l'a trouvé par hasard sur un chantier où il venait de se faire embaucher.

L'aîné écoutait avec indifférence. Il était du côté de son père, c'était clair. Il méprisait profondément ce frère dont on parlait et qui ressemblait à sa grand-mère.

— Comme je savais qu'il n'avait pas d'argent de poche, je l'ai suivi et je suis bien tranquille... Il est tout bonnement allé retrouver la vieille Bernadette et, à cette heure, il doit pleurer dans son giron.

L'ombre commençait à s'épaissir, et Maigret avait l'impression que son interlocuteur s'inquiétait moins de ses propres expressions de physionomie. Ses traits devenaient plus durs, le regard encore plus aigu, sans cette ironie qui en tempérait quelque peu la férocité.

— Tu tiens absolument à aller coucher chez Jeanne ? Je pourrais faire prendre ton bagage par un domestique.

Cette insistance déplut à l'ancien commissaire, qui y vit comme une menace. Peut-être avait-il tort ? Peut-être se laissait-il conseiller par sa mauvaise humeur ?

— J'irai coucher à *L'Ange*, dit-il.

— Tu acceptes mon invitation pour demain ? Tu verras ici quelques types intéressants. Nous ne sommes pas nombreux. Six villas en tout, en comptant l'ancien château qui est de l'autre côté de l'eau. Mais cela suffit pour fournir quelques phénomènes !

Justement on entendit un coup de feu du côté de la rivière. Maigret n'avait pas eu le temps de tressaillir que son compagnon expliquait :

— Le père Groux qui chasse les ramiers. Un original que tu verras demain. C'est à lui toute la colline que tu aperçois, ou plutôt que l'obscurité t'empêche de distinguer sur l'autre rive. Il sait que je suis acheteur, et il y a vingt ans qu'il s'obstine à ne pas vendre, bien qu'il n'ait pas un sou vaillant.

Pourquoi la voix avait-elle baissé d'un ton, comme il arrive à quelqu'un qui parle et qui soudain est frappé par une nouvelle idée ?

— Tu es capable de retrouver ton chemin ? Jean-Claude va te reconduire jusqu'à la grille. Tu fermeras, Jean-Claude ? Tu suis le chemin de halage et, à deux cents mètres, tu prends le routin qui te conduit tout droit à *L'Ange*... Si tu aimes les histoires, tu seras servi, car la vieille Jeanne, qui souffre d'insomnie, doit déjà te guetter et t'en racontera pour ton argent, surtout si tu compatis à ses malheurs et si tu as pitié de ses multiples maux.

Il acheva de boire son verre et resta debout, laissant entendre que la séance était terminée.

— A demain, vers midi. Je compte sur toi.

Il tendit une main sèche et vigoureuse.

— C'est rigolo de se retrouver après si longtemps... Bonsoir, vieux.

Un « bonsoir, vieux » un peu protecteur, distant.

Déjà, tandis que Maigret, accompagné de l'aîné, descendait les marches du perron, il disparaissait dans la maison.

Il n'y avait pas de lune et la nuit commençait à être assez noire. Maigret, qui suivait le chemin de halage, entendait le bruit lent et monotone d'une paire d'avirons. Une voix dit assez bas :

— Stop !

Le bruit cessa et fut remplacé par un autre, par celui d'un épervier qu'on venait de lancer au bord. Sans doute des braconniers ?

Il continua sa route, fumant sa pipe, fourrant ses mains dans ses poches, mécontent de lui et des autres et se demandant, en somme, ce qu'il faisait là au lieu d'être chez lui.

Il dépassait le mur qui clôturait le parc des Amorelle. Au moment où il passait devant la grille, il avait aperçu une lumière à une des fenêtres. Maintenant, sur sa gauche, c'étaient des fourrés sombres dans lesquels, un peu plus loin, il allait trouver le routin conduisant chez la vieille Jeanne.

Soudain, il y eut un claquement sec suivi aussitôt d'un léger bruit sur le sol à quelques mètres devant lui. Il s'immobilisa, ému, bien que cela ressemblât à la détonation de tout à l'heure, quand Malik lui avait parlé d'un vieil original qui passait ses soirées à chasser le ramier.

Aucun bruit. Il y avait quelqu'un pourtant, non loin de lui, probablement sur le mur des Amorelle, quelqu'un qui avait tiré avec une carabine et qui n'avait pas tiré en l'air, vers quelque ramier posé sur une branche, mais vers le sol, vers Maigret qui passait.

Il eut une moue de mauvaise humeur et de satisfaction tout ensemble. Il serra les poings, furieux, et pourtant cela le soulageait. Il aimait mieux ça.

— Crapule ! gronda-t-il à mi-voix.

Il était inutile de chercher son agresseur, de se précipiter comme Malik l'avait fait tout à l'heure. Dans la nuit, il ne trouverait rien et il risquait de tomber bêtement dans quelque trou.

Les mains toujours dans ses poches, la pipe aux dents, la carrure large et la démarche volontairement lente, il continua sa route et il affichait son mépris en ne rompant pas un seul instant la cadence de son pas.

Il atteignit *L'Ange,* quelques minutes plus tard, sans qu'on l'eût pris à nouveau pour cible.

3

Tableau de famille dans le salon

A neuf heures et demie, il n'était pas encore levé. La fenêtre grande ouverte laissait depuis longtemps pénétrer les bruits du dehors, le caquet des poules qui grattaient le fumier dans une cour, la chaîne d'un chien, les appels insistants des remorqueurs et ceux, plus sourds, des péniches à moteur.

Maigret avait la gueule de bois, et même ce qu'il aurait appelé une sale gueule de bois. Il connaissait maintenant le secret de la vieille Jeanne, la tenancière de *L'Ange*. Elle était encore dans la salle à manger, la veille au soir, quand il était rentré, près de l'horloge à balancier de cuivre. Malik avait eu raison de l'avertir qu'elle l'attendait. Mais sans doute était-ce moins pour parler que pour boire.

« Elle picole ferme ! » se disait-il maintenant dans son demi-sommeil qu'il n'osait pas rompre trop brutalement par crainte du sérieux mal de tête qu'il savait trouver au bout.

Il aurait dû s'en apercevoir tout de suite. Il en avait connu d'autres, des femmes sur le retour, qui ont perdu toute coquetterie, qui se traînent comme celle-ci, dolentes, geignantes, le visage luisant, les cheveux gras, à se plaindre de toutes les maladies du bon Dieu.

— Je prendrais bien un petit verre, avait-il dit en s'asseyant auprès d'elle, ou plutôt en s'installant à califourchon sur une chaise. Et vous, madame Jeanne ?... Qu'est-ce que je vous offre ?...

— Rien, monsieur. Il vaut mieux que je ne boive pas. Tout me fait mal.

— Une toute petite liqueur ?

— C'est bien pour vous tenir compagnie... Du kummel, alors. Voulez-vous vous servir vous-même ?... Les bouteilles sont sur l'étagère. J'ai encore les jambes tellement enflées ce soir.

Elle se piquait le nez au kummel, voilà tout. Et lui aussi avait bu du kummel par politesse. Il en avait encore la nausée. Il se jurait de ne plus jamais avaler une goutte de kummel de sa vie.

Combien de petits verres avait-elle vidés sans en avoir l'air ? Elle parlait, de sa voix geignante d'abord, puis avec plus d'animation. De temps en temps, en regardant ailleurs, elle saisissait la bouteille et se servait. Jusqu'au moment où Maigret comprit et où il remplit son verre toutes les dix minutes.

Drôle de soirée. La bonne était couchée depuis longtemps. Le chat était roulé en boule sur les genoux de Mme Jeanne, le balancier de l'horloge allait et venait dans sa caisse vitrée, et la femme parlait, de Marius d'abord, son défunt mari, d'elle-même, jeune fille de bonne famille, qui avait raté, pour suivre Marius, un mariage avec un officier qui, depuis, était devenu général.

— Il est venu ici avec sa femme et ses enfants, voilà trois ans, quelques jours avant la mort de Marius. Il ne me reconnaissait pas.

De Bernadette Amorelle :

— Ils disent qu'elle est folle, mais ce n'est pas vrai. Seulement, elle a un drôle de caractère. Son mari était une grosse brute. C'est lui qui a créé, avec Campois, les grandes carrières de la Seine.

Elle n'était pas bête du tout, Mme Jeanne.

— Je sais maintenant ce que vous êtes venu faire ici... Tout le monde le sait... Je crois que vous perdez votre temps.

Elle parlait des Malik, d'Ernest et de Charles.

— Vous n'avez pas encore vu Charles ? Vous le verrez... Et sa femme, la plus jeune des demoiselles Amorelle, qui était Mlle Aimée. Vous les verrez. Nous sommes un tout petit pays, n'est-ce pas ? A peine un hameau. Et pourtant il s'y passe de curieuses choses. Oui, on a retrouvé Mlle Monita sur le barrage.

Non, elle, Mme Jeanne, ne savait rien. Est-ce qu'on peut jamais savoir ce qu'une jeune fille a dans la tête ?...

Elle buvait, Maigret buvait, l'écoutait parler, emplissait les verres, subissait comme un envoûtement et disait parfois :

— Je vous empêche d'aller vous coucher.

— Si c'est pour moi, vous n'avez pas à vous gêner. Je dors si peu avec toutes mes douleurs ! Mais si vous avez sommeil...

Il restait encore un peu. Et, quand ils étaient montés chacun par un escalier différent, il avait entendu un vacarme indiquant que Mme Jeanne s'étalait sur les marches.

Elle ne devait pas être levée encore. Il se décidait à sortir du lit et à se diriger vers la toilette, pour boire d'abord, pour boire de l'eau fraîche à longues gorgées, pour laver ensuite sa mauvaise sueur d'alcool, de kummel. Non ! jamais plus il ne toucherait à un verre de kummel.

Tiens ! quelqu'un venait d'arriver à l'auberge. Il entendait la voix de la servante qui disait :

— Puisque je vous répète qu'il dort encore...

Il se pencha par la fenêtre et vit, en conversation avec Raymonde, une femme de chambre en noir et en tablier blanc.

— C'est pour moi ? questionna-t-il.

Et la femme de chambre de prononcer, la tête levée :

— Vous voyez bien qu'il ne dort pas !

Elle tenait une lettre à la main, une enveloppe bordée de noir, et elle annonçait :

— Il y a une réponse.

Raymonde lui monta la lettre. Il avait passé son pantalon, et ses bretelles lui battaient sur les cuisses. Il faisait déjà chaud. Une fine vapeur montait de la rivière.

Voulez-vous venir me voir le plus tôt possible ? Il vaudrait mieux que vous suiviez ma femme de chambre qui vous conduira dans mon appartement, sinon on ne vous laisserait peut-être pas monter. Je sais que vous devez les rencontrer tous à midi.

Bernadette Amorelle.

Il suivait la femme de chambre, qui avait une quarantaine d'années et qui était très laide, qui avait les mêmes yeux en boutons de bottines que sa maîtresse. Elle ne prononçait pas une parole et semblait dire par son attitude :

« Inutile d'essayer de me faire parler. J'ai la consigne et je ne me laisserai pas faire. »

Ils longeaient le mur, franchissaient la grille, suivaient l'allée qui conduisait à la vaste demeure des Amorelle. Des oiseaux chantaient dans tous les arbres du parc. Le jardinier poussait une brouette de fumier.

La maison était moins moderne que celle d'Ernest Malik, moins fastueuse, comme déjà estompée par le brouillard du temps.

— Par ici...

Ils ne pénétraient pas par la grande porte qui surmontait le perron, mais par une petite porte de l'aile droite, et ils gravissaient un escalier aux murs garnis d'estampes du siècle dernier. Ils n'avaient pas encore atteint le palier qu'une porte s'ouvrait, que Mme Amorelle apparaissait, aussi droite, aussi catégorique que la veille.

— Vous y avez mis du temps, déclara-t-elle.

— Ce monsieur n'était pas prêt... Il a fallu que j'attende qu'il s'habille...

— Entrez par ici, commissaire. J'aurais cru qu'un homme comme vous se levait tôt.

C'était sa chambre, une chambre très vaste, à trois fenêtres. Le lit à colonnes était déjà fait. Des objets traînaient sur les meubles, et on sentait que la vie presque entière de la vieille dame se déroulait dans cette pièce, que c'était son domaine exclusif, dont elle n'entrouvrait pas volontiers la porte.

— Asseyez-vous. Mais si... Je déteste parler à quelqu'un qui reste debout. Vous pouvez fumer votre pipe, si c'est cela qui vous manque. Mon mari fumait la pipe du matin au soir. Cela sent moins mauvais que le cigare... Ainsi, vous avez déjà dîné chez mon neveu ?

Cela aurait pu être comique de se voir ainsi traité en petit garçon, mais Maigret, ce matin-là, n'avait pas le sens de l'humour.

— J'ai dîné avec Ernest Malik, en effet, laissa-t-il tomber, bourru.

— Qu'est-ce qu'il vous a dit ?

— Que vous étiez une vieille folle et que son fils Georges-Henry était presque aussi fou que vous.

— Vous l'avez cru ?

— Ensuite, comme je rentrais à l'*Ange,* quelqu'un, qui juge sans doute que ma carrière est assez fournie, a tiré un coup de feu dans ma direction. Je suppose que le jeune homme était ici ?

— Quel jeune homme ?... Vous voulez parler de Georges-Henry ? Je ne l'ai pas vu de la soirée.

— Son père a pourtant prétendu qu'il s'était réfugié chez vous...

— Si vous prenez tout ce qu'il dit pour parole d'Évangile...

— Vous n'avez pas de ses nouvelles ?

— Aucune, et je serais bien contente d'en avoir. En somme, qu'est-ce que vous avez appris ?

A ce moment-là, il la regarda et se demanda, sans savoir pourquoi, si elle désirait tellement qu'il apprît quelque chose.

— Il paraît, reprit-elle, que vous êtes très bien avec mon neveu Ernest.

— Nous étions dans la même classe au lycée de Moulins, et il s'obstine à me tutoyer comme quand nous avions douze ans.

Il était dans ses mauvais jours. La tête lui faisait mal. Sa pipe avait mauvais goût, et il avait dû partir pour suivre la femme de chambre sans boire son café, car il n'y en avait pas de prêt à *L'Ange*.

Il commençait à en avoir assez de cette famille où on s'espionnait mutuellement et où personne n'avait l'air de dire la vérité.

— J'ai peur pour Georges-Henry, murmurait-elle maintenant. Il aimait beaucoup sa cousine. Je ne suis pas sûre qu'il n'y ait rien eu entre eux.

— Il a seize ans.

Elle le toisa.

— Et vous croyez que cela empêche ?... Je n'ai jamais été aussi amoureuse qu'à seize ans et, si j'avais dû commettre une bêtise, c'est à cet âge-là que je l'aurais commise. Vous feriez bien de retrouver Georges-Henry.

Et lui, froid, presque sarcastique :

— Où me conseillez-vous de chercher ?

— C'est votre métier et pas le mien. Je me demande pourquoi son père a prétendu qu'il l'avait vu venir ici. Malik sait fort bien que ce n'est pas vrai.

Sa voix trahissait une réelle inquiétude. Elle allait et venait dans la chambre, mais, chaque fois que l'ex-commissaire faisait mine de se lever, elle lui répétait :

— Asseyez-vous.

Elle parlait comme pour elle-même.

— Ils ont organisé pour aujourd'hui un grand déjeuner. Charles Malik et sa femme y seront. Ils ont invité aussi le vieux Campois et cette vieille baderne de Groux. J'ai reçu un carton, moi aussi, ce matin à la première heure. Je me demande si Georges-Henry sera rentré.

— Vous n'avez rien d'autre à me dire, madame ?

— Qu'est-ce que cela signifie ?

— Rien. Lorsque vous êtes venue hier à Meung, vous avez laissé entendre que vous vous refusiez à croire que la mort de votre petite-fille était une mort naturelle.

Elle le regardait intensément, sans rien laisser percer de sa pensée.

— Et depuis que vous êtes ici, répliqua-t-elle avec un certain emportement, allez-vous dire que vous trouvez naturel ce qui s'y passe ?

— Je n'ai pas prétendu cela.

— Eh bien ! continuez. Allez à ce déjeuner.

— Vous y serez ?

— Je n'en sais rien. Regardez autour de vous. Ecoutez. Et, si vous êtes aussi fort qu'on le prétend...

Elle n'était pas contente de lui, c'était évident. Est-ce qu'il ne se montrait pas assez souple, assez respectueux de ses manies ? Etait-elle déçue qu'il n'eût encore rien découvert ?

Elle était nerveuse, inquiète, malgré son empire sur elle-même. Elle se dirigeait vers la porte, lui donnant ainsi congé.

— J'ai bien peur que ces crapules soient plus intelligentes que vous ! articula-t-elle en guise d'adieu. Nous verrons bien. A présent, je parie tout ce que vous voudrez que les autres vous attendent en bas.

C'était vrai. Il atteignait le corridor quand une porte s'ouvrit sans bruit. Une femme de chambre — qui n'était pas celle qui l'avait amené — lui disait avec révérence :

— M. et Mme Malik vous attendent dans le petit salon. Si vous voulez bien vous donner la peine de me suivre...

La maison était fraîche, les murs peints de couleurs passées, avec des portes sculptées, des trumeaux, des tableaux et des gravures partout. De moelleux tapis amortissaient les pas, et les persiennes ne laissaient pénétrer que juste ce qu'il fallait de lumière.

Une dernière porte. Il fit deux pas et se trouva en face de M. et Mme Malik, en grand deuil, qui l'attendaient.

Pourquoi eut-il non pas l'impression de la réalité, mais d'un tableau de famille savamment composé ? Il ne connaissait pas encore Charles Malik, chez qui il ne retrouvait aucun des traits de son frère, encore qu'il existât un air de famille. Il était un peu plus jeune, plus corpulent. Son visage sanguin était plus rose, et ses yeux, non pas gris comme ceux d'Ernest, mais d'un bleu presque candide.

Il n'avait pas non plus l'assurance de son frère et il avait des poches sous les yeux, une certaine mollesse des lèvres, de l'inquiétude dans le regard.

Il se tenait très droit devant la cheminée de marbre blanc, et sa femme était assise près de lui dans un fauteuil Louis XVI, les mains sur les genoux, comme pour une photographie.

L'ensemble respirait le chagrin, voire l'accablement. La voix de Charles Malik était hésitante.

— Entrez, monsieur le commissaire, et excusez-nous de vous avoir demandé de venir nous voir un moment.

Mme Malik, elle, ressemblait fort à sa sœur, mais en plus fin, avec quelque chose de la vivacité de sa mère. Cette vivacité, en ce moment, était comme voilée, mais son deuil récent suffisait à l'expliquer. Elle tenait à la main droite un petit mouchoir roulé en boule, qu'elle allait pétrir durant tout leur entretien.

— Asseyez-vous, je vous en prie. Je sais que nous sommes appelés à nous rencontrer tout à l'heure chez mon frère. Moi tout au moins, car je doute que ma femme se sente le courage d'assister à ce déjeuner. Je n'ignore pas dans quelles conditions vous êtes arrivé ici et je voudrais...

Il regarda sa femme, qui se contenta de le regarder très simplement mais très fermement.

— Nous venons de vivre des journées très pénibles, monsieur le commissaire, et l'entêtement de ma belle-mère paraît nous promettre des épreuves plus pénibles encore. Vous l'avez vue. Je ne sais pas ce que vous en pensez.

Maigret, en tout cas, eut bien besoin de ne pas le lui dire, car il sentait que son interlocuteur commençait à perdre pied et appelait à nouveau sa femme à son secours.

— Maman, dit celle-ci, a quatre-vingt-deux ans, il ne faut pas l'oublier. On l'oublie trop facilement parce qu'elle a une vitalité exceptionnelle... Malheureusement, sa raison n'est pas toujours à la hauteur de son activité. La mort de ma fille, qui était sa préférée, l'a complètement bouleversée.

— Je m'en suis rendu compte, madame.

— Vous pouvez voir, maintenant, dans quelle atmosphère nous vivons depuis cette catastrophe. Maman s'est mise en tête qu'il y avait sous celle-ci Dieu sait quel mystère.

— Le commissaire a certainement compris, reprit Charles Malik. Ne t'énerve pas, ma chérie... Ma femme est très nerveuse, monsieur le commissaire. Nous le sommes tous en ce moment. Notre affection pour ma belle-mère nous empêche seule de prendre les mesures qui sembleraient s'imposer. C'est pourquoi nous vous demandons...

Maigret dressa l'oreille.

— ... Nous vous demandons... de bien peser le pour et le contre avant de...

Au fait ! Est-ce que ce n'était pas ce gros homme hésitant qui avait tiré la veille au soir sur le commissaire ? Cette idée qui lui venait soudain n'avait rien d'invraisemblable.

Ernest Malik était un animal à sang-froid et sans doute que, s'il eût tiré, il eût visé avec plus de précision. Celui-ci, au contraire...

— Je comprends votre situation, poursuivait le maître de maison, accoudé à la cheminée et plus portrait de famille que jamais. Elle est délicate, très délicate. En somme...

— En somme, trancha Maigret, avec son air le plus patelin, je me demande ce que je suis venu faire ici.

Il regardait l'autre en dessous et son tressaillement de joie ne lui échappa pas.

C'était exactement ce qu'on avait voulu lui faire dire. Que faisait-il là, en définitive ? Personne ne l'avait appelé, sinon une vieille femme de quatre-vingt-deux ans qui n'avait plus toute sa raison.

— Sans aller jusque-là, corrigeait Charles Malik, très homme du monde, étant donné que vous êtes un ami d'Ernest, je pense qu'il vaudrait mieux...

— J'écoute.

— Oui... Je pense qu'il serait convenable, mettons souhaitable, de ne pas trop entretenir ma belle-mère dans des idées que... qui...

— Vous êtes persuadé, monsieur Malik, que la mort de votre fille est absolument naturelle ?

— Je pense que c'est un accident.

Il avait rougi, mais il avait répondu avec fermeté.

— Et vous, madame ?

Le mouchoir n'était plus qu'une boule minuscule dans sa main.

— Je pense comme mon mari.

— Dans ce cas, évidemment...

Il leur donnait de l'espoir. Il les sentait se gonfler de l'espoir qu'il allait les débarrasser à jamais de sa lourde présence.

— ... Je suis bien obligé de me rendre à l'invitation de votre frère. Ensuite, si rien ne vient, si aucun fait nouveau ne requiert ma présence...

Il se levait, presque aussi mal à l'aise qu'eux. Il avait hâte d'être dehors, de respirer largement.

— Je vous reverrai donc tout à l'heure, disait Charles Malik. Je m'excuse de ne pas vous accompagner, mais j'ai encore à faire.

— Je vous en prie. Madame, mes hommages.

Il était encore dans le parc, à se diriger vers la Seine, lorsqu'il entendit un bruit qui le frappa. C'était celui de la manivelle d'un téléphone rural, avec la brève sonnerie annonçant que l'appel était entendu.

« Il téléphone à son frère pour le mettre au courant », pensa-t-il.

Et il croyait deviner les mots :

« Ça y est ! Il va s'en aller. Il l'a promis. Du moment qu'il ne se passe rien au déjeuner. »

Un remorqueur traînait ses huit chalands vers la haute Seine, et c'était un remorqueur à triangle vert, un remorqueur Amorelle et Campois ; les chalands étaient, eux aussi, des chalands Amorelle et Campois.

Il n'était que onze heures et demie. Il n'avait pas le courage de passer à *L'Ange,* où d'ailleurs il n'avait rien à faire. Il suivait la berge en ruminant des pensées confuses. Il s'arrêta comme un badaud devant le luxueux plongeoir d'Ernest Malik. Il tournait le dos à la maison de celui-ci.

— Eh bien ! Maigret ?

C'était Ernest Malik, vêtu cette fois d'un complet gris en fil à fil, chaussé de daim blanc, coiffé d'un panama.

— Mon frère vient de me téléphoner.

— Je sais.

— Il paraît que tu en as déjà par-dessus la tête des histoires de ma belle-mère.

Il y avait quelque chose de contenu dans la voix, quelque chose d'appuyé dans le regard.

— Si je comprends bien, tu as envie d'aller retrouver ta femme et tes salades ?

Alors, sans savoir pourquoi (c'est peut-être cela qu'on appelle l'inspiration), Maigret, se faisant plus lourd, plus épais, plus inerte que jamais :

— Non.

Malik marqua le coup. Tout son sang-froid ne parvint pas à l'empêcher de marquer le coup. Un instant, il eut l'air de quelqu'un qui essaie d'avaler sa salive, et on vit sa pomme d'Adam monter et redescendre deux ou trois fois.

— Ah !...

Un bref regard autour d'eux, mais ce n'était pas dans l'intention de pousser Maigret dans la Seine.

— Nous avons encore un bon moment devant nous, avant que les invités arrivent. Nous déjeunons tard d'habitude. Viens un instant dans mon bureau.

Pas un mot ne fut prononcé tandis qu'ils traversaient le parc. Maigret entrevit Mme Malik qui arrangeait des fleurs dans les vases du salon.

Ils contournaient la villa, et Malik précédait son hôte dans un bureau assez vaste, aux profonds fauteuils de cuir, aux murs ornés de maquettes de bateaux.

— Tu peux fumer...

Il refermait la porte avec soin, baissait à demi les persiennes, car le soleil entrait à flots dans la pièce. Enfin il s'asseyait à son bureau et jouait avec un coupe-papier en cristal.

Maigret s'était assis sur le bras d'un fauteuil et bourrait lentement sa pipe avec un air aussi vide de pensée que possible. Comme le silence durait depuis un bon moment, il demanda avec douceur :

— Où est ton fils ?

— Lequel ?

Puis, se reprenant :

— Il ne s'agit pas de mon fils.

— Il s'agit de moi.

— Que veux-tu dire ?

— Rien.

— Eh bien ! oui, il s'agit de toi.

Et, à côté de l'homme élégant, à la silhouette nerveuse, au visage fin et soigné, Maigret faisait vraiment figure de balourd.

— Combien m'offres-tu ?

— Qui est-ce qui t'a dit que je comptais t'offrir quelque chose ?

— Je le suppose.

— Pourquoi pas, après tout ? L'administration n'est pas très généreuse. Je ne sais pas combien elle te verse comme retraite.

Et Maigret, toujours doux et humble :

— Trois mille deux.

Il ajouta, il est vrai, avec une candeur désarmante :

— Bien entendu, nous avons quelques économies.

Cette fois, Ernest Malik était vraiment troublé. Ce lui semblait trop facile. Il avait l'impression que son ancien condisciple se moquait de lui. Et pourtant...

— Ecoute...

— Je suis tout oreilles...

— Je sais bien ce que tu vas penser.

— Je pense si peu !

— Tu vas t'imaginer que tu me gênes, que j'ai quelque chose à cacher. Et quand bien même cela serait ?

— Oui, quand bien même cela serait ? Cela ne me regarde pas, n'est-il pas vrai ?

— Tu ironises ?

— Jamais.

— Tu perdrais ton temps avec moi, vois-tu. Tu te crois probablement très malin. Tu as réussi une carrière honorable en poursuivant des voleurs et des assassins. Eh bien ! ici, mon pauvre Jules, il n'y a ni voleurs, ni assassins. Comprends-tu ? Tu tombes, par le plus grand des hasards, dans un milieu que tu ne connais pas et où tu risques de faire beaucoup de mal. Voilà pourquoi je te dis...

— Combien ?

— Cent mille.

Il ne broncha pas, hochant la tête avec hésitation :

— Cent cinquante. J'irais jusqu'à deux cent mille.

Il s'était levé, nerveux, crispé, jouant toujours avec le coupe-papier qui, soudain, se brisa entre ses doigts. Une goutte de sang perla à l'index, et Maigret remarqua :

— Tu t'es fait mal...

— Tais-toi. Ou plutôt réponds à ma question. Je te signe un chèque de deux cent mille francs. Pas un chèque ? Peu importe... La voiture nous conduit tout à l'heure à Paris, où je passe prendre les fonds à ma banque. Je te reconduis à Meung.

Maigret soupirait.

— Qu'est-ce que tu réponds ?

— Où est ton fils ?

Cette fois, Malik ne put contenir sa colère.

— Cela ne te regarde pas. Cela ne regarde personne, tu entends ? Je ne suis pas dans ton bureau du Quai des Orfèvres et tu n'y es plus toi-même. Je te demande de t'en aller parce que ta présence ici est pour le moins inopportune. Les esprits travaillent. Les gens se demandent...

— Qu'est-ce qu'ils se demandent au juste ?

— Une dernière fois, je te propose de t'en aller gentiment. Je suis prêt, pour cela, à t'offrir une large compensation. C'est oui ou c'est non.

— C'est non, bien entendu.

— Fort bien. Dans ce cas, je suis obligé d'employer un autre ton.

— Ne te gêne pas.

— Je ne suis pas un enfant de chœur et je ne l'ai jamais été. Sinon, je ne serais pas devenu ce que je suis. Or, par ton obstination, par ta bêtise, oui, par ta bêtise, tu risques de déclencher des malheurs que tu ne soupçonnes même pas. Et tu es content, toi, n'est-ce pas ? Tu te crois toujours à la P.J. à cuisiner je ne sais quel petit escarpe ou bien quelque jeune voyou qui a étranglé une vieille femme.

» Je n'ai étranglé personne, sache-le. Je n'ai volé personne non plus.

— Dans ce cas...

— Silence ! Tu veux rester, donc tu resteras. Tu continueras à fourrer ton gros nez partout. Seulement, ce sera à tes risques et périls.

» Vois-tu, Maigret, je suis beaucoup plus fort que toi et je l'ai prouvé.

» Si j'avais été fait de la même pâte que la tienne, je serais devenu un brave petit percepteur des contributions directes comme mon père.

» Occupe-toi de ce qui ne te regarde pas, soit !

» Ce sera à tes risques et périls.

Il avait retrouvé son calme apparent et ses lèvres avaient à nouveau leur retroussis sarcastique.

Maigret, qui s'était levé, cherchait son chapeau autour de lui.

— Où vas-tu ?

— Dehors.

— Tu ne déjeunes pas avec nous ?

— Je préfère déjeuner ailleurs.

— Comme tu voudras. En cela encore, vois-tu, tu es petit. Petit et mesquin.

— C'est tout ?

— Pour cette fois-ci, oui.

Et, son chapeau à la main, il se dirigea tranquillement vers la porte. Il l'ouvrit, sortit sans se retourner. Dehors, une silhouette s'éloignait vivement, et il eut le temps de reconnaître Jean-Claude, le fils aîné, qui avait dû se tenir pendant toute cette conversation sous la fenêtre ouverte et qui avait entendu.

Il contourna à son tour la villa, et, dans l'allée principale, croisa deux hommes qu'il ne connaissait pas encore.

L'un des deux était petit, trapu, avec un cou énorme et de grosses mains vulgaires : M. Campois sans doute, car il ressemblait à la description que Jeanne lui en avait faite la veille au soir. L'autre, qui devait être son petit-fils, était un grand garçon au visage ouvert.

Tous deux le regardèrent avec un certain étonnement, qui se dirigeait paisiblement vers la grille, puis tous deux se retournèrent sur lui, s'arrêtèrent même pour l'observer.

« Et voilà une bonne chose de faite ! », se dit Maigret en s'éloignant le long de la Seine.

Une barque traversait le fleuve, conduite par un vieil homme en costume de toile jaunâtre, à la cravate du plus beau rouge. C'était M. Groux, qui arrivait à son tour au rendez-vous. Ils y seraient tous, sauf lui, pour qui, justement, ce déjeuner était organisé.

Et Georges-Henry ? Maigret commençait à hâter le pas. Il n'avait pas faim, mais terriblement soif. En tout cas, il se jurait que, quoi qu'il arrive, il ne boirait plus de petits verres de kummel avec la vieille Jeanne.

Quand il entra à *L'Ange*, il ne vit pas la patronne à sa place habituelle près de la vieille horloge. Il passa la tête par l'entrebâillement de la porte de la cuisine, et Raymonde lui lança :

— Je croyais que vous ne déjeuniez pas ici ?

Puis, levant ses gros bras au ciel :

— Je n'ai rien préparé. Justement Madame est malade et ne veut pas descendre.

Il n'y avait même pas de bière dans la maison.

4

Le chenil du haut

Il aurait été difficile de dire comment ça s'était fait : toujours est-il que Maigret et Raymonde étaient maintenant une paire d'amis. Il y a une heure encore, elle avait bonne envie de lui interdire l'entrée de sa cuisine.

— Puisque je vous dis que je n'ai rien à manger.

Au surplus, elle n'aimait pas les hommes. Elle trouvait qu'ils étaient brutaux et qu'ils sentaient mauvais. La plupart, même des gens mariés, qui venaient à *L'Ange*, essayaient de la caresser et elle en était écœurée.

Elle avait voulu se faire bonne sœur. Elle était grande et molle malgré sa vigueur apparente.

— Qu'est-ce que vous cherchez ? s'impatientait-elle en voyant le commissaire planté sur ses deux jambes devant le placard ouvert.

— Un petit reste de quelque chose. N'importe quoi. Il fait si chaud que je n'ai pas le courage d'aller manger à l'écluse.

— Si vous croyez qu'il y a des restes ici ! D'abord, en principe, la maison est fermée. Plus exactement, elle est en vente. Depuis trois ans. Et chaque fois qu'on est sur le point de vendre, la patronne hésite, cherche des objections et finit par dire non. Elle n'a pas besoin de ça pour vivre, allez !

— Qu'est-ce que vous allez manger, vous ?

— Du pain et du fromage.

— Vous croyez qu'il n'y en aura pas assez pour nous deux ?

Il avait l'air doux, avec son visage un peu congestionné et ses gros yeux. Il s'était installé comme chez lui dans la cuisine, et c'est en vain que Raymonde avait dit :

— Sortez de là, que le ménage n'est pas fait. Je vais mettre votre couvert dans la salle à manger.

Il s'était obstiné.

— Je vais voir s'il ne reste pas une boîte de sardines, mais ce serait bien un hasard. Il n'y a pas de boutiques aux environs. Le boucher, le charcutier et même l'épicier de Corbeil viennent livrer dans les grosses maisons, chez les Malik, chez les Campois. Avant, ils s'arrêtaient ici et on était ravitaillés. Mais la patronne finit par ne plus rien manger et elle pense que les autres n'ont qu'à faire comme elle. Attendez que je m'assure qu'il n'y a pas d'œufs au poulailler.

Il y en avait trois. Maigret insistait pour faire l'omelette, et elle riait en le regardant battre les œufs, jaune et blanc séparément.

— Pourquoi est-ce que vous n'êtes pas allé déjeuner chez les Malik, puisque vous êtes invité ? Il paraît qu'ils ont un cuisinier qui a été chef du roi de Norvège ou de Suède, je ne sais plus.

— Je préfère rester ici à faire la dînette avec vous.

— Dans la cuisine ! Sur une table sans nappe.

C'était pourtant vrai. Et Raymonde, sans s'en douter, lui apportait une aide précieuse. Ici, il était à son aise. Il avait retiré sa veste et retroussé les manches de sa chemise. De temps en temps, il se levait pour verser l'eau bouillante sur le café.

— Je me demande ce qui la retient ici, avait dit, entre autres choses, Raymonde, en parlant de la vieille Jeanne. Elle a plus d'argent qu'elle n'en dépensera jamais, pas d'enfants, pas d'héritiers, car il y a longtemps qu'elle a mis ses neveux à la porte.

C'étaient des traits comme ça qui, se joignant à des souvenirs de la veille, à des détails insignifiants, achevaient pour Maigret de donner sa densité réelle au personnage de l'aubergiste.

Elle avait été belle, Raymonde l'avait dit aussi. Et c'était vrai. Cela se sentait malgré la cinquantaine mal soignée, malgré les cheveux gras et la peau incolore.

Une femme qui avait été belle, qui était intelligente et qui, soudain, s'était laissée aller, qui buvait, qui vivait farouchement dans son coin, à geindre et à boire jusqu'à en rester couchée des journées entières.

— Elle ne se décidera jamais à quitter Orsenne.

Eh bien ! quand tous les personnages auraient pris à ses yeux la même densité humaine, quand il les « sentirait » comme il sentait la patronne de *L'Ange*, le mystère serait bien près d'être éclairci.

Il y avait Bernadette Amorelle, qu'il n'était pas loin de comprendre.

— Le vieux M. Amorelle, qui est mort, n'était pas du tout un homme dans le genre de ses gendres. Plutôt dans le genre de M. Campois. Je ne sais pas si vous comprenez. Il était dur, mais juste. Il lui arrivait d'aller à l'écluse bavarder avec ses mariniers et il n'hésitait pas à boire le coup avec eux.

La première génération, en somme, la génération montante. La grande maison solide, sans faste exagéré.

Puis l'autre génération, les deux filles qui avaient épousé les frères Malik, la villa moderne, le ponton, les autos de grand luxe.

— Dites-moi, Raymonde, vous connaissiez bien Monita ?

— Bien sûr que je la connaissais. Je l'ai vue toute gamine, car il y a sept ans que je suis à *L'Ange* et, il y a sept ans, elle n'avait guère plus de dix ans. Un vrai garçon... Elle échappait toujours à sa gouvernante et on la cherchait partout. Il arrivait que tous les domestiques fussent envoyés le long de la Seine à appeler Monita. Le plus souvent elle faisait ses coups avec son cousin Georges-Henry.

Celui-là non plus, Maigret ne l'avait jamais vu. On le lui décrivait.

— Il n'était pas tiré à quatre épingles comme son frère, allez ! Presque toujours en short, et en short pas très propre, avec ses jambes nues, ses cheveux ébouriffés. Il avait une peur de son père !

— Monita et Georges-Henry étaient-ils amoureux ?

— Je ne sais pas si Monita était amoureuse. Une femme ça cache mieux ses sentiments. Mais lui, l'était certainement.

Il faisait calme dans cette cuisine où ne pénétrait qu'un rayon de soleil en biais. Maigret fumait sa pipe, les coudes sur la table de gros bois ciré, buvait son café à petites gorgées.

— Vous l'avez vu depuis la mort de sa cousine ?

— Je l'ai vu à l'enterrement. Il était très pâle, les yeux rouges. Au beau milieu de l'office, il s'est mis à sangloter. Au cimetière, au moment où on défilait devant la fosse ouverte, il a saisi soudain les fleurs à pleines brassées et les a jetées sur le cercueil.

— Et depuis ?

— Je crois qu'on ne le laisse pas sortir.

Elle regardait Maigret avec curiosité. Elle avait entendu dire que c'était un grand policier, qu'au cours de sa carrière il avait arrêté des centaines de criminels, qu'il avait débrouillé les affaires les plus compliquées. Et cet homme était là, en négligé, dans sa cuisine, à fumer sa pipe et à lui parler familièrement, à lui poser des questions banales.

Que pouvait-il espérer ? Elle n'était pas loin d'avoir à son égard un tout petit peu de pitié. Sans doute vieillissait-il, puisqu'on l'avait mis à la retraite.

— Maintenant, il faut que je fasse ma vaisselle, puis que je lave les carreaux.

Il ne s'en allait pas et son visage était toujours aussi placide, comme aussi vide de pensées.

— En somme, grommela-t-il soudain à mi-voix, Monita est morte et Georges-Henry a disparu.

Elle leva la tête vivement.

— Vous êtes sûr qu'il a disparu ?

Et lui se levait, changeait d'attitude, se durcissait, paraissait tout à coup décidé.

— Ecoutez-moi un instant, Raymonde. Attendez. Donnez-moi un crayon et un papier.

Elle arracha une page d'un carnet graisseux qui lui servait pour tenir ses comptes. Elle ne comprenait pas où il voulait en venir.

— Hier... Voyons... Nous en étions au fromage. Il était donc à peu près neuf heures du soir... Georges-Henry a sauté par la fenêtre de sa chambre et est parti en courant.

— De quel côté ?

— Vers la droite. S'il était descendu vers la Seine, je l'aurais vu traverser le parc. S'il était parti vers la gauche, je l'aurais vu aussi, car la salle à manger a des fenêtres des deux côtés. Attendez... Son père l'a suivi. Ernest Malik est resté douze minutes absent. Il est vrai que, sur ces douzes minutes, il a pris le temps de changer de pantalon et de se donner un coup de peigne. Pour cela, il a dû monter dans sa chambre. Au moins trois ou quatre minutes. Réfléchissez bien avant de répondre, vous qui connaissez le pays. Par où Georges-Henry aurait-il pu se diriger s'il avait l'intention de quitter Orsenne ?

— A droite, c'est la maison de sa grand-mère et de son oncle, dit-elle d'abord en regardant le plan rudimentaire qu'il traçait tout en parlant. Entre les deux parcs, il n'y a pas de mur, mais une haie vive qu'on peut traverser à deux ou trois endroits.

— Et ensuite ?

— Du parc voisin, il a pu gagner le chemin de halage. En le suivant, on arrive à la gare.

— On ne peut pas quitter le chemin avant la gare ?

— Non... A moins de prendre un bateau et de traverser la Seine.

— Est-il possible de partir dans le fond du parc ?

— Si on dispose d'une échelle, au fond des deux parcs, c'est la ligne de chemin de fer. Chez les Amorelle, comme chez les Malik, il y a un mur trop haut pour qu'on puisse le franchir.

— Encore un renseignement. Quand je suis rentré une heure plus tard, il y avait une barque sur l'eau. J'ai entendu qu'on jetait l'épervier.

— C'est Alphonse, le fils de l'éclusier.

— Je vous remercie, Raymonde. Si cela ne vous ennuie pas, nous dînerons ensemble.

— Puisqu'il n'y a rien à manger.

— Il y a une épicerie à côté de l'écluse. J'achèterai ce qu'il faudra.

Il était content de lui. Il avait l'impression d'avoir repris pied sur la terre ferme, et Raymonde le vit s'éloigner à pas lourds en direction de l'écluse. Le barrage se trouvait à cinq cents mètres environ. Il n'y avait aucun bateau dans le sas, et l'éclusier, assis sur les pierres bleues de son seuil, taillait un bout de bois pour un de ses gamins, tandis qu'on voyait une femme aller et venir, un bébé sur les bras, dans l'ombre de la cuisine.

— Dites-moi... commença l'ancien commissaire.

L'autre s'était déjà levé et avait touché sa casquette.

— Vous venez au sujet de la demoiselle, n'est-ce pas ?

On le connaissait déjà dans le pays. Tout le monde était averti de sa présence.

— Ma foi, oui et non... Je suppose que vous ne savez rien à son sujet ?

— Sinon que je l'ai trouvée là, tenez. Près de la troisième aiguille du barrage. Cela m'a donné un choc, parce qu'on la connaissait bien. Souvent elle franchissait l'écluse pour descendre jusqu'à Corbeil avec son canoë.

— Votre fils était sur l'eau hier soir ?

L'homme se montra embarrassé.

— Ne craignez rien. Je ne m'occupe pas de braconnage. Je l'ai aperçu vers dix heures, mais je voudrais savoir s'il était déjà dehors une heure plus tôt.

— Il va vous le dire lui-même. Vous le trouverez dans son atelier, cent mètres plus bas. C'est lui le constructeur de bateaux.

Un atelier en planches où deux hommes étaient occupés à terminer une barque de pêche à fond plat.

— J'étais sur l'eau avec Albert, oui... c'est mon apprenti. Nous avons d'abord mis des nasses, puis en revenant...

— Si quelqu'un avait traversé la Seine en bateau, vers neuf heures, entre la maison des Malik et l'écluse, est-ce que vous l'auriez vu ?

— Certainement. D'abord, il ne faisait pas encore noir. Ensuite, même si nous ne l'avions pas vu, nous l'aurions entendu. Quand on pêche comme nous pêchons, on a l'oreille fine et...

Dans la petite épicerie où se fournissaient les mariniers, Maigret acheta des conserves, des œufs, du fromage, du saucisson.

— On voit bien que vous êtes à *L'Ange* ! remarqua la commerçante. Il n'y a jamais rien à manger dans cette auberge-là. Ils feraient mieux de fermer tout à fait.

Il monta à la gare. Ce n'était qu'une halte, avec une maisonnette de garde-barrière.

— Non, monsieur, il n'est passé personne vers cette heure-là, ni jusque dix heures et demie du soir. J'étais assis sur une chaise devant la maison avec ma femme. M. Georges-Henry ? Sûrement pas lui. Nous le connaissons bien et, d'ailleurs, il n'aurait pas manqué de nous causer, car il nous connaît aussi et il n'est pas fier.

Maigret, pourtant, s'obstina. Il regardait par-dessus les haies, interpellait de braves gens, presque tous des retraités, qui travaillaient dans leur jardin.

— M. Georges-Henry ? Non, on ne l'a pas vu. Est-ce qu'il aurait disparu comme sa cousine ?

Une grosse auto passa. C'était celle d'Ernest Malik, mais ce n'était pas celui-ci, c'était son frère qui se trouvait à l'intérieur et qui filait vers la route de Paris.

Quand Maigret rentra à *L'Ange*, il était sept heures du soir, et Raymonde éclata de rire en le voyant vider ses poches lourdes de provisions.

— Avec ça, dit-elle, nous allons pouvoir faire la dînette.

— La patronne est toujours dans son lit ? Personne n'est venu la voir ?

Raymonde hésita un instant.

— M. Malik est venu tout à l'heure. Quand je lui ai dit que vous étiez parti vers l'écluse, il est monté. Ils sont restés tous les deux un quart d'heure à chuchoter, mais je n'ai pas pu entendre ce qu'ils disaient.

— Cela lui arrive souvent de venir voir Jeanne ?

— Quelquefois, comme ça, en passant. Vous n'avez pas de nouvelles de Georges-Henry ?

Il alla fumer une pipe dans le jardin en attendant le dîner. Bernadette Amorelle paraissait sincère quand elle lui avait déclaré qu'elle n'avait pas vu son petit-fils. Cela ne prouvait rien, certes. Maigret n'était pas loin de croire qu'ils mentaient tous, autant qu'ils étaient.

Pourtant, il avait l'impression que c'était vrai.

Il y avait à Orsenne, dans l'entourage des Malik, quelque chose à cacher, à cacher coûte que coûte. Est-ce que cela se rapportait à la mort de Monita ? C'était possible, mais ce n'était pas fatal.

Toujours est-il qu'il y avait eu une première fuite. La vieille Mme Amorelle avait profité de l'absence de sa fille et de son gendre pour se faire conduire à Meung dans l'antique limousine et pour appeler Maigret au secours.

Or, le jour même, alors que l'ancien commissaire se trouvait dans la maison d'Ernest Malik, il y avait eu une seconde fuite. Cette fois, il s'agissait de Georges-Henry.

Pourquoi son père avait-il déclaré que le jeune homme était chez sa grand-mère ? Pourquoi, dans ce cas, ne l'avait-il pas amené ? Et pourquoi ne l'avait-il pas revu le lendemain ?

Tout cela était encore confus, certes. Ernest Malik avait raison quand il regardait Maigret avec un sourire à la fois sarcastique et méprisant. Ce n'était pas une affaire pour lui. Il n'y était pas à son aise. Il s'agissait d'un monde qu'il ne connaissait pas, qu'il avait de la peine à reconstituer.

Jusqu'au décor qui le choquait par ce qu'il y sentait d'artificiel. Ces grosses villas aux parcs déserts, aux persiennes closes, ces jardiniers qui allaient et venaient dans les allées, ce ponton, ces bateaux minuscules et trop bien vernis, ces autos luisantes qui attendaient dans les garages...

Et ces gens qui se tenaient, ces frères et ces belles-sœurs qui se détestaient peut-être, mais qui s'avertissaient du danger et qui faisaient bloc contre lui.

Ils étaient en grand deuil par surcroît. Ils avaient pour eux la dignité du deuil et de la douleur. A quel titre, de quel droit venait-il rôder autour d'eux et fourrer son nez dans leurs affaires ?

Il avait failli renoncer tout à l'heure, au moment, précisément, où il rentrait à *L'Ange* pour déjeuner. Et c'était l'atmosphère de la cuisine, avec son laisser-aller et son désordre, c'était Raymonde facile à apprivoiser, c'étaient les mots qu'elle avait prononcés, comme ça, sans s'en douter, les coudes sur la table, qui l'avaient retenu. Qu'il avait retenus.

Elle avait parlé de Monita qui avait l'air d'un garçon et qui s'échappait avec son cousin. De Georges-Henry en short douteux, à la tignasse hirsute.

Or Monita était morte et Georges-Henry avait disparu.

Il le chercherait. Il le trouverait. Cela, du moins, c'était son métier. Il avait fait le tour d'Orsenne. Il avait maintenant la quasi-certitude que le jeune homme n'était pas parti. A moins de supposer qu'il s'était terré dans quelque coin en attendant la nuit et qu'alors il avait pu s'éloigner sans être vu.

Maigret mangea avec appétit, toujours dans la cuisine, toujours en tête à tête avec Raymonde.

— Si la patronne nous voyait, elle ne serait pas contente, remarqua la servante. Elle m'a demandé tout à l'heure ce que vous aviez mangé. Je lui ai dit que je vous avais servi deux œufs sur le plat dans la salle à manger. Elle m'a demandé aussi si vous ne parliez pas de vous en aller.

— Avant ou après la visite de Malik ?

— Après...

— Dans ce cas, je parie que demain elle ne descendra pas encore.

— Elle est descendue tout à l'heure. Je ne l'ai pas vue. J'étais au fond du jardin. Mais j'ai remarqué qu'elle était descendue.

Il sourit. Il avait compris. Il imaginait Jeanne descendant sans bruit, après avoir guetté la sortie de sa servante, pour venir prendre une bouteille sur l'étagère !

— Je rentrerai peut-être tard, annonça-t-il.

— Ils vous ont à nouveau invité ?

— Je ne suis pas invité, non. Mais j'ai envie d'aller faire un tour.

Il se promena d'abord sur le chemin de halage en attendant la nuit. Puis il se dirigea vers le passage à niveau, où il vit le garde, dans l'ombre, assis près de sa porte, à fumer une pipe à long tuyau.

— Cela ne vous ennuie pas que j'aille faire un tour le long de la voie ?

— Ma foi, ce n'est pas réglementaire, mais du moment que vous êtes de la police, n'est-ce pas ? Attention qu'il y a un train qui passe à dix heures dix-sept.

Il n'eut que trois cents mètres à parcourir pour apercevoir le mur de la première propriété, celui de Mme Amorelle et de Charles Malik. La nuit n'était pas tout à fait tombée, mais, dans les maisons, il y avait longtemps qu'on avait allumé les lampes.

Il y avait de la lumière au rez-de-chaussée. Une des fenêtres du premier étage, une fenêtre de la chambre de la vieille dame, était grande ouverte, et c'était assez curieux de découvrir ainsi de loin, à travers le bleuté de l'air et le calme du parc, l'intimité d'un appartement où les meubles et les objets semblaient comme figés dans un éclairage jaunâtre.

Il s'attarda quelques instants à observer. Une silhouette passa dans le champ de son regard, et ce n'était pas celle de Bernadette, mais celle de sa fille, la femme de Charles, qui allait et venait nerveusement et qui paraissait parler avec véhémence.

La vieille dame devait être dans son fauteuil, ou dans son lit, ou dans un des coins de la chambre qu'il n'apercevait pas.

Il marcha encore le long du ballast et ce fut le second parc, celui d'Ernest Malik, moins touffu, plus aéré, avec ses allées larges et soigneusement entretenues. Ici aussi, il y avait des lumières, mais elles ne faisaient que filtrer à travers les lames des persiennes et on ne pouvait rien voir à l'intérieur.

Dans le parc même, qu'il dominait, caché derrière de jeunes noisetiers qui poussaient le long de la voie, Maigret aperçut deux hautes silhouettes blanches et silencieuses, et il se souvint des danois qui, la veille, étaient venus lécher les mains de leur maître.

Sans doute les lâchait-on toutes les nuits et devaient-ils êtres féroces.

A droite, au fond du parc, se dressait une maisonnette que le commissaire n'avait pas encore vue et qui était sans doute celle des jardiniers et du chauffeur.

Une lumière, là encore, une seule, qui s'éteignit une demi-heure plus tard.

On ne voyait pas encore la lune, et pourtant la nuit était moins noire que la précédente. Maigret, paisiblement, s'était assis sur le talus, en face des noisetiers qui le cachaient et qu'il pouvait écarter de la main comme un rideau.

Le train de dix heures dix-sept passa à moins de trois mètres de lui et il regarda son feu rouge qui disparaissait au tournant de la voie.

Les quelques lumières d'Orsenne s'éteignaient les unes après les autres. Le vieux Groux ne devait pas chasser le ramier ce soir-là, car le calme de la nuit ne fut troublé par aucun coup de feu.

Enfin, alors qu'il était près de onze heures, les deux chiens, qui s'étaient couchés côte à côte au bord d'une pelouse, se levèrent d'un même mouvement et se dirigèrent vers la maison.

Ils disparurent un moment derrière celle-ci, et, quand le commissaire les revit, les deux bêtes escortaient en gambadant une silhouette d'homme qui marchait à pas pressés et qui semblait venir droit vers lui.

C'était Ernest Malik, à n'en pas douter. La silhouette était trop mince et trop nerveuse pour être celle d'un des domestiques. Il portait des souliers à semelles de caoutchouc et il marchait sur les pelouses, portant à la main un objet qu'il était impossible de distinguer, mais qui était assez volumineux.

Un bon moment, Maigret se demanda où Malik pouvait bien aller de la sorte. Il le vit soudain obliquer à droite et approcher si près du mur qu'il entendait la respiration des deux chiens.

— Paix, Satan... Paix, Lionne.

Il y avait là, entre les arbres, une petite construction en briques qui devait être antérieure à la villa, un bâtiment bas, couvert de vieilles tuiles, d'anciennes écuries peut-être, ou un chenil ?

« Un chenil, se dit Maigret. Il vient tout simplement apporter à manger aux bêtes. »

Mais non ! Malik repoussait les chiens, tirait une clef de sa poche, pénétrait dans le bâtiment. On entendit nettement la clef tourner dans la serrure. Puis ce fut le silence, un silence très long, pendant lequel la pipe de Maigret s'éteignit sans qu'il osât la rallumer.

Une demi-heure s'écoula de la sorte, et enfin Malik sortit de la cabane dont il referma la porte avec soin derrière lui et, après avoir observé les alentours, se dirigea à pas rapides vers la villa.

A onze heures et demie, tout dormait ou semblait dormir et, quand Maigret repassa derrière le parc des Amorelle, il n'y avait plus qu'une toute petite lumière en veilleuse dans la chambre de la vieille Bernadette.

Pas de lumière non plus à *L'Ange*. Il se demandait comment il allait rentrer, quand la porte s'ouvrit sans bruit. Il aperçut, devina plutôt Raymonde, en chemise de nuit, pieds nus dans des pantoufles, qui mettait un doigt sur ses lèvres et qui lui soufflait :

— Montez vite. Ne faites pas de bruit. Elle ne voulait pas que je laisse la porte ouverte.

Il aurait bien voulu s'attarder, lui poser des questions, boire quelque chose, mais un craquement dans la chambre de Jeanne effraya la jeune fille, qui se précipita dans l'escalier.

Alors il resta un bon moment immobile. L'air sentait les œufs frits avec une petite pointe d'alcool. Pourquoi pas ? Il craqua une allumette, prit une bouteille sur l'étagère et la mit sous son bras pour monter se coucher.

La vieille Jeanne remuait dans sa chambre. Elle devait savoir qu'il était rentré. Mais il n'avait aucune envie d'aller lui tenir compagnie.

Il retira son veston, son col, sa cravate, lâcha ses bretelles sur ses reins et, dans son verre à dents, mélangea de la fine et de l'eau.

Une dernière pipe, accoudé à l'appui de la fenêtre, à contempler vaguement la verdure qui bruissait faiblement.

A sept heures seulement il s'éveilla en entendant Raymonde qui allait et venait dans la cuisine. La pipe à la bouche — la première pipe, la meilleure —, il descendit et lança un joyeux bonjour.

— Dites-moi, Raymonde, vous qui connaissez toutes les maisons du pays...

— Je les connais sans les connaître.

— Bon. Au fond du parc d'Ernest Malik, il y a d'un côté la maison des jardiniers.

— Oui. Le chauffeur et les domestiques y couchent également. Pas les femmes de chambre, qui dorment dans la villa.

— Mais de l'autre côté, près du talus du chemin de fer ?

— Il n'y a rien.

— Il y a un bâtiment très bas. Une sorte de cabane toute en longueur.

— Le chenil du haut, dit-elle.

— Qu'est-ce que le chenil du haut ?

— Dans le temps, bien avant que je vienne ici, les deux parcs n'en faisaient qu'un. C'était le parc des Amorelle. Le vieil Amorelle était chasseur. Il y avait deux chenils, celui du bas, comme on disait, pour les chiens de garde, et celui du haut pour les chiens de chasse.

— Ernest Malik ne chasse pas ?

— Pas ici, où il n'y a pas assez de gibier pour lui. Il possède un pavillon et des chiens en Sologne.

Quelque chose, pourtant, le chiffonnait.

— Le bâtiment est en bon état ?

— Je ne me souviens pas. Il y a longtemps que je ne suis allée dans le parc. Il y avait une cave où...

— Vous êtes sûre qu'il y a une cave ?

— Il y en avait une, en tout cas. Je le sais parce que les gens racontaient qu'un trésor était caché dans le parc. Il faut vous dire qu'avant que M. Amorelle fasse construire, il y a quarante ans et peut-être plus, il existait déjà une sorte de petit château en ruine. On prétendait qu'au temps de la Révolution des gens du château avaient caché leur trésor dans le parc. A un certain moment, M. Amorelle s'en est occupé et a fait venir des sourciers. Tous affirmaient que c'était dans la cave du chenil du haut qu'il fallait effectuer des fouilles.

— Tout cela n'a pas d'importance, grommela Maigret. Ce qui compte, c'est qu'il existe une cave. Et c'est dans cette cave-là, ma petite Raymonde, que le pauvre Georges-Henry doit être enfermé.

Il la regarda soudain avec d'autres yeux.

— A quelle heure y a-t-il un train pour Paris ?

— Dans vingt minutes. Après, vous n'en avez plus qu'à midi trente-neuf. Il en passe d'autres, mais ils ne s'arrêtent pas à Orsenne.

Il était déjà dans l'escalier. Sans prendre le temps de se raser, il s'habillait, et, un peu plus tard, on le voyait marcher à grands pas vers la gare.

Comme sa patronne frappait le plancher de sa chambre, Raymonde monta à son tour.

— Il est parti ? questionna la vieille Jeanne, qui était toujours couchée dans les draps moites.

— Il vient de partir en courant.

— Il n'a rien dit ?

— Non, madame.

— Il a payé ? Aide-moi à me lever.

— Il n'a pas payé, madame. Mais il a laissé sa valise et toutes ses affaires.

— Ah ! fit alors Jeanne, déçue, peut-être inquiète.

5

Le complice de Maigret

Paris était magnifiquement vaste et vide. Les cafés, autour de la gare de Lyon, sentaient bon la bière et le croissant trempé de café. Il y eut, entre autres, dans un salon de coiffure du boulevard de la Bastille, un quart d'heure d'une légèreté inoubliable, sans raison, parce que c'était Paris au mois d'août, que c'était le matin, et peut-être aussi parce que, tout à l'heure, Maigret irait serrer la main des camarades.

— On voit que vous rentrez de vacances. Vous avez attrapé un fameux coup de soleil.

C'était vrai. La veille, sans doute, quand il courait tout autour d'Orsenne pour s'assurer que Georges-Henry n'avait pas quitté le hameau.

C'était drôle comme, de loin, cette histoire perdait de sa consistance. Cependant, rasé de frais, la nuque dégagée, une petite trace de poudre derrière l'oreille, Maigret montait sur la plate-forme d'un autobus et, quelques minutes plus tard, il franchissait le portail de la Police Judiciaire.

Ici aussi, cela sentait les vacances et, dans les couloirs déserts où on laissait toutes les fenêtres ouvertes, l'air avait un goût qu'il connaissait bien. Beaucoup de bureaux vides. Dans le sien, dans son ancien bureau, il trouva Lucas, qui paraissait trop petit pour l'espace libre et qui se leva précipitamment, comme honteux d'être en faute, d'avoir pris la place de son ancien patron.

— Vous êtes à Paris, patron ?... Asseyez-vous.

Il remarquait tout de suite le coup de soleil. Tout le monde, ce jour-là, allait remarquer le coup de soleil et neuf personnes sur dix ne manqueraient pas de découvrir avec satisfaction :

— On voit bien que vous venez de la campagne !

Comme s'il n'y vivait pas depuis deux ans, à la campagne !

— Dis donc, Lucas, est-ce que tu te souviens de Mimile ?

— Mimile du cirque ?

— C'est cela. Je voudrais bien mettre la main sur lui aujourd'hui même.

— On dirait que vous êtes sur une affaire, patron...

— On dirait surtout que je suis en train de faire le c... ! Enfin... Je te raconterai ça une autre fois. Tu veux t'occuper de Mimile ?

Lucas ouvrit la porte du bureau des inspecteurs et parla bas. Il devait leur annoncer que l'ancien patron était là, qu'il avait besoin de Mimile. Pendant la demi-heure qui suivit, presque tous les hommes qui avaient été ceux de Maigret s'arrangèrent pour entrer dans le bureau de Lucas, sous un prétexte ou un autre, pour lui serrer la main.

— Un fameux coup de soleil, patron ! On voit bien que...

— Autre chose, Lucas. Je pourrais faire ça moi-même, mais ça m'ennuie. Je voudrais des tuyaux sur la maison Amorelle et Campois, du quai Bourbon. Les Sablières de la Seine, les remorqueurs et tout le reste.

— Je vais mettre Janvier là-dessus, patron. C'est urgent ?

— Je voudrais en avoir fini à midi.

Il rôda dans la maison, alla faire un petit tour à la section financière. On connaissait la maison Amorelle et Campois, mais on ne possédait pas de tuyaux particuliers.

— Une grosse boîte. Ils ont des tas de filiales. C'est solide et ça n'a rien à faire avec nous.

C'était bon de respirer ainsi l'air de la maison, de serrer la main, de lire la joie dans les yeux.

— Alors, ce jardin, patron ? Et la pêche à la ligne ?

Il monta aux Sommiers. Rien sur les Malik. Ce fut au dernier moment, alors qu'il allait sortir, qu'il pensa à chercher à la lettre C.

Campois... Roger Campois... Tiens ! tiens ! Il y a un dossier Campois : Roger Campois, fils de Désiré Campois, industriel. S'est tué d'une balle de revolver dans la tête dans une chambre d'hôtel du boulevard Saint-Michel.

Il vérifiait les dates, les adresses, les prénoms. Désiré Campois, c'était bien l'associé du vieil Amorelle, celui que Maigret avait aperçu à Orsenne. Il avait eu, d'un mariage avec une certaine Armande Tenissier, fille d'un entrepreneur de travaux publics, aujourd'hui décédée, deux enfants, un garçon et une fille.

C'était le garçon, Roger, fils de Désiré, qui s'était suicidé à l'âge de vingt-deux ans.

Fréquentait depuis plusieurs mois les tripots du Quartier Latin et avait subi récemment de grosses pertes de jeu.

Quant à la fille, elle était mariée et avait eu un enfant, sans doute le jeune homme qui accompagnait son grand-père à Orsenne.

Etait-elle morte aussi ? Qu'était devenu son mari, un certain Lorigan ? Le dossier n'en faisait pas mention.

— Si on allait boire un demi, Lucas ?

A la brasserie Dauphine, bien entendu, derrière le Palais de Justice, où il avait vidé tant et tant de demis dans sa vie. L'air était savoureux comme un fruit, avec des bouffées fraîches sur un fond de chaleur. Et c'était un spectacle délicieux que celui d'une arroseuse municipale qui traçait de larges bandes mouillées sur le bitume.

— Ce n'est pas que je veuille vous questionner, patron, mais j'avoue que je me demande...

— Ce que je fabrique, hein ? Je me le demande aussi. Et il est bien possible que, cette nuit, je m'attire de sérieux désagréments. Tiens ! voilà Torrence !

Le gros Torrence, qu'on avait chargé de Mimile, savait où le trouver. Il avait déjà terminé sa mission.

— A moins qu'il ait encore une fois changé de métier depuis deux jours, patron, vous le trouverez comme garçon de ménagerie à Luna-Park. Un demi !

Puis, Janvier, le brave Janvier — qu'ils étaient donc tous braves, ce jour-là, et comme c'était bon de les trouver, comme c'était bon de travailler à la façon de jadis ! — Janvier s'asseyait à son tour devant le guéridon où les soucoupes commençaient à former une pile imposante.

— Qu'est-ce que vous voulez savoir au juste sur la maison Amorelle et Campois, patron ?

— Tout...

— Attendez...

Il tira un bout de papier de sa poche.

— Le vieux Campois, d'abord. Arrivé à dix-huit ans de son Dauphiné natal. Une sorte de paysan madré et obstiné. D'abord employé chez un entrepreneur de construction du quartier de Vaugirard, puis chez un architecte, puis enfin chez un entrepreneur de Villeneuve-Saint-Georges. C'est là qu'il a rencontré Amorelle.

» Amorelle, natif du Berry, a épousé la fille de son patron. Il s'est associé avec Campois, et tous deux ont acheté des terrains, en amont de Paris, où ils ont créé leur première sablière. Il y a quarante-cinq ans de cela...

Lucas et Torrence regardaient avec un sourire amusé leur ancien patron qui écoutait sans broncher. On aurait dit qu'à mesure que Janvier parlait Maigret reprenait sa physionomie des anciens jours.

— C'est par un vieil employé, qui est vaguement parent d'un parent de ma femme, que j'ai su tout cela. Je le connaissais de vue et quelques petits verres ont suffi à le faire parler.

— Continue.

— C'est l'histoire de toutes les grosses boîtes. Après quelques années, Amorelle et Campois possédaient une demi-douzaine de sablières dans la Haute Seine. Puis, au lieu de faire transporter leur sable par les péniches, ils ont acheté des bateaux. Enfin des remorqueurs. Il paraît que cela a fait du bruit à l'époque, parce que c'était la ruine des bateaux-écuries. Il y eut des manifestations devant les bureaux de l'île Saint-Louis... Car les bureaux, plus modestes alors, étaient déjà où ils sont maintenant. Amorelle a même reçu des lettres de menaces. Il a tenu bon et cela s'est tassé.

» A l'heure qu'il est, c'est une boîte énorme. On n'imagine pas l'importance d'une affaire comme celle-là et j'en suis resté ahuri. Aux sablières se sont ajoutées des carrières. Puis Amorelle et Campois ont pris des intérêts dans les chantiers de construction de Rouen où ils faisaient construire leurs remorqueurs. A l'heure qu'il est, ils ont la majorité des actions dans une dizaine d'affaires pour le moins, affaires de navigation, de carrières, de constructions navales, et aussi dans des entreprises de travaux publics et dans une affaire de bétonneuses.

— Les Malik ?

— J'y arrive. Mon bonhomme m'en a parlé. Il paraît que Malik le premier...

— Qu'appelles-tu le premier ?

— Celui qui est entré le premier dans la maison. Attendez, que je consulte mon papier. Ernest Malik, de Moulins.

— C'est cela.

— Il n'était pas du tout du métier, mais secrétaire d'un important conseiller municipal. C'est ainsi qu'il a fait connaissance des Amorelle et Campois. A cause des adjudications. Pots-de-vin et compagnie, quoi !... Et il a épousé la fille. C'était peu de temps après le suicide du jeune Campois, celui qui était dans l'affaire et s'est suicidé.

Maigret s'était comme enfoncé en lui-même et ses yeux étaient devenus tout petits. Lucas et Torrence se regardaient à nouveau, amusés de retrouver le patron comme ils le connaissaient dans ses meilleurs jours, avec cette moue des lèvres autour du tuyau de sa pipe, cette caresse de son gros pouce sur le fourneau et cette voussure des épaules.

— C'est à peu près tout, patron... Une fois dans la maison, Ernest Malik a fait venir son frère on ne sait d'où. Il était encore moins du métier que lui. Certains prétendent qu'il n'était qu'un petit agent d'assurances du côté de Lyon. N'empêche qu'il a épousé la seconde des demoiselles et que, depuis lors, les Malik sont de tous les conseils d'administration. Car il y a dans la boîte une kyrielle de sociétés différentes qui se tiennent entre elles. Il paraît que le vieux Campois n'a pour ainsi dire aucune autorité. Il aurait fait, en outre, la bêtise de vendre un gros paquet d'actions alors qu'il les croyait au plus haut.

» Seulement, contre les Malik, il reste la vieille Amorelle, qui ne peut pas les sentir. Et c'est elle qui détient encore, du moins on le pense, la majorité des actions des diverses sociétés. On prétend, dans les bureaux, qu'elle est capable, pour faire enrager ses gendres, de les déshériter dans la mesure où la loi le lui permet.

» C'est tout ce que j'ai trouvé.

Encore quelques demis.

— Tu déjeunes avec moi, Lucas ?

Ils déjeunèrent ensemble, comme au bon vieux temps. Puis un autobus conduisit Maigret à Luna-Park, où il fut d'abord déçu de ne pas trouver Mimile à la ménagerie.

— Il est sûrement dans un bistro des environs ! Vous le rencontrerez peut-être au *Cadran*. Peut-être chez *Léon,* à moins qu'il soit au tabac du coin de la rue.

Mimile était au tabac et Maigret commença par lui offrir un vieux marc. C'était un homme sans âge, au poil sans couleur, un de ces hommes que la vie a usés comme des pièces de monnaie, au point qu'ils n'ont pour ainsi dire plus de contours. On ne pouvait jamais dire s'il était ivre ou à jeun, car il avait du matin au soir le même regard flou, la même démarche nonchalante.

— Qu'est-ce qu'il y a pour votre service, patron ?

Il avait un dossier à la Préfecture, lui, et même un dossier assez chargé. Mais il y avait déjà de nombreuses années qu'il s'était assagi et qu'à l'occasion il rendait de menus services à ses anciens adversaires du Quai des Orfèvres.

— Tu peux t'absenter de Paris pendant vingt-quatre heures ?

— A condition que je trouve le Polonais.

— Quel Polonais ?

— Un type que je connais, mais qui a un nom trop compliqué pour que je le retienne. Il a été longtemps chez Amar et il pourrait soigner mes bêtes. Attendez que je téléphone. Un petit verre d'abord, hein, patron ?

Deux petits verres, trois petits verres, de courtes stations dans la cabine téléphonique et enfin Mimile déclare :

— Je suis votre homme !

Pendant que Maigret lui expliquait ce qu'il attendait de lui, Mimile avait l'air ahuri d'un Auguste qui reçoit un coup de bâton sur la tête et il répétait de ses lèvres molles :

— Ben, mon vieux ! Ben, mon vieux... Faut que ça soit vous qui me demandiez ça pour que je ne vous signale pas tout de suite au Quai. Pour un drôle de boulot, c'est un drôle de boulot.

— Tu as bien compris ?

— Je comprends, que j'ai compris.

— Tu auras tout ce qu'il faut ?

— Et le reste ! Ça me connaît.

Par prudence, le commissaire lui traça un petit plan des lieux, consulta l'indicateur et répéta à deux reprises ses instructions minutieuses.

— Que tout soit prêt à dix heures, quoi ! Comptez sur moi. Du moment que vous vous chargez d'expliquer le coup s'il y a des histoires...

Ils montèrent dans le même train, un peu après quatre heures, comme sans se connaître, et Mimile, qui avait enregistré aux bagages une vieille bicyclette appartenant au patron de la ménagerie, descendit une station avant la halte d'Orsenne.

Maigret, quelques minutes plus tard, débarquait tranquillement, comme un vieil habitué, et s'attardait avec le garde-barrière qui faisait fonction de chef de gare.

Il commença par faire remarquer qu'il faisait plus chaud à la campagne, qu'à Paris, et c'était vrai, car, dans la vallée, la chaleur, ce jour-là, était étouffante.

— Dites donc, ils ne doivent pas avoir un trop mauvais vin blanc, dans ce bistro ?

Car il y avait un bistro à cinquante mètres de la gare, et bientôt les deux hommes y étaient attablés, devant une bouteille de vin blanc, d'abord, puis devant des verres qui se succédaient à un rythme de plus en plus accéléré.

Une heure plus tard, il était évident que le garde-barrière dormirait bien cette nuit-là et c'était tout ce que Maigret voulait obtenir de lui.

Quant à lui, il avait eu soin de renverser la plus grande partie de l'alcool qu'on leur avait servi et il n'était pas trop somnolent tandis qu'il descendait vers la Seine et qu'un peu plus tard il pénétrait dans le jardinet de *L'Ange*.

Raymonde parut surprise de le revoir si vite.

— Et la patronne ? questionna-t-il.

— Elle est toujours dans sa chambre. A propos, il est arrivé une lettre pour vous. On l'a apportée peu de temps après votre départ. Peut-être que le train n'était pas encore passé. Si je n'avais été toute seule, je vous l'aurais portée à la gare.

Bordée de noir, comme de juste.

Monsieur,

Je vous prie de bien vouloir mettre fin à l'enquête que je vous avais demandée dans un moment de dépression bien compréhensible, étant donnés mon âge et la secousse que je viens de subir.

J'ai pu donner ainsi à certains événements douloureux une interprétation incompatible avec les faits et je regrette maintenant de vous avoir dérangé de votre retraite.

Votre présence à Orsenne ne fait que compliquer une situation déjà pénible et je me permets d'ajouter que l'indiscrétion avec laquelle vous assumez la tâche que je vous avais confiée, la maladresse dont vous avez fait preuve jusqu'ici me font désirer vivement votre très prochain départ.

J'espère que vous voudrez bien comprendre et ne pas insister pour troubler une famille très éprouvée.

Lors de ma visite inconsidérée à Meung-sur-Loire, j'avais laissé sur votre table une liasse de dix mille francs, destinés à couvrir vos premiers frais. Veuillez trouver ci-joint un chèque de la même somme et considérer cette affaire comme terminée.

Mes salutations.

Bernadette Amorelle.

C'était bien sa grande écriture pointue, mais ce n'était pas son style, et Maigret, grimaçant un drôle de sourire, remit la lettre et le chèque dans sa poche, persuadé que les phrases qu'il venait de lire étaient plutôt du cru d'Ernest Malik que de celui de la vieille dame.

— Il faut que je vous dise aussi que la patronne m'a demandé tout à l'heure quand vous comptiez partir.

— Elle me met à la porte ?

La grosse Raymonde, aux formes à la fois robustes et molles, devint toute rouge.

— Ce n'est pas ce que j'ai voulu dire. Seulement, elle prétend qu'elle est malade pour un certain temps. Quand ses crises la prennent...

Il regarda en coin les bouteilles qui étaient la raison majeure de ces crises-là.

— Ensuite ?

— La maison va être vendue d'un jour à l'autre.

— Une fois de plus ! ironisa Maigret. Et après, douce Raymonde ?

— Ne vous occupez pas de moi. J'aurais préféré qu'elle vous fasse la commission elle-même. Elle dit que ce n'est pas convenable que je sois seule avec un homme dans la maison. Elle a entendu que nous mangions tous les deux dans la cuisine. Elle m'a adressé des reproches.

— Quand veut-elle que je parte ?

— Ce soir, demain matin au plus tard.

— Et il n'y a pas d'autre auberge dans le pays, n'est-ce pas ?

— Il y en a une à cinq kilomètres.

— Eh bien ! Raymonde, nous verrons ça demain matin.

— C'est que je n'ai rien à manger pour ce soir et qu'on m'a défendu...

— Je mangerai à l'écluse.

Ce qu'il fit. Il y avait, comme à côté de la plupart des écluses, une petite épicerie destinée aux mariniers, où on leur servait à boire. Un train de bateaux était justement dans le sas, et les femmes, entourées de leurs gosses, en profitaient pour faire leur marché tandis que les hommes venaient boire un coup en vitesse.

Tous ces gens-là travaillaient pour Amorelle et Campois.

— Vous me donnerez une chopine de vin blanc, un bout de saucisson et une demi-livre de pain, commanda-t-il.

On ne faisait pas le restaurant. Il s'installa à un bout de table, à regarder l'eau qui bouillonnait au-dessous des vannes. Jadis les péniches cheminaient lentement le long des berges, traînées par de lourds chevaux qu'une petite fille, souvent pieds nus sur le chemin de halage, conduisait au bout de sa baguette.

C'étaient des « écuries » qu'on voyait encore sur certains canaux, mais qu'Amorelle et Campois, avec leurs remorqueurs fumants et leurs péniches à moteur, avaient chassées de la Haute Seine.

Le saucisson était bon, le vin léger, avec un petit goût acide. L'épicerie sentait la cannelle et le pétrole. Les portes d'amont ouvertes, le remorqueur emmenait ses péniches comme des poussins vers le haut du bief et l'éclusier venait boire un coup à la table de Maigret.

— Je croyais que vous deviez partir ce soir.

— Qui vous a dit cela ?

L'éclusier marqua un certain embarras.

— Vous savez, si on devait écouter tout ce qu'on raconte !

Malik se défendait. Il ne perdait pas son temps. Était-il venu en personne jusqu'à l'écluse ?

De loin, Maigret pouvait apercevoir, dans la verdure des parcs, les toits des orgueilleuses maisons des Amorelle et de Campois — celle de la vieille Amorelle et de son gendre, celle d'Ernest Malik, la plus somptueuse de toutes, celle de Campois, à mi-hauteur de la colline, presque campagnarde encore que solidement bourgeoise avec ses murs peints en rose. De l'autre côté de l'eau, la gentilhommière vieillotte, délabrée, de M. Groux, qui préférait hypothéquer ses propriétés que de voir ses bois transformés en carrières.

Il n'était pas loin, M. Groux. On le voyait, le crâne nu au soleil, vêtu comme toujours de toile kaki, assis dans un canot vert amarré entre deux perches et pêchant à la ligne.

Il n'y avait pas d'air, pas de rides sur l'eau.

— Dites-moi, vous qui connaissez ces choses-là, est-ce qu'il y aura de la lune ce soir ?

— Cela dépend à quelle heure. Elle se lèvera un peu avant minuit derrière le bois que vous voyez en amont. Elle en est à son premier quartier.

Maigret était assez content de lui et pourtant il ne parvenait pas à dissiper une petite angoisse qui s'était installée dans sa poitrine et qui grandissait au lieu de disparaître à mesure que le temps passait.

Une certaine nostalgie aussi. Il avait passé une heure au Quai des Orfèvres, avec des hommes qu'il connaissait si bien, qui l'appelaient toujours patron, mais qui...

Qu'avaient-ils dit entre eux après son départ? Que le métier lui manquait, évidemment ! Qu'il était moins heureux qu'il voulait le faire croire, dans sa campagne ! Qu'il se jetait sur la première occasion de retrouver les émotions d'autrefois !

Un amateur, en somme ! Il faisait figure d'amateur.

— Encore un coup de blanc ?

L'éclusier ne disait pas non, avait la manie de s'essuyer les lèvres avec sa manche après chaque gorgée.

— Je suis sûr que le jeune Malik, Georges-Henry, a dû aller pêcher maintes fois avec votre fils ?

— Oh ! oui, monsieur.

— Il devait aimer ça, n'est-ce pas ?

— Il aimait l'eau, il aimait les bois, les bêtes !

— Un brave garçon !

— Un brave garçon, oui. Pas fier. Si vous les aviez vus tous les deux avec la petite demoiselle... Souvent ils descendaient ensemble en canoë. Je leur proposais de les écluser, quoique d'habitude on n'écluse pas les petites embarcations. Mais c'étaient eux qui ne voulaient pas. Il préféraient transporter leur canoë de l'autre côté du sas. Je les voyais rentrer à la nuit tombante.

Il avait, lui, à la nuit tombante, ou plutôt à la nuit tombée, une tâche désagréable à accomplir. Après, on verrait bien. On verrait s'il s'était trompé, s'il n'était qu'une vieille bête qui avait mérité sa retraite ou s'il était encore capable de quelque chose.

Il paya. Il marcha lentement, en fumant sa pipe, le long de la berge. L'attente était longue, on aurait dit que ce soir-là le soleil ne se décidait pas à se coucher. L'eau moirée coulait lentement, sans bruit, avec seulement un murmure à peine perceptible, et des mouchettes la frôlaient dangereusement, excitant les poissons à sauter.

Il ne vit personne, ni les frères Malik, ni leurs domestiques. Tout était, ce soir-là, comme au point mort et, un peu avant dix heures, laissant derrière lui la lumière qui brillait dans la chambre de Jeanne, à *L'Ange*, et dans la cuisine où se tenait Raymonde, il se dirigea, comme la veille, vers la gare.

Les petits verres de vin blanc avaient sans doute fait leur effet, car le garde-barrière n'était pas à son poste, sur le seuil de la maison. Maigret put passer sans être vu et suivre le ballast.

Derrière le rideau de noisetiers à l'endroit, à peu près, où il était caché la veille, il trouva Mimile à son poste, un Mimile paisible, jambes écartées, une cigarette éteinte à la bouche, qui semblait prendre le frais.

— Il n'est pas encore venu ?

— Non.

Ils attendirent ainsi en silence. De temps en temps, ils se chuchotaient quelques mots à l'oreille. Comme la veille, une fenêtre était ouverte chez Bernadette Amorelle et, parfois, on voyait passer la vieille dame dans le rayon faiblement lumineux.

A dix heures et demie seulement, une silhouette se profila dans le parc de Malik et les choses se passèrent exactement comme la nuit précédente. L'homme, qui portait un paquet, fut accosté par ses chiens, qui le suivirent jusqu'à la porte du chenil d'en haut. Il y pénétra, resta beaucoup plus longtemps que la veille et rentra enfin dans la maison, où une fenêtre s'éclaira au premier étage, s'ouvrit un moment tandis qu'on fermait les persiennes.

Les chiens erraient dans le parc avant de se coucher et ils vinrent flairer l'air non loin du mur, sentant sans doute la présence des deux hommes.

— J'y vais, patron ? chuchota Mimile.

Un des danois retroussa ses lèvres, comme prêt à gronder, mais l'homme de Luna-Park avait déjà lancé dans sa direction un objet qui s'écrasa sur le sol avec un bruit mou.

— A moins qu'ils soient mieux dressés que je le pense, murmura Mimile. Mais je n'ai pas peur. Les bourgeois ne savent pas dresser les chiens et, si même on leur donne un animal bien dressé, ils ont vite fait de l'abîmer.

Il avait raison. Les deux bêtes rôdaient en reniflant autour de ce qu'on avait jeté. Maigret, anxieux, avait laissé éteindre sa pipe. Enfin, un des chiens prenait la viande du bout des dents et la secouait tandis que l'autre, jaloux, faisait entendre un grognement menaçant.

— Il y en aura pour tout le monde ! ricana Mimile en lançant un second morceau. Vous disputez pas, mes agneaux !

Cela dura cinq minutes à peine. On vit les bêtes blanches errer un instant, tourner en rond, malades, puis se coucher sur le flanc, et, à ce moment-là, Maigret n'était pas fier.

— C'est fait, patron. On y va ?

Il valait mieux attendre encore, attendre la nuit complète et l'extinction de toutes les lumières. Mimile s'impatientait.

— Tout à l'heure, vous allez voir la lune se lever et ce sera trop tard.

Mimile avait emporté une corde qui était déjà attachée au tronc d'un jeune frêne en bordure de la voie, tout près du mur.

— Attendez que je descende le premier.

Le mur avait un peu plus de trois mètres de haut, mais il était en bon état, sans une saillie.

— Ce sera plus difficile de remonter par là. A moins qu'on trouve une échelle dans leur sacré jardin. Tenez ! il y a une brouette dans la petite allée. En la dressant contre le mur, ça nous aidera déjà.

Mimile était animé, joyeux, en homme qui se retrouve dans son élément.

— Si on m'avait dit que je ferais ce truc-là avec vous...

Ils approchaient de l'ancien chenil ou de l'ancienne écurie, qui était une construction en briques, sans étage, avec une cour cimentée qu'entourait une grille.

— Pas besoin de lampe électrique, soufflait Mimile en tâtant la serrure.

La porte était ouverte et ils recevaient au visage une bouffée de paille moisie.

— Fermez donc la porte ! Dites donc, il me semble qu'il n'y a personne ici dedans !

Maigret alluma sa lampe de poche et ils ne virent rien autour d'eux, qu'un vieux bat-flanc démantibulé, un harnais verdi qui pendait à un crochet, un fouet par terre, de la paille mêlée de foin et de poussière.

— C'est en dessous, fit Maigret. Il doit y avoir une trappe ou une ouverture quelconque.

Ils n'eurent qu'à remuer la paille pour trouver, en effet, une forte trappe aux lourdes ferrures. La trappe n'était fermée que par un verrou que Maigret, la poitrine serrée, tira lentement.

— Qu'est-ce que vous attendez ? souffla encore Mimile.

Rien. Et pourtant il y avait des années qu'il n'avait pas connu cette émotion-là.

— Vous voulez que j'ouvre ?

Non. Il soulevait la trappe. On n'entendait aucun bruit dans la cave, et pourtant ils eurent en même temps la sensation qu'il y avait là un être vivant.

La lampe électrique, soudain, éclaira l'espace noir en dessous d'eux, les rayons blanchâtres frôlèrent un visage, une silhouette qui bondit.

— Restez tranquille, prononça Maigret à mi-voix.

Il essayait de suivre, avec sa lampe, la silhouette qui allait d'un mur à l'autre, comme une bête traquée. Il disait machinalement :

— Je suis un ami.

Mimile proposait :

— Je descends ?

Et une voix, en bas, prononçait :

— Surtout, que personne ne me touche !

— Mais non ! Mais non ! On ne vous touchera pas.

Maigret parlait, parlait, comme dans un rêve ou plutôt comme on parle pour calmer un enfant en proie à un cauchemar. Et c'était bien à un cauchemar que cette scène ressemblait.

— Restez tranquille. Attendez qu'on vous sorte de là.

— Et si je ne veux pas sortir ?

Une voix fiévreuse, mordante, de gamin halluciné.

— Je descends ? proposait toujours Mimile, qui avait hâte d'en finir.

— Ecoutez, Georges-Henry ! Je suis un ami. Je sais tout.

Et ce fut soudain comme s'il eût prononcé le mot clef des contes de fées.

L'agitation prit fin d'une seconde à l'autre. Il y eut un silence de quelques secondes, puis une voix changée questionna, méfiante :

— Qu'est-ce que vous savez ?

— Il faut d'abord sortir d'ici, mon petit bonhomme. Je vous jure que vous n'avez rien à craindre.

— Où est mon père ? Qu'en avez-vous donc fait ?

— Votre père est dans sa chambre, dans son lit, sans doute.

— Ce n'est pas vrai !

L'accent était plein d'amertume. On le trompait. Il avait la quasi-certitude qu'on le trompait, comme on l'avait toujours trompé. C'était cela, cette hantise, que sa voix révélait au commissaire, qui commençait à s'impatienter.

— Votre grand-mère m'a tout dit.

— Ce n'est pas vrai !

— C'est elle qui est venue me chercher et qui...

Et le gosse, criant presque :

— Elle ne sait rien ! Il n'y a que moi qui...

— Chut ! Ayez confiance, Georges-Henry. Venez. Quand vous serez sorti d'ici, nous parlerons tranquillement.

Allait-il se laisser convaincre ? Sinon, il faudrait descendre dans son trou, opérer vilainement, le prendre à bras-le-corps, le réduire à l'impuissance, et peut-être se débattrait-il, grifferait-il, mordrait-il comme un jeune animal affolé.

— Je descends ? répétait Mimile, qui commençait à être moins tranquille et qui se tournait parfois vers la porte avec crainte.

— Ecoutez, Georges-Henry. Je suis de la police.

— Cela ne regarde pas la police ! Je déteste la police ! Je déteste la police !

Il s'interrompit. Une idée venait de le frapper et, sur un autre ton, il reprit :

— D'ailleurs, si c'était la police, vous auriez...

Il hurla :

— Laissez-moi ! Laissez-moi ! Allez-vous-en ! Vous mentez ! Vous savez bien que vous mentez ! Allez dire à mon père...

A ce moment une voix martela, du côté de la porte qui venait de s'ouvrir sans bruit :

— Excusez-moi de vous déranger, messieurs.

La lampe de Maigret éclaira la silhouette d'Ernest Malik qui se tenait debout, très calme, un gros revolver à la main.

— Je crois, mon pauvre Jules, que je serais en droit de t'abattre, ainsi que ton compagnon.

On entendait, en dessous, les dents du gosse qui claquaient.

6

Mimile et son prisonnier

Sans manifester le moindre étonnement, Maigret se tourna lentement vers le nouveau venu et ne parut pas voir le revolver que celui-ci tenait braqué sur lui.

— Sors le gosse de là, dit-il de sa voix la plus ordinaire, en homme qui, ayant essayé d'accomplir une tâche et n'y ayant pas réussi, demande à un autre d'essayer à son tour.

— Ecoute, Maigret... commença Malik.

— Pas maintenant. Pas ici. Tout à l'heure, j'écouterai tout ce que tu voudras.

— Tu avoues que tu t'es mis dans un mauvais cas ?

— Je te dis de t'occuper de l'enfant. Tu ne te décides pas ? Mimile, descends dans le trou.

Alors seulement Ernest Malik prononça d'une voix sèche :

— Tu peux sortir, Georges-Henry.

L'enfant ne bougeait pas.

— Entends-tu ce que je dis ? Sors ! La punition a assez duré.

Maigret tressaillit. Ainsi, c'était cela qu'on allait essayer de lui faire croire ? Qu'il s'agissait d'une punition ?

— Tu n'es pas fort, Malik.

Et, penché sur le trou, d'une voix douce et calme :

— Vous pouvez venir maintenant, Georges-Henry. Vous ne craignez plus rien. Ni de votre père, ni de personne.

Mimile tendit la main et aida le jeune homme à se hisser au niveau du sol. Georges-Henry se tenait replié sur lui-même, évitant de regarder son père, guettant le moment de s'enfuir.

Et cela, Maigret l'avait prévu. Car il avait tout prévu, même et surtout l'arrivée inopinée de Malik. A tel point que Mimile avait reçu des instructions en conséquence et qu'il ne restait plus maintenant qu'à les exécuter.

Les quatre hommes ne pouvaient pas rester indéfiniment debout dans l'ancien chenil, et Maigret, le premier, se dirigea vers la porte, sans se préoccuper de Malik qui lui barrait le passage.

— Nous serons mieux dans la maison pour causer, murmura-t-il.

— Tu tiens à causer ?

Le commissaire haussa les épaules. En passant devant Mimile, il eut le temps de lui lancer un coup d'œil qui signifiait :

« Attention à la manœuvre. »

Car elle était délicate et un faux mouvement pouvait tout compromettre. Ils sortaient l'un après l'autre et Georges-Henry sortait le dernier, se glissait dehors en évitant de s'approcher de son père. Ils marchaient tous les quatre dans l'allée et c'était au tour de Malik de manifester une certaine inquiétude. La nuit était noire. La lune ne s'était pas encore levée. Maigret avait éteint sa lampe électrique.

Ils avaient à peine cent mètres à parcourir encore. Qu'est-ce que le gosse attendait ? Est-ce que l'ex-commissaire s'était trompé ?

On aurait dit, maintenant, que personne n'osait parler, que personne ne voulait prendre la responsabilité de ce qui allait se passer.

Encore soixante mètres. Dans une minute, il serait trop tard et Maigret avait envie de donner un coup de coude à Georges-Henry pour le rappeler à la réalité.

Vingt mètres... Dix mètres... Il fallait s'y résigner. Qu'est-ce qu'ils allaient faire tous les quatre dans une des pièces de la maison dont on commençait à distinguer la façade blanche ?

Cinq mètres. Trop tard ! Ou plutôt non. Georges-Henry se montrait plus avisé que Maigret lui-même, car il avait pensé à une chose : qu'arrivé à la maison son père devrait prendre la tête du petit groupe pour ouvrir la porte.

A ce moment précis, il fit un bond et, l'instant d'après, on entendit bruisser les herbes et les branches dans les fourrés du parc. Mimile n'avait pas loupé la manœuvre et courait sur ses talons.

Malik perdit à peine une seconde, mais ce fut une seconde de trop. Son réflexe fut de braquer son revolver vers la silhouette de l'homme de cirque. Il aurait tiré. Mais, avant qu'il n'ait eu le temps de presser sur la gâchette, Maigret avait abattu son poing sur son avant-bras et l'arme tomba à terre.

— Voilà ! fit avec satisfaction le commissaire.

Il dédaigna de ramasser l'arme, qu'il envoya du bout du pied vers le milieu de l'allée. De son côté, une sorte de respect humain empêcha Ernest Malik d'aller le ramasser. A quoi bon ?

La partie qui se jouait maintenant entre eux deux ne pouvait en aucune sorte être influencée par un revolver.

Ce fut, pour Maigret, une minute assez émouvante. Justement parce qu'il l'avait prévue. La nuit était si calme qu'on entendait, déjà loin, les pas des deux hommes qui se suivaient. Malik et lui tendaient l'oreille. Il était facile de se rendre compte que Mimile ne perdait pas de terrain.

Ils avaient dû pénétrer dans le parc voisin, où ils couraient toujours et d'où, sans doute, ils gagneraient le chemin de halage.

— Voilà, répéta Maigret comme le bruit s'atténuait jusqu'à devenir à peine perceptible. Si nous entrions ?

Malik tourna la clef qu'il avait déjà introduite tout à l'heure dans la serrure et s'effaça. Puis il manœuvra le commutateur électrique et on vit sa femme debout, en peignoir blanc, au détour de l'escalier.

Elle les regardait tous les deux avec de grands yeux stupéfaits, ne trouvant rien à dire, et ce fut son mari qui lui lança avec humeur :

— Va te coucher !

Ils étaient tous les deux dans le bureau de Malik et Maigret, debout, commençait à bourrer sa pipe en jetant de petits coups d'œil satisfaits à son adversaire. Malik, lui, marchait de long en large, les mains derrière le dos.

— Tu n'as pas l'intention de porter plainte ? questionna doucement Maigret. C'est pourtant une occasion ou jamais. Tes deux chiens empoisonnés. Escalade et effraction. Tu pourras même soutenir qu'il y a eu tentative d'enlèvement... Après le coucher du soleil, par-dessus le marché... De sorte que ça va chercher les travaux forcés. Allons, Malik... le téléphone est là, à portée de ta main. Un appel à la gendarmerie de Corbeil et celle-ci sera obligée de m'arrêter...

» Qu'est-ce qui ne vas pas ?... Qu'est-ce qui t'empêche d'agir comme tu en as envie ?...

Le tutoiement ne le gênait plus, maintenant, bien au contraire, mais ce n'était pas celui qu'avait inauguré Malik à leur première rencontre. C'était le tutoiement que le commissaire employait volontiers avec ses « clients ».

— Cela t'ennuie de raconter à tout le monde que tu tenais ton fils enfermé dans une cave ?... D'abord, c'est ton droit de père de famille. Le droit de punir. Combien de fois, quand j'étais petit, ne m'a-t-on pas menacé de m'enfermer dans la cave !

— Silence, veux-tu ?

Il s'était campé devant Maigret et il le regardait intensément, essayant de lire ce qu'il y avait derrière les paroles de son interlocuteur.

— Qu'est-ce que tu sais au juste ?

— Voilà enfin la question que j'attendais.

— Qu'est-ce que tu sais ? s'impatientait Malik.

— Et toi, qu'est-ce que tu crains que je sache ?

— Une première fois je t'ai demandé de ne plus t'occuper de mes affaires.

— Et j'ai refusé.

— Une seconde fois et une dernière fois je te dis...

Mais déjà Maigret secouait la tête.

— Non... Vois-tu, maintenant, c'est impossible.

— Tu ne sais rien...

— Dans ce cas, que crains-tu ?

— Tu n'apprendras rien...

— Je ne te gêne donc pas.

— Quant au gosse, il ne parlera pas. Je sais que c'est sur lui que tu comptes.

— C'est tout ce que tu as à me dire, Malik ?

— Je te demande de réfléchir. Tout à l'heure, j'aurais pu t'abattre et je commence à regretter de ne pas l'avoir fait.

— Tu as peut-être eu tort, en effet. Dans quelques instants, quand je sortirai, il sera encore temps de me tirer une balle dans le dos. Il est vrai que, maintenant, le gosse est loin, qu'il y a quelqu'un avec lui. Allons ! J'ai envie d'aller me coucher. Donc, pas de téléphone ? Pas de plainte ? Pas de gendarmerie ? C'est vu, c'est entendu ?

Il se dirigea vers la porte.

— Bonne nuit, Malik.

Au moment où il allait disparaître dans le hall d'entrée, il se ravisa, revint sur ses pas pour laisser tomber, la face lourde, le regard pesant :

— Vois-tu, je sens que ce que je vais découvrir est tellement laid, tellement sale, qu'il m'arrive d'hésiter à continuer.

Il partit sans se retourner, referma violemment la porte derrière lui et se dirigea vers la grille. Celle-ci était fermée. La situation était grotesque, de se trouver ainsi dans le parc de la propriété sans que personne ne s'occupât de lui.

Il y avait toujours de la lumière dans le bureau, mais Malik ne songeait pas à reconduire son adversaire.

Escalader le mur du fond ? Tout seul, Maigret ne se fiait pas à son agilité. Chercher le sentier qui permettait de passer dans le parc des Amorelle dont la grille n'était peut-être pas fermée à clef ?

Il haussa les épaules, se dirigea vers la maison du jardinier et frappa la porte à petits coups.

— Qu'est-ce que c'est ? fit à l'intérieur une voix endormie.

— Un ami de M. Malik qui voudrait qu'on lui ouvre la grille.

Il entendit le vieux domestique qui passait un pantalon et cherchait ses sabots. La porte s'entrouvrit.

— Comment se fait-il que vous soyez dans le parc ? Où sont les chiens ?

— Je crois qu'ils dorment, murmura Maigret. A moins qu'ils ne soient morts.

— Et M. Malik ?

— Il est dans son bureau.

— Il a pourtant la clef de la grille.

— C'est possible. Il est tellement préoccupé qu'il n'y a même pas pensé.

Le jardinier le précéda en grommelant, se retournant parfois pour lancer un regard inquiet à ce visiteur nocturne. Dès que Maigret changeait le rythme de son pas, l'homme tressaillait, comme s'il se fût attendu à être frappé par derrière.

— Merci, mon brave homme.

Il rentra tranquillement à *L'Ange*. Il fut obligé de lancer des cailloux sur les vitres de Raymonde pour éveiller celle-ci et se faire ouvrir la porte.

— Quelle heure est-il ? Je croyais que vous ne rentreriez plus. Tout à l'heure, j'ai entendu qu'on courait dans le petit chemin. Ce n'était pas vous ?

Il se servit lui-même à boire et alla dormir. A huit heures, rasé de frais, sa valise à la main, il prenait le train pour Paris. A neuf heures et demie, après avoir bu son café et mangé des croissants dans un petit bar, il pénétrait au Quai des Orfèvres.

Lucas était au rapport dans le bureau de son chef. Maigret s'installa à son ancienne place, près de la fenêtre ouverte, et un remorqueur Amorelle et Campois passait justement sur la Seine, donnant deux grands coups de sirène avant de s'engager sous le pont de la Cité.

A dix heures, Lucas entra, des papiers à la main, posa ceux-ci sur un coin du bureau.

— Vous êtes là, patron ? Je vous croyais à nouveau à Orsenne.

— Il n'y a pas de coup de téléphone pour moi ce matin ?

— Pas encore. Vous attendez un coup de téléphone ?

— Il faudrait avertir le standard. Qu'on me passe la communication tout de suite, ou, si je ne suis pas là, qu'on prenne le message.

Il ne voulait pas laisser voir sa nervosité, mais ses pipes se succédaient avec une rapidité inhabituelle.

— Fais ton travail comme si je n'étais pas là.

— Rien de palpitant ce matin. Un coup de couteau rue Delambre.

Le petit trantran quotidien. Il connaissait si bien cela. Il avait retiré son veston, comme autrefois, quand il était ici chez lui. Il entrait dans les bureaux, serrait les mains, écoutait un bout d'interrogatoire ou de conversation téléphonique.

— Ne vous dérangez pas, les enfants.

A onze heures et demie, il descendit boire un verre en compagnie de Torrence.

— Au fait, il y a un renseignement que je voudrais que tu me déniches. Il s'agit toujours d'Ernest Malik. J'aimerais savoir s'il est joueur. Ou s'il l'a été jadis, quand il était jeune. Il ne doit pas être impossible de retrouver quelqu'un qui l'ait connu il y a vingt-cinq ans.

— Je trouverai, patron.

A midi moins le quart, il n'y avait toujours rien, et les épaules de Maigret se faisaient plus courbes, sa démarche plus hésitante.

— Je crois que j'ai fait le c... ! lui arrivait-il de lancer à Lucas, qui expédiait les affaires courantes.

Chaque fois que la sonnerie du téléphone retentissait dans le bureau, il décrochait lui-même. Enfin, quelques instants avant midi, ce fut son nom qu'on prononça.

— Maigret... Où es-tu ?... Où est-il ?...

— A Ivry, patron. Je fais vite, parce que j'ai peur qu'il en profite. Je ne sais pas le nom de la rue. Je n'ai pas eu le temps de voir. Un petit hôtel. La maison a trois étages et le rez-de-chaussée est peint en brun. Cela s'appelle : *A ma Bourgogne.* Juste en face, il y a une usine à gaz.

— Qu'est-ce qu'il fait ?

— Je n'en sais rien. Je crois qu'il dort. Je file, c'est plus prudent.

Maigret alla se camper devant un plan de Paris et de la banlieue.

— Tu connais une usine à gaz, à Ivry, toi, Lucas ?

— Il me semble que je vois ça, un peu plus loin que la gare.

Quelques minutes plus tard, Maigret, installé dans un taxi découvert, roulait vers les fumées d'Ivry. Il dut chercher un certain temps dans les rues qui entouraient en effet une usine à gaz et il finit par apercevoir un hôtel miteux dont le rez-de-chaussée était peint en brun sombre.

— Je vous attends ? questionna le chauffeur.

— Je pense que cela vaut mieux.

Maigret entra dans le restaurant où des ouvriers, presque tous des étrangers, mangeaient à même les tables de marbre. Une épaisse odeur de ragoût et de gros vin rouge prenait à la gorge. Une forte fille en noir et blanc se faufilait entre les tables, portant des quantités incroyables de petits plats en épaisse faïence grisâtre.

— Vous cherchez le type qui est venu téléphoner tout à l'heure ?... Il a dit que vous montiez au troisième. Vous pouvez passer par ici.

Un couloir étroit, avec des graffiti sur les murs. L'escalier était sombre, éclairé seulement par une lucarne au second étage. Dès qu'il eut dépassé cet étage, Maigret aperçut des pieds, une paire de jambes.

C'était Mimile, assis sur la dernière marche de l'escalier et tenant au bec une cigarette non allumée.

— Donnez-moi d'abord du feu, patron. Je n'ai même pas pris le temps de demander des allumettes en bas quand je suis allé téléphoner. Je n'ai pas pu fumer depuis hier soir.

Il y avait une flamme joyeuse et narquoise tout ensemble dans ses prunelles claires.

— Vous voulez que je vous fasse une petite place ?

— Où est-il ?

Dans le couloir, on apercevait quatre portes du même brun sinistre que la devanture. Elles portaient des numéros gauchement peints : 21, 22, 23, 24.

— Il est au 21. Moi, j'ai le 22. C'est rigolo ! On dirait que c'est fait exprès... Vingt-deux ! V'là les flics !

Il aspirait avidement la fumée, se levait, s'étirait.

— Si des fois vous voulez entrer dans ma tôle... Mais je vous préviens que cela ne sent pas bon et que c'est pas haut de plafond. Tant que j'étais seul, je préférais barrer le passage, vous comprenez ?

— Comment as-tu fait pour aller téléphoner ?

— Justement... Depuis le matin j'attendais une occasion. Car il y a un bout de temps que nous sommes ici. Depuis six heures du matin.

Il ouvrit la porte du 22, et Maigret aperçut un lit en fer peint en noir et couvert d'une vilaine couverture rougeâtre, une chaise à fond de paille et une cuvette sans broc sur un guéridon. Les chambres du troisième étage étaient mansardées et, dès le milieu de la pièce, on était obligé de se baisser.

— Ne restons pas ici, car il est vif comme une anguille. Déjà deux fois ce matin il a essayé de filer. Je me suis demandé un moment s'il ne serait pas capable de s'en aller par les toits, mais je me suis aperçu que c'est impossible.

L'usine à gaz, en face, avec ses cours noires de charbon. Mimile avait le teint brouillé des gens qui n'ont pas dormi et qui ne se sont pas lavés.

— C'est encore dans l'escalier qu'on est le mieux et qu'il sent le moins mauvais. Ici, ça pue la chair malade, vous ne trouvez pas ? Comme une odeur de vieux pansement.

Georges-Henry dormait ou feignait de dormir, car, collant l'oreille à la porte, on n'entendait aucun bruit dans sa chambre. Les deux hommes se tenaient dans l'escalier et Mimile expliquait en fumant cigarette sur cigarette pour se rattraper.

— D'abord, comment je vous ai téléphoné. Je ne voulais pas quitter la planque, comme on dit chez vous. Et, d'autre part, il fallait que je vous prévienne comme c'était convenu. A un moment donné, vers neuf heures, il y a une femme qui est descendue, celle du 24. J'ai pensé lui demander de vous donner un coup de fil ou de porter un message Quai des Orfèvres. Seulement, ici, ce ne serait peut-être pas prudent de parler de la police et je sais pas si je ne me serais pas fait vider.

» Vaut mieux attendre une autre occasion, Mimile, que je me suis dit. Ce n'est pas le moment d'avoir une bagarre.

» Quand j'ai vu le type du 23 qui sortait à son tour de chez lui, j'ai compris tout de suite que c'était un Polonais. Le Polonais, ça me connaît. Je baragouine assez bien leur langue.

» Je me suis mis à lui parler et il a été tout content d'entendre son sabir.

» Je lui ai raconté une histoire de poule. Qu'elle était dans la chambre. Qu'elle voulait me plaquer. Bref, il a accepté de monter la faction pendant les quelques minutes qu'il m'a fallu pour descendre téléphoner.

— Tu es sûr que le gosse est toujours là ?

Mimile lui adressa un clin d'œil malin, prit dans sa poche une paire de pinces dans lesquelles il serra le bout de la clef qui était à l'intérieur de la chambre, mais qui dépassait.

Il fit signe à Maigret d'approcher sans bruit et, avec des mouvements d'une incroyable douceur, il fit tourner la clef, entrouvrit la porte.

Le commissaire se pencha et, dans une pièce toute pareille à la voisine, dont la fenêtre était ouverte, il vit le jeune homme étendu tout habillé en travers du lit.

Il dormait, le doute n'était pas possible. Il dormait comme on dort encore à son âge, les traits détendus, la bouche entrouverte dans une moue enfantine. Il ne s'était pas déchaussé et un de ses pieds pendait du lit.

Avec les mêmes précautions, Mimile referma la porte.

— Que je vous raconte maintenant comment ça s'est passé. Une fameuse idée que vous avez eue de me faire prendre mon vélo. Une plus fameuse encore que j'ai eue, de le cacher près du passage à niveau.

» Vous vous souvenez comme il est parti au galop. Un vrai lapin. Il faisait des détours dans le parc et fonçait à travers les broussailles avec l'espoir de me semer.

» A un moment donné, nous avons franchi une haie, l'un derrière l'autre, et je suis resté sans le voir. C'est par le bruit que j'ai su qu'il s'était dirigé vers une maison. Pas tout à fait vers la maison, mais vers une sorte de hangar d'où je l'ai vu sortir une bicyclette.

— La villa de sa grand-mère, précisa Maigret. Le vélo devait être un vélo de femme, celui de sa cousine Monita.

— Un vélo de femme, oui. Il saute dessus, mais, dans les allées, il ne pouvait pas aller vite, et j'étais toujours derrière lui. Je n'osais pas encore lui parler, parce que je ne savais pas ce qui se passait de votre côté.

— Malik a voulu tirer sur toi.

— Je m'en doutais. C'est drôle, mais j'en ai eu le pressentiment. A ce point qu'à un moment donné je me suis immobilisé peut-être moins d'une seconde, comme si j'attendais le coup. Bref, on a de nouveau pataugé dans le noir, et maintenant il poussait sa machine devant lui. Il l'a fait passer par-dessus une autre haie. Nous nous trouvions dans un petit chemin qui descendait vers la Seine et, là non plus, il ne pouvait pas rouler vite. Sur le chemin de halage, cela a été différent, et j'ai perdu un bon bout de terrain, mais je l'ai rattrapé en montant vers la gare, à cause de la côte.

» Il devait être bien tranquille, parce qu'il ne pouvait pas se douter que j'avais ma bécane un peu plus loin.

» Pauvre gosse ! Il y allait dur, de toutes ses forces. Il était sûr de m'échapper, n'est-ce pas ?

» Ah ! bien oui. J'attrape ma machine au passage, j'en mets un coup et, au moment où il s'y attendait le moins, me voilà à rouler à côté de lui comme si de rien n'était.

» — Aie pas peur, petit, que je lui dis.

» Je voulais le rassurer. Il était comme fou. Il pédalait de plus en plus vite, à en avoir le souffle tout chaud.

» — Puisque je te dis de ne pas avoir peur... Tu connais le commissaire Maigret, pas vrai ? Il n'a pas envie de te faire du mal, au contraire.

» De temps en temps, il se tournait vers moi et me lançait, rageur :

» — Laissez-moi !

» Puis, avec des sanglots dans la voix :

» — Je ne dirai quand même rien.

» J'en avais pitié, je vous assure. Ce n'est pas un métier que vous m'avez fait faire. Sans compter que, dans une descente, je ne sais plus où, sur une route nationale, il fait une embardée et va s'étaler en plein sur le macadam, que j'ai littéralement entendu sa tête sonner.

» Je descends de ma machine. Je veux l'aider à se relever. Il était déjà en selle, plus fou, plus rageur que jamais.

» — Arrête, petit. Je parie que tu t'es fait mal. Tu ne risques rien à ce que nous causions un moment, pas vrai ? Je ne suis pas un ennemi, moi.

» Je me demandais depuis un moment ce qu'il fabriquait, penché sur son guidon, avec une main que je ne voyais pas. Faut vous dire que la lune s'était levée et qu'il faisait assez clair.

» Je roule plus près. Je n'étais pas à un mètre de lui quand il fait un geste. Je me baisse. Heureusement ! Ce petit voyou venait bel et bien de me lancer à la tête une clef anglaise qu'il avait prise dans sa sacoche. Elle m'est passée à moins d'un doigt du front.

» Du coup, il avait encore plus peur. Il se figurait que je lui en voulais, que j'allais me venger. Et je parlais toujours. Ce serait rigolo de pouvoir répéter tout ce que je lui ai raconté cette nuit-là.

» — Tu dois te rendre compte, n'est-ce pas, que tu n'arriveras pas à me semer ? D'ailleurs, c'est la consigne. Va où tu voudras, tu me trouveras toujours derrière toi... Rapport au commissaire. Quand il sera là, cela ne me regardera plus.

» A un carrefour, il a dû se tromper de route, car nous nous sommes éloignés de Paris et, après avoir traversé je ne sais combien de villages, tout blancs sous la lune, nous sommes tombés sur la route d'Orléans. Imaginez le chemin, depuis la route de Fontainebleau !

» Il avait fini, par force, par ralentir, mais il évitait de me parler et même de se tourner de mon côté.

» Puis le jour s'est levé et nous étions dans la banlieue de Paris. J'ai de nouveau eu chaud, parce qu'il a eu l'idée de s'élancer dans toutes les petites rues qui se présentaient pour essayer de me semer.

» Il devait être mort de fatigue... Je le voyais tout pâle, les paupières rouges. Il ne tenait plus sur sa selle que par habitude.

» — On ferait mieux d'aller se coucher, mon petit. Tu vas finir par attraper du mal.

» Et alors, quand même, il m'a parlé. Il a dû le faire machinalement, sans le savoir. Oui, je suis persuadé qu'il était tellement épuisé qu'il ne savait plus ce qu'il faisait. Vous avez déjà vu l'arrivée d'un *cross* quand, après la ligne d'arrivée, on est obligé de soutenir le type et qu'il regarde le cinéma avec des yeux hagards ?

» — Je n'ai pas d'argent, qu'il m'a dit.

» — Cela ne fait rien. J'en ai, moi. On ira où tu voudras, mais il faut que tu te reposes.

» On était dans ce quartier-ci. Je ne pensais pas qu'il m'obéirait si vite. Il a vu le mot hôtel au-dessus de la porte qui était ouverte. Il y avait justement des ouvriers qui sortaient.

» Il est descendu de vélo et il pouvait à peine marcher, tellement il était raide. Si le bistro avait été ouvert, je lui aurais offert un verre, mais je ne sais pas s'il aurait accepté.

» Il est fier, vous savez. C'est un drôle de garçon. Je ne sais pas ce qu'il a dans la tête, mais il tient à son idée et vous n'en avez pas fini avec lui.

» On a poussé les deux vélos sous l'escalier. Si on ne les a pas chipés, ils doivent encore y être.

» Il montait devant moi. Au premier, il ne savait pas comment s'y prendre parce qu'on ne voyait personne.

» — Patron !... que j'ai crié.

» Ce n'était pas un patron, mais une patronne. Plus forte qu'un homme, et pas commode.

» — Qu'est-ce que vous voulez ?

» Et elle nous regardait comme si elle pensait à des choses malpropres.

» — On veut deux chambres. Une à côté de l'autre si possible.

» Elle a fini par nous donner deux clefs, le 21 et le 22. C'est tout, patron. Maintenant, si cela ne vous dérange pas de rester ici un moment, j'irais bien boire un verre ou deux et peut-être manger quelque chose. Depuis le matin que je reniffle des odeurs de cuisine...

— Ouvre-moi la porte, dit Maigret quand Mimile remonta, fleurant le marc.

— Vous voulez l'éveiller ? protesta l'autre, qui commençait à considérer le jeune homme comme son protégé. Vous feriez mieux de le laisser roupiller tout son saoul.

Maigret lui adressa un signe rassurant et entra sans bruit dans la chambre, où, sur la pointe des pieds, il allait s'accouder à la lucarne. On chargeait les fours de l'usine à gaz et les flammes étaient toutes jaunes dans le soleil, on devinait la sueur sur le torse des hommes demi-nus, qui s'essuyaient le front de leurs bras noirs.

L'attente fut longue. Le commissaire eut tout le temps de réfléchir. De temps en temps, il se tournait vers son jeune compagnon qui commençait à quitter les régions du sommeil total et serein pour entrer dans le sommeil plus agité qui précède le réveil. Parfois son front se plissait. Sa bouche s'ouvrait davantage, comme s'il eût voulu parler. Il rêvait qu'il parlait, sans doute. Il devenait farouche. Il disait non de toutes les forces de son être.

Puis la moue s'accentuait et c'était à des larmes qu'on s'attendait. Mais il ne pleura pas. Il se retourna d'abord de tout son poids sur le sommier défoncé qui gémit. Il chassa une mouche qui s'était posée sur son nez. Ses paupières frémirent, étonnées d'être transpercées par le soleil.

Enfin il eut les yeux grands ouverts, fixés sur le plafond en pente, exprimant un étonnement naïf, puis sur la large silhouette noire du commissaire qu'il voyait à contre-jour.

Du coup, il retrouva tous ses esprits. Au lieu de s'agiter, il resta immobile, une froide volonté qui le faisait un peu ressembler à son père envahissant son visage et durcissant ses traits.

— Je ne dirai quand même rien, articula-t-il.

— Je ne vous demande pas de me dire quoi que ce soit, répliqua Maigret d'une voix à peine bourrue. Et d'ailleurs qu'est-ce que vous pourriez me dire ?

— Pourquoi m'a-t-on poursuivi ? Qu'est-ce que vous faites dans ma chambre ? Où est mon père ?

— Il est resté là-bas.

— Vous êtes sûr ?

On aurait dit qu'il n'osait pas bouger, comme si le moindre mouvement eût été susceptible d'attirer sur lui un danger inconnu. Il restait couché sur le dos, les nerfs tendus, les yeux écarquillés.

— Vous n'avez pas le droit de me poursuivre ainsi. Je suis libre. Je n'ai rien fait.

— Est-ce que vous préférez que je vous reconduise chez votre père ?

De l'effroi dans les yeux gris.

— C'est pourtant ce que la police ferait immédiatement si elle mettait la main sur vous. Vous n'êtes pas majeur. Vous n'êtes qu'un enfant.

Brusquement dressé, il fut en proie à une crise de désespoir.

— Mais je ne veux pas !... Je ne veux pas !... hurla-t-il.

Maigret entendit Mimile qui remuait sur le palier et qui devait le considérer comme une brute.

— Je veux qu'on me laisse tranquille. Je veux...

Le commissaire surprit le regard affolé que le jeune homme lançait à la lucarne et il comprit. Sans doute, s'il ne s'était pas trouvé entre lui et la fenêtre, Georges-Henry eût-il été capable de sauter dans le vide.

— Comme votre cousine ?... articula-t-il lentement.

— Qui est-ce qui vous a dit que ma cousine... ?

— Ecoutez, Georges-Henry.

— Non...

— Il faudra bien que vous m'écoutiez. Je sais dans quelle situation vous êtes.

— Ce n'est pas vrai.

— Vous voulez que je précise ?

— Je vous le défends. Vous entendez ?

— Chut !... Vous ne pouvez pas retourner chez votre père et vous n'en avez pas envie.

— Je n'y retournerai jamais.

— D'autre part, vous êtes dans des dispositions d'esprit à faire n'importe quelle bêtise.

— Cela me regarde.

— Non. Cela regarde d'autres personnes aussi.

— Il n'y a personne qui s'intéresse à moi.

— Toujours est-il que, pendant quelques jours, vous avez besoin d'être surveillé.

Le jeune homme ricana douloureusement.

— Et c'est ce que j'ai décidé de faire, acheva Maigret en allumant paisiblement sa pipe. Bon gré, mal gré... Ce sera comme vous l'entendrez.

— Où voulez-vous me conduire ?

Et déjà, c'était clair, il pensait à l'évasion possible.

— Je n'en sais rien encore. J'avoue que la question est délicate, mais, de toute façon, vous ne pouvez pas non plus rester dans ce taudis.

— Cela vaut bien une cave.

Allons ! Il y avait un léger mieux puisqu'il devenait capable d'ironiser sur son propre sort.

— Pour commencer, nous allons déjeuner gentiment ensemble. Vous avez faim. Mais si...

— Je ne mangerai quand même pas.

Ce qu'il pouvait être jeune, bon Dieu !

— Mais moi, je mangerai. J'ai une faim de loup, affirma Maigret. Vous serez sage. L'ami que vous connaissez et qui vous a suivi jusqu'ici est plus leste que moi et aura l'œil sur vous. N'est-ce pas, Georges-Henry ? Un bain aurait bien fait l'affaire, mais je ne vois pas la possibilité d'en prendre un ici. Lavez-vous le visage.

Il obéit d'un air boudeur. Maigret ouvrit la porte.

— Entre, Mimile. Je suppose que le taxi est toujours en bas ? Nous allons déjeuner tous les trois quelque part, dans un restaurant tranquille. Ou plutôt tous les deux, puisque tu as déjà mangé.

— Je recommencerai, n'ayez pas peur.

Il faut croire que Georges-Henry reprenait pied dans la vie, puisque, une fois en bas, ce fut lui qui objecta :

— Mais les vélos ?

— On viendra les rechercher ou on les enverra prendre.

Et, au chauffeur :

— Brasserie Dauphine.

Il était près de trois heures de l'après-midi quand ils se mirent à table dans l'ombre fraîche de la brasserie et qu'on posa devant eux d'imposantes piles de raviers.

7

Le poussin de Mme Maigret

— Allô !... C'est toi, madame Maigret ? Comment ? Où je suis ?

Ce mot-là lui rappela le temps de la P.J. quand il restait des quatre et cinq jours sans rentrer chez lui, sans parfois pouvoir donner de ses nouvelles et quand il téléphonait enfin des endroits les plus inattendus.

— A Paris, tout simplement. Et j'ai besoin de toi. Je te donne une demi-heure pour t'habiller. Je sais... C'est impossible... Peu importe... Dans une demi-heure, tu prendras l'auto de Joseph... Ou plutôt c'est Joseph qui viendra te prendre. Comment ? Si elle n'est pas libre ?... Ne crains rien, je lui ai déjà téléphoné. Il te conduira aux Aubrais et à six heures tu débarqueras à la gare d'Orsay. Dix minutes plus tard, enfin, un taxi te déposera place des Vosges.

C'était leur ancien domicile parisien qu'ils avaient conservé. Sans attendre l'arrivée de sa femme, Maigret y conduisit Georges-Henry et Mimile. Il y avait des papiers gris devant les vitres, des housses et encore des journaux sur tous les meubles, de la poudre insecticide sur les tapis.

— Un petit coup de main, les enfants...

On ne peut pas dire que Georges-Henry se fût humanisé au cours du repas. Mais, s'il n'avait pas desserré les dents pour parler, s'il avait continué à lancer à Maigret des regards farouches, du moins avait-il mangé avec un bel appétit.

— Je me considère toujours comme un prisonnier, articula-t-il, une fois dans l'appartement, et je vous préviens que je m'échapperai dès que j'en aurai l'occasion. Vous n'avez pas le droit de me retenir ici.

— C'est cela ! En attendant, un petit coup de main, s'il vous plaît !

Et Georges-Henry se mit au travail comme les autres, pliant les papiers, retirant les housses, maniant enfin l'aspirateur électrique. Ils avaient terminé et le commissaire versait de l'armagnac dans trois petits verres du beau service qu'on n'avait pas emporté à la campagne par crainte de le casser, quand Mme Maigret arriva.

— C'est pour moi que tu prépares un bain ? s'étonna-t-elle en entendant couler l'eau dans la baignoire.

— Non, ma chérie. C'est pour ce jeune homme, un charmant garçon qui va rester ici avec toi. On l'appelle Georges-Henry. Il a promis de s'enfuir à la première occasion, mais je compte sur Mimile, que je te présente, et sur toi pour l'empêcher de partir. Vous croyez que vous avez digéré, Georges-Henry ? Alors, passez dans la salle de bains.

— Tu t'en vas ?... Tu rentreras pour dîner ?... Tu ne sais pas, comme toujours ! Et il n'y a rien à manger ici.

— Tu as tout le temps de faire ton marché pendant que Mimile gardera le petit.

Il lui dit quelques mots à voix basse et elle regarda avec une soudaine douceur la porte de la salle de bains.

— Bon ! J'essayerai. Quel âge a-t-il ? Dix-sept ans ?

Une demi-heure plus tard, Maigret se retrouvait dans l'atmosphère familiale de la P.J. et s'informa de Torrence.

— Il est rentré, patron. Il doit être dans son bureau, à moins qu'il soit descendu boire un demi. J'ai déposé un message pour vous sur votre ancien bureau.

Il s'agissait d'un coup de téléphone reçu vers trois heures :

Voulez-vous dire au commissaire Maigret que, lundi de la semaine dernière, Bernadette Amorelle a fait venir son notaire pour rédiger son testament ? C'est Me Ballu, qui doit habiter Paris.

La standardiste ne savait pas exactement d'où le coup de téléphone était parti. Elle avait seulement entendu sur la ligne une employée qui disait :

« Allô ! Corbeil ! Je vous donne Paris. »

Cela venait donc vraisemblablement d'Orsenne ou des environs.

— C'était une voix de femme. Je me trompe peut-être, mais j'ai l'impression qu'il s'agissait de quelqu'un qui n'a pas l'habitude de téléphoner.

— Vous demanderez au bureau de Corbeil l'origine du coup de téléphone.

Il entra chez Torrence, qui était occupé à rédiger un rapport.

— Je me suis renseigné comme vous me l'avez demandé, patron. Je me suis adressé à une douzaine de cercles, mais je n'ai trouvé trace d'Ernest Malik que dans deux d'entre eux, le *Haussmann* et le *Sporting.* Malik y va encore de temps en temps, mais beaucoup moins régulièrement qu'autrefois. Il paraît que c'est un joueur de poker de première force. Il ne s'approche jamais de la table de baccara. Poker et écarté. Il perd rarement ! Au *Sporting,* j'ai eu la chance de tomber sur un vieil inspecteur des jeux qui l'a connu il y a une trentaine d'années.

» Alors qu'il était encore étudiant, Malik était un des plus forts joueurs de poker du Quartier Latin. Le vieil inspecteur, qui était garçon de café à *La Source* à cette époque, prétend que c'est aux cartes qu'il gagnait sa matérielle.

» Il se fixait un chiffre qu'il ne dépassait pas. Dès qu'il avait gagné une somme déterminée, il avait le sang-froid de se retirer, ce qui le faisait assez mal voir de ses partenaires.

— Tu connais un notaire Ballu, toi ?

— J'ai déjà entendu ce nom-là. Attendez !

Il feuilleta un annuaire.

— Batin... Babert... Bailly... Ballu... 75, quai Voltaire. C'est en face !

Chose curieuse, cette histoire de notaire chiffonnait l'ex-commissaire. Il n'aimait pas qu'on vînt ainsi le troubler en le jetant soudain sur une nouvelle piste, et il fut sur le point de ne pas s'en préoccuper.

Au standard, on lui annonça que l'appel venait de la cabine de Seine-Port, à cinq kilomètres d'Orsenne. La receveuse de Seine-Port, interrogée au bout du fil, répondit qu'il s'agissait d'une femme de vingt-cinq à trente ans, qu'elle n'en connaissait pas davantage.

— Je ne l'ai pas beaucoup regardée, parce que c'était l'heure des sacs postaux. Comment ? Plutôt quelqu'un du peuple... Oui ! Peut-être une domestique.

Malik n'aurait-il pas été capable de faire téléphoner par une de ses domestiques ?

Maigret se fit annoncer chez Me Ballu, dont l'étude était fermée, mais qui voulut bien le recevoir. Il était très vieux, presque aussi vieux que Bernadette Amorelle elle-même. Ses lèvres étaient toutes jaunies par la nicotine, il parlait d'une petite voix cassée, puis tendait un cornet acoustique en écaille vers son interlocuteur.

— Amorelle ! Oui, j'entends bien. C'est une vieille amie, en effet ! Cela date... Attendez... C'était avant l'exposition de 1900 que son mari est venu me voir pour une affaire de terrains. Un curieux homme ! Je me souviens de lui avoir demandé s'il était parent avec les Amorelle de Genève, une vieille famille protestante qui...

Il voulut bien déclarer qu'il était, en effet, allé à Orsenne le lundi de la semaine précédente. Mais oui, Bernadette Amorelle avait rédigé avec lui un nouveau testament. Sur ce testament lui-même, il ne pouvait rien dire, évidemment. Il était là, dans son coffre d'un ancien modèle.

S'il y avait eu d'autres testaments avant celui-là ? Peut-être dix, peut-être davantage ? Oui, sa vieille amie avait la manie des testaments, une manie bien innocente, n'est-ce pas ?

Etait-il question de Monita Malik dans ce nouveau document ? Le notaire regrettait. Il ne pouvait rien dire à ce sujet. Secret professionnel !

— Elle a bon pied, bon œil, allez ! Je suis sûr que ce n'est pas encore son dernier testament et que j'aurai encore le plaisir d'aller la voir.

Ainsi, Monita était morte vingt-quatre heures après cette visite du notaire à Orsenne. Est-ce qu'il y avait un rapport entre les deux événements ?

Pourquoi diable s'était-on donné la peine de jeter, en quelque sorte, cette nouvelle histoire dans les jambes de Maigret ?

Il longeait les quais. Il allait rentrer chez lui, dîner en compagnie de sa femme, de Georges-Henry et de Mimile. Du pont de la Cité, il vit un remorqueur qui remontait la Seine avec ses cinq ou six péniches. Un remorqueur Amorelle et Campois. Au même moment passait un gros taxi jaune du dernier modèle, presque neuf, et ces détails sans importance eurent sans doute une influence sur sa décision.

Il ne réfléchit pas. Il leva le bras. Le taxi s'arrêta au bord du trottoir.

— Vous avez de l'essence pour une longue course ?

Peut-être que, si le réservoir de l'auto n'avait pas été plein...

— Route de Fontainebleau. Après Corbeil, je vous conduirai.

Il n'avait pas dîné, mais il avait déjeuné assez tard. Il se fit arrêter devant un bureau de tabac pour acheter un paquet de gris et des allumettes.

La soirée était douce, le taxi découvert. Il s'était assis à côté du chauffeur, peut-être avec l'idée d'engager la conversation. Mais il desserra à peine les dents.

— A gauche, maintenant.

— Vous allez à Orsenne ?

— Vous connaissez ?

— Il m'est arrivé, il y a des années, de conduire des clients à *L'Ange*.

— Nous allons plus loin. Continuez le chemin de halage. Ce n'est pas cette villa-ci, ni la suivante. Continuez toujours.

Il fallait prendre un petit chemin à droite pour atteindre la maison de Campois, une maison qu'on ne voyait pas du dehors, car elle était complètement entourée de murs et, au lieu d'une grille, il y avait une porte pleine peinte en vert pâle.

— Attendez-moi !

— J'ai le temps ! Je venais de dîner quand vous m'avez fait signe.

Il tira la sonnette et on entendit dans le jardin un agréable carillon qui faisait penser à la cloche d'un presbytère. Deux vieilles bornes flanquaient le portail et une petite porte était aménagée dans un des portants.

— On n'a pas l'air de répondre, remarqua le chauffeur.

Il n'était pas tard, un peu plus de huit heures du soir. Maigret sonna à nouveau et, cette fois, on entendit sur le gravier des pas qui se rapprochaient ; une vieille servante en tablier bleu tourna une lourde clef dans la serrure, entrouvrit à peine la petite porte et jeta à Maigret un regard soupçonneux.

— Qu'est-ce que vous voulez ?

Il entrevoyait un jardin touffu, plein de fleurs sans prétention, de recoins inattendus et de mauvaises herbes, qui le fit penser à un jardin de curé.

— Je voudrais parler à M. Campois.

— Il est parti.

Déjà elle allait refermer la porte, mais il avait avancé le pied pour l'en empêcher.

— Pouvez-vous me dire où il est possible de le trouver ?

Est-ce qu'elle savait qui il était pour l'avoir vu rôder à Orsenne ?

— Vous ne le trouverez sûrement pas. M. Campois est en voyage.

— Pour longtemps ?

— Pour six semaines, au moins.

— Excusez-moi d'insister, mais il s'agit d'une affaire très importante. Puis-je au moins lui écrire ?

— Vous pouvez lui écrire si ça vous fait plaisir, mais je doute qu'il reçoive vos lettres avant son retour. Monsieur va faire une croisière en Norvège à bord du *Stella-Polaris*.

Juste à ce moment, Maigret entendit, dans le jardin, derrière la maison, le bruit d'un moteur qu'on essayait de mettre en marche et qui toussotait.

— Vous êtes sûre qu'il est déjà parti ?

— Puisque je vous dis...

— Et son petit-fils ?

— Il emmène M. Jean avec lui.

Maigret poussa la porte non sans peine, car la cuisinière la poussait vigoureusement.

— Qu'est-ce qui vous prend ? En voilà des manières !

— Il me prend que M. Campois n'est pas encore parti.

— Cela le regarde. Il ne veut voir personne.

— Il me recevra cependant.

— Voulez-vous bien sortir, espèce de grossier !

Débarrassé d'elle, qui refermait prudemment la porte derrière lui, il traversait le jardin, découvrait une maison rose toute simple, avec des rosiers qui montaient à l'assaut des fenêtres à volets verts.

Comme il levait la tête, son regard rencontra une fenêtre ouverte et, à cette fenêtre, un homme qui le regardait avec une sorte d'effroi.

C'était M. Campois, l'associé de feu Amorelle.

Il y avait des malles dans le large vestibule tout imprégné de fraîcheur et d'une bonne odeur de fruits mûrissants dans laquelle la vieille servante le rejoignit.

— Du moment que Monsieur vous a dit d'entrer... bougonnait-elle.

Et elle ouvrit à regret la porte d'un salon qui ressemblait à un parloir, avec, dans un coin, près d'une fenêtre aux volets mi-clos, un de ces vieux bureaux noirs qui rappelaient les maisons de commerce de jadis, les classeurs verts, les employés juchés sur de hautes chaises, un rond de cuir sous les fesses et une visière sur le front.

— Vous n'avez qu'à attendre ! Tant pis s'il rate son bateau.

Les murs étaient couverts de papier peint terni et, sur ce papier peint, des photographies se détachaient dans leurs cadres noirs ou dorés. Il y avait l'inévitable photo de mariage, un Campois déjà replet, les cheveux en brosse, avec, penchée sur son épaule, une tête de femme aux lèvres épaisses et au doux regard de mouton.

Tout de suite à droite, un jeune homme d'une vingtaine d'années, le visage plus allongé que celui de ses parents, les yeux doux, lui aussi, dans une pose pleine de timidité. Et, sous ce cadre, un nœud de crêpe.

Maigret s'approchait d'un piano encombré de photographies quand la porte s'ouvrit. Campois se tenait debout dans l'encadrement et il parut à Maigret plus petit et plus vieux que quand il l'avait aperçu une première fois.

C'était déjà un très vieil homme, malgré sa carrure et sa robustesse de paysan.

— Je sais qui vous êtes, dit-il sans préambule. Je n'ai pas pu refuser de vous recevoir, mais je n'ai rien à vous dire. Je pars dans quelques minutes pour un long voyage.

— Où embarquez-vous, monsieur Campois ?

— Au Havre, qui est le point de départ de la croisière.

— Vous devez sans doute prendre le train de dix heures vingt-deux à Paris ? Vous y serez.

— Je vous demande pardon, mais mes bagages ne sont pas terminés. En outre, je n'ai pas dîné. Je vous répète que je n'ai absolument rien à vous dire.

De quoi avait-il peur ? Car il avait peur, c'était visible. Il était vêtu de noir, avec une cravate noire montée sur un appareil, et le blanc de son teint tranchait vigoureusement dans le clair-obscur de la pièce. Il avait laissé la porte ouverte, comme pour signifier que cet entretien devait être bref, et il n'invitait pas son visiteur à s'asseoir.

— Vous avez fait beaucoup de croisières dans ce genre ?

— C'est...

Est-ce qu'il allait mentir ? Il en eut certainement le désir. On avait l'impression qu'il lui manquait quelqu'un auprès de lui pour lui souffler ce qu'il devait dire. Sa vieille honnêteté reprenait le dessus. Il ne savait pas mentir. Il avouait :

— C'est la première fois.

— Et vous avez soixante-quinze ans ?

— Soixante-dix-sept !

Allons ! Il valait mieux jouer le tout pour le tout. Le pauvre homme n'était pas de taille à se défendre longtemps et son regard peureux montrait qu'il était vaincu d'avance, et, peut-être, il était résigné déjà à cette défaite.

— Je suis sûr, monsieur Campois, qu'il y a trois jours encore vous ignoriez tout de ce voyage. Ja parierais même qu'il vous fait un peu peur ! Les fjords de Norvège, à votre âge !...

Il balbutia, comme une leçon apprise :

— J'ai toujours désiré visiter la Norvège.

— Mais vous ne pensiez pas le faire ce mois-ci ! Quelqu'un y a pensé pour vous, n'est-ce pas ?

— Je ne sais pas ce que vous voulez dire. Mon petit-fils et moi...

— Votre petit-fils a dû être aussi étonné que vous. Peu importe, pour l'instant, qui a organisé pour vous cette croisière. Au fait, savez-vous où les billets ont été pris ?

Il n'en savait rien, son regard ahuri le proclamait. On lui avait dicté un rôle. Il le jouait en toute conscience. Mais il y avait des incidents qu'on n'avait pas prévus, entre autres cette intrusion inopinée de Maigret, et le pauvre homme ne savait plus à quel saint se vouer.

— Ecoutez, monsieur le commissaire, je vous répète que je n'ai rien à vous dire. Je suis chez moi. Je pars tout à l'heure en voyage. Admettez que j'ai le droit de vous demander de me laisser tranquille.

— Je suis venu pour vous parler de votre fils.

Il l'avait prévu, le vieux Campois se troubla, devint tout pâle, jeta au portrait un regard de détresse.

— Je n'ai rien à vous dire, répéta-t-il, se raccrochant à cette phrase qui ne signifiait plus rien.

Maigret tendit l'oreille, car il avait perçu un léger bruit dans le corridor. Campois devait l'avoir entendu aussi, et il se dirigea vers la porte et dit :

— Laissez-nous, Eugénie. On peut charger les bagages dans l'auto. Je viens tout de suite.

Cette fois, il referma la porte et alla s'asseoir machinalement à sa place, devant son bureau qui avait dû le suivre pendant sa longue carrière. Maigret s'assit en face de lui sans y être invité.

— J'ai beaucoup réfléchi, monsieur Campois, à la mort de votre fils.

— Pourquoi venez-vous me parler de cela ?

— Vous le savez bien. La semaine dernière, une jeune fille que vous connaissez est morte dans les mêmes conditions. Tout à l'heure, j'ai quitté un jeune homme qui a bien failli avoir la même fin. Par votre faute, n'est-ce pas ?

Il protesta dans un élan :

— Par ma faute ?

— Oui, monsieur Campois ! Et cela aussi, vous le savez. Vous ne voulez peut-être pas l'admettre, mais, au fond de vous-même...

— Vous n'avez pas le droit de venir chez moi me dire des choses aussi monstrueuses. Toute ma vie, j'ai été un honnête homme.

Mais il ne lui laissa pas le temps de se perdre dans des protestations.

— Où Ernest Malik a-t-il fait la connaissance de votre fils ?

Le vieillard se passa la main sur le front.

— Je ne sais pas.

— Vous habitiez déjà Orsenne ?

— Non ! A cette époque, j'habitais Paris, dans l'île Saint-Louis. Nous avions un grand appartement au-dessus des bureaux qui n'étaient pas encore aussi importants que maintenant.

— Votre fils travaillait dans ces bureaux ?

— Oui. Il venait de passer sa licence en droit.

— Les Amorelle avaient déjà leur villa d'Orsenne ?

— Ils sont arrivés ici les premiers, oui. Bernadette était une femme très remuante. Elle aimait recevoir. Il y avait toujours de la jeunesse autour d'elle. Le dimanche, elle invitait de nombreux amis à la campagne. Mon fils y venait aussi.

— Il était amoureux de l'aînée des demoiselles Amorelle ?

— Ils étaient fiancés.

— Et Mlle Laurence l'aimait ?

— Je ne sais pas. Je le suppose. Pourquoi me demandez-vous cela ? Après tant d'années...

Il aurait bien voulu échapper à cette sorte d'envoûtement sous lequel le commissaire le tenait. La pénombre envahissait de plus en plus la pièce où les portraits les regardaient de leurs yeux morts. Machinalement, le vieillard avait saisi une pipe d'écume à long tuyau de merisier, qu'il ne pensait pas à bourrer de tabac.

— Quel âge avait Mlle Laurence à cette époque ?

— Je ne sais plus. Il faudrait compter. Attendez...

Il balbutia des dates, du bout des lèvres, comme on récite un chapelet. Son front se plissait. Peut-être espérait-il encore qu'on viendrait le délivrer ?

— Elle devait avoir dix-sept ans.

— Sa sœur cadette, Mlle Aimée, en avait donc quinze à peine ?

— Cela doit être cela, oui. J'ai oublié.

— Et votre fils a fait la connaissance d'Ernest Malik, qui, si je ne me trompe, était alors secrétaire particulier d'un conseiller municipal. C'est par ce conseiller qu'il avait connu lui-même les Amorelle. C'était un jeune homme brillant.

— Peut-être...

— Il est devenu l'ami de votre fils et, sous son influence, votre fils a changé de caractère ?

— C'était un garçon très bon, très doux, protesta le père.

— Qui s'est mis à jouer et à faire des dettes...

— Je ne savais pas.

— Des dettes de plus en plus importantes, de plus en plus criardes. Si bien qu'un jour il en a été réduit aux expédients.

— Il aurait mieux fait de tout m'avouer.

— Vous êtes sûr que vous auriez compris ?

Le vieux baissa la tête, admit :

— A ce moment-là, peut-être que...

— Peut-être que vous n'auriez pas compris, que vous l'auriez jeté dehors. S'il vous avait dit, par exemple, qu'il avait pris de l'argent dans la caisse de votre associé, ou qu'il avait falsifié des écritures, ou...

— Taisez-vous !

— Il a préféré disparaître. Peut-être parce qu'on lui a conseillé de disparaître ? Peut-être que...

Campois passa ses deux mains sur son visage crispé.

— Mais pourquoi venez-vous me dire tout cela aujourd'hui ? Qu'est-ce que vous espérez ? Quel but poursuivez-vous ?

— Avouez, monsieur Campois, qu'à cette époque-là vous avez pensé ce que je pense aujourd'hui.

— Je ne sais pas ce que vous pensez... Je ne veux pas le savoir !

— Si même, au moment de la mort de votre fils, vous n'avez pas eu tout de suite des soupçons, vous avez dû réfléchir quand vous avez vu Malik épouser, quelques mois plus tard, Mlle Amorelle. Vous comprenez, n'est-ce pas ?

— Je ne pouvais rien faire.

— Et vous avez assisté au mariage !

— Il le fallait. J'étais l'ami d'Amorelle, son associé. Il s'était entiché d'Ernest Malik et il ne voyait plus que par lui.

— De sorte que vous vous êtes tu.

— J'avais une fille qui n'était pas encore mariée et qu'il fallait marier.

Maigret se leva, lourd, menaçant, laissa tomber sur le vieillard abattu un regard plein de colère concentrée.

— Et, pendant des années et des années, vous avez...

La voix, qui s'était enflée, mollissait à nouveau, tandis qu'il regardait ce visage de vieil homme dont les yeux se remplissaient de liquide.

— Mais enfin, reprit-il avec une sorte d'angoisse, vous avez toujours su ce qu'était ce Malik qui a tué votre fils.

» Et vous n'avez rien dit !

» Et vous avez continué à lui serrer la main !

» Et vous avez acheté cette maison près de la sienne !

» Et, aujourd'hui encore, vous êtes prêt à lui obéir !

— Qu'est-ce que je pouvais faire d'autre ?

— Parce qu'il vous a acculé presque à la pauvreté. Parce que, par Dieu sait quelles combinaisons savantes, il est parvenu à vous délester de la plupart de vos actions. Parce que vous n'êtes plus rien, qu'un nom, dans la maison Amorelle et Campois. Parce que...

Et son poing s'abattit sur le bureau.

— Mais, sacrebleu ! vous ne vous rendez pas compte que vous êtes un lâche, que c'est à cause de vous que Monita est morte comme votre fils et qu'un gamin, Georges-Henry, a failli suivre leur exemple ?

— J'ai ma fille, mon petit-fils. Je suis vieux !

— Vous n'étiez pas vieux quand votre fils s'est tué. Mais vous teniez déjà à vos sous que vous n'avez même pas été capable de défendre contre un Malik.

Il faisait presque sombre, maintenant, dans la longue pièce où aucun des deux hommes ne songeait à allumer les lampes.

D'une voix sourde, le vieillard questionnait, et on le sentait en proie à la peur :

— Qu'est-ce que vous allez faire ?

— Et vous ?

Les épaules de Campois se tassèrent.

— Vous comptez toujours partir pour cette croisière dont vous n'avez pas envie ? Vous n'avez pas compris, non, qu'on vous éloignait dare-dare comme on éloigne les faibles dans les moments dramatiques ? Quand cette croisière a-t-elle été décidée ?

— Malik est venu me voir hier matin. Je ne voulais pas, mais j'ai dû finir par céder.

— Quel prétexte a-t-il choisi ?

— Que vous cherchiez à nous créer des ennuis au sujet de nos affaires de société. Qu'il valait mieux que je ne sois pas là.

— Vous l'avez cru ?

Le vieillard ne répondit pas, reprit un peu plus tard d'une voix lasse :

— Il est déjà venu trois fois aujourd'hui. Il a tout bousculé dans la maison pour hâter mon départ. Une demi-heure avant votre arrivée, il m'a encore téléphoné pour me rappeler qu'il était l'heure.

— Vous tenez toujours à vous en aller ?

— Je crois que c'est préférable, étant donné ce qui va peut-être se passer. Mais je pourrais rester au Havre. Cela dépendra de mon petit-fils. Il voyait volontiers Monita. Je crois qu'il caressait des espoirs de ce côté. Il a été très ému par sa mort.

Le vieux se leva soudain et se précipita vers l'appareil mural de téléphone, d'un ancien modèle. La sonnerie avait retenti, brutale, le rappelant à l'ordre.

— Allô ! Oui... Les bagages sont chargés. Je pars dans cinq minutes... Oui... Oui... Non... Non... Ce n'était pas pour moi... Sans doute...

Il raccrocha et lança à Maigret un regard un peu honteux.

— C'est lui ! Il vaut mieux que je parte.

— Qu'est-ce qu'il vous a demandé ?

— Si personne n'était venu me voir. Il a vu passer un taxi. Je lui ai dit...

— J'ai entendu...

— Je peux partir ?

A quoi bon le retenir ? Il avait travaillé ferme, jadis. Il s'était élevé à la force des poignets. Il avait acquis une situation enviable.

Et, par peur de perdre son argent, par peur de la misère qu'il avait connue pendant son enfance, il avait serré les fesses. Il continuait à les serrer, arrivé à la fin de sa vie.

— Eugénie ! Les bagages sont dans l'auto ?

— Mais vous n'avez pas dîné !

— Je mangerai en route. Où est Jean ?

— Près de la voiture.

— Au revoir, monsieur le commissaire. Ne dites pas que vous m'avez vu. En continuant le petit chemin et en tournant à gauche quand vous verrez une croix de pierre, vous retrouverez la grand-route à trois kilomètres d'ici. Il y a un tunnel sous la voie de chemin de fer.

Maigret traversa lentement le jardin baigné de calme, où la cuisinière le suivait à pas de gendarme. Le chauffeur de taxi s'était assis dans l'herbe sur le bord du chemin et jouait avec des fleurs des champs. Avant de remonter dans la voiture, il en mit une derrière son oreille, comme les mauvais garçons mettent une cigarette.

— On fait demi-tour ?

— Tout droit, grogna Maigret en allumant sa pipe. Puis à gauche quand vous verrez une croix.

Bientôt, ils entendaient dans la nuit le moteur d'une autre auto qui s'en allait en sens inverse, celle du vieux Campois qui allait se mettre à l'abri.

8

Le cadavre dans l'armoire

Pour entretenir sa mauvaise humeur, il fit arrêter le taxi devant un bistro, mal éclairé, dans Corbeil, et il commanda deux verres de marc, un pour le chauffeur, l'autre pour lui.

L'âpre goût de l'alcool lui serra le fond de la gorge, et il pensa que cette enquête s'était faite « sous le signe » du marc. Pourquoi ? Pur hasard. C'était sans doute la boisson qu'il aimait le moins. D'ailleurs, il y avait eu aussi l'écœurant kummel de la vieille Jeanne, et ce souvenir-là, ce tête-à-tête avec la vieille, alcoolique et bouffie, lui donnait encore le haut-le-cœur.

Pourtant elle avait été belle. Elle avait aimé Malik, qui s'était servi d'elle comme il se servait de tout ce qui l'approchait. Et c'était maintenant un curieux mélange d'amour et de haine, de rancune et de dévouement animal qu'elle cultivait pour cet homme qui n'avait qu'à paraître et lui donner des ordres.

Il y a des gens comme ça dans le monde. Il y en a d'autres, comme ces deux clients du petit bar, les deux seuls clients à cette heure tardive, un gros, qui était charcutier, et un maigre, malin, pontifiant, tout fier d'être employé dans un bureau, peut-être à la mairie, tous deux qui, à dix heures du soir, jouaient aux dames près d'un gros tuyau de poêle auquel, de temps en temps, le charcutier s'appuyait.

Le charcutier était sûr de lui, parce qu'il avait de l'argent et que cela lui était égal de perdre la tournée. La maigre trouvait que le monde est mal fait parce qu'un intellectuel qui a fait des études devrait avoir la vie plus facile qu'un tueur de cochons.

— Encore un marc... deux marcs, pardon !

Campois roulait en direction de la gare Saint-Lazare, en compagnie 'de son petit-fils. Il devait être tout barbouillé, lui aussi. Sans doute les dures paroles de Maigret lui repassaient-elles dans la mémoire, et le reste, d'anciens souvenirs.

Il s'en allait au Havre. Pour un peu, il serait parti vers les fjords de Norvège, sans en avoir envie, comme un colis, parce que Malik... et c'était déjà un très vieil homme. C'est pénible de dire à d'aussi vieilles gens les vérités que Maigret avait dites.

On roulait à nouveau. Le commissaire, dans son coin, restait sombre et renfrogné.

Bernadette Amorelle était encore une plus vieille femme. Et ce qu'il ne savait pas, ce qu'il ne pouvait pas savoir, parce qu'il n'était pas Dieu le Père, c'est qu'elle avait vu le vieux Campois passer dans son auto surchargée de malles.

Elle avait compris elle aussi. Peut-être était-elle plus fine que Maigret ? Il y a des femmes, des vieilles surtout, qui possèdent un véritable don de seconde vue.

Si Maigret avait été là, sur le ballast, par exemple, comme les deux soirs précédents, il aurait vu ses trois fenêtres ouvertes, avec de la lumière et, dans cet éclairage un peu rose, la vieille dame qui appelait sa femme de chambre.

— Il a fait partir le vieux Campois, Mathilde.

Il n'aurait pas entendu, mais il aurait vu les deux femmes s'entretenir longuement, aussi pointues l'une que l'autre, puis il aurait vu Mathilde disparaître, Mme Amorelle aller et venir dans sa chambre, sa fille enfin, Aimée, la femme de Charles Malik, entrer avec un air de coupable.

C'était le drame qui se déclenchait. Il avait couvé pendant plus de vingt ans. Depuis quelques jours, depuis que Monita était morte, il était prêt à éclater d'une minute à l'autre.

— Arrêtez-moi ici !

Au beau milieu du pont d'Austerlitz. Il n'avait pas envie de rentrer chez lui tout de suite. La Seine était noire. Il y avait de petites lumières sur les péniches endormies, des ombres qui rôdaient sur les quais.

Maigret fumait, marchait lentement, les mains dans les poches, dans les rues désertes où les réverbères formaient comme des guirlandes.

Place de la Bastille, au coin de la rue de la Roquette, on voyait des lumières plus aiguës, éclatantes, de cet éclat blafard qui est le luxe des quartiers pauvres — comme certaines baraques foraines, celles où l'on joue pour gagner des paquets de sucre ou des bouteilles de mousseux —, les lumières qu'il faut, probablement, pour faire sortir les gens de leurs petites rues sombres et étouffantes.

Il marcha, lui aussi, vers ces lumières-là, vers le café trop vaste et trop vide où sévissait un accordéon et où quelques hommes, quelques femmes attendaient Dieu sait quoi en buvant.

Il les connaissait. Il avait passé tant d'années à s'occuper des petites affaires des hommes qu'il les connaissait tous — même les gens comme Malik, qui se croient plus forts ou plus malins.

Avec ceux-ci, il y a un mauvais moment à passer, celui où, malgré soi, on se laisse impressionner par leur belle maison, par leur auto, par leurs domestiques et par leurs manières.

Il faut arriver à les voir comme les autres, à les voir tout nus...

Maintenant, c'était Ernest Malik qui avait peur, aussi peur qu'un petit maquereau de la rue de la Roquette qu'on fait grimper, à deux heures du matin, au cours d'une rafle, dans le panier à salade.

Maigret ne voyait pas les deux femmes, dans la chambre de Bernadette, jouer une scène pathétique. Il ne voyait pas Aimée, la femme de Charles, tomber à genoux au milieu du tapis, se traîner à genoux aux pieds de sa mère.

Cela n'avait plus d'importance. Chaque famille, comme disent les Anglais, a son « cadavre dans l'armoire ».

Deux belles maisons, là-bas, au bord de la rivière, à un coude qui rendait celle-ci plus large et plus aimable, deux belles maisons harmonieuses dans la verdure entre des collines molles, de ces maisons qu'on regarde en soupirant, par les portières des trains.

On devrait y être tellement heureux !

Et de longues vies, comme celle d'un Campois qui avait beaucoup travaillé, qui était maintenant tout usé et qu'on envoyait sur une voie de garage.

Une Bernadette Amorelle qui avait dépensé tant de trépidante énergie.

Il marchait, furieux. La place des Vosges était déserte. Il y avait de la lumière à ses fenêtres. Il sonna, grogna son nom en passant devant la loge de la concierge. Sa femme, qui reconnut son pas, vint lui ouvrir.

— Chut ! il dort. Il vient seulement de s'endormir.

Et après ? Est-ce qu'il n'allait pas le réveiller, le prendre aux épaules, le secouer ?

— Allons, petit d'homme, ce n'est plus le moment de faire des manières.

Qu'on en finisse une bonne fois avec ce cadavre dans l'armoire, avec cette affaire écœurante où, d'un bout à l'autre, il n'était salement question que d'argent.

Car voilà tout ce qu'il y avait derrière ces belles maisons aux parcs si bien entretenus : de l'argent !

— Tu as l'air d'être de mauvaise humeur. Tu as dîné ?

— Oui... Non.

Au fait, il n'avait pas dîné et il mangea tandis que Mimile prenait le frais à la fenêtre en fumant des cigarettes. Quand il se dirigea vers la chambre d'ami où dormait Georges-Henry, Mme Maigret protesta :

— Tu ne devrais pas le réveiller.

Il haussa les épaules. Quelques heures de plus ou de moins... Qu'il dorme ! Sans compter que lui aussi avait sommeil.

Il ne savait pas quel drame se jouait cette nuit-là.

Il ne pouvait pas deviner que Bernadette Amorelle, toute seule, sortait de chez elle dans la nuit et que sa fille cadette, Aimée, les yeux fous, essayait en vain de téléphoner, cependant que Charles, derrière elle, répétait :

— Mais qu'est-ce que tu as ? Qu'est-ce que ta mère t'a dit ?

Maigret ne s'éveilla qu'à huit heures du matin.

— Il dort toujours, lui annonça sa femme.

Il se rasa, s'habilla, déjeuna sur un coin de table et bourra sa première pipe. Quand il entra dans la chambre du jeune homme, celui-ci commençait à s'agiter.

— Lève-toi, lui dit-il de cette voix calme, un peu lasse, qu'il avait quand il était décidé à en finir.

Il mit quelques instants à comprendre pourquoi le gamin n'osait pas se lever. C'est qu'il était tout nu dans les draps et qu'il n'osait pas se montrer.

— Reste couché si tu veux. Tu t'habilleras tout à l'heure. Comment as-tu appris ce que ton père a fait ? C'est Monita qui te l'a dit, n'est-ce pas ?

Georges-Henry le fixait avec une véritable épouvante.

— Tu peux parler, maintenant que je sais...

— Qu'est-ce que vous savez ? Qui est-ce qui vous a dit ?

— Le vieux Campois savait aussi.

— Vous êtes sûr ? Ce n'est pas possible. S'il avait su...

— Que ton père a tué son fils. Seulement il ne l'a pas tué d'un coup de couteau ou d'une balle de revolver. Et ces crimes-là...

— Qu'est-ce qu'on vous a encore dit ? Qu'est-ce que vous avez fait ?

— Ma foi, il y a tant de saletés dans cette histoire qu'une de plus ou de moins...

Il était écœuré. Cela lui arrivait souvent quand il arrivait au bout d'une enquête, peut-être à cause de la tension nerveuse, peut-être parce que, quand on atteint à l'homme tout nu, c'est plutôt vilain et déprimant.

Il régnait une bonne odeur dans l'appartement. On entendait les oiseaux et les fontaines de la place des Vosges. Des gens s'en allaient à leur travail, dans le soleil frais et léger du matin.

Devant lui, un gamin pâle qui se couvrait jusqu'au menton et qui ne le quittait pas des yeux.

Qu'est-ce que Maigret pouvait faire pour lui, pour les autres ? Rien ! On n'arrête pas un Malik. La justice ne s'occupe pas de ces crimes-là. Il n'y aurait qu'une solution...

C'est drôle qu'il y pensa juste avant le coup de téléphone. Il était là, debout, tirant sur sa pipe, embarrassé par ce gamin qui ne savait que faire, et il eut un instant la vision d'un Ernest Malik à qui on glissait un revolver dans la main, à qui on ordonnait posément :

« Tire ! »

Mais il ne tirerait pas ! Il n'accepterait pas de se tuer ! Il faudrait l'aider.

La sonnerie résonnait avec insistance dans l'appartement. Mme Maigret répondait, frappait à la porte.

— C'est pour toi, Maigret.

Il passa dans la salle à manger, saisit le récepteur.

— J'écoute...

— C'est vous, patron ? Ici, Lucas. En arrivant à la P.J., je trouve un message important pour vous d'Orsenne, oui... Cette nuit, Mme Amorelle...

On ne l'aurait peut-être pas cru s'il avait prétendu que, dès ce moment, il savait. Et pourtant c'était vrai.

Elle avait suivi à peu près le même chemin que lui, parbleu. Elle était arrivée aux mêmes conclusions, presque à la même heure. Seulement, elle, elle était allée jusqu'au bout.

Et, comme elle savait qu'un Malik ne tirerait pas, elle avait tiré, calmement.

— ... Mme Amorelle a abattu Ernest Malik d'un coup de revolver. Chez lui, oui... Dans son bureau. Il était en pyjama et en robe de chambre. C'est la gendarmerie qui a téléphoné ici à la première heure pour qu'on avertisse, car elle demande à vous voir...

— J'irai, dit-il.

Il rentra dans la chambre où le jeune homme, qui avait passé son pantalon, montrait un torse encore maigre.

— Ton père est mort, annonça-t-il en regardant ailleurs.

Un silence. Il se retourna. Georges-Henry ne pleurait pas, restait immobile à le regarder.

— Il s'est tué ?

Ainsi donc, ils n'étaient pas deux, mais trois à avoir pensé à la même solution. Qui sait si le gamin n'avait pas été tenté, à certain moment, de tenir l'arme ?

Il y avait néanmoins un reste d'incrédulité dans sa voix tandis qu'il questionnait :

— Il s'est tué ?

— Non. C'est ta grand-mère.

— Qui est-ce qui lui a dit ?

Il se mordit les lèvres.

— Qui lui a dit quoi ?

— Ce que vous savez... Campois ?

— Non, mon petit. Ce n'est pas à cela que tu pensais...

Et, ce qui lui prouvait qu'il avait raison, c'est que son interlocuteur rougissait.

— Il y a autre chose, n'est-ce pas ? Ce n'est pas parce que ton père, jadis, a poussé le fils Campois à se suicider que Bernadette Amorelle l'a abattu.

Il marcha de long en large. Il aurait pu insister. Il serait venu à bout d'un adversaire qui n'était pas à sa taille.

— Reste ici, prononça-t-il enfin.

Il alla prendre son chapeau dans la salle à manger.

— Continuez à le surveiller, lança-t-il à sa femme et à Mimile, qui déjeunait à son tour.

Le temps était radieux, l'air tellement savoureux dans sa fraîcheur matinale qu'on avait envie d'y mordre comme dans un fruit.

— Taxi... Route de Fontainebleau. Je vous guiderai.

Il y avait trois ou quatre voitures sur le chemin de halage, celles du Parquet, sans doute. Quelques curieux devant la grille que gardait un gendarme indifférent. Il salua Maigret, qui s'avança le long de l'allée et qui gravit bientôt le perron.

Le commissaire de la brigade mobile de Melun était déjà là, le chapeau sur la tête, un cigare entre les lèvres.

— Content de vous revoir, Maigret... Je ne savais pas que vous aviez repris du service. Une curieuse affaire, hein ! Elle vous attend. Elle refuse de parler avant de vous avoir vu. C'est elle qui a téléphoné, cette nuit, vers une heure, à la gendarmerie, pour annoncer qu'elle venait de tuer son gendre.

» Vous allez la voir. Elle est aussi calme que si elle venait de faire des confitures ou de ranger ses armoires.

» C'est d'ailleurs à ranger ses affaires qu'elle a passé la nuit et, quand je suis arrivé, sa valise était prête...

— Où sont les autres !

— Son second gendre, Charles, est dans le salon avec sa femme. Le substitut et le juge d'instruction sont en train de les interroger. Ils prétendent qu'ils ne savent rien, que la vieille, depuis quelque temps, était étrange.

Maigret s'engagea lourdement dans l'escalier et, ce qui lui arrivait rarement, il vida sa pipe et la mit dans sa poche avant de frapper à la porte que gardait un second gendarme. Le geste était tout simple, et pourtant c'était comme un hommage rendu à Bernadette Amorelle.

— Qu'est-ce que c'est ?

— Le commissaire Maigret.

— Qu'il entre.

On l'avait laissée seule avec sa femme de chambre et, à l'entrée de Maigret, elle était assise devant un joli petit secrétaire et occupée à écrire une lettre.

— C'est pour mon notaire, dit-elle en s'excusant. Laissez-nous, Mathilde.

Le soleil entrait à flots par les trois fenêtres dans cette chambre où la vieille femme avait passé tant d'années. Il y avait une flamme joyeuse dans son regard et même — Dieu sait si le moment pouvait paraître incongru — une sorte de gaminerie.

Elle était contente d'elle. Elle était fière de ce qu'elle avait fait. Elle se montrait un peu narquoise à l'égard de ce gros commissaire qui, lui, n'aurait pas été capable d'en finir.

— Il n'y avait pas d'autre solution, n'est-ce pas ? dit-elle. Asseyez-vous. Vous savez que je déteste parler à des gens debout.

Puis, se levant elle-même, cillant un peu à cause du soleil qui l'éblouissait :

— Hier soir, quand j'ai enfin obtenu qu'Aimée m'avoue tout...

Il eut le malheur de broncher. A peine. Un tressaillement au nom d'Aimée, la femme de Charles Malik. Elle était aussi fine que lui et elle comprit.

— J'aurais dû m'en douter que vous ne saviez pas ça. Où est Georges-Henry ?

— Chez moi, avec ma femme.

— Dans votre maison de Meung ?

Et elle souriait au souvenir du Maigret qu'elle avait pris pour le domestique quand elle était allée le chercher dans son jardin, par la petite porte verte.

— A Paris, dans mon appartement de la place des Vosges.

— Il sait ?

— Je l'ai mis au courant avant de venir.

— Qu'est-ce qu'il a dit ?

— Rien, il est calme.

— Pauvre gosse ! Je me demande comment il a eu le courage de ne pas parler. Vous ne trouvez pas que c'est drôle, vous, d'aller en prison à mon âge ? Ces messieurs, d'ailleurs, sont bien gentils. Au début, ils ne voulaient pas me croire. Ils pensaient que je m'accusais pour sauver le vrai coupable. Pour un peu c'est eux qui auraient exigé des preuves.

» Cela s'est fort bien passé. Je ne sais pas exactement quelle heure il était. J'avais mon revolver dans mon sac. Je suis allée là-bas. Il y avait de la lumière au premier. J'ai sonné. Par la fenêtre, Malik m'a demandé ce que je voulais...

» — Te parler, lui ai-je répondu.

» Je suis sûre qu'il avait peur. Il me priait de revenir le lendemain, prétendait qu'il n'était pas bien, qu'il souffrait de névralgies.

» — Si tu ne descends pas tout de suite, lui ai-je crié, je te fais arrêter.

» Il a fini par descendre, en pyjama et en robe de chambre. Vous l'avez vu ?

— Pas encore.

— J'ai insisté : Allons dans ton bureau. Où est ta femme ?

» — Elle est couchée. Je crois qu'elle dort.

» — Tant mieux.

» — Vous êtes sûre, maman, que nous ne pouvons pas remettre cette conversation à demain ?

» Et savez-vous ce que je lui ai répondu ?

» — Cela ne t'avancerait pas beaucoup, va. Quelques heures de plus ou de moins...

» Il essayait de comprendre. Il était froid comme un brochet. J'ai toujours prétendu qu'il ressemblait à un brochet, mais on se moquait de moi.

» Il a ouvert la porte de son bureau.

» — Asseyez-vous, m'a-t-il dit.

» — Ce n'est pas la peine.

» A-t-il deviné ce que j'allais faire ? J'en suis persuadée. La preuve, c'est qu'il a eu un coup d'œil machinal au tiroir de son bureau où il range d'habitude son revolver. Si je lui en avais donné le temps, je parie qu'il se serait défendu et il aurait sans doute tiré le premier.

» — Ecoute, Malik, ai-je poursuivi. Je suis au courant de toutes tes saletés. Roger est mort (Roger, c'était le fils de Campois), ta fille est morte, ton fils...

Maigret avait écarquillé les yeux aux mots *ta fille*. Il venait enfin de comprendre et il regardait la vieille femme avec une stupéfaction qu'il ne cherchait plus à cacher.

— Puisqu'il n'y a pas d'autre moyen d'en sortir et que personne n'a le courage de le faire, autant que ce soit une vieille grand-mère qui s'en charge. Adieu, Malik.

» Et en prononçant le dernier mot, j'ai tiré. Il était à trois pas de moi. Il a porté les mains à son ventre, car j'ai tiré trop bas. J'ai encore pressé deux fois la gâchette.

» Il est tombé, et Laurence est accourue comme une folle.

» — Voilà, lui ai-je dit. Maintenant nous serons tranquilles et nous pourrons respirer.

» Pauvre Laurence. Je crois que cela a été un soulagement pour elle aussi. Il n'y a qu'Aimée pour le pleurer.

» — Appelle un médecin si tu veux, mais je pense que ce n'est pas la peine, ai-je continué. Il est bien mort ! Et, s'il ne l'était pas, je l'achèverais d'une balle dans la tête. Maintenant, je te conseille de venir passer le reste de la nuit chez nous. C'est inutile d'appeler les domestiques.

» Nous sommes parties toutes les deux. Aimée est accourue à notre rencontre, tandis que Charles restait sur le seuil, l'air sournois.

» — Qu'est-ce que tu as fait, maman ? Pourquoi Laurence... ?

» J'ai mis Aimée au courant. Elle s'en doutait, après la conversation que nous venions d'avoir dans ma chambre. Charles n'osait pas ouvrir la bouche. Il nous suivait comme un gros chien.

» Je suis rentrée ici et j'ai téléphoné à la gendarmerie. Ils ont été très convenables.

— Ainsi donc, murmura Maigret après un silence, c'est Aimée.

— Je ne suis qu'une vieille bête, car j'aurais dû m'en douter. Pour Roger Campois, par exemple, j'ai toujours soupçonné quelque chose. Tout au moins que c'était Malik qui l'avait habitué à jouer.

» Dire que j'étais contente, à ce moment-là, qu'il devînt notre gendre ! Il était plus brillant que les autres. Il avait l'art de m'amuser. Mon mari avait des goûts de petit-bourgeois et même de paysan, et c'est Malik qui nous a appris à vivre, qui nous a conduits à Deauville. Tenez, avant lui, je n'avais jamais mis les pieds dans un casino et je me souviens qu'il m'a donné les premiers jetons pour jouer à la roulette.

» Il a épousé Laurence...

— Parce que Aimée était trop jeune, n'est-ce pas ? Parce qu'elle n'avait que quinze ans à cette époque ? Si Aimée avait eu deux ans de plus, Roger Campois aurait peut-être vécu. Il aurait épousé l'aînée et Malik la cadette.

On entendait des allées et venues, en bas. Par les fenêtres on voyait un groupe se diriger vers la villa de Malik, où le corps se trouvait toujours.

— Aimée l'aimait vraiment, soupira Mme Amorelle. Elle l'aime encore, malgré tout. Elle me hait maintenant, pour ce que j'ai fait cette nuit.

Le cadavre dans l'armoire ! S'il n'y avait eu, dans cette armoire symbolique, que le cadavre du timide Roger Campois !

— Quand a-t-il pensé à faire venir son frère pour épouser votre fille cadette ?

— Peut-être deux ans après son propre mariage. Et j'étais naïve ! Je voyais bien qu'Aimée ne s'intéressait qu'à son beau-frère, que, de sa sœur et d'elle, c'était elle la plus amoureuse. Des gens qui ne nous connaissaient pas s'y trompaient et, en voyage, quand nous étions tous ensemble, c'était elle, malgré son jeune âge, qu'on appelait madame.

» Laurence n'était pas jalouse. Elle ne voyait rien, se contentait de vivre dans l'ombre de son mari, dont la personnalité l'écrasait.

— Monita était donc la fille d'Ernest Malik ?

— Je le sais depuis hier. Mais il y a d'autres choses que, toute vieille que je suis, j'aime autant ne pas savoir.

Ce frère qu'on faisait venir de Lyon où il n'était qu'un gagne-petit, à qui on faisait épouser une riche héritière.

Est-ce qu'il savait, lui, à ce moment-là ?

Sans doute ! C'était un mou, un humble ! Il épousait, puisqu'on lui disait d'épouser. Il servait de paravent ! Moyennant ce rôle de mari qu'on lui faisait jouer, il partageait avec son frère la fortune des Malik.

Ainsi Ernest avait deux femmes, des enfants dans les deux maisons.

Et c'était cela que Monita avait découvert. C'était cela qui l'avait submergée de dégoût et qui l'avait conduite à se noyer.

— Je ne sais pas exactement comment elle a appris la vérité, mais, depuis hier soir, je m'en doute. La semaine dernière, j'avais fait venir le notaire pour changer mon testament.

— Me Ballu, je sais...

— Il y a longtemps que je ne m'entendais plus avec les Malik et, chose curieuse, c'est encore Charles que je détestais le plus. Pourquoi, je n'en sais rien... Je le trouvais sournois. Je n'étais pas loin de penser qu'il était plus mauvais que son frère.

» Je voulais les déshériter toutes les deux, laisser toute la fortune à Monita.

» Le même soir, Aimée me l'a avoué hier au cours de la scène que nous avons eue, Ernest est venu voir Charles pour discuter de la question.

» Ce nouveau testament dont ils ne connaissaient pas les dispositions les effrayait. Ils sont restés longtemps en tête à tête dans le bureau de Charles, au rez-de-chaussée. Aimée était montée se coucher. Ce n'est que beaucoup plus tard, quand son mari est monté à son tour, qu'elle a remarqué :

» — Monita n'est pas rentrée ?

» — Pourquoi dis-tu cela ?

» — Elle n'est pas venue me dire bonsoir comme d'habitude.

» Charles est allé dans la chambre de la jeune fille. Il n'y avait personne, le lit n'était pas défait. Il est descendu et il l'a trouvée dans le boudoir, toute pâle, comme glacée dans l'obscurité.

» — Qu'est-ce que tu fais ici ?

» Elle avait, paraît-il, l'air de ne pas entendre. Elle a accepté de monter.

» Je suis sûre, maintenant, qu'elle avait tout entendu. Elle savait. Et, le matin, avant que quiconque soit debout, dans la maison, elle sortait comme pour aller prendre son bain, ce qui lui arrivait souvent.

» Seulement, elle n'a pas voulu nager.

— Et elle a eu le temps de parler à son cousin... à son cousin qu'elle aimait et qui est, en réalité, son frère.

On frappait à la porte, timidement. Bernadette Amorelle alla ouvrir et se trouva en présence du commissaire de Melun.

— La voiture est en bas, annonça-t-il, non sans quelque gêne, car c'était la première fois de sa carrière qu'il arrêtait une femme de quatre-vingt-deux ans.

— Dans cinq minutes, riposta-t-elle, comme si elle eût parlé à son maître d'hôtel. Nous avons encore quelques mots à nous dire, mon ami Maigret et moi.

Quand elle revint vers le commissaire, elle remarqua, ce qui prouvait son étonnante présence d'esprit :

— Pourquoi n'avez-vous pas fumé votre pipe ? Vous savez bien que vous le pouvez. Je suis allée vous chercher. Je ne savais pas ce qui se tramait. Je me demandais au début si on n'avait pas tué Monita parce que je venais d'en faire mon héritière. Je vous avoue, à vous — mais cela ne les regarde pas, il y a des choses qui ne les regardent pas — que je n'étais pas sûre qu'on ne veuille pas m'empoisonner. Voilà, commissaire. Il reste le petit. Je suis contente que vous vous en soyez occupé, car on ne m'enlèvera pas de la tête qu'il aurait fini comme Monita.

» Mettez-vous à leur place... A leur âge, découvrir tout à coup...

» Pour le gamin, c'était encore plus grave. Il a voulu savoir. Les garçons sont plus entreprenants que les filles. Il savait que son père gardait ses papiers personnels dans un petit meuble dont la clef ne le quittait pas et qui se trouvait dans sa chambre.

» Il l'a forcé, le lendemain de la mort de Monita. C'est Aimée qui me l'a dit. Ernest Malik la tenait au courant de tout, il savait qu'il pouvait avoir confiance en elle, que c'était pire qu'une esclave.

» Malik s'est aperçu qu'on avait fracturé son meuble et il a soupçonné aussitôt son fils.

— Quels documents a-t-il pu découvrir ? soupira Maigret.

— Je les ai brûlés cette nuit. J'ai chargé Laurence d'aller me les chercher, mais Laurence n'osait plus rentrer dans la maison où se trouvait le cadavre de son mari.

» Aimée y est allée.

» Il y avait des lettres d'elle, des petits billets aussi qu'ils se passaient ici même pour se donner des rendez-vous.

» Il y avait des reçus signés Roger Campois. Non seulement Malik lui prêtait de l'argent pour mieux l'enfoncer, mais il lui en faisait prêter par des usuriers à qui il rachetait les effets.

» Il gardait tout cela.

Et, la lèvre méprisante :

— Il avait malgré tout une âme de comptable !

Elle ne comprit pas pourquoi Maigret rectifiait, en se levant avec effort :

— De percepteur !

Ce fut lui qui la mit en voiture, et elle passa le bras par la portière pour lui tendre la main.

— Vous ne m'en voulez pas trop ? questionna-t-elle au moment où l'auto de la police démarrait, l'emmenant vers sa prison.

Et il ne sut jamais s'il s'agissait du fait de l'avoir arraché pour quelques jours à la paix de son jardin de Meung-sur-Loire ou du coup de revolver.

Il y avait un « cadavre dans l'armoire » depuis de longues années, et c'était la vieille dame qui s'était chargée du nettoyage, comme ces grand-mamans qui ne peuvent supporter de saleté dans la maison.

4 août 1945.

MAIGRET À NEW-YORK

1

Le bateau avait dû atteindre la Quarantaine vers quatre heures du matin et la plupart des passagers dormaient. Quelques-uns s'étaient vaguement réveillés en entendant le vacarme de l'ancre, mais bien peu d'entre eux, malgré les promesses qu'ils s'étaient faites, avaient eu le courage de monter sur le pont pour contempler les lumières de New-York.

Les dernières heures de la traversée avaient été les plus dures. Maintenant encore, dans l'estuaire, à quelques encablures de la statue de la Liberté, une forte houle soulevait le navire... Il pleuvait. Il bruinait, plutôt, une humidité froide tombait de partout, imprégnait tout, rendait les ponts sombres et glissants, laquait les rambardes et les cloisons métalliques.

Maigret, lui, au moment où l'on stoppait les machines, avait passé son lourd pardessus sur son pyjama et était monté sur le pont où quelques ombres allaient et venaient à grands pas, zigzagantes, que l'on voyait tantôt très haut au-dessus de soi, tantôt très bas en dessous, à cause du tangage.

Il avait regardé les lumières, en fumant sa pipe, et d'autres bateaux qui attendaient l'arrivée de la santé et de la douane.

Il n'avait pas aperçu Jean Maura. Il était bien passé devant sa cabine, où il y avait de la lumière, et avait failli frapper. A quoi bon ? Il était rentré chez lui pour se raser. Il avait bu — il devait s'en souvenir, comme on se souvient de détails sans importance — il avait bu, au goulot, une gorgée d'une bouteille de marc que Mme Maigret avait glissée dans ses bagages.

Que s'était-il passé ensuite ? C'était sa première traversée, à cinquante-six ans, et il était tout étonné de se trouver sans curiosité, de rester insensible au pittoresque.

Le navire s'animait. On entendait les stewards traîner des bagages le long des coursives, les passagers sonner les uns après les autres.

Une fois prêt, il remonta sur le pont et le crachin en forme de brouillard commençait à devenir laiteux, les lumières à pâlir dans cette sorte de pyramide de béton que Manhattan offrait à ses yeux.

— Vous ne m'en voulez pas, commissaire ?

C'était le jeune Maura qui venait de s'approcher de lui et qu'il n'avait pas entendu venir. Il était pâle, mais tout le monde, ce matin-là, sur le pont, avait un teint brouillé, des yeux fatigués.

— Vous en vouloir de quoi ?

— Vous le savez bien... J'étais trop nerveux, trop tendu... Alors, quand ces gens m'ont invité à boire avec eux...

Tous les passagers avaient trop bu. C'était le dernier soir. Le bar allait fermer. Les Américains, surtout, voulaient profiter des dernières liqueurs françaises.

Seulement, Jean Maura avait dix-neuf ans à peine. Il venait de traverser une longue période de tension nerveuse et son ivresse avait été rapide, déplaisante, car il pleurait et menaçait tour à tour.

Maigret avait fini par le coucher, vers deux heures du matin. Il avait dû l'entraîner de force dans sa cabine où le gamin protestait, s'en prenait à lui, lançait avec rage :

— Ce n'est pas parce que vous êtes le fameux commissaire Maigret que vous devez me traiter comme un enfant... Un seul homme, vous entendez, un seul homme au monde a le droit de me donner des ordres : c'est mon père...

A présent, il était honteux, le cœur et l'estomac barbouillés, et il fallait que ce fût Maigret qui le remît d'aplomb, qui lui posât sa lourde patte sur l'épaule.

— Cela m'est arrivé avant que cela vous arrive, mon pauvre vieux...

— J'ai été méchant, injuste... Voyez-vous, je pensais tout le temps à mon père...

— Mais oui...

— Je me réjouis tellement de le retrouver, de savoir qu'il ne lui est rien arrivé...

Maigret fumait sa pipe dans le crachin, regardait un bateau gris, que les houles soulevaient très haut et laissaient retomber, exécuter de savantes manœuvres pour accoster l'échelle de coupée. Des officiers passaient comme en voltige à bord du paquebot et disparaissaient dans l'appartement du capitaine.

On ouvrait les cales. Les cabestans fonctionnaient déjà. Les passagers devenaient plus nombreux sur le pont et quelques-uns, malgré le demi-jour, s'obstinaient à prendre des photographies. Il y en avait qui échangeaient des adresses, qui se promettaient de se revoir, de s'écrire. D'autres encore, dans les salons, remplissaient leurs déclarations de douane.

Les officiers de la douane partirent, le bateau gris s'éloigna, puis ce furent deux vedettes qui abordèrent avec ceux de l'immigration, la police et la santé. En même temps, le petit déjeuner était servi dans la salle à manger.

A quel moment Maigret perdit-il Jean Maura de vue ? C'est ce qu'il eut le plus de peine à établir par la suite. Il était allé boire une tasse de café, puis il avait distribué ses pourboires. Des gens qu'il connaissait à peine lui avaient serré la main. Il avait fait la queue, ensuite, dans le salon des premières classes où un médecin lui avait tâté le bras et lui avait regardé la langue cependant que d'autres fonctionnaires examinaient ses papiers.

A certain moment, sur le pont, il y eut une bousculade. On le renseigna. C'étaient les journalistes qui venaient de monter à bord et qui photographiaient un ministre européen et une vedette de cinéma.

Un détail l'amusa. Il entendit un des journalistes, qui examinait avec le commissaire du bord la liste des passagers, et qui disait ou devait dire (car les connaissances de Maigret en anglais dataient du collège) :

— Tiens ! C'est le même nom que le fameux commissaire de la P.J.

Où était Maura à cet instant ? Le navire, tiré par deux remorqueurs, s'était avancé vers la statue de la Liberté que contemplaient les passagers accoudés à la rambarde.

De petits bateaux bruns, bourrés de monde comme des wagons de métro, frôlaient sans cesse le navire : des banlieusards, en somme, des gens de Jersey-City ou d'Hoboken qui arrivaient de la sorte à leur travail.

— Voulez-vous venir par ici, monsieur Maigret ?

Le paquebot était amarré aux quais de la *French Line* et les passagers descendaient à la queue leu leu, anxieux de retrouver leurs bagages dans le hall de la douane.

Où était Jean Maura ? Il le chercha. Puis il dut descendre, parce qu'on l'appelait à nouveau. Il se dit qu'il retrouverait le jeune homme en bas, devant leurs bagages, puisqu'ils avaient les mêmes initiales.

Il n'y avait pas de drame dans l'air, pas de nervosité. Maigret était lourd, courbatu par une traversée pénible et par le sentiment qu'il avait eu tort de quitter sa maison de Meung-sur-Loire.

Il avait tellement conscience qu'il n'était pas à sa place ! Dans ces moments-là, il devenait volontiers grognon et, comme il avait horreur de la foule, des formalités, comme il comprenait difficilement ce qu'on lui disait en anglais, son humeur devenait de plus en plus saumâtre.

Où était Maura ? On lui faisait chercher ses clefs, qu'il avait la manie de chercher dans toutes ses poches pendant un temps infini avant de les trouver à l'endroit où elles devaient fatalement être. Il n'avait rien à déclarer, mais il ne lui en fallut pas moins déballer tous les petits paquets soigneusement ficelés par Mme Maigret qui, elle, n'avait jamais eu à passer de douane.

Quand ce fut fini, il aperçut le commissaire du bord.

— Vous n'avez pas vu le jeune Maura ?

— Il n'est plus à bord, en tout cas... Il n'est pas ici non plus... Vous voulez que je me renseigne ?

Cela ressemblait à un hall de gare, en plus trépidant, avec des porteurs qui vous donnaient des coups de valise dans les jambes. On cherchait Maura partout.

— Il doit être parti, monsieur Maigret... Sans doute sera-t-on venu le chercher ?...

Qui serait venu le chercher, puisque personne n'était averti de son arrivée ?

Force lui était de suivre le porteur qui s'était emparé de ses bagages. Il ne connaissait pas les petites pièces d'argent dont le barman l'avait muni et il ne savait pas combien donner de pourboire. On le poussait littéralement dans un taxi jaune.

— Hôtel Saint-Régis... répétait-il quatre ou cinq fois avant de se faire comprendre.

C'était parfaitement idiot. Il n'aurait pas dû se laisser impressionner par ce gamin. Car ce n'était après tout qu'un gamin. Quant à M. d'Hoquélus, Maigret en arrivait à se demander s'il était plus sérieux que le jeune homme.

Il pleuvait. On roulait dans un quartier sale où les maisons étaient laides à en donner la nausée. Etait-ce cela, New-York ?

Dix jours... Non, neuf jours avant, exactement, Maigret était encore installé à sa place habituelle, au café du Cheval-Blanc, à Meung. Il pleuvait aussi, d'ailleurs. Il pleut aussi bien sur les bords de la Loire qu'en Amérique. Maigret jouait à la belote. Il était cinq heures du soir.

Est-ce qu'il n'était pas un fonctionnaire à la retraite ? Ne jouissait-il pas pleinement de cette retraite et de la maison qu'il avait amoureusement aménagée ? Une maison comme il avait toute sa vie souhaité d'en avoir une, une de ces maisons de la campagne qui sentent bon les fruits qui mûrissent, le foin coupé, l'encaustique, sans compter le ragoût qui mijote, et Dieu sait si Mme Maigret s'y entendait, à faire mijoter des ragoûts !

Des imbéciles, de temps en temps, lui demandaient avec un petit sourire qui le mettait en colère :

— Pas trop de nostalgie, Maigret ?

La nostalgie de quoi ? Des vastes couloirs glacés de la Police judiciaire, des enquêtes à n'en plus finir, des jours et des nuits passés à la poursuite d'une canaille quelconque ?

Bon ! Il était heureux. Il ne lisait même pas les faits divers, ni le récit des crimes, dans les journaux. Et, quand Lucas venait le voir, Lucas qui avait été pendant quinze ans son inspecteur préféré, il était bien entendu qu'on n'avait pas le droit de faire la moindre allusion à la « Maison ».

Il joue à la belote. Il annonce une tierce haute en atout. Juste à ce moment, le garçon vient lui annoncer qu'on le demande au téléphone et il y va en gardant ses cartes à la main.

— C'est toi, Maigret ?

Sa femme. Car sa femme n'a jamais pu s'habituer à l'appeler autrement que par son nom de famille.

— Il y a ici quelqu'un qui vient de Paris pour te voir...

Il s'y rend, bien entendu. Devant chez lui stationne une voiture d'ancien modèle, bien astiquée, avec un chauffeur en uniforme sur le siège. Maigret jette un coup d'œil à l'intérieur et a l'impression d'apercevoir un vieux monsieur enveloppé d'un plaid.

Il entre. Mme Maigret, comme toujours dans ces cas-là, l'attend derrière la porte.

Elle chuchote :

— C'est un jeune homme... Je l'ai introduit au salon... Il y a un vieux monsieur dans l'auto, peut-être son père... J'ai voulu qu'il le prie d'entrer, mais il a répondu que ce n'était pas la peine...

Et voilà comment, bêtement, alors qu'on est bien tranquille à jouer aux cartes, on se laisse embarquer pour l'Amérique !

Toujours la même chanson pour commencer avec la même nervosité, les mains qui se crispent, les petits coups d'œil en coin :

— ... Je connais la plupart de vos enquêtes... Je sais que vous êtes le seul homme qui... et que... et patati et patata...

Les gens ont invariablement la conviction que le drame qu'ils vivent est le plus extraordinaire du monde.

— Je ne suis qu'un jeune homme... Vous allez sans doute vous moquer de moi...

Tous aussi ont la certitude qu'on va se moquer d'eux, que leur cas est tellement unique que personne ne pourra le comprendre.

— On m'appelle Jean Maura... Je suis étudiant à la Faculté de droit... Mon père est John Maura...

Et après ? Le gamin a dit ça comme si l'univers entier se devait de connaître John Maura.

— John Maura, de New-York.

Maigret grogne en fumant sa pipe.

— On parle souvent de lui dans les journaux... C'est un homme fort riche, fort connu en Amérique, excusez-moi de vous dire ça... C'est nécessaire pour que vous compreniez...

Et le voilà qui raconte une histoire compliquée. A un Maigret qui bâille, que cela n'intéresse pas du tout, qui pense toujours à sa belote et qui se sert machinalement un verre de marc. On entend Mme Maigret aller et venir dans la cuisine. Le chat se frotte aux jambes du commissaire. A travers les rideaux, on aperçoit un vieux monsieur qui a l'air de sommeiller dans le fond de l'auto.

— Mon père et moi, voyez-vous, ce n'est pas comme les autres pères et les autres fils... Il n'a que moi au monde... Il n'y a que moi qui compte... Malgré ses affaires, il m'écrit chaque semaine une longue lettre... Et chaque année, à l'époque des vacances, nous passons deux ou trois mois ensemble, en Italie, en Grèce, en Egypte, aux Indes... Je vous ai apporté ses dernières lettres pour que vous compreniez... Ne croyez pas, parce qu'elles sont tapées à la machine, qu'il les ait dictées... Mon père a l'habitude d'écrire lui-même ses lettres personnelles avec une petite machine portative.

« Mon chéri... »

Le ton est presque celui que l'on emploierait avec une femme aimée. Le papa d'Amérique s'inquiète de tout, de la santé de son fils, de son sommeil, de ses sorties, de ses humeurs, voire de ses rêves. Il se réjouit d'être aux prochaines vacances. Où iront-ils cette année tous les deux ?

C'est très tendre, à la fois maternel et câlin.

— Ce dont je voudrais vous convaincre, c'est que je ne suis pas un gamin nerveux qui se forge des idées... Depuis six mois environ, il se passe quelque chose de grave... Je ne sais pas quoi, mais j'en ai la certitude... On sent que mon père a peur, qu'il n'est plus le même, qu'il a conscience d'un danger.

» D'ailleurs, son genre de vie a changé tout à coup. Pendant les derniers mois, il a voyagé sans cesse, allant du Mexique en Californie et de la Californie au Canada à un rythme si précipité que cela me laisse une impression de cauchemar.

» Je pensais bien que vous ne me croiriez pas... J'ai souligné le passage de ses lettres où il parle de l'avenir avec une sorte de terreur inexprimée...

» Vous verrez que certains mots reviennent sans cesse, qu'il n'employait jamais auparavant :

» *S'il t'arrivait d'être seul...*

» *Si je venais à te manquer...*

» *Quand tu seras seul...*

» *Quand je ne serai plus là...*

» Ces mots sont de plus en plus fréquents, comme une hantise, et pourtant je sais que mon père a une santé de fer. J'ai câblé à son médecin pour me rassurer. J'ai sa réponse. Il se moque de moi et m'affirme qu'à moins d'un accident fortuit mon père en a pour trente ans à vivre...

» Comprenez-vous ?

Le mot qu'ils disent tous : *Comprenez-vous ?*

— Je suis allé voir mon notaire, M. d'Hoquélus, que vous connaissez sans doute de réputation... C'est un vieillard, vous le savez, un homme d'expérience... Je lui ai montré les dernières lettres... Je l'ai trouvé presque aussi inquiet que moi.

» Et, hier, il m'a confié que mon père l'a chargé d'opérations inexplicables.

» M. d'Hoquélus est le correspondant de mon père en France, son homme de confiance... C'est lui qui était mandaté pour me donner tout l'argent dont je pouvais avoir besoin... Or, ces derniers temps, mon père l'a chargé de faire à diverses personnes des donations considérables entre vifs.

» Non pas pour me déshériter, vous pouvez me croire... Au contraire... Car, par des actes sous seing privé, il est convenu que ces sommes me seront remises plus tard de la main à la main...

» Pourquoi, puisque je suis son seul héritier ?

» Parce qu'il craint, n'est-ce pas, que sa fortune ne puisse pas m'être normalement transmise...

» J'ai amené M. d'Hoquélus avec moi. Il est dans la voiture. Si vous désirez lui parler...

Comment ne pas être impressionné par la gravité du vieux notaire ? Et celui-ci parle presque comme le jeune homme.

— Je suis persuadé, dit-il en pesant ses mots, qu'un événement important s'est produit dans la vie de Joachim Maura.

— Pourquoi l'appelez-vous Joachim ?

— C'est son véritable prénom. Aux États-Unis, il a pris celui plus courant de John... Je suis persuadé, moi aussi, qu'il se sent menacé par un danger sérieux... Quand Jean m'a avoué son intention d'aller là-bas, je n'ai pas eu le courage de l'en dissuader, mais je lui ai conseillé de se faire accompagner par une personne d'expérience...

— Pourquoi pas vous ?

— A cause de mon âge, d'abord... Puis pour des raisons que vous comprendrez peut-être plus tard... J'ai la conviction que, ce qu'il faut à New-York, c'est un homme qui ait l'expérience des choses de police... J'ajoute que mes instructions ont toujours été de donner à Jean Maura tout l'argent qu'il pourrait me réclamer et que, dans les circonstances actuelles, je ne peux qu'approuver son désir de...

La conversation avait duré deux heures, à mi-voix, et M. d'Hoquélus n'avait pas été insensible au vieux marc de Maigret. De temps en temps, celui-ci entendait sa femme qui venait écouter derrière la porte, non par curiosité, mais pour savoir si elle pouvait enfin mettre la table.

Quelle stupeur quand, la voiture partie, il lui avait annoncé, pas très fier de s'être laissé persuader, en somme :

— Je pars pour l'Amérique.

— Comment dis-tu ?

Et maintenant un taxi jaune l'emmenait à travers des rues qu'il ne connaissait pas, sous une pluie fine qui rendait le décor maussade.

Pourquoi Jean Maura avait-il disparu au moment précis où ils atteignaient New-York ? Fallait-il croire qu'il avait rencontré quelqu'un, ou que, dans sa hâte de revoir son père, il avait cavalièrement laissé son compagnon en plan ?

Les rues devenaient plus élégantes. On s'arrêtait au coin d'une avenue que Maigret ne savait pas encore être la fameuse Cinquième Avenue et un portier se précipitait vers lui.

Nouvel embarras pour payer le chauffeur avec cette monnaie inconnue. Puis c'était le hall de l'hôtel Saint-Régis, le bureau de la réception où il trouvait enfin quelqu'un parlant le français.

— Je voudrais voir M. John Maura.

— Un instant, s'il vous plaît...

— Pouvez-vous me dire si son fils est arrivé ?

— Personne n'a demandé M. Maura ce matin...

— Il est chez lui ?

Froidement poli, l'employé lui répondait, en décrochant un téléphone :

— Je vais le demander à son secrétaire.

Puis à l'appareil :

— Allô... M. Mac Gill ?... Ici, le *desk*... Il y a une personne qui demande à voir M. Maura... Vous dites ?... Je le lui demande... Voulez-vous me donner votre nom, monsieur ?

— Maigret...

— Allô... M. Maigret... Bien... Un instant.

Et, raccrochant :

— M. Mac Gill me prie de vous dire que M. Maura ne reçoit que sur rendez-vous... Si vous voulez lui écrire et lui laisser votre adresse, il ne manquera pas de vous répondre.

— Ayez l'amabilité d'annoncer à ce monsieur Mac Gill que j'arrive de France tout exprès pour rencontrer M. Maura et que j'ai des choses importantes à lui dire.

— Je regrette... Ces messieurs ne me pardonneraient pas de les déranger à nouveau... Mais, si vous vous donnez la peine d'écrire un mot ici, dans le salon, je le ferai monter par un chasseur.

Maigret était furieux. Plus encore contre lui que contre ce Mac Gill qu'il ne connaissait pas, mais qu'il commençait déjà à détester.

Comme il détestait, en bloc et d'avance, tout ce qui l'entourait, le hall chargé de dorures, les chasseurs qui le regardaient avec ironie, les jolies femmes qui allaient et venaient, les hommes trop sûrs d'eux qui le bousculaient sans daigner s'excuser.

Monsieur,

Je viens d'arriver de France, chargé d'une mission importante par votre fils et par M. d'Hoquélus. Comme mon temps est aussi précieux que le vôtre, je vous serais obligé de bien vouloir me recevoir sur-le-champ.
Salutations.

Maigret.

On le laissa se morfondre un bon quart d'heure dans son coin et, de rage, il fumait sa pipe, bien qu'il se rendît compte que ce n'était pas l'endroit. Un chasseur vint enfin le chercher et pénétra avec lui dans un ascenseur, le pilota le long d'un couloir, frappa à une porte et l'abandonna.

— Entrez !

Pourquoi s'était-il figuré le Mac Gill comme un monsieur entre deux âges et de mine rébarbative ? C'était un grand jeune homme bien découplé, très élégant, qui s'avançait vers lui la main tendue.

— Excusez-moi, monsieur, mais M. Maura est tellement assailli par des solliciteurs de toutes sortes que nous sommes obligés de dresser autour de lui un barrage sévère. Vous me dites que vous arrivez de France... Dois-je comprendre que vous êtes le... l'ex... enfin le...

— L'ex-commissaire Maigret, oui.

— Asseyez-vous, je vous en prie... Un cigare ?

Il y en avait plusieurs boîtes sur un meuble. La pièce était vaste. C'était un salon qu'un immense bureau d'acajou transformait sans lui donner cependant l'aspect d'un cabinet d'affaires.

Maigret, dédaignant le cigare de La Havane, avait à nouveau bourré sa pipe et examinait son interlocuteur sans bienveillance.

— Vous nous apportez, avez-vous écrit, des nouvelles de M. Jean ?

— Si vous le permettez, j'en parlerai personnellement à M. Maura quand vous aurez l'obligeance de m'introduire auprès de celui-ci.

Mac Gill montra toutes ses dents, qui étaient fort belles, dans un sourire.

— On voit bien, cher monsieur, que vous venez d'Europe. Sinon, vous sauriez que John Maura est un des hommes les plus occupés de New-York, que moi-même, à ce moment, j'ignore absolument où il se trouve, et enfin que je suis chargé de toutes ses affaires, y compris les plus personnelles... Vous pouvez donc me parler sans crainte et me dire...

— J'attendrai que M. Maura consente à me recevoir.

— Encore faudrait-il qu'il sache de quoi il s'agit.

— Je vous l'ai dit, de son fils...

— Dois-je, étant donné votre qualité, m'imaginer que celui-ci a fait quelque bêtise ?

Maigret ne broncha pas, ne répondit rien, continua d'examiner froidement son interlocuteur.

— Excusez-moi d'insister, monsieur le commissaire... Je suppose que, bien que vous soyez à la retraite, à ce que j'ai appris par les journaux, on continue à vous donner votre titre... Excusez-moi, dis-je, de vous rappeler que nous sommes aux Etats-Unis et non en France et que les minutes de John Maura sont comptées... Jean est un charmant garçon, un peu trop sensible peut-être, mais je me demande en quoi il a pu...

Maigret se leva tranquillement, ramassa son chapeau qu'il avait posé sur le tapis à côté de sa chaise.

— Je vais prendre une chambre dans cet hôtel... Lorsque M. Maura aura décidé de me recevoir...

— Il ne sera pas à New-York avant une quinzaine de jours.

— Pouvez-vous me dire où il se trouve en ce moment ?

— C'est difficile. Il se déplace en avion et, avant-hier, il se trouvait à Panama... Peut-être aujourd'hui a-t-il atterri à Rio ou au Venezuela...

— Je vous remercie...

— Vous avez des amis à New-York, monsieur le commissaire ?

— Personne en dehors de quelques chefs de la police avec qui il m'est arrivé de travailler.

— Voulez-vous m'autoriser à vous inviter à déjeuner ?

— Je pense que je déjeunerai plutôt avec l'un d'entre eux...

— Si j'insistais ?... Je suis désolé du rôle que ma fonction m'oblige à jouer et j'aimerais que vous ne m'en teniez pas rigueur... Je suis l'aîné de Jean, mais pas de beaucoup, et j'ai une grande affection pour lui. Vous ne m'avez même pas donné de ses nouvelles...

— Pardon... Puis-je savoir depuis combien de temps vous êtes le secrétaire particulier de M. Maura ?

— Six mois environ... Je veux dire six mois que je suis avec lui, mais je le connais depuis longtemps pour ne pas dire toujours...

On marchait dans la pièce voisine. Maigret vit le visage de Mac Gill qui changeait de couleur. Le secrétaire écoutait avec anxiété les pas qui se rapprochaient, regardait le bouton doré de la porte de communication qui tournait lentement, puis l'huis qui s'entrouvrait.

— Venez un instant, Jos...

Un visage maigre, nerveux, sous des cheveux encore blonds bien qu'entremêlés de fils blancs. Un regard qui se posait sur Maigret, un front qui se plissait. Le secrétaire se précipitait, mais déjà le nouveau venu s'était ravisé et pénétrait dans le bureau, le regard toujours fixé sur Maigret.

— Il me semble... commençait-il, comme quand on croit reconnaître quelqu'un et qu'on cherche dans sa mémoire.

— Commissaire Maigret, de la Police judiciaire... Plus exactement, ex-commissaire Maigret, puisque voilà un an que je suis à la retraite.

John Maura était petit, d'une taille inférieure à la moyenne, très sec, mais doué apparemment d'une énergie peu commune.

— C'est à moi que vous désirez parler ?

Il se tourna vers Mac Gill sans attendre la réponse.

— Qu'est-ce que c'est, Jos ?

— Je ne sais pas, patron... Le commissaire...

— Si cela ne vous fait rien, monsieur Maura, j'aimerais vous parler seul à seul. Il s'agit de votre fils...

Or pas un trait du visage de l'homme qui écrivait des lettres si tendres ne tressaillit.

— Vous pouvez parler devant mon secrétaire.

— Fort bien... Votre fils est à New-York.

Et Maigret ne quittait pas les deux hommes des yeux. Se trompait-il ? Il eut l'impression très nette que Mac Gill marquait le coup, tandis qu'au contraire Maura restait imperturbable, laissait simplement tomber du bout des lèvres :

— Ah !

— Cela ne vous étonne pas ?

— Vous savez sans doute que mon fils est absolument libre ?...

— Cela ne vous surprend-il pas tout au moins qu'il ne soit pas encore venu vous voir ?

— Etant donné que j'ignore quand il a pu arriver...

— Il est arrivé ce matin, en ma compagnie...

— Dans ce cas, vous devez savoir...

— Je ne sais rien justement. Dans la bousculade du débarquement et des formalités, je l'ai perdu de vue... La dernière fois que je l'ai aperçu et que je lui ai parlé, le bateau se trouvait encore à l'ancre à la Quarantaine.

— Vraisemblablement aura-t-il rencontré des amis.

Et John Maura alluma lentement un long cigare marqué à son chiffre.

— Je regrette, monsieur le commissaire, mais je ne vois pas en quoi l'arrivée de mon fils...

— A un rapport quelconque avec ma visite ?

— C'est à peu près ce que je voulais dire. Je suis très pris ce matin. Si vous le permettez, je vais vous laisser avec mon secrétaire à qui vous pouvez parler en toute liberté... Excusez-moi, monsieur le commissaire.

Un salut assez sec. Il fit demi-tour et disparut par où il était entré. Mac Gill hésita un instant, murmura :

— Vous permettez ?

Et il disparut sur les talons de son patron, referma la porte. Maigret était tout seul dans le bureau, tout seul et pas fier. Il entendait chuchoter dans la pièce voisine. Il allait sortir, furieux, quand le secrétaire reparut, alerte et souriant.

— Vous voyez, cher monsieur, que vous avez eu tort de vous méfier de moi.

— Je pensais que M. Maura était au Venezuela ou à Rio...

L'autre rit.

— Cela ne vous est-il pas arrivé, au Quai des Orfèvres, où vous aviez de lourdes responsabilités, d'user d'un petit mensonge pour vous débarrasser d'un visiteur ?

— Je vous remercie quand même de m'avoir rendu la pareille !

— Allons... Ne me gardez pas rancune... Quelle heure est-il ?... Onze heures et demie... Si vous n'y voyez pas d'inconvénient, je vais téléphoner au *desk* pour qu'on vous retienne une chambre, car vous auriez de la peine à en obtenir autrement... Le *Saint-Régis* est un des hôtels les plus recherchés de New-York... Je vous laisserai le temps de prendre un bain et de vous changer et, si vous le voulez, nous nous retrouverons à une heure au bar, après quoi nous déjeunerons tous les deux.

Maigret fut tenté de refuser et de s'en aller en gardant son air le plus renfrogné. Il aurait bien été capable, s'il y avait eu un bateau le soir même pour l'Europe, de rembarquer sans faire davantage la connaissance de cette ville qui lui réservait un accueil si revêche.

— Allô... Le *desk*... Ici, Mac Gill... Allô, oui... Vous serez bien aimable de réserver un appartement pour un ami de M. Maura... Oui... M. Maigret. Je vous remercie.

Et, tourné vers le commissaire :

— Vous parlez un peu l'anglais ?

— Comme tous ceux qui l'ont appris au collège et qui l'ont oublié.

— Dans ce cas, vous aurez quelques difficultés dans les débuts... C'est votre premier voyage aux Etats-Unis ?... Croyez que je me mettrai dans la mesure du possible à votre disposition.

Il y avait quelqu'un derrière la porte, John Maura sans doute. Mac Gill le savait aussi, mais cela ne paraissait pas l'incommoder.

— Vous n'avez qu'à suivre le chasseur... A tout à l'heure, monsieur le commissaire. Et sans doute Jean Maura aura-t-il fait sa réapparition à temps pour déjeuner avec nous. Je vous fais monter vos bagages.

Un ascenseur encore. Un salon, une chambre, une salle de bains, un porteur qui attendait son pourboire et que Maigret regardait sans comprendre, parce qu'il avait rarement été aussi ahuri, voire aussi humilié de sa vie.

Dire que, dix jours auparavant, il jouait tranquillement à la belote avec le maire de Meung, le docteur et le marchand d'engrais, dans la salle chaude et toujours un peu sombre du *Cheval-Blanc* !

2

Cet homme roux n'était-il pas une sorte de génie bienfaisant ? Dans la 49ᵉ Rue, à deux pas de Broadway, de ses lumières, de son vacarme, il poussait une porte, après avoir descendu quelques marches comme pour s'enfoncer dans une cave. Sur la vitre de cette porte, déjà, il y avait un rideau à petits carreaux rouges. Ces mêmes carreaux démocratiques, qui rappelaient les caboulots de Montmartre et de la banlieue parisienne, on les retrouvait sur les tables et on retrouvait le zinc aussi, une odeur de cuisine familière, une patronne un peu grasse, un tantinet faubourienne, qui venait demander :

— Qu'est-ce que vous allez manger, mes enfants ? Il y a toujours du steak, bien entendu, mais, aujourd'hui, j'ai un de ces coqs au vin...

Le démiurge, ou plutôt le capitaine O'Brien, souriait d'un sourire très doux et comme timide.

— Vous voyez, disait-il à Maigret, non sans une pointe d'ironie, que New-York n'est pas ce que l'on croit.

Et bientôt, il y avait sur la table un authentique beaujolais accompagnant le coq au vin qui fumait dans les assiettes.

— Vous ne me direz pas, capitaine, que les Américains ont l'habitude...

— De manger comme nous le faisons ce soir ? Peut-être pas tous les jours. Peut-être pas tous. Mais, ma foi, nous sommes un certain nombre à ne pas détester la vieille cuisine et je vous trouverai cent restaurants dans le genre de celui-ci... Vous avez débarqué ce matin... Cela vous fait douze heures à peine et vous voilà comme chez vous, n'est-ce pas ?... Maintenant, continuez votre histoire.

— Ce Mac Gill, je vous l'ai dit, m'attendait au bar du *Saint-Régis*... J'ai tout de suite compris qu'il avait décidé de changer d'attitude à mon égard.

C'était à six heures seulement que Maigret, débarrassé de Mac Gill, qui s'était accroché à lui tout l'après-midi, avait pu téléphoner au capitaine O'Brien, de la Police fédérale, qu'il avait connu en France, quelques années plus tôt, à l'occasion d'une importante affaire internationale.

Rien de plus doux, de plus calme que ce grand homme roux qui avait une tête de mouton et que la timidité faisait encore rougir à quarante-six ans. Il avait donné rendez-vous au commissaire dans le hall du *Saint-Régis*. Dès que celui-ci avait parlé de Maura, il avait conduit son collègue dans un petit bar proche de Broadway.

— Je suppose que vous n'aimez ni le whisky, ni les cocktails ?

— J'avoue que s'il y a moyen d'avoir de la bière...

C'était un bar quelconque. Quelques hommes au comptoir et des amoureux aux quatre ou cinq tables noyées de pénombre. N'était-ce pas une curieuse idée de l'avoir introduit dans un endroit pareil où il n'avait que faire ?

N'était-ce pas plus étrange encore de voir le capitaine O'Brien chercher une pièce de monnaie dans sa poche et la glisser gravement dans la fente d'un phonographe automatique qui se mettait à jouer en sourdine quelque chose de mollement sentimental ?

Et l'homme roux souriait en épiant son collègue d'un œil amusé.

— Vous n'aimez pas la musique ?

Maigret n'avait pas encore eu le temps d'user toute sa mauvaise humeur et il fut incapable de ne pas la laisser sentir.

— Allons... Je ne vous ferai pas languir... Vous voyez cette machine à débiter de la musique... Je viens de mettre une pièce de cinq *cents* dans la fente et cela me donne droit à une rengaine d'une minute et demie environ... Il y a quelques milliers de machines de ce genre dans les bars, les brasseries et les restaurants de New-York... Il y en a des dizaines de milliers dans les autres villes des Etats-Unis et jusqu'au fond des campagnes... A l'instant même, à la minute où nous parlons, la moitié au moins de ces instruments qui vous paraissent barbares fonctionnent, autrement dit des gens y mettent chacun cinq *cents*, ce qui fait des milliers et des milliers de fois cinq *cents,* ce qui fait... Mais je ne suis pas très fort en calcul.

» Or savez-vous à qui vont ces *nickels,* comme nous disons ? A votre ami John Maura, plus connu aux Etats-Unis sous le nom de Little John, à cause de sa petite taille.

» Et Little John a installé des instruments identiques, dont il a en quelque sorte le monopole, dans la plupart des républiques sud-américaines.

» Comprenez-vous maintenant que Little John soit un personnage considérable ?

Toujours cette pointe à peine perceptible d'ironie, au point que Maigret, qui n'y était pas habitué, se demandait encore si son interlocuteur était un naïf ou s'il se moquait de lui.

— Maintenant, nous pouvons aller dîner et vous me raconterez votre histoire.

Ils étaient à table à présent, bien au chaud, tandis que le vent soufflait dehors par rafales si fortes que les passants marchaient penchés en avant, que des gens couraient après leur chapeau et que les femmes devaient tenir leur robe à deux mains. La tempête, celle-là sans doute que Maigret avait essuyée en mer, avait rejoint la côte, et New-York en était secoué : des enseignes se décrochaient de temps en temps, ou des choses tombaient du haut des immeubles, les taxis jaunes eux-mêmes semblaient avoir de la peine à se frayer un chemin dans le vent.

Cela avait commencé juste après le déjeuner, alors que Mac Gill et Maigret quittaient le *Saint-Régis*.

— Vous connaissez le secrétaire de Maura ? demandait-il maintenant à O'Brien.

— Pas particulièrement. Voyez-vous, mon cher commissaire, la police, chez nous, n'est pas tout à fait la même qu'en France. Je le regrette, d'ailleurs, car notre tâche serait beaucoup plus facile. Nous avons un sens très poussé de la liberté individuelle et, si je me permettais de me renseigner, fût-ce discrètement, sur un monsieur à qui je n'ai rien de précis à reprocher, je me mettrais dans un très mauvais cas.

» Or, Little John, je m'empresse de vous le dire, n'est pas un gangster. C'est un homme d'affaires considérable et considéré, qui occupe à l'année un appartement somptueux au *Saint-Régis,* un de nos meilleurs hôtels.

» Nous n'avons donc pas à nous occuper de lui ni de son secrétaire.

Pourquoi ce sourire diffus et pourtant malicieux qui semblait apporter comme une restriction aux paroles prononcées ? Maigret s'en irritait un peu. Il se sentait étranger et, comme tout étranger, il avait facilement l'impression qu'on se moquait de lui.

— Je ne suis pas un lecteur de romans policiers et je ne m'attends pas à trouver une Amérique peuplée de gangsters, répliqua-t-il avec un peu d'humeur.

» Pour en revenir à ce Mac Gill qui, malgré son nom, m'a tout l'air d'être d'origine française...

Et l'autre, à nouveau, avec sa douceur exaspérante :

— Il est difficile, à New-York, de démêler l'origine exacte des gens !

— Je disais que, dès l'apéritif, il s'est mis en frais pour se montrer aussi empressé qu'il l'avait été peu le matin. Il m'a annoncé qu'on n'avait toujours pas de nouvelles du jeune Maura, que son père ne s'en inquiétait pas encore, parce qu'il supposait qu'il y avait une femme sous cette fugue, et il m'a questionné sur les passagères...

» Or il est exact que Jean Maura, pendant la traversée, a paru ému par une des voyageuses, une jeune Chilienne qui doit s'embarquer demain pour l'Amérique du Sud à bord d'un bateau de la *Grace Line*.

On parlait français à la plupart des tables et la patronne allait de client en client, familière, un peu vulgaire, pour demander avec un savoureux accent de Toulouse :

— Ça va, les enfants ?... Qu'est-ce que vous pensez de ce coq au vin ?...
Et après, si le cœur vous en dit, il y a un gâteau au moka fait à la maison...

Le déjeuner avait été tout autre, dans la grande salle à manger du *Saint-Régis* où Mac Gill saluait des tas de gens. En même temps, il s'empressait auprès de Maigret à qui il parlait d'abondance. Que disait-il encore ? Que John Maura était un homme très occupé, d'un caractère assez original, un homme qui avait horreur des nouveaux visages et qui se méfiait de tout le monde.

Comment n'aurait-il pas été surpris, le matin, en voyant arriver chez lui un personnage comme Maigret ?

— Il n'aime pas qu'on s'occupe de ses affaires, vous comprenez ? A plus forte raison de ses affaires de famille. Tenez ! Je suis sûr qu'il adore son fils, et cependant, il ne m'en dit jamais un mot, à moi qui suis son collaborateur le plus intime.

Où voulait-il en venir ? C'était facile à deviner. Il essayait évidemment de savoir pourquoi Maigret avait fait la traversée de l'Atlantique en compagnie de Jean Maura.

Mac Gill continuait :

— J'ai eu une longue conversation avec le patron. Il m'a chargé de me renseigner sur son fils. Tout à l'heure, j'ai rendez-vous, ici même, avec un détective privé que nous avons déjà employé pour de petites affaires, un homme épatant, qui connaît New-York presque aussi bien que vous connaissez Paris... Si la chose vous chante, vous pourrez venir avec nous, et cela m'étonnerait que ce soir nous n'ayons pas retrouvé notre garçon.

Tout cela, Maigret le racontait à présent au capitaine O'Brien, qui l'écoutait en dégustant son dîner avec une lenteur un peu exaspérante.

— Un homme nous attendait, en effet, dans le hall quand nous avons quitté la salle à manger.

— Vous connaissez son nom ?

— On me l'a présenté, mais j'avoue que je n'ai retenu que le prénom... Bill... Oui, c'est bien Bill... J'ai vu tant de gens aujourd'hui, que Mac Gill appelait tous par leur prénom, que j'avoue que je m'y perds un peu.

Toujours ce sourire.

— Vous vous y habituerez... C'est une habitude américaine... Comment est-il, votre Bill ?

— Assez grand, assez gros... Ma corpulence à peu près... Le nez cassé et une cicatrice qui lui coupe le menton.

O'Brien le connaissait certainement, car il avait un léger battement de paupières, mais il ne dit rien.

— Nous avons pris un taxi et nous sommes allés jusqu'aux docks de la *French Line.*

C'était au plus fort de la tempête. Le vent n'avait pas encore chassé la pluie, qu'on recevait par rafales chaque fois qu'on sortait du taxi. Bill conduisait les opérations en mâchant du *chewing-gum* avec énergie, le chapeau un peu en arrière comme dans les films les plus traditionnels. Au fait, avait-il une seule fois retiré ce chapeau de tout l'après-midi ? Probablement pas. Il était peut-être chauve, après tout !

Il s'adressait aux gens, douaniers, stewards, employés de la compagnie, avec une égale familiarité, s'asseyait sur un coin de table ou de bureau, laissait tomber quelques phrases d'un même accent traînant. Et si Maigret ne comprenait pas tout ce qu'il disait, il en comprenait assez pour constater que c'était du travail bien fait, du vrai travail de professionnel.

La douane d'abord... Les bagages de Jean Maura avaient été retirés... A quelle heure ?... On feuilletait les fiches... Un peu avant midi... Non, ils n'avaient pas été expédiés en ville par une des compagnies se chargeant de ce genre de transports, et dont les bureaux se trouvaient dans le hall... On les avait donc emmenés en taxi ou dans une voiture particulière.

La personne qui avait retiré les bagages en possédait les clefs... Etait-ce Jean Maura en personne ? Impossible de s'en assurer. Il était passé quelques centaines de voyageurs ce matin-là et il y en avait encore qui venaient dédouaner leurs bagages.

Le commissaire du bateau, ensuite. C'était une sensation curieuse de monter à bord d'un bateau vide, de le retrouver désert après l'avoir connu en pleine effervescence, d'assister au grand nettoyage et aux préparatifs en vue d'une nouvelle traversée.

Aucun doute possible, Maura avait quitté le navire et il avait remis ses feuilles au départ... A quelle heure ?... Personne ne s'en souvenait... Probablement dans les premiers, au plus fort de la bousculade.

Le steward... Celui-ci se rappelait parfaitement que, vers huit heures du matin, peu après l'arrivée de la police et de la santé, le jeune Maura lui avait remis son pourboire... Et le steward, à ce moment-là, avait déposé sa valise à main près de la coupée... Non, le jeune homme n'était pas nerveux du tout... Un peu fatigué... Il devait avoir mal à la tête, car il avait pris un cachet d'aspirine. Le tube vide était resté sur la tablette de la salle de bains.

L'imperturbable Bill au *chewing-gum* exaspérant les entraînait toujours. A la *French Line,* dans la Cinquième Avenue, il s'accoudait au comptoir d'acajou et étudiait méticuleusement la liste des passagers.

Puis, d'un *drug store,* il téléphonait à la police du port.

Mac Gill devenait nerveux, c'était l'impression de Maigret. Il ne voulait pas le laisser voir, mais, à mesure que ces démarches se poursuivaient, il était évident qu'il s'impatientait.

Il y avait quelque chose qui clochait, quelque chose qui ne devait pas cadrer avec ce qu'il avait prévu, car, de temps en temps, Bill et lui échangeaient un rapide coup d'œil.

Or maintenant, tandis que le commissaire racontait leurs allées et venues au capitaine O'Brien, celui-ci, lui aussi, devenait plus grave et restait parfois la fourchette en l'air en oubliant de manger.

— Ils ont retrouvé, sur la liste des passagers, le nom de la jeune Chilienne et ils sont parvenus à connaître le nom de l'hôtel où elle est descendue en attendant son bateau. C'est un hôtel de la 66e Rue... Nous y sommes allés... Bill a questionné le portier, l'employé du *desk,* les préposés aux ascenseurs et il n'a relevé aucune trace de Jean Maura.

» Alors, Bill a donné au chauffeur l'adresse d'un bar, près de Broadway... En chemin il a parlé à Mac Gill assez vite pour qu'il me soit impossible de comprendre... J'ai noté le nom du bar : Le *Donkey Bar*... Pourquoi souriez-vous ?

— Pour rien, répliquait lentement le capitaine. En somme, pour votre première journée à New-York, vous avez fait du chemin... Vous avez même fait la connaissance du *Donkey Bar,* ce qui n'est pas si mal... Qu'est-ce que vous en pensez ?

Toujours cette impression qu'on se moquait de lui, amicalement, mais qu'on s'en moquait quand même.

— Très film américain, laissa-t-il tomber avec un grognement.

Une longue salle enfumée, un comptoir interminable avec les inévitables tabourets et les bouteilles multicolores, un barman nègre et un barman chinois, le phono mécanique et les distributeurs automatiques de cigarettes, de *chewing-gum* et de cacahuètes grillées.

Tout le monde, là-dedans, se connaissait ou avait l'air de se connaître. Tout le monde s'interpellait par des Bob, des Dick, des Tom, des Tony et deux ou trois femmes se montraient aussi à l'aise que les hommes.

— Il paraît, dit Maigret, que c'est le lieu de réunion d'un certain nombre de journalistes, de gens de théâtre...

Et l'autre de murmurer en souriant :

— A peu près...

— Notre détective voulait rencontrer un reporter de sa connaissance qui fait les arrivées de bateaux et qui devait être le matin à bord... Nous l'avons rencontré en effet, ivre mort ou presque... C'est son habitude, m'a-t-on affirmé, dès les trois ou quatre heures de l'après-midi...

— Vous savez son nom ?

— Vaguement... Quelque chose comme Parson... Jim Parson, si je ne me trompe... Il a les cheveux filasse et les yeux rouges, avec des bavures de nicotine tout autour des lèvres...

Le capitaine O'Brien avait beau prétendre que la police américaine n'avait pas le droit de s'occuper des gens qui n'ont rien sur la conscience, il était quand même assez curieux qu'à chaque nom que Maigret prononçait, à chaque nouvelle description d'un individu, l'homme roux parût parfaitement le connaître.

Aussi le commissaire ne put-il s'empêcher de remarquer :

— Vous êtes sûr que la police de chez vous soit tellement différente de la nôtre ?

— Très ! Qu'est-ce que Jim a raconté ?

— Je n'ai compris que des bribes de phrases. Tout ivre qu'il était, il a paru très intéressé. Il faut dire que le détective l'avait poussé dans un coin et lui parlait durement, dans le nez, comme nous disons en argot, en le maintenant solidement contre le mur. L'autre promettait, cherchait dans sa mémoire. Puis il est entré en titubant dans la cabine téléphonique et je l'ai vu à travers la vitre demander quatre numéros différents.

» Pendant ce temps-là, Mac Gill m'expliquait :

» — Vous comprenez, c'est encore par les journalistes qui étaient à bord que nous avons le plus de chances de savoir quelque chose. Ces gens-là ont l'habitude d'observer. Ils connaissent tout le monde...

» Toujours est-il que Jim Parson est sorti bredouille de la cabine et qu'il s'est précipité vers un double whisky.

» Il est censé continuer à se renseigner... Si c'est dans les bars, il doit être raide à l'heure qu'il est, car je n'ai jamais vu personne avaler des verres d'alcool à une telle cadence...

— Vous en verrez d'autres... En somme, si je comprends bien, Jos Mac Gill vous a paru, cet après-midi, fort désireux de retrouver le fils de son patron.

— Alors que, le matin, il ne voulait pas en entendre parler.

O'Brien était assez préoccupé, malgré tout.

— Qu'est-ce que vous comptez faire ?

— J'avoue que je ne serais pas fâché de retrouver le gamin.

— Et vous n'avez pas l'air d'être le seul...

— Vous avez une idée, n'est-ce pas ?

— Je me souviens, mon cher commissaire, d'un mot que vous m'avez dit à Paris, lors d'un de nos entretiens à la *Brasserie Dauphine*... Vous vous souvenez ?

— De nos entretiens, oui, mais pas du mot auquel vous faites allusion...

— Je vous posais à peu près la question que vous venez de me poser et vous m'avez répondu en tirant sur votre pipe :

» — *Moi, je n'ai jamais d'idées.*

» Eh bien ! mon cher Maigret, si vous permettez que je vous appelle ainsi, je suis comme vous, en ce moment tout au moins, ce qui prouve que toutes les polices du monde ont certains points communs.

» Je ne sais rien. Je ne connais rien, ou à peu près rien — juste ce que tout le monde en sait — des affaires de Little John et de son entourage.

» J'ignorais jusqu'à l'existence de son fils.

» Et, par-dessus le marché, j'appartiens à la Police fédérale qui n'a à s'occuper que de certains crimes nettement déterminés. Autrement dit, si j'avais le malheur de mettre le nez dans cette histoire, j'aurais toutes les chances de me faire rappeler sévèrement à l'ordre.

» Je suppose que ce n'est pas un conseil que vous désirez de moi ?

Maigret grommela en allumant sa pipe :

— Non.

— Parce que, si c'était un conseil, je vous dirais ceci :

» Ma femme est en ce moment en Floride, elle supporte mal l'hiver à New-York... Je suis donc seul, car mon fils, de son côté, est dans son université et voilà deux ans que ma fille est mariée... J'ai donc un certain nombre de soirées libres... Je les mets à votre disposition pour vous faire connaître un peu de New-York comme vous m'avez jadis fait connaître Paris.

» Pour le reste, voyez-vous... Comment dites-vous encore ?... Attendez... Non, ne me soufflez pas... Il y a un certain nombre d'expressions de vous que j'ai retenues et que je répète souvent à mes collègues... Ah ! oui... Pour le reste, *laissez tomber*.

» Je sais bien que vous ne le ferez pas. Alors, si le cœur vous en dit, vous pourrez de temps en temps venir bavarder avec moi.

» Je ne peux pas empêcher un homme comme vous de me poser des questions, n'est-ce pas ?

» Et il y a des questions auxquelles il est bien difficile de ne pas répondre.

» Tenez ! Par exemple, je suis persuadé que vous aimeriez voir mon bureau... Je me souviens du vôtre, dont les fenêtres donnaient sur la Seine. Le mien donne plus prosaïquement sur un grand mur noir et sur un parc à autos.

» Avouez que l'armagnac est excellent et que ce petit bistrot, comme on dit chez vous, n'est pas trop désagréable.

Il fallut, comme dans certains restaurants de Paris, féliciter la patronne et même le chef qu'elle était allée chercher, promettre de revenir, boire un dernier verre et enfin signer un livre d'or assez graisseux.

Les deux hommes, un peu plus tard, s'engouffraient dans un taxi et le capitaine jetait une adresse au chauffeur.

Chacun fumait sa pipe dans le fond, et il y eut un assez long silence. Chacun, comme par hasard, ouvrit la bouche au même instant et ils se tournèrent l'un vers l'autre en souriant de cette coïncidence.

— Qu'est-ce que vous alliez dire ?

— Et vous ?

— Probablement la même chose que vous.

— J'allais dire, commença l'Américain, que Mac Gill, d'après ce que vous m'avez raconté, n'avait aucun désir de vous voir rencontrer son patron.

— Je le pensais à la minute. Et pourtant, contre mon attente, Little John ne m'a pas paru plus anxieux que son secrétaire d'avoir des nouvelles de son fils. Vous saisissez ma pensée ?

— Et c'est Mac Gill, ensuite, qui s'est démené ou a feint de se démener pour retrouver le jeune homme.

— Et qui s'est mis en frais pour moi... Il m'a annoncé qu'il me téléphonerait dès demain matin afin de me donner des nouvelles.

— Il sait que nous nous rencontrons ce soir ?

— Je ne lui en ai pas parlé.

— Il s'en doute. Non pas que vous me rencontrez, moi, mais quelqu'un de la police. Étant donné les relations que vous avez eues avec la police américaine, c'est fatal... Et, dans ce cas...

— Dans ce cas ?

— Rien... Nous sommes arrivés.

Ils pénétrèrent dans un grand immeuble et quelques instants plus tard l'ascenseur les déposait dans un couloir aux portes numérotées. O'Brien en ouvrit une avec sa clef, tourna le commutateur.

— Asseyez-vous... Je vous ferai un autre jour les honneurs de la maison, car, à cette heure-ci, vous ne la verriez pas à son avantage... Vous permettez que je vous laisse seul quelques minutes ?

Les quelques minutes furent un long quart d'heure et pendant tout ce temps Maigret se surprit à ne penser qu'à Little John. C'était curieux : il n'avait vu celui-ci que pendant d'assez courts instants. Leur entretien avait été, en somme, assez banal. Et pourtant le commissaire constatait soudain que Maura avait fait sur lui une forte impression.

Il le revoyait, petit et maigre, vêtu avec une correction presque excessive. Son visage n'avait rien de saillant. Qu'était-ce alors qui avait pu frapper Maigret de la sorte ?

Cela l'intriguait. Il s'imposait un effort de mémoire, évoquait les moindres gestes du petit homme sec et nerveux.

Et soudain il se souvenait de son regard, de son premier regard surtout, quand Maura ne se savait pas encore observé, quand il avait entrouvert la porte du salon.

Little John avait les yeux froids !

Maigret aurait été bien en peine d'expliquer ce qu'il entendait par ces mots, mais il se comprenait. Quatre ou cinq fois dans sa vie, il avait rencontré des gens qui avaient les yeux froids, ces yeux qui peuvent vous fixer sans établir aucun contact humain, sans que l'on sente ce besoin qu'éprouve tout homme de communiquer avec son semblable.

Le commissaire venait lui parler de son fils, de ce gamin à qui il envoyait des lettres aussi tendres qu'à une femme aimée, et Little John l'observait sans curiosité, sans aucune émotion, comme il eût contemplé la chaise, ou une tache sur le mur.

— Vous m'en voulez de vous avoir laissé seul si longtemps ?

— Non, car je crois que je viens de faire une découverte.

— Ah !...

— J'ai découvert que Little John a les yeux froids...

Maigret s'attendait à un nouveau sourire de son confrère américain. Il allait, presque agressif, au-devant de ce sourire. Le capitaine O'Brien, au contraire, le regarda gravement.

— C'est ennuyeux... articula-t-il.

Et c'était comme s'ils avaient eu une longue conversation. Il y avait soudain quelque chose entre eux, qui ressemblait à une inquiétude partagée. O'Brien tendit une boîte de tabac.

— Je préfère le mien, si cela ne vous fait rien.

Ils allumèrent leur pipe et ils se turent une fois de plus. Le bureau était banal et assez nu. Il n'y avait que la fumée des deux pipes pour lui conférer un semblant d'intimité.

— Je suppose qu'après votre traversée mouvementée vous devez être fatigué et sans doute avez-vous envie de vous coucher ?

— Parce que vous m'auriez proposé un autre emploi du temps ?

— Mon Dieu, tout simplement d'aller prendre un *night cap*... Un bonnet de nuit, si l'on traduit littéralement... Autrement dit, un dernier whisky.

Pourquoi s'était-il donné la peine d'amener Maigret à son bureau, où il s'était contenté de le laisser seul pendant un quart d'heure ?

— Vous ne trouvez pas qu'il fait plutôt froid ici ?

— Allons où vous voudrez.

— Je vous déposerai près de votre hôtel... Non, je n'y entrerai pas... Les gens du *desk* s'inquiéteraient en me voyant pénétrer chez eux... Mais je connais un petit bar...

Encore un petit bar, avec un phono mécanique dans un coin et une rangée d'hommes accoudés au comptoir, seul à seul, buvant avec une morne obstination.

— Essayez un whisky quand même avant de vous coucher... Vous verrez que c'est moins mauvais que vous ne l'imaginez... Et cela a l'avantage de faire travailler les reins... A propos...

Maigret comprit qu'O'Brien en arrivait enfin à l'objet de cette dernière balade nocturne.

— Figurez-vous que, tout à l'heure, dans les couloirs, j'ai rencontré un camarade du service... Et, comme par hasard, il m'a parlé de Little John...

» Remarquez qu'il n'a jamais eu affaire à lui officiellement... Ni ce camarade, ni aucun d'entre nous... Vous comprenez ?... Je vous assure que le respect de la liberté individuelle est une belle chose... Quand vous aurez compris cela, vous ne serez pas loin de comprendre l'Amérique et les Américains.

» Tenez... Un homme entre chez nous, un étranger, un émigrant... Vous vous indignez, vous autres, Européens, ou vous vous moquez de nous, parce que nous lui posons un tas de questions écrites, parce que nous lui demandons, par exemple, s'il souffre de troubles mentaux ou s'il est venu aux Etats-Unis avec l'intention d'attenter à la vie du président de la République.

» Nous exigeons sa signature sous cette déclaration qui vous paraît loufoque.

» Seulement, par la suite, nous ne lui demandons plus rien... Les formalités pour entrer aux Etats-Unis ont peut-être été longues et tatillonnes, mais du moins, une fois terminées, notre homme est absolument libre.

» Saisissez-vous ?

» Tellement libre qu'à moins qu'il tue, qu'il vole ou qu'il viole, nous n'avons plus le droit de nous occuper de lui.

» Qu'est-ce que je disais ?

Il y avait des moments où Maigret l'aurait giflé, à cause de cette fausse candeur, de cet humour dont il se sentait incapable de saisir les nuances.

— Ah ! oui... Un exemple... C'est mon collègue, justement, qui, tout à l'heure, pendant que nous nous lavions tous les deux les mains, me racontait l'histoire... Il y a une trentaine d'années, deux hommes débarquaient d'un bateau venant d'Europe, comme vous l'avez fait ce matin... A cette époque-là, il en débarquait beaucoup plus qu'aujourd'hui, parce que nous avions besoin de main-d'œuvre... Il en venait dans la cale des bateaux, sur le pont... Ils sortaient surtout d'Europe centrale et orientale... Certains étaient si sales, si couverts de vermine, que nos services d'immigration étaient obligés de les passer à la lance de pompier... Je parie que vous allez prendre un autre *night cap* ?

Maigret était trop intéressé pour avoir seulement l'idée de refuser et il se contenta de bourrer une nouvelle pipe et de se reculer un peu, parce que son voisin de gauche lui enfonçait un coude dans les côtes.

— Il y en avait de toutes les sortes, voilà... Et ils ont eu des sorts différents. Certains, parmi ceux-là, sont aujourd'hui de grands magnats d'Hollywood... On en retrouve quelques-uns à Sing-Sing, mais il y en a aussi dans les bureaux du gouvernement, à Washington... Avouez que nous sommes réellement un très grand pays pour assimiler de la sorte le tout-venant que nous absorbons.

Etait-ce le whisky ? Maigret commençait à voir John Maura, non plus sous les espèces d'un petit homme nerveux et volontaire, mais comme un symbole de l'assimilation américaine dont son interlocuteur lui parlait d'une voix lente et douce.

— Mon camarade me racontait donc...

But-il trois, quatre whiskies ? Ils avaient déjà bu de l'armagnac, et avant l'armagnac deux bouteilles de beaujolais, et avant le beaujolais un certain nombre d'apéritifs.

« *J and J.* »

C'est ce dont il se souvenait le mieux quand il sombra enfin au plus profond de son lit, dans son appartement trop somptueux du *Saint-Régis.*

Deux Français, à une époque où l'on portait des faux cols raides à pointes cassées, des manchettes empesées et des souliers vernis, deux Français tout jeunes, qui avaient encore « le duvet » et qui débarquaient sans un sou, pleins d'espérance, l'un avec un violon sous le bras, l'autre avec une clarinette.

Lequel des deux avait une clarinette ? Il ne parvenait plus à s'en souvenir. O'Brien à tête de mouton, O'Brien qui n'en était pas moins malicieux comme un singe, le lui avait dit.

Le violon, cela devait être Maura.

Et tous les deux étaient originaires de Bayonne ou des alentours. Et tous les deux avaient environ vingt ans.

Et ils avaient signé une déclaration sur la question du président des Etats-Unis qu'ils s'engageaient à ne pas assassiner.

Drôle d'homme que le capitaine O'Brien qui l'emmenait dans un petit bar pour lui raconter tout cela, avec l'air de ne pas y toucher, de bavarder de choses absolument étrangères à son métier.

— L'un s'appelait Joseph et l'autre Joachim. C'est ce que mon camarade m'a raconté... Vous savez, il ne faut pas trop se fier aux histoires qu'on raconte... Nous, à la Police fédérale, cela ne nous regarde pas... C'était l'époque des cafés-concerts, de ce que vous appelez à Paris les *bastringues*... Alors, pour gagner leur vie, et bien qu'ils eussent tous les deux passé par le Conservatoire, bien qu'ils eussent l'impression d'être de grands musiciens, ils ont monté un numéro comique sous le nom de *J and J.* Joseph et Joachim. Et tous les deux espéraient se faire un jour une carrière de virtuose ou de compositeur.

» C'est mon ami qui m'a expliqué cela. C'est sans intérêt, évidemment. Seulement, je sais que vous vous intéressez à la personnalité de Little John... Je crois maintenant que ce n'était pas lui la clarinette...

» Barman... La même chose...

Est-ce que le capitaine O'Brien était ivre ?

— *J and J...* répétait-il. Moi, mon prénom est Michael... Vous savez, vous pouvez m'appeler Michael... Ce n'est pas pour cela que je vous appellerai Jules, car je sais que c'est votre prénom, mais que vous ne l'aimez pas...

Que dit-il encore ce soir-là ?

— Vous ne connaissez pas le Bronx, Maigret... Il faudra que vous connaissiez le Bronx... C'est un endroit passionnant... Pas beau... Mais passionnant... Je n'ai pas eu le temps de vous y conduire... Nous sommes très occupés, vous savez. Findlay... 169e rue... Vous verrez... C'est un quartier curieux... Il paraît qu'il y a encore aujourd'hui, juste en face de la maison, une boutique de tailleur... Ce sont des bavardages... Des bavardages de mon collègue, et je me demande encore pourquoi il m'a parlé de cela puisque cela ne nous regarde pas... *J and J*... Ils faisaient un numéro moitié comique, moitié musical, dans les cafés... Les cafés chantants comme on disait alors... Et ce serait curieux de savoir qui était le comique. Vous ne trouvez pas ?

Maigret n'avait peut-être pas l'habitude du whisky, mais il avait encore moins celle d'être pris pour un enfant et il se sentit furieux quand il vit un chasseur prendre place avec lui dans l'escalier du *Saint-Régis* et s'assurer avec trop de sollicitude qu'il ne manquait de rien avant de se retirer.

C'était encore un coup de l'O'Brien à tête de mouton et au sourire terriblement ironique.

3

Maigret dormait, tout au fond d'un puits dans l'ouverture duquel un géant roux se penchait en souriant et en fumant un énorme cigare — pourquoi un cigare ? — quand une sonnerie sournoise, méchante, amena d'abord quelques froncements sur son visage, comme la brise matinale sur un lac trop uni. Tout le corps, par deux fois, chavira d'un bord sur l'autre en entraînant les couvertures et enfin un bras se tendit, saisit la carafe avant d'atteindre le téléphone, une voix grogna :

— Allô...

Assis sur son lit, mal assis, car il n'avait pas eu le temps d'arranger l'oreiller et il était obligé de tenir ce sacré téléphone, il avait déjà une certitude, une certitude humiliante : c'est qu'en dépit des discours sans doute ironiques du capitaine O'Brien sur les vertus diurétiques du whisky, il avait mal à la tête.

— Maigret, oui... Qui est à l'appareil ?... Comment ?

C'était Mac Gill et cela n'avait rien d'agréable non plus de se faire éveiller par ce type envers qui il ne se sentait aucune sympathie. Surtout que l'autre reconnaissait à sa voix qu'il était encore au lit et se permettait de lui lancer :

— Couché tard, je parie ? Est-ce qu'au moins... vous avez passé une bonne soirée ?

Maigret cherchait des yeux sa montre qu'il avait l'habitude de poser sur la table de nuit et qui ne s'y trouvait pas. Il finit par apercevoir une horloge électrique encastrée dans la cloison et il écarquilla les yeux en constatant qu'elle marquait onze heures.

— Dites-moi, monsieur le commissaire... C'est de la part du patron que je vous téléphone... Il serait très heureux si vous pouviez passer le voir ce matin... Dès maintenant, oui... Je veux dire dès que vous aurez fait votre toilette. A tout de suite... Vous vous souvenez de l'étage, n'est-ce pas ? Septième, tout au fond du couloir B... A tout de suite.

Il chercha partout un bouton de sonnette, comme en France, pour appeler le maître d'hôtel, le valet de chambre, n'importe qui, mais il ne trouva rien qui y ressemblât et un instant il eut le sentiment d'être perdu dans cet appartement ridiculement grand. Il pensa enfin au téléphone, dut répéter trois fois, dans son anglais approximatif :

— Je voudrais mon petit déjeuner, mademoiselle... Petit déjeuner, oui... Hein ?... Vous ne comprenez pas ?... Café...

Elle lui disait quelque chose qu'il n'arrivait pas à saisir.

— Je vous demande mon petit déjeuner !

Il crut qu'elle raccrochait, mais c'était pour le brancher sur une autre ligne où une nouvelle voix récitait :

— *Room-service...*

C'était tout simple, évidemment, mais encore fallait-il le savoir et, sur le moment, il en voulut à toute l'Amérique de n'avoir pas eu l'idée élémentaire d'installer des boutons de sonnerie dans les chambres d'hôtel.

Pour comble, il était dans son bain quand on frappa à la porte et il eut beau gueuler : « Entrez », on frappait toujours. Force lui fut, tout mouillé qu'il était, d'enfiler sa robe de chambre, d'aller ouvrir, car il avait mis le verrou. Qu'est-ce que le maître d'hôtel attendait ? Bon, il lui fallait signer une fiche. Mais quoi encore ? Car l'autre attendait toujours et Maigret finit par comprendre que c'était son pourboire qu'il voulait. Et ses vêtements étaient en tas par terre !

Il était à cran quand, une demi-heure plus tard, il frappait à la porte de l'appartement de Little John. Mac Gill l'accueillait, toujours aussi élégant, tiré à quatre épingles, mais le commissaire eut l'impression qu'il n'avait pas beaucoup dormi, lui non plus.

— Entrez... Asseyez-vous un instant... Je vais avertir le patron que vous êtes ici.

On le sentait préoccupé. Il ne se donnait pas la peine de se mettre en frais. Il ne prenait pas garde à Maigret et il sortait de la pièce en laissant la porte grande ouverte.

La seconde pièce était un salon qu'il traversait. Puis une chambre très vaste. Et Mac Gill marchait toujours, frappait à une dernière porte. Maigret n'eut pas le temps de bien voir. Ce qui le frappa, pourtant, après l'enfilade de chambres luxueuses, ce fut une impression de pauvreté. C'est surtout par la suite qu'il y pensa, qu'il s'efforça de reconstituer le spectacle qu'il avait eu un instant sous les yeux.

Il aurait juré que la chambre dans laquelle le secrétaire pénétrait en dernier lieu ressemblait davantage à une chambre de domestique qu'à une chambre du *Saint-Régis*. Est-ce que Little John n'était pas assis devant une table en bois blanc et n'était-ce pas un lit de fer que Maigret apercevait derrière lui ?

Quelques mots échangés à mi-voix et les deux hommes s'en venaient l'un derrière l'autre, Little John toujours nerveux, les mouvements nets, avec, eût-on dit, en réserve, une prodigieuse énergie qu'il était obligé de contenir.

Lui non plus, en entrant dans le bureau, ne se mit pas en frais, et, cette fois, il n'eut pas l'idée d'offrir un de ses fameux cigares à son visiteur.

Il alla s'asseoir devant la table d'acajou, à la place que Mac Gill occupait tout à l'heure, et celui-ci, désinvolte, s'installa dans un fauteuil et croisa les jambes.

— Je m'excuse, monsieur le commissaire, de vous avoir dérangé, mais j'ai pensé qu'une conversation entre nous était nécessaire.

Il leva enfin les yeux sur Maigret, des yeux qui n'exprimaient rien, ni sympathie, ni antipathie, ni impatience. Sa main, qu'il avait fine et d'une blancheur étonnante chez un homme, jouait avec un coupe-papier d'écaille.

Il portait un costume bleu marine de coupe anglaise, une cravate sombre sur du linge blanc. Cela mettait en valeur ses traits fins, très dessinés, et Maigret remarqua qu'il aurait été difficile de lui donner un âge.

— Je suppose que vous n'avez aucune nouvelle de mon fils ?

Il n'attendait pas la réponse et poursuivait d'une voix neutre, comme on parle à un subalterne :

— Lorsque vous êtes venu me voir hier, je n'ai pas eu la curiosité de vous poser certaines questions. Si j'ai bien compris, vous êtes venu de France en compagnie de Jean et vous m'avez donné à entendre que c'était mon fils qui vous avait prié de faire la traversée.

Mac Gill fumait une cigarette et regardait tranquillement la fumée monter vers le plafond. Little John jouait toujours avec le coupe-papier, fixant Maigret comme sans le voir.

— Je ne pense pas qu'après avoir quitté la Police judiciaire vous ayez ouvert une agence de police privée. D'autre part, étant donné ce que tout le monde sait de votre caractère, il m'est difficile de croire que vous vous soyez embarqué à la légère dans une aventure de ce genre. Je suppose, monsieur le commissaire, que vous me comprenez ? Nous sommes des hommes libres dans un pays libre. Hier, vous vous êtes introduit ici pour me parler de mon fils. Le soir même, vous preniez contact avec un fonctionnaire de la Police fédérale afin de vous renseigner à mon sujet...

Autrement dit, les deux hommes étaient déjà au courant de ses allées et venues et de son entrevue avec O'Brien. Est-ce qu'ils l'avaient fait suivre ?

— Permettez-moi de vous poser une première question : sous quel prétexte mon fils vous a-t-il demandé votre aide ?

Et, comme Maigret ne répondait pas, comme Mac Gill paraissait sourire avec ironie, Little John poursuivait, nerveux, coupant :

— Les commissaires à la retraite n'ont pas pour habitude de servir de chaperons aux jeunes gens en voyage. Je vous demande encore une fois : qu'est-ce que mon fils vous a raconté pour vous décider à quitter la France et à traverser l'Atlantique avec lui ?

Ne le faisait-il pas exprès de se montrer méprisant, et n'espérait-il pas ainsi mettre Maigret hors de ses gonds ?

Seulement, il se passait ceci : c'est que Maigret devenait plus calme et plus lourd à mesure que l'autre parlait. Plus lucide aussi.

Si lucide — et cela se sentait tellement dans son regard — que la main qui tenait le coupe-papier commençait à manier celui-ci avec des mouvements saccadés. Mac Gill, qui avait tourné la tête vers le commissaire, oubliait sa cigarette et attendait.

— Si vous le permettez, je répondrai à votre question par une autre question. Savez-vous où est votre fils ?

— Je l'ignore et ce n'est pas ce qui importe à présent. Mon fils est libre de faire ce qui lui plaît, comprenez-vous ?

— Donc, vous savez où il se trouve.

Ce fut Mac Gill qui tressaillit et qui se tourna vivement vers Little John avec une expression dure dans le regard.

— Je vous répète que je n'en sais rien et que cela ne vous regarde pas...

— Dans ce cas, nous n'avons plus rien à nous dire.

— Un instant...

Le petit homme s'était levé précipitamment et, tenant toujours le coupe-papier à la main, s'était élancé entre Maigret et la porte.

— Vous semblez oublier, monsieur le commissaire, que vous êtes ici en quelque sorte à mes frais... Mon fils est mineur... Je ne suppose pas qu'il vous ait laissé faire les frais du voyage que vous avez entrepris sur sa demande...

Pourquoi Mac Gill paraissait-il furieux contre son patron ? Il était évident que la tournure de l'entretien ne lui plaisait pas. Et, d'ailleurs, il ne se gêna pas pour intervenir.

— Je crois que la question n'est pas là et que vous blessez inutilement le commissaire...

Les deux hommes échangeaient un regard que Maigret notait à tout hasard, incapable qu'il était de l'analyser sur-le-champ, mais en se promettant bien de le comprendre plus tard.

— Il est évident, continuait Mac Gill, qui se levait à son tour et qui arpentait la pièce avec plus de calme que Little John, il est évident que votre fils, pour une raison que nous ignorons, que vous n'ignorez peut-être pas...

Tiens ! tiens ! C'était à son patron qu'il lançait ces mots lourds de sous-entendus ?

— ... a cru devoir faire appel à une personnalité connue pour sa perspicacité en matière criminelle...

Maigret restait assis. C'était curieux de les voir tous les deux, si différents l'un de l'autre. A croire, par instants, que c'était entre eux deux et non avec Maigret que la partie se jouait.

Car Little John, si coupant au début, laissait parler son secrétaire de trente ans plus jeune que lui. Et il ne paraissait pas le faire de bon cœur. Il était humilié, c'était évident. Il cédait la place à regret.

— Etant donné que votre fils ne se préoccupe que d'une seule et unique personne, de son père, étant donné qu'il est accouru à New-York sans vous prévenir... du moins je le suppose...

Une flèche, à n'en pas douter.

— ... il y a tout lieu de croire qu'il a reçu à votre sujet des nouvelles inquiétantes. Reste à savoir qui lui a mis cette inquiétude dans la tête. Ne trouvez-vous pas, monsieur le commissaire, que c'est tout le problème ? Résumons la question avec le plus de simplicité possible... Vous vous alarmez de la disparition assez inexplicable d'un jeune homme au moment de son débarquement à New-York. Sans être versé dans les questions policières, en n'usant que de mon simple bon sens, je dis :

» — *Lorsque nous saurons qui a fait venir Jean Maura à New-York, autrement dit qui lui a câblé je ne sais quoi au sujet des dangers courus par son père — car, autrement, il n'était pas besoin de se faire accompagner par un policier, veuillez excuser le mot —, lorsque cela sera établi, il ne sera sans doute pas difficile de savoir qui l'a fait disparaître...*

Little John, pendant cette tirade, était allé se camper devant la fenêtre et, écartant le rideau d'une main, il regardait dehors. Sa silhouette présentait des lignes sèches comme son visage. Et Maigret se surprit à penser : clarinette ? violon ?... Lequel des deux *J* représentait cet homme dans le numéro de burlesque de jadis ?

— Dois-je comprendre, monsieur le commissaire, que vous refusez de répondre ?

Alors, Maigret, à tout hasard :

— J'aimerais avoir un entretien en tête à tête avec M. Maura.

Celui-ci tressaillit et se retourna tout d'une pièce. Son premier regard fut pour son secrétaire qui paraissait suprêmement indifférent.

— Je vous ai déjà dit, je pense, que vous pouviez parler devant Mac Gill...

— Dans ce cas, veuillez m'excuser si je n'ai rien à vous dire.

Or Mac Gill ne proposait pas de sortir. Il restait là, sûr de lui, comme un homme qui se sait à sa place.

Est-ce que c'était le petit homme qui allait perdre son sang-froid ? Il y avait quelque chose dans ses yeux froids qui ressemblait à de l'exaspération, mais qui ressemblait aussi à autre chose.

— Ecoutez-moi, monsieur Maigret... Il faut en finir et nous allons le faire en quelques mots... Parlez ou ne parlez pas, cela m'est égal, car ce que vous pourriez avoir à me dire ne m'intéresse que médiocrement... Un gamin, inquiet pour des raisons que j'ignore, est allé vous voir et vous vous êtes jeté tête baissée dans une aventure où vous n'aviez que faire... Ce gamin est mon fils... Il est mineur. S'il a disparu, cela ne regarde que moi, et, si j'ai à faire appel à quelqu'un pour le rechercher, ce sera à la police de ce pays... Je suppose que je parle assez net ?

» Nous ne sommes pas en France et, jusqu'à nouvel ordre, mes allées et venues ne regardent personne... Je ne permettrai donc à personne de s'occuper de moi et, s'il le faut, je ferai le nécessaire pour que ma liberté pleine et entière soit respectée.

» J'ignore si mon fils vous a laissé ce que l'on appelle des provisions. Au cas où il n'y aurait pas pensé, veuillez me le dire et mon secrétaire vous remettra un chèque couvrant vos frais de déplacement jusqu'en France.

Pourquoi lançait-il un petit coup d'œil à Mac Gill comme pour savoir si celui-ci approuvait ?

— J'attends votre réponse.

— A quel sujet ?

— Au sujet du chèque.

— Je vous remercie.

— Un dernier mot, si vous le permettez... Il vous est loisible, évidemment, de rester le temps qu'il vous plaira dans cet hôtel, où je ne suis qu'un client comme les autres. Qu'il me suffise de vous dire que cela me serait extrêmement désagréable de vous rencontrer à tout moment dans le hall, dans les couloirs ou dans les ascenseurs... Je vous salue, monsieur le commissaire.

Celui-ci, toujours assis, vida lentement sa pipe dans un cendrier qui se trouvait sur un guéridon à portée de sa main. Puis il prit le temps de bourrer une nouvelle pipe froide qu'il prit dans sa poche, de l'allumer, en regardant tour à tour les deux hommes.

Enfin, il se leva, il eut l'air de déployer sa taille, sa stature, et il paraissait plus grand, plus large que d'habitude.

— Je vous salue, dit-il simplement, d'une voix si inattendue que le coupe-papier se brisa net entre les doigts de Little John.

Il lui sembla que Mac Gill avait l'intention de parler encore, de l'empêcher de sortir tout de suite, mais il tourna le dos, tranquillement, marcha vers la porte et s'éloigna le long du couloir.

C'est seulement quand il se trouva dans l'ascenseur que son mal de tête lui revint et que le whisky de la veille se rappela à lui sous forme de nausée.

— Allô... Le capitaine O'Brien ?... Ici, Maigret.

Il souriait. Il fumait sa pipe à petites bouffées tout en regardant autour de lui le papier à fleurs un peu fané qui recouvrait les murs de la chambre.

— Comment ?... Non, je ne suis plus au *Saint-Régis*... Pourquoi ?... Pour plusieurs raisons, dont la plus importante est que je ne m'y sentais pas très à mon aise. Vous comprenez ça ? Tant mieux. Mais oui, j'ai trouvé un hôtel. Le *Berwick*. Vous ne connaissez pas ? Je ne sais plus le numéro de la rue. Je n'ai jamais eu la mémoire des chiffres et vous êtes ennuyeux comme tout avec vos rues numérotées. Comme si vous ne pouviez pas dire rue Victor-Hugo, rue Pigalle ou rue du Président je ne sais qui...

» Allô !... Vous voyez Broadway ? Je ne sais pas à quelle hauteur, il y a un cinéma qui s'appelle le *Capitol*. Bon. Eh bien ! c'est la première ou la seconde rue à gauche. Un petit hôtel qui ne paie pas de mine et où je soupçonne qu'on ne loue pas seulement des chambres à la nuit... Vous dites ? C'est interdit à New-York ? Tant pis !

Il était de bonne humeur, et même d'humeur enjouée, sans raison bien précise, peut-être simplement parce qu'il se retrouvait dans une atmosphère qui lui était familière.

D'abord, il aimait ce coin bruyant et un peu vulgaire de Broadway qui lui rappelait à la fois Montmartre et les Grands Boulevards de Paris. Le bureau de l'hôtel était presque miteux et il n'y avait qu'un seul ascenseur. Encore le préposé était-il un petit bonhomme boiteux !

Par la fenêtre, on voyait les enseignes lumineuses s'allumer et s'éteindre.

— Allô !... O'Brien ?... Figurez-vous que j'ai encore besoin de vous... N'ayez pas peur... Je respecte scrupuleusement toutes les libertés de la libre Amérique... Comment ?... Mais non... Je vous assure que je suis tout à fait incapable d'ironie... Figurez-vous que je voudrais recourir, moi aussi, aux services d'un policier privé...

Le capitaine, à l'autre bout du fil, se demandait s'il plaisantait et, après avoir grommelé quelques syllabes, prenait le parti d'éclater de rire.

— Ne riez pas... Je suis tout à fait sérieux... J'ai bien un détective à ma disposition... Je veux dire que j'en ai un, depuis midi, sur les talons... Mais non, cher ami, je ne mets pas en cause la police officielle... Qu'est-ce que vous avez aujourd'hui à être si chatouilleux ?... Je parle du prénommé Bill... Oui, cette espèce de boxeur au menton fendu qui nous a accompagnés hier, Mac Gill et moi, dans nos pérégrinations... Eh bien, il est toujours là, à cette différence que, comme les valets de l'ancien temps, il marche à dix mètres derrière moi... Si je me penchais à la fenêtre, je l'apercevrais certainement devant la porte de l'hôtel... Il ne se cache pas, non... Il me suit, c'est tout... J'ai même l'impression qu'il est un peu gêné et que parfois il a envie de me saluer...

» Comment ?... Pourquoi je veux un détective ?... Riez tant que vous voudrez... J'admets que c'est assez drôle... N'empêche que, dans votre satané pays où les gens ne daignent comprendre mon anglais que quand je leur ai répété quatre ou cinq fois la même phrase et complété mon explication par des gestes, je ne serais pas fâché d'avoir l'aide de quelqu'un pour quelques petites recherches que je désire entreprendre...

» Surtout, de grâce, que votre homme parle le français !... Vous avez ça sous la main ?... Vous allez téléphoner ?... Mais oui, dès ce soir... Je suis d'attaque, parfaitement, malgré vos whiskies... Il est vrai que j'ai inauguré ma nouvelle chambre du *Berwick* en m'offrant près de deux heures de sieste...

» Dans quels milieux je veux faire des recherches ?... Je croyais que vous l'auriez deviné... Mais oui... C'est ça...

» J'attends votre coup de téléphone... A tout de suite...

Il alla ouvrir la fenêtre et aperçut, comme il le prévoyait, le prénommé Bill qui mâchait son *chewing-gum* à une vingtaine de mètres de l'hôtel et qui n'avait pas l'air de s'amuser.

La chambre était banale à souhait, avec tout ce qu'il faut de vieilleries et de tapis douteux pour qu'on pût se croire dans un meublé de n'importe quelle ville du monde.

Dix minutes ne s'étaient pas écoulées que la sonnerie du téléphone se faisait entendre. C'était O'Brien qui annonçait à Maigret qu'il lui avait trouvé un détective, un certain Ronald Dexter, et qui lui recommandait de ne pas trop le laisser boire.

— Parce qu'il a le whisky mauvais ? questionnait le commissaire.

Et O'Brien de répondre avec une douceur angélique :

— Parce qu'il pleure...

Et ce n'était pas une boutade de l'homme roux à tête de mouton. Même quand il n'avait pas bu, Dexter donnait l'impression d'un homme qui promène dans la vie un chagrin incommensurable.

Il vint à l'hôtel à sept heures du soir. Maigret le rencontra dans le hall au moment où le détective s'informait de lui au bureau.

— Ronald Dexter ?

— C'est moi...

Et il avait l'air de prononcer :

« Hélas ! »

— Mon ami O'Brien vous a mis au courant ?

— Chut !

— Pardon ?

— Pas de noms propres, s'il vous plaît... Je suis à votre disposition... Où voulez-vous que nous allions ?

— Dehors, pour commencer... Vous connaissez ce monsieur qui a l'air de s'intéresser vivement aux passants et qui mâche de la gomme ?... C'est Bill... Bill qui ? je n'en sais rien... Je ne connais que son prénom, mais ce que je sais, c'est que c'est un de vos confrères qu'on a chargé de me suivre... Ceci dit pour que vous ne vous inquiétiez pas de ses allées et venues... Cela n'a aucune importance, vous comprenez ?... Il peut nous suivre autant qu'il le voudra...

Dexter comprenait ou ne comprenait pas. En tout cas, il prenait un air résigné et semblait dire au ciel :

« Cela ou autre chose ! »

Il devait avoir une cinquantaine d'années et ses vêtements gris, son *trench-coat* plus que fatigué ne plaidaient pas en faveur de sa prospérité.

Les deux hommes marchaient vers Broadway, dont ils n'étaient éloignés que d'une centaine de mètres, et Bill leur emboîtait imperturbablement le pas.

— Vous connaissez les milieux de théâtre ?

— Un peu.

— Plus exactement les milieux de music-hall et de café-concert ?

Alors, Maigret eut la mesure de l'humour en même temps que du sens pratique d'O'Brien, car son interlocuteur soupira :

— J'ai été clown pendant vingt ans.

— Un clown triste, sans doute ? Si vous voulez, nous allons entrer dans un bar et prendre un verre.

— Je veux bien.

Puis, avec une simplicité désarmante :

— Je croyais qu'on vous avait prévenu ?

— De quoi ?

— Je supporte mal la boisson. Enfin ! Un seul verre, n'est-ce pas ?

Ils s'assirent dans un coin, tandis que Bill pénétrait lui aussi dans le bar et s'installait au comptoir.

Maigret expliquait :

— Si nous étions à Paris, je trouverais tout de suite le renseignement que je cherche, car nous avons, aux environs de la Porte Saint-Martin, un certain nombre de boutiques qui datent d'une autre époque... Dans les unes, on vend des chansons populaires et on peut encore s'y procurer aujourd'hui celles qui se chantaient à tous les carrefours en 1900 ou en 1910... Dans une autre que je connais, celle d'un posticheur, on trouve tous les modèles de barbes, de moustaches, de perruques qu'ont portés les acteurs depuis les temps les plus reculés... Et il y a enfin, dans des endroits miteux, des bureaux où des impresarios invraisemblables organisent des tournées pour petites villes de province...

Pendant qu'il parlait, Ronald Dexter regardait son verre d'un œil profondément mélancolique.

— Vous me comprenez ?

— Oui, monsieur.

— Bon. Sur les murs de ces bureaux, il ne serait pas difficile de retrouver les affiches de numéros de café-concert qui ont eu la vogue il y a trente ou quarante ans... Et sur les banquettes des salles d'attente, dix vieux cabots ou anciennes gommeuses...

Il s'interrompit. Il dit :

— Je vous demande pardon.

— De rien.

— Je veux dire que des acteurs, des chanteurs, des chanteuses qui ont aujourd'hui soixante-dix ans et plus viennent encore solliciter un engagement. Ces gens-là ont une mémoire prodigieuse, surtout en ce qui concerne l'époque de leurs succès. Eh bien ! monsieur Dexter...

— Tout le monde m'appelle Ronald.

— Eh bien ! je me demande s'il existe à New-York l'équivalent de ce que je viens de vous expliquer.

L'ancien clown prit le temps de réfléchir, les yeux toujours fixés sur son verre auquel il n'avait pas encore touché. Enfin, il questionna avec le plus grand sérieux :

— Il faut qu'ils soient vraiment très vieux ?

— Que voulez-vous dire ?

— Il faut que ce soient vraiment de très vieux cabots ? Vous avez parlé de soixante-dix ans et plus. Pour ici, c'est beaucoup, parce que, voyez-vous, on meurt plus vite.

Sa main se tendit vers le verre, revint, se tendit à nouveau et, enfin, il avala l'alcool d'un trait.

— Il existe des endroits... Je vous montrerai...

— Il ne s'agit de remonter qu'à une trentaine d'années. A cette époque-là, deux Français, sous le nom de *J and J*, faisaient un numéro musical dans les cafés-concerts.

— Vous dites trente ans ? Je crois que c'est possible. Et vous voudriez savoir ?

— Tout ce que vous pourrez apprendre sur leur compte. J'aimerais aussi obtenir une photographie. Les artistes se font beaucoup photographier. Leur image paraît sur les affiches, sur les programmes.

— Et vous avez l'intention de m'accompagner ?

— Pas ce soir. Pas tout de suite.

— Cela vaut mieux. Parce que, n'est-ce pas ? vous risquez d'effaroucher les gens. Ils sont très susceptibles, vous savez. Si vous voulez, j'irai vous voir demain à votre hôtel, ou bien je vous téléphonerai. Est-ce que c'est très pressé ? Je peux commencer dès ce soir. Mais il faudrait...

Il hésita, baissa la voix.

— Il faudrait que vous me donniez de quoi payer quelques tournées, entrer dans certains endroits.

Maigret tira son portefeuille de sa poche.

— Oh ! J'aurai assez avec dix dollars. Parce que, si vous m'en donnez davantage, je les dépenserai. Et quand j'aurai fini votre travail, il ne me restera plus rien... Vous n'avez plus besoin de moi, maintenant ?

Le commissaire secoua la tête. Il avait pensé un instant dîner en compagnie de son clown, mais celui-ci se révélait par trop irrémédiablement lugubre.

— Cela ne vous ennuie pas que ce type-là vous suive ?

— Qu'est-ce que vous feriez, si cela m'ennuyait ?

— Je pense qu'en lui offrant un peu plus que ceux qui l'emploient...

— Il ne me gêne pas.

Et c'était vrai. C'était presque une distraction pour Maigret de sentir l'ancien boxeur sur ses talons.

Il dîna ce soir-là, dans une cafétéria brillamment éclairée de Broadway où on lui servit d'excellentes saucisses, mais où il fut vexé de n'obtenir que du Coca-Cola en guise de bière.

Puis, vers neuf heures, il héla un taxi.

— Au coin de Findlay et de la 169e rue.

Le chauffeur soupira, baissa son drapeau d'un air résigné et Maigret ne comprit son attitude qu'un peu plus tard, quand la voiture quitta les quartiers brillamment éclairés pour pénétrer dans un monde nouveau.

Bientôt, le long des rues rectilignes, interminables, on ne vit plus guère circuler que des gens de couleur. C'était Harlem qu'on traversait, avec ses maisons toutes pareilles les unes aux autres, ses blocs de briques sombres qu'enlaidissaient par surcroît, zigzaguant sur les façades, les escaliers de fer pour les cas d'incendie.

On franchissait un pont, beaucoup plus tard, on frôlait des entrepôts ou des usines — il était difficile de distinguer dans l'obscurité —, et c'était, dans le Bronx, de nouvelles avenues désolées, avec parfois les lumières jaunes, rouges ou violettes d'un cinéma de quartier, les vitrines d'un grand magasin encombrées de mannequins de cire aux poses figées.

On roula plus d'une demi-heure et les rues devenaient toujours plus sombres, plus désertes, jusqu'à ce qu'enfin le chauffeur arrêtât sa machine et se retournât en laissant tomber d'un ton dédaigneux :

— Findlay.

La 169e Rue était là, sur la droite. Mais il fallut parlementer longtemps pour décider le chauffeur à attendre. Encore ne se résigna-t-il pas à rester au carrefour, mais, quand Maigret se mit en marche le long du trottoir, roula-t-il tout doucement derrière lui.

Et un second taxi roulait de même au ralenti, le taxi de Bill, le détective-boxeur, sans doute, qui, lui, ne se donnait pas la peine de descendre de voiture.

Dans la perspective noire, on voyait se découper le rectangle de quelques boutiques comme il en existe dans les quartiers pauvres de Paris et de toutes les capitales.

Qu'est-ce que Maigret était venu faire ici ? Rien de précis. Est-ce qu'il savait seulement ce qu'il était venu faire à New-York ? Et pourtant, depuis quelques heures, depuis le moment, en somme, où il avait quitté le *Saint-Régis*, il ne se sentait plus dépaysé. Le *Berwick*, déjà, l'avait réconcilié avec l'Amérique, peut-être à cause de son odeur d'humanité, et maintenant, il imaginait toutes les vies tapies dans les alvéoles de ces cubes de briques, toutes les scènes qui se déroulaient derrière les stores.

Little John ne l'avait pas impressionné, ce n'était pas le mot, mais Little John n'en était pas moins comme une entité, quelque chose, en tout cas, de fabriqué, d'artificiel.

Mac Gill aussi, peut-être encore davantage.

Et même le jeune homme, Jean Maura, avec ses frayeurs et l'approbation du vieux monsieur d'Hoquélus.

Et la disparition au moment où le paquebot touchait enfin à New-York...

Tout cela, en somme, n'avait pas d'importance. C'est le mot que Maigret eût prononcé si O'Brien eût été là en ce moment, avec son sourire épars sur son visage de roux criblé de petite vérole.

Une réflexion, en passant, tandis qu'il marchait les mains dans les poches, la pipe aux dents. Pourquoi sont-ce le plus souvent les roux qui sont marqués de petite vérole et pourquoi, presque invariablement, sont-ce des gens sympathiques ?

Il reniflait. Il humait l'air où traînaient comme de vagues relents de mazout et de médiocrité. Est-ce qu'il y avait de nouveaux *J and J* dans quelques-unes de ces alvéoles ? Sûrement oui ! Des jeunes gens débarqués de quelques semaines à peine et qui attendaient, les dents serrées, l'heure glorieuse du *Saint-Régis*.

Il cherchait une boutique de tailleur. Deux taxis le suivaient comme une procession. Et il était sensible à ce que cette situation avait de cocasse.

Deux jeunes gens, un jour, à une époque où l'on portait encore des faux cols raides et des manchettes en forme de cylindre — Maigret en avait eu de lavables, en caoutchouc ou en toile caoutchoutée, il s'en souvenait encore —, deux jeunes gens avaient habité cette rue, en face d'une boutique de tailleur.

Or un autre jeune homme, voilà quelques jours, avait eu peur pour la vie de son père.

Et ce jeune homme, avec qui Maigret conversait quelques minutes plus tôt sur le pont du navire, avait disparu.

Le commissaire cherchait la boutique du tailleur. Il regardait les fenêtres des maisons, souvent barrées par ces ignobles escaliers de fer qui s'arrêtaient en haut du rez-de-chaussée.

Une clarinette et un violon...

Pourquoi collait-il le nez, comme quand il était gosse, à la vitrine d'une de ces boutiques où l'on vend de tout, des légumes, de l'épicerie et des bonbons ? Juste à côté de cette boutique, il y en avait une autre, qui n'était pas éclairée, mais qui n'avait pas de volets et à travers la vitre de laquelle on voyait, grâce aux rayons d'un réverbère proche, une machine à presser et des complets qui pendaient sur des cintres.

« Arturo Giacomi. »

Les deux taxis le suivaient toujours, stoppaient à quelques mètres de lui et ni les chauffeurs, ni cette brute épaisse de Bill ne se doutaient du contact que cet homme au lourd pardessus, à la pipe vissée entre les dents, prenait, en se retournant vers la maison d'en face, avec deux Français de vingt ans qui avaient débarqué jadis, l'un avec son violon sous le bras, l'autre avec sa clarinette.

4

Il s'en fallait de peu, ce matin-là, pour qu'un homme vive ou meure, pour qu'un crime répugnant ne soit pas commis, et ce peu c'était une question de quelques minutes en plus ou en moins dans l'emploi du temps de Maigret.

Malheureusement, il l'ignorait. Pendant les trente années passées à la Police judiciaire, il avait l'habitude, lorsqu'une enquête ne le retenait pas la nuit dehors, de se lever vers sept heures du matin et il aimait parcourir à pied le chemin assez long séparant le boulevard Richard-Lenoir, où il habitait, du Quai des Orfèvres.

Au fond malgré son activité, il avait toujours été un flâneur. Et, une fois à la retraite, dans sa maison de Meung-sur-Loire, il s'était levé plus tôt encore, souvent, l'été, avant le soleil qui le trouvait debout dans son jardin.

A bord, aussi, il était presque toujours le premier à arpenter le pont, alors que les matelots s'activaient à laver celui-ci à grande eau et à astiquer les cuivres des rembardes.

Or, le premier matin de New-York, parce qu'il avait trop bu avec le capitaine O'Brien, il s'était levé à onze heures.

Le second jour, dans sa chambre du *Berwick,* il commença par s'éveiller de bonne heure, parce que c'était son habitude. Mais, justement parce qu'il était trop tôt, parce qu'il sentait les rues vides, les volets encore clos, il décida de se rendormir.

Et il se rendormit pesamment. Lorsqu'il ouvrit les yeux, il était passé dix heures du matin. Pourquoi se trouva-t-il dans l'état d'esprit des gens qui ont travaillé toute la semaine et pour qui le grand bonheur du dimanche est de faire la grasse matinée ?

Il traîna. Il mit une éternité à déguster son petit déjeuner. Il alla fumer, en robe de chambre, une première pipe à sa fenêtre et il fut étonné de ne pas apercevoir Bill dans la rue.

Il est vrai que le détective-boxeur avait dû dormir lui aussi. S'était-il fait remplacer pendant ces heures-là ? Etaient-ils deux à se relayer derrière Maigret ?

Il se rasa minutieusement et consacra encore un bout de temps à mettre de l'ordre dans ses affaires.

Or c'était de toutes ces minutes-là, si banalement gaspillées, que la vie d'un homme dépendait.

Au moment où Maigret descendait dans la rue, il était encore temps, à la rigueur. Bill n'était décidément pas là et le commissaire n'apercevait personne paraissant chargé de le suivre. Un taxi passait à vide. Il leva le bras machinalement. Le chauffeur ne le vit pas et, au lieu de chercher un autre taxi, Maigret décida de marcher un peu.

C'est ainsi qu'il découvrit la Cinquième Avenue et ses magasins de luxe aux vitrines desquels il s'arrêta. Il resta longtemps à contempler des pipes, se décida à en acheter une, bien qu'à l'ordinaire ce fût le cadeau de Mme Maigret à chaque fête et à chaque anniversaire.

Un détail ridicule encore, saugrenu. La pipe coûtait très cher. En sortant du magasin, Maigret se souvint du prix qu'il avait payé le taxi la veille au soir et il se promit d'économiser cette somme ce matin-là.

Voilà pourquoi il prit le *subway* dans lequel il perdit un temps considérable avant de trouver le carrefour de Findlay.

Le ciel était d'un gris dur, lumineux. Le vent soufflait encore, mais plus en tempête. Maigret tourna l'angle de la 169e Rue et eut aussitôt le sentiment de la catastrophe.

Là-bas, à deux cents mètres de lui environ, il y avait un rassemblement devant une porte et, bien qu'il connût mal l'endroit, bien qu'il ne l'eût vu que de nuit, il avait la quasi-certitude que c'était en face de la boutique du tailleur italien.

Tout ou presque tout, d'ailleurs, dans la rue, dans le quartier, était italien. Les enfants qu'on voyait jouer sur les seuils des maisons avaient les cheveux noirs et ces visages trop éveillés, ces longues jambes bronzées des gamins de Naples ou de Florence.

Sur la plupart des boutiques, c'étaient des noms italiens qui s'étalaient et les vitrines étaient remplies de mortadelles, de pâtes et de salaisons qui venaient des bords de la Méditerranée.

Il allongeait le pas. Vingt ou trente personnes formaient grappe sur le seuil du tailleur qu'un constable défendait contre l'envahissement et toute une marmaille plus ou moins pouilleuse grouillait autour de ce groupe.

Cela sentait l'accident, le drame sordide qui éclate tout à coup dans la rue et qui burine le visage des passants.

— Que s'est-il passé ? demanda-t-il à un gros homme en chapeau melon qui se tenait au dernier rang et se hissait sur la pointe des pieds.

Bien qu'il eût employé l'anglais, l'homme se contenta de l'examiner curieusement, puis de détourner la tête en haussant les épaules.

Il entendait des bribes de phrases, les unes en italien, les autres en anglais.

— ... Juste au moment où il traversait la rue...

— ... tous les matins, à la même heure, depuis des années et des années, il faisait sa promenade... Voilà quinze ans que je suis dans le quartier et je l'ai toujours vu...

— ... Sa chaise est encore là...

A travers la vitre du magasin, on apercevait la presse à vapeur sur laquelle un complet restait étalé et, plus près, contre la glace, une chaise à fond de paille, à siège assez bas, qui était celle du vieil Angelino.

Car Maigret commençait à comprendre. Patiemment, avec cette adresse des gros, il se faufilait peu à peu au cœur de la foule et il raccordait ensemble les bribes de phrases qu'il surprenait.

Il y avait cinquante ans et sans doute davantage qu'Angelino Giacomi était venu de Naples et s'était installé dans cette boutique, bien avant l'invention des presses à vapeur. C'était presque l'ancêtre de la rue, du quartier, et, lors des élections municipales, il n'y avait pas un candidat qui ne lui rendît visite.

Son fils Arturo, maintenant, avait pris sa suite et ce fils avait près de soixante ans, était lui-même père de sept ou huit enfants dont la plupart étaient mariés.

En hiver, le vieil Angelino passait ses journées assis sur cette chaise à fond de paille, dans la devanture dont il avait l'air de faire partie, à fumer du matin au soir de ces cigares italiens mal façonnés, en tabac noir, qui répandent une odeur âcre.

Et, dès le printemps, de même qu'on assiste au retour des hirondelles, on voyait, d'un bout de la rue à l'autre, le vieil Angelino installer sa chaise sur le trottoir, à côté de la porte.

A présent, il était mort ou mourant, Maigret ne savait pas encore au juste. Différentes versions circulaient à ce sujet autour de lui, mais bientôt on entendit la sirène caractéristique des voitures d'ambulance et une auto à croix rouge stoppa au bord du trottoir.

Il y eut des remous dans la foule qui se fendit lentement et que deux hommes en blouse blanche traversèrent pour entrer dans la boutique, d'où ils ressortirent quelques instants plus tard, portant une civière sur laquelle on ne voyait rien qu'un corps recouvert d'un drap.

Puis la portière arrière se referma. Un homme sans faux col, Giacomi le fils, sans doute, qui s'était contenté de passer un veston sur ses vêtements de travail, monta à côté du chauffeur et l'ambulance s'éloigna.

— Il est mort ? demandait-on au constable toujours en faction.

Celui-ci n'en savait rien. Cela lui était égal. Ce n'était pas son métier de s'occuper de ces détails.

Une femme pleurait dans la boutique, ses cheveux gris défaits lui tombant sur le visage, et parfois elle poussait de tels gémissements qu'on les entendait de la rue.

Une personne, deux, trois, se décidaient à s'éloigner. Des ménagères cherchaient leur marmaille autour d'elles pour aller continuer leur marché dans les boutiques du quartier.

Le groupe diminuait peu à peu, mais il en restait assez pour boucher la porte.

C'était un coiffeur, maintenant, le peigne sur l'oreille, qui expliquait avec un fort accent génois :

— J'ai tout vu comme je vous vois, car c'est l'heure creuse et je me trouvais justement sur le seuil de mon salon.

On apercevait, en effet, quelques maisons plus loin, le cylindre aux bandes bleues et rouges qui annonce les salons de coiffure.

— Presque tous les matins, il s'arrêtait un petit moment devant chez moi pour bavarder. C'est moi qui lui faisais la barbe, le mercredi et le samedi... Je lui ai toujours fait la barbe... Pas mon commis, mais moi-même... Et je l'ai toujours connu tel qu'il était ce matin encore... Il devait pourtant avoir quatre-vingt-deux ans... Attendez... Non... Quatre-vingt-trois... Quand Maria, sa dernière petite-fille, s'est mariée, il y a quatre ans, je me souviens qu'il m'a dit...

Et le coiffeur se livrait à des calculs pour établir l'âge exact du vieil Angelino qu'on venait d'emporter brutalement loin de la rue où il avait vécu si longtemps.

— Il y a une chose qu'il n'aurait pas consenti à avouer pour quoi que ce soit au monde : c'est qu'il n'y voyait pour ainsi dire plus... Il portait toujours ses verres, des verres épais dans une ancienne monture en argent... Il passait son temps à les essuyer avec son grand mouchoir rouge et à les remettre sur ses yeux. Mais la vérité, c'est qu'ils ne lui servaient pas à grand-chose... C'est pour cela et non parce qu'il avait de mauvaises jambes — car il a toujours gardé ses jambes de vingt ans — qu'il avait pris l'habitude de marcher avec une canne...

» Chaque matin à dix heures et demie exactement...

Or, logiquement, Maigret aurait dû être dans la boutique vers cette heure-là. Il se l'était promis la veille. C'était le vieil Angelino qu'il voulait voir et questionner.

Que se serait-il produit si Maigret était arrivé à temps, s'il ne s'était pas rendormi, s'il n'avait pas traîné à la fenêtre, si le taxi qu'il avait hélé s'était arrêté, s'il n'avait pas acheté de pipe dans la Cinquième Avenue ?

— On lui nouait autour du cou une grosse écharpe de laine tricotée, une écharpe rouge... Tout à l'heure, j'ai vu un gamin, le fils de la légumière, qui la rapportait... Il ne portait jamais de pardessus, fût-ce au cœur de l'hiver... Il s'en allait à petits pas bien réguliers, en rasant les maisons, et moi je savais que sa canne lui servait à se diriger...

Ils n'étaient plus que cinq ou six autour du coiffeur et, comme Maigret paraissait le plus sérieux, le plus intéressé du groupe, c'était à lui que l'homme avait fini par s'adresser.

— Devant chaque boutique, ou à peu près, il saluait d'un geste de la main, car il connaissait tout le monde. Au coin de la rue, il s'arrêtait un instant au bord du trottoir avant de traverser, car sa promenade comportait invariablement trois blocs de maisons...

» Ce matin, il a fait comme les autres jours... Je l'ai vu... J'affirme que je l'ai vu faire les premiers pas sur la chaussée... Pourquoi me suis-je retourné à ce moment-là ? Je n'en sais rien... Peut-être mon commis, dans le salon dont la porte était restée ouverte, m'a-t-il adressé la parole ?... Il faudra que je lui demande, car cela m'intrigue...

» J'ai nettement entendu l'auto arriver... Cela se passait à moins de cent mètres de chez moi... Puis un drôle de bruit... Un bruit mou... C'est difficile à décrire... Un bruit, en tout cas, qui vous fait comprendre tout de suite qu'il s'est produit un accident.

» Je me suis retourné et j'ai vu l'auto qui continuait sa route à toute vitesse... Elle passait déjà devant moi... En même temps, je regardais le corps par terre.

» Si je ne m'étais pas occupé des deux choses à la fois, j'aurais mieux examiné les deux hommes qui étaient à l'avant de la voiture... Une grosse auto grise... D'un gris plutôt sombre... Je serais presque tenté de dire noire, mais je crois qu'elle était grise... Ou alors elle était couverte de poussière...

» Des gens s'étaient déjà précipités... Je suis d'abord venu ici pour avertir Arturo... Il était en train de presser un pantalon. On a ramené le vieil Angelino avec un filet de sang qui lui sortait de la bouche et un bras qui pendait, une épaule de son veston déchirée... On ne constatait rien d'autre à première vue, mais j'ai tout de suite compris qu'il était mort... »

C'était dans le bureau du capitaine O'Brien. Celui-ci, qui avait renversé sa chaise en arrière, à cause de ses longues jambes, fumait sa pipe à très petites bouffées, en caressait le tuyau de ses lèvres et regardait, la paupière lourde, Maigret, qui parlait.

— Je suppose, disait celui-ci en terminant, que vous n'allez plus prétendre que la liberté individuelle vous interdit de vous occuper de ces salauds-là ?

Car Maigret, après plus de trente ans de police, pendant lesquels il avait tout vu des bassesses, des cruautés, des lâchetés humaines, en était encore à s'indigner comme au premier jour de certains actes.

La coïncidence de la visite projetée ce matin-là au vieux Giacomi, le fait que cette visite, rendue à temps, aurait sans doute sauvé la vie du tailleur, jusqu'à cet achat d'une pipe qu'il évitait maintenant de fumer lui donnaient l'humeur encore plus sombre.

— Ce n'est malheureusement pas la Police fédérale que cela regarde, mais, jusqu'à nouvel ordre, la police de New-York.

— Ils l'ont tué salement, crapuleusement... grondait l'ancien commissaire.

Et O'Brien de murmurer, rêveur :

— Ce n'est pas tant la façon dont ils l'ont tué qui me frappe, que le fait qu'ils l'ont tué juste à temps...

Maigret y avait déjà pensé et il était difficile d'y voir une coïncidence.

Pendant des années et des années, personne ne s'était occupé du vieil Angelino, qui avait pu passer ses journées sur sa chaise, à la vue des passants, et faire chaque matin, comme un bon gros chien, son petit tour de piste familier.

La veille, la nuit même, Maigret s'était arrêté quelques instants devant la boutique du tailleur. Il s'était promis, sans en parler à personne, d'y revenir dès le matin et de questionner le bonhomme.

Or, quand il arrivait, on avait pris soin de mettre définitivement celui-ci dans l'impossibilité de parler.

— Il a fallu faire vite... grommela-t-il en regardant O'Brien avec une involontaire rancune.

— Il ne faut pas longtemps pour organiser un accident de ce genre, quand on est à l'avance au courant de tous les détails indispensables... Je n'irai pas jusqu'à dire qu'il y a des agences qui se chargent de cette sorte de travail, mais presque... Il suffit, en somme, de savoir à qui s'adresser, de donner confiance et d'y mettre le prix, comprenez-vous ?... C'est ce qu'on appelle les tueurs... Seulement, les tueurs ne pouvaient pas savoir que le vieil Angelino traversait la 169e Rue chaque matin, à la même heure, au même endroit...

» Quelqu'un a dû les renseigner, vraisemblablement celui qui leur a commandé le travail.

» Et ce quelqu'un était renseigné de longue date.

Ils se regardèrent gravement, car ils tiraient tous les deux des conclusions identiques des événements.

Quelqu'un, depuis un temps indéterminé, savait qu'Angelino avait quelque chose à dire et que ce quelque chose constituait une menace pour sa tranquillité.

Malgré lui, Maigret évoquait la silhouette nerveuse, mais presque fluette de Little John, ses yeux clairs et froids où on ne sentait aucune flamme humaine.

N'était-ce pas exactement l'homme capable de commander à des tueurs, sans sourciller, la besogne qu'ils avaient accomplie le matin ?

Et Little John avait habité la 169e Rue, juste en face de la maison du tailleur !

Au surplus, si l'on devait en croire ses lettres à son fils — et elles rendaient un son troublant de sincérité — c'était Little John qui se sentait menacé, qui craignait sans doute pour sa vie !

Et c'était son fils qui avait disparu avant de mettre les pieds sur le sol américain !

— Ils tuent... dit Maigret, après un long silence, comme si c'était le résumé de ses pensées.

Et c'était à peu près cela. Il venait d'évoquer Jean Maura et, maintenant qu'il savait qu'il s'agissait de gens capables de tuer, il n'était pas sans remords.

N'aurait-il pas dû monter meilleure garde auprès du jeune homme qui lui avait demandé son aide ? N'avait-il pas eu le tort de ne pas prendre ses alarmes très au sérieux, malgré les avis de M. d'Hoquélus ?

— En somme, disait à son tour l'homme roux de la Police fédérale, nous nous trouvons en présence de gens qui se défendent, ou plus exactement qui attaquent pour se défendre... Je me demande, mon cher Maigret, ce que vous allez pouvoir faire... La police de New-York n'aura aucun désir de vous voir vous mêler à son enquête... A quel titre, d'ailleurs ?... Il s'agit d'un crime commis en territoire américain... Les assassins aussi, sans doute. Maura est naturalisé... Mac Gill, je me suis renseigné, est né à New-York...

Et, d'ailleurs, vous verrez que ces deux-là ne seront pas mêlés à l'affaire... Quant au jeune Maura, personne n'a porté plainte et son père ne paraît pas désireux de le faire.

Il se leva en soupirant.

— Voilà tout ce que je peux vous dire.

— Vous savez que mon bouledogue n'était pas à son poste ce matin ?

L'autre comprit qu'il parlait de Bill.

— Vous ne me l'aviez pas encore dit, mais je l'aurais parié... Il a bien fallu, n'est-ce pas, qu'entre hier soir et ce matin quelqu'un soit mis au courant de votre visite dans la 169e Rue.

— ... Afin que, désormais, je puisse y retourner sans danger pour personne.

— Savez-vous qu'à votre place je prendrais quelques précautions en traversant les rues ?... Je crois, parbleu, que j'éviterais, surtout le soir, les endroits déserts... On n'a pas toujours besoin d'écraser les gens... Il est facile, en passant en voiture, de leur envoyer une rafale de mitraillette.

— Je pensais que les gangsters n'existaient que dans les romans et dans les films. N'est-ce pas ce que vous m'avez dit ?

— Je ne vous parle pas des gangsters. Je vous donne un conseil. A part ça, qu'est-ce que vous avez fait de mon clown pleureur ?

— Je l'ai mis au travail et il doit me téléphoner ou venir me voir au *Berwick* dans la journée.

— A moins qu'il lui arrive un accident, à lui aussi.

— Vous croyez ?

— Je ne sais rien. Je n'ai le droit de me mêler de rien. J'ai bonne envie de vous dire d'en faire autant, mais ce serait évidemment inutile.

— Oui...

— Bonne chance. Téléphonez-moi si vous avez du nouveau. Il est possible que je rencontre, tout à fait par hasard, mon collègue de la police de New-York chargé de cette affaire. Je ne sais pas encore qui on a choisi. Il est possible aussi que, dans la conversation, il me confie certaines petites choses susceptibles de vous intéresser. Je ne vous invite pas à déjeuner, car j'ai un lunch tout à l'heure avec deux de mes chefs.

Cela ressemblait peu à leur première rencontre et à leur entretien marqué de bonne humeur et d'un humour léger.

Ils avaient l'un comme l'autre un poids sur le cœur. Cette rue du Bronx, avec ses boutiques italiennes, sa marmaille, sa vie faubourienne, où un vieillard faisait sa promenade à petits pas et où une auto s'élançait sauvagement...

Maigret faillit entrer dans une cafétéria pour manger un morceau, puis, comme il n'était pas loin du *Saint-Régis*, l'idée lui vint d'entrer au bar. Il n'espérait rien, sinon peut-être d'apercevoir Mac Gill qui semblait avoir l'habitude d'y prendre l'apéritif.

Et il s'y trouvait en effet, en compagnie d'une fort jolie femme. Il aperçut le commissaire et se leva à demi pour le saluer.

Puis il dut parler de lui à sa compagne, car celle-ci se mit à dévisager

Maigret avec curiosité tout en fumant sa cigarette marquée de rouge à lèvres.

Ou bien Mac Gill ne savait rien, ou il possédait un sang-froid remarquable, car il se montrait très à son aise. Comme Maigret restait toujours seul au bar devant un cocktail, il se décida soudain à se lever, en s'excusant auprès de son amie, et il vint vers le commissaire, la main tendue.

— Je ne suis pas fâché de vous rencontrer, car, après ce qui s'est passé hier, j'avais l'intention de vous parler.

Maigret avait feint de ne pas voir la main qu'on lui offrait et que le secrétaire finit par glisser dans sa poche.

— Little John s'est conduit avec vous d'une façon brutale et encore plus maladroite. C'est justement ce que je voulais vous dire : qu'il y a plus de maladresse chez lui que de méchanceté. Il est habitué depuis longtemps à ce que tout le monde lui obéisse. Le moindre obstacle, la moindre opposition l'irritent. Et enfin, en ce qui concerne son fils, il a un sentiment bien particulier. C'est, si vous voulez, la partie intime, la partie secrète de sa vie, qu'il garde jalousement pour lui. C'est pourquoi il s'est fâché en vous voyant vous occuper, malgré lui, de cette affaire.

» Je peux vous dire en confidence que, depuis votre arrivée, il remue ciel et terre pour retrouver Jean Maura.

» Il le retrouvera, car il en a les moyens.

» Sans doute, en France, où vous pourriez lui être de quelque secours, accepterait-il votre concours. Ici, dans une ville que vous ne connaissez pas...

Maigret était immobile, aussi insensible en apparence qu'un mur.

— Bref, je vous demande...

— ... d'accepter vos excuses, laissa-t-il tomber.

— ... et les siennes.

— C'est lui qui vous a chargé de me les présenter ?

— C'est-à-dire que...

— ... que vous avez hâte, l'un comme l'autre, pour les mêmes raisons ou pour des raisons différentes, de me voir ailleurs.

— Si vous le prenez comme ça...

Et Maigret, bourru, en se retournant vers le bar pour saisir son verre :

— Je le prends comme il me plaît.

Quand il regarda à nouveau vers la salle, Mac Gill était assis auprès de la blonde Américaine qui lui posait des questions auxquelles il était visible qu'il n'avait nullement le désir de répondre.

Il était sombre et, au moment de sortir, le commissaire se sentit suivi par un regard où il y avait de l'angoisse et de la rancune.

Tant mieux !

Un câble l'attendait au *Berwick*, qu'on avait fait suivre du *Saint-Régis*. Ronald Dexter était là aussi, qui l'attendait patiemment sur une banquette du hall.

La dépêche disait :

Reçois par câble excellentes nouvelles Jean Maura stop vous expliquerai situation retour stop enquête désormais sans objet stop compte sur votre arrivée par prochain bateau.

Sincères salutations.
François D'Hoquélus.

Maigret plia menu le papier jaune qu'il glissa en soupirant dans son portefeuille. Puis il se tourna vers le clown triste.

— Vous avez mangé ? lui demanda-t-il.

— C'est-à-dire que j'ai avalé un *hot dog* tout à l'heure. Mais, si vous tenez à ce que je vous accompagne...

Et cela permit au commissaire de découvrir une autre caractéristique inattendue de son étrange détective. Dexter, qui était maigre au point que les vêtements les plus étriqués flottaient autour de ses membres, avait un estomac d'une capacité prodigieuse.

Il était à peine assis au comptoir d'une cafétéria que ses yeux brillaient comme ceux d'un homme qui serait resté plusieurs jours sans manger et il murmurait, en désignant des sandwiches au fromage et au jambon :

— Vous permettez ?

Ce n'était pas un sandwich qu'il demandait la permission de manger, mais toute la pile, et, tandis qu'il l'absorbait de la sorte, il lançait autour de lui des regards anxieux, comme s'il craignait qu'on vînt l'empêcher de poursuivre son repas.

Il mangeait sans boire. D'énormes bouchées se succédaient dans sa bouche d'une élasticité prodigieuse et chaque bouchée poussait l'autre sans qu'il en fût le moins du monde incommodé.

— J'ai déjà trouvé quelque chose... parvenait-il malgré tout à prononcer.

Et, de sa main libre, il fouillait dans la poche de son *trench-coat* qu'il n'avait pas pris le temps de retirer. Il posait sur le comptoir une feuille de papier pliée. Pendant que le commissaire la dépliait, il demandait :

— Cela ne vous fait rien que je commande quelque chose de chaud ? Ici, ce n'est pas cher, vous savez...

Le papier était un prospectus comme les acteurs en vendaient jadis, dans la salle, leur numéro terminé.

Demandez la photographie des artistes.

Et Maigret qui, à cette époque-là, était un assidu du *Petit Casino*, à la Porte Saint-Martin, entendait encore le sempiternel :

— *Il me coûte dix centimes.*

Ce n'était même pas une carte postale comme s'offraient le luxe d'en faire imprimer les numéros importants, mais un simple papier fort, d'un jaune maintenant déteint.

J and J, les célèbres fantaisistes musicaux qui ont eu l'honneur de jouer devant tous les souverains d'Europe et devant le shah de Perse.

— Je vous demanderai de ne pas trop le salir, disait le clown en commençant à dévorer des œufs frits au lard. On ne me l'a pas donné, mais seulement prêté.

C'était tellement cocasse, l'idée de prêter un papier de ce genre que personne ne se serait donné la peine de ramasser dans la rue...

— C'est un ami à moi... Enfin, un homme que j'ai beaucoup connu, qui tenait dans les cirques le rôle de M. Loyal. C'est beaucoup plus difficile qu'on ne croit, vous savez. Il l'a tenu pendant plus de quarante ans, et maintenant il ne quitte plus son fauteuil, il est très vieux, je suis allé le voir la nuit dernière, car il ne dort à peu près plus.

Il parlait toujours la bouche pleine et il louchait vers les saucisses qu'un de ses voisins venait de commander. Il en mangerait, bien sûr, et sans doute aussi un de ces énormes morceaux de gâteau laqués d'une crème livide qui soulevait le cœur de Maigret.

— Mon ami n'a pas connu personnellement *J and J*... Lui ne s'occupait que du cirque, vous comprenez ? Mais il possède une collection unique d'affiches, de programmes et d'articles de journaux traitant des familles du cirque ou du music-hall. Il peut vous dire que tel acrobate, qui a trente ans aujourd'hui, est le fils de tel trapéziste qui a épousé lui-même la petite-fille du porteur de tel numéro de force qui s'est tué au *Palladium* de Londres en 1905.

Maigret écoutait d'une oreille distraite et regardait la photographie sur le papier jaune et glacé. Pouvait-on parler de photographie ? La reproduction, en photogravure à trame trop grosse, était si mauvaise que l'on reconnaissait à peine les visages.

Deux hommes, jeunes tous les deux, maigres tous les deux. Ce qui les différenciait le plus, c'est que l'un portait les cheveux très longs. C'était le violoniste, et Maigret était persuadé que celui-là était devenu Little John.

L'autre, le cheveu plus rare, avec déjà, tout jeune, des signes de calvitie, portait des lunettes, et, roulant les yeux, soufflait dans une clarinette.

— Mais oui, mais oui, commandez donc des saucisses, disait Maigret sans que Ronald Dexter ait eu le temps de parler.

— Vous devez penser que j'ai eu faim toute ma vie, n'est-ce pas ?

— Pourquoi ?

— Parce que c'est vrai... J'ai toujours eu faim. Même quand je gagnais de l'argent, car je n'en avais jamais assez pour manger autant que je l'aurais voulu. Il faudra que vous me rendiez ce papier, car j'ai promis à mon ami de le lui rapporter.

— Je le ferai photographier tout à l'heure.

— Ah ! j'aurai d'autres renseignements, mais pas tout de suite. Déjà pour ce prospectus, j'ai dû insister afin que mon ami le cherche sur-le-champ. Il vit dans son fauteuil monté sur roues et il va et vient tout seul dans son logement encombré de papiers. Il m'a affirmé qu'il connaissait des gens qui pourraient nous renseigner, mais il n'a pas voulu me dire qui... Parce qu'il ne se souvient pas au juste, j'en suis sûr. Il a besoin de fouiller dans ses fatras...

» Il n'a pas le téléphone. Comme il ne peut pas sortir, cela ne facilite pas les choses.

» — Ne craignez rien... On vient me voir... On vient me voir... m'a-t-il répété. Il y a assez d'artistes qui se souviennent du vieux Germain et qui sont bien contents de venir bavarder dans ce taudis...

» J'ai entre autres une vieille amie qui a été danseuse de corde, puis voyante dans un numéro diabolique, et qui a fini par dire la bonne aventure. Elle vient tous les mercredis.

» Passez de temps en temps. Lorsque j'aurai quelque chose pour vous, je vous le dirai. Mais vous allez m'avouer la vérité. Il s'agit d'un livre sur le café-concert, n'est-ce pas ? On en a déjà écrit sur les gens du cirque. On venait me trouver, on me tirait les vers du nez, on m'emportait mes documents, puis, quand le livre paraissait, mon nom n'y figurait même pas...

Maigret comprenait de quel genre d'homme il s'agissait et il savait qu'il ne servirait de rien de le bousculer.

— Vous retournerez là-bas chaque jour... dit-il.

— J'ai d'autres endroits à visiter aussi. Vous verrez que je vous trouverai tous les renseignements que vous cherchez. Seulement, il faut que je vous demande encore une petite provision. Hier, vous m'avez remis dix dollars et je vous les ai portés en compte. Tenez ! Mais si... Je veux que vous le voyez...

Et il exhibait un calepin crasseux sur une des pages duquel il avait tracé au crayon :

Reçu provision pour enquête J and J : dix dollars.

— Aujourd'hui, j'aime mieux que vous ne m'en remettiez que cinq, parce que je dépenserais quand même tout et que cela irait trop vite. Alors, je n'oserais plus rien vous demander et, sans argent, je serais incapable de vous aider. C'est trop ? Voulez-vous quatre ?

Maigret lui en remit cinq et, sans raison, au moment de les lui tendre, il enveloppa le clown d'un regard insistant.

Repu, l'homme en *trench-coat*, un ruban vert acide en guise de cravate, ne paraissait pas plus gai, mais son regard exprimait une infinie reconnaissance, une infinie soumission dans laquelle il y avait quelque chose d'anxieux, de tremblant. C'était comme un chien qui vient de trouver enfin un bon maître et qui mendie un signe de satisfaction sur son visage.

Or, à cet instant, Maigret se souvenait des paroles du capitaine O'Brien. Il se souvenait aussi du vieil Angelino, qui, le matin, était parti comme les autres jours pour faire sa promenade et qu'on avait salement tué.

Il se demanda s'il avait le droit...

Cela fut bref, une émotion d'un moment. Est-ce qu'il n'employait pas l'ancien clown dans un secteur de tout repos ?

« Si jamais on me le tue... », pensa-t-il.

Et il évoquait le bureau du *Saint-Régis*, le coupe-papier qui s'était brisé entre les doigts nerveux de Little John, puis Mac Gill, au bar, occupé à parler de lui à son Américaine.

Jamais il n'avait commencé une enquête dans des conditions aussi vagues, presque aussi loufoques. En réalité, il n'était chargé d'aucune enquête, par

personne. Jusqu'au vieux M. d'Hoquélus, si pressant dans sa maison de
Meung-sur-Loire, qui le priait poliment de rentrer en France et de se mêler
de ce qui le regardait. Jusqu'à O'Brien.

— Je passerai vous voir demain vers la même heure... disait Ronald
Dexter en saisissant son chapeau. N'oubliez pas que je dois rendre le
prospectus.

J and J...

Maigret se retrouva tout seul, sur le trottoir, dans une avenue qu'il ne
connaissait pas, et il fut un bon moment à errer les mains dans les poches,
la pipe aux dents, avant d'apercevoir les lumières d'un cinéma de Broadway
qu'il reconnaissait et qui le mirent dans la bonne voie.

Soudain, comme cela, sans raison, l'envie lui prit d'écrire à Mme Maigret
et il rentra à son hôtel.

5

C'est entre le deuxième et le troisième étage que Maigret pensa, sans y
attacher autrement d'importance, qu'il n'aimerait pas qu'un homme comme
le capitaine O'Brien, par exemple, le vît dans ses occupations de ce matin-
là.

Même des gens qui avaient travaillé avec lui pendant des années et des
années, comme le brigadier Lucas, ne comprenaient pas toujours quand il
était dans cet état.

Et lui-même savait-il exactement ce qu'il cherchait ? Par exemple, au
moment où il s'arrêtait sans raison sur une marche d'escalier, entre deux
étages, en regardant devant lui de ses gros yeux qui devenaient sans
expression, il devait avoir l'air du monsieur qu'une maladie de cœur oblige
à s'immobiliser n'importe où et qui s'efforce de prendre un air innocent
pour ne pas apitoyer les passants.

A en juger par le nombre d'enfants en dessous de sept ans qu'il voyait
dans les escaliers, sur les paliers, dans les cuisines et dans les chambres, la
maison, en dehors des heures de classe, devait être une véritable fourmilière
de gosses. Et, d'ailleurs, des jouets traînaient dans tous les coins, des
trottinettes cassées, de vieilles caisses à savon auxquelles étaient, tant bien
que mal, appliquées des roues, des assemblages d'objets hétéroclites qui ne
représentaient aucun sens pour les grandes personnes, mais qui, pour leurs
auteurs, devaient constituer des trésors.

Il n'y avait pas de concierge dans la maison, comme dans les maisons
françaises, et c'est ce qui compliquait la tâche du commissaire. Rien que
des boîtes à lettres, dans le corridor du rez-de-chaussée, peintes en brun,
avec un numéro, quelques-unes avec une carte de visite jaunie ou avec un
nom mal gravé sur une bande de métal.

Il était dix heures du matin et c'était sans doute à cette heure-là que cette sorte de caserne vivait sa vie la plus caractéristique. Une porte sur deux ou trois était ouverte. On voyait des femmes aux cheveux non encore peignés vaquer à leur ménage, débarbouiller des mioches, secouer de douteuses carpettes par la fenêtre.

— Pardon, madame...

On le regardait avec méfiance. Pour qui pouvait-on le prendre, avec sa haute stature, son gros pardessus, son chapeau qu'il retirait toujours pour parler aux femmes, quelles qu'elles fussent ? Sans doute pour quelqu'un qui venait proposer une assurance, ou un aspirateur électrique nouveau modèle ?

Il y avait son accent par surcroît, mais ici cela ne frappait pas, car on trouvait non seulement des Italiens fraîchement débarqués, mais des Polonais, des Tchèques aussi, lui sembla-t-il.

— Savez-vous si, dans la maison, il y a encore des locataires qui s'y trouvaient déjà il y a une trentaine d'années ?

On fronçait les sourcils, car c'était bien là la question à laquelle on s'attendait le moins. A Paris, à Montmartre, par exemple, ou bien dans le quartier qu'il habitait, entre la République et la Bastille, il n'existait peut-être pas un immeuble de quelque importance où il n'eût trouvé aussitôt une vieille femme, un vieil homme, un couple installé dans la maison depuis trente ou quarante ans.

Ici, on lui répondait :

— Il n'y a que six mois que nous sommes arrivés...

Ou un an, ou deux. Le maximum était quatre ans.

Instinctivement, sans s'en rendre compte, il restait un bon moment devant les portes ouvertes, à regarder une cuisine pauvre encombrée d'un lit, ou bien une chambre dans laquelle vivaient quatre ou cinq personnes.

Rares étaient les gens qui se connaissaient d'étage à étage. Trois enfants, dont l'aîné, un garçon, pouvait avoir huit ans — il avait sans doute les oreillons, car il portait une grosse compresse autour de la tête —, s'étaient mis à le suivre. Puis le garçonnet s'était enhardi et, maintenant, c'était lui qui se précipitait en avant de Maigret.

— Le monsieur veut savoir si vous étiez ici il y a trente ans.

Quelques vieux, pourtant, dans des fauteuils, près des fenêtres, souvent près d'une cage contenant un canari, les ancêtres qu'on avait fait venir d'Europe une fois qu'on avait trouvé un *job*. Et, parmi ceux-là, certains ne comprenaient pas un mot d'anglais.

— Je voudrais savoir...

Les paliers, qui étaient vastes, constituaient en quelque sorte des terrains neutres où l'on entassait tout ce qui ne servait pas dans les logements ; sur celui du deuxième étage, une femme maigre, aux cheveux jaunes, faisait sa lessive.

C'était ici, dans une de ces alvéoles, que *J and J* s'étaient installés lors de leur arrivée à New York, ici que Little John, qui occupait à présent un somptueux appartement au *Saint-Régis*, passa des mois, peut-être des années.

Il était difficile de concentrer plus de vies humaines dans aussi peu d'espace et pourtant on ne sentait aucune chaleur, on éprouvait plus que nulle part ailleurs un sentiment d'irrémédiable isolement.

Les bouteilles de lait le prouvaient. Au troisième, Maigret était tombé en arrêt devant une porte, car, sur le paillasson, huit bouteilles de lait intactes s'alignaient.

Il faillit questionner l'enfant qui s'était fait son cicerone bénévole, mais un homme d'une cinquantaine d'années sortait justement de la chambre voisine.

— Vous savez qui habite là ?

L'homme haussa les épaules sans répondre, comme pour dire que cela ne le regardait pas.

— Vous ignorez s'il y a quelqu'un dans le logement ?

— Comment voulez-vous que je le sache ?

— C'est un homme, une femme ?

— Un homme, je crois.

— Vieux ?

— Cela dépend de ce que vous appelez vieux. Peut-être de mon âge... Je ne sais pas. Il n'y a qu'un mois qu'il est arrivé dans la maison.

De quelle nationalité il était, d'où il venait, nul ne s'en souciait, et son voisin, sans être intrigué par les bouteilles de lait, descendait l'escalier, se retournait, le front soucieux, vers cet étrange visiteur qui posait des questions saugrenues, puis s'en allait à ses affaires.

Est-ce que le locataire de la chambre était parti en voyage en oubliant d'avertir le livreur de lait ? C'était possible. Mais les gens qui habitent pareille caserne sont des gens pauvres pour qui un sou est un sou. Il était peut-être derrière cette porte ? Vivant ou mort, malade ou mourant, il pouvait y rester longtemps sans que nul ne songeât à s'inquiéter de son sort.

Même s'il avait crié, appelé au secours, est-ce que quelqu'un se serait dérangé ?

Un petit garçon, quelque part, apprenait le violon. C'était presque lancinant d'entendre la même phrase maladroite répétée à l'infini, de deviner l'archet malhabile qui ne parvenait à tirer de l'instrument qu'un son lamentable.

Dernier étage.

— Pardon, madame, connaissez-vous dans la maison quelqu'un qui...

On lui parla d'une vieille femme que personne ne connaissait, qui passait pour avoir habité longtemps l'immeuble et qui était morte deux mois plus tôt, alors qu'elle gravissait l'escalier avec son filet à provisions. Mais peut-être n'y avait-il pas trente ans qu'elle était là ?

Cela finissait par devenir gênant d'être précédé par ce gamin plein de bonne volonté et qui regardait sans cesse Maigret avec des yeux scrutateurs, comme s'il essayait de deviner le mystère de cet étranger survenu dans son univers.

Allons ! Il pouvait redescendre. Il s'arrêta pour rallumer sa pipe et il continuait à renifler l'atmosphère autour de lui ; il imaginait un jeune homme blond et fluet montant ce même escalier avec une boîte à violon sous le bras, un autre, au cheveu déjà rare, jouant de la clarinette près d'une fenêtre en regardant dans la rue.

— *Hello !*

Il se renfrogna instantanément. Son expression de physionomie dut être assez inattendue, car l'homme qui montait à sa rencontre, et qui n'était autre que le capitaine O'Brien, ne put s'empêcher non de sourire de son sourire doux et nuancé d'homme roux, mais d'éclater d'un rire sonore.

C'était par une sorte de pudeur que Maigret se troublait de la sorte et grommelait maladroitement :

— Je croyais que vous ne vous occupiez pas de cette affaire.

— Et qui vous dit que je m'en occupe ?

— Allez-vous me dire que vous venez voir de la famille ?

— *Primo*, cela n'aurait rien d'impossible, car nous avons tous de la famille de toutes sortes.

Il était de bonne humeur. Avait-il compris ce que Maigret était venu chercher dans la maison ? Il avait compris, en tout cas, que son collègue français éprouvait ce matin-là une certaine qualité d'émotion qui n'était pas sans le toucher, et son regard exprimait plus d'amitié que d'habitude.

— Je ne veux pas jouer au plus fin avec vous. C'est vous que je cherchais. Sortons, voulez-vous ?

Maigret avait déjà descendu un étage quand il se ravisa et remonta quelques marches pour donner une pièce blanche au petit garçon qui regarda la pièce sans penser à dire merci.

— Est-ce que vous commencez à comprendre New-York ? Je parie que vous en avez appris davantage ce matin que vous n'en auriez appris en un mois passé au *Saint-Régis* ou au *Waldorf.*

Ils s'étaient arrêtés machinalement sur le seuil et tous deux regardaient la boutique d'en face, et le tailleur, le fils du vieil Angelino, qui travaillait à sa presse, car les pauvres n'ont pas le temps de s'attarder à leur douleur.

Une voiture qui portait la cocarde de la police était arrêtée à quelques mètres.

— Je suis passé à votre hôtel. Quand on m'a annoncé que vous étiez parti de bonne heure, j'ai bien pensé que je vous trouverais ici. Ce que je ne savais pas, c'est qu'il me faudrait monter jusqu'au quatrième étage.

Une toute petite pointe d'ironie, une allusion à certaine sensibilité — peut-être à certaine sentimentalité — qu'il venait de découvrir chez ce gros commissaire français.

— Si vous aviez des concierges, comme chez nous, je n'aurais pas eu besoin de gravir toutes ces marches.

— Vous croyez que vous ne l'auriez pas fait malgré tout ?

Ils pénétraient dans la voiture.

— Où allons-nous ?

— Où vous voudrez. A présent, cela n'a plus aucune importance. Je vous déposerai simplement dans un quartier un peu plus central et qui assombrisse moins votre humeur.

Il alluma une pipe. Un chauffeur conduisait.

— J'ai une mauvaise nouvelle à vous annoncer, mon cher commissaire.

Pourquoi, dans ce cas, disait-il cela d'une voix pleine de douce satisfaction ?

— Jean Maura est retrouvé.

Les sourcils froncés, Maigret se tourna vers lui et le regarda fixement.

— Vous ne voulez pas dire que ce sont vos hommes qui...

— Allons ! Ne soyez pas jaloux.

— Ce n'est pas jalousie de ma part, mais...

— Mais ?

— Cela ne cadrerait pas avec le reste, acheva-t-il à mi-voix, comme pour lui-même. Non. Cela clocherait.

— Tiens ! Tiens !

— Qu'est-ce qui vous étonne ?

— Rien. Dites-moi ce que vous pensez ?

— Je ne pense pas. Mais si Jean Maura a fait sa réapparition, s'il est vivant...

O'Brien fit un signe de tête affirmatif.

— Je parie qu'on l'a simplement trouvé installé avec son père et Mac Gill au *Saint-Régis.*

— Bravo, Maigret ! C'est exactement ce qui s'est passé. Malgré la liberté individuelle dont je vous ai parlé, en exagérant peut-être un tout petit peu pour vous taquiner, nous avons quelques petits moyens d'investigation, surtout dans un hôtel comme le *Saint-Régis.* Or, ce matin, un petit déjeuner de plus a été commandé pour l'appartement de Little John. Jean Maura était là, installé dans la grande chambre à coucher qui précède la chambre-bureau de son père.

— Il n'a pas été questionné ?

— Vous oubliez que nous n'avons pas de raisons de le questionner. Aucune loi fédérale ou autre n'oblige les passagers qui débarquent à se précipiter sur-le-champ dans les bras de leur père, et celui-ci n'a jamais porté plainte, ni signalé la disparition de son fils à la police.

— Une question.

— A condition qu'elle soit discrète.

— Pourquoi Little John, qui fait les frais d'une *suite* luxueuse au *Saint-Régis,* comme vous dites, d'un appartement de quatre ou cinq pièces, occupe-t-il personnellement une chambre qui ressemble à une chambre de bonne chez nous et travaille-t-il sur une table en bois blanc alors que son secrétaire trône derrière un riche bureau d'acajou ?

— Cela vous étonne vraiment ?

— Un peu.

— Ici, voyez-vous, cela n'étonne personne, pas plus que de savoir que certain fils de milliardaire s'obstine à habiter le Bronx, dont nous sortons, et à se rendre chaque jour par le *subway* à son bureau, alors qu'il pourrait disposer d'autant de voitures de luxe qu'il le voudrait.

» Le détail dont vous me parlez au sujet de Little John est connu. Cela fait partie de sa légende. Tous ceux qui sont arrivés ont une légende, et celle-là fait très bien, les magazines populaires en parlent volontiers.

» L'homme devenu riche et puissant qui a reconstitué, au *Saint-Régis,* la chambre de ses débuts et qui y vit simplement, dédaigneux du luxe des autres pièces.

» Quant à savoir si Little John est sincère ou s'il soigne sa publicité, c'est une autre question.

Pourquoi Maigret se surprit-il à répondre sans aucune hésitation :

— Il est sincère.

— Ah !

Puis ils se turent un bon moment.

— Peut-être aimeriez-vous connaître le pedigree de Mac Gill, que vous ne semblez pas porter dans votre cœur ? Ce sont des choses que l'on m'a racontées par hasard, ne l'oubliez pas, et non des renseignements de police.

Cette duplicité perpétuelle, même si elle procédait de la plaisanterie, exaspérait Maigret.

— Je vous écoute.

— Il est né à New-York, voilà vingt-huit ans, dans le Bronx probablement, de père et mère inconnus. Pendant quelques mois, je ne sais pas au juste combien, il a été élevé par une œuvre d'enfants assistés dans la banlieue de New-York.

» Il en a été retiré par un monsieur qui a déclaré vouloir s'occuper de lui et qui a donné les garanties morales et financières exigées en pareil cas.

— Little John...

— Qu'on n'appelait pas encore Little John et qui venait de monter une modeste affaire de phonographes d'occasion. L'enfant a été confié à une certaine dame Mac Gill, une Écossaise, veuve d'un employé des pompes funèbres. Cette dame et l'enfant ont quitté le pays pour aller vivre au Canada, à Saint-Jérôme. Jeune homme, Mac Gill a fait ses études à Montréal, ce qui explique qu'il parle aussi bien le français que l'anglais. Ensuite, vers la vingtième année, il a disparu de la circulation pour reparaître voilà six mois comme secrétaire particulier de Little John. C'est tout ce que je sais et je ne vous garantis pas l'exactitude de ces racontars.

» Et maintenant, qu'est-ce que vous allez faire ?

Il avait son sourire le plus mou et le plus crispant, sa tête de mouton la moins expressive.

— Allez-vous rendre visite à votre client ? Car enfin, c'est le jeune Maura qui a fait appel à vous et qui...

— Je n'en sais rien.

Maigret était furieux. Parce que, en réalité, ce n'était plus Jean Maura et ses craintes qui l'intéressaient, mais son père, Little John, et la maison de la 169e Rue, et certain programme de café-concert, et enfin un vieil Italien du nom d'Angelino Giacomi qu'on avait écrasé comme un chien alors qu'il traversait la rue.

Il irait au *Saint-Régis,* évidemment, parce qu'il ne pouvait pas faire autrement. On lui répéterait sans aucun doute qu'on n'avait pas besoin de lui, on lui offrirait un chèque et un billet de passage pour la France.

Le plus sage, c'était d'y retourner comme il en était venu, quitte à se méfier pendant le restant de ses jours de tous les jeunes gens et de tous les Hoquélus de la création.

— Je vous y dépose ?

— Où ? ˙

— Au *Saint-Régis.*

— Si vous voulez.

— Je vous revois ce soir ? Je pense que je serai libre à dîner. Si vous l'êtes de votre côté, passez-moi un coup de téléphone et j'irai vous prendre à votre hôtel ou ailleurs. Aujourd'hui est un jour faste, puisque je dispose d'une des autos de l'administration. Je me demande si nous boirons à votre départ ?

Et ses yeux disaient non. Il avait si bien compris Maigret ! Mais c'était un besoin pour lui d'échapper à la moindre émotion par une plaisanterie.

— Bonne chance !

C'était le plus mauvais moment à passer, une véritable corvée. Maigret aurait pu annoncer presque exactement ce qui allait se produire. C'était sans imprévu, sans intérêt, mais il ne se sentait pas le droit de l'éviter.

Il s'adressait au *desk,* comme il l'avait fait en arrivant.

— Voulez-vous, s'il vous plaît, m'annoncer à M. Jean Maura ?

L'employé du *desk* était déjà au courant, puisqu'il saisissait tout naturellement le téléphone.

— Monsieur Mac Gill ? Il y a ici quelqu'un qui demande M. Jean Maura. Je crois, oui. Attendez que je m'assure. De la part de qui, s'il vous plaît ?

Et, quand le commissaire eut dit son nom :

— C'est cela. Entendu. Je fais monter.

Ainsi, Mac Gill avait compris dès le premier instant que c'était lui qui était là.

Un chasseur le conduisait une fois de plus. Il reconnaissait l'étage, le couloir, l'appartement.

— Entrez !

Et un Mac Gill souriant, sans la moindre trace de ressentiment dans son attitude, un Mac Gill qui paraissait soulagé d'un grand poids, venait vers lui et tendait la main sans avoir l'air de se souvenir que Maigret l'avait refusé la veille.

Comme il la refusait à nouveau, il s'exclama sans mauvaise humeur :

— Toujours fâché, mon cher commissaire ?

Tiens ! Les autres jours, il disait « monsieur le commissaire », et cette pointe de familiarité n'était peut-être pas sans signification.

— Vous voyez que nous avions raison, le patron et moi, et que vous aviez tort. Au fait ! Que je vous félicite tout d'abord de votre police. Car vous avez été rapidement au courant du retour de l'enfant prodigue.

Il alla ouvrir la porte de communication. Jean Maura se tenait dans la pièce voisine, en compagnie de son père. Le premier, il aperçut le commissaire et il rougit.

— Votre ami Maigret, annonçait Mac Gill, serait heureux de vous parler. Vous permettez, patron ?

Little John, lui aussi, passa dans le bureau, mais se contenta d'un vague signe de tête à l'adresse du commissaire. Quant au jeune homme, il vint lui serrer la main, l'air gêné, contraint. Il balbutia en détournant la tête :

— Je vous demande pardon.

Mac Gill se montrait toujours plein de désinvolture joyeuse tandis que Little John, au contraire, semblait soucieux, fatigué. Il ne devait pas avoir dormi de la nuit. Son regard, pour la première fois, était fuyant, et il éprouva le besoin, pour se donner une contenance, d'allumer un de ces gros cigares fabriqués spécialement pour lui et marqués de son chiffre.

Sa main tremblait un peu en frottant l'allumette. Il devait avoir hâte, lui aussi, que cette comédie inévitable fût terminée.

— De quoi vous excusez-vous ? questionnait Maigret, qui savait bien qu'on attendait cette question.

— De vous avoir lâché aussi vilainement. Voyez-vous, parmi les journalistes qui sont montés à bord, j'ai aperçu un garçon que j'ai connu l'année dernière. Il avait un flacon de whisky dans la poche et il prétendait fêter à tout prix mon arrivée.

Maigret ne demanda pas à quel endroit du bateau se passait cette scène, car il savait qu'elle était purement imaginaire, qu'elle avait été suggérée au jeune homme par Little John ou par Mac Gill.

Par celui-ci plutôt, qui prenait un air trop détaché, trop indifférent pendant la récitation de son élève, comme un professeur qui se défend de souffler à son candidat préféré.

— Il avait des amies avec lui dans le taxi.

Comme c'était plausible, ce journaliste qui se rendait à son travail, à dix heures du matin, avec des femmes dans sa voiture ! On ne se donnait pas la peine de soigner la vraisemblance. On lui jetait une explication quelconque en pâture, sans se soucier de savoir s'il y croirait ou non. A quoi bon ? N'était-il pas désormais en dehors du circuit ?

Chose curieuse, Jean Maura était beaucoup moins fatigué que son père. Il avait la tête d'un jeune homme qui a passé une bonne nuit et il se montrait plus gêné qu'inquiet.

— J'aurais dû vous avertir. Je vous ai cherché sur le pont.

— Non !

Pourquoi Maigret avait-il dit ça ?

— C'est vrai, je ne vous ai pas cherché. J'avais été trop longtemps sérieux à bord. Devant vous, je n'osais pas boire, sauf la dernière nuit. Vous vous souvenez ? Je ne vous ai même pas demandé pardon.

Little John, comme la veille, était allé se camper devant la fenêtre dont il écartait le rideau de la main, d'un geste qui devait lui être familier.

Mac Gill, lui, affectait d'aller et venir en homme que la conversation n'intéresse que médiocrement et il s'offrit le luxe de donner un coup de téléphone banal.

— Un cocktail, commissaire ?

— Je vous remercie. Non.

— Comme vous voudrez.

Jean Maura achevait :

— Je ne sais pas ce qui s'est passé ensuite. C'est la première fois que j'étais tout à fait ivre. Nous sommes allés dans des tas d'endroits, nous avons bu avec des tas de gens que je ne reconnaîtrais pas.

— Au *Donkey Bar* ? questionna Maigret en regardant Mac Gill avec ironie.

— Je ne sais pas... C'est possible... Il y avait une *party* chez des personnes que mon ami connaît...

— A la campagne ?

Cette fois, le jeune homme regarda vivement le secrétaire de son père, mais, comme celui-ci avait le dos tourné, il fut forcé de répondre de son propre chef et il dit :

— Oui... A la campagne... Nous y sommes allés en auto.

— Et vous êtes seulement revenu hier au soir ?

— Oui...

— On vous a ramené ?

— Oui... Non... Je veux dire qu'on m'a ramené en auto jusqu'en ville.

— Mais pas jusqu'à l'hôtel ?

Encore un coup d'œil à Mac Gill.

— Non... Pas jusqu'à l'hôtel... C'est moi qui n'ai pas voulu, parce que j'avais honte.

— Je suppose que vous n'avez plus besoin de moi ?

Cette fois, ce fut son père qu'il regarda comme pour l'appeler à l'aide et c'était étrange de voir Little John, l'homme énergique par excellence, rester là en dehors de l'entretien comme si celui-ci ne le concernait pas. Il s'agissait cependant de son fils, à qui il écrivait des lettres si tendres qu'on aurait pu les prendre pour des lettres d'amour.

— J'ai eu une longue conversation avec mon père...

— Et avec M. Mac Gill ?

Il ne répondit ni oui ni non. Il faillit nier, se ravisa, renchaîna :

— Je suis confus de vous avoir fait venir si loin à cause de mes craintes enfantines. Je sais combien vous avez été inquiet... Je me demande si vous me pardonnerez jamais de vous avoir laissé dans l'ignorance de mon sort.

A mesure qu'il parlait, il paraissait s'étonner, lui aussi, de l'attitude de son père, qu'il appelait du regard à la rescousse.

Et ce fut Mac Gill, une fois encore, qui prit la situation en main.

— Vous ne croyez pas, patron, qu'il serait temps de régler les questions pendantes avec le commissaire ?

Alors Little John se retourna, fit tomber avec le petit doigt la cendre de son cigare, s'avança jusqu'au bureau d'acajou.

— Je pense, dit-il, qu'il n'y a pas grand-chose à régler. Je m'excuse, monsieur le commissaire, de ne pas vous avoir reçu avec toute la cordialité désirable. Je vous remercie de vous être occupé de mon fils avec autant de sollicitude. Je vous prie simplement de bien vouloir accepter le chèque que mon secrétaire va vous remettre et qui n'est qu'une légère compensation pour les ennuis que nous vous avons causés, mon fils et moi.

Il hésita un instant, se demandant sans doute s'il tendrait la main au commissaire. Il finit par incliner le buste assez sèchement et il se dirigea vers la porte de communication en faisant signe à Jean de le suivre.

— Au revoir, monsieur le commissaire... disait le jeune homme en serrant rapidement la main de Maigret.

Il ajouta, avec une sincérité qui semblait totale :

— Je n'ai plus peur, vous savez.

Il sourit. Un sourire encore un peu pâle, comme un sourire de convalescent. Après quoi, il disparut derrière son père dans la pièce voisine.

Le chèque était tout prêt dans le chéquier posé sur le bureau. Sans s'asseoir, Mac Gill le détacha et le tendit à Maigret, s'attendant peut-être à voir celui-ci le refuser.

Or Maigret regarda tranquillement le chiffre qui était inscrit : deux mille dollars. Puis il plia le bout de papier d'un geste méticuleux et le glissa dans son portefeuille en prononçant :

— Je vous remercie.

C'était tout. La corvée était terminée. Il s'en allait. Il n'avait pas salué Mac Gill qui l'avait suivi jusqu'à la porte et finissait par la refermer derrière lui.

Malgré son horreur des cocktails et des endroits bêtement luxueux, Maigret s'arrêta au bar et but coup sur coup deux *manhattans.*

Ensuite, il se dirigea à pied vers son hôtel et il lui arrivait de hocher la tête en marchant, de remuer les lèvres comme quelqu'un qui a engagé un long débat intérieur.

Est-ce que le clown ne lui avait pas promis qu'il serait sans doute au *Berwick* à la même heure que la veille ?

Il y était, sur la banquette, mais il avait le regard si triste, un tel navrement sur le visage, qu'il était évident qu'il avait bu.

— Je sais que vous allez me traiter de lâche, commença-t-il en se levant. Et c'est vrai, voyez-vous, que je suis un lâche. Je savais ce qui allait arriver et pourtant je n'ai pas pu résister.

— Vous avez déjeuné ?

— Pas encore... Mais je n'ai pas faim. Non, si extraordinaire que cela paraisse, je n'ai pas faim, parce que j'ai trop honte de moi. J'aurais mieux fait de ne pas me montrer à vous dans cet état. Et pourtant je n'ai pris que deux petits verres. Du gin... Et remarquez que j'ai choisi le gin parce que c'est l'alcool le moins fort. Sinon, j'aurais bu du *scotch.* J'étais très fatigué et je me suis dit : « Ronald, si tu prends un gin, un seul... »

» Seulement j'en ai pris trois... Est-ce que j'ai dit trois ?... Je ne sais plus... Je suis un dégoûtant, et c'est avec votre argent que j'ai fait ça.

» Mettez-moi à la porte.

» Ou plutôt non, ne m'y mettez pas encore, parce que j'ai quelque chose pour vous... Attendez... Quelque chose d'important qui va me revenir... Si du moins nous étions à l'air... Voulez-vous que nous allions prendre l'air ?

Il reniflait, se mouchait.

— Je mangerai malgré tout un morceau... Pas avant que je vous aie dit... Un instant... Oui... J'ai revu mon ami, hier soir... Germain... Vous vous souvenez de Germain ?... Pauvre Germain ! Imaginez un homme qui a eu une vie active, qui a suivi les cirques à travers le monde entier et qui est cloué dans un fauteuil à roulettes.

» Avouez qu'il vaudrait mieux être mort... Qu'est-ce que je dis ?... N'allez pas penser que je souhaite sa mort. Mais, si c'était à moi que cela devait arriver, j'aimerais mieux être mort. Voilà ce que je voulais dire.

» Eh bien ! j'avais eu raison d'affirmer que Germain ferait tout pour moi... C'est un homme qui se couperait en petits morceaux pour les autres.

» Il n'a l'air de rien, comme ça... Il grogne... On le prendrait pour un vieil égoïste. Et pourtant, il a passé des heures à feuilleter ses dossiers, pour retrouver des traces de *J and J.* Tenez, j'ai encore un papier.

Il pâlissait, verdissait, fouillait ses poches avec angoisse et on se demandait s'il n'allait pas éclater en sanglots.

— Je mérite d'être...

Mais non. Il ne méritait rien du tout, puisqu'il retrouvait enfin le document sous son mouchoir.

— Ce n'est pas très propre. Mais vous allez comprendre.

C'était, cette fois, le programme d'une tournée qui avait parcouru la province américaine trente ans plus tôt. En grosses lettres, le nom d'une gommeuse dont on voyait la photographie sur la couverture, puis d'autres noms, un couple d'équilibristes, un comique, Robson, la voyante Lucile, et enfin, tout au bout de la liste, les musiciens fantaisistes *J and J.*

— Lisez bien les noms... Robson est mort dans un accident de chemin de fer, il y a dix ou quinze ans, je ne sais plus... C'est Germain qui me l'a appris. Vous souvenez-vous que je vous ai dit hier que Germain avait une vieille amie qui vient le voir tous les mercredis ? Est-ce que vous ne trouvez pas ça émouvant, vous ?... Et, vous savez, il n'y a jamais rien eu entre eux, pas ça !

Il allait s'attendrir à nouveau.

— Je ne l'ai jamais vue. Il paraît qu'elle était très maigre et très pâle à cette époque-là, si maigre et si pâle qu'on l'appelait l'Ange. Eh bien ! maintenant, elle est si grosse que... Nous allons manger, n'est-ce pas ?... Je ne sais pas si c'est à cause du gin, mais j'ai des crampes... C'est dégoûtant de vous réclamer encore de l'argent... Qu'est-ce que je disais ?... L'Ange, Lucile... La vieille amie de Germain... C'est aujourd'hui mercredi... Sûrement qu'elle sera chez lui vers les cinq heures... Elle apportera un petit gâteau, comme toutes les semaines... Je vous jure que je n'y toucherai pas si nous y allons... Parce que cette vieille femme qu'on a appelée l'Ange et qui apporte chaque semaine à Germain un gâteau...

— Vous avez prévenu votre ami que nous viendrions ?

— Je lui ai dit que peut-être... Je pourrais passer vous prendre à quatre heures et demie... C'est assez loin, surtout par le *subway,* parce que la ligne n'est pas directe.

— Venez !

Maigret avait décidé tout à coup de ne pas lâcher son clown décidément par trop lugubre et, après qu'il l'eut fait manger, il le ramena à son hôtel et le fit coucher sur le canapé de peluche verte.

Ensuite, comme la veille, il écrivit une longue lettre à Mme Maigret.

6

Maigret suivait son clown dans l'escalier dont les marches craquaient et, parce que Dexter, Dieu sait pourquoi, éprouvait le besoin de marcher sur la pointe des pieds, le commissaire se surprenait à en faire autant.

L'homme triste, pourtant, avait cuvé son gin et, s'il gardait les yeux fripés, la langue un peu embarrassée, il avait abandonné le ton de lamentation pour une voix un peu plus ferme.

C'était lui qui avait donné au taxi une adresse dans Greenwich Village et Maigret découvrait, au cœur de New-York, à quelques minutes des buildings, une petite ville encastrée dans la ville, une cité quasi provinciale, avec ses maisons pas plus hautes qu'à Bordeaux ou à Dijon, ses boutiques, ses rues calmes où l'on pouvait flâner, ses habitants qui ne paraissaient pas se soucier de la cité monstrueuse qui les entourait.

— C'est là, avait-il annoncé.

Alors, Maigret avait senti comme une crainte dans sa voix, et il avait regardé bien en face son compagnon au *trench-coat* pisseux.

— Vous êtes sûr que vous avez annoncé ma visite ?

— J'ai dit que vous viendriez peut-être.

— Et qu'avez-vous dit que j'étais ?

Il s'y attendait. Le clown se troublait.

— J'allais vous en parler... Je ne savais pas comment m'y prendre, parce que Germain, vous comprenez, est devenu assez sauvage. En plus, quand je suis venu pour le voir la première fois, il m'a fait boire un ou deux petits verres... Je ne sais plus au juste ce que je lui ai raconté, que vous étiez un homme très riche, que vous recherchiez un fils que vous n'aviez jamais vu... Il ne faut pas m'en vouloir... J'ai fait pour le mieux... Au point qu'il en était ému et que c'est pour cela, j'en suis sûr, qu'il s'est dépêché de faire ses recherches.

C'était idiot. Le commissaire imaginait ce que le clown, avec quelques verres dans le nez, avait pu inventer.

Et maintenant Dexter, à mesure qu'on approchait du logement de l'ancien M. Loyal, paraissait hésitant. N'était-il pas capable d'avoir menti sur toute la ligne, même à Maigret ? Non, pourtant, car il y avait la photographie et le programme.

De la lumière sous une porte. Un léger murmure de voix. Dexter qui balbutiait :

— Frappez... il n'y a pas de sonnette.

Maigret frappait. Il y avait un silence. Quelqu'un toussait. Le bruit d'une tasse qu'on pose sur une soucoupe.

— Entrez !

Et on avait l'impression d'accomplir, rien qu'en franchissant l'étroit obstacle d'un paillasson troué, un immense voyage dans l'espace et dans le temps. On n'était plus à New-York, à deux pas des gratte-ciel qui, à cette heure, jetaient tous leurs feux dans le ciel de Manhattan. Etait-on seulement encore à l'époque de l'électricité ?

A voir l'éclairage de la pièce, on aurait juré qu'il venait d'une lampe à pétrole : cette impression était due à un gros abat-jour de soie rouge plissé qui entourait une lampe à pied.

Il n'y avait qu'un cercle de lumière au milieu de la pièce et, dans ce cercle de lumière, un homme dans un fauteuil roulant, un vieillard, qui avait dû être très gros, était encore volumineux, remplissait entièrement le fauteuil, mais était si flasque qu'il paraissait s'être soudain dégonflé. Quelques cheveux blancs, fort longs, flottaient autour de son crâne nu, et il penchait la tête en avant pour regarder les intrus par-dessus les verres de ses lunettes.

— Je m'excuse de vous déranger, prononçait Maigret derrière qui le clown se cachait.

Il y avait une autre personne dans la pièce, aussi grosse que Germain, le visage mauve, les cheveux d'un blond invraisemblable, et elle souriait d'une petite bouche mal peinte.

N'était-on pas dans quelque coin d'un musée de cires ? Non, puisque les personnages bougeaient, puisque le thé fumait dans les deux tasses posées sur un guéridon à côté d'un gâteau découpé.

— Ronald Dexter m'a dit que, ce soir, je trouverais peut-être ici les renseignements que je cherche.

On ne voyait pas les murs, couverts qu'ils étaient d'affiches, de photographies. Une chambrière d'honneur, au manche encore entouré de rubans multicolores, occupait une place bien en vue.

— Vous voulez donner un siège à ces messieurs, Lucile ?

La voix était restée telle qu'elle était sans doute au temps où l'homme, à l'entrée de la piste, interpellait les clowns et les augustes, et elle détonnait singulièrement dans cette pièce trop petite et si encombrée que la pauvre Lucile était bien en peine de débarrasser deux chaises noires, au fond recouvert de velours rouge.

— Ce jeune homme qui m'a connu jadis... disait le vieillard.

Ce début n'était-il pas tout un poème ? D'abord Dexter, aux yeux du vieil homme de cirque, devenait un jeune homme. Il y avait ensuite le *qui m'a connu jadis* et non *que j'ai connu jadis...*

— M'a mis au courant de votre pénible situation. Si votre fils avait appartenu au monde du cirque, ne fût-ce que pendant quelques semaines, je puis vous jurer que vous n'auriez eu qu'à venir me dire :

» — Germain, c'était en telle année... Il faisait partie de tel numéro... Il était comme ceci et comme ça...

» Et Germain n'aurait pas eu besoin de fouiller ses archives.

Son geste désignait les piles de papiers qu'on voyait partout, sur les meubles et sur le plancher, sur le lit même, car Lucile avait dû en poser là afin de débarrasser deux chaises.

— Germain a tout ça ici.

Il montrait son crâne et le frappait du bout de l'index.

— Mais, du moment qu'il s'agit de café-concert, je vous dis :

» C'est à ma vieille amie Lucile qu'il faut vous adresser. Elle est ici...
Elle vous écoute... Donnez-vous la peine de lui parler.

Maigret avait laissé éteindre sa pipe et pourtant il en avait besoin pour
reprendre pied dans la réalité. Il la tenait à la main, l'air assez penaud sans
doute, puisque la grosse dame lui dit avec un nouveau sourire qui ressemblait,
à cause des peintures naïves de son visage, à un sourire de poupée :

— Vous pouvez fumer... Robson fumait la pipe, lui aussi. Je l'ai fumée
moi-même, les années qui ont suivi sa mort... Vous ne comprenez peut-être
pas, mais c'était encore un peu de lui.

— Vous faisiez un numéro très intéressant, murmura le commissaire par
politesse.

— Le meilleur du genre, je ne le cache pas. Tout le monde vous le
dira... Robson était unique... La prestance, surtout, et vous ne pouvez vous
imaginer combien la prestance compte dans cette spécialité-là. Il portait
l'habit à la française, avec les culottes collantes et les bas de soie noire. Ses
mollets étaient magnifiques... Attendez !

Elle fouilla non dans un sac à main, mais dans un réticule de soie à
fermoir d'argent et elle en tira une photographie, une photographie
publicitaire, sur laquelle on voyait le mari, dans la tenue qu'elle venait de
décrire, un loup noir sur le visage, les moustaches cirées, le jarret tendu,
brandissant une baguette de prestidigitateur vers des spectateurs invisibles.

— Et me voici à la même époque.

Une femme sans âge, mince, triste, diaphane, qui, les mains croisées sous
le menton dans une pose aussi artificielle que possible, fixait le vague de ses
yeux sans expression.

— Je peux dire que nous avons parcouru le monde entier... Dans certains
pays, Robson portait une cape de soie rouge par-dessus son habit et, avec
un projecteur rouge, il avait vraiment l'air diabolique dans le numéro du
cercueil magique... J'espère que vous croyez à la transmission de la pensée ?

Il faisait étouffant. On avait une envie folle d'un bol d'air, mais d'épais
rideaux de peluche déteinte pendaient devant les fenêtres, aussi lourds qu'un
rideau de théâtre. Qui sait ? Maigret eut l'intuition que ces rideaux avaient
peut-être été découpés dans un ancien rideau de scène.

— Germain m'a appris que vous étiez à la recherche de votre fils ou de
votre frère.

— De mon frère, se hâta-t-il d'affirmer en pensant soudain qu'aucun
des *J and J* ne pouvait matériellement être son fils.

— C'est bien ce que je pensais... Je n'avais pas bien compris... C'est
pourquoi je m'attendais à voir un homme âgé... Lequel des deux était votre
frère ? Le violon ou la clarinette ?

— Je ne sais pas, madame.

— Comment, vous ne savez pas ?

— Mon frère a disparu alors qu'il était bébé. C'est tout récemment, par
hasard, que nous avons retrouvé sa trace.

C'était ridicule. C'était odieux. Et pourtant, il était impossible de dire la
simple vérité à ces deux-là, qui se gargarisaient d'artificiel. C'était presque
de la charité chrétienne à leur égard et, le plus fort, c'est que cet imbécile

de Dexter, qui savait pourtant que c'était une fable, avait l'air de s'y laisser prendre et commençait déjà à renifler.

— Mettez-vous dans la lumière, que je voie vos traits...

— Je ne crois pas qu'il y ait eu de ressemblance entre mon frère et moi.

— Qu'en savez-vous, puisqu'il a été enlevé tout jeune.

Eté enlevé !... Enfin !... Maintenant, il fallait aller jusqu'au bout de la comédie.

— A mon avis, ce serait plutôt Joachim... Non, attendez... Il y a quelque chose de Joseph dans le front... Mais, au fait, est-ce que je ne me trompe pas dans les noms ?... Figurez-vous que je me suis toujours trompée... Il y en avait un avec de longs cheveux blonds de fille, des cheveux à peu près de la même couleur que les miens...

— Joachim, je pense, dit Maigret.

— Laissez-moi chercher... Comment le sauriez-vous ?... L'autre était un peu plus râblé et portait des verres... C'est drôle !... Nous avons vécu presque un an ensemble et il y a des choses dont je ne me souviens pas, d'autres que je revois comme si c'était hier... Nous avions tous signé pour une tournée dans les Etats du Sud, le Mississippi, la Louisiane, le Texas... C'était très dur, parce que les gens, par là-bas, étaient encore presque sauvages... Il y en avait qui venaient à cheval à la représentation... Une fois, ils ont tué un nègre pendant notre numéro, je ne sais plus pourquoi.

» Ce que je me demande, c'est avec lequel des deux était Jessie.

» Etait-ce Jessie ou Bessie ?... Plutôt Bessie... Non, Jessie ! Je suis sûre que c'était Jessie, parce que j'ai remarqué une fois que cela faisait trois *J* : Joseph, Joachim et Jessie...

Si seulement Maigret avait pu poser des questions, posément, obtenir des réponses précises ! Mais il fallait la laisser parler, suivre les méandres compliqués de sa pensée de vieille femme qui ne devait jamais avoir été bien raisonnable.

— Pauvre petite Jessie... Elle était touchante... Je l'avais prise sous ma protection, car elle était dans une situation délicate.

Quelle pouvait être cette situation délicate ? Cela viendrait sans doute à son heure.

— Elle était fine et menue... J'étais fine et menue aussi, à cette époque-là, fragile comme une fleur. On m'appelait l'Ange, vous savez ?

— Je sais.

— C'est Robson qui m'avait donné ce nom-là... Il ne disait pas « mon ange » ce qui est banal, mais « l'Ange »... Je ne sais pas si vous saisissez la nuance... Bessie... Non, Jessie était toute jeune... Je me demande si elle avait dix-huit ans. Et on sentait qu'elle avait été malheureuse. Je n'ai jamais su où ils l'avaient trouvée... Je dis « ils », parce que je ne me souviens pas si c'était Joseph ou Joachim. Comme ils ne se quittaient pas tous les trois, on se posait forcément la question.

— Quel rôle jouait-elle dans votre tournée ?

— Aucun rôle. Ce n'était pas une artiste. C'était une orpheline, sûrement, car je ne l'ai jamais vue écrire à personne. Ils ont dû la recueillir au chevet de sa mère.

— Et elle suivait la troupe ?

— Elle nous suivait partout. C'était très fatigant. L'impresario était une brute. Vous l'avez connu, Germain ?

— Son frère est encore à New-York... On m'en a parlé la semaine dernière... Il vend des programmes à Madison.

— Il nous traitait comme des chiens... Il n'y avait que Robson à lui tenir tête... Je crois que, si on l'avait laissé faire, il nous aurait donné la pâtée comme à des bêtes pour économiser la nourriture... Nous logions dans des taudis pleins de punaises... Il a fini par nous abandonner, à cinquante milles de La Nouvelle-Orléans, en emportant la caisse, et c'est encore Robson...

Heureusement qu'elle décidait soudain de grignoter un morceau de gâteau. Cela donnait un peu de répit, mais elle reprenait bien vite, en s'essuyant les lèvres d'un mouchoir de dentelles :

— *J and J,* excusez-moi de vous dire ça, puisque l'un des deux frères est votre frère — je parie que c'est Joseph —, *J and J* n'étaient pas des artistes comme nous, passant en vedette, mais ils étaient inscrits tout en fin de programme... Il n'y a pas de déshonneur à cela... Ne m'en veuillez pas si je vous ai froissé...

— Mais non !... Mais non !...

— Ils gagnaient très peu, pour ainsi dire rien, mais leur voyage était payé, et la nourriture, pour autant qu'on puisse appeler cela de la nourriture... Seulement, il y avait Jessie... Il leur fallait payer les billets de chemin de fer pour Jessie... Et les repas... Pas toujours les repas... Tenez, je me souviens... Je parie que je suis en contact avec Robson.

Et son énorme poitrine se soulevait dans son corsage, ses petits doigts boudinés s'agitaient.

— Pardonnez-moi, monsieur. Je suppose que vous croyez à la survie ? Sinon, vous ne mettriez pas tant de passion à rechercher votre frère qui est peut-être mort. Je sens que Robson vient d'entrer en communication avec moi... Je le sais, j'en suis sûre. Laissez-moi me recueillir et il me dira, lui, tout ce que vous avez besoin de savoir.

Le clown était si impressionné qu'il poussa une sorte de gémissement. Mais n'était-ce pas à la vue du gâteau dont on ne pensait pas à lui offrir un morceau ?

Maigret regardait fixement par terre en se demandant combien de temps encore il tiendrait le coup.

— Oui, Robson... J'écoute... Germain, vous ne voulez pas baisser la lumière ?

Ils devaient avoir tous les deux l'habitude de ces séances de spiritisme, car Germain, sans quitter son fauteuil à roulettes, tendit le bras et, tirant sur une chaînette, éteignit une des deux ampoules qui se trouvaient dans le lampadaire de soie rouge.

— Je les vois, oui... Près d'un grand fleuve... Et il y a des plantations de coton partout... Aide-moi encore Robson, mon chéri... Aide-moi comme tu le faisais jadis... Une grande table... Nous sommes tous là et c'est toi qui es à la place d'honneur... *J and J*. Attends... Elle est entre nous deux. C'est une grosse négresse qui nous sert...

Le clown faisait entendre un nouveau gémissement, mais elle continuait d'une voix monotone qu'elle devait prendre jadis dans son numéro de voyante :

— Jessie est très pâle... Nous avons roulé en train... Nous avons roulé longtemps... Le train s'est arrêté en pleine campagne... Tout le monde est fourbu... L'impresario est parti pour coller les affiches... Et *J and J* coupent chacun un morceau de leur viande pour le donner à Jessie.

Cela aurait été plus simple pour elle, évidemment, de raconter les choses sans ce fatras mystico-théâtral. Maigret avait envie de lui dire :

— Des faits, voulez-vous ?... Et parlez comme tout le monde.

Mais, si une Lucile s'était mise à parler comme tout le monde, si un Germain s'était mis à regarder ses souvenirs en face, auraient-ils eu la force de vivre l'un et l'autre ?

— ... Et partout où je les vois c'est la même chose... Ils sont deux auprès d'elle et ils partagent leur repas... Parce qu'ils n'ont pas assez d'argent pour lui payer un vrai dîner.

— Vous disiez que la tournée a duré un an ?

Elle feignit de se débattre, ouvrit péniblement les paupières, balbutia :

— J'ai dit quelque chose ?... Je vous demande pardon... J'étais avec Robson.

— Je vous demandais combien de temps la tournée avait duré.

— Plus d'un an... Nous étions partis pour trois ou quatre mois... Mais il en est toujours ainsi... Il arrive en route des tas d'accidents... Puis il y a la question d'argent... On n'a jamais assez d'argent pour revenir... Alors, on continue, on va de ville en ville et jusque dans les villages.

— Vous ne savez pas lequel des deux était amoureux de Jessie ?

— Je ne sais pas... Peut-être était-ce Joachim ? C'est votre frère, n'est-ce pas ?... Je suis persuadée que vous avez des traits de Joachim... C'était mon préféré et il jouait du violon à ravir... Pas dans son numéro, car, dans son numéro, il ne faisait que des fantaisies. Mais, quand nous étions par hasard pour un jour ou deux dans le même hôtel...

Il la voyait, dans quelque hôtel en planches du Texas ou de la Louisiane, reprisant les bas de soie noire de son mari... Et cette Jessie qui, aux repas, grignotait humblement un peu de la part des deux hommes.

— Vous n'avez jamais su ce qu'ils étaient devenus ?

— Comme je vous l'ai dit, la troupe s'est disloquée à La Nouvelle-Orléans, parce que l'impresario nous avait laissés en plan... Robson et moi avons tout de suite obtenu un engagement, car notre numéro était connu... Je ne sais pas comment les autres ont gagné l'argent nécessaire à payer le train.

— Vous êtes revenue immédiatement à New-York ?

— Je crois... Je ne me souviens plus exactement... Mais je sais qu'une fois j'ai revu un des deux *J* dans le bureau d'un impresario de Broadway... Cela ne devait pas être longtemps après... Ce qui me le fait penser, c'est que j'avais mis une des robes que je portais pendant la tournée... Lequel des deux était-ce ?... Cela m'a frappée de le voir tout seul... On ne les apercevait jamais l'un sans l'autre...

Sans transition, alors que personne ne s'y attendait, Maigret se leva tout d'une pièce. Il avait l'impression qu'il ne pourrait pas tenir cinq minutes de plus dans cette atmosphère étouffante.

— Excusez-moi de mon intrusion chez vous... dit-il, tourné vers le vieux Germain.

— S'il avait été question du cirque au lieu du café-concert... répétait celui-ci, comme un vieux disque.

Et elle :

— Je vais vous laisser mon adresse... Je donne encore des consultations privées... J'ai une petite clientèle de gens très bien, qui ont confiance en moi... Et, à vous, je peux dire la vérité : c'est Robson qui continue à m'aider. Je ne l'avoue pas toujours, parce qu'il y a des gens qui ont peur des esprits.

Elle lui tendait une carte qu'il fourra dans sa poche. Le clown eut un dernier regard au gâteau et saisit son chapeau.

— Je vous remercie encore une fois.

Ouf ! Jamais il ne descendit escalier aussi vite et, une fois dans la rue, il respira à pleins poumons : il lui sembla qu'il reprenait pied sur la terre des hommes, les réverbères devenaient soudain comme des amis que l'on retrouve après une longue absence.

Il y avait des boutiques éclairées, des passants, un gamin en chair et en os qui marchait à cloche-pied au bord du trottoir.

Il est vrai qu'il restait l'autre, le clown, qui trouvait le moyen de murmurer de sa voix lamentable :

— J'ai fait ce que j'ai pu...

Encore cinq dollars, évidemment !

Ils dînaient une fois de plus en tête à tête dans un restaurant français. En rentrant au *Berwick*, Maigret avait trouvé un avis téléphonique d'O'Brien lui demandant de l'appeler dès son retour.

— J'ai ma soirée, comme je l'espérais, lui annonçait-il un peu plus tard. Si vous êtes libre, de votre côté, nous pourrons dîner ensemble et bavarder.

Il y avait déjà plus d'un quart d'heure qu'ils étaient face à face et il n'avait encore rien dit ; il se contentait, tout en commandant son menu, de lancer à Maigret de petits sourires à la fois ironiques et satisfaits.

— Vous n'avez pas remarqué, murmura-t-il enfin en entamant un magnifique châteaubriant, que vous étiez à nouveau suivi ?

Le commissaire fronça les sourcils non parce que cela l'inquiétait sur-le-champ, mais parce qu'il était vexé de ne pas y avoir pris garde.

— Je m'en suis aperçu tout de suite en venant vous prendre au *Berwick*... Cette fois, il ne s'agit plus de Bill, mais d'un individu qui a écrasé le vieil Angelino... Je parie tout ce que vous voulez qu'il est à la porte.

— Nous le verrons bien en sortant.

— Je ne sais pas à quelle heure il a pris sa faction... Avez-vous quitté l'hôtel cet après-midi ?

Et, cette fois, Maigret leva la tête en montrant des yeux angoissés, resta un moment à réfléchir et finit par donner un coup de poing sur la table en lâchant un « Merde ! » qui fit sourire derechef son interlocuteur roux.

— Vous avez accompli des démarches très compromettantes ?

— Votre homme est brun, évidemment, puisqu'il est sicilien... Il porte un chapeau gris très clair, n'est-ce pas ?

— C'est exact.

— Dans ce cas, il se trouvait dans le hall de l'hôtel lorsque je suis descendu de ma chambre avec mon clown, vers cinq heures... Nous nous sommes bousculés en nous précipitant en même temps vers la porte.

— Donc, il vous suit depuis cinq heures.

— Et dans ce cas...

Allait-il en être encore, cette fois, comme il en avait été avec le pauvre Angelino ?

— Vous ne pouvez rien faire, vous autres, de la police officielle, dit-il avec humeur, pour protéger les gens ?

— Cela dépend peut-être de la menace qui pèse sur eux.

— Vous auriez protégé l'ancien tailleur ?

— En sachant ce que je sais maintenant, oui.

— Eh bien ! il y a deux autres personnes à protéger, et je pense que vous feriez bien de faire le nécessaire avant de terminer ce châteaubriant.

Il donna l'adresse de Germain. Puis il tendit la carte de la voyante extralucide qu'il avait dans sa poche.

— Il doit y avoir le téléphone ici.

— Vous permettez ?

Tiens ! Tiens ! L'imperturbable capitaine à tête de mouton n'ironisait plus, ne mettait plus en avant la fameuse liberté individuelle !

Il resta très longtemps au téléphone et Maigret en profita pour aller jeter un coup d'œil dans la rue. Sur le trottoir d'en face, il reconnut le chapeau gris clair qu'il avait aperçu dans le hall de son hôtel, et quand il se rassit, il but coup sur coup deux grands verres de vin.

O'Brien ne tarda pas à revenir et il eut la politesse — ou peut-être la malice ? — de ne pas poser une seule question et de reprendre tranquillement son repas où il l'avait laissé.

— En somme, grommela Maigret en mangeant sans appétit, si je n'avais pas été là, le vieil Angelino ne serait sans doute pas mort.

Il s'attendait à des dénégations, il les espérait, mais O'Brien se contenta de laisser tomber :

— C'est probable.

— Dans ce cas, si d'autres accidents arrivaient...

— Ce serait par votre faute, n'est-ce pas ? C'est ce que vous pensez ? Et c'est ce que je pense, moi, depuis le premier jour. Souvenez-vous du dîner que nous avons fait ensemble le soir de votre arrivée.

— Cela signifie-t-il qu'il faut laisser ces gens-là en paix ?

— Maintenant, il est trop tard...

— Que voulez-vous dire ?

— Il est trop tard, parce que nous nous en occupons aussi, parce que, de toute façon, si même vous abandonnez la partie, si vous embarquez demain pour Le Havre ou Cherbourg, ils continueront de se sentir traqués.

— Little John ?

— Je n'en sais rien.

— Mac Gill ?

— Je l'ignore. J'ajoute tout de suite que ce n'est pas moi qui m'occupe de cette affaire. Demain ou après-demain, quand le moment viendra, quand mon collègue en exprimera le désir, car cela ne me regarde pas et il reste maître de son enquête, je vous présenterai à lui. C'est un homme très bien.

— Dans votre genre ?

— Tout le contraire. C'est pourquoi je dis qu'il est très bien... Je viens de lui téléphoner... Il aimerait que, tout à l'heure, je lui donne quelques précisions sur ces deux personnages qu'il doit protéger.

— C'est une histoire de fous ! grogna Maigret.

— Comment ?

— Je dis que c'est une histoire de fous ! Car il s'agit, sinon de deux fous authentiques, tout au moins de deux pauvres maniaques qui risquent de payer de leur vie les indiscrétions qu'ils ont commises à mon profit... Et, par-dessus le marché, sans le vouloir, à cause de cet imbécile de clown-pleureur, j'ai fait jouer, pour les attendrir, la corde sentimentale.

O'Brien écarquillait les yeux en voyant un Maigret aussi nerveux, qui scandait les syllabes et mâchait les bouchées avec une sorte de rage.

— Vous me direz sans doute que ce que j'ai appris n'est pas grand-chose et que le jeu n'en valait pas la chandelle. Mais nous n'avons peut-être pas tout à fait la même idée sur les enquêtes policières.

Le sourire douceâtre de son interlocuteur l'exaspérait.

— Ma visite de ce matin dans la maison de la 169e Rue vous a amusé aussi, n'est-ce pas, et vous auriez sans doute éclaté de rire si vous m'aviez vu, précédé d'un petit garçon, en train de renifler dans tous les coins et pousser toutes les portes.

» N'empêche que moi, qui ne suis arrivé en Amérique que de quelques jours, je prétends en connaître maintenant plus que vous sur Little John et sur l'autre J.

» Question de tempérament, sans doute... Il vous faut des faits, n'est-il pas vrai, des faits précis, tandis qu'à moi...

Il s'arrêta net, en voyant son interlocuteur sur le point d'éclater de rire, malgré l'effort qu'il faisait sur lui-même, et il préféra rire aussi.

— Je vous demande pardon... J'ai vécu tout à l'heure les minutes les plus idiotes de ma vie... Écoutez...

Et il raconta sa visite au vieux Germain, décrivit la Lucile en transes ou en fausses transes, conclut :

— Comprenez-vous pourquoi je crains pour eux ?... Angelino savait quelque chose et on n'a pas hésité à le supprimer... Est-ce qu'Angelino en savait plus que les autres ? C'est probable... Mais je suis resté une heure entière chez l'ancien M. Loyal. Lucile s'y trouvait.

— Evidemment... Et pourtant, je ne pense pas que le danger soit pareil.

— Parce que vous pensez comme moi, je parie, que c'est dans la 169e Rue que ces gens-là flairent le danger ?

Un signe de tête affirmatif.

— Ce qu'il serait urgent de savoir, c'est si cette Jessie a habité, elle aussi, l'immeuble en face du tailleur... Est-il possible de retrouver, dans les archives de la police, les traces d'un drame ou d'un accident qui se serait produit il y a une trentaine d'années dans la maison ?

— C'est plus compliqué que chez vous... Surtout si le drame n'a pas été ce que je pourrais appeler un drame officiel, s'il n'y a pas eu d'enquête... En France, je m'en souviens, on retrouverait au commissariat la trace de tous les locataires qui ont habité la maison et, s'il y a lieu, la mention de leur décès.

— Parce que vous croyez aussi...

— Je ne crois rien... Je vous répète que ce n'est pas moi qui suis chargé de l'enquête... Je suis sur une affaire toute différente, qui me prendra encore des semaines, sinon des mois... Tout à l'heure, quand nous aurons bu notre fine, je téléphonerai à mon collègue... Au fait, je sais qu'il s'est rendu cet après-midi dans les bureaux de l'Immigration... Là, tout au moins, on tient un registre de toutes les personnes entrées aux Etats-Unis... Attendez... J'ai noté ça sur un bout de papier.

Toujours les mêmes gestes nonchalants, comme pour minimiser l'importance de ce qu'il faisait. Peut-être, après tout, était-ce davantage une sorte de pudeur vis-à-vis de Maigret que de la prudence administrative ?

— Voici la date de l'entrée de Maura aux Etats-Unis... *Joachim-Jean-Marie Maura, né à Bayonne, 22 ans, violoniste...* Le nom du navire, qui n'existe plus depuis longtemps : l'*Aquitaine*... Quant au second *J*, il ne peut s'agir que de *Joseph-Ernest-Dominique Daumale, 24 ans, né à Bayonne*, lui aussi... Il ne s'est pas inscrit comme clarinettiste, mais comme compositeur de musique... Je crois que vous saisissez la différence ?

» On m'a donné un autre renseignement qui est peut-être sans importance, mais que je crois devoir vous transmettre... Deux ans et demi après son débarquement, Joachim Maura, qui se faisait déjà appeler John Maura, et qui donnait comme adresse à New-York l'immeuble que vous connaissez dans la 169e Rue, a quitté l'Amérique pour l'Europe, où il est resté un peu moins de dix mois.

» On retrouve la trace de son retour, après ce laps de temps, à bord d'un bateau anglais, le *Mooltan*.

» Je ne crois pas que mon collègue se donne la peine de câbler en France à ce sujet. Mais, tel que je vous connais...

Maigret y avait pensé, au moment précis où son interlocuteur lui parlait de Bayonne. Déjà, dans son esprit, se rédigeait le câble pour la police de cette ville :

Prière envoyer urgence tous les détails sur Joachim-Jean-Marie Maura et sur Joseph-Ernest-Dominique Daumale, partis de France le...

Ce fut l'Américain qui eut l'idée de commander deux vieux armagnacs, dans des verres à dégustation. Il fut le premier aussi à allumer sa pipe.

— A quoi pensez-vous ? questionna-t-il comme Maigret restait lourd et rêveur, son verre d'alcool sous les narines.

— A Jessie.

— Et vous vous demandez ?

C'était presque à un jeu qu'ils jouaient, l'un avec son éternel sourire comme passé à la gomme pour être plus discret, l'autre avec une moue de faux bourru.

— Je me demande de qui elle est la maman ?

Un instant, le sourire de l'homme roux s'effaça tandis qu'il murmurait en avalant une gorgée :

— Cela dépendra de l'acte de décès, n'est-ce pas ?

Ils s'étaient compris. Ils n'avaient envie, ni l'un ni l'autre, de préciser davantage leur pensée.

Maigret, pourtant, ne put s'empêcher de grommeler, en feignant une mauvaise humeur qui n'existait déjà plus :

— Si on le retrouve !... Avec votre sacrée liberté individuelle qui vous empêche de tenir un registre de qui vit et de qui meurt !

— La même chose, garçon ! se contenta de commander O'Brien en désignant les verres vides.

Et il ajouta :

— Votre pauvre Sicilien doit crever de soif sur le trottoir.

7

Il était tard, pas loin de dix heures sans doute. La montre de Maigret était arrêtée et le *Berwick* ne poussait pas, comme le *Saint-Régis,* la sollicitude envers ses clients jusqu'à encastrer des horloges électriques dans les cloisons. A quoi bon savoir l'heure, d'ailleurs ? Maigret, ce matin-là, n'était pas pressé. A vrai dire, il n'avait aucun emploi du temps. Pour la première fois, depuis qu'il avait débarqué à New-York, il était accueilli à son réveil par un soleil vraiment printanier : il en pénétrait un petit bout dans sa chambre et dans la salle de bains.

A cause de ce soleil, d'ailleurs, il avait accroché son miroir à l'espagnolette de la fenêtre, et c'était là qu'il se rasait, comme à Paris, boulevard Richard-Lenoir, où, le matin, il avait toujours un rayon de soleil sur la joue quand il se faisait la barbe. N'est-ce pas une erreur de croire que les grandes villes sont différentes les unes des autres, même quand il s'agit de New-York, que toute une littérature représente comme une sorte de monstrueuse machine à malaxer les hommes ?

Il y était, à New-York, lui, Maigret, et il y avait une espagnolette à bonne hauteur pour se raser, un rayon de soleil oblique qui lui faisait cligner de l'œil et, en face, dans des bureaux ou des ateliers, deux jeunes filles en blouse blanche qui riaient de lui.

Or il ne devait, ce matin-là, se raser qu'en trois fois, car, à deux reprises, la sonnerie du téléphone l'interrompit. La première fois, la voix semblait lointaine, une voix qui lui rappelait des souvenirs récents, mais qu'il ne reconnaissait pas.

— Allô... Le commissaire Maigret ?...

— Oui.

— C'est bien le commissaire Maigret ?

— Mais oui.

— C'est le commissaire Maigret qui est à l'appareil ?

— Mais oui, sacrebleu !

Alors la voix, si lamentable qu'elle en devenait tragique :

— Ici, Ronald Dexter.

— Oui. Eh bien ?

— Je suis navré de vous déranger, mais il faut absolument que vous m'accordiez un entretien.

— Vous avez du nouveau ?

— Je vous supplie de m'accorder un entretien le plus tôt possible.

— Vous êtes loin d'ici ?

— Pas très loin.

— C'est urgent ?

— Très urgent.

— Dans ce cas, venez tout de suite à l'hôtel et montez dans ma chambre.

— Je vous remercie.

Maigret avait commencé par sourire. Puis, à la réflexion, il avait trouvé dans l'accent du clown quelque chose qui l'inquiétait.

Il avait à peine recommencé à se savonner les joues que le téléphone l'appelait à nouveau dans la chambre. Il s'essuya tant bien que mal.

— Allô.

— Commissaire Maigret ?

Une voix nette, cette fois, presque trop, avec un accent américain prononcé.

— Lui-même.

— Ici, lieutenant Lewis !

— Je vous écoute.

— Mon collègue O'Brien m'a dit que j'aurais intérêt à me mettre le plus tôt possible en rapport avec vous. Puis-je vous rencontrer ce matin ?

— Pardon, lieutenant, de vous demander ça, mais ma montre est arrêtée. Quelle heure est-il ?

— Dix heures et demie.

— Je serais volontiers passé par votre bureau. Par malheur, il y a un instant, j'ai donné un rendez-vous dans ma chambre. Il est possible, d'ailleurs, et même probable, qu'il s'agisse d'une chose qui vous intéresse. Est-ce que cela ne vous ennuie pas de venir me voir dans ma chambre du *Berwick* ?

— J'y serai dans vingt minutes.

— Il y a du nouveau ?

Maigret était sûr que son interlocuteur était encore au bout du fil quand il avait posé la question, mais le lieutenant feignit de ne pas avoir entendu et raccrocha.

Et de deux ! Il ne lui restait qu'à achever de se raser et de s'habiller. Il venait de téléphoner au *room-service* pour commander son petit déjeuner quand on frappa à la porte.

C'était Dexter. Un Dexter que Maigret, qui commençait pourtant à connaître le phénomène, regarda avec ahurissement.

Jamais de sa vie il n'avait vu un homme aussi pâle et donnant davantage l'impression d'un somnambule lâché en plein jour dans New-York.

Le clown n'était pas ivre. D'ailleurs, il n'avait pas son expression pleurnicheuse des moments d'ivresse. Au contraire, il paraissait maître de lui, mais d'une façon spéciale.

Très exactement, il ressemblait debout, dans l'encadrement de la porte, aux acteurs qui, dans les films comiques, viennent de recevoir un coup de matraque sur la tête et qui restent debout un moment, le regard vide, avant de s'écrouler.

— Monsieur le commissaire..., commença-t-il, avec une certaine peine à articuler.

— Entrez et fermez la porte.

— Monsieur le commissaire...

Alors Maigret comprit que l'homme n'était pas ivre, mais qu'il avait une gueule de bois carabinée. Il ne tenait debout que par miracle. Le moindre mouvement devait mettre du tangage et du roulis sous son crâne et son visage se crispait de douleur, ses mains, machinalement, cherchaient l'appui de la table.

— Asseyez-vous !

Il fit signe que non. Sans doute, s'il s'était assis aurait-il sombré dans un sommeil comateux ?

— Monsieur le commissaire, je suis une canaille.

Sa main qui tremblait avait, pendant qu'il parlait, fouillé la poche du veston et elle déposait sur la table des billets pliés, des billets de banque américains que le commissaire fixait avec étonnement.

— Il y a cinq cents dollars.

— Je ne comprends pas.

— Cinq gros billets de cent dollars. Ils sont neufs. Ce ne sont pas de faux billets, ne craignez rien. C'est la première fois de ma vie que j'ai possédé cinq cents dollars à la fois. Comprenez-vous ça ? *Cinq cents dollars à la fois dans ma poche.*

Le maître d'hôtel entrait avec un plateau, du café, des œufs au bacon, des confitures, et Dexter le boulimique, Dexter qui avait toujours eu faim, comme il avait toujours eu envie de cinq cents dollars à la fois, Dexter eut une nausée à l'odeur du bacon et des œufs, à la vue de choses à manger. Il détourna la tête, comme prêt à vomir.

— Vous ne voulez pas boire quelque chose ?

— De l'eau.

Et il en but deux, trois, quatre verres coup sur coup, sans reprendre haleine.

— Pardonnez-moi. Tout à l'heure, j'irai me coucher. Il fallait d'abord que je vienne vous voir.

Des gouttes de sueur perlaient sur son front pâle et il se tenait à la table, ce qui n'empêchait pas son grand corps maigre de se balancer dans un mouvement involontaire.

— Vous direz au capitaine O'Brien, qui m'a toujours pris pour un honnête homme et qui m'a recommandé à vous, que Dexter est une canaille.

Il poussait les billets de banque vers Maigret.

— Prenez-les. Faites-en ce que vous voudrez. Ils ne m'appartiennent pas. Cette nuit... cette nuit...

Il avait l'air de prendre son élan pour franchir le cap le plus difficile.

— ... cette nuit, je vous ai trahi pour cinq cents dollars.

Téléphone.

— Allô ! Comment ? Vous êtes en bas ? Montez, lieutenant. Je ne suis pas seul, mais cela n'a pas d'importance.

Et le clown questionna avec un sourire amer :

— La police ?

— Ne craignez rien. Vous pouvez parler devant le lieutenant Lewis. C'est un ami d'O'Brien.

— On fera de moi ce qu'on voudra. Cela m'est égal. Seulement, j'aimerais que cela aille vite.

Il oscillait littéralement sur ses jambes.

— Entrez, lieutenant. Je suis heureux de faire votre connaissance. Vous connaissez Dexter ? Peu importe, O'Brien le connaît. Je pense qu'il a des choses fort intéressantes à me dire. Voulez-vous vous asseoir dans ce fauteuil pendant qu'il parle et que je prends mon petit déjeuner ?

La chambre était presque gaie, grâce au soleil qui la traversait de biais et qui y mettait tout un fourmillement de fine poussière dorée.

Maigret, pourtant, se demandait s'il avait bien fait de prier le lieutenant d'assister à la conversation. O'Brien ne lui avait pas menti en lui disant la veille que c'était un homme aussi différent de lui que possible.

— Enchanté de faire votre connaissance, commissaire.

Seulement, il disait cela sans un sourire. On sentait qu'il était en service commandé et il alla s'asseoir dans un fauteuil, croisa les jambes, alluma une cigarette et, alors que Dexter n'avait pas encore ouvert la bouche, il tirait déjà un carnet et un crayon de sa poche.

Il était de taille moyenne, de corpulence plutôt en dessous de la moyenne, avec un visage d'intellectuel, de professeur, par exemple, un long nez, des lunettes aux verres épais.

— Vous pouvez noter ma déposition si c'est nécessaire..., prononçait Dexter comme s'il se voyait par avance condamné à mort.

Et le lieutenant ne bronchait pas, l'observait d'un œil parfaitement froid, le crayon en l'air.

— Il était peut-être onze heures du soir. Je ne sais plus. Peut-être aux environs de minuit. Du côté de City Hall. Mais je n'étais pas saoul et vous pouvez me croire.

» Deux hommes se sont accoudés au comptoir à côté de moi et j'ai tout de suite compris que ce n'était pas par hasard, mais qu'ils me cherchaient.

— Vous les reconnaîtriez ? questionna le lieutenant.

Dexter le regarda, puis regarda Maigret, comme pour lui demander à qui il devait s'adresser.

— Ils me cherchaient. Ce sont des choses qui se sentent. J'ai eu le pressentiment qu'ils étaient de la bande.

— Quelle bande ?

— Je suis très fatigué, articula-t-il. Si on me coupe tout le temps...

Et Maigret ne pouvait s'empêcher de sourire tout en mangeant ses œufs.

— Ils m'ont offert à boire, et moi je savais que c'était pour me tirer les vers du nez. Vous voyez que je n'essaie pas de mentir, ni de me chercher des excuses. Je savais aussi que, si je buvais, j'étais perdu, et pourtant j'ai accepté les *scotches,* quatre ou cinq, je ne sais plus au juste.

» Ils m'appelaient Ronald, bien que je ne leur aie pas dit mon nom.

» Ils m'ont emmené dans un autre bar. Puis dans un autre encore, mais cette fois en auto. Et, dans ce bar-là, nous sommes montés tous les trois dans une salle de billard où il n'y avait personne.

» Je me demandais s'ils voulaient me tuer.

» — *Assieds-toi, Ronald...* me dit alors le plus gros des deux après avoir fermé la porte à clef. *Tu es un pauvre bougre, n'est-ce pas ? Tu as été toute ta vie un pauvre bougre. Et, si tu n'as jamais rien pu faire de bon, c'est que tu as toujours manqué de capital pour commencer.*

» Vous savez, monsieur le commissaire, comme je suis quand j'ai bu. Je vous l'ai dit moi-même. On ne devrait jamais me laisser boire.

» Je me suis revu tout petit. Je me suis revu à tous les âges de ma vie, toujours le pauvre type, toujours courant après quelques dollars et je me suis mis à pleurer.

Quelles étaient les notes que pouvait prendre le lieutenant Lewis ? Car il écrivait de temps en temps un mot ou deux dans son carnet et il était aussi grave que s'il eût interrogé le plus dangereux des criminels.

— Alors, le plus gros a tiré des billets de banque de sa poche, de beaux billets neufs, des cent dollars. Il y avait une table avec une bouteille de whisky et des sodas. Je ne sais pas qui les avait apportés, car je ne me souviens pas avoir vu entrer le garçon.

» — *Bois, imbécile,* qu'il m'a dit.

» Et j'ai bu. Puis il a plié les billets, après les avoir comptés sous mes yeux, et il les a fourrés dans la poche extérieure de mon veston.

» — *Tu vois que nous sommes gentils avec toi. On aurait pu t'avoir autrement, en te faisant peur, car tu es un froussard. Mais nous, les pauvres types comme toi, on aime mieux les payer. Tu comprends ?*

» *Et maintenant, à table ! Tu vas nous dire tout ce que tu sais. Tout, tu entends ?*

Le clown regarda le commissaire de ses yeux pâles et articula :

— J'ai tout dit.

— Dit quoi ?

— Toute la vérité.

— Quelle vérité ?

— Que vous saviez tout.

Le commissaire ne comprenait pas encore et, les sourcils froncés, allumait sa pipe en réfléchissant. Il se demandait en réalité s'il devait rire ou prendre au sérieux son clown affligé de la pire gueule de bois qu'il ait vue de sa vie.

— Que je savais quoi ?

— D'abord la vérité sur *J and J.*

— Mais quelle vérité, tonnerre de Dieu ?

Le pauvre type le fixait avec ahurissement, comme s'il se fût demandé pourquoi Maigret faisait soudain des cachotteries avec lui.

— Que Joseph, celui à la clarinette, était le mari ou l'amant de Jessie. Vous le savez bien.

— Vraiment ?

— Et qu'ils ont eu un enfant.

— Pardon ?

— Jos Mac Gill. Remarquez d'ailleurs le prénom de Jos. Et les dates correspondent. Je vous ai vu vous-même calculer. Maura, c'est-à-dire Little John, était amoureux aussi et il était jaloux. Il a tué Joseph. Peut-être qu'il a tué Jessie ensuite. A moins qu'elle soit morte de chagrin.

Le commissaire regardait maintenant le clown avec stupeur. Et ce qui l'étonnait le plus, c'était de voir le lieutenant Lewis prendre fébrilement des notes.

— Quand, plus tard, Little John a gagné de l'argent, il a eu des remords et il s'est occupé de l'enfant, mais sans jamais aller le voir. Au contraire, il l'a envoyé au Canada en compagnie d'une certaine Mme Mac Gill. Et le gamin, qui avait pris le nom de la vieille Ecossaise, ignorait le nom de celui qui subvenait à son entretien.

— Continue, soupira Maigret avec résignation en tutoyant pour la première fois Dexter.

— Vous savez cela mieux que moi. J'ai tout raconté. Il fallait bien que je gagne les cinq cents dollars, comprenez-vous ? Parce que j'avais quand même encore une certaine honnêteté.

» Little John s'est marié à son tour. En tout cas, il a eu un enfant qu'il a fait élever en Europe.

» Mme Mac Gill est morte. Ou bien Jos s'est enfui de chez elle. Je ne sais pas. Peut-être que vous le savez, mais vous ne me l'avez pas dit. Seulement, cette nuit, j'ai fait comme si vous en étiez sûr.

» Ils continuaient à me servir de grands verres de whisky.

» J'avais tellement honte de moi, vous me croirez si vous voulez, que je préférais aller jusqu'au bout.

» Il y avait, dans la 169e Rue, un tailleur italien qui était au courant de tout, qui avait peut-être assisté au crime.

» Et Jos Mac Gill a fini par le rencontrer, je ne sais pas comment, sans doute par hasard. Et ainsi il a appris la vérité sur Little John.

Maintenant, Maigret en était arrivé à fumer béatement sa pipe, comme un homme à qui un enfant raconte une savoureuse histoire.

— Continue.

— Mac Gill s'était lié avec des types pas recommandables, des types comme ceux de cette nuit. Et ils ont décidé ensemble de faire chanter Little John.

» Et Little John a eu peur.

» Quand ils ont appris que son fils arrivait d'Europe, ils ont voulu tenir le père davantage encore et ils ont kidnappé Jean Maura à l'arrivée du bateau.

» Je n'ai pas pu leur dire comment Jean Maura était revenu au *Saint-Régis*. Peut-être que Little John a craché la grosse somme ? Peut-être que, pas si bête, il a découvert la cachette où l'on gardait le jeune homme ?

» Je leur ai affirmé que vous saviez tout.

— Et qu'on allait les arrêter ? questionna Maigret en se levant.

— Je ne me le rappelle plus. Je crois que oui. Et que vous n'ignoriez pas non plus que c'étaient eux.

— Qui eux ?

— Ceux qui m'ont donné les cinq cents dollars.

— Que c'était eux qui avaient fait quoi ?

— Qui avaient tué le vieil Angelino avec la voiture. Parce que Mac Gill avait appris que vous alliez tout découvrir. Voilà. On peut m'arrêter.

Maigret dut détourner la tête pour cacher son sourire tandis que le lieutenant Lewis restait sérieux comme un pape.

— Qu'est-ce qu'ils ont répondu ?

— Ils m'ont fait monter dans une auto. Je croyais que c'était pour aller m'abattre quelque part dans un quartier désert. Cela leur aurait donné l'occasion de reprendre les cinq cents dollars. Ils m'ont simplement déposé en face de City Hall et ils m'ont dit...

— Qu'est-ce qu'ils ont dit ?

— *Va dormir, idiot !* Qu'est-ce que vous allez faire ?

— Vous dire la même chose.

— Comment ?

— Je vous dit d'aller dormir. C'est tout.

— Je suppose que je ne dois plus revenir ?

— Au contraire.

— Vous avez encore besoin de moi ?

— Cela pourrait arriver.

— Parce que, dans ce cas...

Et il louchait vers les cinq cents dollars, soupirait :

— Je n'ai pas gardé un *cent*. Je ne pourrais pas même prendre le *subway* pour rentrer chez moi. Aujourd'hui, je ne vous demande pas cinq dollars comme les autres jours, mais seulement un dollar. Maintenant que je suis une canaille...

— Qu'est ce que vous en pensez, lieutenant ?

Au lieu d'éclater de rire comme Maigret avait envie de le faire, le collègue d'O'Brien contemplait gravement ses notes et disait :

— Ce n'est pas Mac Gill qui a fait enlever Jean Maura.

— Parbleu !

— Vous le savez ?

— J'en ai la conviction.

— Nous, nous en avons la certitude.

Et il avait l'air de marquer un point en faisant cette distinction entre une certitude américaine et une simple conviction française.

— Le jeune Maura a été emmené par un personnage qui lui a remis une lettre de son père.

— Je sais.

— Mais nous, nous savons aussi où il a conduit le jeune homme. Dans un cottage du Connecticut qui appartient à Maura, mais où il n'a pas mis les pieds depuis plusieurs années.

— C'est tout à fait plausible.

— C'est certain. Nous avons les preuves.

— Et c'est son père qui l'a fait ramener auprès de lui au *Saint-Régis*.

— Comment le savez-vous ?

— Je le devine.

— Nous ne devinons pas. Le même personnage est allé deux jours plus tard rechercher le jeune Maura.

— Ce qui signifie, murmura Maigret en tirant sur sa pipe, que pendant deux jours, il y a eu des raisons pour que ce jeune homme soit en dehors de la circulation.

Le lieutenant le regarda avec un étonnement comique.

— On pourrait relever une coïncidence, poursuivait le commissaire. C'est que le jeune homme n'a reparu qu'après la mort du vieil Angelino.

— Et vous en déduisez ?

— Rien. Votre collègue O'Brien vous dira que je ne déduis jamais. Il ajoutera sans doute avec une pointe de malice que je ne pense jamais. Vous pensez, vous ?

Maigret se demanda s'il n'était pas allé trop loin, mais Lewis, après un instant de réflexion, répliqua :

— Quelquefois. Quand j'ai en main les éléments suffisants.

— A ce moment-là, ce n'est plus la peine de penser.

— Quelle est votre opinion sur le récit que nous a fait Ronald Dexter ? C'est bien Dexter, n'est-ce pas ?

— Je n'ai pas d'opinion ; cela m'a beaucoup amusé.

— Il est exact que les dates coïncident.

— J'en suis persuadé. Elles coïncident aussi avec le départ de Maura pour l'Europe.

— Que voulez-vous dire ?

— Que Jos Mac Gill est né un mois avant le retour de Little John de Bayonne. Que, d'autre part, il est né huit mois et demi après le départ de celui-ci.

— De sorte ?

— De sorte qu'il peut aussi bien être le fils de l'un que de l'autre. Nous avons le choix, comme vous voyez. C'est très pratique.

Maigret n'y pouvait rien. La scène du clown à la gueule de bois l'avait mis en bonne humeur et l'attitude de pisse-froid du lieutenant Lewis était bien faite pour le maintenir dans cet état d'esprit.

— J'ai donné ordre de rechercher tous les actes de décès de cette époque pouvant se rapporter à Joseph Daumale et à Jessie.

Et Maigret, féroce :

— A condition qu'ils soient morts.

— Où seraient-ils ?

— Où sont les quelque trois cents locataires qui habitaient au même moment l'immeuble de la 169e Rue ?

— Si Joseph Daumale était vivant...

— Eh bien ?

— Il se serait probablement occupé de son fils.

— A la condition que ce soit le sien.

— On l'aurait retrouvé dans le sillage de Little John.

— Pourquoi ? Est-ce parce que deux jeunes gens, lors de leurs débuts, on fait ensemble un numéro de music-hall qu'ils sont liés à vie ?

— Et Jessie ?

— Remarquez que je ne prétends pas qu'elle n'est pas morte, ni que Daumale n'est pas mort. Mais l'un peut fort bien avoir cassé sa pipe l'année dernière à Paris ou à Carpentras et l'autre se trouver maintenant dans un asile de vieilles femmes. Le contraire est tout aussi probable.

— Je suppose, commissaire, que vous plaisantez ?

— A peine.

— Suivez mon raisonnement.

— Parce que vous avez raisonné ?

— Toute la nuit. Nous avons, au départ, voilà vingt-huit ans exactement, trois personnages.

— Les trois *J*...

— Comment ?

— Je dis : les trois *J*... C'est comme cela que nous les appelons.

— Qui, vous ?

— La voyante et l'ancien homme de cirque.

— A propos, je les ai fait surveiller comme vous l'avez demandé. Jusqu'ici, il ne s'est rien produit.

— Et il ne se produira sans doute rien, maintenant que le clown a trahi, selon son expression. Nous en étions aux trois *J*... Joachim, Joseph et Jessie. Il y a vingt-huit ans, comme vous dites, il y avait ces trois personnages-là, et un quatrième qui s'appelait, de son vivant, Angelino Giacomi.

— Exact.

Il recommençait à prendre des notes. C'était une manie.

— Et aujourd'hui...

— Aujourd'hui, se hâta d'intervenir l'Américain, nous nous trouvons à nouveau devant trois personnages.

— Mais ce ne sont plus les mêmes. Joachim d'abord, qui, avec le temps, est devenu Little John, Mac Gill et un autre jeune homme qui, lui, paraît être incontestablement le fils de Maura. Le quatrième personnage, Angelino, existait il y a deux jours encore, mais, sans doute pour simplifier le problème, on l'a supprimé.

— Pour simplifier le problème ?

— Excusez-moi... Trois personnages il y a vingt-huit ans et trois personnages aujourd'hui. Autrement dit, les deux qui manquent de l'ancienne équipe ont été remplacés.

— Et Maura a l'air de vivre dans la terreur de son soi-disant secrétaire Mac Gill.

— Vous croyez ?

— Le capitaine O'Brien m'a appris que c'était votre impression aussi.

— Je crois lui avoir confié que Mac Gill se montrait plein d'assurance et qu'il lui arrivait souvent de prendre la parole à la place de son patron.

— C'est la même chose.

— Pas tout à fait.

— Je croyais, en venant vous voir ce matin, que vous me diriez en toute franchise ce que vous pensez de cette affaire. Le capitaine m'a confié...

— Il a encore parlé de mes impressions ?

— Non, mais des siennes. Il m'a fait part de sa conviction que vous aviez une idée et qu'elle avait des chances d'être la bonne. J'espérais donc qu'en confrontant vos idées à vous et les miennes...

— Nous arriverions à la solution ?... Eh bien ! vous avez entendu mon clown attitré.

— Vous pensez tout ce qu'il a dit ?

— Rien du tout.

— Vous pensez qu'il s'est trompé ?

— Il a bâti un joli roman, qui est presque un roman d'amour... A cette heure-ci, Little John, Mac Gill et peut-être quelques autres doivent être en effervescence.

— J'en ai la preuve.

— Vous pouvez me la donner ?

— Ce matin, Mac Gill a fait retenir une cabine de première classe sur le paquebot qui part à quatre heures pour la France. Au nom de Jean Maura.

— C'est assez naturel, vous ne trouvez pas ? Ce jeune homme, qui est en plein dans ses études, quitte soudain Paris et l'université pour accourir à New-York où son papa juge qu'il n'a rien à faire. On le renvoie donc là d'où il vient.

— C'est un point de vue.

— Voyez-vous, mon cher lieutenant, je comprends parfaitement votre déception. On vous a répété, et on a eu tort, que je suis un homme intelligent qui, au cours de sa carrière, a résolu un certain nombre de problèmes criminels. Mon ami O'Brien, qui cultive volontiers l'ironie, a dû exagérer quelque peu. Or, *primo,* je ne suis pas intelligent.

C'était drôle de voir le policier vexé comme si on se fût moqué de lui, alors que Maigret n'avait jamais été aussi sincère.

— *Secundo,* je n'essaie jamais de me faire une idée sur une affaire avant qu'elle soit terminée. Vous êtes marié ?

— Mais oui.

Lewis était interloqué par cette question saugrenue.

— Il y a des années sans doute. Et je suis persuadé que vous avez la conviction que votre femme ne vous comprend pas toujours.

— Il arrive en effet...

— Et votre femme, de son côté, a la même conviction en ce qui vous concerne. Pourtant, vous vivez ensemble, vous passez des soirées ensemble, vous dormez dans le même lit, vous faites des enfants... Il y a quinze jours, je n'avais jamais entendu parler de Jean Maura ni de Little John. Il y a quatre jours, j'ignorais jusqu'à l'existence de Jos Mac Gill et ce n'est qu'hier, chez un vieux monsieur impotent, qu'une voyante m'a parlé d'une certaine Jessie.

» Et vous voudriez que j'aie une idée précise sur chacun d'eux ?

» Je nage, lieutenant... Sans doute nageons-nous tous les deux. Seulement, vous, vous luttez contre le flot, vous prétendez aller dans une direction déterminée, alors que moi je me laisse aller avec le courant en me raccrochant par-ci par-là à une branche qui passe.

» J'attends des câbles de France. O'Brien a dû vous en parler. J'attends aussi, comme vous, les résultats des recherches que vos hommes ont entreprises au sujet des actes de décès, des licences de mariage, etc.

» En attendant, je ne sais rien.

» Au fait, à quelle heure part le bateau pour la France ?

— Vous voulez vous embarquer ?

— Pas le moins du monde, encore que ce serait le plus sage. Il fait beau temps. C'est mon premier jour de soleil à New-York. Cela me fera une promenade d'aller assister au départ de Jean Maura et je ne serais pas fâché de serrer la main de ce garçon avec qui j'ai eu le plaisir de faire une charmante traversée.

Il se levait, cherchait son chapeau, son pardessus, tandis que le policier, déçu, refermait à regret son carnet et le glissait dans sa poche.

— Si nous allions prendre l'apéritif ? proposa le commissaire.

— Ne m'en veuillez pas de refuser, mais je ne bois jamais d'alcool.

Une petite flamme dans les gros yeux de Maigret. Il faillit dire, mais il se retint à temps :

« Je l'aurais juré. »

Ils sortirent ensemble de l'hôtel.

— Tiens ! mon Sicilien n'est plus à son poste. Ils doivent penser que, maintenant que Dexter a mangé le morceau, il n'est plus nécessaire de surveiller mes allées et venues.

— J'ai ma voiture, commissaire... Je vous dépose quelque part ?

— Non, merci...

Il avait envie de marcher. Il gagna tranquillement Broadway, puis certaine rue où il espérait bien retrouver le *Donkey Bar*. Il commença par se tromper, mais il reconnut enfin la façade, entra dans la salle presque déserte à cette heure.

A un bout du comptoir, pourtant, le journaliste aux dents jaunies à qui Mac Gill et le détective-boxeur s'étaient adressés le premier jour était en train d'écrire un article tout en sirotant un double whisky.

Il leva la tête, reconnut Maigret, fit une grimace pas jolie et finit par saluer d'un signe de tête.

— De la bière ! commanda le commissaire parce que l'air sentait déjà le printemps et que cela lui donnait soif.

Il la dégusta en homme paisible, qui a devant lui de longues heures de flânerie.

8

Au Quai des Orfèvres, un an plus tôt encore, on disait de Maigret dans ces moments-là :

— Ça y est. Le patron est en transe.

L'irrespectueux inspecteur Torrence, lui, qui n'en avait pas moins un véritable culte pour le commissaire, disait plus crûment :

— Voilà le patron dans le bain.

« En transe » ou « dans le bain », c'était en tout cas un état que les collaborateurs de Maigret voyaient venir avec soulagement. Et ils étaient arrivés à en deviner l'approche à de petits signes avant-coureurs, à prévoir avant le commissaire le moment où la crise se déclarerait.

Qu'est-ce qu'un Lewis aurait pensé de l'attitude de son collègue français pendant les heures qui suivirent ? Il n'aurait pas compris, c'était fatal, et sans doute l'aurait-il regardé avec une certaine pitié. Le capitaine O'Brien lui-même, à l'ironie si fine sous de lourdes apparences, aurait-il pu suivre le commissaire jusque-là ?

Cela se passait d'une façon assez curieuse, que Maigret n'avait jamais eu la curiosité d'analyser, mais qu'il avait fini par connaître à force d'en entendre parler avec de multiples détails par ses collègues de la Police judiciaire.

Pendant des jours, parfois des semaines, il pataugeait dans une affaire, il faisait ce qu'il y avait à faire, sans plus, donnait des ordres, s'informait sur les uns et sur les autres, avec l'air de s'intéresser médiocrement à l'enquête et parfois de ne pas s'y intéresser du tout.

Cela tenait à ce que, pendant ce temps-là, le problème ne se présentait encore à lui que sous une forme théorique. Tel homme a été tué dans telles et telles circonstances. Untel et Untel sont suspects.

Ces gens-là, au fond, ne l'intéressaient pas. *Ne l'intéressaient pas encore.*

Puis soudain, au moment où on s'y attendait le moins, où on pouvait le croire découragé par la complexité de sa tâche, le déclic se produisait.

Qui est-ce qui prétendait qu'à ce moment-là il devenait plus lourd ? N'était-ce pas un ancien directeur de la P. J. qui l'avait vu travailler pendant des années ? Ce n'était qu'une boutade, mais elle rendait bien la vérité. Maigret, tout à coup, paraissait plus épais, plus pesant. Il avait une façon différente de serrer sa pipe entre ses dents, de la fumer à bouffées courtes et très espacées, de regarder autour de lui d'un air presque sournois, en réalité parce qu'il était entièrement pris par son activité intérieure.

Cela signifiait, en somme, que les personnages du drame venaient, pour lui, de cesser d'être des entités, ou des pions, ou des marionnettes, pour devenir des hommes.

Et ces hommes-là, Maigret se mettait dans leur peau. Il s'acharnait à se mettre dans leur peau.

Ce qu'un de ses semblables avait pensé, avait vécu, avait souffert, n'était-il pas capable de le penser, de le revivre, de le souffrir à son tour ?

Tel individu, à un moment de sa vie, dans des circonstances déterminées, avait réagi, et il s'agissait, en somme, de faire jaillir du fond de soi-même, à force de se mettre à sa place, des réactions identiques.

Seulement, ce n'était pas conscient. Maigret ne s'en rendait pas toujours compte. Par exemple, il croyait rester Maigret et bien Maigret, tandis qu'il déjeunait tout seul à un comptoir.

Or, s'il avait regardé son visage dans la glace, il y aurait surpris certaines des expressions de Little John. Entre autres celle de l'ancien violoniste, dans son appartement du *Saint-Régis*, au moment où, venant du fond de cet appartement, de cette pièce pauvre qu'il s'était aménagée comme une sorte de refuge, il regardait pour la première fois le commissaire par la porte qu'il entrouvrait.

Etait-ce de la peur ? Ou bien une sorte d'acceptation de la fatalité ?

Le même Little John marchant vers la fenêtre, dans les moments difficiles, écartant le rideau d'une main nerveuse et regardant dehors, tandis que Mac Gill prenait automatiquement la direction des opérations.

Il ne suffisait pas de décider :

« Little John est ceci ou cela... »

Il fallait le sentir. Il fallait devenir Little John. Et voilà pourquoi, tandis qu'il marchait dans les rues, puis qu'il hélait un taxi pour se faire conduire aux docks, le monde extérieur n'existait pas.

Il y avait le Little John de jadis, celui qui était arrivé de France à bord de l'*Aquitaine* avec son violon sous le bras, en compagnie de Joseph le clarinettiste.

... Le Little John qui, au cours de sa pitoyable tournée dans les Etats du Sud, partageait son dîner avec une fille maigre et maladive, avec une Jessie qu'on nourrissait en prélevant une partie de deux repas.

Il prit à peine garde aux deux hommes de la police qu'il reconnut sur le quai d'embarquement. Il sourit vaguement. C'était évidemment le lieutenant Lewis qui les avait envoyés à tout hasard, et Lewis faisait son métier correctement ; on ne pouvait pas lui en vouloir.

Un quart d'heure seulement avant le départ du navire, une longue limousine stoppa en face des bâtiments de la douane et Mac Gill sauta à terre le premier, puis Jean Maura, vêtu d'un complet de tweed clair qu'il avait dû acheter à New-York, Little John enfin, qui paraissait avoir adopté une fois pour toutes le bleu marine et le noir pour ses vêtements.

Maigret ne se cachait pas. Les trois hommes devaient passer près de lui. Leurs réactions furent différentes. Mac Gill, qui marchait le premier et qui portait le léger sac de voyage de Jean, fronça les sourcils, puis, peut-être par forfanterie, esquissa une moue quelque peu méprisante.

Jean Maura, lui, hésita, regarda son père, fit quelques pas vers le commissaire à qui il serra la main.

— Vous ne rentrez pas en France... Je vous demande encore pardon... Vous auriez dû prendre le bateau avec moi... Il n'y a rien, vous savez... Je me suis conduit comme un sot.

— Mais oui.

— Merci, commissaire.

Quant à Little John, il continuait son chemin et allait attendre un peu plus loin, puis il saluait Maigret, simplement, sans ostentation.

Le commissaire ne l'avait jamais vu que dans son appartement. Il s'étonnait un peu de le trouver, dehors, encore plus petit qu'il n'avait cru. Et aussi il le trouvait plus vieux, plus marqué par la vie. Etait-ce récent ? Il y avait comme un voile sur cet homme dont on ne sentait pas moins la prodigieuse énergie.

Tout cela ne comptait pas. Ce n'étaient même pas des pensées. Les derniers passagers montaient à bord. Les parents et les amis restaient rangés sur le quai, la tête en l'air. Quelques Anglais, selon la coutume de chez eux, envoyaient des serpentins vers les bastingages et ceux qui partaient en tenaient gravement un bout.

Le commissaire aperçut Jean Maura sur la passerelle des premières. Il le voyait de bas en haut et un instant il crut voir, non le fils, mais le père, il crut assister, non à l'embarquement d'aujourd'hui, mais à celui de jadis, quand Joachim Maura était reparti pour la France, où il devait rester près de dix mois.

Joachim Maura, lui, n'avait pas voyagé en première classe, mais en troisième. Etait-il venu seul jusqu'aux docks ? N'y avait-il pas, pour lui aussi, deux personnes sur le quai ?

Ces personnes-là, Maigret les cherchait machinalement, il évoquait le clarinettiste et Jessie qui devaient attendre comme lui, le nez en l'air, de voir la muraille mouvante du navire se détacher du quai.

Puis... Puis ils s'en allaient tous les deux... Est-ce que Joseph prenait le bras de Jessie ? Est-ce que c'était Jessie qui s'accrochait machinalement au bras de Joseph ?... Est-ce qu'elle pleurait ? Est-ce qu'il lui disait : « Il reviendra bientôt » ?

En tout cas, ils n'étaient plus qu'eux deux dans New-York, tandis que Joachim, debout sur le pont, regardait l'Amérique se rapetisser pour sombrer enfin dans la brume du soir.

Cette fois encore deux personnes qui restaient, Little John et Mac Gill, s'en allaient côte à côte, marchant d'un pas égal vers l'auto qui les attendait. Mac Gill ouvrait la portière et s'effaçait.

Il ne fallait pas vouloir aller trop vite, comme le lieutenant Lewis. Il ne fallait pas courir après les vérités qu'on voulait découvrir, mais se laisser imprégner par la vérité pure et simple.

Et voilà pourquoi Maigret se dirigeait, les mains dans les poches, vers un quartier qu'il ne connaissait pas. Peu importait. En pensée, il suivait Jessie et Joseph dans le *subway*. Est-ce que le *subway* existait de leur temps ? Probablement que oui. Ils avaient dû rentrer tout de suite dans la maison de la 169ᵉ Rue. Et là, s'étaient-ils séparés sur le palier ? Est-ce que Joseph n'avait pas consolé sa compagne ?

Pourquoi un souvenir tout récent frappait-il maintenant le commissaire ? Au moment où l'incident se produisait, il n'y avait pas pris garde.

A midi, il avait longuement siroté sa bière au *Donkey Bar*. Il avait commandé un second verre, car elle était bonne. A l'instant où il s'en allait, le journaliste aux dents gâtées, Parson, avait levé la tête et lui avait lancé :

— Bien le bonjour, monsieur Maigret !

Or il lui avait dit cela en français, avec un fort accent en prononçant *Mégrette*. Il avait une voix désagréable, trop aiguë et comme coupante, avec des intonations canailles ou plutôt méchantes.

C'était un aigri, un révolté, à coup sûr. Maigret l'avait regardé, un peu surpris. Il avait grommelé un vague bonjour et il était sorti sans y penser davantage.

Il se souvenait tout à coup que, quand il était allé une première fois au *Donkey Bar* en compagnie de Mac Gill et de son détective au *chewing-gum*, son nom n'avait pas été prononcé. Parson n'avait pas dit non plus qu'il connaissait le français.

Cela n'avait probablement aucune importance. Maigret ne s'y attardait pas. Et pourtant ce détail s'intégrait de lui-même à la masse de ses préoccupations inconscientes.

Quand il se trouva à Times Square, il regarda machinalement le *Times Square Building* qui lui bouchait l'horizon. Cela lui rappela que c'était dans ce gratte-ciel que Little John avait ses bureaux.

Il entra. Il ne venait rien chercher de particulier. Mais il ne connaissait du Little John d'aujourd'hui que son cadre intime du *Saint-Régis*. Pourquoi ne pas voir l'autre ?

Il chercha sur le tableau la mention *Automatic Record C°* et un ascenseur rapide le conduisit au quarante-deuxième étage.

C'était banal. Il n'y avait rien à voir. Tous ces phonos automatiques, ces boîtes à rêves que l'on trouvait dans la plupart des bars et des restaurants, c'était ici, en somme, qu'ils venaient aboutir. Ici, en tout cas, que les centaines de milliers de pièces de cinq *cents* dégorgées par les machines se transformaient en compte en banque, en actions et en comptabilité sur les grands livres.

Une mention, sur une porte vitrée :

General Manager : John Maura.

D'autres portes vitrées, numérotées, avec les noms de tout un état-major, et enfin une immense pièce aux bureaux métalliques, aux lampes bleuâtres, où travaillaient une bonne centaine d'employés et d'employées.

On lui demanda ce qu'il désirait et il répondit tranquillement, en faisant demi-tour après avoir secoué sa pipe contre son talon :

— Rien.

Se rendre compte, tout simplement. Est-ce que le lieutenant Lewis ne comprendrait pas cela ?

Et il marchait à nouveau dans la rue, s'arrêtait devant un bar, hésitait, haussait les épaules. Pourquoi pas ? Cela ne lui faisait pas de tort, dans ces moments-là, et il ne pleurait pas comme Ronald Dexter. Tout seul à un coin du comptoir, il vida deux verres d'alcool, coup sur coup, paya et sortit comme il était entré.

Joseph et Jessie étaient seuls, désormais, seuls pour dix mois dans la maison de la 169ᵉ Rue, en face de la boutique du tailleur.

Qu'est-ce qu'il lui prit de prononcer soudain, à voix haute, ce qui fit se retourner un passant :

— Non...

Il pensait au vieil Angelino, à la mort ignoble du vieil Angelino et il disait non parce qu'il était sûr, sans savoir exactement pourquoi, que cela ne s'était pas passé comme Lewis l'imaginait.

Il y avait quelque chose qui ne collait pas. Il revoyait Little John et Mac Gill se dirigeant vers la limousine noire qui les attendait et il répétait en lui-même :

— Non...

C'était fatalement plus simple. Les événements peuvent se payer le luxe d'être compliqués ou de le paraître. Les hommes, eux, sont toujours plus simples qu'on l'imagine.

Même un Little John... Même un Mac Gill...

Seulement, pour comprendre cette simplicité-là, il fallait aller tout au fond et non se contenter d'explorer la surface.

— Taxi...

Il oubliait qu'il était à New-York et il se mettait à parler français au chauffeur ahuri. Il s'en excusait, donnait en anglais l'adresse de la voyante.

Il avait besoin de lui poser une question, une seule. Elle habitait, elle aussi, dans Greenwich Village et le commissaire fut assez surpris de trouver une maison de belle apparence, une maison bourgeoise de quatre étages, avec un escalier propre couvert d'un tapis, des paillassons devant les portes.

Madame Lucile
Voyante extra-lucide
Sur rendez-vous seulement.

Il sonna et la sonnerie, de l'autre côté de la porte, rendit un son étouffé, comme chez les vieilles gens. Puis il y eut des pas feutrés, une hésitation, et enfin un bruit très léger, celui d'un verrou que l'on tire avec précaution.

La porte ne fit que s'entrouvrir à peine et, par la fente, un œil le regardait. Maigret souriait malgré lui, disait :

— C'est moi !

— Oh ! je vous demande pardon. Je ne vous avais pas reconnu. Comme je n'avais pas de rendez-vous à cette heure-ci, je me demandais qui pouvait bien venir... Entrez... Excusez-moi si je vous ai ouvert moi-même, mais la bonne est en course.

Il n'y avait sûrement pas de bonne, mais cela était sans importance.

Il faisait presque noir et aucune lampe n'était allumée. Un fauteuil, en face d'un poêle anglais, laissait voir la flamme du charbon.

L'atmosphère était douce et chaude, un peu fade. Mme Lucile allait d'un commutateur à l'autre et des lampes s'allumaient, invariablement voilées d'abat-jour bleus ou roses.

— Asseyez-vous... Est-ce que vous avez des nouvelles de votre frère ?

Maigret avait presque oublié cette histoire de frère que le clown avait racontée pour attendrir Germain et sa vieille amie. Il regardait autour de lui, étonné, car, au lieu du bric-à-brac qu'il avait imaginé, il trouvait un petit salon Louis XVI qui lui rappelait tant de petits salons pareils, à Passy ou à Auteuil.

Seul, le maquillage excessif, maladroit de la vieille femme donnait à la pièce quelque chose d'équivoque. Sa face, sous une croûte de crème et de poudre, était blafarde comme une lune, avec du rouge saignant pour les lèvres, de longs cils bleuâtres de poupée.

— J'ai bien pensé à vous et à mes anciens camarades *J and J.*

— C'est à leur sujet que je voudrais vous poser une question.

— Vous savez... Je suis presque sûre... Vous vous souvenez que vous m'avez demandé lequel des deux était amoureux... Je crois, maintenant que j'y repense, qu'ils l'étaient tous les deux.

De cela, Maigret se moquait.

— Ce que je voudrais savoir, madame, c'est... Attendez... J'aimerais que vous compreniez ma pensée... Il est rare que deux jeunes gens du même âge, sortis à peu près du même milieu, possèdent la même vitalité... la même vigueur de caractère, si vous préférez... Il y en a toujours un qui a le pas sur l'autre... Mettons encore qu'il y a toujours un chef... Attendez...

» Dans ce cas-là, il existe pour le second différentes attitudes possibles, qui dépendent des caractères.

» Certains acceptent d'être dominés par leur ami, cherchent parfois cette domination... D'autres, au contraire, se révoltent à tout propos.

» Vous voyez que ma question est assez délicate. Ne vous pressez pas de répondre... Vous avez vécu près d'un an avec eux... Lequel des deux vous a laissé le souvenir le plus vivace ?

— Le violoniste, répondit-elle sans hésiter.

— Donc, Joachim... Le blond aux cheveux longs, au visage très maigre ?

— Oui... Et pourtant, il n'était pas toujours agréable.

— Que voulez-vous dire ?

— Je ne pourrais pas préciser... C'est une impression... Tenez !... *J and J* ne constituaient que le dernier des numéros du programme, n'est-ce pas ?... Robson et moi étions les vedettes... Il y a, dans ces cas-là, une certaine hiérarchie... Pour les valises, par exemple... Eh bien ! jamais le violoniste ne m'aurait proposé de me porter ma valise.

— Tandis que l'autre ?

— Il l'a fait plusieurs fois... Il était plus poli, mieux élevé.

— Joseph ?

— Oui... Celui à la clarinette. Et pourtant... Mon Dieu ! que c'est difficile à expliquer ! Joachim n'était pas d'humeur régulière, voilà. Un jour, il se montrait séduisant, d'une affabilité délicieuse, puis, le lendemain, il ne vous adressait pas la parole. Je crois qu'il était trop orgueilleux, qu'il souffrait de sa situation. Joseph, au contraire, l'acceptait en souriant. Et voilà encore que je dis quelque chose de faux. Car il ne souriait pas souvent.

— C'était un triste ?

— Non plus ! Il faisait les choses correctement, convenablement, de son mieux, sans plus. On lui aurait demandé d'aider les machinistes ou de prendre place dans le trou du souffleur qu'il aurait accepté, tandis que l'autre se serait dressé sur ses ergots. Voilà ce que je veux dire. N'empêche que je préférais Joachim, même quand il devenait cassant.

— Je vous remercie.

— Vous ne prendrez pas une tasse de thé ? Vous ne voulez pas que j'essaie de vous aider ?

Elle venait de prononcer ces mots avec une étrange pudeur et Maigret ne comprit pas tout de suite.

— Je pourrais essayer de voir.

Ce n'est qu'alors qu'il se souvint qu'il était chez une voyante extra-lucide et il faillit, par bonté d'âme, pour ne pas la décevoir, accepter une consultation.

Mais non ! Il n'avait pas le courage d'assister à ses simagrées, d'entendre à nouveau sa voix mourante et les questions qu'elle posait à son Robson défunt.

— Je reviendrai, madame... Ne m'en veuillez pas si je n'ai pas le temps aujourd'hui.

— Je vous comprends.

— Mais non...

Allons ! Il s'enferrait. Il était navré de la laisser sur une mauvaise impression, mais il n'y avait rien d'autre à faire.

— J'espère que vous retrouverez votre frère.

Tiens ! Il y avait en bas, devant l'immeuble, un homme qu'il n'avait pas remarqué en entrant et qui le dévisageait. Un des détectives de Lewis, sans doute. Est-ce que sa présence était encore bien utile ?

Il se fit conduire à nouveau dans Broadway. C'était déjà devenu son port d'attache et il commençait à s'y retrouver. Pourquoi pénétra-t-il sans hésiter au *Donkey Bar ?*

Il devait d'abord téléphoner. Mais, surtout, il avait envie, sans raison bien précise, de revoir le journaliste à la voix grinçante et il savait qu'à cette heure il serait ivre.

— Bonjour, monsieur Mégrette.

Parson n'était pas seul. Il était entouré de trois ou quatre types qu'apparemment il faisait rire par ses saillies depuis un bon moment.

— Vous boirez bien un *scotch* avec nous ? poursuivait-il en français. Il est vrai qu'en France vous n'aimez pas le whisky. Un cognac, monsieur le commissaire de la Police judiciaire en retraite ?

Il voulait être comique. Il se savait ou se croyait le point de mire de tout le bar où peu de gens, en réalité, s'occupaient de lui.

— C'est un beau pays, la France, n'est-ce pas ?

Maigret hésita, remit son coup de téléphone à plus tard et s'accouda au bar à côté de Parson.

— Vous la connaissez ?

— J'y ai vécu deux ans.

— A Paris ?·

— Le « gai Paris », oui... Et à Lille, à Marseille, à Nice... La Côte d'Azur, n'est-ce pas ?

Il lançait tout cela méchamment, comme si les moindres paroles eussent eu un sens connu de lui seul.

Si Dexter était un ivrogne triste, Parson, lui, était le type de l'ivrogne méchant, agressif.

Il se savait maigre et laid, il se savait sale, il se savait méprisé ou détesté et il en voulait à l'humanité tout entière, laquelle, pour le moment, prenait la forme et le visage de ce Maigret placide qui le regardait avec de gros yeux calmes, comme on regarde une mouche affolée par l'orage.

— Je parie que quand vous y retournerez, dans votre belle France, vous direz tout le mal possible de l'Amérique et des Américains... Tous les Français sont comme ça... Et vous raconterez que New-York est plein de gangsters... Ha ! ha !... Seulement, vous oublierez de dire que la plupart sont venus d'Europe...

Et, éclatant d'un vilain rire, il pointa son index vers la poitrine de Maigret.

— Vous omettrez aussi d'ajouter qu'il y a autant de gangsters à Paris qu'ici... Seulement, les vôtres sont des gangsters bourgeois... Ils ont une femme et des enfants... Et, quelquefois, ils sont décorés... Ha ! ha !... Une tournée, Bob !... Un brandy pour M. Mégrette qui n'aime pas le whisky.

» Mais voilà !... Est-ce que vous y retournerez, en Europe ?

Il regardait ses compagnons d'un air malin, tout fier d'avoir lancé cette phrase en plein visage du commissaire.

— Hein ? est-ce que vous êtes sûr d'y retourner ? Supposons que les gangsters d'ici ne le veuillent pas. Hein ? Est-ce que vous croyez que c'est le bon M. O'Brien ou l'honorable M. Lewis qui y pourront quelque chose ?

— Vous n'étiez pas au bateau pour le départ de Jean Maura ? questionna le commissaire d'un air détaché.

— Il y avait bien assez de monde sans moi, n'est-ce pas ? A votre santé, monsieur Mégrette... A la santé de la police parisienne.

Et ces derniers mots lui parurent si drôles qu'il se tordit littéralement de rire.

— En tout cas, si vous reprenez le bateau, je vous promets d'y aller et de vous demander une interview... *Le célèbre commissaire Maigret déclare à notre brillant collaborateur Parson qu'il est très satisfait de ses contacts avec la Police fédérale et...*

Deux des hommes qui faisaient partie du groupe s'en allèrent sans mot dire et, chose étrange, Parson, qui les vit partir, ne leur adressa pas la parole, n'eut pas l'air étonné.

A ce moment-là, Maigret regretta de n'avoir personne à sa disposition pour les suivre.

— Encore un verre, monsieur Mégrette... Voyez-vous, il faut en profiter tant qu'on est là pour les boire... Regardez bien ce comptoir... Des milliers et des milliers de gens y ont frotté leurs coudes comme nous le faisons en ce moment... Il y en a qui ont refusé un dernier whisky en disant :

» — Demain...

» Et, le lendemain, ils n'étaient plus là pour le boire.

» Résultat : un bon *scotch* de perdu... Ha ! ha ! Quand j'étais en France, j'avais toujours une étiquette avec l'adresse de mon hôtel épinglée dans mon pardessus... Comme cela, les gens savaient où me conduire... Vous n'avez pas d'étiquette, vous ?

» C'est bien pratique, même pour la morgue, parce que cela abrège les formalités... Où allez-vous ?... Vous refusez le dernier *drink ?*

Maigret en avait assez, tout simplement. Il s'en allait après avoir regardé dans les yeux le journaliste criaillant.

— Au revoir, laissa-t-il tomber.

— Ou adieu ! riposta l'autre.

Au lieu de téléphoner de la cabine du *Donkey Bar,* il préféra rentrer à pied à son hôtel. Il y avait un télégramme dans son casier, mais il ne l'ouvrit pas avant d'être entré dans sa chambre. Et, même là, par une sorte de coquetterie, il posa l'enveloppe sur la table et composa un numéro de téléphone.

— Allô... Le lieutenant Lewis ?... Ici, Maigret... Avez-vous retrouvé la trace d'une licence de mariage ?... Oui... Quelle date ?... Un instant... Au nom de John Maura et de Jessie Dewey ?... Oui... Comment ?... Née à New-York... Bien... La date ?... Je ne comprends pas bien...

D'abord, il comprenait beaucoup moins bien l'anglais au téléphone que dans une conversation ordinaire. Ensuite, le lieutenant Lewis lui expliquait des choses assez compliquées.

— Bon... Vous dites que la licence a été prise à City Hall... Pardon... Qu'est-ce que c'est, City Hall ?... La mairie de New-York ?... Bon. Quatre jours avant l'embarquement de Little John pour l'Europe... Et alors ?... Comment ? Cela ne prouve pas qu'ils soient mariés ?...

C'est cela qu'il ne comprenait pas bien.

— Oui... On peut avoir une licence de mariage et ne pas s'en servir ?... Dans ce cas-là, comment savoir s'ils sont mariés ?... Hein ?... Il n'y a que Little John qui pourrait nous le dire ?... Ou les témoins, ou la personne qui serait maintenant en possession de cette licence ?... C'est plus facile chez nous évidemment... Oui... Je crois que cela n'a pas d'importance... Je dis : je crois que cela n'a pas d'importance... Qu'ils soient mariés ou non... Comment ?... Je vous affirme que je n'ai aucun renseignement nouveau... Je me suis promené tout simplement... Il m'a dit au revoir, gentiment...Il a ajouté qu'il regrettait que je ne fasse pas le voyage de retour avec lui...

» Je suppose que, maintenant que vous avez le nom de famille de Jessie, vous allez pouvoir... Oui... Vos hommes sont déjà à l'œuvre ?... Je vous entends mal... Pas retrouvé trace de son décès ?... Cela ne veut rien dire, n'est-ce pas ?... Les gens ne meurent pas toujours dans leur lit...

» Mais non, mon cher lieutenant, je ne me contredis pas... Je vous ai dit ce matin que les personnes qu'on ne retrouve pas ne sont pas obligatoirement passées de vie à trépas... Je n'ai jamais prétendu que Jessie était vivante...

» Un instant... Voulez-vous rester à l'appareil ? Je viens de recevoir un câble de France en réponse à ma demande de renseignements... Je ne l'ai pas ouvert. Mais non ! Je voulais avant tout vous avoir au bout du fil.

Il posa le récepteur, fit sauter l'enveloppe du câble, qui était très long et qui disait en substance :

Joachim-Jean-Marie Maura : né à Bayonne le... Fils du plus important quincaillier de la ville. A perdu sa mère de bonne heure. Etudes secondaires au lycée. Etudes musicales. Conservatoire de Bordeaux. Premier prix de violon à dix-neuf ans. Départ pour Paris quelques semaines plus tard.

... N'est revenu à Bayonne que quatre ans après, pour la mort de son père dont il était le seul héritier et dont les affaires étaient assez embrouillées. Il a dû en tirer deux ou trois cent mille francs.

... Des cousins qui vivent encore à Bayonne et dans les environs prétendent qu'il a fait fortune en Amérique, mais il n'a jamais répondu à leurs lettres...

— Vous êtes toujours là, lieutenant ? Excusez-moi d'abuser de votre temps... En ce qui concerne Maura, rien d'important à signaler... Vous permettez que je continue ?...

Joseph-Ernest-Dominique Daumale, né à Bayonne le... Fils d'un receveur des postes et d'une institutrice. Sa mère est restée veuve alors qu'il avait quinze ans. Etudes au lycée, puis au conservatoire de Bordeaux. Départ pour Paris, où il a dû retrouver Maura. Séjour assez long en Amérique. Actuellement chef d'orchestre dans les villes d'eaux. A passé la dernière saison à La Bourboule, où il s'est fait construire une villa et où il doit se trouver en ce moment. Marié à Anne-Marie Penette, des Sables-d'Olonne, dont il a trois enfants...

— Allô... Vous êtes là, lieutenant ?... Je vous annonce que j'ai retrouvé un de vos morts... Oui, je sais, ce ne sont pas les vôtres. Il s'agit de Joseph. Oui, la clarinette. Eh bien ! Joseph Daumale est en France, marié, père de famille, propriétaire d'une villa et chef d'orchestre... Vous continuez l'enquête ?... Comment ?... Mais non, je vous assure que je ne plaisante pas... Je sais, oui... Evidemment il y a le vieil Angelino. Vous tenez vraiment à...

Lewis s'était mis à parler avec tant d'animation à l'autre bout du fil que Maigret n'avait plus le courage de faire l'effort nécessaire pour comprendre son anglais. Il se contentait de grommeler avec indifférence :

— Oui... Oui... Comme vous voudrez... Bonsoir, lieutenant... Ce que je vais faire ? Cela dépend de l'heure qu'il est en France... Vous dites ? Minuit ? C'est un peu tard. En téléphonant d'ici à une heure du matin, il sera donc sept heures là-bas. L'heure à laquelle les gens doivent se lever quand ils possèdent une villa à La Bourboule. L'heure, en tout cas, à laquelle on est à peu près sûr de les trouver chez eux.

» En attendant, j'irai au cinéma, tout bonnement. On doit bien donner un film comique quelque part à Broadway. Je vous avoue que je n'aime que les films comiques.

» Bonsoir, lieutenant. Mes amitiés à O'Brien.

Et il alla se laver les mains, se rafraîchir le visage, se brosser les dents. Il mit ses pieds l'un après l'autre sur le fauteuil pour enlever la poussière de ses chaussures avec un mouchoir sale, ce qui lui aurait valu une scène de Mme Maigret.

Après quoi il descendit, guilleret, la pipe aux dents, et se choisit avec soin un bon petit restaurant.

C'était presque une partie fine à lui tout seul. Il commanda les plats qu'il aimait, un vieux bourgogne et un armagnac de derrière les fagots, hésita entre un cigare et sa pipe, opta enfin pour sa pipe et se retrouva dans les lumières mouvantes de Broadway.

Personne ne le connaissait, heureusement, car son prestige aurait sans doute baissé aux yeux des Américains. Le dos rond, les mains dans les poches, il avait l'air d'un bon bourgeois un peu badaud qui s'arrête devant les étalages, se donne parfois le plaisir de suivre des yeux une jolie femme et hésite devant les affiches des cinémas.

Quelque part, on projetait un « Laurel et Hardy » et Maigret, satisfait, passa au guichet pour donner sa monnaie, suivit l'ouvreuse dans l'obscurité du théâtre.

Un quart d'heure plus tard, il riait aux éclats, de si bon cœur et si bruyamment que ses voisins se poussaient du coude.

Une petite déception, pourtant. L'ouvreuse vint le prier poliment d'éteindre sa pipe, qu'il fourra à regret dans sa poche.

9

Une fois sorti du cinéma, vers onze heures et demie, il était calme, un peu lourd, sans nervosité, sans raideur, et cela lui rappela tellement d'autres enquêtes où, à un moment précis, il avait eu la même impression de force tranquille, avec tout juste une petite inquiétude au fond de la gorge — le trac, en somme — que pendant quelques instants il oublia qu'il était dans Broadway et non boulevard des Italiens et qu'il se demanda quelle rue prendre pour se rendre au Quai des Orfèvres.

Il commença par boire un verre de bière à un comptoir, non parce qu'il avait soif, mais par une sorte de superstition, parce qu'il avait toujours bu de la bière au moment de commencer un interrogatoire difficile, voire pendant les interrogatoires.

Il se souvenait des demis que le garçon de la *Brasserie Dauphine*, Joseph, lui montait dans son bureau du Quai, pour lui et souvent aussi pour le pauvre type qui, tout pâle en face de lui, attendait ses questions avec la quasi-certitude de sortir du bureau menottes aux poignets.

Pourquoi, ce soir-là, pensait-il au plus long, au plus dur de tous ces interrogatoires, devenu presque classique dans les annales de la Police judiciaire, celui de Mestorino, qui n'avait pas duré moins de vingt-six heures ?

A la fin, le bureau était plein de fumée de pipe, l'atmosphère irrespirable, il y avait partout des cendres, des verres vides, des déchets de sandwiches et les deux hommes avaient retiré leur cravate, leur veste ; les visages étaient si également burinés qu'un homme non averti aurait eu de la peine à dire lequel des deux était l'assassin.

Il pénétra dans une cabine téléphonique, un peu avant minuit, composa le numéro du *Saint-Régis* et demanda l'appartement de Little John.

Ce fut la voix de Mac Gill qu'il reconnut au bout du fil.

— Allô... Ici Maigret... Je voudrais parler à M. Maura.

Est-ce qu'il y avait dans sa voix un accent qui faisait comprendre que ce n'était plus le moment de jouer au plus fin ? Le secrétaire répondait simplement, sans détour, avec une sincérité évidente, que Little John était à une soirée, au *Waldorf*, et qu'il ne rentrerait vraisemblablement pas avant deux heures du matin.

— Voulez-vous lui téléphoner ou, ce qui vaudrait mieux, le rejoindre ? répliqua Maigret.

— Je ne suis pas seul ici. J'ai une amie dans l'appartement et...

— Renvoyez-la donc et faites ce que je vous dis. Il est absolument nécessaire, vous m'entendez, il est indispensable, si vous préférez, que Little John et vous soyez dans ma chambre du *Berwick* à une heure moins dix au plus tard. Au plus tard, j'insiste. Non, il n'est pas possible de fixer le rendez-vous ailleurs. Si Little John hésitait, dites-lui que je veux le faire assister à une conversation avec quelqu'un qu'il a connu jadis. Non, je regrette, je ne puis rien ajouter à présent. *Une heure moins dix.*

Il avait demandé la communication avec La Bourboule pour une heure et il lui restait du temps devant lui. De son même pas tranquille, la pipe aux dents, il se dirigea vers le *Donkey Bar* où il y avait beaucoup de monde au comptoir, mais où, à son grand désappointement, il n'aperçut pas Parson.

Il but néanmoins un nouveau verre de bière et c'est alors qu'il s'aperçut qu'il existait une sorte de petit salon en retrait au fond de la salle. Il se dirigea de ce côté. Un couple d'amoureux dans un coin. Dans l'autre, sur la banquette de cuir noir, le journaliste était à moitié couché, les jambes écartées, l'œil vide, un verre renversé devant lui.

Il reconnut pourtant le commissaire, mais ne se donna pas la peine de bouger.

— Vous êtes encore capable de m'entendre, Parson ? grommela celui-ci en se campant devant lui avec peut-être autant de pitié que de mépris.

L'autre bafouilla en remuant à peine :

— *How do you do ?*

— Cet après-midi, vous avez parlé de prendre une interview sensationnelle de moi, n'est-ce pas ? Eh bien ! si vous avez le courage de me suivre, je crois que vous aurez la matière du plus beau papier de votre carrière.

— Où voulez-vous me conduire ?

Il parlait difficilement. Les syllabes n'arrivaient pas à se former dans sa bouche pâteuse ; cependant on sentait qu'au fond de son ivresse il gardait une certaine lucidité, sinon sa lucidité entière. Il y avait de la méfiance dans ses yeux, peut-être de la peur. Mais son orgueil était plus fort que sa peur.

— Troisième degré ? questionna-t-il, la lippe dédaigneuse, en faisant allusion aux durs interrogatoires de la police américaine.

— Je ne vous interrogerai même pas. Ce n'est plus nécessaire.

Parson essaya de se lever et, avant d'y parvenir, retomba deux fois sur la banquette.

— Un instant... intervint Maigret. Est-ce qu'il y a dans le bar, en ce moment, de vos amis ? Je parle de ceux auxquels vous pensez. C'est pour vous que je demande cela. S'il y en a, il vaudrait peut-être mieux pour vous que je sorte le premier et que je vous attende dans un taxi à cent mètres d'ici, sur la gauche.

Le journaliste essayait de comprendre, n'y parvenait pas ; ce qui le dominait, c'était sa volonté de ne pas avoir l'air de se dégonfler. Il jeta un coup d'œil dans la salle, l'épaule contre le chambranle afin de ne pas tomber.

— Allez... Je vous suis.

Et Maigret n'essaya pas de savoir lequel des consommateurs faisait partie de la bande. Cela ne le regardait pas. C'était l'affaire du lieutenant Lewis.

Dehors, il héla un taxi, le fit ranger au bord du trottoir à l'endroit convenu, prit place dans le fond. Cinq minutes plus tard, un Parson qui titubait à peine, mais qui était obligé de regarder fixement devant lui pour rester droit, ouvrait la portière.

Il ironisa encore :

— Promenade à la campagne ?

Allusion, cette fois, à la petite promenade en auto que certains tueurs font accomplir à leur victime afin de s'en débarrasser dans un endroit désert.

— Au *Berwick*, commanda Maigret au chauffeur.

C'était à deux pas. Le commissaire soutint son compagnon par le bras jusqu'à l'ascenseur et il y avait toujours dans les yeux fatigués du journaliste le même mélange de panique et d'orgueil.

— Le lieutenant Lewis est-il là-haut ?

— Ni lui ni personne de la police.

Il alluma toutes les lampes dans la chambre. Puis, après avoir assis Parson dans un coin, il demanda le *room service* au téléphone, commanda une bouteille de whisky, des verres, des sodas et enfin quatre bouteilles de bière.

Sur le point de raccrocher, il se ravisa :

— Vous ajouterez quelques sandwiches au jambon.

Non parce qu'il avait faim, mais parce que c'était son habitude au Quai des Orfèvres et que c'était devenu comme un rite.

Parson était à nouveau affalé, comme au *Donkey Bar*, et de temps en temps il fermait les yeux, sombrait pour un moment dans un sommeil dont le moindre bruit le tirait en sursaut.

Minuit et demi. Une heure moins le quart. Les bouteilles, les verres et le plateau de sandwiches étaient rangés sur la cheminée.

— Je peux boire ?

— Mais oui. Ne bougez pas. Je vais vous servir.

Qu'il fût un peu plus ou un peu moins ivre, cela n'avait aucune importance, au point où on en était. Maigret lui versa du whisky et du soda que l'autre reçut de sa main avec un étonnement qu'il ne parvint pas à cacher.

— Vous êtes un drôle de type. Du diable si je devine ce que vous voulez faire de moi.

— Rien du tout.

La sonnerie du téléphone retentissait. C'étaient Little John et Mac Gill qui étaient en bas.

— Priez ces messieurs de monter.

Et il alla les attendre à la porte. Il les vit arriver au fond du couloir. Little John en habit, plus sec, plus nerveux que jamais, son secrétaire en smoking, un vague sourire aux lèvres.

— Entrez, je vous en prie. Excusez-moi de vous avoir dérangés, mais je pense que c'était indispensable.

Mac Gill, le premier, aperçut le journaliste affalé dans son fauteuil et son haut-le-corps n'échappa pas au commissaire.

— Ne faites pas attention à Parson, dit-il. J'ai tenu à ce qu'il soit présent pour certaines raisons que vous comprendrez tout à l'heure. Asseyez-vous, messieurs. Je vous conseille de retirer vos manteaux, car ce sera sans doute assez long.

— Puis-je vous demander, commissaire...

— Non, monsieur Maura. Pas encore.

Et il émanait de lui une telle impression de force tranquille que les deux hommes ne protestaient pas. Maigret s'était assis devant la table sur laquelle il avait posé l'appareil téléphonique et sa montre.

— Je vous demande encore quelques minutes de patience. Vous pouvez fumer, bien entendu. Je m'excuse de ne pas avoir de cigares à vous offrir.

Il n'était pas ironique et, à mesure que l'heure approchait, le trac lui serrait davantage la gorge et il fumait à bouffées plus rapides.

La chambre, en dépit des lampes allumées, était assez sombre, comme dans tous les hôtels de troisième ordre. On entendait, derrière la cloison, un couple qui se couchait.

Enfin la sonnerie retentit.

— Allô... Oui... Maigret... Allô, oui, j'ai demandé La Bourboule... Comment ?... Je ne quitte pas l'appareil.

Et, tourné vers Maura, l'écouteur à l'oreille :

— Je regrette que vos appareils américains ne soient pas à double écouteur comme ceux de chez nous, car j'aurais aimé que vous puissiez entendre toute la conversation. Je vous promets de vous répéter textuellement les phrases intéressantes. Allô ! Oui... Comment ?... On ne répond pas ?... Insistez, mademoiselle. Peut-être tout le monde dort-il encore dans la villa ?

Il était ému, sans raison, d'entendre la demoiselle des téléphones de La

Bourboule qui était de son côté fort troublée de recevoir un appel de New-York.

Il était sept heures du matin, là-bas. Est-ce qu'il y avait du soleil ? Maigret se souvenait du bureau de poste, en face de l'établissement thermal, au bord du torrent.

— Allô ! Qui est à l'appareil ?... Allô, madame !... Excusez-moi de vous avoir éveillée... Vous étiez levée ?... Voulez-vous avoir l'obligeance d'appeler votre mari à l'appareil ?... Je regrette, mais je vous téléphone de New-York et il m'est difficile de rappeler dans une demi-heure... Eveillez-le... Oui.

Il évitait, comme par coquetterie, d'observer les trois hommes qu'il avait réunis dans sa chambre pour assister à cet étrange interrogatoire.

— Allô ! monsieur Joseph Daumale ?

Little John ne put s'empêcher de croiser et de décroiser les jambes sans cependant donner d'autres signes d'émotion.

— Ici, Maigret... Oui, le Maigret de la Police judiciaire, comme vous dites. Je m'empresse d'ajouter que j'ai quitté le Quai des Orfèvres et que c'est à titre privé que je vous téléphone. Comment ?... Attendez. Dites-moi tout d'abord où l'appareil est placé chez vous. Dans votre bureau ? Au premier étage ?... Encore une question. Peut-on vous entendre d'en bas ou des chambres ?... C'est cela. Fermez la porte. Et, si vous ne l'avez pas déjà fait, passez une robe de chambre.

Il aurait parié que le bureau du chef d'orchestre était de style Renaissance, avec des meubles anciens et bien cirés, et que les murs étaient ornés de photographies représentant les divers orchestres que Joseph Daumale avait dirigés dans les petits casinos de France.

— Allô ! Attendez que je dise encore un mot à la demoiselle qui est branchée sur la ligne et qui nous écoute... Vous seriez fort aimable de retirer votre fiche, mademoiselle, et de veiller à ce que nous ne soyons pas coupés... Allô ! Très bien... Vous êtes là, monsieur Daumale ?

Est-ce qu'il portait maintenant une barbe, une moustache ? Une moustache, presque à coup sûr. Poivre et sel, sans doute. Et des lunettes à verres épais. Avait-il eu le temps de mettre ses lunettes en sautant du lit ?

— Je vais vous poser une question qui vous paraîtra aussi saugrenue qu'indiscrète, et je vous demande de réfléchir avant de répondre. Je sais que vous êtes un homme sobre, conscient de ses responsabilités de père de famille... Comment ?... Vous êtes un honnête homme ?

Il se tourna vers Little John et répéta sans ironie :

— Il dit qu'il est un honnête homme.

Et il renchaîna :

— Je n'en doute pas, monsieur Daumale. Comme il s'agit de choses très graves, je suis persuadé que vous allez me répondre en toute franchise. Quand avez-vous été ivre pour la dernière fois ?... Oui, vous avez entendu... J'ai dit ivre. Vraiment ivre, vous comprenez ? Assez ivre pour perdre le contrôle de vous-même.

Un silence. Et Maigret imaginait le Joseph d'autrefois, celui qu'il avait façonné en esprit en écoutant la voyante dévider ses souvenirs. Il devait être devenu assez gras. Sans doute avait-il été décoré ? Est-ce que sa femme n'était pas sur le palier, à écouter ?

— Vous devriez aller vous assurer qu'il n'y a personne derrière la porte... Vous dites ?... Oui, j'attends.

Il entendit les pas, le bruit de la porte qui s'ouvrait et se refermait.

— Eh bien ! En juillet dernier ? Comment ? Cela ne vous est pas arrivé plus de trois fois dans votre vie ? Je vous en félicite.

Du bruit, dans la chambre, vers la cheminée. C'était Parson qui s'était levé et qui se versait du whisky d'une main hésitante, entrechoquant le goulot de la bouteille contre le verre.

— Donnez-moi donc des détails, voulez-vous ? En juillet, c'était donc à La Bourboule. Au Casino, oui, je le supposais... Par hasard, évidemment... Attendez. Je vais vous aider... Vous étiez, n'est-ce pas, en compagnie d'un Américain ? Un nommé Parson... Vous ne vous souvenez pas de son nom ? Cela importe assez peu. Un garçon maigre, mal soigné de sa personne, les cheveux filasse et les dents jaunes... Oui... D'ailleurs il est ici à côté de moi... Comment ?

» Calmez-vous, je vous en prie. Je puis vous assurer qu'il n'en résultera aucun désagrément pour vous.

» Il était au bar... Non. Excusez-moi si je répète vos réponses, mais il y a autour de moi certaines personnes que votre récit intéresse... Mais non, il ne s'agit pas de la police américaine. Rassurez-vous pour la paix de votre ménage et pour votre situation.

La voix de Maigret était devenue méprisante et ce fut presque un regard complice qu'il lança à Little John qui écoutait, le front dans la main, tandis que Mac Gill jouait nerveusement avec son étui à cigarettes en or.

— Vous ne savez pas comment c'est arrivé ? On ne sait jamais comment arrivent ces choses-là. On boit un verre, deux verres, oui. Il y avait des années que vous n'aviez pas bu de whisky ? Evidemment. Et cela vous faisait plaisir de parler de New-York... Allô !... Dites-moi, est-ce qu'il y a du soleil, là-bas ?

C'était ridicule, mais depuis le début de la conversation il avait envie de poser cette question. C'était comme un besoin de voir son personnage dans son cadre, dans son atmosphère.

— Oui. Je comprends. Le printemps est plus précoce en France qu'ici. Vous avez beaucoup parlé de New-York et de vos débuts, n'est-ce pas ? *J and J*... Peu importe comment j'ai été mis au courant.

» Et vous lui avez demandé s'il connaissait un certain Little John... Vous étiez très ivre... Oui, parfaitement, je sais que c'est lui qui vous forçait à boire. Les ivrognes n'aiment pas boire seuls.

» Vous lui avez dit que Little John... Mais si, monsieur Daumale... Je vous en prie... Comment ? Vous ne voyez pas comment je pourrais vous forcer à répondre ? Mettons, par exemple, que vous receviez demain ou après-demain un commissaire de la Brigade mobile muni d'une commission rogatoire en bonne et due forme ?

» Un peu de courage, je vous en prie. Vous avez fait beaucoup de mal, sans le vouloir, c'est possible. Mais vous avez fait du mal quand même.

Il élevait la voix, furieux, faisait signe à Mac Gill de lui verser un verre de bière.

— Ne me dites pas que vous ne vous souvenez pas. Parson, lui, s'est malheureusement souvenu de tout ce que vous lui avez dit. Jessie... Comment ?...La maison de la 169ᵉ Rue... A ce propos, j'ai une mauvaise nouvelle à vous annoncer. Angelino est mort. Il a été assassiné et c'est vous, en définitive, qui êtes responsable de sa mort.

» Ne pleurnichez pas, voulez-vous ?

» C'est cela, asseyez-vous si vous vous sentez les jambes molles. J'ai le temps. Les services du téléphone sont prévenus et on ne nous coupera pas. Quant à qui payera la communication, nous verrons cela plus tard. Rassurez-vous, ce ne sera pas vous...

» Comment ? C'est cela : racontez tout ce que vous voudrez, je vous écoute. Sachez seulement que je suis au courant de beaucoup de choses et qu'il est inutile de mentir.

» Vous êtes un pauvre type, monsieur Daumale.

» Un honnête homme, je sais, vous l'avez déjà dit...

Trois hommes silencieux dans une chambre d'hôtel mal éclairée. Parson était allé s'affaler à nouveau dans son fauteuil et il restait là, les yeux mi-clos, la bouche entrouverte, tandis que Little John gardait son front dans sa main blanche et fine et que Mac Gill se servait un verre de whisky. Les taches blanches des deux plastrons, des manchettes, le noir de l'habit et du smoking, et cette voix unique qui retentissait dans la pièce, tantôt lourde et méprisante, tantôt avec des vibrations de colère.

— Parlez... Vous l'aimiez, c'est entendu. Sans espoir... Mais oui !... Je vous dis que je comprends et même, si vous y tenez, que je vous crois... Votre meilleur ami... Donné votre vie pour lui.

De quelle lippe dédaigneuse il laissait tomber ces mots !

— Tous les faibles disent ça et cela ne les empêche pas de se révolter. Je sais. Je sais. Vous ne vous êtes pas révolté. Vous avez seulement profité de l'occasion, n'est-ce pas ?... Non, ce n'est pas elle... Je vous en prie, ne la salissez pas par surcroît. C'était une petite fille et vous étiez un homme.

» Oui... Le père de Maura à la mort. Je sais ça. Et il est parti... Vous êtes revenus tous les deux dans la 169ᵉ Rue. Très malheureuse, je m'en doute... Qu'il ne reviendrait pas ?... Qui est-ce qui lui a dit cela ?... Jamais de la vie ! C'est vous qui lui avez mis cette idée dans la tête. Il n'y a qu'à voir votre photographie à cette époque-là. Parfaitement, je l'ai. Vous ne l'avez plus ? Eh bien ! je vous en enverrai un exemplaire.

» La misère ? Pas laissé d'argent ? Comment vous en aurait-il laissé, puisqu'il n'en avait pas plus que vous ?

» Bien entendu. Vous ne pouviez pas faire votre numéro à vous seul. Mais vous pouviez jouer de la clarinette dans les cafés, dans les cinémas, dans les rues au besoin.

» Vous l'avez fait ? Je vous en félicite.

» Dommage que vous ayez fait autre chose aussi. J'entends bien, l'amour.

» Seulement, vous saviez parfaitement qu'il y avait un autre amour, deux autres amours, celui de Jessie et celui de votre ami.

» Et après ? Abrégez, monsieur Daumale. Vous faites à présent de la mauvaise littérature.

» Près de dix mois, je sais... Ce n'était pas sa faute si son père, qu'on lui avait donné comme presque mort, ne se décidait pas à sauter le pas. Ni s'il a eu des difficultés, ensuite, pour arranger ses affaires.

» Et, pendant ce temps-là, vous l'aviez remplacé.

» Et, quand l'enfant est né, vous avez eu tellement peur, car John annonçait son retour prochain, que vous l'avez mis à l'Assistance.

» Qu'est-ce que vous jurez ?... Comment ?... Vous voulez aller voir derrière la porte ?... Je vous en prie. Et avalez un verre d'eau par la même occasion, car vous me paraissez en avoir besoin.

C'était la première fois de sa vie qu'il menait ainsi un interrogatoire à cinq mille kilomètres de distance, sans rien savoir de son interlocuteur.

Des gouttes de sueur perlaient à son front. Il avait déjà vidé deux bouteilles de bière.

— Allô ! Ce n'est pas vous, je sais. Cessez donc de me répéter que ce n'est pas votre faute. Vous aviez pris sa place et il est revenu. Et, au lieu de lui avouer la vérité, de garder la femme que vous prétendez avoir aimée, vous la lui avez rendue, lâchement, salement.

» Mais si, Joseph.

» Vous étiez un sale petit lâche. Un vilain resquilleur sans courage.

» Et vous n'osiez pas lui apprendre qu'un enfant était né. Que dites-vous ?

» Qu'il n'aurait pas cru que l'enfant était de lui ? Attendez que je répète vos paroles.

» — *John n'aurait pas cru que l'enfant était de lui...*

» Donc, vous saviez, vous, qu'il n'était pas à vous... Hein ? Autrement, vous ne l'auriez pas mis à l'Assistance ? Et vous me dites ça tranquillement ?... Je vous défends de raccrocher, vous entendez ? Sinon, je vous fais coffrer avant ce soir. Bon !...

» Vous êtes peut-être devenu un honnête homme ou quelque chose qui ressemble extérieurement à un honnête homme, mais vous étiez en ce temps-là une jolie petite crapule.

» Et vous avez continué à vivre tous les trois sur le même palier.

» John reprenait la place que vous aviez occupée pendant son absence.

» Parlez plus haut. Je tiens à ne pas perdre un mot... John n'était plus le même ? Que voulez-vous dire ? Il était inquiet, nerveux, soupçonneux ? Avouez qu'il y avait de quoi. Et Jessie voulait tout lui avouer ? Parbleu ! Cela aurait mieux valu pour elle, n'est-il pas vrai ?

» Mais non, évidemment, vous ne pouviez pas prévoir. Vous l'avez empêchée de parler.

» Et John se demandait ce qu'il y avait d'équivoque autour de lui... Quoi ? Elle pleurait à tout bout de champ ? J'aime bien le mot. Vous avez des mots magnifiques. *Elle pleurait à tout bout de champ.*

» Comment a-t-il su ?

Little John fit un mouvement comme s'il voulait parler, mais le commissaire lui adressa un signe de la main pour lui imposer silence.

— Laissez-le dire ! Non, ce n'est pas à vous que je parle. Vous le saurez tout à l'heure... Il a trouvé une facture de la sage-femme ?... En effet, on ne peut pas penser à tout... Il n'a pas cru que c'était de lui ?

» Mettez-vous à sa place... Surtout à l'Assistance publique.

» Où étiez-vous pendant cette scène ?... Mais si, puisque vous avez tout entendu. Derrière la porte de communication, oui. Car il y avait une porte de communication entre les deux chambres ! Et pendant... pendant combien de temps, au fait ?... Trois semaines... Pendant trois semaines après son retour, vous avez dormi dans cette chambre, à côté de celle où John et Jessie, Jessie qui vous avait appartenu pendant plusieurs mois...

» Finissez vite, voulez-vous ?... Je suis sûr que vous n'êtes pas joli à voir en ce moment, monsieur Daumale... Je ne regrette plus de vous interroger par téléphone, car je crois que je me retiendrais difficilement de vous flanquer mon poing dans la figure.

» Taisez-vous ! Contentez-vous de répondre à mes questions. Vous étiez derrière la porte.

» Oui... Oui... Oui... Continuez...

Il fixait le tapis de la table devant lui et, maintenant, il évitait de répéter les paroles qu'il entendait. Il avait les mâchoires si serrées qu'à certain moment le tuyau de sa pipe éclata entre ses dents.

— Et après ? Faites vite, que diable !... Comment ?... Et vous n'êtes pas intervenu plus tôt ?... Capable de tout, oui !... Mettez-vous à sa place. Ou plutôt non, vous n'y parviendriez pas... Dans l'escalier... Angelino qui rapportait un complet... A tout vu... Oui.

» Mais non. Vous mentez encore... Vous n'avez pas essayé d'entrer dans la chambre : vous avez tenté de filer. Seulement, comme la porte était ouverte... C'est cela... Il vous a vu.

» Je m'en doute bien, qu'il était trop tard !

» Cette fois, je vous crois sans hésiter. Je suis certain que vous n'avez pas raconté ça à Parson. Parce que vous pourriez être accusé de complicité, n'est-il pas vrai ? Et remarquez que vous pouvez l'être encore... Non, il n'y a pas prescription, vous vous trompez... Je vois très bien la malle d'osier. Et le reste... Merci. Je n'ai pas besoin d'en savoir davantage. Comme je vous l'ai dit en commençant, Parson est ici. Il est ivre, oui, comme d'habitude.

» Little John est ici aussi. Vous ne désirez pas lui parler ? Je ne peux pas vous y forcer, évidemment.

» Ni à Mac Gill, que vous aviez si aimablement expédié à l'Assistance publique ?... Parfaitement, il est dans ma chambre, lui aussi.

» C'est tout. L'odeur du café préparé par Mme Daumale doit monter jusqu'à vous. Vous allez pouvoir raccrocher, pousser un profond soupir de soulagement et descendre prendre votre petit déjeuner en famille.

» Je parie que je devine comment vous allez expliquer ce coup de téléphone. Un impresario américain qui a entendu parler de vos talents de chef d'orchestre et qui...

» Adieu, Joseph Daumale. Avec l'espoir de ne jamais vous rencontrer, crapule !

Et Maigret raccrocha, resta un bon moment immobile, comme vidé de toute son énergie.

Personne ne bougeait autour de lui. Il se leva lourdement, ramassa le fourneau de sa pipe cassée et le posa sur la table. C'était, comme par hasard, la pipe qu'il avait achetée le second jour de son arrivée à New-York. Il alla prendre une autre pipe dans la poche de son pardessus, la bourra, l'alluma et se versa à boire, non plus de la bière, qui lui paraissait à présent trop fade, mais un grand verre de whisky pur.

— Et voilà ! soupira-t-il enfin.

Little John n'avait toujours pas bougé et ce fut Maigret qui lui emplit un verre et le posa à portée de sa main.

Quand Maura eut bu, seulement, et qu'il se fut quelque peu redressé, le commissaire parla de sa voix normale qui rendait soudain un son étrange.

— Nous ferions peut-être mieux d'en finir d'abord avec celui-là, dit-il en désignant Parson, qui s'épongeait le front au fond de son fauteuil.

Encore un faible, encore un lâche, mais de la pire espèce, de l'espèce agressive. Au fait, Maigret ne préférait-il pas encore ça à la lâcheté prudente et bourgeoise d'un Daumale ?

Son histoire, à lui, était facile à reconstituer. Il connaissait, du *Donkey Bar* ou d'ailleurs, un certain nombre de gangsters capables d'utiliser les renseignements que le hasard lui avait mis entre les mains au cours de son voyage en Europe.

— Combien avez-vous reçu ? lui demanda mollement Maigret.

— Qu'est-ce que cela peut vous faire ? Vous seriez trop content de savoir que j'ai été refait.

— Quelques centaines de dollars ?

— A peine.

Alors le commissaire tira son chèque de sa poche, le chèque de deux mille dollars que Mac Gill lui avait remis au nom de Little John. Il prit une plume sur la table, l'endossa au nom de Parson.

— Cela vous suffira pour disparaître alors qu'il en est encore temps. J'avais besoin de vous avoir sous la main pour le cas où Daumale aurait refusé de parler, ou pour le cas où je me serais trompé. Vous n'auriez pas dû me parler de votre voyage en France, voyez-vous. J'aurais trouvé quand même, en fin de compte, peut-être beaucoup plus tard, car je savais que vous connaissiez Mac Gill et que, d'autre part, vous fréquentiez les gens qui ont tué Angelino. Remarquez que je ne vous demande même par leur nom.

— Jos les connaît aussi bien que moi.

— C'est exact. Cela ne me regarde pas. Ce que j'essaie de vous éviter, je ne sais pas pourquoi, peut-être parce que j'ai pitié, c'est de vous voir passer devant le jury.

— Je me tirerais une balle dans la peau avant ça !

— Pourquoi ?

— A cause de certaine personne.

Cela faisait peut-être très roman populaire et cependant Maigret aurait parié qu'il faisait allusion à sa mère.

— Je ne crois pas qu'il soit prudent pour vous de sortir de l'hôtel aujourd'hui. Vos amis s'imaginent certainement que vous vous êtes mis à table et, dans votre milieu, on n'aime pas beaucoup ça. Je vais téléphoner pour qu'on vous donne une chambre non loin de la mienne.

— Je n'ai pas peur.

— Je préférerais qu'il ne vous arrive rien cette nuit.

Parson, haussant les épaules, but du whisky à même le goulot :

— Ne vous en faites pas pour moi.

Il prit le chèque, se dirigea en titubant vers la porte.

— Salut, Jos ! lança-t-il en se retournant.

Et, dans un dernier effort d'ironie :

— *Bye bye, mister Mégrette.*

Pressentiment ? Le commissaire fut sur le point de le rappeler, de le forcer à coucher à l'hôtel, de l'enfermer au besoin dans une chambre. Il ne le fit pas. Il ne put cependant pas s'empêcher de marcher jusqu'à la fenêtre, dont il souleva le rideau d'un geste qui ne lui était pas familier, qui appartenait à Little John.

Quelques minutes plus tard, on entendait quelques détonations sourdes, une rafale de mitraillette, à coup sûr.

Et Maigret, revenant vers les deux hommes, de soupirer :

— Je ne crois pas que ce soit la peine de descendre. Il doit avoir son compte !

10

Ils restèrent encore une heure dans la chambre, qui s'emplissait peu à peu, comme le bureau du Quai des Orfèvres, de la fumée des pipes et des cigarettes.

— Je m'excuse, avait commencé par dire Little John, de la façon dont mon fils et moi avons essayé de vous écarter.

Il était las, lui aussi, mais on sentait chez lui une grande détente, un soulagement infini, quasi physique.

Pour la première fois, Maigret le voyait autrement que tendu, replié sur lui-même, contenant avec une énergie douloureuse son envie de bondir.

— Voilà six mois que je leur tiens tête, ou plutôt que je ne leur cède du terrain que pouce par pouce. Ils sont quatre, dont deux Siciliens.

— Cette partie de l'affaire ne me regarde pas, prononça Maigret.

— Je sais. Hier, lorsque vous êtes venu à l'hôtel, j'ai failli vous parler et c'est Jos qui m'en a empêché.

Son visage se durcit, ses yeux devinrent plus inhumains que jamais — mais maintenant Maigret savait quelle douleur leur donnait cette froideur terrible.

— Imaginez-vous, articula-t-il à voix basse, ce que c'est d'avoir un fils dont on a tué la mère et d'aimer toujours celle-ci ?

Mac Gill était allé s'asseoir discrètement dans le fauteuil d'angle, celui qu'avait occupé Parson, le plus loin possible des deux hommes.

— Je ne vous parlerai pas de ce qui s'est passé jadis. Je ne me cherche pas d'excuses. Je n'en veux pas. Vous comprenez ? Je ne suis pas Joseph Daumale. C'est lui que j'aurais dû tuer. Il faut pourtant que vous sachiez.

— Je sais.

— Que j'ai aimé, que j'aime encore comme je crois qu'aucun homme n'a aimé. Devant l'écroulement total, je... Non, ce n'est pas la peine.

Et Maigret répéta gravement :

— Ce n'est pas la peine.

— Je crois que j'ai payé plus cher que la justice des hommes ne m'aurait fait payer. Tout à l'heure vous avez empêché Daumale d'aller jusqu'au bout. Je pense, commissaire, que vous avez foi dans mes paroles ?

Et Maigret abaissa deux fois la tête dans un geste affirmatif.

— Je voulais disparaître avec elle. Puis j'ai décidé de m'accuser. C'est lui qui m'en a empêché, par crainte d'être mêlé à une sale histoire.

— J'ai compris.

— C'est lui qui est allé chercher la malle d'osier dans sa chambre. Il proposait que nous la jetions dans le fleuve. Je n'ai pas pu. Il y a une chose qu'il est impossible que vous ayez devinée. Angelino était venu. Il avait vu. Il savait. Il pouvait aller me dénoncer. Joseph prétendait que nous partions tout de suite. Eh bien ! pendant deux jours...

— Oui. Vous l'avez gardée.

— Et Angelino n'a pas parlé. Et Joseph devenait à moitié fou de fureur. Et j'étais dans un tel état que je supportais sa présence à lui, que je lui ai donné mon dernier argent pour faire le nécessaire.

» Il a acheté une camionnette d'occasion. Nous avons feint de déménager et nous avons embarqué tout ce que nous possédions...

» Nous sommes allés dans la campagne, à cinquante milles, et c'est moi, dans un bois près de la rivière...

— Tais-toi, père, supplia la voix de Mac Gill.

— C'est tout. Je dis que j'ai payé, payé de toutes les façons. Même par le doute. Et c'était le plus affreux. Car, pendant des mois, j'ai continué à douter, à me dire que l'enfant n'était peut-être pas de moi, que Jessie m'avait peut-être menti.

» Je l'ai confié à une brave femme que je connaissais et je ne voulais pas le voir... Même plus tard, je ne me reconnaissais pas le droit de le voir... On n'a pas le droit de voir le fils de...

» Est-ce que je pouvais vous dire tout ça quand Jean vous a amené à New-York ?

» C'est mon fils aussi.

» Mais ce n'est pas le fils de Jessie.

» Je vous avoue, commissaire, et Jos le sait bien, qu'après quelques années j'ai espéré redevenir un homme comme les autres et non plus une sorte d'automate.

» Je me suis marié... Sans amour... Comme on prend un remède... J'ai eu un enfant... Et je n'ai jamais pu vivre avec la mère... Elle vit encore...

C'est elle qui a demandé le divorce... Elle est quelque part en Amérique du Sud où elle s'est fait une nouvelle existence.

» Vous savez que Jos a disparu, alors qu'il avait une vingtaine d'années... Il fréquentait, à Montréal, un milieu assez semblable, toutes proportions gardées, à celui où vous avez rencontré Parson...

» La vieille Mac Gill est morte... J'ai perdu la trace de Jos et je ne me doutais pas qu'il vivait à quelques centaines de mètres de moi, à Broadway, parmi les gens que vous connaissez.

» Mon autre fils, Jean, il me l'a avoué, vous a montré les lettres que je lui adressais et vous avez dû être surpris...

» C'était, comprenez-vous, parce que je ne pensais qu'à l'autre, qu'au fils de Jessie.

» Je me forçais à aimer Jean... Je le faisais avec une sorte de rage... Je voulais coûte que coûte lui donner une affection qu'au fond de moi je vouais à un autre...

» Et un jour, il y a six mois environ, j'ai vu arriver ce garçon-là.

Quelle tendresse infinie dans ce mot « garçon », dans ce geste pour désigner Jos Mac Gill !

— Il venait d'apprendre, par Parson et par ses amis, la vérité. Je me souviens de ses premiers mots quand nous nous sommes trouvés face à face :

» — *Monsieur, vous êtes mon père...*

Et Mac Gill, à ce moment, de supplier :

— Tais-toi, papa !

— Je me tais. Je ne dis que l'essentiel. Depuis, nous vivons ensemble, nous travaillons ensemble à sauver ce qu'il est possible de sauver, et cela vous explique les mouvements de fonds dont M. d'Hoquélus vous a parlé... Car je sentais la catastrophe inévitable un jour ou l'autre. Nos ennemis, qui avaient été les amis de Jos, ne se gênaient pas et, quand vous êtes arrivé, c'est l'un d'entre eux, Bill, qui a monté toute une comédie pour vous donner le change.

» Vous avez cru que Bill était à nos ordres, alors que c'était lui qui nous en donnait... C'est en vain qu'on a essayé de vous décider à partir...

» Ils ont tué Angelino à cause de vous, parce qu'ils vous sentaient sur la bonne piste et qu'ils ne voulaient pas être frustrés de leur meilleure affaire...

» Je représente trois millions de dollars, monsieur Maigret... En six mois, j'en ai lâché près d'un demi-million, mais c'est la totalité qu'ils veulent.

» Allez expliquer cela à la police officielle.

Pourquoi Maigret pensait-il à cet instant précis à son clown triste ? C'était Dexter, bien plus que Maura, qui prenait soudain figure de symbole, lui et, paradoxalement, le Parson qui venait de se faire abattre dans la rue au moment où il avait enfin gagné, presque honnêtement, deux mille dollars.

Ronald Dexter, aux yeux du commissaire, résumait la mauvaise chance et tout le malheur qui peut accabler des épaules humaines. Dexter qui, lui aussi, avait gagné une petite fortune, cinq cents dollars, en trahissant, et qui était venu les poser sur cette table où les bouteilles de bière et les verres de whisky voisinaient maintenant avec des sandwiches auxquels personne ne touchait.

— Vous pourriez peut-être partir pour l'étranger ? suggéra Maigret sans conviction.

— Non, commissaire... Un Joseph le ferait, mais pas moi... J'ai lutté tout seul pendant près de trente ans... Contre mon pire ennemi : moi-même et ma douleur... Cent fois, j'ai souhaité que tout craque, comprenez-vous ?... J'ai vraiment, sincèrement souhaité rendre des comptes.

— A quoi cela servirait-il ?

Et Little John eut un mot qui exprimait vraiment le fond de sa pensée, maintenant qu'il avait permis à ses nerfs de se relâcher.

— *A me reposer...*

— Allô... Le lieutenant Lewis ?

Maigret, seul dans sa chambre, à cinq heures du matin, avait appelé le policier à son domicile personnel.

— Vous avez du nouveau ? lui demandait l'autre. Il y a eu un crime cette nuit, non loin de chez vous, en pleine rue, et je me demande...

— Parson ?

— Vous êtes au courant ?

— Cela a si peu d'importance, voyez-vous !

— Vous dites ?

— Que cela a peu d'importance ! Il serait quand même mort dans deux ou trois ans d'une cirrhose du foie et il aurait souffert davantage.

— Je ne comprends pas...

— Cela ne fait rien... Je vous téléphone, lieutenant, parce que je pense qu'il y a un bateau anglais demain matin pour l'Europe et que j'ai l'intention de le prendre.

— Vous savez que nous n'avons pas retrouvé d'acte de décès au nom de la jeune personne ?

— Vous n'en trouverez pas.

— Vous dites ?

— Rien... En somme, il n'y a eu qu'un crime de commis, pardon, depuis cette nuit, cela en fait deux ! Angelino et Parson... Nous appelons cela, en France, des drames du *milieu.*

— Quel milieu ?

— Celui des gens qui ne se préoccupent pas de la vie humaine.

— Je ne saisis pas.

— Peu importe ! Je voulais vous dire adieu, lieutenant, car je retourne dans ma maison de Meung-sur-Loire où je serai toujours heureux de vous accueillir si vous venez visiter notre vieux pays.

— Vous renoncez ?

— Oui.

— Découragé ?

— Non.

— Je ne veux pas vous vexer.

— Sûrement pas.

— Mais nous les aurons.

— J'en suis persuadé.

C'était vrai, d'ailleurs, puisque trois jours plus tard, en mer, Maigret apprenait par la radio que quatre gangsters dangereux, dont deux Siciliens, avaient été appréhendés par la police pour le meurtre d'Angelino et pour celui de Parson, et que leur avocat niait l'évidence.

Au moment du départ du paquebot, il y avait, sur le quai, un certain nombre de personnes qui feignaient de ne pas se connaître, mais qui, toutes, regardaient dans la direction de Maigret.

Little John, en complet bleu et en pardessus sombre.

Mac Gill, qui fumait nerveusement des cigarettes à bout de liège.

Un personnage lugubre, qui essayait de se faufiler et que les stewards traitaient avec un dédain souverain : Ronald Dexter.

Il y avait aussi un homme roux, à tête de mouton, qui resta jusqu'au dernier moment à bord et envers qui la police montrait de grands égards.

C'était le capitaine O'Brien qui questionnait, lui aussi, devant un dernier *drink* pris au bar du navire.

— En somme, vous abandonnez ?

Il avait son visage le plus innocent et Maigret s'efforçait de calquer cette innocence pour répondre :

— Comme vous le dites, capitaine, j'abandonne.

— Au moment où...

— Au moment où on pourrait faire parler des gens qui n'ont rien d'intéressant à dire, mais où, dans la vallée de la Loire, il est grand temps de repiquer les plants de melon sous couche... Et je suis devenu jardinier, voyez-vous.

— Content ?

— Non.

— Déçu ?

— Pas davantage.

— Echec ?

— Je n'en sais rien.

Cela ne dépendait, à ce moment-là encore, que des Siciliens. Une fois arrêtés, ils parleraient ou ils ne parleraient pas pour se défendre.

Ils jugèrent plus prudent, et peut-être plus profitable, de ne pas parler.

Et Mme Maigret questionnait dix jours plus tard :

— En somme, qu'est-ce que tu es allé faire exactement en Amérique ?

— Rien du tout.

— Tu ne t'es même pas rapporté une pipe comme je te l'avais écrit...

Il joua son Joseph à son tour et répondit lâchement :

— Là-bas, vois-tu, elles sont beaucoup trop chères... Et pas solides...

— Tu aurais pu tout au moins me rapporter quelque chose pour moi, un souvenir, je ne sais pas...

A cause de quoi, il se permit de câbler à Little John :

Prière envoyer appareil à disques.

Ce fut tout ce qu'il conserva, avec quelques pièces de bronze et quelques *nickels,* de son voyage à New-York.

Le 7 mars 1946.

LETTRE À MON JUGE

1

A M. Ernest Coméliau,
Juge d'instruction,
23 *bis,* rue de Seine, Paris (VIe)

Mon juge,

Je voudrais qu'un homme, un seul, me comprenne. Et j'aimerais que cet homme soit vous.

Nous avons passé de longues heures ensemble, pendant les semaines de l'instruction. Mais alors il était trop tôt. Vous étiez un juge, vous étiez mon juge, et j'aurais eu l'air d'essayer de me justifier. Vous savez à présent que ce n'est pas de cela qu'il s'agit, n'est-ce pas ?

J'ignore l'impression que vous avez eue quand vous êtes entré dans le prétoire. Celui-ci vous est évidemment familier. Moi, je me souviens fort bien de votre arrivée. J'étais tout seul, entre mes deux gardes. Il était cinq heures du soir et la pénombre commençait à former comme des nuages dans la salle.

C'est un journaliste — leur table était très près de moi —, c'est un journaliste, dis-je, qui, le premier, s'est plaint à son voisin de ne plus y voir clair. Le voisin l'a dit au suivant, un vieux assez malpropre, aux yeux cyniques, qui doit être un vieil habitué des tribunaux. Je ne sais pas si je me trompe, mais je pense que c'est lui qui, dans son journal, a écrit que j'avais l'air d'un crapaud à l'affût.

C'est un peu à cause de cela que je me demande quelle impression je vous ai faite. Notre banc — je parle du banc des accusés — est tellement bas que notre tête seule dépasse. Tout naturellement, j'étais amené à tenir mon menton posé sur mes mains. J'ai le visage large, trop large, et facilement luisant de sueur. Mais pourquoi parler de crapaud ? Pour faire rire les lecteurs ? Parce que ma tête ne lui a pas plu ?

Ce sont des détails, excusez-moi. Cela n'a aucune importance. Le vieux journaliste, à qui avocats et magistrats serrent familièrement la main, a adressé un petit signe au Président. Celui-ci s'est penché sur son assesseur de gauche, qui s'est penché à son tour. Et ainsi l'ordre est allé jusqu'à l'huissier, qui a allumé les lampes. Si je vous en parle, c'est que tout ce manège m'a intéressé pendant un bon moment et cela me rappelle que, jeune garçon, ce qui me passionnait le plus à l'église, c'était de voir le sacristain allumer et éteindre les cierges.

Bref, c'est à ce moment-là que, votre serviette sous le bras, votre chapeau à la main, vous vous êtes faufilé, avec l'air de vous excuser, parmi les stagiaires qui encombraient l'entrée. Il paraît — un de mes avocats me l'a affirmé avec chagrin — que pendant la plus grande partie du procès je me suis fort mal tenu. Mais aussi ils ont débité tant de stupidités, et avec une telle solennité ! Il m'est arrivé, me dit-on, de hausser les épaules et même de sourire d'un sourire *sarcastique*. Un journal du soir a publié une photographie de moi prise alors que je souris, souligne-t-il, au moment le plus pathétique de la déposition d'un témoin.

« *Le hideux sourire de l'accusé.* »

Il est vrai que d'aucuns parlent du hideux sourire de Voltaire !

Vous êtes entré. Je ne vous avais jamais vu que derrière votre bureau. Vous m'avez fait penser au chirurgien qui arrive en coup de vent à l'hôpital où l'attendent ses élèves et ses aides.

Vous n'avez pas regardé tout de suite de mon côté. Et moi, pourtant, j'avais une folle envie de vous dire bonjour, d'avoir avec vous un contact humain. Est-ce si ridicule ? Est-ce encore du cynisme, pour employer le mot dont on s'est beaucoup servi à mon sujet ?

Il y avait cinq semaines que nous ne nous étions vus. Pendant les deux mois de l'instruction, nous avions eu des entretiens presque quotidiens. Savez-vous que même l'attente dans le couloir, devant votre bureau, m'était un plaisir, et qu'il m'arrive encore d'y penser avec nostalgie ?

Je revois les portes sombres des juges, alignées comme dans un monastère, la vôtre, les bancs entre les portes, le plancher sans couleur se perdant dans une perspective lointaine. J'étais entre mes deux gendarmes et sur le même banc, sur d'autres bancs, se tenaient des hommes libres, des témoins mâles et femelles, parfois aussi des gens aux poignets chargés de menottes.

On se regardait les uns les autres. C'est cela, c'est tout cela qu'il faudra que je vous explique, mais je me rends compte que c'est une tâche presque impossible. Ce serait tellement plus facile si vous aviez tué, vous aussi !

Tenez ! Pendant quarante ans, comme vous, comme les autres, j'ai été un homme libre. Personne ne se doutait que je deviendrais un jour ce qu'on appelle un criminel. Autrement dit, je suis, en quelque sorte, un criminel d'occasion.

Eh bien ! quand, dans votre corridor, j'observais les témoins, hommes ou femmes, parfois des gens que je connaissais, puisqu'ils étaient témoins dans ma cause, nos regards étaient à peu près ceux que peuvent échanger, par exemple, un homme et un poisson.

Par contre, avec ceux à menottes, il se créait automatiquement une sorte de lien de sympathie.

N'allez pas vous méprendre. Il faudra probablement que je vous en reparle plus tard. Je n'ai aucune sympathie pour le crime, ni pour l'assassin. Mais les autres sont par trop bêtes.

Pardon. Ce n'est pas non plus ma pensée exacte.

Vous êtes entré, et justement, pendant la suspension d'audience, un peu plus tôt, après la lecture de l'interminable acte d'accusation — comment un homme de bonne foi peut-il accumuler sur un de ses semblables autant d'inexactitudes ? — je venais d'entendre parler de vous.

Indirectement. Vous connaissez la petite pièce dans laquelle les accusés attendent avant les séances et pendant les entractes. Cela fait penser aux coulisses d'un théâtre. Moi, cela me rappelait plutôt des souvenirs d'hôpital, les parents qui attendent le résultat d'une opération. On passe devant eux — nous passons devant eux — en causant de nos petites affaires, en enfilant nos gants de caoutchouc après avoir éteint notre cigarette.

— Un tel ? Il est nommé à Angers...

— Est-ce qu'il n'a pas passé sa thèse à Montpellier en même temps que...

J'étais là, sur un banc luisant, comme les parents de malades. Des avocats passaient, achevaient leur cigarette, me regardaient vaguement, sans me voir, comme nous regardons le mari d'une patiente.

— Il paraît que c'est un type très bien. Son père était juge de paix à Caen. Il a dû épouser une des filles Blanchon...

C'est de vous qu'on parlait de la sorte. Comme j'en aurais parlé quelques mois plus tôt, quand nous appartenions à un même monde. A cette époque-là, si nous avions habité la même ville, nous nous serions rencontrés deux fois par semaine devant une table de bridge. Je vous aurais appelé « Mon cher juge » et vous « Mon cher docteur ». Puis, avec le temps :

— Mon vieux Coméliau...

— Mon bon Alavoine...

Est-ce que nous serions devenus vraiment amis ? C'est en entendant parler de vous que je me le suis demandé.

— Mais non, répliquait le second avocat. Vous confondez avec un autre Coméliau, Jules, son cousin, qui a été rayé du Barreau de Rouen voilà deux ans et qui a en effet épousé une demoiselle Blanchon... Ce Coméliau a épousé la fille d'un médecin dont le nom m'échappe...

Encore un détail qui nous rapproche.

A La Roche-sur-Yon, je compte quelques magistrats parmi mes amis. Je n'ai jamais pensé, *avant,* à leur demander s'il en est pour eux de leurs clients comme pour nous des nôtres.

Nous avons vécu près de six semaines ensemble, si je puis ainsi m'exprimer. Je sais bien que pendant ce temps vous aviez d'autres soucis, d'autres clients, d'autres travaux, et que votre existence personnelle continuait. Mais enfin je représentais, comme pour nous certains malades, le cas intéressant.

Vous cherchiez à comprendre, je m'en suis aperçu. Non seulement avec toute votre honnêteté professionnelle, mais en tant qu'homme.

Un détail, entre autres. Nos entretiens ne se passaient pas en tête à tête, puisque votre greffier et un de mes avocats, presque toujours Me Gabriel, y assistaient. Vous connaissez votre cabinet mieux que moi, la haute fenêtre qui donne sur la Seine, avec les toits de la Samaritaine comme peints sur une toile de fond, la porte souvent entrouverte d'un placard où sont suspendues une fontaine d'émail et une serviette. (Il y a, chez moi, la même fontaine à laquelle je me lave les mains entre deux clients.)

Or, en dépit des efforts de Me Gabriel pour prendre en tout et partout la première place, il y avait souvent des moments où j'avais l'impression que nous étions seuls, où, comme d'un commun accord, nous avions décidé que les deux autres ne comptaient pas.

Nous n'avions pas besoin de clins d'œil pour cela. Il suffisait de les oublier.

Et lors des coups de téléphone !... Pardonnez-moi de vous en parler. Cela ne me regarde pas. Mais ne vous êtes-vous pas informé, vous, des détails les plus intimes de ma vie et comment voulez-vous que je n'aie pas été tenté de faire la même chose ? Vous avez reçu cinq ou six fois, presque toujours à la même heure, vers la fin de l'interrogatoire, des appels qui vous troublaient, vous mettaient mal à l'aise. Vous répondiez autant que possible par monosyllabes. Vous consultiez votre montre en prenant un air détaché.

— Non... Pas avant une heure... C'est impossible... Oui... Non... Pas en ce moment...

Une fois, vous avez lâché par inadvertance :

— Non, mon petit...

Et vous avez rougi, mon juge. C'est moi que vous avez regardé, comme si moi seul comptais. Aux deux autres, ou plutôt à Me Gabriel, vous faisiez de banales excuses.

— Je vous demande pardon de cette interruption, maître... Où en étions-nous ?

Il y a tant de choses que j'ai comprises, que vous savez que j'ai comprises ! Parce que, voyez-vous, j'ai un immense avantage sur vous, quoi que vous fassiez : moi, j'ai tué.

Laissez-moi vous remercier d'avoir, dans votre rapport, résumé votre instruction avec autant de simplicité, avec une telle absence de pathétique, au point que l'avocat général en a été agacé, parce que l'affaire, selon un mot qui lui a échappé, prenait, racontée par vous, les allures d'un banal fait divers.

Vous voyez que je suis bien renseigné. Je sais même qu'un jour que vous parliez de moi entre magistrats, on vous a demandé :

— Vous qui avez eu de nombreuses occasions d'étudier Alavoine, pouvez-vous nous dire si, à votre avis, il a agi avec préméditation ou s'il a commis son forfait sous le coup d'une émotion intense ?

Comme j'aurais été anxieux, mon juge, si j'avais été là ! Mon désir de vous souffler aurait été tel que j'en aurais eu des fourmis dans tout le corps. Il paraît que vous étiez hésitant, que vous avez toussoté deux ou trois fois.

— En mon âme et conscience, je crois fermement qu'Alavoine, quoi qu'il prétende, quoi qu'il pense peut-être, a agi dans un moment de responsabilité atténuée et que son geste n'était pas prémédité.

Eh bien ! mon juge, j'en ai eu de la peine. J'y ai pensé à nouveau, quand je vous ai vu parmi les stagiaires ; mon regard devait contenir un reproche, car, lorsque vous êtes sorti, un peu plus tard, vous m'avez fait face pendant quelques secondes. Vous avez levé les yeux. Tant pis si je me trompe : vous paraissiez me demander pardon.

Si je ne m'abuse, le sens de votre message était :

« J'ai tout fait pour comprendre, honnêtement. Désormais, c'est à d'autres que moi de vous juger. »

Nous ne devions plus nous revoir. Nous ne nous reverrons sans doute jamais plus. D'autres clients sont amenés devant vous chaque jour par les gendarmes, d'autres témoins plus ou moins intelligents ou passionnés.

Malgré ma satisfaction que tout soit fini, je les envie, je l'avoue, parce qu'ils ont encore des chances de s'expliquer tandis que, moi, je ne puis compter désormais que sur cette lettre que vous classerez peut-être à la rubrique « bêtisier » sans l'avoir lue.

Ce serait dommage, mon juge. Je vous le dis sans vanité. Non seulement dommage pour moi, mais dommage pour vous, parce que je vais vous révéler une chose que vous soupçonnez, une chose que vous ne voulez pas admettre et qui vous tourmente en secret, une chose que je sais vraie, moi qui ai plus d'expérience que vous depuis que je suis passé de l'autre côté : vous avez peur.

Vous avez peur, précisément, de ce qui m'est arrivé. Vous avez peur de vous, d'un certain vertige qui pourrait vous saisir, peur d'un dégoût que vous sentez mûrir en vous à la façon lente et inexorable d'une maladie.

Nous sommes presque les mêmes hommes, mon juge.

Alors, pourquoi, puisque j'ai eu le courage d'aller jusqu'au bout, ne pas avoir celui de me comprendre en même temps ?

Je revois, en vous écrivant, les trois lampes à abat-jour vert sur le banc des juges, une autre sur celui de l'avocat général et, à la table de la presse, une journaliste assez jolie à qui, dès la seconde audience, un jeune confrère apportait des bonbons. Elle en passait généreusement à chacun autour d'elle, aux avocats, à moi-même.

J'avais un de ses bonbons dans la bouche tandis que vous veniez de jeter un coup d'œil à l'audience.

Est-ce que vous avez l'habitude d'assister ainsi en spectateur aux procès dont vous avez conduit l'instruction ? J'en doute. Le couloir, devant votre cabinet, ne désemplit pas. Un prévenu remplace automatiquement un autre prévenu.

Or vous êtes revenu deux fois. Vous étiez là quand on a donné lecture du verdict et c'est peut-être à cause de vous que je ne me suis pas emporté.

— Qu'est-ce que je vous disais ! s'écriait, tout fier, Me Gabriel aux confrères qui venaient le congratuler. Si mon client avait été plus sage, c'était l'acquittement que j'emportais...

L'imbécile ! Le joyeux imbécile satisfait !

Attendez. Si vous voulez rire, voici de quoi vous réjouir. Un vieil avocat barbu, à la robe roussie, s'est permis de riposter.

— Doucement, mon cher confrère. Avec un revolver, oui. Avec un couteau, à la rigueur. Avec les mains, jamais ! Un acquittement, dans ces conditions, ne s'est pas vu une seule fois dans les annales judiciaires.

Avec les mains ! Est-ce que ce n'est pas magnifique ? Est-ce que cela ne suffirait pas à vous donner envie de passer de ce côté-ci ?

Mon compagnon de cellule me regarde écrire, sans cacher une admiration mêlée d'agacement. C'est un fort garçon de vingt ans, une sorte de taureau au visage sanguin et au regard limpide. Il n'y a guère qu'une semaine qu'il est près de moi. Avant lui, j'étais flanqué d'un pauvre type mélancolique qui passait ses journées à se tirer sur les doigts pour en faire craquer les jointures.

Mon taureau a tué une vieille débitante d'un coup de bouteille sur le crâne, une nuit qu'il s'était introduit chez elle pour « faire la caisse », comme il dit simplement.

Il paraît que le Président s'est indigné.

— A coups de bouteille... Vous n'avez pas honte ?

Et lui :

— Est-ce que je pouvais deviner qu'elle serait assez bête pour crier ? Il fallait que je la fasse taire. Il y avait une bouteille sur le comptoir. Je ne savais même pas si elle était vide ou pleine...

Maintenant, il est persuadé que je prépare la révision de mon procès ou que je sollicite une grâce quelconque.

Ce qu'il est incapable de comprendre, lui qui a pourtant tué, mais par accident — il a presque raison, c'est presque la faute de la vieille — ce qu'il est incapable de comprendre, c'est que je m'obstine à prouver, moi, que j'ai agi avec préméditation, en pleine connaissance de cause.

Entendez-vous, mon juge ? *Avec préméditation.* Tant que quelqu'un n'aura pas admis ça, je serai seul au monde.

En pleine connaissance de cause !

Et vous finirez par comprendre, à moins que, comme certains de mes confrères, que cela humiliait de me voir sur le banc des assises, vous préfériez prétendre que je suis fou, tout à fait fou ou un peu fou, en tout cas irresponsable ou de responsabilité atténuée.

Ils en ont été pour leurs frais, grâce à Dieu. Aujourd'hui encore, alors qu'on pourrait croire que tout a été dit, que tout est terminé, ils continuent à s'agiter et je soupçonne des camarades, des amis, ma femme peut-être, et ma mère, de les pousser.

Toujours est-il qu'après un mois on ne m'a pas encore envoyé à Fontevrault, où je devais théoriquement purger ma peine. On m'observe. On me fait passer sans cesse dans l'infirmerie. On me pose des tas de questions que je connais aussi bien qu'eux et qui me font sourire de pitié. Le directeur en personne est venu plusieurs fois m'épier à travers le guichet et je me demande si on n'a pas mis le jeune taureau dans ma cellule, à la place du mélancolique, pour m'empêcher de me suicider.

C'est mon calme, justement qui les effraie, ce qu'ils ont appelé dans les journaux mon inconscience, ou mon cynisme.

Je suis calme, c'est un fait, et cette lettre doit vous en convaincre. Bien que simple médecin de famille, j'ai eu l'occasion de faire assez de psychiatrie pour reconnaître une lettre de fou.

Tant pis, mon juge, si vous croyez le contraire. Ce serait pour moi une grande désillusion.

Car j'ai encore cette illusion de posséder un ami et cet ami, aussi étrange que cela puisse paraître, c'est vous.

En ai-je des choses à vous raconter, maintenant qu'on ne peut plus m'accuser de chercher à sauver ma tête et que Me Gabriel n'est plus là pour me marcher sur le pied chaque fois que j'énonce une vérité trop simple pour son entendement !

Nous appartenons tous les deux à ce qu'on appelle chez nous les professions libérales, à ce que, dans certains pays moins évolués, on désigne plus prétentieusement par le mot *intelligentsia*. Ce mot-là ne vous fait pas rire, non ? Peu importe. Nous appartenons donc à une bourgeoisie moyenne, plus ou moins cultivée, celle qui fournit le pays de fonctionnaires, de médecins, d'avocats, de magistrats, souvent de députés, de sénateurs et de ministres.

Cependant, à ce que j'ai cru comprendre, vous êtes en avance sur moi d'au moins une génération. Votre père était déjà magistrat, alors que le mien vivait encore de la terre.

Ne dites pas que cela n'a pas d'importance. Vous auriez tort. Vous me feriez penser aux riches qui prétendent volontiers que l'argent n'est rien dans la vie.

Parce qu'ils en ont, parbleu ! Mais quand on n'en a pas, hein ? Est-ce que vous en avez manqué, vous aussi ?

Tenez, ma tête de crapaud, comme a dit le journaliste spirituel. A supposer que vous vous soyez trouvé à ma place au banc des accusés, il n'aurait pas parlé de tête de crapaud.

Une génération en plus ou en moins, cela compte, vous en êtes la preuve. Vous avez déjà le visage allongé, la peau mate, une aisance dans les manières que mes filles sont seulement en train d'acquérir. Même vos lunettes, vos yeux de myope... Même votre façon calme et précise d'essuyer vos verres avec votre petite peau de chamois...

Si vous aviez été nommé à La Roche-sur-Yon au lieu d'obtenir un poste à Paris, nous serions vraisemblablement devenus camarades, sinon amis, comme je vous l'ai déjà dit. Par la force des choses. Sans doute m'auriez-vous considéré sincèrement comme un égal, mais moi, dans le fond de moi-même, je vous aurais toujours un peu envié.

Ne protestez pas. Regardez autour de vous. Pensez à ceux de vos amis qui appartiennent, comme moi, à la première génération *montante*.

Monter où, je me le demande. Mais passons.

Vous êtes né à Caen et je suis né à Bourgneuf-en-Vendée, un village à une lieue d'une petite ville qui s'appelle La Châtaigneraie.

De Caen, il faudra que je vous reparle, car c'est dans cette ville que se situe un souvenir que je considère depuis peu, depuis mon crime, pour employer le mot, comme un des plus importants de ma vie.

Pourquoi ne pas vous le raconter tout de suite, puisque cela nous place sur un terrain que vous connaissez bien ?

Je suis allé à Caen une dizaine de fois, car j'y ai une tante, une sœur de mon père, qui a épousé un marchand de porcelaine de la rue Saint-Jean. Vous voyez certainement sa boutique, à une centaine de mètres de l'*Hôtel de France*, là où le tram frôle le trottoir de si près que les passants sont obligés de se coller aux maisons.

Chaque fois que je suis allé à Caen, il pleuvait. Et j'aime la pluie de votre ville. Je l'aime d'être fine, douce et silencieuse, je l'aime pour le halo qu'elle met sur le paysage, pour le mystère dont elle entoure, au crépuscule, les passants et surtout les passantes.

Tenez. C'était à une de mes premières visites à ma tante. La nuit venait de tomber et tout était luisant de pluie. Je devais avoir un peu moins de seize ans. A l'angle de la rue Saint-Jean et de je ne sais quelle rue sans boutiques, donc presque noire, il y avait une jeune fille vêtue d'un imperméable beige qui attendait, avec des cheveux blonds s'échappant d'un béret noir et des gouttelettes de pluie sur ses cheveux.

Le tram est passé, avec son gros œil jaune tout humide et ses rangs de têtes derrière les vitres embuées. Un homme, un jeune homme qui se tenait sur le marchepied, est descendu en voltige, juste devant le marchand de cannes à pêche.

Et alors cela s'est fait comme dans un rêve. Au moment précis où il atterrissait sur le trottoir, la main de la jeune fille s'accrochait à son bras. Tous les deux, d'un même mouvement, se sont dirigés vers la rue obscure, avec une telle aisance que cela faisait penser à une figure de ballet, et soudain, sans un mot, sur le premier seuil, ils se sont soudés l'un à l'autre, avec leurs vêtements mouillés, leur peau mouillée, et moi, qui les regardais de loin, j'avais à la bouche comme un goût de salive étrangère.

C'est peut-être à cause de ce souvenir-là que, trois ou quatre ans plus tard, déjà étudiant, j'ai voulu faire, à Caen aussi, exactement la même chose. Aussi exactement que possible, en tout cas. Mais il n'y a pas eu de tramway, et on ne m'attendait pas.

Vous connaissez évidemment la *Brasserie Chandivert*. Pour moi, c'est la plus belle de France, avec une autre que je fréquentais, à Epinal, lorsque je faisais mon service militaire.

Il y a, à gauche, l'entrée illuminée du cinéma. Puis la vaste salle divisée elle-même en plusieurs parties, celle où l'on mange et où il y a des nappes et des couverts sur les tables, celle où l'on boit, où l'on joue aux cartes et enfin, au fond, l'eau verte des billards sous leurs réflecteurs et les poses quasi hiératiques des joueurs.

Il y a aussi, sur une estrade, l'orchestre et ses musiciens en smoking défraîchi, aux longs cheveux gras, aux visages pâlis.

Il y a la lumière chaude du dedans et la pluie qui dégouline sur les vitres, les gens qui entrent et qui secouent leurs vêtements mouillés, les autos qui s'arrêtent et dont on aperçoit un moment les phares.

Il y a les familles qui se sont endimanchées pour la circonstance et les habitués au visage couperosé qui font leur partie de dominos ou de cartes toujours à la même table et qui appellent le garçon par son prénom.

C'est un monde, comprenez-vous, un monde presque complet, qui se suffit à lui-même, un monde dans lequel je me plongeais avec délices et que je rêvais de ne jamais quitter.

Vous voyez qu'à vingt ans j'étais assez loin de la cour d'assises.

Je me souviens que je fumais une pipe énorme qui me donnait l'illusion d'être un homme et que je regardais toutes les femmes avec une égale avidité.

Eh bien ! ce que j'avais toujours espéré sans oser y croire m'est arrivé, un soir. Il y avait, à une table en face de moi, seule à cette table, une jeune fille, une femme, peu importe, qui portait un tailleur bleu marine et un petit chapeau rouge.

Si je savais dessiner, je pourrais encore crayonner son visage, sa silhouette. Elle avait quelques taches de son à la base du nez et celui-ci se retroussait quand elle souriait.

Or elle m'a souri. Doucement, avec bienveillance. Pas du tout le sourire provocant auquel j'étais davantage habitué.

Et nous nous sommes souri ainsi pendant un bon bout de temps, assez de temps pour que les spectateurs du cinéma envahissent le café à l'entracte puis repartent à l'appel de la sonnerie électrique.

Alors, des yeux, rien que des yeux, elle a eu l'air de me poser une question, de me demander pourquoi je ne venais pas m'asseoir à côté d'elle. J'ai hésité. J'ai appelé le garçon, payé ma consommation. Gauchement, j'ai traversé l'allée qui nous séparait.

— Vous permettez ?

Un oui des yeux, toujours des yeux.

— Vous aviez l'air de vous ennuyer, dit-elle enfin quand je fus installé sur la banquette.

Ce que nous nous sommes dit ensuite, je l'ai oublié. Mais je sais que j'ai passé là une des heures les plus heureuses, les plus chaudes de ma vie. L'orchestre jouait des valses viennoises. Dehors, il pleuvait toujours. Nous ne savions rien l'un de l'autre et je n'osais rien espérer.

La séance cinématographique a pris fin, à côté. Des gens sont venus manger à la table voisine.

— Si nous partions ?... a-t-elle murmuré simplement.

Et nous sommes sortis. Et, dehors, dans la pluie fine dont elle ne se souciait pas, elle m'a pris le bras le plus naturellement du monde.

— Vous êtes descendu à l'hôtel ?

Parce que je lui avais appris que j'étais vendéen, mais que je faisais mes études à Nantes.

— Non. Chez une tante, rue Saint-Jean...

Et elle :

— J'habite tout près de la rue Saint-Jean. Seulement, il ne faudra pas faire de bruit. Ma logeuse nous mettrait à la porte.

Nous sommes passés devant la boutique de mon oncle où les volets étaient fermés et où, par la partie vitrée de la porte, on devinait de la lumière. Car c'était l'arrière-boutique qui leur servait de salon. Mon oncle et ma tante m'attendaient. Je n'avais pas de clef.

Nous sommes passés aussi devant le marchand de cannes à pêche et j'ai entraîné ma compagne dans la rue calme, jusqu'au premier seuil. Vous comprenez ? C'est là qu'elle m'a dit :

— Attends que nous soyons chez moi...

C'est tout, mon juge, et, de le raconter, je m'aperçois que c'est ridicule. Elle a tiré une clef de son sac. Elle a mis un doigt sur sa bouche. Elle a balbutié à mon oreille :

— Attention aux marches...

Elle m'a conduit par la main le long d'un corridor obscur. Nous avons monté un escalier dont les marches craquaient et, sur le palier, nous avons vu de la lumière sous une porte.

— Chut...

C'était la chambre de la logeuse. Celle de Sylvie était à côté. Il régnait dans la maison une odeur pauvre, assez fade. Il n'y avait pas encore l'électricité et elle a allumé une lampe à gaz dont la lumière faisait mal aux yeux.

Toujours en chuchotant, elle m'a dit, avant de passer derrière le rideau de cretonne à fleurs :

— Je reviens tout de suite...

Et je revois les peignes sur la table qui servait de toilette, le mauvais miroir, le lit couvert d'une courtepointe.

C'est tout et ce n'est pas tout, mon juge. C'est tout parce qu'il ne s'est rien passé que de très ordinaire. Ce n'est pas tout parce que, pour la première fois, j'avais eu faim d'une autre vie que la mienne.

Je ne savais qui elle était ni d'où elle venait. Je devinais confusément quel genre d'existence elle menait et que je n'étais pas le premier à gravir le vieil escalier sur la pointe des pieds.

Mais quelle importance cela avait-il ? Elle était une femme et j'étais un homme. Nous étions deux êtres humains à chuchoter dans cette chambre, dans ce lit, avec la logeuse endormie derrière la cloison. Dehors, il pleuvait. Dehors, il y avait de temps en temps des pas sur le pavé mouillé, des voix de noctambules dans l'air humide.

Ma tante et mon oncle m'attendaient dans leur arrière-boutique et devaient s'inquiéter.

Il y a eu un moment, mon juge, où, la tête entre ses seins, je me suis mis à pleurer.

Je ne savais pas pourquoi. Est-ce que je le sais aujourd'hui ? Je me suis mis à pleurer de bonheur et de désespoir tout ensemble.

Je la tenais dans mes bras, simple et détendue. Je me souviens qu'elle caressait machinalement mon front en regardant le plafond.

J'aurais voulu...

Voilà ce que je ne pouvais pas exprimer, ce que je ne peux pas encore exprimer à présent. Caen, à ce moment-là, représentait le monde. Il était là, derrière les vitres, derrière la cloison qui nous cachait la logeuse endormie.

Tout cela, c'était le mystère, c'était l'ennemi.

Mais nous étions deux. Deux qui ne se connaissaient pas. Qui n'avaient aucun intérêt commun. Deux que le hasard avait rassemblés en hâte pour un instant.

C'est peut-être la première femme que j'aie aimée. Elle m'a donné, pendant quelques heures, la sensation de l'infini.

Elle était quelconque, simple et gentille. A la *Brasserie Chandivert*, je l'avais prise d'abord pour une jeune fille qui attendait ses parents : puis pour une petite épouse qui attendait son mari.

Or nous étions dans le même lit, chair à chair, portes et fenêtres closes, et il n'y avait plus que nous deux au monde.

Je me suis endormi. Je me suis réveillé au petit jour et elle respirait paisiblement, en toute confiance, les deux seins hors des couvertures. J'ai été pris de panique, à cause de mon oncle et de ma tante. Je me suis levé sans bruit et je ne savais pas ce que je devais faire, si je devais laisser de l'argent sur la table de toilette.

Je l'ai fait honteusement. Je lui tournais le dos. Quand je me suis retourné, elle me regardait et elle dit doucement :

— Tu reviendras ?

Puis :

— Fais attention à ne pas réveiller la propriétaire...

C'est bête, n'est-ce pas ? Cela s'est passé dans votre ville. Est-ce que cela vous est arrivé, à vous aussi ? Comme nous avons à peu près le même âge, peut-être avez-vous connu Sylvie, peut-être avez-vous...

Moi, mon juge, c'est mon premier amour. Mais c'est seulement maintenant, après tant d'années, que je m'en rends compte.

Il y a quelque chose de plus grave, voyez-vous : je me rends compte aussi que j'ai cherché une Sylvie pendant plus de vingt ans, sans le savoir.

Et que c'est à cause d'elle, en somme...

Excusez-moi. Mon taureau est furieux parce qu'on vient de nous apporter la gamelle et qu'il n'ose pas se servir avant moi.

Je vous expliquerai cela une autre fois, mon juge.

2

Ma mère est venue à la barre, car ils l'ont citée comme témoin. Si incroyable que cela paraisse, j'ignore encore si c'est l'accusation ou la défense qui a fait ça. De mes deux avocats, l'un, M⁰ Oger, n'est venu de La Roche-sur-Yon que pour assister son confrère parisien et pour représenter en quelque sorte ma province natale. Quant à M⁰ Gabriel, il m'interdisait farouchement de m'occuper de quoi que ce fût.

— Est-ce mon métier ou le vôtre ? s'écria-t-il de sa grosse voix bourrue. Pensez donc, mon ami, qu'il n'y a pas une cellule de cette prison dont je n'aie tiré au moins un client !

Ils ont fait venir ma mère, peut-être lui, peut-être les autres. Dès que le Président a prononcé son nom, il s'est produit un remous dans la salle ; les gens des derniers rangs, les spectateurs debout se sont dressés sur la pointe des pieds et, de ma place, je les voyais tendre le cou.

On m'a reproché de n'avoir pas versé une larme en cette circonstance, on a parlé de mon insensibilité.

Les imbéciles ! Et quelle malhonnêteté, quelle absence de conscience, d'humanité, de parler ainsi de ce qu'on ne peut pas savoir !

Pauvre maman. Elle était en noir. Il y a plus de trente ans qu'elle est toujours vêtue de noir des pieds à la tête comme le sont la plupart des paysannes de chez nous. Telle que je la connais, elle a dû s'inquiéter de sa toilette et demander conseil à ma femme ; je parierais qu'elle a répété vingt fois :

— J'ai si peur de lui faire tort !

C'est ma femme, sans aucun doute, qui lui a conseillé ce mince col de dentelle blanche, afin de faire moins deuil, afin de ne pas avoir l'air de vouloir apitoyer les jurés.

Elle ne pleurait pas en entrant, vous l'avez vue, puisque vous étiez au quatrième rang, non loin de l'entrée des témoins. Tout ce qu'on a dit et écrit à ce sujet est faux. Voilà maintenant des années qu'on la soigne pour ses yeux qui sont toujours larmoyants. Elle voit très mal, mais elle s'obstine à ne pas porter de verres, sous prétexte qu'on s'habitue à des verres toujours plus gros et qu'on finit par devenir aveugle. Elle s'est heurtée à un groupe de jeunes stagiaires qui encombraient le passage et c'est à cause de ce détail qu'on a prétendu qu'elle « titubait de douleur et de honte ».

La comédie, c'étaient les autres qui la jouaient, et le Président tout le premier, qui se soulevait légèrement sur son siège pour la saluer avec un air de commisération infinie, puis adressait à l'huissier le traditionnel :

— Apportez un siège au témoin.

Cette foule retenant sa respiration, ces cous tendus, ces visages crispés, tout cela pour rien, pour contempler une femme malheureuse, pour lui poser des questions sans importance, sans même la moindre utilité.

— La Cour s'excuse, madame, de vous imposer cette épreuve, et vous prie instamment de faire un effort pour conserver votre sang-froid.

Elle ne regardait pas de mon côté. Elle ne savait pas où j'étais. Elle avait honte. Non pas honte à cause de moi, comme les journalistes l'ont écrit, mais honte d'être le point de mire de toute une foule et de déranger, elle qui s'est toujours sentie si peu de chose, des personnages aussi importants.

Car dans son esprit, voyez-vous, et je connais bien ma mère, c'était elle qui les dérangeait. Elle n'osait pas pleurer. Elle n'osait rien regarder.

Je ne sais même pas quelles sont les premières questions qu'on lui a posées.

Il faut que j'insiste sur ce détail. J'ignore si les autres accusés sont comme moi. Pour ma part, j'ai eu souvent de la peine à m'intéresser à mon propre procès. Cela tient-il à ce que toute cette comédie a si peu de rapports avec la réalité ?

Bien des fois, pendant l'audition d'un témoin, ou pendant une de ces prises de gueule entre Me Gabriel et l'avocat général (Me Gabriel annonçait ces incidents biquotidiens aux journalistes par un clin d'œil prometteur), bien des fois, dis-je, il m'est arrivé d'avoir des absences qui duraient jusqu'à une demi-heure, pendant lesquelles je contemplais un visage dans la foule, ou simplement des taches d'ombre sur le mur en face de moi.

Une fois je me suis mis à compter les spectateurs. Cela m'a pris une audience presque entière, parce que je me trompais dans mes calculs et que je recommençais. Il y avait quatre cent vingt-deux personnes, y compris les gardes du fond. Quatre cent vingt-deux personnes aussi, sans doute, ce matin-là, pour regarder ma mère, à qui Mᵉ Gabriel faisait demander par le Président :

— Est-ce que votre fils, dans son enfance, n'a pas eu une méningite ?

Comme s'il était besoin de la faire venir de Vendée pour ça ! Et, au ton de la question, on aurait pu croire que là était le fond du procès, la clef de l'énigme. J'ai compris le truc, mon juge. Car c'est un truc. Les deux adversaires, l'avocat général et l'avocat de la défense, s'ingénient ainsi à poser aux témoins, avec une insistance qui suggère . l'idée de desseins mystérieux, les questions les plus saugrenues.

De mon banc, je voyais les jurés froncer les sourcils, plisser le front, parfois jeter quelques notes sur le papier, comme les lecteurs de romans policiers que l'auteur aiguille, avec l'air de ne pas y toucher, sur une nouvelle piste.

— Oui, monsieur le juge. Il a été bien malade et j'ai cru le perdre.

— Ayez l'obligeance de vous adresser à messieurs les jurés. Je pense qu'ils ne vous ont pas entendue.

Et ma mère de répéter, docile, de la même voix :

— Oui, monsieur le juge. Il a été bien malade et j'ai cru le perdre.

— N'avez-vous pas remarqué qu'à la suite de cette maladie le caractère de votre fils avait changé ?

Elle ne comprenait pas.

— Non, monsieur le juge.

— Répondez à messieurs les jurés.

C'était pour elle un mystère aussi insondable que celui de la messe, de recevoir ainsi les questions d'un côté et d'être obligée de répondre de l'autre.

— Il n'est pas devenu plus violent ?

— Il a toujours été doux comme un agneau, monsieur le juge...

— ... le Président...

— ... monsieur le Président. A l'école il se laissait battre par ses camarades parce qu'il était plus fort qu'eux et qu'il avait peur de leur faire du mal.

Pourquoi des sourires dans la salle et jusqu'au banc des journalistes qui notaient hâtivement ces mots ?

— Il était juste comme un gros chien que nous avons eu et qui...

Elle se taisait brusquement, intimidée, confuse.

— Mon Dieu, devait-elle prier à part elle, pourvu que je ne lui fasse pas tort...

Et elle me tournait toujours le dos.

— Lors du premier mariage de l'accusé, vous avez vécu avec le jeune ménage, n'est-ce pas ?

— Naturellement, monsieur le Président.

— Tournez-vous vers messieurs les jurés, qui vous entendent mal.

— Naturellement, messieurs les jurés.

— Le couple était-il heureux ?

— Pourquoi ne l'aurait-il pas été ?

— Vous avez continué à vivre avec votre fils quand il s'est remarié et vous habitez, maintenant encore, avec sa seconde femme. Il serait intéressant que messieurs les jurés sachent si les rapports entre l'accusé et celle-ci étaient les mêmes que ceux qu'il entretenait avec sa première épouse.

— Pardon ?

Pauvre maman qui n'a pas l'habitude des grandes phrases et qui n'osait pas avouer qu'elle est un peu dure d'oreille.

— Votre fils, si vous préférez, se conduisait-il de la même façon avec sa seconde femme qu'avec la première ?

Les lâches ! Elle pleurait, maintenant. Pas à cause de moi, pas à cause de mon crime, mais pour des raisons qui ne les regardaient pas. Ils se croyaient malins, pourtant ! A les observer, tous regards braqués sur une vieille femme en larmes, on aurait pu croire qu'ils allaient lui arracher la clef du mystère.

C'est pourtant simple, mon juge. Avec ma première femme, qui n'était pas une excellente ménagère, qui était ce qu'on appelle chez nous une pâte molle, ma mère restait la vraie maîtresse de maison.

Avec Armande, les choses ont changé, voilà tout, parce qu'Armande a une personnalité plus marquée et des goûts bien à elle. Quand on retire soudain ses occupations à une femme de soixante ans, qu'on l'empêche de commander aux domestiques, de s'inquiéter de la cuisine et des enfants, c'est extrêmement douloureux.

C'est tout. Voilà pourquoi ma mère pleurait. Parce qu'elle n'était plus qu'une étrangère dans la maison de sa bru.

— Votre fils, à votre avis, était-il heureux dans son second ménage ?

— Sûrement, monsieur le juge, pardon, monsieur le Président.

— Alors, dites-nous pourquoi il l'a quitté.

Comme on pose une colle ! Etait-ce à elle de le savoir ?

Je ne pleurais pas, non. Je serrais les poings derrière mon banc, je serrais les dents et, si je ne m'étais pas contenu, je me serais levé d'une détente pour hurler des injures.

— Si vous vous sentez trop lasse pour poursuivre cet interrogatoire, nous pourrions le reprendre à l'audience de l'après-midi.

— Non, monsieur, balbutiait maman. J'aime mieux tout de suite.

Et, comme le Président se tournait vers mon avocat, elle a suivi son regard et elle m'a aperçu. Elle n'a rien dit. Au mouvement de sa gorge, j'ai compris qu'elle avalait sa salive. Et je sais bien, moi, ce qu'elle m'aurait dit si elle avait pu m'adresser la parole. Elle m'aurait demandé pardon, pardon d'être si maladroite, si empruntée, si ridicule. Car elle se sentait ridicule ou, si vous préférez, *pas à sa place,* ce qui est pour elle la dernière des humiliations. Elle m'aurait demandé pardon de ne savoir que répondre et aussi, peut-être, de me porter tort.

Me Oger, que je considérais comme un ami, Me Oger, que ma femme avait envoyé de La Roche pour aider à la défense, pour que mon pays s'y associe en quelque sorte, a commis alors une vilenie. Il s'est penché vers Me Gabriel, qui a tout de suite approuvé de la tête et qui, comme à l'école, a levé la main pour indiquer qu'il désirait prendre la parole.

— Monsieur le Président, nous voudrions, mon confrère et moi, que vous demandiez au témoin dans quelles circonstances son mari est mort.

— Vous avez entendu la question, madame ?

Salauds ! Elle était devenue bleue à force de pâleur. Elle tremblait tellement que l'huissier s'est approché d'elle pour le cas où elle piquerait une crise ou s'évanouirait.

— D'un accident, parvenait-elle à articuler très bas.

On le lui fit répéter.

— Un accident de quoi ?

— Il nettoyait son fusil dans l'atelier, derrière la maison. Un coup est parti...

— Maître Gabriel ?

— Je vous demande la permission d'insister, malgré la cruauté de ma question. Le témoin peut-il affirmer au tribunal que son mari ne s'est pas suicidé ?

Elle fit un effort pour se redresser, indignée.

— Mon mari est mort d'un accident.

Tout cela, voyez-vous, mon juge, pour amener une toute petite phrase dans une plaidoirie, pour un effet de manches et de gueuloir. Pour que Me Gabriel puisse s'écrier plus tard en me désignant d'un geste pathétique :

— ... cet homme sur qui pèse une lourde hérédité...

Lourde hérédité, soit ! Et la vôtre, mon juge ? Et celle de Me Gabriel et de ces deux rangs de jurés dont j'ai eu tout le loisir d'examiner le faciès ? Lourde hérédité, c'est vrai, la mienne, celle de chacun de nous, celle de tous les fils d'Adam.

La vérité je vais vous la dire, non pas comme on la raconte dans les familles, où l'on a honte de ce que l'on prend pour des tares, mais tout simplement en homme, en médecin, et cela m'étonnerait fort que vous ne retrouviez pas des traits des miens dans votre propre famille.

Je suis né dans une de ces maisons sur lesquelles on s'attendrit déjà, dont plus tard sans doute, quand il n'en restera plus que quelques-unes éparpillées dans la province française, on fera des musées. Une vieille maison de pierre aux pièces vastes et fraîches, aux corridors imprévus agrémentés par-ci par-là de marches dont on a oublié l'origine, qui sentent à la fois l'encaustique et la campagne, les fruits qui mûrissent, le foin coupé et la cuisine qui mijote.

Cette maison-là, jadis, au temps de mes grands-parents, était une maison de maître que certains appelaient le château, et elle constituait le centre de quatre fermes de cinquante hectares chacune.

Du temps de mon père, il n'y en avait plus que deux. Puis, bien avant ma naissance, il n'y en a plus eu qu'une seule et la maison est devenue ferme à son tour, mon père s'est mis à cultiver la terre de ses mains et à faire de l'élevage.

C'était un homme plus grand, plus large et plus fort que moi. On m'a raconté que, dans les foires, certaines fois qu'il avait bu, il pariait volontiers de porter un cheval sur son dos et des vieux du pays affirment qu'il lui est arrivé de gagner ce pari.

Il s'est marié tard, la quarantaine passée. Il était bel homme et possédait encore assez de bien pour prétendre à un beau parti et rétablir ainsi sa situation.

Si vous connaissiez Fontenay-le-Comte, à trente kilomètres de chez nous, vous auriez certainement entendu parler des filles Lanoue. Elles étaient cinq, avec une vieille mère veuve depuis longtemps. Elles avaient été riches avant la mort de leur père, qui avait perdu sa fortune dans des spéculations ridicules.

Du temps de mon père, les Lanoue, la mère et les cinq filles, occupaient toujours leur grande maison de la rue Rabelais et ce sont encore aujourd'hui deux vieilles demoiselles Lanoue, les dernières, qui l'habitent.

Je crois bien qu'il est impossible de vivre dans une pauvreté plus totale et plus digne qu'on l'a fait pendant tant d'années dans cette maison-là. Les revenus étaient si maigres qu'ils permettaient à peine l'ombre d'un repas par jour, ce qui n'empêchait pas les cinq demoiselles Lanoue, toujours accompagnées de leur mère, d'assister en grande pompe, gantées et chapeautées, à la messe et aux vêpres, et de défiler ensuite, la tête haute, dans la rue de la République.

La plus jeune devait avoir vingt-cinq ans, mais c'est celle de trente qu'un beau jour mon père a épousée.

C'est ma mère, mon juge. Comprenez-vous que les mots « heureux » n'aient pas le même sens pour cette femme-là que pour ces messieurs du tribunal ?

Quand elle est arrivée à Bourgneuf, elle était si anémique que, pendant plusieurs années, l'air vif de la campagne lui a donné des étourdissements. Ses couches ont été difficiles, on a cru la perdre, d'autant plus que je pesais six kilos en naissant.

Je vous ai dit que mon père cultivait lui-même une partie de ses terres et c'est vrai sans l'être tout à fait. Une bonne part du travail, chez nous, dans les fermes, consiste à « faire » les foires du pays, et il y en a dans tous les bourgs du canton et des cantons voisins.

Ce travail-là, c'était celui de mon père. Et aussi d'organiser des battues au lapin ou au sanglier quand ils faisaient des dégâts dans la région.

Mon père est né pour ainsi dire un fusil à la main. Il le portait sur le dos quand il allait aux champs. A l'auberge, il le tenait entre ses jambes et je l'ai toujours vu avec un chien couché à ses pieds, le museau sur ses bottes.

Vous voyez que je n'ai pas exagéré quand je vous ai affirmé que j'étais plus près de la terre que vous.

J'allais à l'école du village. Je pêchais dans les ruisseaux et je grimpais aux arbres comme mes camarades.

Ai-je remarqué, à cette époque, que ma mère était triste ? Ma foi, non. Pour moi, cette gravité qui ne la quittait guère était la caractéristique des mères, et aussi cette douceur, ce sourire toujours comme un peu voilé.

Quant à mon père, il me hissait sur les chevaux de labour, sur les bœufs, il me donnait des bourrades, me lançait des mots crus qui faisaient sursauter ma mère, et ses moustaches, que j'ai toujours connues grises, avaient, dès le matin, une forte odeur de vin ou d'alcool.

Mon père buvait, mon juge. Est-ce qu'il n'y en a pas invariablement un par famille ? Moi, c'était mon père. Il buvait dans les foires. Il buvait dans les fermes et à l'auberge. Il buvait chez nous. Il guettait les passants sur le seuil pour avoir l'occasion de les emmener boire dans les chais.

C'était dans les foires le plus dangereux, parce que, quand il avait bu, les choses les plus ahurissantes lui paraissaient normales.

Je n'ai compris que plus tard, car j'en ai vu d'autres qui lui ressemblaient, je pourrais dire que chaque village a le sien.

Une génération vous sépare de la terre et vous n'avez sans doute pas connu l'implacable monotonie des saisons, le poids du ciel, dès quatre heures du matin, sur vos épaules, le cheminement des heures avec leur compte toujours plus chargé de soucis quotidiens.

Il y en a qui ne s'en aperçoivent pas et on dit qu'ils sont heureux. D'autres boivent, font la foire et courent les filles. C'était le cas de mon père.

Il avait besoin, dès son réveil, de se remonter avec un verre d'eau-de-vie pour acquérir cette alacrité joyeuse qui le rendait fameux dans tout le canton. Ensuite, il avait besoin d'autres verres, d'autres bouteilles pour entretenir ce semblant d'optimisme. Et cela, voyez-vous, mon juge, je crois que ma mère l'a compris. Qui sait, c'est peut-être la principale raison pour laquelle je l'aime et la respecte.

Jamais, alors que la plus grande partie de notre vie s'écoulait dans la salle commune et que, comme tous les enfants, j'avais les oreilles aux aguets, je n'ai entendu ma mère dire :

« Tu as encore bu, François. »

Jamais elle n'a demandé à mon père où il était allé, même quand, un jour de foire, il avait dépensé le prix d'une vache avec les filles.

Je crois bien que, dans son esprit, c'est cela qu'elle appelle le respect. Elle respectait l'homme. Ce n'était pas seulement de la reconnaissance parce qu'il avait épousé une des cinq filles Lanoue. Plus simplement elle sentait, au fond d'elle-même, qu'il ne pouvait pas être autrement.

Combien de fois, le soir quand j'étais couché, ai-je entendu la voix claironnante de mon père annonçant l'invasion de la maison par des amis ramassés un peu partout, plus ivres les uns que les autres, qui venaient boire une dernière bouteille !

Elle les servait. Elle venait de temps en temps écouter à ma porte. Et je faisais semblant de dormir, car je savais sa peur de me voir retenir les mots malsonnants qu'on gueulait dans la salle.

A chaque saison, ou presque, on vendait un bout de terre, un écart, comme nous disons.

— Bah ! Cette pièce-là, placée si loin, nous donne plus de mal que ce qu'elle nous rapporte, disait mon père qui, ces jours-là, n'avait pas son air habituel.

Et il restait des journées, parfois des semaines sans boire, sans toucher seulement à un verre de vin. Il s'efforçait de paraître gai, mais sa gaieté sonnait faux.

Un jour que je jouais près du puits, je m'en souviens encore, je l'ai aperçu, couché de tout son long au pied d'une meule, le visage tourné vers le ciel, et il m'a paru si long, si immobile, que je l'ai cru mort et que je me suis mis à pleurer.

En m'entendant, il a semblé sortir d'un rêve. Je me demande s'il m'a reconnu tout de suite, tant ses yeux regardaient loin.

C'était un de ces soirs glauques, avec un ciel d'un blanc uni, à l'heure où l'herbe devient d'un vert sombre et où chaque brin se découpe, frissonnant dans l'immensité, comme sur les toiles des vieux maîtres flamands

— Qu'est-ce que tu as, fiston ?

— Je me suis tordu le pied en courant.

— Viens t'asseoir ici.

J'avais peur, mais je me suis assis dans l'herbe près de lui. Il m'a entouré les épaules de son bras. On voyait la maison au loin, et la fumée qui montait toute droite de la cheminée sur le blanc du ciel. Mon père se taisait et parfois ses doigts se crispaient un peu sur mon épaule.

Nous regardions le vide, tous les deux. Nos yeux devaient avoir la même couleur et je me demandais si mon père, lui aussi, avait peur.

Je ne sais pas combien de temps j'aurais été capable de supporter cette angoisse et je devais être tout pâle quand il y a eu un coup de feu du côté du Bois Perdu.

Alors mon père s'est secoué, a sorti sa pipe de sa poche et a retrouvé sa voix naturelle pour me dire en se levant :

— Tiens ! Mathieu qui tire un lièvre dans le Pré Bas.

Deux ans ont passé. Je ne me rendais pas compte que mon père était déjà vieux, plus vieux que les autres pères. Il lui arrivait de plus en plus souvent de se lever la nuit et j'entendais des bruits d'eau, des chuchotements, après quoi, le matin, il paraissait fatigué. A table, ma mère disait en poussant vers lui une petite boîte en carton :

— N'oublie pas ta pilule...

Puis, un jour, alors que j'avais neuf ans et que j'étais à l'école, un de nos voisins, le père Courtois, est entré dans la classe et a parlé bas à l'instituteur. Tous les deux me regardaient.

— Mes enfants, je vous demande d'être sages pendant quelques minutes. Alavoine, mon petit, veux-tu venir avec moi dans la cour ?

C'était en été. Le ciment de la cour était chaud. Il y avait des roses moussues autour des fenêtres.

— Viens par ici, mon petit Charles...

Le vieux Courtois avait déjà gagné le portail où il attendait, adossé à la grille de fer forgé. L'instituteur m'entourait l'épaule de son bras comme mon père l'avait fait jadis. Le ciel était très bleu, plein de chants d'alouettes.

— Te voilà un petit homme, Charles, n'est-ce pas ? et je crois que tu aimes beaucoup ta maman. Eh bien ! il va falloir que tu l'aimes encore davantage, parce que désormais, elle a grand besoin de toi...

J'avais compris avant la dernière phrase. Alors que je n'avais jamais envisagé que mon père pourrait mourir, je me le représentais mort, je le voyais, couché de tout son long, au pied de la meule, comme deux ans plus tôt, un soir de septembre.

Je n'ai pas pleuré, mon juge. Pas plus qu'à la cour d'assises. Tant pis pour les journalistes qui me traiteraient une fois de plus de crapaud visqueux. Je n'ai pas pleuré, mais il m'a semblé que je n'avais plus de sang dans les veines et, quand le vieux Courtois m'a emmené chez lui en me tenant par la main, je marchais comme dans la plume, je traversais un univers aussi inconsistant que de la plume.

On ne m'a pas laissé voir mon père. Je ne suis rentré chez nous que quand il était déjà dans le cercueil. Tout le monde, qui venait à la maison, où il fallait servir à boire du matin au soir et du soir au matin, pour la veillée, tout le monde répétait en hochant la tête :

— Lui qui aimait tant la chasse et qu'on ne voyait jamais sans son fusil...

Trente-cinq ans après, un avocat gonflé d'importance, écarlate de vanité, devait demander avec insistance à ma pauvre mère :

— Êtes-vous sûre que votre mari ne s'est pas suicidé ?

Nos paysans de Bourgneuf ont eu plus de tact. Ils en ont parlé entre eux, bien sûr. Mais ils n'ont pas cru nécessaire d'en parler à ma mère.

Mon père s'est suicidé. Et puis après ?

Mon père buvait.

Et moi, j'ai bien envie de vous dire quelque chose. Mais voyez-vous, mon juge, tout intelligent que vous soyez, j'ai peur que vous ne compreniez pas.

Je ne vous dirai pas que ce sont les meilleurs qui boivent, mais que ce sont ceux, à tout le moins, qui ont entrevu quelque chose, quelque chose qu'ils ne pouvaient pas atteindre, quelque chose dont le désir leur faisait mal jusqu'au ventre, quelque chose, peut-être, que nous fixions, mon père et moi, ce soir où nous étions assis tous les deux au pied de la meule, les prunelles reflétant le ciel sans couleur.

Imaginez maintenant cette phrase-là prononcée devant ces messieurs du tribunal et devant mon scorpion boiteux de journaliste !

J'aime mieux parler tout de suite de Jeanne, ma première femme.

Un jour, à Nantes, alors que j'avais vingt-cinq ans, des personnages solennels m'ont remis mon diplôme de docteur en médecine. Le même jour, à la sortie de la cérémonie pendant laquelle j'avais sué sang et eau, un autre monsieur m'a remis plus discrètement un petit paquet qui contenait un stylo sur lequel on avait gravé en lettres d'or mon nom et la date de ma soutenance de thèse.

C'est le stylo qui m'a fait le plus de plaisir. C'était la première chose vraiment gratuite que je recevais.

A la Faculté de Droit, vous n'avez pas la même chance que nous, parce que vous n'êtes pas aussi directement liés à certains gros commerces.

Le stylo m'était offert, comme à tous les jeunes médecins, par une importante société de produits pharmaceutiques.

Nous avons passé une nuit assez crapuleuse, entre étudiants, pendant que ma mère, qui avait assisté à la cérémonie, m'attendait dans sa chambre d'hôtel. Le lendemain matin, sans avoir dormi, je suis reparti avec elle, non pas vers Bourgneuf, où elle avait revendu à peu près tout ce qu'il nous restait de terres, mais vers un petit bourg, Ormois, à une vingtaine de kilomètres de La Roche-sur-Yon.

Je crois que, ce jour-là, ma mère était pleinement heureuse. Elle était assise, toute petite, mince, à côté de son grand fils, d'abord dans le train, puis dans l'autobus, et, si je l'avais laissé faire, c'est elle qui aurait porté mes valises.

Aurait-elle préféré que je fusse prêtre ? C'est possible. Elle avait toujours désiré que je sois prêtre ou médecin. J'avais choisi la médecine, pour lui faire plaisir, alors que j'aurais mieux aimé traîner mes bottes dans les champs.

Le soir même, j'entrais en quelque sorte en fonctions à Ormois, où ma mère avait racheté le cabinet d'un vieux docteur à moitié aveugle qui se décidait enfin à se reposer.

Une grande rue. Des maisons blanches. Une place avec l'église d'un côté et la mairie de l'autre. Quelques vieilles qui portaient encore le bonnet blanc des Vendéennes.

Enfin, comme nous n'étions pas assez riches pour nous payer une auto et qu'il me fallait un véhicule pour faire mes visites dans les fermes d'alentour, ma mère m'avait acheté une grosse moto peinte en bleu.

La maison était claire, trop grande pour nous deux, car ma mère ne voulait pas que nous prenions une servante et, aux heures de consultation, ouvrait elle-même la porte aux malades.

Le vieux docteur, qui s'appelait Marchandeau, s'était retiré à l'autre bout du village, où il avait acheté une petite propriété, et passait ses journées à cultiver son jardin.

Il était maigre, tout chenu, et portait un vaste chapeau de paille qui lui donnait l'air d'un étrange champignon. Il fixait longtemps les gens avant de leur parler, parce qu'il n'était pas sûr de sa vue et qu'il attendait d'entendre le son de leur voix.

Peut-être étais-je heureux aussi, mon juge ! Je n'en sais rien. J'étais plein de bonne volonté. J'ai toujours été plein de bonne volonté. Je voulais faire plaisir à tout le monde et à ma mère avant tout.

Voyez-vous notre petit ménage ? Elle me soignait, me dorlotait. Elle trottait toute la journée à travers la maison trop grande afin de la rendre toujours plus agréable, comme si elle avait senti confusément le besoin de me retenir.

Me retenir de quoi ? N'est-ce pas pour me retenir qu'elle voulait me voir prêtre ou médecin ?

Elle montrait, vis-à-vis de son fils, la même docilité, la même humilité qu'elle avait montrées à l'égard du père, et je l'ai rarement vue assise à table en face de moi ; elle tenait à me servir.

Souvent j'étais obligé de sauter sur ma moto et d'aller voir mon vieux confrère, car je me sentais novice et j'étais parfois embarrassé par certains cas qui se présentaient.

Je voulais bien faire, voyez-vous. J'ambitionnais la perfection. Puisque j'étais médecin, je considérais la médecine comme un sacerdoce.

— Le père Cochin ? me disait Marchandeau. Du moment que vous lui fourrez pour vingt francs de pilules, n'importe lesquelles, il sera content.

Car il n'y avait pas de pharmacien dans le village et je vendais les médicaments que je prescrivais.

— Ils sont presque tous les mêmes. Ne leur dites surtout pas qu'un verre d'eau leur fera autant d'effet qu'une drogue. Ils n'auraient plus confiance en vous et, par surcroît, en fin d'année, vous auriez gagné à peine de quoi payer votre patente et vos impôts. Des drogues, mon ami ! Des drogues !...

Le plus amusant, c'est que, comme jardinier, le vieux Marchandeau avait exactement la mentalité des malades dont il se moquait. Du matin au soir, il nourrissait ses plates-bandes des produits les plus invraisemblables dont il lisait le nom dans les catalogues et qu'il faisait venir à grands frais.

Des drogues !... Ils ne demandent pas à être guéris, mais à se soigner... Et surtout ne leur dites jamais qu'ils ne sont pas malades... Vous seriez perdu...

Le docteur Marchandeau, qui était veuf, avait marié une de ses deux filles à un pharmacien de La Roche et vivait avec la seconde, Jeanne, qui avait alors vingt-deux ans.

Je voulais bien faire, je vous l'ai dit, je le répète. Je ne sais même pas si elle était jolie. Mais je savais qu'un homme, à un certain âge, doit se marier.

Pourquoi pas Jeanne ? Elle me souriait timidement à chacune de mes visites. C'était elle qui nous servait le verre de vin blanc de tradition chez nous. Elle prenait un air discret, effacé. Toute sa personne était ainsi effacée, à tel point qu'après seize ans j'ai de la peine à la revoir en esprit.

Elle était douce, comme ma mère.

Je n'avais pas d'amis au village. Je me rendais rarement à La Roche-sur-Yon, car, dans mes moments libres, je préférais me servir de ma moto pour aller à la chasse ou à la pêche.

Je ne lui ai pour ainsi dire pas fait la cour.

— Il me semble que tu tournes autour de Jeanne, m'a dit ma mère, un soir que nous attendions en silence, sous la lampe, le moment d'aller nous coucher.

— Tu crois ?

— C'est une brave jeune fille... Il n'y a rien à dire sur elle...

Une de ces jeunes filles, vous savez, qui étrennent leur robe d'été et leur nouveau chapeau à Pâques, et leur manteau d'hiver à la Toussaint.

— Comme tu ne resteras quand même pas célibataire...

Pauvre maman. Elle m'aurait évidemment préféré curé.

— Veux-tu que j'essaie de savoir ce qu'elle en pense ?

C'est ma mère qui nous a mariés. Nous sommes restés fiancés un an parce que, à la campagne, quand on se marie trop vite, les gens prétendent que c'est un mariage de nécessité.

Je revois le grand jardin des Marchandeau, puis, l'hiver, le salon avec son feu de bûches, où le vieux docteur ne tardait pas à s'endormir dans son fauteuil.

Jeanne travaillait à son trousseau. Puis est venue la période où l'on s'est occupé de la robe de mariée et enfin celle où nous passions nos soirées à dresser et à réviser la liste des invités.

Est-ce comme cela que vous vous êtes marié, mon juge ? Je crois que je finissais par être impatient. Lorsque je l'embrassais, contre la porte, au moment de la quitter, j'étais troublé par la chaleur qui émanait de son corps.

Le vieux Marchandeau était content de voir sa dernière fille casée.

— Maintenant, enfin, je vais pouvoir vivre comme un vieux renard... disait-il de sa voix un peu cassée.

Nous avons passé trois jours à Nice, car je n'étais pas assez riche pour me payer un remplaçant, et je ne pouvais abandonner ma clientèle plus longtemps.

Ma mère y avait gagné une fille, une fille plus docile que si elle avait été sa propre enfant. Elle continuait à diriger notre ménage.

— Qu'est-ce que je dois faire, maman ? questionnait Jeanne avec une douceur angélique.

— Reposez-vous, ma fille. Dans l'état où vous êtes...

Car Jeanne a été tout de suite enceinte. Je voulais l'envoyer accoucher en clinique, à La Roche-sur-Yon. J'étais un peu effrayé. Mon beau-père se moquait de moi.

— La sage-femme du pays fera tout aussi bien l'affaire... Elle a mis au monde un bon tiers du village...

Cela n'en a pas moins été très dur. C'était toujours mon beau-père qui m'encourageait :

— Avec ma femme, la première fois, c'était encore pis. Mais vous verrez qu'au deuxième...

J'avais toujours parlé d'un fils, je ne sais pas pourquoi. Les femmes, je veux dire ma mère et Jeanne, s'étaient fixées sur cette idée d'un garçon.

Nous avons eu une fille, et ma femme est restée au moins trois mois malade à la suite de ses couches.

Excusez-moi, mon juge, si je parle d'elle avec ce qui pourrait passer pour de la désinvolture. La vérité, voyez-vous, c'est que je ne la connaissais pas, que je ne l'ai jamais connue.

Elle faisait partie du décor de ma vie. Elle faisait partie des conventions. J'étais médecin. J'avais un cabinet, une maison claire et gaie. J'avais épousé une jeune fille douce et comme il faut. Elle venait de me donner un enfant, et je la soignais du mieux que je pouvais.

De loin, cela me paraît terrible. Parce que je n'ai jamais essayé de savoir ce qu'elle pensait, de savoir qui elle était réellement.

Nous avons dormi dans le même lit pendant quatre ans. Nous avons passé nos soirées ensemble, avec maman entre nous deux, parfois avec le père Marchandeau, qui venait boire un verre avant de se coucher.

C'est, pour moi, une photographie déjà effacée. Je ne me serais pas indigné, je vous assure, si, aux Assises, le Président m'avait déclaré en me désignant d'un doigt menaçant :

— Vous l'avez tuée...

Car c'est vrai. Seulement pour celle-là, je ne le savais pas. Si on m'avait demandé à brûle-pourpoint : « Aimez-vous votre femme ? » j'aurais répondu le plus candidement du monde :

« Mais naturellement ! »

Parce qu'il est convenu qu'on aime sa femme. Parce que je ne voyais pas plus loin. Il est convenu aussi qu'on lui fait des enfants. Tout le monde le répétait :

— Le suivant sera sûrement un gros garçon...

Et je me laissais séduire par cette idée d'avoir un gros garçon. Cela faisait plaisir à ma mère aussi.

Je l'ai tuée à cause de cette pensée d'un gros garçon qu'on m'avait mise dans la tête et que je finissais par prendre pour mon désir propre.

Quand Jeanne a fait une fausse couche, après son premier bébé, j'ai été un peu inquiet.

— Cela arrive à toutes les femmes... me disait son père. Vous verrez après quelques années de pratique...

— Elle n'est pas forte...

— Ce sont les femmes qui paraissent n'avoir pas de santé qui sont les plus résistantes. Regardez votre maman...

J'ai continué, mon juge. Je me suis dit que le Dr Marchandeau était plus âgé que moi, avait plus d'expérience que moi et qu'il devait par conséquent avoir raison.

Un gros garçon, très gros, d'au moins six kilos, puisque je pesais six kilos en naissant.

Jeanne ne disait rien. Elle suivait, à travers la maison, le sillage de ma mère.

— Voulez-vous que je vous aide, maman ?

J'étais toute la journée sur ma grosse moto, à faire mes visites, à pêcher. Mais je ne buvais pas. Je n'ai jamais été buveur. Je trompais à peine Jeanne.

Nous passions la soirée à trois, ou à quatre. Puis nous montions. Je lui disais, avec l'air de plaisanter :

— On fait le fils ?

Elle souriait timidement. Elle était très timide.

Elle a été enceinte à nouveau. Tout le monde s'est réjoui et m'a annoncé le fameux garçon de douze livres. Moi, je lui donnais des fortifiants, je lui faisais des piqûres.

— La sage-femme vaut tellement mieux que tous ces chirurgiens de malheur ! me répétait mon beau-père.

Quand il a fallu avoir recours au forceps, on m'a appelé. La sueur qui me coulait sur les paupières m'empêchait presque de voir. Mon beau-père était là aussi, à aller et venir comme ces petits chiens qui ont perdu la piste.

— Vous verrez que cela ira très bien... Très bien... répétait-il.

J'ai eu l'enfant, en effet. Une énorme fille, à qui il ne manquait que quelques grammes pour faire les douze livres. Mais la mère mourait deux heures plus tard, sans un regard de reproche, en balbutiant :

— C'est bête que je ne sois pas plus forte...

3

Pendant les dernières couches de ma femme, j'ai eu des relations avec Laurette. Si on compte au moins un ivrogne par village, un « homme qui boit » par famille, existe-t-il un bourg de chez nous sans une fille comme la Laurette ?

Elle était bonne chez le maire. C'était une brave fille d'une franchise étonnante, que beaucoup de gens appelleraient sans doute du cynisme. Sa mère était la servante du curé et cela n'empêchait pas la Laurette d'aller confesser tous ses péchés à celui-ci.

Peu de temps après mon installation à Ormois, elle est entrée dans mon cabinet, tranquillement, en habituée.

— Je viens voir, comme je le fais de temps en temps, si je ne suis pas malade, me dit-elle en se troussant et en retirant un petit pantalon blanc tendu sur une paire de fesses rebondies. Le vieux docteur ne vous a pas parlé de moi ?

Il m'avait parlé de la plupart des malades, mais il avait oublié, ou volontairement omis, de faire mention de cette cliente-ci. C'était pourtant une habituée. D'elle-même, la jupe roulée au-dessus du ventre, elle s'étendait sur l'étroit divan recouvert de cuir qui servait pour mes consultations et elle levait les genoux, écartait ses cuisses larges, d'un blanc laiteux, avec une visible satisfaction. On sentait qu'elle aurait volontiers gardé cette pose-là toute la journée.

Laurette ne ratait aucune occasion de coucher avec un homme. Elle m'a avoué que certains jours qu'elle prévoyait une de ces occasions elle ne mettait pas de culotte afin de gagner du temps.

— J'ai de la veine, car il paraît que je ne peux pas avoir d'enfant. Les sales maladies me font tellement peur que j'aime mieux venir me faire examiner souvent...

Je la revoyais tous les mois, parfois davantage. Elle se confessait à peu près aux mêmes époques. Une sorte de nettoyage général. Elle avait toujours le même geste pour retirer sa culotte qui lui collait à la chair et pour s'étendre sur le divan.

J'aurais pu avoir des rapports avec elle dès sa première visite. Au lieu de cela, je suis resté des mois à en avoir envie. J'y pensais le soir dans mon lit. Il m'arrivait d'étreindre ma femme, les yeux fermés, en évoquant les cuisses larges et blanches de Laurette. J'y pensais tellement que j'en arrivais à guetter ses visites et qu'une fois, la croisant sur la place, je n'ai pu me retenir de lui lancer avec un rire gêné :

— Alors, tu ne viens plus me voir ?

Pourquoi j'ai résisté si longtemps, je n'en sais rien. Peut-être à cause de l'idée extraordinaire que je me faisais alors de ma profession ? Peut-être parce que j'ai été élevé dans la peur ?

Elle est venue. Elle a fait les gestes rituels, en me regardant d'un œil curieux, puis amusé. C'était une gamine de dix-huit ans et pourtant elle me considérait comme une grande personne considère un enfant dont elle devine toutes les pensées.

J'étais rouge, maladroit. Je plaisantais, gêné :

— Tu en as eu beaucoup, ces temps-ci ?

Et j'imaginais tous ces hommes que je connaissais pour la plupart, renversant sous eux la fille qui riait.

— Je ne les compte pas, vous savez. C'est comme ça se présente.

Puis soudain, fronçant les sourcils parce qu'une pensée venait de l'effleurer :

— Je vous dégoûte ?

Alors, je me suis décidé. L'instant d'après, j'étais affalé sur elle, comme une grosse bête, et c'était la première fois que je faisais l'amour dans mon cabinet. La première fois aussi que je faisais l'amour avec une femme qui, sans être une professionnelle, avait une absence totale de pudeur, qui se préoccupait de son plaisir et du mien, augmentant l'un et l'autre par tous les moyens possibles et en parlant avec les mots les plus crus.

Jeanne morte, Laurette a continué à venir me voir. Ensuite elle est venue plus rarement, car elle était fiancée avec un garçon par ailleurs très bien. Cela n'empêchait rien.

Est-ce que ma mère était au courant de ce qui se passait entre la servante du maire et moi ? Je me le demande aujourd'hui. Il y a ainsi beaucoup de questions que je me pose depuis que je suis de l'autre côté, non seulement au sujet de ma mère, mais de presque toutes les personnes que j'ai connues.

Ma mère a toujours marché à pas feutrés, comme à l'église. Sauf pour sortir, je ne l'ai jamais vue qu'en pantoufles de feutre et je n'ai connu aucune femme capable, comme elle, d'aller et venir sans le moindre bruit, sans pour ainsi dire déplacer d'air, au point que, tout enfant, il m'arrivait de prendre peur en me jetant dans ses jambes alors que je la croyais ailleurs.

— Tu étais là ?

Que de fois j'ai prononcé ces mots en rougissant !

Je ne l'accuse pas de curiosité. Je crois cependant qu'elle écoutait aux portes, qu'elle a toujours écouté aux portes. Je crois même que, si je le lui disais, elle n'en aurait aucune honte. Cela découle tout naturellement de l'idée qu'elle se fait de son rôle, qui est de protéger. Pour protéger, il faut savoir.

A-t-elle su que je couchais avec Laurette avant la mort de Jeanne ? Je n'en suis pas sûr. Après, elle n'a pas pu ignorer. C'est maintenant, au bout d'un long temps, que je m'en rends compte. J'entends encore sa voix me disant, soucieuse :

— Il paraît qu'une fois mariée Laurette ira vivre à La Rochelle avec son mari, qui compte y reprendre un commerce...

Il y a tant de choses que je comprends, et dont certaines m'effarent, m'effarent d'autant plus que j'ai vécu des années et des années sans les soupçonner ! Ai-je vraiment vécu ? Je finis par me le demander, par penser que j'ai passé mon temps à rêver tout éveillé.

Tout était facile. Tout s'arrangeait. Mes journées s'enchaînaient les unes aux autres selon un rythme égal et lent dont je n'avais pas à me préoccuper.

Tout s'arrangeait, dis-je, à part mon appétit pour les femmes. Je ne dis pas pour l'amour, mais pour les femmes. Comme médecin du bourg, je me croyais tenu à plus de circonspection que quiconque. J'étais hanté par l'idée d'un scandale qui me ferait montrer du doigt et qui créerait autour de moi, dans le village, comme une barrière invisible. Plus mes désirs étaient aigus, douloureux, plus cette peur avait de force, au point, certaines nuits, de se traduire par des cauchemars enfantins.

Ce qui m'effare, mon juge, c'est qu'une femme, ma mère, ait deviné tout ça. J'allais de plus en plus souvent à La Roche-sur-Yon, d'un bond de ma grosse moto. J'y avais quelques amis, des médecins, des avocats, que je rencontrais dans un café où il y avait toujours, dans le fond, près du comptoir, deux ou trois femmes dont j'ai eu envie pendant près de deux ans sans jamais me décider à les emmener au plus proche hôtel.

En rentrant à Ormois, il m'arrivait de parcourir toutes les rues, toutes les routes du village avec l'espoir de rencontrer la Laurette dans un endroit écarté.

J'en étais là, et ma mère le savait. Certes, avec mes deux fillettes à soigner, elle ne manquait pas de travail. Je n'en suis pas moins persuadé que c'est à ma seule intention qu'elle s'est décidée un beau jour à prendre une bonne, elle qui avait tellement horreur de voir une étrangère dans son ménage.

Je vous demande pardon, mon juge, de m'attarder sur ces détails, qui vous paraîtront peut-être sordides, mais j'ai l'impression, voyez-vous, qu'ils ont une grande importance.

On l'appelait Lucile et elle venait, bien entendu, de la campagne. Elle avait dix-sept ans. Elle était maigre, avec des cheveux noirs toujours en désordre. Elle était si timide qu'elle laissait tomber les assiettes quand je lui adressais la parole à l'improviste.

Elle se levait de bonne heure, à six heures du matin, et elle descendait la première pour allumer le feu afin que ma mère puisse rester dans l'appartement et soigner mes filles avant de descendre.

C'était en hiver. Je revois le poêle qui fume, je sens encore par toute la maison l'odeur du bois humide qui prend mal, puis celle du café. Presque chaque matin, sous un prétexte quelconque, je descendais dans la cuisine. Sous prétexte d'aller aux champignons, par exemple. Il m'est arrivé cinquante fois d'aller aux champignons dans les prés spongieux rien que pour me trouver seul en bas avec Lucile, qui se contentait de passer un peignoir sur sa chemise de nuit et qui montait plus tard faire sa toilette.

Elle sentait le lit, la flanelle chaude, la sueur. Je pense qu'elle ne soupçonnait rien de mes desseins. Je m'arrangeais pour la frôler, pour la toucher sous différents prétextes.

— Savez-vous que vous êtes vraiment trop maigre, ma pauvre Lucile ?

J'avais enfin trouvé ça pour la tâter, elle se laissait faire, une casserole à la main.

J'y ai mis des semaines, des mois. Après, je mis encore des semaines avant de la renverser sur le coin de la table, toujours à six heures du matin, alors qu'il faisait encore noir dehors.

Elle n'y prenait aucun plaisir. Elle était simplement contente de me donner cette joie. Après, quand elle se relevait, elle se cachait la tête dans ma poitrine. Jusqu'au jour où, enfin, elle a osé lever la tête pour m'embrasser.

Qui sait ? Si sa mère n'était pas morte, si son père n'était pas resté seul dans sa ferme avec sept enfants et ne l'avait pas rappelée pour qu'elle s'en occupe, peut-être beaucoup de choses se seraient-elles passées autrement ?

C'est peu de temps après Lucile, quinze jours après son départ peut-être, alors que, faute de bonne, nous n'avions qu'une femme des environs pour aider au ménage, qu'il s'est produit un incident.

La receveuse des postes m'avait amené sa fille, une jeune fille de dix-huit ans ou dix-neuf ans, qui travaillait en ville et dont la santé laissait à désirer.

— Elle ne mange pas. Elle maigrit. Elle a des vertiges. Je me demande si son patron ne la fait pas trop travailler...

Elle était dactylo chez un agent d'assurances. J'ai oublié son prénom, mais je la revois nettement, plus maquillée que les filles de chez nous, les ongles laqués, les talons hauts, la silhouette décidée.

Il n'y a pas eu préméditation à proprement parler. C'est l'habitude, surtout avec les jeunes filles qui ont souvent quelque chose à cacher à leur famille, de les examiner et surtout de les questionner sans témoin.

— Nous allons voir ça, madame Blain. Si vous voulez attendre un instant...

J'ai eu l'impression, tout de suite, que la gamine se moquait de moi et je me demande maintenant si j'avais vraiment l'air d'un homme hanté par le désir. C'est possible. Je n'y peux rien.

— Je parie que vous allez me demander de me déshabiller...

Tout de go, sans m'avoir donné le temps d'ouvrir la bouche.

— Oh ! vous savez, cela m'est égal. D'ailleurs, tous les docteurs sont comme ça, n'est-ce pas ?

Elle retirait sa robe, comme dans une chambre à coucher, en se regardant dans le miroir et en remettant ensuite ses cheveux en ordre.

— Si c'est à la tuberculose que vous pensez, ce n'est pas la peine de m'ausculter, car j'ai passé à l'écran le mois dernier...

Et, me faisant enfin face :

— J'enlève ma combinaison ?

— Ce n'est pas nécessaire.

— Comme vous voudrez. Qu'est-ce que je dois faire ?

— Vous étendre ici et ne plus bouger...

— Vous allez me chatouiller... Je vous avertis que je suis très chatouilleuse...

Comme je pouvais m'y attendre, dès que je l'ai touchée, elle s'est mise à rire et à se tortiller.

Une petite garce, mon juge. Je la détestais et je la voyais guetter l'expression de mon trouble.

— Vous n'allez quand même pas me dire que cela ne vous fait rien. Je suis bien sûre que, si c'était ma mère ou une autre vieille femme, vous n'éprouveriez pas le besoin d'examiner les mêmes endroits... Si vous voyiez vos yeux...

Je me suis conduit comme un idiot. Elle n'était pas novice, j'en avais la preuve. Elle s'était avisée d'un signe évident de mon trouble et cela l'amusait, elle riait, la bouche ouverte. C'est ce que je revois le plus nettement d'elle : cette bouche ouverte, ces dents brillantes, une petite langue rose et pointue tout près de mon visage. J'ai dit, d'une voix qui n'était pas ma voix habituelle :

— Ne bouge pas... Laisse-toi faire...

Et elle, alors, se débattant tout à coup :

— Non, mais des fois... Vous devenez fou ?

Encore un détail qui me revient, qui aurait dû me rendre plus prudent. La femme de ménage était occupée à balayer dans le corridor qui se trouvait derrière mon cabinet de consultation et de temps en temps, la brosse venait heurter la porte.

Pourquoi ai-je insisté, alors que je n'avais pas beaucoup de chances ? La gamine a prononcé à voix très haute :

— Si vous ne me lâchez pas tout de suite, je crie...

Qu'a entendu exactement la femme de ménage ? Elle a frappé à la porte. Elle a ouvert en demandant :

— Monsieur a appelé ?

Je ne sais pas ce qu'elle a vu. J'ai balbutié :

— Non, Justine... Merci...

Et quand l'autre est sortie, la petite garce a éclaté de rire.

— Vous avez eu peur, hein ! Bien fait pour vous. Je me rhabille. Qu'est-ce que vous allez raconter à maman ?

C'est la mienne, de mère, qui a été mise au courant, par Justine, j'en jurerais. Elle ne m'en a jamais parlé. Elle n'en a rien laissé paraître. Seulement, le soir même, ou le lendemain, elle m'a dit, avec son air de ne pas y toucher, de parler toute seule :

— Je me demande si tu n'as pas gagné assez d'argent pour t'installer en ville...

Puis, tout de suite, ce qui est bien dans sa manière :

— Remarque qu'il faudra de toute façon nous y installer tôt ou tard, à cause de tes filles qui ne peuvent pas aller à l'école du village et que tu devrais envoyer au couvent...

Je n'avais pas gagné beaucoup d'argent, mais j'en avais gagné et mis de côté. Grâce à la propharmacie, comme nous disons, c'est-à-dire à la latitude qu'ont les médecins de village de vendre les médicaments.

Nous étions prospères. Le peu de terres que ma mère avait sauvées du désastre nous donnait un petit revenu, sans compter qu'elles nous fournissaient le vin, les châtaignes, quelques poulets et lapins, sans compter le bois de chauffage.

— Tu devrais te renseigner à La Roche-sur-Yon...

La vérité, c'est qu'il y avait presque deux ans que j'étais veuf, et ma mère jugeait prudent de me marier. Elle ne pouvait pas éternellement engager des bonnes complaisantes qui se fianceraient les unes après les autres ou partiraient pour la ville afin de gagner davantage.

— Cela ne presse pas, mais tu pourrais dès maintenant... Moi, je suis heureuse ici, je serai heureuse n'importe où, tu comprends ?

Je crois aussi que maman n'aimait pas me voir toujours en culottes et en bottes, comme mon père, passant à la chasse le plus clair de mes moments de liberté.

J'étais un poussin, mon juge, mais je n'en avais pas conscience. J'étais un gros poussin d'un mètre quatre-vingts de haut et de quatre-vingt-dix kilos, un monstrueux poussin suant la santé et la force par tous les pores et obéissant à sa mère comme un petit enfant.

Je ne lui en veux pas. Elle a usé sa vie à essayer de me protéger. Elle n'a pas été la seule.

Si bien que j'en arrive parfois à me demander si j'étais marqué d'un signe que les femmes, certaines femmes, reconnaissaient, et qui leur donnait le désir de me défendre contre moi-même.

Cela n'existe pas, je sais. Mais quand on revoit sa vie, après coup, on a tendance à se dire :

« Cela s'est passé comme si... »

Que maman ait eu peur, après l'incident de la petite garce, c'est indiscutable. Elle avait l'expérience de ces sortes de choses, elle dont le mari passait pour le plus forcené trousseur de jupons du canton. Combien de fois n'est-on pas venu lui dire :

— Dis donc, ma pauvre Clémence, sais-tu que ton mari a encore enceinté la fille Charruau ?

Car mon père, lui, les « enceintait » sans vergogne, quitte à être forcé ensuite de vendre un nouveau lopin de terre. Tout lui était bon, les jeunes et les vieilles, les putains et les pucelles.

C'est à cause de cela, en somme, qu'on allait me marier.

Je n'ai jamais protesté. Non seulement je n'ai pas protesté, mais je n'ai jamais eu conscience de subir une contrainte. Et cela, vous le verrez, est très important. Je ne suis pas un révolté. Je suis tout le contraire.

Toute ma vie, je crois vous l'avoir déjà dit et répété, j'ai voulu bien faire, simplement, tranquillement, pour la satisfaction du devoir accompli.

Est-ce que cette satisfaction a un arrière-goût amer ? C'est une autre question. J'aime mieux ne pas y répondre tout de suite. Souvent il m'est arrivé, le soir, en regardant un ciel incolore, un ciel comme éteint, de penser à mon père étendu au pied de la meule.

N'allez pas me rétorquer que lui, parce qu'il buvait et courait les femelles, ne faisait pas tout son possible. Il faisait tout son possible pour lui, comprenez-vous, le possible qui lui était permis.

Moi, je n'étais que son fils. Je représentais déjà la seconde génération. Comme vous représentez la troisième. Et si je parle de moi au passé c'est que, maintenant que je suis de l'autre côté, j'ai tellement dépassé ces contingences !

Pendant des années et des années, j'ai accompli tout ce qu'on a voulu que j'accomplisse, sans rechigner, en réduisant la tricherie au minimum. J'ai été un assez bon étudiant, malgré ma grosse face brachycéphale. J'ai été un médecin de village consciencieux, en dépit de l'incident de la petite garce.

Tenez ! Je crois même que je suis un bon médecin tout court. Devant mes confrères plus savants ou plus solennels, je me tais, ou je plaisante. Je ne lis pas les revues médicales. Je n'assiste pas aux congrès. Devant une maladie, je suis parfois embarrassé et il m'arrive de passer dans la pièce voisine sous un prétexte quelconque pour consulter mon Savy.

Mais j'ai le sens de la maladie. Je la dépiste comme un chien dépiste le gibier. Je la renifle. Du premier jour où je vous ai vu dans votre cabinet du Palais de Justice, je...

Vous allez vous moquer de moi. Tant pis, mon juge. Je ne vous en dis pas moins : prenez garde à votre vésicule biliaire. Et pardonnez-moi cet accès de vanité professionnelle, de vanité tout court. Ne faut-il pas qu'il me reste un petit quelque chose, comme je disais quand j'étais enfant ?

D'autant plus que nous en arrivons à Armande, ma seconde femme, que vous avez vue à la barre des témoins.

Elle a été très bien, tout le monde en est convenu, et j'en parle sans la moindre ironie. Très « femme de médecin de La Roche-sur-Yon » peut-être, mais, de cela, on ne peut pas lui en vouloir.

Elle est la fille de ce qu'on appelle encore chez nous un propriétaire, un homme qui possède un certain nombre de fermes et qui vit, à la ville, de ses revenus. J'ignore s'il est de vraie noblesse ou si, comme la plupart des hobereaux de Vendée, il s'est contenté d'ajouter une particule à son nom. Toujours est-il qu'il s'appelle Hilaire de Lanusse.

L'avez-vous trouvée belle ? On m'a tellement répété qu'elle l'est que je ne sais plus que penser. Je suis d'ailleurs tout prêt à le croire. Elle est grande, bien découpée, plutôt grasse, à présent, que maigre.

Les mères, à La Roche-sur-Yon, disent volontiers à leur fille :

— Apprends à marcher comme Mme Alavoine...

Elle glisse, vous l'avez vue. Elle évolue comme elle sourit, avec tant d'aisance et de naturel que cela a l'air d'un secret.

Maman, au début, disait d'elle :

— Elle a un port de reine...

Elle a fait, vous vous en êtes rendu compte, une grosse impression sur la Cour, sur les jurés et même sur les journalistes. J'ai vu des gens, alors qu'elle était à la barre, m'examiner curieusement, et il n'était pas difficile de deviner qu'ils pensaient :

« Comment ce rustre-là a-t-il pu avoir une femme pareille ? »

C'est l'impression, mon juge, que nous avons toujours produite, elle et moi. Que dis-je ? C'est l'impression qu'elle m'a toujours produite à moi-même et dont j'ai mis longtemps à me débarrasser.

En suis-je tellement débarrassé ? Je vous en reparlerai probablement. C'est très complexe, mais je crois qu'en fin de compte j'ai fini par comprendre.

Connaissez-vous La Roche-sur-Yon, ne serait-ce que pour y être passé ?

Ce n'est pas une vraie ville, ce qu'en France nous appelons une ville. Napoléon l'a créée de toutes pièces pour des raisons stratégiques, de sorte qu'il y manque ce caractère que donne à nos autres cités le lent apport des siècles, les vestiges de nombreuses générations.

Par contre, on ne manque ni d'espace ni de lumière. Il y en a plutôt trop. C'est une ville éblouissante, aux maisons blanches bordant les boulevards trop larges, aux rues rectilignes éternellement balayées par des courants d'air.

Comme monuments, il y a d'abord les casernes — et il y en a partout. Ensuite la statue équestre de Napoléon, au milieu d'une esplanade démesurée où les hommes ont l'air de fourmis, la Préfecture, harmonieuse dans son parc ombragé et...

C'est tout, mon juge. Une rue commerçante, pour les besoins des paysans qui viennent aux foires mensuelles, un théâtre minuscule flanqué de colonnes doriques, un bureau de poste, un hôpital, une trentaine de médecins, trois ou quatre avocats, des notaires, des avoués, des marchands de biens, d'engrais, de machines agricoles et une douzaine d'agents d'assurances.

Ajoutez deux cafés d'habitués en face de la statue de Napoléon, à deux pas d'un Palais de Justice dont la cour intérieure ressemble à un cloître, quelques bistrots pleins de bonnes odeurs autour de la place du Marché et vous aurez fait le tour de la ville.

Nous nous y sommes installés au mois de mai, ma mère, mes deux filles et moi, dans une maison presque neuve séparée d'une rue calme par une pelouse et par des ifs taillés. Un serrurier est venu visser à la grille une jolie plaque de cuivre portant mon nom, la mention « médecine générale » et mes heures de consultation.

Pour la première fois, nous avions un grand salon, un vrai salon, avec des lambris blancs jusqu'à hauteur d'homme et des trumeaux au-dessus des portes, mais nous sommes restés plusieurs mois avant de faire les frais de le meubler. Pour la première fois aussi il y avait dans la salle à manger un timbre électrique pour appeler la bonne.

Et nous avons pris une bonne tout de suite, car, à La Roche-sur-Yon, il aurait été inconvenant que ma mère fût aperçue en train de faire le ménage. Elle le faisait quand même, bien sûr, mais, grâce à la bonne, l'honneur était sauf.

C'est curieux que je me souvienne à peine de cette bonne-là. Elle devait être quelconque, entre deux âges. Ma mère prétend qu'elle nous était très dévouée et je n'ai aucune raison de ne pas la croire.

Je me souviens parfaitement de deux gros lilas en fleur qui flanquaient la grille d'entrée. Les clients franchissaient celle-ci et on entendait leurs pas sur le gravier de l'allée qu'une flèche leur indiquait et qui, au lieu de les conduire à l'entrée principale, les menait au salon d'attente, dont la porte était munie d'une sonnerie électrique. De la sorte, de mon cabinet, je pouvais compter mes patients, ce que j'ai fait pendant longtemps, non sans une certaine angoisse, car je n'étais pas sûr de réussir à la ville.

Tout s'est fort bien passé. J'étais content. Nos vieux meubles ne s'harmonisaient guère avec la maison, mais cela nous donnait, à maman et à moi, des sujets de conversation, car nous discutions soirée après soirée de ce que nous achèterions au fur et à mesure des rentrées d'argent.

Je connaissais mes confrères avant de m'installer, mais comme un petit médecin de campagne connaît les médecins du chef-lieu.

Il fallait les inviter chez nous. Tous mes amis me disaient que c'était indispensable. Nous avions très peur, ma mère et moi, mais nous n'en avons pas moins décidé de donner un bridge et d'inviter une bonne trentaine de personnes.

Est-ce que cela ne vous ennuie pas que je vous donne ces petits détails ? La maison a été sens dessus dessous pendant plusieurs jours. Je m'occupais des vins, des liqueurs et des cigares, maman des sandwiches et des petits fours.

Nous nous demandions combien de personnes viendraient et tout le monde est venu, avec même une personne de plus, et cette personne-là, que nous ne connaissions pas, dont nous n'avions jamais entendu parler, c'était Armande.

Elle accompagnait un de mes confrères, un laryngologue, qui s'était donné pour tâche de la distraire, car elle était veuve depuis un an environ. La plupart de mes amis, à La Roche-sur-Yon, se relayaient pour la sortir et pour lui changer les idées.

Etait-ce vraiment nécessaire ? Je n'en sais rien. Je ne juge pas. Je ne jugerai plus jamais.

Tout ce que je sais, c'est qu'elle était vêtue de noir avec un peu de mauve et que ses cheveux blonds, arrangés avec un soin particulier, formaient une masse lourde et somptueuse.

Elle parlait peu. Par contre, elle regardait, elle voyait tout, surtout ce qu'elle n'aurait pas dû voir, et un léger sourire flottait alors sur ses lèvres, par exemple quand maman a passé de minuscules saucisses — le traiteur lui avait affirmé que c'était le grand chic — en les accompagnant de nos belles fourchettes en argent au lieu de les piquer sur un petit bâtonnet.

C'est à cause de sa présence, de ce vague sourire qui errait sur son visage, que j'ai eu soudain conscience du vide de notre maison et nos quelques meubles, placés un peu au petit bonheur, m'ont paru ridicules, nos voix me donnaient l'impression de se heurter à tous les murs comme dans des pièces inhabitées.

Ces murs étaient presque nus. Nous n'avions jamais possédé de tableaux. Nous ne nous étions jamais préoccupés d'en acheter. A Bourgneuf, notre maison était garnie d'agrandissements photographiques et de calendriers. A Ormois, j'avais fait encadrer quelques reproductions découpées dans les revues d'art que les fabricants de produits pharmaceutiques éditent à l'intention des médecins.

Il y en avait quelques-unes sur les murs et c'est au cours de cette première réception que l'idée m'est venue que mes invités les connaissaient puisque tous, ou à peu près, recevaient les mêmes revues.

C'était le sourire d'Armande qui m'ouvrait les yeux. Et pourtant ce sourire était empreint d'une extrême bienveillance. Faudrait-il dire plutôt d'une ironique condescendance ? J'ai toujours eu l'ironie en horreur et je ne m'y connais pas. Toujours est-il que je me sentais fort mal à l'aise.

Je ne voulais pas jouer au bridge, car, à cette époque-là, j'étais un joueur plus que médiocre.

— Mais si, insistait-elle, je vous en prie. Je tiens absolument à vous avoir pour partenaire. Vous verrez que cela ira très bien...

Maman s'affairait, angoissée à la pensée de la gaffe possible, à l'idée qu'elle pourrait me porter tort. Elle s'excusait de tout. Elle s'excusait trop, avec une humilité qui devenait gênante. On sentait tellement qu'elle n'avait pas l'habitude !

De ma vie, je n'ai joué aussi mal que ce soir-là. Les cartes se brouillaient devant mes yeux. J'oubliais les annonces. Au moment de servir, j'hésitais, je regardais ma partenaire et son sourire encourageant me faisait rougir davantage.

— Prenez votre temps, disait-elle. Ne vous laissez pas impressionner par ces messieurs.

Il y a eu une désagréable histoire de sandwiches au saumon fumé qui était vraiment trop salé. Comme nous n'en avons pas mangé, ma mère ni moi, nous n'avons rien su le soir même, heureusement. Mais le lendemain ma mère a retrouvé je ne sais combien de ces sandwiches que les invités avaient laissé discrètement tomber derrière les meubles et les rideaux.

Pendant plusieurs jours je me suis demandé si Armande en avait pris. Je n'étais pas amoureux d'elle. Je ne croyais pas la chose possible. Son souvenir, simplement, m'exaspérait, et je lui en voulais de m'avoir fait sentir ma gaucherie, sinon ma vulgarité. Et justement de me l'avoir fait sentir avec cet air bienveillant.

C'est le lendemain, au café où j'allais à peu près chaque soir prendre l'apéritif, que j'ai eu quelques détails sur elle et sur sa vie.

Hilaire de Lanusse avait quatre ou cinq enfants, je ne sais plus au juste ; tous étaient mariés avant qu'Armande atteignît sa vingtième année. Elle avait suivi successivement des cours de chant, d'art dramatique, de musique et de danse.

Comme cela arrive souvent pour les dernières-nées, le noyau familial n'existait plus au moment où elle entrait vraiment dans la vie et elle se trouvait aussi libre, dans la grande maison de son père, place Boieldieu, que dans une pension de famille.

Elle avait épousé un musicien d'origine russe qui l'avait emmenée à Paris, où elle vécut six ou sept ans avec lui. Je le connais par ses photographies. Il était jeune, avec un visage étonnamment long et étroit, d'une nostalgie, d'une tristesse infinies.

Il était tuberculeux. Pour l'emmener en Suisse, Armande a réclamé la part qui lui revenait de sa mère et c'est avec cet argent qu'ils ont encore vécu trois ans, seuls dans un chalet, en haute montagne.

Il y est mort, mais ce n'est que quelques mois plus tard qu'elle est revenue prendre sa place dans la maison de son père.

Je suis resté plus d'une semaine sans la revoir et, s'il m'arrivait souvent de penser à elle, c'est que son souvenir était lié à celui de notre première soirée, c'est que j'y cherchais la critique de nos faits et gestes à ma mère et à moi.

Un soir que je prenais l'apéritif au *Café de l'Europe,* je l'ai vue à travers le rideau, qui passait sur le trottoir. Elle était seule. Elle marchait sans voir personne. Elle portait un tailleur noir d'une élégance et d'une simplicité de coupe qu'on n'est pas habitué à trouver dans les petites villes de province.

Je n'ai pas été ému le moins du monde. J'ai seulement pensé aux sandwiches abandonnés derrière les meubles, et cela m'a été fort désagréable.

Quelques jours plus tard, chez un autre médecin, à un bridge, je me suis retrouvé à la même table qu'elle.

Je connais mal les usages de Paris. Chez nous, chaque médecin, chaque personne d'un même milieu, donne au moins un bridge par saison, ce qui finit par nous réunir une fois ou deux par semaine, chez l'un ou chez l'autre.

— Comment vont vos petites filles ? Car j'ai appris que vous avez deux adorables petites filles.

On lui avait parlé de moi. J'en étais gêné, je me demandais ce qu'on avait pu lui dire.

Ce n'était plus une jeune fille. Elle avait trente ans. Elle avait été mariée. Elle possédait de la vie beaucoup plus d'expérience que moi, qui étais légèrement son aîné, et cela se sentait dans ses moindres paroles, dans ses attitudes, dans son regard.

J'avais l'impression qu'elle me prenait un peu sous sa protection. Elle me défendit d'ailleurs, ce soir-là, au bridge, à propos d'une impasse que j'avais risquée au petit bonheur. Un des joueurs la discutait.

— Avouez, disait-il, que vous avez eu de la chance ; vous aviez oublié que le dix de pique était passé...

— Mais non, Grandjean, prononça-t-elle avec sa sérénité habituelle. Le docteur savait fort bien ce qu'il faisait. La preuve c'est que, au coup précédent, il s'est défaussé d'un cœur, ce qu'il n'aurait pas fait autrement.

C'était faux. Elle le savait et je savais. Et je savais qu'elle savait.

Comprenez-vous ce que cela signifiait ?

A quelque temps de là, alors que nous ne nous étions pas rencontrés plus de quatre fois, ma fille aînée, Anne-Marie, a attrapé la diphtérie. Mes filles, comme la plupart des enfants de médecins, ont collectionné, pendant leur jeunesse, toutes les maladies infectieuses.

Je ne voulais pas la mettre à l'hôpital, lequel, à cette époque-là, n'était pas tenu à mon goût. Il n'y avait pas de lit disponible dans les cliniques privées.

J'ai décidé d'isoler Anne-Marie à la maison et, comme je ne me fiais pas à moi-même pour la soigner, j'ai fait appel à mon ami le laryngologue.

Dambois, c'est son nom. Celui-là a dû lire passionnément les comptes rendus de mon procès. C'est un grand maigre, au cou démesuré, à la pomme d'Adam proéminente, aux yeux de clown.

— Ce qu'il faudrait trouver avant tout, me dit-il, c'est une infirmière. Tout à l'heure, je donnerai quelques coups de téléphone, mais je doute de réussir...

La diphtérie régnait en effet dans tout le département, et il n'était même pas facile de se procurer du sérum.

— Il est impossible, en tout cas, que votre maman continue à soigner la malade et à s'occuper de la plus jeune. Je ne sais pas encore ce que je vais faire, mais je m'en occuperai. Comptez sur moi, mon vieux...

J'étais effondré. J'avais peur. Je ne savais plus où donner de la tête. A dire vrai, j'attendais tout de Dambois, je n'avais plus de volonté propre.

— Allô !... C'est vous, Alavoine ?... Ici, Dambois...

Il y avait à peine une demi-heure qu'il avait quitté la maison.

— J'ai fini par trouver une solution. Comme je le pensais, il ne faut pas compter trouver une infirmière, même à Nantes, où l'épidémie est encore plus grave qu'ici... Armande, qui a entendu mes appels téléphoniques, s'est offerte spontanément pour s'occuper de votre fille... Elle a l'habitude des malades... Elle est intelligente... Elle a la patience qu'il faut... Elle sera chez vous d'ici une heure ou deux... Vous n'avez qu'à lui dresser un lit de camp dans la chambre de votre petite malade... Mais non, mon vieux, cela ne l'ennuie pas du tout... Au contraire... Entre nous, je vous avouerai que j'en suis enchanté, car cela va lui changer les idées... Vous ne la connaissez pas... Les gens s'imaginent, parce qu'elle sourit, qu'elle a retrouvé son équilibre... Ma femme et moi, qui la voyons chaque jour, qui la connaissons dans l'intimité, nous savons qu'elle est désemparée et, je vous le dis confidentiellement, nous avons cru longtemps que cela finirait mal... Donc, pas de scrupules...

» Ce qui la mettra le plus à son aise, c'est que vous la traitiez comme une infirmière ordinaire, que vous ne vous occupiez pas d'elle, que vous lui fassiez confiance en ce qui concerne la malade...

» Je vous quitte, mon vieux, car elle est en bas, avec ma femme, et elle attend votre réponse pour aller faire sa valise...

» Elle sera chez vous dans une heure ou deux...

» Elle a beaucoup de sympathie pour vous... Seulement, elle ne montre pas facilement ses sentiments profonds...

» Nous aurons le sérum ce soir... Occupez-vous de vos malades et, pour le reste, laissez-nous faire...

Voilà comment, mon juge, Armande est entrée dans la maison, un petit sac de voyage à la main. Son premier soin a été de revêtir une blouse blanche et de cacher ses cheveux blonds sous un fichu de voile.

— Il ne faudra plus, madame, sous aucun prétexte, que vous entriez dans cette chambre, a-t-elle dit à ma mère. Vous savez qu'il y va de la santé de votre seconde petite-fille. J'ai apporté un réchaud électrique et tout le nécessaire. Ne vous occupez de rien.

J'ai retrouvé quelques minutes plus tard maman en larmes dans le corridor, près de la cuisine. Elle ne voulait pas pleurer devant la bonne — ni devant moi.

— Qu'est-ce que tu as ?

— Je n'ai rien, répondait-elle en reniflant.

— Anne-Marie sera très bien soignée...

— Oui...

— Dambois affirme qu'elle n'est pas en danger et il ne le dirait pas s'il en avait le moindre doute...

— Je sais...

— Pourquoi pleures-tu ?

— Je ne pleure pas...

Pauvre maman, elle savait bien, elle, que ce qui venait d'entrer dans la maison, c'était une volonté plus forte que la sienne, devant laquelle, dès le premier jour, elle était obligée de s'effacer.

Et tenez, mon juge. Vous me direz que je collectionne les détails ridicules. Savez-vous ce qui, à mon avis, a été le plus pénible à ma mère ? C'est le réchaud électrique que *l'autre* avait eu la précaution d'apporter avec elle.

L'autre avait pensé à tout, comprenez-vous ? Elle n'avait besoin de personne. Elle ne voulait avoir besoin de personne.

4

Cela s'est passé la seconde nuit. Sans doute a-t-elle frappé à la porte, mais elle n'a pas attendu de réponse. Sans tourner le commutateur mural, et comme si la chambre lui était familière, elle a allumé la lampe de chevet. J'ai eu vaguement conscience qu'on me touchait l'épaule. J'ai le sommeil dur. Mes cheveux, la nuit, s'écrasent sur mon crâne et font paraître ma face encore plus large. J'ai toujours trop chaud et je devais être luisant.

Quand j'ai ouvert les yeux, elle était assise au bord de mon lit, en blouse blanche, son voile sur la tête, et elle me disait, calme et sereine :

— Ne vous inquiétez pas, Charles. J'ai simplement besoin de vous parler.

Il y a eu dans la maison comme des grattements de souris. Ma mère, probablement, qui dort à peine et qui devait être aux aguets.

C'était la première fois qu'Armande m'appelait Charles. Il est vrai qu'elle avait vécu dans des milieux où on a la familiarité facile.

— Anne-Marie n'est pas plus mal, ne craignez rien...

Elle n'avait pas de robe sous sa blouse d'infirmière, seulement son linge, de sorte que, par endroits, le tissu était comme gonflé par la chair.

— Henri est certainement un excellent médecin, poursuivait-elle, et je ne voudrais pas lui faire de peine. Je lui ai parlé sérieusement tout à l'heure, mais il n'a pas eu l'air de comprendre. En médecine, voyez-vous, c'est un timide, et il se sent d'autant plus de responsabilité que vous êtes un confrère...

J'aurais donné gros pour me passer un peigne dans les cheveux, pour me laver les dents. Force m'était de rester sous la couverture, à cause de mon pyjama froissé. Elle a pensé à me tendre un verre d'eau, m'a proposé :

— Une cigarette ?

Elle en a allumé une aussi.

— Il m'est arrivé, en Suisse, de soigner un cas semblable à celui d'Anne-Marie, la fille d'une de nos voisines. Cela vous explique que je m'y connaisse un peu. En outre, nous avions beaucoup d'amis médecins, mon mari et moi, dont quelques grands professeurs, et nous avons passé des soirées et des soirées à discuter avec eux...

Il faut que ma mère ait eu peur. Je l'ai vue s'encadrer, toute grise, plus claire que l'obscurité du palier, dans la porte restée ouverte. Elle était en peignoir, les cheveux sur des bigoudis.

— Ne vous inquiétez pas, madame. J'ai simplement besoin de consulter votre fils sur la façon d'appliquer le traitement.

Maman regardait nos deux cigarettes dont la fumée se mêlait dans le halo lumineux de la lampe de chevet. Je suis sûr que c'est ce qui l'a le plus frappée. Nous fumions des cigarettes, ensemble, à trois heures du matin, sur mon lit.

— Je ne savais pas, excusez-moi. J'ai entendu du bruit et je suis venue voir...

Elle disparut, et Armande poursuivit, comme si nous n'avions pas été interrompus :

— Henri lui a injecté vingt mille unités de sérum. Je n'ai pas osé le contredire. Vous avez vu la température de ce soir...

— Descendons dans mon cabinet, dis-je.

Elle se retourna pendant que je passais une robe de chambre. Une fois sur un terrain plus solide, je pus bourrer une pipe, ce qui me rendit un peu d'aplomb.

— Combien, cette nuit ?

— Quarante. C'est pourquoi je vous ai éveillé. La plupart des professeurs que j'ai connus ont, en matière de sérum, une idée différente de celle d'Henri. L'un d'eux nous répétait souvent : frapper fort ou ne pas frapper du tout ; une dose massive ou rien...

Pendant trois ans, à Nantes, j'avais entendu mon bon maître Chevalier, à la voix claironnante, nous enseigner la même chose, et il ajoutait, lui, avec sa brutalité légendaire :

— Si le malade en crève, c'est le malade qui a tort.

Je remarquai que deux ou trois de mes livres de thérapeutique manquaient dans les rayons et je compris qu'Armande était descendue pour les prendre. Pendant dix minutes, elle me parla de la diphtérie comme j'aurais été incapable de le faire.

— Vous pouvez évidemment téléphoner au docteur Dambois. Je me demande si ce ne serait pas plus simple et moins vexant pour lui que vous preniez sur vous de faire une nouvelle injection de sérum.

C'était très grave. Il s'agissait de ma fille. Il s'agissait, d'autre part, d'un confrère, d'une lourde responsabilité professionnelle, de ce qu'il fallait bien appeler à tout le moins une indélicatesse.

— Venez la voir...

La chambre de ma fille, c'était déjà son domaine qu'elle avait organisé à sa guise. Pourquoi cela se sentait-il dès qu'on y pénétrait ? Et pourquoi, malgré l'odeur de la maladie et des remèdes, était-ce son odeur à elle qui me frappait, alors que le lit de camp n'était pas défait ?

— Lisez ce passage... Vous verrez, presque tous les grands patrons sont du même avis...

Cette nuit-là, mon juge, je me demande si je n'ai pas eu vraiment l'âme d'un criminel. J'ai cédé. J'ai fait ce qu'elle avait décidé que je ferais. Non parce que j'y croyais, non à cause des idées de mon maître Chevalier en matière de sérum, ni à cause des textes qu'on me donnait à lire.

J'ai cédé parce qu'elle le voulait.

J'en avais la pleine conscience. La vie de ma fille aînée était en jeu. Rien que du strict point de vue de la déontologie, je commettais une faute lourde.

Je l'ai fait et je savais mal faire. Je le savais si bien que je tremblais de voir paraître à nouveau la silhouette fantomatique de ma mère..

Dix mille unités de plus. Elle m'aidait à faire la piqûre. Elle ne me laissa que le geste principal à accomplir. Ses cheveux, pendant que j'opérais, me frôlaient le visage.

Cela ne m'a pas ému. Je ne la désirais pas et je crois que j'avais la certitude de ne la désirer jamais.

— Allez vous coucher, maintenant. Vous commencez vos consultations à huit heures.

J'ai mal dormi. Dans mon demi-sommeil, j'avais la sensation de quelque chose d'inéluctable. Ne croyez pas que j'invente après coup. J'étais assez satisfait, d'ailleurs, en dépit de mon inquiétude et de mon malaise. Je me disais : « Ce n'est pas moi. C'est elle. »

J'ai fini par m'endormir. Quand je suis descendu, le matin, Armande prenait l'air dans le jardin et portait une robe sous sa blouse.

— 39° 2, m'annonça-t-elle joyeusement. Elle a tellement transpiré, vers la fin de la nuit, que j'ai dû lui changer les draps deux fois.

Nous n'avons rien dit à Dambois ni l'un ni l'autre. Armande n'avait aucune peine à se taire. Moi, chaque fois que je le voyais, j'étais obligé de me mordre la langue.

J'allais écrire, mon juge, que ce que je viens de vous raconter, c'est toute l'histoire de mon mariage. Elle est entrée chez nous sans que je le demande, sans que je le désire. Le second jour, c'était elle qui prenait — ou qui me faisait prendre — les décisions capitales.

Maman, depuis qu'elle était là, était transformée en une petite souris grise et effarée qu'on voyait passer sans bruit devant les portes, et reprenait son habitude de s'excuser à tout propos.

Pourtant, au début, Armande a eu maman pour elle. Vous ne connaissez, pour l'avoir vue au prétoire, que la femme de quarante ans. Elle possédait, voilà dix ans, la même assurance, la même faculté innée de tout dominer autour d'elle, de tout orchestrer, ai-je envie de dire, sans en avoir l'air. Avec, à cette époque, un peu plus de moelleux qu'aujourd'hui, non seulement au physique, mais au moral.

C'est auprès d'elle que la bonne allait tout naturellement prendre des ordres et dix fois par jour elle répétait :

— Mme Armande a dit que... C'est Mme Armande qui l'a commandé...

J'en suis arrivé, plus tard, à me demander si elle avait une arrière-pensée en entrant chez nous sous prétexte de soigner Anne-Marie. C'est stupide, j'en conviens. Maintes fois, j'ai discuté ces questions avec moi-même. Du point de vue strictement matériel, il est certain qu'elle avait dépensé l'héritage de sa mère pour soigner son premier mari et qu'elle était à la charge de son père. Mais celui-ci possédait une jolie fortune qui, à sa mort, même divisée entre cinq enfants, représenterait pour chacun une somme appréciable.

Je me suis dit aussi que le vieux était maniaque, autoritaire, qu'on le disait « original », ce qui, chez nous, signifie bien des choses. Avec celui-là, certes, elle aurait perdu son temps à essayer son pouvoir et je suis persuadé que, dans la maison de la place Boieldieu, elle était obligée de se faire toute petite.

Est-ce la clef du problème ? Je n'étais pas riche. Ma profession, exercée par un homme conscient de ses limites comme je l'étais, n'est pas de celles qui permettent d'amasser une fortune ni de vivre richement.

Je ne suis pas beau, mon juge. J'ai été jusqu'à envisager des hypothèses plus audacieuses. Mon grand corps de paysan, ma gueule luisante de santé, ma lourdeur même... Vous devez savoir que certaines femmes, qui se rencontrent justement parmi les plus évoluées...

Mais non ! Je le sais maintenant. Armande est dotée d'une sexualité normale, plutôt en dessous de la normale.

Il ne reste qu'une explication. Elle vivait chez son père comme elle aurait vécu dans un hôtel meublé. Ce n'était plus son « chez elle ».

Elle est entrée dans notre maison par hasard, par raccroc. Et encore ! Tenez ! Je veux aller tout au fond de ma pensée, quitte à vous faire hausser les épaules. Je vous ai parlé de sa première visite, lors de notre premier bridge. Je vous ai dit qu'elle voyait tout, qu'elle regardait toutes choses autour d'elle avec un léger sourire aux lèvres.

Un tout petit détail me revient à l'esprit. Ma mère a dit, en montrant le salon encore nu :

— Nous allons probablement acheter le salon qui était la semaine dernière à l'étalage de Durand-Weil.

Parce que je lui en avais vaguement parlé. Un salon en imitation de Beauvais, avec des sièges aux pieds dorés.

Les narines d'Armande, qui nous connaissait à peine, qui venait tout juste d'entrer chez nous, se sont légèrement retroussées.

Tant pis si je suis idiot, mon juge. Je vous dis ceci :

A ce moment-là, Armande savait fort bien que nous n'achèterions pas le salon de chez Durand-Weil.

Je ne prétends pas à une conspiration. Je n'affirme pas qu'elle savait qu'elle m'épouserait. Je dis bien *savoir* et j'insiste sur ce mot.

J'ai l'habitude des bêtes, comme tous les paysans. Nous avons eu des chiens et des chats toute notre vie, si intimement mêlés à celle-ci que, quand ma mère veut situer un souvenir dans le temps, elle dit par exemple :

— C'était l'année où nous avions perdu notre pauvre Brutus...

Ou encore :

— C'est quand la chatte noire est allée faire ses petits au-dessus de l'armoire...

Or il arrive que, dans la campagne, une bête se mette à vous suivre, vous et pas un autre, qu'elle pénètre derrière vous dans votre maison et que là, tranquillement, avec une certitude quasi absolue, elle décide que cette maison sera désormais la sienne. Nous avons gardé ainsi pendant trois ans, à Bourgneuf, un vieux chien jaune, à moitié aveugle, devant qui les chiens de mon père ont été forcés de s'incliner.

Il était malpropre par surcroît, et souvent j'ai entendu dire par mon père :

— Je ferais mieux de lui tirer un coup de fusil dans la tête.

Il ne l'a pas fait. L'animal, que nous avions appelé Jaunisse, est mort de sa belle mort, ou plutôt de sa laide mort, car son agonie a duré trois jours, pendant lesquels ma mère passait son temps à lui appliquer des compresses chaudes sur le ventre.

Moi aussi, plus tard, il m'est arrivé de penser :

« Je ferais mieux de lui envoyer une balle dans la tête. »

Et je ne l'ai pas fait. C'est une autre qui...

Ce que je veux essayer de vous faire comprendre, mon juge, c'est qu'elle est entrée chez nous le plus naturellement du monde et que, le plus naturellement du monde aussi, elle y est restée.

Il y a mieux. Quand il s'agit de fatalités de cette sorte, de choses inéluctables, on dirait que chacun s'empresse de se faire complice du sort ; que chacun s'ingénie à le flatter.

Dès les premiers jours, mes amis prenaient l'habitude de me demander :

— Comment va Armande ?

Et cela leur paraissait normal qu'elle fût chez moi, que ce fût auprès de moi qu'on s'informât de sa santé.

Après quinze jours, comme la maladie suivait son cours, on disait avec la même simplicité, qui impliquait néanmoins tant de choses :

— C'est une femme étonnante.

A croire, comprenez-vous, qu'on me considérait déjà comme son possesseur. Ma mère elle-même... Je vous ai assez parlé d'elle pour que vous la connaissiez... Marier son fils, soit, puisque je n'avais pas voulu être curé... A la condition expresse que la maison reste la sienne et qu'elle continue à la diriger à sa guise...

Eh bien ! mon juge, c'est ma mère qui a prononcé la première, alors qu'Armande n'était en somme chez nous qu'à titre de garde-malade bénévole, c'est ma mère qui a prononcé, un soir que je m'étonnais de manger des petits pois préparés autrement que chez nous :

— J'ai demandé à Armande comment elle les aimait. C'est elle qui m'a donné la recette. Tu ne les aimes pas ?

Armande m'a tout de suite appelé Charles, et c'est elle qui m'a prié de l'appeler par son prénom. Elle n'était pas coquette. Je l'ai toujours vue, même mariée, vêtue d'une façon assez stricte, et je me souviens d'un mot que j'ai entendu sur elle :

— Mme Alavoine, c'est comme une statue qui marcherait.

Anne-Marie une fois guérie, elle a continué à venir la voir presque chaque jour. Comme maman n'avait guère de temps pour sortir les enfants, elle venait les chercher et les conduisait prendre l'air dans le jardin de la Préfecture.

Ma mère m'a dit :

— Elle aime beaucoup tes filles.

Un de mes clients a gaffé :

— Je viens justement de rencontrer votre femme et vos fillettes qui tournaient le coin de la rue de la République.

Et Anne-Marie, un jour que nous étions à table tous ensemble, a prononcé gravement :

— C'est maman Armande qui me l'a dit...

Quand nous nous sommes mariés, six mois plus tard, il y avait longtemps qu'elle régnait sur la maison, sur la famille et, pour un peu, les gens de la ville, parlant de moi, auraient dit, non pas : « C'est le docteur Alavoine... », mais : « C'est le futur mari de Mme Armande... »

Ai-je le droit de prétendre que je ne l'ai pas voulu ? J'étais consentant. Tout d'abord, il y avait mes deux filles.

« Elles seront si heureuses d'avoir une maman... »

Ma mère commençait à se faire vieille et, refusant de l'admettre, trottait du matin au soir, s'usant à la tâche.

Allons ! Que je sois absolument sincère. Sinon, mon juge, ce n'est pas la peine de vous écrire. Je vais vous résumer en deux mots mon état d'esprit d'alors.

Primo : lâcheté.

Secundo : vanité.

Lâcheté, parce que je n'avais pas le courage de dire non. Tout le monde était contre moi. Tout le monde, par une sorte d'accord tacite, poussait à ce mariage.

Or, cette femme si étonnante, je ne la désirais pas. Je ne désirais pas particulièrement Jeanne non plus, ma première femme, mais, à cette époque-là, j'étais jeune, je me mariais pour me marier. Je ne savais pas en l'épousant qu'elle laisserait une bonne part de moi-même inassouvie et que je serais tourmenté toute ma vie par le désir de la tromper.

Avec Armande, je le savais. Je vais vous avouer une chose ridicule. Supposez que les conventions, le savoir-vivre n'aient pas existé. J'aurais plus volontiers épousé Laurette, la fille d'Ormois, aux grosses cuisses blanches, que la fille de M. Hilaire de Lanusse.

Que dis-je ? Je lui aurais préféré la petite bonne, Lucile, avec qui il m'est arrivé de faire l'amour sans qu'elle eût le temps de poser un soulier qu'elle était occupée à cirer et qu'elle gardait comiquement à la main.

Seulement, je venais de m'installer en ville. J'habitais une jolie maison. Le simple bruit des pas sur le fin gravier des allées était pour moi comme un signe de luxe et j'avais fini par m'offrir un objet que je convoitais depuis longtemps, un jet d'eau tournant pour arroser les pelouses.

Ce n'est pas à la légère, mon juge, que je vous ai affirmé qu'une génération en plus ou en moins pouvait avoir une importance capitale.

Armande, elle, avait je ne sais combien de générations d'avance. Le plus probable — nous en avons des quantités comme ça en Vendée — c'est que ses ancêtres s'étaient enrichis dans les biens nationaux, lors de la Révolution, et se sont ensuite offert une particule.

Je fais tous mes efforts, vous le voyez, pour serrer la vérité d'aussi près que possible. Dieu sait si, au point où j'en suis, un peu plus ou un peu moins n'a aucune importance. Je me crois aussi sincère qu'un homme peut l'être. Et je suis lucide comme on ne le devient qu'une fois passé de l'autre bord.

Je ne m'en rends pas moins compte de mon impuissance. Tout ce que je viens de dire est vrai et est faux. Et pourtant, des soirs et des soirs, en cherchant le sommeil, étendu de tout mon long dans le même lit qu'Armande, je me suis posé la question, je me suis demandé pourquoi elle était là.

Et je me demande maintenant, mon juge, et c'est plus grave, si, après m'avoir lu, il ne vous arrivera pas de vous poser la même question, non plus en ce qui me concerne, mais en ce qui *vous* concerne.

Je l'ai épousée.

Et après ? Le soir même elle dormait dans mon lit. Le soir même j'ai fait l'amour, très mal, pour elle comme pour moi, gêné de me sentir suant — je sue très facilement —, de me sentir gauche et inexpérimenté.

Savez-vous ce qui m'a été le plus difficile ? De l'embrasser sur la bouche. A cause de son sourire. Car elle garde jour et nuit un sourire identique, qui est son expression naturelle. Or, il n'est pas facile d'embrasser un sourire comme celui-là.

Après dix ans, j'avais encore l'impression, quand je montais dessus, comme aurait dit mon père, qu'elle se moquait de moi.

Qu'est-ce que je n'ai pas pensé à son sujet ? Vous ne connaissez pas la maison. Tout le monde vous dira que c'est devenu une des plus agréables demeures de La Roche-sur-Yon. Même nos rares meubles qui sont restés ont pris une figure tellement nouvelle que ma mère et moi les reconnaissons à peine.

Eh bien ! pour moi, cela a toujours été *sa* maison.

On y mange bien, mais c'est *sa* cuisine.

Les amis ? Après un an, je ne les considérais plus comme *mes* amis, mais comme *ses* amis à elle.

Et c'est d'ailleurs *son* parti qu'ils ont pris plus tard, quand les événements se sont produits, tous, y compris ceux que je croyais mes intimes, ceux que j'avais connus étudiants, ceux que j'avais connus gamins.

— Tu as de la veine d'avoir déniché une pareille femme !

Oui, mon juge. Oui, messieurs. Je m'en rends compte humblement. Et c'est parce que je m'en suis rendu compte jour après jour pendant dix ans que...

Allons ! Je déraille à nouveau. Mais j'ai tellement l'impression qu'il suffirait d'un très petit effort pour aller une fois pour toutes jusqu'au fond des choses !

En médecine, c'est surtout le diagnostic qui compte. La maladie dépistée, ce n'est plus qu'une question de routine ou de bistouri. Or c'est bien un diagnostic que je m'acharne à faire.

Je n'ai pas aimé Jeanne et je ne me suis jamais demandé si je l'aimais.

Je n'ai aimé aucune des filles avec qui il m'est arrivé de coucher. Je n'en éprouvais pas le besoin, ni le désir. Que dis-je ? Le mot *amour*, sauf dans la locution triviale *faire l'amour*, m'apparaissait comme un mot qu'une sorte de pudeur empêche de prononcer.

Je préférais le mot *vérole* qui dit exactement ce qu'il veut dire.

Est-ce qu'on parle d'amour, à la campagne ?

Chez nous, on dit :

— Je suis allé faire une saillie dans le chemin creux avec la fille Untel...

Mon père aimait bien ma mère, et cependant je suis persuadé qu'il ne lui a jamais parlé d'amour. Quant à maman, je ne la vois pas prononcer certaines phrases sentimentales qu'on entend au cinéma ou qu'on lit dans les romans.

A Armande non plus, je n'ai pas parlé d'amour. Un soir qu'elle dînait à la maison, entre ma mère et moi, on discutait de la couleur des rideaux qu'on achèterait pour la salle à manger. Elle les voyait rouges, d'un rouge bien vif, ce qui effrayait maman.

— Excusez-moi, a-t-elle murmuré avec son sourire. J'en parle comme si j'étais chez moi.

Et je me suis entendu répondre, sans avoir rien prémédité, sans en avoir conscience, comme une banale politesse :

— Il ne tient qu'à vous que vous y soyez.

C'est ainsi que s'est faite la demande en mariage. Il n'y en a jamais eu d'autre.

— Vous plaisantez, Charles.

Ma pauvre maman a appuyé :

— Charles ne plaisante jamais.

— Vous voudriez vraiment que je devienne madame Alavoine ?

— En tout cas — c'est toujours ma mère qui menait le train —, les petites seraient bien contentes.

— Qui sait ?... Vous n'avez pas peur que j'apporte trop de trouble dans votre maison ?

Si maman avait su ! Remarquez qu'Armande s'est toujours montrée gentille envers elle. Elle s'est conduite exactement comme la femme d'un médecin soucieuse du confort, de la tranquillité et de la notoriété de son mari.

Elle fait toujours, invariablement, avec un tact inné — vous avez pu vous en rendre compte au prétoire — ce qu'elle doit faire.

Est-ce que ce n'était pas son premier devoir de me dégrossir, puisqu'elle était plus évoluée que moi et que j'arrivais de la campagne pour faire carrière à la ville ? Ne devait-elle pas affiner mes goûts autant que possible, créer autour de mes filles une ambiance plus délicate que celle à laquelle ma mère et moi étions habitués ?

Tout cela, elle l'a accompli avec un doigté qui n'appartient qu'à elle, avec un tact exquis.

Oh ! Ce mot !...

— Elle est exquise, me suis-je entendu répéter sur tous les tons pendant dix ans. Vous avez une femme exquise.

Et je rentrais chez moi inquiet, avec un tel sentiment de mon infériorité que j'aurais aimé aller manger dans la cuisine avec la bonne.

Quant à maman, mon juge, on l'a vêtue de soie noire ou grise, on l'a vêtue de façon digne et seyante, on lui a même changé sa coiffure — son chignon, autrefois, lui pendait toujours sur la nuque — et on l'a installée dans le salon devant une jolie table à ouvrage.

On lui a défendu, pour sa santé, de descendre avant neuf heures et on lui a monté son petit déjeuner au lit, elle qui, chez nous, nourrissait les bêtes, vaches, poules et cochons, avant de se mettre à table. On lui a offert, aux fêtes et aux anniversaires, des objets de bon goût, y compris des bijoux de vieille dame.

— Tu ne crois pas, Charles, que maman est un peu fatiguée cet été ?

On a essayé mais cette fois en vain, de l'envoyer faire une cure à Evian, pour soigner son foie qui laisse à désirer.

Et tout cela, mon juge, est très bien. Tout ce qu'a fait, tout ce que fait, que fera Armande est très bien. Comprenez-vous ce que cela a de désespérant ?

Elle ne s'est pas présentée à la barre des témoins en épouse éplorée ou haineuse. Elle ne s'est pas mise en deuil. Elle n'a pas appelé sur moi la vindicte publique, pas plus, d'ailleurs, qu'elle n'a fait appel à la pitié. Elle était simple et calme. Elle était elle-même : sereine.

C'est elle qui a eu l'idée de s'adresser à Me Gabriel, la plus fameuse « gueule » du Palais, qui est aussi l'avocat le plus cher, elle encore qui a pensé que, puisque j'appartenais en quelque sorte à La Roche-sur-Yon, il serait digne que la Vendée soit représentée par son meilleur avocat.

Elle a répondu aux questions avec un naturel qui a fait l'admiration de tous, et j'ai cru plusieurs fois qu'une partie de l'auditoire allait l'applaudir.

Souvenez-vous du ton sur lequel, quand on a parlé de mon crime, elle a prononcé :

— Je n'ai rien à dire de cette femme... Je l'ai reçue trois ou quatre fois à la maison, mais je la connaissais peu...

Sans haine, a-t-on eu soin de souligner dans les journaux, presque sans amertume. Et avec quelle dignité !

Tenez, mon juge. Je crois que je viens de trouver le mot sans le vouloir. Armande est *digne*. Elle est la dignité même. Et maintenant, essayez de vous imaginer pendant dix années en tête à tête quotidien avec la Dignité, essayez de vous voir dans un lit avec la Dignité.

J'ai tort. Tout cela est faux, archifaux. Je le sais mais je viens seulement de le découvrir. Il a fallu que je fasse le grand saut. Pourtant, je suis bien obligé de vous expliquer, d'essayer de vous faire comprendre quel a été mon état d'esprit avant, pendant les années de vie conjugale.

Avez-vous jamais rêvé que vous aviez épousé votre maîtresse d'école ? Eh bien ! moi, mon juge, c'est ce qui m'est arrivé. Ma mère et moi, nous avons vécu pendant dix ans à l'école, dans l'attente d'un bon point, dans la peur d'une mauvaise note.

Et maman, elle, y est toujours.

Supposez que vous marchez dans une calme rue de province, par un chaud après-midi d'août. La rue est partagée en deux par la ligne qui sépare l'ombre du soleil.

Vous suivez le trottoir inondé de lumière et votre ombre marche avec vous, presque à vos côtés, vous la voyez, cassée en deux par l'angle que les maisons aux murs blancs font avec le trottoir.

Supposez toujours... Faites un effort... Tout à coup, cette ombre qui vous accompagnait disparaît...

Elle ne change pas de place. Elle ne passe pas derrière vous parce que vous avez changé de direction. Je dis bien : elle disparaît.

Et vous voilà, soudain, sans ombre, dans la rue. Vous vous retournez et vous ne la retrouvez pas. Vous regardez à vos pieds et vos pieds émergent d'une flaque de lumière.

Les maisons, de l'autre côté de la rue, continuent à porter leur ombre fraîche. Deux hommes passent en bavardant paisiblement et leur ombre les précède, épousant leur cadence, faisant exactement les mêmes gestes qu'eux.

Voilà un chien au bord du trottoir. Il a son ombre, lui aussi.

Alors vous vous tâtez. Votre corps, sous vos mains, a sa consistance des autres jours. Vous faites quelques pas rapidement et vous vous arrêtez net, avec l'espoir de retrouver votre ombre. Vous courez. Elle n'y est pas encore. Vous faites demi-tour et il n'y a aucune tache sombre sur les pavés brillants du trottoir.

Le monde est plein d'ombres rassurantes. L'église, sur la place, en couvre à elle seule un espace très vaste où quelques vieux prennent le frais.

Vous ne rêvez pas. Vous n'avez plus d'ombre et voilà que, plein d'angoisse, vous abordez un passant.

— Pardon, monsieur...

Il s'arrête. Il vous regarde. Donc vous existez, bien que vous ayez perdu votre ombre. Il attend de savoir ce que vous lui voulez.

— C'est bien la place du Marché, là-bas ?

Et il vous prend pour un demi-fou, ou pour un étranger.

Vous imaginez-vous l'angoisse d'errer seul, sans ombre, dans un monde où chacun a la sienne ?

Je ne sais pas si je l'ai rêvé ou si je l'ai lu quelque part. Quand j'ai commencé à vous en parler, je croyais inventer une comparaison, puis il m'a semblé que cette angoisse de l'homme sans ombre m'était familière, que je l'avais déjà vécue, que cela ranimait des souvenirs confus, et c'est pourquoi je pense à un rêve oublié.

Pendant des années, je ne sais pas au juste combien, cinq ou six, je pense, j'ai marché dans la ville comme tout le monde. Je crois que, à celui qui m'aurait demandé si j'étais heureux, j'aurais distraitement répondu oui.

Vous voyez que tout ce que je vous ai dit précédemment n'est pas tellement exact. Ma maison s'organisait, devenait petit à petit plus confortable et plus coquette. Mes filles grandissaient, l'aînée faisait sa première communion. J'accroissais ma clientèle, pas une clientèle riche, mais plutôt des petites gens. Cela ne rapporte pas autant par visite, mais les petites gens paient comptant, entrent souvent dans votre cabinet avec dans leur main le prix de la consultation.

J'ai appris à jouer correctement au bridge, et cela m'a occupé pendant des mois. Nous avons acheté une auto, et cela a rempli un autre bout de temps. Je me suis remis au tennis, parce qu'Armande jouait au tennis, ce qui a suffi pour un grand nombre de soirées.

Tout cela, bout à bout, ces petites initiations, ces espoirs d'une amélioration nouvelle, cette attente de menus plaisirs, de petites joies, de satisfactions banales, a fini par meubler cinq ou six ans de ma vie.

— L'été prochain, nous irons en vacances à la mer.

Une autre année, il y a eu les sports d'hiver. Une autre année, encore autre chose.

Quant à l'histoire de l'ombre, elle ne s'est pas produite tout à coup, comme pour mon homme dans la rue. Mais je n'ai pas trouvé d'image plus exacte.

Je ne peux même pas situer la chose à un an près. Mon humeur, en apparence, n'a pas changé, mon appétit n'a pas diminué et j'avais toujours le même goût au travail.

Il y a eu un moment, tout simplement, où j'ai commencé à regarder autour de moi avec d'autres yeux et j'ai vu une ville qui me semblait étrangère, une jolie ville, bien nette, bien claire, bien propre, une ville où tout le monde me saluait avec affabilité.

Pourquoi ai-je eu alors la sensation d'un vide ?

J'ai commencé à regarder aussi ma maison et je me suis demandé pourquoi c'était ma maison, quel rapport ces pièces, ce jardin, cette grille ornée d'une plaque de cuivre qui portait mon nom avaient avec moi.

J'ai regardé Armande et j'ai dû me répéter qu'elle était ma femme.

Pourquoi ?

Et ces deux fillettes qui m'appelaient papa...

Je vous le répète, cela ne s'est pas fait d'un seul coup, car, dans ce cas, j'aurais été très inquiet sur moi-même et je serais allé consulter un confrère.

Qu'est-ce que je faisais là, dans une petite ville paisible, dans une maison jolie et confortable, parmi les gens qui me souriaient et qui me serraient familièrement la main ?

Et qui avait fixé cet emploi des journées que je suivais aussi scrupuleusement que si ma vie en eût dépendu ? Que dis-je ! Comme si, de tout temps, il avait été décidé par le Créateur que cet emploi du temps serait inexorablement le mien !

Nous recevions souvent, deux ou trois fois par semaine. De bons amis, qui avaient leur jour, leurs habitudes, leurs manies, leur fauteuil. Et je les observais avec un certain effroi en me disant : « Qu'est-ce que j'ai à voir avec eux ? »

C'était comme si ma vue était devenue trop nette, comme si, par exemple, elle était devenue soudain sensible aux rayons ultraviolets.

Et j'étais tout seul à voir le monde ainsi, tout seul à m'agiter dans un univers ignorant de ce qui m'arrivait.

En somme, pendant des années et des années, j'avais vécu sans m'en apercevoir. J'avais fait scrupuleusement, de mon mieux, tout ce qu'on m'avait dit de faire. Sans chercher à en connaître la raison. Sans chercher à comprendre.

Il faut à un homme une profession, et maman avait fait de moi un médecin. Il lui faut des enfants, et j'avais des enfants. Il lui faut une maison, une femme, et j'avais tout cela. Il lui faut des distractions, et je roulais en auto, et je jouais au bridge, au tennis. Il faut des vacances, et j'emmenais ma famille à la mer.

Ma famille ! Je la regardais autour de la salle à manger et c'était un peu comme si je ne l'avais pas reconnue. Je regardais mes filles. Tout le monde prétendait qu'elles me ressemblaient.

En quoi ? Pourquoi ?

Et que faisait cette femme dans ma maison, dans mon lit ?

Et ces gens qui attendaient patiemment dans ma salle d'attente et que j'introduisais un à un dans mon cabinet ?...

Pourquoi ?

Je continuais à accomplir les gestes de tous les jours. Je n'étais pas malheureux, ne croyez pas cela. Mais j'avais l'impression de m'agiter à vide.

Alors un désir vague m'a pénétré peu à peu, tellement vague que je ne sais comment en parler. Il me manquait quelque chose et j'ignorais quoi. Il arrive souvent à ma mère, entre les repas, de dire : « Je crois que j'ai une petite faim... »

Elle n'est pas sûre. C'est un malaise diffus qu'elle s'empresse de combattre en mangeant une tartine ou un morceau de fromage.

J'avais faim, moi aussi, sans doute, mais faim de quoi ?

C'est venu si insensiblement qu'à un an, à deux ans près, je le répète, il m'est impossible de situer le début du malaise. Je n'en prenais pas conscience. On nous a tellement habitués à penser que ce qui existe existe, que le monde est bien comme nous le voyons, qu'il faut faire ceci ou cela et ne pas agir autrement...

Je haussais les épaules.

« Bah ! Un peu de découragement... »

Peut-être à cause d'Armande, qui ne me laissait pas assez la bride sur le cou ? J'ai décidé cela un jour, et dès lors c'est Armande, et elle seule, ou à peu près, qui a résumé la ville trop calme, la maison trop harmonieuse, la famille, le travail, tout ce qu'il y avait de trop quotidien dans mon existence.

« C'est elle qui veut qu'il en soit ainsi... »

Elle qui m'empêchait d'être libre, de vivre une vraie vie d'homme. Je l'observais. Je l'épiais. Tout ce qu'elle disait, tous ses gestes me confirmaient dans mon idée.

« C'est elle qui a tenu à ce que la maison fût ce qu'elle est, à ce que notre existence s'organisât de telle façon, à ce que je vécusse à son gré... »

Voilà, mon juge, ce que j'ai compris récemment. Armande, petit à petit, à son insu, a pris à mes yeux la figure du Destin. Et, révolté contre ce Destin, c'est contre elle que je me suis révolté.

« Elle est tellement jalouse qu'elle ne me laisse pas un moment de liberté... »

Etait-ce par jalousie ? Il m'arrive de me le demander. Peut-être simplement parce qu'elle considérait que la place d'une femme est à côté de son mari ?

Je suis allé à Caen vers cette époque, car ma tante venait de mourir. J'y suis allé seul. Je ne sais plus ce qui a retenu Armande à la maison, sans doute une maladie d'une des petites, car il y en avait presque toujours une des deux de malade.

En passant au coin de la petite rue; je me suis souvenu de la jeune fille au chapeau rouge et j'en ai reçu une bouffée de chaleur. J'ai cru comprendre ce qui me manquait. Dans mes vêtements de deuil, je suis allé le soir à la *Brasserie Chandivert,* que j'ai retrouvée presque la même, avec un peu plus de lumières. Il me semble que la salle est maintenant plus vaste, qu'on l'a encore agrandie vers le fond.

Je cherchais, je voulais la même aventure. Je regardais avec une sorte d'angoisse toutes les femmes seules. Aucune ne ressemblait, même vaguement, à celle de jadis.

Mais tant pis ! J'avais besoin de tromper Armande, de tromper mon Destin le plus salement possible, et j'ai choisi une grosse blonde au sourire vulgaire qui avait une dent en or au milieu de la bouche.

— Tu n'es pas d'ici, hein ?

Elle ne m'a pas invité chez elle, mais dans un petit hôtel derrière l'église Saint-Jean. Elle s'est déshabillée avec des gestes tellement professionnels que j'en étais écœuré, qu'à certain moment j'ai été sur le point de partir.

— Qu'est-ce que tu vas me donner ?

Et puis soudain cela m'a pris. Comme un besoin de vengeance, je ne trouve pas d'autre mot. Elle répétait, étonnée, en découvrant sa dent en or :

— Ben, mon vieux !...

C'est la première fois, mon juge, que j'ai trompé Armande. J'y mettais autant de rage que si j'avais cherché à retrouver mon ombre, coûte que coûte.

5

L'horloge extérieure de la gare, grosse lune rougeâtre en suspens dans le noir, marquait sept heures moins six minutes. Au moment précis où j'ai ouvert la portière du taxi pour descendre, la grande aiguille a avancé d'une minute et je me souviens fort bien de son mouvement saccadé, de la vibration dont elle restait animée comme si, ayant pris trop d'élan, elle avait peine à se contenir. Un train a sifflé, le mien sans doute. J'étais encombré de petits paquets dont les ficelles menaçaient de se défaire ; le chauffeur ne pouvait pas me rendre la monnaie sur le billet que je lui avais tendu. Il pleuvait à torrent, et j'étais obligé, les pieds dans une flaque d'eau, de déboutonner mon pardessus et mon veston pour chercher de menues pièces dans toutes mes poches.

Un autre taxi s'est arrêté devant le mien. Une jeune femme en est descendue, a cherché en vain un porteur — ils ne sont jamais là quand il pleut — et s'est enfin précipitée vers la gare en portant elle-même deux valises qui paraissaient assez lourdes.

Nous devions nous retrouver l'un derrière l'autre, quelques instants plus tard, devant le guichet.

— Une seconde aller simple pour La Roche-sur-Yon...

Plus grand qu'elle, je voyais par-dessus son épaule l'intérieur de son sac à main doublé de soie moirée, un mouchoir, un poudrier, un briquet, des lettres et des clefs. Je n'ai eu qu'à répéter ce qu'elle venait de dire :

— Seconde simple La Roche...

J'ai ramassé tous mes petits paquets. J'ai couru. Un employé m'a ouvert une porte vitrée et, quand je suis arrivé sur le quai, le train partait ; mon chargement saugrenu ne me permettait pas de sauter en marche. Un de mes amis, Deltour, le garagiste, debout à une portière, m'a fait signe. C'est inouï ce que cela paraît long de voir le train qu'on vient de rater. Les wagons n'en finissent pas de longer le quai.

En me retournant, j'ai aperçu, tout près de moi, la jeune femme aux deux valises qui a prononcé :

— Nous l'avons raté.

Au fait, ce sont les premiers mots, mon juge, que Martine m'a adressés. C'est la première fois, en les écrivant, que cela me frappe.

Vous ne trouvez pas que c'est extraordinaire ?

Je n'étais pas trop sûr que c'était à moi qu'elle s'adressait. Elle n'avait pas l'air autrement dépitée.

— Vous savez à quelle heure il y a un autre train, vous ?

— A dix heures douze...

Et je regardais ma montre, ce qui était idiot puisqu'il y avait une grosse horloge lumineuse au milieu du quai.

— Il ne reste qu'à porter les bagages à la consigne en attendant, dit-elle encore sans que je puisse savoir si elle parlait toute seule ou si elle tenait à engager la conversation.

Le quai de la gare était abrité, mais de larges gouttes tombaient de la verrière sur les voies. Une gare ressemble toujours à un tunnel ; seulement, à l'inverse des tunnels, c'est l'intérieur qui est éclairé, avec le noir aux deux bouts et un vent froid qui vous en arrive.

Je l'ai suivie machinalement. Elle ne m'y invitait pas à proprement parler. Je ne pouvais pas l'aider à porter ses valises, car j'étais suffisamment chargé, et c'est moi qui, chemin faisant, ai dû m'arrêter deux fois pour ramasser des paquets avec lesquels j'avais l'air de jongler.

Seul, je n'aurais sans doute pas pensé à la consigne. Je n'y pense jamais. Je dépose plus volontiers mes affaires dans un café ou dans un restaurant que je connais. Je serais sans doute allé dîner au buffet et j'aurais lu les journaux dans mon coin en attendant le train suivant.

— Vous êtes de La Roche-sur-Yon ?

J'ai répondu que oui.

— Vous connaissez M. Boquet ?

— Des Galeries ?

— Oui. Il est propriétaire d'un grand magasin.

— Je le connais. C'est un client.

— Ah !

Elle m'a regardé curieusement et elle devait se demander ce que je vendais. Elle a ouvert à nouveau son sac pour prendre une cigarette et l'allumer. Sa façon de tenir sa cigarette m'a frappé, je suis incapable de dire pourquoi. Elle avait une façon qui n'appartenait qu'à elle de tenir une cigarette. Elle a eu un frisson.

C'était en décembre, mon juge. Il y a un peu moins d'un an. Une semaine avant les fêtes, ce qui explique tous mes petits paquets.

J'étais allé à Nantes pour conduire un malade qui devait être opéré d'urgence. J'avais fait le voyage dans l'ambulance, c'est pourquoi je n'avais pas ma voiture. Gaillard, le chirurgien, m'avait emmené chez lui après l'hôpital et m'avait fait boire de l'alcool de framboise qu'un de ses anciens malades venait de lui envoyer d'Alsace.

— Tu dînes ce soir avec nous. Mais si, mon vieux ! Ma femme est sortie. Si elle ne te trouve pas à la maison quand elle rentrera, elle sera furieuse que je t'aie laissé partir.

Je lui ai expliqué que je devais absolument prendre le train de six heures cinquante-six, que deux malades viendraient me voir le soir même, qu'Armande m'avait chargé de toute une série de commissions.

Cela, c'était fatal. J'ai couru les magasins pendant deux bonnes heures. J'ai perdu je ne sais combien de temps à assortir des boutons qu'elle aurait fort bien pu trouver à La Roche. J'ai acheté quelques babioles pour mes filles. Il pleuvait depuis le matin et, en passant d'un magasin à l'autre, je traversais chaque fois un rideau de hachures brillantes.

Maintenant, je me trouvais dans le hall de la gare à côté d'une femme que je ne connaissais pas, que je n'avais pas encore dévisagée. Il n'y avait que nous deux en face de la consigne, au milieu d'un vaste espace vide. L'employé croyait que nous étions ensemble. Sans ce vide qui nous enveloppait, qui nous donnait un faux air de solidarité, je me serais probablement éloigné en essayant de prendre un air naturel.

Je n'osai pas. Je remarquai qu'elle avait froid, qu'elle portait un petit tailleur sombre très élégant, mais trop léger pour la saison. Elle était coiffée d'un curieux chapeau minuscule, sorte de fleur de satin plantée très en avant sur la tête.

Elle était pâle sous son maquillage. Elle a frissonné à nouveau et elle a dit :

— Je vais boire quelque chose de chaud pour me réchauffer...

— Au buffet ?

— Non. Il n'y aura rien de bon au buffet. Je crois que j'ai aperçu un bar américain pas loin d'ici...

— Vous ne connaissez pas Nantes ?

— J'y suis arrivée ce matin...

— Vous allez pour longtemps à La Roche ?

— Peut-être pour des années, peut-être pour toujours. Cela dépendra de votre ami M. Boquet.

Nous nous étions dirigés vers une des portes dont je lui tins le battant.

— Si vous le permettez...

Elle n'a même pas répondu. Tout naturellement, nous avons traversé la place sous l'ondée, nous garant des voitures, courbant les épaules, pressant le pas.

— Attendez... Je suis arrivée par ici, n'est-ce pas ?... C'est donc à gauche... Tout de suite après un coin de rue... Il y a une enseigne lumineuse verte...

J'aurais pu aller dîner chez mes amis Gaillard, chez vingt autres qui m'en voulaient chaque fois que je passais par Nantes sans leur rendre visite. Je ne connaissais pas le bar vers lequel elle m'entraînait et qui était nouveau : une salle étroite et peu éclairée, aux boiseries sombres, au comptoir flanqué de hauts tabourets. Ce genre d'établissement n'existait pas encore en province au temps de mes études et je ne m'y suis jamais tout à fait habitué.

— Un Rose, barman...

Je bois peu, en général. Et justement j'avais déjà bu chez Gaillard. L'alcool de framboise est traître, car on ne le sent pas passer et il n'en titre pas moins ses soixante degrés. Faute de savoir que commander, j'ai demandé un Rose aussi.

J'aurais préféré, mon juge, ne pas avoir à parler d'elle telle que je l'ai vue ce soir-là, mais alors vous ne comprendriez pas et ma lettre deviendrait inutile. C'est difficile, je vous assure, surtout maintenant.

N'est-ce pas, Martine, que c'est difficile ?

Parce que, voyez-vous, c'était un petit être tellement banal ! Elle était déjà juchée sur un des tabourets et on l'y sentait à l'aise, elle en avait l'habitude, cela faisait partie, avec le décor plus ou moins luxueux, de l'idée qu'elle se faisait de la vie.

La cigarette aussi. La première à peine finie, elle en allumait une autre, qu'elle marquait pareillement de rouge à lèvres, s'adressait au barman en fermant à moitié les yeux à cause de la fumée (j'ai toujours eu horreur des femmes qui fument en faisant des grimaces).

— Pas trop de gin pour moi...

Elle réclamait des olives. Elle grignotait un clou de girofle. Elle venait à peine de refermer son sac qu'elle l'ouvrait à nouveau pour y prendre son poudrier et son bâton de rouge. Je n'ai jamais vu une femme manier un bâton de rouge sans penser malgré moi au sexe d'un chien en chaleur.

J'étais agacé et résigné tout ensemble. Puisque je parle de chiens, j'y reviens pour me faire comprendre. J'aime les gros chiens forts et conscients, tranquillement conscients de leur force. J'ai en horreur les roquets toujours en mouvement qui courent après leur queue et exigent qu'on s'occupe d'eux. Or elle me faisait penser à un de ces petits chiens-là.

Elle vivait pour qu'on la regarde. Elle devait se croire très jolie. Elle le croyait. J'allais oublier qu'elle me l'a déclaré elle-même un peu plus tard.

— Est-ce que votre ami Boquet est le genre d'hommes qui couchent avec leur secrétaire ? Je ne l'ai rencontré qu'une fois par hasard et je n'ai pas eu le temps de lui poser la question...

Je ne sais pas ce que je lui ai répondu. C'était tellement stupide ! Elle n'attendait d'ailleurs pas de réponse. Il n'y avait que ce qu'elle disait qui l'intéressait.

— Je me demande ce que tous les hommes ont à me courir après. Ce n'est pas que je sois belle, car je ne le suis pas. Cela doit tenir à une sorte de charme...

Un charme qui, en tout cas, n'agissait pas sur moi. Nos verres étaient vides et j'ai dû en commander d'autres, à moins que le barman nous ait servis d'office.

Elle était maigre et je n'aime pas les maigres. Elle était très brune et ma préférence va aux femmes blondes. Elle ressemblait enfin à une couverture de journal illustré.

— C'est bien, La Roche ?

Vous voyez le genre de questions !

— Pas mal.

— On s'y ennuie ?

— Si on veut...

Il y avait quelques clients dans la salle, pas beaucoup, des habitués, comme toujours, en province, dans ce genre d'endroits. Et j'ai remarqué que, dans n'importe quelle ville, ils appartiennent au même type physique, s'habillent d'une façon identique, se servent d'un même vocabulaire.

Elle les regardait les uns après les autres et on sentait bien qu'elle ne pouvait pas vivre sans être remarquée.

— Ce qu'il peut être énervant, ce vieux-là.

— Lequel ?

— Dans le coin gauche. Celui qui porte un complet de sport très clair. D'abord, à son âge, on ne porte pas un costume vert pâle. Surtout à cette heure et à cette saison ! Il y a dix minutes qu'il n'arrête pas de me sourire. S'il continue, j'irai lui demander ce qu'il me veut...

Puis, après quelques instants :

— Sortons ! Je finirais par lui flanquer mon verre à la figure...

Nous sommes sortis et il pleuvait toujours. Comme à Caen le soir du petit chapeau rouge. Mais, au moment même, je n'ai pas une seule fois pensé à Caen.

— Nous ferions peut-être mieux d'aller dîner, a-t-elle dit.

Un taxi passait. Je l'ai arrêté et nous nous sommes trouvés tous les deux dans l'ombre humide, sur la banquette du fond. J'ai noté tout à coup que c'était la première fois que j'étais ainsi dans un taxi, le soir, avec une inconnue. Je voyais vaguement la tache laiteuse de son visage, la pointe rouge de sa cigarette, les deux fuseaux de ses jambes gainées de soie claire. Je sentais l'odeur de sa cigarette, de ses vêtements et de ses cheveux mouillés.

Si émotion il y a eu — et c'est bien vague — c'est à cause de cette odeur de cheveux mouillés.

— Je ne sais pas si nous aurons de la place à cette heure-ci, mais c'est chez Francis que nous avons la chance de manger le mieux.

Un des meilleurs restaurants de France. Il y a trois étages de petits salons tranquilles, sans luxe inutile, où maîtres d'hôtel et sommeliers ont tous l'air d'ancêtres, car tous appartiennent à la maison depuis sa fondation.

Nous avons obtenu une table à l'entresol, près d'une fenêtre en demi-lune par laquelle nous voyions les parapluies défiler à nos pieds. C'était assez curieux, d'ailleurs.

— Une bouteille de muscadet pour commencer, docteur ? a proposé Joseph, qui me connaît depuis longtemps.

Et elle :

— Vous êtes médecin. C'est pour cela que vous me disiez que M. Boquet est votre client ?

On ne va pas chez Francis pour se nourrir, mais pour faire un dîner fin. Avec le chevreuil aux morilles, il a fallu prendre un vieux bourgogne. Puis on nous a servi la fine maison dans des verres à dégustation. Elle parlait sans répit, elle parlait d'elle, des gens qu'elle connaissait et qui, comme par hasard, étaient tous des personnages importants.

« Quand j'étais à Genève... L'an dernier, au *Negresco*, à Nice... »

Je connaissais son prénom, Martine. Je savais ainsi qu'elle avait rencontré Raoul Boquet par hasard, dans un bar, à Paris — Raoul est un pilier de bars — et qu'à une heure du matin il l'avait engagée comme secrétaire.

— L'idée de vivre dans une petite ville de province m'a séduite... Le croyez-vous ?... Comprenez-vous ça ?... Quant à votre ami, je l'ai prévenu que je ne coucherais pas avec lui...

A trois heures du matin, mon juge, c'est moi qui couchais avec elle, furieusement, si furieusement qu'elle ne pouvait s'empêcher, parfois, de me lancer à la dérobée un regard où il n'y avait pas seulement de la curiosité et de l'étonnement, mais un véritable effroi.

Je ne sais ce qui m'est arrivé. Jamais je ne m'étais déchaîné de la sorte.

Vous venez de voir combien bêtement nous avions fait connaissance. Et le reste s'est passé plus bêtement encore.

Il y a eu, certainement, un moment, peut-être plusieurs, où j'ai été ivre. Par exemple, je ne retrouve qu'un souvenir confus de notre départ de chez Francis. Auparavant, sous prétexte que c'était là que j'avais fêté autrefois mon doctorat, j'ai exigé — en parlant beaucoup trop fort et en gesticulant — que le vieux Francis vienne en personne trinquer avec nous. Puis je me suis emparé d'une chaise pareille à toutes les chaises de la maison et je voulais à toute force la reconnaître pour la chaise sur laquelle j'étais assis ce fameux soir.

— Je vous dis que c'est celle-ci et, la preuve, c'est qu'il y a une entaille sur le deuxième barreau... Gaillard en était... Sacré Gaillard !... Il va m'en vouloir, car j'aurais dû dîner chez lui ce soir... Vous ne lui direz pas que j'étais ici, Francis ?... Parole d'honneur ?

Nous avons marché. C'est moi qui ai exigé de déambuler sous la pluie. Les rues étaient presque désertes, avec des flaques d'eau, des flaques de lumière, des grosses gouttes qui tombaient des corniches et des balcons.

Elle marchait mal, à cause de ses talons très hauts, et elle se raccrochait à mon bras ; de temps en temps, elle s'arrêtait pour remettre son soulier qui lui sortait du pied.

— Je ne sais pas s'il existe encore, mais il y avait un petit bistrot dans ce quartier, tenu par une très grosse femme... Ce n'est pas loin d'ici...

Je m'obstinais à le retrouver. Nous pataugions dans le mouillé qui faisait flac. Et quand nous sommes entrés enfin, les épaules luisantes de pluie, dans un petit café qui était peut-être celui que je cherchais, mais qui en était peut-être un autre, l'horloge-réclame, au-dessus du comptoir de zinc, marquait dix heures et quart.

— Elle marche ?

— Elle retarde de cinq minutes.

Alors, nous nous sommes regardés puis, après un instant, nous avons éclaté de rire tous les deux.

— Qu'est-ce que tu vas raconter à Armande ?

J'avais dû lui parler d'Armande. Je ne sais pas ce que j'ai pu lui dire exactement, mais j'ai vaguement conscience d'avoir fait de l'esprit à son sujet.

Au fait, c'est dans ce petit café, où il n'y avait pas une âme, où un chat était couché sur une chaise, près d'un gros poêle en fonte, c'est dans ce petit café, dis-je, que je me suis rendu compte que nous nous tutoyions.

Elle a annoncé, comme elle aurait annoncé une distraction de choix :

— Il faut que nous téléphonions à Armande... Vous avez le téléphone, madame ?

— Dans le corridor, à gauche...

Un corridor étroit, aux murs peints en vert acide, qui conduisait aux cabinets et qui était imprégné de leur odeur. L'appareil était au mur. Il y avait un second récepteur et Martine s'en était emparée. Nous nous touchions ou plus exactement nos vêtements mouillés se touchaient et nos haleines sentaient le calvados que nous venions de boire au comptoir.

— Allô ! le 12-51, s'il vous plaît, mademoiselle... Il y a beaucoup d'attente ?...

On nous répondait de rester à l'appareil. Je ne sais pourquoi nous riions, mais je me souviens que j'étais obligé de tenir la main sur le micro. Nous entendions les opératrices s'appeler l'une l'autre.

— Passe-moi le 12-51, mon petit... Est-ce qu'il pleut autant chez vous qu'ici ?... A quelle heure as-tu fini ?... Allô !... Le 12-51 ?... Un instant, madame... On vous parle de Nantes... Allô ! Nantes... Vous avez le 12-51...

Et tout cela nous amusait, Dieu sait pourquoi, tout cela nous paraissait d'une gaieté folle.

— Allô ! C'est toi, Armande ?

— Charles ?... Tu es toujours à Nantes ?

Martine me poussait du coude.

— Figure-toi qu'il y a eu quelques complications... Il fallait que je retourne ce soir à l'hôpital voir mon malade...

— Tu as dîné chez Gaillard ?

— C'est-à-dire...

Martine était tout contre mon flanc. J'avais peur de la voir pouffer de rire. Je n'étais pas très fier de moi quand même.

— Non... Je ne voulais pas les déranger... J'avais des courses à faire...

— Tu as trouvé mes boutons ?

— Oui... Et les jouets pour les petites...

— Tu es chez Gaillard en ce moment ?

— Non... Je suis encore en ville... Je viens de quitter l'hôpital...

— Tu couches chez eux ?

— Je me le demande, vois-tu... j'aime presque autant aller à l'hôtel... Je suis fatigué et, si je les vois, ce sera encore un coup d'une heure du matin...

Un silence. Tout cela, évidemment, ne semblait pas naturel à ma femme. J'ai avalé péniblement ma salive quand elle a prononcé :

— Tu es seul ?

— Oui...

— Tu téléphones d'un café ?

— Je me rends à l'hôtel...

— Au *Duc de Bretagne* ?

— Probablement. S'il y a de la place.

— Qu'as-tu fait des paquets ?

Que dire ? Que répondre ?

— Je les ai avec moi...

— Essaie de ne rien perdre... A propos, Mme Gringuois est venue ce soir... Il paraît que tu lui avais donné rendez-vous à neuf heures... Elle souffre toujours et elle voulait absolument t'attendre...

— Je la verrai demain matin...

— Tu prends le premier train ?

Est-ce que je pouvais faire autrement ? Le train de six heures trente-deux, dans l'obscurité, dans le froid, dans la pluie ! Et il arrivait souvent, je le savais, que les wagons ne fussent pas chauffés.

— A demain...

J'ai répété :

— A demain...

Je n'avais pas eu le temps de raccrocher que Martine s'écriait :

— Elle ne t'a pas cru... C'est l'histoire des paquets qui l'a fait tiquer...

Nous avons bu un autre calvados au comptoir et nous nous sommes à nouveau enfoncés dans l'humidité noire des rues. C'était la période gaie. Tout nous faisait rire. Nous nous moquions des rares passants. Nous nous moquions d'Armande, de ma cliente, Mme Gringuois, dont j'avais dû raconter l'histoire.

De la musique qui sourdait d'une façade éclairée au néon nous a attirés, et nous nous sommes trouvés dans une boîte de nuit étroite et toute rouge. Les lumières étaient rouges, rouge le velours des banquettes, roses les murs sur lesquels étaient peintes des nudités, rouges enfin les smokings défraîchis d'un orchestre de cinq musiciens.

Martine voulait danser et j'ai dansé avec elle. C'est alors que j'ai vu sa nuque de tout près, une nuque très blanche, la peau si fine qu'on voyait le bleu des veines, avec des petits cheveux mouillés qui frisaient.

Pourquoi cette nuque m'a-t-elle ému ? C'était en quelque sorte la première chose humaine que je découvrais en elle. Cela n'avait plus aucun rapport avec une couverture de magazine, avec une jeune femme qui se croit élégante. C'était une nuque de jeune fille pas bien portante, et je me suis mis, en dansant, à la frôler de mes lèvres.

Quand nous nous sommes assis à notre place, j'ai regardé son visage avec d'autres yeux. Elle avait les paupières cernées. Le rouge artificiel ne dessinait plus qu'imparfaitement ses lèvres. Elle était fatiguée, mais elle ne voulait pas abandonner la partie, elle voulait coûte que coûte continuer à s'amuser.

— Demande-leur s'ils ont du whisky...

Nous en avons bu. Elle est allée, d'une démarche imprécise, trouver les musiciens pour leur demander un morceau quelconque que je ne connaissais pas, et je la voyais gesticuler.

A un autre moment, elle a gagné les lavabos. Elle est restée très longtemps absente. Je me demandais si elle était malade. Je n'osais pas aller voir.

Je me rendais compte, maintenant, que c'était une femme et rien d'autre, une jeune fille de vingt-cinq ans sans doute, qui crânait. Elle n'est revenue qu'un quart d'heure plus tard. Un instant, comme elle entrait dans la salle, j'ai vu son visage sans contrainte, et il était las, buriné, puis tout de suite elle s'est remise à sourire. A peine assise, elle a allumé une cigarette, elle a vidé son verre, non sans un haut-le-cœur qu'elle essayait de me cacher.

— Cela ne va pas ?

— Cela va mieux... C'est passé, maintenant... Je n'ai plus l'habitude de pareils repas... Commande à boire, veux-tu ?

Elle était nerveuse, crispée.

— Les dernières semaines, à Paris, ont été dures... J'avais quitté ma place, bêtement...

Elle était allée vomir son dîner. Elle buvait à nouveau. Elle voulait danser encore. Et, à mesure qu'elle dansait, son corps se serrait davantage contre le mien.

Il y avait dans son excitation quelque chose de triste, de forcé, qui n'était pas sans m'émouvoir. Je sentais le désir qui s'emparait d'elle petit à petit et c'était une sorte de désir que je n'avais jamais rencontré.

Elle s'excitait toute seule, mon juge, comprenez-vous ? Ce n'était pas moi, ce n'était même pas l'homme qui comptait. J'ai compris plus tard. A ce moment-là, j'étais troublé, dérouté. Son désir, malgré ma présence, était un désir solitaire.

Et son excitation sexuelle était une excitation laborieuse. Elle s'y raccrochait comme pour échapper à un vide.

En même temps, tout paradoxal que cela paraisse, elle en était humiliée, elle en souffrait.

A un certain moment, tenez, comme nous venions de nous rasseoir et que l'orchestre jouait une musique obsédante qu'elle avait demandée, il lui est arrivé d'enfoncer soudain ses ongles dans ma cuisse.

Nous avons beaucoup bu, je ne sais plus combien de verres. A la fin, nous étions les seuls clients dans le cabaret et le personnel attendait notre départ pour fermer. On a fini par nous mettre poliment à la porte.

Il était passé deux heures du matin. Cela m'ennuyait d'aller avec ma compagne au *Duc de Bretagne*, où l'on me connaissait et où il m'était arrivé de descendre avec Armande et mes filles.

— Tu es sûr qu'il n'y a plus rien d'ouvert ?

— A part quelques petits bouis-bouis, sur le port.

— Allons-y...

Nous avons pris un taxi, qu'il nous a fallu chercher longtemps. Et dans l'ombre de l'auto, cette fois, elle a collé brusquement ses lèvres aux miennes, dans une sorte de spasme de tendresse, sans amour. Elle ne repoussait pas ma main que j'avais posée sur sa hanche, et je la sentais toute maigre, toute brûlante sous ses vêtements mouillés.

Il nous est arrivé ce qui arrive toujours en pareil cas. La plupart des petites boîtes que nous cherchions étaient fermées, ou fermaient justement à notre arrivée. Nous sommes entrés dans un bal populaire à l'éclairage sinistre, et j'ai vu les narines de Martine qui frémissaient parce que tous les hommes la regardaient et qu'elle se figurait sans doute qu'il y avait du danger.

— Tu danses ?

Elle les défiait du regard, de ses lèvres entrouvertes, ses cuisses se collaient aux miennes d'autant plus étroitement qu'elle s'imaginait sentir leur désir.

On nous servit du mauvais alcool qui nous écœurait. J'avais hâte de m'en aller. Je n'osais pas trop insister, parce que je savais ce qu'elle aurait pensé.

En fin de compte, nous sommes entrés dans un hôtel de second ordre, un hôtel moyen, plus exactement, banalement terne, où il y avait encore de la lumière et où le gardien de nuit, tripotant les clefs du tableau, a murmuré :

— Une chambre à deux lits ?

Elle n'a rien dit. Moi non plus. J'ai seulement recommandé qu'on nous éveille à six heures moins le quart. Je n'avais pas de bagages. Ceux de Martine étaient à la consigne de la gare et nous n'avions pas pris la peine d'aller les chercher.

La porte refermée, elle m'a dit :

— Nous coucherons chacun dans un lit, n'est-ce pas ?

J'ai promis. J'y étais fermement décidé. Il y avait une toute petite salle de bains dans laquelle elle est entrée la première en me recommandant :

— Couchez-vous toujours...

En l'entendant aller et venir, ouvrir et fermer les robinets, j'ai eu soudain, mon juge, une étrange sensation d'intimité. Une sensation d'intimité, vous le croirez si vous le pouvez, que je n'ai jamais eue avec Armande.

Je me demande si j'étais encore soûl. Je ne le crois pas. Je me suis déshabillé et je me suis glissé sous les draps. Comme elle tardait à venir et que je pensais qu'elle était peut-être encore malade, j'ai demandé à voix haute :

— Ça va ?

— Ça va, a-t-elle répondu. Vous êtes couché ?

— Oui...

— Je viens...

J'avais éteint les lumières de la chambre, par discrétion. De sorte que, quand elle a ouvert la porte de la salle de bains, elle n'était éclairée que de dos.

Elle m'a paru plus petite, plus maigre encore. Elle était nue et elle tenait une serviette devant elle, sans ostentation, je dois le reconnaître, avec même beaucoup de simplicité.

Elle s'est retournée pour éteindre, et j'ai vu son dos nu, avec la colonne vertébrale qui saillait, la taille très étroite, les hanches, par contre, beaucoup plus fortes que je n'avais imaginé. Cela n'a duré que quelques secondes. C'est une image qui ne m'a jamais quitté. J'ai pensé, ou à peu près :

« Une pauvre petite fille... »

Je l'entendais qui tâtonnait dans l'obscurité pour trouver son lit et s'y coucher. Elle a murmuré gentiment :

— Bonne nuit...

Puis elle a remarqué :

— Il est vrai que nous n'avons pas grand temps à dormir. Quelle heure est-il ?

— Je ne sais pas... Attendez que j'allume...

Je n'avais que mon bras nu à étendre. Ma montre était sur la table de nuit.

— Trois heures et demie...

Je voyais des cheveux épars sur le blanc cru de l'oreiller. Je voyais la forme de son corps couché en chien de fusil. J'ai même remarqué, en dépit des couvertures, que, comme beaucoup de petites filles, elle dormait avec les mains jointes entre ses cuisses, au plus chaud de son intimité. J'ai répété :

— Bonne nuit...

— Bonne nuit...

J'ai éteint et nous ne dormions pas. Deux ou trois fois en l'espace d'un quart d'heure, elle s'est retournée tout d'une pièce en soupirant.

Je n'ai rien prémédité, mon juge, cela, je vous le jure. A certain moment même, j'ai cru que j'allais trouver le sommeil, je commençais à m'assoupir.

Et c'est alors, justement, que je me suis levé d'un bond et que je me suis dirigé vers le lit voisin. Mon visage, mes lèvres ont cherché les cheveux sombres et j'ai balbutié :

— Martine...

Peut-être que son premier mouvement a été pour me repousser ! Nous ne pouvions pas nous voir. Nous étions aveugles, tous les deux.

J'ai rejeté la couverture. Comme dans un rêve, sans réfléchir, sans penser, sans savoir au juste ce que je faisais, d'un geste irrésistible, je l'ai pénétrée, d'un seul coup.

Au même instant, j'ai eu l'impression d'une révélation, il m'a semblé que, pour la première fois de ma vie, je possédais une femme.

Je l'ai aimée furieusement, je vous l'ai dit. J'ai aimé tout son corps à la fois, dont je sentais les moindres frémissements. Nos bouches n'en faisaient qu'une et je mettais une sorte de rage à vouloir m'assimiler cette chair qui, un peu plus tôt, m'était presque indifférente.

Je retrouvais, en plus violent, ses frémissements du cabaret éclairé en rouge. Je participais presque à sa mystérieuse angoisse que j'essayais de comprendre.

Si nous étions en tête à tête, mon juge, j'aimerais vous donner des détails, à vous seul, et je n'aurais pas l'impression d'une profanation. Par écrit j'aurais l'air de me complaire à évoquer des images plus ou moins érotiques.

J'en suis si loin ! Avez-vous jamais eu la sensation que vous étiez sur le point d'atteindre à quelque chose de surhumain ?

Cette sensation, je l'avais, cette nuit-là. Il me semblait qu'il ne tenait qu'à moi de crever, je ne sais quel plafond, de bondir soudain dans des espaces inconnus.

Et cette angoisse qui montait, chez elle... Cette angoisse que, même médecin, je ne m'expliquais pas autrement que par un désir similaire au mien...

Je suis un homme prudent, ce qu'on appelle un homme honnête. J'ai une femme et des enfants. S'il m'est arrivé de chercher l'amour ou le plaisir ailleurs que chez moi, jamais, jusque-là, je n'avais risqué quoi que ce fût qui pût compliquer mon existence familiale. Vous me comprenez, n'est-ce pas ?

Or, avec cette femme que je ne connaissais pas quelques heures plus tôt, je me comportais, malgré moi, en amant complet, je me comportais en bête.

Ma main, soudain, parce que je ne comprenais plus, a cherché la poire électrique. Je l'ai vue dans la lumière jaune et je ne sais si elle s'est rendu compte que son visage était désormais éclairé.

Il y avait dans tout son être, mon juge, dans ses yeux fixes, dans sa bouche ouverte, dans ses narines pincées, une angoisse intolérable, en même temps, essayez de bien me comprendre, qu'une volonté non moins désespérée d'y échapper, de crever la bulle, de crever le plafond à son tour, d'être délivrée, en un mot.

J'ai vu monter cette angoisse jusqu'à un tel paroxysme que ma conscience de médecin s'en effrayait et que je me suis senti soulagé quand soudain, après une dernière tension de tous ses nerfs, elle est retombée comme vide, découragée, son cœur battant si fort sous son petit sein que je n'avais pas besoin de la toucher pour en compter les palpitations.

Je l'ai fait, pourtant. Manie de toubib. Crainte, peut-être, des responsabilités ? Son cœur battait à cent quarante, ses lèvres sans couleur étaient entrouvertes sur des dents blanches, de la blancheur des dents de morte.

Elle a balbutié quelque chose comme :

— Je ne peux pas...

Et elle a essayé de sourire. Elle a saisi ma grosse main. Elle s'y est raccrochée.

Nous sommes restés longtemps ainsi, dans le silence de l'hôtel, à attendre que ses pulsations redeviennent à peu près normales.

— Donne-moi un verre d'eau...

Elle n'a pas pensé à se recouvrir et vous ne pouvez savoir à quel point je lui en suis reconnaissant. Tandis que je lui tendais le verre en lui soutenant la tête, j'ai vu, sur son ventre, une couture encore fraîche, une cicatrice d'un vilain rose qui le traversait verticalement.

Voyez-vous, cette cicatrice-là, pour moi, médecin, c'était un peu ce qu'est pour vous, juge, un extrait de casier judiciaire.

Elle n'essayait pas de me la cacher. Elle balbutiait :

— Mon Dieu, que je suis donc fatiguée...

Et deux grosses larmes brûlantes me jaillissaient des paupières.

6

Sont-ce là des choses que je pouvais raconter au tribunal, que je pouvais vous dire dans le silence de votre cabinet en présence de votre greffier roux et de Mᵉ Gabriel, pour qui la vie est si simple ?

Je ne sais pas si je l'ai aimée dès cette nuit-là, mais, ce dont je suis sûr, c'est que, quand nous avons pris, un peu avant sept heures du matin, un train poisseux d'humidité froide, je ne pouvais déjà plus envisager la perspective d'une vie sans elle, c'est que cette femme qui était en face de moi, pâle et chiffonnée dans la méchante lumière du compartiment, près de la vitre où coulaient des gouttes plus claires que la nuit, c'est que cette inconnue, au chapeau rendu ridicule par la pluie de la veille, m'était plus proche qu'aucun être humain ne l'avait jamais été.

Il est difficile d'être plus vides que nous n'étions l'un et l'autre et nous devions faire sur les gens l'effet de deux fantômes. Quand le veilleur de nuit, par exemple, le même qui nous avait accueillis, est venu pour nous réveiller, il a trouvé de la lumière sous la porte, car notre lampe de chevet ne s'était plus éteinte depuis le moment où je l'avais allumée à tâtons. Martine était dans son bain. J'ai ouvert, en pantalon, le torse nu, les cheveux hirsutes, pour demander :

— Il n'y a pas moyen d'avoir deux tasses de café ?

Lui aussi, au fait, avait l'air d'un fantôme.

— Malheureusement pas avant sept heures du matin, monsieur.

— Vous ne pouvez pas nous en préparer ?

— Je n'ai pas les clefs. Je vous demande bien pardon.

Est-ce qu'il n'a pas eu un peu peur de moi ? Dehors, nous n'avons pas trouvé de taxi. Martine se cramponnait à mon bras, et j'étais probablement aussi flou qu'elle dans le crachin glacé. C'est encore une chance que nos pérégrinations nocturnes nous aient ramenés non loin de la gare.

— Le buffet sera peut-être ouvert ?

Il l'était. On servait aux matineux, dans de grands bols blêmes, du café noir ou du café au lait. Rien que la vue de ces bols me donna le haut-le-cœur, Martine s'est obstinée à boire et, l'instant d'après, sur le quai, sans avoir le temps de courir aux toilettes, elle était obligée de recracher son café.

Nous ne parlions pas. Nous attendions avec appréhension l'effet des cahots du train sur nos tempes douloureuses, sur toute notre chair malade. Comme beaucoup de trains du matin, sur les petites lignes, celui-ci exécuta je ne sais combien de manœuvres avant de partir, nous martelant chaque fois le crâne de coups violents.

Elle a souri, pourtant, en me regardant, alors que nous franchissions le pont de la Loire. Mes petits paquets étaient éparpillés sur la banquette autour de moi. Il n'y avait que nous deux dans le compartiment. Je tenais à la bouche, avec une mine sans doute dégoûtée, une pipe que j'avais été obligé de laisser s'éteindre.

Elle a murmuré :

— Je me demande ce qu'Armande va dire...

Cela m'a à peine choqué. Un tout petit peu, pourtant. Mais n'était-ce pas moi qui avais commencé ?

— Et toi, il y a quelqu'un qui t'attend ?

— M. Boquet m'a promis de me trouver un appartement meublé où je puisse faire ma cuisine...

— Tu as couché avec lui ?

C'est effarant, mon juge. Il n'y avait pas tout à fait douze heures que je la connaissais. La même horloge rougeâtre qui nous avait vus nous rencontrer était encore là, derrière nous, dominant un faisceau de rails, et sa petite aiguille n'avait pas fait le tour complet du cadran. Cette femme à la mine fripée, je savais, de par sa cicatrice, non seulement qu'elle avait eu des amants, mais qu'elle avait été salement touchée.

N'empêche que soudain, alors que je posais cette question-là, j'ai souffert d'une contraction épouvantable dans la poitrine ; je suis resté comme en suspens. Je n'avais encore rien connu de pareil, mais cela m'est arrivé assez souvent par la suite pour que, depuis, je ressente une pitié fraternelle à l'égard de tous les angineux.

— Je t'ai dit que je n'avais même pas eu le temps de lui parler de ça...

J'avais cru à certain moment qu'une fois dans le train, en terrain neutre, nous reprendrions peut-être le « vous » en même temps que notre personnalité propre, mais, à mon étonnement, le « tu » continuait à nous paraître naturel.

— Si tu savais comme j'ai fait drôlement sa connaissance...

— Il était ivre ?

Si j'ai demandé cela tout de suite, c'est que je connais Raoul Boquet. Je vous ai décrit le bar américain de Nantes. Nous en avons un aussi, à La Roche-sur-Yon, depuis peu. Je n'y ai mis les pieds qu'une fois ou deux, par hasard. On y trouve surtout quelques snobs qui estiment les cafés de la ville vieux jeu, qui vont là pour se montrer, qui se perchent sur les hauts tabourets et surveillent la confection des cocktails du même air que Martine le faisait la veille. On y voit quelques femmes aussi, non des prostituées, mais plutôt des bourgeoises qui veulent se donner un genre moderne.

Boquet, c'est autre chose. Il a mon âge, peut-être un an ou deux de moins. C'est son père qui a fondé les Galeries et il en a hérité avec son frère Louis et sa sœur, voilà cinq ans.

Raoul Boquet boit pour boire, est grossier pour être grossier, parce qu'il s'emmerde, comme il dit, parce que tout l'emmerde et qu'il emmerde tout le monde. Sa femme l'emmerde et il arrive à Raoul de rester des quatre ou cinq jours sans rentrer chez lui. Sorti pour une heure, sans pardessus, on le retrouve deux jours plus tard à La Rochelle ou à Bordeaux avec toute une bande qu'il a racolée n'importe où.

Ses affaires l'emmerdent aussi, sauf par crises : alors on le voit presque sobre pendant quinze jours ou trois semaines, et il commence à bouleverser l'organisation du magasin.

Il conduit sa voiture comme un fou. Exprès. Passé minuit, il monte sur les trottoirs pour effrayer un brave homme qui rentre chez lui. Il a eu je ne sais combien d'accidents. On lui a retiré deux fois son permis de conduire.

Je le connaissais mieux que quiconque, moi qui le soignais, et voilà qu'il entrait dans ma vie à un tout autre titre et que j'en étais réduit à avoir peur de lui.

— Il boit beaucoup, n'est-ce pas ? J'ai pensé tout de suite que cela l'intéresse plus que les femmes...

Sauf celles des maisons à gros numéro où, périodiquement, il va faire de l'esclandre.

— J'étais avec une amie dans un bar de la rue Washington, à Paris... Tu connais peut-être ?... A gauche, près des Champs-Elysées... Il avait bu et parlait à voix très haute à son voisin, peut-être un ami, peut-être quelqu'un qu'il ne connaissait pas.

Les mots coulaient, monotones, comme des gouttes d'eau sur les vitres des portières.

— Tu comprends, disait-il, c'est mon beau-frère qui m'emmerde. C'est un faux jeton, mon beau-frère, mais, le malheur, c'est qu'il doit avoir une belle q..., car ma garce de sœur ne peut pas s'en passer et ne voit que par ses yeux... Avant-hier encore, il a profité de ce que je n'étais pas là pour flanquer ma secrétaire à la porte sous je ne sais quel prétexte... Dès qu'il voit qu'une secrétaire m'est dévouée, il la liquide, ou il s'arrange pour la faire passer de son bord, ce qui lui est facile, car elles sont toutes du pays...

» Est-ce que les Galeries appartiennent aux Boquet, oui ou non ? Est-ce qu'il en est un, lui qui s'appelle Machoul ? Parfaitement, barman, Machoul, sauf votre respect... Mon beau-frère s'appelle Machoul, et son plus cher désir, le vœu de tous ses instants, est de me foutre à la porte à mon tour...

» Tiens, mon vieux, ma prochaine secrétaire, c'est à Paris que je la prendrai, une fille qui ne connaisse pas Oscar Machoul et qui ne se laisse pas impressionner par lui...

Le ciel devenait moins sombre. Des fermes sortaient vaguement de l'ombre, avec de la lumière dans les étables, dans la grisaille des campagnes plates.

Martine racontait toujours, sans se presser.

— J'étais à bout, tu sais. Je buvais des cocktails avec mon amie parce qu'elle me les offrait, mais il y avait huit jours que je vivais de croissants et de cafés crème. Tout à coup, je me suis avancée vers lui et j'ai dit :

» — Si vous voulez une secrétaire qui ne connaisse pas Machoul, prenez-moi...

J'ai compris bien des choses, allez, mon juge. Et d'abord, comme je connaissais mon Boquet, j'ai imaginé la scène. Il a dû lui parler le plus crûment possible, par principe.

— T'es à la côte ?

Et sans doute lui a-t-il demandé, avec un faux air innocent, si elle avait travaillé jusqu'alors dans un bureau ou en maison.

— Amène-toi toujours à La Roche. On essayera.

Il l'a fait boire, c'est certain. Une des raisons qui m'empêchent de pénétrer dans le bar où il tient ses assises, c'est qu'il devient furieux si on a le malheur de refuser de boire avec lui.

Elle est venue quand même à La Roche, mon juge. Elle a entrepris le voyage, avec ses deux valises, vers une petite ville qui lui était inconnue.

— Pourquoi es-tu passée par Nantes et t'y es-tu arrêtée ?

— Parce que j'ai à Nantes une amie qui travaille au consulat de Belgique. Il me restait juste assez d'argent pour payer mon billet de chemin de fer et je ne voulais pas en demander à mon patron dès mon arrivée à La Roche.

Notre train s'arrêtait dans toutes les petites gares. A chaque coup de frein, nous sursautions ensemble et nous attendions avec une égale angoisse les cahots de la mise en marche. Les vitres pâlissaient. Des hommes criaient les noms des localités, couraient, ouvraient et refermaient les portières, entassaient les sacs postaux et les colis de messagerie sur des chariots.

Drôle d'atmosphère, mon juge, pour lui dire d'un ton honteux, après je ne sais combien de kilomètres d'hésitation :

— Tu ne coucheras pas avec lui ?

— Mais non.

— Même s'il te le demande ? Même s'il l'exige ?

— Mais non.

— Ni avec lui, ni avec personne ?

— Promis, me répondait-elle en souriant.

A nouveau cette angoisse qu'ont si souvent essayé de me décrire mes malades atteints d'angine de poitrine. On croit mourir. On sent la mort tout près, on est comme suspendu à un fil de la vie. Et pourtant je n'ai pas d'angine de poitrine.

— Ni avec lui, ni avec personne ?

Nous n'avons pas parlé d'amour. Nous n'en parlions pas encore. Nous étions deux chiens mouillés et harassés dans la grisaille d'un compartiment de seconde classe, à sept heures et demie du matin, en décembre, alors que le jour, faute de soleil possible, tardait à se lever.

Pourtant, je l'ai crue et elle m'a cru.

Nous ne nous tenions pas l'un près de l'autre, mais face à face, car nous avions besoin de faire attention à nos moindres mouvements pour éviter le mal au cœur et, à chaque heurt, nous entendions des coups de cloche sous notre crâne.

Nous nous regardions comme si nous nous connaissions depuis toujours. Sans coquetterie, Dieu merci ! Ce n'est qu'un peu avant d'arriver à La Roche et en voyant que je rassemblais mes paquets qu'elle s'est mis de la poudre et du rouge à lèvres, puis qu'elle a essayé d'allumer une cigarette.

Ce n'était pas à mon intention, mon juge. Pour moi, elle savait qu'elle n'avait plus besoin de tout cela. Pour les autres ? Je me le demande. Par habitude, plus probablement. Ou plutôt pour ne plus se sentir aussi nue, car nous nous sentions tous les deux presque aussi nus que dans la chambre d'hôtel.

— Ecoute. Il est trop tôt pour téléphoner à Boquet et les Galeries n'ouvrent qu'à neuf heures. Je vais te déposer à l'*Hôtel de l'Europe*. Il est préférable que tu dormes quelques heures...

Elle avait visiblement envie de poser une question qu'elle hésitait à poser depuis un moment et moi, je ne sais pourquoi, je voulais l'éviter, j'en avais peur. Elle m'a regardé, résignée, *obéissante*, vous entendez, juge, obéissante, et elle a laissé tomber simplement :

— Bien.

— Je te téléphonerai avant midi, ou je passerai te voir... Attends... Non... je ne pourrai pas passer te voir parce que c'est le moment de ma consultation... Viens chez moi... On peut toujours entrer chez un médecin.

— Mais Armande ?

— Tu entreras par le salon d'attente, comme une malade...

C'est ridicule, n'est-ce pas ? Mais j'avais si peur de la perdre ! Je ne voulais à aucun prix qu'elle vît Boquet avant moi. Je ne voulais déjà plus qu'elle vît personne. Je ne le savais pas encore moi-même. Je lui traçai, au dos d'une vieille enveloppe, le plan d'une partie de la ville, le chemin de l'*Hôtel de l'Europe* à ma maison.

A la gare, j'ai appelé un porteur que je connaissais et j'étais soudain très fier d'être connu.

— Trouve-nous un bon taxi, Prosper.

Je la suivais. Je la précédais. Je trottais autour d'elle comme un chien berger. Je saluais gaiement le sous-chef de gare. Ma parole, pendant quelques minutes, j'ai oublié ma gueule de bois.

Dans le taxi, bien que le chauffeur me connût parfaitement, je tenais la main de Martine, j'étais penché sur elle comme un homme amoureux et je n'en avais pas honte.

— Surtout, ne sors pas, ne téléphone à personne avant de m'avoir vu... Il est huit heures... Mettons que tu dormes jusqu'à onze heures, même onze heures et demie... Mes consultations, le mercredi, durent jusqu'à une heure... Il faut me promettre que tu ne verras personne, que tu ne téléphoneras à personne... Promets, Martine...

Je me demande si elle avait conscience de ce qui lui arrivait d'inouï.

— Je promets.

Nous ne nous sommes pas embrassés. La place Napoléon était vide quand le taxi s'est arrêté devant l'*Hôtel de l'Europe*. Je suis allé trouver Angèle, la patronne, dans la cuisine, où, comme chaque matin, elle donnait ses instructions au chef.

— J'ai besoin d'une bonne chambre pour une personne qui est très fatiguée et qu'un confrère de Paris me recommande.

— Entendu, docteur...

Je ne suis pas monté avec elle. Arrivé au bas du seuil de plusieurs marches, je me suis retourné. A travers la porte vitrée, aux cuivres que l'humidité ternissait, je l'ai vue, sur le tapis rouge du hall, qui parlait à Angèle et qui désignait ses deux valises au garçon. Je la voyais et elle ne me voyait pas. Elle parlait et je n'entendais pas sa voix. Une seconde, pas plus, j'ai imaginé sa bouche ouverte, vous savez, comme la nuit, et l'idée de la quitter, même pour un temps assez court, m'a été tellement intolérable, la peur m'a tellement point que j'ai failli retourner sur mes pas et l'emmener.

Dans le taxi, tout seul, je retrouvais ma fatigue et mes malaises, mes élancements dans les tempes et cette sensation de chavirement dans la poitrine.

— Chez vous, docteur ?

Chez moi, oui. C'est vrai : *chez moi*. Et il y avait des petits paquets plein la banquette, y compris les fameux boutons pour une jaquette qu'Armande faisait faire selon son patron à elle par la meilleure couturière de La Roche-sur-Yon.

Chez moi, puisque cet homme le disait ! D'ailleurs, il y avait mon nom sur la plaque de cuivre appliquée à la grille. Babette, notre dernière bonne, se précipitait au-devant du chauffeur qui portait mes paquets et un rideau bougeait au premier étage dans la chambre de mes filles.

— Monsieur n'est pas trop fatigué ? Monsieur va commencer par déjeuner, j'espère. Madame s'est déjà informée deux fois de Monsieur. Sans doute le train, comme je lui ai dit, a-t-il encore eu du retard ?

Le vestibule aux murs d'un blanc crémeux et des vêtements à moi, des chapeaux, ma canne au portemanteau. La voix de ma benjamine, là-haut :

— C'est toi, papa ? Est-ce que tu as rencontré le Père Noël ?

Je demandai à Babette :

— Il y a déjà beaucoup de monde ?

Parce que, chez les médecins pour petites gens, on fait la queue et les clients s'y prennent de bonne heure. L'odeur du café. Ce matin-là, elle me soulevait le cœur. Je retirai mes souliers imprégnés d'eau et il y avait un gros trou à une de mes chaussettes.

— Mais, Monsieur a les pieds tout mouillés...

— Chut ! Babette...

Je montai l'escalier blanc au tapis rose maintenu par des tringles de cuivre. J'embrassai mon aînée qui partait pour l'école : Armande faisait prendre son bain à la cadette.

— Je n'ai pas compris pourquoi tu ne couchais pas chez Gaillard comme d'habitude... Quand tu m'as téléphoné, hier soir, tu ne paraissais pas dans ton assiette... Tu n'as pas été malade ?... Quelque chose t'a contrarié ?

— Mais non... J'ai fait toutes tes courses...

— Je verrai cela en descendant... Mme Gringuois a encore téléphoné ce matin et demande que tu ailles la voir dès ton arrivée... Elle ne peut pas venir... Elle a attendu hier pendant deux heures dans le salon, à me raconter ses malheurs...

— Je me change et j'y vais.

A la porte, je me retournai, balourd.

— A propos...

— Quoi ?

— Rien... A tout à l'heure...

J'avais failli lui annoncer tout de suite que j'aurais quelqu'un à déjeuner, quelqu'un que j'avais rencontré par hasard, la fille d'un ami, que sais-je ? J'étais prêt à inventer n'importe quoi. C'était naïf, maladroit. Et pourtant je venais de décider que Martine déjeunerait à la maison. J'avais besoin qu'elle prît son premier repas à La Roche-sur-Yon dans mon intimité et même, pensez ce que vous voudrez, qu'elle connût Armande dont je lui avais tant parlé.

J'ai pris mon bain, je me suis rasé, j'ai sorti ma voiture du garage et je suis allé voir ma vieille cliente qui habite toute seule une petite maison à l'autre bout de la ville. Deux fois, exprès, je suis passé devant l'*Hôtel de l'Europe,* dont j'ai regardé les fenêtres. Angèle m'avait dit qu'elle donnerait le 78. Je ne savais pas où était située cette chambre, mais il y en avait une, à l'angle du second étage, dont les rideaux étaient fermés, et je la contemplais avec émotion.

Je suis entré au *Poker-Bar,* mon juge, cet endroit dont je vous ai parlé, où je ne mettais guère les pieds ; et j'y ai absorbé ce matin-là, à jeun, un verre de vin blanc qui m'a vrillé l'estomac.

— Boquet n'est pas encore venu ?

— Avec la vie que lui et sa bande ont menée cette nuit, il n'y a pas de chance de le voir avant cinq ou six heures du soir. Ces messieurs étaient encore ici au départ du premier train de Paris...

Quand je suis rentré chez moi, Armande était occupée à téléphoner à la couturière pour lui annoncer qu'elle avait les boutons et pour prendre rendez-vous. Je n'ai pas vu ma mère. J'ai pu gagner mon cabinet et écluser mes clients les uns après les autres.

Plus le temps passait, plus j'avais l'impression que j'étais en train de rater ma vie. L'atmosphère était grise, sans joie. Les fenêtres de mon bureau, où je rédige mes ordonnances, donnent sur le jardin, dont les arbustes noirs s'égouttaient en silence. Quant à la fenêtre de mon cabinet de consultation, elle est munie de vitres dépolies et on y a besoin toute la journée de lumière artificielle.

Une idée s'imposait à moi peu à peu, qui m'avait d'abord paru absurde, mais qui le devenait moins à mesure que le temps passait, que les malades se succédaient. N'avais-je pas au moins deux confrères à La Roche-sur-Yon même, qui n'avaient pas une clientèle plus grosse que la mienne et se faisaient assister par une infirmière ? Sans compter les spécialistes, comme mon ami Dambois, qui ont tous une assistante.

Je m'étais mis à détester Raoul Boquet et pourtant, mon juge, je puis vous dire, car un médecin est bien placé pour connaître ces choses, que, comme homme, je n'avais rien à lui envier. Au contraire ! Et, justement parce qu'il était pourri de tares, j'enrageais davantage à l'idée d'une intimité quelconque entre lui et Martine.

Onze heures, vous comprenez ? Onze heures et demie. Un pauvre gosse, je le vois encore, avec les oreillons et une énorme compresse autour de la tête. Puis un panaris à inciser. D'autres. Il en venait toujours d'autres qui remplaçaient les précédents sur les banquettes.

Elle ne viendrait pas. C'était impossible qu'elle vînt. Et pourquoi, dites, pourquoi serait-elle venue ?

Un accidenté du travail, qu'on amenait en camionnette, parce que je suis médecin des assurances. Il me disait, faraud, en me montrant son pouce écrasé :

— Coupez, bon sang ! Mais coupez donc ! Je parie que vous n'avez pas le cœur de couper. Est-ce qu'il faut que je le fasse moi-même ?

Quand je l'ai reconduit, la sueur qui me coulait sur les paupières m'empêchait presque de voir devant moi et j'ai failli introduire le premier malade sans savoir qu'elle était là, dans le même tailleur sombre que la veille, avec le même chapeau, tout au bout d'un des deux bancs.

Bon Dieu ! Que c'est bête de devoir employer des mots qui ont servi si longtemps à exprimer des banalités ! Ma gorge s'est serrée. Vraiment serrée, là, aussi serrée qu'une artère dans un catgut. Est-ce que je peux vous dire autre chose, est-ce que je peux vous dire ça autrement ?

Ma gorge s'est serrée et j'ai traversé la pièce au lieu de rester à tenir d'une main la porte de mon cabinet comme je le fais d'habitude.

Elle m'a dit plus tard que j'étais effrayant. C'est possible. J'avais eu trop peur. Et je vous fiche mon billet que je ne m'inquiétais pas, à ce moment-là, de ce que penseraient les cinq ou six malades qui attendaient leur tour depuis peut-être des heures.

Je me suis planté devant elle. C'est toujours par elle que je le sais. Moi, je ne me contrôlais plus. Je lui ai dit, les dents serrées, presque comme une menace :

— Entre...

Est-ce que je pouvais vraiment avoir l'air terrible ? J'avais trop peur pour ça. J'avais eu trop peur. Je n'étais pas encore rassuré. Il fallait lui faire franchir la porte, la refermer.

Alors il paraît que j'ai poussé un soupir aussi rauque qu'un gémissement et que j'ai articulé en laissant tomber mes bras devenus mous :

— Tu es venue...

Ce qu'on m'a reproché le plus, au procès, c'est d'avoir introduit une femme, d'avoir introduit ma maîtresse au domicile conjugal. A leurs yeux, je crois bien que c'est mon plus grand crime et qu'on m'aurait pardonné, à la rigueur, d'avoir tué. Mais mettre Martine face à face avec Armande, ils en étaient tellement indignés qu'ils ne trouvaient pas les mots pour qualifier ma conduite.

Qu'est-ce que vous auriez fait, mon juge ? Est-ce que je pouvais m'en aller tout de suite ? Est-ce que cela aurait paru plus naturel ? Comme ça, dès le premier jour, de but en blanc ?

Est-ce que je savais seulement où nous allions ? Il y a une chose que je savais, une seule, c'est que je ne pouvais plus me passer d'elle et que j'éprouvais une douleur physique aussi violente que celle du plus affligé de mes malades dès qu'elle n'était plus près de moi, dès que je ne la voyais pas, que je ne l'entendais pas.

C'était soudain le vide total.

Est-ce que c'est tellement extraordinaire ? Est-ce que je suis le seul homme à avoir connu ce vertige ?

Est-ce que je suis le premier à avoir haï tous ceux qui étaient susceptibles de s'approcher d'elle en mon absence ?

On aurait pu le croire en écoutant ces messieurs qui regardaient d'un air tantôt indigné, tantôt apitoyé. Plus souvent indigné.

Remarquez que, quand je l'ai regardée, dans la lumière de mon cabinet, j'ai été presque désillusionné. Elle avait à nouveau sa silhouette trop nette de la veille au soir, sa silhouette d'*avant*. Peut-être parce qu'elle n'était pas très à son aise, elle affichait son assurance de cliente de bars.

Je cherchais des traces de ce qui nous était arrivé et je n'en trouvais pas.

Tant pis ! Telle qu'elle était, je ne la laissais pas partir. J'en avais encore pour une heure de consultation au moins. J'aurais pu lui demander de revenir. Mais je ne voulais pas qu'elle s'éloignât. Je ne voulais même pas la laisser seule chez moi. Il fallait qu'on me la gardât.

— Ecoute... Tu déjeuneras à la maison... Mais si... C'est inutile de parler de notre rencontre d'hier, car Armande est méfiante et ma mère encore plus... Pour elles deux, tu es venue me trouver ce matin avec une recommandation du docteur Artari, de Paris, que je connais un peu et que ma femme ne connaît pas...

Elle n'était pas rassurée, mais elle sentait bien que ce n'était pas le moment de me contrecarrer.

— Tu peux parler de Boquet... Cela vaut même mieux... Cependant laisse entendre que tu as travaillé pour un médecin, pour Artari, par exemple...

J'avais tellement hâte d'arranger tout cela, qui me paraissait merveilleux, que j'avais déjà la main sur la poignée de la porte communiquant avec la maison.

— Mon nom est Englebert, me dit-elle, Martine Englebert... Je suis belge, de Liège...

Elle sourit. C'est vrai que je ne connaissais pas son nom de famille et que cela m'aurait embarrassé pour la présenter.

— Tu verras... Laisse-moi faire...

J'étais tout fou. Tans pis si vous trouvez ça ridicule, mon juge. Je l'amenais chez moi. C'était presque un piège. J'avais un peu l'impression de me l'approprier et il n'en aurait pas fallu beaucoup pour que l'idée me vienne de l'enfermer. J'entendais les quintes de toux d'une malade dans la salle d'attente.

— Viens...

Je frôlai ses lèvres de mes lèvres, délicatement. Je la précédais. C'était mon vestibule, à gauche mon salon ; l'odeur qui flottait était l'odeur de ma maison, et elle était dans ma maison.

J'ai aperçu maman dans le salon et je me suis précipité vers elle.

— Ecoute, maman... Je te présente une jeune fille que me recommande le docteur Artari, un médecin de Paris que je connais... Elle vient travailler à La Roche où elle ne connaît personne... Je l'ai invitée à déjeuner avec nous...

Maman, en se levant, laissa tomber sa pelote de laine.

— Je te la confie... Je vais continuer mes consultations. Dis à Babette de nous préparer un bon déjeuner...

Est-ce que j'ai failli chanter ? Je me demande maintenant si, en refermant la porte de mon cabinet, je n'ai pas fredonné. J'avais la sensation d'une telle victoire, et, pour tout dire, j'étais si fier de mon astuce ! Pensez que je l'avais mise sous la garde de maman. Aucun homme ne lui parlerait pendant qu'elles seraient ensemble. Et Martine, qu'elle le veuille ou non, continuerait à vivre dans mon atmosphère.

Même si Armande descendait. Je ne savais pas si elle était sortie ou non, mais elles ne tarderaient pas à se trouver face à face.

Eh bien ! Armande me la garderait à son tour. J'ouvrais, plein d'allégresse, soulagé comme je crois ne l'avoir jamais été auparavant, la porte de la salle d'attente.

Au suivant ! Au suivant encore ! Ouvrez la bouche. Toussez. Respirez. Ne respirez plus.

Elle était là, à moins de dix mètres de moi. Quand je me rapprochais de la petite porte du fond, je pouvais entendre un murmure de voix. C'était trop confus pour que je reconnaisse la sienne, mais elle n'en était pas moins là.

Vous étiez là, je crois, au moment où l'avocat général a demandé, non pas à moi, mais, en levant les bras au ciel, à je ne sais quelle puissance mystérieuse :

— Qu'est-ce que cet homme pouvait espérer ?

J'ai souri. Mon hideux sourire, vous savez ! J'ai souri et j'ai dit tout bas, mais assez distinctement pour qu'un de mes deux gardes l'entendît :

— Etre heureux...

En réalité, je ne me posais pas la question. J'étais assez lucide, malgré tout, pour prévoir des complications, des difficultés de tous les instants.

Ne parlons pas de la pente savonneuse du vice, comme je ne sais plus quel imbécile l'a fait au procès. Il n'y avait pas de pente savonneuse et il n'y avait pas de vice.

Il y avait un homme qui ne pouvait pas agir autrement qu'il agissait, un point c'est tout. Qui ne le pouvait pas parce que ce qui était soudain en jeu, après quarante ans, c'était son bonheur à lui, dont personne ne s'était jamais soucié, ni lui-même, un bonheur qu'il n'avait pas cherché, qui lui avait été donné gratuitement et qu'il ne lui était pas permis de perdre.

Excusez-moi si je vous choque, mon juge. J'ai bien le droit de parler moi aussi, après tout. Et j'ai l'avantage sur les autres de savoir ce dont je parle. J'ai payé le prix. Eux n'ont rien payé et par conséquent je ne leur reconnais pas le droit de s'occuper de ce qu'ils ignorent.

Tant pis si, comme les autres, vous prononcez le mot cynisme. Au point où j'en suis, cela n'a plus d'importance. Cynisme, soit, si vous voulez : dès ce matin-là, en effet, peut-être dès je ne sais plus quel instant de la nuit, j'acceptais d'avance tout ce qui pourrait advenir.

Tout, mon juge. Vous m'entendez ?

Tout, sauf de la perdre. Tout, sauf de la voir s'éloigner, de vivre sans sa présence, de ressentir encore dans la poitrine cette horrible douleur.

Je n'avais pas de plan préconçu. Il est faux de prétendre que ce matin-là, en la présentant à ma mère, j'étais décidé à introduire ma concubine — mon Dieu ! comme certains mots jugent les gens qui les prononcent ! — sous le toit conjugal.

Il fallait que je la gare tout de suite. Pour le reste, on aviserait plus tard. Ce qui comptait, c'était d'éviter tout contact avec Boquet, tout contact avec quelque homme que ce fût.

J'ai continué mes consultations, l'âme en paix. Quand je suis entré dans le salon, les trois femmes y étaient assises comme des dames qui se font visite, et Martine avait ma plus jeune fille sur les genoux.

— J'ai eu le plaisir de faire la connaissance de votre femme, m'a-t-elle dit sans ironie, sans intention d'aucune sorte, parce qu'il fallait qu'elle dît quelque chose.

Il y avait trois petits verres de porto sur le guéridon, avec, au milieu, notre beau carafon en cristal taillé. Le salon était vraiment joli, ce matin-là, et le tulle des rideaux empêchait d'apercevoir la grisaille qui enveloppait la ville.

— Mlle Englebert nous a beaucoup parlé de sa famille...

Armande m'a adressé un petit signe que je connais bien, qui veut dire qu'elle désire me parler en particulier.

— Il faut que je descende à la cave choisir une bonne bouteille, prononçai-je.

Et sans comédie, je vous jure, gaiement, parce que j'étais gai, tout à coup :

— Dites-moi, mademoiselle, préférez-vous les vins blancs aux vins rouges, les vins secs aux vins doux ?

— Secs, si Mme Alavoine est comme moi...

Je suis sorti de la pièce. Armande m'a suivi.

— Tu crois que nous pouvons la laisser à l'hôtel en attendant qu'elle trouve un appartement ? Elle est descendue à l'*Europe*, ce matin. Si Artari te la recommande... Qu'est-ce qu'il dit dans sa lettre ?...

Je n'avais pas pensé que j'aurais dû avoir une lettre.

— Il me demande de lui faciliter les premiers temps de son séjour... Il n'aime pas beaucoup la place qu'on lui offre chez Boquet, mais nous verrons ça plus tard...

— Si je savais que ce n'est que pour deux ou trois jours, je lui donnerais la chambre verte...

Voilà, mon juge ! La chambre verte ! A côté de celle de maman, séparée de la mienne par la chambre de nos filles.

— Fais comme tu voudras...

Pauvre Martine, qui devait nous entendre chuchoter dans le corridor et qui ne savait pas, qui ne pouvait pas se douter de la tournure que prenaient les choses. Maman lui parlait et elle faisait semblant d'écouter tout en tendant l'oreille vers le dehors, plus morte que vive.

Elle ne verrait pas Boquet, elle ne travaillerait pas pour lui, maintenant c'était décidé. J'allais vite en besogne, vous le voyez. Mais ce n'était pas moi. C'était le destin, mon juge, c'était une force qui nous dépassait.

J'étais tellement reconnaissant à Armande que je l'ai regardée, pendant le déjeuner, comme je ne l'avais jamais sans doute regardée jusqu'alors, avec une véritable tendresse. Un déjeuner parfait, que maman avait obtenu de surveiller. Nous n'avions pas faim et nous mangions sans nous en apercevoir. Nos yeux riaient. Nous étions gais. Tout le monde était gai, mon juge, comme par miracle.

— Tout à l'heure, mon mari ira chercher vos bagages à l'hôtel. Mais si ! Je ne crois pas qu'il soit difficile, en ce moment, de trouver un appartement meublé. Après le déjeuner, je donnerai deux ou trois coups de téléphone...

Nous voulions nous rendre à l'hôtel ensemble. Nous avions déjà besoin d'être seuls. Nous n'osions pas aller trop vite en besogne. La proposition ne pouvait pas venir de moi.

C'est là que j'ai vu combien Martine était rouée, j'allais dire combien elle était garce. Ces dames finissaient le café. Je partais.

— Cela vous ennuierait, madame, que je passe à l'hôtel, moi aussi ?

Et, à voix basse, comme en confidence :

— J'ai quelques petites choses qui traînent et...

Armande avait compris. Petits secrets de   femmes, parbleu ! Petites pudeurs ! Ce n'était pas à la grande brute que j'étais de pénétrer dans la chambre d'une jeune fille et de manier son linge, ses objets personnels.

J'entends encore Armande me recommander tout bas, pendant que Martine mettait son drôle de petit chapeau, devant la glace du vestibule :

— Laisse-la monter seule... C'est plus délicat... Tu la gênerais...

L'auto. Mon auto. Nous deux dedans, moi au volant, elle à côté, et ma ville, les rues dans lesquelles je passais tous les jours.

— C'est merveilleux... dis-je.

— Cela ne te fait pas un petit peu peur ? Tu crois que nous devons accepter ?...

Elle ne se moquait plus d'Armande, à présent. Elle avait honte devant elle.

Mais personne au monde n'aurait pu me faire reculer. Je montai avec elle. Avant même de refermer la porte, je la serrais dans mes bras à l'étouffer et je lui mangeais littéralement la bouche. Le lit n'était pas encore fait. Pourtant, l'idée ne me vint pas de l'y renverser. Cela comptait, certes. C'est en l'étreignant comme une bête que j'avais compris. Mais ce n'était pas le moment.

Nous avions autre chose à réaliser, tout de suite, une autre étape à franchir.

Il fallait que je la ramène chez moi, mon juge, et je l'ai ramenée triomphalement, comme jamais sans doute nouvel époux n'a ramené chez lui son épouse.

J'étais obligé d'éteindre le feu de mon regard, le rayonnement de tout mon être.

— J'ai déjà téléphoné, nous annonçait Armande, et on m'a donné une adresse.

Puis tout bas, m'entraînant à l'écart :

— Il est plus convenable que ce soit moi qui y aille avec elle...

J'ai dit oui, parbleu. Du moment qu'il y avait quelqu'un pour la garder !

Et cela me semblait tout naturel, à moi, que ce soit ma mère ou Armande.

Duplicité, hypocrisie ?

Non, mon juge. Non et non ! Laissez dire cela à ceux qui ne savent pas, vous qui allez peut-être savoir bientôt, vous qui, si je ne me trompe, saurez un jour.

La force irrésistible de la vie, simplement, de la vie qui m'était enfin donnée, à moi qui, si longtemps, n'avais été qu'un homme sans ombre.

7

Il n'y a pas un incident, un mot, un geste de ces journées-là que j'aie oubliés, et pourtant je serais incapable de reconstituer les faits dans leur ordre chronologique. C'est plutôt un enchevêtrement de souvenirs qui ont chacun sa vie propre, qui forment chacun un tout, et souvent ce sont les plus dépourvus d'importance qui se détachent avec les contours les plus précis.

Je me revois, par exemple, cet après-midi-là vers six heures, poussant la porte du *Poker-Bar*. Le matin, encore avais-je un semblant de raison d'y aller. Mais à présent que j'avais décidé que Martine, quoi qu'il arrive, ne deviendrait pas la secrétaire de Raoul Boquet ?

Et, vous voyez, je me trompe peut-être : je me demande tout à coup si cette démarche n'est pas du lendemain. Je sens encore le vent glacé s'engouffrer dans mon pardessus au moment de descendre de l'auto, je revois en enfilade et en pente légèrement descendante les quelques lumières de la rue, lumières de boutiques bien incapables d'attirer qui que ce fût par une telle bourrasque.

Tout près de moi, la lumière crème, un peu rosée, du bar, et tout de suite, le temps d'ouvrir une porte, une atmosphère de bonne chaleur et de cordialité. Les gens étaient si nombreux dans la fumée des pipes et des cigarettes que le nouveau venu avait l'impression d'avoir été berné, de n'avoir pas été mis dans le secret. Si les rues étaient vides, si quelques malheureux seuls erraient à vide, c'est que tout le monde s'était donné rendez-vous au *Poker-Bar* et dans d'autres endroits du même genre, derrière des portes closes, où on ne les voyait pas.

Qu'est-ce que je venais chercher ? Rien. J'étais là pour regarder Boquet. Pas même pour le défier, car je ne pouvais lui parler de rien. Regarder simplement un homme qui, un soir qu'il était ivre, avait rencontré Martine, lui avait parlé — avant moi —, lui avait offert à boire et avait failli devenir son patron. Serait-il devenu son amant par surcroît ?

Je ne lui ai pas adressé la parole. Il était trop soûl pour ça et il n'a pas remarqué ma présence.

C'est ici, en prison, où l'on est tellement bien pour penser, que j'ai fait une remarque. Presque tous mes souvenirs de la période des fêtes, en Vendée, aussi loin que je remonte, sont des souvenirs clairs, d'une clarté un peu glauque, glacée, comme certaines cartes postales, rarement avec de la neige, presque toujours avec du froid sec.

Or je ne retrouve cette année-là — l'année dernière, mon juge ! — que des jours sombres où, dans certains bureaux, on allumait les lampes, le noir des pavés sous la pluie, le noir des soirées venteuses qui commençaient trop tôt, avec ces lumières éparses dans la ville qui donnent à la province un caractère si intime et si triste.

C'est cela qui m'a rappelé Caen. Mais je n'avais pas le temps de me plonger dans le passé. Je vivais dans une telle tension continuelle que je me demande comment j'ai pu la supporter, ne fût-ce que physiquement, je me demande surtout comment tous ceux qui m'ont approché n'ont pas compris ce qui m'arrivait.

Comment certaines personnes ont-elles pu me voir aller et venir et ne pas soupçonner que je vivais des heures extraordinaires ? Ai-je été vraiment le seul à en avoir conscience ? Armande, plusieurs fois, m'a regardé avec une curiosité inquiète. Pas inquiète pour moi. Inquiète parce qu'elle n'aimait pas ne pas comprendre, parce qu'elle repoussait d'instinct ce qui risquait de troubler l'ordre qu'elle avait établi autour d'elle.

La chance était avec moi. Nous avons eu, à ce moment-là, presque en même temps, une épidémie de grippe et une épidémie de scarlatine, qui m'ont tenu en haleine du matin au soir et parfois du soir au matin. Le salon d'attente ne désemplissait pas. Sous la marquise de verre, il y avait toujours le long du mur une dizaine de parapluies qui s'égouttaient et les planchers étaient sillonnés du mouillé et de la boue de tous les pas. Le téléphone sonnait sans répit. Des malins, ou des amis, entraient par notre porte particulière et on me les passait discrètement, entre deux clients ordinaires. J'accueillais toute cette besogne avec allégresse, j'avais besoin de cette fièvre-là pour donner une excuse à ma fièvre.

Il nous était à peu près impossible, à Martine et à moi, de nous voir seul à seul. Mais elle était chez moi, et cela me suffisait. Je faisais du bruit exprès pour qu'elle m'entendît, pour qu'elle eût sans cesse conscience de ma présence. Le matin, je me suis mis à fredonner en me rasant, et elle a si bien compris que, quelques instants plus tard, je l'entendais chanter dans sa chambre.

Cela, maman, elle aussi, l'a compris, j'en mettrais ma main au feu. Elle n'a rien dit. Elle n'a rien laissé paraître. Il est vrai que maman n'avait aucune raison d'aimer Armande. Au contraire. Est-il indécent de pousser mes suppositions plus loin, d'imaginer une certaine jubilation intérieure de ma mère au fur et à mesure de ses découvertes, qu'elle gardait soigneusement pour elle ?

Toujours est-il que, je l'ai su plus tard, elle me l'a d'ailleurs avoué, elle avait tout deviné dès le second ou le troisième jour, et cela me gêne un peu maintenant de penser que des choses que je croyais si secrètes, que l'amour seul rendait acceptables, ont eu un témoin lucide et muet.

C'est le troisième jour au matin, pendant ma consultation, qu'Armande a conduit Martine en taxi, pour ne pas me déranger, chez Mme Debeurre, où elle lui avait trouvé une chambre et une cuisine.

Le second, le troisième jour ! Tout cela m'a paru si long à cette époque ! Et, bien que cela ne date même pas d'un an, il me semble que c'est si loin. Plus loin, par exemple, que la diphtérie de ma fille, que mon mariage avec Armande, il y a dix ans, parce que, pendant ces dix années-là, il ne s'est rien passé d'essentiel.

Pour Martine et moi, au contraire, le monde changeait d'heure en heure, les événements allaient si vite que nous n'avions pas toujours le temps de nous tenir l'un et l'autre au courant de ce qui se passait, ni de notre évolution.

Je lui avais dit brièvement, entre deux portes :

— Tu n'iras pas chez Boquet. J'ai trouvé autre chose. Laisse-moi faire...

Malgré mon assurance, je n'avais aucune certitude, je pensais qu'en tout cas cela prendrait des semaines, sinon des mois. J'y croyais sans y croire, je le voulais sans savoir le chemin que je choisirais, tant un pareil projet supposait d'obstacles.

Et que faire en attendant ? Je ne pouvais même pas entretenir Martine, qui était au bout de son argent et qui n'aurait pas accepté.

Quarante, cinquante malades par jour, mon juge, non seulement chez moi, mais en ville, dans les faubourgs, quelques-uns à la campagne, de sorte qu'à cause de nos chemins de Vendée je vivais en culottes de cheval et en bottes.

Ajoutez à cela Noël à préparer, les cadeaux pour les enfants et pour les grandes personnes, l'arbre et ses ornements qu'il fallait acheter, la crèche des années précédentes que je n'avais pas encore eu le temps de faire réparer.

Est-il étonnant que je m'embrouille dans l'ordre des événements ? Mais je me souviens nettement qu'il était dix heures du matin, que j'avais dans mon cabinet une malade qui portait un châle de laine noire quand je me suis fixé un délai de quelques semaines, de trois semaines, par exemple, pour amener Armande à mes vues.

Or, le jour même, à midi, Babette est venue frapper à la porte de mon cabinet, ce qui signifiait que mon bouillon était servi. C'est mon habitude, dans les moments de forte presse, d'interrompre quelques instants mes consultations pour aller boire un bol de bouillon chaud dans la cuisine. Une idée d'Armande, d'ailleurs. Quand j'y repense, je m'aperçois que tous mes faits et gestes étaient réglés par Armande, si naturellement que je ne m'en rendais pas compte.

J'étais vraiment fatigué. Ma main tremblait un peu, de nervosité, en saisissant le bol. Ma femme était là, par hasard, à préparer un gâteau.

— Cela ne peut pas continuer comme ça, ai-je dit, en profitant de ce qu'il nous était impossible d'engager une longue conversation, de ce qu'elle avait à peine le temps de répondre. Si je savais que cette jeune fille est vraiment sérieuse, je crois que je l'engagerais comme assistante...

Mais tout ceci, toutes ces préoccupations dont je viens de vous parler ne correspondent, mon juge, qu'à ce qu'il y avait alors de moins important pour moi. Le plus gros de ma fièvre, c'était d'ailleurs qu'il me venait.

J'étais, voyez-vous, à l'époque pénible, obsédante de la découverte.

Je ne connaissais pas Martine. J'avais faim de la connaître. Ce n'était pas une curiosité, mais un besoin quasi physique. Et toute heure perdue m'était douloureuse, physiquement douloureuse aussi. Il peut se passer tant de choses en une heure ! Malgré mon peu d'imagination, j'évoquais toutes les catastrophes possibles.

Et la pire de toutes : que, d'un moment à l'autre, elle ne fût plus la même.

J'avais conscience du miracle qui s'était produit et il n'y avait aucune raison pour que le miracle continuât.

Il fallait coûte que coûte, tout de suite, que nous nous connaissions, que nous achevions la connaissance totale, que nous allions jusqu'au bout de ce que nous avions commencé à Nantes sans le vouloir.

Alors seulement, me disais-je, je serais heureux. Alors je pourrais la regarder avec des yeux calmes et confiants. Alors peut-être serais-je capable de la quitter pendant quelques heures sans haleter d'inquiétude ?

J'avais mille questions à lui poser, mille choses à lui dire. Et je ne pouvais lui parler, à de rares moments de la journée, qu'en présence de ma mère ou d'Armande.

Nous avions commencé par la fin. Il était urgent, indispensable, de combler les vides qui me donnaient une sorte de vertige.

Par exemple, rien que lui tenir la main, sans mot dire...

Si j'ai dormi pendant cette période-là, je n'en ai pas conscience et je suis sûr de n'avoir pas dormi beaucoup. Je vivais comme un somnambule. Mes yeux luisaient, picotaient. J'avais la peau trop sensible comme quand on est à bout de fatigue. Je me revois en pleine nuit, mordant mes oreillers de rage en pensant qu'elle était couchée à quelques mètres de moi.

Le soir, elle toussait plusieurs fois avant de s'endormir, ce qui était une façon de m'envoyer un dernier message. Je toussais à mon tour. Je jurerais que ma mère a compris le sens de ces toux-là aussi.

Je ne sais pas ce qui serait arrivé si les choses avaient traîné plus longtemps, si elles s'étaient déroulées comme je le prévoyais. On se figure volontiers que les nerfs pourraient claquer comme des cordes de violon trop tendues. C'est ridicule, évidemment. Mais je crois que j'aurais été capable, un beau jour, à table ou en plein milieu du salon, dans la rue, n'importe où, de me mettre à crier sans raison apparente.

Armande a dit, sans m'opposer les objections auxquelles je m'attendais :

— Attends au moins après Noël pour lui en parler. Il faudra que nous en discutions tous les deux...

Je suis obligé de vous donner encore quelques détails professionnels. Vous savez qu'en province nous avons gardé l'habitude, pour nos clients les plus importants, de ne leur envoyer notre note qu'en fin d'année. C'est le cauchemar des médecins. C'était le mien. Il est évident que nous ne tenons pas toujours un compte précis de nos visites. Il faut revoir notre agenda, page par page, établir une approximation qui ne fasse pas sursauter le client.

Armande, jusqu'alors, s'était chargée de cette besogne. Je n'avais pas eu besoin de le lui demander, car elle aimait ces tâches minutieuses et ordonnées et, en outre, dès son arrivée dans la maison, elle s'était occupée tout naturellement de mes affaires d'argent, à tel point que j'en étais réduit à lui en demander quand j'avais un achat quelconque à faire.

Le soir, lorsque je me déshabillais, elle ramassait les billets que je retirais de mes poches, le montant des visites qu'on me payait comptant, et il lui arrivait de froncer les sourcils, de me réclamer des explications. Il fallait que je refasse en esprit ma tournée, que je me souvienne de tous les malades que j'avais vus, de ceux qui avaient payé et de ceux qui ne l'avaient pas fait.

Armande, néanmoins, cette année-là entre autres, se plaignait d'être débordée de travail, et j'ai profité d'un moment où elle se plongeait dans ses comptes pour lui dire :

— Elle pourrait t'aider aussi, se mettre petit à petit au courant...

Qui sait si ce n'est pas un trait du caractère d'Armande qui a tellement hâté les choses que j'en ai été le premier surpris ? Elle a toujours aimé diriger, qu'il s'agisse d'une maison ou de n'importe quoi. Si elle a vraiment aimé son premier mari, si, comme on me l'a répété, elle a été magnifique avec lui, n'est-ce pas qu'il était malade, qu'il était à sa merci, qu'il ne pouvait compter que sur elle et qu'elle pouvait le traiter comme un enfant ?

Elle avait besoin de dominer, et je ne pense pas que ce soit par une mesquine vanité ou même par orgueil. C'était plutôt, je pense, pour entretenir et pour accroître le sentiment qu'elle avait d'elle-même et qui était nécessaire à son équilibre.

Elle n'avait pas pu vivre chez son père, justement parce que son père ne se laissait pas impressionner, continuait à la traiter en petite fille et poursuivait sa propre existence comme si elle n'existait pas dans la maison. Avec le temps, je me demande si elle ne serait pas tombée malade, si elle ne serait pas devenue neurasthénique.

Depuis dix ans, elle nous avait sous sa coupe, moi, d'abord, qui n'avais pas tenté de réagir et qui cédais toujours pour avoir la paix, jusqu'à solliciter son opinion quand il s'agissait d'acheter une cravate ou le moindre instrument de ma profession, jusqu'à lui rendre compte de mes faits et gestes. Il y avait encore ma mère, qui avait cédé à sa façon, qui s'était cantonnée à la place qu'Armande lui avait assignée, mais en sauvegardant sa personnalité, ma mère qui obéissait, certes, parce qu'elle ne se considérait plus comme chez elle, mais qui restait imperméable à l'influence de sa bru.

Mes filles, évidemment plus molles. La bonne. Une domestique qui avait un « caractère » ne faisait pas long feu chez nous. Pas plus qu'une domestique qui n'admirait pas ma femme. Enfin, il y avait toutes nos amies, ou presque, toutes les jeunes femmes de notre société, qui venaient lui demander conseil. C'était arrivé si souvent qu'Armande n'attendait plus qu'on l'en priât et qu'elle donnait, d'elle-même, son avis sur tout ; et on lui avait répété tant de fois qu'elle ne se trompait jamais que c'était devenu une chose admise dans un certain milieu yonnais et qu'elle ne concevait plus la possibilité d'une contradiction.

Voilà pourquoi j'avais eu un trait de génie, sans le vouloir, en parlant des comptes de fin d'année. C'était mettre Martine sous sa coupe, c'était un être de plus qui entrait de la sorte sous sa domination.

— Cette fille paraît assez intelligente, a-t-elle murmuré, mais je me demande si elle est suffisamment ordonnée...

A cause de cela, mon juge, le soir où, pour la première fois, je suis allé voir Martine dans son nouvel appartement, chez Mme Debeurre, je venais lui annoncer deux bonnes nouvelles. D'abord que ma femme l'invitait à venir passer le réveillon de Noël avec nous, ce que je n'aurais jamais osé espérer. Ensuite qu'avant la fin de l'année, dans moins de dix jours, elle serait vraisemblablement mon assistante.

Depuis midi, malgré cela, j'avais l'impression de tourner à vide. Martine n'était plus chez nous. Au déjeuner, elle n'était pas à table, et j'en arrivais presque à douter de mes souvenirs, à me demander si la veille elle était vraiment restée là, en face de moi, entre Armande et ma mère.

Elle était seule, dans une maison dont je ne connaissais que la façade. Elle échappait à mon contrôle. Elle voyait d'autres personnes. Elle leur parlait sans doute, elle leur souriait.

Et il m'était impossible de me précipiter chez elle. Il me fallait accomplir la tournée de mes malades, revenir deux fois à la maison pour des cas urgents.

Encore un détail professionnel, mon juge. Ne m'en veuillez pas, mais c'est nécessaire. Lorsque je devais aller voir des malades en ville, j'étais tenu, comme le font la plupart des médecins, de donner avant de partir la liste des clients que je visitais afin qu'en cas d'urgence on pût me téléphoner chez l'un ou chez l'autre. Si bien que tout mon emploi du temps était contrôlable. Armande tenait à cette habitude plus qu'à tout le reste. Si j'oubliais, en partant, d'inscrire sur le carnet du vestibule les adresses auxquelles je me rendais, elle avait vite fait de s'en apercevoir, et je n'avais pas mis ma voiture en marche qu'elle frappait à la vitre pour me rappeler.

Combien de fois, dans ma vie, ai-je été rappelé de la sorte ? Et je ne pouvais rien dire. Elle avait raison.

Je me demande maintenant encore si c'était par jalousie qu'elle agissait ainsi, et je le crois sans le croire. Voulez-vous que j'essaie d'expliquer ma pensée, une fois pour toutes ?

Il n'a jamais été question d'amour entre nous. Vous savez ce qui a précédé notre mariage. L'amour pour elle, si amour il y a eu, et je le lui accorde volontiers, c'était dans le passé, c'était son premier mari qui était mort.

Notre mariage était un mariage de raison. Elle aimait ma maison. Elle aimait un certain genre de vie que je lui apportais. Moi, j'avais deux filles, avec seulement ma vieille maman pour s'en occuper, ce que je ne considérais pas comme désirable.

Est-ce qu'elle m'a aimé par la suite ? La question m'a troublé, ces derniers mois, et surtout ces tout derniers temps. Jadis, j'aurais répondu non sans hésiter. J'étais persuadé qu'elle n'aimait qu'elle, qu'elle n'avait jamais aimé qu'elle.

Si elle était jalouse, c'était de son influence sur moi, comprenez-vous ? Elle avait peur de me voir casser le fil au bout duquel elle me tenait.

Tout cela, je l'ai pensé, et bien d'autres choses, car j'ai eu mes heures de révolte, même avant Martine.

A présent que je suis de l'autre côté et que je me sens tellement détaché du reste, j'ai beaucoup plus d'indulgence, ou de compréhension.

Quand elle est venue à la barre, tenez, elle aurait pu me hérisser par son attitude, par son calme, par sa confiance en elle. On sentait — et elle tenait à le faire sentir — qu'elle ne m'en voulait pas, qu'elle était prête, si j'étais acquitté, à me reprendre et à me soigner comme un malade.

Cela peut s'expliquer par son besoin de domination, par son besoin de se faire d'elle, de son caractère, une idée toujours plus haute.

Eh bien ! non. Sans parler d'amour, car je sais maintenant ce que ce mot-là signifie, je suis persuadé qu'elle m'aimait bien, un peu, en somme, comme elle aime mes filles.

Or elle a toujours été très bien envers mes filles. Tout le monde vous dira à La Roche qu'elle s'est comportée et qu'elle se comporte encore comme une vraie mère. Elle les a adoptées à tel point que, à cause de cela, j'en suis arrivé, sans m'en apercevoir, à m'en désintéresser peu à peu.

Je leur en demande pardon. Je suis leur père. Comment leur expliquer que, justement, en tant que père, on ne m'a pas laissé assez de place ?

Armande m'a aimé comme elle les aimait, doucement, avec une sévérité indulgente. Comprenez-vous, maintenant ? Je n'ai jamais été son mari, encore moins son amant. J'étais un être dont elle avait pris la charge, la responsabilité, et sur lequel, par le fait, elle se sentait des droits.

Y compris celui de contrôler mes faits et gestes. Voilà, je pense, le sens de sa jalousie.

La mienne, tonnerre de Dieu ! quand j'ai connu Martine, a été d'une autre sorte, et je ne souhaite à personne d'en connaître de pareille. Je ne sais pas pourquoi cette journée-là, plus que toutes les autres, reste dans mon esprit la journée des lumières et des ombres. J'avais l'impression d'avoir dépensé mon temps à passer de l'obscurité froide de la rue à la chaleur lumineuse des intérieurs. Du dehors, je voyais des fenêtres doucement éclairées, des stores dorés. Je franchissais quelques mètres de noir, je retirais pour un moment mon pardessus mouillé, je participais en passant à la vie d'un foyer étranger, avec toujours la conscience de l'obscurité qui régnait derrière les vitres...

Mon Dieu ! que je suis agité !

« Elle est seule, chez elle. La grosse Mme Debeurre va sans doute monter la voir... »

Je me raccrochais à cette idée rassurante. Mme Debeurre est une de ces femmes entre deux âges qui ont eu des malheurs. Son mari était receveur de l'Enregistrement. Elle habitait, non loin de la gare, une assez jolie maison à un étage, en briques roses, avec un seuil de trois marches et une porte en chêne ciré surchargée de cuivres. Pendant toute sa vie conjugale, elle avait désiré avoir des enfants et elle m'avait consulté à ce sujet ; elle avait vu tous mes confrères, elle était allée à Nantes, à Paris même, pour recevoir de chacun la même réponse.

Son mari s'était fait tuer par un train, en gare de La Roche, à deux cents mètres de chez eux, et depuis, par peur de la solitude, elle louait son appartement du premier étage.

Après ma mère et Armande, en arriver à me satisfaire de l'idée qu'une Mme Debeurre était près de Martine !

Dix fois, j'ai failli aller la voir entre deux visites. Je suis passé aussi devant le *Poker-Bar*. J'avais moins que jamais de raison d'y entrer et pourtant j'ai failli le faire.

Nous avons dîné, dans un bruit de fourchettes et de porcelaine. J'avais encore quelques visites en ville.

— Je passerai peut-être voir si cette jeune fille n'a besoin de rien. Il faut que, demain, j'écrive à Artari pour lui donner de ses nouvelles...

Je craignais une contradiction, une objection. Armande a dû entendre, cependant, mais elle n'a rien dit, et ma mère a été seule à me regarder d'une façon un peu trop insistante.

L'avenue est large. Elle longe les anciens remparts. C'est le quartier des casernes. Il n'y a que deux ou trois boutiques pour mettre le soir un rectangle de lumière sur le trottoir.

J'étais fiévreux. Mon cœur battait. J'ai vu la maison, de la lumière à gauche au rez-de-chaussée, et une autre lumière au premier étage. J'ai sonné. J'ai entendu les pantoufles de Mme Debeurre traîner dans le corridor.

— C'est vous, docteur... Cette demoiselle vient justement de rentrer...

J'ai gravi les marches quatre à quatre. J'ai frappé. Une voix paisible m'a répondu d'entrer, tandis que je fixais le rai de lumière sous la porte.

Il y avait autour de la lampe un abat-jour de soie bleuâtre et, sous cet abat-jour, de la fumée s'étirait.

Pourquoi ai-je froncé les sourcils ? Pourquoi ai-je eu une impression de vide ? Je m'attendais sans doute à avoir, tout de suite, Martine debout, contre moi. J'ai dû faire des yeux le tour de la pièce et je l'ai vue étendue sur le lit, tout habillée, souriante, une cigarette aux lèvres.

Alors, au lieu de me précipiter pour l'embrasser, au lieu de lui annoncer gaiement mes deux bonnes nouvelles que j'avais tellement ressassées en chemin, j'ai questionné durement :

— Qu'est-ce que tu fais là ?

Je n'avais jamais parlé ainsi de ma vie. Je n'ai jamais été un homme autoritaire. J'ai toujours eu peur de choquer, de blesser. Ma voix me surprenait moi-même.

Elle me répondait en souriant, mais avec peut-être déjà une ombre d'inquiétude dans le regard :

— Je me reposais en t'attendant...

— Tu ne savais pas que je viendrais...

— Mais si...

Ce qui m'irritait, je pense, c'était de la retrouver exactement comme je l'avais vue dans le bar américain de Nantes, avec son sourire de magazine, que je commençais à haïr.

— Tu es sortie ?

— Il fallait bien que je mange. Il n'y avait encore rien d'arrangé ici...

Moi qui avais été si patient avec Armande, que je n'aimais pas, j'avais envie, avec elle, de me montrer cruel.

Il était si simple de m'approcher d'elle, de l'embrasser, de la serrer contre ma poitrine. J'y avais pensé toute la journée. Cent fois j'avais vécu d'avance ce moment-là et les choses se passaient tout autrement, je restais debout, sans même retirer mon pardessus, avec mes bottes qui s'égouttaient sur le tapis.

— Où as-tu dîné ?

— Dans un petit restaurant, le *Chêne Vert*, que quelqu'un m'a désigné...

— Pas Mme Debeurre, en tout cas...

Je connaissais le *Chêne Vert*. Ce n'est pas un restaurant pour les étrangers, qui auraient de la peine à le dénicher au fond de la cour où il se tapit et qui ressemble à une cour de ferme. C'est presque une pension de famille, que fréquentent des fonctionnaires célibataires, des habitués, quelques voyageurs de commerce qui passent périodiquement par La Roche.

— Je parie que tu as pris l'apéritif...

Elle ne souriait plus. Elle s'était assise au bord du lit et elle me regardait, inquiète, dépitée, comme une petite fille qui se demande pourquoi on la gronde.

Elle ne me connaissait pas encore, en somme. Elle n'avait aucune idée de ce qu'était mon caractère, de ce que serait notre amour.

Et pourtant, mon juge, cet amour-là, elle l'acceptait, tel qu'il serait. Comprenez-vous ce que cela signifie ? Moi, je ne l'ai compris que beaucoup plus tard.

J'étais tendu, hanté par mon idée fixe comme un homme qui a trop bu.

— Tu es allée au *Poker-Bar*...

Je n'en savais rien. Mais j'en avais tellement eu peur que j'affirmais, avec la quasi-certitude de ne pas me tromper...

— Je crois que c'est comme cela que ça s'appelle... Je ne pouvais pas rester enfermée toute la journée... J'avais besoin de prendre l'air... Je me suis promenée un peu dans la ville...

— Et tu as eu soif...

Parbleu ! Est-ce que tout ce que je savais d'elle ne se rapportait pas à des bars ?

— Tu as besoin, n'est-ce pas, de te retremper dans ta sale atmosphère.

Parce que, cette atmosphère-là, je la haïssais soudain plus que tout au monde. Ces hauts tabourets sur lesquels elle croisait si naturellement les jambes ! Et son étui qu'elle tirait de son sac, la cigarette, la cigarette au bout maculé de rouge gras, dont elle ne pouvait pas plus se passer que du cocktail dont elle surveillait la préparation, son regard, ensuite, examinant les hommes les uns après les autres, en quête d'un hommage dont elle avait faim...

Je lui ai pris les deux poignets, sans m'en rendre compte. Je l'ai mise debout d'une secousse.

— Avoue que cela te manquait déjà... Avoue que tu avais envie de rencontrer Boquet... Mais avoue donc...

Je la serrais à lui faire mal. Je ne savais plus si je l'aimais ou si je la haïssais.

— Avoue !... Je suis si sûr d'avoir raison... Il fallait que tu ailles te refrotter à lui...

Elle aurait pu nier. C'est ce que j'attendais d'elle. Je crois que je m'en serais contenté. Elle a baissé la tête. Elle a balbutié :

— Je me le demande... Peut-être...

— Tu avais besoin de te frotter à lui ?

J'imprimais de dures secousses à ses poignets et je voyais que je lui faisais mal, qu'elle avait peur, qu'elle regardait parfois machinalement vers la porte.

Je crois que, dès ce jour-là, dès ce moment-là, j'ai failli frapper. J'étais ému, pourtant. J'en avais pitié, car elle était toute pâle, le visage marqué par l'angoisse et par la fatigue. Sa cigarette était tombée sur le tapis et elle essayait de l'éteindre avec le pied, par crainte de l'incendie. Je m'en suis aperçu et cela a augmenté ma rage de voir qu'elle pouvait, à cet instant, s'occuper d'un pareil détail.

— Tu avais besoin d'un homme, hein ?

Elle hocha la tête, tristement.

— Avoue...

— Non...

— Tu avais besoin de boire...

— Peut-être...

— Tu avais besoin qu'on s'occupe de toi... Tu as toujours besoin que les hommes s'occupent de toi, et tu serais capable d'arrêter un agent de police dans la rue et de lui raconter n'importe quoi pour qu'il te fasse la cour.

— Tu me fais mal...

— Tu n'es qu'une putain...

En lâchant le mot, j'ai donné une secousse plus forte que les autres et je l'ai envoyée rouler par terre. Elle n'a pas protesté. Elle est restée ainsi, en tendant un bras replié devant son visage par peur des coups qu'elle attendait.

— Lève-toi...

Elle m'obéissait lentement, en me fixant avec une espèce d'épouvante, mais il n'y avait pas de haine dans son regard, ni de rancune.

Tout cela, je m'en rendais compte peu à peu et j'en étais stupéfait. Je venais de me conduire comme une brute et elle l'acceptait. Je venais de l'injurier et elle ne relevait pas l'injure.

Elle a balbutié quelque chose comme :

— Ne me fais pas de mal...

Alors, je me suis immobilisé, j'ai dit d'une voix qui devait encore ressembler à ma voix de tout à l'heure...

— Viens ici...

Elle a hésité un instant. Elle s'est avancée enfin, en se protégeant toujours le visage de son bras. Elle était persuadée que je frapperais. Mais elle venait, mon juge. Elle venait, voilà !

Et il y avait trois jours que nous nous étions rencontrés pour la première fois.

Je ne voulais pas la battre, au contraire. Je voulais qu'elle vînt d'elle-même. Quand elle a été tout près de moi, j'ai écarté son bras et je l'ai serrée contre ma poitrine, à l'étouffer, tandis que des larmes jaillissaient de mes yeux.

J'ai balbutié à son oreille, toute chaude contre mon visage :

— Pardon...

Nous étions debout, enlacés, à deux pas du lit.

— Tu l'as vu ?

— Qui ?

Tout cela n'était qu'un chuchotement.

— Tu sais bien...

— Non... Il n'était pas là...

— Et s'il avait été là...

— Je lui aurais dit que je n'allais pas chez lui...

— Mais tu aurais accepté de boire avec lui...

— Peut-être...

Elle parlait bas comme à confesse. Je ne voyais pas son regard, qui devait passer par-dessus mon épaule.

— A qui as-tu parlé ?

— A personne...

— Tu mens... Quelqu'un t'a désigné le *Chêne Vert*...

— C'est vrai. Mais je ne connais pas son nom...

— Il t'a offert à boire ?

— Je crois... Oui...

Et j'étais soudain triste, mon juge. D'une tristesse tendre. J'avais l'impression de serrer dans mes bras une enfant malade. Elle était menteuse. Elle était vicieuse.

Elle était quand même venue vers moi alors qu'elle croyait que j'allais la meurtrir. A son tour, elle balbutiait :

— Pardon...

Puis ces mots dont je me souviendrai toujours, ces mots qui la rattachaient plus que quoi que ce soit à l'enfance :

— Je ne le ferai plus...

Elle avait envie de pleurer, elle aussi, mais elle ne pleurait pas. Elle se tenait immobile par crainte, j'en suis sûr, de déchaîner à nouveau mes démons, et moi je l'entraînais doucement vers le lit qui gardait la trace de son corps.

Elle a encore balbutié, peut-être avec un certain étonnement :

— Tu veux ?

Je voulais, oui. Mais pas comme à Nantes. Je voulais la sentir à moi. Je voulais que sa chair fût intimement mêlée à la mienne, et c'est lentement, en pleine conscience, la gorge serrée par l'émotion, que je prenais possession d'elle.

J'ai compris tout de suite ce qui la préoccupait, ce qui mettait une inquiétude dans son regard. Elle avait peur de me déplaire. Elle était déroutée par ma caresse paisible et comme détachée de toute idée de volupté.

Après un long moment, j'ai entendu un chuchotement :

— Est-ce que je dois ?...

J'ai dit non. Ce n'était pas son corps haletant, en quête d'une délivrance qu'elle ne trouvait pas, ce n'étaient pas ses yeux hagards, sa bouche ouverte comme pour un cri de désespoir que je désirais aujourd'hui. Cela, d'ailleurs, j'avais décidé de ne plus le vouloir. Cela, les autres l'avaient eu. C'était l'ancienne Martine, celle des cocktails, des cigarettes et des bars.

Son plaisir, ce soir-là, m'importait peu. Le mien aussi. Ce n'était pas le plaisir que je cherchais.

Ce que je voulais, c'était, lentement, avec, je le répète, la pleine conscience de mon acte, l'imprégner de ma substance, et mon émotion était celle d'un homme qui vit l'heure la plus solennelle de son existence.

Je prenais, une fois pour toutes, mes responsabilités. Non seulement les miennes, mais les siennes. Je prenais sa vie en charge, avec son présent et son passé, et c'est pourquoi, mon juge, je l'étreignais presque tristement.

Elle est restée calme et grave. Quand elle a senti que je m'étais fondu en elle, sa tête s'est légèrement détournée sur l'oreiller, sans doute pour cacher ses larmes. Sa main a cherché la mienne, a pressé mes doigts avec la même lenteur et la même tendresse que je venais de mettre à l'étreindre.

Nous sommes restés longtemps ainsi, silencieux, et maintenant nous entendions Mme Debeurre qui allait et venait en bas, faisait du bruit exprès, indignée sans doute de notre long tête-à-tête.

Son manège par trop clair a fini par nous amuser, car la bonne femme en arrivait à venir de temps en temps écouter au bas de l'escalier, comme inquiète de ne plus entendre nos voix. Était-ce parce qu'elle avait entendu la chute de Martine sur le plancher ?

Je me suis dégagé, calmement.

— J'allais oublier de t'en parler... Tu es invitée à passer la soirée de Noël à la maison...

Moi qui m'étais imaginé que j'allais crier ces mots dans un grand mouvement d'allégresse ! Voilà que j'en parlais le plus simplement du monde, comme d'un événement fortuit.

— Autre chose : après les fêtes, sans doute dès le lendemain du nouvel an, tu travailleras avec moi comme assistante.

Tout cela était déjà dépassé.

— Il faut que je parte...

Elle s'est levée. Elle a arrangé un peu ses cheveux avant de venir vers moi, de me poser les deux bras sur les épaules et de me tendre les lèvres d'un mouvement naturel.

— Bonsoir, Charles...

— Bonsoir, Martine...

Elle avait une voix grave, ce soir-là, une voix qui me remuait au plus profond de moi, et pour l'entendre encore, j'ai répété :

— Bonsoir, Martine...

— Bonsoir, Charles...

Mon regard a fait le tour de la pièce où je la laissais. J'ai balbutié :

— Demain...

Elle ne m'a pas demandé à quelle heure, et cela signifiait qu'elle m'attendrait toute la journée, qu'à l'avenir elle m'attendrait toujours.

Il fallait que je m'en aille vite, car mon émotion était trop forte et je ne voulais plus m'attendrir, j'avais besoin d'être seul, de retrouver l'obscurité fraîche de la rue, la solitude des avenues désertes.

Elle m'a ouvert la porte. Je ne sais pas comment nous sommes parvenus à nous détacher l'un de l'autre. J'avais déjà descendu quelques marches quand elle a répété, exactement de la même voix que les fois précédentes, comme une incantation — et c'est devenu en effet, dès ce soir-là, une sorte d'incantation :

— Bonsoir, Charles...

Peu nous importait que Mme Debeurre fût à l'écoute derrière sa porte entrouverte.

— Bonsoir, Martine...

— Je n'irai plus, tu sais...

Je me précipitai. J'avais tout juste le temps d'atteindre ma voiture et de me mettre au volant pour pleurer à chaudes larmes et, en conduisant, je voyais les lumières des becs de gaz et des quelques voitures qu'il m'arrivait de croiser tellement troubles que j'ai dû m'arrêter un bon moment au bord d'un trottoir.

Un agent s'est approché, s'est penché, m'a reconnu.

— Une panne, docteur ?

Je ne voulais pas lui montrer mon visage. J'ai tiré mon agenda de ma poche. J'ai feint de le consulter alors que je n'en voyais seulement pas les pages.

— Non... Je vérifie une adresse...

8

Nous avons passé Noël en famille, Armande, ma mère, mes filles, Martine, mon ami Frachon et moi. Frachon est un célibataire déplumé qui n'a aucune famille à La Roche — il prend justement ses repas au *Chêne Vert* — et que nous avons l'habitude, depuis des années, d'inviter au réveillon. Armande a reçu un bijou, un clip en platine dont elle avait envie depuis un certain temps. Elle porte rarement des bijoux, mais elle aime en posséder, et je crois que la première fois que je l'ai vue perdre son sang-froid et se laisser aller jusqu'à sangloter c'est le jour où, voulant lui offrir un cadeau sans importance, je lui avais acheté des perles japonaises. Je ne prétends pas qu'elle soit avare. Le serait-elle que je ne me reconnaîtrais pas le droit de m'en plaindre ou de lui en garder rancune, car chacun a le vice qu'il peut. Elle aime posséder de belles choses, des choses de valeur, quitte à ne jamais les sortir de ses tiroirs.

Je n'avais rien acheté de coûteux pour Martine, par crainte d'attirer l'attention. J'ai poussé la prudence jusqu'à prier ma femme d'acheter pour elle deux ou trois paires de bas de soie.

On a évoqué ce Noël si paisible aux Assises. Je ne sais plus si vous étiez présent. L'avocat général a flétri mon *cynisme,* m'accusant d'avoir, *par des moyens ignobles et hypocrites, introduit ma concubine sous le toit familial.*

Je n'ai pas protesté. Je n'ai jamais protesté et pourtant, à maintes reprises, j'ai eu la sensation nette que ces gens-là — y compris mes propres avocats, que je mets dans le même sac — ne pouvaient pas être de bonne foi. Il y a des limites à la bêtise ou à la candeur. Entre médecins, nous ne parlons pas de la maladie et de la guérison comme nous en parlons à nos clients. Et, quand il s'agit de l'honneur, de la liberté de l'homme — je m'en moquais personnellement, puisque je plaidais coupable, parfois contre eux — quand il s'agit de l'honneur d'un homme, dis-je, on ne se gargarise pas de phrases de morale pour patronages.

Mon crime ? Après une heure de débats, déjà, j'avais compris qu'il était et resterait légué au second plan, qu'il en serait question le moins possible. Mon crime était gênant — choquait — et il n'appartenait pas à cette catégorie de choses qui peuvent vous arriver, qui vous pendent sous le nez. Ce sentiment était si visible que je n'aurais pas été étonné d'entendre un de ces messieurs déclarer :

— Bien fait pour elle !

Mais ma « concubine sous le toit conjugal », mais ce Noël si calme et si austère, si heureux... Mais oui, mon juge, si heureux. Armande, qui ne se doutait encore de rien, a passé la soirée à taquiner Frachon, qui est son souffre-douleur attitré et qui s'en montre enchanté. J'ai joué et bavardé longtemps avec mes filles pendant que maman parlait à Martine de notre vie à Ormois — et sur ce terrain elle est intarissable.

Nous nous sommes tous embrassés à minuit et auparavant, j'étais allé discrètement dans la salle à manger allumer les bougies de l'arbre et poser le champagne glacé sur la table. J'ai embrassé Martine la dernière. Cette nuit-là, n'est-ce pas, on a le droit d'embrasser tout le monde, et je l'ai fait chastement, je vous jure, sans insistance déplacée.

Pourquoi, dites-moi, quand il a fallu aller se coucher, ma femme ne serait-elle pas montée de son côté pendant que j'accompagnerais Martine dans sa chambre au lieu d'envoyer Frachon la reconduire ?

Ne vous récriez pas, mon juge. Je n'ai pas fini et c'est une question que je voudrais depuis longtemps traiter à fond. J'ai demandé pourquoi et j'explique le sens de ma question. Il y avait des mois, à cette époque-là, on pourrait dire des années, qu'Armande et moi n'avions plus de rapports sexuels. Car, pendant les dernières années, si cela nous était arrivé de temps en temps, c'était plutôt par raccroc, à tel point qu'après elle en était gênée.

Cette question sexuelle n'a jamais été débattue entre nous, je veux dire entre elle et moi. Il n'en a pas moins été évident pour chacun de nous, dès le début de notre mariage, que nous n'étions pas attirés charnellement l'un vers l'autre.

Elle s'est accommodée de cette demi-chasteté, soit. De mon côté, s'il m'est arrivé de prendre de banales distractions au-dehors, je n'en ai pas parlé, cela n'en valait pas la peine. Je ne voulais pas que cela en valût la peine, parce que j'ai été élevé dans le respect de ce qui existe, de ce qui est : respecter une chose, non parce qu'elle est respectable, mais parce qu'elle est.

C'est au nom de ce principe, en somme, que parlaient, eux aussi, ces messieurs du tribunal.

Or ma maison *était,* ma famille *était* et, pour sauvegarder l'une et l'autre, je me suis astreint pendant des années à vivre comme un automate plutôt que comme un homme, au point d'avoir parfois une envie presque irrésistible de m'asseoir sur le premier banc venu et de n'en plus bouger.

A la barre des témoins, Armande a dit, et cette fois, vous étiez présent, je vous ai aperçu dans la foule :

— Je lui ai donné dix ans de ma vie et, s'il devient libre demain, je suis prête à lui donner le reste...

Non, mon juge, non ! Qu'on soit de bonne foi. Ou qu'on réfléchisse avant de prononcer des phrases comme celle-là, qui font courir un petit frisson d'admiration dans l'auditoire.

Remarquez que je suis persuadé aujourd'hui qu'Armande n'a pas parlé ainsi pour faire impression sur les magistrats, sur le public ou sur la presse. J'ai mis du temps à y croire, mais je suis désormais prêt à plaider sa bonne foi.

Et c'est bien le plus effroyable : qu'il puisse exister pendant des années, entre gens qui vivent ensemble, d'aussi irrémédiables malentendus.

En quoi, dites-moi, en quoi *elle m'a donné dix ans de sa vie ?* Où sont-ils ces dix ans-là ? Qu'en ai-je fait ? Où les ai-je mis ? Pardonnez-moi cette plaisanterie amère. Ces dix ans-là, voyons, elle les a vécus, vous n'allez pas prétendre le contraire. Elle est rentrée chez moi pour les vivre et, justement, pour les vivre de cette façon-là. Je ne l'y ai pas forcée. Je ne l'ai pas trompée sur le sort qui l'attendait.

Ce n'est pas ma faute si les usages ou les lois veulent que, quand un homme et une femme entrent dans une maison, eussent-ils l'un et l'autre dix-huit ans, pour y vivre ensemble, ils s'engagent solennellement à vivre de la même façon jusqu'à la mort.

Pendant ces dix ans-là, non seulement elle a vécu sa vie à elle, mais elle nous l'a imposée à tous. En aurait-il d'ailleurs été autrement, aurions-nous été à égalité que j'aurais encore pu lui répondre :

— Si tu m'as donné dix ans de ta vie, je t'ai donné dix ans de la mienne. Nous sommes quittes.

Elle n'a pas toujours fait ce qu'elle aurait voulu pendant ces années-là ? Elle s'est occupée de mes filles ? Elle m'a soigné pendant une courte maladie ? Elle a renoncé à certains voyages qu'elle aurait aimé faire ?

Moi aussi. Et, parce que je n'avais aucun goût pour sa chair, j'ai pour ainsi dire renoncé à la chair. J'attendais des semaines, parfois, pour m'en passer l'idée, à la sauvette, avec Dieu sait qui, dans des conditions dont j'ai honte aujourd'hui.

J'en suis arrivé à envier les gens qui ont une passion de secours, le billard, par exemple, les cartes, les matches de boxe ou le football. Ces gens-là, tout au moins, savent qu'ils appartiennent à une sorte de confrérie et, grâce à cela, si ridicule que cela paraisse, ils ne se sentent jamais tout à fait isolés ou désemparés dans la vie.

Elle a dit :

— Quand il a introduit cette personne dans ma maison, j'ignorais que...

Sa maison. Vous l'avez entendue comme moi. Elle n'a pas dit notre maison. Elle a dit sa maison.

Sa maison, sa bonne, son mari...

Voilà le mot de l'énigme, mon juge, car il faut bien croire qu'énigme il y a, puisque personne n'a compris ou paru comprendre. Elle n'allait pas jusqu'à parler de *ses* malades, mais elle prononçait *nos* malades, et elle me questionnait sur eux, sur le traitement que je leur faisais suivre, elle me donnait son avis — souvent pertinent, d'ailleurs — sur le chirurgien auquel je devais les envoyer pour une intervention.

Tenez ! Je viens de parler de faire partie d'une confrérie. Il y en a une, une seule, à laquelle j'appartiens par la force des choses : c'est le corps médical. Or, parce que tous les médecins que nous fréquentions étaient nos amis, c'est-à-dire ceux d'Armande plus que les miens, je n'ai jamais ressenti ce sentiment de solidarité qui m'aurait parfois réconforté.

Elle a cru bien faire, je le sais. La connaissant comme je la connais à présent, je pense que ce serait un déchirement pour elle de s'apercevoir qu'elle n'a pas toujours agi dans le sens de la perfection.

Elle était persuadée, comme les juges, comme tous ceux qui ont assisté à mon procès, que je suis un lâche, que c'est par lâcheté que j'ai organisé ce Noël dont le souvenir lui fait encore si mal, par lâcheté encore que j'ai employé des ruses, disons le mot, pour imposer chez moi la présence de Martine.

Chez moi, vous entendez ? J'y tiens. Parce qu'enfin il me semble que j'étais chez moi aussi ?

Et j'ai employé des ruses, en effet. Seulement, on aurait fort de me les reprocher, car c'est à moi qu'elles ont été le plus pénibles, c'est moi qu'elles ont le plus humilié.

Pas seulement à moi, mais à Martine, à Martine plus qu'à moi encore.

On a feint de traiter celle-ci en aventurière, ce qui est fort pratique. On n'a pas osé dire le mot nettement, parce qu'alors, en dépit de mes deux gardes, j'aurais bondi par-dessus mon banc. Il n'en paraissait pas moins évident à tous qu'elle s'était introduite dans notre ménage par intérêt.

Une fille, mon juge, qui sortait d'une bonne famille, certes — ces messieurs n'oublient jamais, en passant, de saluer la famille, comme au cimetière, parce qu'entre gens du même monde on se doit certaines civilités —, une fille de bonne famille, mais une dévoyée qui, pendant quatre ans, avait travaillé un peu partout et qui avait couché avec des hommes.

Je ne dis pas qui avait eu des amants. Elle n'en a pas eu avant moi. Je dis coucher avec des hommes, comme moi j'avais couché avec des femmes.

Mais il ne s'agit pas de cela maintenant et, au surplus, il n'y a personne que cela regarde, sinon moi.

Elle arrivait Dieu sait d'où, elle débarquait dans notre ville honnête, avec son méchant tailleur trop léger, ses deux valises et son teint anémique, et voilà qu'elle s'introduisait sans vergogne dans une maison bien chauffée, bien éclairée, à la table bourgeoisement garnie, voilà qu'elle devenait du jour au lendemain l'assistante d'un médecin, presque l'amie de sa femme qui se dérangeait pour lui acheter un cadeau de Noël.

C'est terrifiant de penser que nous sommes tous des hommes, tous à courber plus ou moins les épaules sous un ciel inconnu, et que nous nous refusons à faire un tout petit effort pour nous comprendre les uns les autres.

Mais, mon juge, d'entrer ainsi chez nous par la petite porte, d'entrer chez nous grâce à tout un écheveau de mensonges que je lui imposais, c'était pour elle non seulement la pire humiliation, mais le sacrifice de tout ce qu'elle pouvait encore considérer comme sa personnalité.

Qu'elle ait travaillé, par exemple, chez Raoul Boquet. Supposons qu'elle soit devenue sa maîtresse, ce qui serait probablement arrivé. Toute la ville l'aurait su, soit, car ce n'est pas la délicatesse qui étouffe le directeur des Galeries. Elle aurait fait partie, du jour au lendemain, du petit groupe du *Poker-Bar*. Elle y aurait eu des amis, des amies, vivant comme elle, fumant et buvant comme elle, l'aidant à considérer son existence comme naturelle.

Le *Poker-Bar* ? Moi-même, mon juge, il m'est arrivé, avant de connaître Martine, de regarder ses lumières crémeuses avec nostalgie et d'avoir envie d'en devenir un des piliers.

Avoir un rond de lumière où se réfugier, comprenez-vous ? Où se réfugier tout en étant soi-même, parmi des gens qui vous laissent croire que vous êtes quelqu'un.

Chez moi, elle n'était rien. Pendant trois semaines, elle a vécu dans la terreur d'un regard soupçonneux d'Armande, et cette hantise a fini par devenir si forte que j'ai été obligé de soigner ses nerfs.

Même sur le plan professionnel, elle renonçait à se raccrocher à la simple satisfaction d'elle-même qui est accordée au dernier des travailleurs. Elle était, avant de me connaître, une excellente secrétaire. Par contre, elle ne connaissait rien à la profession médicale. Je n'avais pas le temps de la mettre au courant. Ce n'était pas pour cela que je la voulais près de moi.

Je l'ai vue penchée, des journées durant, dans un coin de mon bureau, sur de vieux dossiers qu'elle devait faire semblant de classer.

Lorsque Armande lui adressait la parole, c'était le plus souvent, maintenant qu'elle était à notre service, pour la prier de téléphoner à la couturière ou à un fournisseur.

Nous nous cachions, soit. Et il nous est arrivé souvent de mentir.

Par charité, mon juge !

Parce que, à cette époque-là, j'étais encore naïf, parce qu'à quarante ans je ne connaissais rien de l'amour et que je me figurais que je pourrais être enfin heureux sans rien retirer aux autres.

Il me semblait qu'avec un peu de bonne volonté il serait si facile d'arranger les choses ! Nous faisions notre part, Martine et moi, puisque, justement, nous consentions à nous cacher et à mentir. N'aurait-il pas été légitime que d'autres fissent leur effort aussi ?

Etait-ce ma faute si j'avais autant besoin que de l'air que je respirais d'une femme que je ne connaissais pas quinze jours auparavant, que je n'avais pas cherché à connaître ?

Qu'une maladie soit venue soudain mettre mes jours en danger, on aurait dérangé pour moi les plus grands spécialistes, on aurait bouleversé l'ordonnance et les habitudes de la maison, chacun y aurait mis du sien, on m'aurait envoyé en Suisse ou ailleurs, que sais-je, on aurait poussé le sens du devoir — ou de la pitié — jusqu'à me promener dans une petite voiture.

Il m'était arrivé quelque chose de différent, mais d'aussi grave. Ma vie était pareillement en jeu. Je ne fais pas de romantisme. Je parle de ce que je sais, moi, mon juge. Pendant des semaines j'ai passé mes nuits sans elle. Pendant des semaines, elle regagnait son logement à l'heure des repas. J'avais en outre mes malades à visiter.

Pendant des semaines, dix fois par jour et par nuit, j'ai ressenti ce vide déchirant dont je vous ai parlé, au point de devoir m'immobiliser, une main sur la poitrine, l'œil anxieux, comme un cardiaque. Et vous croyez que j'aurais pu le supporter sans interruption, sans espoir, jour après jour, du matin au soir et du soir au matin ?

Mais enfin, de quel droit, dites-le-moi, m'aurait-on demandé ça ? Ne me parlez pas de mes filles. C'est un argument trop facile. Les enfants n'ont rien à voir dans ces questions-là, et j'ai rencontré dans ma clientèle assez de ménages désunis ou imparfaits pour savoir qu'ils n'en souffrent nullement, sauf dans les romans populaires.

Ma mère ? Allons ! Avouons tout crûment, car les mamans ne sont pas toujours des saintes, qu'elle jubilait à l'idée qu'il y avait enfin quelqu'un sur la terre pour secouer, fût-ce en se cachant, le joug de sa bru.

Reste Armande et ses dix ans. Je sais.

Alors posons la question autrement. J'en aimais une autre. C'est un fait. Il était trop tard pour revenir là-dessus. Je ne pouvais plus m'extirper cet amour-là de la peau.

En supposant même que j'aie aimé Armande autrement, je ne l'aimais plus.

C'est encore un fait. C'est clair, n'est-ce pas ?

Donc, le coup, si coup il y a, avait été porté. Car enfin, la douleur, quand on aime, vient de n'être plus aimé, puis de savoir celui qu'on aime en aimer une autre.

Tout cela, c'était fait, mon juge.

Remarquez que j'accepte ici l'hypothèse extrême, que je feins d'admettre qu'Armande m'avait vraiment aimé d'amour et m'aimait encore.

Alors, dans mon esprit, en mon âme et conscience, son attitude devient hallucinante de férocité. Toujours au nom de l'amour, bien entendu.

— Tu ne m'aimes plus. Tu en aimes une autre. Tu as besoin de sa présence. Cependant, parce que moi, je t'aime encore, j'exige que tu y renonces et que tu restes avec moi.

Rester avec un être qu'on n'aime plus et qui vous inflige la plus atroce des douleurs, comprenez-vous ça ? Imaginez-vous les tête-à-tête, le soir, sous la lampe, sans oublier le moment où les deux êtres dont je vous parle se glissent dans le même lit et se souhaitent le bonsoir ?

Eh bien ! en écrivant ceci, à cause de certains mots, de certaines images qu'ils évoquent pour moi, je viens tout à coup de l'admettre. Mais à la condition d'accepter pour un fait indiscutable l'amour d'Armande, un amour total, égal au mien.

Or, je n'y crois pas. Une femme qui aime ne dit pas :

— « ... dans ma maison... sous mon toit... »

Une femme qui aime d'amour ne parle pas de ses dix ans de sacrifice.

Elle a peut-être cru m'aimer, voyez-vous, mais moi, maintenant, mon juge, je m'y connais.

Aurait-elle pu, autrement, prononcer, en s'adressant à moi :

— Si seulement tu t'étais contenté de la voir dehors...

Aurait-elle parlé d'humiliation ?

Je vous jure, mon juge, que, moi, j'étudie le problème honnêtement, douloureusement et, si étrange que cela puisse paraître, c'est depuis que je suis ici, surtout, que je l'étudie sans parti pris.

Parce que, maintenant, d'autres questions autrement importantes ont reçu leur réponse, parce que je suis loin, très loin de tous ces petits personnages qui se raidissent ou gesticulent.

N'est-ce pas, Martine à moi, n'est-ce pas que nous avons fait beaucoup de chemin tous les deux, que nous avons parcouru, presque toujours serrés l'un contre l'autre, la plus longue des routes, celle au bout de laquelle on est enfin délivré ?

Dieu sait si nous nous y sommes engagés sans le savoir, innocemment, oui, mon juge, comme des enfants, car nous étions encore des enfants.

Nous ignorions où nous allions, mais nous ne pouvions pas aller ailleurs, et je me souviens, Martine, que certains jours, au moment où nous nous sentions le plus heureux, il t'arrivait de me regarder avec des yeux pleins d'effroi.

Tu n'étais pas plus lucide que moi, mais la vie t'avait battue plus durement. La jeunesse et ses cauchemars infantiles étaient plus proches de toi et ces cauchemars-là te poursuivaient encore jusque dans mes bras. Maintes fois, la nuit, tu as crié, le front en sueur, en te raccrochant à mes épaules, comme si elles seules pouvaient t'empêcher de glisser dans le vide, et je me souviens de ta voix, certaine nuit, quand tu répétais, au comble de la terreur :

— Eveille-moi, Charles. Eveille-moi vite...

Pardonne-moi, Martine, de m'occuper autant des autres, mais, vois-tu, c'est pour toi que je m'y contrains. Toi-même, il t'est arrivé de murmurer avec regret :

— Personne ne saura...

Et c'est pour elle, mon juge, pour que quelqu'un, pour qu'un homme sache, que je vous écris, à vous, tout ceci.

Admettez-vous maintenant qu'il n'est pas question pour moi de mentir, ni de travestir le moins du monde la vérité ? Où je suis, où nous sommes, Martine et moi, car nous sommes ensemble, juge, on ne ment plus. Et si vous ne pouvez pas toujours suivre ma pensée, comprendre certaines idées qui vous choquent, ne vous dites pas que je suis fou, pensez simplement, humblement, que j'ai franchi un mur que vous franchirez peut-être un jour et derrière lequel on voit les choses autrement.

Je pense en écrivant ceci à vos coups de téléphone, au regard anxieux qu'il vous arrivait de poser sur moi, à la dérobée, en attendant ma réponse à certaines de vos questions. Je pense surtout à d'autres questions que vous brûliez de me poser et que vous ne m'avez jamais posées.

J'ai peu parlé de Martine, dans votre cabinet. Parce qu'il y a des sujets qu'on n'aborde pas devant un Me Gabriel ou devant un pauvre honnête homme comme votre greffier.

Je n'ai pas parlé du tout au procès, et cela a été diversement interprété. Je ne pouvais pourtant pas leur dire :

« *Mais comprenez-vous donc que je l'ai délivrée...* »

Je ne pouvais pas leur crier ces mots encore plus vrais, qui me montaient à la gorge et qui la déchiraient :

« *Ce n'est pas elle que j'ai tuée. C'est l'autre...* »

Sans compter que ç'aurait été faire leur jeu, leur donner ce qu'ils cherchaient à obtenir, pour la paix de leur esprit plus encore que de leur conscience, pour l'exemple, pour l'honneur du monde bourgeois auquel nous appartenons les uns et les autres. C'est du coup que mes confrères auraient signé des deux mains ce certificat d'aliénation mentale dont, aujourd'hui encore, ils s'acharnent à établir la légitimité et qui arrangeait tant de choses !

Nous ne savions pas, Martine et moi, où nous allions, et, pendant des semaines, par pitié, pour ne pas faire de peine, et aussi parce que nous ignorions encore la force dévorante de notre amour et ses exigences, nous avons vécu deux vies, nous avons vécu, plus exactement, une existence comme hallucinée.

Je la voyais arriver le matin, à huit heures, dans le froid livide de janvier. J'étais alors à prendre mon petit déjeuner dans la cuisine, tandis qu'Armande s'attardait en haut, dans l'appartement.

Martine était mal portante, à cette époque. Elle payait. Elle payait beaucoup de choses. Elle payait sans se plaindre, sans croire à l'injustice.

En franchissant la grille, et tandis que ses pieds faisaient crisser le gravier, elle cherchait des yeux la fenêtre derrière laquelle je me trouvais et elle souriait sans me voir, faiblement, car on aurait pu l'observer d'en haut, elle souriait vaguement, tendrement, à un rideau.

Elle n'entrait pas par la grande porte, mais par le salon d'attente. C'était une décision d'Armande. J'en ignore la raison. Je ne veux pas la connaître. Je n'ai jamais protesté. Elle devait avoir l'air d'une employée, puisque c'était à ce titre qu'elle était dans la maison. Je n'en veux à personne, je vous assure.

Est-ce que Babette s'est aperçue de notre manège ? Je ne m'en suis pas inquiété. J'avalais mon reste de café, je faisais le tour par le vestibule et j'entrais dans mon cabinet, où elle avait eu le temps de passer sa blouse et où nous restions un moment à nous regarder avant de nous étreindre.

Nous n'osions pas parler, mon juge. Nos yeux seuls en avaient le droit. Je ne suis pas un maniaque de la persécution, vous pouvez le croire. Ma mère avait l'habitude de marcher à pas feutrés et on se heurtait souvent à elle là où on s'y attendait le moins.

Chez Armande, je pense que c'était non une manie, mais un principe. Mieux : un droit, qu'elle exerçait sans honte, son droit de maîtresse de maison qui était de tout connaître de ce qui se passait sous son toit. Il m'est arrivé de la surprendre derrière une porte, à écouter, et elle n'a jamais rougi, elle n'a pas manifesté la moindre gêne. Pas plus que si je l'avais vue donner des instructions à la bonne où régler le compte d'un fournisseur.

C'était son droit, son devoir. Passons. Nous avons accepté ça aussi. Et d'ouvrir aussitôt la porte au premier malade, parce que cette porte a toujours un peu grincé et qu'avec de l'attention on pouvait percevoir ce grincement d'en haut.

Pendant toute la matinée, il nous restait quelques regards à la dérobée, ses doigts que je frôlais quand elle me tendait le récepteur du téléphone ou qu'elle m'aidait à faire un point de suture, à laver une plaie, à maintenir un enfant immobile.

Vous connaissez les criminels, mais vous ne connaissez pas les malades. S'il est difficile de faire parler les premiers, il est difficile de faire taire les autres et vous ne pouvez savoir ce que c'est de les voir se succéder pendant des heures, tous hypnotisés par leur cas, par leurs bobos, par leur cœur, par leur urine, par leur caca. Et nous étions là tous les deux, à quelques pas l'un de l'autre, à entendre sempiternellement les mêmes mots, tandis que nous avions tant de vérités essentielles à nous dire.

Si l'on me demandait aujourd'hui à quoi on reconnaît l'amour, si je devais établir un diagnostic de l'amour, je dirais : « D'abord le besoin de présence. »

Je dis bien un besoin, aussi nécessaire, aussi absolu, aussi vital qu'un besoin physique.

« Ensuite la soif de s'expliquer. »

La soif de s'expliquer soi et d'expliquer l'autre, car on est tellement émerveillé, voyez-vous, on a tellement conscience d'un miracle, on a tellement peur de perdre cette chose qu'on n'avait jamais espérée, que le sort ne vous devait pas, qu'il vous a peut-être donnée par distraction, qu'à toute heure on éprouve le besoin de se rassurer et, pour se rassurer, de comprendre.

Une phrase prononcée la veille, par exemple, au moment de se quitter, dans la maison de Mme Debeurre. Elle me hante toute la nuit. Des heures durant, je l'ai tournée et retournée dans mon esprit pour en tirer la quintessence. J'ai eu l'impression, soudain, qu'elle m'ouvrait des horizons nouveaux, sur nous deux, sur notre incroyable aventure.

Et voilà que le matin Martine était là. Et qu'au lieu de pouvoir confronter tout de suite mes pensées avec les siennes, force m'était de vivre pendant des heures dans l'incertitude, dans l'angoisse.

Cela ne lui échappait pas. Elle trouvait le moyen de me souffler, entre deux portes ou derrière le dos d'un patient :

— Qu'est-ce que tu as ?

Et, malgré son regard anxieux, je répondais du bout des lèvres :

— Rien... Tout à l'heure...

La même impatience nous taraudait et, par-delà les clients, nous échangions des regards chargés de questions.

— En un mot ?...

Un mot seulement, pour la mettre sur la piste, parce qu'elle avait peur, parce que nous passions notre temps à avoir peur de nous et des autres. Mais comment exprimer ces choses-là d'un mot ?

— Ce n'est pas grave, je t'assure...

Allons ! Faites entrer le suivant, un kyste ou une angine, un furoncle ou une rougeole. Il n'y a que cela qui compte, n'est-ce pas ?

Toutes les heures de la journée mises bout à bout ne nous auraient pas suffi, et on s'acharnait à nous voler les moindres miettes de notre temps au point que, quand nous étions enfin seuls, à force de ruses ou de mensonges, ma foi, quand je la retrouvais chez elle après avoir inventé Dieu sait quoi pour expliquer ma sortie du soir, nous avions si faim l'un de l'autre que nous ne trouvions plus rien à nous dire.

Le grand problème, le problème capital, c'était de découvrir pourquoi nous nous aimions, et il nous a hantés longtemps, car de sa solution dépendait le plus ou moins de confiance que nous pouvions avoir en notre amour.

Cette solution, l'avons-nous trouvée ?

Je n'en sais rien, juge. Personne n'en saura jamais rien. Pourquoi, dès le premier soir de Nantes, après quelques heures que je qualifie volontiers de sordides, et alors que rien ne nous rapprochait, avons-nous éprouvé soudain cette faim l'un de l'autre ?

D'abord, voyez-vous, il y a eu ce corps raidi, cette bouche ouverte, ces yeux affolés qui ont été pour moi un mystère, puis une révélation.

J'avais détesté la petite habituée des bars, ses tics et son assurance, et ce qu'il y avait de raccrocheur dans les regards qu'elle lançait aux hommes.

Or, quand je l'ai tenue dans mes bras, la nuit, quand, intrigué parce que je ne comprenais pas, j'ai soudain fait la lumière, je me suis aperçu que j'étais en train d'étreindre cette petite fille.

Une petite fille qui avait le ventre couturé du pubis au nombril, c'est entendu, une petite fille qui avait couché avec des hommes, je pourrais vous dire maintenant avec combien d'hommes exactement, où, comment, dans quelles circonstances, dans quel décor même. Une petite fille néanmoins qui avait faim de la vie et que raidissait « une peur bleue » de la vie, pour employer un mot de ma mère.

De la vie ? De la sienne, en tout cas, peur d'elle-même, de ce qu'elle considérait comme elle-même, et je vous jure qu'elle se jugeait avec une terrible humilité.

Toute petite déjà elle avait peur, toute petite elle se considérait comme faite autrement que les autres, comme moins bien que les autres, et c'est pour cela, voyez-vous, qu'elle s'était fabriqué peu à peu une personnalité à l'image des personnages de magazines et de romans.

Pour ressembler aux autres. Pour se rassurer.

Comme moi, juge, je serais allé jouer au billard ou à la belote.

Y compris les cigarettes, les bars, les hauts tabourets et les jambes croisées, y compris cette familiarité agressive avec les barmen, cette coquetterie avec les hommes, quels qu'ils fussent.

— Je ne suis quand même pas si moche que ça...

C'était son mot au début. Elle le répétait à satiété, elle reprenait sans cesse la même question, à tous propos :

— Est-ce que je suis vraiment si moche que ça ?

Pour ne pas se sentir moche, dans sa ville natale de Liège, où la fortune de ses parents ne lui permettait pas de se sentir à égalité avec ses amies, elle est partie, toute seule, faisant la brave, et elle a obtenu un petit poste à Paris.

Pour ne pas se sentir moche, elle s'est mise à fumer et à boire. Et, dans un autre domaine aussi, plus difficile à aborder, même dans cette lettre qui ne s'adresse qu'à vous, juge, elle se sentait moche.

Toute petite fille, à dix ans, invitée par des amies plus riches chez qui ses parents étaient très fiers de l'envoyer, elle a assisté à leurs jeux qui n'étaient pas tout à fait innocents.

J'ai dit des amies plus riches et j'insiste. Il s'agissait de gens dont elle entendait ses parents parler avec une admiration non exempte d'envie, avec aussi le respect que dans certaines classes sociales on voue aux classes supérieures. Et quand elle a pleuré, sans oser avouer pourquoi, quand elle a refusé de retourner, la semaine suivante, chez ces mêmes amies, on l'a traitée de petite folle et on a usé d'autorité.

Tout cela est vrai, juge. Il y a des accents qui ne trompent pas. Je ne me suis pas contenté de cette vérité-là. Je suis allé sur place. Il n'y a rien d'elle que je ne me sois obstiné à connaître, y compris les moindres décors où elle avait vécu.

Je suis allé à Liège. J'ai vu le couvent des Filles de la Croix, où elle a été pensionnaire, en jupe bleue à plis, en chapeau rond à large bord. J'ai vu sa classe, son banc et, sur les murs, encore, et signés de sa main malhabile, de ces ouvrages compliqués de broderie que l'on fait faire aux enfants.

J'ai vu ses cahiers, j'ai lu ses compositions, je connais par cœur les notes à l'encre rouge de ses institutrices. J'ai vu ses photographies à tous les âges, photographies de fin d'année, à l'école, avec les élèves dont je connais les noms, photographies de famille, à la campagne, oncles, tantes, cousins qui me sont devenus plus familiers que ma propre famille.

Qu'est-ce qui m'a donné le désir, qu'est-ce qui a créé chez moi le besoin de connaître tout cela alors que, par exemple, je n'ai jamais eu pareilles curiosités en ce qui concerne Armande ?

Je pense que c'est, mon juge, la découverte que j'ai faite, sans le vouloir, de sa véritable personnalité. Mettons l'intuition que j'en ai eue. Et, ce que j'ai découvert, c'est presque contre elle que je l'ai découvert, malgré elle, parce qu'elle en avait honte.

J'ai travaillé des semaines, je dis bien travaillé, à la délivrer de la honte. Et pour cela il fallait que je la fouille dans ses moindres recoins.

Au début, elle mentait. Elle mentait comme une petite fille qui raconte fièrement à ses compagnes des histoires de sa bonne alors qu'il n'y a pas de domestique à la maison.

Elle mentait et, patiemment, je démêlais tous ses mensonges, je la forçais à les avouer les uns après les autres, j'avais un écheveau compliqué à débrouiller, mais je tenais le bout du fil et je ne le lâchais pas.

A cause de ses petites amies riches et vicieuses, à cause de ses parents qui s'obstinaient à l'envoyer chez elles, parce qu'il s'agissait d'une des familles les plus considérables de la ville, elle a pris l'habitude, certains soirs, de s'étendre sur le ventre, dans la solitude de son lit, et de se raidir pendant des heures, à la recherche farouche d'un spasme qui ne venait pas.

Physiologiquement, elle était précoce, puisqu'elle était femme à onze ans. Pendant des années, elle a connu cette recherche désespérante d'un soulagement impossible, et la bouche ouverte que j'ai vue à Nantes, juge, ces yeux révulsés, ce cœur qui battait à cent quarante, c'était l'héritage de la petite fille.

Les hommes n'avaient fait que remplacer la raideur solitaire. Et c'était toujours pour être comme les autres, pour se sentir enfin comme les autres, qu'elle était allée les chercher.

A vingt-deux ans. Car, à vingt-deux ans, elle était encore vierge. Elle espérait encore.

Ce qu'elle espérait ? Ce qu'on nous a appris, ce qu'on lui avait appris à espérer, le mariage, les enfants, la maison quiète, tout ce que les gens appellent le bonheur.

Mais elle était, à Paris, loin des siens, une petite fille de bonne famille, sans argent.

Alors, mon juge, un jour de lassitude, un jour d'inquiétude, la petite fille a voulu faire comme les autres.

Sans amour, sans poésie vraie ou fausse, sans vrai désir, et, pour ma part, je trouve cela tragique.

Elle a recommencé avec un étranger, avec un corps qu'elle ne connaissait pas contre le sien, ses expériences de petite fille et, parce qu'elle voulait à toutes forces réussir, parce que tout son être était en quête de soulagement, l'homme a cru qu'elle était une amante.

Les autres aussi, mon juge, qui se sont succédé et dont pas un, vous m'entendez bien, pas un, n'a compris qu'elle cherchait dans leurs bras une sorte de délivrance, dont pas un n'a soupçonné qu'elle sortait de leur étreinte avec la même amertume et le même écœurement que de ses expériences solitaires.

Est-ce parce que, le premier, j'ai eu cette révélation, que je l'ai aimée et qu'elle m'a aimé ?

J'ai compris d'autres choses, par la suite, les unes après les autres. C'était comme un chapelet que je dévidais peu à peu.

Ce rond de lumière chaude dont chacun de nous a besoin, où le trouver quand on vit seul dans une grande ville ?

Elle a découvert les bars. Elle a découvert les cocktails. Et la boisson lui a donné pour quelques heures cette confiance en elle dont elle avait tant besoin. Et les hommes qu'elle rencontrait dans ces endroits-là étaient tout prêts à l'aider à croire en elle.

Ne vous ai-je pas avoué que j'aurais pu devenir un des piliers du *Poker-Bar,* que j'en ai eu la tentation ? Moi aussi, j'aurais trouvé là des admirations faciles qui m'étaient refusées chez moi, moi aussi j'y aurais trouvé des femmes qui m'auraient donné l'illusion de l'amour.

Mais elle était plus humble que moi, en somme. Je parvenais encore à me replier sur moi-même alors qu'elle en était incapable.

Et quelques verres d'alcool, mon juge, quelques compliments, un vague semblant d'admiration et de tendresse lui enlevaient toute résistance.

N'avons-nous pas tous fait la même chose, vous, moi, tous les hommes, les plus intelligents et les plus intègres ? Ne nous est-il pas arrivé d'aller chercher dans les endroits les plus vils, dans les caresses les plus intéressées, un peu d'apaisement ou de confiance en nous ?

Elle a suivi des inconnus, ou presque. Elle a pénétré dans des chambres d'hôtel. Des hommes l'ont caressée dans leur auto ou en taxi.

J'en ai fait le compte, je vous l'ai dit. Je les connais tous. Je sais exactement quels gestes ils ont accomplis.

Comprenez-vous que nous ayons eu un si impérieux besoin de nous parler et que les heures vides, les heures qu'on nous volait étaient atroces ?

Non seulement elle ne trouvait pas l'apaisement désiré, non seulement elle cherchait en vain cette confiance en elle-même qui lui aurait donné un semblant d'équilibre, mais elle gardait assez de lucidité pour avoir conscience de son avilissement progressif.

Quand elle est venue à La Roche, mon juge, quand je l'ai rencontrée à Nantes, sous la pluie, dans une gare où nous venions tous les deux de rater notre train, elle était à bout de forces, elle ne luttait plus, elle était résignée à tout, y compris au dégoût de soi-même.

Elle était — pardon du blasphème, Martine, mais toi, tu me comprends —, elle était comme une femme qui, pour avoir enfin la paix, entre en maison.

Le miracle, c'est que je l'aie rencontrée, c'est ce double retard qui nous a mis face à face, le miracle, c'est surtout que moi, qui ne suis pas particulièrement intelligent, qui ne me suis guère penché, comme l'ont fait certains de mes confrères, sur des problèmes de cette sorte, c'est que moi, dis-je, Charles Alavoine, au cours d'une nuit où j'étais ivre, où elle l'était aussi, où nous avions traîné salement notre dégoût dans les rues souillées par la pluie, j'aie compris, soudain.

Pas même compris. Je n'ai pas compris tout de suite. Mettons, pour être exact, que j'aie entrevu, dans tout le noir où nous nous débattions, une petite lueur lointaine.

Le vrai miracle, au fond, c'est que j'aie eu envie, Dieu sait pourquoi — peut-être parce que je me sentais seul aussi, parce qu'il m'était arrivé de désirer m'asseoir sur un banc et n'en plus bouger, peut-être parce qu'il me restait ma petite luciole, parce que tout n'était pas éteint en moi —, le vrai miracle, c'est que j'aie voulu approcher cette lueur fraternelle et comprendre, et que ce désir dont je n'avais pas conscience ait suffi à me faire franchir tous les obstacles.

Je ne savais même pas, à ce moment-là, que c'était de l'amour.

9

Tout à l'heure, on est venu chercher mon compagnon de cellule pour le conduire au parloir où il avait une visite. C'est celui dont je vous ai parlé en disant qu'il ressemblait à un jeune taureau. Je suis resté longtemps sans connaître son nom et sans m'en soucier. Il s'appelle Antoine Belhomme, il est né dans le Loiret.

J'ai fini par savoir aussi pourquoi il se montrait renfrogné, la bouche amère, le regard sournois. Ils l'ont eu, mon juge, pour employer son expression. En réalité, on ne possédait pas de preuves assez convaincantes pour l'envoyer devant le jury. Il l'ignorait. Il considérait qu'il « était fait » et, s'il niait encore, c'était par principe, pour ne pas se dégonfler. C'est alors que son juge à lui, votre confrère, lui a proposé une sorte de marché.

Je suppose que cela ne s'est pas discuté dans des termes aussi nets. Mais je crois ce que m'a dit Belhomme. On a commencé par lui parler du bagne, de la guillotine, on l'a effrayé jusqu'à faire sourdre de son front de jeune animal la sueur froide de la petite mort. Alors, gentiment, quand on l'a jugé à point, on lui a fait envisager la possibilité d'une transaction.

Qu'il avoue donc et on lui en tiendrait compte, on écarterait d'office la préméditation, puisque l'arme du crime était une bouteille qu'il avait trouvée sur le comptoir du débit ; on lui tiendrait compte aussi de ses regrets, de sa bonne conduite à l'instruction, de sa bonne tenue au procès et on lui promettait, on lui laissait à tout le moins espérer qu'il en serait quitte avec dix ans.

Il a marché. Il avait tellement confiance que, quand son avocat se mettait en nage pour le défendre, c'était lui qui le rassurait.

— Laissez donc courir. Puisqu'on vous dit que c'est cuit.

Ils ne l'en ont pas moins salé. Ils lui ont collé vingt ans, le maximum... Cela parce que, entre l'instruction et le procès, le hasard a voulu que deux autres crimes du même genre fussent commis dans la banlieue, tous deux, pour comble de malheur, par des garçons de son âge, ce qui a déclenché une campagne de presse. Les journaux ont parlé d'une vague de terreur, d'un grave danger social, de la nécessité d'une répression rigoureuse.

C'est mon jeune taureau qui a trinqué. Excusez-moi si je me mets à parler de lui. En voilà un, en tout cas, à qui il ne faudra plus faire de discours sur la Société avec une majuscule, ni sur la Justice. Il vous a dans le nez, tous autant que vous êtes.

C'est la première visite qu'il reçoit depuis que nous vivons ensemble. Il est parti comme un bolide, la tête en avant.

Quand il est revenu, il y a quelques instants, c'était un autre homme. Il m'a regardé avec un orgueil que j'ai rarement vu briller dans les yeux de quelqu'un. Il m'a lancé, faute de trouver d'autres mots, mais il se comprenait et je l'ai compris :

— C'était la petite...

Je savais qu'il était en ménage avec une gamine de quinze ans à peine, qui travaille dans une usine de radio près du pont de Puteaux. Il avait autre chose à me dire, mais cela lui bouillonnait avec tant de force dans la gorge, cela jaillissait de si profond que les mots ne sortaient pas tout de suite.

— Elle est enceinte !

En tant que médecin, mon juge, il m'est arrivé cent fois d'être le premier à annoncer cette nouvelle à une jeune femme, souvent en présence de son mari.

Je connais toutes les sortes de réactions des uns et des autres.

Un bonheur aussi total, une pareille fierté, je ne les avais jamais vus. Et il ajoutait simplement :

— Maintenant, comme elle m'a dit, elle est tranquille.

Ne me demandez pas pourquoi je vous ai raconté cette histoire. Je n'en sais rien. Je ne veux rien prouver. Elle n'a aucun point commun avec la nôtre. Et cependant peut-être pourrait-elle servir à expliquer ce que j'entends par amour absolu, voire ce que j'entends par pureté.

Quoi de plus pur, dites-moi, que cette gamine toute fière, toute heureuse de venir annoncer à son amant, condamné à vingt ans de travaux forcés, qu'elle attend un enfant de lui ?

— *Maintenant, je suis tranquille !*

Et lui n'est pas revenu du parloir le front soucieux.

En un certain sens, il y avait un peu de cette pureté-là dans notre amour. Il était aussi total, si ce mot peut vous faire comprendre que nous en avions accepté d'avance, sans le connaître, sans savoir au juste ce qui se passait en nous, les conséquences les plus extrêmes.

C'est parce que Martine m'a aimé ainsi que je l'ai aimée. C'est peut-être parce que je l'ai aimée avec la même innocence — tant pis si vous souriez — qu'elle m'a donné son amour.

Cercle vicieux ? Qu'y puis-je ? Nous pénétrons, mon juge, dans un domaine où il devient difficile de s'expliquer, surtout avec ceux qui ne savent pas.

Combien ce serait plus simple de raconter notre histoire à Antoine Belhomme, qui n'aurait pas besoin de commentaires.

Avant que l'événement se produise, dans la maison de ma femme, comme je l'appelle volontiers désormais, nous avions déjà fait, Martine et moi, connaissance avec la souffrance.

Je voulais tout savoir d'elle, je vous l'ai dit, et, docilement, après quelques tentatives de mensonges — elle essayait d'éviter de me faire de la peine —, elle m'a tout dit, elle m'en a même trop dit, elle s'est chargée d'un surcroît de péchés, je m'en suis aperçu par la suite, tant elle s'était toujours sentie coupable.

Son arrivée à La Roche-sur-Yon, par un décembre pluvieux, avec un crochet par Nantes pour y emprunter un peu d'argent, c'était, en somme, une sorte de suicide. Elle abandonnait la partie. Il existe un degré dans le dégoût de soi où l'on se salit davantage, pour arriver plus vite au bout, au fond, parce qu'alors il ne peut plus rien arriver de pire.

Or, au lieu de ça, un homme lui a offert de vivre.

J'ai pris, ce faisant, et je m'en rendais compte, une lourde responsabilité. Je sentais qu'elle avait besoin d'être délivrée d'elle-même, de son passé, de ces quelques années, de ces si peu d'années où elle avait tout perdu.

J'ai cru que, pour y arriver, ce passé, je devais, moi, le prendre en charge.

Je reçois des revues médicales qui traitent de la psychanalyse. Si je ne les ai pas toujours lues, je suis quelque peu au courant de la question. Certains confrères en font, en province, et m'ont toujours effrayé.

Ne devrais-je pas la purger à tout jamais de ses souvenirs ? Je l'ai cru, de bonne foi. Je n'ai, je le pense, aucune prédisposition pour le sadisme ni pour le masochisme.

Pourquoi, sinon pour la délivrer, aurais-je passé des heures et des heures à la confesser, m'acharnant à fouiller les recoins les plus sales, les plus humiliants ?

J'étais jaloux, juge, férocement. Je vais vous avouer à ce sujet un détail ridicule. Quand j'ai rencontré Raoul Boquet dans la rue, à quelque temps de là, vers le quinze janvier, je ne l'ai pas salué. Je l'ai regardé ostensiblement et je ne l'ai pas salué.

Parce qu'il l'avait approchée avant moi ! Parce qu'il lui avait offert à boire et qu'elle avait accepté. Parce qu'il avait connu l'autre Martine.

La Martine d'avant moi, la Martine que je haïssais, que j'avais haïe à première vue et qu'elle haïssait elle aussi.

La nouvelle Martine, je ne l'ai pas créée. Je n'ai pas cette prétention-là. Je ne me prends pas pour Dieu le Père. La nouvelle Martine, voyez-vous, c'était la plus ancienne, c'était la petite fille de jadis qui n'avait jamais cessé complètement d'exister et mon seul mérite, si mérite il y a, mon seul titre à son amour, c'est de l'avoir découverte sous un fatras de faux-semblants dont elle était la première dupe.

J'ai entrepris de lui rendre coûte que coûte confiance en elle, confiance en la vie, et c'est pour cela qu'ensemble, avec application, nous nous sommes attelés au grand nettoyage.

Quand je prétends que je sais tout de son passé, entendez bien que je veux dire tout, y compris des gestes, des pensées, des réactions qu'il arrive rarement à un être humain de confier à un autre humain.

J'ai connu des nuits épouvantables. Mais la mauvaise Martine s'effaçait et cela seul importait. J'en voyais naître peu à peu une autre qui ressemblait chaque jour davantage à une petite photo de ses seize ans qu'elle m'avait donnée.

Je ne crains plus le ridicule. Ici, on ne craint plus rien, sinon soi. Chaque être, même s'il ne possède que deux valises pour toute fortune, traîne avec lui, au long des années, un certain nombre d'objets.

Nous en avons fait le tri. Un tri implacable, avec une telle volonté que certaines choses soient définitivement mortes, qu'une paire de souliers, par exemple — je la revois encore, elle était presque neuve —, qu'elle avait portée un soir de rencontre avec un homme, a été brûlée dans la cheminée.

Il ne lui est pour ainsi dire rien resté de ce qu'elle avait apporté, et moi, qui ne pouvais jamais disposer de mon argent sans passer par Armande, je me trouvais dans l'impossibilité de lui acheter ce qui lui manquait.

Ses valises étaient vides, sa garde-robe réduite à l'indispensable à peine.

C'était en janvier. Pensez au vent, au froid, aux journées trop courtes, aux ombres et aux lumières de la petite ville, à nous deux qui nous débattions pour dégager notre amour de tout ce qui risquait de l'étouffer. Pensez à mes heures de consultation, aux déchirements de nos séparations, à la petite maison de Mme Debeurre enfin, qui était notre seul havre de grâce et où je ne pénétrais que haletant d'émotion.

Pensez à tous les problèmes angoissants que nous avions à résoudre, à ces autres problèmes que posait notre vie dans la maison d'Armande et que notre souci constant de la sérénité de celle-ci rendait sans cesse plus difficiles.

Mais oui, nous mentions. Et c'est de la reconnaissance, sinon de l'admiration, que nous mériterions pour cela, car nous avions autre chose à faire que nous préoccuper de la paix des autres.

Nous avions à nous découvrir. Nous avions à nous habituer à vivre avec notre amour, nous avions, si vous permettez ce mot, à transplanter notre amour dans l'existence quotidienne et à l'y acclimater.

Et je recevais trente clients chaque matin ! Et je déjeunais, sans Martine, entre maman et Armande, face à mes filles ! Je leur parlais. Il faut croire que je parvenais à leur parler comme un homme ordinaire, puisque Armande, la subtile, l'intelligente Armande, ne s'est aperçue de rien.

Duplicité, hein, mon juge ? Allons donc ! Quelquefois, quand j'étais à table en famille — mais oui, en famille, et Martine n'y était pas ! — il m'arrivait d'avoir soudain sur la rétine l'image d'un homme, le souvenir brutal d'un geste qu'elle avait fait, aussi précis qu'une photographie obscène.

Ça, juge, je ne le souhaite à personne. La douleur de l'absence est horrible, mais celle-là est de celles qui vous font croire à l'enfer.

Pourtant je restais là et je suppose que je mangeais. On me parlait des menus événements de la journée, et je répondais.

Il fallait que je la voie tout de suite, comprenez-vous ça, bon Dieu ! pour m'assurer qu'il existait vraiment une nouvelle Martine, que ce n'était pas la même que sur l'image pornographique. Je la guettais. Je comptais les minutes, les secondes. Elle franchissait la grille, j'entendais son pas sur le gravier de l'allée, elle se rapprochait, avec ce léger sourire qu'elle m'offrait toujours par avance pour le cas où j'aurais eu besoin d'apaisement.

Une fois, quand elle est entrée dans mon bureau, je l'ai fixée sans la voir. C'était l'autre qui me restait collée à la rétine et soudain, malgré moi, *pour la première fois de ma vie*, j'ai frappé.

Je n'en pouvais plus. J'étais à bout. A bout de douleur. Je n'ai pas frappé avec la main ouverte, mais avec le poing, et j'ai senti le choc des os contre les os.

Je me suis effondré aussitôt. La réaction. Je suis tombé à genoux, je n'ai pas honte de le dire. Et elle, mon juge, elle souriait, en me regardant très tendrement à travers ses larmes.

Elle ne pleurait pas. Il y avait des larmes dans ses yeux, des larmes de petite fille qui a mal dans sa chair, mais elle ne pleurait pas, elle souriait, et je vous affirme qu'elle était triste, mais heureuse.

Elle a caressé mon front, mes cheveux, mes yeux, mes joues, ma bouche. Elle murmurait :

— Mon pauvre Charles...

J'ai cru que cela n'arriverait plus, que plus jamais la brute ne se réveillerait en moi. Je l'aimais, juge. J'ai envie de vous crier ce mot-là à m'en faire éclater la gorge.

Pourtant, j'ai recommencé. Chez elle, une fois, chez *nous*, un soir que nous étions couchés, que je caressais son corps, que mes doigts ont rencontré la cicatrice et que j'ai retrouvé mes fantômes.

Car je m'étais mis à aimer son corps d'une façon quasi délirante qui lui faisait dire en souriant, mais avec, sous sa gaieté, une sourde inquiétude :

— Ce n'est pas chrétien, Charles. Ce n'est pas permis...

J'aimais tout d'elle, tout, sa peau, sa salive, sa sueur, et surtout, oh ! surtout son visage du matin, que je connaissais à peine à cette époque-là, car il fallait le miracle d'une visite urgente pour me permettre de sortir de bonne heure et d'aller la réveiller.

Ce que Mme Debeurre a pensé de nous, je m'en moque. Est-ce que cela compte, dites-moi, quand on vit une expérience comme la nôtre ?

Elle était pâle, avec ses cheveux épars sur l'oreiller, et elle avait dans son sommeil une moue enfantine, elle m'a coupé la respiration, une fois que je l'éveillais de la sorte, en murmurant, les paupières closes :

— Papa...

Parce que son père, lui aussi, aimait son visage du matin, parce que son père s'approchait du lit sur la pointe des pieds au temps pas si lointain où il vivait encore et où elle était une petite fille.

Elle n'était pas belle ainsi, mon juge. Il n'y avait aucune ressemblance, allez, avec la couverture d'un magazine, et je ne l'ai plus voulue belle, jamais, de cette beauté-là. Le rouge a disparu de ses lèvres, le noir de ses cils, la poudre de ses joues et elle est redevenue peu à peu, toute la journée, ce qu'elle était au petit jour dans son sommeil.

J'avais l'impression, parfois, d'avoir passé son visage à la gomme. Les premiers temps, elle restait floue, comme un dessin à demi effacé. Ce n'est que petit à petit que son vrai visage a transparu, que la soudure s'est faite avec ce qu'elle avait été, *avant*.

Si vous ne comprenez pas ça, juge, il est inutile que je continue, mais je vous ai choisi, justement parce que j'ai senti que vous comprendriez.

Je n'ai rien créé. Je n'ai jamais eu l'orgueil de façonner une femme à l'image que je me faisais de la femme.

C'est Martine, la vraie Martine d'avant les salauds qui l'avaient salie, que je m'obstinais à dégager. C'est celle-là que j'aimais et que j'aime, qui est mienne, qui fait à tel point partie de mon être que je ne distingue plus nos limites.

Mme Debeurre a probablement tout entendu, nos murmures, mes éclats de voix, mes colères, mes coups ? Et après ? Est-ce notre faute ?

Armande a dit, plus tard :

— Qu'est-ce que cette femme a pu penser ?

Non mais, mon juge, mesurez, je vous en supplie ! D'une part ma maison, vous savez, notre maison, la maison d'Armande, avec les fauteuils, le tapis rose de l'escalier et les barres de cuivre, les bridges et la couturière, Mme Debeurre et ses malheurs — son mari mort sous un train et son kyste, car elle avait un kyste — et, d'autre part, l'exploration que nous avions entreprise, le jeu total que nous jouions, sans réserver notre mise, sans arrière-pensée d'aucune sorte, au péril de notre vie.

Au péril de notre vie, oui.

Cela, Martine l'a compris avant moi. Elle ne l'a pas dit alors. C'est la seule chose qu'elle m'ait cachée. Voilà pourquoi, à certains moments, elle me regardait avec des pupilles dilatées, comme si elle ne voyait pas.

Elle voyait plus loin, elle voyait un autre moi, le moi futur, comme je voyais en elle la petite Martine d'autrefois.

Elle n'a pas reculé, juge. Elle n'a pas hésité un instant. Et pourtant, si vous saviez comme elle avait peur de mourir, une peur enfantine de tout de qui touche à la mort !

C'est le lendemain d'un jour où je m'étais battu avec le passé, avec l'autre Martine et avec mes fantômes, le lendemain d'un jour où je l'avais frappée avec plus de violence, que nous avons été surpris.

Il était huit heures. Ma femme était, aurait dû être en haut avec ma plus jeune fille qui n'avait pas classe ce jour-là. Des clients attendaient, en rang sur les deux banquettes de la salle d'attente. Je n'ai pas eu le courage de leur ouvrir la porte tout de suite.

Martine avait un œil meurtri. Elle souriait, et son sourire en était plus émouvant. Je débordais de honte et de tendresse. J'avais passé, après ma crise de la veille, une nuit presque blanche.

Je l'ai prise dans mes bras. Avec une douceur infinie. Mais oui, avec une douceur infinie, j'en étais capable, et je me sentais à la fois son père et son amant, je comprenais que désormais, quoi qu'il arrive, nous n'étions plus que deux au monde, que sa chair était la mienne, qu'un jour viendrait, tout proche, où nous n'aurions plus besoin de nous interroger et où les fantômes s'enfuiraient.

J'ai balbutié à son oreille, encore froide du froid de la rue :

— Pardon...

Je n'avais pas honte. Je n'avais plus honte de mes emportements, de mes crises, parce que je savais maintenant qu'ils faisaient partie de notre amour, que notre amour, tel qu'il était, tel que nous le voulions, n'aurait pas pu exister sans eux.

Nous ne bougions pas. Elle avait penché la tête sur mon épaule. A cette minute-là, je m'en souviens, je regardais très loin, à la fois dans le passé et dans l'avenir, je commençais à mesurer avec effroi la route qu'il nous restait à parcourir.

Je n'invente pas après coup. Ce ne serait digne ni d'elle ni de moi. Je n'ai pas eu de pressentiment, je vous le dis tout de suite. Rien que la vision de cette route sur laquelle nous étions seuls à cheminer.

Je cherchais ses lèvres pour me donner du courage, et alors la porte du vestibule s'est ouverte, nous n'avons même pas eu, Martine et moi, la réaction de nous séparer en voyant Armande devant nous. Nous sommes restés embrassés. Elle nous a regardés et elle a prononcé, j'entends encore le son de sa voix :

— Excusez-moi...

Puis elle est sortie, et la porte a claqué.

Martine n'a pas compris, mon juge, pourquoi je me suis mis à sourire, pourquoi mon visage a exprimé une véritable allégresse.

J'étais soulagé. Enfin !

— Sois calme, chérie. Ne pleure pas. Surtout, ne pleure pas.

Je ne voulais pas de larmes. Il n'en fallait pas. On frappait à la porte. C'était Babette.

— Madame fait demander à Monsieur de monter dans sa chambre.

Mais oui, ma bonne Babette ! Mais oui, Armande ! Il était temps. Je n'en pouvais plus, moi. J'étouffais.

Sois calme, Martine. Je sais bien que tu trembles, que la petite fille que tu es s'attend une fois de plus à être battue. Est-ce que tu n'as pas toujours été battue ?

Confiance, chérie. Je monte. Et c'est la liberté de notre amour, vois-tu, que je vais chercher là-haut.

Il y a des mots, mon juge, qu'on ne devrait jamais prononcer, des mots qui jaugent les uns et libèrent les autres.

— Je suppose que tu vas la mettre à la porte ?

Mais non, Armande. Mais non. Il n'en est pas question.

— En tout cas, je ne supporterai pas qu'elle reste une heure de plus sous mon toit...

Eh bien ! puisque c'est ton toit, ma vieille... Pardon. J'ai tort. Et j'ai eu tort ce jour-là. J'ai craché le venin. Ah ! oui, je l'ai craché, pendant une heure d'affilée, en faisant les cent pas comme un fauve entre le lit et la porte, cependant qu'Armande, près de la fenêtre, une main accrochée au rideau, gardait une attitude digne.

Je te demande pardon aussi, Armande, si inattendu que cela te paraisse. Car tout cela était inutile, superflu.

J'ai tout vomi, tout ce que j'avais sur le cœur, toutes mes humiliations, mes lâchetés, mes désirs rentrés, j'en ai rajouté, et tout cela, je te l'ai jeté sur le dos, à toi seule, comme si tu étais seule à devoir en porter désormais la responsabilité.

Toi qui n'as jamais manqué de sang-froid, je t'ai vue perdre pied et tu m'as regardé avec des yeux presque craintifs, parce que tu découvrais, dans celui qui avait couché dans ton lit pendant dix ans, un homme que tu n'avais jamais soupçonné.

Je te criais, et on devait m'entendre d'en bas :

— Je l'aime, tu comprends ? *Je l'ai-me !*

Et c'est alors que tu m'as dit, désarçonnée :

— Si seulement...

Je ne me souviens plus de la phrase exacte. J'avais la fièvre. La veille, j'en avais frappé méchamment une autre, une autre que j'aimais.

— *Si seulement tu t'étais contenté de la voir dehors.*

J'ai éclaté, mon juge. Pas uniquement contre Armande. Contre vous tous, contre la vie telle que vous la comprenez, contre l'idée que vous vous faites de l'union de deux êtres et des paroxysmes auxquels ils peuvent atteindre.

J'ai eu tort. Je m'en repens. Elle ne pouvait pas comprendre. Elle n'était pas plus responsable que l'avocat général ou que Me Gabriel.

Elle me répétait, vacillante :

— Tes malades t'attendent...

Et Martine, donc ! Elle ne m'attendait pas, elle ?

— Nous reprendrons cette conversation tout à l'heure, quand tu seras de sang-froid.

Mais non. Tout de suite, comme une intervention à chaud.

— *Si tu as tellement besoin d'elle...*

Parce que, voyez-vous, je lui avais crié toute la vérité. Toute ! Y compris le visage meurtri par mes poings et mes draps que je mordais dans mes nuits d'insomnie.

Alors on m'offrait un compromis. Je pourrais aller la voir, comme un Boquet l'aurait fait, je pourrais, en somme, en y mettant de la discrétion, aller de temps en temps me satisfaire.

La maison a dû en trembler. J'ai été violent, brutal, moi, que ma mère avait toujours comparé à un gros chien trop doux.

J'ai été méchant, volontairement cruel. J'en avais besoin. Je n'aurais pas pu me soulager à moins.

— Pense à ta mère...

— Merde.

— Pense à tes filles...

— Merde.

— Pense à...

Merde, merde et merde ! C'était fini, tout ça, d'un seul coup, au moment où je m'y attendais le moins, et je n'avais aucune envie de recommencer.

Babette a frappé à la porte, Babette a prononcé d'une voix craintive :

— C'est Mademoiselle qui dit qu'on demande Monsieur au téléphone...

— J'y vais.

C'était Martine, Martine, qui me tendait l'appareil sans un mot, résignée au pire, Martine qui, elle, avait déjà renoncé.

— Allô !... Qui est à l'appareil ?

Un vrai malade. Une vraie « urgence ».

— Je serai là dans quelques minutes.

Je me suis retourné et j'ai dit :

— Tu annonceras à ceux qui attendent...

Le plus naturellement du monde, juge. Pour moi, tout était décidé. Je l'ai vue pâle devant moi, les lèvres sans couleur et j'ai failli en être irrité.

— Tout est arrangé. Nous partons...

J'avais déjà ma trousse à la main. Je décrochais mon manteau derrière la porte.

L'idée ne m'est pas venue de l'embrasser.

— Nous partons tous les deux...

C'était le soir, vers neuf heures. J'avais choisi le train de nuit exprès pour que mes filles soient couchées. Je suis monté les embrasser dans leur lit. J'ai tenu à ce que personne ne m'accompagne. Je suis resté quelques minutes là-haut, et l'aînée seule s'est à moitié réveillée.

Je suis redescendu, très calme. Le taxi attendait devant la grille, et le chauffeur était occupé à y porter mes bagages.

Maman était restée dans le salon. Elle avait les yeux rouges, un mouchoir roulé en boule à la main. J'ai cru que cela se passerait bien quand même, mais, au dernier moment, comme je me dégageais de ses bras, elle a balbutié très bas, avant d'éclater en sanglots :

— Tu me laisses toute seule avec elle...

Armande se tenait debout dans le vestibule. C'est elle qui avait fait mes valises. Elle continuait à penser à tout, envoyait Babette chercher une trousse de voyage oubliée.

Le vestibule était éclairé. On entendait, en sourdine, les sanglots de maman et, dehors, le ronronnement du moteur que le chauffeur mettait en marche.

— Au revoir, Charles...

— Au revoir, Armande...

Et alors nous avons ouvert la bouche, nous avons prononcé en même temps les mêmes mots :

— Je ne t'en veux pas...

Nous avons souri, malgré nous. Je l'ai prise dans les bras, et je l'ai embrassée sur les deux joues ; elle m'a déposé, elle, un baiser sur le front, elle a soufflé en me poussant vers la porte :

— Va...

Je suis allé chercher Martine, et nous nous sommes retrouvés tous les deux sur un quai de gare. Cette fois, il ne pleuvait pas et je n'ai jamais vu tant d'étoiles au ciel. Pauvre Martine, qui avait encore peur, qui m'épiait, qui m'a demandé, au moment de monter dans notre compartiment :

— Tu es sûr que tu ne regretteras pas ?

Nous étions seuls. Nous avons tout de suite éteint la lumière et je l'ai serrée contre moi si étroitement que nous devions avoir l'air d'un de ces couples d'émigrants qu'on voit, blottis les uns contre les autres, sur les entreponts de bateaux.

Nous aussi, nous partions vers l'inconnu.

Qu'aurions-nous pu dire, cette nuit-là ? Même quand j'ai senti la chaleur d'une larme contre ma joue, je n'ai pas cherché de mots pour la rassurer et je me suis contenté de caresser ses paupières.

Elle a fini par s'endormir, et j'ai compté toutes les gares avec leurs lumières qui défilaient derrière nos rideaux. A Tours, des gens chargés de bagages ont ouvert notre porte. Leurs regards ont scruté l'obscurité, ont dû voir nos formes enlacées.

Ils se sont éloignés sur la pointe des pieds après avoir refermé tout doucement la porte.

Ce n'était pas une fuite, vous savez. Avant de partir, nous avions arrangé fort convenablement les choses, Armande et moi. Nous avons même pu envisager pendant des heures les détails de notre avenir.

Que dis-je ? Elle m'a donné des conseils, d'une voix un peu hésitante, avec l'air de m'en demander pardon. Pas des conseils en ce qui concerne Martine, bien sûr, mais au point de vue de mes affaires.

Ce qui a fort aidé à tout régler sans trop de heurts, c'est que le petit Braille, par miracle, était libre. C'est un jeune médecin issu d'une famille très pauvre — sa mère fait des ménages du côté de la gare d'Austerlitz — qui, faute d'argent, ne pourra pas s'établir avant des années.

En attendant, il fait des remplacements. Je le connaissais pour l'avoir pris comme remplaçant pendant mes dernières vacances, et il s'en était fort bien tiré.

D'accord avec Armande, je lui ai téléphoné, chez lui, à Paris. A cause des sports d'hiver, je craignais qu'il fût pris par un confrère désireux de passer quelques semaines à Chamonix ou à Megève.

Il était libre. Il a accepté de venir tout de suite et de s'installer chez moi pour un temps indéterminé. Je ne sais pas s'il a compris. Pour ma part, je lui ai donné à entendre qu'il ne tenait qu'à lui d'y rester toujours.

On lui a réservé une chambre, celle que Martine a occupée pendant deux nuits. C'est un garçon roux, un peu trop tendu, trop crispé à mon gré — on sent trop qu'il compte se venger un jour de la vie — mais que la plupart des gens trouvent sympathique.

Ainsi, il n'y a presque rien de changé dans la maison de La Roche. Je leur ai laissé la voiture. Armande, ma mère et mes filles peuvent garder le même train de vie, car le petit Braille se contente d'un traitement fixe qui laisse une large marge de bénéfice.

— Ne prends pas n'importe quoi. N'accepte pas le premier chiffre qu'on te dira...

Car je vais continuer à travailler, évidemment. J'ai d'abord pensé chercher une place dans un grand laboratoire parisien, mais cela me forcerait à quitter Martine une partie de la journée. Je l'ai dit franchement à Armande, et elle a murmuré avec un sourire qui n'était pas aussi ironique que j'aurais pu le craindre :

— Tu as si peur que ça ?

Je suis jaloux, mais je n'ai pas peur. Ce n'est pas parce que j'ai peur que je suis malheureux, désemparé, crispé dès que je la quitte un moment.

A quoi bon expliquer cela à Armande qui, d'ailleurs, j'en jurerais, a fort bien compris ?

En ne touchant qu'à une partie de nos économies, je peux reprendre un cabinet dans les environs de Paris. Le reste, presque tout ce que nous possédons, je l'ai laissé à la disposition d'Armande et des enfants. Je n'ai même pas eu besoin de lui signer une procuration, car elle en a une depuis longtemps.

Voilà comment nous nous sommes arrangés. Et nous avons pu, je le répète, parler calmement. C'était un peu voilé, vous me comprenez ? Instinctivement, nous parlions à voix feutrée.

— Tu comptes revenir de temps en temps voir tes filles ?

— Je compte les revoir souvent...

— Sans elle ?

Je n'ai pas répondu.

— Tu ne m'imposeras pas ça, n'est-ce pas, Charles ?

Je n'ai rien promis.

Nous sommes partis, Martine et moi, et nous avons passé la nuit dans les bras l'un de l'autre, sur une banquette de train, sans dire un mot.

Il y avait du soleil, à notre arrivée, sur la banlieue de Paris. Nous sommes descendus dans un hôtel banal, convenable, près de la gare, et j'ai inscrit sur le registre : « Monsieur et Madame Charles Alavoine... »

Nous faisions seulement l'apprentissage de notre liberté et nous étions encore un peu gauches. Dix fois par jour, il arrivait à l'un de nous d'observer l'autre, et celui qui était pris en faute, si je puis dire, s'empressait de sourire.

Des quartiers entiers de Paris me faisaient peur, parce qu'ils étaient peuplés de fantômes, voire d'hommes en chair et en os que nous aurions pu rencontrer.

Alors, mon juge, tous les deux, comme d'un commun accord, nous les évitions. Il nous arrivait, au coin d'une rue ou d'une avenue, de faire demi-tour, d'obliquer à droite ou à gauche, sans avoir besoin de rien nous dire, et je m'empressais de serrer affectueusement le bras de Martine que je sentais tout attristée.

Elle avait peur aussi de me voir affecté par l'obligation où j'étais de recommencer ma carrière, et, moi, au contraire, cela me rendait joyeux, je m'évertuais à la recommencer à zéro.

Nous avons vu, ensemble, les agences spécialisées dans les cabinets médicaux et nous sommes allés visiter plusieurs de ces cabinets, un peu partout, dans les quartiers pauvres et dans les quartiers bourgeois.

Pourquoi les quartiers pauvres me tentaient-ils plus que les autres ? Je sentais le besoin de m'éloigner d'un certain milieu qui me rappelait mon autre vie, et il me semblait que, plus nous nous en écarterions, plus Martine serait mienne.

Nous avons jeté notre dévolu, en fin de compte, après seulement quatre jours d'allées et venues, sur un cabinet situé à Issy-les-Moulineaux, au plus noir, au plus grouillant de la banlieue ouvrière.

Mon prédécesseur était un Roumain qui avait fait fortune en quelques années et qui regagnait son pays. Il a exagéré, bien sûr, les mérites de son cabinet.

C'était presque une usine et les consultations n'étaient pas loin de se faire à la chaîne. La salle d'attente, blanchie à la chaux, avec des graffiti sur les murs, faisait penser à un endroit public. On y fumait et on y crachait. Et il y aurait sans doute eu bagarre si l'idée m'était venue de donner à un malade un *tuor dé faveur*.

C'était au rez-de-chaussée. Cela prenait jour sur la rue et on y entrait comme dans une boutique, sans bonne pour vous introduire, sans sonnette ; on prenait sa place à la queue et on attendait.

Le cabinet de consultation, où nous passions presque toute la journée, Martine et moi, donnait sur la cour et, dans cette cour, il y avait un forgeron qui frappait le fer du matin au soir.

Quant à notre appartement, au troisième étage, il était assez neuf, mais avec des pièces si exiguës qu'il ressemblait à un ménage de poupée. Nous avions été obligés de reprendre les meubles du Roumain, des meubles de série comme on en voit à l'étalage des grands magasins.

J'ai acheté, d'occasion, une petite voiture à deux places, une cinq chevaux, car Issy-les-Moulineaux est vaste comme une ville de province et j'y avais des clients dans tous les coins. En outre, les premiers temps, ce qui m'avait le plus humilié, je l'avoue, c'était d'attendre, souvent pendant de longues minutes, le tramway au coin de la rue.

Martine a appris à conduire et a obtenu son permis. C'est elle qui me servait de chauffeur.

De quoi ne me servait-elle pas ? Nous ne parvenions pas à trouver une bonne. Nous attendions des réponses aux annonces que nous avions mises dans les journaux de province et nous nous contentions d'une femme de ménage, sale comme un peigne, méchante comme une gale, qui consentait à venir deux ou trois heures par jour.

Pourtant, dès sept heures et demie du matin, Martine descendait avec moi pour les consultations, endossait sa blouse, mettait son voile et me préparait le travail. Nous allions déjeuner ensemble, le plus souvent dans un petit restaurant de chauffeurs, et parfois elle levait vers moi des yeux inquiets.

J'étais obligé de lui répéter :

— Je te jure que je suis très heureux...

C'était vrai, c'était vraiment la vie qui recommençait, presque à zéro. J'aurais voulu être encore plus pauvre, reprendre les choses de plus bas.

Elle me pilotait ensuite à travers les rues encombrées, m'attendait devant le domicile de mes malades et le soir, quand nous le pouvions, nous faisions le marché ensemble afin de dîner dans notre appartement jouet.

Nous sortions peu. Nous avions adopté, sans le vouloir, les habitudes du quartier où nous vivions : une fois par semaine, nous passions la soirée dans le même cinéma que mes malades, un cinéma qui sentait les oranges, le chocolat glacé, les bonbons acidulés, et où l'on marchait sur les épluchures de cacahouètes.

Nous ne formions pas de projets d'avenir. N'est-ce pas la preuve que nous étions heureux ?

10

Pas un seul soir, mon juge, nous ne nous sommes endormis — elle blotissait sa tête dans le creux de mon épaule et il nous est arrivé souvent de nous réveiller le matin dans la même position —, pas un soir, dis-je, nous n'avons fermé les yeux sans que j'aie imprégné sa chair.

C'était un geste presque grave, rituel. C'était pour elle un moment angoissant, car elle savait de quel prix je payais et lui faisais payer la moindre réapparition de l'autre. Il lui fallait empêcher coûte que coûte la déroute de ses nerfs, cette raideur qui me faisait si mal, cette tension haletante, désespérée vers un apaisement qu'elle n'avait jamais connu et auquel, jadis, elle ne renonçait qu'une fois à bout de forces.

— Tu vois, Charles, que je ne serai jamais une femme comme les autres.

Je la réconfortais, mais il m'arrivait de douter. De sorte que nous appréhendions parfois ce geste qui séparait invariablement nos jours de nos nuits et par lequel nous voulions mélanger nos deux sangs...

— Un jour, vois-tu, alors que tu n'y penseras pas, le miracle se produira...

Et le miracle s'est produit. Je me souviens de l'étonnement que j'ai lu dans ses yeux où subsistait une appréhension. Je sentais le fil si frêle encore que je n'osais pas risquer un encouragement et que je feignais de ne pas m'apercevoir de ce qui se passait.

— Charles...

Je l'ai serrée plus fort et plus tendrement tout ensemble, et c'est vraiment une voix de petite fille qui a demandé :

— Je peux ?

Mais oui, elle pouvait. C'était réellement sa chair, cette fois, qui s'épanouissait, et mes yeux ne pouvaient pas quitter ses yeux. Alors elle a poussé un grand cri, un cri comme je n'en avais jamais entendu, un cri de bête et tout ensemble un cri de triomphe, elle souriait d'un sourire nouveau où se mêlaient l'orgueil et la confusion — car elle était un peu gênée — et, quand sa tête s'est abattue sur l'oreiller, quand son corps s'est mollement détendu, elle a balbutié :

— Enfin !

Enfin, oui, juge, enfin elle était mienne en toute plénitude. Enfin elle était femme. Enfin aussi j'avais d'elle, outre son amour, une chose que les autres n'avaient jamais connue. Ils n'en savaient rien, ils ne s'étaient aperçus de rien, mais qu'importe.

Nous venions de franchir ensemble une importante étape. Cette victoire, il a fallu, si je puis ainsi m'exprimer, la consolider, faire en sorte que ce ne soit pas un accident isolé.

Ne souriez pas, je vous le demande en grâce. Essayez de comprendre, voulez-vous ? Ne faites pas comme ces gens qui se sont penchés sur mon cas, comme cette Justice dont vous êtes un des servants et qui n'a rien voulu voir de ce qui importait vraiment dans mon crime.

C'est à quelques soirs de là, au moment où nous étions le plus heureux, alors qu'elle s'endormait dans mes bras, toute barbouillée d'amour, et que ma main caressait machinalement sa peau douce, que j'ai pensé, presque sans m'en rendre compte :

— Et dire qu'il faudra un jour que je la tue.

Ce sont exactement les mots qui se sont formés dans mon cerveau. Je n'y croyais pas, remarquez-le, mais je ne me révoltais pas non plus. Je continuais à caresser sa hanche à mon endroit préféré, ses cheveux dénoués me chatouillaient la joue, je sentais son souffle régulier sur mon cou et j'épelais dans l'obscurité de ma conscience :

— Il faudra que je la tue...

Je n'étais pas endormi. Je n'avais pas encore atteint cet état qui n'est plus tout à fait la veille sans être le sommeil et où on jouit parfois d'une lucidité effrayante.

Je ne la repoussais pas. Je la caressais toujours. Elle m'était plus chère que jamais. Elle était toute ma vie.

Mais en même temps, malgré elle, malgré tout son amour, son humble amour — retenez bien ce mot, juge : son amour était humble —, en même temps, elle était l'autre, et elle le savait.

Nous le savions tous les deux. Nous en souffrions tous les deux. Nous vivions, nous agissions, nous parlions comme si l'autre n'avait jamais existé. Parfois Martine ouvrait la bouche et restait en suspens, gênée.

— Qu'est-ce que tu allais dire ?

— Rien...

Parce qu'elle venait de penser que les mots qu'elle était sur le point de prononcer étaient de ceux qui risquaient de réveiller mes fantômes. Et c'étaient souvent des mots innocents, tenez, jusqu'à un nom de rue, la rue de Berri, où, paraît-il, existe un hôtel de passe. Je ne suis jamais passé par la rue de Berri depuis lors. Il existe à Paris un théâtre dont nous n'osions pas parler à cause de ce qui s'y était passé un soir dans une loge, quelques semaines avant le voyage de Nantes et de La Roche.

Il y avait certains taxis, reconnaissables à leur couleur particulière, les plus nombreux de Paris, hélas ! dont la seule vue évoquait pour moi des images ignobles.

Comprenez-vous maintenant pourquoi nos entretiens ressemblaient parfois à la démarche de certains malades qui savent qu'un mouvement brusque peut leur être fatal ? On dit qu'ils marchent sur des œufs. Nous marchions sur des œufs, nous aussi.

Pas toujours, car dans ce cas notre vie n'aurait pas été ce qu'elle a été. Nous avions de longues périodes d'insouciance, d'allégresse. Martine, comme beaucoup de ceux qui ont appris à avoir peur de la vie, était assez superstitieuse et, si la journée commençait trop gaiement, je la sentais inquiète, quelque soin qu'elle prît de me le cacher.

J'ai passé mon temps à lutter contre sa peur, à anéantir sa peur. J'ai réussi à la délivrer de la plupart de ses cauchemars. Je l'ai rendue heureuse. Je le sais. Je le veux. J'interdis à qui que ce soit de me contredire là-dessus.

Elle a été heureuse avec moi, entendez-vous ?

Et c'est justement parce qu'elle était heureuse et qu'elle n'en avait pas l'habitude qu'il lui arrivait de trembler.

A La Roche-sur-Yon, elle avait peur d'Armande, peur de ma mère et de mes filles, de mes amis, de tout ce qui avait fait ma vie jusqu'alors.

A Issy-les-Moulineaux, elle a eu peur, au début, d'un genre d'existence qu'elle croyait susceptible de me décourager.

De ces peurs-là, d'autres encore, je l'ai guérie.

Mais il restait nos fantômes, ceux-là que je lui avais pris, dont je l'avais déchargée et contre lesquels elle me voyait me débattre.

Il restait ma souffrance qui me pénétrait, soudain, aiguë, si lancinante que j'en étais défiguré, au moment où nous y pensions le moins, où nous nous croyions à l'abri et qui m'emportait en quelques secondes hors de moi-même.

Elle savait bien, allez, que ce n'était pas elle que je haïssais à ces moments-là, que ce n'était pas contre elle que mes poings se tendaient. Elle se faisait toute petite, d'une humilité que je n'avais jamais imaginée.

Un détail, juge. La première fois, d'instinct, elle avait replié les bras devant son visage pour parer les coups. Ce geste, Dieu sait pourquoi, avait décuplé ma rage. Et, parce qu'elle ne l'ignorait pas, maintenant, elle attendait, immobile, sans une crispation des traits, en empêchant ses lèvres de frémir bien que toute sa chair fût aux abois.

Je l'ai battue. Je ne m'en excuse pas. Je ne demande pardon à personne. La seule personne à qui j'en pourrais demander pardon est Martine. Et Martine n'en a pas besoin, parce qu'elle sait.

Je l'ai battue dans notre petite voiture, un après-midi, en plein jour, tandis que nous roulions le long de la Seine... Au cinéma, une autre fois, et nous avons dû sortir, car je me serais fait écharper par nos voisins indignés...

J'ai essayé souvent d'analyser ce qui se passait en moi à ces moments-là. Aujourd'hui, je crois que je suis assez lucide pour répondre. Elle avait beau avoir changé, voyez-vous, je parle changé physiquement, car elle s'était transformée en quelques mois, rien ne pouvait empêcher que je retrouve en elle, en certaines occasions, un trait, un tic, une expression de l'autre.

Cela n'arrivait que quand je la regardais d'une certaine manière. Et je ne la regardais ainsi que quand, à cause d'un incident fortuit, à cause d'un mot, d'une image, je pensais à son passé.

Attendez ! C'est le mot image, sans doute, qui est la clef. J'étais coupable, hélas ! sans le vouloir, contre ma volonté, d'avoir soudain sous les yeux une image d'une précision photographique et cette image-là, tout naturellement, se superposait à celle de la Martine qui se tenait devant moi.

Dès lors, je ne croyais plus à rien. A rien, juge, pas même à elle. Pas même à moi. J'étais submergé par un dégoût immense. Ce n'était pas possible. On nous avait trompés. On nous avait volés. Je ne voulais pas. Je...

Je frappais. C'était le seul moyen d'en sortir. Elle le savait si bien qu'elle le souhaitait, qu'elle m'y invitait en quelque sorte pour que je sois plus vite délivré.

Je ne suis pas un fou, ni un malade. Nous n'étions des malades ni l'un ni l'autre. Est-ce que nous avons visé trop haut, est-ce que nous avons ambitionné un amour interdit aux hommes ? Mais alors, dites-moi, s'il nous est interdit sous peine de mort, pourquoi nous en avoir mis le désir au plus profond de notre être ?

Nous avons été honnêtes. Nous avons fait de notre mieux. Nous n'avons jamais essayé de tricher.

« Je la tuerai. »

Je n'y croyais pas, mais, quand ce mot-là me revenait à l'esprit comme une rengaine, il ne me faisait pas peur.

Je devine ce que vous pensez. C'est ridicule. Vous apprendrez peut-être un jour qu'il est plus difficile de tuer que de se faire tuer. A plus forte raison de vivre pendant des mois avec l'idée qu'un jour on tuera de ses mains le seul être qu'on aime.

Je l'ai fait, moi. C'était vague, au début, comme l'annonce d'une maladie qui commence par des malaises imprécis, par des douleurs qu'on n'arrive pas à localiser. J'ai vu des clients qui, parlant du mal qu'ils ressentaient dans la poitrine à certaines heures, se trompaient de côté.

Pendant des soirées et des soirées, dans notre chambre d'Issy, j'ai essayé, inconsciemment, d'une thérapeutique. Je la questionnais sur la Martine enfant, à laquelle ressemblait chaque jour davantage la Martine que j'aimais.

Nous n'avions pas eu le temps de faire changer les papiers peints et ceux-ci étaient à fleurs baroques, d'un modernisme de mauvais goût. Le fauteuil dans lequel je m'asseyais, en robe de chambre, moderne lui aussi, était en velours d'un vert acide. Jusqu'à la lampe sur pied qui était laide et nous ne nous en apercevions pas, nous ne faisions aucun effort pour modifier le cadre de notre vie, tant cela avait peu d'importance.

Elle parlait. Il existe des noms, des prénoms qui sont devenus pour moi plus familiers que ceux des grands hommes de l'histoire. Une de ses amies d'enfance, par exemple, une certaine Olga, revenait chaque soir sur le tapis et jouait le rôle de traître.

Je connais toutes les trahisons d'Olga, au couvent, puis dans le monde, quand ces petites filles sont devenues grandes et qu'on les a conduites au bal. Je connais toutes les humiliations de ma Martine et ses rêves les plus biscornus. Je connais les oncles, les tantes, les cousins, mais ce que je connais surtout, juge, c'est son visage à elle, qui se transformait à mesure qu'elle parlait.

— Ecoute, chérie...

Elle sursautait toujours quand elle sentait que j'allais lui annoncer une nouvelle, comme ma mère, qui n'a jamais ouvert un télégramme qu'en tremblant. Les coups ne lui faisaient pas peur, mais l'inconnu l'effrayait, parce que l'inconnu, pour elle, s'était toujours traduit par un mal. Elle me regardait alors avec une anxiété qu'elle s'efforçait de cacher. Elle n'ignorait pas que la peur lui était défendue. Cela faisait partie de nos tabous.

— Nous allons prendre quelques jours de vacances...

Elle a pâli. Elle a pensé à Armande, à mes filles. Elle appréhendait depuis le premier jour la nostalgie que je pourrais ressentir de La Roche et des miens.

Moi, je souriais, tout fier de mon idée.

— Nous irons les passer dans ta ville natale, à Liège...

Nous y sommes allés. En pèlerinage. Et j'avais en outre l'espoir d'y laisser définitivement une bonne partie de mes fantômes.

Allons, je vais être plus franc et plus cru ; j'avais besoin d'aller prendre possession de son enfance, car j'étais jaloux de son enfance aussi.

Ce voyage me l'a rendue plus chère, parce que plus humaine.

On vous dit :

— Je suis née dans une telle ville, mes parents faisaient ceci et cela...

Tout ce qu'elle m'avait raconté ressemblait à un roman pour jeunes filles, et je suis allé chercher la vérité, qui n'était pas si différente. J'ai vu la grande maison, rue Hors-Château, qu'elle m'avait si souvent décrite, et son fameux perron à rampe de fer forgé. J'ai entendu les gens me parler de sa famille dans les mêmes termes à peu près qu'elle employait, une vieille famille presque patricienne qui avait glissé petit à petit sur la pente descendante.

J'ai même visité le bureau de son père, qui était au moment de sa mort secrétaire du gouvernement provincial.

J'ai vu sa mère, ses deux sœurs mariées, les enfants de l'une d'elles.

J'ai vu les rues où elle avait cheminé, un cartable d'écolière sous le bras, les vitrines où elle avait collé son nez rougi par la brise, le cinéma où elle avait vu son premier film et la pâtisserie où l'on achetait les gâteaux du dimanche. J'ai vu sa classe et des religieuses qui se souvenaient d'elle.

Je l'ai mieux comprise. J'ai compris surtout que je ne m'étais pas trompé, qu'elle ne m'avait pas menti, qu'un miracle, à Nantes — il n'y a pas d'autre mot — m'avait fait pressentir tout ce qu'il y avait en elle qui en faisait ma femme aujourd'hui.

Pourtant, à Liège même, juge, mes fantômes m'ont suivi. Un homme jeune, quelque part, dans un café du centre où nous écoutions de la musique, s'est approché d'elle gaiement et l'a appelée par son prénom.

Cela a suffi.

Plus elle était mienne, plus je la sentais mienne, plus je la jugeais digne d'être mienne — je voudrais tellement que vous ne voyiez aucun orgueil dans ce mot qui n'en comporte pas dans mon esprit, parce que je suis humble, moi aussi, et que je l'ai aimée aussi humblement qu'elle m'a aimé —, plus elle était mienne, dis-je, et plus j'éprouvais le besoin de l'absorber davantage.

De l'absorber. Comme, de mon côté, j'aurais voulu me fondre entièrement en elle.

J'ai été jaloux de sa mère, jaloux de son petit neveu qui a neuf ans, jaloux d'un vieux marchand de bonbons chez qui nous sommes allés et qui l'avait vue gamine, qui se souvenait encore de ses goûts. Celui-là, il est vrai, m'a donné une petite joie en l'appelant, après une courte hésitation :

— Madame Martine...

Il faudrait, voyez-vous, que je vous fasse franchir une à une toutes les étapes que nous avons franchies. Le printemps a passé. L'été est venu. Les fleurs ont changé maintes fois dans les squares de Paris, notre sombre banlieue s'est éclairée, des gamins, des hommes en maillot de bain ont encombré les berges de la Seine, et nous trouvions toujours, à chaque tournant du chemin, une nouvelle étape à parcourir.

Sa chair, bientôt, était devenue aussi obéissante que son esprit. Nous avons atteint et franchi l'étape du silence. Nous avons pu lire, côte à côte, dans notre lit.

Nous avons pu, prudemment, en faisant les braves, traverser certains quartiers défendus.

— Tu verras, Martine, qu'un jour viendra où il n'y aura plus aucun fantôme.

Ceux-ci espaçaient leurs visites. Nous sommes allés tous les deux aux Sables-d'Olonne pour voir mes filles qu'Armande avait installées dans une villa. Martine m'attendait dans la voiture.

Armande a prononcé, en regardant par la baie ouverte :

—Tu n'es pas venu seul ?

— Non.

Très simplement, juge, parce que c'était simple.

— Tes filles sont sur la plage.

— Je vais aller les voir.

— Avec elle ?

— Oui.

Et, comme je refusais de déjeuner chez elle :

— Elle est jalouse ?

Ne valait-il pas mieux me taire ? Je me suis tu.

— Tu es heureux ?

Elle a hoché la tête avec mélancolie, avec une pointe de tristesse, et elle a soupiré :

— Enfin...

Comment lui faire comprendre qu'on peut être heureux et souffrir ? Ne sont-ce pas deux mots qui vont tout naturellement ensemble et avais-je jamais souffert, vraiment souffert, avant que Martine me révélât le bonheur ?

J'ai failli, au moment de sortir, prononcer à voix haute :

« Je la tuerai. »

Pour qu'elle comprenne encore moins ! Comme si j'avais eu une petite vengeance à prendre !

Nous avons bavardé avec mes filles, Martine et moi. J'ai vu maman qui était assise sur le sable et qui tricotait. Elle a été très bien, maman, elle ne nous a fait aucune observation, elle a dit gentiment, à la fin, en tendant la main :

— Au revoir, mademoiselle...

Elle a failli dire madame, elle aussi, je le jurerais. Elle n'a pas osé.

Il n'y avait pas de reproche, seulement un peu d'appréhension dans les regards qu'elle me lançait à la dérobée, selon son habitude. Et pourtant j'étais heureux, je n'ai jamais été aussi heureux de ma vie, Martine et moi étions heureux à en crier.

C'était le 3 septembre, un dimanche. Je sais l'effet que vous produit cette date. Je suis calme, rassurez-vous.

Il faisait un temps mou, vous vous souvenez ? Ce n'était plus l'été et ce n'était pas encore l'hiver. Pendant plusieurs jours le ciel a été gris, d'un gris à la fois terne et lumineux qui m'a toujours attristé. Beaucoup de gens, surtout dans les banlieues pauvres comme la nôtre, étaient déjà rentrés de vacances ou n'y étaient pas allés.

Nous avions une bonne, depuis quelques jours, une jeune Picarde qui nous venait droit de sa campagne. Elle avait seize ans et ses formes étaient encore indécises, elle avait l'air d'une grosse poupée de son. Sa peau restait rouge et luisante et, dans sa robe rose qui la boudinait drôlement, avec ses jambes nues, ses pieds nus dans des savates, ses cheveux toujours ébouriffés, elle avait l'air, dans notre petit logement où elle se heurtait aux meubles et aux objets, de vouloir aller traire les vaches.

Je ne peux pas rester au lit après une certaine heure. Je me suis levé sans bruit, et Martine a tendu les bras, m'a demandé comme elle le faisait jadis à son père, sans ouvrir les yeux :

— Une grosse caresse...

Il s'agissait de la serrer très fort contre ma poitrine, jusqu'à ce qu'elle en perde le souffle ; alors elle était contente.

Tous nos dimanches matin se ressemblaient. Ce n'étaient pas les miens, mais ceux de Martine. C'était elle, une petite fille de la ville, alors que le paysan que j'étais s'était toujours levé avec le jour.

Le pire instrument de supplice, à ses yeux, était le réveille-matin, avec sa sonnerie brutale et lancinante.

— Déjà quand j'étais toute petite et que je devais me lever pour aller à l'école...

Plus tard, elle avait dû se lever pour se rendre à son travail. Elle employait de petites ruses. Elle s'arrangeait, exprès, pour que le réveil avance de dix minutes, afin de traîner un peu au lit.

Remarquez que, pendant ces derniers mois, elle s'est levée chaque matin avant moi, afin de m'apporter au lit ma première tasse de café, parce que je lui avais confié que ma mère l'avait toujours fait.

Ce n'était pas, malgré tout, une fille du matin. Elle était longue, une fois debout, à reprendre contact avec la vie. Cela m'amusait de la voir aller et venir, en pyjama, la démarche indécise et le visage encore bouffi de sommeil. Il m'arrivait d'éclater de rire.

— Qu'est-ce que tu as ?

Chaque dimanche, je lui offrais ce qu'elle appelait la matinée idéale. Elle se levait tard, vers dix heures, et c'était mon tour de lui apporter son café. Au lit, en le buvant, elle allumait sa première cigarette, car c'est la seule chose à laquelle je n'ai pas eu le courage de la faire renoncer. Elle me l'a proposé. Elle l'aurait fait. Tout au moins cela n'a-t-il pas été chez elle un besoin de tous les instants. Ni une attitude.

Elle tournait le bouton de la radio et, beaucoup plus tard, elle demandait enfin :

— Quel temps fait-il ?

Nous nous arrangions pour être sans projets, pour que cette journée dominicale tout entière fût libre pour l'improvisation. Et il arrivait, ma foi, que nous ne fissions rien du tout.

Je me souviens, ce dimanche-là, d'avoir passé un long moment accoudé à la fenêtre du salon. Je revois toute une famille qui attendait le tram et dont tous les membres, du plus grand au plus petit — ils étaient au moins sept, père et mère, garçons et filles —, portaient des cannes à pêche.

Une musique est passée, des cuivres derrière une bannière chargée de dorures, une fanfare quelconque, avec des jeunes gens à brassard qui s'affairaient le long des trottoirs.

D'autres gens, aux maisons d'en face, étaient accoudés aux fenêtres, et j'entendais la rumeur des appareils de radio.

Quand je suis descendu, un peu avant dix heures, elle n'était pas encore levée. Par exception, j'avais fait venir un de mes clients auquel je devais donner des soins qui réclamaient près d'une heure et que je n'avais jamais le temps de donner en semaine. C'était un contremaître d'une cinquantaine d'années, un brave homme, scrupuleux à l'excès.

Il m'attendait devant la porte. Nous sommes entrés dans mon cabinet, et il a commencé tout de suite à se déshabiller. Je me suis relavé les mains, j'ai endossé ma blouse. Tout était si calme, ce matin-là, que la vie du monde semblait suspendue.

Est-ce que la couleur du ciel y était pour quelque chose ? C'était une de ces journées, juge — ce sont toujours des dimanches —, où l'on est capable de ne penser à rien.

Et je ne pensais à rien. Mon client parlait, d'une voix monocorde, pour se donner du courage, car le traitement était assez douloureux, et parfois il s'arrêtait, retenait tant bien que mal un gémissement, s'empressait de dire :

— Ce n'est rien, docteur... Continuez...

Il s'est rhabillé, m'a tendu la main en partant. Nous sommes sortis ensemble et j'ai refermé la porte de mon espèce de boutique. J'ai regardé en l'air, pour voir si Martine, par hasard, n'était pas à la fenêtre. J'ai marché jusqu'au coin de la rue pour acheter le journal. C'était dans un petit bar qu'on le vendait. Je gardais un arrière-goût de pharmacie dans la gorge et j'ai bu un vermouth au comptoir.

Je suis remonté lentement chez moi. J'ai ouvert la porte. Est-ce que j'ai fait moins de bruit que d'habitude ? Martine et la bonne, qui s'appelait Elise, étaient toutes les deux dans la cuisine et riaient aux éclats.

J'ai souri. J'étais heureux. Je me suis approché et je les ai vues. Elise épluchait les légumes, debout devant l'évier, et Martine était assise, les coudes sur la table, une cigarette aux lèvres, les cheveux encore dépeignés, un peignoir sur les épaules.

J'ai rarement ressenti autant de tendresse pour elle. Voyez-vous, je venais de surprendre tout un côté d'elle-même que je ne connaissais pas encore et qui me ravissait.

J'aime les gens qui sont capables de s'amuser avec les bonnes, surtout avec les petites paysannes comme Elise. Et je comprenais qu'elle n'était pas là par condescendance, comme il arrive à certaines maîtresses de maison. Leurs voix et leurs rires m'avaient renseigné.

Pendant que j'étais en bas, c'étaient deux gamines qui s'étaient retrouvées, par un matin paresseux de dimanche, et qui avaient bavardé.

De quoi ? Je n'en sais rien. Je n'ai pas essayé de le savoir. Elles ont ri pour des bêtises, j'en suis sûr, pour des choses qui ne se racontent pas, qu'un homme ne peut jamais comprendre.

Elle était toute confuse en me voyant surgir.

— Tu étais là ? Nous étions, Elise et moi, à nous raconter des histoires... Qu'est-ce que tu as ?...

— Rien...

— Si... Tu as quelque chose... Viens...

Elle se levait, inquiète, m'entraînait dans notre chambre.

— Tu es fâché ?

— Mais non.

— Tu es triste ?

— Je te jure...

Ni l'un ni l'autre. J'étais ému, sottement peut-être, j'étais beaucoup plus ému que je ne voulais le laisser paraître et me l'avouer.

Maintenant encore, il me serait difficile de dire au juste pourquoi. Peut-être parce que ce matin-là, à mon insu, sans raison précise, j'ai senti que j'atteignais au maximum de mon amour, au maximum de compréhension d'un être vis-à-vis d'un autre.

J'ai tellement l'impression de l'avoir comprise, voyez-vous ! C'était tellement frais, tellement pur, cette gamine qui riait dans la cuisine avec notre petite paysanne...

Alors, insidieusement, un autre sentiment s'est glissé en moi, une nostalgie vague que je connaissais, hélas ! et contre laquelle j'aurais dû réagir tout de suite.

Elle avait compris, elle. C'est pour cela qu'elle m'avait conduit dans la chambre. C'est pour cela qu'elle attendait.

Qu'elle attendait que je frappe. Cela aurait mieux valu. Mais, depuis quelques semaines, je m'étais juré de ne plus me laisser aller à mes colères ignobles.

Quelques jours auparavant, le mercredi, en revenant bras dessus bras dessous de notre cinéma de quartier, je lui avais fait remarquer non sans fierté :

— Tu vois... Il y a déjà trois semaines...

— Oui...

Elle savait de quoi je parlais. Elle n'était pas aussi optimiste que moi.

— Au début, cela arrivait tous les quatre ou cinq jours... Puis toutes les semaines, toutes les deux semaines...

Je plaisantai :

— Quand ce ne sera plus que tous les six mois...

Elle avait collé davantage sa hanche contre la mienne. C'était un de nos plaisirs de marcher ainsi hanche contre hanche, le soir, quand les trottoirs étaient vides, comme si nous ne faisions qu'un seul corps en mouvement.

Je n'ai pas frappé, ce dimanche-là, parce que j'étais trop ému, parce que les fantômes étaient trop flous, parce qu'il n'y a pas eu, au début, et pendant longtemps, d'images brutales.

— Tu m'en veux que je ne sois pas encore habillée ?

— Mais non...

Il n'y avait rien. Pourquoi donc s'inquiétait-elle de la sorte ? Elle a été inquiète tout le reste de la journée. Nous avons déjeuné en tête à tête, près de la fenêtre ouverte.

— Qu'est-ce que tu as envie de faire ?

— Je ne sais pas. Ce que tu voudras.

— Cela t'amuserait d'aller au Zoo de Vincennes ?

Elle n'y était jamais allée. Elle ne connaissait les bêtes que pour en avoir vu quelques-unes dans les cirques de passage.

Nous y sommes allés. Le même voile lumineux était toujours tendu sur le ciel et c'était justement une lumière qui ne faisait pas d'ombre. Il y avait foule. On vendait des gâteaux, des crèmes glacées, des cacahouètes à tous les carrefours. On piétinait longtemps devant les cages, devant la fosse aux ours, devant la singerie.

— Regarde, Charles...

Et je les revois, deux chimpanzés, le mâle et la femelle, qui se tenaient étroitement enlacés et qui regardaient, mon juge, un peu comme je vous ai regardés tous, au procès.

C'était le mâle qui, d'un geste à la fois doux et protecteur, tenait la femelle de son long bras.

— Charles...

Oui, je sais. C'est à peu près dans cette pose que nous nous endormions chaque nuit, n'est-ce pas, Martine ? Nous n'étions pas dans une cage, mais nous avions peut-être aussi peur de ce qu'il y avait derrière nos invisibles barreaux, et moi je te serrais contre moi pour te rassurer.

J'étais triste, soudain. Il m'a semblé... Je revois cette foule grouillante au Zoo, ces milliers de familles, ces enfants à qui on achetait des chocolats ou des ballons rouges, ces bandes de jeunes gens bruyants, ces amoureux qui chipaient des fleurs dans les parterres ; j'entends encore ce piétinement sourd de multitude et je nous vois tous les deux, je nous sens tous les deux, j'ai la gorge serrée, sans raison précise, cependant qu'elle murmure :

— Viens les revoir, veux-tu ?

Les deux singes, nos deux singes.

Nous avons marché encore, dans la poussière dont nous finissions par avoir le goût dans la bouche. Nous avons retrouvé notre voiture et moi je pensais : « Si... »

Si elle n'avait été qu'elle, mon juge, si elle n'avait jamais été que celle que j'avais surprise le matin, si elle n'avait été, si nous n'étions l'un et l'autre que comme ce mâle et cette femelle qu'il nous était arrivé, sans nous donner le mot, d'envier !...

— Tu veux dîner à la maison ?

— Comme tu voudras. Elise est sortie, mais il y a de quoi manger.

J'ai préféré dîner au restaurant. J'étais crispé, inquiet. Je sentais que les fantômes étaient là, tout proches, qui n'attendaient que l'occasion de me sauter à la gorge.

J'ai prononcé :

— Qu'est-ce que tu faisais, le dimanche ?

Elle ne pouvait pas s'y tromper. Elle savait de quelle époque de sa vie je parlais. Il lui était impossible de me répondre. Elle a balbutié :

— Je m'ennuyais...

Et ce n'était pas vrai. Elle s'ennuyait peut-être au fond d'elle-même, mais elle s'acharnait à trouver le plaisir, elle allait le chercher n'importe où...

Je me suis levé de table avant la fin du repas. Le soir tombait mollement, trop lentement à mon gré.

— Rentrons...

J'ai voulu conduire. Je ne lui ai pas adressé la parole tout le long du chemin. Je me répétais :

« Il ne faut pas... »

Et ce n'était encore qu'aux coups que je pensais.

« Elle n'a pas mérité ça... C'est une pauvre petite fille... »

Mais oui ! Mais oui ! Je sais ! Qui pourrait savoir mieux que moi ? Hein ? Qui ? Dites-le !

J'ai posé ma main sur sa main au moment où nous entrions dans Issy.

— N'aie pas peur...

— Je n'ai pas peur...

J'aurais dû frapper. Il en était encore temps. Nous étions plus ou moins dans la vie. Il y avait des rues, des trottoirs, des gens qui se promenaient, d'autres assis sur une chaise devant leur seuil. Il y avait des lumières qui luttaient contre le faux jour du crépuscule. Il y avait la Seine et ses péniches assoupies.

J'ai failli lui dire, au moment de mettre la clef dans la serrure :

« N'entrons pas... »

Et pourtant je ne savais rien. Je ne prévoyais rien. Je ne l'avais jamais autant aimée. Ce n'était pas possible, comprenez-moi, pour l'amour de Dieu, comprenez-moi, qu'elle... elle...

J'ai poussé la porte et elle est entrée. Et tout était dit à ce moment. J'avais disposé de quelques secondes pour faire demi-tour. Elle avait eu, elle aussi, le temps d'échapper à son destin, de m'échapper.

Je revois sa nuque, au moment où j'ai tourné le bouton électrique, sa nuque, comme le premier jour, devant le guichet de Nantes, avec les petits cheveux follets.

— Tu te couches tout de suite ?

J'ai dit oui.

Qu'est-ce que nous avions ce soir-là et pourquoi tant de choses nous remontaient-elles à la gorge ?

J'ai préparé son verre de lait. Chaque soir, au lit, après que nous avions fait l'amour, elle buvait un verre de lait.

Et elle l'a bu ce soir-là, le soir du dimanche 3 septembre. Ce qui signifie que nous nous sommes possédés, qu'elle a eu le temps, ensuite, assise dans notre lit, de boire son lait à petites gorgées.

Je ne l'avais pas frappée. J'avais chassé les fantômes.

— Bonne nuit, Charles...

— Bonne nuit, Martine...

Nous répétions ces mots deux ou trois fois, sur un ton particulier, comme une incantation.

— Bonne nuit, Charles...

— Bonne nuit, Martine...

Sa tête a cherché sa place dans le creux de mon épaule et elle a poussé un soupir, son soupir de chaque soir, elle a balbutié, comme chaque soir avant de s'endormir :

— Ce n'est pas chrétien...

Alors les fantômes sont venus, les plus laids, les plus immondes, et il était trop tard, ils le savaient, pour que je me défende.

Martine était endormie... Ou bien elle faisait semblant de dormir, pour m'apaiser.

Ma main, lentement, a monté le long de sa hanche, caressant la peau douce, sa peau si douce, a suivi la courbe de la taille et s'est arrêtée en passant sur la ferme mollesse d'un sein.

Des images, des images toujours, d'autres mains, d'autres caresses...

La rondeur de l'épaule où la peau est le plus lisse, puis un creux tiède, le cou...

Je savais bien, moi, qu'il était trop tard. Tous les fantômes étaient là, l'autre Martine était là, celle qu'ils avaient souillée, tous tant qu'ils étaient, celle qui s'était souillée avec une sorte de frénésie...

Est-ce que ma Martine à moi, celle qui riait si innocemment ce matin encore avec la bonne, devait éternellement en souffrir ? Est-ce que nous devions souffrir, tous les deux, jusqu'à la fin de nos jours ?

Est-ce qu'il ne fallait pas nous délivrer, la délivrer, elle, de toutes ses peurs, de toutes ses hontes ?

Il ne faisait pas noir. Il ne faisait jamais noir dans notre chambre d'Issy, parce qu'il n'y avait qu'un rideau de toile écrue devant les fenêtres et qu'un bec de gaz se trouvait en face.

Je pouvais la voir. Je la voyais. Je voyais ma main autour de son cou et j'ai serré, juge, brutalement, j'ai vu ses yeux s'ouvrir, j'ai vu son premier regard qui était un regard d'effroi, puis tout de suite l'autre, un regard de résignation et de délivrance, un regard d'amour.

J'ai serré. C'étaient mes doigts qui serraient. Je ne pouvais pas faire autrement. Je lui criais :

— Pardon, Martine...

Et je sentais bien qu'elle m'encourageait, qu'elle le voulait, qu'elle avait toujours prévu cette minute-ci, *que c'était le seul moyen d'en sortir.*

Il fallait tuer l'autre une fois pour toutes, afin que ma Martine puisse enfin vivre.

J'ai tué l'autre. En toute connaissance de cause. Vous voyez bien qu'il y a préméditation, qu'il faut qu'il y ait préméditation, sinon ce serait un geste absurde.

Je l'ai tuée pour qu'elle vive, et nos regards continuaient à s'étreindre jusqu'au bout.

Jusqu'au bout, juge. Après quoi notre immobilité était pareille à l'un et à l'autre. Ma main restait accrochée à sa gorge et elle y est restée accrochée longtemps.

J'ai fermé ses yeux. Je les ai baisés. Je me suis levé, vacillant, et je ne sais pas ce que j'aurais fait si je n'avais entendu le bruit d'une clef dans la serrure. C'était Elise qui rentrait.

Vous l'avez entendue, à la fois aux Assises et dans votre cabinet. Elle n'a jamais fait que répéter :

— Monsieur était très calme, mais il ne ressemblait pas à un homme ordinaire...

Je lui ai dit :

— Allez chercher la police...

Je ne pensais pas au téléphone. J'ai attendu longtemps, assis au bord du lit.

Et c'est pendant ces minutes-là que j'ai compris une chose : qu'il fallait que je vive parce que, tant que je vivrais, ma Martine vivrait.

Elle était en moi. Je la portais comme elle m'avait porté. L'autre était morte, définitivement, mais, tant qu'il y aurait un être humain, moi, pour garder en lui la vraie Martine, la vraie Martine continuerait à exister.

N'était-ce pas pour cela que j'avais tué l'autre ?

Voilà pourquoi j'ai vécu, juge, pourquoi j'ai subi le procès, voilà pourquoi je n'ai pas voulu de votre pitié, ni à vous ni aux autres, ni de tous ces artifices qui auraient pu me faire acquitter. Voilà pourquoi je ne veux pas être tenu pour fou ou pour irresponsable.

Pour Martine.

Pour la vraie Martine.

Pour que je l'aie définitivement délivrée. Pour que notre amour vive, et ce n'est plus qu'en moi qu'il peut vivre.

Je ne suis pas fou. Je ne suis qu'un homme, un homme comme les autres, mais un homme qui a aimé et qui sait ce que c'est que l'amour.

Je vivrai en elle, avec elle, pour elle, aussi longtemps que cela me sera possible et, si je me suis imposé cette attente, si je me suis imposé cette sorte de foire qu'a été le procès, c'est qu'il fallait coûte que coûte qu'elle continue à vivre en quelqu'un.

Si je vous ai écrit cette longue lettre, c'est qu'il faut que le jour où je lâcherai la barre quelqu'un recueille notre héritage afin que ma Martine et son amour ne meurent pas tout à fait.

Nous sommes allés aussi loin que possible. Nous avons fait tout notre possible.

Nous avons voulu la totalité de l'amour.

Adieu, juge.

11

Le jour même où le juge d'instruction Ernest Coméliau, 23 *bis,* rue de Seine, à Paris, recevait cette lettre, les journaux annonçaient que le docteur Charles Alavoine, né à Bourgneuf, en Vendée, s'était donné la mort dans des circonstances assez mystérieuses à l'infirmerie de la prison.

Par égard pour son passé, pour sa profession, étant donné son calme et ce que le médecin-chef de l'établissement pénitentiaire appelle sa bonne humeur, on le laissait parfois seul pendant quelques instants à l'infirmerie, où il avait des soins à prendre.

Il a pu accéder ainsi à l'armoire aux toxiques et s'empoisonner.

Une enquête est ouverte.

15 décembre 1946.

LE DESTIN DES MALOU

1

Le garçon, Gabriel, n'avait rien à faire. Sa serviette à la main, il se tenait debout, face à la rue, dont les vitres légèrement embuées du café encadraient un tronçon.

Il était trois heures de l'après-midi et il faisait sombre, dedans comme dehors. Dedans, c'était une pénombre riche, de la richesse des boiseries patinées qui recouvraient les murs et le plafond, de la richesse du velours pourpre des banquettes, avec, dans l'eau profonde des glaces biseautées, les reflets de quelques ampoules électriques déjà allumées.

Dehors, c'était la rue de Moulins, la grande route en somme, trop étroite, avec ses autos, son tram, ses magasins et son Prisunic à la façade agressive ; c'était trois heures et c'était l'hiver, sans pluie, sans neige, avec de l'humidité froide en suspens dans l'air sous un ciel de crépuscule.

Gabriel vit la longue limousine noire s'arrêter sans bruit au bord du trottoir, reconnut Arsène qui descendait de son siège pour ouvrir la porte, Eugène Malou qui sautait sur le trottoir, congestionné comme à son habitude, et qui donnait des ordres au chauffeur.

Machinalement, Gabriel passa sa serviette sur le bois verni d'une table, la table de Malou, la meilleure, bien en évidence, dans le coin gauche, d'où l'on dominait à la fois le café et la rue.

L'auto repartait. Malou entrait. Il était comme les autres jours. Malgré ce que l'on avait encore écrit sur son compte le matin dans le journal, il se comportait exactement comme les autres jours.

— Armagnac, Gabriel...

Il posait des papiers, toute une liasse, sur la table. Il avait toujours des tas de papiers à la main. Il ne s'asseyait pas, repoussait un peu son chapeau de feutre gris en arrière.

— Tu me donneras un jeton...

— Je vous demande la communication, monsieur Malou ?

Ce fut le seul détail inhabituel : d'ordinaire quand il désirait téléphoner, il chargeait le garçon de lui demander la communication et ne se dérangeait qu'une fois son interlocuteur au bout du fil.

C'est à ce moment-là que Gabriel regarda l'heure. Il était trois heures deux minutes. La caissière tricotait. Le seul client, un voyageur de commerce, écrivait depuis plus d'une demi-heure sans lever la tête.

On distinguait vaguement Malou dans le demi-jour de la cabine téléphonique. Il ne parla pas longtemps. On entendit le déclic de la fin de communication, et il sortit, s'approcha de sa table, but, debout, une gorgée d'armagnac, puis, sans demander ce qu'il devait, laissa tomber vingt francs sur la table.

Après il y avait un trou dans l'emploi du temps d'Eugène Malou. Gabriel le vit s'éloigner à pied vers la gauche. Quelques vitrines étaient déjà éclairées. C'était l'heure la plus morne des villes de province, et Gabriel alla s'accouder au comptoir pour bavarder avec la caissière.

A quatre heures, Eugène Malou se trouvait à nouveau rue de Moulins et tournait à droite dans une rue en pente, moins commerçante, où quelques boutiques seulement étaient comme coincées entre de gros hôtels particuliers. Il parcourut cinquante mètres environ et souleva le marteau de cuivre d'un de ces hôtels aux vieilles pierres sculptées auquel on accédait par un perron de cinq marches.

C'était l'hôtel d'Estier. Tout le monde, en ville, le connaissait. Sa façade était reproduite dans le dépliant du syndicat d'initiative.

Un domestique en veste blanche vint ouvrir, puis la porte se referma.

De l'extérieur, on pouvait voir deux fenêtres roses de lumière, une au rez-de-chaussée, l'autre au premier étage, mais les passants n'y prêtaient pas attention, car, avec la nuit, le froid devenait plus piquant ; les nez étaient rouges et les hommes enfonçaient les mains dans les poches de leur pardessus.

On était en novembre. Dans l'artère principale, plus haut, où déferlaient les trams, les portes toujours en mouvement du Prisunic laissaient échapper la musique criarde qu'émettait un haut-parleur.

Juste en face de l'hôtel d'Estier, il y avait une pharmacie étroite, à l'ancienne mode, façade noire aux deux vitrines ternes où trônaient un bocal vert d'un côté et un bocal jaune de l'autre. Des femmes entraient parfois, presque toutes les femmes du peuple, en noir aussi, quelques-unes traînaient un enfant par la main, et on les voyait parler au pharmacien qui avait une calotte sur la tête et une barbiche poivre et sel.

Il pouvait être quatre heures et quart, peut-être quatre heures vingt, quand le bouton de la porte tourna à l'hôtel d'Estier. Il tournait sans que la porte s'ouvrît. Il tournait comme quand quelqu'un, la main sur la clenche, attend avec impatience que son visiteur veuille bien s'en aller.

Sans doute les deux hommes étaient-ils debout dans le large vestibule qu'éclairait une lanterne en verre de Venise ? L'huis s'entrouvrit, se referma, s'entrouvrit encore, et quelqu'un qui passait en marchant vite entendit des éclats de voix, mais ne se retourna pas.

La porte s'ouvrit tout à fait, dessinant dans le noir de la rue un rectangle jaunâtre. Un homme très grand, entre deux âges, tenait le battant et un autre, plus gros, qui parlait, en reculant, faillit manquer la marche et dégringoler en arrière du haut perron.

Le plus grand était le comte Adrien d'Estier, l'autre Eugène Malou. Le comte essaya-t-il vraiment de refermer la porte alors que Malou l'en empêchait encore ?

Il y eut une détonation qui fit se retourner les clientes de la pharmacie. A côté, une mercière qui tenait les journaux accourut sur son seuil et se pencha en serrant son châle sur sa poitrine.

Personne n'aurait pu dire exactement ce qui s'était passé, pas même le comte d'Estier qui, au moment du coup de feu, avait déjà refermé la porte plus qu'à moitié.

Une des femmes de la pharmacie affirma cependant :

— Il n'est pas tombé tout de suite. Il a descendu les marches du perron en arrière, très penché, et c'est seulement une fois en bas qu'il s'est affaissé sur le trottoir...

Des gens s'étaient arrêtés, au coin de la rue, et attendaient de savoir si cela valait la peine de se déranger.

Avant de sortir de chez lui, le comte d'Estier se retourna vers l'intérieur et appela quelqu'un, son maître d'hôtel, sans doute, car on vit un homme en veste blanche s'engager le premier sur les marches, prudemment, et se pencher, tandis que le comte restait debout sur le perron.

Le pharmacien traversa la rue et se pencha à son tour. Quand il se redressa, il y avait déjà autour de lui un cercle de curieux.

— Un médecin, prononça-t-il... Qu'on aille chercher le docteur Moreau qui habite dix maisons plus loin... Vite...

Des gens s'écartaient, détournaient la tête, conseillaient aux femmes qui arrivaient :

— Ne regardez pas...

— Qu'est-ce que c'est ?

— Un homme qui s'est tiré une balle dans la tête...

Le revolver avait roulé sur les pavés. On évitait d'y toucher. On le contemplait en silence. Vint un agent en uniforme.

— Il faudrait le transporter chez moi..., suggéra le pharmacien.

Et il y eut des hommes de bonne volonté pour l'aider. Il y eut aussi quelqu'un pour ramasser sur le trottoir le chapeau gris perle d'Eugène Malou.

Celui-ci gémissait. C'était un bruit monotone, lugubre, que tous ces gens n'avaient jamais entendu, une plainte si régulière qu'elle n'avait rien d'humain, qu'elle faisait penser aux appels de certaines bêtes, la nuit, ou aux grincements de quelque mécanique.

— Il s'est raté ?

La porte du pharmacien était étroite.

— Qu'on fasse de la place..., criait l'agent. Que tout le monde sorte... Allons !... Place, sacrebleu !... Nous ne sommes pas au spectacle...

Les gens ne s'entassaient pas moins dans les coins. On étendait le corps à même le plancher, la tête près de la bascule émaillée. Une femme qui avait voulu voir s'évanouit.

C'était laid. Est-ce que Malou était trop ému pour viser ? Sa main avait-elle tremblé ? Avait-il essayé de se rater ? Toujours est-il que la balle, pénétrant, semblait-il, près du menton, dans le coin de la bouche, avait littéralement emporté une partie de la mâchoire.

Il gardait les yeux ouverts. C'est ce qui impressionnait le plus. Il continuait à voir les gens aller et venir autour de lui. Il les voyait de bas en haut et un des deux yeux était presque entièrement sorti de l'orbite.

— Le docteur ?...

— J'y suis allé, monsieur... Il n'est pas chez lui...

— Qu'on téléphone ailleurs... Et à l'hôpital... Mais, pour l'amour de Dieu, qu'on fasse de la place...

Le pharmacien avait déchiré des paquets de coton hydrophile. Il s'en servait pour étancher le sang qui formait déjà une mare gluante sur la poussière du plancher.

Et Eugène Malou ne mourait pas. Cela paraissait impossible qu'il vécût dans l'état où il était ; chacun souhaitait à part soi que ça allât vite, pour ne plus voir son regard, pour ne plus entendre sa plainte continue.

L'agent avait refoulé une bonne partie des assistants et se tenait debout devant la porte, face à une foule de plus en plus dense, à des visages qu'on voyait surgir de l'obscurité, éclairés en jaune et en vert par la lumière des bocaux.

Quelqu'un téléphonait, à droite du comptoir, à tous les médecins des environs, mais c'était l'heure où la plupart d'entre eux faisaient leurs visites.

— C'est Malou..., disait-on dans la foule.

— Comment cela s'est-il passé ?

— Il sortait de chez le comte, paraît-il...

Le comte d'Estier restait debout, tout seul, au pied de son perron.

Et alors, dans la rue, dans tout le quartier où la nouvelle se répandait, il y eut un sentiment de gêne.

Tout le monde avait lu les articles qui se publiaient depuis quelques jours dans le *Phare du Centre*. Tout le monde avait lu celui, plus menaçant, presque triomphant, paru le matin même :

La fin de Malou

Tout le monde avait applaudi, car tout le monde se passionnait pour cette bataille qui durait depuis longtemps.

— On finira par l'avoir...

Maintenant, on l'avait ! Eugène Malou était là, sur le plancher d'une petite pharmacie, la moitié du visage arrachée, l'épaule de son pardessus collée dans son sang. Et peu à peu les gens reculaient. Ils voulaient savoir, mais ils préféraient ne pas voir.

Ce qui naissait dans la rue et qui allait gagner peu à peu la ville, c'était comme un sentiment de honte collective, et certains, dès maintenant, se tournaient avec réprobation vers la silhouette du comte d'Estier qui, toujours seul, fumait une cigarette sur le trottoir.

Il arrive que des gamins excités poursuivent à coups de pierres un chat galeux. Et quand ils sont parvenus à l'abattre, à le blesser sans le tuer, les voilà qui se tiennent à distance, honteux de ce qu'ils ont fait, impressionnés par le sang qui coule, par sursauts, d'agonie de la bête qu'aucun d'eux n'a le courage d'achever.

Si seulement Malou pouvait mourir vite ! On voyait la blouse blanche du petit pharmacien barbichu aller et venir, se pencher, se redresser. On le voyait ouvrir des fioles, disparaître dans le laboratoire, revenir avec une seringue. Et, malgré la porte fermée, on continuait à entendre — ou on croyait entendre — ce gémissement modulé qui finissait par mettre les nerfs à vif.

— Allez jouer plus loin, les gosses !

Une auto, enfin : celle d'un médecin qui se précipita à l'intérieur, retirant déjà son pardessus en entrant.

Est-ce qu'il allait sauver Malou ? Ce serait pire. Il faudrait le revoir avec son visage déformé, et il serait capable, tel qu'on le connaissait, de se promener dans les rues ainsi, de reprendre sa place au *Café de Paris,* devenant une sorte de reproche vivant.

Voilà pourquoi on souhaitait à part soi qu'il mourût. On attendait de l'intérieur un signal qui apporterait le soulagement, le signal que tout était fini.

Trois garçons, trois jeunes gens de seize à dix-sept ans, tournaient à ce moment-là le coin de la rue de Moulins. Ils sortaient du collège. Chacun avait des livres et des cahiers à la main. Celui du milieu était le plus grand, le plus mince, et son pardessus sombre, tout droit, faisait paraître sa silhouette encore plus longue.

Ils parlaient en marchant à grands pas délibérés. Ils suivaient le trottoir de gauche, celui de l'hôtel d'Estier. On entendit une voix qui disait :

— ... J'ai dit au prof' d'anglais que, puisqu'il s'obstinait à me...

On les reconnut. C'était eux, à présent, qu'on regardait, celui du milieu surtout qui, de son côté, regardait vaguement la foule massée devant la pharmacie.

Sans doute tous les trois allaient-ils traverser la rue pour savoir, pour voir à leur tour ? Les gens, machinalement, se serraient, comme pour leur barrer le passage.

— Monsieur Malou...

Un bout de trottoir obscur, une porte entrouverte en haut du perron de cinq marches, le comte d'Estier, qui avait encore sa cigarette à la main et qui s'avançait vers les garçons.

— Puis-je vous demander d'entrer un instant chez moi ?

Le jeune homme, étonné, regardait tour à tour son interlocuteur et la pharmacie :

— Vous permettez ?... dit-il à ses amis.

On les vit gravir les marches, le comte et l'adolescent. La porte ne se referma pas tout à fait, et le bouton, cette fois encore, se mit à tourner. Cela ne pouvait pas durer longtemps. On arrivait à compter les secondes. On se demandait si le râle ne faiblissait pas, on voyait le docteur Fauchon se redresser et passer derrière le comptoir pour se laver les mains.

Une ambulance surgissait au coin de la rue. Il n'était pas difficile d'en deviner la destination. Qu'est-ce qu'ils faisaient en face ? La foule se repliait sur le trottoir pour faire place à l'auto à croix rouge.

Enfin la porte s'ouvrit. Le jeune homme descendait les marches du perron, et on trouvait qu'il ne se hâtait pas assez. Il adressait un signe vague à ses amis, demandait pardon aux gens qu'il dérangeait pour se frayer un passage.

Quand il poussa la porte de la pharmacie dont on entendit résonner le timbre, le médecin vint au-devant de lui, comme pour l'arrêter en chemin. On voyait tout, du dehors, que le docteur lui prenait la main et qu'il la gardait dans la sienne, en lui parlant avec insistance. On n'entendait pas les mots mais on suivait le mouvement des lèvres. On sentait que le jeune homme voulait se dégager pour s'approcher du corps étendu, que son interlocuteur, de son côté, essayait de gagner un peu de temps.

Et, s'il fallait gagner du temps, c'est que c'était trop pénible à voir, c'est que ce n'était pas tout à fait fini, que c'était peut-être une question de minutes. La preuve, c'est qu'on faisait attendre les deux infirmiers de l'ambulance qui avaient sorti la civière.

Le docteur Fauchon, enfin lâcha la main de l'adolescent qui, gauchement, fit un pas, puis un autre, avec une étrange timidité, en regardant par terre. On le vit se pencher, étendre le bras, puis tout de suite il se redressa et resta là, immobile, long et maigre, les deux mains sur son chapeau qu'il tenait sur son ventre.

— Il est mort..., dit quelqu'un dehors.

Et on le crut. Il y eut des hommes, qui avaient hésité jusque-là, pour allumer leur pipe ou leur cigarette, des femmes pour emmener — enfin — leur enfant.

Le comte Adrien d'Estier, tout seul sur son bout de trottoir, faisait toujours les cent pas, et il y avait un visage derrière les rideaux de la fenêtre éclairée du premier étage.

— Il est mort..., annonça un client à Gabriel, au *Café de Paris*.

Et ceux qui entendirent jetèrent un regard à la table d'Eugène Malou.

— Il a été long à mourir... C'était laid...

Le docteur, dans la pharmacie, remettait son lourd pardessus et saisissait le bras du jeune homme. Celui-ci, après un instant de résistance, se laissait emmener. Fauchon le fit sortir de la pharmacie, le guidant à travers la foule.

Les deux camarades de classe étaient là. Le fils Malou les reconnut en passant, car ils se tenaient à l'écart, sous un bec de gaz, et il leur adressa un signe de la main.

— Il faut que nous avertissions votre mère avant qu'ils apportent le corps...

Le docteur avait l'air de le soutenir, mais le jeune homme n'en avait pas besoin, il marchait vite, comme perdu dans un rêve.

A tel point que le docteur préféra ne pas prendre sa voiture. Il est vrai que c'était à deux pas. La rue descendait, toujours plus sombre, car les boutiques devenaient plus rares. Au bout, il n'y avait plus qu'une maison d'ameublement dont on ne se donnait pas la peine d'éclairer l'étalage.

Puis ils tournaient à gauche, dans une rue pareille, en plus étroit. C'était le moment où l'on hissait le corps d'Eugène Malou dans la voiture d'ambulance et où le commissaire de police, qui n'était pas dans son bureau quand on avait téléphoné, arrivait, tout essoufflé.

— Il faut que, devant votre maman, vous montriez beaucoup de courage...

Alain Malou ne répondait pas, n'écoutait peut-être pas. Il n'avait pas pleuré. Il n'avait encore rien dit.

Et ils atteignaient une petite place aux pavés ronds, avec, dans son centre, une délicate fontaine Renaissance. En même temps que la nuit, un fin brouillard était tombé, qui donnait encore plus de douceur aux vieilles pierres des hôtels particuliers.

Les maisons, ici, les cinq ou six maisons qui encadraient la place, avaient toutes de larges portes cochères, avec leurs bornes de pierre du temps des carrosses. Les lumières, derrière les rares fenêtres éclairées, étaient si discrètes qu'on aurait pu croire que c'était encore le reflet des bougies de jadis. Les pas résonnaient sur le sol, et l'écho les multipliait.

Les deux hommes s'arrêtèrent devant la porte, à laquelle le docteur sonna, et le jeune homme attendait comme si ce n'eût pas été la porte de sa maison, comme s'il eût été en visite.

— Il n'y a peut-être personne..., murmura-t-il, comme on ne répondait pas tout de suite.

Le docteur sonna à nouveau, et il y eut enfin des pas dans la maison, une porte battit, on marcha sous la voûte, une chaîne grinça, le lourd battant recula un peu.

— C'est vous, monsieur Alain...

L'homme portait le vêtement noir et la cravate blanche d'un maître d'hôtel.

— Pardon... Vous n'êtes pas seul...

Le docteur questionna :

— Mme Malou est ici ?

— Elle est sortie il y a environ deux heures...

Le jeune restait là, sans savoir que faire.

— Je pense qu'elle ne tardera pas à rentrer. Elle est allée chez son coiffeur...

Ce fut le docteur qui s'occupa des détails matériels.

— Il vaudrait mieux ouvrir la porte à deux battants, afin que l'ambulance puisse entrer.

— Il est arrivé quelque chose ?

— M. Malou est mort.

Déjà l'ambulance arrivait sur la place, et il y eut à nouveau de la confusion. Il fallut d'abord ouvrir les portes. Le docteur demandait à voix basse au maître d'hôtel :

— Où allons-nous le mettre ?

Il devait y avoir de vastes salons au rez-de-chaussée. Un escalier à double révolution, en bois sculpté, conduisait à l'étage.

— On ne peut pas le laisser en bas, souffla le domestique.

Il n'avait allumé que quelques lampes. Le docteur n'en vit pas moins que des scellés rouges étaient apposés sur les portes.

— Là-haut ?

— L'huissier a laissé trois chambres libres...

Les infirmiers montèrent avec la civière qu'on avait recouverte d'un drap. La maison semblait vide, abandonnée. Le maître d'hôtel marchait le premier et tournait au fur et à mesure les commutateurs électriques.

Alain et le docteur venaient ensuite. Ce n'était pas le médecin de la famille. Il était seulement venu deux ou trois fois dans la maison, par hasard, pour des urgences.

— Le mieux est de le déposer dans sa chambre...

Mais était-ce encore la chambre du défunt ? Ici aussi, sur les armoires anciennes s'étalaient des scellés. Des tableaux, des objets de toutes sortes étaient entassés dans un coin. Il était difficile d'imaginer qu'une famille vivait là quelques heures plus tôt encore ; on cherchait en vain l'endroit où elle se tenait.

— Votre sœur ? questionna le docteur.

— Elle devait revenir de Paris aujourd'hui...

— Et votre frère Edgar ?

— C'est vrai... On peut lui téléphoner à son bureau, à la Préfecture...

— Si vous voulez venir par ici... fit le maître d'hôtel.

Le corps d'Eugène Malou était étendu sur son lit, toujours recouvert d'un drap. Les infirmiers attendaient quelque chose. Le médecin faillit dire au jeune homme : « Il faut leur donner un pourboire... »

Mais il finit par prendre un billet dans sa poche et par le leur glisser dans la main.

Il y avait d'autres chambres en désordre, comme avant un déménagement, des paniers qui devaient contenir du linge ou de l'argenterie, des malles, des caisses. Une salle à manger était presque intacte, où le maître d'hôtel alluma le lustre.

— Votre maman va rentrer d'un moment à l'autre... Savez-vous quel est son coiffeur ?

— Francis...

— Il vaudrait peut-être mieux téléphoner afin qu'on la prépare ?

— Vous croyez ?

— Voulez-vous que j'essaye de l'avoir à l'appareil ?

Le docteur téléphona. Il put parler au bout du fil alors que, sans doute, elle avait sur la tête un séchoir en forme d'obus.

— Madame Malou ?... Je vous passe votre fils Alain...

— Maman ?

Il avait la voix sèche, sans chaleur.

— C'est Alain, oui... Je suis à la maison... Mon père est mort...

Il resta un moment à écouter, raccrocha et regarda ailleurs, n'importe où, comme s'il eût été étranger dans sa maison, dans sa famille.

Le docteur, qui voulait faire consciencieusement les choses, appela la Préfecture, parvint à entrer en communication avec Edgar Malou, l'aîné.

— Parlez-lui...

— C'est toi, Edgar ?... Ici, Alain, oui... Papa est mort... Tu dis ? Tu es au courant ?... Il est ici, oui... On vient de le ramener... J'ai téléphoné à maman qui était chez le coiffeur... Si tu veux... Je ne sais pas. Il ne m'a pas parlé...

Un bruit d'auto sur la place. Avant d'entendre le marteau de la porte, le maître d'hôtel descendit. On entendit chuchoter longuement dans l'escalier. Les pas et les voix se rapprochaient.

— Où est Alain ?

— Dans la petite salle à manger, madame...

Un parfum, qu'on percevait avant de la voir. Une fourrure jetée sur les épaules ; des cheveux figés par la permanente.

— Oh ! pardon, docteur...

— C'est moi qui vous demande pardon, madame... J'ai été appelé à la pharmacie et j'ai cru bien faire en venant jusqu'ici...

— Comment étais-tu là, Alain ?

— Je passais, en revenant du collège...

— Tu l'as vu avant ?... Il t'a parlé ?... Où l'a-t-on mis ?

— Il est dans sa chambre, madame... Il vaudrait mieux, en ce moment, que vous n'insistiez pas pour le voir...

Elle paraissait frêle, avec des traits flous de femme de quarante-cinq ans qui se soigne, et pourtant elle n'avait pas eu un moment de défaillance.

Après un regard anxieux autour d'elle, elle questionna :

— Que va-t-il se passer maintenant ?

— Je ne sais pas, madame. Je pense que le commissaire de police ne tardera pas à venir pour quelques formalités...

— Où a-t-il fait ça ?...

— Dans la rue... Plus exactement sur le seuil de l'hôtel d'Estier...

— Tu y comprends quelque chose, Alain ?

Puis nerveuse :

— Il est mort tout de suite ?...

— Presque tout de suite...

— Il n'a pas souffert ?

Alain baissa les yeux sans mot dire.

— Asseyez-vous, docteur... Joseph ne vous a pas servi quelque chose ?

— Je vous assure que je n'ai besoin de rien...

— Joseph...

Joseph avait compris et posait sur la table un carafon et des verres.

— Il est très laid à voir ?

Elle avait glissé une cigarette entre ses lèvres et cherchait son briquet dans son sac.

— Vous devriez allumer un peu de feu, Joseph...

Elle était sur les nerfs.

— Et Corine qui est à Paris... Tu as prévenu ton frère ?

On sonnait en bas. C'était Edgar, l'aîné, qui avait eu le temps, en taxi, de passer chez lui chercher sa femme. On aurait dit qu'ils avaient également eu le temps de se mettre en deuil, car ils étaient vêtus de noir de la tête aux pieds.

Eux aussi parlaient en montant l'escalier, questionnaient le domestique. La même question :

— Où l'a-t-on mis ?

Puis, gravement, Edgar, qui avait vingt-sept ans, se dirigea vers Mme Malou, qu'il prit dans ses bras et qu'il étreignit un bon bout de temps en silence.

— Ma pauvre maman...

— Mon pauvre Edgar...

Les yeux de Mme Malou s'humectèrent, et elle eut deux ou trois hoquets, après quoi ce fut au tour de sa belle-fille de se précipiter dans ses bras.

— Courage, maman..., disait-elle.

— Est-ce qu'on sait seulement comment c'est arrivé ?

Edgar se tournait vers son frère Alain.

— Tu étais là ?

— Je suis arrivé quand c'était fini... C'est le comte d'Estier qui m'a raconté...

— Vous m'excuserez ?... murmura le docteur Fauchon, qui se sentait de trop.

On le remercia.

— Encore une goutte de fine, docteur ?

Mais il avait hâte de s'en aller, de respirer l'air du dehors.

— Raconte..., disait Edgar à son frère.

— Tu ne devines pas ?

— Peu importe... Raconte... Il y aura assez de bobards pour que nous sachions la vérité...

— Vous permettez, maman ?... fit sa femme en retirant son manteau.

Alain gardait toujours son attitude comme lointaine.

— Qu'est-ce qu'Estier t'a dit ?

— Père est allé le voir...

— Je m'en doute. Après ?

— Il a demandé de nouveaux fonds...

La lèvre de l'aîné, qui était chef de bureau à la Préfecture, se retroussa.

— Evidemment. Après ?

— Il a dit qu'il était à bout, que tout cela était trop bête, que c'était pitié de voir des gens qui ne comprenaient rien et que, puisqu'on le poussait à bout, il préférait se faire sauter la cervelle...

— Tu crois ça ? ironisa l'aîné.

Le cadet se tut, toujours debout près de la table, et il était seul à ne pas avoir retiré son pardessus.

— Allons, parle... Tu sais aussi bien que moi ce que je veux dire... Ce n'est pas la première fois...

— Il est mort...

— Je sais cela aussi... Mais comment ?

— Il avait, paraît-il, sorti son revolver de sa poche...

Alain parlait comme à regret, le regard fuyant.

— Le comte l'a poussé dehors et a essayé de refermer la porte... Papa avait mis son pied... Estier ne le voyait pas au moment où il a tiré...

— Nous voilà propres...

— Papa est mort...

— Et vous êtes tous dans le pétrin... Moi-même, je me demande si, à la Préfecture...

Un regard de sa femme, qui était rose et boulotte, le fit taire. Il reprit presque aussitôt :

— Qu'est-ce que vous allez faire, maman ?

— Est-ce que je sais, moi !

— Il vous reste de l'argent ?

— Vous savez bien tous que non...

— Vos bijoux...

— Ils sont engagés depuis longtemps...

— Je me demande, prononça alors Edgar, comment on va s'y prendre pour payer l'enterrement... Cela coûte très cher, très cher... Cette année, nous avons eu de gros frais d'installation, Marthe et moi, et nous n'avons rien pu mettre de côté... Où est Corine ?

— Elle est allée passer deux jours à Paris chez une amie... Si ce n'est pas comme la dernière fois, elle doit rentrer aujourd'hui...

— Qu'est-ce qu'elle va pouvoir faire ?

— Et moi ?... riposta la mère.

On avait sonné quelques instants plus tôt. Joseph, le maître d'hôtel, vint annoncer :

— C'est le commissaire de police qui demande à parler à Madame.

Où le faire entrer ? Il y avait des scellés partout. La maison n'était plus une maison.

— Ici..., dit-elle.

Elle but vivement une gorgée d'alcool et jeta sa cigarette dans le foyer, où flambaient quelques bûches.

— Je vous demande pardon, madame.

— Je vous en prie, monsieur le commissaire... C'est tellement inattendu, tellement affreux...

— Veuillez accepter mes condoléances les plus sincères... Pour vous et pour votre famille si durement éprouvée... Je me vois forcé...

— Je sais... J'étais chez mon coiffeur, Francis, quand Alain m'a téléphoné... Je ne crois pas qu'il se rende compte... Il est jeune...

Alain rougit et se tourna vers le foyer.

— Vous êtes au courant de la campagne que certains ont déclenchée contre mon mari... Il avait l'habitude de la lutte... J'étais sûre qu'il s'en tirerait une fois de plus.

— Vous saviez qu'il portait sur lui un revolver ?

— Je lui ai toujours connu cette habitude... La nuit, il le plaçait à portée de sa main... J'ai essayé en vain de le guérir de cette manie... Je lui demandais de quoi il avait peur...

— C'est bien cette arme, n'est-ce pas ?

— Je crois... Oui... J'avoue que je n'y ai jamais prêté grande attention, j'ai horreur de tout ce qui tue...

— Vous admettez la possibilité et même la probabilité du suicide ?

— Il a dû avoir un moment de dépression... Depuis quelques jours, il était sombre, inquiet...

— A cause de cette campagne du *Phare du Centre* ?

— Je ne sais pas... Je suppose...

— Lorsque les scellés ont été apposés ici...

— C'était ce matin... Je me souviens qu'il a fait des politesses à l'huissier et qu'il est allé chercher lui-même à la cave une vieille bouteille pour lui offrir à boire... Il lui a dit :

» — Ce n'est pas la première fois et ce n'est sans doute pas la dernière...
Je me souviens qu'il lui a dit autre chose :

» — Avouez que, s'il n'y avait pas des gens comme moi sur la terre,
vous ne gagneriez pas votre vie... En somme, nous sommes vos meilleurs
amis, à vous, les huissiers...

» Il crânait, je suppose... Il a toujours crâné... C'est pour cela que je ne
m'attendais pas à ce qui arrive...

Elle pleurait doucement, sans conviction.

— Maintenant, on m'empêche de le voir, sous prétexte que ce spectacle
est trop impressionnant pour moi... Que va-t-il se passer, monsieur le
commissaire ?... Je suis seule avec mes enfants... Je n'ai rien à moi... Il y a
des scellés partout... Je ne peux même pas disposer d'un centime pour
l'enterrer...

Le commissaire se tourna vers Edgar, qui lui dit à mi-voix :

— J'irai vous voir... Il faudra que nous ayons une conversation...

N'étaient-ils pas des fonctionnaires tous les deux ? N'étaient-ils pas plus
ou moins du même bâtiment ?

— Je ne sais pas encore comment les choses se passeront, madame. Pour
le moment, je suis simplement chargé du rapport. Croyez que je suis confus
d'avoir... d'avoir...

Allons ! C'était fini pour celui-ci. Il s'en allait à reculons, avec un coup
d'œil complice à Edgar.

On restait en famille ; Marthe, la belle-fille, déclarait :

— Il faut absolument que maman mange un morceau... Je vais m'en
occuper avec Joseph... Est-ce que la cuisinière...

— Julie est partie hier...

— Je vais voir ça avec Joseph...

Eugène Malou était tout seul dans la chambre aux scellés sur les armoires,
tout seul sous son drap qui cachait son visage défiguré.

— Je me demande, maman...

— Assieds-toi... Tu sais bien que je n'aime pas parler à quelqu'un qui
va et qui vient...

— Je me demande si la police d'assurance...

— Ton père l'a revendue le mois dernier, si bien que nous ne pouvons
compter sur rien.

Alain sortit sans bruit. On ne s'occupait pas de lui. Les deux autres,
Mme Malou et Edgar, étaient assis dans des fauteuils devant l'âtre, et Mme
Malou avait allumé une nouvelle cigarette.

Alain traversa le corridor, pénétra dans la chambre où il fut saisi par le
froid, car il y avait déjà trois jours que, faute de charbon, le chauffage
central ne marchait plus.

Il n'essaya pas de découvrir le visage de son père. Il s'assit sur une chaise
basse, près du lit, croisa les mains sur ses genoux et resta immobile, sans
rien regarder, pas même le drap sous lequel se dessinait la silhouette du
mort.

Ce fut longtemps après qu'il entendit une sonnerie, des pas. Mais cela
faisait partie d'un autre monde et il n'y prit garde. Une nouvelle voix de

femme, celle de sa sœur. Cela lui était égal. Il ne se rendait pas compte qu'elle venait de rentrer par le train de sept heures vingt et qu'on la mettait à son tour au courant.

On appela dans l'appartement vide :

— Alain !... Alain !...

On ouvrit et referma la porte de son ancienne chambre, et sa belle-sœur annonça :

— Il n'y est pas...

Alors, pour éviter qu'on vînt le chercher là où il était, il se leva, déplia son corps maigre, resta un moment immobile, debout, au pied du lit, ses lèvres remuant comme s'il prononçait tout bas des paroles, puis ouvrant la porte, il leur lança :

— Je viens...

Le dîner était servi dans la salle à manger et, quand il y avait un moment de silence, on entendait couler la fontaine sur la petite place.

2

— Alain... Alain...

Il avait l'impression qu'il venait à peine de s'enfoncer dans le sommeil, et pourtant, sans ouvrir les paupières, il sentait qu'il faisait déjà jour. Il savait aussi qu'il pleuvait à torrents, car non loin de la fenêtre de sa chambre, en contrebas, il y avait un auvent de zinc sur lequel les gouttes crépitaient dru.

— Pourquoi t'es-tu mis au lit tout habillé ?

Il fallait bien qu'il se résigne à sortir de ses limbes pour rentrer dans la réalité. C'était sa sœur qui l'appelait de la sorte, qui s'asseyait au pied de son lit, et, quand il ouvrit les yeux, il vit avec mauvaise humeur — il l'aurait parié, d'ailleurs — qu'elle avait les jambes croisées, le peignoir ouvert. Ne pouvait-elle donc pas comprendre que cela le gênait de la voir toujours à moitié nue ? C'était chez elle comme une manie. Elle n'avait aucune pudeur. Le matin, il lui arrivait de sortir de la salle de bains sans rien sur le corps, et elle mettait ses bas devant lui, levant haut les jambes l'une après l'autre, tandis qu'il ne savait où poser son regard.

Corine était belle. Tout le monde disait qu'elle était belle, tous les hommes couraient après elle. Elle avait une chair riche, une peau au grain serré, des formes pleines. Tout son être était arrondi. Elle n'était que chair et formes. C'était une femelle, alors qu'Alain aurait voulu avoir une sœur, comme certains de ses camarades de collège en avaient, une vraie jeune fille qu'on ne peut pas imaginer nue.

Et elle sentait la femelle. Maintenant encore il percevait son odeur, car elle venait de sortir du lit ; elle avait dormi avec une petite chemise de jour, en soie, très courte, qui était fripée, qui remontait sur son ventre blond, et elle ne se souciait pas de ramener sur elle les pans de son peignoir.

— Joseph est parti..., annonça-t-elle.

— Je le sais...

Il comprit tout de suite qu'il faisait une gaffe, qu'il aurait mieux fait de se taire.

— Comment le sais-tu ? Il t'avait averti ?

Il le savait parce qu'il n'avait pour ainsi dire pas dormi de la nuit.

Et d'abord, s'il s'était couché tout habillé, sans retirer sa cravate, c'est qu'il avait peur. Il n'aurait pu préciser de quoi, mais il avait peur. Tout seul dans sa chambre, il aurait été incapable de se dévêtir et peut-être entrait-il aussi dans son sentiment une sorte de pudeur. N'y avait-il pas le corps de son père, tout seul, deux chambres plus loin, tout seul dans l'obscurité ?

Il s'était couché dans son lit à colonnes. Et il n'osait plus appeler celui-ci, même en pensée, comme il le faisait d'habitude : le catafalque.

C'était un véritable monument, noir et or, surchargé de sculptures, de blasons. La maison était pleine de meubles de cette sorte achetés dans les ventes, surtout dans les ventes de châteaux. La cheminée aussi était armoriée, et encore l'armoire dans laquelle on aurait pu mettre six personnes et dont les portes étaient barrées par les scellés de l'huissier.

— Comment sais-tu qu'il est parti ?

— Je l'ai entendu.

C'était en pleine nuit. Il avait les yeux ouverts. La chambre de Joseph, le maître d'hôtel, se trouvait juste au-dessus de la sienne. Il avait longtemps entendu le domestique aller et venir, en chaussettes, puis les pas avaient gagné l'escalier. Joseph s'en allait, c'était sûr. Tous les domestiques étaient partis les uns après les autres, malgré l'argent qu'on leur devait.

Il y avait autre chose qu'Alain avait entendu : Joseph, qui avait l'air d'un curé défroqué, avait pénétré dans la chambre où était le corps et y était resté un bon moment à fureter.

Alain ne l'avait pas rêvé, il en était sûr. Il en avait eu la gorge serrée, de la sueur sur le front, mais il n'avait pas osé bouger et il avait été soulagé quand il avait entendu enfin le heurt lointain de la porte cochère, puis des pas sur le trottoir.

— Il n'y a rien à manger dans la maison... Il faut que tu ailles acheter quelque chose...

Toujours lui, évidemment ! C'était toujours le nom d'Alain qu'on criait à travers la maison quand il y avait une démarche désagréable à accomplir.

Il se leva, l'œil sournois.

— Tu as de l'argent ? demanda-t-il.

— Je vais demander à maman... Elle se sent très lasse et elle reste au lit...

Comme toujours aussi. Le matin, elle était immanquablement lasse et elle restait au lit jusqu'à midi. Aux époques où il y avait des domestiques dans la maison, elle prenait plaisir à faire défiler tout le monde devant elle.

Il entra dans la chambre de sa mère, après s'être donné un coup de peigne et s'être passé de l'eau sur la figure. Son complet était fripé, sa cravate tordue.

— Joseph est parti..., lui annonça-t-elle à son tour.

— Je sais, Corine me l'a dit.

— Il n'y a rien à manger dans la maison. Juste un morceau de pain rassis.

— Tu as de l'argent ?

Ce mot-là, on le connaissait bien dans la famille. On l'avait assez répété pour le connaître ! Même son père qui, parfois, demandait à Alain de lui prêter ses économies pour quelques heures.

— Il doit y en avoir dans le portefeuille.

Il comprit ce qu'elle voulait dire, car elle regardait vers la chambre du mort. Il comprit aussi que sa mère et sa sœur n'avaient pas voulu y aller elles-mêmes.

Il dut faire un effort. Ce n'était plus la même chose que la veille au soir, dans le petit jour, avec la pluie qui dégoulinait sur les vitres. Il faillit demander à Corine de l'accompagner, mais le respect humain l'en empêcha.

Il se souvint de la visite que Joseph avait faite la nuit dans cette pièce et il fut rassuré en voyant le corps à sa place sous le drap. Le veston était sur une chaise et il en fouilla les poches, ne trouva pas le portefeuille qu'il aperçut, l'instant d'après, ouvert sur le tapis.

Il le ramassa et sortit très vite, le jeta sur le lit de sa mère.

— Je crois qu'il est vide...

— Pourquoi ?

— Parce qu'il était par terre. Je parie que c'est Joseph.

Et c'était vrai. Est-ce que Joseph avait trouvé de l'argent dans le portefeuille ? Toujours est-il que, dans ce cas, il l'avait emporté.

— J'ai un peu de monnaie dans le sac... Passe-le-moi... Achète du pain, du beurre, du lait... Quand Edgar viendra tout à l'heure, je lui demanderai un peu d'argent... D'ailleurs, il faut que nous en trouvions avant ça... Tu ne sais pas qui a sonné ?

— On a sonné ?

— Vers huit heures du matin, puis une seconde fois une demi-heure plus tard...

C'était le moment où il dormait enfin, et il n'avait rien entendu.

— Regarde si on n'a rien laissé dans la boîte aux lettres. Je me demande ce que nous allons faire sans personne...

Mais elle ne se levait pas.

— Et il faudra quand même qu'on s'occupe de...

Un regard vers la chambre du mort. Qu'on s'occupe des obsèques, évidemment. Alain mit son pardessus, descendit, franchit la petite porte percée dans la grande. Il faillit sortir sans la clef, oubliant qu'il n'y avait plus de domestiques pour lui ouvrir. Il la trouva à un crochet.

Dehors, il releva le col de son long pardessus. Il n'avait pas de chapeau. Il n'en portait jamais. Ses cheveux blonds se perlaient de pluie, des gouttes d'eau tremblaient au bout de son nez. La petite place était vide. Il y avait une crémerie à moins de cent mètres, dans une ruelle, mais la crémière l'avait déjà injurié une fois devant tout le monde parce qu'ils étaient de plusieurs mois en retard pour leur note.

Il alla plus loin. Il faillit acheter un journal où l'on parlait sans doute de son père. Il entra dans une boutique où il vit bien qu'on le regardait avec gêne et curiosité tout ensemble.

Du pain, une demi-livre de beurre et une bouteille de lait, comme les ménagères pauvres. Il les portait sur son bras, marchait vite.

Quand il remonta dans l'appartement, les deux femmes étaient en train de se disputer. Corine n'était pas plus habillée que quand elle avait réveillé son frère. Elle allait et venait autour du lit de sa mère.

— Je ne peux quand même pas lui demander ça... Je ne sais pas à quoi tu penses, ni pour qui tu me prends.

— Je pourrais te prendre pour ce que tu es...

— Ce qui signifie ?

— Ne fais donc pas l'imbécile !... Seulement, cette fois, il s'agit de nous... Il ne s'agit plus d'un manteau de fourrure, n'est-ce pas ?

— Je te défends de parler de...

— Ne crie pas, veux-tu ?

— Par crainte des domestiques, peut-être ?

— Simplement parce que tu t'adresses à ta mère...

— Ma mère qui voudrait que j'aille demander de l'argent à un homme...

— Vous n'avez pas fini, toutes les deux ? grommela Alain, qui s'était contenté de poser les victuailles sur la coiffeuse de sa mère.

— Ton frère vient de téléphoner...

— Qu'est-ce qu'il a dit ?

— Qu'il s'est renseigné pour les funérailles, que cela ira chercher au bas mot dans les vingt mille francs et qu'il n'a pas d'argent... Il viendra tout à l'heure, après le bureau, car il prétend qu'il est obligé de passer à son bureau... Autrement dit : débrouillez-vous... J'ai demandé à ta sœur de téléphoner à Fabien...

N'auraient-elles pas pu éviter, un jour comme aujourd'hui, de parler de ça ? Est-ce que les femmes n'ont aucun sens de la pudeur ?

Fabien était un chirurgien, le plus important chirurgien de la ville, qui possédait une somptueuse clinique privée. C'était un homme jeune d'une quarantaine d'années, beau garçon, aimant bien vivre. Il était marié et avait trois enfants, mais on ne le voyait jamais avec sa femme.

Au théâtre, dans les concerts, c'était Corine qui l'accompagnait, et quand, presque chaque semaine, il allait opérer à Paris, on était presque sûr de voir celle-ci monter dans le même train. Elle y était la veille encore, à Paris. Chez ses amies Manselle, soi-disant. C'étaient ses amies Manselle aussi, qui étaient très riches, qui lui avaient cédé pour presque rien le manteau de vison dont elle était si fière.

— Si Fabien est vraiment un ami, et je ne demande qu'à le croire...

— Ça va, maman..., trancha Corine.

Et Alain renchérit avec dégoût :

— Ça va, oui...

— Est-ce qu'il n'y aura personne pour préparer une tasse de café ?

Le frère et la sœur se regardèrent. Corine ouvrit la bouche, mais elle vit bien, à l'air buté d'Alain, que cette fois il ne se laisserait pas faire.

— Je ne sais même pas comment on allume le réchaud à gaz..., grommela-t-elle en s'éloignant.

— Passe-moi le téléphone, Alain...

— Qu'est-ce que tu vas faire ?

— Est-ce qu'il faut que l'on enterre ton père, oui ou non ?

Une fois de plus, il se tourna vers la fenêtre, écarta les rideaux de tulle et resta plongé dans la contemplation de la petite place.

— Allô ! Je suis bien chez le comte d'Estier ? Allô ! C'est Mme Malou qui est à l'appareil... Oui, Malou...

Elle s'impatientait, répétait avec humeur :

— Je vous prie de bien vouloir annoncer au comte d'Estier que Mme Malou est à l'appareil et désire lui parler...

Corine, une cafetière à la main, était venue se camper dans l'encadrement de la porte et écoutait.

— Allô !... Le comte d'Estier ?... Mme Malou, oui... Je comprends parfaitement...

Alain commença à grignoter une cigarette qu'il n'avait pas allumée.

— Je pense que, de votre côté, vous devez vous rendre compte de la situation... Elle est plus dramatique que vous ne le pensez, car, à l'heure qu'il est, je ne sais pas encore comment je vais m'y prendre pour faire à mon mari des obsèques convenables... Pour comble de malheur, notre maître d'hôtel est parti cette nuit en emportant le contenu du portefeuille... Je vous écoute... Oui... J'entends bien...

Et il parla longtemps, cependant que Mme Malou restait immobile, l'écouteur à la main, l'appareil posé sur le lit.

— Je suis parfaitement d'accord avec vous et il est évident que je ne vous adresserai pas d'autres demandes... Comment ?... Je ne sais pas encore... Je ne sais absolument rien... Mettez-vous à ma place... Et il y a les enfants... Oui... Je vous remercie... En mon nom et au sien.

Elle raccrocha, se débarrassa de l'appareil.

— C'est fait, conclut-elle.

— Combien va-t-il t'envoyer ? questionna Corine.

— Il ne me l'a pas dit. Il va me faire porter un chèque ce matin, à condition qu'il soit bien entendu que c'est la dernière fois.. Comme s'il n'avait pas gagné assez d'argent avec ton père !... On sonne, Alain...

— J'entends.

On oubliait seulement qu'il fallait aller ouvrir soi-même.

— Le café, Corine.

— L'eau chauffe.

Alain descendit, ouvrit la porte et se trouva en face d'une petite vieille qui portait un parapluie détrempé à la main, un de ces vastes parapluies comme en ont les paysans qui vont en carriole au marché. Elle était habillée comme une paysanne aussi, avec des jupes qui lui pendaient sur les talons, des souliers d'hommes, un drôle de petit bonnet de soie noire aux rubans noués sous le menton.

— Je voudrais parler à Mme Malou...

— Ma mère est encore au lit...

— C'est que c'est urgent et que je viens de loin.

— Je crains qu'à cause des événements...

— Justement... Dites à votre mère que c'est Mme Tatin... Cela m'étonne-rait qu'elle n'ait pas entendu parler de moi... Elle m'a sûrement vue, en tout cas, il lui est bien arrivé d'aller dans des maisons mortuaires... Tenez, chez le colonel Chaput, c'était moi qui veillais. Chez la baronne de Beaujean aussi... J'ai l'habitude, vous comprenez ?... Dans les familles, la plupart du temps, on ne sait pas... Veiller les morts, ça me connaît, car voilà quarante ans que je ne fais que ça...

Etait-ce une idée ? Il semblait à Alain qu'elle sentait le mort, qu'elle traînait dans les plis de ses jupes comme des relents d'eau bénite, de buis et de chrysanthèmes.

— Entrez un moment...

Il ne la laissa pas dans le porche, où régnait un courant d'air glacé. Elle resta debout sur le paillasson du hall, tandis qu'il montait l'escalier quatre à quatre.

— C'est une vieille femme qui garde les morts...

Mme Malou ne comprit pas tout de suite.

— Il paraît qu'elle a l'habitude, qu'elle a fait ça dans toutes les grandes maisons de la ville... Elle m'a cité des noms...

— Il vaudrait peut-être mieux la prendre... Fais-la monter... Je vais lui parler...

Et la petite vieille attendit sur le palier, tandis que Mme Malou s'habillait. Elles discutèrent longuement à voix basse toutes les deux, puis la vieille fut introduite dans la chambre du mort, dont elle prit aussitôt possession.

— J'aurais besoin d'un grand nombre de choses...

— Vous demanderez à ma fille ce qu'il vous faudra...

Il pleuvait toujours, la place était vide, avec sa fontaine au milieu, les fenêtres comme des trous noirs à toutes les maisons.

— Aide-moi, Alain... Cherche-moi le numéro des pompes funèbres. La vieille dit que c'est étonnant qu'ils ne soient pas venus d'eux-mêmes, car d'habitude ce sont eux qui se dérangent..

Elle téléphona, annonça ensuite que ces messieurs allaient venir.

— Il faut aussi que je voie le notaire, l'avocat... Il y a une chose que je me demande... Est-ce que nous sommes obligés d'avertir Maria ?... Je ne sais pas où elle habite...

Maria, la première femme d'Eugène Malou, la mère d'Edgar, était une femme dont on ne parlait jamais. Elle appartenait à un passé lointain, mal connu, auquel on préférait ne pas faire allusion.

Une femme du peuple, au surplus, qui avait vécu Dieu sait comment et de quoi, qui avait écrit plusieurs fois sur du vilain papier d'épicier, d'une écriture de bonniche, avec des fautes d'orthographe même dans l'adresse.

Elle devait vivre à Marseille ou quelque part dans le Midi.

— Edgar saura peut-être...

— Edgar ne tiendra pas à la voir arriver ici...

Ce nom d'Edgar, on le prononçait dans la maison d'une façon particulière.

Certes, c'était un Malou, puisqu'il était le fils et même le fils aîné d'Eugène Malou.

Mais Eugène Malou, de son vivant, ne le considérait pas, lui non plus, comme les autres membres de la famille.

D'abord c'était un mou, un grand garçon mou et éternellement sérieux. Après des études moyennes, son ambition avait immédiatement été d'obtenir une place de tout repos.

Les jongleries financières de son père l'effrayaient. Il était entré dans l'administration, s'était marié avec la fille de son chef de bureau et était devenu chef de bureau à son tour.

Ils habitaient un quartier tranquille en bordure de la ville : rien que des petites maisons d'employés, d'officiers et de retraités. Cette maison, il la payait par annuités et il devait mettre l'argent de côté, il possédait des livrets de Caisse d'épargne au nom de ses trois enfants.

Sans doute avait-il honte, aujourd'hui, sans doute avait-il peur pour sa situation, pour la considération dont il tenait à être entouré, honte vis-à-vis de ses beaux-parents, qui étaient des gens très stricts.

Dans la chambre mortuaire, la vieille Tatin allait et venait comme chez elle, parlant toute seule à mi-voix. De temps en temps, elle ouvrait la porte pour réclamer des draps, ou des bougeoirs, ou des allumettes.

Le coup de sonnette suivant fut celui du représentant des pompes funèbres, que Mme Malou reçut dans la salle à manger où il y avait encore des bols de café et du pain sur la table.

— Maman..., appela Corine du palier.

Corine, qui était toujours à moitié nue, à qui cela était égal de montrer ses cuisses larges et blanches. Derrière la porte, elle chuchota :

— Il serait peut-être prudent d'attendre le chèque avant de rien décider... Comme tu ne sais pas de combien il sera...

Un nouveau coup de sonnette, et c'était toujours Alain qui était de corvée. Toujours aussi la pluie, la place vide, une silhouette sombre qui s'encadrait dans le portail. L'homme retirait sa casquette détrempée, car il n'avait pas de parapluie.

— Je vous demande pardon de vous déranger, monsieur Alain.

— C'est vous, monsieur Foucret...

— Je serais venu plus tôt si ma femme ne m'avait pas fait remarquer que ce n'était pas délicat...

— Entrez, je vous prie...

Un homme de cinquante-cinq à soixante ans, grand, osseux, qui devait se sentir plus à l'aise sur un chantier qu'ici.

— C'est à ma mère que vous voulez parler ?

— J'aimerais tout autant vous parler à vous, monsieur Alain, vu que je vous ai connu tout petit...

On ne pouvait pas monter dans la salle à manger qui était occupée. La plupart des pièces étaient sous scellés.

— Venez dans ma chambre...

L'homme aux gros souliers avait peur de salir. Il passa avec respect devant une porte qu'il devina être celle de la chambre du mort.

— Il est là ? chuchota-t-il. Savez-vous que je ne peux pas encore le croire ? On ne m'enlèvera pas de l'idée qu'il s'était passé des choses que nous ignorons. Voyez-vous, monsieur Alain, à moi, il parlait franchement. Vous savez comment il était. Les gens croyaient le connaître et ils se fourraient presque toujours le doigt dans l'œil. D'abord, c'était le meilleur homme de la terre et celui qui oserait dire le contraire...

— Merci, monsieur Foucret...

— Il y en a qui ont essayé d'insinuer des tas de choses... Que je n'étais qu'un imbécile, qu'une poire, qu'on se moquait de moi... En connaissez-vous un autre, vous, qui m'aurait payé une maison, oui, monsieur Alain, qui me l'aurait donnée comme ça, en me disant :

» — Mon vieux Foucret, ton idée vaut de l'or... De l'or, je n'en ai pas pour le moment, mais j'en aurai, parce que je prendrai les brevets nécessaires, parce que je m'adresserai aux Américains et qu'alors nous serons riches... Cela prendra le temps qu'il faudra... En attendant, voilà une maison pour ta femme et toi, puisque tes enfants sont mariés... Je t'installe tout près des chantiers, mais pas pour que tu travailles... Tu feras ce que tu voudras, tu surveilleras si cela te plaît, tu iras pêcher à la ligne si cela te chante et, chaque fin de mois, tu n'en passeras pas moins à la caisse...

» Voilà ce qu'il m'a dit, monsieur Alain, vous ne le savez peut-être pas... Et il a tenu parole... Même quand il n'y avait pas d'argent pour la paie, il en trouvait toujours pour moi, des fois seulement un peu, des fois davantage...

» Je savais bien qu'il réussirait et que, quand le brevet commencerait à rapporter, il ne m'oublierait pas, comme certains ont cherché à me le faire croire...

» Voilà pourquoi je suis venu... Pour vous dire à mon tour :

» Je connaissais Monsieur votre père... Vous avez probablement un moment difficile à passer... Je ne possède pas beaucoup d'argent, mais je peux toujours prendre une hypothèque sur la maison...

Il regardait la chambre, le lit à colonnes, les scellés sur les meubles.

— Il faut que les choses se passent décemment, n'est-ce pas ? Certains sont trop contents d'être débarrassés de lui... Je me demande s'ils ne commencent pas à avoir un peu honte... Même le sale journal qui l'attaquait chaque matin, qui le traitait de tous les noms, hier encore, ne sait plus qu'écrire aujourd'hui... Tenez...

Il tira un journal tout mouillé de sa poche...

— *Le pénible accident qui...* Eh bien ! monsieur Alain, il y a encore une chose que j'ai sur le cœur et qui a besoin de sortir... Quand j'ai lu ce mot accident, ça m'a frappé. Parce que, entre nous, je ne crois pas que votre père se soit détruit exprès... Pardonnez-moi... Je le connaissais trop bien... Il aimait tellement la vie, voyez-vous !... Il avait des ennuis sérieux, soit... Mais il en avait vu d'autres, n'est-il pas vrai ?... Vous savez bien que ces histoires d'argent n'arrivaient qu'à le faire rire... J'ai écouté parler les gens... J'ai lu le journal...

» Sûrement qu'il est allé demander des fonds au comte... Celui-ci aurait mieux fait de lui donner... Car enfin... Sans votre père, combien aurait-il vendu son château et ses bois ?... Pas seulement un million, peut-être un demi !... Tandis qu'avec le lotissement de Malouville, malgré les pépins actuels, il a déjà encaissé trois millions au moins... Est-ce vrai, oui ou non ?...

» Alors, mon idée est que votre père a peut-être voulu lui faire peur... Il lui est arrivé une fois comme ça de demander de l'argent à quelqu'un devant moi... Il avait un air tragique, mais, quand on ne le regardait pas, vite il m'adressait un clin d'œil et, lorsque le type est parti, il a éclaté de rire...

» Peut-être qu'il croyait que le revolver n'était pas chargé. Ou bien il ne voulait pas presser la détente... Ou encore, et ça c'est le fond de mon idée, il a seulement essayé de se blesser... Mais je suis là qui vous retiens alors que vous devez avoir des tas de choses à faire... J'ai apporté ceci à tout hasard.

Il tendit une enveloppe qui contenait quelques billets de mille francs.

— Merci, monsieur Foucret... Je n'oublierai pas votre geste, mais, en ce moment, nous avons ce qu'il nous faut...

— C'est sûr, ça ?... Vous ne faites pas le fier ?

— Je vous l'affirme...

Foucret ouvrit la bouche pour poser une question, mais n'osa pas, et Alain devina que cette question était : « A qui en avez-vous demandé ? »

En le reconduisant dans l'escalier, il aperçut sa sœur qui lui adressait des signes énergiques qu'il n'essaya pas de comprendre. On sonnait au moment où il allait ouvrir la porte. C'était un valet de chambre qui lui tendit une lettre en disant :

— Pour Mme Malou... Urgent...

Est-ce que Foucret avait reconnu le valet de chambre du comte d'Estier ? Il hocha la tête en homme peiné.

— Allons... Au revoir, monsieur Alain... Si vous avez besoin de moi pour n'importe quoi, ne vous gênez pas...

Corine, là-haut, le guettait, épiait l'enveloppe.

— Combien ?

— Je ne l'ai pas ouverte.

— Donne...

Elle la fit sauter en disant :

— Tu as été fin avec le vieux Foucret !... Qu'est-ce qui t'a pris de ne pas accepter ?... Tu crois que cela va être facile de nous en tirer ?... Bon... Cinquante mille... Que je prévienne maman...

Elle passa dans la salle à manger et glissa le chèque sous les yeux de sa mère, qui examinait des catalogues de pompes funèbres. L'employé vit le chèque aussi, essaya en vain de lire le chiffre à l'envers, mais fut en tout cas rassuré.

Il y eut d'autres allées et venues ce jour-là. Mme Malou sortit vers onze heures pour aller encaisser le chèque, après avoir téléphoné pour commander un taxi. Corine eut une longue conversation téléphonique, qu'Alain préféra ne pas entendre, et il lui arriva deux ou trois fois de laisser entendre un gloussement qui ressemblait étonnamment à un rire.

Le notaire Carel, petit et rond, rose et luisant, tiré à quatre épingles, dut attendre dans la salle à manger le retour de Mme Malou.

— Qu'est-ce qu'on va manger, Alain ? Il faut pourtant bien qu'on mange...

— Je suis allé faire les courses ce matin. C'est ton tour.

— Tu es vraiment galant... J'ai une idée... Je vais demander à la vieille femme...

Si bien que ce fut la mère Tatin, quand Mme Malou revint avec l'argent, qui se glissa le long des maisons pour aller faire le marché. Elle parlait toujours toute seule, et Dieu sait ce qu'elle se racontait de cette famille qui ressemblait si peu aux autres !

— Tu peux nous laisser un instant, Alain, mon chéri ?...

Depuis qu'elle avait l'argent dans son sac à main, Mme Malou avait retrouvé à la fois son assurance et sa vitalité. Il en avait toujours été ainsi. Il y avait des périodes où tout le monde était à cran, les femmes surtout, et les domestiques, parce qu'il n'y avait pas un billet de mille francs dans la maison et qu'on ne savait plus où aller pour acheter le nécessaire à crédit. A ces moments-là, Mme Malou passait la plus grande partie de son temps au lit, à se plaindre de sa santé, tandis que Corine trouvait le moyen de disparaître.

Que l'argent rentrât, et la vie reprenait, on cessait de se mordre, de geindre et de se chamailler.

— Nous avons à parler sérieusement, le notaire Carel et moi. Si Me Desbois arrivait, fais-le entrer, car il ne sera pas de trop.

Toujours dans la salle à manger, avec les tasses sales et la lumière du lustre qu'on avait oublié d'éteindre depuis la veille au soir.

Alain dut encore descendre pour ouvrir la porte aux tapissiers des pompes funèbres. Faute de disposer des pièces du rez-de-chaussée, toujours sous scellés, force fut d'établir la chapelle ardente dans la chambre du mort, où l'on se mit à clouer.

Il y avait déjà quelques cartes, dans la boîte aux lettres, avec des condoléances. La voiture de l'avocat se rangea le long du trottoir et donna un air plus vivant à la façade.

Maintenant, des gens passaient, sous leur parapluie, pas beaucoup, qui devaient faire un détour — car la place ne menait nulle part — pour venir regarder la maison. On voyait aussi des rideaux bouger aux fenêtres, des visages qui s'effaçaient vivement.

On discutait dans la salle à manger. On entendait la voix basse et confuse du notaire, la voix un peu plus haute de Me Desbois et enfin, de temps à autre, pour une question précise, celle de Mme Malou, qui était sortie un moment pour aller chercher du papier et un crayon.

Quand ils partirent, un peu après midi, elle avait les yeux rouges et elle fit d'un air critique le tour de l'appartement.

— Qu'est-ce que tu attends pour nous préparer à déjeuner, toi ? demanda-t-elle à sa fille, qui avait ouvert un livre et qui s'était tassée au fond d'un fauteuil.

— Que la vieille Tatin revienne avec des victuailles.

— Tu n'aurais pas pu y aller toi-même ?

— Et commander un taxi, comme tu l'as fait pour te rendre à la banque qui est à deux pas ?

— Il faudra que tu t'habitues à circuler autrement qu'en voiture... J'aime mieux t'avertir tout de suite que, quand l'enterrement aura eu lieu, il ne nous restera absolument rien...

— Qu'est-ce que tu veux que j'y fasse ?

— Tu te dis que tu t'en tireras toujours, n'est-ce pas ? Je suis bien sûre que ce ne sera pas en travaillant...

— Et toi ?

— C'est tout ce que tu trouves à répondre ?

Elle pleura encore, alla s'enfermer dans sa chambre pour pleurer, tandis qu'Alain errait sans savoir où se poser.

Il reçut une visite personnelle, un petit rouquin, Peters, un de ses deux camarades de la veille, quand, en revenant du collège, ils avaient été arrêtés par l'attroupement devant la pharmacie.

Il faillit ne pas le voir, car Peters n'osait pas sonner. Il se tenait en face de la maison, sous la pluie, ses livres sous le bras, et regardait les fenêtres dans l'espoir d'apercevoir son camarade.

Alain descendit, lui ouvrit la porte, mais l'autre ne voulut pas entrer. Peut-être avait-il peur de la mort ?

— Ecoute, Alain, je suis venu de la part des camarades... On n'osait pas te déranger aujourd'hui, mais on tenait quand même à te dire... à te dire...

— Je te remercie...

— On s'est demandé aussi si tu reviendras au collège... C'est la dernière année et...

— Je ne crois pas... Je ne crois pas...

— On te reverra quand même, dis ?... Il y en a qui prétendent que vous allez quitter la ville...

— Ah !

— C'est vrai ?

— Je ne pense pas que je la quitterai...

— Compris !... Tu es un chic type...

Et ils avaient l'air, tous les deux, en effet, de s'être compris. Ils restaient debout dans le courant d'air, devant la porte ; ils durent s'effacer pour laisser passer Mme Tatin chargée de paquets.

— Celle-là, je la connais... Elle est venue pour une de mes tantes qui est morte l'an dernier... Elle ne te fait pas peur, à toi ?

Alors Alain eut un pâle sourire. Est-ce qu'il avait encore peur ? Il avait eu peur, la nuit, Il avait encore eu un petit peu peur, le matin.

Maintenant, c'était passé. Il se sentait beaucoup plus vieux que Peters, qui avait pourtant le même âge que lui.

— Elle ne me fait pas peur... dit-il, non sans une pointe d'orgueil et de condescendance.

S'il n'y avait eu que la mère Tatin !

— On sera là tous, tu sais ?... On demandera congé...

— Pour l'enterrement, oui.

— Au revoir, Malou...

— Au revoir, Peters.

Pourquoi cela lui fit-il froid, cette fois-ci, de refermer le lourd battant de la porte ? Ce n'était plus une porte en chêne massif, c'était un mur qu'il dressait lui-même, lentement, en pleine connaissance de cause, entre lui et les autres.

Peters s'en allait chez lui, libéré, oui, libéré, comme on l'est toujours à son âge, quand on vient de faire une démarche aussi pénible. Et il devait tirer la langue, comme il en avait l'habitude, pour happer les gouttes de pluie ! Et il pensait au déjeuner qui l'attendait, au mot traditionnel qu'il allait lancer dès le seuil : « J'ai faim ! »

Le porche. Le hall et son escalier à double révolution, cet escalier soudain si dur à monter. On clouait toujours. Quelque chose grésillait dans la cuisine, et une odeur d'oignon se répandait dans l'appartement.

— Qui était-ce ?

Corine, qui s'était enfin habillée, le questionnait.

— Un camarade d'école, Peters...

— Cela me fait penser que personne n'est encore venu me voir... Il est peut-être trop tôt... Cela commencera tout à l'heure...

Et cela commença, en effet, à peu près au moment où la pluie cessait de tomber, vers trois heures. A ce moment-là, tout était prêt pour recevoir les gens, il y avait une chapelle ardente et des bougies qui brûlaient des deux côtés du mort dont on avait fait la toilette, un brin de buis dans une coupe d'eau bénite, la mère Tatin, enfin, agenouillée dans la pénombre et qui remuait les lèvres en égrenant un chapelet.

Le mort était devenu un vrai mort.

3

Le matin de l'enterrement, dans la chapelle ardente, les hommes se tenaient dans un ordre en quelque sorte hiérarchique. Venait d'abord Edgar Malou, en sa qualité d'aîné. On ne l'avait guère vu cependant, pendant trois jours, mais, ce matin-là, il était arrivé alors que tout le monde dormait encore, dans son désir de s'assurer que rien ne clocherait. S'il ne s'était pas commandé de vêtements noirs depuis son mariage, qui datait de cinq ans, il n'avait pas beaucoup porté les anciens et il était soigneux de ses affaires ; toutefois, comme il avait un tout petit peu engraissé — il était devenu plus flou —, son complet, trop juste de partout, paraissait sortir d'un magasin de confection à bon marché.

Chose curieuse, Edgar, ce matin-là, avait les yeux rouges et il les entretint ainsi pendant toute la cérémonie, il . fut le seul à porter sans cesse son mouchoir à son visage. Il était vraiment pâle et, quand il fixait les gens qui lui serraient la main, il semblait les reconnaître à peine, il les remerciait avec l'effusion de quelqu'un de très malheureux, pour qui la moindre consolation est un baume.

A côté de lui, Alain paraissait plus long et plus mince que jamais dans son complet de cheviotte noire, puis venait le mari de leur tante, Jules Dorimont.

Les Dorimont avaient débarqué la veille, et il avait fallu leur installer des lits dans la maison. Jeanne, la sœur de Mme Malou, avait pleuré une bonne partie de la soirée, à la fois sur les malheurs de sa sœur et sur les siens.

Si on les examinait de près, les deux femmes se ressemblaient presque trait pour trait. A cette différence que, chez Jeanne, tout était plus épais, plus vulgaire, ce qui faisait d'elle comme la caricature de sa sœur.

Par exemple, Mme Malou avait les cheveux légèrement acajou, alors que ceux de Jeanne étaient d'une vulgaire teinte cuivrée, avec déjà quelques mèches blanches. Toutes les deux avaient de grands yeux, mais ceux de Jeanne lui sortaient de la tête. Ce qui, chez l'une, n'était qu'un léger empâtement devenait carrément double menton chez l'autre, et enfin on n'avait jamais pu comprendre comment Jeanne — tante Jeanne, ainsi que l'appelaient les enfants — s'y prenait pour se maquiller aussi mal, se faire une bouche saignante dont les contours ne correspondaient pas avec les lèvres et dessiner deux demi-lunes d'un drôle de rose au sommet des pommettes.

Tante Jeanne se plaignait éternellement et plaignait tout le monde. Elle avait un mari minuscule qui ressemblait à un bibelot tant il était délicat avec son mince et rose visage de femme sous des cheveux d'un gris argenté et soyeux. C'était un ancien ténor d'opérette. Ils avaient couru la province ensemble au temps où Dorimont n'avait pas encore perdu sa voix. Après quoi, Eugène Malou l'avait pris avec lui.

A certaine époque, alors qu'Alain était petit et qu'on vivait à Bordeaux, on faisait maison et table communes avec les Dorimont. Eugène Malou avait fini par se fatiguer des lamentations de sa belle-sœur. Il prétendait même qu'elle avait le mauvais œil. Et, comme on était en fonds à ce moment-là — c'était le temps du château de Dordogne—, il avait donné à son beau-frère de quoi s'acheter un petit fonds de librairie avec cabinet de lecture à Paris.

Ils avaient un fils, Bertrand, plus jeune qu'Alain de neuf mois, qui se tenait le quatrième dans le rang, en face du cercueil éclairé par les bougies. Bertrand ressemblait à sa mère. Il avait une grande tête chevaline, et tous les costumes lui allaient mal. On ne l'avait pas rhabillé de neuf pour la circonstance, et il portait un complet gris, auquel on avait cousu un brassard noir.

C'était lorsque les Dorimont étaient là qu'on s'apercevait que les Malou étaient presque des aristocrates. Et il en était de même dans la salle à manger où se tenaient les femmes.

Quand François Foucret, le contremaître, était arrivé pour présenter ses condoléances, Alain s'était penché sur lui, lui avait parlé bas. Foucret avait esquissé un geste de protestation, mais était allé quand même s'installer au bout de la file.

Seules les femmes pouvaient savoir ce qui se passait dehors, car il leur était possible de jeter parfois un coup d'œil entre les fentes des volets. Il pleuvinait. De petits groupes s'étaient formés sur la place, des hommes qui fumaient leur pipe ou leur cigarette en regardant la maison et en attendant d'être à quelques-uns pour défiler. Quand ils étaient un certain nombre d'amis ensemble, on les voyait éteindre leur cigarette, rajuster leur cravate, marcher gravement vers le portail, et on entendait bientôt leur piétinement dans l'escalier.

Le patron du *Café de Paris* vint un des premiers, s'excusa de repartir tout de suite. Un quart d'heure après, son patron à peine rentré, Gabriel parut à son tour et attendit la levée du corps.

Il y eut des fournisseurs, même de ceux qui n'avaient pas été payés et qui ne le seraient jamais. Ils formaient un groupe à part sur la place, un groupe de gens prospères, habitués aux cérémonies de ce genre.

Le comte d'Estier vint aussi à la dernière minute. Sa voiture s'arrêta sur la place. Il traversa la foule, pénétra avec dignité dans la chapelle ardente, serra longuement la main d'Edgar et s'excusa de ne pouvoir aller jusqu'au cimetière, obligé qu'il était de prendre un train à onze heures.

Il dut croiser la femme dans l'escalier. On ne l'attendait pas. Personne ne l'avait avertie. Elle entra dans la chambre mortuaire, qu'elle emplit aussitôt d'un parfum violent et bon marché. Alain, qui ne l'avait jamais rencontrée, la vit avec étonnement se précipiter vers Edgar et l'embrasser.

Edgar, de son côté, ne savait quelle contenance prendre. C'était sa mère, la première femme d'Eugène Malou, qui arrivait du Midi et qui disait à mi-voix :

— Il faudra tout à l'heure que je te parle...

Puis, regardant autour d'elle :

— Où sont-elles ?

Elle était vêtue de façon voyante, avec du voilet autour du cou, et la poudre dont elle se servait pour son visage était violette aussi.

Edgar préféra la conduire dans la salle à manger, dont la porte se referma.

Les employés des pompes funèbres montaient pour emporter le cercueil. Le corbillard venait d'arriver, lourd et somptueux ; les gens commençaient à se grouper en cortège.

Alain regardait fixement les clous argentés, sur la bière de chêne ciré, et, pendant qu'on s'affairait autour de lui, voilà qu'il essayait de reconstituer le visage de son père.

Ceux qui étaient là l'auraient-ils cru s'il leur avait avoué qu'il n'y parvenait pas ? Certes, il revoyait vaguement un front, des joues, un nez, un menton familiers, et il entendait encore la voix rauque, toujours enrouée, d'Eugène Malou.

Il revoyait aussi sa silhouette courte, presque grasse, mais toujours vive. Car Malou était un homme éternellement pressé, qu'on avait envie de retenir par un bouton de son veston.

Mais le revoir vivant, en quelque sorte... Retrouver, par exemple, son regard, se souvenir de l'homme qu'il avait été...

Quel homme avait-il été ? Son fils, qui avait vécu tant d'années près de lui, n'en savait rien, et c'était maintenant seulement qu'il faisait cette découverte.

Voilà pourquoi il regardait avec une véritable détresse le cercueil qu'on engageait dans l'escalier tandis que, dans la salle à manger, on entendait des sanglots de femmes.

Est-ce qu'Alain s'était aperçu jusqu'alors qu'il vivait dans une drôle de famille ? Il y était tellement habitué qu'il n'y prenait pas garde.

Pour ne prendre que cette femme qui paraissait sortir d'un mauvais lieu et qui avait été la première femme de son père, qui était la mère d'Edgar...

Il y avait tant de choses qu'il ignorait, tant de questions qu'il n'avait jamais eu l'idée de poser ! C'est à peine s'il se souvenait de la vie qu'on menait à Bordeaux, et pourtant cela ne datait que de huit ans, il était donc déjà un grand garçon à cette époque. On avait habité un appartement assez vaste, puis une maison tout entière. Là aussi on avait eu des domestiques, une auto, deux autos à un moment donné. On passait les week-ends et les vacances dans un vieux château où travaillaient toujours des ouvriers. On invitait beaucoup de monde. Ses parents sortaient presque chaque soir.

On parlait beaucoup d'argent. On en manquait souvent, mais Malou en trouvait toujours à la dernière minute. On recevait des députés, des sénateurs, des personnages importants.

Puis, d'un seul coup, cela avait été la déconfiture et on avait déménagé ; on n'avait pas eu grand-chose à déménager, car tout avait été saisi. On avait vécu quinze jours dans un petit hôtel de Nantes. Est-ce vrai qu'on l'avait quitté sans payer la note ? Edgar l'avait prétendu un jour qu'il se disputait avec son frère.

On avait vécu à Paris aussi, quelques semaines seulement, dans un appartement meublé du quartier des Ternes, puis on était venu s'installer ici, dans une ville nouvelle. Pas tout de suite dans le prestigieux hôtel particulier, mais d'abord dans une maison bourgeoise du même genre que celle d'Edgar.

En savait-il davantage ? A peine. Tout le monde, chez lui, vivait à sa guise. Au moment où on s'attendait à se mettre à table en famille, Eugène Malou arrivait avec cinq ou six invités, et on descendait dans la salle à manger d'apparat.

Mme Malou avait des bijoux. Elle adorait les bijoux, il en était question souvent, trop souvent. Les derniers temps surtout, depuis que la situation était si tendue, que cela recommençait exactement comme à Bordeaux, avec des huissiers et les échos dans les journaux.

Est-ce qu'elle avait refusé à son mari de les vendre pour permettre de tenir le coup quelques semaines de plus ? Est-ce qu'Eugène Malou les avait obtenus ? Elle prétendait que oui, qu'elle ne possédait plus rien. Mais, soudain, Alain se sentait des doutes.

Le maître de cérémonie plaçait la famille sur un rang derrière le char funèbre, et après un moment d'attente, on se mettait en marche vers le cimetière, car Eugène Malou, qui s'était suicidé, n'avait pas le droit de passer par l'église.

On marchait lentement, on s'arrêtait à cause d'un tram, puis soudain le cortège devait avancer pendant un certain temps à une allure accélérée qui espaçait les rangs et allongeait la queue. Edgar s'était retourné.

— Il y a quand même beaucoup de monde, remarqua-t-il avec satisfaction. Beaucoup de gens que je ne m'attendais pas à voir...

Les hommes d'abord, puis les femmes, et, au bout, des personnes qu'on ne connaissait même pas de vue. Discrètement, François Foucret s'était retiré du rang de la famille et marchait, avec les ouvriers et les fournisseurs, sans parler à personne.

On chemina ainsi pendant une demi-heure, dans des rues de moins en moins animées. Comme on passait non loin de chez Edgar, il se pencha pour apercevoir sa maison, qu'il regardait toujours avec satisfaction, puis on vit des enseignes de marbriers, des marchands de couronnes qui annonçaient le cimetière.

Dans les grandes allées, il y avait du gravier, mais là encore, il fallut patauger dans la glaise mouillée, où les pieds glissaient. Comme une flaque barrait tout le chemin, certains sautèrent en prenant leur élan, d'autres préférèrent marcher sur les tombes. Et ce fut enfin le trou frais creusé, les gens qui se serraient les uns contre les autres, le cercueil que l'on faisait glisser, la corde qui remontait.

Edgar pleurait. Jules Dorimont se mouchait. Alain gardait les yeux secs, mais il était plus pâle que les autres, et son regard alla chercher celui de Foucret, qui s'approcha de lui pour lui serrer la main sans en avoir l'air.

— Courage, monsieur Alain...

Et, plus bas, furtivement :

— Vous ne partez pas, vous, n'est-ce pas ?

Il fit signe que non. Il voulait rester dans la ville. Il lui semblait que de partir, comme les autres, serait une sorte de trahison. Il y avait encore tant de détails qu'il avait besoin de connaître !

Sans qu'on lui dise rien, il saisit des fleurs qui se trouvaient à sa portée et les lança dans la fosse, puis, brusquement, il se dégagea de la foule et partit. Foucret le rattrapa. Son frère le regardait d'un air mécontent, car ce n'est pas ainsi que les choses doivent se passer.

— Je ne sais pas si vous avez pensé à ce que je vous ai dit, monsieur Alain...

Il faisait froid. Alain sentait dans ses narines un chatouillement qui annonçait un rhume de cerveau.

— J'ai encore appris quelque chose, par hasard... Parce que, tout à l'heure, j'ai parlé à Gabriel, le garçon du *Café de Paris*... Eh bien ! ce jour-là, après avoir renvoyé sa voiture, votre père est entré au café pour téléphoner... D'habitude, c'est Gabriel qui demande ses numéros, mais cette fois-là, votre père n'a pas voulu... Il est sorti à trois heures et quelques minutes, à pied, et c'est seulement après quatre heures que l'accident s'est produit...

L'auto, cette fois-là, à trois heures, c'était la dernière fois qu'Eugène Malou s'en servait, et il le savait, car elle devait être conduite le jour même en fourrière. Elle était saisie comme le reste, et Arsène, le chauffeur, avait été remercié.

Ils sortaient du cimetière. Des groupes les suivaient, qui parlaient à voix très haute de leurs affaires. Quelques-uns pénétraient dans un petit café aux vitres embuées où il devait faire chaud et où l'air sentait sans doute le vieux marc.

— Vous ne voulez pas prendre le tram, monsieur Alain ?

Ils attendirent, et à ce moment, Peters, le rouquin, s'approcha de son camarade.

— Je suis chargé par les autres de les excuser, dit-il. Cela a été impossible de quitter la classe tous ensemble. On te reverra, n'est-ce pas ? Tu ne t'en vas pas ?

Le reste de la famille arrivait à leur hauteur, et tout le monde prit place dans le tram où passait du courant d'air glacé. Alain resta sur la plate-forme avec ses deux compagnons. Il regardait son oncle, son frère, son cousin, dont les cahots de la voiture balançaient bizarrement les têtes.

C'était sa famille, et il l'examinait curieusement, comme s'il ne l'avait jamais vue. Etait-ce encore sa famille ? Certes, il y avait eu un lien entre lui et ces gens-là, mais ce lien n'existait plus.

Eugène Malou mort, chacun allait partir de son côté. Qui sait ? Ce soir, sans doute, la maison serait vide. On en avait parlé les deux jours derniers, la veille en particulier. On en avait discuté, jusqu'à deux heures du matin, en buvant une bouteille de fine retrouvée dans un placard.

Corine et sa mère s'étaient encore disputées. L'oncle Dorimont essayait de les calmer et prononçait des paroles de conciliation. Tante Jeanne pleurait.

Bertrand, qui, lui, n'était pas orphelin, regardait tout le temps son cousin avec un air d'envie. C'est à peine si les deux garçons s'étaient adressé la parole, mais sans cesse Alain avait senti le regard de l'autre fixé sur lui.

— Il faut que je vous dise, monsieur Alain... Si j'avais osé, je vous aurais proposé de vous ramener chez moi... J'en ai parlé à ma femme... Sans doute que c'est impossible, que vous êtes obligé d'être là-bas... On raconte que tout le monde s'en va...

C'était probable. Quand on s'était couché, à deux heures du matin, aucune décision n'était prise. Il en était toujours ainsi lorsque la famille était réunie. Chacun parlait, parlait, et on ne parvenait pas à se mettre d'accord.

— Avec votre permission, monsieur Alain, j'irai vous voir vers la fin de la journée... Au cas où il y aurait du monde, je ne vous dérangerai pas...

— Merci, monsieur Foucret...

— Je descends ici...

Il ne restait qu'Alain et le rouquin sur la plate-forme.

— Tu vas travailler ? questionnait Peters, avec, lui aussi, une sorte d'envie. Qu'est-ce que tu vas faire ?

— Je ne sais pas.

— Moi, à ta place, j'essayerais d'entrer au journal.

Il se mordit la langue en se souvenant des attaques dont Eugène Malou avait été l'objet de la part du *Phare du Centre*.

— C'est vrai que ce n'est peut-être pas si épatant que ça.

On descendait. On prenait comme par hasard la petite rue en pente où le drame s'était déroulé et on passait devant la pharmacie. Edgar devait expliquer à son oncle comment cela s'était produit, car il désignait l'officine, puis le trottoir, l'hôtel d'Estier.

— Je te laisse, vieux... Il faut que je file...

Plus rien qu'un groupe sombre qui émergeait sur la petite place à la fontaine. Elle était déserte de nouveau. Il n'y avait plus rien. Tout était fini.

— Personne n'a la clef ? questionna Edgar.

Personne ne l'avait, et il fallut sonner. Ce fut tante Jeanne qui descendit ouvrir.

— Déjà !... s'exclama-t-elle, habituée qu'elle était aux enterrements avec messe et absoute. Comme cela a été vite !...

Il traînait des pétales de fleurs dans le hall et sur les marches de l'escalier.

— Voilà, Jules, ce que nous avons décidé, ma sœur et moi...

Nul n'avait pensé à refermer la porte de la chambre mortuaire, et ce fut Alain qui s'en chargea. Un moment, il fut sur le point de s'enfermer dans sa chambre en attendant la fin des palabres qui recommençaient, mais il se décida à suivre les autres dans la salle à manger, où il s'accouda à la cheminée.

— Toi, tu es bien décidé à ne pas partir ?

Il fit oui de la tête.

— Remarque que ta mère aurait le droit de t'y obliger. Qu'est-ce que tu espères, au juste, en restant ici ?

— Je ne sais pas...

— Tu trouveras plus difficilement une place que partout ailleurs. Aujourd'hui, les gens sont venus à l'enterrement comme si de rien n'était, mais demain ils redeviendront ce qu'ils étaient avant...

— Cela m'est égal.

— Laisse-le faire, Jeanne, soupira Mme Malou.

— Bon ! De toute façon, nous emmenons ta mère. Elle vivra chez nous jusqu'à nouvel ordre. Il faut lui donner le temps de se remettre. Ce n'est pas que nous ayons trop de place ni que les affaires aillent bien, mais c'est notre devoir. Reste la question de ta sœur...

— C'est absolument inutile d'insister, trancha Corine, enfouie au plus profond d'un fauteuil, les jambes croisées, une cigarette aux lèvres.

— Tu n'aurais pas parlé ainsi du vivant de ton père.

— Mon père ne s'occupait pas de mes affaires.

Et c'était vrai. Le mot frappa Alain. Ce fut pour lui une révélation. Est-ce que leur père s'était jamais occupé d'eux ? Pour leur apporter des cadeaux, oui, les plus beaux, les plus chers. Aucun enfant, à leur connaissance, n'avait eu d'aussi riches jouets qu'eux. Et, quand la famille était en fonds, ils avaient autant d'argent de poche qu'ils en voulaient.

Mais s'occupait-on de savoir si Alain étudiait ou non ? Il signait lui-même, de la signature de son père, ses cahiers de notes, et son père le savait. Quant à Corine, elle avait toujours vécu à sa guise. Qui ne vivait pas à sa guise dans cette maison où les domestiques eux-mêmes, quand il y en avait, n'en faisaient qu'à leur tête ?

Et voilà qu'Alain se demandait, pour la première fois de sa vie : « Pourquoi ? »

Il se demandait quel homme était son père. Il se souvenait, par exemple, de la façon dont celui-ci, à certains moments, lui posait la main sur l'épaule en prononçant : « Fiston... »

« Fiston... »

Cela, c'était de l'affection. C'était plus que de l'affection. Il fallait aussi qu'il aimât bien sa femme pour supporter comme il l'avait fait ses humeurs et ses fantaisies.

Quel homme était-ce ?

— Ma mère est partie ? questionna Edgar après un long moment.

Il avait hésité à articuler le mot mère.

— Elle est partie, oui, et j'espère ne jamais la revoir. Elle doit être chez le notaire à l'heure qu'il est. Elle est persuadée qu'il y a un testament et que ton père lui laisse quelque chose. Il paraît qu'il le lui a toujours promis. Cela ne servirait d'ailleurs à rien, puisqu'il n'y a rien à partager. Elle était furieuse. Elle m'a lancé des tas d'injures à la tête. Jeanne a dû la mettre à la porte...

— Que sont devenus les bijoux ? questionna encore Edgar.

— Tu sais bien qu'ils ont été vendus, il y a longtemps.

— Tous ?

— Mais oui, tous. Est-ce que tu veux fouiller dans mes affaires ?

— Le collier de perles aussi ?

Il l'avait encore vu quelques jours plus tôt, et elle le savait.

— Elles sont fausses. Le vrai collier a été engagé à Paris, et ton père m'a donné cette copie. Si tu y tiens...

Il hésita. Il était clair qu'il doutait de la parole de Mme Malou, mais il n'osait pas réclamer un collier qu'on lui affirmait être faux.

— Par contre, je crois que c'est à toi que revient la chevalière de ton père. Je vais te l'apporter tout de suite. Si vous êtes d'accord, Alain aura la parure et les boutons de manchettes. Quant à l'épingle de cravate avec le rubis, celle qu'il a toujours gardée, j'ai pensé, si vous êtes tous les deux d'accord, la donner à votre oncle comme souvenir...

Jules Dorimont feignit de protester.

— Il reste Bertrand. Qu'est-ce que je pourrais bien donner à Bertrand ? A part un fume-cigarette en ambre et en argent... Tu fumes, Bertrand ?

— Un peu, tante.

On pataugeait. Elle allait chercher de petites boîtes dans sa chambre, en étalait le contenu sur la table.

— Il y avait son étui en or, mais il l'a revendu voilà quinze jours. Celui-ci, en argent, date d'au moins vingt ans...

— Je le prendrai, dit Edgar.

— J'y pense, mes enfants, il y a aussi ses vêtements qu'on n'a pas compris dans la saisie. Edgar est trop grand. Alain aussi. Mais Jules, en les faisant arranger...

— Si on mangeait ? s'impatienta Corine.

— Il n'y a rien de prêt. Jeanne propose, et elle a raison, que nous allions manger un morceau au restaurant...

— Le train est à cinq heures et demie.

— Reste la question de Corine...

— Vous ne pourriez pas me f... la paix ? soupira celle-ci.

— Remarque que je ne sais pas ce que je ferais de toi à Paris. Il n'y a pas de place boulevard Beaumarchais pour te loger.

— Vous voyez !

Boulevard Beaumarchais, c'était la librairie et l'appartement des Dorimont.

— Sans compter, intervint Jules, que pour trouver du travail en ce moment... Au fait, quel genre de travail vas-tu chercher ?

— Si on ne s'occupait pas de moi, vous ne pensez pas que cela vaudrait mieux ? Je suis assez grande pour me débrouiller seule.

— Cela me gêne quand même de te laisser ici. A moins que tu vives avec ton frère ?

Edgar crut que c'était de lui qu'on parlait et fut sur le point de déclarer que sa maison n'était pas assez grande. Mais il était question d'Alain.

— Vous ne vous entendez pas tellement mal tous les deux. Comme Alain travaillera toute la journée et prendra sans doute ses repas au restaurant...

— Si vous y tenez... On verra bien... En tout cas, on m'a déjà trouvé un petit appartement meublé...

On ne lui demanda pas qui. On évita de citer le nom de docteur Fabien, qui, peut-être pour ne pas devoir se montrer aux obsèques, était parti pour une ville voisine, où il avait, prétendait-il, à opérer.

— Cela te convient, Alain ?

Celui-ci haussa les épaules. Il avait tellement hâte de ne plus les voir, tous, autant qu'ils étaient ! Pourtant, il ne se lassait pas de les observer, de scruter leurs traits, d'écouter le son de leur voix. Il y avait des tas de questions qu'il aurait voulu leur poser.

Savait-il d'où sortait son père ? On n'en parlait jamais dans la maison. Le peu qu'il en savait, il l'avait appris par les journaux.

A en croire ceux-ci, surtout le *Phare du Centre,* le plus venimeux, ils n'étaient même pas français, et leur vrai nom aurait été Malow ou Malowski. Toujours d'après les échos, son grand-père, à lui, Alain, le père de son père, était venu un jour on ne savait d'où, de l'Est en tout cas, ne sachant ni lire ni écrire, parlant un charabia incompréhensible, sans papiers, sans identité certaine.

Etait-ce vrai qu'il avait travaillé comme terrassier lors du percement du tunnel du Saint-Gothard ?

On ne possédait pas une seule photographie de lui. C'est sur le tard, à cinquante ans ou plus, alors qu'il était carrier dans un petit village du Cantal, qu'il avait eu son fils d'une femme à laquelle il n'était pas marié. Et l'on prétendait que c'était une ivrognesse qui servait à tout le monde.

Il devait être mort, il l'était certainement puisqu'il avait plus de cinquante ans quand son fils était né. Mais la femme ? Quel était son nom ? Est-ce que Mme Malou le savait ?

Les journaux disaient encore qu'à ses débuts Eugène Malou avait fréquenté des milieux anarchistes, de Marseille d'abord, puis de Lyon et enfin de Paris.

C'est à Lyon qu'il avait dû épouser la mère d'Edgar, une ouvrière d'usine, prétendait-on dans la maison. Une fille publique, insinuaient les journaux.

Et de tout cela, lui, le fils de Malou, le petit-fils de Malow ou de Malowski, ne savait rien.

Or voilà que son père s'était tué d'une balle dans la tête. Tout le monde se dispersait, tirait à hue et à dia. Edgar triait les chemises et les caleçons qui pourraient encore servir. Il s'occupait aussi des chaussures, car il avait le pied petit. Quant aux affaires, en particulier au lotissement de Malouville, le notaire avait conseillé la veille de ne pas s'en mêler. Elles étaient aux mains des syndics et la liquidation laisserait un gros passif.

— Même s'il y avait un héritage à faire il vaudrait mieux le refuser, à cause des surprises possibles.

— Est-ce qu'on va manger, oui ou non ?

On s'y décida. On chercha les manteaux, les chapeaux, les femmes se campèrent devant les miroirs.

— Il ne faudrait pas oublier la clef.

La maison resta vide, complètement vide pour la première fois depuis longtemps.

— Où allons-nous ?

— Il vaudrait mieux trouver un restaurant tranquille.

— Pour avoir l'air de nous cacher ?

— Corine a peut-être raison.

Ils allèrent au *Chapon Fin,* mais demandèrent un des petits salons du premier. Alain pensait qu'il aurait pu déjeuner à cet instant dans la petite maison des Foucret et il ne disait toujours rien, continuait à les observer, à les écouter.

— Tu as trouvé une place ? lui demanda son cousin par-dessus la table.

— Pas encore. J'en trouverai une.

N'importe quoi. Il était prêt à faire n'importe quel métier, même garçon de courses. Enfin, désormais, serait-il comme les autres ! Il n'avait pas protesté quand on avait décidé qu'il vivrait avec sa sœur, mais il était bien décidé à n'en rien faire. Quelques jours au plus, si c'était indispensable.

A quoi bon leur en parler ? Cela déclencherait de nouvelles scènes, et il en avait mal au cœur. Il les connaissait bien, il connaissait la famille : on criait, on s'injuriait, on donnait des ordres contraires, puis, en fin de compte, chacun n'en faisait quand même qu'à sa tête.

Qu'ils partent ! C'est tout ce qu'il désirait. Et il commençait à compter les minutes. Il regardait de temps en temps la petite horloge électrique encastrée dans le mur. Il mangeait machinalement.

Sa mère aussi avait été mariée avant de connaître Eugène Malou. Elle avait été la femme d'un député de la Loire, qui, tout récemment, venait d'être ministre pendant quelques mois.

Elle l'avait quitté pour Malou. Une fois que la mère et la fille se disputaient comme elles en avaient périodiquement l'habitude, Corine avait lancé, parce qu'on lui faisait des reproches sur sa conduite :

— Et toi ? Si tu n'avais pas été prise en flagrant délit, serais-tu jamais devenue la femme de papa ?

Etait-ce vrai ?

Ce qui ahurissait Alain, c'était d'avoir vécu jusqu'alors sans réfléchir à ces choses, sans chercher à connaître la vérité. Est-ce qu'il était resté tellement enfant qu'à dix-sept ans il vivait encore dans une sorte de torpeur ?

Il avait été un enfant, puis un collégien comme les autres. Un peu plus timide que les autres, justement parce qu'il se passait souvent autour de lui des choses qu'il ne comprenait pas ou qu'il ne voulait pas comprendre.

Certains élèves évitaient de jouer avec lui. L'un d'eux lui avait dit franchement :

— Ce sont mes parents qui me le défendent.

Cependant il ne s'était pas replié sur lui-même. Il n'avait jamais eu cet air sournois qu'il voyait, par exemple, à son cousin. Son père était un père, sa mère une mère, sa sœur une sœur, Edgar un type qu'il n'aimait pas beaucoup, mais qu'il considérait comme plus faible que méchant.

Soudain, depuis trois jours, il avait un désir passionné de connaître cet homme qui était son père et dont il ne s'était jamais occupé lorsqu'il était vivant.

Confusément, il sentait que ce n'était pas par la famille qu'il apprendrait quoi que ce fût.

D'instinct, c'était vers Foucret qu'il tendait, c'est lui qu'il avait envie de questionner, c'est avec lui qu'il avait envie d'approfondir tant de mystères.

Le déjeuner terminé, Jules Dorimont fit mine de sortir son portefeuille de sa poche, mais — il le savait bien — Mme Malou l'en empêcha.

— Non, Jules. C'est moi que ceci regarde. Par le fait qu'il n'y a pas eu de cérémonie à l'église et qu'on n'a pas pris de voitures, l'enterrement a coûté moins cher que je ne pensais. Il me reste près de trente mille francs. J'en laisserai dix mille à Corine et à Alain. C'est tout ce que je peux faire pour eux, car je ne veux pas être à votre charge et je n'ai plus leur âge. A Paris, je me débrouillerai.

Drôle de femme, pensait Alain, qui ne la voyait plus du tout comme sa mère. Il était persuadé qu'elle trichait, qu'elle avait toujours triché. Si Edgar avait parlé des bijoux, lui qui savait ce que parler veut dire, c'est qu'il avait plus que des soupçons.

Corine, elle, en avait depuis longtemps, peut-être parce qu'elle était femme aussi. Il y avait plus de deux ans déjà qu'elle avait lancé un jour à sa mère :

— Je vois bien ton jeu, va ! Tu pleures sans cesse misère, mais tu n'en fais pas moins ta petite pelote !

Avait-elle raison ? Et alors fallait-il croire que, si sa femme l'avait aidé les derniers jours, Eugène Malou n'aurait pas eu besoin de disparaître ?

Il faisait trop chaud dans la pièce. Les garçons attendaient pour desservir, car il était tard. On demanda pourtant des alcools, qu'on dégusta lentement.

— Tes bagages sont prêts ?

— J'en ai pour une demi-heure. Pour ce que les huissiers m'ont laissé, tu sais !...

On sortit en file indienne, et tout le monde les regarda. Alain marchait le dernier, un peu honteux de faire partie du groupe, et cela le choqua de voir sa sœur adresser des signes de la main à deux personnes qu'elle connaissait.

La maison, à nouveau, qu'on n'occupait plus que pour quelques heures.

On fouillait partout où l'on avait encore accès afin de ne rien laisser à la traîne.

— Les papiers !... remarqua Mme Malou en apercevant une valise verte pleine de lettres et de documents.

Edgar ouvrit la bouche, mais Alain parla le premier et, pour la première fois, avec une autorité qui l'étonna :

— Je m'en charge, dit-il.

— Qu'est-ce que tu veux en faire ? Il serait plus simple de les brûler. C'est de la correspondance d'affaires, des factures, des...

Il demeura si ferme que sa mère céda :

— Si tu y tiens !...

Edgar ne tarda pas à s'éclipser sous prétexte d'une visite qu'il avait promis de faire au bureau.

— Je te dis au revoir pour Marthe et pour les enfants...

Et, comme il chuchotait, Alain comprit que Marthe était à nouveau enceinte, ce qu'il avait ignoré jusque-là.

— Il faut excuser mes beaux-parents s'ils ne sont pas venus. Leur situation était très délicate.

— Mais oui...

Il embrassait Mme Malou avec componction, serrait longuement les mains autour de lui.

— Toi, j'espère que tu t'en tireras, dit-il à Alain, mais tu ferais mieux d'essayer d'entrer dans l'administration. Il y a aussi, en ce moment, de bonnes places aux colonies, alors qu'ici tu te heurteras partout à de l'hostilité. J'en sais quelque chose, moi qui ai toutes les peines du monde à me maintenir.

Allons, vite, qu'on en soit quitte, une fois pour toutes. Est-ce que les femmes n'en finiront pas de se barbouiller de poudre et de rouge ? Est-ce que Mme Malou est enfin sûre d'avoir dans son sac la clef de la petite mallette qu'elle ne laisse porter par personne ?

— Tu viens à la gare ?

Corine dit oui. Alain dut dire oui aussi.

— Il faudrait commander deux taxis dans ce cas. Je suppose que vous revenez ensuite ici chercher vos affaires ? Vous n'allez pas dormir cette nuit dans la maison ?

Alain l'aurait fait volontiers, mais tout seul. Il n'aurait plus peur, du moment que les autres seraient partis.

— Allô ! Voulez-vous envoyer tout de suite deux voitures chez M. Malou...

Corine s'était trompée et avait parlé de M. Malou, de M. Malou qui était mort.

— Elles viennent à l'instant.

On consultait les montres. On descendait des valises et les malles.

— Je compte sur toi, Corine, pour éviter coûte que coûte... Enfin, tu me comprends.

— Mais oui, maman...

— Quant à toi Alain...

Elle pleura un tout petit peu en l'embrassant et dut rectifier son maquillage.

Et toujours Bertrand Dorimont regardait son cousin avec la même envie, son cousin qui allait rester tout seul, ou à peu près.

— Les taxis sont arrivés...

On s'y enfourna. La gare n'était pas loin. Jules Dorimont alla prendre les billets au guichet. Il n'oublia pas les billets de quai pour les deux qui ne partaient pas.

— J'aurai donc vécu neuf ans dans cette ville, murmura Mme Malou devant son wagon. J'espère bien ne jamais y remettre les pieds.

Ce fut tout. Des baisers sur les joues. On les vit, par la vitre, qui s'installaient du mieux qu'ils pouvaient dans le compartiment, puis le train s'ébranla.

— Et voilà ! dit Corine.

Elle regarda son frère et sourcilla en le voyant si grave et si pâle. Puis elle haussa les épaules.

— Qu'est-ce que tu fais maintenant ? Tu rentres à la maison ?

Il ne savait pas.

— Moi, j'ai une course à faire en ville ; cela me prendra une demi-heure. Va arranger tes affaires. Ce soir, nous coucherons à l'hôtel. Je retiendrai deux chambres. Demain matin, je l'espère, nous pourrons nous installer dans mon appartement meublé.

Ils traversèrent la salle d'attente.

— Je compte sur toi pour ne pas commencer à être désagréable. Je ne sais pas ce que tu as depuis quelques jours, mais tu regardes les gens d'une drôle de façon.

— Je rentre, se contenta-t-il de répondre.

En tram. Tout seul. Sur la plate-forme. Il voyait défiler les trottoirs, les boutiques, les becs de gaz, et tout cela constituait un monde dont il n'avait jamais eu conscience de faire partie.

Chose curieuse, quand il atteignit la petite place et qu'il voulut introduire la clef dans la serrure, il fut pris de panique, il n'osa pas entrer tout seul dans la maison vide, resta à rôder et finit par attendre debout, dans une encoignure, tandis que la pluie tombait tout fin autour de lui.

Une heure passa, une heure encore. Une voiture s'arrêta, pas un taxi, une longue voiture beige qu'il connaissait. Corine sauta sur le trottoir, et l'auto repartit sans bruit. Elle tendit la main vers la sonnette.

Alors seulement il sortit de son pan d'ombre et s'avança. Elle sursauta en le voyant se dresser derrière elle.

— Tu étais là ?

Il ne lui expliqua pas qu'il n'avait pas osé rentrer seul. Il ne lui dit rien.
Il tourna la clef dans la serrure et chercha le commutateur.

— Tu m'as fait peur !

Cela n'avait aucune importance. Il monta l'escalier derrière elle et détourna
machinalement la tête parce qu'il voyait ses cuisses.

4

Il n'eut d'abord aucune idée de l'heure, ni de l'endroit où il se trouvait.
Il ne comprit pas non plus la nature de ce qui l'avait réveillé. En réalité,
c'était un rythme qui l'avait atteint au fond de son sommeil — un peu
comme, dans une rue latérale à celle où passe une musique militaire, on se
met malgré soi à marcher en cadence. Or ce rythme était marqué par un
grincement métallique et à la fin, tout à la fin, au moment d'ouvrir les
yeux, Alain avait perçu un gémissement humain, scandé, modulé, une
plainte étrange, une plainte heureuse comme il n'en avait jamais entendu de
sa vie.

Autour de lui, c'était l'obscurité. Il était à l'hôtel, et s'en souvenait
maintenant, à l'*Hôtel du Commerce*, en face de la gare, où il s'était installé
avec sa sœur pour une nuit ou deux. Ils avaient dîné en tête à tête, dans la
salle à manger aux petites tables blanches, où un dressoir gigantesque, en
acajou, avait une solennité de grandes orgues. Il revoyait les nappes empesées,
les serveuses en noir et blanc, en bonnet, les bouteilles de vin rouge et les
serviettes posées en éventail dans les verres. Il se souvenait de l'odeur, du
tic-tac de l'horloge à large bord noir, du geste de Corine pour se repoudrer
après le repas.

— Je me couche tout de suite, avait-il annoncé.

Il n'était que huit heures et demie, mais il avait peu dormi les nuits
précédentes.

— Moi aussi, avait répliqué sa sœur.

Elle avait cependant emporté un journal pour le cas où elle ne parviendrait
pas à s'endormir. Ils s'étaient dit bonsoir dans le couloir. Il était déjà
couché quand elle avait voulu ouvrir sa porte.

— Qu'est-ce qu'il y a ? J'ai mis le verrou et je suis au lit.

— Alors ça va. Bonsoir. Je venais voir si tu étais bien.

Il avait sombré et maintenant il fixait une raie lumineuse, du même côté
que le bruit. Il restait dans le noir. Sa main ne se tendait pas pour atteindre
la poire électrique à la tête de son lit. Il se souvenait. Une cloison le séparait
de la chambre de sa sœur. Elle avait le 7 et lui le 9. Il n'avait pas vu la
porte de communication, tout à l'heure, parce qu'elle était masquée par
une armoire. Seulement le corps de l'armoire ne descendait pas jusqu'au
plancher. Entre ses pieds, sous la porte, il y avait deux bons centimètres de
jeu.

C'était la première fois que cela lui arrivait mais Alain comprit le sens du rythme, du gémissement, et il rougit en pensant que c'était sa sœur qui gémissait de la sorte, avec, parfois, un curieux petit sanglot. C'était sa sœur qui lui donnait — et le soir de l'enterrement de son père — la révélation d'une chose qu'il ne connaissait que vaguement et pour laquelle il avait toujours ressenti, d'instinct, une certaine répugnance.

Sans doute parce que ses camarades qui en parlaient, au collège, le faisaient d'une façon sale ? Sans doute aussi parce que les femmes qui le frôlaient parfois dans l'ombre de certaines rues obscures en lui adressant la parole — et qui pour lui synthétisaient tout cet ordre de choses — avaient des mots ignobles, des gestes répugnants ?

Alain aurait voulu se boucher les oreilles, et c'est en vain qu'il enfonçait sa tête dans l'oreiller ; le rythme se poursuivait. Et voilà qu'une voix d'homme s'y mêlait, que le gémissement s'accroissait jusqu'à devenir un cri, après quoi il y avait soudain un silence.

Enfin dans le vide sombre de ce silence, un rire, un petit rire jeune et frais, le rire de Corine.

— Je suis morte..., disait-elle. Moi qui ne voulais pas ce soir !... Est-ce que j'ai crié ?...

— Un peu !... répliquait Fabien avec satisfaction.

Ils ne bougeaient ni l'un ni l'autre. S'ils avaient fait encore le moindre mouvement, Alain les aurait entendus, tant le plus léger bruit lui arrivait distinctement. Malgré lui, il les imaginait tous les deux, et un moment il se demanda s'il aurait le courage de s'habiller et de sortir, d'aller n'importe où, de ne plus revenir tant les images qu'il évoquait lui étaient pénibles.

— Pourvu qu'Alain n'ait rien entendu !

Et le chirurgien de plaisanter :

— Je suppose qu'à son âge il sait ce que c'est !

— Passe-moi une cigarette.

Alors seulement Fabien se leva. Il marcha dans la pièce, pieds nus. On entendait nettement le bruit caractéristique des pieds nus sur le linoléum. Puis le craquement de l'allumette.

— Tu n'as pas froid ?

— Je trouve au contraire qu'il fait trop chaud. Il faudra que je ferme le radiateur avant de m'endormir. A propos d'Alain...

— Il est légèrement embêtant, celui-là, avec son obstination à rester ici ! Il n'aurait pas pu aller à Paris avec sa mère ? Au moment où tout allait si bien, où nous étions enfin tranquilles.

— Il ne nous collera pas longtemps, tu verras, je le connais. Je suis sûre que, dès qu'il aura trouvé du travail, il voudra vivre seul.

— En attendant ?

— Tu viendras me voir en son absence. On en sera quitte, le soir, pour l'envoyer au cinéma. Il y a le téléphone dans l'appartement ?

— Je l'ai fait installer. J'y ai pensé aussi.

Un silence à nouveau.

— Non, pas tout de suite, Paul. J'ai eu une dure journée, tu sais !

— Tout s'est bien passé ?

— A peu près.

— Les bijoux ?

— Je suis sûre que maman les a, mais je ne suis pas parvenue à le lui faire avouer.

— C'est crevant. Elle ne t'a pas demandé ce que tu allais faire ?

— A peine. Elle s'en doute, mais elle préfère ne pas l'entendre dire.

Alain ne bougeait pas. Il restait couché, tout raide, les nerfs tendus, respirant à peine. Quand ils recommencèrent à côté, il serra les poings, mais ne bougea toujours pas.

Depuis longtemps, il avait pensé, plus exactement il avait senti, que Corine était ainsi. C'est pourquoi il était si gêné quand elle se montrait presque nue, parfois toute nue devant lui, avec sa chair trop pleine, trop vivante, qui faisait penser justement à ce qui se passait dans la chambre voisine.

Pourquoi fallait-il que ce fût sa sœur ? Est-ce qu'il y en avait beaucoup d'autres comme elle ? Il se le demandait. Il ne voulait pas le croire. Cela le choquait dans la conception qu'il avait de la vie, des hommes et des femmes, des rapports entre les êtres.

Est-ce que sa mère était ainsi, elle aussi ? Il se posait la question tout à coup. Il préférait répondre non, il aurait tout donné pour pouvoir répondre non, mais il se souvenait de paroles entendues, de l'histoire de son premier mari, puis de son remariage.

S'il y avait eu flagrant délit, comme Corine le prétendait, c'est qu'elle retrouvait Eugène Malou en cachette. Dans un hôtel comme celui-ci ?

Il s'efforçait de ne pas y penser et il y pensait malgré lui. Il se mettait à classer les gens qu'il connaissait, ses proches surtout, en « ceux qui étaient comme ça » et les autres.

Son père, par exemple ? Il n'avait pas ces yeux pétillants, ce sourire jouisseur du chirurgien Fabien. C'était un homme qui ne s'inquiétait que de son travail.

Et pourtant, quand Alain pensait à la première femme de son père, à cette créature qui avait soudain surgi du passé, il se voyait forcé de corriger son jugement.

Son père aussi ? Tout le monde, alors ? Ce n'était pas possible. C'était trop sale. Cela lui faisait mal.

Quand ses camarades, au collège, l'œil allumé, un drôle de sourire aux lèvres — un sourire pas franc —, se réunissaient pour se raconter des histoires de ce genre-là, il s'écartait écœuré. Il n'était pas loin de penser que cela n'existait pas, qu'ils inventaient, que les choses ne se passaient pas comme ça.

Or il découvrait qu'ils ne mentaient pas, que c'était vrai, que sa sœur en était, peut-être sa mère — sa tante Jeanne aussi, pourquoi pas ? qui se maquillait à cinquante ans !

Il avait envie de fuir, d'être seul. Est-ce que François Foucret ?... Non, celui-là était trop propre, solide. Alain irait le voir le plus tôt possible. Pas avant d'avoir trouvé une place, car Foucret voudrait l'aider, et il tenait, lui, à s'en tirer seul.

Il était indispensable de trouver une place tout de suite. Il n'irait pas coucher chez sa sœur, comme celle-ci l'y avait invité.

— Avoue, disait-elle, à côté, en fumant une seconde cigarette, que tout s'est merveilleusement arrangé pour nous...

La mort de leur père, sans doute ? Alain ne voulait plus revoir Corine. Tout à l'heure, quand ils auraient fini à côté, quand Fabien s'en irait, il se lèverait sans bruit et partirait. Est-ce qu'il laisserait un petit mot en disant, par exemple : « J'ai tout entendu » ?

A quoi bon ? Corine ne se soucierait pas de lui. Tant mieux s'il n'était pas là. C'était autant de gagné.

Il ne pleurait pas. Il ne pleura pas de la nuit. Il était terriblement fatigué et, à la fin, il ne savait plus s'il rêvait ou s'il était éveillé.

A quel travail se livrait-il ? Il faisait des parts, mettait d'un côté certaines gens, d'un autre côté des personnes qui lui semblaient différentes. Mais ce n'était pas assez. C'était plus compliqué que cela. Il découvrait des quantités d'espèces.

Eux, par exemple, les Malou. Ils étaient évidemment différents des autres. Son père ne ressemblait à personne qu'il connaissait, il était bien d'une race à part. Toute la maison en était marquée. Sa mère, Corine, lui-même faisaient partie d'un monde qui était le monde Malou.

La preuve, c'est que la sœur de sa mère, la tante Jeanne, qui avait le même sang que sa mère, qui avait reçu une éducation identique, était fort différente et leur apparaissait à tous comme une étrangère.

Et Bertrand, son fils ? Il n'y avait aucun point commun entre lui et Alain. C'était si vrai que Bertrand, pendant deux jours, l'avait regardé sans cesse avec curiosité et avec envie.

Mais Alain, de son côté, était nettement différent de Corine.

C'était très compliqué. Peut-être dormait-il à moitié ? Il avait la sensation d'un cheminement lent et pénible, d'une découverte nécessaire, et il s'efforçait d'aller toujours plus loin dans la compréhension.

Comment n'avait-il jamais envisagé ces questions-là, pourtant essentielles ? Comment avait-il pu vivre autant d'années au milieu des siens sans prendre la peine de les regarder ? Il n'était pas un enfant. Il savait des tas de choses, mais c'était comme s'il les avait ignorées, parce qu'il se contentait de les enregistrer machinalement sans les connaître.

— Tu t'en vas déjà ?

— Il est une heure, répondit l'homme.

C'est ainsi qu'Alain apprit qu'il n'avait presque pas dormi, que Fabien était arrivé alors qu'il venait, lui, à peine de se coucher.

— Tu m'enverras ta voiture pour les bagages ?

— Tu ne crains pas que ton frère... ?

— Ne t'en fais pas pour lui. Ou bien il s'habituera ou bien...

Il se rhabillait. On l'entendait se rhabiller, le frôlement des vêtements, le bruit des chaussures. Puis ils s'embrassaient. Corine, à son tour, marchait pieds nus jusqu'à la porte pour tirer le verrou, tandis que Fabien tâtonnait pour trouver le commutateur du palier.

La lumière resta allumée pendant près d'une demi-heure. Est-ce que Corine lisait le journal en fumant une dernière cigarette ?

« Je partirai avant qu'elle se lève... »

Il n'avait pas d'argent. C'était sa sœur qui avait les dix mille francs laissés par sa mère pour eux deux. Il aurait dû réclamer plus tôt sa part.

Qu'est-ce qu'il ferait, le lendemain, sans argent, dans la rue ? Il n'avait rien à vendre, que quelques vêtements sans valeur. Est-ce que d'autres locataires avaient entendu comme lui les gémissements de Corine ? Peut-être le rencontreraient-ils le lendemain en bas et le regarderaient-ils avec insistance ?

Des images l'assaillaient, qu'il s'efforçait de repousser, puis ces images se déformèrent, devinrent grotesques, preuve qu'il dormait, et quand on frappa à sa porte il faisait grand jour. .

— Alain... Alain...

Il grogna.

— Ouvre... Qu'est-ce que tu fais ?

Il ouvrit machinalement avant de se souvenir de ses résolutions de la veille. Elle n'était pas habillée. Elle était en peignoir.

— Tu m'as fait peur..., dit-elle.

— Pourquoi ?

— Voilà cinq bonnes minutes que je frappe. Je me demandais si tu étais déjà sorti.

— Quelle heure est-il ?

— Neuf heures.

En effet on entendait du bruit à tous les étages de l'hôtel. Il y avait des heurts de vaisselle en bas, une camionnette dans la cour, une servante qui maniait l'aspirateur électrique sur le tapis du corridor.

Alain avait replongé dans son lit pour ne pas se montrer en pyjama, car il était d'une pudeur chatouilleuse. Il se demanda un instant si sa sœur, après ce qui s'était passé, oserait s'asseoir sur son lit. Elle le fit le plus tranquillement du monde. Pourquoi rougit-il ? A quoi pensait-il exactement en détournant le regard ?

— On viendra nous chercher en voiture à dix heures.

— Pas moi.

— Qu'est-ce que tu dis ?

— Que je n'irai pas.

— Tu es fou ? Qu'est-ce que tu veux faire ?

— Je veux que tu me donnes une partie de l'argent que maman t'a laissé pour nous. La moitié ou ce que tu voudras, cela m'est égal. Je trouverai une chambre dans une petite pension et...

— Qui t'a mis ces idées-là en tête ?

Elle regarda machinalement la cloison et dut avoir un soupçon, puis elle préféra repousser les pensées désagréables.

— Comme tu voudras, mon pauvre Alain. Nous ne nous serons quand même pas entendus longtemps, n'est-ce pas ? Combien veux-tu ?

— Cela m'est égal.

— Trois mille ?

Elle trichait. Pourquoi ne pas partager équitablement ?

— Un garçon a moins de frais qu'une femme. Tu trouveras une place plus facilement que moi...

Il regardait d'un air buté la fente brillante entre les rideaux. Il lui sembla qu'il y avait enfin du soleil dehors.

— Je vais te les chercher...

Pour en être quitte. Et elle revenait en effet avec les trois billets de mille qu'elle posait sur la toilette.

— Je t'ai inscrit mon adresse. Viens me voir quand tu voudras. Tiens-moi au courant. Si tu as besoin d'un coup de main, n'hésite pas...

Elle était debout et elle le regardait avec, tout à coup, une certaine tendresse — peut-être due au remords — dans le regard. Elle se pencha sur lui, le frôla de sa poitrine douce, l'embrassa sur les deux joues, sur le front.

— Pauvre vieux frère, va !

Parce qu'elle sentait bien, sans doute, qu'il n'était pas comme elle, comme eux. Et elle en avait pitié.

— Tu auras toujours un lit chez moi...

Il ne bougeait plus. Les yeux fermés, il attendait avec impatience d'être seul pour pouvoir pleurer à son aise.

A midi, déjà, il avait trouvé une place où il commencerait à travailler dès le lendemain. Est-ce que ce n'était pas un miracle ?

Miracle aussi, premier miracle, ce soleil frais, mais brillant, qui l'accueillait dans la rue, et miracle, cette vie allègre, bruissante, bourdonnante, qui l'entourait, le cernait de plus en plus près à mesure qu'il s'approchait du cœur de la ville. Cette ville de dix heures du matin, il ne la connaissait guère, car, à cette heure-là, d'habitude, il était au collège. Le va-et-vient des camions, des voitures de livraison, l'agitation des ménagères dans les boutiques le pénétraient à son insu d'une sorte de joie qui ressemblait au goût de la vie. Même la vue d'un garçon de café qui frottait au blanc d'Espagne les vitres d'une brasserie l'intéressa assez pour le faire s'arrêter un bon moment sur le trottoir.

Il marchait au hasard, sans but précis ; s'il savait qu'il cherchait une place, il n'avait pas la moindre idée de la porte à laquelle il frapperait. Deux ou trois fois, il pensa à François Foucret. Il se réjouissait d'aller le voir, de lui parler longuement. Mais pas avant de s'être tiré d'embarras.

A cent mètres du *Café de Paris*, dans la rue du tram, là où le trottoir est le plus étroit, des hommes qui hissaient un piano vers une fenêtre le forcèrent à s'arrêter un instant. A cet endroit-là, il y avait une vitrine sombre, surmontée des mots : *Jaminet Frères, imprimeurs.*

Derrière les vitres ternes, on voyait des faire-part, des brochures, des cartes de visite et, dans un coin, un écriteau manuscrit :

On demande jeune homme débutant pour le bureau.

Il savait qu'il existait deux grosses imprimeries dans la ville. Il ne s'en était jamais préoccupé, mais il le savait. L'autre, tenue par M. Bigois, c'était la mauvaise. Parce qu'elle imprimait le *Phare du Centre*, qui avait si durement attaqué son père les derniers temps. C'était une maison où l'on faisait surtout de la politique. M. Bigois, un gros homme mal soigné, était conseiller municipal et s'était présenté deux fois à la députation.

L'imprimerie Jaminet était celle des gens bien-pensants et de l'évêché.

C'était curieux, car Eugène Malou était plutôt un homme de gauche, un ancien anarchiste, s'il fallait en croire les échos ; et c'étaient les gens de gauche qui s'étaient acharnés sur lui.

— M. Jaminet, s'il vous plaît ?

Le bureau était peu éclairé. Il n'y avait guère de soleil que dans la cour, où l'on voyait, sous un hangar, des charrettes à bras et des ballots de papier. Une dactylo, qui tapait près de la fenêtre, ne faisait pas attention à lui. Un homme maigre, qu'il avait déjà vu, mais dont il se souvenait à peine, le regardait avec une certaine surprise. Ce n'est que plus tard qu'Alain pensa qu'il l'avait évidemment reconnu, que bien des gens qu'il ne connaissait pas, lui, savaient qu'il était le fils d'Eugène Malou.

— De quoi s'agit-il ?

— C'est au sujet de la place...

Une lueur d'étonnement, une hésitation.

— Vous permettez ? Cela concerne mon frère. Je vais voir s'il est à l'atelier.

Il resta longtemps dehors. Sans doute — et c'est après aussi qu'Alain y pensa — discutaient-ils de ce qu'ils devaient faire. Ils étaient deux Jaminet, qu'on distinguait à peine l'un de l'autre, bien qu'il y eût trois ans de différence entre eux. Tous les deux étaient maigres, avec le teint jaune des hépatiques. Tous les deux étaient mariés, avaient des enfants et vivaient dans la même maison, dont ils se partageaient les pièces.

Jaminet entra sans son frère, qu'Alain avait vu le premier.

— Voulez-vous nous laisser un instant, mademoiselle Germaine ?

Il était visiblement embarrassé.

— Asseyez-vous, monsieur... monsieur Malou, n'est-ce pas ?

— Alain Malou, oui.

— Mon frère me dit...

— J'ai vu que vous cherchiez un employé.

— Evidemment... Evidemment...

— Comme je dois abandonner mes études pour gagner ma vie...

— Je comprends, monsieur Malou. Je comprends.

— Je prépare le bachot pour l'été prochain. Je ne sais pas si cela vous suffit...

Un geste de la main qui signifiait qu'il n'était pas question de cela.

Par un guichet vitré, on découvrait un hall assez vaste, aux murs d'un blanc cru, où s'alignaient des machines noires et nettes, comme dessinées à l'encre de Chine. Et la plupart de ces machines, un homme silencieux penché sur elles, fonctionnaient avec un ronronnement léger d'engrenages bien huilés.

— Je croyais que votre famille quittait la ville ?...

— J'ai décidé d'y rester. Pour autant que je trouve une place, bien entendu.

— Je comprends.

C'était Jaminet, des deux, le plus embarrassé, surtout que son interlocuteur le regardait avec des yeux calmes et candides.

— Vous ne pensez pas que ce nouveau genre de vie va vous paraître bien pénible ?

— J'y suis préparé.

— Votre père a été un de nos clients.

Il ne dit pas s'il avait payé ses factures. Vraisemblablement ne les avait-il pas payées toutes.

— Je serais très heureux de vous être utile. Je ne vous cache pas, cependant...

Il était ennuyé. Il tirait machinalement sur ses doigts.

— Voyez-vous, monsieur Malou ; c'est une place de débutant. J'ajouterai une place où il n'y a pas beaucoup d'avenir. Mon frère et moi suffisons pour toutes les questions importantes. Le secrétariat est assuré par Mlle Germaine, qui est chez nous depuis huit ans. Le poste pour lequel nous cherchons un jeune homme...

Est-ce qu'Alain écoutait ? Depuis quelques instants, il avait la ferme volonté d'obtenir ce poste, quel qu'il fût. Il n'aurait pu dire pourquoi. Ces bureaux sombres, ces murs couverts d'affiches et de calendriers, cette odeur d'encre et d'huile chaude, de papier, de colle, ces machines noires dans le hall blanchi à la chaux, et jusqu'à ces charrettes à bras dans le hangar, tout cela constituait à ses yeux un univers calme et rassurant auquel il éprouvait le besoin impérieux de s'intégrer.

— Permettez-moi, avant tout, de vous expliquer en quelques mots en quoi consiste le travail. Je suppose que vous n'avez aucune notion du métier ?

Il fit signe que non franchement. Dans son esprit, il classait déjà Jaminet, les deux Jaminet, avec leur timidité, leur bonne volonté, leurs vêtements pas très bien coupés, les deux ménages vivant dans la maison — on entendait des enfants courir au premier étage —, il les classait dans une catégorie différente de ceux à qui il avait pensé cette nuit en fixant le trait de lumière sous la porte de sa sœur.

Pas ceux-ci, sûrement !

Leur maison lui faisait penser à la paix des églises où il n'était entré qu'à l'occasion de mariages ou d'enterrements.

— Il y a d'abord le « courant », dont vous n'aurez guère à vous inquiéter...

Était-ce une façon de parler, ou une promesse ? Pour Alain, ce fut comme s'il était déjà un des leurs, et toute sa vie il devait garder de la reconnaissance à Jaminet junior pour ce mot-là.

— Je parle des menus travaux d'impression, cartes de visite, faire-part, prospectus. C'est la clientèle locale, et Mlle Germaine s'en occupe fort bien. Il y a aussi les affiches pour les troupes de passage et les deux cinémas. Le plus important, ce sont nos journaux, nos bulletins et nos almanachs. Nous avons deux linotypes qui travaillent toute la journée...

Alain ignorait ce qu'étaient des linotypes, mais le mot lui plut. Tout lui plaisait dans ce qu'il découvrait ici.

— Si curieux que cela paraisse, nous travaillons pour une clientèle très éloignée. Par exemple, nous imprimons chaque semaine un journal qui paraît à La Rochelle et qui compte près de trois mille abonnés. Nous avons un autre journal pour Orléans, sans compter un certain nombre de bulletins diocésains et paroissiaux. C'est nous aussi qui imprimons le *Bulletin hebdomadaire de la boucherie française,* parce que nos prix sont très inférieurs à ceux de Paris et de la plupart des grandes villes. Une trentaine de publications en tout, auxquelles il faut ajouter des almanachs périodiques, surtout les pèlerinages...

Il montrait, dans des casiers, des boîtes pleines de fiches.

— Pour les abonnés, l'expédition de ces publications se fait ici même. Il y a donc des listes à tenir à jour, les changements d'adresse, les bulletins de réabonnement à expédier en fin d'année — et cela va être le moment. Ce travail de fiches est assez monotone, je ne vous le cache pas, et cependant il demande un soin minutieux, car les abonnés sont susceptibles, et la moindre erreur nous vaut des réclamations.

— Je crois que je pourrais m'en tirer, dit Alain.

Jaminet hésitait toujours. Alors Alain crut comprendre qu'il se demandait s'il était comme les autres Malou. Voilà, en somme, ce qui l'inquiétait. Est-ce que ce travail-là était un travail pour quelqu'un qui avait passé toute sa vie dans la maison Malou, qui était lui-même un Malou ?

— Vous savez, monsieur, je suis très minutieux. Je peux rester des heures penché sur un même travail. Si vous vous informez auprès de mes professeurs, ils vous le diront...

Il avait tellement peur d'un mot qui anéantirait ses espoirs ! Et une telle envie de faire partie de la maison Jaminet !

— Quant au traitement...

— J'allais vous en parler...

— Je suis seul maintenant. Je n'ai pas beaucoup de besoins. Je compte m'installer dans une pension de famille et, comme il me reste assez de vêtements, il me suffit de gagner de quoi payer ma nourriture et ma chambre.

— Votre maman est encore ici ?

— Elle est partie hier.

Il rougit. Il craignait qu'on lui parlât de sa sœur.

— Vous n'avez pas préféré tenter votre chance à Paris ?

C'est curieux. On aurait dit qu'il comprenait. Pourtant c'était un homme qui menait une vie paisible et sans complications.

— Vous permettez un instant ?

Il ouvrit le guichet, appela :

— Emile...

C'était son frère, celui qu'Alain avait vu en premier lieu et qui ne tarda pas à pénétrer dans le bureau.

— M. Malou est décidé à tenter un essai. Il est plein de bonne volonté. Je l'ai mis au courant du travail qu'on attendait de lui...

Alain flaira un danger. Le frère aîné, derrière son dos, devait adresser à l'autre des signes de mécontentement.

— Viens un moment, dit le plus jeune. Vous nous excusez, monsieur Malou ?

Et ils allèrent dans l'atelier, où Alain les vit discuter debout, devant une grande table de métal. Le plus jeune revint seul après quelques minutes. Il avait gagné la partie, mais n'en paraissait pas très fier.

— Je vous demande de comprendre notre hésitation. D'habitude, les postes de ce genre se donnent à des jeunes gens qui sortent de familles très modestes, qui ont l'habitude d'une certaine discipline et d'une vie austère...

— Je vous assure...

— Je vous crois, monsieur Malou. Nous avons décidé, mon frère et moi, de vous prendre à l'essai. C'est vous surtout qui aurez à vous rendre compte de vos possibilités d'adaptation à ce genre d'existence. Vous travaillerez avec moi, car mon frère s'occupe plus particulièrement de la fabrication. Quand serez-vous prêt à commencer ?

Il faillit répondre : « Tout de suite. »

Car il avait peur de les voir se raviser dès qu'il aurait le dos tourné.

— Demain..., balbutia-t-il.

— Soit, demain. Le bureau ouvre à neuf heures. Les débuts vous décourageront peut-être car, à cause des réabonnements, c'est la période la plus dure de l'année. Vous avez une bonne écriture ?

— Assez bonne.

— Vous ne tapez pas à la machine ?

— Un peu.

Car, pour son dernier Noël, il avait demandé et obtenu une machine à écrire portative et, pendant les derniers mois, il s'en était servi pour taper ses devoirs et ses compositions.

— Alors, à demain, monsieur Malou.

Ça y était ! C'était fini ! Il était un homme ! Il gagnait sa vie ! Il n'avait pas encore commencé à la gagner, mais il la gagnerait le lendemain. Il y avait un grand triangle dans la cour qu'il traversa. Toute une moitié de la rue du tram baignait dans le soleil. Il marchait d'un pas vif et il faillit se diriger vers le collège, d'où ses camarades n'allaient pas tarder à sortir, pour leur annoncer la nouvelle.

Mais ils ne comprendraient probablement pas sa joie, sa délivrance. Pour qu'ils comprissent, il y aurait eu trop de choses à leur expliquer, y compris Corine.

Il ne savait pas au juste où s'adresser pour trouver une pension. C'était un monde qu'il ne connaissait pas. Et voilà que soudain, alors qu'il marchait dans la foule, il lui revenait en bouffées des odeurs, des sons, des images. Souvent, quand il se dirigeait vers le collège, il lui arrivait de faire un détour, surtout au printemps, pour passer par la place du Marché.

La place était vieille, les maisons de guingois. Presque toutes étaient des cafés, des auberges qui, à huit heures, regorgeaient de rouliers, de paysannes qu'entouraient des paniers de légumes et de fruits, des cageots pleins de volailles caquetantes.

On sentait l'odeur du café et du vin blanc jusqu'au milieu du trottoir. La maison du coin, chapeautée d'ardoises, était plus ancienne que les autres avec une vaste cour toujours encombrée de charrettes et de carrioles, des écuries où l'on entendait dans la pénombre le bruit des sabots des chevaux.

Aux Trois Pigeons, disait l'enseigne.

On descendait deux marches. Le sol était dallé.

De fortes filles allaient d'une table à l'autre. On mangeait à même les tables les victuailles apportées de la campagne mais, au-delà d'un corridor qui sentait la campagne aussi, il existait une autre salle, blanchie à la chaux, avec des rideaux aux fenêtres, une table d'hôte au milieu, de petites tables à l'entour.

Pourquoi avait-il toujours rêvé de manger dans cette salle, de dormir dans une de ces chambres où l'on mettait les draps et la literie à aérer sur l'appui des fenêtres ?

C'était comme un luxe qu'il décidait de se payer. Cela lui donnait tant de joie qu'il en avait un peu honte, le lendemain des obsèques de son père, et qu'il en demandait mentalement pardon à celui-ci.

L'animation était moins grande *Aux Trois Pigeons* à cette heure de la journée. La plupart des maraîchers et des paysans étaient repartis. Ceux qui restaient étaient déjà lourds de vin et de marc.

— Je voudrais parler à la patronne, s'il vous plaît.

Une porte ouverte laissait voir la cuisine, à droite, avec ses grésillements et ses odeurs fortes, des filles qui s'affairaient, une grosse femme au ventre proéminent sous son tablier qui questionnait d'une voix aiguë :

— Qu'est-ce que c'est ?

— Un jeune homme qui demande à vous parler.

Elle avait une poêle à la main. Elle la posa, essuya ses doigts à son tablier, redressa son chignon et vint se camper derrière le comptoir.

— Qu'est-ce qu'il y a pour votre service, jeune homme ?

Elle aussi sourcilla. Elle aussi dut se demander où elle l'avait vu.

— Je vous demande pardon, madame. J'aimerais savoir si vous pouvez me prendre en pension.

— Pour combien de temps ?

— Je ne sais pas. Sans doute pour plusieurs mois, pour très longtemps.

— Vous arrivez de Paris ?

— Non.

— Vous êtes dans une administration ? Peut-être au tribunal ? Nous avons un de ces messieurs du tribunal qui prend tous ses repas ici...

— Je travaille à l'imprimerie Jaminet.

Elle appela :

— Désiré...

Et un homme déjà très vieux, très mou, le pantalon lui tombant sur les reins, se leva d'une table où il buvait avec des clients.

— Ce jeune homme voudrait prendre pension chez nous. Est-ce que tu crois que le 13 sera libre ?

— Il n'a pas écrit, n'est-ce pas ?

— Non, mais il avait annoncé qu'il reviendrait.

— Du moment qu'il n'a pas écrit...

Un coup d'œil indifférent à Alain...

— Tu lui as dit le prix ?

— Pas encore...

— Et tu lui as dit que nous n'aimons pas qu'on rentre tard ?

Parce qu'ils devaient se lever tôt le matin, à cause du marché. Alain se retrouvait dans le même état d'esprit qu'à l'imprimerie. Il lui semblait qu'il fallait coûte que coûte qu'il obtînt cette chambre 13 et qu'il ne pouvait plus vivre ailleurs que dans cette maison.

— Je ne rentre jamais tard...

— A votre âge, ce serait malheureux ! Il y a longtemps que vous avez quitté votre famille ?

— Mon père est mort.

— Bon, je comprends. Vous savez, je vous préviens qu'ici on ne met pas les petits plats dans les grands. C'est à la bonne franquette ! Je fais la cuisine moi-même et j'en réponds. Mais pour ce qui est d'avoir des exigences...

Le patron avait regagné sa table, où il se servait du vin en reprenant la conversation avec un couple de paysans.

— Vous avez des bagages ?

— Je les apporterai tout à l'heure. Dans une demi-heure.

— Vos papiers sont en règle ?

— Je vous les montrerai.

— Pour le prix, ce sera trente francs par jour, avec un quart de vin aux deux grands repas. On vous sert des hors-d'œuvre, une entrée, de la viande, du fromage et un dessert ou un fruit. Si vous voulez voir votre chambre...

Il dit non. Il était trop pressé d'être installé dans la maison avec ses affaires. Il ne savait pas encore si le prix correspondait avec ce qu'il allait gagner. M. Jaminet avait oublié de lui citer un chiffre.

— Je reviens tout de suite..., dit-il fébrilement.

— Vous demeurez ici ?

— Oui. Dans une demi-heure...

Et il courut plutôt qu'il marcha jusqu'à l'*Hôtel du Commerce*. Il arrêta un taxi devant la gare, y mit ses valises.

— *Aux Trois Pigeons...*

Il n'avait pas vu Corine. Il ne voulait pas s'inquiéter d'elle. Il avait désormais sa vie à lui, et sa hâte était telle d'entrer dans cette vie qu'un embarras de voitures, qui les arrêta un certain temps à un carrefour, lui apparut comme une menace. Si, en son absence, on lui avait loué la chambre 13 ? Ces gens-là ne savaient pas son nom. Ils pouvaient croire qu'il ne reviendrait pas.

Il se précipita hors de la voiture.

— C'est moi, annonça-t-il.

— Bien, vous avez fait vite ! Est-ce que vous voulez manger ou commencer par monter vos affaires ? Ces messieurs ne sont pas encore arrivés. Vous avez quelques minutes devant vous. D'habitude, ils se mettent à table à midi et demie. Julie ! Viens ici... Tu conduiras ce jeune homme au 13. Vois d'abord si la chambre est faite...

Tout était bon, le vieil escalier, avec ses odeurs, l'étrange couloir, là-haut, aux détours imprévus, aux marches plus imprévues, avec des numéros sur les portes peintes en vert clair, et la lumière déversée du plafond par un lanterneau.

La chambre était plus grande qu'il ne pensait, plus grande qu'à l'*Hôtel du Commerce*, le sol fait de petits carreaux rouges, sur lesquels étaient jetées deux carpettes. Il y avait un lit de fer avec un crucifix au-dessus, une cheminée noire, une toilette sans eau courante, et la fenêtre était si basse, si près du sol, qu'il fallait presque s'agenouiller pour s'y pencher.

— Vous avez tout ce qu'il vous faut ?

Une table ronde en acajou, deux chaises dépareillées, dont l'une à fond de paille, et un fauteuil Voltaire. Quant aux vêtements, on les pendait au mur, où ils étaient cachés par un rideau de cretonne à fleurs.

C'était clair. C'était gai. Trop gai. Il s'en voulait d'être si gai. Il se souvenait des regards de Bertrand, son cousin, qui avait tellement l'air de l'envier, des regards de Peters, le rouquin, qui paraissait penser, lui aussi, qu'il avait de la chance.

Il en ressentait de la honte. Il murmurait à part lui, en vidant ses valises dont il jetait le contenu sur le lit :

— Pardon, papa...

Demain matin, il travaillerait près de Mlle Germaine, qu'il n'avait fait qu'entrevoir, mais qu'il aimait déjà, parce qu'elle faisait partie du monde dans lequel il entrait, et dimanche il irait rendre visite à François Foucret.

Pas un moment il ne pensa à sa mère, ni à sa sœur. Il descendit l'escalier qui ne lui était pas encore familier et qui tournait étrangement, sentit une main sur son épaule.

— Par là, jeune homme !... Tournez à gauche dans le couloir... Ces messieurs viennent de se mettre à table...

Il rougit en franchissant le seuil de la salle à manger, parce qu'au moment d'entrer dans la vie il se rendait compte de toutes ses gaucheries, de toute son ignorance. Il avait l'impression d'arriver les mains tellement vides !

5

Alain avait pris le tram 3, un peu après deux heures, presque en face du *Café de Paris*. C'était dimanche. Il y avait un soleil clairet, mais la bise, à certains carrefours, vous mordillait le nez et les oreilles. Le matin, par la fenêtre de sa chambre, il avait vu, pour la première fois de l'hiver, une légère vapeur s'exhaler de la bouche des gens qui se hâtaient vers la messe, et les pavés sonnaient sec sous les talons.

Il n'avait pas pensé que le tram 3 conduisait aussi au cimetière et il fronça un moment les sourcils en voyant trois ou quatre familles qui portaient des chrysanthèmes.

Il ne se rendait pas au cimetière. Il allait plus loin. La rue, à un certain point, s'élargissait, devenait grand-route, tout en restant pavée et bordée des deux côtés par des maisons à un étage, grises pour la plupart, quelques-unes en brique rouge. A droite, on voyait au-dessus des toits la colline à laquelle les maisons étaient adossées, et de la fumée sortait de toutes les cheminées, dessinant des volutes, parfois des tourbillons sur le sombre du talus déverdi par l'hiver.

A gauche, au contraire, le rang des maisons était comme suspendu au bord de la vallée, de sorte que le ciel paraissait plus profond là que partout ailleurs.

On dépassa le cimetière, où la plupart des familles descendirent. Les gens qui restaient portaient des paquets, et Alain comprit lorsqu'il les vit descendre devant l'hôpital que c'était jour des visites. En face, il y avait une auberge, avec des tables et des bancs peints en vert à la terrasse, des réclames transparentes sur les vitres.

Le tram allait encore cent mètres plus loin, et là il faisait demi-tour, on changeait le trolley de côté, les rails s'arrêtaient. Les maisons commençaient à s'espacer. Il y avait des vides entre elles, des murettes, des bouts de haie avec des jardinets derrière. On apercevait des clapiers faits de vieilles planches, des poules à l'étroit derrière leur grillage et, sur la terre noire, quelques choux d'un vert sombre, quelques poireaux aux feuilles jaunies.

Alain marchait, les mains dans les poches, et les maisons se raréfiaient de plus en plus. Des autos le dépassaient. C'était la première fois qu'il parcourait ce chemin à pied et il constatait que la rue était vraiment longue, que la ville n'en finissait pas, que la banlieue mordait très loin sur la campagne.

Après une pompe à essence, et comme la route dessinait une courbe, il vit un panneau gigantesque, cinq ou six fois plus grand que ceux qui annoncent les apéritifs ou les marques de pneus le long des routes de France.

> *C'est à Malouville*
> *Que vous trouverez le site et la maison*
> *de vos rêves.*

Une flèche de plusieurs mètres de long indiquait la direction qu'il suivait. La colline, à sa droite, était boisée. Il dépassait une carrière, puis une vraie ferme. Il atteignait un carrefour, et la route de Paris continuait vers la gauche, descendant doucement dans la vallée où coulait une rivière, tandis qu'il obliquait vers la droite, à flanc de coteau, et que petit à petit le paysage se transformait.

De grands bois, maintenant, alternaient avec des prés où paissaient des vaches blanches. Très loin, entre les arbres, on distinguait deux tours sur le ciel bleu pâle, celles du château d'Estier, auquel toutes ces terres appartenaient jadis.

> *Malouville : 1 kilomètre...*

Et son cœur battait. Il y avait longtemps, plusieurs mois, qu'il n'était pas venu ici. Au détour du chemin, Malouville se découvrait à sa vue, et c'était, dans le soleil de ce dimanche, un spectacle inattendu, éblouissant.

Sur le côté droit de la route, dans une large courbe, la colline s'affaissait un peu, ne dessinant plus que des pentes molles, et c'était, vu de loin, un fouillis clair, des maisons blanches, roses et rouges qui jaillissaient de la verdure.

Ce n'était pas un village comme les autres. Ce n'était pas une ville. De larges avenues dessinées par des arbres qui, plantés depuis quelques années seulement, étaient encore frêles, et les avenues portaient le nom de ces arbres : avenue des Acacias, avenue des Tilleuls, avenue des Pins, avenue des Chênes.

A gauche, avant d'arriver, on passait devant de vastes bâtiments surmontés des mots : *Eugène Malou et Cie*, en lettres monumentales. C'étaient les bureaux, les chantiers. Pendant des années, il y avait régné une vie intense, mais, à présent, des scellés étoilaient toutes les portes, une copie du jugement de saisie était collée sur une des vitres.

Il marchait toujours, de son pas allongé, atteignait les premières maisons qui ne rappelaient en rien celles qu'il venait de voir dans la grand-rue. C'étaient plutôt des villas, des jouets, à tel point qu'on pouvait se demander si elles avaient été bâties pour être habitées ou pour le plaisir des yeux.

Elles étaient largement séparées les unes des autres par des pelouses, par des jardins, et toutes les couleurs les plus vives de l'arc-en-ciel se retrouvaient ici, toutes les formes aussi, qu'un enfant s'ingénie à constituer avec un jeu de cubes.

De la fumée sortait de certaines cheminées. Des rideaux bougeaient à son passage. Une quarantaine de maisons, pour le moins, étaient habitées, presque autant restaient vides, certaines inachevées, sans portes et fenêtres, et partout, entre elles, des terrains jalonnés déjà attendaient des acquéreurs.

Les avenues, les rues étaient tracées, cimentées, avec leurs trottoirs, leurs poteaux électriques et téléphoniques. Quelques-unes, qui ne comportaient pas encore une seule habitation, avaient cependant une plaque portant leur nom.

Il fit un détour pour passer par la place centrale qui faisait penser à une exposition universelle, avec son large bassin en mosaïque, ses pelouses, ses massifs, son jet d'eau qui ne fonctionnait pas, ses bancs trop neufs et son kiosque à musique.

Alain y était venu un jour seul avec son père. Eugène Malou l'avait promené dans ces avenues, s'était arrêté devant le bassin où, en ce temps-là, nageaient des poissons rouges.

Alain avait désigné un socle de marbre qui se dressait au milieu du bassin.

— Que va-t-on mettre là ? avait-il questionné.

Alors son père lui avait posé la main sur l'épaule, d'un geste qui lui était familier. Il avait dit, mi-sérieux, mi-ironique — on ne pouvait jamais savoir quand il parlait de la sorte :

— Un jour, on y mettra sans doute ma statue.

Il marcha à nouveau, gagna le quartier sud de Malouville et frappa à la porte de la seule maison habitée dans ce secteur.

Ce fut Mme Foucret qui vint lui ouvrir, en tablier, une soupière qu'elle était en train d'essuyer à la main.

— Monsieur Alain !... s'écria-t-elle. Ça, par exemple, cela va faire plaisir à mon mari. Figurez-vous qu'en déjeunant il m'a justement dit qu'il ne serait pas étonné que vous veniez le voir aujourd'hui...

— Il est sorti ?

— Mais non ! A cause de cela, il n'a pas voulu aller à la pêche. Il est là...

Elle désignait la pièce voisine, parlait bas malgré elle.

— Il dort ?

— Cela n'a pas d'importance. Il fait sa sieste, comme tous les dimanches. Je le taquine toujours à ce sujet-là. Maintenant, n'est-ce pas, il peut faire la sieste tous les jours. Mais il ne la fait pas en semaine. Qu'il soit libre de son temps, cela n'y change rien. Il ne voudrait pas se coucher pour tout l'or du monde. Le dimanche, par exemple...

Et elle appela, ouvrant la porte.

— Foucret !... Foucret !... C'est M. Alain... Enlevez votre pardessus, monsieur, que vous ne preniez pas froid en sortant... Je suis un peu en retard pour ma vaisselle, car nous avons eu de la visite tout le matin et nous avons déjeuné tard...

La radio jouait en sourdine dans un coin. La maison, à l'intérieur, avait le même aspect de jouet qu'à l'extérieur, avec des pièces combinées pour donner le maximum de confort et de gaieté. Les fenêtres étaient larges, la cuisine toute blanche, ses ustensiles émaillés.

François Foucret se montrait dans l'encadrement de la porte, ses cheveux gris un peu broussailleux, un côté de sa moustache tombant sur les lèvres, et, tout en parlant, il rattrapait ses bretelles dans le dos, les passait sur sa chemise blanche.

— Je disais justement à ma femme...

— Je lui en ai déjà parlé...

— Excusez-moi de vous recevoir comme ça. Le dimanche...

— Il le sait. Nous venons de bavarder un moment...

— Une petite goutte pour vous réchauffer, monsieur Alain ?

— Merci. Je ne bois jamais d'alcool.

— Asseyez-vous. Mettez-vous à votre aise. Prenez le fauteuil. Le chemin ne vous a pas paru trop long ?

Il allumait sa pipe en écume, à tuyau de merisier.

— Dire que c'est surtout à cause de cela qu'ils l'ont eu ! Avec ces sacrés quatre kilomètres de route ! Au début, quand tout le monde était avec lui, on faisait bon marché de cette question, on la considérait comme un détail :

» — Quoi de plus facile, disait-on, que de prolonger la ligne de tram ? Au lieu de s'arrêter à La Genette, il ira jusqu'à Malouville.

» On lui promettait un autobus, tout ce qu'il voudrait.

» Dix fois, vingt fois, le conseil municipal en a délibéré. Et chaque fois votre père les arrosait un bon coup. Il y en a qui ont fait leur pelote, parmi ces messieurs, je vous assure.

» Un beau jour, ils se sont aperçus que cela ne les regardait pas, que

Malouville n'était pas sur le territoire de la commune et qu'il fallait s'adresser au conseil départemental.

» Encore des mois, pour ne pas dire des années. Toujours des pattes à graisser, des dîners, des cadeaux, des petits services de toutes sortes.

» — Dans quelques semaines, vous aurez votre ligne d'autobus, monsieur Malou. Comptez-y.

» Et on bâtissait ! Et on achevait la route qui coûtait des millions...

» Puis voilà que cela ne regardait plus le département, mais les ponts et chaussées, et que l'affaire relevait de Paris...

» De jolies canailles, allez ! Votre père recommençait à Paris, voyait des députés, des ministres, qui lui coûtaient encore plus cher et qui ne lui donnaient que de belles paroles en échange de son argent.

» Alors, comme les gens, ici, se fâchaient, ce qui est compréhensible, car, pour quelqu'un qui travaille, c'est dur d'aller deux fois par jour en ville à pied et d'en revenir à la nuit tombée, alors, dis-je, votre père a voulu en finir et il a acheté un car pour assurer lui-même le service.

» Je ne sais pas si vous vous souvenez du raffut que cela a déclenché ? On lui déniait le droit de faire le transport des passagers. On lui refusait la licence. La compagnie des tramways et la compagnie des autobus lui intentaient un procès.

» Vous me croirez si vous voulez, mais il ne se décourageait toujours pas.

» — Vous me déniez le droit d'être entrepreneur de transports, ripostait-il. Soit. Je ne ferai pas payer. J'emmènerai les passagers à titre gratuit.

» Et on trouvait encore je ne sais quel article de loi pour l'en empêcher.

» Je me suis demandé s'il n'allait pas être malgré tout plus fort qu'eux.

» — Vous ne voulez pas que je les transporte avec mon car ? Soit ! Je n'ai plus de car. Il ne m'appartient plus. Je l'ai vendu aux habitants de Malouville, qui possèdent chacun une action. Ils ont bien le droit de se réunir pour acheter un autocar et de voyager dans ce véhicule qui leur appartient ?

» On a plaidé. C'est votre père qui a fini par avoir tort.

» Est-ce que vous connaissiez cette histoire-là ?

— Je n'en connaissais pas les détails.

Il n'osait pas dire qu'il ne savait presque rien des affaires de son père, ni de son père lui-même. Cet homme qui était devant lui, solide, paisible, fumant sa pipe à petites bouffées, en connaissait beaucoup plus long sur Eugène Malou que son propre fils.

— Il paraît que vous voilà tout seul, à présent ?

— On vous l'a dit ?

— Les gens parlent beaucoup. Et maintenant il y en a même, parmi ceux qui se sont le plus acharnés, qui regrettent... A ce qu'on m'a dit, votre maman est à Paris ?

— Chez ma tante Jeanne, oui. Moi je travaille depuis vendredi.

— Si ce n'était pas si loin, j'avais l'intention de vous demander de vivre ici, où il y a de la place. Même à vélo, la route est dure en hiver.

— Je suis employé à l'imprimerie Jaminet et j'ai pris pension *Aux Trois Pigeons*.

Foucret et sa femme se regardèrent. Alain se demanda ce qu'ils pensaient. Ils avaient l'air apitoyés tous les deux, et il ne comprenait pas pourquoi, alors qu'il n'avait jamais été si heureux de sa vie.

— M. Jaminet est très gentil, le plus jeune surtout, monsieur Albert. Leur secrétaire aussi, Mlle Germaine.

Il en avait la bouche pleine. Il prononçait ces noms comme un enfant qui vient d'entrer à l'école cite les noms de ses maîtres.

— Mme Poignard également, la patronne des *Trois Pigeons*, est gentille avec moi et me soigne bien...

— Mélanie... précisa Mme Foucret de sa chambre où elle était en train de faire toilette et dont elle avait laissé la porte entrouverte.

— Tout le monde l'appelle ainsi. Elle m'a dit de l'appeler comme cela aussi, mais je n'ose pas.

— C'est une brave femme. Si son mari buvait un peu moins... Mais c'est le commerce qui veut ça...

Et Alain était heureux de parler du vieux Poignard qui était entre deux vins dès le matin. A mesure que la journée avançait, il devenait plus rouge, plus mou, les yeux lui sortaient un peu plus de la tête, mais rien d'autre, sinon un léger bégaiement, ne trahissait son ivresse.

— Vous mangerez bien un morceau de galette avec nous ? Je vais préparer du café.

— Il ne faut pas que vous vous dérangiez pour moi, madame Foucret.

— Cela ne donne aucun dérangement. Vous avez vu comme la cuisine est pratique. C'est ce qu'il y a de mieux dans...

Elle se tut, et Foucret se hâta de parler d'autre chose. Elle avait failli prononcer, oubliant qu'elle parlait au fils d'Eugène Malou : « C'est ce qu'il y a de mieux dans la maison... »

Alain comprit. Il comprit d'autant mieux qu'une certaine gêne l'avait saisi dès son entrée. Certes, la maison était jolie, pimpante. Il ne se rendait pas moins compte qu'il y manquait quelque chose. Le fauteuil d'osier dans lequel il était assis, par exemple, un fauteuil d'osier avec des coussins rouges, n'avait nulle part sa place déterminée, comme dans les maisons qu'il avait vues tout le long du chemin. On aurait pu le mettre dans n'importe quel coin.

Les vieux meubles des Foucret avaient l'air, eux aussi, dépaysés dans cette ambiance. Foucret lui-même, avec sa chemise blanche, sans col, ses bretelles, ses pantoufles.

Alain se souvenait des jardinets derrière les haies, des carrés de choux, des clapiers, des poules et des tas de fumier. Il se rappelait, les soirs d'été, avoir vu les hommes bêcher ou bricoler, les femmes arroser les plates-bandes où pointaient les légumes nouveaux.

Est-ce qu'on pouvait bâtir de semblables cabanes autour des maisons de Malouville ? Est-ce qu'on pouvait traîner dehors, en manches de chemise ?

Il y avait, près de la place, au lieu des boutiques sombres de la banlieue, des vieilles marchandes de légumes, des épiceries sentant la cannelle et le pétrole, avec des bocaux de bonbons agglutinés à la vitrine, il y avait ici une coopérative vaste et claire où les marchandises étaient rangées dans des rayons de bois blanc.

— Quand je pense à tous les bâtons qu'on lui a mis dans les roues...

— Vous croyez que les gens qui habitent ici sont contents ?

Un peu gêné, un peu hésitant, Foucret disait :

— Ils s'habituent. Ils s'habitueront. Voyez-vous, votre père voyait loin. Par exemple, quand on lui a objecté que le lotissement était à quatre kilomètres de la ville, il a pris un crayon et du papier. Il a cité des chiffres, le nombre d'autos que l'on vend chaque année, il a prouvé que, dans peu de temps, il y aura beaucoup moins de ménages sans voiture que de ménages avec voiture...

» Alors, n'est-ce pas, quand on a une auto, on a envie de s'en servir.

» On lui disait que les gens, surtout les petits rentiers — et ce sont des petits rentiers qui sont venus habiter ici — aiment avoir un jardin avec des légumes, des bêtes...

» Il répliquait que les œufs reviennent plus cher qu'au magasin, que les lapins sont un souci et ne rapportent pas, que, dans quelques années, personne ne prendra la peine de faire pousser ses légumes.

» Je l'entends encore s'écrier :

» — Et le cinéma ? Vous oubliez le cinéma ! On ne peut pas aller au cinéma et arroser son jardin. Or le cinéma...

» Il donnait encore des chiffres, le nombre de salles, le nombre de gens qui y vont chaque soir. Il voulait bâtir une salle à Malouville. Il a déjà installé des jeux de boules, des jeux de quilles, deux tennis...

» — Il y aura une piscine... affirmait-il, et les gens préféreront se baigner les soirs d'été qu'aller ramasser de l'herbe pour les lapins.

» Il était en avance, vous comprenez ?...

Mais François Foucret ne faisait-il pas un peu contre mauvaise fortune bon cœur ? N'aurait-il pas préféré, lui aussi, une de ces maisons en bordure de la grand-route, non loin du train et de la ville, avec un méchant jardin et des cabanes en planches ?

— Tous étaient avec lui, au début, tous, pour ainsi dire, sans exception. Vous êtes trop jeune pour comprendre. Votre père avait plus à dire que le maire, que le député, qui étaient tout fiers de se montrer avec lui. Je me souviens des grands banquets, notamment quand le ministre est venu de Paris pour lui remettre la Légion d'honneur. J'y étais. Pas à la table officielle, mais j'y étais, car votre père a toujours tenu à ce que son personnel participât à toutes les réjouissances. On affirmait alors que Malouville serait la cité modèle dont toutes les autres viendraient s'inspirer...

Mme Foucret étendait une nappe à carreaux rouges sur la table, prenait de la vaisselle dans le buffet.

— Ce n'est que deux ou trois ans après que les difficultés ont commencé, quand on s'est aperçu que cela coûterait plus cher qu'il n'avait été prévu. C'est l'histoire du tout-à-l'égout qui a déclenché les premières campagnes. Ce serait trop long à vous expliquer...

» Puis il y a eu des gens, des conseillers municipaux, entre autres, qui avaient reçu des lots gratuitement et qui les revendaient à n'importe quel prix pour se faire de l'argent.

» Bigois s'est mis de la partie, je ne sais pas pourquoi, car pendant un temps, il se prétendait le meilleur ami de votre père, et c'était chez lui que celui-ci faisait faire ses imprimés avant de s'adresser à Jaminet.

» Il y en a, de la canaille, monsieur Alain ! Je crois que ma femme aimerait que nous nous mettions à table...

» Cela ne vous est pas trop dur de travailler à l'imprimerie ?

— Pour le moment, je suis heureux.

— Votre père me parlait souvent de vous.

Sa femme le regarda comme pour le rappeler à l'ordre. Qu'est-ce qu'il avait pu dire qu'il ne fallait pas dire ?

— Il vous aimait bien, allez ! Vous ne vous en êtes peut-être pas aperçu, parce que c'était un homme qui avait la pudeur de ces choses-là. Tenez ! Quand il m'a donné cette maison... Il ne m'avait parlé de rien... Il m'a commandé de diriger les travaux en ajoutant :

» — Fais celle-là à ton idée.

» Parce qu'il tutoyait presque tout le monde.

» — C'est bien juste que tu en fasses une à ton idée. On verra ce que cela donne.

» Quand elle a été finie, il est venu la voir.

» — Tu crois qu'elle est bien ?

» — Je crois, monsieur Malou.

» — Elle te plaît vraiment ?

» — Si celui qui achètera cette maison-là n'est pas content, il sera bougrement difficile.

» — Eh bien ! tu n'as qu'à emménager, et je viendrai pendre la crémaillère.

» Puis, quand il est venu pour casser la bouteille de champagne, il a mis sur la table un acte de propriété en bonne et due forme.

» J'étais encore plus content quand, les jours où il faisait sa tournée sur les chantiers, il s'arrêtait ici et s'asseyait à cette place où vous êtes. Il réclamait un verre de gros rouge, car il n'aimait pas tous les vins cachetés qu'il leur servait dans ses réceptions.

» — Un coup de gros rouge, François !

» Ils l'ont eu, monsieur Alain, mais cela ne signifie pas que tout cela soit fini...

Un regard de sa femme à nouveau.

— Goûtez la galette de la bourgeoise. Votre père en a mangé plus d'une fois. Si vous le permettez, je vais prendre un coup de rouge, moi aussi, parce que, le café, ça ne me dit rien à cette heure. Si le cœur vous chante...

Il faisait doux, il régnait une odeur sucrée. Alain oubliait presque que son père était mort. Il avait l'impression qu'il allait le voir, lui parler : en même temps, il était un peu jaloux des Foucret, qui l'avaient mieux connu que lui.

— Quel âge avez-vous, monsieur Alain ?

— Dix-sept ans dans un mois.

Encore un regard de Mme Foucret à son mari, un regard qui signifiait : « Tu vois ! »

Est-ce qu'on lui cachait quelque chose ? Est-ce qu'on ne pouvait pas tout dire devant lui ?

— Seulement, ajouta-t-il, depuis quelques jours, j'ai l'impression d'être beaucoup plus âgé !

— Il faudra venir plus souvent. Un dimanche, je ferai le tour de Malouville avec vous et je vous raconterai l'histoire de chaque pierre. Je ne sais pas ce qu'ils vont faire à présent. Il paraît que c'est le comte et Bigois qui détiennent la majorité des actions. On raconte qu'ils vont obtenir sans difficulté une ligne d'autobus et qu'ils bâtiront une cinquantaine de maisons l'année prochaine. Comme on dit chez nous, il en faut toujours un pour essuyer les plâtres, vous comprenez ? N'empêche que, si votre père n'était pas venu, ce serait toujours ici le parc de M. d'Estier...

» Il y a un détail que vous ne connaissez peut-être pas et qu'il faut que je vous apprenne. Savez-vous comment il est comte ? C'est moi qui l'ai su par un neveu qui est clerc chez un notaire de la ville. Sa famille, avant la Révolution, c'était tout bonnement une famille de marchands de bestiaux, et ils s'appelaient Patard. Ils couraient les foires. Ils maquignonnaient les chevaux. Quand la Révolution est venue, ils ont acheté des biens nationaux, y compris le château qui appartenait aux comtes d'Estier. On raconte même que ce sont les Patard qui ont dénoncé ceux-ci, qui se cachaient dans une ferme, et qui les ont fait décapiter.

» Ils ont pris leur place, puis, quarante ans après, ils se sont arrangés pour changer de nom et se faire donner leur titre. Votre père a bien ri quand je lui ai raconté ça. Ce jour-là, je suis sûr de lui avoir fait plaisir.

» Encore un peu de galette, monsieur Alain ?

Il avait la bouche pleine de pâte croquante, fondante, sucrée, parfumée, et la tête lui tournait un peu dans la bonne chaleur de la maison.

— Je vous en raconterai d'autres, allez ! Je comprends que votre père, occupé comme il l'était, n'ait pas pu tout vous dire. Il y en a qui vous tendront peut-être la main un de ces jours et qui sont crapules. Il y en a d'autres...

Regard de Mme Foucret. Une ombre venait de passer devant le rideau. Un homme, dehors, secouait ses souliers avant de passer la porte. Il entrait, une canne à pêche d'une main, de l'autre un sac où il y avait quelques chevesnes.

— Pardon..., fit-il en apercevant l'invité.

Et Foucret :

— Entre ! Je suppose que tu le reconnais ? C'est le fils d'Eugène...

Il se mordit les lèvres et ajouta rapidement :

— D'Eugène Malou... C'est Alain...

— Vous allez manger un morceau avec nous, monsieur Joseph ?

Pourquoi y avait-il une gêne ? On sentait que cet incident était imprévu. L'homme posait ses poissons dans l'évier de la cuisine, s'essuyait les mains à la serviette bordée de rouge qui pendait, tendait la main droite à Alain.

— Enchanté, jeune...

Il se reprit, lui aussi :

— Enchanté, monsieur Malou. Je vous demande pardon d'être aussi sale. J'étais dans un coin boueux, au bord de la rivière, et il m'est arrivé de glisser.

— Va te changer, lui dit Foucret.

Car son pantalon de velours à côtes avait de la boue jusqu'au-dessus des genoux.

— Dépêche-toi et viens manger un morceau avec nous.

Donc, le nouveau venu avait sa chambre dans la maison, où il se dirigeait comme s'il avait été chez lui. Mme Foucret mettait un couvert de plus, coupait un morceau de galette.

A voix basse, Foucret expliquait :

— C'est un brave homme, monsieur Alain, un homme que votre père aimait bien aussi.

Sa femme était décidément la gardienne des secrets de la maison, car elle le regarda une fois encore d'un œil sévère. François Foucret, lui, avait envie de tout dire. Ses regards signifiaient : « Mais, voyons, c'est un grand garçon, c'est un homme, c'est le fils d'Eugène, et on peut bien parler devant lui... »

Elle pinçait néanmoins les lèvres pour l'inviter au silence, et il ne savait plus comment se tenir.

— Alors, comme ça, votre mère est partie ? lançait le nouveau venu qu'on avait appelé Joseph en rentrant dans la pièce avec un pantalon propre.

Il avait un regard droit qui n'hésitait pas, la voix un peu dure. Les mots qu'il venait de prononcer étaient tombés de ses lèvres comme une accusation.

— Elle est à Paris chez ma tante Jeanne.

— Et ta...

Il se reprit :

— Et votre sœur Corine ?

Alain se tut, honteux. Pourquoi lui semblait-il soudain que ces gens-là avaient autant de titres que lui à s'occuper de sa famille ? Malgré les précautions qu'ils prenaient, malgré leurs réticences, ils avaient l'air d'être autant que lui-même les héritiers d'Eugène Malou.

— Avec Fabien, je suppose ?

Il observait le jeune homme. Il y avait quelque chose de dur et pourtant de sympathique dans ses yeux.

— Pourquoi n'avez-vous pas accompagné votre mère à Paris ?

Alain avait presque envie de pleurer. Il aurait tant voulu leur dire : « Parce que mon devoir était de rester ici, avec mon père. Parce qu'il fallait bien qu'il y en ait un qui reste pour... »

Il n'aurait pas pu s'expliquer davantage. Il préféra déclarer, non sans orgueil :

— Je travaille.

— Chez Jaminet, interrompit Foucret.

— Vous habitez avec votre sœur ?

Il voulait rester calme.

— Je suis *Aux Trois Pigeons.*

Les deux autres, maintenant, se relayaient pour adresser des petits signes au prénommé Joseph.

C'était un homme plutôt petit, très maigre, qui, à cause de cela, paraissait jeune. Quand on observait son visage de près, on s'apercevait qu'il était sillonné de rides fines et profondes comme on en voit plus souvent à certaines vieilles femmes qu'aux hommes.

On sentait son corps dur comme du fer. Il avait des yeux bruns, petits aussi, brillants.

— Votre frère Edgar n'a pas essayé de vous faire entrer dans l'administration ?

Ils savaient tout. Ils devinaient tout. Et il y avait dans la voix de ce Joseph quelque chose d'agressif et de tendre tout ensemble. Alain se sentait figé devant lui et pourtant attiré. Il lui semblait qu'il n'était qu'un enfant, que, pour la première fois, il se trouvait avec des hommes, et il aurait voulu leur prouver qu'il était un homme aussi, qu'on pouvait avoir confiance en lui.

Ce n'étaient pas des ennemis. Des ennemis n'auraient pas connu son père comme ils le connaissaient.

— Est-ce qu'Eugène...

Il se reprenait encore une fois. Ils passaient leur temps, tous les trois, à se reprendre, ce qui indiquait qu'en dehors de sa présence ils parlaient un autre langage.

— Est-ce que votre père a pu mettre ses papiers de côté ?

— C'est moi qui les ai. Il y en a une pleine valise. Je les ai emportés à l'hôtel. Je les lirai. Je veux les lire...

Il avait envie de leur crier : « Pourquoi donc ne me faites-vous pas confiance ? Vous savez des choses que je ne sais pas. Je suis jeune. Mon père parlait peu de ses affaires à la maison. Il évitait d'en parler devant moi. De temps en temps, seulement, il me mettait la main sur l'épaule, et alors j'avais l'impression de sentir sa tendresse, et je me disais qu'il comptait sur moi, qu'un jour... »

François Foucret prononça lentement, en bourrant une nouvelle pipe qu'il avait prise à un râtelier :

— Voyez-vous, monsieur Alain, Joseph Bourgues est un vieil, un très vieil ami de votre père. Laisse-moi tranquille, Marie ! Ce garçon est assez grand pour en savoir plus long...

Sans doute sa femme avait-elle encore essayé de le faire taire ?

— Joseph Bourgues connaît mieux votre père que n'importe qui. C'est tout ce que je peux vous dire. Il fera ce qu'il voudra ; pour ma part...

Il n'acheva pas, et sa phrase fut suivie d'un long silence. Bourgues mangeait un morceau de gâteau qu'il arrosait de vin rouge. Il regardait toujours le jeune homme avec attention.

— Quel âge avez-vous ?

— Dix-sept ans dans un mois.

Marie Foucret semblait dire : « C'est jeune ! »

— Et vous êtes content de travailler ?

— Même si quelqu'un s'offrait à payer mes études, je refuserais de retourner au collège.

— Pourquoi ?

La question tombait nette, tranchante, comme tous les mots de ce petit homme maigre.

— Parce que !

Il n'aurait pas pu s'expliquer. Parce qu'il avait l'impression de vivre enfin comme les autres, de ne plus errer en marge de la foule, mais d'être dans la foule. Parce que, *Aux Trois Pigeons...* Mais non ! C'était plus compliqué que cela. Il était impuissant à exprimer ce qu'il ressentait et il avait envie de pleurer en sentant cette impuissance.

Il aurait tant voulu être de plain-pied avec eux, avoir leur confiance !

— Vous avez préféré rester tout seul, quoi ?

Il balbutia, sans bien comprendre le sens des mots qu'il prononçait :

— Oui. Avec mon père...

— Alors, il faudra revenir me voir.

— Je veux bien.

— Parce que j'aurai beaucoup de choses à vous dire...

Alain le croyait. Il avait confiance en lui, malgré son ton tranchant. Les deux Foucret, maintenant, le mari et la femme, passaient au second plan. On aurait dit qu'ils cédaient la place à ce petit homme maigre, comme si celui-ci seul eût le droit de parler.

— Vous n'avez pas peur ?

— De quoi ?

— De n'importe quoi.

— Je veux...

Les mots ne lui sortirent pas de la gorge, par respect humain. Il allait affirmer : « Je veux connaître mon père. Je veux faire ce qu'il aurait aimé que je fasse. Les autres, je les déteste... »

Sa sœur, oui ! Son frère, oui ! Sa mère ? Il était tenté de dire oui, il s'en apercevait pour la première fois. Il en rougissait, mais il ne pouvait pas faire autrement. Et sa tante Jeanne, et son oncle, et son cousin ! Il se souvenait de cette fuite, tout de suite après les obsèques, et il se raccrochait, lui, à cet homme, Eugène Malou, qui était son père, qu'il connaissait si mal, qu'il connaissait à peine, et contre qui tout le monde s'était acharné.

Il avait les larmes aux yeux.

— Je les déteste..., dit-il, les poings serrés.

— Il faudra venir me voir. Je n'ai pas le droit d'aller en ville, de sorte qu'il sera nécessaire que vous vous dérangiez. Il vaut mieux ne pas prononcer mon nom, devant qui que ce soit.

Il hésita et, les yeux dans les yeux du gamin, il articula :

— Retenez bien : Joseph Bourgues... Dix ans de bagne... Dix ans de doublage... Evadé de Cayenne grâce à Eugène... Je veux dire grâce à Eugène Malou... Dix ans à La Havane... Je vous raconterai cela une autre fois... Après quoi, Eugène a trouvé le moyen de me faire venir ici...

Son regard était lourd, lourd.

— Ce n'est pas trop dur pour vous ?

— Je ne comprends pas ce que vous voulez dire.
— Vous n'avez pas envie de nous quitter ?
— Non.
— Vous n'avez pas peur ?
— Non.
— Alors on se reverra souvent, Alain.

Ce prénom, tout à coup, ce prénom, que ne précédait aucun monsieur, fut pour Alain une sorte de consécration qui lui donna une joie inoubliable. Son cœur sauta vraiment dans sa poitrine.

— Si mon père...
— Parlez pas d'Eugène avant de savoir ! trancha Joseph Bourgues en se levant et en allumant une cigarette.

Il commençait à faire sombre. Mme Foucret était assise à table, les deux mains sur le ventre. Elle pensa qu'il était temps d'enlever les couverts et soupira.

— Eugène était un grand type, reprenait Bourgues, comme s'il cherchait autour de lui une contradiction pour avoir l'occasion de bondir.

Il répéta :
— Un grand type, vous verrez !

Et d'un geste sec il poussa le commutateur électrique qui dissipa la pénombre.

6

C'était son heure préférée. Pas aussitôt qu'on eut allumé les lampes du bureau et de l'atelier, car il n'aimait pas voir alors le jour se traîner dehors, surtout le jour gris fer de la cour, et souvent on devait éclairer très tôt, parfois toute la journée. Le commencement de son heure, comme il l'appelait en pensée, c'était le moment où les enfants revenaient de l'école.

Il y avait déjà un certain temps que les ampoules électriques étaient allumées. Le poêle de fonte ronronnait. C'était un poêle d'un ancien modèle, comme il n'en avait vu nulle part, et il aurait volontiers affirmé qu'il avait sa vie propre, qu'il était un personnage, et non le moins important dans le bureau. Il avait obtenu de s'en occuper. C'était Mlle Germaine, avant lui, qui le chargeait de temps en temps et secouait les cendres du bout du tisonnier.

Les premiers jours, il la regardait avec envie, comme un gosse. Il n'osait pas encore se proposer. Il se sentait trop nouveau. Mais, une fois que le seau à charbon était vide et qu'il était allé le remplir sous le hangar, il murmura en ouvrant le couvercle du poêle :
— Vous permettez ?

Il y avait, à côté du bureau, un escalier qui conduisait au premier étage où se trouvaient, face à face, les appartements des deux frères. Le corridor donnait directement dans la cour, mais la porte qui faisait communiquer le bureau avec ce corridor était presque toujours ouverte, de sorte qu'on entendait les bruits de la maison, les mille bruits familiers des deux ménages.

Pourquoi était-ce Albert Jaminet, le jeune, son préféré, qui avait une femme mince, noiraude et sèche, toujours souffrant de migraines, toujours dolente ou de mauvaise humeur, alors qu'Emile, l'aîné, avait, lui, une femme accorte, jeune d'aspect, rose et gaie ?

Cela le choquait. Dix fois par jour la femme d'Albert se penchait sur la rampe, là-haut, appelait son mari d'une voix aigre, et celui-ci se précipitait, comme s'il avait peur d'être pris en faute. On les entendait chuchoter. Elle avait besoin d'un coup de main, ou quelque chose la tracassait, ou encore elle l'envoyait faire une course dans le quartier ; jamais il ne se plaignait ; il revenait ensuite à sa place en souriant, satisfait d'avoir accompli son devoir.

Un peu après quatre heures, et c'était le bon moment qui commençait pour Alain, les enfants revenaient de l'école ; les deux garçons d'Albert avaient neuf et onze ans, sa fille quinze ans, et elle marquait toujours un temps d'arrêt dans le corridor pour jeter un coup d'œil au nouvel employé. Emile, lui, avait deux jumelles de douze ans et un fils plus âgé qui faisait ses études à Paris.

On les entendait aller et venir, traîner les pieds, les chaises sur le plancher ; l'odeur du chocolat de leur goûter descendait jusqu'au bureau, puis il y avait le grand silence, l'heure sacrée des devoirs ; on les devinait tous sous la lampe, suçant le bout de leur crayon ou de leur porte-plume, tandis que le dîner mijotait dans les deux cuisines.

Mlle Germaine tapait. Elle tapait vite, sans regarder son clavier, ses doigts exécutaient comme une danse sur la machine, et c'était le heurt du rouleau à bout de course qui donnait son rythme à cette musique.

De l'autre côté du judas, dans l'atelier ruisselant de blancheur, les machines noires fonctionnaient avec leur bruit de rouages bien huilés, M. Emile, en blouse grise, corrigeait des épreuves ou surveillait une mise en pages sur le marbre.

M. Albert, lui, était le plus souvent penché sur ses devis ou dans ses comptes, et Alain allait et venait, grimpait parfois sur l'escabeau pour atteindre les plus hautes planches des étagères où les boîtes de fiches étaient rangées.

Il les connaissait déjà, ces fiches, et les noms des abonnés des diverses feuilles, des bulletins, des almanachs, certains noms drôles, inattendus. Il y avait des gens qui changeaient tout le temps d'adresse, d'autres dont la fiche, sans un changement, datait de vingt ans.

Son travail ne l'empêchait pas de penser, ni d'écouter les bruits d'en haut, ni de regarder la nuque de Mlle Germaine couverte d'un duvet doré.

Ce jour-là, comme M. Emile mettait son pardessus et son chapeau pour aller voir un client en ville, il hésitait un bon moment à dire à la jeune fille : « J'ai un nouvel ami... »

Il aurait ajouté sans doute avec orgueil : « Un nouvel ami qui m'a traité comme un homme... Et vous savez, ce n'est pas n'importe qui... Il a fait dix ans de bagne... Il s'est échappé trois fois, les deux premières fois par la forêt, où, la seconde fois il a été retrouvé presque mort, la troisième dans une embarcation pas plus grande qu'une coque de noix à bord de laquelle il a cependant navigué d'île en île, dans la mer des Caraïbes peuplée de requins... »

Quel souvenir il gardait du chemin parcouru la veille côte à côte avec Joseph Bourgues ! Et comme c'était venu naturellement ! Quand la nuit était tombée, quand le silence s'était fait peu à peu dans la maison des Foucret, il s'était levé, par politesse, pour ne pas les déranger trop longtemps ; il avait annoncé :

— Il est temps que je rentre.

Alors, tandis que Mme Foucret l'aidait à passer son pardessus, Bourgues s'était levé tout naturellement et avait endossé une courte veste de chasse.

— Je vous accompagne un bout de chemin, avait-il dit.

Les autres devaient avoir compris que c'était important, car Foucret n'avait pas proposé de venir avec eux.

Ils s'étaient mis à marcher lentement, d'un pas de promenade, d'abord à travers le lotissement, puis le long de la route, et le ciel était clair, les arbres se dessinaient en noir, le sol résonnait sous les semelles.

— Nous avions à peu près votre âge quand nous nous sommes connus, votre père et moi...

Avait-il encore dit vous par la suite ? Pas longtemps, en tout cas. Presque d'emblée l'ancien bagnard l'avait tutoyé, sans s'en excuser, et Alain, qui n'avait jamais aimé la familiarité des gens, lui en avait été reconnaissant.

— C'était à Marseille... Ton père vendait des journaux... Il attendait, dans une petite rue sombre, derrière l'imprimerie du *Petit Provençal*... Ils étaient nombreux à attendre ainsi, à se précipiter au guichet pour recevoir leur tas de journaux à l'encre encore fraîche, et alors c'était à celui qui courait le plus vite pour atteindre la Canebière et les grands cafés... Je travaillais, moi, chez un menuisier, dans la même rue, de plain-pied avec le trottoir... Mon père était charron dans un village de Provence...

Alain avait traversé Marseille plusieurs fois, lorsque avec ses parents il se rendait à Cannes ou à Nice. Pourquoi ne s'y était-il jamais arrêté ? S'il avait mieux connu la ville, il aurait pu se créer des images précises au fur et à mesure que son compagnon lui parlait.

— Nous avons fait d'autres métiers tous les deux... Entre autres, l'idée nous est venue de racheter chez les pharmaciens et chez les herboristes des fonds de tiroirs, les tisanes trop desséchées, et nous les mélangions au petit bonheur, nous les mettions dans des boîtes sur lesquelles nous collions une étiquette : « Thé indien »...

» Nous allions de maison en maison, dans la banlieue, dans les villages.

» — Comme cet enfant est pâle, ma bonne !... On voit bien que vous ne connaissez pas le Thé indien, le meilleur remède contre l'anémie. Avec trois boîtes, vous en ferez un colosse...

» Le Thé indien était bon pour tout, pour tous : pour les vieillards, les femmes en couches, les constipés, les diabétiques...

» Nous sommes remontés ainsi jusqu'à Lyon, mais notre grand rêve était de gagner Paris. Il nous a fallu des mois pour le réaliser. Nous avons débarqué un beau jour à la gare de Lyon et, quelques nuits plus tard, afin de gagner quelques sous, nous allions coltiner les légumes aux Halles avec les gens de la cloche.

» Il existait alors, rue Montmartre, pas loin des Halles, une petite boutique étroite, obscure, avec seulement quelques brochures pâlies en vitrine, et nous devions en devenir les assidus, car c'était là que se réunissaient les jeunes libertaires, que d'aucuns voulaient confondre avec les anarchistes.

» Nous sommes devenus libertaires tous les deux. Nous avons lu toutes les brochures, tous les livres, tous les tracts. Nous avons assisté à des réunions secrètes et à des meetings. Nous avons manifesté dans les rues.

» Vous ne pouvez plus, vous les jeunes d'aujourd'hui, comprendre cela, nous ne parlions que du bonheur de l'humanité, et, pour que ce bonheur se réalisât, le chambardement général nous paraissait indispensable.

» Parmi nos camarades d'alors, il en est qui sont devenus ministres, directeurs de journaux, grands dignitaires de la Légion d'honneur ; il y a aussi un académicien, et d'autres qui ont mal tourné ; certains, pendant la guerre de 1914, sont morts en prison et deux ou trois ont été fusillés dans un fossé de Vincennes.

» Mais ce que je voudrais que tu saches, mon petit, c'est qu'il y avait là des gens très bien, que la plupart étaient des gens très bien, qu'un petit nombre d'entre eux seulement, sans compter les agents provocateurs, étaient des crapules.

» Nous parlions beaucoup de bombes. Nous en avons fabriqué je ne sais combien, que nous finissions, effrayés, par aller jeter dans la Seine pour nous en débarrasser.

» Nous en avons lancé une, pourtant, qui a fait des dégâts et des morts, dans un grand restaurant qui existe encore et où avaient l'habitude de se réunir les députés et les sénateurs.

» Ils mangeaient là, somptueusement, au moment où les gendarmes et la troupe avaient reçu l'ordre de tirer sur les grévistes dans les mines du Nord.

» Ton père n'en était pas, je te le dis tout de suite, non pour le blanchir, mais parce que c'est la vérité. C'était d'ailleurs un hasard. Il était entré, quelques jours plus tôt, à l'hôpital.

» Il savait ce que nous préparions. J'allais le voir et je le tenais au courant.

» — Tu es sûr que cela ne fera pas plus de mal que de bien à la cause ? me disait-il.

» Le sort m'a désigné avec trois autres pour aller placer la bombe. Ce n'était pas moi qui la portais, mais j'ai été attrapé et j'en ai eu pour dix ans.

» C'était l'époque où ton père se mettait en ménage avec une bonne fille pas très intelligente qui était serveuse dans une brasserie. Il n'avait pas le sou. N'empêche qu'il m'a fait dire par mon avocat de ne pas me biler.

» Et il a tenu parole. Pendant un an, deux ans, je n'ai pas eu de ses nouvelles. J'ai fait deux tentatives d'évasion par mes propres moyens, et les deux fois j'ai été repris ; la seconde fois, j'ai failli laisser mes os dans la forêt tropicale.

» J'étais encore à l'infirmerie quand un garde-chiourme est venu me trouver et m'a dit que je ferais mieux de me dépêcher de me rétablir. C'était un Corse, une crapule, mais ton père avait payé ce qu'il fallait et il s'était montré régulier.

» Est-ce que tu commences à comprendre pourquoi j'ai été content de te voir ? Tu comprendras mieux plus tard, parce qu'il y a des choses que tu ne sais pas encore, parce qu'Eugène et moi, depuis, nous avons souvent bavardé.

» Si cela peut te faire plaisir, sache dès maintenant que c'est d'accord avec lui que je te parle comme je le fais.

— Il vous en a chargé ? questionna Alain, ému.

Et ils marchaient toujours à pas égaux, en fumant leur cigarette. Et pour la première fois de sa vie, Alain avait vraiment l'impression d'être un homme.

Ils atteignirent le quartier de La Genette, le tramway, l'hôpital, et là, tout naturellement, comme d'un commun accord, ils firent demi-tour.

— J'aime mieux ne pas me promener de ce côté, dit simplement Bourgues. Remarque que j'ai des papiers en règle au nom de Joseph Brun. N'oublie pas le nom si on te questionnait sur moi. C'est ton père qui me les a envoyés.

» J'avais échoué à La Havane, où il y avait une quinzaine de Français dans mon cas. Le gouvernement cubain ne nous embêtait pas pourvu que nous nous tenions tranquilles. Le ministre de France nous ignorait lui aussi, et même, à un moment donné, sachant qui j'étais, il m'a pris comme maître d'hôtel à la Légation.

» J'ai rencontré une Française, une grosse fille placide, Adèle, qui faisait ce qu'elle pouvait pour se débrouiller, mais qui n'avait pas beaucoup de succès, car elle ne savait pas s'y prendre avec les hommes.

» Nous sommes devenus copains. Elle m'invitait dans sa chambre, où elle préparait des petits plats de chez nous. C'est là que j'ai constaté que si, comme putain, elle ne valait rien, c'était une cuisinière de premier ordre.

» Nous avons monté un petit restaurant français tous les deux. Il n'y avait que six tables, et elles étaient toujours retenues d'avance. Adèle devenait énorme, tellement grosse qu'à la fin elle ne pouvait plus s'asseoir.

» Cela a duré des années. Je n'osais pas revenir en France. Ce n'est que quand Adèle est morte que j'ai été pris par le mal du pays et que j'ai écrit à ton père. Vous habitiez Bordeaux. Il était riche. Je lisais son nom dans les journaux. Je me disais qu'il m'avait sans doute oublié ou qu'il préférait ne pas se souvenir.

» Quelques mois plus tard, je n'en recevais pas moins des papiers d'identité et de l'argent dont je n'avais pas besoin, car j'avais eu le temps d'en mettre de côté.

» Voilà l'histoire, fiston. Eugène est venu me chercher à bord du bateau, et nous nous sommes embrassés.

» J'ai éclaté de rire en constatant qu'il n'avait pas changé. Parce que, vois-tu, et cela ne le diminue pas, il a toujours gardé les goûts de son adolescence. Je me souviens qu'une fois qu'il avait gagné une certaine somme à un concours de boules — c'était à Marseille —, il a tout dépensé en une demi-heure pour s'acheter un complet à carreaux, une cravate de soie rouge, des souliers fins avec des incrustations de cuirs différents.

» Pour épater les gens, et peut-être plus encore pour le plaisir de faire plaisir, il lui arrivait de donner comme pourboire le double de ce qu'un repas lui avait coûté.

» — Gardez la monnaie...

» C'était son mot. Il adorait se montrer grand seigneur, quitte à se contenter pendant plusieurs jours de pain et de café-crème.

» Je n'ai pas voulu, à mon retour, me mettre à sa remorque, sans compter que je pouvais toujours être reconnu et lui attirer des embarras.

» J'ai vécu à Paris, où on risque moins de se faire prendre que partout ailleurs. J'ai bricolé. J'ai eu un petit commerce sur la Butte.

» Il venait me voir de temps en temps. Nous allions manger tous les deux dans des caboulots que nous connaissions, et il avait soin de ne pas amener sa grande bagnole et son chauffeur.

» Il avait des hauts et des bas, mais cela lui était égal parce qu'il se sentait sûr de réussir.

» — Je les aurai ! répétait-il volontiers. Et cela fait quand même plaisir quand on est le fils de mon pauvre bougre de père, qui ne savait pas seulement son nom exact ni son pays d'origine...

— Il vous parlait de nous ?

— Parfois. De toi surtout les derniers temps. Car il a eu envie de m'avoir plus près de lui. Il venait de donner une maison à Foucret et peut-être avait-il une arrière-pensée en le faisant. Il m'a demandé de m'y installer, et nous nous sommes vus plusieurs fois par semaine.

» Voilà toujours quelques petites choses que je tenais à te dire sur ton père. Les autres, ta mère, ta sœur, ton imbécile de frère, cela ne les intéresse pas.

— Il vous l'a dit ?

— Peu importe. Maintenant, j'ajoute ceci : si tu as besoin de n'importe quoi, d'un conseil ou d'autre chose, viens me trouver. Compris ? Tu verras bien si tu te plais chez Jaminet.

— Je crois que je m'y plairai beaucoup.

— Ne parle pas trop vite. Viens me voir quand tu voudras, le plus souvent possible. Je n'ai pas de raison de déménager. Je n'ai personne au monde. Les Foucret sont de braves gens.

— Je les aime bien aussi...

Il était sur le point de s'attendrir. Ils se trouvaient à nouveau au terminus du tram, et la lune montait, toute ronde, derrière les arbres.

— Voilà un tram qui arrive. File !...

Il aurait aimé s'attarder encore, marquer d'une façon quelconque sa nouvelle amitié, mais il ne savait pas comment s'y prendre, et on aurait dit que la silhouette de Bourgues était devenue plus sèche, plus rapide, sa voix moins personnelle.

— A un de ces jours.

Il tendit la main. Son compagnon partit sans la voir et disparut dans l'obscurité de la route.

Pourquoi ne pouvait-il pas raconter tout cela à Mlle Germaine ? Il aurait eu tant de joie à lui montrer que son père était un homme différent de ce que l'on croyait.

Depuis la veille, il se sentait comme ivre. Il y avait en lui une allégresse qu'il n'avait jamais connue, et plusieurs fois avant de se coucher il murmura :

— Papa...

Le papa de Marseille, de Lyon, de la rue Montmartre... L'homme qui allait retrouver dans les caboulots son camarade d'enfance... Et qui voulait les avoir...

Avoir qui ? Il n'aurait pas pu préciser, mais au fond de lui-même il comprenait ou croyait comprendre.

Les avoir ! Tous ! Les Estier. Les Bigois. Tous ceux dont il avait graissé les pattes, rempli la panse, et qui s'étaient retournés contre lui. C'était à une race qu'il s'en prenait, à un monde.

Alors, depuis le matin, il lui venait d'autres pensées plus confuses, auxquelles il préférait ne pas s'attarder.

En somme, cet homme qu'il avait à peine connu, qu'il avait négligé de connaître, parce qu'il n'imaginait pas qu'un être pût être différent de ses apparences, cet homme qui était mort sur le plancher sale d'une pharmacie de quartier, cet homme-là n'avait-il pas toujours été seul ?

Seul, non, car il y avait les Foucret et l'ancien bagnard. Mais à part eux ?

Son fils aîné, par exemple, le fils de sa première femme, qui aurait dû logiquement, dans l'esprit d'Alain, ressembler au Malou de jadis et qui ne pensait qu'à monter en grade à la Préfecture...

Sa femme, la mère d'Alain...

Et Corine...

Il ne voulait pas s'attrister. Il travaillait dans son bureau surchauffé où il connaissait déjà tous les jeux d'ombres et de lumières. Il reverrait souvent Joseph Bourgues. Il aurait voulu le revoir tout de suite, mais il n'osait pas se rendre le soir à Malouville. Il attendrait le dimanche suivant. Si Bourgues allait à la pêche — il ne fallait pas le déranger dans ses habitudes —, il l'accompagnerait et se tiendrait tranquille à côté de lui.

De temps en temps, là-haut, un des enfants s'adressait à sa mère pour lui poser une question au sujet de son devoir. Les autres faisaient : « Chut !... » Et on les devinait penchés sur leurs cahiers, qui se bouchaient les oreilles avec les doigts.

La sonnerie du téléphone retentissait. C'était Mlle Germaine qui décrochait toujours, cela faisait partie de ses prérogatives.

— C'est pour vous, monsieur Alain.

Qui pouvait le demander ? Il fut inquiet soudain, et cela se sentit à sa voix quand il dit : « Allô ! »

Il avait déjà reconnu la voix et il était déconfit.

— Il faut que je te parle. J'ai des choses importantes à te dire. Tu ne veux pas passer chez moi après ton travail ? A quelle heure finis-tu ?

— A six heures.

— C'est à cinq minutes de ton bureau.

— Je ne veux pas y aller.

— Tu es idiot. N'aie pas peur : il ne sera pas là.

— Je n'irai quand même pas.

— Comme tu voudras. Remarque que je pourrais me passer de t'en parler, mais je préfère que tu saches.

Elle dut mettre la main sur le microphone, se retourner et adresser quelques mots à quelqu'un, car il perçut un léger murmure. Donc Fabien était chez elle.

Il fut sur le point de raccrocher.

— Ecoute, puisque tu n'es pas plus intelligent que ça, je te verrai au *Café de Paris* à six heures. Ne me fais pas attendre, car je n'aurai pas beaucoup de temps.

Il dit oui, parce qu'il n'y avait pas moyen de faire autrement, mais il était furieux de voir sa famille surgir déjà dans sa nouvelle existence.

Quand il reprit sa place, Mlle Germaine hésita un moment à lui adresser la parole. Elle le fit avec beaucoup de douceur, non sans une certaine gêne.

— Monsieur Alain... Surtout ne le prenez pas de mauvais part... Nous sommes ici tous les deux des employés... Alors j'aime mieux vous prévenir, afin qu'on ne vous fasse pas d'observations... Les patrons, surtout M. Emile, n'aiment pas que l'on reçoive des communications personnelles...

Il rougit.

— J'espère que je n'en recevrai plus...

— Vous êtes fâché ?... Remarquez, cela ne me regarde pas...

— Je vous assure, mademoiselle, que je ne suis pas fâché et que je vous en ai au contraire de la reconnaissance...

— C'est à cause des ouvriers, à qui il arrive d'abuser. Si tout le monde se mettait à recevoir des coups de téléphone...

On lui avait gâché son heure, il n'aurait pas pu dire au juste pourquoi. Il avait perdu sa belle allégresse. Il s'inquiétait de ce rendez-vous avec sa sœur. Qu'est-ce qu'elle lui voulait ? Il aurait tellement mieux aimé qu'elle vive dans une autre ville, ou même — et c'est la première fois qu'il formulait une pensée de ce genre — qu'elle soit morte à la place de son père !

A six heures moins cinq, comme d'habitude, il rangea les boîtes de fiches, monta sur l'escabeau, ce qui était toujours pour lui un plaisir, mit de l'ordre dans ses tiroirs et alla se laver les mains à la fontaine d'émail qui était dans l'atelier. Dans le même temps, Mlle Germaine retirait son tricot, qu'elle enfermait dans un placard, et, après avoir fait bouffer ses cheveux blonds, mettait son chapeau, son manteau et ses gants.

Ils marchaient ensemble jusqu'à la rue, où elle tournait à gauche tandis qu'il prenait à droite ; ils se serraient la main, se disaient bonsoir, et il y avait dans l'ombre une petite vieille qui attendait sans bouger, la mère de Mlle Germaine.

Un cinéma était illuminé en face. Plus loin, le *Café de Paris*, avec ses grandes vitrines à l'éclairage plus discret et les silhouettes autour des tables, les têtes plus ou moins chauves des joueurs de cartes et de dominos, auréolées de fumée.

Du dehors, il vit que sa sœur n'était pas arrivée et il faillit ne pas attendre, entra cependant, cherchant une table libre et, sans retirer son pardessus, commanda un bock. Gabriel, le garçon, l'appela monsieur Alain et essuya soigneusement la table devant lui.

Après quelques minutes, une auto s'arrêta. Corine, en manteau de fourrure, en bas clairs, sauta sur le trottoir, qu'elle traversa vivement, et se dirigea vers son frère.

— C'est malin de me faire perdre mon temps !

— Il t'attend ?

— Qu'est-ce que cela peut te faire ? Si tu le connaissais mieux, si tu n'étais pas un gamin orgueilleux, tu te conduirais autrement. Un porto, garçon.

Elle fouillait dans son sac pour y prendre son étui à cigarettes.

— C'est grâce à lui, justement que j'ai appris ce que je veux te dire. Tu l'écriras à maman si tu penses que c'est utile. Pour ma part, je préfère ne pas m'en occuper, car je tiens à me mêler le moins possible des affaires de la famille.

Il eut l'impression qu'on les écoutait de la table voisine et il en fut gêné. Tout le monde les connaissait. On les regardait, c'était certain.

— Il est allé faire hier un bridge chez un de ses confrères où ils étaient plusieurs médecins, entre autres le docteur Lachaux, le spécialiste de la gorge et des oreilles. Ils ont bavardé et, comme ils en ont l'habitude entre médecins, ils ont parlé de leurs malades...

Elle soufflait lentement la fumée de sa cigarette devant elle, regardait l'heure, observait par la vitre l'auto qui l'attendait.

— C'est ainsi qu'il a appris que notre père était très malade...

La poitrine soudain serrée, Alain ne bougeait pas, tant cette nouvelle qu'on lui apprenait dans l'atmosphère banale d'un café était inattendue.

— Voilà ce que je sais... Tu en feras ce que tu voudras. Le jour de sa mort, vers trois heures, papa a téléphoné au docteur Lachaux pour lui demander un rendez-vous... Il insistait pour le voir tout de suite... Il paraissait très inquiet... Lachaux le connaissait, mais ne l'avait pas examiné... Il a dit à papa de venir le voir à l'instant, qu'il trouverait un moment pour le recevoir... Papa y est allé... Il a été catégorique... Tu sais comment il était quelquefois.

» — Je vous demande de m'examiner et de me dire brutalement oui ou non... Je ne veux pas d'encouragements... Je ne veux pas d'espoirs plus ou moins vagues... Oui ou non, docteur, rien d'autre...

» Et il ouvrit la bouche...

» Tu sais qu'il souffrait souvent de la gorge... Il en a souffert toute sa vie... Nous nous moquions de sa voix rauque.

» Lachaux n'a pas eu besoin d'un long examen.

» — Oui ou non, docteur ? répétait-il. Il y a trop d'intérêts en jeu, voyez-vous, pour que je ne sois pas fixé dès à présent... Pesez bien votre responsabilité...

» Et Lachaux a dit oui.

» Ce qui signifiait que papa avait un cancer à la gorge et un début de cancer à la langue.

» Il paraît que papa a été très bien. Il a ricané. Il a demandé combien il devait.

» — Profitez-en tant qu'il en reste ! a-t-il plaisanté en ouvrant son portefeuille.

» Lachaux a voulu lui parler d'opération, mais papa l'a fait taire.

» — Je sais ! Je sais ! Je connais la question presque aussi bien que vous. Il y a des années que je m'y attends.

» Et il est parti en serrant la main du docteur.

» Quelques minutes plus tard, il sonnait chez le comte d'Estier.

» Si bien que je me demande, maintenant, s'il a fait ce qu'il a fait ensuite à cause de ses ennuis d'argent ou parce qu'il se savait condamné.

» Tu te souviens de son horreur de la maladie. Un rhume, une grippe le rendaient furieux. Il considérait le plus léger malaise comme un amoindrissement.

» Voilà tout ce que je voulais te dire. Cela ne change rien, puisque le mal est fait, mais il était peut-être bon que tu le saches.

» Pour en finir, et tant que nous y sommes, laisse-moi ajouter que tu te conduis comme un enfant et que tu rends ma situation difficile. Je ne vois pas le déshonneur qu'il y aurait eu à partager mon appartement, du moment que tu n'y rencontres jamais qui tu sais.

» Au lieu de cela, tu vas te mettre dans une auberge, et toute la ville est au courant. Je t'en remercie, mais, je te le répète, je n'ai jamais rien attendu de bon de la famille.

» C'est tout ! Adieu !...

Sur ce, elle avala un fond de porto, ramassa son sac et son étui à cigarettes, se dirigea vers la porte, que Gabriel lui ouvrit en s'inclinant. Quelques instants plus tard, la portière claquait, et l'auto démarrait le long du trottoir.

Alain avait écrit à sa mère le dimanche matin, dans sa chambre des *Trois Pigeons,* avant d'aller à Malouville. Lettre sans effusion, car il n'y avait jamais eu d'effusions entre sa mère et lui. C'était plutôt comme un devoir d'écolier, et il en profitait pour décrire sa chambre, la salle à manger, le greffier qui mangeait en face de lui, le vieux Poignard toujours entre deux vins et la cuisine savoureuse de Mélanie. Il parlait aussi, mais pas trop, de sa place chez les Jaminet et de son travail.

« C'est un miracle, concluait-il, que je m'en sois tiré si vite et que je puisse du jour au lendemain subvenir à mes propres besoins. Si tu avais besoin d'argent, je pourrais te renvoyer une partie des trois mille francs que Corine m'a donnés. Je toucherai déjà mon traitement dans quinze jours, puisque c'est la fin du mois, et il suffira pour ma note de l'auberge.

» Embrasse tante Jeanne, son mari et Bertrand pour moi. J'espère que ta santé est bonne. Pour ma part, le rhume que je craignais ne s'est pas déclaré... »

Il marcha dans les rues d'une façon si machinale qu'il fut surpris de se trouver en face des *Trois Pigeons.* L'habitude avait vite été prise. Mélanie, en le voyant entrer, s'écria :

— Cela ne va pas, monsieur Alain ?

Il essaya de sourire.

— Vous avez reçu de mauvaises nouvelles ?

Alors il n'y tint pas. Il avait besoin de se confier.

— Mon père était très malade, murmura-t-il.

Elle ne comprenait pas. Peut-être pensait-elle que, puisqu'il était mort, cela importait peu qu'il eût été malade ou non.

— Il avait un cancer à la gorge. Il l'a appris une demi-heure avant de se tuer.

— Vous croyez que c'est pour ça ? Allons, buvez un petit coup. Mais si, cela vous remontera...

Elle lui avait servi un verre de rhum.

— C'est terrible ce qu'il y a des gens malades sur la terre ! Surtout à nos âges. Vous, heureusement, vous n'en êtes pas encore là. Mon mari, tenez, qui a l'air fort comme un Turc... Il y a un an qu'on doit l'opérer de la vessie, à la prostate, comme ils disent... Certains jours, il ne peut pas pisser, sauf votre respect, et il faut lui mettre un tuyau de caoutchouc... Il a peur... Il ne veut pas se laisser endormir, car il prétend qu'il ne se réveillerait pas... C'est depuis lors qu'il boit volontiers... Vous le voyez en bas, vous, quand il fait bonne figure, mais je vous jure que la nuit, quand il souffre le martyre devant son pot, il devient comme un petit enfant... Buvez, monsieur Alain !... Un cancer, évidemment, c'est sérieux... J'ai une cousine qui en a eu un au sein et elle est morte, laissant trois petits enfants... S'il avait vraiment un cancer, peut-être qu'après tout il a bien fait... Mais est-ce sûr ?

— C'est certain.

— Allez vous mettre à table... Je vais vous faire une omelette au jambon pour commencer... Et ne pensez plus à tout cela... Si on devait se tracasser pour ce qui vit et ce qui meurt...

Il se laissa pousser dans la salle, où il n'y avait que deux voyageurs de commerce à la table ronde, sous le lustre. Le greffier roux n'était pas encore arrivé. Un chat était couché, en rond, sur une chaise, et une servante en tablier blanc, la plus gentille, Olga, se tenait près de la desserte.

— Il faut surtout que vous mangiez... Je ne tiens pas à ce qu'on dise que mes pensionnaires maigrissent chez moi... Tu le serviras bien, Olga. Et donne-lui une demi-bouteille de vin bouché...

C'était curieux, tout ce bavardage, dont il aurait été incapable de répéter un seul mot, qu'il avait à peine entendu, l'avait pour ainsi dire endormi. Il n'y avait plus en lui de douleur aiguë, de pensée précise. Il se sentait seulement endolori.

— Pauvre papa...

Et, tout en mangeant sa soupe trempée de pain, il imaginait son père, dans le cabinet du docteur Lachaux, son père qui crânait, qui prononçait presque gaiement :

— Oui ou non ?...

Alors, puisque c'était oui... Est-ce que, bien portant, il se serait obstiné à lutter ? Est-ce qu'il aurait continué à se battre pour faire vivre cette grosse maison qui était une sorte de gouffre, pour tout ce monde que, depuis des années et des années, il portait en quelque sorte à bras tendus, pour sa femme, pour Corine, pour lui-même, Alain, qui se contentait d'aller au collège et qui n'avait jamais eu la curiosité de savoir quel homme était son père ?

C'était oui ! Et il y avait des scellés à toutes les portes ; et les chantiers étaient fermés, et les affaires étaient aux mains d'un syndic. Et tous les crabes s'agitaient, le journal, chaque matin, l'accablait d'échos perfides.

C'était oui, et il n'avait même plus quelques milliers de francs d'argent liquide, d'argent frais, comme il disait dans ses beaux jours, pas d'argent pour les soins, pour les opérations indispensables.

Des opérations, il le savait, qui n'arrangeaient rien, ne guérissaient pas, ne servaient qu'à reculer chaque fois l'échéance de quelques mois.

Il n'était pas rentré chez lui en quittant le médecin. A qui se serait-il adressé ? Qu'aurait-il fait ?

Il était allé chez le comte d'Estier et peut-être avait-il alors joué quitte ou double ; peut-être, superstitieux comme il l'était, s'était-il dit en soulevant le marteau de la porte : « Si cela réussit, je continue ! »

Cela n'avait pas réussi. Estier s'était montré intraitable. Estier n'avait pas cru au revolver que son visiteur brandissait. Il l'avait poussé dehors, implacablement.

A la rue ! A la rue d'où il était sorti ! A la rue où Eugène Malou avait préféré en finir, peut-être parce qu'elle lui était plus chaude, plus familière, plus bienveillante que sa maison.

— Alors, mon petit monsieur ? questionnait Mélanie. Vous allez me dire des nouvelles de cette omelette. Il n'y en a que pour vous... Il faut que vous la mangiez tout entière, et ensuite il y aura du veau à la casserole comme vous en avez mangé le jour de votre arrivée...

Il avait envie de lui prendre la main pour lui dire merci. Les visages des voyageurs de commerce se brouillaient devant ses yeux. Cependant, il mangea tout ce qu'elle voulut lui faire manger, il but même son vin, sans s'en rendre compte, en reniflant de temps en temps.

Est-ce dans des petits caboulots de ce genre que son père aimait aller retrouver son vieil ami Bourgues ?

— Vous voyez que cela va mieux... Maintenant, si vous m'en croyez, vous allez vous coucher avec une boule d'eau chaude. Olga, tu mettras une boule chaude dans son lit... Demain est encore un jour... Et il y en aura d'autres...

Il ne pouvait quand même pas l'embrasser devant tout le monde ! Il s'éloigna, mal à l'aise, salua gauchement les deux voyageurs et monta lentement l'escalier.

Olga, quand elle lui apporta sa boule, lui dit :

— Vous savez, je connais ça, moi aussi. Il y a seulement quatre mois que j'ai perdu maman. Vous ne voulez pas une tisane, quelque chose de chaud qui vous fasse dormir ?

Il dit non, remercia, mit le verrou à la porte. Il se coucha avec la certitude qu'il ne parviendrait pas à dormir. Un instant, il remua la langue dans sa bouche en se demandant s'il n'avait pas un cancer, lui aussi.

Il revit Mlle Germaine qui prenait, dans l'ombre du trottoir, d'un geste toujours le même, le bras de sa petite vieille femme de mère. Il revit les Foucret, l'homme et la femme, lui avec sa longue pipe et elle avec son tablier à petits carreaux bleus, mais il ne parvenait pas à fixer les traits de Joseph Bourgues, il s'y acharna un moment sans succès, puis soudain, sans transition, sombra dans le sommeil.

On n'entendait dans la chambre qu'un souffle régulier quand Mélanie, en montant se coucher à dix heures, colla l'oreille à la serrure.

7

C'est le mercredi matin qu'eut lieu l'incident de la porte. Il faisait très froid, un froid pénétrant, et le ciel bas, d'un gris trouble, n'allait pas tarder à fondre en neige.

A dix heures, il ne neigeait pas encore. Alain avait entendu les voix des deux belles-sœurs sur le palier du premier étage. La petite maigre, la femme d'Albert, demandait à l'autre :

— Tu n'as besoin de rien de chez Lecœur ?

— Non. Il faut d'ailleurs que je sorte cet après-midi.

Et Mme Jaminet descendit. En suivant le corridor, elle passa devant la porte ouverte — Alain l'entrevit qui était occupée à mettre ses gants — et alors, sans raison apparente, elle referma cette porte avec ostentation.

Il en fut si surpris qu'il se tourna vers Mlle Germaine. De son côté, la secrétaire regardait Albert Jaminet, qui feignait de n'avoir rien vu ni entendu.

Or, une fois dans la cour où elle trottinait vers le portail, sa femme s'apercevait qu'elle avait oublié quelque chose et revenait sur ses pas. Elle ne se dirigeait pas vers l'entrée, mais vers le bureau.

— Bonjour, mademoiselle Germaine, disait-elle en passant près de celle-ci pour aller parler à son mari.

Alain, ne sachant pas ce qu'il devait faire en la circonstance, s'était levé et s'inclinait ; elle le vit ; un instant, elle eut les yeux tournés vers lui ; cependant elle ne lui rendit pas son salut, fût-ce par un signe de tête ou un mouvement de paupières.

— Donne-moi un peu d'argent, deux ou trois cents francs...

Albert Jaminet les prit dans son porte-monnaie. Au moment de sortir, elle se tourna vers lui.

— N'oublie pas ce que je t'ai dit au sujet de la porte...

Pourquoi cela suffit-il à barbouiller Alain pour toute la journée ? Cette porte de communication, il avait voulu la fermer, une fois, le premier jour. C'est Mlle Germaine qui, de sa place, lui avait fait signe que non. Il n'avait pas pensé à demander pourquoi. Il avait compris que la porte devait rester ouverte. Il en était content, car il n'était pas frileux, et le bureau était exigu, le poêle de fonte chauffait autant qu'un poêle de gare et il ne tardait pas à régner une chaleur lourde.

Il se trompait peut-être, mais il aurait juré que l'incident de la porte n'avait été provoqué qu'à son intention. Pourquoi ? Il se mettait l'esprit à la torture. Il savait que Mme Jaminet n'était pas commode et il commençait à soupçonner que M. Albert n'était pas aussi heureux qu'il voulait le paraître.

Quand on l'appelait, là-haut, ce n'était pas souvent pour lui dire des paroles agréables. Lui restait toujours calme, serein. Jamais il n'élevait la voix. Avec son frère Emile aussi, il gardait un certain air d'humilité, ce qui ne l'empêchait pas de défendre patiemment ses idées.

C'était ridicule, évidemment, mais Alain aurait voulu voir M. Albert avec la femme de son frère, rose et souriante, tandis que M. Emile se débrouillerait avec la petite noiraude qui était aussi bilieuse que lui.

Il y eut de la gêne dans le bureau pendant un bon moment. Puis, un peu avant midi, la neige se mit à tomber, la première de l'année, tout fin d'abord, ensuite en gros flocons tourbillonnants.

Mlle Germaine ne rentrait pas déjeuner chez elle, car elle habitait loin du centre de la ville, et elle apportait sa nourriture au bureau, réchauffait son café sur le poêle dans une petite cafetière en émail bleu. La femme d'Albert était rentrée. On ne l'avait pas vue, mais on l'avait entendue dans le corridor. Son mari monta à son tour.

Alain traînait exprès pour avoir l'occasion d'échanger quelques mots avec la dactylographe.

— Dites-moi, mademoiselle Germaine, est-ce qu'avant que je sois ici la porte du corridor restait ouverte ?

Elle hésita à répondre, mais comme elle avait un peu rougi — elle rougissait facilement —, elle ne put reculer :

— Oui, dit-elle, elle était toujours ouverte, parce qu'il n'y a pas beaucoup d'air dans le bureau. On a essayé d'ouvrir le vasistas qui donne sur l'atelier mais alors c'est une odeur d'huile chaude et de plomb fondu qui pénètre ici. En outre, quand il fait très froid, c'est grâce à cette porte que la cage d'escalier n'est pas glaciale. Plusieurs fois, quand on l'avait fermée par erreur, Mme Jaminet est venue l'ouvrir...

— Donc, conclut-il, c'est à cause de moi qu'elle l'a fermée aujourd'hui.

— Pas nécessairement. Elle est sujette à des humeurs. Vous n'avez pas à vous inquiéter.

Une autre raison fit de cette journée une mauvaise journée. C'était dommage, car autrement il aurait été enchanté par cette première neige qui ne tenait pas encore sur les trottoirs, mais qui blanchissait déjà certains toits et les épaules des passants.

En rentrant *Aux Trois Pigeons*, il vit, sur un mur bariolé d'affiches, une affiche fraîche, dont le jaune avait encore tout son éclat :

Vente après saisie d'un riche mobilier.

Suivait la liste, la liste de leurs meubles, car c'étaient leurs biens que l'on mettait de la sorte à l'encan. Il y avait une autre affiche pour l'hôtel particulier, une troisième pour les chantiers, le matériel, les bétonnières, les camions.

Il n'y pensa pas trop en mangeant, mais il y pensa à nouveau dans la rue et il continuait à être tracassé par cette porte qu'on avait refermée méchamment. Pourquoi était-il si sûr que cela avait été fait avec méchanceté, une méchanceté qui le visait personnellement ?

Il lut l'affiche de bout en bout. Cela lui donna l'envie de passer devant la maison où il avait vécu près de huit ans, sur la petite place, et celle-ci, par miracle, était couverte de neige, il y avait de la neige aussi sur le Cupidon si légèrement posé sur son socle.

Des affiches jaunes, les mêmes, étaient collées sur la porte cochère, sur les volets du rez-de-chaussée. La vente aurait lieu le lundi suivant. On ouvrirait les portes toutes grandes. Dès le dimanche, la foule serait admise à venir admirer les meubles, les bibelots, les tableaux qu'Eugène Malou avait accumulés et dont il était fier.

Alain n'aimait à peu près rien de ce qu'il y avait dans la maison, mais cela lui faisait néanmoins de la peine. Il continua d'y penser pendant l'après-midi. Est-ce que son père avait bon goût ? Il n'osait pas se prononcer. Quand ils étaient plus jeunes et qu'ils s'entendaient encore, sa sœur et lui appelaient tout cela en bloc des horreurs.

Leur père n'aimait que deux sortes de meubles et d'objets : ceux de haute époque et ceux de style Empire, ce qui donnait un caractère assez surprenant à la maison.

Dans le salon principal, par exemple, il avait fait installer une cheminée monumentale qu'il avait achetée à prix d'or dans un château du Bourbonnais. Elle datait du XVe siècle, et la pierre grise était sculptée de bas en haut ; c'était un fouillis de personnages de tailles différentes, des chevaliers avec leur armure et leur étendard, des diables, des êtres biscornus et des animaux apocalyptiques.

Entre les fenêtres, sur les tapis fanés, on voyait des coffres de la même époque, au bois tellement taraudé par les vers qu'il s'effritait sous la main. Il y avait aussi des bancs d'église, des statues provenant de couvents ou d'abbayes.

D'autres pièces, tout acajou et bronze, aux sphinx dorés, aux tentures semées d'abeilles, rappelaient les fastes de l'Empire, et Alain se souvenait d'un détail dont, enfant, il avait eu honte sans savoir pourquoi : il avait été élevé dans un berceau qui était une reproduction approximative de celui du roi de Rome.

Est-ce que son père était un parvenu, comme certains de ses camarades le lui lançaient à la tête, au collège, au cours de leurs disputes ? Et pourquoi ce mot, dans leur bouche, avait-il un mauvais sens ?

Eugène Malou n'avait-il pas eu du mérite à accomplir l'effort qu'il avait accompli ? Est-ce qu'il était ridicule ? Joseph Bourgues lui-même avait souri — affectueusement, il est vrai — en parlant de sa façon de s'habiller, de ses souliers trop ouvragés, de ses complets trop clairs, de ses cravates voyantes.

Pourquoi son père avait-il dépensé tant d'argent à réunir des meubles, des objets qui auraient mieux fait dans une église ou dans un musée que dans une maison ?

Cela le troublait. Il aurait aimé s'en ouvrir à quelqu'un. Il sentait confusément qu'il y avait des choses qu'il ne comprenait pas encore.

Dans l'acharnement des gens contre son père, par exemple. S'il gagnait beaucoup d'argent, s'il y mettait une certaine frénésie, ce n'était pas par amour de l'argent, pour le garder, comme un avare, car il le dépensait avec la même ardeur, le redistribuait aussitôt autour de lui.

Etait-ce le fait d'un parvenu ? Il payait les choses et les gens plus cher que leur prix, c'était encore une de ses manies. Pour un peu, il aurait dit à un marchand — et ne l'avait-il pas fait à l'occasion ? : « C'est trop bon marché. Je vous en donne le double. »

Par vanité ? Eugène Malou était-il un vantard ? Il aimait citer les noms de personnages importants qui étaient ses amis, répéter qu'il tutoyait tel député ou tel ministre.

Mais pouvait-on oublier le jeune homme qu'il avait été, qui vendait des journaux sur la Canebière et qui, pour « monter » à Paris, allait de porte en porte proposer du Thé indien ?

« J'en parlerai à Bourgues », se promit-il.

Bourgues pourrait-il tout lui expliquer du mystère de son père ? N'était-il pas lui-même incapable de comprendre tout un côté de l'homme qui avait été son ami ?

La porte fermée, près de lui, lui donnait une sensation de malaise, c'était plus fort que lui. Il y sentait comme une injure. Il lui semblait aussi qu'Albert Jaminet n'était pas tout à fait le même à son égard.

Au fait, est-ce qu'Emile Jaminet, le frère, lui avait jamais adressé directement la parole ? Pourtant, il venait souvent au bureau. Il lui était arrivé de consulter des fiches dans les casiers. Sans rien demander à Alain, comme sans le voir. Le matin, en entrant, il lui adressait un simple signe de la main.

Lui en voulait-il d'être là contre son gré, en quelque sorte sous la protection de son frère ?

Ce fut lui, justement, qui ouvrit la fameuse porte. Il devait faire froid dans l'atelier, car il était venu s'installer au bureau, vers trois heures et demie, pour corriger des épreuves. Il s'épongea à deux ou trois reprises, se leva une première fois pour refermer la clef du poêle, puis, un quart d'heure plus tard, n'y tenant plus, il alla ouvrir la porte.

Les regards de Mlle Germaine et d'Alain se croisèrent. Albert Jaminet, lui, qui tournait le dos à la porte, ne remarqua rien. Les lampes étaient allumées depuis longtemps. La neige tombait toujours, mais déjà les flocons étaient moins consistants et se transformaient sur les trottoirs en boue gluante. Ce qui eut son importance aussi.

En effet, quand les enfants rentrèrent de l'école, l'aînée, Yvonne, la fille d'Albert, portait des caoutchoucs par-dessus ses chaussures. Elle s'arrêta dans le corridor pour les retirer afin de ne pas salir l'escalier. Les caoutchoucs étaient étroits, et elle resta un bon moment tantôt sur un pied, tantôt sur l'autre, tournée vers l'intérieur du bureau.

Or, sans qu'une porte se fût ouverte au premier, on entendit une voix qui venait du palier et qui disait sèchement :

— Eh bien ! Yvonne ?

— Je viens, maman.

— Immédiatement.

Les oreilles d'Alain devinrent pourpres. Il croyait soudain comprendre. Il se souvenait du regard que la gamine lui lançait chaque fois qu'elle passait dans le corridor. Sa mère l'avait donc remarqué ? Mais comment pouvait-elle y attacher une importance quelconque, comment pouvait-elle puiser dans cette curiosité enfantine un sujet de crainte ?

Il en était humilié. Il lui semblait qu'on le mettait injustement dans la catégorie des « autres », des gens comme sa sœur Corine, comme Fabien, comme certains de ses camarades qui racontaient des histoires sales en chuchotant.

Mme Jaminet descendait l'escalier. Non pour venir au bureau. Elle se dérangeait dans le seul but de refermer cette porte maudite.

Ce faisant, elle jetait un œil dans la pièce et disait à son mari d'une voix sèche :

— Dès que tu auras un instant, tu me feras le plaisir de monter.

Il ne répondit pas, resta le dos courbé, comme s'il s'y était attendu. Il sembla à Alain qu'elle échangeait un bref regard avec son beau-frère. Pourquoi n'étaient-ce pas ces deux-là qui formaient la paire ?

Il n'y avait encore qu'une menace vague, un malaise imprécis dans la maison, et Alain en était aussi affecté que s'il eût flairé la catastrophe.

Il pensait à son père, à l'hôtel particulier sur la petite place, aux meubles qu'on allait disperser ; en même temps, il regardait ce décor si calme qui l'entourait, comme on regarde les choses qu'on est sur le point de perdre.

Dix bonnes minutes s'écoulèrent avant que M. Albert se levât et, avec un soupir, se dirigeât vers la porte. Il faillit, par habitude, la laisser ouverte, dut revenir sur ses pas pour la refermer et monta lentement.

Et il resta longtemps là-haut, près d'une demi-heure, ce qui ne lui était pas habituel. La femme et le mari ne se tenaient pas dans la pièce où les enfants faisaient leurs devoirs, mais dans le salon qu'on ouvrait rarement, juste au-dessus du bureau, de sorte qu'on percevait un murmure de voix.

Quand il redescendit, il s'efforçait d'être désinvolte, mais on le sentait anxieux, mal à l'aise, à tel point que son frère le regarda avec curiosité.

Albert reprit sa place, ouvrit un dossier qui contenait des devis, essaya un certain temps de travailler, y renonça et ouvrit la porte de l'atelier en prononçant :

— Tu viens un instant, Emile ?

De tout cela, Alain savait qu'il était la cause. Il se demandait en quoi il avait pu manquer envers Mme Jaminet. Il s'était toujours montré très poli avec elle. Il lui aurait volontiers fait ses courses, tant il aimait cette maison et souhaitait y rester.

Les deux hommes se tenaient dans un coin de l'atelier, debout, le plus loin possible des ouvriers, et parlaient à mi-voix. Mlle Germaine devait deviner ce qui se passait, car elle paraissait gênée et tapait avec acharnement, comme si elle craignait une question de son compagnon. Sans doute savait-elle des choses qu'il ne savait pas ?

Il était près de six heures. Encore quelques minutes, et Alain rangerait ses fiches, endosserait son pardessus après avoir remis de l'ordre dans ses tiroirs. Pourquoi avait-il le pressentiment que cela ne se passerait pas aujourd'hui comme les autres jours ?

Il ne voyait Albert Jaminet que de dos, mais, à la courbe de ses épaules, on devinait qu'il n'était pas fier et que, s'il résistait encore, c'était par acquit de conscience.

Déjà Mlle Germaine retirait son tricot et l'enfermait dans le placard. Alain hésitait à s'apprêter, et voilà qu'Albert, tout seul, revenait de l'atelier, où son frère feignait de s'intéresser au travail d'une machine.

— Vous resterez un instant, monsieur Alain ?

Les jambes du jeune homme mollirent. Il faillit prononcer pour en finir : « J'ai compris... Je m'en vais... »

Est-ce que cela ne lui avait pas fait l'effet d'un miracle de trouver cette place de but en blanc, de s'intégrer avec autant d'aisance à la vie chaude du bureau ? Il aimait déjà ses fiches. La veille, c'était lui qui avait pris au téléphone un article de dernière minute qu'on lui dictait de Paris.

— Au revoir, monsieur Albert. Au revoir, monsieur Alain.

Elle lui tendit la main avant de mettre son gant et détourna la tête en voyant qu'il avait des larmes aux yeux.

Ils n'étaient plus que deux hommes dans la pièce, ou plutôt un homme et un adolescent. Alain se trompait-il ? Il aurait juré qu'il sentait une présence derrière la porte du corridor, que Mme Jaminet était là, à écouter, à épier.

M. Albert devait avoir la même pensée, car il regarda deux ou trois fois la porte en toussotant avant de prendre la parole.

Alain en avait un peu pitié. Il aurait voulu l'aider. Il s'efforçait de sourire bravement en regardant son patron...

— Ecoutez, monsieur Malou...

C'était la première fois qu'il l'appelait ainsi.

— ... Lorsque vous vous êtes présenté ici la semaine dernière, j'ai été un peu surpris, certes, mais j'ai considéré qu'il n'y avait aucune raison, dans les circonstances actuelles, pour que vous ne gagniez pas votre vie. En dépit de certaines objections...

Celles de M. Emile, parbleu !

— ... j'ai tenu à vous donner une chance et je dois avouer que je n'ai aucun reproche à vous adresser au sujet de votre travail...

C'était lui, à présent, le plus ému des deux. Alain savait. Il allait partir. Tout était à recommencer.

— A ce moment-là, j'ignorais certaines situations qu'il m'est difficile de préciser et je pense que vous allez me comprendre. Vous n'êtes malheureusement pas le seul ici de votre famille. Ne prenez pas ceci pour un reproche, car il n'y a évidemment pas de votre faute. Mais nous sommes commerçants, monsieur Malou. Nous sommes tenus à d'autant plus de circonspection que nous avons une clientèle assez spéciale. Vous savez que nous travaillons surtout pour l'évêché et pour un certain nombre de communautés religieuses...

— Je comprends.

Son interlocuteur lui fit signe qu'il voulait parler encore.

— Il y a eu, aujourd'hui même, une scène malheureuse que vous ignorez encore. Cela s'est passé dans le courant de l'après-midi, et ma femme en a appris les détails par téléphone...

Alain se souvint d'avoir entendu le téléphone sonner au premier étage, un peu avant ou un peu après quatre heures.

— Je préférerais que vous me permettiez de ne pas vous en faire le récit. Au surplus, cela ne me regarde pas, et d'autres personnes se chargeront de vous mettre au courant...

— Ma sœur ?

M. Albert fit oui de la tête.

— J'ajoute seulement que Mme Fabien est une amie de pension de ma femme, sa meilleure amie. Et maintenant, je crois que vous serez de mon avis si je vous dis qu'il vaut mieux, pour vous comme pour nous...

— Je vous remercie.

— Un instant...

Alain, en effet, marchait déjà vers le portemanteau.

— Il est évident que, n'ayant rien à vous reprocher, je vous dois un mois de salaire...

Il aurait voulu ajouter quelque chose, mais il regardait la porte, et la présence qu'il devinait derrière cette porte l'empêchait de parler. Il avait tiré des billets de banque, non plus de son porte-monnaie, mais de la caisse, puisqu'il s'agissait de dépenses de bureau.

— Je suis très ennuyé, avoua-t-il à voix basse.

— Je vous remercie, monsieur Albert. Je vous comprends fort bien. Je me rends compte que c'est moi qui ai eu tort.

Il ne voulait pas pleurer devant lui et il sentait les larmes lui monter aux yeux. Dans l'atelier, M. Emile lui tournait le dos.

— Vous trouverez les fiches à jour. Dans le tiroir de gauche, j'ai mis les changements d'adresse en cours. La liste est au complet.

Ce fut tout. Sans la porte, ils auraient encore parlé sans doute, mais ils se contentèrent de se serrer la main.

— Au revoir, monsieur Albert. Et merci !

Mais oui, merci. Il le lui devait. Il sortit gauchement, en frôlant le chambranle de la porte, et, une fois dans la cour, il releva le col de son pardessus, renifla, enfonça les mains dans ses poches.

La neige fondue tombait toujours, et il n'avait pas le courage de s'attarder dans les rues. Il avait envie de s'étendre sur son lit, de se coucher sans manger.

Mais était-il encore chez lui *Aux Trois Pigeons* ? Dans son esprit, l'imprimerie et l'auberge formaient un tout, l'une étant comme le prolongement de l'autre.

Est-ce qu'il fallait annoncer tout de suite à Mélanie qu'il avait perdu sa place ? Est-ce qu'elle comprendrait que ce n'était pas par sa faute ? Qu'il avait fait tout son possible ?

C'était à croire qu'on avait choisi exprès le chemin qu'il suivait pour y coller le plus grand nombre d'affiches jaunes. Jamais il n'avait remarqué autant de palissades, autant de panneaux. Sur tous, l'affiche tranchait, plus fraîche que les autres. Il vit, malgré le temps, un vieux monsieur qui, sous son parapluie, prenait des notes sur un calepin.

Il faillit entrer par la cour et monter directement dans sa chambre, mais il craignait de vexer Mélanie, car il n'avait jamais agi ainsi, il traversait toujours la salle commune, où elle ne manquait pas de lui adresser la parole, de lui annoncer le menu. C'était l'heure calme, presque vide, car l'auberge travaillait surtout le matin à l'heure du marché. Seuls, deux ou trois vieux jouaient aux cartes avec le patron somnolent.

Le timbre de la porte résonna. Il descendit les marches, vit la grosse femme sortir de la cuisine et comprit tout de suite, à son air, qu'ici il y avait du nouveau.

— C'est déjà vous, mon petit monsieur ? dit-elle en jetant son torchon dans l'évier.

Elle l'appelait souvent ainsi, et c'était très affectueux, avec un rien de condescendance.

— Venez un moment par ici.

Elle le précéda dans la salle à manger où il n'y avait qu'Olga à achever de mettre les couverts.

— Laisse-nous, Olga, ma fille.

Mélanie fit ce qu'il ne lui avait jamais vu faire : elle s'assit dans une pièce réservée à ses pensionnaires. Elle s'assit comme pour une longue conversation et lui fit signe de s'asseoir devant elle. Les serviettes, avec leur rond numéroté, étaient en place sur la table, et les bouteilles de vin qui portaient le nom des habitués.

— On ne vous a encore rien dit, je suppose ?

Il ne trouva rien à répondre tout de suite et, mettant un doigt sur ses lèvres, elle annonça :

— Chut ! Ne parlons pas trop fort. Elle est en haut...

Elle rapprocha sa chaise, ses genoux touchant ceux d'Alain.

— Quand elle est arrivée, il y a une heure, je ne savais pas encore ce qui s'était passé. A vrai dire, je ne la connaissais pas. Je l'avais déjà vue passer, mais je ne l'aurais pas reconnue.

» — A quelle heure mon frère rentre-t-il ? m'a-t-elle demandé sans seulement me dire bonjour.

» Elle descendait d'un taxi. Elle l'avait gardé. J'ai deviné qui elle était à un certain air de ressemblance.

» Elle m'a demandé alors si je pouvais lui donner une chambre près de la vôtre et, quand j'ai voulu savoir pour combien de temps, elle a répondu qu'elle l'ignorait.

» Elle était toute drôle, le visage barbouillé. Elle avait pleuré, car le noir de ses cils avait coulé et son rouge à lèvres s'était étendu.

» — C'est que je n'ai pas beaucoup de chambres...

» — Dans ce cas, vous accepterez peut-être de me dresser un lit dans celle de mon frère ?

» Je n'allais pas vous faire ça, vous comprenez ? Je pensais au taxi qui attendait toujours, et, malgré moi, cela me rend malade de voir un compteur tourner à vide.

» Je lui ai dit alors :

» — Je vais toujours vous donner une chambre en attendant, et, pour le reste, on verra quand M. Alain sera rentré.

» Elle a fait monter deux grosses valises très lourdes. Je crois bien qu'elle s'est jetée sur son lit tout habillée. Un peu après, elle a sonné et elle a demandé à Olga de lui monter quelque chose de fort.

» Attendez ! N'allez pas encore la retrouver. Ce n'est pas un verre qu'elle a demandé, mais une bouteille. Si bien qu'à cette heure je parierais n'importe quoi qu'elle dort...

Il écoutait, comme dans un rêve, sans réagir. Elle lui avait posé la main sur le genou, et il en sentait la tiédeur à travers le tissu.

— En voilà une qui aurait mieux fait d'aller à Paris avec sa mère ! Comme cela, au moins, elle ne vous aurait pas créé d'ennuis. L'histoire, je l'ai apprise il y a à peine un quart d'heure, par quelqu'un qui a tout vu — il vient seulement de sortir —, c'est le garçon de l'épicerie qui se trouve juste en face de la maison où cela... s'est passé.

» Vous connaissez la maison du docteur Fabien, n'est-ce pas ?

Il était passé devant il y avait déjà longtemps. C'était une grande construction carrée, du XVIIe siècle, avec de très hautes fenêtres et un perron de plusieurs marches. Elle se dressait dans la rue du Palais, et son jardin, au fond duquel Fabien avait fait construire sa clinique, donnait directement sur le parc.

En face, dans la rue même, il y avait une épicerie à deux vitrines où l'on voyait toujours des avalanches de citrons, d'oranges et de bananes, car elle était tenue par des Espagnols.

— Je ne sais pas pourquoi ils ont été aussi imprudents, ni ce qu'il y a eu avant. A ce que l'on raconte, il y a longtemps que Mme Fabien en a assez. Je vous demande pardon de vous dire tout cela, mais tout le monde le sait en ville, et il vaut mieux que vous soyez au courant.

» Fabien a toujours été coureur. Je pense que sa femme, qui n'était pas très portée là-dessus, s'y était résignée. Mais à la condition que cela ne devienne pas une menace pour elle, vous comprenez ?

» Un jour une, une semaine l'autre, cela n'avait pas tellement d'importance pourvu qu'elle se sente sûre de sa place.

» Et, tant que votre père était là — ne prenez pas ce que je dis de mauvaise part —, c'était un peu pour elle comme une garantie.

» Toujours est-il que cet après-midi, alors qu'il faisait déjà noir et qu'il n'y avait que les vitrines de l'épicerie à éclairer un bout de trottoir, le docteur est rentré chez lui en voiture. Au lieu de la ranger juste devant le perron, il l'a laissée deux maisons plus loin, dans l'obscurité.

» Il est monté chez lui, peut-être pour prendre quelque chose, peut-être pour annoncer qu'il ne rentrerait pas dîner.

» Le garçon épicier, Hector, prétend que Mme Fabien le guettait derrière ses rideaux. Et alors, justement, ses filles sont revenues de l'école. Elles ont reconnu l'auto de leur père et elles s'en sont approchées.

» Votre sœur était dedans, qui attendait. Il paraît que le docteur a pris l'habitude de la traîner partout avec lui.

» Il est impossible de savoir si les petites en ont parlé en rentrant. Il est probable que oui.

» Et la grande scène a éclaté. Hector prétend qu'on voyait les ombres aller et venir comme des marionnettes derrière les rideaux.

» Ce qui a son importance et ce que tout le monde ne sait pas, mon petit monsieur — laissez-moi finir, et surtout n'allez pas vous mettre à pleurer —, c'est que Mme Fabien, qui est une Hautot, de son nom de jeune fille, a beaucoup plus d'argent que son mari et que c'est avec sa dot qu'il a fait construire la clinique.

» Elle paraît molle et fade quand on la voit comme ça, mais je sais par expérience que ce sont les plus terribles quand elles se déchaînent.

» Lui, c'est un de ces hommes qui ne peuvent pas se refuser leur plaisir, mais qui, après, se mettent à avoir peur des conséquences.

» L'auto était toujours au bord du trottoir, avec votre sœur dedans. Quand la porte de la maison s'est ouverte, ce n'est pas Fabien qui est sorti, mais sa femme, et elle a marché à grands pas vers la voiture.

» Elle devait être dans tous ses états pour faire ainsi un scandale dans la rue, car elle a été bien élevée. Elle a ouvert la portière. Elle s'est mise à parler. Hector, de son seuil, ne voyait pas votre sœur cachée dans l'ombre. A un certain moment, Mme Fabien s'est penchée, lui a saisi le bras et l'a sortie de force de l'auto.

» Elle parlait toujours, d'une voix de plus en plus criarde. L'autre s'est mise à crier à son tour, tandis que des passants s'arrêtaient et qu'on voyait les rideaux bouger aux fenêtres.

» On en parle en ville à cette heure, allez ! Et on en parlera longtemps encore !

» Pendant ce temps-là, Fabien restait prudemment chez lui, et les deux femmes se chamaillaient toujours, s'injuriaient comme aux Halles.

» A la fin, Mme Fabien a arraché le manteau de fourrure de votre sœur — il paraît que c'est son mari qui le lui a payé — et l'a jeté par terre, dans la boue, puis s'est mise à le piétiner.

» Les gens n'osaient pas trop s'approcher, parce qu'ils étaient gênés, et Hector, qui fournit les Fabien, n'a pas quitté son seuil.

» — Peut-être qu'elles se sont un peu égratignées, m'a-t-il dit, mais je n'en suis pas sûr, parce que cela se passait dans le noir.

» Toujours est-il que votre sœur a fini par s'en aller sans manteau, en rasant les maisons, tandis que l'autre rentrait enfin chez elle et refermait bruyamment la porte.

» Moi qui connais la réputation de Fabien, je suis sûre qu'il va laisser tomber votre sœur. Déjà elle lui a fait assez de tort dans sa profession.

» Ce que je voulais vous dire avant que vous montiez, c'est de ne pas vous laisser embobeliner. Elle n'aurait pas dû venir ici tout de suite après, et je sens bien qu'elle compte se raccrocher à vous.

» Ce n'est pas votre affaire, mon petit monsieur. Vous êtes un brave jeune homme, bien courageux, je commence à vous connaître. Vous avez eu votre part de malheurs, et les gens ne vous en veulent pas, à vous.

» Mais, si vous vous occupez de cette fille... Je ne voudrais pas vous faire de peine, mais je suis bien obligée de vous dire que je ne la garderai pas dans la maison. Ce n'est pas le genre des *Trois Pigeons*. Ces femmes-là, voyez-vous, ça fait du mal partout où ça passe.

» Allons ! Vous avez été brave. Vous n'avez même pas pleuré. Il va falloir qu'Olga continue de mettre les couverts, parce que ces messieurs ne tarderont plus à arriver.

» Si je peux vous donner un conseil, c'est de ne pas monter maintenant. Vous allez venir dans la salle prendre un petit verre et ensuite vous dînerez tranquillement, comme si de rien n'était. Ils n'oseront rien vous dire, même s'ils savent déjà. Et, si quelqu'un vous entreprenait, c'est moi qui lui répondrais.

» Quant à votre sœur, quand vous la verrez, vous lui déclarerez qu'elle est assez grande pour tirer son plan toute seule et qu'elle ferait mieux de changer d'air. Celui d'ici ne lui vaut rien. Tout le monde se mettra du côté de Mme Fabien, et je ne peux pas donner tort aux gens. Allons ! venez avec moi. Demain est encore un jour...

Il essaya gauchement de sourire pour la remercier. Il n'avait fallu que quelques heures ! Et c'était une porte fermée par une main malveillante qui, dès le matin, lui avait donné l'intuition de la catastrophe.

S'était-il seulement jamais rendu compte qu'il y avait toute une ville autour de lui, une ville qui prenait maintenant à ses yeux les apparences d'un personnage aussi mystérieux que redoutable ?

Non seulement, cette ville, il ne la connaissait pas, mais il ne connaissait pas son père. Il avait cru candidement qu'il allait pouvoir s'incruster dans une chaude alvéole et se mêler à la vie de la communauté.

Il entendait encore la voix de Bourgues, le dimanche soir, qui répétait un mot de son père :

« Je les aurai ! »

Ce mot commençait à avoir un sens pour lui.

« Qui ? s'était-il demandé. Avoir qui ? » Maintenant, il comprenait que cela signifiait peut-être : « Tous ! »

Pas Mlle Germaine, cependant. Pas Mélanie. Pas même le pauvre Albert Jaminet. Il faisait des exceptions. Il se rendait compte qu'il avait un vaste tri à accomplir et en attendant il se laissait conduire comme un enfant dans la salle basse où le vieux Poignard, qui souffrait de la vessie, jouait aux dominos en buvant du vin rosé.

— Vous allez prendre un petit verre, un seul, et vous resterez ici pendant que je vais surveiller mes casseroles.

Il en arrivait à douter de Bourgues lui-même. L'idée de monter tout à l'heure, de se trouver en face de sa sœur, l'écœurait.

Avait-elle vraiment vidé la bouteille ? Est-ce qu'elle allait être ivre ? Il l'avait vue ainsi, une fois qu'elle rentrait très tard : elle allait et venait à travers les chambres en jetant ses vêtements sur les tapis, toujours plus nue, blanche et blonde, tellement impudique, tellement impudente qu'il avait été ensuite plusieurs jours sans oser la regarder.

Elle lui avait lancé cette nuit-là des mots crus, elle l'avait raillé, puis soudain, au beau milieu de la pièce, elle avait vomi, et il avait dû la soigner, après lui avoir jeté sur le corps un peignoir qu'elle repoussait méchamment.

C'était peut-être le plus mauvais souvenir de sa vie. Qui sait ? Plus mauvais que la vue de son père mort dans la pharmacie.

Un jeune homme d'une vingtaine d'années, Lunel, qui travaillait dans un laboratoire et qui prenait pension *Aux Trois Pigeons,* arriva le premier, puis, tout de suite après, le greffier roux.

Les pensionnaires ne se serraient jamais la main. C'était une sorte de convention. Ils se disaient bonjour et bonsoir, et chacun prenait sa place autour de la table ronde ; on se passait la soupière, puis les plats ; Lunel, le plus souvent, lisait en mangeant.

Tout à l'heure, Alain serait obligé de monter. Soudain lui vint, au moment du fromage, le désir de fuir. Il partirait même sans aller dans sa chambre, sans rien dire. Il se précipiterait vers la gare et prendrait le premier train venu, pas pour Paris où il y avait des Malou, mais pour n'importe quelle ville de province.

— Ça va, mon petit monsieur ?

Mélanie lui posait la main sur l'épaule, et il rougit, comme si elle l'eût deviné.

Elle lui répéta à voix basse :

— Surtout, ne vous laissez pas faire !

La retraite lui était coupée. On le surveillait. On le regardait s'engager dans le corridor, puis dans l'escalier. Il tourna le commutateur. Il allait pousser la porte du 13 quand une voix venant de la pièce voisine questionna :

— C'est toi, Alain ?

Il se donna encore un moment de liberté. Il s'immobilisa et ne répondit pas. Mais Corine devait avoir reconnu son pas. Les ressorts d'un lit grincèrent. Il y eut des pas, une porte qui s'ouvrait.

Elle portait une robe de soie noire, toute fripée, dont elle avait dégrafé le corsage, et ses traits étaient bouffis, ses yeux rouges, sa bouche mauvaise, ses cheveux en désordre.

— Qu'est-ce que tu attends ?... Viens...

Il était sûr que Mélanie écoutait au pied de l'escalier.

8

Ils auraient sans doute parlé toute la nuit si on ne les avait interrompus. Et, par la suite, de cette longue conversation qui n'était souvent qu'un monologue de sa sœur, mais qui prit à certain moment les allures d'une scène sordide comme il s'en était déroulé dans la rue, en face de chez

Fabien, de ces heures pendant lesquelles il ne cessa d'avoir le sang à la tête, il devait garder un souvenir à la fois précis et décousu.

Même le lendemain matin, il n'en retrouva que des bribes, comme pour une musique, des thèmes, des rythmes, et cela resta toujours enchevêtré dans sa mémoire : il y en avait, parmi ces thèmes, qui lui revenaient comme des rengaines à son insu et qu'il avait ensuite toutes les peines du monde à chasser.

La première chose qu'il vit en entrant, ce fut par terre un plateau en métal blanc avec une bouteille et un verre. Il remarqua tout de suite que la bouteille de cognac était encore à moitié, il eut l'intuition que le verre n'avait pas servi et qu'on avait bu au goulot. Sur le même plateau, il y avait des bouts de cigarettes écrasés, avec des traces de rouge à lèvres sur le papier, et de la fumée s'étirait autour de l'ampoule électrique qui pendait à un fil.

Pourquoi lui sembla-t-il que la chambre était plus pauvre, moins sympathique que la sienne ? Il y avait les mêmes petits carreaux d'un rouge sombre sur le sol, les mêmes murs blanchis à la chaux, une fenêtre identique dans un renfoncement, avec un rideau trop court, en cretonne à fleurs.

Le lit de fer était noir, la courtepointe blanche, les deux valises de Corine, posées dans un coin, n'avaient pas été ouvertes. Elle avait jeté son chapeau mouillé dans un autre coin ; peut-être, dans sa rage, l'avait-elle piétiné ?

Tout cela, il le vit d'un seul coup d'œil, et le petit crucifix au-dessus du lit, un chromo, sur l'autre mur, représentant *l'Angélus* de Millet. Il faisait plus chaud que chez lui, et ce n'était pas une simple impression, il le comprit plus tard ; un conduit de fumée, qui partait du rez-de-chaussée et traversait la chambre de bas en haut, était brûlant..

— C'est tout ce que tu me dis ? prononça Corine, hargneuse, quand elle eut refermé la porte et qu'elle le vit debout au milieu de la chambre.

Elle marcha vers une de ses valises qu'elle voulut ouvrir, mais il lui fallut d'abord chercher la clef dans son sac à main.

— Je suppose qu'on t'a tout raconté ?

De la valise, débordante d'un fouillis de linge et de robes en désordre, elle tira une chemise de nuit, un peignoir, une paire de mules bleues, puis tout en parlant, elle fit glisser sa robe noire par-dessus sa tête, découvrant une combinaison rose.

— Qu'est-ce qu'on t'a dit ? C'est en bas qu'on t'en a parlé ?

Il savait qu'elle allait se mettre nue avant de passer sa chemise de nuit, et il détourna la tête.

— Ce que je peux t'affirmer, en tout cas, c'est que je lui ai cassé quelque chose, à la Madeleine ! Car elle s'appelle Madeleine... Et sais-tu comment cette grosse larve se faisait appeler dans sa famille, comment elle aurait voulu que son mari continue à l'appeler ?... Chouchou, tout simplement... Je l'ai appelée Chouchou, moi, je t'en fiche mon billet, et je lui ai dit aussi qu'elle puait tellement que Fabien n'a jamais pu dormir dans le même lit qu'elle et que la femme de chambre, tous les matins, doit se pincer les narines pour entrer dans la chambre et lui servir son petit déjeuner...

Il se retourna trop tôt. Elle était encore en train de tirer sa chemise, que les hanches larges accrochaient au passage, et cela le mit de mauvaise humeur.

— Tu peux t'asseoir... C'est crispant de te voir debout au milieu de la pièce...

Il n'y avait qu'un fauteuil recouvert de reps rouge, et il s'y installa, face au lit dans lequel sa sœur se glissait enfin, arrangeant l'oreiller derrière ses reins et allumant une nouvelle cigarette.

Un temps d'arrêt. Il se souvenait d'une pause qui lui parut très longue, pendant laquelle tous les deux s'observaient, non pas à la dérobée, mais presque durement. C'est à ce moment qu'il constata que les sourcils de sa sœur, si elle ne les avait épilés, auraient été très larges et se seraient presque rejoints à la base du nez, où l'on voyait nettement la peau bombée et plus lisse.

Il murmura, parce que cette attente devenait insupportable :

— Qu'est-ce que tu comptes faire ?

— Tu ne vas pas te figurer que je lui céderai la place, non ?

— En fait de place, j'ai perdu la mienne.

— A cause de moi ?

Il fit oui de la tête, et elle gronda :

— La salope !

— Ecoute Corine...

— Ecoute, Alain, si tu es ici pour me faire de la morale, je te préviens tout de suite que tu perds ton temps... Je sais bien que tu as toujours été un peu naïf, mais ce n'est pas le moment de jouer les innocents... Cette garce, je la hais, tu entends ?... Et, puisqu'il y en a une des deux qui doit céder la place à l'autre, ce sera elle... Tu as dû croire que tu serais débarrassé de moi, que j'allais retrouver maman à Paris... Avoue que tu l'as pensé... Eh bien ! non !... Même si je n'aimais pas Paul — et je l'aime —, je resterais, rien que pour la faire enrager, rien que pour lui montrer qui je suis... Si tu l'avais vue, cette femme soi-disant bien élevée, se précipitant vers moi et vomissant toutes les injures qu'elle pouvait trouver...

» Je suis peut-être une putain... C'est entendu !... Mais j'aime Paul, moi !... Ce n'est pas avec mon argent que je le tiens... J'aime Paul, et il m'aime, tu comprends ça, petit imbécile qui n'as jamais rien compris ?

» Car tu n'as jamais rien compris, et maintenant moins que jamais... Si tu voyais ta tête, si tu voyais tes yeux...

» Cela me rappelle — que je te le dise tout de suite, car j'ai peur d'oublier — que maman m'a écrit à ton sujet... Tu ne lui as pas écrit, toi ?

— Dimanche...

— Elle n'avait pas encore reçu ta lettre... Elle n'avait pas ton adresse... C'est elle qui m'a rappelé que tu n'es qu'un enfant... Il te faut un tuteur et un subrogé tuteur... Tu dois te présenter chez Mᵉ Desbois, qui te dira ce qu'il y a à faire... C'est maman qui sera ta tutrice et probablement ton oncle Jules ton subrogé tuteur... Maintenant, dis-moi ce qu'on t'a raconté exactement, ce qu'ils racontent en ville...

— Je ne sais pas... C'est en bas que j'ai appris qu'il y avait eu une scène entre toi et...

— Entre moi et Chouchou... Après ?

— Rien... On m'a dit que tu étais en haut...

— Et tu as eu soin de ne pas monter tout de suite !... Avoue que tu as eu honte.... Avoue donc, imbécile ! Tes patrons t'ont bien parlé de quelque chose aussi...

— Très vaguement. Mme Jaminet est l'amie de Mme Fabien... Je crois qu'elles se sont téléphoné...

— Tas de crapules !... Mais j'aurai le dernier mot, va ! Tu peux être tranquille... C'est à moi de te demander ce que tu vas faire...

— Je ne sais pas...

— Tu ferais mieux d'aller retrouver maman...

Il s'entendit — et il en fut étonné lui-même — dire avec une netteté qui n'était pas préméditée :

— Non.

— J'oublie que tu détestes maman aussi...

— Je ne la déteste pas...

— Tu la détestes... Tu me détestes... Il n'y a que ton père qui...

Oui, c'est ainsi que cela avait dû commencer. Il ne se souvenait pas de l'enchaînement exact. Il ne se souvenait pas non plus de ce que Corine, au début, avait dit de leur père. Elle ne disait d'ailleurs pas « notre père », mais « ton père », comme s'ils n'avaient pas été frère et sœur.

Elle but, vers ce moment-là, une large gorgée de cognac. Elle alluma encore une cigarette. Elle était assise dans son lit, le regard dur, et, bien qu'elle le regardât en face, elle semblait parler pour elle seule.

— Il ne s'en ferait pas pour ce qui arrive, lui, ne t'inquiète pas, car il en avait l'habitude...

— L'habitude de quoi ?

— Tu demandes l'habitude de quoi ?... De toutes ces saletés-là, mon pauvre idiot de frère... Si tu crois qu'il n'a pas passé sa vie dans la saleté !... Tu te figures peut-être que j'aurais pu faire autre chose que ce que je fais, oui ?... Oh ! je n'oublie pas que j'ai été parfaitement élevée... Dans les meilleurs couvents et dans les plus riches institutions. Sauf que j'en changeais de temps en temps parce qu'on m'y rendait la vie intenable... Pas à cause de moi, va !... A cause de ton père... Et aussi parce qu'il y avait soudain des moments où l'on n'avait plus d'argent...

» Je me demande encore comment tu as fait pour vivre dans la maison aussi longtemps sans t'apercevoir de rien... Tu es jeune, soit, mais ce n'est pas une raison... A ton âge, j'en savais plus long que toi, je t'assure... Et je me rendais compte, moi !... Il est vrai que je ne me bouchais pas les yeux et les oreilles...

» Avoue que c'est ce que tu as fait... Pour être tranquille !... Parce que tu n'avais pas envie de savoir !... Si tu crois que je ne l'ai pas compris... Il a fallu la mort de papa et tout ce qui a suivi pour t'obliger à regarder les choses en face... Et encore !... Qu'est-ce que tu as trouvé à faire ?... Tu es allé mendier une place de dernier employé chez un petit imprimeur... Et tu as sans doute dit merci quand on t'a flanqué à la porte...

» Moi, mon petit, on ne me flanquera pas à la porte, tu entends ? Ils s'imaginent tous que je vais partir... Ils se croient débarrassés de moi. Or je resterai... Et, demain, ou après-demain, Fabien viendra me demander pardon... Il me suppliera... Il se traînera à mes pieds. Ce n'est pas la peine que je t'explique pourquoi, car tu rougirais encore comme une fille. Il a besoin de moi... Il ne dormira pas beaucoup cette nuit, celui-là ! Il faudra peut-être des semaines, peut-être des mois, mais c'est Chouchou qui s'en ira... Malgré les enfants !... Malgré tout !... Malgré la clinique !...

» Et si ton père était encore là, c'est à moi qu'il donnerait raison... Est-ce que tu te figures qu'il n'a pas reçu de coups de pied au derrière, lui ? Qu'on ne l'a pas flanqué à la porte plus de cent fois ?...

— Ecoute, Corine...

Mais elle n'écoutait rien. C'était elle qui parlait, d'une voix de plus en plus sèche et passionnée. Plusieurs fois, dans le cours de la soirée, des voisins frappèrent le mur ou le plafond pour les prier de se taire, mais elle ne s'en souciait pas.

— Ah ! Je suis une putain... Et qu'est-ce que notre père a épousé ?... Je parle de maman, oui... Tu ne veux rien savoir de tout ça ?... Tu le sauras quand même, parce qu'il le faut, parce qu'autrement tu continueras à faire rire de toi... Il n'était pas encore bien riche à cette époque-là... Il commençait seulement à se faire les griffes... Il travaillait dans un petit journal dont les articles qui ne paraissaient pas coûtaient plus cher que ceux qui paraissaient... Tu ne comprends pas ça non plus ?... Un journal de chantage, si tu préfères... Et Dorchain, le député, était son patron... Et ton père a été tout fier de coucher avec la femme d'un député...

» Ils se sont fait pincer tous les deux... Tu te demandes peut-être comment j'ai appris ces détails ? Tu oublies que, quand tu étais encore un gamin, il y a cinq ou six ans de cela, il y a eu une brouille entre nous et les Dorimont... De jolies scènes aussi, celles-là !... Ce qui n'empêche pas maman de se réfugier aujourd'hui chez tante Jeanne...

» Eh bien ! c'est tante Jeanne qui m'a mise au courant... Elle détestait notre mère à cette époque, tout lui était bon...

» Sais-tu ce que Dorchain, après avoir obtenu le divorce, a dit à ton père : « A présent, mon pauvre ami, c'est vous qui l'avez sur le dos !... »

» Et papa l'a eue sur le dos pendant vingt-deux ans... Pendant vingt-deux ans, elle l'a tenu, parce que, malgré ses airs dolents, c'est une femme qui sait ce qu'elle veut... Et elle a donné les réceptions qu'elle rêvait de donner... Et elle a eu son chauffeur personnel, sa femme de chambre, son maître d'hôtel...

» Et nous avons vécu tout ça, mon pauvre couillon d'Alain !...

» On m'habillait comme une poupée de luxe, j'avais les plus beaux jouets de la terre, on n'hésitait pas, pour mon Noël, à m'acheter un cheval et à m'offrir un professeur d'équitation...

» Mais, quand je suis entrée en pension, un peu plus tard, mes condisciples, après quelque temps, évitaient de me parler... Leurs parents le leur défendaient... Parce que j'étais la fille de Malou !...

» Ah ! tu trouves, comme Chouchou, que je suis une putain...

» Des histoires, je pourrais t'en raconter toute la nuit... Le plus extraordinaire, c'est que tu sois le seul à ne pas les connaître... Les gens se les racontent, ici comme ailleurs... Elles ont traîné dans les petits journaux du genre de celui où ton père a débuté...

» De l'argent frais !... C'était son mot... On manquait toujours d'argent frais, et tu ne sais pas, toi, comment on se le procurait à la dernière minute...

» A propos, qu'as-tu fait de la valise de papiers ?

— Elle est dans ma chambre.

— Il faudra que tu me la donnes... Tu es trop bête pour t'en servir... Tu ne comprendrais même pas... Tandis que moi, j'y trouverai sans doute de quoi leur mettre le nez dans leur merde...

» Tu es choqué ? Tu penses qu'on parlait autrement, en famille, quand éclatait une de ces bonnes disputes à la fin desquelles maman, parfois, allait s'installer à l'hôtel pour quelques jours ?

» Tu ne le savais pas non plus, non, idiot ?

» Et tu es là, raide comme un piquet, à me regarder avec effroi ?... Et, pour un peu, tu irais te mettre dans le clan des autres ?...

» Le clan des autres... Tous autant qu'ils sont...

Des mots qu'Alain avait déjà entendus, prononcés par Joseph Bourgues. Mais l'ancien bagnard n'avait pas cet accent passionné, ni ce visage haineux.

Il aurait voulu pouvoir se dire que sa sœur était ivre. Il voyait bien que, si elle avait bu, elle n'en gardait pas moins toute sa conscience.

Elle se vidait, en quelque sorte, de ce qu'elle avait sur le cœur, de tout ce qu'elle n'avait jamais dit, sauf par bribes, au cours de ses disputes avec sa mère, sauf aussi, peut-être, en tête à tête avec Fabien.

Il en était épouvanté. Des souvenirs lui revenaient, des images : sa sœur, par exemple, quand elle revenait, culottée et bottée, d'une de ses promenades à cheval, la cravache à la main, les traits du visage encore flous, des cheveux blonds s'échappant en boucles de sa casquette de jockey.

Il se souvenait des goûters magnifiques qu'elle offrait à ses amies, alors qu'il était encore trop petit, de toutes ces fillettes que servaient gravement les maîtres d'hôtel en gants blancs.

— Il faut bien te dire une chose, vois-tu, Alain, c'est que nous ne sommes pas, que nous n'avons jamais été des gens comme les autres et que les autres nous détestent et nous méprisent.

» Même et surtout ceux qui venaient manger à notre table ! Même ceux qui avaient besoin de papa !

» On disait, avec un petit sourire entendu : « Je suis invité à déjeuner chez les Malou ! » ou encore : « Je vais passer le week-end au château des Malou... »

» Et ces mots-là s'accompagnaient obligatoirement d'un clin d'œil. On venait chez nous comme au spectacle. On venait voir de près, chez lui, l'homme qui se croyait l'empereur du bâtiment, sa femme qui se croyait une femme du monde...

» N'imagine pas que j'exagère. Papa a laissé écrire ce mot dans un journal : l'empereur du bâtiment... Il faisait semblant d'en rire, mais il y croyait...

» Je me souviens d'une sorte de prospectus qu'il a publié sur du papier de grand luxe pour l'envoyer à tous les personnages officiels et à toutes les mairies...

» Malouville — ce mot-là ne te fait pas rire, toi ? —, Malouville ne devait être qu'une expérience, un échantillon de ce qui restait à faire... Ton père rêvait d'obtenir que toutes les villes d'au moins cinquante mille habitants soient obligées par une loi de bâtir, à proximité, une cité nouvelle comme Malouville...

» Tu retrouveras ce prospectus dans la valise... On y parle des taudis, des banlieues lépreuses, de la nécessité de semer à travers la France la graine des villes de demain...

» Cela, c'était Malou qui devait en être l'artisan... On lui permettait de lancer un grand emprunt, un emprunt national... Et lui, avec tous ces millions, ces centaines de millions...

» Tu ne ris pas ? Tu ne souris même pas ? Il y avait des gens qui venaient chez nous et qui faisaient semblant, eux aussi, de prendre tout cela au sérieux...

» Puis, après leur avoir fait miroiter ces centaines de millions, on les tapait de quelques billets de mille, de quoi payer le maître d'hôtel qui venait de les servir et qui était parfois des mois sans toucher un centime de gages.

» Et mes mariages, Alain... Tu ne te souviens pas de mes mariages, toi ?

» Tu allais à l'école, au collège... Tu revenais et tu t'enfermais dans ta chambre pour étudier ou pour lire, et je parie que tu t'enfonçais les doigts dans les oreilles.

» A table, tu avais un air si absent, tu étais si peu de la famille, que j'ai vu souvent papa te regarder avec étonnement, puis hocher la tête et soupirer.

» Peut-être, après tout, qu'il aimait mieux ça, puisque tu as été son préféré ! Peut-être qu'il se disait que, toi, tu deviendrais un authentique homme du monde !

» Dix fois au moins on a essayé de me marier. On ne regardait pas l'âge, je te le jure !... Pourvu que ce fût un parti reluisant... Ou bien de l'argent, beaucoup d'argent, ou bien un titre... Ou bien encore une situation importante dans la politique.

» Et les dîners succédaient aux dîners... Et le monsieur était chambré... Et cela finissait toujours de la même façon... Il disparaissait un beau jour pour ne plus revenir...

» Qu'est-ce que je leur aurais apporté, dis ?

» Je leur aurais apporté un beau-père, Eugène Malou, et une belle-mère qui se croyait une grande dame parce qu'elle avait des bijoux et qu'elle recevait vingt ou trente personnes à sa table !...

» Tu ne les as pas vus se chamailler, toi, quand il s'agissait de mettre les cartes avec le nom des convives sur les couverts... Quel est le grade d'Untel dans la Légion d'honneur ?... Est-ce qu'un ministre passe avant un académicien ?... Il n'y a que des monseigneurs que nous n'avons pas reçus, parce que les évêques et les archevêques sont prudents...

» Qu'est-ce que tu voudrais qu'il sorte d'une pareille saleté, dis ? Regarde-moi autant que tu veux comme si j'étais un monstre, mais mets-toi bien dans la tête qu'aucun de nous ne vaut mieux...

» J'ai eu des amants, et cela a commencé avec un ami de papa...

— Tais-toi, veux-tu ?

— Il faudra pourtant que tu t'y habitues... J'ai couché avec le comte d'Estier, tiens...

Il se leva, rouge de colère.

— Corine...

— Et après ?... Assieds-toi !... Tiens-toi tranquille !... Crois-tu que ton père se soit gêné, lui ? Il a couché avec la plupart de ses dactylos, et certaines fois cela ne s'est pas arrangé tout seul... Il a essayé de coucher avec une de mes amies qui avait mon âge...

— Tu mens !

— Comme tu voudras... Demande à maman, ou à tante Jeanne... Demande à n'importe qui... Ce n'est évidemment pas ce qu'on apprend à l'école, et toi, tu vois encore la vie et les hommes à travers ton collège...

Il était épouvanté. Il la regardait fixement et il aurait tout donné pour pouvoir la faire taire. Cependant, il écoutait. Quelque chose le retenait dans cette chambre, devant cette fille qui était sa sœur et qui, pour se maintenir à un certain degré de frénésie, collait de temps en temps à ses lèvres le goulot de la bouteille de cognac.

— Nous ne sommes même pas des parvenus, car les vrais parvenus ont de l'argent, et nous n'avons jamais eu que des dettes, nous avons vécu en quelque sorte de nos dettes...

» C'est justement pour cela qu'il était nécessaire d'éblouir... Ton père pensait qu'il était indispensable d'éblouir les gens et il ne savait qu'inventer pour cela...

» Est-ce que notre maison a jamais ressemblé à une vraie maison, dis-moi ? T'y es-tu jamais senti à ton aise ailleurs que dans ta chambre ? Et encore !... On t'avait flanqué, en guise de lit, une espèce de catafalque, parce qu'il y avait des armoiries dessus.

» Je me suis toujours demandé pourquoi notre père supportait les humeurs de maman, pourquoi il ne divorçait pas à son tour, et je crois que j'ai fini par découvrir la raison : c'est d'abord parce qu'elle avait été la femme d'un député, d'un homme qui avait été ministre et qui pouvait le redevenir... Ensuite — et c'est sans doute le plus important — parce qu'il avait besoin d'elle, qu'il était mal au courant des usages, tandis qu'elle avait mené avant lui, pendant quelques années, cette vie de réceptions et qu'elle en connaissait les règles élémentaires...

» Nous n'en sommes pas moins les petits-enfants de notre grand-père, Alain. Et nous n'avons rien à voir avec tous ces gens qui nous entourent, nous n'avons rien à attendre d'eux, retiens cela... Ils nous détestent et nous méprisent... C'est pourquoi je ne me laisserai pas faire par une Chouchou...

» J'ai la chance, moi, d'avoir quelque chose qu'elle n'a pas...

Elle faillit faire un geste obscène dont il n'y eut que l'esquisse.

— Je m'en servirai et c'est moi qui gagnerai la partie. Je serai Mme

Fabien, tu verras ! Ils me recevront chez eux, et peu m'importe s'ils chuchotent dans les coins...

» Sais-tu ce que faisait la comtesse d'Estier avant de devenir comtesse ?

» Elle était au *Casino de Paris,* pas même comme danseuse, mais comme femme nue. C'est d'ailleurs à cause de cela, sans doute, qu'Estier a mis de l'argent dans les affaires de papa, pour éviter que notre père commence une campagne d'échos dans les journaux...

» N'empêche qu'elle est comtesse...

» Est-ce que tu commences à comprendre ?

Il ne répondit pas. La tête lui tournait. L'air sentait le tabac et le cognac, et à certains moments il lui semblait que c'était lui qui était ivre. Parfois son regard se posait sur *l'Angélus* de Millet, et ces gens debout dans un champ, mains jointes pour la prière, lui paraissaient appartenir à un monde de rêve.

Il lui semblait que tout était sombre autour de lui, qu'en dehors de ce cube blanc de la chambre il n'y avait que du noir, du froid, de la neige fondue.

Il s'en voulait de ne pas se redresser, de ne pas défendre son père devant cette fille qui, du fond de son lit, cherchait les mots les plus crus et les plus méchants, les images les plus repoussantes.

— Tais-toi, Corine, supplia-t-il.

— Tu reviendras me parler quand tu auras lu les papiers de la valise.

— Comment as-tu pu les lire ?

— Parce que je l'ai ouverte un jour que papa n'était pas là.

— Tu fouillais ses affaires ?

— Pourquoi pas ?

Il la fixait, effaré. Il ne pouvait pas concevoir qu'il eût vécu à côté d'elle sans soupçonner son caractère.

— Je pourrais te dire aussi que maman a menti, que, si elle est partie si légère pour Paris, c'est qu'elle emportait la plus grosse partie des bijoux. Elle ne les aurait jamais laissé vendre, va ! Je la connais trop bien. Elle les défendait avec acharnement. J'ai entendu certaines fois ton père la supplier de lui permettre d'en engager au moins une partie pour se tirer d'un mauvais pas...

» — Et qu'est-ce que je ferais s'il t'arrivait quelque chose ? répliquait-elle. Que deviendraient les enfants ?

» Elle nous a quand même bien laissés tomber...

» Ils trichaient tous les deux, c'est encore une chose que tu ne sais pas. Chacun essayait de se faire son petit magot...

» Ce n'est pas la peine de pleurer, va !...

— Je ne pleure pas.

C'était un rhume naissant qui lui donnait aussi les yeux rouges et qui lui picotait les narines.

La bouteille était vide, et Corine fut sur le point de demander à son frère d'aller en bas lui en chercher une autre. Mais il n'y avait plus aucun bruit dans la maison. Il était très tard. On passait de longs moments sans entendre de pas dans la rue.

— Tu feras ce que tu voudras, tu deviendras un employé comme ton frère si cela te chante... Je te préviens seulement que tu ne m'empêcheras pas de faire ce qu'il me plaît...

» Peut-être est-ce moi qui ai le plus hérité de notre père ?... Il s'est acharné contre eux toute sa vie... Je parie que, s'il n'avait pas été malade, s'il n'avait pas appris qu'il était condamné, il aurait continué...

» Sais-tu ce que, à mon avis, il est allé demander à Estier ? De quoi finir tranquillement dans une clinique...

— Ce n'est pas vrai...

— Comme tu voudras... Cela n'en reste pas moins mon idée... Alors, quand il a vu que même ça, c'était impossible...

— Tais-toi, Corine !...

Il avait envie de la frapper. Elle venait, en quelques heures, de piétiner tout ce qu'il avait connu jusqu'alors.

Il se souvenait de Joseph Bourgues, qui parlait un langage si différent.

De leur promenade nocturne le long de la route, au-delà de La Genette, il était revenu plus fort, avec la sensation d'être désormais un homme.

Cependant Bourgues et Corine n'avaient-ils pas dit à peu près la même chose ? Autrement, en d'autres termes.

Corine était pleine de haine. Elle avait craché sa haine, et il en était barbouillé, il en avait physiquement mal au cœur.

Ni l'un ni l'autre ne s'occupaient de l'heure.

— Même sa maladie...

Il faillit lui imposer le silence de force, tant il avait peur de ce qui allait suivre.

— Tu ne vas pas me croire, mais je sais ce que je dis. J'en ai parlé longtemps avec Paul. Son cancer...

Il ouvrit la bouche pour dire non, car il devinait.

— Cela lui est venu d'une ancienne syphilis...

Il ferma les yeux et resta immobile. Ce mot-là, pour lui, était le plus atroce.

— N'aie pas peur pour toi... Je me suis renseignée... J'ai fait mieux... Je me suis fait faire une prise de sang, et la Wassermann a été négative... Cela date de plus loin, tu comprends, sans doute du temps de sa première femme... Et, comme tu es né après moi...

Cette fois, il pleurait. Il avait suffi d'un mot, d'un mot qui désormais le hanterait toute sa vie. Il s'était penché sur le bras de son fauteuil et, la tête dans son bras replié, sanglotait.

— Tu es aussi bête qu'eux !... Tu as encaissé tout le reste, qui était autrement grave... Et ça, un mot de rien du tout...

— Tais-toi !

Il avait crié de toutes ses forces. Il était debout, des larmes sur les joues, la bouche tordue. Il serrait les poings. S'il avait eu un objet quelconque à la main, il aurait sans doute frappé cette fille avec acharnement, peut-être l'aurait-il tuée !

— Tais-toi, tu entends ?... Sinon, je ne sais plus ce que je ferai...

Et, le visage près de son visage, les poings toujours crispés, il haletait, sans parvenir à reprendre son souffle :

— Tu es une... tu es une... tu es une...

Elle lui soufflait son haleine empestée d'alcool et de nicotine à la face.

Elle était belle, elle le savait. Mais pas pour lui. Il détestait ce visage aux lèvres charnues, aux narines frémissantes, aux yeux pleins de lueurs.

— Une putain !... acheva-t-elle en riant. Mais si, c'est le mot... Chouchou me l'a crié tout à l'heure... Crie-le aussi, toi, jeune Malou, fils de Malou...

Et voilà qu'elle éclatait de rire, que sa gorge se gonflait d'un rire qu'elle ne pouvait plus arrêter.

Il menaçait :

— Tais-toi !

Elle riait toujours de ce rire qui le rendait fou. Ce n'était plus sa sœur, ce n'était plus une femme qui riait, c'était une femelle, une immonde femelle, qui venait, par jeu, par haine, par dégoût, de salir tout ce qui lui restait au monde.

— Tais-toi !

Il aurait voulu se calmer. Il suppliait presque, devant ce rire qui n'en finissait pas, qui devenait hystérique, devant cette gorge gonflée, cette peau laiteuse du cou, du sein qui sortait de la chemise :

— Tais-toi...

Alors on frappa à la porte, et il se figea. Le rire se figea aussi, si soudainement que cela fit un grand vide dans la chambre. Il dut avaler sa salive. Il ne pouvait pas parler tout de suite d'une voix naturelle. On frappait à nouveau, de petits coups discrets et impérieux tout ensemble.

— Qu'est-ce que c'est ? parvint-il à articuler en se passant la main dans les cheveux.

— Ouvrez... C'est moi, Mélanie...

Il hésita un instant. Il lui sembla que sa sœur lui faisait signe de ne pas ouvrir, mais la voix de l'aubergiste était si convaincante qu'il lui obéit machinalement. Il tira l'étroit verrou peint du même vert que la porte. Ce fut Mélanie qui poussa le battant.

Elle dit :

— Cela empeste, ici...

Elle ne jeta qu'un coup d'œil au lit, très vite.

— Vous ne vous rendez pas compte qu'il est passé deux heures du matin et que vous empêchez toute la maison de dormir ?

— Je vous demande pardon..., balbutia-t-il.

— Allons, venez...

Il fut étonné, après coup, de la docilité avec laquelle il obéit. Il ne regarda pas sa sœur. Il oublia de prendre son pardessus et son chapeau. Il suivit la grosse femme dans le corridor et il ne trouva pas étrange de la voir tout habillée.

S'était-elle rhabillée exprès, parce que ce n'était pas le genre de femme qui se montre en tenue de nuit ? Avait-elle veillé jusqu'alors ? Avait-elle écouté leur conversation ?

Elle ouvrait la porte du 13, après avoir refermé la chambre de Corine, et c'était elle qui tournait le commutateur électrique.

— Vous allez vous coucher tout de suite...

Il y avait de la sévérité dans sa voix, une sévérité sans animosité. Elle lui parlait comme à un enfant.

— Et vous me ferez le plaisir de dormir, mon petit monsieur... Quant à elle, que vous le vouliez ou non, demain matin, elle débarrassera le plancher.

Elle regardait autour d'elle pour s'assurer qu'il ne manquait de rien.

— Vous désirez que je vous monte quelque chose à boire ?

— Merci.

Il n'avait plus de nerfs, plus de force. Ses membres, sa tête étaient vides. Il restait debout au milieu de la chambre sans se rendre compte de l'endroit où il était, ni de ce qu'il aurait dû faire.

Il ne pleurait plus, mais il avait encore un goût salé aux lèvres, et son front était chaud, ses mains brûlantes.

— Vous allez tirer le verrou dès que j'aurai fermé la porte, et, si elle essayait de venir vous relancer, je vous défends d'ouvrir...

Il promit de la tête.

— Dormez bien... Dormez aussi longtemps que vous le pourrez... Je n'ai malheureusement pas de médicament pour vous faire dormir...

Elle hésitait encore à s'éloigner. Peut-être qu'elle avait envie de lui poser les mains sur les épaules en un geste encourageant ou même, elle qui n'avait jamais eu d'enfants, de serrer ce grand garçon maigre et gauche sur sa molle poitrine ?

Elle répéta en se retirant :

— Dormez bien...

A travers la cloison, il entendit sa sœur qui se relevait, puis qui se couchait à nouveau. Il entendit le déclic du commutateur électrique.

Alors qu'il venait de s'étendre, il aperçut la fameuse valise et faillit aller l'ouvrir. Il était trop las. La tête lui tournait. Il lui semblait qu'il allait commencer une grave maladie et il en était soulagé. Parce qu'alors il n'aurait plus à s'occuper de rien. Les autres prendraient les responsabilités à sa place.

Il aurait aimé être malade longtemps, dans une chambre claire, avec une infirmière qui l'empêcherait de parler et lui apporterait de temps à autre du bouillon ou des remèdes.

Ses lèvres se gonflaient. Il se sentait, ce soir-là, un tout petit enfant et, à son insu, il serrait son oreiller dans son bras replié comme il l'eût fait d'une personne humaine, d'une grande personne qui aurait pris sur elle tout le poids de sa vie.

Quand elle entendit son souffle régulier seulement, Mélanie, dans le corridor, s'éloigna sur la pointe des pieds. Elle ne put se retenir, en passant devant la porte voisine, de tirer la langue.

9

Alain n'avait pas pensé que c'était samedi. Il trouva la porte grande ouverte et Mme Foucret, des sabots aux pieds, un tablier de grosse toile bleue sur son jupon de dessous rose, en train de laver la maison à grande eau. Elle se redressa, surprise, gênée. Tout de suite, elle porta les mains à ses cheveux roulés par des épingles.

— Excusez-moi, monsieur Alain...

Le temps avait à nouveau changé. Il y avait du soleil ce matin-là, il avait gelé pendant la nuit, et le sol était dur, la terre croustillante. Pourquoi la femme le regardait-elle de la sorte ? Parce que sa longue silhouette, à contre-jour, paraissait démesurée ? Elle ouvrit la bouche et faillit dire quelque chose, lui dire qu'il était changé ; il le devina. Il savait bien qu'il y avait un changement en lui, il le sentait en lui-même et jusque dans le rythme de sa marche, de ses gestes, mais il ignorait que cela pouvait se voir du premier coup d'œil.

— Entrez donc. Je vais vous faire une place propre.

Elle tordait le torchon au-dessus du seau, expliquait :

— Foucret est parti à vélo pour Jamilly, à trois kilomètres d'ici, où il a ses bottes de caoutchouc à faire réparer... Ils ont une battue aux lapins, demain matin, dans le bois d'Ormeaux.

Devina-t-elle qu'il n'était pas venu, cette fois, pour son mari ?

— Entrez d'abord boire quelque chose... M. Joseph est à la pêche... Si vous voulez le voir, vous le trouverez au bas de la côte, pas loin des Trois Chênes... C'est toujours par là qu'il s'installe...

— Je vais le rejoindre, dit-il.

— Vous ne voulez pas un verre de vin ? Quelque chose de chaud ? Vous pouvez avoir du café dans quelques minutes...

Le dimanche précédent, il aurait cédé, pour lui faire plaisir, parce qu'il n'aurait pas osé refuser. Aujourd'hui, il prononçait, avec calme, avec gravité, mais aussi avec beaucoup de douceur :

— Je vous remercie. Je verrai sans doute votre mari en repassant.

Il ne pouvait pas avoir maigri parce qu'il venait de passer deux jours au lit. Il avait toujours été maigre. Il n'avait même pas été malade. A peine un rhume qui lui laissait le nez rouge et humide, les paupières sensibles.

C'était comme d'un commun accord qu'ils avaient joué, Mélanie et lui, la comédie de la maladie. Quand il s'était réveillé, vers midi, elle devait tendre l'oreille d'en bas, car elle était montée tout de suite.

— Rassurez-vous, mon petit monsieur, avait-elle annoncé. Elle est partie... Laissez-moi voir votre langue... Mon Dieu, ce que vous avez eu chaud !...

Les draps étaient mouillés, et l'oreiller, le pyjama.

— Je pensais bien que vous couviez quelque chose... Mais on va vous soigner, et ce sera vite passé... Olga, apporte des draps et une taie...

Comme pour l'étourdir, en somme. Elle l'avait soigné, dorloté. Tantôt c'était un bol de bouillon, tantôt un flan, tantôt de la limonade chaude. Mais elle savait aussi bien que lui qu'il n'était pas malade, que tout cela ne visait qu'à lui changer les idées.

Pourtant, ce matin, il se sentait encore un peu faible. Dans le tramway de La Genette, il avait eu deux ou trois bouffées de chaleur et il avait marché ensuite à pas mous le long de la route qui lui avait paru plus longue que le dimanche précédent.

Il parcourait les avenues du lotissement, apercevait de loin, au milieu de la pièce d'eau, le socle qui attendait, qui attendait toujours le buste de son père.

Il n'eut pas de peine à trouver les Trois Chênes ; au bas de la colline, il s'engagea dans un sentier qui descendait en zigzaguant vers le bord de la rivière. Une fois là, il fut surpris, un peu dérouté, de ne pas apercevoir Joseph Bourgues. Il fit quelques pas à gauche, découvrit la berge sur une assez longue distance, mais il n'y avait pas de pêcheur.

Il se retourna et alors seulement il vit l'homme qu'il cherchait, assis sur une pierre plate, près d'un saule, sa ligne à la main, le regard fixé sur un minuscule flotteur rouge piqué dans l'eau miroitante.

Bourgues ne l'avait pas entendu, ignorait sa présence. Il était si immobile, si silencieux, tout était si immobile et silencieux autour de lui qu'Alain en fut impressionné.

Un peu de fumée montait, dans l'air calme, d'une cigarette que l'ancien bagnard avait aux lèvres et qui pendait presque sur son menton. Parfois il penchait légèrement la tête, sans doute pour mieux voir le flotteur, prêt à ferrer.

Il n'abandonna son immobilité que quand Alain fut debout à quelques mètres de lui et il ne se leva pas, ne bougea que la tête, murmura :

— C'est vous ?

— Vous ne me tutoyez plus ?

— C'est vrai... Je t'en demande pardon. Alain... Assieds-toi... Il y a une pierre un peu plus haut...

Entre eux aussi il y avait quelque chose de changé. Six jours plus tôt, c'était un homme mûr, presque un vieillard, qui marchait avec un enfant sur la route.

Aujourd'hui, il n'y avait plus d'enfant. Alain ne se pressait pas de parler, de poser les questions qu'il s'était promis de poser. Il restait immobile, lui aussi, assis sur sa pierre, tenant à deux mains ses longues jambes repliées, regardant la surface de l'eau, avec, de temps en temps, un bref coup d'œil à son compagnon.

— J'ai lu les papiers de mon père, dit-il enfin.

— Ah !

Joseph Bourgues attendait, évitant de se tourner vers lui, retirant doucement sa ligne, dont il changea l'amorce avec un soin méticuleux.

— J'ai retrouvé une photo de mon grand-père.

Dans un vieux portefeuille qui ne contenait que des photographies, des papiers jaunis, aux pliures cassées. C'était une photo sur plaque de zinc qu'on avait dû prendre dans une foire. Les traits étaient à moitié effacés. On voyait un homme aux cheveux en broussaille, des cheveux blancs si drus qu'ils lui faisaient presque une crinière, d'épais sourcils, des yeux tout petits, presque bridés, un nez fort et des moustaches tombantes qui cachaient ses lèvres.

Ce qui frappait le plus, c'était l'air sauvage, à la fois tranquille et méfiant, avec lequel il regardait l'objectif. Comment était-on parvenu à l'entraîner devant l'appareil et à l'y immobiliser ? Il n'était pas content. Il était là pour faire plaisir à quelqu'un, mais il fixait d'un air hargneux le voile noir sous lequel l'opérateur devait être enfoui.

Il y avait d'autres photographies dans le portefeuille, notamment une d'Eugène Malou, à seize ou dix-sept ans, en compagnie d'une gamine aux bandeaux plats maintenus sur le front par un ruban.

— Il y a un aéroplane peint sur la toile de fond, n'est-ce pas ? fit Joseph Bourgues. Alors je la connais. Nous étions ensemble. C'était une fête, à Aubagne. J'avais aussi une petite avec moi, mais je ne me rappelle plus leur nom à l'une ni à l'autre.

Une photo d'Eugène Malou en conscrit, avec tout un groupe.

— Là, je n'y étais pas, parce que j'avais un an de plus que ton père.

Puis un jeune homme fringant, mieux habillé, au regard plein d'orgueil : Malou à Paris.

Les deux hommes étaient aussi peu pressés de parler l'un que l'autre. Un gardon frétilla au bout de la ligne et fit rejaillir un peu d'eau de la boîte verte dans laquelle le pêcheur le laissa tomber.

— Est-ce que mon père était un malhonnête homme ?

La question était venue enfin, posée doucement, d'une voix neutre. C'était toujours autour d'eux le calme d'un bois par un matin d'hiver, avec un gland pourri qui tombait parfois d'un arbre, parfois aussi le lit de feuilles mortes qui frémissait au passage d'un lapin.

— Ecoute bien ce que je vais te dire, Alain...

Il prit un temps, pour donner plus de force à ce qui allait suivre.

— Ton père était un homme. Et ça, crois-moi, tu t'en apercevras toi-même un jour, c'est plus rare qu'un honnête homme.

C'était vague, et pourtant Alain avait l'impression de comprendre.

— Un homme, vois-tu... Malheureusement, ça ne s'explique pas, cela se sent...

— Oui..., dit l'adolescent avec conviction.

— N'importe qui peut être un honnête homme, parfois sans le vouloir. Il y en a des tas qui sont d'honnêtes gens tout simplement parce qu'ils ont peur, ou qu'ils sont fatigués, ou mal portants. Il y en a d'autres qui le sont parce qu'ils sont nés comme ça, chez d'honnêtes gens, et que l'idée ne leur est jamais venue de changer d'état. Est-ce que je suis un honnête homme ?

— Je le crois.

— Eh bien ! ton père valait cent fois mieux que moi !

» Tu as vu la photographie de son père, mais tu n'as pas vu celle de sa mère. Or c'est par sa mère qu'il a été élevé. On l'appelait la folle dans le village. As-tu remarqué qu'il y a, dans chaque village ou presque, un simple d'esprit ou une folle ? C'était ta grand-mère qui tenait ce rôle-là chez eux. Elle n'a jamais su ce qu'est un lit ; elle couchait par terre sur un tas de hardes, ce qui n'empêchait pas les hommes de venir la retrouver quand ils avaient bu un coup de trop. Parfois en bande ! C'était plus drôle, tu comprends ?

» Et sais-tu ce qui rendait ton grand-père célèbre dans le canton ? C'est qu'il mangeait les corbeaux, les couleuvres et, en général, toutes les petites bêtes puantes.

» Il refusait de croire que l'enfant de la folle était de lui. C'est beaucoup plus tard qu'il en a eu la preuve, une fois qu'il l'a regardé de plus près, alors qu'Eugène avait douze ans. Le vieux a aperçu une petite tache, comme une tête d'épingle, sur la prunelle gauche et il avait juste la même, à la même place.

» C'est à ce moment-là qu'il a pris le gamin chez lui.

» Et ce gamin-là, tout seul, est devenu ton père, avec sa maison, ses domestiques, ses autos, ses ouvriers et des tas de gens haut placés qui venaient manger à sa table.

Il regarda le jeune homme à la dérobée, mais il aurait été impossible de deviner ce qu'Alain pensait. En réalité, les paroles de l'ancien bagnard se superposaient à celles de sa sœur. C'était comme un morceau à deux voix dont il suivait sans fièvre, l'air réfléchi, la double ligne mélodique.

Il était content d'avoir trouvé Joseph au bord de l'eau, car, dans la maison, cet entretien-là aurait été plus difficile. Et aussi il était reconnaissant à son compagnon de continuer de pêcher. Bourgues portait une veste de cuir et une casquette à visière vernie comme en ont les hommes du chemin de fer. Un gros foulard était enroulé à son cou. De temps en temps, il se penchait et jetait dans l'eau, tout près de sa ligne, une boulette de terre à laquelle il avait mélangé du pain de chènevis.

Les questions étaient classées, bien en ordre, dans l'esprit d'Alain.

— Est-ce vrai qu'il a commencé par faire du chantage ?

L'autre tressaillit, mais resta immobile, évitant de le regarder.

— Vois-tu, Alain, j'ai maintenant cinquante-huit ans. J'ai passé une année de ma vie en cellule, deux ans au bagne. J'ai vécu en exil à La Havane et j'ai connu des hommes de toutes les sortes. Alors c'est difficile que nous jugions les gens et les choses de la même manière.

— Je crois que je comprendrai...

— Il y a des malhonnêtes gens et des honnêtes gens. Mais ce qu'il y a le plus, dans un certain milieu surtout, quand on monte un tant soit peu dans ce qu'ils appellent l'échelle sociale, ce sont des faux honnêtes gens ou, si tu préfères, des honnêtes gens qui commettent des gredineries en cachette. Ton père, quand il gagnait sa vie en écrivant dans les petits journaux, a connu des gens de cette espèce-là. Son directeur, ses confrères savaient la manière de profiter d'eux. Au lieu de s'indigner ou de fermer les yeux, ils se faisaient acheter leur silence.

Un voile était tombé sur le visage d'Alain, qui avait fermé les yeux un instant.

— N'oublie pas d'où Eugène est parti. Tu n'as pas encore eu faim ? Tu ne t'es pas encore trouvé la nuit dans une ville, sans un centime en poche, sans un endroit, sinon le trottoir, pour te coucher ? On te racontera des histoires attendrissantes à ce sujet-là. Mais elles n'ont pas été écrites par ceux qui les ont vécues. Parce qu'alors on n'a plus qu'une idée, une seule, tu entends — la voix devenait sourde —, ne plus retomber aussi bas.

» Car en bas, à un certain niveau, il n'y a plus personne pour vous tendre la main. Les gens passent, bien nourris, bien habillés, de l'argent plein les poches, et pas un ne pense à se pencher...

Il se tut. Alain se tut aussi. Puis il se moucha. Puis enfin, après plusieurs minutes, Joseph reprit la parole d'une voix normale.

— Il y avait à cette époque-là, à Paris, des gens qui gagnaient beaucoup d'argent, tellement d'argent qu'ils ne savaient qu'en faire et que c'était leur orgueil d'aller perdre des millions en une seule soirée à Deauville.

— La Société d'Urbanisme ? questionna Alain, qui avait lu les papiers de la valise verte.

— En payant des pots-de-vin à des conseillers municipaux, à des personnages plus haut placés encore, en truquant les adjudications, ils étaient parvenus à se faire confier la construction non pas de quelques immeubles, mais de quartiers entiers pour le compte de la Ville de Paris.

» J'étais en Guyane. Je ne sais pas comment ton père a eu certains documents entre les mains.

» Une campagne de presse n'aurait servi à rien, ou plutôt aucun journal n'aurait accepté de l'entreprendre. Aucun député n'aurait osé porter le scandale devant la Chambre. Parce qu'ils étaient des douzaines qui touchaient...

» Tranquillement, son papier en poche, ton père est allé demander à la société une place de chef de la publicité.

» S'il n'avait pas eu son papier, on lui aurait éclaté de rire au nez. Mais il l'avait. Il en avait négligemment posé une copie sur le bureau.

» On a compris, et il a eu le poste.

» C'est ainsi qu'il a gagné son premier argent qui lui a permis de monter une affaire à Bordeaux.

— Je comprends.

— D'autres, qui ont débuté comme lui, sont montés beaucoup plus haut. Le premier mari de ta mère est devenu ministre et le sera probablement encore.

— N'étiez-vous pas des libertaires ?

— Si étrange que cela paraisse, ce que je vais te dire est vrai : libertaire, je le suis encore, et ton père l'est toujours resté. Seulement, ça, je suis incapable de l'expliquer.

» C'est quelque chose qu'on a en dedans de soi et qui ne peut pas changer.

» Il est facile de rire de nous, de dire :

» — Dès qu'ils ont le ventre plein et un compte en banque, ils deviennent pires que les bourgeois !

» C'est faux, Alain...

» Et la preuve que c'est faux, c'est que ton père est mort et que lundi on vend sa maison et ses meubles aux enchères, tandis que le comte d'Estier continue à s'enrichir...

Toujours les deux voix... Celle de Corine, aiguë, saccadée, avec de grands mouvements de passion et des éclairs de haine ; celle, monotone et calme, de Bourgues, qui coulait comme l'eau de la rivière...

En outre, il y avait les lettres, une, entre autres, de la Société d'Urbanisme, qu'Alain savait par cœur et qui le faisait encore rougir.

Cher ami,

J'ai bien reçu vos derniers messages et vos télégrammes. Je n'y ai pas répondu plus tôt car j'étais en vacances. Je comprends parfaitement vos ennuis actuels, mais je regrette de ne pouvoir, une fois de plus, vous mettre en mesure de les aplanir.

Quant à l'affaire que vous me rappelez, laissez-moi vous dire qu'elle date maintenant d'un certain nombre d'années et qu'on ne pourrait, sans ridicule, la ramener sur le tapis. Notre président du conseil d'administration, le général B..., est même décidé à saisir dorénavant les tribunaux de tout ce qui pourrait avoir trait à des opérations réalisées par un précédent conseil d'administration.

J'espère que vous trouverez par ailleurs les moyens de vous tirer d'un mauvais pas et je vous prie de croire, cher ami...

Etait-ce celui-là qui avait donné le coup de pied au derrière dont Corine avait parlé ?

— Il y a des gens qui aiment l'argent et d'autres qui ne l'aiment pas pour lui-même, reprenait Bourgues avec lenteur. Eugène l'aimait si peu qu'il le jetait par les portes et par les fenêtres, le distribuait au premier venu d'une façon parfois ridicule. Demande à François Foucret. Demande à la fille de la postière, qu'il a envoyée en Suisse pendant quatre ans...

A cause de Corine, Alain faillit demander : « Est-ce qu'elle a été sa maîtresse ? »

Cela n'aurait pas été de mise entre eux. On aurait dit qu'ici, au bord de la rivière où tressaillait un petit bouchon rouge, les mêmes mots, si sales et si humiliants dans la bouche de Corine, devenaient purs.

— Il y en a cent autres qui lui doivent d'être ce qu'ils sont aujourd'hui parce qu'il était incapable de repousser une bonne volonté. Il aurait voulu que tout le monde fût heureux, sauf les crapules, les lâches, les...

Les autres, enfin ! Oui, Alain commençait à comprendre, à cerner peu à peu ces « autres » d'un trait plus précis.

— Il ne voulait plus être pauvre. Il n'acceptait pas non plus de végéter dans la médiocrité, parce qu'il était parti de trop bas pour ça. Voilà peut-être la vérité : c'est que, de plus bas on part et plus haut on est obligé de monter. Coûte que coûte ! Tiens, je crois qu'il aurait préféré la vie de son père, la cabane au bord de la carrière et les corbeaux rôtis, à l'existence de ton frère Edgar.

» Il lui fallait tout ou rien, justement parce qu'il était Eugène Malou.

» Il lui fallait Malouville et sa statue.

» Il lui fallait, à sa table, servis par ses maîtres d'hôtel, ces gens qui n'auraient jamais imaginé qu'un homme comme eux pût être le fils de la folle.

» Il lui fallait se dépenser, monter toujours.

» Il lui fallait, en fin de compte, l'effort pour l'effort.

» C'est pour cela que je t'ai dit qu'Eugène était un homme. Si même on lui avait prédit qu'il finirait lamentablement, il aurait fourni un effort identique, parce que c'était pour lui un besoin. N'importe quel effort, comprends-tu ?

» Il était tout seul, seul à croire en lui, sans jamais personne sur qui s'appuyer, sans personne, sauf les petits, sauf quelques-uns — pas tous — de ceux qui recevaient ses largesses — pour l'admirer et croire en lui.

» Il portait toute votre maison sur le dos. Il fallait trouver tant et tant d'argent chaque matin pour ta mère, pour ta sœur, pour les domestiques...

» Cet argent-là, il le trouvait, il l'a trouvé pendant des années et des années, lui, le petit Malou, qui n'avait même pas d'état civil...

» On ne le lui donnait pas pour rien, n'est-ce pas ? L'argent est dur à faire sortir des poches, plus dur encore à faire sortir des coffres-forts de ceux qui en ont beaucoup.

» A ceux-là, il faut en promettre davantage encore. Or Eugène savait promettre. De nous deux, c'était lui qui vendait le plus de Thé indien, et je lui ai vu vendre dix paquets à un vieux curé qui souffrait d'hémorroïdes, ce qui ne l'empêcha pas d'en vendre à sa servante atteinte du rhume des foins...

Est-ce qu'Alain avait souri ? Son visage s'était détendu. Un instant, il avait allongé les jambes. Il avait envie de dire, comme un enfant à qui on raconte une belle histoire : « Parlez encore ! »

Ils étaient très loin de tout, mais plus, comme avec Corine, entre quatre murs environnés de noir. Ils étaient là avec la rivière et les roseaux, avec les arbres dénudés et rendus plus graves par l'hiver, avec quelques oiseaux qui sautillaient sur les feuilles gelées dont la rousseur recouvrait la terre.

— J'ai lu les prospectus...

Bourgues se retourna vers le talus qui était derrière eux et au-delà duquel Malouville et ses maisons claires restaient invisibles.

— Il y en a qui ont ri et qui rient encore. On a traité Eugène de charlatan. Pourtant, je parie que, dans quelques années, Malouville sera en pleine prospérité.

» Sans doute un fils du comte d'Estier en sera-t-il alors maire, ou un autre de ceux qui, aujourd'hui, exigent la liquidation judiciaire.

» Parce qu'il faut des hommes comme ton père pour voir grand, pour mettre ces gens-là en branle... Ils ont si peur pour leurs sous que, si on ne leur en promettait pas dix fois autant, ils ne les risqueraient jamais.

» J'ai mis du temps à comprendre, moi aussi, et c'est Eugène qui m'y a aidé.

» Il faut des gens comme lui, vois-tu, qui ont la rage au ventre, pour que quelque chose de nouveau se fasse.

» On les laisse agir pendant un certain temps. On leur donne au besoin un coup de main. Jusqu'au moment où on a l'impression qu'il est possible de se passer d'eux et de ne pas partager le gâteau.

» Est-ce que tu ne me demandais pas si ton père était un honnête homme ?

Et il jeta une nouvelle boulette de terre au chènevis près de sa ligne à laquelle un chevesne se prit aussitôt.

Certains mots restaient dans sa tête, comme soulignés à l'encre rouge :
« Ton père a toujours été seul... »

Tout seul à les porter à bras tendus. Et cela, c'était vrai. Il pouvait en
témoigner. Il se souvenait du retour de son père, certains soirs, les épaules
lasses, la voix plus rauque d'avoir discuté tout le jour. Il le revoyait se
laissant tomber dans un fauteuil.

Et Alain comprenait soudain qu'à ce moment-là Eugène Malou aurait
voulu les avoir tous, affectueux et prévenants, autour de lui. Si par exemple
Corine s'était agenouillée pour lui retirer ses souliers et lui mettre ses
pantoufles ?... Si sa femme lui avait demandé, en lui entourant les épaules
de son bras : « Tu n'es pas trop fatigué ? »

Alain avait honte, honte de lui et des autres de sa famille. Lui, la plupart
du temps, sans raison, peut-être par timidité, peut-être par pudeur, ou parce
qu'il ne réfléchissait pas, parce qu'il prenait ses cours au sérieux, se hâtait
de s'enfermer dans sa chambre devant un livre ou un cahier.

Combien de fois son père l'avait-il suivi du regard cependant qu'il le
quittait de la sorte !

— Tu t'en vas ?

— Je vais étudier mes leçons.

Un baiser sur le front, assez sec, parce qu'on n'osait pas se montrer trop
démonstratif avec un homme comme lui.

— Va, fiston...

Et Corine avait besoin d'argent pour sortir. Et leur mère en avait besoin,
elle, pour la maison, pour le couturier, pour sa sœur Jeanne, pour Dieu
sait quoi.

De l'argent ! Toujours de l'argent !

Et Eugène prenait son gros portefeuille dont il tirait des billets. Il
promettait :

— Tu auras le reste demain...

Car le lendemain était encore un jour, encore une lutte, et, en attendant,
il lui arrivait de s'endormir, écrasé de fatigue, la bouche entrouverte, dans
son fauteuil.

Il n'y avait plus personne autour de lui quand il s'éveillait et qu'il se
décidait à gagner son lit.

— De l'argent...

Ils en auraient ; il fallait qu'ils en aient. A lui de le pondre. A lui de
savoir où aller le chercher. A lui de trouver un nouveau moyen de le faire
tomber dans sa poche, dans leur poche.

— Tu comprends, Alain ?

Et Joseph Bourgues s'était enquis avec sollicitude :

— Tu ne vas pas prendre froid ?

Pas une seule fois il ne lui avait demandé ce qu'il comptait faire. Pourtant,
il devait savoir. On savait tout à Malouville. Il était certainement au courant
de l'histoire de Corine.

— Quelqu'un est venu me voir à ton sujet...

C'était tout à la fin de leur entretien, un peu avant que l'ancien bagnard
repliât ses lignes, alors que le soleil était haut dans le ciel.

— Tu ne le connais peut-être pas, mais tu as dû le voir. C'est Rendon, le comptable.

— J'ai entendu mon père parler de lui.

— Rendon est à son service depuis quinze ans. Il a le visage de travers, les yeux faux et de minces moustaches tombantes. On croirait qu'il louche, mais c'est parce qu'il se présente toujours de profil. Rendon, qui me connaît, qui est au courant de tout, est venu me demander si tu étais un type avec qui on peut s'arranger.

» Il a mis de l'argent de côté, lui. Il y a deux ou trois maisons, ici, qui lui appartiennent, et il doit en posséder d'autres en ville. C'est un malin. Ton père en avait besoin, car il connaît le Code mieux que personne, surtout les lois sur les sociétés.

» Parmi les papiers que ton père a laissés, il y en a qu'il voudrait bien avoir. Il prendrait en quelque sorte la succession, tu comprends ?

» Avec lui, il est probable que cela barderait. Il a fait le voyage à Paris exprès pour rencontrer ta mère, et ta mère lui a appris que tu avais la valise verte.

» Il sait qu'avec les jeunes gens c'est tout ou rien et, comme il te connaît un peu, il est venu se renseigner ici avant de t'aborder.

» Je l'ai laissé vider son sac. Tu le verras si tu y tiens. Il propose deux solutions. Ou bien il te rachèterait tous les papiers en bloc, et je pense qu'il y mettrait un joli prix, ou bien vous feriez un contrat d'association. Il se chargerait du boulot, et vous partageriez les bénéfices...

— Qu'est-ce que mon père pensait de lui ? questionna Alain non sans une certaine angoisse.

— Il le considérait comme le plus ignoble des animaux rampants.

— Moi aussi.

Bourgues répéta :

— Moi aussi.

Ils se regardèrent et ils étaient presque gais tout à coup.

— Avant de rentrer chez les Foucret, je dois encore t'apprendre une nouvelle. Je pense que c'est le moment, bien que ton père n'ait pas précisé en quelles circonstances je devais te mettre au courant...

C'était une preuve de confiance de la part de Bourgues, un peu comme si Alain eût passé son dernier examen avec satisfaction.

— La veille du jour où on a mis les scellés dans la maison, ton père a décloué trois petites toiles.

» Il n'était peut-être pas connaisseur en peinture. Il achetait pour faire plaisir aux artistes et aussi pour que tous les murs soient garnis. Pour lui personnellement, il aurait sans doute préféré des chromos. Un jour qu'il faisait expertiser ses tableaux, parce qu'il voulait emprunter dessus, il a appris qu'il n'y en avait que trois présentant une réelle valeur.

» Il les a dépendus la semaine dernière. Il les a roulés et me les a apportés. Ils sont sous mon lit.

» — Je ne sais pas ce qui peut arriver, m'a-t-il dit. Les autres s'en tireront toujours. Il y en a même qui ont pris leurs précautions...

« Ma mère », pensa Alain.

— ...Alain est jeune. Je le soupçonne d'avoir plus d'idées dans la tête qu'il ne veut bien le montrer. Peut-être une certaine somme lui mettra-t-elle le pied dans l'étrier ! Tu sais ce que je veux dire. Qu'il ne recommence pas tout en bas ! En vendant les toiles à Paris, il en tirera quelques centaines de mille francs...

Alain n'avait pas répondu. Bourgues n'avait pas posé de questions précises.

— En tout cas, elles sont à ta disposition, conclut-il. Maintenant, nous ferions mieux d'aller là-haut, car la mère Foucret est une brave femme, mais elle n'aime pas qu'on se mette à table en retard.

Que de choses Alain commençait à comprendre, et jusqu'à cette sensation de légèreté qu'il avait eue le dimanche précédent quand Bourgues lui avait parlé le long de la grand-route !

Ce n'était pas seulement pour son compte que parlait l'ex-bagnard. Il était un messager, que son père avait eu soin de laisser auprès de son fils pour quand il n'y serait plus.

Est-ce que Bourgues n'avait pas dit, au cours de leur entretien du matin : « Il avait une pudeur d'enfant... » ?

En parlant de son père, d'Eugène Malou, qu'une Corine, comme tant d'autres, traitait d'aventurier et de maître chanteur.

N'était-ce pas par pudeur que son père ne l'avait jamais pris par les épaules, en tête à tête, pour lui parler à cœur ouvert ?

Il avait rôdé cent fois autour de son fils, celui-ci s'en rendait compte à présent, dans l'espoir d'apprendre ce que pensait ce grand garçon dont il ne savait à peu près rien.

Et c'était un autre qu'il chargeait, après sa mort, d'étudier l'adolescent et de l'aider au besoin.

Le grand-père hirsute qui mangeait les corbeaux ressemblait à un homme des cavernes et vivait en marge du village dans sa bicoque de la carrière.

Eugène Malou, court et trapu, les traits irréguliers, les yeux globuleux, la voix rauque, restait un être inclassable sur qui on se retournait, même quand, habillé par les meilleurs tailleurs, il descendait de sa limousine.

Alain, le troisième de la lignée, pouvait fréquenter le collège le plus riche de la ville sans attirer l'attention. Même à côté du fils Estier, par exemple, c'était lui, avec son long visage et ses yeux calmes, qui faisait figure d'aristocrate.

Et son père lui-même n'osait pas lui parler !

Par crainte d'une question, sans doute, de tout un ordre de questions, par crainte d'un de ces sourires dont une Corine était prodigue et qui renvoyaient Malou à la cabane du vieux, par crainte d'un jugement trop dur, d'un regard.

De l'autre, Edgar, l'aîné, il se moquait ouvertement, agressivement parfois, comme de quelqu'un qui n'était pas de sa race, qui avait trahi — un mouton bêlant et stupide né par accident chez les loups.

Alain, c'était le mystère. Alain, c'était le troisième chaînon, c'était le futur dont le père ignorait tout, c'était l'inconnu à qui il lançait parfois à la dérobée un regard anxieux.

Alain, c'était la suite d'une histoire dont Eugène avait écrit les premiers chapitres et dont il ne connaîtrait pas la fin.

Ils marchaient côte à côte, le messager et l'adolescent. Alain avait proposé de porter la boîte de poissons, et son compagnon n'avait pas refusé — le jeune homme lui en était reconnaissant.

Il faisait très clair. Le soleil était gai. Des gouttelettes se formaient sur la croûte de glace friable qui recouvrait la terre et les herbes décolorées.

— Retiens seulement que c'était un homme...

Bourgues faillit ajouter quelque chose, mais c'était un pudique, lui aussi. Il se retint, non sans que son compagnon complétât intérieurement : « C'était un homme et il t'aimait beaucoup... »

Il n'aimait que lui, en somme, parce qu'il était le seul à ne l'avoir pas encore trahi.

Est-ce que c'était bien cela qu'il fallait comprendre ?

Et lui, pendant des années, ne s'en était pas aperçu, avait vécu solitaire dans une maison dont il préférait ne pas connaître les mystères, il avait vécu comme un étranger près de cet homme qui l'épiait avec angoisse.

— Je ne veux pas déranger les Foucret...

— Ils seraient peinés si tu ne venais pas déjeuner avec eux. Ceux-là aussi, ton père les aimait bien...

Pourtant Corine n'avait pas menti : tout ce qu'elle avait dit était vrai, constituait une certaine vérité. Les deux voies s'enchevêtraient toujours, mais Alain n'en était presque plus troublé.

Dehors, François Foucret était en train d'essayer ses bottes de caoutchouc auxquelles on avait mis des pièces le matin et qui lui montaient jusqu'à mi-cuisses.

— A la bonne heure, monsieur Alain... Je savais bien que vous déjeuneriez avec nous... La bourgeoise va être contente...

Des bouffées de bonne cuisine, la chaleur d'une maison qui venait d'être nettoyée dans ses moindres recoins, la flamme de quelques bûches pour donner la vie et la gaieté.

Les deux hommes, Bourgues et Foucret, s'interrogeaient du regard.

Bourgues semblait dire par sa tranquillité :

« Mais oui ! Cela ira... »

En Méridional qu'il était, il aurait sans doute ajouté, s'il s'était trouvé en tête à tête avec l'ancien contremaître : « Il est brave... »

Or, être brave, ou être un homme, dans son langage...

10

Il fut, pendant ces deux jours-là, comme un convalescent. Il en avait les mouvements lents et prudents, et aussi ce sourire à peine esquissé, un sourire qui s'adressait aux choses comme pour se les rendre bienveillantes, ou pour les remercier de ne pas être hostiles.

Il était attentif à tout, à une odeur qui montait de la cuisine, aux allées et venues d'Olga qui faisait les chambres, à un rayon de soleil déformé par la vitre. Il savourait tout, rendait grâces à tout, de ce sourire un peu pâle qui inquiétait Mélanie.

Les cloches, par exemple. Jamais il n'avait entendu autant de cloches que ce dimanche-là, alors qu'il était assis tout seul dans la cave, la valise verte à côté de lui, le calorifère ouvert à portée de sa main, avec les flammes qui le léchaient, les gros tuyaux entourés de pansements comme des membres malades.

Il brûlait les papiers poignée par poignée, et, à certain moment, toutes les cloches de la ville s'étaient mises à sonner en même temps. Les paroisses se répondaient les unes aux autres par-dessus les toits. Est-ce parce que l'air avait une résonance particulière, parce que le gel le rendait plus dur ? Il y avait des bruits de cloches qui venaient de très loin, en larges cercles ; de la banlieue, peut-être des campagnes.

Il voyait les soupiraux dorés par le soleil. Des gens passaient, dont il n'apercevait que le bas du corps, mais il les sentait endimanchés, la démarche plus allègre qu'en semaine, il devinait les sorties de messe, les femmes corsetées serré, les jeunes filles parfumées, puis les pâtisseries d'où l'on sortait en tenant un petit paquet blanc par la ficelle rouge.

C'était encore un monde qu'il ne connaissait pas, celui de ces dimanches-là, avec la foule qui se dirige, après le déjeuner, vers le vélodrome ou vers les terrains de football, les cinémas qui se remplissent peu à peu, les cafés embués qui sentent l'apéritif.

L'auberge des *Trois Pigeons* était presque vide. Il était, ce jour-là, le seul pensionnaire dans la maison. Pour la première fois il vit Mélanie, des lunettes sur les yeux, lire son journal dans la salle, près du comptoir, et le vieux Poignard devait être malheureux de n'avoir pas de partenaire pour boire son vin rosé.

— Vous prendrez bien un verre de vin, monsieur Alain ?

Il l'avait bu, par bonté envers Poignard. Il aurait voulu faire plaisir à tout le monde. Il reniflait toutes les odeurs de la maison et peut-être ressentait-il déjà du regret. Est-ce qu'il n'aurait pas pu s'arrêter là, définitivement ? Pourquoi n'aurait-il pas choisi la vie la plus humble possible ? Il y avait un garçon d'écurie qui était aussi chargé de tirer le vin à la cave. Il vivait en famille avec les patrons et les bonnes. Il avait son coin chaud. Alain n'aurait-il pas pu devenir garçon d'écurie, ou n'importe quoi, à l'abri de l'excellente Mélanie ?

Il avait déjeuné avec eux. Il avait l'air presque gai. Puis il avait pris une dernière fois le tram pour La Genette, il était allé à Malouville, où ses amis l'avaient accueilli ; il y avait eu de la galette sucrée à quatre heures, de longs moments de silence paisible autour de la table où le vin tremblait dans les verres.

Avec Bourgues et Foucret, entre eux deux, il avait fait le tour du lotissement, s'était arrêté devant le socle sur lequel il n'y aurait peut-être jamais de buste, avait revu la place, au bord de l'eau, où, la veille, Joseph pêchait à la ligne.

Tout cela ne se passait pas sur le même plan que les autres jours. Il y eut autant de différence entre ces deux journées-là et la vie ordinaire qu'entre une messe basse de six heures du matin et un *Te Deum*. A croire que des orgues invisibles donnaient de l'ampleur et de la majesté au décor, rythmaient les pas et les gestes jusqu'à les rendre hiératiques.

Rien n'était perdu. Chaque détail se gravait pour toujours.

Le retour jusqu'à La Genette, entre les deux hommes, la plate-forme du tram, qui était bondé, le *Café de Paris*, où il entra et but un verre de bière, non parce qu'il avait soif, mais parce qu'il voulait s'y asseoir encore une fois.

Comme il était encore un peu enrhumé, Mélanie lui monta un grog dans son lit, et la nuit sentit le rhum, ses rêves eurent comme un léger parfum de rhum qu'il retrouva dans la chambre, dans ses draps, en se réveillant le matin.

Même la rencontre avec Corine garda cette allure feutrée. Il ne croyait pas la revoir. Quand il sortit, vers onze heures, alors que la vie battait son plein à l'auberge, elle l'attendait dehors, au coin de la rue. Il devait y avoir longtemps qu'elle le guettait, car elle avait le visage bleu par le froid. Elle n'avait pas osé entrer. Elle avait peur de Mélanie.

— Je voudrais te dire quelques mots, Alain.

Il acceptait. Il marchait, et elle calquait son pas sur le sien.

— On m'a dit que tu allais partir.

Il ne manifesta aucune surprise et continua à l'écouter avec une sorte de lointaine indulgence. Car il était très loin, très haut. Si loin et si haut qu'il lui semblait qu'il aurait pu s'entretenir avec son père. N'avait-il pas conscience de sa présence ? N'était-ce pas à lui qu'il adressait son sourire pâlot ?

— Je sais que papa a laissé des tableaux...

Elle l'avait sans doute appris par Rendon, qui avait dû aller la trouver et qui ne tiendrait pas en place tant qu'il n'aurait pas tiré un dernier profit des héritiers Malou.

— Est-ce que tu comptes te servir de cet argent ?

— Non.

— Tu connais ma position ici. Elle n'est pas facile. Fabien y viendra, mais cela peut demander des semaines. Peu importe !... Tu n'aimes pas que je parle de cela...

— Cela m'est égal.

L'attitude de son frère la troublait, l'inquiétait ; elle se dépêchait d'en finir.

— J'ai pensé que tu pourrais peut-être m'en laisser une partie. Il est indispensable que je tienne le coup, que je n'aie pas l'air de mendier.

Il dit tout simplement :

— Tu peux les prendre.

Elle n'osait pas le croire. Elle avait peur de le voir revenir sur sa décision.

— Où sont-ils ?

— Donne-moi ton adresse, et on te les portera.

Elle la lui griffonna sur un morceau de papier, la moitié d'une enveloppe qu'elle tira de son sac. C'était dans une maison meublée, en bordure du parc, qui n'avait pas très bonne réputation, mais qui était la plus luxueuse de la ville.

— Tu verras maman ?

— Je ne sais pas.

Ils n'avaient pas pris garde au chemin qu'ils suivaient et voilà qu'ils découvraient la petite place où ils avaient vécu, avec sa fontaine centrale et ses maisons patriciennes.

Devant la leur, celle qui avait été la leur, il y avait foule, et tout le monde levait la tête vers un homme juché sur une estrade improvisée.

La vente avait commencé.

— C'est affreux..., dit Corine. Je ne peux pas voir ça. Tu viens ?

Il fit signe que non.

— Je te reverrai ?

— Je ne sais pas.

— Tu n'oublieras pas les tableaux ?

Un signe de tête encore. Il ne l'embrassait pas. Il ne lui serrait pas la main. Pourtant, à ce moment, il ne lui en voulait pas. Ce n'était pas sa faute, à elle.

— Au revoir, Alain.

— Au revoir.

Il restait là, debout derrière les autres, à voir défiler les objets sans valeur, car on commençait par ceux-là, des ustensiles de cuisine, des bocaux, des objets hétéroclites dont on faisait des lots et dont la vue provoquait des rires.

Pourquoi aurait-il été triste ?

Il avait encore quelque chose à faire avant le déjeuner. A midi juste, il attendit au coin de la cour des Jaminet, car, le lundi et le lundi seulement, Mlle Germaine déjeunait en ville avec une amie. Il la vit venir, portant un petit chapeau rouge et un manteau bleu marine. Il vit aussi la porte du bureau et il pensa à l'autre porte, celle qu'on avait refermée avec tant de haine.

— J'ai tenu à vous dire au revoir...

— Vous partez ? Vous allez retrouver votre mère?

Il dit non, et, comme il ne donnait pas d'autres explications, elle n'osa pas le questionner.

— Je voulais seulement que vous sachiez que je me souviendrai de vous avec plaisir.

Il aurait aimé serrer la main de M. Albert. Là aussi, il aurait pu vivre. Là aussi, il y avait un coin dans lequel il avait été tenté de se blottir.

Il déjeuna vite, se rendit chez son frère avant deux heures. On venait de se lever de table. On habillait les enfants pour l'école.

— C'est toi ?

— Je suis venu vous dire au revoir.

— Tu vas retrouver ta mère ?

Pourquoi posaient-ils tous la même question ? Et pourquoi personne ne pensait-il à son père, qui était autrement vivant ?

— Tu prendras bien un petit verre ? Mais si...

Edgar sortit le plateau du buffet, avec les verres minuscules, bordés d'or, le carafon qui contenait un peu de marc.

— Je te souhaite bonne chance. Tu as raison de partir, car ici, tu aurais trop de monde contre toi. Même ma position est difficile, et, sans l'autorité de mon beau-père, je ne sais pas ce que je ferais, je serais peut-être obligé de demander mon changement...

C'était Edgar qui était gêné, qui regardait sans cesse l'heure au carillon de Westminster. Alain, lui, avait toujours aux lèvres son sourire à peine dessiné, et son regard était calme et doux.

— Au revoir, Edgar.

Il embrassa sa belle-sœur. Jamais il n'avait vu la ville aussi propre, aussi claire, aussi gaie, grâce à la gelée et au soleil d'hiver. Derrière un mur d'école, il entendit le vacarme d'une récréation et il s'arrêta en pensant à toutes les récréations qu'il avait connues.

Il n'était pas triste. Il ne serait plus jamais triste. Il avait compris ce que Joseph Bourgues avait voulu dire quand il avait prononcé : « Ton père était un homme. »

Un homme, voilà le mot. Un homme qui descendait d'un autre homme, qui descendait lui-même d'un autre homme.

Il faillit aller traîner encore un peu à la vente, mais il préféra se trouver sur le chemin de Peters, le rouquin qui était son meilleur camarade de collège et qui s'était dérangé pour l'enterrement.

— C'est vrai que tu travailles ?

— J'ai travaillé... Je travaillerai encore.

— Tu changes de place ?

— Je pars.

— Tu vas retrouver ta mère ?

Ce n'était pas possible de leur expliquer une chose pourtant toute simple. Mais non, il n'allait pas retrouver sa mère, il n'allait retrouver personne.

— Je voulais te dire au revoir, te dire aussi que tu as été un chic type...

Voilà ! Maintenant, son pèlerinage était terminé, il n'avait plus qu'à rentrer *Aux Trois Pigeons* pour faire ses bagages. On lui annonça qu'un certain Rendon, un type à moustaches tombantes, était venu pour le rencontrer et qu'on l'avait prié de se présenter à nouveau le lendemain.

La bonne Mélanie riait :

— Comme ça, mon petit monsieur, vous êtes tranquille !

Et il fallut occuper les heures, tout doucement, manger, boire un dernier verre avec tout le monde, embrasser Mélanie qui le serra sur sa grosse poitrine à l'étouffer.

C'est à elle qu'après s'être regardé longtemps dans la glace il demanda d'examiner son œil gauche.

— Est-ce que je n'ai pas une petite tache sur la prunelle ?

— Quelle idée vous êtes-vous encore mis en tête ? Mais non. Vous n'avez rien.

— Regardez bien...

Elle alla chercher ses lunettes.

— Ça vous fait mal ?

— Vous voyez quelque chose ?

— A peine ! Ne vous tourmentez pas pour ça, allez ! Cela doit être une tache de naissance !

Justement ! La tache des Malou ! Il l'avait, comme son père, comme son grand-père, et il en conçut une joie grave.

Il était onze heures du soir quand un taxi s'arrêta devant la porte. François Foucret en descendit en compagnie de Bourgues. On chargea les bagages dans la voiture. On parcourut des rues où les becs de gaz mettaient des guirlandes de lumière et on aperçut la grosse horloge de la gare.

Il se sentait las, mais il n'était pas triste. Il avait seulement envie de s'arrêter un instant, d'arrêter un instant le cours du temps. Il ressentait une vague angoisse dans le creux de l'estomac, comme au moment de plonger dans l'eau froide.

Mais il y avait des tas de petites choses à faire, prendre son billet, enregistrer sa malle, chercher un compartiment, puis aller au buffet acheter de l'eau minérale et des sandwiches. Les deux hommes le suivaient, et il leur parlait naturellement. Il disait :

— Le train arrive à six heures et demie, n'est-ce pas ? Il ne fera pas tout à fait jour. J'aime la gare de Lyon. C'est ma préférée.

Il chargeait Joseph de faire parvenir les trois tableaux à sa sœur, dont il lui donnait l'adresse sans penser à la copier pour lui-même. A quoi bon ?

Il coupait les fils. Tous les fils. Mélanie était de l'autre côté du mur, et Mlle Germaine, et M. Albert. Dans quelques minutes, l'ancien bagnard et le brave Foucret s'enfonceraient à leur tour dans le passé.

Alors qu'il les regardait sur le quai de la gare, ils n'avaient déjà plus la même consistance qu'à Malouville. Il est vrai qu'ils n'étaient plus à leur place, qu'ils se sentaient gauches, que Joseph restait un peu anxieux.

Les aiguilles de l'horloge avançaient par saccades, et le train purgeait la vapeur de ses freins. Des hommes d'équipe donnaient des coups de marteau entre les roues des wagons.

— En voiture...

Rien que des poignées de main ? Les paumes de Foucret étaient si calleuses qu'elles laissaient une impression de râpe. Les yeux de Bourgues s'enfoncèrent bien droit dans ceux d'Alain.

Alors seulement, quand il les regarda de haut, accoudé à la portière, il faillit pleurer. Il cherchait quelque chose à leur dire. Il ne trouva pas. Il se contenta de balbutier, au moment où le convoi s'ébranlait.

— Il sera content !

Le compartiment était vide. Il n'avait pas voulu voyager en première classe, comme autrefois, mais il n'avait pas non plus voulu voyager en troisième. Il était en seconde et il lui semblait que c'était mieux ainsi.

Son père, jadis, avait débarqué à Paris en troisième classe. Mais il était le fils du vieux Malow, ou Malowski, et de la folle.

Puis il avait voyagé en première, et peut-être son seul tort avait-il été de ne pas passer par la transition des secondes.

Alain avait baissé l'abat-jour bleu sur la lampe. Il s'était étendu de tout son long sur la banquette, la tête sur son sac de voyage. Il ne fermait pas les yeux. Des lumières défilaient derrière les stores. Des gens passaient encore dans le couloir.

— N'est-ce pas, papa ?

Il savait bien ce qu'il voulait dire. Personne d'autre, pas même Joseph Bourgues, ne pouvait le comprendre.

C'était quelque chose à régler entre lui et son père. Ils ne s'étaient pas connus de son vivant, mais il n'était pas trop tard.

Avant tout, il fallait être un homme, et il avait décidé qu'il en serait un. Il lui semblait qu'il avait commencé.

C'est pour cela qu'il était parti, pour échapper à la tentation de s'enliser *Aux Trois Pigeons* ou dans la chaude amitié de Foucret et de Bourgues.

Il fallait échapper aussi à la tentation de haïr, et il ne haïssait même plus sa sœur ; il avait été gentil avec Corine, la veille, bien qu'il ne l'eût pas embrassée.

Il irait voir sa mère, un jour, comme il était allé voir Edgar et sa femme ; mais plus tard, quand sa vie serait arrangée. Il irait en visite boulevard Beaumarchais, dans la maison de sa tante Jeanne.

Il ne haïssait personne. C'était trop facile.

Il s'était tracé, tout seul, son chemin à lui. Peut-être pas tout à fait seul, car il pensait à son grand-père, à la folle, à son père.

Il lui fallait trouver sa vraie place et il croyait l'avoir trouvée. En tout cas, il essayerait honnêtement, avec toute son énergie.

Les cahots du train le berçaient, et il s'engourdissait peu à peu, sans perdre tout à fait conscience ; il savait que c'était Alain Malou qui était là, étendu de tout son long dans un compartiment de seconde classe, et qu'Alain Malou allait à Paris à la rencontre de son destin.

Il ferait n'importe quoi, il serait placeur dans un cinéma, garçon de café, tout ce qu'on voudrait. Il passerait ses examens les uns après les autres, pas tant parce qu'il tenait à être instruit que parce que c'était le plus difficile. Est-ce que des milliers de jeunes gens, à Paris, n'étudient pas tout en gagnant leur vie ?

Pourquoi ne deviendrait-il pas médecin ?

Cela ne se situe ni tout en bas ni tout en haut.

Et, chez les Malou, on avait toujours été ou trop bas ou trop haut, parce qu'on était obligé de faire vite.

Maintenant, il avait le temps, lui. Il avait le temps de dormir.

Le train sifflait en traversant des campagnes blanches de givre, de petites gares obscures étaient englouties dans le passé les unes après les autres, toute la maison de la place à la fontaine était engloutie aussi, et tant de choses, tant de gens avec elle !

Il restait un Malou qui dormait, qui s'éveillerait tout à l'heure à une vie nouvelle et qui, dans son sommeil, remuait parfois les lèvres.

Un Malou qui allait faire tout son possible, tout son possible d'homme.

— N'est-ce pas, papa ?

22 février 1947

INDEX

Cette liste répertorie « romans » et « Maigret » (indiqués par la lettre M). Chaque titre est suivi de sa date de rédaction, du nom de l'éditeur et de l'année de la première édition

M **L'affaire Saint-Fiacre,** Antibes (« Les Roches-Grises »), janvier 1932. Fayard, 1932

L'aîné des Ferchaux, Saint-Mesmin-le-Vieux, décembre 1943. Gallimard, 1945

M **L'ami d'enfance de Maigret,** Épalinges (Vaud), 24 juin 1968. Presses de la Cité, 1968

M **L'amie de Madame Maigret,** Carmel (Californie), décembre 1949. Presses de la Cité, 1950

L'Ane-Rouge, Marsilly, automne 1932. Fayard, 1933

Les anneaux de Bicêtre, Noland (Vaud), 25 octobre 1962. Presses de la Cité, 1963

Antoine et Julie, Lakeville (Connecticut), 4 décembre 1952. Presses de la Cité, 1953

L'assassin, Combloux (Savoie), décembre 1935. Gallimard, 1937

Au bout du rouleau, Saint Andrews (Canada), mai 1946. Presses de la Cité, 1947

Les autres, Noland (Vaud), 17 novembre 1961. Presses de la Cité, 1962

Le bateau d'Émile, recueil de nouvelles. Gallimard, 1954

Bergelon, Nieul-sur-Mer, 1939. Gallimard, 1941

Betty, Noland (Vaud), 17 octobre 1960. Presses de la Cité, 1961

Le bilan Malétras, Saint-Mesmin (Vendée), mai 1943. Gallimard, 1948

Le blanc à lunettes, Porquerolles, printemps 1936. Gallimard, 1937

La boule noire, Mougins (Alpes-Maritimes), avril 1955. Presses de la Cité, 1955

Le bourgmestre de Furnes, Nieul-sur-Mer, automne 1938. Gallimard, 1939

La cage de verre, Épalinges (Vaud), 17 mars 1971. Presses de la Cité, 1971

M **Les caves du Majestic,** Nieul-sur-Mer, hiver 1939-1940. Gallimard, 1942

M **Cécile est morte,** Nieul-sur-Mer, hiver 1939-1940. Gallimard, 1942

Le cercle des Mahé, Saint-Mesmin-le-Vieux, 1er mai 1945. Gallimard, 1946

Ceux de la soif, Tahiti, février 1935. Gallimard, 1938

La chambre bleue, Noland (Vaud), 25 juin 1963. Presses de la Cité, 1964

M **Le charretier de la « Providence »,** Morsang (à bord de l'*Ostrogoth*), été 1930. Fayard, 1931

M **Jeumont, 51 minutes d'arrêt !** La Rochelle, juillet 1938. Publié dans *Les nouvelles enquêtes de Maigret*. Gallimard, 1944
La Jument Perdue, Tucson (Arizona), septembre 1947. Presses de la Cité, 1948

Lettre à mon juge, Bradenton Beach (Floride), décembre 1946. Presses de la Cité, 1947
M **Liberty-bar,** Marsilly (« La Richardière »), mai 1932. Fayard, 1932
Le locataire, Marsilly, mars 1932. Gallimard, 1934
Long cours, Paris, octobre 1935. Gallimard, 1936

M **Maigret,** Porquerolles, juin 1933. Fayard, 1934
M **Maigret à l'école,** Lakeville (Connecticut), décembre 1953. Presses de la Cité, 1954
M **Maigret à New-York,** Sainte-Marguerite-du-Lac-Masson (Canada), mars 1946. Presses de la Cité, 1947
M **Maigret a peur,** Lakeville (Connecticut), mars 1953. Presses de la Cité, 1953
M **Maigret au Picratt's,** Lakeville (Connecticut), décembre 1950. Presses de la Cité, 1951
M **Maigret aux Assises,** Noland (Vaud), novembre 1959. Presses de la Cité, 1960
M **Maigret à Vichy,** Épalinges (Vaud), 11 septembre 1967. Presses de la Cité, 1968
M **Maigret chez le coroner,** Tucson (Arizona), juillet 1949. Presses de la Cité, 1949
M **Maigret chez le ministre,** Lakeville (Connecticut), avril 1954. Presses de la Cité, 1955
M **Maigret en meublé,** Lakeville (Connecticut), février 1951. Presses de la Cité, 1951
M **Maigret et l'affaire Nahour,** Épalinges (Vaud), 8 février 1966. Presses de la Cité, 1967
M **Maigret et la Grande Perche,** Lakeville (Connecticut), mai 1951. Presses de la Cité, 1951
M **Maigret et la jeune morte,** Lakeville (Connecticut), janvier 1954. Presses de la cité, 1954
M **Maigret et la vieille dame,** Carmel (Californie), décembre 1949. Presses de la Cité, 1950
M **Maigret et le client du samedi,** Noland (Vaud), février 1962. Presses de la Cité, 1962
M **Maigret et le clochard,** Noland (Vaud), mai 1962. Presses de la Cité, 1963
M **Maigret et le corps sans tête,** Lakeville (Connecticut), janvier 1955. Presses de la Cité, 1955
M **Maigret et le fantôme,** Noland (Vaud), juin 1963. Presses de la Cité, 1964

Le temps d'Anaïs, Lakeville (Connecticut), novembre 1950. Presses de la Cité, 1951

Le testament Donadieu, Porquerolles, août 1936. Gallimard, 1937

M **La tête d'un homme,** Paris (Hôtel L'Aiglon), septembre 1930. Fayard, 1931

Touriste de bananes, Porquerolles, automne 1936. Gallimard, 1938

Le train, Noland (Vaud), 25 mars 1961. Presses de la Cité, 1961

Le train de Venise, Épalinges (Vaud), juin 1965. Presses de la Cité, 1965

Trois chambres à Manhattan, Sainte-Marguerite-du-Lac-Masson (Québec), 26 janvier 1946. Presses de la Cité, 1946

Les trois crimes de mes amis, Paris, janvier 1937. Gallimard, 1938

M **Un crime en Hollande,** Morsang (à bord de l'*Ostrogoth*), mai 1931. Fayard, 1931

M **Une confidence de Maigret,** Noland (Vaud), mai 1959. Presses de la cité, 1959

M **Un échec de Maigret,** Cannes, mars 1956. Presses de la Cité, 1956

Une vie comme neuve, Lakeville (Connecticut), mars 1951. Presses de la Cité, 1951

M **Un Noël de Maigret,** recueil de nouvelles. Presses de la Cité, 1951

Un nouveau dans la ville, Tucson (Arizona), 20 octobre 1949. Presses de la Cité, 1950

M **Les vacances de Maigret,** Tucson (Arizona), novembre 1947. Presses de la Cité, 1948

La vérité sur bébé Donge, Vouvant (Vendée), août 1940. Gallimard, 1942

Le veuf, Noland (Vaud), 15 juillet 1959. Presses de la Cité, 1959

La veuve Couderc, Nieul-sur-Mer, 1940. Gallimard, 1942

La vieille, Noland (Vaud), 13 janvier 1959. Presses de la Cité, 1959

Les volets verts, Carmel (Californie), janvier 1950. Presses de la Cité, 1950

M **Le voleur de Maigret,** Épalinges (Vaud), 11 novembre 1966. Presses de la Cité, 1967

Le voyageur de la Toussaint, Fontenay-le-Comte, février 1941. Gallimard, 1941

Achevé d'imprimer le 10-3-1993
par Mohndruck, Gütersloh pour France Loisirs
No d'éditeur 22066
Dépôt légal: Mars 1993, Imprimé en Allemagne